गोवर्धन मठ

जगद्गुरु शंकराचार्य

द्वितीय संस्करण

पं. जनार्दन राय नागर

तुम, विजिया मां! विशिष्ठा नहीं थीं और मैं इस भव का तुम्हारा पुत्र बाल शङ्कर नहीं हूं।

किन्तु तुम विशिष्ठा, सती, के समान ही प्रकाश की महान प्रेरणा थीं और मैं श्रीमद् शङ्कराचार्य के दिव्य श्रीचरणों का विनीत दूरारूढ़ गृहस्थ सेवक हूं। तुम तो श्रीमद् शंकर की शिष्या सन्यासिनी ही थीं।

85-86 वर्षों का इस भव का पार्थिव देह त्यागते समय तुमने ही समाधि-भाषा में मुझे, जब मैंने तुम्हारे महा-प्रयाण की काल-घड़ी में तुम्हें प्रणाम किया था, तब कहा थाः "देख, मैं सच्चिदानंद स्वरूपा हूं और यह देह जड़ है। समझ ले-देख ले।" तुम तो अपना पार्थिव देह त्याग कर सदैव के लिये अपने दिव्य धाम की दिव्य यात्रा को चल दीं, किन्तु मेरे भव की बुद्धि का कलिमल ही जैसे दूर कर गईं। अब मेरी बुद्धि को विश्वास हो चला है कि जगद्गुरू शंकराचार्य ने सत्य का ही शान्त और ज्योतिर्मय निदर्शन किया है- वेदान्त द्वारा।

सच, विजिया मां! तब जन्मजन्मान्तरों की बुद्धि की यह संक्रामक शंका दूर हो गई और मुझे जैसे अन्तरात्मा कह उठाः "ब्रह्म सत्यम् जगन्मिथ्या।"

और तुम्हारी पावन दिव्य स्मृति को क्या अर्पित करूँ; यह "बाल शंकर-सन्यास उपन्यास" समर्पित कर मैं इस भव से ही नहीं, भव-भव के अपने अपराधों के लिये तुमसे क्षमा मांगता हूं और यदि मैंने पुण्य किये हैं तो उनको प्राणी मात्र के कल्याण के लिये तुम्हारी दिव्य स्मृति की साक्षी से परमेश्वरी सच्चिदानन्द-विग्रहा शिवा के जगद् वंद्यचरणारविन्दों में समर्पित करता हूं।

इस भव का तुम्हारा पुत्र
जनार्दनराय नागर

गोवर्धन मठ
भूमिका

इस उपन्यास में दो चरित्रों के अंतर्द्वद्व और अशांति की शाश्वत गाथा है। उसमें जीवन निशा का अंधकार और ज्वलनशील अंतर की अनुभूतियां हैं। एक तरफ पद्मपाद अपने अंतर की शेष भव ज्वालाओं को शांत कर, स्मृतियों से विस्मृत होकर, सत्य को-ब्रह्म को पाना चाहता है तो दूसरी तरफ पंडित दिवाकर स्वर्गसुख की आशा में भव संसार और जगत को पकड़ रखना चाहता है। जगद्गुरू भव संसार को हिला रहे हैं तो मातुल ब्रह्म को।

पद्मपाद की जीव ग्रंथी उद्घाटित होकर ब्रह्म स्थिति में प्रस्फूटित हो, इस स्थिति का निरूपण करने की दृष्टि से लेखक ने अनुकूल प्रतिकूल परिस्थितियों और प्रसंगों का सृजन किया है। नवनीत निशा की स्निग्ध स्नेहल चंद्रिका, उदित उषा की नवरंगी शीतलता, विपुल हरित वृक्ष, इन रूपों में प्रकृति की सह संवेदना, प्रभु के मंदिरों में, चिन्मय वातावरण, हृदयाकाश में होती रहती गुरू पथ प्रदर्शन की गूंजती वाक्, उग्र भैरव की स्मृति, सुरेश्वराचार्य के प्रति अमर्ष, भव संसार में मातुल, मामी माँ, तिलोत्तमा, गौरी एवम् पद्मपाद लिखित टीका का भविष्य, पद्मपाद के मानस सरोवर को बिलौते रहते हैं। हृदय में दैन्य है, भक्ति है, अमर्ष है, झुंझलाहट है। भव संसार से उपरत होते हुए भी उपरामता नहीं है। ध्यान, समाधि, जाग्रति, स्मृति और बुद्धि का तुमुलघर्षण चलता ही रहता है।

मंदिरों के मंडपों में दीपकों की दीप शिखाएँ, आरती का माधुर्य, घंटाओं का कलरव और नगाड़ों की ध्वनि मानव में भक्ति की गंगा प्रवाहित कर देती है। भारतीय संस्कृति की यह सगुणोपासना मानव चित्त को तन्मय करने का कैसा सशक्त माध्यम है। इस माध्यम का सशक्त उपयोग चित्तवृत्ति के भटकाव को थामने के लिये लेखक ने स्थान-स्थान पर किया है।

इसी के साथ जगद्गुरू शंकराचार्य का हृदय के दहराकाश में प्रगट होना, पद्मपाद के चित्र की ज्ञान और भक्ति की ओर मोड़ने में, उनके मन मंथन के उभारों का शमन करने में तथा लक्ष्य उद्दीपन का काम करता है। गुरू द्वारा किया जा रहा यह अपरोक्ष ग्रंथी विमोचन, कुंडलिनी जागरण का

सहारा बन जाता है। पद्मपाद के तंद्रिल शून्य एकान्त में शंकर का जलद गंभीर स्वर सुनाई देता है।

"सृष्टि, स्थिति और लय-यही कालगति और कर्मपिपाक है, चेतना की अभिव्यक्ति"।

"अभी तुम्हारा सांसारिक प्रारब्ध शेष है। परम् ब्रह्म की प्रीति ही भक्ति है। अनादि शाश्वत भाव यही है वत्स? भव संसार से भागना नहीं है, उसे समझना है उससे उपरत होना है।

"कोई है जो चिर है, चिरन्तन है, अनन्त और असीम है", मन में फिर प्रश्न उठा "ज्ञानी क्यों अल्पज्ञानी बन जाते है? इस जगत् का अंतिम आत्यंतिक लक्ष्य क्या है? हठात् गहन से पुकार उठी "पद्मपाद! शांत-प्रभु है, तेरी गहनातिगहन शाश्वत कामना।

कहा गया है कि कला जब अपनी महानता को पाती है तब व्यक्तिगत वेदना-संवेदना के प्रति उदासीन होने के बजाय उसे ऊपर उठाती है और एक विशाल सृष्टि के ताने बाने बुनकर एक रस बनाती है तथा वाचकों की अनुकंपा को कर्मशील बनाती है। इस कृत्ति के उपन्यासकार को एक आध्यात्मिक सृष्टि की कथा लिखनी है। इसीलिये कृतिकार अपनी कला को पूर्णत्व की ओर ले जाने के लिये व्यष्टि की कथा एवम् व्यथा को सृष्टि के सुख दुःख वहन करने का वाहन बनाता है।

पद्मपाद की टीका के पन्ने उलटते उलटते मध्यरात्रि के नीरव में मानस का अंतर्द्वद्व मातुल को विकल विवश बनाता रहता है।

श्रुति? श्रुति? श्रुति? नहीं! नहीं! नहीं!"

उनकी स्वयम् की बुद्धि स्वयम् के विचारों के प्रति सशंकित हो उठती है। "यह शंकर चैतन्य को ही सत्य मानता है"।

पद्मपाद की टीका ने उनकी अहमन्यता को घायल कर दिया। वे मानसिक असंतुलन के शिकार हो गये। वे यह सोच भी नहीं सकते थे कि उनका ही भानुज अपने मातुल के गुरोमत को ही अप्रमाणित करे।

मातुल अपने मानसिक उत्पीड़न की पराकाष्ठा पर पहुंचे "जगत् जीव, भव संसार सब जड़? वाह रे भट्टु मेरे।"

"यह तेरी टीका मेरी मुठ्ठी में है। अवश्य उसका हव्य करूंगा। क्रचक्र देव? तुमने ठीक ही कहा था। महाकाली? मुझे साहस दे।

मातुल सहसा स्तब्ध हो गये, आंखे फटकर स्थिर हो गईं, देह कांपने लगा, वातावरण अघोर मंत्रों से गूंज उठा, यज्ञ ज्वालाऐं ईंधन पाकर लपकने लगीं। एक महाकाय, दृश्य किन्तु अदृश्य प्रेत सा खड़ा था।

"सनंदन? आचार्य पद्मपाद? नहीं, नहीं स्वाहा"

मातुल ने अट्टहास्य किया और पोथी यज्ञ कुंड में फेंक दी।

कितना हृदय को छूता दृश्य? कैसी एकान्त मर्मस्पर्शी साहित्य साधना? मानो कोई अनुभव वाणी बोल रही है। सच ही तो है कि "कलाकार बिना आस्था के कोई सृजन नहीं कर सकता। उपन्यासकार ने कल्पना और जीवन अनुभूतियों के बल पर एक अनूठी स्वाभाविक आध्यात्मिक दर्शन गर्भित साहित्यक रचना की है। कथ्य एवम् षिल्प में अंतरंग एवम् बहिरंग सृष्टि के निरूपण का अपूर्व सामंजस्य है। भावगत चिंतन गत, संसार गत एवम् ब्रहमगत विविध रूप इस उपन्यास को एक मानवीय अनुभूतियों की अनुपम अभिव्यक्ति बना देती है, जिसमें आध्यात्मिक ओजस्विता एवम् राष्ट्रीय चेतना का संगम है।

रेचेल क्रोथर के अनुसार "संवाद पात्रों को उसी प्रकार प्रकाशित करते हैं जिस प्रकार विद्युत अपनी कांति से अंधकाराच्छादित भूमि को।" यह कथन इस महा उपन्यास के लिये सर्वथा उपयुक्त है। कृतिकार ने पात्रों को ही नहीं, गूढ़ भारतीय दर्शन को भी संवाद के माध्यम से प्रकाशित किया है। संवाद द्वारा कथानक को गतिशील बनाकर अग्रसर करने के लिये, पात्रों के चरित्रों के विकास के लिये कई पूरक पात्रों का सृजन किया है। इस उपन्यास में विष्णु शर्मा, पार्वती नंदन, आनंदगिरी, राममंदिर का साधु आदि पात्र कथानक को आगे बढ़ाने के साथ साथ, मुख्य पात्रों के चरित्र एवम् व्यक्तित्व को, उनकी अन्तरोद्वलित भावनाओं को, उर्मियों को उद्घाटित करते हैं।

ब्रहम, जगत् और भव संसार के आलेखन में नारी पात्रों का योगदान अभिनंदनीय है। साधु, सन्यासी, कामातुर पुरुष, वाममार्गी साधक, सभी के अंतर्जगत् एवम् अंतर वासनाओं को नारी नग्न रूप में प्रदर्शित कर देती है, फिर चाहे वह तिलोत्तमा हो, गौरी हो, कालिन्दी हो या त्रिपटिका। लेखक अश्राव्य स्वगत कथन, वार्तालाप आदि संवाद के विभिन्न रूपों का उपयोग करके पात्रों की प्रकृति, उनके पारस्परिक संबंध, उनकी भावनाएं एवम् उनकी गतिशीलता को लगातार निखारते रहते हैं। संवाद तत्व का मूल आधार अनुभव प्राचूर्य एवम् गहन मनोवैज्ञानिक दृष्टि है। इससे उपन्यास, दर्शन

प्रधान होते हुए भी, मन को प्रफुल्लित रखता है। डॉ. राजेन्द्रसिंह के शब्दों में कहें तो संवाद के तीनों ही प्रयोजन, वस्तु की प्रगति, चरित्र का विकास और भावों के स्पष्टीकरण को गंभीर बनाना, इस साहित्य कृति में सधे हैं। संवाद रचना इस प्रकार की है कि चरित्रों के स्वभाव का उद्घाटन उसके वार्तालाप से ही हो जाता है।

आचार्य ने निर्देश दिया "सगुण ब्रह्म का अनुभव और सगुणोपासना द्वारा लोक में ज्ञान का प्रसार करो। चैतन्य के गहनातिगहन स्पर्श के बिना मनुष्य पशु होता चला जायेगा।

"पद्मपाद! इस मठ के आदि शंकराचार्य तुम होगे।"

अनुशीलन, निदिध्यासन के लिये महावाक्य होगा।

"प्रज्ञानम् ब्रह्म"

जगद्गुरू ने घोषणा की

"मैं पद्मपाद को आचार्य पद्मपाद पुकारता हूँ तथा उनको पुरी धाम में स्थापित करता हूँ। यह लोगों के आत्म कल्याण के लिये भक्ति का अथाह क्रम होगा। जीव को यह बताना जरूरी है कि तू शरीर और उसकी छाया नहीं है। तू निराकार, अरूप, अजन्मा, शाश्वत कवि विभु, ईष तथा अनन्त अच्युत सत्य है।"

"मैं आचार्य पद्मपाद का पुरीधाम के वेदान्त भक्ति मठ का प्रथम शंकराचार्य की भांति अभिषेक करता हूँ।"

मंथन, अनुभूतियां, तर्क, विचार संघर्ष, भव संसार की मनोरमणीयता के आकर्षण, स्मृति विस्मृति के द्वंद्व, सन्यस्त और संसार के इन्द्र धनुषी रंग लिये पद्मपाद की अंतःकरण आत्मा परमात्मा लक्षित आध्यात्मिक यात्रा का, सभी अवरोधों से जूझते हुए समापन हुआ। विश्व के समस्त उपन्यासों में मानव की आध्यात्मिक जागृति के मार्ग का यह उपन्यास मील का पत्थर है जिसमें मानव चरित्र की आध्यात्मिक प्रतिष्ठा कोई मुनि प्रणेता महान् साहित्यकार कर रहा है। घटनाओं की संबंध श्रृंखला का क्रम स्वाभाविक है जिनमें रसात्मक अनुभव कराने वाले प्रसंग भी हैं। कुछ लम्बे आत्मकथन और दर्शन निरूपण को उपन्यासकार अपनी सजग बुद्धि एवम् पैनी दृष्टि से कहीं न कहीं तोड़कर उपन्यास को हृदयंगम बनाता है।

परमात्मा की सगुण रूपाभिव्यक्ति और भाव साधना को भक्त की विभोरता की भक्ति रसपूर्ण तादात्म्य स्थिति का हृदयस्पर्शी आलेखन

हुआ है। कल्पना, अनुभूति, अध्ययनयुक्त ज्ञान, रसिक रसात्मकता, दर्शन क्षमता का अद्भुत संयुक्त संगम इस अनोखे उपन्यास में हुआ है। उपन्यासकार अनुभवों के बीच भिन्न-भिन्न अनुक्रियाओं से संबंध स्थापित करता है।

- प्रो. दिव्य प्रभा नागर

ज्योतिर्मय यह देश हमारा।

धवल हिमालय के ललाट पर अरुण-तिलक अति न्यारा-ज्योतिर्मय...

कोटि-कोटि संवत्सर से यह

चलता पथिक सनातन।

अन्धकारमय पतन-निशा में,

दीप्तिमान सपनों से पावन॥

पुण्य श्लोक यह श्रेय पंथ का कोटि-कोटि जनगण का प्यारा-ज्योतिर्मय...

महिमामय स्मृतियों से जगमग,

अजर-अमर यह चिर-चिर सुन्दर।

जगत वंद्य विश्रुत गरिमामय,

अगणित गुण गाथा से मनहर॥

यह पुराण नित-नूतन गतिमय, जीवन मरण सहारा-ज्योतिर्मय...

घोर मूर्च्छना में स्पन्दनमय,

जागृति में कम्पित पीड़ामय।

प्रतिभामय संघर्ष काल में,

आलोकित निर्माण काल में॥

सिंधु तरंगों सा गुंजनमय भारतवर्ष हमारा-ज्योतिर्मय...

उद्यत एक अखण्ड तेजमय,

अमित ओज में सदा शीलमय।

नित ही मति, धृति, कृति में प्रभुमय

गहन निराशा में आशामय॥

स्वर्ग-भूमि से भी बढ़कर यह नन्दन-विपिन हमारा-ज्योतिर्मय...

रचयिता- पं. जनार्दनराय नागर

आभार
(Acknowledgement)

मनीषी पण्डित श्री जनार्दन राय नागर द्वारा
रचित साहित्य के पुनर्प्रकाशन के लिए
श्री प्रशान्त देवव्रत नागर परिवार द्वारा
प्रोत्साहन एवं सहयोग हेतु
जनार्दन राय नागर
एज्युकेशनल डवलमेन्ट चेरिटेबल ट्रस्ट,
उदयपुर (राजस्थान)
की ओर
से हार्दिक आभार!

सम्पादक मण्डलः-
दिव्य प्रभा नागर, पुरूषोत्तम शर्मा, प्रफुल्ल नागर,
आवरण:-
विशाल साहू
दिनांक : 14.02.2023

1

आचार्य पद्मपाद ने कालहस्ती क्षेत्र की सीमा में पाँव रखा और खड़े होकर चारों ओर देखा। स्वच्छ नीलाभ; गेरुई सिन्दूरी धरती-ताड़, नारियल, विविध वृक्ष घटाओं की लूम-झूम। पद्मपाद ने गहरा निसास भर कर कहा- "उत्तर के अनेक तीर्थ और प्रदेश देखे- सनन्दन नामधारी शरीरी था, तब भी देखे थे, विष्णु जी! गुरुदेव के साथ संगम के अञ्चलों में घूमा हूं; हिमालय खूंदा है और ब्रह्मपुत्र तक को पार किया है। उत्तरायण की राजधानियां भी देखीं। भवन, निकेत, विहार, अपासर, मठ, अखाड़े और विविध विशाल मन्दिर भी देखे। घन-सघन अरण्य भी देखे तथा उस मार्ग से भी यात्रा की जिससे श्रीमद् भगवान रामचन्द्र सीता और लक्ष्मण के साथ वन सिधाये थे। जैसे, हमने महाभारत के पुनीत सनातन दिव्य पथों और दिव्य धोरों की यात्रा कर भारत भूमि की अटूट अद्वितीय छबि देखी हो। यह भारत भूमि देवताओं की भी जन्म भूमि है, नहीं? है।"

श्री विष्णु जी ने कहा- "थक गया यह शरीर, प्रियवर! कहने-सुनने और आत्म-सन्तोष के लिये तीर्थ यात्रा बड़ी चित्ताकर्षक है; किन्तु तीर्थ-स्थलों की स्थिति-परिस्थिति देखी? भगवान के नाम पर विचित्र गोरख-धन्धा हमारे यह तीर्थ हो गये हैं-पण्डे, पुजारी, भिक्षुक और यात्रिक-यही हमारा तीर्थ रह गया है। चाहे फिर वह दिव्य घोष हो अथवा मानव-घोष। श्रद्धेय, हम भूल जाते हैं कि यह कलि-काल है। कलि का तीर्थ और कैसा होगा?"

"चुप रहो, विष्णु जी!" पद्मपाद ने तनिक तीव्र स्वर में कहा- "तीर्थ की निन्दा मैं सुन नहीं सकता। विविदिषा संन्यास-तत्व-संन्यास! उसके लिये तीर्थाटन अनिवार्य है। गुरु जी ने ही मुझे बताया है कि संन्यास दो प्रकार का होता है; विद्वत् संन्यास, विविदिषा संन्यास। गुरुदेव तत्व संन्यास को ही प्रमुख महत्व देते हैं।"

श्री विष्णु शर्मा ने आह भरते हुए कहा- "न जाने शंकराचार्य मुझे कब संन्यास दीक्षा देंगे। मेरे बालापन के सुहृदय मित्र की बड़ी कृपा हुई कि मुझको आप श्री के साथ तीर्थाटन के लिये भेज दिया! अब उस कलह प्रिया को पता चलेगा, पति क्या होता है? देवताओं पर चढ़े फूलों की मालाओं के

ढेर बटोरते हुए हाथ थक जायेंगे। पाक शालाओं के हाँडे- भांडे मांजते हुए कटि टूट-टूट जायेगी। घट्टियाँ पीस-पीस कर हाथ श्लथ होकर जैसे कन्धों से विलग हो जायेंगे। पति परमेश्वर का स्वरूप है-यह शास्त्राज्ञा तथा स्मृति का अटल निर्देश है। तब उस कलह प्रिया ने पति को दास-दासानुदास माना। धिक् है, ऐसे गृहस्थाश्रम को। धिक् धिक् धिक्!!"

"प्रत्येक आश्रम के गुणों का ही संग्रह करना चाहिये, विष्णुजी!" पद्मपाद ने कहा- "अपने गृहस्थ के पालन-पोषण का दायित्व किस पति का, जो पिता भी हो जाता है। पति भरण करेगा; पत्नी पालन। दोनों ही ग्रहस्थाश्रम की गाड़ी के दो अनिवार्य चक्र हैं-होते हैं। मेरे मातुल तो यही कहते रहे हैं।"

"आपके मातुल?" श्री विष्णु शर्मा ने पूछा।

"पूर्वाश्रम के।" श्री पद्मपाद ने सस्मित कहा- "इस संन्यास के तो सब कुछ जगद्गुरु शंकर ही हैं-इस शरीर और शरीरी माता-पिता, बन्धु बान्धव, आचार्य, गुरु-परमात्मा वही हैं। सद्गुरो! आपकी जय हो। उस कापालिक की हत्या के घोर पाप से गुरुदेव ने ही मेरा परित्राण किया। यों तीर्थाटन की- देश देखने की इच्छा, इस चित्त में सदैव जागती रही है-न जाने क्यों जगद्गुरु के श्रीचरणों में बसा रह कर भी मैं तीर्थों को देखना चाहता था? कदाचित् पूर्वाश्रम के घर को एक बार और अन्तिम बार पुनः देखने की आकांक्षा तो नहीं है यह? अवश्य है, विष्णुजी! महर्षि अगस्त्य ने जिस समुद्र की अञ्जुलि भर ली थी, उसी समुद्र के तट से दक्षिण का तीर्थाटन आरंभ करें। यहीं-कहीं काली-काल हस्तीश्वर महादेव हैं।"

पद्मपाद ने पीठ पीछे तनिक टकराते हुए झोले को सहज संगत करते हुए कहा- "ताड़ पत्रों का यह पवित्र ढेर। इसके स्मरण मात्र से मैं श्री गुरु के श्री चरणों को चित्त में उभरते हुए देखता हूं।"

"क्या है यह दिव्य बोझ तब?" श्री विष्णु शर्मा ने पूछा।

"वार्तिक-गुरुदेव के शारीरिक भाष्य पर मेरा वार्तिक।" श्री पद्मपाद ने कहा- "वह महाशय सुरेश्वराचार्य वार्तिक लिखना चाहते थे। हमने इस प्रस्ताव का अनुमोदन नहीं किया। अब सुनता हूँ सुरेश्वर पुनः शारीरिक भाष्य पर वार्तिक लिखने की सोच रहे हैं। गुरुदेव के शारीरिक भाष्य पर वार्तिक लिखना चाहते हैं। आचार्य श्री हस्तामलक भी यही चाहते हैं-अरे वह सेवक तोटक भी तो यही चाहता होगा किन्तु मैंने तो वार्तिक लिख भी लिया। गुरुदेव को सुना

भी दिया। सचमुच, यह वार्तिक वेदान्त सूत्रों के शंकर भाष्य की कोरी टीका ही नहीं है-दर्पण है, समझे!”

“जी।” श्री विष्णु शर्मा ने कहा- “मुझको तो इस वेदान्त का एक अक्षर भी समझ में नहीं आता। यों अनेक वेद मंत्र मैंने रट रखे हैं। दो एक उपनिषद् कण्ठस्थ हैं, एकाध ब्राह्मण तथा आरण्यक भी जानता हूं-यों मैं विद्वान हूँ; किन्तु वेदान्त की ब्रह्म-जिज्ञासा का अर्ध विराम भी मेरे पल्ले नहीं पड़ता। मैं जैसे जगत-जाग्रत हूं।”

“सभी जीव जगत-जाग्रत हैं।” आचार्य पद्मपाद ने हँसते हुए कहा- “सभी प्राणी माया-मूढ़ हैं और भव संसार के मृणमय स्वप्न दर्शी हैं। समस्या स्वयं के आत्म-प्रकाश में जाग जाने की है।”

“अवश्य यही है, श्रीमद्!” श्री विष्णु शर्मा ने आह भरकर कहा- “इस जगत में प्रभु मिले अथवा न मिले-क्वचित् मिले; परन्तु यह कामिनी स्त्री पद-पद पर मिलती है। भव-संसार में सभी से छुटकारा ही नहीं है। यही तो दुर्भाग्य है और यही सौभाग्य भी है। मैं तो स्त्री से आकण्ठ आ गया हूं-क्लान्त, कातर, भीत एवं त्रस्त हो गया हूं। आपश्री के साथ हूं; शान्ति है। मेरी ओर से गृहस्थी और घर जाये भाड़ में।”

पद्मपाद ने सुदूर क्षितिज के परे-पार अपने पूर्वाश्रम के घर की धुंधली सी छबि जैसे देखी; कहा- “गृहस्थाश्रम की कातरता से कतरा कर भागना कापुरुषता है। घर-बाहर मैंने तो ऊगती हुई युवाऽस्था में त्यागा-मैंने अपने माता-पिता, जो थे ही कब तक-इस शरीर के जन्म के पश्चात् इस देह के माता-पिता दोनों गये। केवल मातुल और उनका परिवार रहा। यह शरीर मामा के घर बड़ा हुआ और एक ब्रह्म मुहूर्त में मैं घर से-गांव से भागा। मामा इस देह को गृह कार्य से तो बांधे रखना चाहते थे; किन्तु धार्मिक क्रियाओं के लिये भी मुझे ही भेजते रहना चाहते थे। इतने सारे पाठ, स्तोत्र, मंत्र घोट-घोटकर याद करना तथा निरन्तर यज्ञ-याज्ञ करवाना मेरे बस की बात नहीं थी। आचार्य हस्तामलक देव की भांति, मैं मूक-मूढ़ न था; किन्तु यह जगत मुझे रुचता नहीं था- गृहस्थी? नहीं। स्त्री? वह मेरी माँ थी; फिर वैसी ही स्त्री मेरी भोग्या कैसे हो सकती है? जन्मा तब से मैं श्री गुरु को देखना चाहता था-शोधना चाहता था। श्री गुरुदेव! जैसे मैं गये जन्मों में गुरुदेव से बिछड़ गया था? न जाने क्यों, वह शान्ति दा, रक्षक श्री गुरु-चरण कमल छूट गये थे।”

श्री विष्णु शर्मा ने कहा- “श्री गुरु? अवश्य, परन्तु आत्मा ही जहाँ जीव पात्रता ग्रहण करता है, वहाँ वह उसका गुरु भी है।”

“परमात्मा ही गुरु है- आत्मा शिष्य।” आचार्य पद्मपाद ने निसास रखते हुए कहा- “वह कौन आ रहा है? कापालिक है क्या?” पद्मपाद का रोम-रोम सिहरा; तनिक भीत और कम्पित वह जैसे धरती को सम्बोधित कर बोले- “कापालिक! वह, वह हत्या। क्या मैंने की? नहीं, नहीं, नहीं किन्तु न जाने क्यों उसकी स्मृति जैसे मेरी पलकों में गड़ी रहती है। गंगा नहाया, यमुना नहाया। वाराणसी के तारक भोलेनाथ से क्षमा याचना की। क्या नहीं किया? संगम, हरिद्वार- हिमालय। छोटे-बड़े कितने मन्दिरों के घण्ट घनघनाये? आरतियां उतारीं; स्तवन गाये और स्तोत्र कहे। जाप जपे; किन्तु वह कापालिक उग्र भैरव जैसे इन नयनों के समक्ष अपने ही घिनौने रक्त में उन्ध-मुन्ध पड़ा है। हाँ।”

पद्मपाद चुप हो गये। आँखें भींचकर आर्द्र आर्त स्वर में जैसे आकाश से बोले- “गुरुदेव की प्राण-रक्षा के लिये ही तो वह जघन्य पाप मुझसे हुआ था- किन्तु क्या मैंने किया था उसे? नृसिंह! सुना? नृसिंह!!”

“नृसिंह।” पद्मपाद का रोम-रोम सिहर उठा; नस-नस खोल उठी। नृसिंह! भगवन् आततायी असुरों का नाश करने के लिये अवतार धारण करते ही रहे हो। प्रभो! तुमने ही यह, अमोघ वचन दे रखा है कि तुम साधुओं के परित्राण और धर्म की ग्लानि हो जाने पर युग-युग में संभव होंगे। अवश्य यह तुम्हारा धरती को वचन है और आकाश को आशीर्वाद है- प्राणियों को यह तुम्हारा सतत् मंगल जन्य वरदान है। तब क्या कापालिक की हत्या के पाप का फल मुझे भोगना ही होगा? होगा क्या? “नहीं, नहीं, विष्णु जी! मैंने नहीं, स्वयं भगवान नृसिंह प्रभु ने ही इस देह में प्रवेश किया था- मंत्र से कर्षित होकर वह भक्त भीर-भंजन प्रभु नृसिंह इन प्राणों में उभर आये थे; नसों में उमड़ आये थे। मैं, मैं जैसे इस देह के बाहर स्थित प्रभु नृसिंह का वह ज्याजल्यमान दर्शन कर रहा था- घोर विकराल वह आग्नेय स्वरूप था किन्तु भक्त के भय को हरने वाला, अभय देने वाला वह अग्नि का स्वरूप था- भगवान सभी रूपों में व्यक्त हो सकते हैं। यह तो हम जीव प्रारब्ध से बंधे हैं; दीन और अनाथ।”

श्री विष्णु शर्मा ने कहा- “श्रृंगेरी में ज्ञान स्वरूप ब्रह्म की ही प्राण-प्रतिष्ठा की गई है, भवान्! आप तब भक्ति की, भगवान की कह रहे हैं।”

पद्मपाद ने क्षितिज के पार मानो आहट सुनते हुए कहा- "ज्ञान? भक्ति? कर्म? मैं कुछ भी नहीं जानता। मैं मंत्र हीन हूं; क्रिया हीन और भक्ति हीन उदासीन प्राणी हूं। केवल एक ही सन्तोष है, विश्वास कि मैं इस धरती पर मानव हूं।"

"मानव?" श्री विष्णु शर्मा ने पूछा- "मानव इतना महत्वपूर्ण है, श्रीमद्!"

"मानव ही आत्म-लाभ कर सकता है, बन्धु-वर्य!" आचार्य पद्मपाद ने सहसा उत्साह पूर्वक कहा- "असुर-सुर, यह देव-योनियां, भूत-प्रेत, राक्षश, उद्भिज, कीट-पतंग, पशु-पक्षी नहीं। यह सब भोग की योनियां हैं; पुण्य अथवा पाप कर्मों के उचित आवश्यक अनिवार्य प्रारब्ध भोग ही इन योनियों का विधि-लक्ष्य है किन्तु लोकालय की यह मानव-योनि विश्व के शरीर और सृष्टि, स्थिति तथा लय की सम्पूर्ण सर्वांगीण अभिव्यक्त पूर्ण-चेतना है। जीवन की बुद्धिशाली समग्र चेतना, सृष्टि-प्रपंच के विज्ञान की सर्वांगीण अभिव्यञ्जना इस योनि में है। परमात्मा इसीलिये मानव-योनि में अवतरित होकर धर्म-संस्थापन तथा सन्तों और भक्तों का परित्राण करता है। इसी योनि में आविर्भूत होकर भगवान् प्रभु धरा की पीड़ा मेटते हैं। मानव ही चाहे तो साधना द्वारा परमात्मा का दर्शन कर सकता है। सुर स्वर्ग भोगता है; किन्तु परमात्मा उसे प्राप्त नहीं होता। प्रभु मनुष्य को ही मिलता है।"

श्री विष्णु शर्मा ने निसास रखते हुए कहा-"यह सब सुनता रहता हूं; थक गया हूं यह पुनीत उपदेश सुन-सुन कर। मेरे पल्ले कुछ भी नहीं पड़ता। भव? भव-योनियाँ उद्भिज, कीट, पतंग, पक्षी, पशु मानव- यह तो जानता हूँ। सुर-असुर देव योनियों आदि का मुझे पता नहीं।"

आचार्य पद्मपाद ने विहंसते हुए कहा- "मृत्यु लोक के मानवों को इस लोक की भव-योनियों का सहज ही पूर्व-संस्कार जनित ज्ञान है किन्तु क्या मनुष्य इन भव-योनियों को जानता है? नहीं जानता। मनुष्य और उसके आस-पास का जीवन है, प्रश्न तो यह है-वह है क्या?"

श्री विष्णु शर्मा- "यह भी कोई प्रश्न है भला? पशु-पशु है; पक्षी-पक्षी है! मनुष्य-मनुष्य है। जब है, अनुभूत है तब प्रश्न किसलिये। जगत के ज्ञान का कुतूहल तो है; शंका नहीं-प्रश्न नहीं।"

आचार्य पद्मपाद- "किन्तु उत्तर तो है ही।"

"क्या?" श्री विष्णु शर्मा ने पूछा।

"वेदान्त।" आचार्य पद्मपाद ने शान्त गम्भीर स्वर में कहा।

“वेदान्त?” श्री विष्णु शर्मा ने स्वयं ही से व्यंग करते हुए कहा- “अब तक तो सभी वेदों को बताते आये हैं- अपौरुषेय वेद ही आर्यों के आदि ज्ञान और कर्म तथा विद्याओं के ग्रन्थ कहे गये हैं। ज्ञान का स्वरूप कहा गया है वेदों को और अब यह शंकराचार्य ब्रह्मसूत्र को ही बता रहे हैं। तब हम धर्म शास्त्रों को त्याग दें।”

पद्मपाद ने शान्ति से कहा- “हमारे शास्त्र रूढ़ होते गये हैं; हमारी परम्परा से आगत स्मृतियों को नया वैदिक प्रत्यक्ष अभीष्ट है। आचार्य श्री गुरुदेव के शारीरिक भाष्य पर मैंने जो टीका प्रस्तुत की है, उसमें स्मृतियों के लिये वेदान्त का आधार ही निहित है। आदि वेदों को हमारे आचार्यों और मनीषियों ने यज्ञों के रूप में यान्त्रिक कर्म-काण्ड ही बना डाला है। हमारे यज्ञों का आधार शाक्त तंत्र होता गया है और हम कर्म परक्, कर्मकाण्डी मात्र रह गये हैं। जाति को जीने के लिये यन्त्र और तंत्र ही नहीं, शरीर ही नहीं, आत्मा चाहिये। व्यष्ठि तथा समष्ठि को आत्म लाभ वेदान्त से ही होगा। ज्ञान का अर्थ मुक्ति और मोक्ष ही हो सकता है- सिद्धि और भोग नहीं। इसीलिये आचार्य श्री गुरुदेव शंकर तर्क बल से नहीं, ज्ञान के विनय से पथ-भ्रष्टों को सुपन्थ पर ला रहे हैं। सभी तन्त्र साधनाओं का आदर करते हुए भी जगद्गुरु उनको ज्ञानालोक से मांज रहे हैं। आपने देखा नहीं, क्रमशः धीरे-धीरे सभी शाक्त गुरुदेव की ललित श्री विद्या-उपासना की ओर आते जा रहे हैं। शैवों ने जीव को पशु नहीं किन्तु ‘शिवोहम्’ रूप कहना आरंभ कर दिया है। कापालिकों ने ‘दक्षिण कालिका’ को देखना तथा घोर तन्त्र-मन्त्रों को त्यागना आरम्भ कर दिया है।”

“किन्तु कापालिकों का सशस्त्र जमघट ज्यों का त्यों है श्रीमद्।” श्री विष्णु शर्मा ने कहा- “आपश्री जब उत्तर के मन्दिरों में स्त्रोत गाते रहते थे, मैं तनिक आँखें खोल कर आस-पास देख लेता था- कान खोल कर सुन लेता था।”

पद्मपाद ने सोत्साह कहा- “अन्त में विजय जगद्गुरु शंकराचार्य की ही होगी। मैं मातुल से मिलकर श्रृंगेरी जाऊंगा-हम सब चलेंगे। वह सब कहाँ रह गये?”

श्री विष्णु शर्मा ने कहा- “आते ही होंगे। आप श्री भी अब शिष्य बटोरने लगे हैं; सेवक और भक्तों का तनिक सा झुण्ड आपको और मुझको घेरे रहता है। लो, अब इनके लिये भी भिक्षा मांगो- अथवा इनके लिये भी प्रसाद

जुटाओ। मन्दिरों से मैं इसीलिये ऊब गया था। कैंकर्य्य करो; महन्त श्री की सेवा करो; सत्संग के मृदंग बजाओ। दिव्य यात्राओं में शंख फूंको। शास्त्रार्थों में बुद्धि को रज्जु पर नचाओ। हारो या हराओ। यज्ञ में आहूत हो; दक्षिणा प्राप्त करो। मुझे तो सर्वत्र दासता ही दिखी। यह हमारे मठ-मन्दिर भी क्या एक भांति का लाभ-शुभ व्यापार नहीं है? आजीविका! भगवान कम से कम मन्दिर में तो अपनी सर्व शक्तिमान सामर्थ्य से सब कुछ बिना मांगे दे देता।"

सहसा पद्मपाद ठठा कर हंस पड़े; बोले- "बिना मांगे और हाथ पैर हिलाये प्रभु स्वप्न में त्रैलोक्य दे देता है। श्रीमन्! कामना पूर्ति स्वप्न सेवन से नहीं, कर्म करने से पूरी होती है। कर्म से जगत और भक्ति से ब्रह्म मिलता है! नृसिंह! सभी तप कर क्षीण काय हो जाते हैं। समाधि में स्थित सभी योगी जाग्रति में मूक और चकित से जगत को देखते रहते हैं। किन्तु मैं? नृसिंह पुकार कर रोम-रोम में सिहरता हूं और चाहे कोई हो, सद्गुरु के वैरी को धूलि धूसरित भस्मसात कर सकता हूं। उस उग्र भैरव को किया न?"

"क्रचक्र?" श्री विष्णु शर्मा ने कहा।

"क्रचक्र?" पद्मपाद ने ऊर्ध्व स्वांस लेते हुए कहा- "एक दिन वह आचार्य शंकर के तिलोचन की दिव्य अग्नि दृष्टि से भस्म होगा। गुन लेना यह। लो, वह सब आ गये।"

शिष्य सेवक और भक्त गणों का तनिक सा झुण्ड छोटी-मोटी लहरों सा उभर आया। श्री विष्णु शर्मा ने प्लुत स्वर में पुकारा- "कहाँ रह गये, आप सब?"

एक शिष्य ने कहा- "कहां रह गये? हम तो गुरु जी को खोजते रह गये। गुरु जी तीव्र गति से चल रहे थे और देखते ही देखते वृक्षों की ओट अदृश्य हो गये।"

पद्मपाद ने साश्चर्य पूछा- "मैं अदृश्य हो गया?"

शिष्य जी बोले- "और क्या भवान्! कितने समय से श्री चरणों के चिन्हों को खूंदता हुआ पीछे- पीछे चल रहा हूं। संगम तट पर सुना था कि जगद्गुरु श्रीमद् शंकराचार्य के आचार्य-शिष्य प्रवर प्रयाग राज पधारे हैं। श्रीनृसिंह मंत्र के सिद्ध और कापालिक मुख्य उग्र भैरव के..."

पद्मपाद ने सहसा बीच में ही कहा- "चुप रहो, तुम! मैंने उग्र भैरव की हत्या नहीं की- भगवान नृसिंह ही ने उस भयंकर कापालिक को उसी के

परशु से तीन टूक कर दिया था। मैं, मैं- ब्राह्मण-हत्या करूंगा? क्या इसी दोषारोपण के लिये तुम मेरे शिष्य बनना चाहते थे? गुरु को परोक्षतः मानव-हत्यारा कहते हो?"

शिष्य जी ने नयन नचाते हुए कहा- "गौ, गुरु और ब्राह्मण, माता-पिता तथा कुटुम्ब एवं निज की रक्षा के लिये हत्या करना कोई पाप नहीं है, श्रीमद्! मैं श्रीमद् पर हत्या का कलंक लगाऊंगा? नहीं तो। मैं तो गुरु की वन्दना ही कर रहा था। मैं क्या, सारा राष्ट्र यही कहता है- सारा भारत वर्ष, पूज्य!"

पद्मपाद ने उपस्थितों को घूरा; आह भर कर कहा- "सत्युत् है किन्तु सुन लेना, घोर से घोर, जघन्य पाप को भस्म करना जानता हूँ। जगद्गुरु गुरुदेव ने मुझे तीर्थ यात्रा में प्रत्येक देव के दर्शन कर आर्त स्वर में प्रार्थना करने की प्रेरणा प्रदान की है। उत्तर के प्रमुख देवों के दर्शन कर मैं रोया हूँ। केवल एकाध देवाधिदेव शेष हैं-पुरी के जगन्नाथ की अस्त- व्यस्त मूर्ति के दर्शन कर मुझे ऐसा लगा, उसकी पुनः प्राण प्रतिष्ठा अनिवार्य है। उस खजी हुई मूर्ति को मैंने जैसे बुझे हुए अंगारों की भस्म से धूसरित पाया। 'जगन्नाथ'! अवश्य हम श्री गुरुदेव से विनय करेंगे कि जगन्नाथ धाम का उद्धार करें। वह प्रभु मूक हैं, उदासीन से हैं। मैंने प्रार्थना की, किन्तु मेरी प्रार्थना के स्वर पुनः जैसे मेरे कानों में प्रताड़ित होकर लौट आये। तभी मैंने दक्षिण की ओर प्रस्थान किया है। कापालिक की हत्या का प्रायश्चित चिन्मय जगन्नाथ के श्री चरणों में सदैव के लिये अर्पित हो जाना है। उग्र आग्नेय नृसिंह ही सौम्य करुणायतन श्री जगन्नाथ हैं।"

शिष्य जी ने कहा- "वह तो हैं ही किन्तु भवान! साधक को, सब को, जीवमात्र को क्षुधा लगती है-उदर पूर्ति। यह उदर पूर्ति की अनवरत समस्या न भजन करने देती है और नहीं सत्संग।"

श्री विष्णु शर्मा ने कहा- "सच कहा, प्रियवर! तब आप श्री यहाँ शिष्य बनने के लिये क्यों पधारे?"

"तब क्या करता?" शिष्य जी ने निसास रख कर कहा- "माता पिता, सम्बन्धी सभी चाहते थे कि मैं लक्षाधिपति की एकाकी पुत्री से विवाह कर लूं-गृह-जामातृ होकर रहूँ और वह पुत्री कुब्जा है। क्या मैं श्री कृष्ण हूँ, जो उसकी अष्टावक्र देह एक ही झटके से ठीक कर दूंगा? मैं तो रमता राम कौतुकी हूँ। सभी पशुओं और पक्षियों की बोलियां बोलना जानता हूँ।"

सहसा आचार्य पद्मपाद ने कहा- "तुम शिष्य- दीक्षा के पात्र नहीं हो।"

श्री शिष्य जी ने कहा- "तब क्या मैं गुरु बनने के लिये पात्र हूं। श्रीमद् इस मृत्यु लोक में सबसे सरल पुरुषार्थ भिक्षाटन करना है। और नहीं तो यही कर श्रीमद् के आश्रमवासियों की क्षुधा सन्तुष्ट करने में सहायक हूंगा।"

श्री विष्णु शर्मा- "भिक्षान्न?"

श्री शिष्य जी ने कहा- "तब क्या मैं चोरों का, दस्युओं का अन्न खाऊंगा? नहीं, नहीं, श्रीमन्! अन्न ही तो है कलियुग में। सतयुग में मनुष्य सत् पर जीता था; योग-याग करता और ब्रह्म के सानिध्य में ही बसता था; द्वापर में मेधा पर जीता था-वेद उपनिषद वेदांगों की चेतना से जीता था। त्रेता में पुरुषार्थ और सत्ता द्वारा-तंत्र और मंत्र द्वारा। इस कलिकाल में तो हरिनाम के आधार पर अन्न शक्ति द्वारा ही जीना है। इसीलिए तो मैं भिक्षान्न द्वारा गुरु सेवा करता हुआ हरिनाम लेना चाहता हूँ।"

श्री विष्णु शर्मा ने कुछ खीझते हुए कहा- "परन्तु क्यों?"

"इसलिए कि मैं अपने वंश में अपदार्थ, जाति में व्यर्थ और समाज में मूर्ख माना जाता हूं।" शिष्य जी ने कहा तथा उत्ताल हास्य हँसने लगा।

आचार्य पद्मपाद ने अवाक् से होते हुए पूछा- "धृष्ट प्रतीत होते हो?"

"जी नहीं।" शिष्य जी ने कहा- "सत्य वदता हूँ इसीलिए यह शरीरी झूठा है? पुरुषार्थ से होता क्या है, श्रीमद्? सब कुछ भाग्य नियति की निर्मम इच्छा है, और क्या?"

"भाग्य? नियति?" आचार्य पद्मपाद ने उपस्थित लोक समुदाय को सम्बोधित करते हुए तनिक प्लुत स्वर में कहा- "इधर हम रूढ़ याज्ञिक और घोर तांत्रिक बनते चले गये हैं और उधर हम नियतिवादी बनते गये हैं। पुरुषार्थ द्वारा मानव जीवन के अन्यतम लक्ष्यों की पूर्ति के लिये हम ईश्वर की दया पर निर्भर हो गये हैं। हमने कर्म को यज्ञ की सूक्ष्मातिसूक्ष्म रीति और रूढ़ी बनाकर स्वर्ग प्राप्ति के मरणोपरान्त लक्ष्य को पकड़े रखा है। परिणाम यह हुआ है कि हमारी अवगति हो गई है। हमें आज न स्वर्ग मिलता है; न नर्क और नहीं प्रभु के परम् धाम ही मिल पाते हैं। हम श्लथ, क्रूर, जड़ और विज्ञानवादी होकर मरते रहने की कला ही जानने लगे हैं। आप, जो भी हैं, वेदान्त के शिष्य नहीं हो सकते।"

"वेदान्त!" एक प्रभविष्णु पण्डित बोले- "मिथ्या का काव्य!"

पद्मपाद ने देखा, घूरा, पूछा- "मिथ्या का काव्य, वेदान्त!"

"और क्या?" पण्डितमन्य ने कहा- "आप श्री के पूर्वाश्रम के मातुल से ही पूछ लें। प्रभाकर मत का धुरन्धर आपका मातुल ही वेदान्त को मिथ्या का काव्य कहता है-"

"आप?" श्री विष्णु शर्मा ने पूछा।

पण्डितमन्य ने अहम् पूर्वक विहँसते हुए कहा- "हम, हम हैं। हम वह नहीं हैं, जो आप नहीं जानते और हम जानते हैं।"

आचार्य पद्मपाद ने ठठा कर हंसते हुए कहा- "हम ब्रह्म को जानते हैं, हम जगत को नहीं जानते। हम जिसको नहीं जानते और आप जिसे जानते हैं, वह क्या है भला?"

पण्डितमन्य ने उपस्थित मण्डली को दर्प पूर्वक देखते हुए कहा- "जीव को और जगत को ही हम जानते हैं और वही हम हैं। यथार्थ ज्ञान के उपरान्त परे और पार ज्ञान है- हमने नहीं माना और नहीं हम यह कोरी कल्पना मान ही सकते हैं। यथार्थ ही सत्य है; सत्य ही यथार्थ है और क्या?"

आचार्य पद्मपाद बोले- "तब आप मेरे पीछे क्यों लगे हैं? मैं तो यथार्थ को मिथ्या मानता हूं- क्षणिक। जो क्षणिक है, अनित्य है, जो कालगत एवं कालाधीन है, जो मृणमय है उसको मैं सत्य नहीं कहता। ब्रह्म ही सत्य है; क्योंकि वह अमृत है; निर्गुण है; निराकार और निरुपम है- वही है, सत्य।"

एक कातर गृहस्थ ने सिर धुन कर कहा- "हम तो जगद्गुरु शंकर का शिष्यत्व चाहते हैं। कौन चाहेगा कि छोटे-मोटे गुरुओं का शिष्य बन कर उनकी कुटियाओं और मठ-मंदिरों का झाड़ू निकाला करे? जगद्गुरु!"

आचार्य पद्मपाद- "परन्तु मैं जगद्गुरु नहीं हूँ; मैं तो गुरु भी नहीं हूं।"

"आप श्री सब कुछ हैं। नृसिंह मंत्र जो सिद्ध है आपको।" एक व्यक्ति ने कहा- "मैं आपका सेवक बन कर अपने आसन्न कुटुम्ब की भयों से रक्षा करना चाहता हूं।"

आचार्य पद्मपाद- "जगन्नाथ ही प्राणियों का रक्षक है। मंत्र सिद्धि से देवता प्राप्त होते हैं, रक्षा? तो देवता नहीं करता। देवता मनोकामना की पूर्ति करता है।"

"देवता रक्षा करे या न करे; आप श्री तो सिद्ध हैं- योगी।" उसी स्वर ने कहा- "हम संसार वासी तब किसकी शरण में जायें? विद्या-बल, अर्थ-बल, भूति-विभूति-ऐश्वर्य, सामर्थ्य तथा राज बल, सब बल हैं; किन्तु योग बल? सर्वोपरि है।"

पद्मपाद बोले- "योग बल से भी बड़ा इष्ट बल है तथा इष्ट बल से भी अधिक प्रारब्ध है। प्रारब्ध को केवल प्रभु की कृपा ही कर सकती है और वह भी संसार में फंसे जीवात्मा की मुक्ति के लिए ही।"

"मुक्ति तब अलग है? मोक्ष विलग है?" पण्डितमन्य ने पूछा।

आचार्य पद्मपाद ने घूरते हुए कहा- "व्यर्थ वार्तालाप कर मन को तुष्ट करना क्या विद्वान को शोभा देता है? बुद्धि जब सत्य की खोज में लगती है, विनम्र हो जाती है। धृष्ट प्रश्न का उत्तर वितण्डा है और हम वितण्डा से दूर रहते हैं- हम शास्त्रार्थ कर सकते हैं; वितण्डा नहीं।"

सभी चुप हो गये। तीसरा प्रहर होने लगा था। आचार्य पद्मपाद ने सुदूर क्षितिज की ओर देख कर कहा- "वह सुवर्ण की रेखा सी चमकती हुई क्या स्वर्ण मुखरी नदी नहीं है? है-वही है और उससे कुछ ही दूर तब काञ्ची है। चलो, हम सुवर्ण मुखरी नदी के तट पर पहुंच जायें। स्मरण आता है, वहीं काल हस्तीश्वर महादेव हैं-चिन्मय हैं, वह देवाधिदेव! चलिए सब।"

पद्मपाद क्षितिज से मानो लगी हुई उस स्वर्ण के समान मुखर सरिता की ओर बढ़े। दक्षिण की तीर्थ यात्रा का यह प्रथम पड़ाव था। पद्मपाद ने भक्तों के मुख से काल हस्तीश्वर को लेकर बहुत कुछ सुना था। किन्तु जैसे वह सब भूल गये थे- अब जैसे सुवर्ण मुखरी नदी उनकी आँखों में भर आई। तीसरे प्रहर के सूर्य की मन्द किन्तु प्रतापी धूप में सुवर्ण मुखरी जैसे प्रसन्नता पूर्वक विहँस रही थी। आचार्य पद्मपाद हुमुस कर बोले- "तीर्थ यात्रा के बड़े कष्ट हैं किन्तु तीर्थ यात्रा का पुण्य अमूल्य है; अतुल्य है। तीर्थ से पुण्य तो बढ़ता ही, पाप भी कटता चलता है। अवश्य! यह तो है, पूर्व जन्म का पाप तीर्थाटन में व्याधि रूप व्यक्त हो सकता है- क्योंकि कर्म मनुष्य के पीछे-पीछे आगे चलता ही रहता है। तीर्थ यात्रा में भी आधि -व्याधि उपाधि होती हैं- किन्तु प्रभु दर्शन से प्रभु की दया-दृष्टि भी प्राप्त होती चलती है।"

"तब आप श्री सगुण ब्रह्म में, प्रभु विग्रह में मानते हैं।" एक ने पूछा?

"निराकार गुरुदेव के नयनों में बसता है, मेरे हृदय में साकार।" आचार्य पद्मपाद ने कहा और पुकारा- "हे काल हस्तीश्वर! कालेश्वर! हे चिन्मय! हे पार्वती-वल्लभ! मुझको क्या स्वप्न में आप ज्योतिर्मय ने दर्शन नहीं दिये थे? दिये थे- सर्पों से सुशोभित आपका वह दिव्य वपु! जटा-जूट में चन्द्र-कला मुस्कराती हुई और गौरी पार्वती के प्रगाढ़ आलिंगन में बद्ध, हे महादेव!"

पद्मपाद सहसा चुप हो गये। संधियों के चरण-चाप उदासीन दिशाओं में चटपटाने लगे। सुवर्ण मुखरी जैसे धरती के कटि-तट की किंकणी सी हो। आचार्य पद्मपाद उस मन्द आलोकित स्वर्ण-रंग में जैसे दृष्टि द्वारा घुलने लगे। धरती का ताम्रवर्णी गेरुआ लाल रंग मानो स्वयं ही अरभराकर स्वर्ण मुखरी के स्वर्ण-कान्ति से जल में लीन हो रहा था और वह नदी जैसे तरल प्राण वाहिनी धारा होकर अपने ही सुनहले यौवन के रूप-गर्व में बह रही थी। स्वर्ण-मुखरी मानो जम्बु नद की एक धरती पर सरक आई स्वर्गीय सरिता थी और जैसे नीहारिकाओं से तारे-तारिकाओं के साथ धरती पर स्नान करने के लिये स्वर्ण-मुखरी के इस एकान्त रम्य गुञ्जान तट पर ज्योति-किरणों के सहारे उतर आते थे। आचार्य पद्मपाद ने मन ही मन इस नदी को प्रणाम किया और स्वयं से ही कहा- "काञ्चन ऐसा ही भ्रम है।"

काञ्चन? उपस्थित साथ चलते हुए आतुर तथा आर्तों ने यह सुना और कइयों ने प्रसन्न मुखुर आचार्य पद्मपाद को नदी- तट की ओर नहीं जाते हुए कालहस्तीश्वर के मन्दिर की ओर शीघ्रता पूर्वक चलते हुए पाया। कालहस्तीश्वर के मन्दिर की सघन सीमा में पांव रखते ही पद्मपाद तनिक ठहरे और सन्ध्या के उदासीन आरक्त नवरंग में मानो समा जाती हुई स्वर्ण मुखरी की सुदूर धारा को देखा- "जय जगद्गुरो! काञ्चन के मोह से उबार दिया इस शरीरी को; कामिनी को जानते हुए भी नहीं जानता। ऐश्वर्य की लालसाओं से उदासीन कर दिया, परम श्रद्धेय! हे शंकर! कालहस्तीश्वर! प्रभो! जन्म-जन्मों के कल्प-कल्पों के, पाप कर्म भस्म कर दो। पुण्य? पुण्य मात्र तुझे अर्पित हैं, पार्वती!"

कालहस्तीश्वर के प्राचीन मन्दिर में पुजारी ने शिव-लिंग का कैंकर्य समाप्त किया ही था, कि आचार्य पद्मपाद मण्डली सहित मन्दिर के गर्भ द्वार में आ खड़े हुए। पार्वती की गुलाब-गौर मूर्ति के मृणाल-बाहुओं में भस्म धूसरित महादेव आलिंगन-बद्ध थे। महादेव के कोण में तनिक आरक्त किन्तु गहन श्वेत उदासीन नयन सहज ही पार्वती के प्रवाल अधरों की ओर झुके हुए थे। काम गन्ध-हीन- रहित यह शुद्ध जीवन-रति की दिव्य त्रिकाल दृष्टि थी, जिसमें परमेश्वरी गौरी, सिद्धि दात्री की श्लथ किन्तु ऐंचीली इतराती हुई देह भंगिमा भरी थी। जैसे नीलकण्ठ समाधि के अथाह ज्योतिर्मय में रीझ उठे थे और अपनी दिव्यातिदिव्य दृष्टि से ज्ञान का आनन्द-विग्रह ही आविर्भूत कर रहे थे।

पार्वती के काम दुधा पीन कठोर स्तन मानो अमृत से भरे थे और नीलकण्ठ के आतप को हर रहे थे। घनश्याम जटाजूट कज्जल जल सर्पों से भरा था। एक-एक सर्प मानो काल गति का प्रतीक था और शिव के जटा-जूट में उरझ कर पंचभूतों के विष और तत्वों की असमता-विषमता को पी रहा था। मानो कुण्डलिनी शिव-जटाओं में अभिव्यक्त हो आई थी और काल-विष को, समूचे मृत्यु को, अगाध अमृत में बालने के लिये शिव-जटा में उन्मुक्त ध्यानस्थ थी- आचार्य पद्मपाद को लगा, यह सर्प उसी महा कुण्डलिनी के बँट हैं- मण्डल हैं। तब शिव लिंग के जटा-जूट में उलझे हुए यह सर्पाकार मण्डल ही जीव के अगाध अमृत-कुण्ड को घेरे हुए हैं? पुजारी ने आरती प्रज्वलित करते हुए पद्मपाद और भक्त मण्डली को देखा और गंभीर स्वर में पूछा- "श्रीमद्! आप?"

श्री विष्णु शर्मा ने गर्व भरे स्वर में कहा- "जगद्गुरु शंकाराचार्य के शिष्य, आचार्य पद्मपाद!"

पुजारी ने आरती के आलोक में ध्यानस्थ पद्मपाद को देखा; पूछा- "जो स्वर्ण-कमलों पर चल कर आचार्य शंकर के पास नदी पार कर पहुंचे थे, वही पद्मपाद क्या?"

"वही।" किसी एक ने कहा, "और जिसने भयंकर कापालिक उग्र भैरव को ठार कर दिया था- वही।"

पुजारी ने आरती सहसा रख दी; अवाक् सा बोला- "वही? कापालिक का हत्यारा? नहीं। नहीं। शान्तम् पापम्!"

श्री विष्णु शर्मा ने आघात खाते हुए पूछा- "आरती आरंभ कीजिये- रख क्यों दी?"

"हत्यारा।" पुजारी जी फुसफुसाये।

आचार्य पद्मपाद ने नयन खोले; पुजारी को घूरा और कहा- "एक दिन हत्यारे को ही तब काल हस्तीश्वर महादेव की आरती उतारनी थी।" और आचार्य पद्मपाद ने आरती उठा ली; शान्त स्वर में कहा- "पुजारी! नीलकण्ठ कालहस्तीश्वर के समक्ष हत्यारा क्या हत्यारा रह जाता है? देव के एक दर्शन मात्र से पाप कांप कर अदृश्य हो जाता है। फिर कापालिक की हत्या की है तो वह स्वयं इस कालहस्तीश्वर ने नृसिंह के अभिनिवेश में की है। आप जानते हैं- मैं शिव स्वरूप हूँ- शिवोहम्!"

पुजारी ने कहा- "सम्यक् प्रायश्चित के बिना हत्यारा शिव मन्दिर में प्रवेश तक नहीं कर सकता।"

आचार्य पद्मपाद ने आरती उठाते हुए कहा- "यह न भूलिये पुजारी जी! रावण कैलाश में प्रविष्ठ हुआ था- गया था। रावण की पूजा से प्रसन्न देवाधिदेव ने उसे दस मस्तक, अपराजित राज-पाट अमिट यौवन और अतुलित बल प्रदान किया था- मैंने गुरुदेव की प्राण-रक्षार्थ उस नीच जघन्य कापालिक पर प्राणघातक आक्रमण किया था- यह मेरा धर्म था- पूजा थी- गुरुदेव की और इसीलिये कालहस्तीश्वर की, महादेव की।"

और पद्मपाद ने आरती गर्भ-मन्दिर के गगन में उठाई। पुजारी ने चिल्ला कर कहा- "नहीं। नहीं। मुझे पाप लगेगा, सुना!"

आचार्य पद्मपाद ने कहा- "आपको जो कुछ कहना है, प्रभु से कहो। मैं हत्यारा महादेव की शरण में कभी का जा चुका हूँ। गुरुदेव शंकर साक्षात् शिव-स्वरूप हैं। उनके श्री चरण मैंने थाम रखे हैं- काल मेरा क्या करेगा?"

आप से आप जैसे मन्दिर के घण्ट बजने लगे; नगाड़े घनघनाने लगे और आरती गगन में मन्थर नृत्य करने लगी। पद्मपाद के नयन उन्मीलित होकर मानो आरती के उल्लास आलोक में खो गये। पद्मपाद ने मन ही मन पुकारा- "हे महाकाल! हे प्रभो-देवाधिदेव! मैं आह्वाहन-विसर्जन-पूजन आराधन कुछ भी तो नहीं जानता। देव! मैं आपका प्रजापराधी हूँ। आप ही ने, प्रभो! नृसिंह स्वरूप में मुझे दर्शन दिये हैं- तभी से मैं आपका दासानुदास होकर श्री गुरु-चरणार्विन्दों में पड़ा हूँ। आप ही नृसिंह अथवा महादेव के रूप में जगद्गुरु शंकराचार्य के स्वरूप में पृथिवी पर जगद् कल्याण के लिये अवतरित हुए हैं। आप ही ने शारीरिक भाष्य का जगद्गुरु शंकराचार्य द्वारा अवतरण किया है- आप ही ने मुझे उस पर टीका लिखने की मेधा और मति दी है। कापालिक की हत्या? हां, जगदीश्वर इस शरीरी ने की है- कापालिक वध्य था। वह इस कल्प के कलिकाल के उत्तम पुरुष जगद्गुरु शंकर की बलि चढाना चाहता था- नर बलि यों ही जघन्य है; त्याज्य है-दण्डनीय है। उपरान्त यह पवित्र को पवित्र करने वाले आदित्य सन्यासी शंकराचार्य के पुनीत देह की बलि और वह भी सिद्धियों के द्वारा जगत के ऐश्वर्य सत्वाधिकार में लेने के यज्ञ में। महादेव! आप तो छुड़वाते हो; आसक्ति के कीच को अपने जटाजूट में मुस्कराती हुई ज्योति-गंगा से धो डालते हो। आप ही तो जीवात्मा की मुक्ति के मार्ग पर आरूढ़ करवाते हो। आप ही तो तारक मंत्र सुना कर महाप्रेत जीव को कल्पों के कर्म-बंधन से मुक्ति देते हो। हे महादेव! ब्रह्मा द्वारा सृजित, विष्णु द्वारा पालित-पोषित इस सृष्टि को नव चैतन्य प्रदान तो

आप ही करते हो। आप ही घोर पाप से जीव को उबार कर उसको कल्प-कल्पों तक पुण्य का उत्साह प्रदान करते हो; आप ही पुण्य के क्षय से जीव को परित्राण देते हो- जीव आप ही के अनुग्रह से कर्म- पाश से विमुक्त होता है। हे जगदम्बे! कापालिक की हत्या का घोर पाप मैंने किया ही है, तो आरती की यह शिखायें भभक कर मुझे भस्म कर दें। अपना क्रुद्ध लोचन खोल और मुझ पापात्मा को जला दे, हे प्रलयंकर! आरती पद्मपाद के हाथों में जकड़ी-पकड़ी स्थिर हो गई और पद्मपाद के नयनों से आँसुओं के मोती टूट-टूट कर बिखरने लगे। पद्मपाद को लगा; वह असीम-निस्सीम के अनन्त में डूब रहे हैं- तैर रहे हैं। जैसे सर्पों से भरा वह अपार अपरम्पार था- आदि अन्त हीन अगाध था। वह जैसे उस तमार्णव में डूबते और ऊबकते हुए सर्पों से भरी भांवरियों में चक्करा रहे थे। तब, यह-यह क्या कर्म गतिविधि के सर्प-कुण्डल हैं? क्या है यह? "अवश्य यह काल स्वरूप महादेव को दिव्य दृष्टि की अपरम्पार व्याप्ति है, पद्मपाद! जैसे सुदूर से गुरुदेव ने पुकार कर कहा- "वत्स! यह अदृष्ट अपूर्व है- काल का अगाध। सुना!"

उस तन्द्रिल शून्य-एकान्त में पद्मपाद ने सहज ही परावाक् में स्वयं से ही कहा- "हूं। अपूर्व? अदृष्ट-काल? कर्म क्या?" दूर-दूर सुदूर से आचार्य शंकर का जलद गंभीर स्वर जैसे सुनाई दिया- "सृष्टि, स्थिति और लय यही काल गति है; काल गति कर्म विपाक् है- जीजिविषा, जीवन-चेतना की अभिव्यक्ति, वत्स! काल की यह अपूर्व अदृष्ट गति-विधि ब्रह्म का एकोहम् बहुस्याम शिव-संकल्प है- शक्तिवान सगुण ब्रह्म का स्वयं चैतन्य।"

"कर्म-बन्धन, तब?" जैसे शाश्वत अनादि जीव ने पूछा।

"इच्छा, वत्स! ब्रह्म की इच्छा-यही अज्ञान है और इसी अज्ञान से काल और देश, भूत तथा तत्व आविर्भूत होते हैं- अव्यक्त और व्यक्त-किन्तु यह कर्म-गति जीवात्मा की इच्छा पर ही निर्भर है।" कोई साक्षीवत् बोला।

"जीव?" मानो अनादि जीव ने स्वयं से ही प्रश्न किया।

"ब्रह्म का प्रतिबिम्ब-बिम्ब-प्रतिबिम्ब।" मानो त्रिकाल ने ही कहा- "पद्मपाद! शिव ही कर्म- बन्धन से मुक्ति देते हैं।"

"शिव।" उस अथाह निविड़ में किसी ने मानो आह भरी- "यह काल, यह कर्म-गति-अदृष्ट, अपूर्व, संचित, प्रारब्ध क्रियमाण, जीवन-मरण-जनन-मरण।" पद्मपाद को लगा, उस आलोकित स्वयं ही गूंजते-गाजते तमार्णव की अदृश्य अवाक् दिशायें अनन्य दिव्य विमर्श से भी भरी हुई हैं-यही क्या काल

की ऊर्जस्वित व्यक्त ऊर्जा है? काल है; कर्म है-कर्म गति, कर्म विपाक है, है, है, पद्मपाद! यह काल महा महान सर्प है, जो सर्व व्यापक शिव को लिपटा हुआ है किन्तु क्या यह काल का अविराम गुज्जान स्वयं ही है? स्वयमेव है? है तो। गुरुदेव! एक चीत्कार सी पद्मपाद की चिदाकाश में उठी।

पद्मपाद ने गर्जना सी की- "शिव शम्भो! इस काल-सर्प से मुक्त करो देवाधिदेव!" आरती लड़खड़ी; थमी; पुनः अरभराई। पुजारी ने झपट कर आरती पद्मपाद के हाथों से छीन ली। कहा- "हे काल हस्तीश्वर! यह क्या खेल है आज, शिव शम्भो! सदाशिव!"

पद्मपाद जाग्रत होते हुए बोले- "मैं कर्म बीज को ही नष्ट करूंगा-यह कर्मेच्छा! नहीं, कदापि नहीं।"

पुजारी ने आरती शान्त करते हुए कहा- "कर्मेच्छा? नष्ट करेंगे आप?"

"क्यों नहीं?" पद्मपाद ने स्वस्थ होते हुए कहा- "मैं ब्रह्म हूँ- सत् चिदानंद चैतन्य! काल मेरा भू-भंग है, पुजारी।"

पुजारी सहसा ठठाकर हंस उठा; सिर धुनकर बोला- "यह विधाता का अविराम सदैव का बन्धन है। मुक्ति? क्यों? यह शिव शम्भो हैं; जगदम्बा पार्वती है- उनकी निशि दिन पूजा करते रहना चाहता हूँ। जीव शिव-स्मरण के अतिरिक्त और क्या कर सकता है? और क्या करेगा? जगत को देखते नहीं क्या? यह तो पल-पल का खेल है-खेल।"

पद्मपाद ने पुजारी की श्वेत उरझी हुई भवों को दृष्टि से तौलते हुए कहा- "कल्प कल्पों से जगत को ही तो चाटता रहा हूँ। जन्मता मरता, पुनः जन्मता रहा हूँ। अब बहुत हो चुका यह नाश का भ्रम भरा खेल, पुजारी।"

पुजारी ने तनिक विहंसते हुए कहा- "नाशवान ही सही, यह खेल क्या जीव के बस की बात है? जीव एक भोक्ता दास है- अल्पज्ञ दासानुदास, महादेव!"

पद्मपाद ने विसर्जित होते हुए विहंस कर कहा- "जीव? जगत? है ही नहीं, था ही नहीं-होगा ही नहीं। यह अज्ञान का अध्यास है, महाशय। ओह पुजारी जी! आपने ही यह ऊहापोह आरंभ किया है। मैं? पापी? हत्यारा, कुकर्मी, कलंकी- मैं, जीवात्मा। बस।"

फिर पद्मपाद ने शिव लिंग को प्रणिपात करते हुए कहा- "अनुग्रह करो, महादेव! यह कर्म-बीज ही कट जाय-काल मुझ चिदानंद आत्म स्वरूप को बाँधेगा? देख लूंगा, प्रभो! शक्ति दो। माता पार्वती के प्रगाढ़ आलिंगन में

बद्ध! हे शिव-शम्भो! श्री गुरु चरणों में शरणागत इस जीव को कर्म-बन्धन से मुक्त करो। अपने तिलोचन से मेरे अनादि-आदि के पापों को जला दो। मेरा संचित गला दो; मेरे क्रियमाण का योग क्षेम संभाल लो। देव! किसकी शरण में जाऊं? जगद्गुरु की शरण में हूं- तो क्या तेरी शरण में नहीं हूँ? जगद्गुरु शंकराचार्य तो तू ही है। महादेव!"

काल हस्तीश्वर के मन्दिर के बाहर पद्मपाद अपनी मण्डली सहित बैठ गये। चारों ओर देख कर श्री विष्णु शर्मा से बोले- "इस पुजारी ने भय त्रस्त कर दिया, बन्धु! तब क्या हत्या के जघन्य कर्म का फल मुझे भोगना ही होगा?"

श्री विष्णु शर्मा ने कहा- "शास्त्र कहते तो यही हैं।"

"किन्तु गुरुदेव यह नहीं कहते, भला।" पद्मपाद ने सिर धुन कर कहा- "वही कर्म बांधता है, जो मोह से, राग से- आसक्ति से किया गया हो। स्वयं श्री गुरुदेव मृत राजा अमरुक के देह में स्थित हुए- हुए न? क्या उस कर्म ने उनको बाँधा? नहीं।"

श्री विष्णु शर्मा ने सहज ही कहा- "आप श्री जगद्गुरु के शिष्य हैं; स्वयं शंकराचार्य नहीं हैं। मैं भी यही समझ गया था।"

पद्मपाद ने कहा- "मैं परमात्मा को प्राप्त कर रहूँगा, बन्धुवर्य!"

श्री विष्णु शर्मा ने निसास रखते हुए कहा- "शंकर को देखते ही मैं भी यही चाहता था। चटपट सन्यास दीक्षा ले लूं और ब्रह्मज्ञ हो जाऊँ- ब्रह्म साक्षात्कार कर लूं किन्तु मुझे अब पता चला, मैं संसारासक्त एक जीव भर हूँ। तीर्थों में घूम कर देख लिया।"

"क्या?" पद्मपाद ने पूछा।

"तीर्थ भी एक संसार है, श्रीमन्!" श्री विष्णु शर्मा ने कहा- "भयभीत जीव संकट, आपदा-विपदा से बचने और सुरक्षा तथा योग क्षेम के लिये ही तीर्थाटन करता है। कातर जीव की इस अवाक् विकलता से पण्डे पुजारी मनमाना लाभ उठाते हैं। यह जीवन एक व्यापार नहीं तो क्या है? बुद्धि की कुशलता और मन का मोह भर यह भव-संसार नहीं है क्या? है।"

पद्मपाद ने खीझते हुए पूछा- "क्या चाहते हैं आप?"

"मैं क्या चाहता हूँ?" श्री विष्णु शर्मा ने तीव्र स्वर में पूछा- "मैं मौत चाहता हूँ- और क्या चाहूँगा। विलक्षण जगत है यह; विचित्र भव-संसार है यह। मैं पूछता हूँ क्या यह सृष्टि मेरी बनाई हुई है? मैं पालता-पोषता हूं

इस मायामयी को? क्या मैं नाश करता हूं इसका? नहीं- मैं जीव कर्म की चक्की में पिसता रहता हूँ- मैं एक जीवन का सतत् दुर्भाग्य नहीं तो क्या हूँ? मैं आत्मा हूँ- ब्रह्म; तब फिर यह कालाच्छन्न क्यों, कर्म-बन्धन क्यों?"

पद्मपाद ने शान्त गंभीर स्वर में कहा- "ऐसा लगता है; ब्रह्म से कहीं रमणीय ब्रह्म की माया है।"

"ब्रह्म से कहीं अधिक रमणीय ब्रह्म की माया?" श्री विष्णु शर्मा ने तनिक बिब्बोकपूर्वक कहा।

"अवश्यमेव।" पद्मपाद ने कहा- "ब्रह्म के एकोहम् बहुस्याम शिव-संकल्प से आविर्भूत यह अज्ञान जन्य है और नहीं है माया। सर्वान्त में गहनातिगहन और रमणीय, मनोरम्य तथा अत्यन्त सुखद अनुभव है। जीव जैसे इसी सरस मृग-मरीचिका में विहार करने के लिये ही भवेच्छा से पीड़ित है। कर्म तो इस माया को इन्द्रियों में भरने पूरने के लिये ही है। आश्चर्य है यह माया-जो है, वह नहीं है जैसे और जो नहीं है, वही है जैसे।"

श्री विष्णु शर्मा ने कह दिया- "मिथ्या, भ्रम-स्वप्नवत् ही तो है यह इदम्-माया!"

पद्मपाद ने रोम-रोम में जाग्रत होते हुए कहा- "नहीं, यह माया परम् सत्य की यथार्थ धारणा है- ज्ञान में निहित अज्ञान। क्या अज्ञान से आविर्भूत यह मोहिनी माया अपने अविराम काल प्रवाह में नित्य नवीन नहीं है? क्या यह संजीवनी से पूर्ण आशा की अनन्त निरन्तर चेतना नहीं है? यही तो अनन्त कोटि प्राणियों के जीव-चेतन को अनेक भव-शरीरों में भरे रखती है! यही वह परात्पर चिति ब्रह्माणी है, शिवा, जो सृष्टि, स्थिति और लय की यह रसभरी, राग भरी, माया प्रणीत लीला करती रहती है- यह ब्रह्म की सर्व समर्थ धारणा है-"

"तब सत्य नित्य और अनित्य- दोनों है?" विष्णु शर्मा ने पूछा।

"है, है भी, नहीं भी। यह है- नहीं धारणा ही अज्ञान का मूल है। जो है नहीं किन्तु होता है, हुआ है, होता रहेगा-यही तो यथार्थ सत्य है, इन्द्रिज ज्ञान से प्रमाणित तथा ज्ञेय के अध्यास से उद्भवित। यही गुरुदेव शंकराचार्य का मत अपने परवर्ती गुरुओं से विलक्षण है।"

सभी चुप हो गये। मन्दिर के पुजारी ने उस तनिक से संघ को प्रसाद अर्पित कर दिया था और सब इतस्ततः पड़ गये थे। अब चन्द्रमा कुछ शेष कलाओं के विकास के लिये आतुर मन्द-मन्द मुस्करा रहा था। आकाश

में स्वर्ण-मुखरी समाये जा रही थी और सुदूर काञ्ची की ओर वृक्ष घटायें घनी हरी कालिमा की पंक्तियाँ क्षितिज के वन्दनवार की भाँति झीम रही थीं। उस पल-पल प्रवाहित काल के नयन शिथिला कर बन्द होने लगे थे और वह अपने ही अनन्त शून्य में डूबने लगा था। पद्मपाद पद्मासन बाँध कर ध्यानस्थ बैठ गये- "तब गुरुदेव ने हस्तामलक को ही अन्ततोगत्वा श्रृंगेरी का आदि आचार्य प्रतिष्ठित किया ही- उस महिम सुरेश्वराचार्य का क्या हुआ? क्या हो?" पद्मपाद ने स्वयं से ही पूछा- "गुरुदेव इन महाशय से निस्संदेह बड़ा स्नेह रखते हैं- क्यों न रखें? यह सुरेश्वर जी महान मण्डन मिश्र थे न! मीमांसा-धुरन्धर, तर्क वागीश, शास्त्रार्थ-केसरी! महानदी नर्मदा का वांग्मय नृसिंह। वाह्! क्या परास्त किया गुरुदेव ने? यह है जगद्गुरु शंकर का शिव स्वरूप। यह जगद्गुरु अज्ञान से तारता ही नहीं, डूबने भी नहीं देता।" पद्मपाद चित्तवृत्तियों का निरोध करने के लिए मन ही मन एकाग्र होने का प्रयास करने लगे; किन्तु मन मस्त कुञ्जर की भांति विचारों के झुण्डों में विचरने लगा; "तुम्हें क्या मिला, पद्मपाद! सिद्धि मिली? नहीं, रिद्धि? नहीं, तो? हाँ, तुम्हें गुरुदेव की करुणा मिली। किन्तु इस हस्तामलक को पलक में वेदान्त के मनोरथ का साम्राज्य ही गुरुदेव ने दे दिया। श्रृंगेरी के वेदान्त-ज्ञान का मठाधीश- यह परसों का मूढ़ ब्राह्मण-युवा-नवयुवा। आज श्रृंगेरी की दक्षिण आमनाय का व्यवस्थापक, धर्म-धीर और वैदिक वर्णाश्रम धर्म की ज्ञान पीठ का अधिष्ठाता। भाग्य, और क्या? इसे ही क्या गुरु कृपा कहते हैं?"

"अवश्य।" मानो पद्मपाद के गहन में कोई बोला- "यही गुरु कृपा है, पद्मपाद! श्रीमन्!"

एक आकृति पद्मपाद के खुलते हुए नयन के सामने स्पष्ट हुई। पद्मपाद ने जाग्रत होते हुए देखा और पूछा- "तुम?"

आकृति जैसे चांदनी के प्रथम उल्लास में धुली तथा स्त्री-मूर्ति में निकल आते हुए बोली- "मैं तुम्हारे जीजा और मेरा कुटुम्ब। क्यों सनन्दन!"

पद्मपाद, आचार्य पद्मपाद, ने अवाक् ठक् सा होकर अपने पूर्वाश्रम की भगिनी तथा उसके कुटुम्ब को चन्द्रिका की रूपहली रश्मियों से बनी छवियों की भांति देखा- निहारा। कुछ श्यामल, कुछ गौर वह भगिनी पद्मपाद के पास सहज ही उपविष्ठ हो गई और उसने अब प्रसरती हुई सौम्य शान्त उल्लास भरी चांदनी में वृक्ष की घटा की छाया में पद्मासन पर बैठे हुए अपने भाई

को देखा। वह जैसे रूपहले मुक्ताहल में डूबी हुई प्रतिमा सी ठिठक-ठिठक कर अपने इस भाई को देख रही थी और उन गहरी काली पलकों से अब मोती झरने लगे थे। गद् गद् स्वर में वह बोली- "माँ तुम्हें स्मरण करती हुई चली गई। न जाने कहाँ? पिताजी! परिव्राजक हो गये, मर गये। तुम भिक्षुक और मैं? उस सज्जन पुरुष के आश्रम में चली गई। मातुल ने मेरा हाथ उस पुरुष के हाथों में दे दिया। सुखी हूं; परन्तु सनन्दन?" बहिन ने अपने श्याम-ताम्र वर्णी सरोज पाणि से अपने नीलकमल के से नयनों को ढंक लिये- "किन्तु तुम कहाँ हो, सनन्दन, मेरे भाई!"

सहसा सहज ही उत्तर जैसे पद्मपाद के मुख से फूटा- "यहीं हूं। मैं।"

भगिनी ने आंसुओं की झिलमिल से अपने भाई को घूरा; कहा- "मामा और उनका परिवार बचा है, भाई! मैं और मेरा यह कुटुम्ब-ससुराल का परिसर है, बस।"

तनिक चुप्पी; सहसा पद्मपाद ने पूछा- "तुझे कैसे पता चला मैं यहाँ हूं? तिलोत्तमा!"

"वाह्।" तिलोत्तमा ने कहा- "हाथियों के पांवों की धसक से उड़ी धूल की भांति तुम्हारी गाथा तुम्हारे आगे-आगे धंसी आ रही है। वह काञ्ची भी धँस आई। तुम्हारे वह जीजाजी हैं न, यों तो राज्याधिकारी हैं; किन्तु साधु-सन्तों के विषय में दत्त-चित्त सज्जन भी हैं। मैं इनकी दासी हूँ; परन्तु यह मुझको जीवन संगिनी मानते हैं। मैं, एक अनाथ अबला-इनकी जीवन-संगिनी? नहीं, सनन्दन! मैं कुपुत्री हूँ; पिता को घर त्याग कर संसार में भटकते हुए रोक नहीं सकी। पुत्र पिता की सद्गति का आधार है, परन्तु...."

पद्मपाद ने पद्मासन खोलते हुए कहा- "पूत कपूत निकल गया; घर से भाग गया, यही न! तू तिलोत्तमा! यह क्यों नहीं सोचती, मैं सद्गुरु की खोज में घर से भागा था।"

"माता-पिता, भाई-बहन, परिवार, पुरजन, परिजन-किसी की भी तुमको पड़ी नहीं थी तब?" तिलोत्तमा ने आंसू पी जाते हुए पूछा- "सद्गुरु की खोज। यह अच्छी खोज रही। पिताजी-मां सिधार गये, मामा के यहां अपन बड़े हुये। किन्तु तुमको क्या? श्राद्ध मामा ने किया। मेरा पीहर तो उजड़ गया। यह किया तुमने। बड़ा ज्ञान कमाया, सनन्दन मामा न होते तो क्या होता?"

"तिलोत्तमा! आज इतने अतीत के पश्चात् यह व्यंग मुझको क्यों सुनना पड़ रहा है?" पद्मपाद ने तनिक तीव्र स्वर में पूछा।

“इसलिये कि ज्ञानियों के लिए भव-संसार के रक्त सम्बन्ध हास्यास्पद और व्यर्थ मायामोह हो सकते हैं। हम अज्ञानी सांसारिकों के लिये नहीं। तुमने नहीं सोचा, मैं एक अनाथ अबला स्त्री पीहर और ससुराल का बोझ कैसे उठाऊंगी? तुम निस्संदेह एक लण्ठ साधु-जोगटा भर हो!” तिलोत्तमा ने कहा।

“तिलोत्तमा!” पद्मपाद ने कहा- “मैं जगद्गुरु शंकराचार्य का विश्रुत शिष्य हूँ; जोगटा नहीं, समझी।”

तिलोत्तमा हँसी, मानो विषाद अरभरा गया हो; बोली- “जो पुत्र पिता की सद्गति के लिये और वंश वृद्धि के लिये नहीं होता, वह जोगटा नहीं तो क्या है? माता-पिता के चले जाने पर मैं और तुम मातुल नहीं होते तो क्या बड़े होते? मामा ही हमारे सच्चे माता-पिता सिद्ध हुए। तुमने तो पिता और माता-दोनों के कुटुम्बों को त्याग दिया। क्या तुमको यकायक वैराग्य हो गया था, जो घर-बाहर से भाग खड़े हुए।”

पद्मपाद ने ऊर्ध्व स्वांस भरकर कहा- “मुझको जन्मा, तब से यह सब अच्छा नहीं लगता था-भाता न था।”

तिलोत्तमा म्लान हँसी, बोली- “गृहस्थ जीवन तुमको भाता नहीं था, यही न? एक भिक्षावृत्ति पर पलने वाले समष्ठि के भार स्वरूप एक भिखमंगे का जीवन तुमको तब अच्छा लगता था-भाता था और अब?”

“अब?” पद्मपाद ने गर्वपूर्वक कहा- “अब जगद्गुरु शंकराचार्य का मैं शिष्य हूँ; उनका मनोनीत आचार्य हूँ। नृसिंह मंत्र सिद्ध में वेदान्त का बटुक हूँ।”

“और कापुरुषों तथा कातरों की भीड़ से घिरे हुए एक गुरु भी हो।” तिलोत्तमा ने मुंह मरोड़ कर कहा, “सनन्दन! अब भी मान जाओ; मैं तुम से एक दो वर्ष ही सही बड़ी हूँ। मां के देहावसान के समय मैंने ही तुमको छाती से लगा कर सान्त्वना दी थी। तुम मां के जाने के बाद मेरे साथ ही मातुल के यहां आये थे-पिताश्री तो मां के मरने के बाद तुरन्त ही चले गये। रात के अंधेरे में उनका पता ही न चला। अब भी मेरी मानो, गृहस्थ होकर स्वस्थ, प्रामाणिक एवं सुखद जीवन जीओ। वानप्रस्थ हो अथवा संन्यास, गृहस्थाश्रम ही इस जगत का एकमात्र आश्रम है। इस आश्रम में वंश वृद्धि होती है, साधु सन्त अभ्यागत ब्रह्मचारी सभी पलते हैं। चौरासी लक्ष योनियों का योग-क्षेम। इसी गृहस्थाश्रम पर निर्भर है।”

पद्मपाद ने झीमती हुई चांदनी में देखा; मानो स्मृति साक्षात् अवतरित होकर सामने खड़ी है। पद्मपाद ने तनिक शिथिलाते हुए कहा- "तू मुझको यों......"

तिलोत्तमा ने आंचल से आंसू पोछे; बोली-"दुःखी करने आई हूँ-यही न? नहीं तो। तुम्हारे गुरुदेव जगद्गुरु काञ्ची पधार रहे है। उन्होंने तुम्हारे जीजा को भेजा है-तुमको काञ्ची पहुँचना है। सोचा सब चलें; बालक अपने सन्यासी मामा को देख तो लें।"

"गुरुदेव ने काञ्ची बुलाया है, मुझको?" पद्मपाद ने जैसे स्वयं से ही पूछा- "क्यों?"

तिलोत्तमा के पति अब जैसे पास आकर जागे; बोले- "कामकोटि पीठ की स्थापना होगी। उभय भारती-सरस्वती की प्राण प्रतिष्ठा होगी-इसलिये।"

"उभय भारती की प्राण प्रतिष्ठा?" पद्मपाद ने चांदनी में डूबे मौन आकाश से पूछा-"अच्छा! गुरुदेव! आपकी माया भी ब्रह्म की माया के समान ही प्रतीत होती है। मामा कैसे हैं?"

तिलोत्तमा ने सहज होते हुए कहा- "कुछ दिनों पूर्व सन्देश था, ठीक हैं। मामाजी गुरो मत के निष्ठ प्रचारक हो गये हैं। नर्मदा तट के मण्डन मिश्र की पराजय के बाद मामा और उनका विद्ववत् संघ जैसे तिलमिला उठा है। स्मृतियों की अखण्ड कर्म-परम्परा तथा स्वर्ग के परम् सुख के सिद्ध लक्ष्य के विपरीत मामा जैसे कुछ भी सुनना नहीं चाहते- सुन नहीं सकते। तुम्हारे जगद्गुरु शंकराचार्य के मत से मामाजी अप्रसन्न ही नहीं, निगड़ विरुद्ध हैं- शंकर वेदान्त का एक सूत्र भी वह सह नहीं सकते।"

पद्मपाद ने पूछा- "ऐसा? क्यों?"

तिलोत्तमा अब कुछ हंसी; बोली-"मैं क्या जानूं? मैं तो अपने इस छोटे से भव-संसार को जानती हूं। धरती को जानती हूँ; आकाश को मानती हूँ-स्त्री हूँ, यही मुझे ज्ञात है। अबला।"

पद्मपाद ने अब हँस कर कहा- "अरे, तू तो आचार्य हो गई हो-गार्गी और क्या? तुझको अबला कौन कहेगा भला?"

"अबला नहीं तो और क्या है, स्त्री?" तिलोत्तमा ने तीव्र अमर्ष-पूर्वक कहा- "आदर्श बखानने के लिये तो स्त्री को बड़ी महिमा प्रदान की गई है। स्त्री जहाँ बसती है, वहाँ देवता रमते हैं। स्त्री मां है; जननी है, देवी है- परन्तु....."

"परन्तु क्या?" तिलोत्तमा के पति ने हंस कर पूछा।

"तुमको लक्ष्य कर मैं कुछ भी नहीं कहना चाहती-नहीं कह रही हूं।" तिलोत्तमा ने कहा।

पद्मपाद ने निस्वास रखते हुए कहा- "यह तो मुझको सुना रही है, महादेव!"

तिलोत्तमा ने मानो छूटते ही कहा- "स्त्री, अबला और किसे सुनायेगी, सनन्दन! पिता को, मां को, भाई को तथा पति को ही तो अपना सुख-दुःख सुनायेगी। पिता और माता नहीं रहे-भाई जैसा भाई है; परन्तु वह मुझको विजन में छोड़कर चला गया। मामा अन्ततोगत्वा मामा है-वह सहोदर भाई हैं क्या?"

पद्मपाद ने स्वयं से ही कहा- "तिलोत्तमा, सभी प्राणियों के हृदय गहन में प्रभु छिपे बैठे हैं। यह सब ब्रह्म का ही लीला विलास है-ब्रह्म! जीव? आत्मा का स्वयं कल्पित भ्रम मात्र है। प्रारब्ध काटना है जीव को-काटना ही होगा। तू जब सुखी है, तब यह पीड़ा क्यों सह रही है रे?"

तिलोत्तमा ने आर्द्र स्वर में कहा- "पति मेरा सौभाग्य है; भाई मेरा गर्व है, माँ मेरा विश्वास तथा पिता स्त्री का आश्रय है। तू क्या समझेगा, गृहस्थ के इन गहरे रक्त-सम्बन्धों को? यह सब तत्त्ववेत्ता जिसको मोह-माया कह कर त्याज्य बताते हैं, वह समस्त माया-मोह ही तो जगत है; भव-संसार है। भव-बन्धन रक्त के राग-बन्धन हैं और यह जगत? भव-सन्ततियों के लिये ही है। मामा तुम्हारे इस सर्वम् खलु इदम् ब्रह्म को नहीं मानते। संसार से कातर, पुरुषार्थ के कापुरुष और कर्म के क्लीव ही माया को तुच्छ तथा जीवन की ऋद्धि-सिद्धि को त्याज्य मानते हैं। क्या कर लिया तुम जोगियों-ओलियों ने? क्या मानव का दुःख एक रत्ती भी कम हुआ? यह अज्ञान मिटा? दारिद्रय दूर हुआ? नहीं तो-संन्यासियों ने कर्महीनों को गृहस्थ त्यागने का अवसर ही दिया।"

पद्मपाद मुस्कराये- "किन्तु ऐसा लगता है तू शास्त्र को, स्मृति को जानती है।"

तिलोत्तमा ने विजय गर्वपूर्वक कहा- "तेरे भाग जाने के बाद मैंने मामा को उनके तत्त्वोपदेश सुन-सुन कर रिझाए रखा जो है। मामा की संगति में अनेक विद्वानों को सुना है।"

"तुझे श्रुत-ज्ञान है तब!" आचार्य पद्मपाद ने तनिक विहँसते हुए कहा- "किन्तु शास्त्र क्या कहते हैं, स्त्री को वेद-ज्ञान...."

“नहीं दिया जाय।” तिलोत्तमा ने बीच ही में कहा- “तो क्या मामा ने मुझे वेद का एक मंत्र भी सुनाया है? नहीं तो। शास्त्र तक को छूने नहीं दिया। मैं तो स्मृतियों की एक जिज्ञासु श्रोता हूँ। स्त्री क्या है, भाई! स्मृति है-जीवन के शाश्वत धर्म की धुरी है! इस जगत और भव-संसार का आधार तुम्हारा वेदान्त हो सकता है किन्तु संसार की गतिविधि स्मृति ही है-धर्म, धर्म-जिज्ञासा-धर्म पालन-धारण यही तो इस मृत्यु लोक में मानव का जीवन है।”

“यही तो।” पद्मपाद ने कहा- “तू ठीक समझ गई है रे!”

तिलोत्तमा ने गद्गद् स्वर में रो पड़ते हुए कहा-अब मेरा भाई बोला है, जोगी-जती नहीं।”

2

ब्राह्म मुहूर्त होते ही आचार्य पद्मपाद काञ्ची की ओर चल दिये। तिलोत्तमा ने रथ प्रस्तुत कर कहा था- "अपने जीजाजी के साथ रथ में बैठ कर चल, सनन्दन!" किन्तु सनन्दन ने सिर धुना कर कहा था- "मैं सनन्दन नहीं हूं; तिलोत्तमा! मैं एक अनादि जीव हूँ-संसार का भगोड़ा ही तो। श्री गुरू चरणों की कृपा से ही मैं आचार्य पद्मपाद कहा जाता हूँ।" आचार्य पद्मपाद!" तिलोत्तमा ने अपने विद्युत् कान्ति से भरे दांतों को अचकचा कर मन ही मन मानो कहा- "आचार्य शंकर! उत्तर आपको देना है।"

पद्मपाद के चरण तनिक थमे- "उत्तर आचार्य गुरूदेव को देना है तुझे?"

तिलोत्तमा ने रथ पर बैठते हुए कहा- "संन्यासी से ही जगत प्रश्न करता है; भव-संसार उत्तर मांगता है। रथ पर नहीं बैठेगा? मत बैठ। कातर, प्रमादी और कापुरुष क्या कभी घर लौटते हैं? लौटे हैं? तू तो मठाधीश होगा-मठाधीश।"

पद्मपाद ने आघात सहते हुए कहा- "स्त्री क्या है, यह आज जान गया।"

"स्त्री तेरी मां, भार्या, कान्ता, सखी, सेविका और स्वामिनी होती है- स्त्री को जान गया, तू? तेरे और मेरे बाप-दादा पितृ, सुर, मुनि कोई भी स्त्री को जान पाया है क्या? स्त्री से भाग कर बचना एक बात है, स्त्री को जानना दूसरी बात है, सनन्दन!"

श्री विष्णु शर्मा ने अब कहा- "आचार्य पद्मपाद!"

तिलोत्तमा ठठा कर हंसी-"आचार्य पद्मपाद, लण्ठ भारती।"

आचार्य पद्मपाद मानो एक जड़ीभूत शून्य में उतर आये। यह-यह तिलोत्तमा सहोदर के रक्त की चेतना से ही यह व्यंग कर रही है-मुझे सुना रही है। यह स्त्री मुझे कायर, कापुरुष, भगौड़ा, लण्ठ और क्लीव कहते नहीं थकी। नारीत्व का इतना-ऐसा अहम्। पद्मपाद ने शान्त सम स्वर में कहा- "आचार्य पद्मपाद नहीं, सनन्दन लण्ठ भारती था, तिलोत्तमा! अब तुम प्रसन्नतापूर्वक जाओ- मैं तो एक परिव्राजक हूं, भारत भूमि के तीर्थों का यात्रिक हूँ। काञ्ची पहुँच जाऊँगा।"

तिलोत्तमा रथ में प्रविष्ठ हुई; उपविष्ठ होते हुए बोली- "सनन्दन! मैं जानती हूँ तुमको ज्ञान नहीं हुआ है-तुम आज भी अज्ञान में सोये हुए एक मूढ़ जीव मात्र हो-हम जैसे। तीर्थों के यात्रिक तुम अवश्य हो। गुरुदेव जैसे गुरु पाकर भी तुमको तीर्थाटन की इच्छा हुई-क्या यह प्रमाण नहीं है कि मन में आज भी तुम एक कातर संसार-वासी हो। अब भी कहती हूँ, यह आचार्यत्व का आडम्बर त्याग दो। सन्यासी का यह पुनीत वेश उतार दो और सीधे-सादे सज्जन गृहस्थ बन जाओ...."

पद्मपाद ने सहसा अट्टहास्यपूर्वक पूछा- "मुझको गृहस्थ बनाने की पूरी आराधना लेकर आई हो क्या?"

"अवश्य।" तिलोत्तमा ने कहा- "जगद्गुरु के समक्ष तुमको खड़ा कर मैं तुम पर सन्यास का आडम्बर रचाने का दोषारोपण करूंगी।"

घर घर घर्ररर रथ चल दिया। तिलोत्तमा के पतिदेव अब बोले- "तुम्हारा यह कैसा बरताव था, सुमुखि?"

"आवश्यक था।" तिलोत्तमा ने पद्मपाद की ओर देखते हुए कहा- "तुम ठहरे राज्याधिकारी! तुमको उचित अनुचित व्यवहार की चिन्ता होती है, हमें नहीं। हम स्त्री हैं, मुंह खोलती हैं, तो पूरा खोलती हैं। स्त्री द्विजिव्हा नहीं होती।"

"किन्तु सुमुखि! आचार्य पद्मपाद भारत विश्रुत सन्यासी हो रहे हैं।" तिलोत्तमा के पति ने कहा- "उनके शिष्यों और सेवकों के समक्ष तुमने अयोग्य व्यवहार किया है-सुन लो।"

तिलोत्तमा ने भवें तरेरीं; मुंह बिचकाया, बोली- "चुप भी रहो। मैं अपने भाई की राई-रत्ती जानती हूँ। तुम सत्संग किया करो, समझे। यहां कुसंग ही सही। देखते नहीं, मामा वृद्ध हो रहे हैं-कौन संभालेगा उनकी भरी-पूरी गृहस्थी को? सनन्दन अथवा मैं! तुम क्या मुझे जाने दोगे..."

तिलोत्तमा के पति ने निःसास रख कर कहा- "तुमने मुझे त्यागा नहीं कि मैंने भी सन्यास लिया नहीं।"

तिलोत्तमा हँसी; बोली- "तुम और सन्यास? तुम्हारा बस चले तो तुम और विवाह कर लो। तुम जितने सज्जन हो, गम्भीर हो उतने ही रसिक प्रिय भी हो। मैं? मैं तो कठोर धरती हूँ-जल की धारायें बहाती हूँ। पुष्पों में खिलती हूँ किन्तु धरती हूं।"

"तुम एक मर्यादा विरोधिनी नारी हो।" पतिदेव रमाकान्त जी ने कहा- "एक नग्न नारीत्व तुम हो।"

"तभी तो तुमको सुख दे सकती हूँ।" तिलोत्तमा ने कहा- "रथ रोको। अरे हां, तुम उस लण्ठ भारती के साथ ही आओ। समझे? नहीं समझे? तो समझ लो! उतरो, अपने आचार्य पद्मपाद के साथ चलो।" रमाकान्त त्रिवेदी रथ से उतर आये। खोये-खोये से श्री रमाकान्त त्रिवेदी आचार्य पद्मपाद को संघ सहित अपनी ओर आते हुए देखते खडे रहे। ब्राह्म मुहूर्त की वायु कुक्कुटों की प्लुत कुकड़े कूओं से गमक कर ध्यानस्थ ऋषियों की संयत प्राण वायु की भांति बहने लगी थी और संजीवनी को सृष्टि के तीनों पथों से आमन्त्रित कर रही थी। सोम से भरपूर ओस बिन्दुओं में नहाती हुई धरती और नारंगी अरुणा वीर्य से पूर्ण आकाश-दोनों से वायु संजीवनी का पान कर रही थी और जागते हुए प्राणियों के प्राणों में अमूल्य ओज प्रदान कर रही थी। यह प्रभात का ईश्वर का प्रथम प्रसाद था जो वह करुणामय बिना मांगे ही प्राणियों को देता है। पद्मपाद ने गहरा स्वांस भरा और सहज ही सोचा-ब्रह्म की यह माया संजीवनी से पूर्ण परिपूर्ण है तथा यह पीयूष-प्राण मंगलमय है; मंगल जन्य है। पद्मपाद को लगा, कल्पारंभ में तब इसी प्रकार का ब्रह्म मुहूर्त आविर्भूत हुआ था। रात्रि के अन्धकार और दिवस के प्रकाश को पीकर मूक, मूढ़, शून्यवत् कुछ था-तम? जिसमें यह सृष्टि के कल्पारंभ का अरुणोदय हुआ था? पद्मपाद को लगा, ब्राह्म मुहूर्त की यह नवरंगी अरुणाभा है-आविर्भूत हो रही है-सदा परिचित, चिर परिचित यह ब्राह्म मुहूर्त है; अरुणोदय है-प्रभात है। दिवाकर का यह पुरुषार्थ यह दिव्य पराक्रम नवीन नहीं है। पुरातन प्राचीन भी नहीं है। इस दिव्य अरुणाभा में काल के बादल भी उलझे हुए नहीं हैं-एक घनीभूत सिहरती हुई कालिमा तमिस्मता-तम-व्याप्ति-मूढ़ घोर शून्यार्णव की अन्धता जैसे इस दिव्य सूर्य प्रकाश में अन्तर्ध्यान हो जाती है। अन्धकार बिला जाता है। प्रकाश हो आता है-प्रभात। किन्तु रात का अंधेरा क्या मिट जाता है? वह घनी-भूत शून्यवत तम तोम-यह जाड्यान्धकार- अज्ञान का यह अव्यक्त उभार? पद्मपाद सोचने लगे; कितने कल्प इस जाड्यान्धकार में नहीं हैं? असंख्य-असंख्य-अनगिन। कितनी स्थितियां हिल्लोलों की भांति उगड़ती-घहरती रही हैं? अनन्त! और प्रलय? प्रलय ही तो। यह तमार्णव प्रलय का गूढ़ गहनातिगहन शून्य नहीं तो क्या है? यह तब परमात्मा की सतत् अविराम अनादि अन्तहीन अनन्त दृष्टि है-काल-दृष्टि, लोचन? लोचन-तिलोचन-कामारि शिव! कामाधीश्वर, कामाक्षी-शिवशिवा! तब क्या यह तमार्णव शिव शिवा के ज्ञान-विलास का चित्र- पटल है? क्या यह तम

ही था अथवा ब्रह्म की यह काल दृष्टि स्वरूप यह तम प्रभु की छाया मात्र है? पद्मपाद को लगा, वह उस शून्य के अतल में किसी की अगाध आंखों में छविवत् तैर रहे हैं। तभी श्री रमाकान्त ने पद्मपाद के चलते हुए चरण छू कर कहा- "क्षमा, आचार्य!"

पद्मपाद रूके; जाग्रत होते हुए हंस दिये। श्री रमाकान्त जैसे सभी संकोच त्याग कर आचार्य पद्मपाद के साथ हो लिये। उन्मुक्त और भीतिहीन प्रसन्नता उनके चित्त में छाने लगी; पुनः बोले- "हृदय की बड़ी निर्मल है वह-आपके पूर्वाश्रम की भगिनी। स्पष्ट भाषी है; जो अनुभव करती है, कह देती है- मन में कुछ भी नहीं रखती और नहीं गांठ बांधे रखती है।"

आचार्य पद्मपाद ने धरती की ओर देखते हुए कहा- "हूं।"

"आपश्री का वियोग वह सह नहीं सकती, श्रीमद्!" श्री रमाकान्त ने ऊर्ध्व स्वांस भरते हुए कहा- "आप उसके सहोदर भाई जो हैं।"

आचार्य पद्मपाद ने कहा- "था-हूं नहीं, महोदय! संसार को अहम्-मामेकम् की भावना से ग्रहण कर ही नहीं पाता। भव-संसार के सभी सम्बन्ध श्रीगुरु चरणों से मैंने बांध दिये हैं। स्त्री चाहे कोई हो, जननी भी हो, राग या द्वेष से ही बरताव करेगी। आपकी धर्म पत्नी, मेरे पूर्वाश्रम की सहोदरा स्त्री है न? भाई को नहीं सुनायगी तो किसे सुनायगी भला?"

श्री रमाकान्त ने मुस्कराते हुए आचार्य को निहारा और कहा- "स्त्री को सुनाने के लिये पति जो है।"

आचार्य पद्मपाद सहसा हँस पड़े; बोले- "पत्नी पति की भोग्या दासी नहीं है। वह जीवनसंगिनी धर्म-पत्नी है। श्री गुरुदेव का उपदेश है, स्त्री अन्ततोगत्वा पति को ही स्वीकार करती है। पिता, भाई, नाना, दादा, मातुल आदि सम्बन्ध उसके पति के ऐश्वर्य को ही दीप्त करते हैं। तभी तो गृहस्थाश्रम का मानव-जीव के जीवन यापन में ऐसा और इतना महत्व है। प्रणय का पूर्ण परिपाक क्या वात्सल्य में नहीं होता-होता है। मैं सभी सम्बन्ध भूल गया हूं-माँ का नहीं। माँ आज भी मेरी जीवन-चेतना में क्षितिज-रेखा की भांति है। यह है सृष्टि का वात्सल्य, मंगल-करुणा, जो कह लें।"

श्री रमाकान्त ने सुदूर आकाश में किसी को खोजते हुए पद्मपाद को पुनः पुनः निहारा; कहा- "तब वैराग्य क्या? निर्दय भाव है श्रीमद्।"

"वैराग्य न निर्दय है और नहीं सहृदय।" पद्मपाद ने कहा- "अज्ञान के मोह का नाश होना ही वैराग्य है। मैं देह नहीं हूं; प्रारब्ध भोक्ता जीव नहीं हूं-मैं

सच्चिदानन्द शिव हूं-कर्मपाश से मुक्त, भय और भेदहीन अमोघ चैतन्य हूँ- आत्मा।"

आत्मा? रमाकान्त के गहन में ध्वनि-प्रतिध्वनि उठी। "आत्मा।" वह चिहुंके। आचार्य पद्मपाद ने कहा- "कल्पारंभ से ही अपूर्व-अदृष्ट से आविर्भूत जीव आत्मा ही को खोजता रहता है-यह प्रारब्ध भोग आत्मा की पुकार नहीं तो क्या है? इस गूढ़ गहन माया के मूल में क्या सच्चिदानन्द आत्मा स्वयं विस्मृत तम नहीं है? सोचिये, जीव अन्त में मुक्ति-मोक्ष क्यों चाहता है? इस सृष्टि में जीव तृप्त क्यों नहीं होता? सदैव के लिये तुष्ट-सन्तुष्ट क्यों नहीं होता? अनन्त कोटि नाम रूप धारण करने पर भी जीव व्याकुल क्यों रहता है? आकुल भीत वह काल के शून्य में अविराम वह क्या आत्मा को नहीं खोज रहा? प्राणीमात्र, जीव मात्र अन्ततोगत्वा परमात्मा को ही पाना चाहता है- अज्ञान से छूटना चाहता है-भीति मात्र से मुक्त होकर शान्त आनन्दमय अभय चाहता है-जीव शाश्वत निर्विघ्न मृत्यु रहित अमृत से पूर्ण अपनापन चाहता है। नहीं?"

श्री रमाकान्त को लगा, वह अंधेरे अतलों से ऊपर उठ पाये हैं। बोले- "अवश्य। किन्तु यह कर्म-पाश छूटे कैसे? कभी-कभी सोचता हूँ यह भव-संसार बहुत हो चुका।"

"इस भव में मैंने बचपन से ही सोच लिया था-यह भव-भवों का जीवन बहुत हो चुका-अब बस, इतिश्री।" आचार्य पद्मपाद ने रमाकान्त को नयनों में भर लेते हुए कहा।

कुछ दूर आगे रथ रुका; घरघराते हुए पहिये धरती पर गड़ से गये। धूलि उठकर रह गई। श्री रमाकान्त ने रुके हुए रथ को देखते हुए कहा- "तब क्या जीव अलग-अलग विशिष्ट नहीं है? प्रारब्ध का सिद्धान्त जीव के अनेकत्व को ही सिद्ध करता है। एक ही जननी के उदर से आविर्भूत आप और आपकी सहोदरा दोनों एक कहां हैं? दोनों जैसे दो तट हैं; दो स्तम्भ-दो स्कन्द। जीवन चैतन्य की दो अनन्त दिक् हैं। इस सृष्टि को देखते हुए मैं अवाक् सा रह जाता हूँ।"

"अवाक् हो तब तक भय है।" पद्मपाद ने कहा और रथ से उतर कर अपनी ओर तीव्र गति से लौट आती हुई तिलोत्तमा की प्रभात के हुलास भरे प्रकाश में झिलमिलाती हुई रूपाकृति को देखकर कहा- "वह लौट रही है।"

तिलोत्तमा ने पास आते हुए पुकारा- "सनन्दन! सुना?"

पद्मपाद ने एक क्षण तिलोत्तमा को देखा और चलते रहे। तिलोत्तमा पास आ गई-कन्धे से लग कर चलते हुए बोली- "मैं भी सन्यास लूंगी। क्यों न लूं? जब तू पुरुष सन्यास ले सकता है तो मैं स्त्री भी ले सकती हूँ।"

श्री रमाकान्त ने हंसते हुए कहा- "स्त्री भक्तिमति, भगवती हो सकती है-सन्यासिनी नहीं।"

"तुम चुप रहो जी।" तिलोत्तमा ने पति को बंकट नयनों से देखते हुए कहा- "मैं इस सन्यासी से कह रही हूँ।"

पद्मपाद ने विहँसते हुए कहा- "ठीक तो है किन्तु समस्या यह होगी, तुझे सन्यास-दीक्षा देगा कौन?"

"क्यों? तेरे जगद्गुरु जो हैं न!" तिलोत्तमा ने हँसते हुए कहा।

"मेरे गुरुदेव मेरी ही भांति हैं।" पद्मपाद ने कहा- "माता को बलात् त्याग कर घर से ही नहीं संसार से भी भाग खड़े हुए गुरुदेव! गुरुदेव तो सन्यास-धर्म की मूर्ति हैं। तुझे सन्यास दीक्षा देकर क्या वह तेरे घर-संसार को नष्ट करेंगे? नहीं।"

तिलोत्तमा ने सजल नयनों से शान्त गंभीर हठात् से अपने भाई को देखा, बोली- "तो तू चाहता है, मैं मोक्ष प्राप्त न करूं?"

श्री रमाकान्त ने कहा- "सुमुखि! प्रथमतः भव संसार को तो पूर्णतः प्राप्त कर ले-फिर मोक्ष की बात सोचना।"

"तुम भाई-बहिन की पंचात में क्यों पड़ते हो भला?" वह बोली-"यदि मोक्ष ही मानव-जीवन का परम् लक्ष्य है तो मैं अब उसे प्राप्त क्यों न कर लूं?"

पद्मपाद ने हंसते हुए कहा- "अभी तो तू पत्नी हुई है; बेटी और बहू हुई है-जननी हुई है। अभी तो तुझे सासू, नानी, दादी और न जाने क्या-क्या होना शेष है।"

"यह सब हो चुकी-होती आई हूँ।" तिलोत्तमा ने कहा- "अब तो मुक्ति ही चाहूंगी। तूने मेरी आँखे खोल दी हैं।"

"अभी समय नहीं आया है, तिलोत्तमा!" पद्मपाद ने कहा- "समय आया होता तो तू गार्गी की भांति ज्ञान-योगिनी हो जाती। मैं घर से भागा न? तू प्रिय से, पति से-विवाह से ही भाग जाती। मोक्ष पुरुष को ही मिलता है-अगले भव में पुरुष होना।"

तिलोत्तमा ने पद्मपाद को घूरा, कहा- "तब स्त्री मुक्त नहीं होती-पुरुष ही होता है। यह पुरुष का अहम् मात्र है।"

“अहम्!” पद्मपाद ने कहा और चुपचाप चलना जारी रखा। पद्मपाद को लगा, वह जैसे स्वयं से ही प्रताड़ित हो रहे हैं। वृक्ष घटायें जैसे पास आ-आकर दूर-दूर सरक जाती थीं और अब प्रभात का रम्य प्रकाश पुष्प पी चुके थे। लता-वेलियाँ संजीवनी भरे सूर्य प्रकाश में स्नान कर स्वयं ही तुष्ट लजाने लगी थीं और प्रपात जैसे सृष्टि की जाग्रति की समस्त हँसी हँस रहे थे। सृष्टि जाग चुकी थी और ऐसा लगता था उद्भिज पृथिवी के गहरे अन्ध से जीवन तत्व सींचने के लिये सहज ही ध्यानस्थ था। कीट अब रेंगने लगे थे और अपने विचित्र नन्हें शरीरों में जीवन-चेतना के लघु-बिन्दुओं की भांति हिल-डुल रहे थे। पतंग झाड़ियों में भर कर पत्तों को भेदने के प्रयास में लगे थे। अन्न, कीट, पतंग उद्भिज अन्न-पोषण की सहज चेष्टाओं द्वारा व्यक्त हो रहे थे तथा पक्षी उन्मुख उड़ने लगे थे। वृक्षों पर, आकाश में, धरती पर सर्वत्र पक्षियों की चहक होने लगी थी और पशु रात की जुगाली कर अब पुनः मनुष्य के लिये अपने श्रेष्ठ की भेंट अर्पित करने के लिये जाग गये थे। पृथिवी पर प्रभात का जीवन-समारोह सदैव की भांति होने लगा था और मनुष्य? “मनुष्य।” पद्मपाद ने सहज ही सोचा- “मनुष्य! बुद्धिशाली यह मनुष्य प्रभु की नहीं, जगत की ही सोचता है; भव-संसार के भोगों के लिये अटूट परिश्रम करता है। मनुष्य जागता है तो घर में जागता है-अड़ोस-पड़ोस को सूतने के लिये जैसे जागता है। समाज में पटेलाई करने वह जैसे आतुर जागता है-शासन अनुशासन के लिये मन्थर मनुष्य अपने रागों के लिये द्वेषों में जागता है। यह तिलोत्तमा यही तो है-यही है क्या? पद्मपाद के चरण तनिक थमे; नहीं, पद्मपाद तिलोत्तमा यह जाग्रति नहीं है। यह मुझको गृहस्थ बनाने के लिये अपनी सारी विद्या लगा देगी। वाणी और वर्तन की सभी कलायें मुझ पर तोड़ेगी। यह स्त्री है-मायाविनी नारी है, सहोदरा। तब यह रक्त? यह राग? यह मोह? जीवन के यह स्नेह स्निग्ध सम्बन्ध? रक्त के आग्रह नहीं तो क्या हैं? “पद्मपाद!” एक मूक चीत्कार सी उठी। तिलोत्तमा ठीक ही तो कहती है; मुझे ज्ञान नहीं हुआ-मैं चित्त वृत्ति से भव-संसार से उदासीन तो हो गया हूँ-कट चुका हूं; परन्तु क्या जगत की रूचि शान्त हो गई है? जागता हूं तो प्रसन्नता होती है; मूच्छीं मैं नहीं चाहता; विस्मृति नहीं, मैं सतत स्मृति चाहता हूँ। सुसुप्ति में भी मैं स्वप्न देखते रहना चाहता हूँ- पद्मपाद शरीरी! तू प्रतिलव, प्रतिपल, प्रतिक्षण जीवन के गहनातिगहन चैतन्य की अभिव्यक्ति है। तुझ में इच्छा है; अविराम

सृजित होते रहने की इच्छा और जगत का ज्ञान भी तुझ में अन्तर्निहित है-तू ही जैसे ज्ञाता है; ज्ञेय है-ज्ञान है। यह प्रारब्ध तेरा ही भोगार्थ कर्म-जाल नहीं तो क्या है? क्रियमाण कर्म का यह अहर्निशि स्वप्नशील क्रम क्या तेरी भवेच्छा की आत्म-विश्वासपूर्ण प्रवृत्ति नहीं है? तू जीव, सहज ही इस जगत की इस मोहमयी माया में लीढ़ है-लीन है? यह देह क्या तू, जीव, ब्रह्म के लिए धारण करता है? जगत के लिए ही यह भव संसार है, पद्मपाद?"

काञ्ची के पास रात्रि-विश्राम। तारों की आभा से हिल्लोलित चन्द्र कान्ति उस सपाट पर झूम रही थी और लोगों के झुण्ड इधर-उधर रूकते काञ्ची की ओर जा रहे थे। तिलोत्तमा ने संघ के लिए भोजन की व्यवस्था की और पुकार कर कहा- "आप सब भोजन पा लें। मेरे भाई के साथ हैं, आप सब तो मेरे समान्य अतिथि हैं- अतिथि देवो भव। क्यों, सनन्दन? ठीक है न?"

पद्मपाद वृक्ष से अड़ कर बैठ गये; बोले- "ठीक है।"

तिलोत्तमा पास आई, बोली- "क्या थक गया है तू सनन्दन?"

"नहीं तो।" पद्मपाद ने धुंधली किन्तु आभा भरी चांदनी में मंदिर विस्मृत से वृक्ष को देखा, झीमती हुई बौराई सी घटा को निहारा, कहा- "यह वृक्ष जीव है, तिलोत्तमा!"

"होगा।" तिलोत्तमा ने कहा- "रात-दिन पैदल तू भ्रमण करता है- भिक्षा मांगता है इन सब के लिए। मन्दिरों में पूजा-प्रार्थना करता है; थकेगा नहीं? मैं तो यह छोटी सी गृहस्थी की पंचायत से थक जाती हूं। पांव दुखते हैं; अपने हाथों से तेल लगाती हूँ-क्या करूं?"

सहसा पद्मपाद का म्लान अमर्ष जैसे बिलमाई गन्ध की भांति उड़ने लगा- "अपने हाथों से तू अपने ही पांव दाबती है? गुरुदेव के पांव तो हम उनके शिष्य सेवक दाबते हैं।"

तिलोत्तमा भी हँसी; बोली- "स्त्री किससे अपने पांव दबवाये?"

पद्मपाद ने हँसते हुए कहा- "हमारे जीजाजी हैं न।"

तिलोत्तमा ठहका मार कर हँसी; बोली- "अरे तू क्या जाने गृहस्थी के इन प्रसंगों को? पति पत्नी के लिये परमेश्वर है; पत्नी को ही सेवा करनी होती है; सुश्रूषा करनी होती है-पति पत्नी के पांव दाबे; नहीं रे; बड़ा पाप लगे। यह पाप-पुण्य क्या है, आचार्य श्री पद्मपाद?"

"तो अब मैं तेरे लिये आचार्य्य पद्मपाद हो गया न?" पद्मपाद ने हँसते हुए पूछा।

"तू कभी भी मेरे लिए सन्यासी आचार्य पद्मपाद नहीं होगा, सुन ले! तू मेरे लिए सनन्दन ही है; रहेगा। सुन तो, तुझे कभी भी माता-पिता, मेरी याद नहीं आती?"

"नहीं तो, स्मरण तो परमात्मा का ही भला, तिलोत्तमा!" आचार्य पद्मपाद ने कहा- "भव-बन्धन भव-भावना तक ही याद रहते हैं।"

तिलोत्तमा ने भौंहें तरेरते हुए अपने पतिदेव से कहा- "सुन लो, इसकी बात। अन्त में आप भी ऐसी ही ऊटपटाँग बात करने लगोगे। पुरुष निस्संदेह भव-संसार का कातर नर है, निस्संदेह!"

पद्मपाद ने गति तीव्र करते हुए कहा- "पुरुष ने ही जगत की मिथ्या तथा भव-संसार की निस्सारता को अन्त में समझा है। स्त्री-नारी ने पुरुष को सदैव सम्मोहित और भ्रमित रखा है।"

तिलोत्तमा बोली- "सन्यासी का यह वेश धारण कर लेने से ही क्या तुझे जगत, भव-संसार तथा नारी को ठुकराने का सत्व प्राप्त हो जाता है? नारी को आत्मसात किये बिना पुरुष क्या इस जगत को समझ सकता है? भव-संसार जान सकता है? ईश्वर क्या अनाड़ी है जिसने यह जगत रचा है; भव-संसार बनाया है और प्राणियों के सुख के लिये यह अखिल सृष्टि चला रहा है? तुम चुप क्यों हो जी? बोलते क्यों नहीं?"

श्री रमाकान्त ने कहा- "क्या बोलूं सुमुखि! आप कुछ बोलने देती ही नहीं।"

तिलोत्तमा थमी; इतरी; बोली- "अच्छा? मैं बोलने देती ही नहीं- दस्यु कोटपाल को दण्डित कर रहा है, श्रीमन्! सनन्दन को गृहस्थ बनना ही होगा।"

आचार्य पद्मपाद हठात् रूके; शान्त गंभीर स्वर में बोले- "तिलोत्तमा! शान्त! मैंने घर-बाहर, भव-संसार त्यागा है, जिसमें तुम और तुम्हारा सुखी कुटुम्ब भी आ जाता है। पूर्वाश्रम में मैं पुत्र था, तो कुटुम्ब का दास नहीं था, समझी।"

तिलोत्तमा ने देखा; शान्त तेजस्विता आचार्य पद्मपाद के मुख मण्डल पर तैर रही है। नयनों में अगाध पीड़ा भर रही है और उनका सारा तन सिहर रहा है। तिलोत्तमा ने देखा-उसके समक्ष सनन्दन नहीं, कोई अज्ञात व्यक्ति है, जो धरती और आकाश की क्षितिज पर चल रहा है; जिसने तारे तोड़ कर पृथिवि पर बिखेर दिये हैं। यह, यह व्यक्ति क्या मेरा भाई सनन्दन है? है

क्या? तिलोत्तमा ने आघात खाते हुए फुस-फुसा कर पूछा-"तुम, तुम कौन हो, सनन्दन? मेरा भाई तो यह-ऐसा नहीं था।"

पद्मपाद ने चाल को और तीव्र करते हुए कहा- "मैं अनादि शाश्वत जीवात्मा हूं-कर्म-बन्धन से छूटना चाहता हूँ; भवेच्छा से मुक्ति चाहता हूं। मुझसे दूर रह तू-तिलोत्तमा!" और पद्मपाद ने चरण-गति तीव्रतर कर दी; आकाश में ऊर्ध्व स्वांस लेकर उन्होंने पुकार की- "शरण में ले प्रभो! मैं, मैं तेरा दासानुदास हूँ। मैं विज्ञान जानता नहीं; मैं धर्मवेत्ता भी नहीं हूं-मेरी कोई गति नहीं है। तेरे श्री चरण की शरण के सिवाय मेरा कोई आश्रय नहीं है-अपने आश्रय में ले, दीनबन्धो!"

तिलोत्तमा चुप हो गई; जैसे उसकी वाणी थम गई हो-थिज गई हो। उसकी नसों में उबला हुआ रक्त जैसे ठण्डा पड़ रहा हो। एक ऊर्ज्वसित आग्रह जैसे शिथिल हो रहा है। इस लण्ठ को मैं तब गृहस्थ बना सकूंगी? यह, यह तो सभी लक्षणों से दूर एक स्वयं में कातर विजड़ित व्यक्ति है-नर, पुरुष! जिसको माँ की ममता रोक नहीं सकी, कुटुम्ब का राग बरज न सका, उसको क्या मैं एक अबला भगिनी घर लौटा सकूंगी? संसार से भीत, भागे हुए, भ्रमित, कातर और कापुरुष को संसार में लौटा लाना सहज है? सहज था? नहीं। तू भ्रम में थी-तू सहोदरा के रक्त के उबाल में सिक कर ही इस तथाकथित सहोदर के पास भगिनी के सहज सत्व को लेकर आई थी और इसने तुझको शान्ति पूर्वक सुना भर; तेरे व्यंगों को विष-बूंदों सा चख भर लिया, इस विजड़ित ने। यह जाग्रत है; आलोकित है-ज्ञानोन्मुख है, वीतरागी है-मैं नहीं मानती; नहीं......... मान सकती। नहीं। सहसा तिलोत्तमा ने अपने पति से कहा- "चलो, मैं चलते-चलते थक गई हूं; रथ में चलेंगे। अच्छा, सन्यासीजी! वन्दन।" और पति का हाथ पकड़ कर वह आगे-आगे चलते हुए रथ की ओर चल दी।

पद्मपाद एक क्षण मार्ग पर थमे और मुस्करा दिये; बोले-"प्रभो! अपनी शरण में ले ले, शीघ्र सत्वर मुझे इस शरीरी को।"

पगडन्डी जैसे उभर-उमड़ कर पद्मपाद के चरणों से लगने लगी; जैसे दिशा सहज ही खिंच कर स्वयं ही पद्मपाद के शून्य से नयनों में भरने लगी-दिक् चौंक कर कभी दूर कभी पास आने से हिचकने लगे। वृक्ष दौड़ कर पास आने और सहज ही ढलने लगे। उनकी छितरी घटायें पद्मपाद को छूने का असफल प्रयास कर जैसे ठिठकने लगीं। आचार्य पद्मपाद जैसे धरती पर

चरण धरते ही नहीं थे- स्पर्श मात्र कर आगे अगला चरण उठाते। क्षितिज जैसे मुखरित हो उठी और तीव्र वेग से चलते हुए पद्मपाद के आस-पास, दूर ही सही, प्रदक्षिणा सी करने लगी। धरती जैसे मुक्त होकर प्रसरने लगी- पद्मपाद काञ्ची की ओर लपके। "गुरुदेव! श्री गुरो! प्रभो! हे चिदानंद!" शब्द उनके आकुल किन्तु शान्त कण्ठ से निकलते रहे। गुरुदेव! पुकार जैसे गगन मण्डल को मथने लगी; श्रीगुरो, प्रभो! चीत्कार जैसे व्योमों को दौलने लगी और सच्चिदानन्द उच्छास से आकाश भरने लगा। एक गति, गति केवल, जैसे आचार्य पद्मपाद हो गये। सुदूर घटाओं में इतः स्ततः बादलों में जैसे काञ्ची का पुर उनको दिखता और ओझल हो जाता। पद्मपाद को अपने उठते हुए चरण अपनी स्थिर अवाक् दृष्टि में उठते दीखने लगे-चरण? गति? यह चरण? पद्मपाद मन से अपने चरणों की गति में लग गये-आंखों द्वारा बुद्धि चरण-गति को देखने लगी। गति? एक अदृश्य हिल्लोल-अग्रसर उल्लोल। गति? क्या? गति, गति-चरण-चवणा! 'चरवेति'।' चलता रह, पद्मपाद और शीघ्र गति से चलता रह। चर्वेति-चर्वेति! सन्यासी। गति ही तो, पद्मपाद को लगा, पृथ्वी गति की घनीभूत घहर मात्र है। तब पंचभूत विचित्र विलक्षण गति है? उल्लोल-हिल्लोल?

पद्मपाद ने आकाश को पुकार कर कहा- "चर्वेति। चलता रहूँगा, मैं एक जीव प्रभु के मन्दिर की ओर-उस दीनबन्धु की शरण तक चलता रहूंगा। प्रभु की शरणागति ही तो मेरे अतीत जन्मों की गति रही है; थी। इस अज्ञानाच्छादित विभ्रम-भ्रम भरे भव में मैं चौरासी लक्ष योनियों की गतियां पार कर मानव-भव की सद्गति में चल रहा हूँ। मैं चलता रहूंगा। पद्मपाद के गहनातिगहन से एक अन्तर्ध्वनि उठी-"चलता रह, वत्स! प्रभु की शरण अब दूर नहीं है।" आचार्य पद्मपाद हठात् रुके और बोले- "गुरुदेव! आप?"

संघ के लोग ठिठके; थमे। श्री विष्णु शर्मा ने सांस थामते हुए पूछा- "गुरुदेव? कहाँ?"

पद्मपाद ने क्षितिज की ओर प्रणाम कर कहा- "वहाँ, उस आलोक में गुरुदेव ही तो मुस्करा रहे हैं-अभय वर दे रहे हैं-देखते नहीं?"

पद्मपाद के नयन आप से आप उन्मीलित होकर बन्द हो गये। देह से विस्मृत होते जाते पद्मपाद को श्री विष्णु शर्मा ने झेल लिया। तभी तिलोत्तमा का रथ पास जैसे रगड़ खाकर निकला। घरघराहट से भरे, धूल में ढंके से रथ को तनिक थामते हुए तिलोत्तमा ने अचेत पद्मपाद को एक

पल के लिए निहारा और बोली- "सारथी! चलो। यह दृश्य में बहुत देख चुकी।"

तिलोत्तमा के पति श्री रमाकान्त ने सारथी को रूकने का इंगित किया; बोले- "ठहरो।" और रथ के पास जाकर अपनी उग्र पत्नी से बोले- "सुमुखी! यह बहुत हो चुका है। आचार्य पद्मपाद तुम्हारे भाई हैं; किन्तु हमारे यह सन्यासी वरेण्य आचार्य भी हैं-जगद्गुरु के एक पट्ट-शिष्य।"

"पट्ट-शिष्य-जगद्गुरु के, आचार्य पद्मपाद!" तिलोत्तमा ने फुफकारते हुए कहा- "मेरे शत-शत प्रणाम।"

घर घर घर्र रथ चल दिया-धूलि उठी और पृथिवी जैसे उबक-उमड़ कर पद्मपाद के तेजस चिदाकाश में ज्योति की धूलि होकर छा गई। पद्मपाद का तन श्री विष्णु शर्मा के हाथों का सहारा लेकर स्वतः ही जैसे चल रहा था; उनका लिंग शरीर अपनी कर्मेन्द्रियों में सावधान होकर स्वस्थ हो गया था। उनकी ज्ञानेन्द्रियां जैसे जाग्रत होकर सृष्टि और उसकी क्षण चलायमान स्थिति पर सविवेक नियन्त्रण करने लगी थीं। पद्मपाद का मन उचाट खाकर झुंझलाये हुए चित्त में खो गया था और चित्त जगत के विषयानंद के सारभूत विषों को पचा कर अमृत की बूंद के लिये मचल उठा था और पद्मपाद-सनन्दन? यह उदासीन अहम् अपनी बुद्धि-शक्ति को समेट कर महत्व के निराकार अनादि में चकित सा खड़ा रह गया था-यह जगत है? यह भव संसार-यह रक्त का राग और चित्त का मोह है? यह अहम् का मात्सर्य्य ही तब भव-बन्धन का कारण है? तब मैं एक जीव पापी हूँ; कुल-कलंक, कुपुत्र, भ्रान्त, लण्ठ हूँ? तब मैं विद्याहीन मंत्र तथा ज्ञानहीन एक अन्धकार का उभार हूं-एक घनीभूत तम का मेघ हूं? मैं यह हूं? मैं मृत हूँ-अन्त में जीर्ण होने तथा जर्जरित होकर काल के इस अपार शून्य में खो जाने के लिये ही हूँ? मैं तब अन्ततोगत्वा बन्धनों द्वारा खज कर अन्त में नष्ट होने के लिये ही हूँ? क्या मैं जन्मजात पापी हूँ? यह जीव क्या पापी है और जगत में पुनीत होने के लिये जन्म लेता है? तब प्रभु की पूजा रूप यह भव-संसार है और यह वैराग्य? क्या केवल मन की उदासीनता, बुद्धि का शून्यत्व तथा चित्त की विजड़ता और अहम् की निरी आत्म वञ्चना है? आत्म वञ्चना? पद्मपाद जैसे चिदानंद के तन्मय एकाकार में किसी के पादाघात से उछले-चित्ताकाश के उमड़ते-घुमड़ते रंग-रंगों भरे विजन में पड़े और भूताकाश में तैरने लगे-तन्मात्राओं का उद्भव करती रहने वाली किसी सम्मोहनी शक्ति ने

उनको सहारा दिया; कोई उनके गहन में बोला- "सनन्दन तू कहाँ रहा? तू तो पद्मपाद है, सन्यासी!"

सन्यासी! पद्मपाद को लगा, सभी देवताओं ने एक स्वर से पुकार कर उनको देह में पुनः जाग्रत किया हो। गहरा निसास रख कर पद्मपाद स्वस्थ होने लगे और नयन खोल कर उन्होंने स्वयं के लथपथ चलते हुए देह को देखा तथा जाग्रति के वातावरण में आत्मसात् होते हुए बोले- "काञ्ची कितनी दूर है? गुरुदेव!"

श्री रमाकान्त ने कहा- "रात्रि के प्रथम प्रहर तक काञ्ची पहुंच जायेंगे, श्रीमद्!"

"वह गई?" पद्मपाद ने सहज ही पूछा।

"जी, वह धृष्ट उग्र नारी? गई।" श्री रमाकान्त ने कहा।

पद्मपाद एक क्षण रुके बोले- "महोदय! मेरा धर्म आपका स्वधर्म नहीं है और नहीं हो सकता है। मुझे लेकर आप दोनों में किसी भी प्रकार का मन-मिटाव होना मुझे भव में जकड़ देगा। तिलोत्तमा सद्गृहस्थिनी है-वह जो अनुभव करती है, ठीक ही करती है। निस्संदेह मुझे वैराग्य नहीं हुआ-मैं जगत से अन्धा तथा भव-संसार से उदासीन एक व्यष्ठि-मात्र हूं। गुरु-कृपा से ही मैं अपनी इन्द्रियों का संयम कर सका हूं। अपने चित्त को विषयानंद से थाम सका हूँ- अपने अहम् को वरज सका हूं।"

रात्रि-विश्राम। विष्णु काञ्ची चार पांच योजन दूर रह गई थी, किन्तु वायु मण्डल में जैसे शिव नहीं थे; शिवा नहीं थीं। हर-हर शंकर, जय-जय शंकर की धुनें रीत कर झर गई थीं। एक शान्त आलोकमयी किन्तु उफनती हुई व्याप्ति भरी थी। विष्णु काञ्ची के गगन से जैसे "नमो भगवते वासुदेवाय नमः।" ध्वनि अवाक् हो व्योमों में भरी थी और आकाश विष्णु विष्णु विष्णु की मृत्यमान धारणा में गद्गद् स्वयं ही सो रहा था। तन्द्रा से दिशायें भरी थीं और आचार्य श्री पद्मपाद मानो विष्णु काञ्ची के परे शिव काञ्ची की कल्पना से भरे अनन्त में पुनः श्री गुरुदेव के श्रीचरणों को खोज रहे थे। श्री रमाकान्त ने काञ्ची की परिस्थिति रो आचार्य पद्मपाद को अवगत कर दिया था-विष्णु काञ्ची और शिव काञ्ची धर्म युद्ध की दो अग्रिम पंक्तियाँ थीं। जहाँ शास्त्रार्थ की निर्णीत व्यवस्थायें शिथिल हो जाती थीं और राज दण्ड उदासीन रहता था, वहाँ ऐसी युद्ध पंक्तियाँ उमड़ आती थीं। विष्णु, विष्णु, विष्णु महाविष्णु, क्षीर-सागर श्री-भगवती कमला, लक्ष्मी, शेषनाग, विष्णु-

पुराण का निःशंक वर्चस्व विष्णु काञ्ची के वायु मण्डल में था। विष्णु काञ्ची का प्रत्येक आबाल वृद्ध चतुर्भुज विष्णु का परम्परागत वैष्णव था और अपनी पुरी को वह राष्ट्र के धर्म-पुरों में सर्वोतम नगर मान कर चलता था। विष्णु काञ्ची की सीमा के बहुत आगे आश्रमों की पंक्तियां आरंभ हो जाती थीं। विष्णुसहस्रनाम की गूंजें सुनाई देतीं और भक्तों की मण्डलियाँ ठुमुक-ठुमुक कर हुमसती हुई विष्णु काञ्ची के विशाल विष्णु मन्दिर की ओर मानो जाती दिखती थीं। पीत पीताम्बरों में सजे वैष्णव मृदंग पर 'राधे कृष्ण! 'हे हरि! 'हे वासुदेव!' की धुन लगाते हुए मिलते थे। आचार्य पद्मपाद ने देखा सघन घन घटाओं में भगवान विष्णु का विशाल विस्तृत मन्दिर जैसे दृश्य-अदृश्य आँख मिचौनी खेल रहा था। प्रातःकाल के प्रखर होते हुए सूर्य की धूप में आचार्य पद्मपाद और संघ ने विष्णु काञ्ची की सीमा में चरण धरे।

श्री रमाकान्त ने कहा- "मुझे आज्ञा। मैं पुर-अधिकरण जाऊंगा। जगद्गुरु के संघ-स्थान में पुनः दर्शन करूंगा। कामाधीश्वर महादेव के विस्तृत भग्नावशेषों के अवकाशों में जगद्गुरु ठहरे हैं। देवी कामाक्षी का मन्दिर तो कुछ ठीक स्थिति में है; किन्तु कामाधीश्वर का गर्भ मंदिर और मण्डप-दोनों को छोड़ कर शताब्दियों के हाथों द्वारा विशाल मन्दिर भग्न कर दिया गया है। जगद्गुरु इसका जीर्णोद्धार चाहते हैं।"

जीर्णोद्धार? पद्मपाद ने नयन बन्द कर कामाधीश्वर के उस भग्न विशाल मन्दिर की पुनः धारणा सी की। अवश्य, बचपन में वह अपने माता-पिता तथा मातुल-कुटुम्ब के साथ इधर तीर्थाटन के लिये आये थे। धुंधली सूक्ष्म स्मृति लूम आई। कावेरी के इधर कल्लोल है, विष्णु-तीर्थ पुण्डरीक पुर है, जहां सदाशिव नृत्य किया करते और जिस नृत्य को पार्वती आद्या प्रकृति की चैतन्य अधीश्वरी मुस्कराहट के साथ देखा करती हैं। पुण्डरीक! निर्मल चित्त एवं दिव्य चक्षु ऋषि मुनि शिव ताण्डव रूप कालातीत ईश्वरीय लीला-नर्तन को देखा करते और जन्म-मरण के शून्य तटों से दूर अपने हृदय-दहर में परम् शिव के ज्ञानानंद का अनुभव किया करते हैं। शिव गंगा, यही तो! कुछ दूर उधर शिव गंगा तीर्थ है- भक्तों के आग्रह पर नटेश्वर शिव ने अपनी जटा-जूट अरभराई और भगवती गंगा की एक धारा बह आई। शिव गंगा में श्रद्धापूर्वक स्नान करो और नयन बन्द कर मानस-पटल पर शिव-शिवा का लास-नृत्य देखो। शिव और विष्णु के चैतन्य आग्रहों से भरे उस सतार आकाश को देखते हुए पद्मपाद को लगा, वह सूक्ष्मातिसूक्ष्म किसी निरीह के

समक्ष है-सभी आधार, आश्रय जहाँ लीन-अदृश्य हो जाते हैं। शुद्ध-बुद्ध चैतन्य की चेतना ही जहां है, वहां जैसे पद्मपाद हों- उस चेतना में, द्वारा-सहित पद्मपाद जैसे आकाश के परे और पार जाड्यान्धकार को ही देखने लगे। यह है वह-यह अत्यंत गूढ़, गहन अपार रहस्यमय अपरम्पार-यह। एक मूढ़ व्याप्ति; मूक उभार। मूढ़ और मोहमय आग्रह से पूर्ण, परिपूर्ण अथाह। यह! आचार्य पद्मपाद को लगा हिल्लोलित उभार उमड़-उमड़ कर, घहर-घहर कर तरंगों में टूट रहा है; बिखर रहा है तथा अदृश्य सी धाराओं में एकत्र होकर पुनः उल्लोलित हो रहा है। कोई इस जाड्यान्धकार के अतल अर्णव को जैसे अपनी हथेली पर टिकाये हुए हल्की-हल्की फूंकों से उल्लोलित-हिल्लोलित कर रहा है। इस तिमिरान्धकार जलधि की बिन्दु-बिन्दु-बूंद-बूंद की बूंद-बूंद-अणु-अणु-परमाणु जैसे किसी अभिमन्त्रण से बँधा; जकड़ा और कर्षित है। कोई अदृश्य इस अज्ञान के तिमिरान्धकार में अपनी ज्योतिर्मित्तता द्वारा चेतना पूर रहा है। इस घोर तम-तोम को मानो संज्ञा, अर्थ, बोध, संज्ञान-विज्ञान, वाञ्छा प्रदान कर रहा है। कोई परात्पर परम् चैतन्य जैसे इस तिमिर को प्रकाश की तरंगों से मुकुलित और सुखद प्रसन्न चेतन से मुखरित कर रहा है। कोई ज्ञानस्वरूप महायोगिनी इस अपार सत् में चित्त पूर रही है- आनन्द भर रही है और अपने एक-नेक दिव्यातिदिव्य संकल्प से सृष्टि का यह अनन्त अविराम आश्चर्य उद्भवित कर रही है। आचार्य पद्मपाद ने पूछा स्वयं के अवाक् वाक् से- "कौन हो?" एक अनन्त निस्सीम गहन गूढ़ निनाद के अवाक् वाक् ने कहा- "मैं? तू हूँ! तू! सच्चिदानंद स्वरूपा आनन्द मन्दाकिनी। मैं आनन्द की करुणा! मैं यावत् जीवन की चेतना। सर्व स्वरूपों और वेशों में समाई हुई सभी चेतनाओं का समन्वय करने वाली मैं-स्वयं प्रकाशित, स्वयं प्रकाशित, स्वयं प्रकाश्य रामा। मैं शिवा-ब्रह्माणि। सच्चिदानंद रूपा, चिदानंद विग्रहा, मैं अखिल-निखिल अनंत अविराम की अभिराम नर्तकी। मैं अनन्त कोटि ब्रह्माण्डों की नायिका! मैं, अखिल जगत।"

पद्मपाद अपूर्व उल्लास में काञ्ची की सीमा में आ खड़े हुए। स्वतः ही पद्मपाद ने कल्लालेश विष्णु की मानसिक स्तुति की- "हे दयालो! आदि अन्तहीन अनन्त! हे अच्युत! हे गोविन्द!" उनको लगा, उनका चित्त आनन्दमय ज्योति से है। निरीह और निर्मूल अपरिमित चैतन्य में जैसे वह लीन हो रहे हैं। अन्धकार? विषाद? कहाँ? नहीं तो, पद्मपाद गुरुदेव के श्रीचरणों से ज्ञान-गंगा ही जैसे स्खलित होने लगी है-बूंद-बूंद ही सही, स्मृति

और विस्मृति के परे ले जाने वाली कालातीत चेतना जैसे उनके मन के नयनों में समा गई है-वह जैसे जगत नहीं, श्री गुरु के चरणारविन्द ही देख रहे हैं। पद्मपाद को लगा, उनके गहन चित्ताकाश में जगद्गुरु अभय वर मुद्रा में खड़े हैं। वही जटा जूट-धूर्जटि! वही सर्प-कुण्डल। वही व्याघ्राम्बर, वही भस्मालेपन वही उन्मिलित गहन सरोज नयन। वही बन्द किन्तु चिन्मय तिलोचन। वही शिव स्वरूप शंकर-शंकराचार्य। गुरुदेव! आचार्य शंकर के निवास-स्थान पर वह जैसे गंगा की एक विलमाई हुई तरंग की भांति पहुंचा। श्री रमाकान्त लपक कर पर्ण कुटी में गये; प्रणामपूर्वक बोले- "प्रणिपात जगद्गुरो! आचार्य पद्मपाद!"

आचार्य शंकर हंसे; बोले- "इस राजसी शिष्टाचार की उसको क्या आवश्यकता है?"

श्री रमाकान्त ने कहा- "यह सावधानी राज्यकरण की ओर से है, श्री गुरो!"

आचार्य शंकर उठ खड़े हुए और बोले- "हम ही अपने शिष्य का स्वागत करेंगे तब!"

पर्ण कुटिया के द्वार पर पहुँच कर आचार्य शंकर ने अपने आजानबाहु गगन में फैलाये। चकित् अवाक् हर्ष मत्त पद्मपाद वायु वेग से उन अभयंकर आजानुबाहुओं में जा पड़े। "मैं, मैं पातकी! प्रभो! मैं एक जीव। मैं-सनन्दन तब।"

तिलोत्तमा ने गुरु और शिष्य का यह अपूर्व मिलन देखा और मन ही मन बोली- "संसार के कापुरुष, और क्या?"

जगद्गुरु शंकर ने शान्त स्वर में कहा- "तुम पापी? नहीं तो- तुमको छूकर पाप-पुण्य हो जाता है, सुना! शान्त।"

पद्मपाद ने श्री गुरु देव के श्री चरण जकड़ कर पकड़ लिये और फूट-फूट कर रोते हुए कहा- "मैं अनाथ हूं-दीन दुर्बल प्राणी हूं। मैं पतित हूं; पापी!"

आचार्य शंकर ने पद्मपाद को बलपूर्वक अपने वक्षस्थल पर खींच लेते हुए कहा- "पद्मपाद शान्त हो जाओ। तुम्हारा कल्याण हो वत्स! देव-मूर्तियाँ तुम्हारी आरती से जगमगा कर पुनीत हो उठेंगी। तुम सदैव भगवान के समक्ष रहोगे। ज्ञान का स्वाद अमृत है; ज्ञान का आनन्द भक्ति है और ज्ञान का मुक्ति का पुरुषार्थ कर्म है। हिमानी मन्दाकिनी के स्वर्ण कमलों पर चल कर तुम श्री गुरुचरणों में विनीत हुए हो। ब्रह्म की स्वयं ज्ञानमय

स्वयं प्रकाशित ज्ञान-किरण तुम अनाथ, दीन, दुर्बल? तुम पतित-पापी? तब पुण्यात्मा कौन है? सनाथ कौन है? सबल कौन है? पद्मपाद, तुम गुरुचरणरत भैरव हो।"

पद्मपाद ने उल्लसित स्वर में कहा- "पूज्य! श्रद्धेय! मेरे ब्रह्मा, विष्णु, महेश, मेरे परमात्मा! गुरुदेव!"

तिलोत्तमा भीड़ को चीरती हुई आचार्य शंकर के समक्ष आ खड़ी हुई; तीव्र अमर्षपूर्वक बोली- "जगद्गुरु, पता है यह सनन्दन कौन है?"

आचार्य शंकर ने अमर्ष से विकम्पित स्त्री मूर्ति को देखा; घूरा; निहारा; कहा- "आपश्री रमाकान्त जी की धर्मपत्नी हैं, श्रीमती तिलोत्तमा देवी? नहीं?"

"मैं इस सनन्दन की भगिनी भी हूँ।" तिलोत्तमा ने छूटते ही कहा- "क्या आपश्री स्त्रियों को भार्यावत् ही जानते हैं?"

आचार्य शंकर ने सस्मित कहा- "स्त्री को मैं जगदम्बा स्वरूप ही जानता हूँ। पूर्वाश्रम के सनन्दन की आप सहोदरा हैं, यह मैं जानता हूँ किन्तु सन्यास देह और भव-संसार के सभी सम्बन्ध तोड़ देता है; गला देता है, रीते, चुकते कर देता है। सन्यासी देहवत् नहीं, आत्मवत् ही हो जाता है। पद्मपाद आत्मवत् शरीरी हैं, देहवत् जीव नहीं।"

तिलोत्तमा अट्टहास्यपूर्वक बोली- "अभी तो यह आपका सन्यासी पद्मपाद फूट-फूट कर रो रहा था-चिल्ला रहा था कि मैं अनाथ हूँ, दीन, दुर्बल, पतित हूँ। आत्मवत् पुरुष क्या यों रोता है? जगद्गुरु! शिष्य मूड कर सेवक और संसार के भगोड़ों को एकत्र कर अन्त में क्या मिलने वाला है? आप गुरुओं को शिष्य, सेवक, चेले क्यों चाहिये? अपना आत्म-ज्ञान बघारने के लिये चाहिये? क्यों, शिष्य क्यों, जगद्गुरु?"

आचार्य शंकर ने शान्त जलद गंभीर स्वर में कहा- "शिष्य को आत्म-ज्ञान देकर कृतार्थ होने के लिये, श्रीमती!"

तिलोत्तमा ने क्रोध से सिर धुनाते हुए कहा- "आत्म-ज्ञान आप प्रदान करेंगे, इन अकर्मण्य कातर-ढीढ़ और कापुरुषों को? आत्म-ज्ञान कर्मवीर को ही प्राप्त होता है-प्रमादियों को नहीं। यह आपका तथाकथित शिष्य माता-पिता घर-बाहर सब छोड़ कर भाग निकला। अपना चौल देश और महानदी कावेरी की उपत्यकायें त्याग कर यह संसार के उत्तर-दायित्वों से छूमन्तर हो गया और आपने चटपट इसको शिष्य बना लिया-सन्यास की दीक्षा दे दी।"

आचार्य शंकर बोले- “मैंने पद्मपाद को सन्यास की दीक्षा नहीं दी है-यह तो भगवत् कृपा से सन्यासी, विरागी और सिद्ध हो गया है, श्रीमती! प्रभु-भगवान नृसिंह की पद्मपाद पर कृपा है-बड़ा अनुग्रह है, भगवान का अपने इस भक्त पर, सच।”

तिलोत्तमा अब ठहका मार कर हँसी- “यह सनन्दन भक्त? वाह, जगद्गुरु! वाह! धन्य हैं आपश्री और साधु है आपका यह शिष्य किन्तु इनसे भी तो पूछिये-इन मातुलश्री से कि उनका भानजा है क्या?”

सनन्दन के मामा कुञ्जर गति से चलते हुए आगे आये; हाथ की लकड़ी उठा कर पद्मपाद को चिन्हते हुए बोले- “यह सनन्दन, पद्मपाद? वेदान्ती? सन्यासी? वाह क्या सुन रहा हूं? क्या देख रहा हूँ? अरे वाह रे सनन्दन! तू ने तो अपने ग्यारह कुल तार दिये-सभी पितरों के कर्म-पाश काट कर उनको स्वर्ग भेज दिया। वाह रे भट्ट!”

सुरेश्वराचार्य ने सहसा कहा- “आप श्रीमती आचार्य शंकर की सानिध्य में हैं।”

तिलोत्तमा ने मुंह बिचका कर कहा- “आपश्री के जगद्गुरु मुझे मोक्ष दिला नहीं सकते; क्योंकि मैं मोक्ष को जानती नहीं। सानिध्य? अवश्य ही मुझको ज्ञात है, मैं एक महान सन्यासी के समक्ष उपस्थित हूं। मैं अपने सहोदर भाई को लेकर न्याय मांग रही हूं, श्रीमद्!”

आचार्य श्री शंकर ने कहा-“न्याय? अन्याय कहाँ है, जो आप न्याय मांग रही हैं। सहोदर होने से क्या जीव का मोक्ष मांगने का सत्व समाप्त हो जाता है? नहीं, श्रीमती, नहीं। एक दिन जीव मोक्ष की मांग करेगा ही। जीवात्मा सच्चिदानंद आत्मा का स्वयं का भ्रम है- विषयानंद की संस्कारगत आसक्ति का यथार्थ ज्ञान भर है। मोक्ष ही है। मुक्ति ही है-बन्धन कहाँ है?”

“यह संसार तब क्या है, महिम सन्यासी?” तिलोत्तमा ने ऊर्ध्व स्वांस लेते हुए पूछा।

“कर्म-बन्धन, कर्म-भोग, अज्ञान की धारणा मात्र, श्रीमती! और यह संसार क्या है?” आचार्य शंकर ने कहा।

तिलोत्तमा के मातुल ने सव्यंग कहा- “आचार्य सुरेश्वर जी! आपने मुझे सम्बोधित नहीं किया- तिलोत्तमा को आचार्य शंकर की सानिध्य बताकर सावधान किया। अच्छा होता, आपश्री मुझको सावधान करते। ब्रह्मसूत्र-शंकर-वेदान्त। क्या? जगत और भव-संसार के विपरीत एक यथार्थ हीन

धारणा भर है। महापण्डित प्रभाकर श्री गुरो ने वेदान्त सूत्रों को शास्त्र की कैंची से काट कर रख दिया है। आपके जगद्गुरु के वेदान्त को लेकर हमारा शास्त्रीय युद्ध जारी है- जारी रहेगा! शास्त्रार्थ! समझे?”

सहसा आचार्य शंकर ने सस्मित कहा- “पद्मपाद! तुम अपने पूर्वाश्रम के मातुल के यहाँ जाओ। इनको समझाओ, वत्स!”

पद्मपाद ने प्रणामपूर्वक कहा- “जैसी श्री गुरुदेव की इच्छा। यों मेरी यह इच्छा भी थी, प्रभो!”

सनन्दन के मामाजी ने ठहका मार कर कहा- “अरे वाह रे भट्टु! मुझे तू समझायगा, मेरे घर आकर। नहीं। यों मैं तुझको घर आने का निमन्त्रण देने ही आया हूं। घर से तू भागा है, हम तुझसे भागे नहीं हैं, सनन्दन!”

आचार्य पद्मपाद ने आसन्न दृष्टि से अपने सद्गुरु की ओर देखा। आचार्य श्री शंकर ने विहँसते हुए कहा- “सन्यासी के लिये संसार अनासक्त स्पर्श है; अछूत नहीं। पूर्वाश्रम के अपने मातुलश्री का निमंत्रण स्वीकार कर लो, पद्मपाद! यह तुम्हारी परीक्षा नहीं है, मेरी है। जगत ऋषि की कसौटी करता है; भव-संसार सन्यासी गुरु की।”

सनन्दन के मातुलश्री ने आचार्य श्री शंकर को घूरते हुए कहा- “वाह भट्टु! क्या कहा है? आप तो जगत को जड़ मानते हैं; फिर वह मनीषी ऋषि की कसौटी कैसे करेगा? आपश्री ने सत्य वचन वदा है कि शिष्यों से ही गुरुओं की पहचान होती है। जैसा गुरु वैसा चेला; जैसा चेला वैसा गुरु-और क्या? वेदान्त की गप्पें हाँकते रहो; और जगद्गुरु बन कर पूजा पाते रहो। तो सनन्दन? घर आयगा, क्या?”

आचार्य पद्मपाद ने शान्त दृढ़ स्वर में कहा- “अवश्यमेव। छाया से काया काली नहीं हो जाती। अपने पूर्वाश्रम के पिता तुल्य मातुलश्री के यहाँ क्यों नहीं आऊंगा? आऊंगा-पूर्वाश्रम की स्मृतियों को द्रष्टा की भाँति देखूंगा। यह जगत प्रत्येक जीव के लिये पूर्वाश्रम की स्मृति भी है और पुनर्जन्म का स्वप्न भी है।”

तिलोत्तमा ने अब कहा जैसे- “बड़ा पटु वाचाल हो गया है, यह रानन्दन, आपका शिष्य, जगद्गुरो।”

आचार्य श्री शंकर हंसे, बोले- “जगत और भव की वेदान्त अन्तिम वार्ता है; आत्यंतिक जिज्ञासा है। पद्मपाद तो गुरु सेवा से स्वयं सिद्ध वेदान्त सूत्र है, ब्रह्म भंगिमा है।”

"ब्रह्म-भंगिमा? यह सनन्दन?" तिलोत्तमा ने स्वयं से कहा जैसे।

आचार्य श्रीशंकर ने कहा- "जीव नहीं जानता उसने कितने कोटि भव काटे हैं, जन्म लिए हैं; मृत्यु की मूर्छाएं सही हैं। जीव अज्ञान के आच्छादित व्यामोह में स्वयं के अहम् का भ्रम है-ज्ञान का ध्यासित संज्ञान मात्र। विस्मृति से भरे घने तम में जागने जैसा यह जीवन संज्ञान है। किन्तु यह अजन्मा क्या जन्मता है? यह अखण्ड एकाकार क्या खण्ड-खण्ड विकार होता है? यह पूर्ण-परिपूर्ण क्या अपूर्ण व्यक्त होता है-हो सकता है? आनन्दमय यह अपरम्पार अनादि अगाध-यह अथाह यह स्वयं ज्ञानमय, स्वयं ज्ञान प्रकाशित सत् क्या असत् हो सकता है? नहीं, नहीं, श्रीमती तिलोत्तमा देवी! यह आत्मानन्द विषयानंद के लिये तड़प नहीं सकता-यह अज्ञान जीव का अज्ञान है; आत्मा का नहीं।"

तिलोत्तमा ने अपने मामा के प्रति कहा- "यह अज्ञान जीव का है; आत्मा का नहीं, सुन लिया? सनन्दन जीव है; अतः अज्ञानी है और अज्ञान में ही घर-बाहर त्याग बैठा है।"

मामाश्री ने अपनी दाढ़ी पर स्वाभाविक ही हाथ फेरते हुए कुछ हंस कर कहा- "तू चिन्ता छोड़। मैं स्थिति को सम्भाल लूंगा; परिस्थिति से निपट लूंगा। यहाँ महापण्डित प्रभाकर के हम उपाध्याय हैं। श्री गुरो के! इस सनन्दन को यह जो भ्रम हो गया है; उसका विभ्रम मैं कर दूंगा। यह पूत अपना था कब, जो अब होगा? इसकी कुण्डली तो मैंने बनवाई है। इन तथाकथित जगद्गुरु का यशोगान गा कर यह जीवन व्यतीत कर देगा-घर का वैरी यह जोगियों का दास है।"

तिलोत्तमा ने अब छूटते ही कहा-"आचार्य शंकर, जगद्गुरु! मेरी पुकार है, सुनते हो?"

आचार्य शंकर ने शान्त गभीर स्वर में कहा- "कहो, वत्सले!"

"मेरा भाई हमें लौटा दो, जगद्गुरु!" तिलोत्तमा ने कहा।

आचार्य पद्मपाद ने तीव्र अमर्षपूर्वक कहा- "कौन किसका भ्राता? कौन किसकी भगिनी! तिलोत्तमा, मैंने तुझको सहन कर लिया है; अब नहीं। मैं तुम सब के साथ मामाश्री के यहां समय आते ही जाऊंगा। मैं गृहस्थाश्रम की परिधियों से डरता नहीं और नहीं भव के इस यथार्थ जगत से भागता ही हूं। मैं ब्रह्म की इस व्यावहारिक यथार्थ सत्ता में मानता हूं-जीव की देह में जाग्रत अवस्था यही है; वैश्वानर! मैं सच्चिदानंद आत्म तत्व वैश्वानर

हूं; तेजस हूं- मैं ही घनीभूत निद्रा में साक्षीवत् ज्ञान स्वरूप आत्मा हूं-जगत को त्यागना और भव-संसार को छोड़ना अज्ञान तथा उसके अध्यासों-भ्रमों से मुक्त होता है। तू आत्मा है; मामा आत्मा है-मैं, श्री गुरुदेव, सब परमात्मा के ही प्रति-भास हैं, उसी के क्षण-स्थायी मोहान्ध अल्पज्ञानी यथार्थ हैं-जीव हैं।"

मामाश्री ने तीव्र स्वर में कहा- "यह तत्वोपदेश मुझको देना, सुना! सनन्दन, गुरुदेव के समक्ष गुरु बनने का यह आडम्बर त्याग दे, समझा! तिलोत्तमा को तू क्या उपदेश देगा, शून्यवादी मति-भ्रमित कहीं का-तू।"

पद्मपाद ने सहसा हंसते हुए कहा- "अच्छी बात है। मैं मति भ्रम ही सही। आपके निवास स्थान जब आऊंगा, सिद्ध कर दूंगा, मति-भ्रमित कौन है। मैं अथवा आपश्री!"

मामाजी गरजे- "स्वीकार है। तू घर आ तो सही। मदमस्त कुञ्जरों को नाथना हम जानते हैं, समझा। तू शंकराचार्य का शिष्य होगा; हमारे लिए तो तू वही सनन्दन है। आचार्य पद्मपाद! जगद्गुरु! मति-मूढ़ जीव का अभिमान बढ़ाना कोई आपश्री से सीखे। सत्य तथ्य यह है आपश्री ने इस सनन्दन को एक अहंकारी जोगटे में बदल दिया है। स्वर्ण कमलों पर पांव रखकर श्री गुरु की शरण में तो आप ही पधारे हैं-क्यों जगद्गुरु!"

आचार्य शंकर ने कुटिया में लौटने का उपक्रम करते हुए कहा- "वह शिवा, श्रीविद्या, उस सर्व शास्त्रमयी, सर्व तत्रंमयी, सर्व शस्त्र-अस्त्र धारिणी परात्पर परमेश्वरी का कौतुक था। मैं कौन हूं, जो मन्दाकिनी में स्वर्ण कमल उद्भवित करूंगा? मैं हूं ही क्या, जो परकाया प्रवेश कर सकता हूं? मैं आकाश मार्ग से गमन करने वाला हूं ही क्या? मैं शून्य हूं-कालका, शून्य जो प्रतिपल महाशून्य में बिलाता रहता है- यह प्रतिपल अदृश्य और अन्तर्ध्यान होने वाला जगत है-उसमें जन्मा मैं एक जीव हूं, मानव जीव।"

"तब जगद्गुरु कैसे हैं आप?" मामाश्री ने तपाक से पूछा।

"यह तो जगत से पूछिये, श्रीमन्!" आचार्य शंकर ने सस्मित कहा- "मैं इतना ही जानता हूं, मैं देह नहीं हूं; मैं शरीरी नहीं हूं-मैं था ही नहीं; हूं ही नहीं-हूंगा ही नहीं।"

"तब आप हैं क्या?" मामाजी ने सव्यंग पूछा।

"चिदानंद रूपम् शिवोहम्।" आचार्य शंकर ने कहा और अपनी कुटिया में चल दिये। मामाश्री को लगा; शास्त्रों से मण्डित, उनके हस्तलाघव सहसा कुण्ठित हो गये हैं। उनकी पारदर्शी मेधा मानो स्खलित हो गई हो-उनकी

सूक्ष्म बुद्धि अपने तर्क की समस्त कुशलता भूल बैठी हो। हठात् से वह बोले-
"सनन्दन! घर आ। इस शिवोहम् का आडम्बर वहीं दूर होगा। सुना है तू ने
शंकराचार्य के तथाकथित शारीरिक भाष्य पर टीका लिखी है?"

पद्मपाद ने कहा- "अवश्य प्रणीत की है, देखियेगा?"

"क्यों नहीं?" मामाजी ने कहा- "श्री गुरुमत का आचार्य क्या वेदान्त की
व्यर्थ डिमडिम से बधिर हो जायगा? नहीं। तत्व मनीषी प्रभाकर मीमांसा
चक्रवर्ती ने अपने गुरु कुमारिल्ल भट्ट को भी निरुत्तर कर दिया था। यह
आपके शिष्य पूर्वाश्रम के धुरन्धर विद्याधर मण्डन मिश्र भी क्रान्तिदर्शी
प्रभाकर से कभी शास्त्रार्थ में नहीं उलझे। हमारे परम् श्रद्धेय प्रभाकर श्री गुरो
ने सिद्ध कर दिया है, यह जगत वास्तविक है; यह भव-संसार मोक्ष नहीं
स्वर्ग का परम् सुख प्राप्त करने के लिये है। सांख्य जहां मौन हो जाता है,
वहां श्री गुरो प्रभाकर बोलते हैं, आचार्य शंकर!"

आचार्य शंकर ने अपनी कुटिया के अन्तराल में मामाश्री की वाणी का
बुल्ला जैसे झपट आता हुआ सुना। 'आचार्य शंकर' की प्लुत तीव्र ध्वनि जैसे
कुटिया के चारों कोणों में झूम कर घूम गई। शंकराचार्य स्वयं ही मुस्करा
उठे। उनके चिद्घन हृदयाकाश में मानो आत्म-ज्योति झबक उठी; तब
अज्ञान का यह गूढ़ अनादि आच्छादन जीव को कितना वास्तविक मोहमय
तथा राग-लीढ़ लगता है। यही तो-यही धारणाओं के भ्रमों और कल्पनाओं की
भ्रान्तियों से भरा जीवात्म भाव है। यह जीव अज्ञानाच्छन्न के घन तिमिर
में मानो धारणाओं का कल्पक है; भावना का कृतिकार तथा रूप-बिम्बों का
कलाकार है-जो था ही नहीं, है ही नहीं, होगा ही नहीं। उसे इन्द्रयज ज्ञान
द्वारा सत्य और अविचल मान कर भव बन्धन में पड़ा रहने वाला जीवात्मा
परमेश्वर की मंगलमयी करुणा का पात्र है। आचार्य शंकर जैसे अपने त्रिपुर
में उतरने-चढ़ने लगे। तब यह शरीरी उद्वेलित होता है-क्षण-क्षण के लिये ही
सही होता है। काल के तम-मूढ़ अर्णव में कल्पमयी सृष्टि आविर्भूत होती
ही है; स्थित होती और पुनः लय लेती ही है-उस अपरम्पार अमृत दिव्य
परमात्मा में क्या यह रोग और शोक है? जो आनन्दमय है, आनन्द घन है,
जो सत् चित् आनन्द धाम है, वह परमात्मा क्या विषाद अनुभव करता है?
रोग से संतप्त तथा शोक से अभिभूत होता है? मानव-बुद्धि इसको स्वीकार
नहीं कर सकती। प्रभु मंगलमय आनन्दोल्लास हैं-अवश्य। आचार्य शंकर
के चित्ताकाश में उद्विग्न चेतनाओं के सप्त सिन्धु जैसे शम गये; आत्म

ज्योति का पूर्णेन्दु उदय हुआ और उसकी अमृतमयी शान्त पूर्णिमा छा गई। आचार्य शंकर का अन्धकार में सिहरता हुआ रोम-रोम ज्योतिर्मय हो उठा- उल्लसित हो गया। आनन्दमयी अपार अनादि पूर्णिमा छा गई थी और उस शान्त झीमते हुए आनन्दालोक में काल का समस्त अनादि तम विलीन हो गया था। सृष्टि की स्मृतियां उस दिव्य आत्म-पूर्णिमा में बिला गई तथा ज्ञाता की सभी ज्ञान चेतनायें जैसे ज्ञेय सहित उस अपार आनन्दमय अमृत में अन्तर्ध्यान हो गई थीं। काल थम कर अदृश्य हो गया था और अपूर्व जैसे सनातन जीजिविषा से रहित होकर आनन्द के अगाध अनादि में डूब गई थी।

पद्मपाद ने चुपचाप गुरुदेव की कुटिया के द्वार में प्रवेश किया, पद्मपाद को लगा, कुटिया में कोई रहस्यमय ज्योति झबक रही है। एक मुह्यमान चिर-चिर परिचित आलोक छाया हुआ प्रतीत हुआ और महापद्म के मकरन्द से सने आचार्य शंकर जैसे मृत्युञ्जय शिव की भांति विराजमान दिखाई दिये। अमृत-संजीवनी के कुम्भ धारण किये और पूर्ण चन्द्र की परिपूर्ण चन्द्रिका से नहाते हुए शिव ध्यानस्थ स्वयं ही मुलुक रहे थे। पद्मपाद ठिठक गये-घने तिमिर के अपार में यह मन्द्र आलोक? यह ज्योति-झबक यह-यह महापद्म पर विराजमान मृत्यु जय शिव। पद्मपाद के कण्ठ से वाणी नहीं निकली। वह अवाक् उस आलोकमय तम में देखता खड़ा रहा। वह महापद्म स्वयं ही अपने प्रकाश में अन्तर्ध्यान हो गया तथा अपने ही प्रकाश से प्रकाशित नृसिंह प्रगट हुए-कोटि सूर्यों का प्रखर प्रकाश जैसे उस अनादि तम तोम को जलाने लगा-उस अथाह अग्नि के उद्वेलन से ज्योति-दुग्ध की धारायें छूटीं और वह समस्त अपार अपरम्पार क्षीर-निधि में बदल गया-क्षीर-समुद्र। क्षीर-समुद्र शब्द-ध्वनि उस अथाह व्याप्ति में गूंज प्रतिगूंज उठी और पद्मपाद जैसे किसी के दर्शन की चिर प्रतीक्षा से भर उठे। उस क्षीर नीर निधि में मंगलमय वीचियाँ उलोल रही थीं। और घन घनीभूत चिन्मय आधार कुण्डलों में बँटा पड़ा था। कोई शेष आश्रय अपनी जाग्रत किन्तु तन्मय चेतना में महाकाल के विषों से भरा सो रहा था और फुत्कारपूर्वक जाग भी रहा था। उस अशेष शेष के शत-शत सहस्त्र-सहस्त्र कोटि-कोटि मुख थे और अनन्त कोटि दृष्टियां थीं। उस पारदर्शी धवलिमा में यह घनशील महासर्प अपनी कोटि कुण्डलियों में झूमता हुआ पड़ा था-पद्मपाद स्वयं से ही कह उठे- "शेष! और, और?" पद्मपाद के हृदय-दहर में जैसे एक चिन्मय प्रकाश कौंध कर फैला और विष्णु-विष्णु-विष्णु-महाविष्णु शेष-शैय्या पर शयन में दृष्टि गोचर

हुए। आलोक-ज्योतिर्मय प्रकाश-उल्लास से भरा शान्त अभय। पद्मपाद ने अपने गहनातिगहन वाक् में कहा- "भक्तवत्सल! हे जगन्नाथ!"

पद्मपाद को लगा कोई अदृश्य किन्तु अनुभूयमान अभय वरद हस्त लाघव उनको थाम कर पृथिवी पर उतार रहा है। कोई उनको उस महासर्प के कुण्डलों से दूर ले जा रहा है। पद्मपाद जैसे कोटि-कोटि नीहारिकाओं को पार कर द्युलोक से अन्तरिक्ष में उतरने लगे। तब यह विष्णु-विष्णु-विष्णु-महाविष्णु हैं? यह परम् शान्त अभय और मंगल से परिपूर्ण यह शाश्वत अमृत-ज्योति श्री विष्णु हैं तब? तब यह परम् ब्रह्म दिक् और दिशाहीन-काल रहित स्वरूप हैं? तब क्या श्री विष्णु ने मुझे दर्शन दिये हैं? तभी पद्मपाद अपनी गूढ़ तन्द्रा से जागे। आचार्य शंकर ने कहा- "श्री जगन्नाथ, वत्स!"

"जगन्नाथ?" पद्मपाद जैसे हकलाये।

"हां, प्रभु, श्री हरि, भक्तवत्सल अच्युत, अनन्त, गोविन्द।" आचार्य श्री शंकर ने कहा।

पद्मपाद कन्दुक की भांति आचार्य के श्रीचरणों में लुढ़के; बोले- "मुझे उबारो, श्री गुरो! पूर्वाश्रम की स्मृतियां कातर करने लगी हैं। सहसा घर जाने को इच्छा जाग्रत होती गई है, प्रभो!"

"अभी सांसारिक प्रारब्ध शेष है, तुम्हारा, वत्स!" आचार्यश्री ने कहा- "स्मृतियों में जलो मत; स्वप्न में फंसो मत, स्वाद में डूबो मत, पद्मपाद! तुम्हारा कल्याण अभिनिश्चित है।"

"कल्याण!" पद्मपाद ने उच्छ्वसित स्वर में कहा- "मैं प्रभु-दर्शन ही चाहता हूं। गुरुदेव! प्रभो! आपके श्रीचरण प्रभु के ही चरण हैं। मैं जैसे जान से भस्म हो जाऊंगा; चित् में डूब कर संसार की उन्मुक्त रमणीयश्री में तैरता रहूंगा- मैं आनन्द चाहता हूं। भगवान।"

"भगवान।" आचार्य श्री शंकर ने पूछा- "तो भक्ति ही है।"

"भक्ति?" पद्मपाद ने सहज ही पूछा- "तब वेदान्त का निर्गुण ब्रह्म?"

आचार्य श्री शंकर ने गंभीर स्वर में कहा- "परम् ब्रह्म की प्रीति ही भक्ति है। परम् ब्रह्म में लीन होकर ज्ञान स्वरूप अपनी परमात्म स्थिति में होना ज्ञान योग है, वत्स! परमात्मा में मिलोगे तो यह जगत नहीं रहेगा; भव संसार नहीं होगा-प्रभु का दिव्य सच्चिदानंद स्वरूप भी नहीं रहेगा। अपने कातर आतुर अन्तःकरण से पूछकर अविचल संकल्प लो, पद्मपाद!"

पद्मपाद ने सजल नयनों से श्री गुरुदेव को निहारा, कहा- "यह संसार जैसे छूटता ही नहीं। जगत के इस अद्वितीय आश्चर्य से मेरा कौतुकी लगाव हटता ही नहीं। मैं जैसे देह में ही देहोपरान्त देखता रहता हूँ- मैं मोक्ष-कामी नहीं हो सकता। मैं दृष्टा ही हो गया हूँ। परम् ब्रह्म की यह बहुस्याम आनन्दोल्लास से पूर्ण लीला देखते ही रहना चाहता हूं। हाँ, श्रद्वेय!"

आचार्य श्री शंकर ने शान्त स्वर में कहा- "अनादि शाश्वत जीवात्म भाव यही है, वत्स! वह प्रभु और उसकी लीला को निहारता रहता है। जन्म-मृत्यु रहित यह ईश्वरीय जीव की जीजिविषा है। हनुमान! आञ्जनेय हनुमान ने भी तो यही चाहा है। श्री राम और उनके ऐश्वर्य का स्मरण करने के लिये उन्होंने चिरञ्जीव होने का वर माँगा था-श्रीराम ने यह वर दिया भी है। योगी परमात्मा को देखता है; देवता उसका स्तवन करता है। मानव मोक्ष के लिए अपने संचित सहित भस्म हो जाता है-किन्तु भक्त? वह तो भगवान का सानिध्य चाहता है, सम्पर्क चाहता है-सम्बन्ध चाहता है तथा जगत और शाश्वत जीवन भावना द्वारा श्री हरि के चरणों में बना रहना चाहता है। यही मुक्त दिव्य ईश्वरीय जीवन है, वत्स!"

"भक्त! श्री हरि का भक्त! भागवत, भक्ति-भगवान।" पद्मपाद ने उच्छ्वसित स्वर में फुसफुसाते हुए कहा और श्री गुरु चरणों में शाष्टांग प्रणिपात करते हुए पुनः कहा- "जन्म-जन्म के, कल्प-कल्पों के कर्म बन्धन हैं। बंधा हूं, प्रभो! इस जगत की अनन्त स्मृतियों से चित्त भरा है; कमनीय स्वप्नों से बुद्धि भरी है-मन अनादि से काम्य की प्राप्ति के लिये भटक रहा है-इस जन्म में जैसे मैं चौराहों को पार करता हुआ श्री गुरु-चरणों में दौड़ आया हूँ! मुझे-मुझे तब मुक्ति नहीं मिलेगी?"

आचार्य श्री शंकर ने पद्मपाद को उठाया और उसके सिर पर अभय वरदा हस्तलाघव करते हुए कहा- "क्या चाहते हो? मुक्ति अथवा मोक्ष?"

पद्मपाद ने उस आलोकमय अँधेरे में शान्त ज्योति से परिपूर्ण उन अम्बूज आँखों में देखा; कहा- "क्या चाहता हूँ? यह त्रिताप, यह कर्म-बन्धन, यह भव-ताप नहीं चाहता। भव-संसार से घबराता हूँ; जगत से भयभीत रहता हूँ- मृत्यु! चारों ओर एक क्षण का संयोग है और वियोग? अन्त कहाँ है? मैं अनन्त वियोग की इन क्षुद्र संयोग-पलों को नहीं चाहता और नहीं यह अविराम वियोग यह गूढ़ घोर विस्मृति ही चाहता हूं- मैं अनन्त अथाह प्रेम में अपनी अभय जाग्रति चाहता हूँ।"

"तब तुम होना तो चाहते हो; होते रहना तो तुम्हें अभीष्ट है।" आचार्य श्री चरणों ने कहा- "तुम पद्मपाद! सृष्टि के शाश्वत वसन्त के कोकिल हो। यह जीव सत् ज्ञान अमृत से भरापूरा है। प्रभु उसके श्वांसों में है- वह परमात्मा का आनन्दोल्लास के लिये एक अथाह अगाध भवेच्छा है। उसको परमात्मा के प्रत्यक्ष द्वारा-ज्ञान द्वारा इस भवेच्छा को ही लीन करना होगा अथवा अनासक्त कर्म करते हुए काल की त्रिकाल गतिविधियों का दृष्टा बने रहकर शान्त चित् शाश्वत जीवात्म भाव में मौन रहना होगा- हाँ; अथवा परमात्मा के सगुण परात्पर सुन्दर, सरस, सुघड़ और चिन्मय स्वरूप के आनन्द-सम्मोहन में मगन रहना होगा-कर्मेच्छा, काल गति त्याग कर कालातीत होने से स्वप्न और उसकी स्मृति रूप यह भव संसार छूट जायगा-भव-चक्र से मुक्त हो जाओगे और परमात्मा की प्रतीक्षा में शून्यों के महाशून्य में देखते रहोगे, पद्मपाद!"

पद्मपाद ने उल्लसित स्वर में पूछा-"प्रभु कैसे हैं, गुरुदेव? मैं, मैं निस्संदेह उनको निःशंक होकर, निर्लज्ज होकर देखते रहना चाहता हूँ। हाँ, मैं जगन्नाथ-जगदीश्वर को देखता रहना चाहता हूँ।"

आचार्य श्री शंकर ने कहा- "तथास्तु! तब वत्स! इस जगत में जगदीश्वर को खोजो। श्री हरि को भव-संसार में देखो। हाँ, पद्मपाद! इस कुटिया के आलोकमय अंधेरे में अपने प्रिय प्रभु को खोजो-बाहर रात्रियों और दिवसों में तारों में, नीहारिकाओं में, सूर्य और चन्द्र में परमात्मा को निहारो। प्रत्येक भव-योनि के जीवों को टटोलो; उनके अन्तःकरण में हृदय-दहर में देखो-तुम्हारा भगवान तुम्हें मिल जायगा।"

आचार्य श्री शंकर सहसा चुप हो गये। पद्मपाद जैसे उनके श्री चरणों में ढल गया-पड़ गया। कुटिया का गगन जैसे अपने आलोकित तम के साथ बिलाने-अन्तर्ध्यान होने लगा और एक ज्योतिर्मय व्योम प्रगट होने लगा। पद्मपाद का हाथ पकड़ कर आचार्य श्री शंकर अत्यंत तीव्र वेग से उस व्योम में जाने लगे। पद्मपाद को लगा, दूर-सुदूर अन्धकार की दमकती हुई बिम्बमयी तरंगें उछल रही हैं और समूचा गगन मण्डल उद्वेलित किन्तु शान्त सम सर्वव्यापी गति में हिल्लोलित हो रहा है। तब यह-यह काल चक्र है? भव-गति-विधि है? पद्मपाद ने अनन्त में लीन किन्तु तेज पुञ्ज प्रकाश की मूर्ति गुरुदेव श्री शंकर को उस अथाह व्योम में निहारा। आचार्य श्री शंकर ने जैसे कहाः यह अनन्त है, गगनों और उनकी नीहारिकाओं से भरा अनन्त

अनन्त है। किन्तु यह व्योम गगनों के पार और परे आकाश द्यु-लोक में लीन-विलीन है और यहीं अशेष शेष का चिन्मय किन्तु विराटातिविराट् अधिष्ठान है -यहीं, यहीं से भू, भुर्वः स्व यह जन तप लोक-लोकान्तर जैसे व्यक्त होकर कल्पान्त में यहीं लीन होते हैं। जाड्यान्धकार का यह शून्यमय अर्णव। देखो, वहीं श्री हरि कालरात्रि में शयन कर रहे हैं-श्री हरि, विष्णु-जगन्नाथ, जगदीश्वर! देखते हो? पद्मपाद ने जैसे देखा-निहारा किन्तु उसे लगा शेष के काल- कुण्डल ही बिछे हैं-भर हैं। जैसे बोला- "नहीं, प्रभो। यह, यह महासर्प है-शेष।"

उस अनन्त में आचार्य श्रीशंकर थमे; बोले- "तुमको श्री हरि दर्शन देंगे। मैं तो उन्हें देख रहा हूं और प्रणाम कर रहा हूं। श्री जगन्नाथ, जगदीश्वर प्रभु अपनी ही सच्चिदानंद ज्योति में लीन स्वयं ही उजागर हो रहे हैं-और......"

पद्मपाद ने अवाक पूछा- "और?"

आचार्य श्री शंकर ने जैसे वाक् में ही उत्तर दिया- "ज्योति ही ज्योति। और वह दूर, सुदूर दूर शेष शक्ति से परिपूर्ण कालार्णव! श्री हरि अपने अद्वितीय शिव-संकल्प से यहीं, काल के अधिष्ठान होकर अनन्त कल्पों की महीयसी सृष्टि रच रहे हैं; उसको पाल रहे हैं- तुम सृष्टि में श्री हरि के अनन्त ऐश्वर्य का गान करो, पद्मपाद!"

पद्मपाद को जैसे भान होने लगा। व्योम, गगन पार कर वह जैसे सरकते हुए कालचक्र की ओर खिंचने लगे। तम के अन्धकारों में डूब कर वह जगत के अतल में उतर आये और फिर ऊपर उठे-जागे। जगती! भव-संसार, पर्ण कुटिया श्री गुरुदेव!

3

"यह श्री रामेश्वर क्षेत्र है और उसकी दक्षिण आम्नाय है।" आचार्य श्री शंकर ने भूरिवार-सम्प्रदाय के सदस्यों और साधकों को लक्ष्य कर कहा- "श्रृंगेरी मठ दक्षिणाम्नाय के धर्म-राज्य का अनुशासन एवं तपस्या का स्थल है-होगा, होता जायगा किन्तु भूरिवार सम्प्रदाय के सन्यासियों को अपने आत्म-लाभ के लिये कामाक्षी देवी की तंत्रोपासना भी आवश्यक होगी-श्री विद्या की ललितोपासना-ब्रह्माणि का गहन ध्यान। यह साधना पंच मकार की साधना नहीं होकर स्वयं श्री ललिता की उपासना है। पृथिवी पति आदि वाराह देव, कामाक्षी देवी तथा सरस्वती, पुरी और भारती सन्यासी हाँ, भारती, उभय भारती।"

"उभय भारती!" उपस्थित समुदाय की उझकती हुई भवों ने पूछा। सुरेश्वराचार्य अपने गहन में जागे; हिले; हठात् बोले- "भारती, श्री गुरो!"

आचार्य श्री शंकर ने शान्त गंभीर सम मुद्रा में कहा-"पूर्वाश्रम के महाशय मण्डन मिश्र की भार्या नहीं, ब्रह्मा की प्रिय भार्या, अष्ट मूर्ति शंकर की भगिनी, वाणी की आद्य देवता चिन्मयी वह परात्परा लक्ष्मी, उमा, शिवा।"

सुरेश्वर ने मूढ़ मति की भांति आचार्य की ओर देखा; निश्वास रख कर बोले- "वाणी की आद्य देवता, चिन्मयी भारती!"

"सरस्वती!" आचार्य श्री शंकर ने कहा- "वह उभय भारती अपना देह त्याग कर मेरे चिदाकाश में वांङ्मयी होकर अन्तर्निहित हो गई। वह श्री विद्या, अपरा-परा परात्परा रस भारती की काम दुधा आनन्दमोहिनी होकर मेरे चित्ताकाश में मंत्रमयी-मंत्र स्वरूपा हो गई है। इस सन्यासी मन के शत् शत् प्रणाम के लिये वह भारती, राजराजेश्वरी होकर मेरे नयनों में जाग्रत है। यह शरीरी सरस्वती भारती का एक उदासीन पुत्र हो गया है। वह ज्ञानमयी, वह कामदुधा, वह रसमयी।"

हस्तामलक ने स्वयं से ही कहा- "रसमयी? नहीं; ज्ञान रूपा। ब्रह्माणि!"

श्री शंकराचार्य ने कहा- "ज्ञान योगियों के लिये वह ज्ञान स्वरूपा है; कर्म योगियों के लिये वह चिद्-चिन्मयी है और भक्ति योगियों के लिये वह विरागी रसमयी है। जगत की अपरा विद्यायें विष भरी, विष बुझी

हैं। यह जगत उसी चिन्मयी सरस्वती की कृपा से ही अमृतमय होता है। अज्ञान का यह रहस्यमय आच्छादन चिदानंद स्व प्रकाश्य आत्मा के लिये मोहमय विष है। अनृत विष है और वह आनन्दमयी साधकों के विरागी उदासीन हृदयों में रस भारती रूप प्रगट होती है। सुरेश्वर! उभय भारती का पंचभूतात्म देह पंच भूतों में सदा के लिये विलीन हो गया है और लिंग देह? वह अनादि अनहद नाद में अन्तध्र्यान हो गया है। उभय भारती का कारण, कारणातीत तथा केवल्य स्वरूप उस कारुण्य कादम्बिनी ने अपनी आनन्दमय ज्योति में गला दिया है-उभय भारती ने ब्रह्माणि सरस्वती से आत्मसात् कर लिया है।

"प्रभो!" सुरेश्वर सहसा चीत्कार सा कर उठे।

"उभय भारती की चिन्मय प्रतिष्ठा यह कामकोटि पीठ है-होगी। कामाक्षी ही सरस्वती रूप होकर साधक के राग को रस बना देती है-राग चिपकता है; गाड़ता है-चिपकाता है। बांधता है। रस? रस ज्योति का आनन्दानुभव है- वह पूर्ण से परिपूर्ण, अणु से विराट् तथा विराट् से अनन्त करता है।"

सुरेश्वराचार्य ने ऊर्ध्व निश्वास भरते हुए कहा- "अन्त में यह जाना ही है; बिछुड़ना-तब।"

पद्मपाद ने बीच ही में कहा- "यही राग है-"

हस्तामलक ने प्रसन्न हास्य हंसते हुए कहा- "अनन्त कोटि कल्पों के स्वप्नों और स्मृतियों से भरी भवेच्छा, जीवन-रति। शरीर भस्मीभूत हो जाय, आत्मा के मोहान्ध चित्त से जाता नहीं।"

सुरेश्वर ने गहरा स्वाँस भरा; कहा- "जा रहा है। जायगा।"

पद्मपाद ने पूछ ही लिया- "क्या? पूर्वाश्रम के मण्डन मिश्र की धर्मपत्नी का पंच भूत देह भस्मीभूत हो गया। सूक्ष्म और कारण कालातीत केवल्य में लीन हो गये। गुरुदेव के परमात्म चिद् में वह चिन्मयी सजग है- यही तो किन्तु आप के चित्त में क्या स्थूल पार्थिव भारती की स्मृतियाँ ही कुनमुना नहीं रहीं?"

"नहीं, नहीं।" सुरेश्वराचार्य ने कहा- "यह तन छाया रो भरा प्रकाश है; सूक्ष्म ज्ञानालोक का तेजस है और कारण? वही जाड्यान्धकार के आच्छादन में गहनातिगहन गूढ़ किन्तु श्री गुरु-चरणों का आश्रय पाकर मैं पूर्वाश्रम का मण्डन मिश्र प्रतिपल श्रीमद् शंकराचार्य का सुरेश्वर शिष्य होता गया हूँ। अवश्य, एक सिहरती हुई सरस दीप-शिखा मेरे इस शरीरी के गहन

अन्तरात्मा में विहँसती रही है-जैसे सुवर्ण कमल में अनन्त नील घन घनश्याम ज्योति दीप जल रहा हो-हाँ, मैं देख रहा हूँ।"

श्री शंकराचार्य ने सस्मित कहा- "स्वयं में?"

"नहीं?" सुरेश्वराचार्य ने कहा- "श्रीमद् के हृदयाकाश में देख रहा हूँ- वह उभय भारती जैसे एक ही सरस दीप की दो प्रज्वलित सौम्य शिखायें हैं। एक वह तथा दूसरी मैं, यह शरीरी, प्रभो!"

पद्मपाद ने मुस्कराते हुए आचार्य श्री शंकर की ओर देखा। हस्तामलक ने कहा- "सर्वम् खलु इदम् ब्रह्म। गुरुदेव ही वह ब्रह्म मूर्ति हैं, जिनके चिदाकाश में हम सब शरीरी और यह यावत् सृष्टि जाग्रत हो रही है; ठहर रही है और अन्तर्ध्यान हो रही है। मैं जैसे स्वयं को श्री गुरुदेव के अगाध नयनों में ध्यानस्थ पाता हूँ-हाँ।"

हस्तामलक ने हंसकर कहा- "यह फिर भी द्वैत है। मुझको 'मैं' का भी पता नहीं रहता। यह जाग्रति-चेतना, स्वप्नमय तेजस् आलोक घोर गूढ़ निद्रा- स्मृति-विस्मृति सब? मानना पड़ता है; अनुभव करना पड़ता है। शून्य निर्विकार निराकार निर्गुण आनन्दमय अभय ही है-शान्त अभेद्य।"

"यही सच्चिदानंद प्रत्यक्ष है।" आचार्य श्री शंकर ने कहा- "यह उन्मुक्त वार्तालाप जब तक है, बुद्धि का संशय है-हृदय की ग्रन्थि है। ब्रह्म-ज्ञानी मौन होता है, ब्रह्मानुभवी अवाक् होता है और मुक्त जीव चिन्मय शून्य में अवधूत होता है। विचार है तब तक जगत है; भावना है तब तक भव-संसार है।"

"भव-संसार।" चित्सुख ने सहसा कहा।

"अनासक्त कर्म-बोहित में बैठकर तरो।" आचार्य श्री शंकर ने प्रसन्नता पूर्वक कहा- "भव-संसार की धारणा को आत्म-ज्ञान में लीन कर दो-सृष्टि का विराट् अनन्त अपार मंगलमय सुन्दर सरस स्वरूप अनन्त कोटि रूपों में लहरा उठेगा। आत्म तत्व पर वार्ता कर तुष्ट मत होओ- ध्यान करो आत्मा का। गान करो परमात्मा का-स्तवन।"

सुरेश्वराचार्य ने कहा- "अवश्य ही।"

पद्मपाद ने सिर धुनते हुए कहा- "तीर्थाटन कर मैं इस अपने प्रारब्ध देह को पवित्र करूंगा। देव-दर्शन से मन निश्चिन्त और चित्त निर्मल करूंगा। आप श्री सुरेश्वर, रस भारती रूप उस परम् तत्व का अनुभव करें। गुरुदेव की कृपा आपको परमात्मा का आनन्द-प्रत्यक्ष करायेगी-मुझे श्री चरणों की

धूलि प्रभु के दर्शन करवायेगी। मैं परम् ब्रहम का आर्त भक्त हूँ और आप सब? जगत के उदासीन और भव-संसार के संन्यासी हैं। कर्म मात्र से मुक्त हो मैं प्रभु का दर्शन करते रहने की शाश्वत भवेच्छा चाहता हूँ।"

"उससे भी छूटना चाहोगे, पद्मपाद!" आचार्य श्री शंकर कहा- "ब्रहम सत्यम्-जगन्मिथ्या, समझे!"

"जी।" अवाक् पद्मपाद ने कहा।

हस्तामलक ने कहा- "जीव है ही कहाँ? जगत कहाँ है? कुछ भी नहीं है-केवल मैं हूँ आत्मवत् परमात्मवत्, सच्चिदानंद।"

आचार्य श्री शंकर ने सब को देखा और कहा- "जगत है या नहीं, जीव और भव-संसार है या नहीं, यह बुद्धि के तर्क-वितर्क हैं। अज्ञान के अंधेरे में डूबी हुई स्व आत्म भावना का भय बोध भर है। जो है, जैसा है-है। जो अनुभवगम्य है, अनुभवजन्य है, जो अनुभूत है-वह है, तब तक जब तक उसका अनुभव है। सगुण ब्रहम पल-पल असीम है; निर्गुण ब्रहम अनन्त अनन्त है। जब तक पलों का अनुभव है, तब तक स्वप्न है। स्मृति है-काल तथा कर्म गति है; किन्तु जहाँ अनन्त अनन्त का ही अनुभव करता है, वहाँ सच्चिदानंद परम् तत्व ही है। श्रृंगेरी का सन्देश 'अहम् ब्रहमास्मि' है और उसकी काम कोटि पीठ का सन्देश परा विद्या की आराधना तथा उपासना है। सुरेश्वर तुम कुछ समय के लिये इस पीठ की व्याख्या करोगे; उसको आध्यात्मिक दिशा दोगे-हस्तामलक है ही, तुम्हारे साथ।"

हस्तामलक ने कहा- "सुरेश्वराचार्य को ही आदि आचार्य क्यों नहीं, गुरुदेव! आपकी इच्छा का उल्लंघन मैं करना नहीं चाहता; परन्तु मैं तो रमता राम हूँ-यह आचार्य पद? मुझको न तो समझ में आता है और नहीं मैं तत्वों से घिरा भूतों से बँधा रहना चाहता हूँ। सुरेश्वराचार्य संस्कारी, शिक्षित-दीक्षित अनुभवी जाग्रत संन्यासी हो गये हैं। भारती आत्म ज्योति को जितना वह जगा सकते हैं, उतना और कौन?"

आचार्य श्री शंकर ने सुरेश्वराचार्य से पूछा- "क्यों? सुरेश्वर?"

सुरेश्वराचार्य ने कहा- "नहीं, अभी भव-संसार की सरस रगृति से अटका हुआ हूं; अभी जगत की माया का आश्चर्य कर्षित करता है; अभी सृष्टि-सौन्दर्य्य स्तब्ध करता एवं जीवन का वैभव अवाक् करता है। मैं देह की चेतना के कगार पर खड़ा हूं-मुझे श्रीमद् का संरक्षण ही चाहिये। कामकोटिपीठ अर्थात् कामाक्षी; कामाक्षी अर्थात् उभय भारती-भारती। प्रभो,

जन्म-जन्मों से लगी एक सृष्टि-चेतना को आपश्री ने योगबल से परात्परा चिन्मयी ज्योति में बदल दी-मुझे उसी की आराधना करना होगा। कामिनी को जगदम्बा रस भारती अनुभव करूंगा, तब कहीं जाकर मैं वैराग्यमूर्ति प्रभु के आलोक का भान कर पाऊंगा। मैं स्वयं को जगत से विस्मृत तथा भव संसार से निर्भ्रान्त ही चाहता हूँ-मैं स्वर से, व्यञ्जन से, मातृका से, बोध और अर्थ से-वाङ्मय और वीणा द्वारा उस परात्पर ब्रह्माणी को पाना चाहता हूँ। अनुग्रह, श्री गुरुदेव!"

"तथास्तु।" शंकराचार्य ने कहा- "समय हो रहा है, हम सब मिल कर आद्या कामाक्षी का आह्वाहन करें। उस ब्रह्म ने उदासीन शून्य निर्जन विजन मूढ़ एकान्त को, तम शून्य को देखा, समझे और कामना की-मैं एक हूँ- अनेक प्रजाओं को व्यक्त करूं। कामाक्षी! अनन्त अथाह काम की दिव्य रमणीय परात्पर शक्ति ही ज्ञान स्वरूप का महाप्राण है- प्रभु प्रेम की आँखों से ही देखता है।"

"प्रभु प्रेम की आँखों से देखता है?" पद्मपाद अपने आसन पर मन ही मन गुनगुनाते हुए आ बैठे। सुरेश्वराचार्य अपने आसन पर चुपचाप बैठ गये। काञ्चीपुर के नागरिकों के झुण्ड आने लगे; राज्य के प्रबन्धाधिकारी एक-एक कर आने लगे। महाराज राजशेखर और उनके साथी अन्य जनपदों के अधिष्ठाता-अधीश आने में ही हैं। ब्राह्म मुहूर्त की झीमती हुई आलोकित ज्योति सूर्य के प्रति निमिष प्रखर होते हुए प्रकाश में तेजस्वी होने लगी और वृक्ष की घटायें पूर्णरूपेण हर्षित हो उठीं। लता-बल्लियाँ सजग स्फूर्त हो उठीं और गगन विहंगों के कल-निनादों से भर उठा। अपने वृन्तों से सकुचे हुए पुष्प विकचने लगे और कलियाँ अपने यौवन के प्रथम उभार में चटख उठीं। जाग्रति का एक विविध स्फूर्त समारोह सा होने लगा। धरती मुह्यमान होकर रीझने लगी और आकाश उदासीन किन्तु प्रसन्न चारों दिशाओं को देखने लगा। हस्तामलक ने तुंगभद्रा के किनारे खड़े होकर अनन्त दिगन्त की ओर देखा और स्वयं से ही मुस्करा उठे। चित्सुख और चिद्विलास हुमसते हुए नदी किनारे आये और आचार्य हस्तामलक को स्थिर शान्त आकाश में ध्यान से निहारते हुए देखकर ठक् खड़े हो गये। चित्सुख ने सहसा पुकारा- "आचार्य?"

हस्तामलक ने सिर घुमा कर देखा और इंगित किया चुप रहो; बोलो मत-पुकारो मत। चिद्विलास आचार्य हस्तामलक के ठीक पास जाकर खड़ा

हो गया। शान्ति, मौन-चुपचापी और स्फूर्त उमंग भरी संजीवनी वायु। प्रभात हो रहा था और हस्तामलक नारंगी सूर्य बिम्ब को क्षितिज से फूट कर प्रगट होते हुए देख रहे थे। यह नारंगी, नवरंगी अरुण सूर्य बिम्ब दिवाकर! भास्कर! हस्तामलक जैसे उस अरुण ज्योतिर्मय बिम्ब की ओर चले तथा एक पलक में उस लास करते हुए अरुणिमा से भरे बिम्ब में जा बैठे। अवश्य, सूर्य हूँ मैं-आत्मा का सच्चिदानंद सूर्य। भर्गोदेवस्य धीमहि, धियो यो नः प्रचोदयात्। आचार्य श्री हस्तामलक के रोम-रोम में महीयसी गायत्री जाग उठी। एक शान्त अगाध अनहद ध्वनि में गायत्री स्वयं ही मानो अपना गान करने लगी। ब्रह्माणि! हस्तामलक अपने चिदाकाश में पुकार उठे। ध्यानस्थ जगत से विस्मृत और देहाभिमान से स्मृतिहीन हस्तामलक मानो हंस पर आरूढ़ ब्रह्माणी को अमृत जल से तर्पण करते हुए देखने लगे। वह दिव्य हस्त लाघव पारिजात के पुष्पों और ब्रह्मवल्लरियों के कुशों से अणु-अणु को दिव्य सोम से सींच रहा था और हंस अपने दिव्य श्वेत पंखों की उड़ान में वेद मन्त्रों की ध्वनि उत्पन्न करता हुआ अनन्त में अमृतमय दिव्य मान सरोवर की ओर उड़ रहा था। जगत की कालिमायें, अन्धकार की घोर उभारें-सब जो जड़ है, मानो किसी दिव्य चैतन्य स्पर्श से सजीव, सृजनशील, स्थिर और लयवान हो रहा था। सृष्टि यावत् जीवन की अमृताभिलाषा के मंगलमय उत्साह से भर गई थी और कोई सृष्टि के प्राणियों के कल्याण के लिये ब्रह्माणी का आभार मान रहा था। यह प्रभात सृष्टि के संजीवन का अमोघ अमृतोत्सव था। हस्तामलक रोम-रोम में उल्लसित हो उठे। उनकी रग-रग आनन्द की सिहरन से झीम उठी। अनायास हठात् उन्होंने गगन से कहा; धरती से कहा; पंचभूतों और सभी तत्वों से पुकार कर कहा- "परम् ब्रह्म! सच्चिदानंद!"

सच्चिदानंद! चिदानंद! आनन्द, आनन्द-आनन्द! हस्तामलक देह-भूले, भान भूले-स्मृति और विस्मृति के परे और पार जैसे आनन्द की अथाह ऊर्मि हो गये। सृष्टि के सभी भव शान्त हो गये; स्थिति की विषमतायें अनन्त सम में लीन होकर अमीमय चिन्मयता हो गये। होने और होते रहने की अगाध अटूट अविराम जीजिविषा-अज्ञान मात्र, जाड्यान्धकार मात्र, भ्रम मात्र, भ्रान्ति और निर्भ्रान्ति समस्त जैसे गहनातिगहन अभय होकर बन्धन मुक्त चैतन्य के आनन्दोन्मेष में डूब गये। सभी घेरे बिखर कर टूट गये; सभी सीमायें स्वयं ही अनन्त होकर अनन्त में लीन हो गई। अनादि ज्ञानी

आत्मा आनन्दमय ब्रह्म को स्पर्श कर स्वयं ही चिदानंद रूप शिवत्व में अन्तर्ध्यान हो गई। ज्ञाता स्वयं के आनन्दोन्मेष में डूब कर ज्ञेय हो गया- ज्ञान हो गया।

चित्सुख ने कहा- "आचार्य! समय हो गया है। यज्ञ का मंगलारंभ होने ही वाला है।"

हस्तामलक एक पल में अपने सभी शरीरों में-त्रिपुर और त्रिभुवन में जागे, बोले- "समय! काल का भ्रम मात्र है।"

चिद्विलास ने कहा- "श्री गुरुदेव आपश्री की प्रतीक्षा कर रहे होंगे।"

"मैं अपना ही गुरु हूँ-मैं अपना ही परमात्मा हूँ।" हस्तामलक ने कहा- "गुरुदेव? हाँ तो।"

चित्सुख ने कहा- "श्रृंगेरी के आचार्य के बिना कामाक्षी देवी की प्राण-प्रतिष्ठा का यज्ञ आरंभ कैसे होगा?"

"यज्ञ? प्राण-प्रतिष्ठा-कामाक्षी देवी की?" आचार्य श्री हस्तामलक ने जैसे अनन्त को उलहाना दिया- "देव, देवी, देवता! ब्रह्मा, विष्णु, महेश-मित्रावरुण-इन्द्र। है? कहाँ है? यह सब धारणा मात्र है; अनादि शाश्वत शिव रूप जीवात्मा की धारणा भर है। सत? चित्? है-होगा; किन्तु आनन्द! हाँ तो, आनन्दम् ब्रह्म! अहम्-अहम् आनन्दम् ब्रह्म। यह जगत अनुभूत है; किन्तु क्षण भर के लिये; यह देह अनुभव गम्य है-पल और पलक के लिये किन्तु अनादि अनन्त में जगत कहाँ है? जीव कहाँ है- केवल ईश्वर है, शिव-सदाशिव।"

आचार्य हस्तामलक चले; जैसे स्वप्न के परे, स्मृति के पार लथपथ चले, देह चला, मन चला, बुद्धि जगी; चित्त जागा और अहम् तनिक चौंका। हस्तामलक त्रिपुर और त्रिभुवन तथा चौदह भुवनों के पार और परे अथाह सच्चिदानंद आनन्द के विशाल तरंग-संकुल की भांति धरती पर लहरे; विहरे।

यज्ञ मण्डप गिरियों, भारतीयों, सारस्वतों से खचाखच भरा हुआ था। महाराज राजशेखर और जनपद अधिष्ठाता, अधीश तथा नरेश नृपतिगण अपने-अपने विवेक-सम्मत आसनों पर सुशोभित थे। भूरिवार सम्प्रदाय के विशिष्ठ साधक तथा श्री रामेश्वर-क्षेत्र के सन्यासी उपस्थित थे। हस्तामलक को दोनों ओर से थामकर चित्सुख और चिद्विलास मण्डप के द्वार पर लाये। आचार्य श्री शंकर ने पलक में ही हस्तामलक की समाधिस्थ अवस्था भांप ली। अपनी पीठ से उठ कर आचार्य मण्डप के द्वार की ओर

लपके; दोनों आजानुबाहु फैला कर उन्होंने समाधिस्थ हस्तामलक को अपने स्नेहशील आलिंगन में बांध लिया। हस्तामलक का मस्तक चूम कर आचार्य जगद्गुरु शंकराचार्य ने कहा- "वत्स! आज सभी वेदान्त सन्यासियों का मोक्ष सध गया। श्री हरि! हे शिव शम्भो! साक्षात् कामाक्षी हस्तामलक की समस्त चेतना में रम गई है- यज्ञ प्रज्वलित करो।"

वेद मंत्रों के उद्गीत के साथ यज्ञाग्नि प्रज्वलित की जाने लगी। आचार्य श्री शंकर ने हस्तामलक को पद्मासन बद्ध वेदी के ब्रह्मा स्थान पर उपविष्ठ कर दिया और सुरेश्वराचार्य को यज्ञ के आचार्य स्थान पर बैठने के लिये आज्ञा की। सुरेश्वराचार्य आचार्य की पीठ पर शान्त गंभीर मुद्रा में जा सुशोभित हुए। वेद मंत्रों के गहगहे उद्गीथ के साथ यज्ञ विधि के ख्यात और रूढ़ मंत्रों का उच्चारण आरंभ हुआ। यज्ञ प्रज्वलित होने लगा। हव्य के हल्के-फुल्के बुल्लों से यज्ञ की समिधा बोझल होती गई और धुआँ लहर-लहर कर उठने लगा। सभी प्रकार के पवित्र काष्ठों से धुआँ भभक-भभक कर उठा और गगन में अनेक वक्र गतियों में नाचने लगा-मन्द ताण्डव करने लगा। आचार्य श्री शंकर ध्यानस्थ बैठे थे; किन्तु उनका चित्त महानल के आह्वाहन में केन्द्रीभूत हो गया। सृष्टि के अग्नि तत्व का आह्वाहन मानो तत्वों के उद्वेलन द्वारा पंचभूतों का मन्थन था। ज्यों-ज्यों मन्त्रों का उच्चारण घहरने लगा, त्यों-त्यों बल खाता, इतराता तथा ऐंठता हुआ धुआं अग्नि की धूम्र लपटों में विलीन होने लगा। अग्नि की मन्द रंगीन लपटें मानो अनन्त गगन से सरक कर समिधा में प्रविष्ठ होने लगीं और कूट-कूट कर व्यक्त होने लगीं, यज्ञ की विशाल वेदी के चारों ओर उपविष्ठ जनों के मुख-मण्डल यज्ञाग्नि की वह्नि ज्वालाओं से दमकने लगे। गगन यज्ञ-धूम से भरी अग्नि ज्वालाओं से मानो भरने लगा।

परात्परा कामाक्षी देवी की प्राण-प्रतिष्ठा की महापूजा का प्रारंभ करते हुए श्रीमद् शंकराचार्य ने कहा- "हे पर ब्रह्मणि! हे महाकाममयी! हे कामदुधा कामायिनी! हे कामाक्षी! तुम ओंकार अर्थ की विवेचना हो। तुम तुरीय शिव के हृदय में सुखपूर्वक रमती रहती हो। ब्रह्मा, विष्णु, गणेश तथा राभी देव तुम्हारी कृपामयी शक्ति से शक्तिवान हैं- उनकी रक्षा करने वाली हे मंगलमयी! तुम उनके भी हृदय में रमती रहती हो। हे साम्वे! वही रति तुम्हारे श्री चरणार्विन्दों में लगी हुई है। आओ, हे श्री विद्ये!" आचार्य श्री शंकर के शान्त जलद गम्भीर स्वर में स्तवन गूंज उठा- "श्री विद्ये शिव,

वाम भाग निलये, श्री राज राजार्चिते। श्री नाथादि गुरु स्वरूप विभवे, चिन्तामणी पीठिके। श्री वाणी गिरिजानुताङ्घ्रि कमले श्री शांभवि श्री शिवे! चक्रस्थेचपले चराचर जगन्नाथेत्पूजिते। आतीली वरदे, नता भयकरे, वक्षोज भारान्विते। विद्ये वेद कलाप मौलि विदिते, विद्युल्लता विग्रहे, मातः! पूर्ण सुधारसार्द्रे हृदये मां पाहि, माॅम्बिके!"

सहसा आचार्य हस्तामलक ने जाग्रत होते हुए कहा- "परात्पर आनन्दमय, चिन्मय रसनिधि वह ज्योति, गुरुदेव!"

"कामाक्षी।" आचार्य श्री शंकर ने कहा।

यज्ञ-वहिन-जिव्हायें अब स्वस्थ पूर्ण यौवनोल्लास में बल खा-खा कर नाच रही थीं और निरन्तर हव्य पाकर प्रसन्न, मगन तुष्ठ सी गगन के व्योमों की ओर उन्मुख हो गई थीं। धरती की समस्त ऊर्जाओं से भरा हव्य कभी चटख कर तो कभी तड़तड़ा कर अग्नि में जल रहा था और शत-शत कण्ठों से गूंजित आहुतियाँ उस विशाल जगत योनि में गिरने लगी थीं। सृष्टि की व्यक्ति के सभी जाग्रत तथा चैतन्य तत्व अपनी परिपूर्ण अमृतमय चेतनाओं में स्फुटित होकर गहन विमर्श में उद्वेलित हो रहे थे और विश्व की तन्मात्रायें थिरकने लगी थीं। पंचभूत तन्मात्राओं से सहज ही अपने अमोघ दिव्य सामर्थ्य के साथ प्रगट होने लगे थे। गन्ध, गहन और अथाह होकर ब्रह्माण्डों की पृथिवी को काल अर्णव में उभार-उभार रही थी। सृष्टि का समस्त रस मानो प्रपातों, नद-नदियों, समुद्रों और सिन्धुओं के स्वरूप में लहर-विहर रहा था और वही अथाह रस सरस होकर काल की अग्नि में लीन होकर यावत् जीवन की चेतनाओं के अनुभवगम्य स्पर्श हो गया था। स्पर्श, स्वप्न तथा स्मृति में ध्वनिमय बोधमय, अर्थमय होकर मातृ का स्वरूप अनन्त आकाश में समा रहा था। और आकाश? आकाश अपने सभी व्योमों और गगन मण्डलों सहित महतत्वों में अन्तर्ध्यान हो गया था तथा महतत्व? चिन्मयी, रसमयी, सुर-सुन्दरी, महात्रिपुर सुन्दरी के अथाह काल नयनों में डूबा हुआ था। मृत्यु लोक ही नहीं, समस्त भू-भुर्व स्वः अपने पुरों और भवनों सहित उस परात्परा आनन्द मन्दाकिनी की सरस उत्फुल्लता में लीढ़ परम् प्रसन्न प्रतीत होने लगे थे और सृष्टि को अपने सर्व मंगल मांगल्य में सन कर वह महात्रिपुर सुन्दरी कामाक्षी योगियों के ध्यान में प्रगट हो गई थी; मुनियों के अवाक् शून्य में चेतन हो गई थी और साधकों के कण्ठों में वेद मंत्रों का सनातन शाश्वत अपौरुषेय गान हो गई थी।

"रस भारती!" आचार्य सुरेश्वर ने अपना ध्यान भंग करते हुए कहा- "श्री चक्र स्थित हो गई हैं, गुरुदेव।"

आचार्य श्री शंकर ने नत मस्तक नवां कर प्रणाम करते हुए कहा- "सर्वानन्दमये, समस्त जगता मा कांक्षिते वन्दवै। भैरव्या त्रिपुराद्यया विरचिता बासे स्थिता सुन्दरी। आनन्दोऽल्लसिते क्षणा, मणिगणा भ्राजिष्णु भूषाम्बरा। विस्फूर्जद्वदना, परापर रहः सा पातु मां योगिनी।"

यज्ञ-मण्डप में मानो आलोक छा गया। यज्ञ-वह्नि ज्वालायें घन घनीभूत होने लगीं और सृष्टि अपने पूर्ण यौवनोल्लास में स्वयं ही समाधिस्थ हो गई। काल-गति अपनी स्थितियों में मुह्यमान हो उठी और अमोघ वसन्त सरसता से भर गई। यावत् जीवन का समस्त सनातन शाश्वत मधु कण-कण में, अणु-परमाणु में उभर उमड़ उठा। आचार्य श्री शंकर ने गाया-

"त्रिकोण उदिते प्रभे। जगति सर्व सिद्धि प्रदे।

युते त्रिपुर याम्बया स्थितवती च कामेश्वरी।।

तनोतु मम मंगल, सकल शर्म वज्रेश्वरी।

करोतु भग मालिनी, स्फूरतु मामके चेतसि।।

शान्ति छा गई और आचार्य श्री शंकर के नयन उन्मीलित ध्यानस्थ मानो काल-प्रवाह के निरीह अर्णव को देखने लगे- "जागो। जगन्मोहिनी। अवतरो।"

सहसा सुरेश्वराचार्य ने कहा-

आह्वानं न जानामि न जानामि विसर्जनम्।

पूजाम् चैव न जानामि, क्षमस्व परमेश्वरी।।

हस्तामलक ने हठात कहा- "परात्परी सुर-सुन्दरी त्रिपुरे।"

आचार्य सुरेश्वर ने गाया-

पीनोत्तुंग पयोधराः परिलसत्संपूर्ण चन्द्राऽनना।

रत्न स्वर्ण विनिर्मिता परिलसत्सूक्ष्माम्बर प्रावृत्ताः।।

हेमस्नान घटी स्तथा, मृदुपटी रुद्वर्तनु कौसुमम्।

तैलम् कंकतिका करेषु दधतीर्वृन्देऽम्ब ते.....।।

"सुरेश्वर हठात् मूक हो गये। उनके विशाल कमल नयन विस्फारित हुए; उन्होंने देखा आचार्य श्री शंकर के सरोज नयनों से ज्योति स्वरूप आनन्द धाम रस भारती अपने दिव्यातिदिव्य वपु में प्रगट होकर श्री चक्र में लीन हो रही है। आचार्य श्री शंकर ने गाया-

इन्द्रादीश्च दिगीश्वरान्सह परीवारा न थो सायुधा।

न्योषि द्रूप धरान्स्व दिक्षु, निहिता नाञ्चिन्य हृत्पंकजे।।

शंख श्री वसुधार या वसुमती युक्तम् च पद्मम् स्मरन्कामम्।

नौमि रति प्रियम् सहचरम् प्रीत्या वसन्तम् भजे।।

“वसन्तम् भजे।” ध्वनि-प्रतिध्वनि गूंजी; सुरेश्वराचार्य के कमल-नयनों के मन्द चमकते हुए विस्फार में मानो सृष्टि की वसन्त श्री प्रगट होकर तैरने लगी। गहनातिगहन मौन से वाक् जैसे वाणी स्वरूप हुआ- “मैं सभी और समस्त में काम गन्ध हीन रस रूप व्याप्त हूं। मैं ही काम दुधा रसवती जड़ की विज्ञान-मति और गति हूँ- मैं प्रेम की दृष्टि हूं; भक्ति की हर्ष और रोमाञ्च से पूर्ण शरणागति हूं। मैं रस भारती एक और नेक अजन्मा अज्ञेया अनन्ता भाविनी भव्या भाव्या हूं। ब्रह्म का आनन्दमय सृष्टि, स्थिति और लय की लीला-विलासिनी राज राजेश्वरी हूँ। सुना? मैं प्रारब्ध भोगी जीव नहीं रही; मैं क्रियमाण की घटमाल से मुक्त संचित के अदृष्ट से रीति, मैं अपूर्व की रसेश्वरी हूँ। यह काल और उसकी कार्य गति, यह विधि, यह यम, यह जगत और भव-संसार शिव के साथ मेरी रस-रिझिवार है।” सुरेश्वर मानो देह में ही देह के परे पार होकर उस अनहद वाक् के सरस उद्घोष में लीन हो गये। उनको लगा, आचार्य श्री शंकर के गूढ़ गहन नयनों के दिव्यातिदिव्य अथाह से ही जगत और जीवन की समस्त शाश्वत अविराम नित-नूतन मंगलमयी वसन्तश्री रसभारती के सच्चिदानंद ज्योति स्वरूप में अवतरित होकर कामकोटि पीठ की श्री चक्र स्थित कामाक्षी की मूर्ति में समा रही हैं-महाप्राण को अपने अनादि महा चैतन्य से पूर्ण कर ज्योति की रूपवती हिल्लोल की भांति परात्पर आनन्दमयी रसमयी कामाक्षी साधकों के मन को मूर्च्छित सा करती हुई सृष्टि के रोम-रोम में भर गई है; जगत की सभी गतियाँ मानो अपौरुषेय वेद-मन्त्रों के छन्द हो गई हैं तथा सभी विधियाँ परमात्मा राजराजेश्वरी दुर्गा-शिवा के ललित एवं दान-दक्ष्य कटाक्षों के करुणामय विश्वास से पूर्ण हो गई हैं। सर्व मंगल मांगल्ये, सर्वार्थ साधिका शरणागत आर्तों की आर्तिहर, ऐश्वर्य की अहेतुक प्रदाता और जीवों के परित्राण की परम् परायण महादेवी मन्मूर्धिनी काम के गहनातिगहन रस के मतिमान मुह्यमान यौवनोल्लास से परिपूर्ण वह महादेवी जगत में, जीवन में-तत्वों, भूतों, त्रिपुरों, त्रिभुवनों, भुवनों तथा अनन्त कोटि ब्रह्माण्डों के लीला-विलास में ध्यानस्थ कामकोटि के श्रीचक्र में आकर विराजमान हो गई हैं।

"बसी रहो, हे चिति! हे जगत की सरस्वती जीवन की मनुहारिणी मतिमान! बसी रहो, सदैव के लिये-यहाँ, श्री चक्रस्थ कामकोटि पीठ में।" सुरेश्वराचार्य ने सहसा कहा।

"एवम् भवतु।" आचार्य हस्तामलक ने कहा।

"तथास्तु।" जगद्गुरु आचार्य श्री शंकर बोले।

पद्मपाद यज्ञ की पूर्णाहुति के समय नस-नस में पिघल गये। हिले और उनको लगा कामाक्षी देवी की चिन्मय प्राण प्रतिष्ठा का यह महान यज्ञ जैसे ज्ञान का कर्म मांत्रिक यज्ञ नहीं, प्रीति की विरह ज्वालाओं का यज्ञ था-हृदय-दहर में स्वयं ही व्यक्त, स्वयं ही प्रकाशित चिर-चिर चिरन्तन विरह से पूर्ण परम् परमात्मा की सृष्टि के यावत् अनवरत् मंगल की अमोघ कामना का वह्नि-विलास था-यह जगत को ज्ञान के प्रेम-स्पर्श से सुन्दर और सरस बनाये रखने के कृत संकल्पी महायोग का अमृत मन्थन था। आग्नेय, किन्तु शीतल, मधुमय, उन्मुक्त तथा प्रसन्न निर्भय अभय भरी, काम गन्धहीन महाविलासिनी ब्रह्माणि का सृष्टि के अविराम भव-संसार का ब्रह्म को रिझाने, प्रसन्न करने तथा उसी की अज्ञानाच्छादन-मुक्ति के लिये मोक्ष का प्रज्वलित समारोह था। पद्मपाद मूक और मौन देखते बैठे रहे-पूर्णाहूति, ब्रह्म-भोजन और जगद्गुरु का पुष्पिका-उपदेश सुन कर स्वयं ही जगत से दूर दूरारूढ़ होते गये। पद्मपाद को लगा, सभी आकांक्षायें स्वयं ही रीझ कर शान्त हो गई हैं, और सभी कामनायें ब्रह्म, ब्रह्म स्वरूपा चिति की सृजन की मुग्ध मौन अनवरत अविराम उमंग में लीन हो गई हैं। उनको लगा, यह जगत कामाक्षी के काल-नयनों का सरस सुन्दर पर और अपर स्वप्न विलास है- स्मृति- समारोह।

प्रतिष्ठा-स्थापना के तुरन्त बाद आचार्य श्री शंकराचार्य ने व्यवस्था दी, कुछ समय के लिये वह कामकोटि पीठ-श्रृंगेरी में ही ठहरेंगे। अपने सभी सेवक-शिष्यों को सम्बोधित करते हुए गुरुदेव ने कहा- "कामाक्षी महादेवी मनमूर्धिनी की चिन्मय प्रतिष्ठा हो चुकी- अब आचार्य सुरेश्वर ज्ञान-यज्ञ आरंभ करेंगे। इस पीठ में शिव और शक्ति, ब्रह्म और ब्रह्म-स्वरूपा का अध्ययन, मनन, श्रवण, ध्यान तथा निदिध्यासन होगा। श्री विद्या की उपासना होगी। वत्स सुरेश्वर! आप सब की यह उपासना पूर्ण होगी, तब तक हम यहीं ठहरेंगे।"

पद्मपाद ने प्रणामपूर्वक पूछा- "मुझे क्या आज्ञा है, पूज्य?"

शंकराचार्य ने हँस कर कहा- "क्यों तुमने अपने पूर्वाश्रम के मातुलश्री का अमर्ष भरा आमंत्रण जो स्वीकार किया है। जाओ, वत्स! संन्यासी होने पर भी वचन और विश्वास तो अक्षुण्ण रखना ही होता है। वचन सत्य है; विश्वास सत्य की अनुभूति है।"

"आत्मा?" यों ही आचार्य हस्तामलक पूछ बैठे। आचार्य श्री शंकर ने एक क्षण उनकी श्याम-ताम्र वर्णी छवि को निहारा और सस्मित कहा- "परमात्मा का स्वयं का स्वयं चैतन्य-आनन्द का सत् चित्! आत्मा कहो अथवा परमात्मा, हस्तामलक! क्या कुछ भेद है? आत्मा को जगत से भीति है, भय है; परन्तु क्या आत्मा को परमात्मा से भय भीति है? आत्मा का स्वयं का अनन्त अथाह घनरस अनादि कालातीत विश्वास तथा उसकी आनन्दमयी सत्यानुभूति ही परमात्म भावना है। नहीं? यही तो, सिद्ध योगियों को भी जाग्रति में तेजस स्मृतियाँ विभ्रमित कर देती हैं, कभी-कभी।"

"मूक हूँ, पूज्यपाद!" हस्तामलक ने कहा।

"बोल कौन रहा है तब?" आचार्य श्री शंकर ने सहज ही कहा- "यह जड़ मूल प्रकृति क्या मूढ़ नहीं है? चेतन जीव का गहन अन्तराल क्या निविड़ मौन नहीं है? चैतन्य मौन है; जड़ मूढ़। मूक तो सिद्ध होते ही हैं- क्या बोलेगा सिद्ध? नहीं तो। सिद्ध आकार, गुण-धर्म सभी कुछ देखता तथा सहज ही त्यागता जाता है! तत्वातीत होकर वह तत्व का बोध गृहण करता है-तभी सत्य का साक्षात् वह कर सकता है। सत्य को आत्मसात् करने पर ही जीव को अपना आत्म-प्रकाश दीखता है और जब आत्मा-परमात्मा की अनिर्वचनीय सच्चिदानंद ज्योति के दर्शन करता है, मूक हो जाता है।"

"सब कुछ है; और जैसे कुछ भी नहीं है।" हस्तामलक ने कहा- "मैं? मैं ब्रहम हूं; ब्रहम स्वरूप हूँ- ब्रहममय तथा ब्रहमधाम हूँ। परन्तु ब्रहम आकार का दृष्टा, तत्वकर्ता एवं सृष्टि रचयिता तथा भव संसार का नाट्यकार, कवि-मनीषी भी वह है। वह 'मैं' है भी और नहीं भी। मैं-यही अनादि अविराम घट्ट घन रस अज्ञान है। जीव ही अज्ञान का मूर्तिमान स्वरूप है-अवश्य।" फिर सुरेश्वर की ओर देख कर हस्तामलक ने कहा- "यह शरीरी जब बोलने लगा है, आप मौन रहने लगे हैं।"

सुरेश्वराचार्य ने मुस्करा कर कहा- "मैं मौन, वेद का साक्षात्कार करने के लिये ही हो रहा हूं। वह वाङ्मय रूप श्री विष्णु, विष्णु, महा-विष्णु की महारसिका परम् पराम् प्रेयसि है। अनादि चेतना की अनन्त व्याप्ति के वक्ष

पर सदैव पौढ़ने वाली वह रस भारती जड़ तथा चेतन के रोम-रोम में भरी है- सुन्दर तन का यौवन-मद नहीं, आत्मा का परमात्म-रस।"

"परमात्म रस?" पद्मपाद पूछ बैठे।

"यह पूर्वाश्रम का गृहस्थी जब सन्यासी होता है, अनुभव कर सकता है।" आचार्य श्री सुरेश्वर ने हँसकर कहा।

हस्तामलक ने कहा- "उस अनादि अजन्मे ज्ञान स्वरूप में लीन हो जाओ। क्या करोगे उसको देखते रह कर? क्या कहोगे उसे? क्या कह कर उस सगुण सच्चिदानंद का सानिध्य साधोगे? क्या जीव कभी परमात्मा को अज्ञान में डूबा रह कर विचार भी सकता है? जीव-अज्ञान डूबे हुए आत्मा का कातर और भयार्त भाव है-स्वप्न की स्मृतियों का संस्कार-यह जगत उन्हीं भ्रान्तियों का संस्करण है और यह भव-जीवन? उन्हीं अर्ध-दग्ध स्मृतियों का मोहान्ध सम्मोहन।"

पद्मपाद ने अवधूत से हस्तामलक को निहारा; तनिक घूरा और कहा- "स्वप्न और स्मृति ही तो-"

हस्तामलक बोले- "स्वप्न बिला जाता है; स्मृति जल जाती है- सोचो ही मत; स्वप्न देखो ही मत-स्मृति मात्र त्याग दो।"

पद्मपाद ने ऊर्ध्व स्वाँस भरते हुए कहा- "तब-जीवन?"

"मृत्यु का वरदान! नहीं; एक सम्भ्रम!" आचार्य सुरेश्वर फुसफुसाये- "यह रति है; मोह है- आसक्ति। यथार्थ ज्ञान ही आसक्ति, नहीं तो क्या है?"

आचार्य शंकर बोले- "पद्मपाद! ज्ञान प्राप्त करना अज्ञान को पूर्णतः जान लेना है; समझ लेना तथा उसको छिन्न कर देना है। यह अध्यास-वृत्ति, सम्भ्रम अज्ञान के आच्छादन से ही उद्भूत होती है। अज्ञान मेटना ही होगा- उसको जान कर उन्मीलित नयनों द्वारा स्वयं प्रकाश्य ज्ञान को आत्मसात् करना ही होगा। तुम देव दर्शन करते रहो। वेदान्ती अपने गूढ श्रुति-सम्मत अनुभवों का परस्पर भावुक कथन मात्र करता है-उपनिषद्। विचार-विमर्श, अनवीक्षण, अनुसंधान आदि जड़ के लिये जड़ का-अज्ञान और जीव के अध्यासों का ही होता है। अपरा विद्या जगत और भव-संसार के यथार्थ की ही विद्या है। संसार भ्रमण करो; देखो-समझो, वत्स!"

"जी!" पद्मपाद ने कहा।

आचार्य श्री शंकर ने कहा- "यह शरीर कुछ समय यहाँ शान्ति तथा धैर्यपूर्वक अध्ययन अध्यापन करेगा। यह चित्सुख, चिद्विलास, यह गिरि

सब, समय आ गया है, वेद और वाङ्मय के निष्णात प्रवीण होकर अपने आत्म-लाभ के लिये साधना करें। तुम, वत्स! सृष्टि के अनासक्त दर्शन चाहते हो; तुम ब्रह्म की परा-अपरा लीला देखते रहना चाहते हो; तुम अपना विराट् अपना अनन्त ही जैसे अनुभव करना चाहते हो। तुम जीवन-मुक्त होना चाहते हो। मोक्ष नहीं। भवेच्छा के नाश से ही मोक्ष होता है। जीव की भवेच्छा है-अज्ञान-जनित और कर्मेच्छा भव-जीवन की भोगेच्छा है। तुमको जगन्नाथ प्रभु अवश्य ही प्राप्त होंगे। अपने इस अन्तिम भव-संसार की शेष इच्छा पूर्ण कर लो, पद्मपाद!"

पद्मपाद ने आसन से उठ खड़े हुए गुरुदेव के चरण थामते हुए कहा- "तब मोक्ष? प्रभो!"

"निर्गुण ब्रह्म का आत्मसात्-ज्ञान।" जगद्गुरु श्री शंकर ने कहा- 'सगुण का साक्षात्कार, दर्शन-भक्ति। अज्ञान का रहस्य जानने के लिये ही यह परा-अपरा विद्यायें हैं; भव-संसार द्वारा वैराग्य प्राप्ति के लिये ही जीव अनुभव कर लेता है, यह क्षणिक जगत ब्रह्म के शिव-संकल्प की निगूढ़ माया है। कर्म में बँधकर जीव अनेक और विविध भोगों द्वारा यह अनुभव करता है कि यह राग और द्वेष अन्ततोगत्वा व्यर्थ हैं; अनृत हैं; असन्तोष-जन्य तथा विषाद से पूर्ण हैं। पीड़ा-पीड़ा है; दुःख नहीं-सुख के सन्तोष का अभाव ही दुःख हैं। मोक्ष के लिये दुःख ही नहीं; सुखेच्छा भी विराग होकर शमानी होती है। केवल सच्चिदानंद के दर्शन की ही इच्छा हो; बनी रहे-यही तो, तुम्हारे लिये।"

पद्मपाद ने सिहरते हुए पूछ लिया- "तब मोक्ष इस शरीरी के प्रारब्ध में नहीं है?"

आचार्य श्री शंकर हँसे; बोले- "अपने संचित और उसके अनवरत प्रारब्धों की चिन्ता मुझे सौंप दो, पद्मपाद! मोक्ष या मुक्ति की इच्छा ही क्यों करते हो? भवेच्छा और भव-भोग की कर्मेच्छा-इच्छा मात्र, क्रिया मात्र, यथार्थ मात्र, ज्ञेय एवं ज्ञान अज्ञान है- उसका आच्छादन और विमर्श? कालरात्रि में तुम जगत के स्वप्न मत देखो; भव-संसार की स्मृतियों के दाह में सीदते हुए मत रहो। इस अविराम घट्ट और घोर कालरात्रि में प्रभु को खोजो; प्रभु के ही स्वप्न देखो। पद्मपाद परमात्मा की स्मृति लेकर ही जीव जन्मता है; परमात्मा जीव के हृदय में विश्वास है और यह विश्वास जीव को परम् ब्रह्म की अटूट, एकमेक घन-घनीभूत स्मृति से ही होता है-प्रभु की स्मृति को हम जीव का आत्म विश्वास कह सकते हैं।"

हस्तामलक- "स्वप्न जीव की भवेच्छा से है तब! भोग स्मृति से ही तब कर्म बन्धन है। बन्धन स्मृति है, स्मृति। स्वप्नहीन और स्मृति रहित, मैं मुक्त ही हूं-मोक्ष? क्या आत्मा की स्वयं की परमात्मा में स्थिति। जगत त्याग और भव-संसार छोड़ कर मैं सच्चिदानंद शिव परम् ब्रहम शिव ही में तो लीन होता हूँ; किन्तु अपने ही परम् ब्रहम में सजग होता हूँ। ब्रहम-साक्षात्कार क्या आत्मा का परमात्मा का साक्षात्कार नहीं है?"

आचार्य श्री शंकर ने विहँसते हुए कहा- "जीव और ब्रहम का अनादि अजन्मा अनन्त अथाह निरुपम निर्गुण एक्य। अभय, अमृत, शान्ति-आत्म ज्ञान, हस्तामलक!"

"अहम् ब्रहमास्मि।" हस्तामलक।

"वेदान्त मात्र, समस्त।" आचार्य श्री शंकर ने कहा- "वेदान्त के यह सिद्ध महावाक्य जीव के ज्ञान-लाभ करने की साधना के सोपान हैं। हाँ, यही तो।"

सुरेश्वराचार्य मानो चिहुंके- "सद्गुरुदेव।"

पद्मपाद ने ऊर्ध्व स्वांस भर कर कहा- "कभी-कभी वेदान्त के यह महाकाव्य मुझे आकाश में अरूणारे मेघों द्वारा लिखित वाक्य ही लगते हैं। आकाश के अथाह अनादि अनन्त मौन में प्रतिध्वनि मात्र। जगत और भव संसार में वही परम् ब्रहम है, सच्चिदानंद, यह मैं एकाग्र बुद्धि से केवल विचार करता हूं और इस मूक अवाक् एकाग्र ध्यान के टूटते ही यह जगत अपने विराट् रूप सिन्धु रूप में उभर, उमड़ उछल आता है- यह भव-संसार और उसकी प्रत्येक भव योनि पुनः खींचने लगती है; अपनी ओर कर्षित करती रहती है। ब्रहम की वह प्रज्ञा नाना रूपों और नाना स्वभावों में अन्तर्ध्यान हो जाती है और मैं खड़ा-खड़ा केवल विचार मात्र करता रहता हूँ।"

आचार्य श्री शंकर हंसे ; बोले- "सर्वम् खलु इदम् ब्रहम, यह वेदान्त प्रथम महावाक्य है, गिनती की दृष्टि से। मानव-बुद्धि तो रूप-भेदों और भव-भीतियों से भरी हुई है और जगन्मोह से परिपूर्ण है। निरन्तर होती हुई इस अनादि अपार सृष्टि, उसकी स्थिति तथा नाश के चिन्मय बोध से पूर्ण बुद्धि पारदर्शी परा-अपरा दृष्टि है, महाकाल की, वत्स! किन्तु जगत और भव में जब ब्रहमप्रज्ञा का उदय होता है, बुद्धि जैसे शान्त हो जाती है। बुद्धि भेद और भीति, अनेकत्व नाम-रूप, तत्व, भूत और यथार्थ मात्र को लेकर होने तथा होते रहने वाली बोध वृत्ति मात्र है। वह शक्ति, परात्परा ब्रहम स्वरूपा बुद्धि रूप होकर जीव का जगत तथा भव संसार में कर्म-भोग तथा जन्म-मरण

एवं पुनर्जन्म के लिये संतरण करती है। यह सब ब्रह्ममय है, यह भान होने पर ही जड़-चेतन अव्यक्त तथा उसकी व्यक्त अभिव्यक्तियों में ज्ञान का भास होगा-प्रज्ञानम् ब्रह्म यह सब ब्रह्ममय है और सब ब्रह्म का स्वरूप है, यह बोध उत्पन्न होगा और तब जीव का जाड्यान्धकार हटना आरंभ होगा। यह आत्मा ब्रह्म है और अन्ततोगत्वा मूलतः मैं ही ब्रह्म स्वरूप हूँ, यह आत्म-ज्ञान होगा। अतः वेदान्त केवल श्रुति-चर्चा अथवा उपनिषद् ही नहीं है, ज्ञान के प्रत्यक्ष के लिये साधना है, चेतन से चितिमय और चितिमय से चिन्मय होने के लिये शरीरी का तप है-योग! योग साधना के यह महावाक्य साधक के आत्म विश्वास को साधना के स्तर तथा क्रम के अनुसार जगाते हैं- उसको अज्ञान के तिमिर से मुक्त करते हुए आलोकमय शून्य में ब्रह्म, साक्षात् की ओर प्रेरित करते हैं, जगत और भव के सभी अंधेरों में यह महावाक्य ज्योति के हस्ताक्षर हैं, पद्मपाद!"

पद्मपाद जैसे मूक हो गये। हस्तामलक सस्मित श्री गुरुचरणों को निहारते रहे। सुरेश्वराचार्य ने प्रणाम करते हुए कहा- "समझ गया, प्रभो!"

"सत्य समझा ही नहीं जाता, आत्मसात्, हृदयंगम किया जाता है।" आचार्य श्री शंकर ने कहा- "जानना, निश्चय करना, संकल्प बद्ध होना, कर्म करना तथा भोगना-यह यथार्थ का संज्ञान भर है; आत्म-ज्ञान नहीं। आत्म-ज्ञान परम् ब्रह्म के प्रत्यक्ष से ही होता है। जगत से मुक्त और भव संसार से विस्मृत होने पर भी जीव को आत्म ज्ञान नहीं होता-वह काल के बीहड़ शून्य में स्थित निर्मम सीदता रहता है। प्रभु के प्रति वह चौंक कर खिंचता है और दूरारूढ़ जगत के दमकते हुए अन्धकारों और उनकी त्रिताप ज्वालाओं को देख कर भयार्त वह परमेश्वर को पुकारने लगता है- प्रभु के प्रेम का यह ब्राह्म मुहूर्त है और यहीं से बोध के दिवस का अन्त प्रभु की प्रीति के अगाध विरह की महारात्रि में परिणत होता है। बुद्धि प्रज्ञा में डूब कर ऋतंभरा में अन्तर्ध्यान हो जाती है और जीव के हृदय में प्रभु के प्रेम की शाश्वत विरह-ज्वाला जला देती है। योगी इस अग्नि से बचकर अपने आत्म साक्षात् के राजमार्ग पर चलता ही रहता है और अन्ततोगत्वा सर्वत्र सदैव चिर चिरन्तन ब्रह्म को स्वयं के ज्ञान स्वरूप में देख लेता है-काल-कर्म तथा भाव से मुक्त हो वह शाश्वत जीवात्म भाव पूर्ण परम् ब्रह्म के शिव स्वरूप को पा जाता है-वेदान्त केवल कहता ही नहीं; वेदान्त केवल शास्त्र ही नहीं है। वेदान्त ज्ञान योग है। कर्म योग है-भक्ति योग है।"

"वेदान्त-योग।" सुरेश्वर ने स्वयं से ही कहा और स्वयं के अथाह अनन्त में देखने के लिये नयन बन्द किये।

श्रीमद् शंकराचार्य ने कहा- "मोक्ष का, आत्म साक्षात्कार का।"

पद्मपाद ने आज्ञा मांगी- "तब महानदी कावेरी के उस पार कुछ दूर पूर्वाश्रम के मातुल का गुरुकुल है-निवास तथा विद्यापीठ। मैं यह शरीरी सहज ही उधर जाऊंगा। श्री विष्णु शर्मा को अब श्री पाद-पद्मों में शरण दें।"

श्री विष्णु शर्मा ने मानो जागते हुए कहा- "मेरा तो कोई पूर्वाश्रम नहीं है- मेरा तो अभी गृहस्थाश्रम ही चल रहा है। विवाह करते ही अश्व हुआ; सन्तान होने पर वृषभ हुआ और अब तुम सब के साथ होकर गर्दभ हो गया हूँ।"

"क्यों?" पद्मपाद ने पूछा।

"और क्या?" श्री विष्णु शर्मा ने कहा- "यह तुम्हारे जगद्गुरु शंकराचार्य और मैं साथ-साथ गुरु गृह गये; पढ़ा; और साथ ही खेले-कूदे किन्तु यह तो अब जगद्गुरु हैं और मैं? गृहस्थी का गधा। क्यों नहीं, यह श्रीमद् शंकराचार्य योग शक्ति से मेरी कुण्डलिनी जाग्रत कर देते? ऐं? बोलो? क्या मित्र का यह अहेतुक उपकार एक समर्थ सन्यासी मित्र को नहीं करना चाहिये?"

हस्तामलक ने कहा- "सन्यासी किसी का सगा नहीं है और नहीं कोई सन्यासी का सम्बन्धी। सन्यासी अपनी देह का भी मित्र नहीं है। वह जगत की माया तथा देह की छाया में परम् तत्व का असंग मूकदर्शक है; आराधक है-साधक, योगी है।"

आचार्य श्री शंकर ने हँसकर कहा- "और आत्मा परमात्मा का अभेद्य एक्य है। साथ नहीं है-मैत्री नहीं है।"

पद्मपाद ने दुहराया- "एक्य! मैत्री नहीं।"

आचार्य श्री शंकर ने विहँसते हुए कहा- "यदि ब्रह्म और जीव एक नहीं होते, तो दोनों ही अनादि होते; दोनों ही अनन्त होते और अधिकाधिक हुआ तो समान होते। फिर क्या जीव के लिये मुक्ति होती; मोक्ष होता? ज्ञान लाभ होता? तब यह ऐसी दिव्यातिदिव्य सृष्टि नहीं होती; यह अतुलनीय ऐश्वर्य नहीं होता-यह आश्चर्यजनक जगत तथा भव-संसार नहीं होते-परम् तत्व दो हो नहीं सकते; दो तत्व समान एवं समरूप हो नहीं सकते। सत् अर्थात् अभेद्य एक-एकाकार-घनीभूत चिदानंद एक्य। आत्मा परमात्मा का मित्र अथवा साथी नहीं है। आत्मा स्वयं ही परमात्मा है। परमात्मा कालातीत है; निर्गुण निराकार निरुपम है-एक अभेद्य तथा अभयपूर्ण आनन्द घन

आनन्द धाम है। आत्मा!! सच्चिदानद स्वयं को भूल कर अपने अनन्त काम्य की पूर्ति के लिये भव-भवों के स्वप्न देखता हुआ काल रात्रि में सो रहा है-वह अपने ही प्रभु-प्रकाश में जागेगा; उसको अपने परमात्मा में एक दिवस जागना ही होगा। यह अज्ञान और उसका आच्छादन, यह संभ्रमित अध्यास-यह स्वप्न-भ्रान्ति तथा स्मृति-कातरता-यह इदम् परम् ब्रह्म का लीला-विलास है। ब्रह्म जीव रूप नहीं जन्मता; न जगत स्वरूप होता है तथा नहीं वह भव-संसार भोगता है। यह सब उस लीला धाम सत्चित् आनन्द की एकान्त इच्छा है।"

"क्यों?" विष्णु शर्मा ने पूछा।

आचार्य शंकर- "ब्रह्म की यह जीजिविषा स्वयं स्वयमेव और लीलामयी है। क्यों पर निर्भर वह बहुस्याम भावना नहीं है। वह है तथा वही यथार्थ सत्य है। इसीलिये ब्रह्म की यह महायोगिनी माया यथार्थ है। इसीलिये इन्द्रियों को जगत तथा अन्तरात्मा का यथार्थ ज्ञान होता है-पारमार्थिक सत्य चैतन्य होकर तेजस होता है और यह तेजस देह में जाग कर प्रारब्ध भोग के लिये यथार्थ सत्ता पर अवलम्बित वैश्वानर होता है- यही नर और नारायणत्व है। किन्तु यह सब समझने भर के लिये है। पद्मपाद, देव दर्शन के साथ-साथ अब देव-सानिध्य के लिये भी प्रार्थना करो। तुम्हें वेदान्त की दृष्टि प्राप्त होगी।"

पद्मपाद- "वेदान्त-दृष्टि, गुरुदेव?"

आचार्य श्री शंकर- "भक्ति।"

4

पद्मपाद तुंगभद्रा की विस्तृत शस्य श्यामल जल राशि को देखते हुए खड़े रहे। श्री विष्णु शर्मा के साथ-साथ अन्य गुरु भाई भी थे। आचार्य श्री शंकर ने सहसा कहा- "तुमको पहुँचाने हम सब तुगंभद्रा के तट तक आयेंगे।"

पद्मपाद ने सहसा हर्षित होते हुए कहा था- "क्यों, प्रभो!" आचार्य श्री शंकर ने तब कहा था- "अब तुम आचार्य पद्मपाद की भाँति तीर्थाटन करोगे। श्री विष्णु तो हैं ही; चित्सुख और आनन्दगिरि भी साथ होंगे।" आनन्दगिरि ने सहसा श्रीमद् गुरुदेव के श्रीचरण थाम कर कहा था- "यह दास तो श्रीचरणों की सेवा के लिये ही यहीं रहेगा। प्रभो! क्षमा, श्रीगुरो!" आचार्य श्री शंकर ने प्रसन्न हंसते हुए कहा था- "तुम गिरि! नित्य प्रति मौन बने रह कर मेरा कैंकर्य्य ही साधते रहते हो। तुम अब मौन, शान्त और विजड़ित से रहते तथा इस शरीरी की सेवा में ही लगे रहते हो। तुम बड़ी आशा लेकर मेरे पास आये थे- ब्रह्म-ज्ञान प्राप्त करने के लिये, नहीं? हाँ यही तो।"

श्री आानन्दगिरि ने जैसे अन्तिम बार कहा था- "संसार से भयभीत तथा जगत से भयार्त मैं श्री चरणों में शान्ति प्राप्त करने ही आया हूँ। मैं मोक्ष नहीं चहता; मैं मुक्ति नहीं चाहता। मैं अभय चाहता हूँ। मैं मूक और मूढ़ होकर अहर्निशि श्री पाद-पद्मों का सेवन करता रहना चाहता हूं। यही, करुणामय गुरुदेव!"

आचार्य श्री शंकर हँस उठे; बोले- "तुम एक जिज्ञासु थे। संसार के सार-सत्य को जानना चाहते थे। तुम स्वयं को भी पहिचानना चाहते थे।"

आनन्दगिरि ने आर्त स्वर में कहा था- "यह मेरी भूल थी। श्री गुरुदेव के सिवाय मुझे और कोई देव नहीं दिखा। मैं परमात्मा को, परमेश्वर को श्री गुरुदेव के रूप में ही सोच सकता हूँ। परम् ब्रह्म परमात्मा को लेकर जब मैं ध्यान करने लगता हूँ-आप श्रीमद् ही मेरी बन्द आँखों के अंधेरे आकाश में दिखते हैं। आप श्री दिखते हैं और मैं श्री गुरु के चरण कमलों को थामने के लिये जैसे उस अंधेरे आकाश में दौड़ता हूं-श्री चरण दूर-दूर होते चलते हैं। मैं जैसे विवश असहाय और अनाथ सुषुप्ति में ही रोता रहता हूँ।"

सुरेश्वराचार्य ने सहज सहानुभूतिपूर्वक कहा- "गुरुदेव की सानिध्य में रहते तथा मौन कैकर्य-सेवा करते हुए भी आपकी गुह्य विकलता नहीं गई, आश्चर्य है।"

आचार्य श्री शंकर ने कहा- "संसार से डरो मत, भव-संसार जैसा है उसे वैसा ही जान कर-समझ कर ग्रहण करो। जगत से बिदको मत, बुद्धि की आँखों से उसे देखो; समझो और उसका अनासक्त संतरण करने की शक्ति प्राप्त करो। इसीलिये तुम पद्मपाद के साथ जाओ-देव-दर्शन, शास्त्र निरूपण और वर्णाश्रम धर्म की पुनः संस्थापना के महान यज्ञ में अपना हव्य-कव्य दो-मानव का कर्म पुनीत हो; श्रेय भावी हो तितिक्षा से पूर्ण मुमुक्ष हो। मानव अन्धकार और उसके मद की लालसाओं की ओर नहीं, अमृतमय प्रकाश की ओर उठे-बैठे; चले-व्यवहार करे। इस पृथिवी को कामी, क्रोधी, द्वेषी, मदान्ध और आसुरी विज्ञान से समर्थ मानव को नहीं शान्त, अभयपूर्ण, मुक्त, शुद्ध और बुद्ध अमृताभिलाषी मानव की आवश्यकता है। अन्धकार को चीरता हुआ प्रकाश के पथ पर आत्म-ज्योति की ओर गतिमान, उन्मुख मानव ने ही महान अच्युत आर्य-सभ्यता का उद्भव किया है। आर्य-स्मृतियों ने इस भव-संसार में मानव को पूर्ण से परिपूर्ण सन्तोष दिव्य संयम तथा शान्तिमय अगाध अभय की ओर चलाये रखा है। वैदिक वर्णाश्रम धर्म सृष्टि में, सृष्टि के साथ और सृष्टि के द्वारा मानव असद् से सद्, तम से ज्योति तथा मृत्यु से अमृत की ओर विश्वस्त गमन का सिद्ध सनातन मार्ग है, व्यवहार है। यह मनुष्यों के प्रेय और श्रेय के लिये निश्चित जाति-समूह नहीं है। वर्ण-जाति? वह तो वर्ण-चैतन्य के रूढ़ तथा जड़ होने पर ही उद्भवित होती है। जाति वर्ण-चेतना की छाया माया भर है। वर्ण-चैतन्य जन्मजात है तथा प्रारब्ध जन्य तथा विधिमन्य है। अतः मनुष्य की जन्मजात वर्ण-चेतना को स्वाभाविक, शुद्ध-बुद्ध तथा अनासक्त मति से परिष्कृत करना होगा पुनः। मनुष्य इस भव-संसार में प्रति निमिष परमात्मा के साथ, सहित और प्रभु के द्वारा है और प्रारब्धजन्य वर्ण चेतना से प्रेरित एवं प्रवृत वह अपना आत्म प्रकाश पाता हुआ प्रभु के परम् धाम में ही जाना चाहता है- मुक्ति अथवा मोक्ष ही चाहता है। यह देखो, समझो, गुनो।"

हस्तामलक जी बोले- "यह देव-दर्शन एवं जाग्रत तीर्थाटन से तथा एकाग्र पूजन एवं सगुण ब्रह्म के आराधन से ही होगा। मुक्ति चाहते हो? जीवन

मुक्त होना चाहते हो-दिव्य, ईश्वरीय, ऋषि-मुनि और आचार्य होना चाहते हो तो सच्चिदानंद विग्रह को भजो-भगवान की भक्ति करो, पद्मपाद!"

पद्मपाद ने कहा- "जी।"

आचार्य श्री शंकर ने कहा- "अच्छा, वत्स! चित्सुख, आनन्दगिरि, श्री विष्णु अब पुनः तीर्थाटन आरभ करो पद्मपाद के साथ। पद्मपाद भावुक हैं; भोले हैं-इनकी सम्भाल रखना, श्री विष्णु!"

"मुझे ज्ञात है, आचार्य श्री शंकर। श्री विष्णु शर्मा ने सस्मित कहा। सुरेश्वराचार्य चिहुंके- "श्रीविष्णु! जगद्गुरु! सावधान।"

श्री विष्णु शर्मा ने सहसा सावधान होते हुए कहा- "क्षमा, जगद्गुरु। मैं आपश्री को जब देखता हूँ, मित्र रूप ही में देख पाता हूँ। क्या करूं? समझता हूं; समझाता हूं; परन्तु यह बालमैत्री! विचित्र तथा अनन्य है।"

पद्मपाद ने विहँसते हुए कहा- "भव-संसार की यही एक मात्र स्नेह सगाई है। मैत्री स्मृति के परे और पार अन्तरात्मा का सहज सम्बन्ध है-प्रेम का पूर्ण सात्विक भाव है। इसीलिये भगवान के साथ भक्त के सखा-सखी भाव को श्रेष्ठ माना है।"

हस्तामलक ने कहा- "यह सब राग के प्रसार मात्र हैं। प्रेम तो आत्मा का परमात्मा के साथ। ज्ञान-ब्रह्म प्रेम ही तो है। ज्ञान स्वरूप वह सच्चिदानंद जीव से अपना प्रेम भाव ही निभाता है। यह बहु स्याम चेतना ब्रह्म की जीव के प्रति सहज स्वाभाविक ज्ञान-प्रीति है-नहीं, जगद्गुरो!"

आचार्य श्री शंकर ने तुगंभद्रा की लहरीली जल राशि को अनायास देखते हुए कहा- "ज्ञान रूप वह परम् ब्रह्म सत् है। प्रेम रूप वह चित् है; अमृत है और आनन्द स्वरूप वह सच्चिदानन्द धाम है। किन्तु यह सम्बन्ध-सगाई, प्रेषण-सम्प्रेषण-आच्छादन और विमर्श काल की कर्म-गति, विधि के ही बन्धन हैं, राग तथा द्वेष से उत्पन्न, मोह से विजड़ित-क्षुब्ध तथा क्षल्लुक यह मायावी संभ्रम भर है। ब्रह्म नाम रूप रहित, विशेष्य विशेषण हीन सुख दुःख रहित स्वयं का, अनादि अगाध अपार आनन्दमय ज्ञानानुभव है-प्रत्यक्ष। जगत का ज्ञान क्षणिक है। अनुभूति क्षणिक है; केवल अधूरे भोगे हुए नाम-रूप की स्मृति ही भव-संसार के अनृत संभ्रम को बनाये रखती है। ब्रह्म होता नहीं, वही है। सत्! यह जन्म-मरण, व्यक्ति-अभिव्यक्ति यह इदम् ब्रह्म की मंगलमय करुणा निधान धारणा है-लीला।"

सनन्दन के मामाश्री अपने में आसीन, शीघ्रता पूर्वक, धूल के धुस्सर उड़ाते हुए आते दिखे। पुष्ट बैलों से शकट वेगपूर्वक धरती पर मानो उड़ाया जा रहा था। लम्बे लाल, श्वेत तथा श्याम रंग में रंगे सींग के प्रलम्ब गोलार्ध कौड़ियों तथा सीपों की मालाओं से सजे हुए थे। वृषभों के कण्ठ में चन्दन तथा कुंकुम के छापे थे तथा उनके ललाटों पर ओमकार खुदे हुए थे। झूले बैलों की पीठ पर हौले-हौले चिपकी हुई झूल रही थीं और उन पर- "श्री गुरो मत विजयते।" सूत्र वाक्य लिखे हुए थे। पुष्ट और समर्थ वृषभ भी श्वेत, श्याम और रतनार मानो त्रिपुरारि को अपनी झूमती हुई पीठ पर लादे चले आ रहे थे। तुंगभद्रा के तट के पास से महासर्प की भाँति बल खाती हुई उस विस्तृत पगडन्डी-गाड़ुली पर मातुलश्री का यह रथ मानो श्री प्रभाकर के श्री गुरोमत की वैजयन्ति का रथ था। सनन्दन के मामाश्री-मातुलश्री-उस जनपद और उसके अड़ौस-पड़ौस के भी मामाश्री-मातुलश्री हो गये थे। लोग और तत्व एवं भूतों की चर्चा करने वाले तत्त्वान्वेषी इनको मीमांसा के कुलपूत्र तथा वेदान्त के जामातृ एवं अन्य दर्शनों के 'मातुल' कहा करते थे। श्री मातुल 'प्रभाकर मत' के शिष्य अध्यापक और उपाध्याय ही नहीं थे, कर्म-मीमांसा के नये मनीषी भी कहे जाने लगे थे। कुमारिल्ल भट्ट-भट्टपाद-प्रपञ्च-सम्बन्ध के विलय की अवस्था को मुक्ति-मोक्षावस्था मानते थे। शरीर, इन्द्रियों और विषय-तन्मात्राओं से प्रेरित और प्रचोदित मनुष्य अपने प्रारब्ध का भोग भव योनियों में किया करता है- जन्म-मरण की घटमाल में फिरा करता है। भोगायतन शरीर, भोग साधन इन्द्रियाँ तथा शब्द, रूप, स्पर्श, रस और गन्ध-विषय का आत्यंतिक नाश होने पर ही मुक्ति मिलती है-कर्म बन्धन और भव-जीवन से। यह कर्म नाश पूर्व जन्मों के धर्म-अधर्म के फल का उपभोग कर उन धर्माधर्म के सम्पूर्ण तद्धन उन्मूलन से संभव होता है। काम्य कर्मों का परित्याग कर पुरुष पूर्व-जन्म के बन्धन से मुक्त हो जाता है। मातुलश्री अंगुली से चिन्हते हुए कहा करते- "और भट्टपाद की यह मुक्तावस्था है कैसी? आत्मज्ञान की स्थिति नहीं; ज्ञान-शक्ति मात्र जीव में बनी रहती है। अर्थात् जीव ज्ञान-शक्तिवत् जीवन मुक्त हो जाता है; किन्तु वेदान्त का आत्मा वह नहीं होता। वह नित्य जीव, अशरीरी, सत्ता मात्र स्वरूप रहता है। यह तब जीवात्मा का निजी शाश्वत स्वरूप है। वाह भट्ट भट्टपाद! क्या प्रतिष्ठा की है? नित्य- नैमित्तिक कर्म तो सनातन है- केवल काम्य तथा निषिद्ध कर्मों की भट्टपाद को चिन्ता है।"

तिलोत्तमा मातुलश्री को उकसाती- "भट्टपाद का यह मत मेरे पल्ले नहीं पड़ता; मुक्तावस्था में नित्य नैमित्तिक कर्म कैसे? मुक्त पुरुष के लिये देहावस्था तो भट्टपाद स्वीकार नहीं करते।" मातुलश्री ठठाकर कहते-"वाह रे भट्ट! क्या कुंजी बिठाई है। भट्टमत की पोल का ताला ही खोल दिया तू ने, पुत्री! तू निस्संदेह गार्गी का कलियुगी संस्करण प्रतीत होती है। मीमांसा का यदि कोई मत है तो वह श्री गुरु प्रभाकर का श्री गुरो मत है। भट्टपाद शरीर सम्बन्ध का विलय मानते हैं; श्री गुरो आत्यंतिक देहोच्छेद ही को स्वीकार करते हैं। शरीर सम्बन्ध में कर्म गति है। फल-स्मृति है; अतः कर्म बीज-भवेच्छा का नाश नहीं होता। किन्तु आत्यंतिक देहोच्छेद में कर्मेच्छा, भव-भव-भविता संज्ञान-का नाश हो जाता है-उच्छेद अर्थात् जीव भाव इच्छा मात्र से मुक्त हो केवल सद् सत्ता ही हो जाता है। अकारण और सत्-यही मीमांसा-दर्शन की आत्मा है, समझी!" तिलोत्तमा सस्मित कहती- "अवश्य श्री गुरो प्रभाकर अपने मत में विशिष्ठ हैं। वह महान गुरुभाई श्रीमान मण्डन मिश्र जी का क्या मत था?" "मिश्र जी! मण्डन मिश्र!" मातुल सिर धुना कर हँसते हुए कहते- "अरे उसको तो उभय भारती ले डूबी। स्वयं भी मरी और इस रसिक शिरोमणि वाचाल मीमांसक को भी संन्यासी बनाकर रही। यह वेदान्त बुद्धि का ऐन्द्रजाल है। प्रतिभा का बिब्बोक है। यह शास्त्रार्थ का शून्यावकाश है। तभी तो यह मूढ़ शून्यवादी निरीह वेदान्ती श्री गुरो मतावलम्बियों की छाया के पास नहीं आते। हम भव-संसार तथा कर्म, कर्म विपाक, कर्म भोग तथा उसके आत्यंतिक नाश उच्छेद को ही काल गति कहते हैं। अहम् सत्यम् वदिष्यामि। श्रीमद् प्रभाकर श्री गुरो ने भट्टपाद तथा अन्य मीमांसाचार्यों की बोलती बन्द कर दी है। मण्डन मिश्र? शास्त्र का उपाध्याय, बहुत हुआ तो आचार्य्य मात्र था। मण्डन मिश्र जगत की माया को समझ ही नहीं पाये; कर्म की काल-गति को कूंत ही नहीं पाये। केवल तत्त्व चिन्तन करते रहे। तभी तो शास्त्रार्थ में हारे। यह वेदान्त सन्यासी जगद्गुरु कम विचक्षण नहीं है। माला स्वयं ने पहनी तथा मण्डन मिश्र को पहिनने दी। उभय भारती ने ही यह कसौटी-पुष्पधन्वा के फूलों की कसौटी प्रस्तुत की। माला सूखे जिसकी, उसकी हार। चतुर जगद्गुरु मान गया और मूढ़ मोहान्ध, मण्डन मिश्र मार खा गया- चित्! तिलोत्तमा पूछ बैठती- "शंकराचार्य श्री का परकाया प्रवेश?" मातुल श्री मुंह बिचका कर कहते- "माया, और क्या? कहते हैं; योगियों को ऐसी सिद्धि प्राप्त होती है। मैंने सुना मात्र है; देखा नहीं- अनुभव किया नहीं।"

तिलोत्तमा छेड़ती- "मामा जी, सच, आप गृहस्थ-संन्यासी, जगत् दृष्टा तथा भव संसार के आलोचक हैं-समीक्षक।"

"जीती रहो, पुत्री!" रीझ कर मातुल श्री तिलोत्तमा को आशीर्वाद देते और कहते- "उस कपूत को घर लाना है; उसको सपूत होना ही है। वेदान्त के इस ऐन्द्रजाल से उसको निकालना है। यह वेदान्ती संन्यासी महाप्रेत हैं, जो कोमलमति अमर्ष पीड़ित जीवटहीन तथा मूढ़ मनुष्यों के चित्त में छाये रहते हैं। यह जगद्गुरु सनन्दन के चित्त में लद गया है; मन में झूम गया है-सनन्दन को सम्मोहित कर लिया है इस गुरु ने। यह जगद्गुरु 'मारणम् मोहनम् वश्यम् स्तम्भनोच्चाटनादिकम्'-सब जानता है; घुटा हुआ आध्यात्मिक घाघ है, यह शंकराचार्य!"

तिलोत्तमा को जैसे संतोष नहीं होता; कहती-"यह सभी संन्यासी ऐसे ही विचक्षण घाघ होते हैं, मामा! भव-संसार से भाग कर भगवे पहन लेते है; दण्ड-कमण्डल उठाकर घूमते रहते और भिक्षा वृत्ति पर जीते रहते हैं। अवश्य, वेद-वेदांग, शास्त्र आदि का अध्ययन-अध्यापन करते हैं। स्वयं को मृत मान कर 'सत्यम् ज्ञानामृतम्' की खोज करते हैं। जगत से भयभीत यह दण्डी-मुण्डी ब्रह्म की खोज करते हैं। क्यों, पूज्य! क्या ऐसा निर्गण-निराकार ब्रह्म है भी?" मामा श्री तनिक चुप रहते और सिर धुन कर कह देते "मुण्डे-मुण्डे मति भिन्न-" क्या कहा जा सकता है? इस जगत् को तो देखा, परखा, तोला और मोला जा सकता है; क्योंकि पदार्थ है; पदार्थ के द्रव्य-गुण धर्म हैं। इन्द्रियों से यह अनुभूत है; भोग्य है-ज्ञेय है किन्तु वह 'सत्यम् ज्ञानामृतम् ब्रह्म' योगियों को दिखता होगा और मैं योगी नहीं हूं। मैं पुरुषार्थी, कर्मवीर मानव हूं। मैं किसी भी आश्रम में सतर्क तथा सजग रह सकता हूं; मैं किसी भी वर्ण के साथ शान्ति और सुखपूर्वक जी सकता हूं। मीमांसा कर्म-योग है। यह भक्ति योग? शून्य में स्वयं के अनन्त प्रिय की कल्पना कर रोते रहना है। भक्ति? भगवान की? तो करो; किन्तु भक्ति भव-संसार की नहीं हो सकती। भव-संसार तो बुद्धि-बल से प्राप्त होता है; तथा कलाओं द्वारा भोगा जाता है-भवयोनियां भव-भोग के लिये हैं-प्रारब्ध रीतने के लिये। क्या यह वेदान्ती नहीं कहते, यह सब ब्रह्म का लीला-विलास है? कहते हैं इनके पास ब्रह्म के लिये प्रमाण नहीं है; तर्क नहीं है-वितर्क है। स्मृति तथा शास्त्र से यह ब्रह्म सिद्ध नहीं कर सकते। यह तो श्रुति, ऋषियों की परस्पर एकान्त तथा शान्त वार्ताओं को ही ब्रह्म के लिये अन्तिम शब्द कहते हैं। इनका

ब्रह्म श्रोत्रिय है-सुना हुआ। अब तू ही कह, कौन शास्त्रज्ञ, विद्वान्-मनीषी इस श्रुति को बुद्धि से स्वीकार कर सकता है? अरे, जगत् में प्रतिपद प्रमाण हैं। यह जगत् ज्ञेय है; ज्ञान की विविध अपूर्व अभिव्यक्ति है- यह दिव्यतम है और मंगल है; मंगलमय है। यह मण्डन मिश्र यही तो कहता था-परन्तु वह भट्टपाद! नहीं माने। अपने ऐसे धुरन्धर मीमांसा समर्थ शिष्य से ही द्वेष करने लगे और इस शाब्दिक ऐन्द्रजालक को भेजा। यह शंकराचार्य घाघ ही नहीं है; अत्यन्त कुशल विचक्षण, अद्वितीय प्रतिभा, पयोनिधि वाचाल है। अवश्य, साधक है- संन्यासी है किन्तु मैं काल, कर्म, फल-जन्म-मरण, आयु, जाति और भोग-भोग का गुह्य लक्ष्य, परम् सुख। मैं स्वर्ग में मानता हूं; उस शून्यावस्था में नहीं, जहाँ जगत् और उसका भव-संसार नहीं है, समझी!"

"क्या मैं मूर्ख हूं जो नहीं समझती, मामा?" तिलोत्तमा ने कुछ दूर खड़े समुदाय को देखा और कहा- "मैं सब समझती हूँ, जी!" मातुल श्री ने उस तनिक सी भीड़ में खड़े शंकराचार्य तथा पद्मपाद को जैसे घूर-घूर कर आँखों में घुसेड़ा-घोंपा और स्वयं ही मुस्करा दिये। "तू देख तो सही, तिलू! तू देख तो सही।"

"क्या, मामा?" तिलोत्तमा ने पूछा।

"आगे-आगे देखिये, होता है क्या? विधि! मैं विधि के संकेत से ही इस पूत को घर ले जाने आया हूं-तू तो शीलवान कोई अद्वितीय सुन्दरी कन्या खोज। इस सनन्दन को शीलवान सुन्दर शान्त नारी ही पुनः गृहस्थ में पकड़ ला सकती है।"

तिलोत्तमा प्रसन्न-प्रसन्न हँस दी और शकट कुछ दूर धूल का एक वर्तुल उठा कर खड़ा हो गया। मातुलश्री कूद कर शकट से नीचे उतरे; प्लुत स्वर में बोले- "प्रणिपात श्री जगद्गुरो! प्रणिपात। वाह! क्या शोभा छा रही है? शिष्य-सेवकों सहित आप श्री तुंगभद्रा के तट पर खड़े हैं; स्वच्छ नीलाभ है-मन्द वायु डोल रहा है और तुंगभद्रा की लहरें श्रीमद् के श्री चरणारविन्द पखार रही हैं। वाह् भट्टु! वाह! और तुम सनन्दन, भूला, आचार्य श्री पद्मपाद! वाह! क्या छवि है श्रीमद् की! तुम भी शिष्यों सहित घिरे खड़े हो और जगद्गुरु से तीर्थाटन के लिये आशीर्वाद मांग रहे हो। यही-यही भारतीय गुरु-शिष्य की दिव्य परम्परा तथा अमोघ शील है। वाह् रे भट्टु! तू ने हमारे ग्यारह कुल तार दिये हैं, परन्तु यह तो बताइये, अपने गुरुदेव के कितने कुल तार दिये? ऐं?"

हस्तामलक ने हंस कर कहा- "सद् गृहस्थ! शिष्य गुरु के कुल तारता नहीं, गुरु के कुल होते ही नहीं- आचार्य पीठ ही होती है और फिर गुरु ही शिष्य के गोत्र बनाते और उनका सन्तरण किया करते हैं। गुरु देव ने हमको उबारा है इस संसार-सागर से, अवश्यमेव।"

श्री मातुल ने हस्तामलक को देखा; पूछा-"आप?"

हस्तामलक ने हंस कर कहा- "एक मूढ़; मूक, मुमुक्षु और आप?"

मातुल श्री तनिक हिचके; बोले- "मैं? मैं मीमांसा मनीषी महा पण्डित श्री प्रभाकर का एक प्रचारक बटुक। श्री गुरोमत का एक विद्वान्। क्यों?"

सुरेश्वराचार्य ने चुटकी ली- "तब आपश्री शिष्य नहीं हैं यही न?"

"शिष्य? मैं? किसका?" मातुल श्री अचकचा कर बोले।

पद्मपाद ने अब कहा- "क्यों? श्रीमद् प्रभाकरजी का। क्या वह आप श्री के गुरुदेव नहीं हैं?"

मातुल श्री ने तनिक गुर्रा कर कहा- "हमारे श्री प्रभाकर श्री गुरोमत के सिद्ध आचार्य हैं। हम शास्त्र के उपासक उपाध्याय हैं। हम श्रुति की रजक और रहस्य में डुबोने वाली वार्ताओं के व्याख्याता नहीं हैं; हम सूत्रों के शुक नहीं हैं, समझे आप श्री! हम शास्त्रों के यात्रिक हैं; शूर हैं; पण्डित और प्राचार्य हैं। पूर्वाश्रम के मण्डन मिश्रजी! आपने हम सब विद्वानों तथा मनीषियों-की नाक कटवा दी है। शास्त्र और उसके सिद्ध सिद्धान्तों को आपने पीड़ित किया है। विद्याओं को आपने असफल सिद्ध होने दिया है। आप मुझसे व्यंग करने वाले हैं कौन?"

सुरेश्वराचार्य ने सस्मित कहा- "एक मानव जिज्ञासु। मानव श्रीमन्!"

"मानव? तो? क्या हुआ?" मातुल श्री बमके- "मानव योनि का जीव मैं भी हूं- हम सब हैं क्यों?"

सुरेश्वराचार्य ने शान्त गंभीर स्वर में कहा- "मानव योनि में जन्म लेने पर सभी मानव नहीं हो जाते- ब्राह्मण ही मानव है; हां, अवश्य! मानव जीवन का एक सर्व व्यापी ध्येय है; सत्य की खोज। मानव ही इस पृथिवी पर जीवन का कर्मवीर है; पुण्य का सन्त और पाप का शत्रु तथा परम् तत्व का साधक है। मानव ही अखिल-निखिल के विविध भर्वों और लोकों का प्राप्तकर्त्ता अथवा परमात्मा के परम् धामों का विश्वस्त वासी है। मानव जीव ही परम् ब्रह्म का सच्चिदानंद व्यक्ति है-मानव ही अपनी चरम साधनाओं द्वारा उपाध्याय, आचार्य, मुनि और ऋषि होता है और

परमात्मा को चाहे तो देख सकता है, प्राप्त कर सकता है। मानव प्रकाश का यात्रिक तथा अमृत का पुत्र है। मानव का अर्थ है प्रकाश, अमृत, शान्ति और मंगलमय अभय। पूर्ण परिपूर्ण मानवता, महोदय!"

पद्मपाद ने कहा- "मानव परमात्मा की छवि है; शोभा है; शील है; सौन्दर्य्य तथा शक्ति है, श्रीमन्!"

"वाह रे, भट्टु!" मामाजी ने कहा- "तू तो कवि हो गया है क्या? अरे तिलोत्तमा, सुना, तू ने? तेरा भाई कवि हो गया है।"

तिलोत्तमा ने मुंह बिचका कर कहा- "स्वप्न का उन्मुक्त विलासी-और क्या? कवि? सिद्धान्त तथा सिद्धिहीन एक मनोरञ्जक स्वप्नदर्शी; कातर स्मृतियों का विधुर और जीवन के पुरुषार्थों का अहमन्य क्लीव। यह कवि, संन्यासी-सब एक प्रकार के शून्य में छबि देखने के आदी विचित्र मानव जीव हैं।"

पद्मपाद ने हंसकर कहा- "इसीलिये गुरुदेव श्रुति को ही स्वीकार करते हैं; स्मृति तथा शास्त्र को नहीं। परम् तत्व के लिये तुम मातुल श्री और विद्वान् सभी व्यर्थ हो; काम के नहीं हो। ऋषियों की शान्त और धीर गम्भीर वार्तायें ही प्रभु के खोजक और ईश्वर के सेवक एवं भगवान् के विरही के लिए एक मात्र नौकायें हैं।"

मातुल श्री ने हंसते हुए कहा- "यह रहस्य है, सपूत! घर आ, तो समझा दूंगा-घट स्फोट कर दूंगा-रहस्योद्घाटन।"

पद्मपाद- "तब श्रीमद् गुरुदेव?"

"तथास्तु!" आचार्य श्री शंकराचार्य ने अभय वरदा आशीर्वाद दिया और सहसा कामकोटि काञ्ची की ओर चल दिये। मातुल श्री आचार्य श्री शंकर को सुरेश्वराचार्य, हस्तामलक तथा अन्यों के साथ शान्तिपूर्वक गतिवान देखते खड़े रहे। उनको लगा, वाक्यों के प्रहार क्षितिज को छूकर तुंगभद्रा की तरंगों में गिर गये हैं। उनको लगा, शब्दों के तीव्र आक्रामक कोलाहल अपने ही निरर्थक शून्य में लीन हो गये हैं। दिशायें ज्यों की त्यों अगाध और असीम अखिल निखिल के दिकों में छाई हुई हैं। मातुल श्री को लगा, तिमिराच्छन्न घनघोर में सूर्य नारायण मानो प्रगट होकर अपनी दिव्य किरणों से दिशाओं को सुनहली कर रहे हैं तथा शास्त्रों की समर्थ नौकायें क्षितिज के शून्य तट पर खड़ी हैं।

तभी आचार्य पद्मपाद का स्वर मातुलश्री को सुनाई दिया- "मामा जी!"

मातुल श्री चिहुंके; बोले- "हुँ? क्या तू ने पुकारा, सनन्दन?"

पद्मपाद ने विहँसते हुए कहा- "नहीं तो। यह एक शाश्वत जीव ने अन्य सनातन जीवात्मा को पुकारा है। सनन्दन, पद्मपाद, मामाजी, यह तो शब्द-ध्वनियाँ हैं-व्यावहारिक सत्ता के संज्ञान संकेत से पूर्ण।"

"अच्छा, बेटे!" मातुल श्री मुस्कराते हुए बमके- "अब हम पर ही अपना ब्रह्म-ज्ञान बघारने लगा? चल, बैठ शटक पर; घर चलें। जगत् के सुनसान में तेरा भटकना बहुत हो चुका, सनन्दन!"

"सनन्दन नहीं, पद्मपाद।" पद्मपाद ने हंसते हुए कहा- "जब तक आप और तिलोत्तमा इस शरीरी को पद्मपाद नहीं कहोगे, तब तक मैं आपश्री के स्थान पर नहीं आऊंगा। मैं सनन्दन था; किन्तु अब नहीं।"

तिलोत्तमा ने तनिक आगे आते हुए पूछा- "सनन्दन और पद्मपाद में क्या अन्तर है? कौन सा तत्व और अर्थ-भेद हो गया है रे? पद्मपाद, आचार्य पद्मपाद नाम कर देने से क्या तेरा मानव विग्रह बदल गया है? तू हाड़-मांस-मज्जा का पुतला मिट कर क्या इन्द्र के वज्र की मूर्ति हो गया है? तू क्या सुर, देवता हो गया है?"

पद्मपाद ने शान्त स्वर में कहा- "पद्मपाद मुझे श्री सद्गुरु ने ही कहा है। अतः यह शरीरी देवताओं का निवास हो गया है। यह पञ्च भौतिक देह देवताओं और देवियों का क्रीड़ा स्थल, यह सूक्ष्म, लिंग शरीर, अनन्त की दिव्य आराधना का वाहक हो गया है और इसका अपूर्व उद्भवित अदृष्ट कारण शरीर अज्ञान के घनीभूत तमाच्छन्न में ज्योति की शिखा हो गया है-दीप, श्रीमती! मैं, यह शरीरी, मरणाधीन देह नहीं हूं; अमुक्त और आसक्त जीव लिंग नहीं रहा- स्वर्ण-कमलों पर चल कर इस देह ने मन्दाकिनी पार की है; अनन्त के पार परम् तत्व के मुह्यमान ध्यान द्वारा इस शरीरी ने गंगा संतरण की है। काल से मुक्त होने के लिये मैं सत् श्री महाकाल के दर्शनों के लिये उत्कण्ठित भारत की महानदियों पर्वतों तथा सघन अरण्यों को पार करता हुआ नगर तथा ग्राम में प्रभु के मन्दिरों के द्वारों पर खड़ा उस परमेश्वर का अपार सौन्दर्य देखना चाहता हूं; उसके जन्म तथा मृत्यु से रहित, काल हीन अभय में डूब कर मैं उस जगन्नाथ के श्री चरणों का स्तवन करता रहना चाहता हूं-मैं प्रभु का मित्र नहीं, सखा नहीं, पूत नहीं, द्रष्टा अथवा मनीषी व्याख्याता नहीं, उस सच्चिदानंद घन का दासानुदास होना चाहता हूँ-मैं शाश्वत जीव अपनी चिरन्तन मुक्तावस्था में केवल श्री

हरि के समक्ष, उसके शान्त आनन्दमय सानिध्य में बना रहना चाहता हूं-मैं घर गृहस्थ के सम्बन्धों में बँध कर जीर्ण होना नहीं चाहता; मैं भव संसार के राग-द्वेष में उबल कर अपूर्व के अज्ञान में लीन नहीं होना चाहता। मैं महाप्रलय के पश्चात् जागना चाहता हूँ- किन्तु श्री हरि के परम् धाम में जागना चाहता हूँ।"

तिलोत्तमा ने ऊर्ध्व श्वांस भरा; घायल सर्पिणी की भाँति फुत् कारती हुई कहा- "तुझे यह सृष्टि नहीं भाती? यह अखिल-निखिल जगत् तुझे नहीं रुचता? जगत् का भव यात्रिक है, जीवात्मा! और क्या है वह?"

पद्मपाद ने कहा- "इस जगत् में जीवात्मा परमेश्वर का सनातन विरही दास है, तिलोत्तमा! इस अखिल निखिल ब्रहमाण्ड में एक ही श्री हरि हैं- तू नहीं देखती? देख तो सही।"

तिलोत्तमा सहसा लपकी; दोनों बाहुओं में पद्मपाद को बांधते हुए बोली- "श्री हरि! भाई मेरे, तू ही तो-तू ही तो श्री हरि का स्वरूप है मेरे लिये।"

पद्मपाद ने तिलोत्तमा का सिर सूंघते हुए कहा- "शान्त! यह क्षणिक संयोग का स्मृति जन्य अनन्त वियोग है, तिलोत्तमा! शान्त!"

मातुल श्री ने सहसा पुकारा- "पद्मपाद!"

आचार्य पद्मपाद जैसे घने किन्तु अनन्त आलोक की मूर्छा से जगे; बोले- "मैं आऊंगा-काल के अन्तिम छोर से लौट कर भव-सागर के किनारों का भ्रमण करूंगा। मैं अकेला भारत के पर्वतों की कन्दराओं में झाँकूंगा; अरण्यों की आँख मिचौलियों की तरवरती हुई किरणों में जगन्नाथ श्री सत्यनारायण को खोजूंगा। मैं निशिदिन रोते और हंसते हुए झरणों से वार्ता करूंगा। मैं प्रभातों का अनन्त का अर्ध दूंगा और सन्ध्याओं की अञ्जलियों से सनातन महाकाल के चरण पखारूंगा- हाँ, मामाजी।"

मातुल श्री हर्ष विभोर हो गये; बोले- "यह जीवन की मृत्यु पर विजय जैसा लग रहा है, पद्मपाद! सपूत मेरे! शकट में बैठ, चल, घर चल। तेरी प्रतीक्षा में हम सब कुटुम्बी, परिजन, पुरजन सभी मानो अन्धे हो गये हैं- चलो, पूत! घर चलो।"

आचार्य पद्मपाद ने शान्त स्वर में कहा- "आप चलें; मैं कावेरी के भेरवड़ों को खूंदता हुआ, तीर्थों के घण्टारव करता हुआ, स्तवनों से उद्दीप्त तथा प्रार्थनाओं से विनीत होकर ही पैदल भव-संसार के तट पर पुनः अपना पाँव रखूंगा।"

"पद्मपाद!" मातुल हत्प्रभ होते हुए बोले।

"यह आत्मा की आलोक राशि के स्वर्ण कमलों पर चला शरीर है, शकट, पथ पर नहीं, पैदल ही भव-समुद्र के किनार पर अपना पॉव रख सकता है। भव-समुद्र का तट मिट्टी का है, श्रद्धेय! किन्तु ज्ञान का अनन्त ज्योति के तट से झिलमिलाता है-मैं आत्मा का यात्री तथा प्रभु का दास हूं।"

मातुल श्री ने झुंझलाते हुए कहा- "शिष्यों सहित पैदल ही अपने गाँव की सीमा में आना चाहता है-यह क्यों नहीं कहता? मैं तो घर का शकट लाया; इसलिये कि बहुत दिवसों से अदृश्य पूत पुनः घर आ रहा है। तेरे इस आचार्य पद्मपाद के वेश से हमें लेना देना नहीं है। हम तो बचपन के नंगे सनन्दन को ही जानते हैं।"

पद्मपाद ने तुंगभद्रा की लहरीली जल राशि को जी भर कर निहारा; बोले- "बचपन का वह देह पौगण्ड और युवावस्था का देह होकर अब वयस्क संन्यासी का शरीर हो गया है। नाम और रूप दोनों ही परिवर्तित हो गये हैं-नाम तो कदाचित् रह जाय ज्यों का त्यों-परन्तु यह रूप और भी बदलेगा। यह कसीला दमकता हुआ श्याम ताम्रवर्णी शरीर शिथिल और त्रस्त होता चला जायगा। वृद्ध होकर जीर्ण हो जायगा तथा एक दिवस...."

तिलोत्तमा मन ही मन हहरी; पूछ बैठी- "एक दिन ....?"

"मैं सच्चिदानंद आत्मा उसे त्याग दूंगा।" आचार्य पद्मपाद ने कहा-"यह देही अब कुल-कुटुम्ब, वंश, गृह-ग्रामादि का पुत्र नहीं रहा- यह, 'मैं' प्रभु की ओर चलने वाला, परमात्मा की ओर निशिदिन ध्यान लगा कर चिर प्रतीक्षा करते रहने वाला एक उदासीन मानव मात्र रह गया हूं। मैं योगी नहीं हूं; यती, सिद्ध, विद्याधर-सुर-असुर कुछ भी नहीं हूं। मैं प्रभु का वियोगी एक मानव भर हूं- इस पृथिवी मण्डल में।"

मातुल श्री बमके- "मानव तो हम भी हैं, हम क्या पशु हैं? ब्रह्म-राक्षस, दानव हैं क्या? मृत्युलोक के हम भी मानवी हैं। बड़ा आया है उपनिषद् बघारने के लिये। मनुष्य की भाँति बात कर, समझा! एक उद्भ्रान्त, अर्ध मूर्च्छित भंगेड़ी की भाँति प्रलाप क्यों करता है? प्रभु का वियोगी, तू? तू तो उस ऐन्द्र जालिक यती का सेवक है-भृत्य। तुझे कुल-पुत्र वंश का उजागर, सन्तान का पिता, माता का बेटा और पत्नी का पति होना नहीं सुहाता-तू एक उत्तरदायित्वहीन कापुरुष ही बना रहना चाहता है। इस पृथिवी पर मनुष्य का गृहस्थाश्रम जीवन परम् कर्त्तव्य है..."

पद्मपाद ने बीच ही में कहा- "परम् धर्म नहीं। मानव का परम् कर्त्तव्य प्रभु की खोज है; परम् पूजा ईश्वराधन है-तथा परम् धर्म ब्रह्म सत्यम् जगन्मिथ्या समझ लेना है, जान लेना है।"

मातुल श्री ने दांत पीसे, कहा- "यहाँ नदी किनारे सब के सामने क्या कहूं तुझे? गाँव आ; घर आ-फिर एक ही थप्पड़ में सम्पूर्ण ब्रह्म-ज्ञान दे दूंगा...."

पद्मपाद सहसा हँसे; बोले- "थप्पड़ खाने क्यों आऊंगा भला?"

मातुल श्री भी हंस पड़े, बोले- "अरे भाई मेरे, थप्पड़ खाने नहीं, मिष्ठान खाने के लिये ही आ।"

पद्मपाद ने मातुल तथा तिलोत्तमा को प्रणाम करते हुए कहा- "तब तो अवश्य आऊंगा; अपने इस कपूत की प्रतीक्षा करने की कृपा कीजिये- अच्छा, प्रणाम!"

मातुल श्री कुछ देर पद्मपाद को अमर्ष पूर्वक घूरते खड़े रहे। उनके होंठ कुछ कांपते रहे और अन्त में हार कर उन्होंने स्थिर जड़वत् खड़ी हुई तिलोत्तमा की ओर देखकर कहा- "चलो। इसको आना होगा तो आ जायगा। यों यह शरीर का सगा है, तिलोत्तमा! शास्त्र और दर्शन से तो यह अपना सम्बन्धी नहीं है। जैसी विधि की इच्छा। विधि लिखितललाटे, प्रोज्झितम् कः समर्थः?"

तिलोत्तमा ने आंचल से मुंह ढंक लिया; सुबकते हुए बोली- "मेरे भाग्य, मामा! हाँ और क्या?"

रोती हई तिलोत्तमा को कन्धे से थाम कर मामा जी शकट की ओर चले। शकट के पास खड़े रह कर उपस्थित मण्डली को सम्बोधित करते हुए बोले- "सुना! बौद्धों और जिनियों ने अपने शास्त्र को भ्रष्ट किया; स्मृतियों को तरोड़ा-मरोड़ा। लोकायत से लगा कर न्याय-वैशेषिकों तक अपनी चिन्तन-दृष्टि ने मुक्ति-मोक्ष की ही भावुक समस्या को देखा- मनुष्य को त्रिताप से मुक्त कराने की चिन्ता में यह मतिमान् भूल गये कि जगत् भव-योनियों के प्राणियों के जीवन के सुख-सन्तोष, उत्कर्ष तथा कल्याण के लिये महाकाल की रचना है। सुख-परम् सुख और मोक्ष चाहिये तो धर्माधर्म के आत्यंतिक नाश की शास्त्रीय साधना तत्व-ज्ञानियों ने मनुष्य को नहीं दी। मनुष्य को यह वेदान्ती जीवन का अभय देंगे, तब देंगे- किन्तु आज तक तो मनुष्य को अवास्तविक वीतराग सिखाकर और अधिक निष्क्रिय तथा अधम, पतनोन्मुख कर दिया। कौल; क्षपणक कालमुख-यह घोर अघोर मत मतान्तर

इसी अवगति के परिणाम हैं- अब यह शंकराचार्य अवतरे हैं- मोक्ष के लिये देह त्याग का उपदेश दे रहे हैं। सुना, यह करेंगे जगत् का कल्याण। इनके लिये संन्यास ही धर्म का अन्तिम स्वरूप है। जगत् तथा जीवन को यह भ्रान्ति-अध्यास कहते हैं। अज्ञान की तिमिराच्छन्न अभिव्यक्ति किन्तु हम कहते हैं, मनुष्य को शील, शक्ति तथा सौन्दर्य की अगाध चेतनायें चाहिये। जगत् में मनुष्य बुद्धि के विवेकपूर्वक ही जीता है-जीयेगा। कर्म! हमें मनुष्य को पुण्य कमाने की विद्या देनी चाहिये, श्रेय के लिये संकल्प तथा अहिंसक प्रेम पूर्ति की कला सिखानी चाहिये -यह गुरोमत ही कर सकता है। हम स्वस्थ, प्रसन्न, सत्यान्वेषी, संयत एवं सन्तोषपूर्ण गृहस्थ जीवन ही चाहते हैं, जिससे मनुष्य स्वर्ग का सुख अनुभव करे और अन्त में भव के धर्माधर्म का आत्यंतिक शमन कर सके किन्तु यह मेरा अरण्य-रुदन है, सुना!”

उत्तर की चिन्ता किये बिना ही मातुल तिलोत्तमा के साथ शकट पर चढ़ बैठे। सारथी ने टच-टच करते हुए बैलों की गुद्याङ्गुली की और वृषभ रणझणाते हुए मार्ग पर दौड़ पड़े। कुछ देर तक पद्मपाद शकट की रिमझिमाती हुई धूलि को तुंगभद्रा की ओर सरकते हुए देखते रहे और फिर स्वतः ही बोले- “जिसका पवित्र जल क्षीर-सागर में रहने वाले पीताम्बरधारी भगवान पद्मनाभ को भी अच्छा लगता है, उस सह्य पर्वत की पुत्री कावेरी की ओर चलें-अवश्य।”

“जगद्गुरु शंकराचार्य की जय!” श्री विष्णु शर्मा ने उद्घोष किया और पद्मपाद ने आकाश में हाथ उठा कर प्रस्थानोद्यत होते हुए कहा- “शंकर-वेदान्त! केवल शंकर-वेदान्त! भारतवर्ष ही नहीं, जम्बूद्वीप ही नहीं, अखिल-निखिल सृष्टि को शंकर-वेदान्त की संजीवनीवत् आवश्यकता है। पृथिवी को धर्म और आकाश को-गगन को-वेदान्त अनिवार्य है। बुद्धि धर्म धारण कर पुनीत हो जाती है; तथा जीवात्मा का अहम् वेदान्त के ब्रह्म में लीन होकर अपना ही अनन्त अभय एक्य प्राप्त कर लेता है- संन्यास भवेच्छा के प्रभु के श्री चरणों में पूर्णरूपेण समर्पण का भी आश्रम है- क्यों नहीं? संन्यासी ज्ञानी, अनासक्त कर्मवीर तथा अप्रतिहत भक्त भी हो सकता है- क्यों नहीं? पुण्य-सलिला कावेरी के तट पर खड़ा हो यह शरीरी तनिक पीछे देखेगा-पूर्वाश्रम की ओर। क्यों? इसलिये कि मैं अज्ञान की प्रकृति, स्वभाव तथा समस्त को समझ रहा हूं और इस निराकार निरुपम ब्रह्म को जगत् में, भव संसार में देखना चाहता हूं-देव दर्शन जगत् तथा जीव द्वारा जगन्नाथ जगदीश्वर का

दर्शन है। चलो, संसार से भीत तथा जगत् से चकित मैं अवाक् हो गया हूं-मैं, मैं उस परम् देवाधिदेव का स्तवन करना-करते रहना चाहता हूं।"

संकल्पबद्ध, सम किन्तु अपने गहन में उद्वेलित पद्मपाद, महानदी कावेरी की ओर चले। तुंगभद्रा! कावेरी! इस आश्चर्यमय जल राशि में क्या अन्तर है? जल, एक भूत है-पञ्चभूतों का एक भूत तथा सृष्टि रचना, भव-रस और जीवन की चेतना के स्नान के लिये अनिवार्य यह जल अन्य भूतों से विलक्षण विचित्र अनन्य होते हुए भी जैसे अग्नि से भरा है; वायु से उत्तोलित-हिल्लोलित यह विपुल जल राशि रूपमयी है- लहरीली, उरझीली मर्ममयी यह जल राशि मानो रूप के स्वाभाविक मृदु सहज गर्व से मुस्कराती रहती है। पृथिवी की समस्त गन्ध का अपने जल-कणों को उबटन कर यह जल राशि सिन्धु की ओर बहती है-नदियाँ सिन्धू की ओर; नद नदियों की ओर; प्रपात नद की ओर...रात-दिवस की ओर; अंधेरा प्रभात की ओर। पद्मपाद को लगा, चराचर किसी परात्पर प्रकाश की ओर, प्रकाश के लिये गतिवान् तथा विधिमान है। यह अग्नि? यह वायु, यह जल, यह पृथिवी, यह आकाश? क्या स्वयं के लिये उद्भूत है? क्या यह तत्व-कर्मेन्द्रियाँ, ज्ञानेन्द्रियाँ, पंच-प्राण, तन्मात्रायें-यह मन, बुद्धि चित्त और अहं क्या स्वयं स्वयंमेव है? नहीं, यह सब जीवात्मा के लिये है। तब यह भव संसार क्या जगत् के भोगोपभोग के लिये ही है? क्या इस जगत की गतिविधि भव-संसार की भव-योनियों के जीव भोग के लिये ही है? क्या यह जन्म-मरण का अहर्निशि निरन्तर अविराम अनिवार्य चक्र केवल जन्म-मरण के लिये ही है? कावेरी की ओर चलते हुए आचार्य पद्मपाद मानो अथाह विषाद में डूबने लगे। सुख क्षणिक और उसकी स्मृति अविराम है। यह रोग, शोक, दुःख और दारिद्रय कर्म का ही अवश्यंभावि परिणाम है। तब क्या सच्चिदानंद आत्मा-सत्य तत्व-अन्ततोगत्वा शोक-सिन्धु में डूबकर संतप्त होते रहने के लिये ही भवेच्छा करता रहता है? ज्ञानी क्यों अल्प ज्ञानी, मृण्मय, कालाधीन, कर्माधीन प्राणी रूप स्वयं को धारित करता है? क्या अनादि आदि-अन्त में डुलते रहने के लिये ही जगत् में घूमता-भटकता रहता है? क्या इस निरन्तर अविराम को विराम नहीं चाहिये? क्या अशान्ति से शान्ति, भय से अभय, मृत्यु से अमृत और अन्धकार से प्रकाश जीवात्मा को नहीं चाहिये? क्या जीवात्मा जन्म-मरण ही चाहता है? इस जगत् का अन्तिम आत्यंतिक लक्ष्य क्या है? भव का अन्तिम अर्थ क्या है? यह क्षणिक कालाधीन कर्म प्रेरित

तथा प्रचोदित भव-संसार, यह आश्चर्यमय अनित्य क्या स्वयं का नित्य शाश्वत साक्ष्य हो सकता है? क्या अनित्य का नित्य अर्थ हो सकता है? क्या असत् का सत्, प्रकाश का तम और अमृत का अन्तिम उद्देश्य अन्धकार, मृत्यु तथा शोक हो सकता है? है? जीव भव-योनियों के लिये है; किन्तु क्या जीव भव-योनि का कर्माधीन उद्भव मात्र है? यह कौन अव्यक्त से व्यक्त हो रहा है? यह कौन प्रगट और अन्तर्धान होता है? यह कौन है, जो अपनी ही माया द्वारा अपनी ही छाया में आत्म विस्मृत काल ओढ़कर सो रहा तथा सपना देख रहा है, पद्मपाद? मैं? जीव क्या? नहीं-मैं कोटि-कोटि नाम-रूप धारण कर अन्ततोगत्वा क्या चाहता हूं? किसे चाहता हूं? मेरी अनन्त भव-कामना क्या अनादि और अनन्त है? यदि है तो भव-संसार के त्रितापों से छूटने की मेरी यह गुह्य गहन पिपासा क्यों है? क्यों मैं अंधेरा नहीं चाहता? क्यों मैं तम में डूबा रहना नहीं चाहता-मैं मृत्यु क्यों नहीं चाहता? 'पद्मपाद!' एक ध्वनि सी पद्मपाद के अथाह चिदाकाश में गूंजी। कावेरी से कुछ ही दूर एक विशाल पीपल के वृक्ष की छाया में पद्मपाद बैठ गये। पद्मपाद तू क्या चाहता है? जन्म और मृत्यु के पार तथा पुनर्जन्म के परे क्या चाहता है? हठात् एक गहन पुकार उठी तथा रोम-रोम से फूटी-"भगवान्!"

"भगवन्!" पद्मपाद जैसे अपनी ही यह चिर पुकार सुन कर शान्त हो गये। श्री गुरु चरणों में उद्भ्रान्त पड़ा हुआ मैं तब भगवान् को चाहता हूं। जगत् और भव मेरी अन्तिम आत्यंतिक कामना नहीं है, तब प्रभु है मेरी शाश्वत कामना। हां, पद्मपाद! प्रभु-परमात्मा ही तेरी गहनातिगहन कामना है; जीजिविषा है- भवेच्छा तथा कर्मेच्छा। तेरा कालप्रभु है; तेरा देश परम् सत्य है। तेरा शरीर, तेरे त्रिपुर और चौदहों भुवन केवल प्रभु के दर्शन और प्रार्थना के लिये ही हैं- अवश्य! गुरुदेव! जगत् में नहीं, हृदय-मन्दिर में प्रभु दर्शन की सामर्थ्य प्रदान करो, प्रभो!"

संघ के भक्त और सेवक इतः स्ततः सो रहे थे और उस सतार माझम रात में केवल पद्मपाद ही जागते बैठे थे। त्रिभुवन में विस्मृति भरी थी- मौन छाया हुआ था। प्राणी निद्राधीन थे। रात जाग रही थी और पद्मपाद अपने हृदयाकाश में अवाक् तथा चकित जाग रहे थे। "गुरुदेव!" पुनः पुनः पुकार उठी- "गुरुदेव!" पद्मपाद उसांस भरने लगे; एक विकलता उनके चित्त में सुलग उठी और चित्त का अनन्त आकाश मानो विलमाये हुए स्वप्न-संभारों से भर उठा। पद्मपाद मानो जागते हुए ही सोने लगे। स्मृतियां एक-एक

कर विचित्र विस्मृति से भरने लगी। पद्मपाद एक आलोकमय जाग्रत स्वयं जाग्रति से क्षुब्ध हो उठे। पद्मपाद जगत् से क्षुब्ध तथा शरीर से भीत एक उन्मुक्त क्षान्ति के लिये मचल उठे- "भगवन्!" उच्छवास भरकर पद्मपाद ने धरती की सोती हुई सीमाओं को निहारा तथा निहारते हुए बैठे रहे। नयनों से निद्रा रीत गई। पद्मपाद को लगा, धरती किसी अतीन्द्रिय विस्मृति में डूब गई है और आकाश अनन्त कोटि ताराओं के सहारे अपने ही अनाहत शून्य में किसी अमोघ विश्वास की टोह में प्रतीक्षाकुल है। एक अनवरत अविराम अनन्त असीम गुह्य तथा मतिमान संयोग-वियोग स्वयं ही अपनी समस्त जड़ता और पूर्ण चेतना में हो रहा है- कोई महान महामहिम, महिमामय, गरिमामय महाराज राजेश्वर अपनी ही रचित, प्रणीत सृष्टि को तटस्थ और कूटस्थ देखकर स्वयं ही रीझ रहा है- सृष्टि के अविराम काल-प्रवाह की दिव्य तरंगों को छू रहा है; विधि बिम्बों की प्रतिपल मूर्च्छा को दूर कर संजीवनी-प्रेषण द्वारा पुनः जीवित कर रहा है। कोई सभी आधारों का अधिष्ठान, सभी चेतनाओं का परम् चैतन्य, सभी सौन्दर्यों का सारभूत, सभी स्वरूपों का अनन्त विलास, कोई महायोगी आप्तकाम पूर्ण परम् पुरुष अपनी ही माया में मुह्यमान ब्रह्माण्डों की लीला के अनादि ध्यान में लीढ़ समाधिस्थ है। कौन? एक शान्त गहन द्रवित आर्द्र ध्वनि पद्मपाद के अन्तराल में उठी और सृष्टि के तत्वों को स्पर्श कर, पंचभूतों में गूंज कर पुनः जैसे उसी अच्युत, अनन्त गोविन्द की मुस्कराहट बन गई। पद्मपाद मन ही मन पुकार उठे- "हे अभिराम, राम मेरे!"

श्री विष्णु उठ बैठे; बोले- "बन्धु! क्या हुआ?"

पद्मपाद ने उसांस भरते हुए कहा- "कुछ नहीं।"

"तब यह हे राम क्यों?" श्री विष्णु शर्मा ने सजग होते हुए पूछा- "आपने सदैव श्री गुरुदेव को ही पुकारा है। आज राम कैसे याद आ रहा है?"

"यह हठी घनश्याम जो है।" पद्मपाद ने सिर धुनाकर कहा- "मेरे जन्म की मुरली अपने अधर पर नित्य अनादि से बजाता आ रहा है। क्या करूं? सप्तसिन्धु भरे यह नयन रो रहे हैं; परन्तु-परन्तु हृदय की धरती नहीं भीज पाती। देखते नहीं, स्वप्न की भूल लेकर श्वांसों की आंधियां चल रही हैं..."

श्री विष्णु शर्मा हंसे; बोले- "यह संसार है; ऐसा ही है-"

"जीवन की यह टहनी उखड़ती ही नहीं।" पद्मपाद ने कहा- "अनादि से स्वप्नों की धूली लेकर काल की आंधियां चल रही हैं- सांसों की। जगत् के

विषयानन्द को पीकर भी हृदय कठोर बना ही रहता है- यह धरती प्रेम के आंसुओं से भींज नहीं पाती। यह काल त्रिताप से जल रहा है और स्वप्नों से हहर रहा है- विषाद से भरा यह महाशून्य कितना विजन है? जीवन के कोलाहलों से भरा यह अगाध मौन सहा नहीं जाता, मित्र जू!"

"क्या करें? क्या किया जाय?" श्री विष्णु बोले- "आपके साथ घूमता हूं; देव-दर्शन करता हूं- शंकराचार्य के श्री चरण छूता हूं। ब्रह्म-वार्ता कानों में पड़ती रहती है किन्तु घर याद आ ही जाता है। वह न जाने क्या करती होगी? कैसी भी है किन्तु विचार तो आता ही है, वह मेरी सन्तान की मां है। कभी-कभी पश्चाताप से मन भर आता है- मैं कैसा पिता हूं जो अपनी सन्तान तथा उसकी माता का पालन पोषण तक करना नहीं चाहता? परन्तु फिर आपको, शंकराचार्य को देखता हूं- प्रारब्ध और क्या? आप लोगों ने भी तो घर छोड़ा, संसार को ठुकराया। शंकराचार्य ने तो विधवा एकाकी मां को त्याग दिया- बचपन में ही भव-संसार से संन्यास लिया, हठी संन्यास।"

पद्मपाद ने तनिक अमर्ष पूर्वक कहा- "हमने घर नहीं त्यागा; घर-संसार बसाया ही नहीं। आपने तो विवाह किया; सन्तान उत्पन्न किये और अब गृहस्थ के अनिवार्य उत्तरदायित्व को निभाना नहीं चाहते। विवाह करने का तात्पर्य ही यह है गृहस्थ होकर भव संसार धर्म पूर्वक भोगना। हम संसार भोगना नहीं चाहते।"

"परन्तु क्यों?" श्री विष्णु ने कहा- "मैं तो संसार को अरण्य मानता हूं; सघन अरण्य-घोर विपद् सागर समझता हूं। मैं तो जन्म से दुःखी और मृत्यु से भीत व्यक्ति हूं। विवाह तो किया; नहीं तो क्या व्यभिचार करता? विवाहित भी यदा-कदा व्यभिचार किया ही करते हैं- मैंने वह परदारा-पाप तो नहीं किया। रहा सन्तान का भरण-पोषण तो वह प्रभु करता ही है- मैंने तो उसकी शरण में कुटुम्ब-कुल को रख दिया है..."

"और ममत्व-मामेकम् ज्यों का त्यों है।" आचार्य पद्मपाद ने कहा- "ज्ञान हुए बिना माया और वैराग्य हुए बिना क्या भव-संसार छूटता है? नहीं। कभी-कभी मुझे लगता है, यह जगत् और भव-संसार उसी परम् ब्रह्म का सत्चित् स्वरूप है। कभी-कभी मुझे लगता है इस जगत् में वह रमा हुआ है- वह भव-संसार के त्रिताप का योग भी प्राणियों को सिखाता है- सच, मैं जगत् के रूपों में, नामों में, भव-योनियों में-प्राणी मात्र में उसी प्रभु को देखना और पाना चाहता हूं, मैं सत्य की नौका में बैठ सदैव भव संसार का भ्रमण

करते रहना और अपने अन्तरात्मा में उसे अपने समस्त भव के लिए पाना चाहता हूं- मैं जगत् को भव संसार द्वारा नहीं, भगवान् द्वारा ही भोगना, हां भोगना चाहता हूं। मैं नर नारायण का प्रेमी होकर जन्म-मृत्यु से भरे प्रीति के अभय से परिपूर्ण शाश्वत सौन्दर्य, आनन्द और प्रेम-मैं ज्ञान का अमृत पीते रहना चाहता हूं- मैं ब्रहम लीन नहीं, ब्रहम चैतन्य में डूब प्रभु का प्रिय दर्शन करता रहना चाहता हूं- मैं जीव हूं; वह जगन्नाथ है, जगदीश्वर।"

जगदीश्वर, जगन्नाथ- मैं जीव। पद्मपाद के गहन में वह ध्वनि जैसे अविराम होने लगी। कावेरी की श्वेत धूमिल तनिक घनश्याम तरंगों को देखते हुए वह जैसे एक अनन्त विचार में पड़ गये। जीव हूं; शरीरी हूं- प्रारब्ध हूं और सृष्टि के अपूर्व-अदृष्ट काल की गति-विधि की एक अनिवार्य वीचि हूं; उल्लोल, कल्लोल, कल्लोल-तरंग हूं। मैं? मैं हूं; भव-भवों की विस्मृतियों में डूबा और अनन्त कोटि प्रारब्धों में जागता और सोता-मैं हूं। मैं-सनन्दन, पद्मपाद हूं और क्या मैं 'नहीं' हूं, होना चाहता हूं? अवश्य, पद्मपाद! तू मिटना, नष्ट होना नहीं चाहता। तू मैं भावना में अनादि है; शाश्वत-चिर-चिरन्तन है। तू स्वयं के भवों में 'हूं' अनुभव करता है और जैसे काल के अविराम प्रवाह में बह रहा है। जाति, आयु, भोग-जन्म-मृत्यु- इस अनिवार्य ध्रुव चक्र में, घट माल में भरता और रीता होता रहता है। स्मृति से जागता, स्वप्न से विलसता तू स्वयं के संभ्रमित विश्वास में जी रहा है। मृत्यु के परे भी तू जैसे है- जीता है। जब तक यह काल और कर्म-गति-विधि है, तब तक तू जीता रहेगा- तू जीये अथवा मरे, जन्मता-मरता रहे, तू है। अवश्यमेव! गुरुदेव! मैं हूं- मैं। कावेरी तट के एक पुर के विशाल मन्दिर को देख कर पद्मपाद सहसा उस ओर चल पड़े। अनेक स्वर्ण-कलशों से शोभायमान वह विशाल मन्दिर अपना ही पुराण व्यक्त कर रहा था। भग्न खण्डित किन्तु पर्याप्त यथार्थ वह मन्दिर मानो धरती माता ने ही बनाया था और आकाश देव ने प्रतिष्ठित किया था। पद्मपाद एक ही सांस में उस मन्दिर के द्वार पर पहुंच गये- "जगदीश्वर!" पुजारी तथा अन्य उपस्थित दर्शनार्थी पद्मपाद को द्वार में ही प्रणाम करते हुए देखने लगे। पद्मपाद ने अपने दोनों प्रलम्ब बाहु गगन में फैलाये और पुकार की- "जगदीश्वर। मैं हूँ-तू है। तू है, तो मैं हूँ। क्या यह सत्य नहीं है?" तीव्र गति से पद्मपाद मन्दिर के मण्डप में जा पहुंचे और गर्भ मन्दिर के विशाल विष्णु विग्रह के श्री चरणों में-घनश्याम पद्मपाद साष्टांग प्रणिपात में लेट गये। पद्मपाद के कमल नयनों से अश्रुधारा

बह चली; वेपथु में बोले- "श्री गुरु चरणों में अभय मिला है, जगदीश्वर! जगन्नाथ! नारायण श्री हरि! परन्तु तू नहीं मिला, प्राणेश्वर! तू नहीं मिला-इस जगत् में, भव संसार में तू नहीं मिला, प्रभो!" पद्मपाद श्री हरि नारायण! विष्णु-वासुदेव अच्युत, अनन्त गोविन्द के श्री चरणों में मानो अपनी अश्रु-यमुना में डूब गये। पद्मपाद को लगा, कल्प-कल्पों के आंसू पलकों में भरे स्थगित थे। कर्म के बाँधों से रुके और काल की असंख्य पलों से थमे यह आंसू श्री हरि के चरणारविन्दों के प्रक्षालन के लिये मानो अनादि से मूक थे; मौन-मूढ़ थे। आज जैसे काल की थाम शिथिला गई; कर्म-बन्धन के बाँध ढह से गये-उन्मुक्त शान्त पुनीत हृदयोल्लास में पद्मपाद रोते रहे। एक शान्त क्षान्ति से पूर्ण तन्द्रा उनके रोम-रोम में भर गई। पद्मपाद शरीर और त्रिपुर के आकाशों के परे अथाह क्षीर-सागर में ही जा बहे। ज्योतिर्मय धवल वह दुग्ध सागर और वह, वह श्री हरि, विष्णु-वह जगदीश्वर, वह जगन्नाथ! पद्मपाद को दिखा, शेष के सहस्र कोटि फणों की कोटि-कोटि मणियों की गहन दीर्घ किरण-जाल को पहिने गुरुदेव अभय वर मुद्रा में उनको निहार रहे हैं। "पद्मपाद! वत्स! आओ, श्री हरि के चरणों में आओ। मैं हूँ-इस काल समुद्र से तुमको निकाल कर क्षीर-सागर में ले आया हूं। आओ वत्स! श्री हरि तुमको ढूंढ रहे हैं।"

पद्मपाद के वाक् ने कहा-"किन्तु-किन्तु जगत्? मैं, भव-भव संसार?"

आचार्य श्री शंकर ने मानो अमोघ दृष्टि द्वारा ही कहा- "कुछ नहीं। श्री हरि और तू ही है। मैं भी नहीं, वत्स!"

पद्मपाद सहसा चिल्ला उठे- "श्रीगुरो! आप-आप नहीं?"

जगद्गुरु शंकराचार्य का किरण-वपु मानो थिरका, हुलसा, हुमसा, नाचा और लास की अथाह गति में श्री हरि विष्णु-विष्णु की मुस्कराती हुई नील कमल सी आँखों में समा गयी। पद्मपाद अपने सभी कल्पों में हहर उठे- "श्री हरि! अखिल ब्रह्माण्ड में एक ही तू श्री हरि!"

तभी चतुर्भुज श्री विष्णु की आरती प्रारम्भ हुई। पद्मपाद जागे; प्रणिपात के साष्टांग से उठते हुए उन्होंने गाया- "अच्युतम् केशवम् राम-नारायणम्। कृष्णदामोदरम् वासुदेवहरिम्।" नगाड़ों की हमहमती हुई ध्वनि और रिमझिमते हुए घण्टारवों में पद्मपाद का प्रसन्न मगन आर्द्र स्वर गूंजा- "श्रीधरम् माधवम् गोपिकावल्लभम्। जानकीनायकम् राम चन्द्रम् भजे।"

तभी दर्शनार्थियों में खड़े भावुक भक्त ने झेला- "अच्युतम केशवम्। सत्यभामाधवम् माधवम् श्रीधरम् राधिकाराधितम्। इन्दिरामन्दिरम्। चेतसा

सुन्दरम्, देवकी नन्दनम् नन्दजं संदधे।” पद्मपाद ने यह अपने चिद्धन में सुना- “देवकी नन्दनम्।” और जैसे रोम-रोम में सिहर, रग-रग में उमड़ तथा शान्त घनीभूत तन्मयता में गाया- “विष्णवे जिष्णवे शंखिने चक्रिणे, रुक्मणि-रागिणे, जानकी जानये। वल्लवी वल्लभा याचितायात्मने, कंसविध्वंसिने वंशिने ते नमः।”

श्री आनन्द गिरि ने आर्द्रे आर्त स्वर से झेला- “कृष्ण गोविन्द हे राम नारायण। श्रीपते वासुदेवाजितश्रीनिधे।” पद्मपाद का स्वर उठा- “अच्युतानन्द हे माधवाधोक्षज। द्वारकानायक द्रौपदीरक्षक।” तन्मय आत्म विस्मृत तल्लीन लीढ़ पद्मपाद लड़खड़ाये; किन्तु दो सशक्त प्रलम्ब स्नेहशील बाहुओं ने उनको थाम लिया। आरती थमी; घण्टा रव झूम कर स्तब्ध हो गया- नगाड़े चुप, अवाक् और दर्शनार्थियों के आर्त स्वर मूक। मातुल श्री ने कहा- “यह-यह तो सनन्दन है, मेरा घर से भागा हुआ भानजा। आचार्य श्री शंकर का सेवक- शिष्य। पद्मपाद! विधि विडम्बना, और क्या? तिलोत्तमा?”

तिलोत्तमा ने तनिक जागृत होते हुए पद्मपाद को थामा; बोली- “जाग, सनन्दन! यह क्या? देख, हम सब तुझे लेने आये हैं। सुना!”

पद्मपाद ने शिथिल चरणों से चलते हए कहा- “हुं? जाग तो रहा हूं। जाग रहा हूं; हां। हुं?”

तिलोत्तमा ने अर्ध-जाग्रत और तनिक विस्फारित नयनों से देखते हुए मति-शून्य से पद्मपाद को धीरे-धीरे मन्दिर के बाहर लाकर सजे हुए शकट के पास खड़ा रखा। मातुल श्री ने सहज ही पद्मपाद को उठाकर शकट में बिठा, लिटा सा दिया; बोले- “तू पास बैठ। मैं पैदल ही इस पूत को घर ले जाऊंगा। यह घर से भागा, तो इसके दोषी क्या हम सब नहीं हैं? माता-पिता का प्यार इसे नहीं मिला-मेरा? मेरा तो कठोर अनुशासन ही मिला और तू ने? तू ने इसे स्नेह दिया- ममत्व तू दे ही कैसे सकती थी? चलो।” फिर श्री विष्णु और आनन्द गिरि को निहार कर मातुल श्री ने कहा- “आप सब, सारा संघ घर आमंत्रित है। पधारिये, अवश्य! पधारिये हमारा श्रीगुरोमत निवास अब दूर नहीं है। पुनीता इस कावेरी के घने प्रसन्न कगारों और गुट्यमान उपत्यकाओं को पार करते ही सनन्दन के पिता, पितामह, प्रपितामह का गांव आप देखेंगे। उस गांव की सीमा में पुर जन परिजन कुटुम्ब परिसर जन सभी खड़े हैं- आचार्य पद्मपाद तथा आप सब की प्रतीक्षा कर रहे हैं। पधारिये....”

5

"श्री गुरो प्रभाकर धाम" की विशाल चौपाल में सभी जाति-जन, कुटुम्बी, पुर-जन तथा परिजन आ ठसे। गांव की सीमा में ही सभी हर्षातिरेक से आचार्य पद्मपाद तथा संघ का शंख-ध्वनि और तुरही निनादों से स्वागत किया। जनपद के तीर्थ-पूत नर-नारियों ने रंग-बिरंगे मनोहर वस्त्रों में सज्ज तथा विनीत प्रणामों में नाच गाकर आचार्य पद्मपाद को पुकारा- "पधारो! देव! आज हमारा यह जनपद पवित्र हो गया; हमारा यह पुण्य श्लोक गांव धन्य हो गया। मातुल श्री की जय!"

"जय।" गगन भेद ध्वनि उन्मुक्त प्रसन्न जयकार में मानो झूम-झूम कर प्रभाकर धाम" के गगन में छा गई। पुजारी प्रवर ने पद्मपाद के ललाट पर तिलक किया था; अक्षत लगाये थे और गांव की सद्य स्नात कन्याओं ने मंगल आरती उतार कर तब पद्मपाद-संघ को गांव के क्षेत्रपाल के पास फटकने दिया था। सीमा की कुण्डलिनी स्वरूप प्रभा नदी ही समस्त गांव की चतुर्दिक सीमा-मेखला थी और उस सीमा में यज्ञ मण्डप सुशोभित थे। मातुल श्री ने शास्त्र तथा स्मृति को साकार करने का बीड़ा उठाया था। वेदान्त को छोड़कर सभी दर्शनों के मण्डप प्रभा-सरिता के रमणीय तट पर बनाये गये थे तथा श्री गुरो प्रभाकर की विशालकाय मूर्ति, सजीव किन्तु गुर्वी ध्यान में स्थित, अपने ही पाण्डित्य में लीढ़ एवं मुह्यमान गांव के मध्यस्थ चौराहे पर गड़ी हुई थी- इस चौराहे का नाम ही "श्री गुरो का मातुल चौक" नाम पड़ गया था।

पद्मपाद ने तनिक आश्चर्यपूर्वक इस चौराहे के चौक को देखा था। पास में सावधान एवं विजय गर्व से चलते हुए मातुल ने आज्ञा की थी- "श्री गुरो को प्रणाम करो, सनन्दन!" अनायास ही पद्मपाद ने मातुल की इच्छा पूर्ति की थी- "सनन्दन, श्री गुरो को प्रणाम करो।" शब्द-ध्वनि उनके कर्ण-कुहरों में झीम कर उनके होठों पर तनिक सी मुस्कराहट बन कर खिल गई थी। जगद्गुरु शंकराचार्य का आदि शिष्य आचार्य पद्मपाद श्री गुरो प्रभाकर मीमांसा-तीर्थ की मूर्ति को प्रणाम कर रहे हैं। साथ चल रहे जन-समुदाय ने हर्ष ध्वनि की थी। यकायक विजय गर्व में मातुल श्री के बटुकों ने शंख

फूंके थे। 'श्री गुरो प्रभाकर धाम' तक लोग पद्मपाद को देखने के लिये खच खड़े थे। 'यह वही सन्दिया है, जो घर से भागा था- आया; मामा लाया। भगवान की दया।' वृद्धाओं ने एक स्वर से यह एक ही टिप्पणी की थी। भाभियों, मामियों, काकियों और बहनों ने मुस्करा कर, आंखों की हुलसित चमकों से पद्मपाद को मातुल श्री के साथ धीर गंभीर चाल से चलते हुए देखा था। ताम्रवर्णी श्याम कमल से वही शान्त किन्तु तनिक विस्फारित नयन। वही तनिक खुले हुए मन्द हंसौहे होंठ और वही ढीढ़ चिबुक। वही मध्यम स्कन्ध और वही प्रलम्ब बाहु। चपटे पठार सा वक्षस्थल और तनिक उभरता हुआ उदर-नीलम सी नाभि-ड्यूंटी। कसीले नितम्ब और लपसीले कपौल-वही सनन्दन, अब युवा, वयस्क सा। गांव के पुरुषों ने पद्मपाद को कुतूहल पूर्वक लिया था। अन्ततोगत्वा कुटुम्ब ही है घर। सन्यासियों के मठों में, यतियों की कन्दराओं तथा योगियों की खोहों में क्या जवानी कट सकती है? वैराग्य? आकाशकुसुमवत् और क्या? अरे इस सनन्दन को वैराग्य? शान्तम् पापम्-पत्थर पसीजे, तो इस मातुल श्री के भानजे को वैराग्य हो। यह सनन्दन? जन्मा तब से पहेली, प्रश्न रहा है। माता-पिता के चले जाने पर यह बहिन का अनिश्चित दायित्व हो गया- बेचारी माता के आसरे गई; तो मातुल के यहां मामी को ही आंखें निकालता रहता। मामी इस लण्ठ को अपने बेटों से भी अधिक प्यार करती; परन्तु यह जो ठहरा, जन्म का महाराजा। इसकी इच्छा होगी, वही यह करेगा- करता। तब मातुल श्री क्या करते? स्वयं पढ़ाने-लिखाने के लिये तत्पर हुए परन्तु यह 'मामा की पाठशाला' से अदृश्य हो जाता। नदी की भेखड़ों में डुलता रहता। कन्याओं से दुबकता, मामियों से भागता हुआ यह सनन्दन नाथ-साधुओं के टोलों के साथ आस-पास घूमता रहता। साधुओं के अखाड़ों में पड़ा रहता-और उनको ही तरसती हुई आंखों से देखता रहता अथवा पहलवानों को चलते ही छेड़ता रहता और बस चलता तो जांघ ठोक कर अखाड़े में कूद पड़ता। निखट्टू उज्जड़, घाघ, ढीढ और सभी से तटस्थ यह सनन्दन पनघटों से दूर-दूर जंगल के झुरमुटों में ही सोता रहता। यह तिलू-तिलोत्तमा-उसको खोज कर पकड़ लाती और मातुल श्री गुर्रा-गुर्रा कर पीटते। नालायक। ढीढ, उचक्का कहीं का।' मातुल श्री गर्जते। तभी मामी लपक कर बीच में पड़ती, कहतीं- "मां-बाप के बिना पूत को पीटते हुए तुमको लज्जा नहीं आती?" मातुल श्री हिबता कर गर्जते- "चुप रह, देवी! यह पूत नहीं है; कपूत है। दूर हट! "नहीं।" मामी भी फुत्कार कर कहती- "तिलू वह

गोविन्द राम जी की गौरी है न? उसके साथ मैं इस सन्दिया का विवाह कर देती हूं। आप से आप बंध जायगा। देख, तेरे मामा बंध गये न?" मातुल श्री सिर धुन कर कहते- "तुम स्त्रियों को विवाह ही एक मात्र उपाय दिखता है। कल्पवृक्ष के फूल सी उस गौरी का भाग्य ही मेटने चली हो क्या?" मामी कहती- "गौरी कल्पवृक्ष का फूल है, तो मेरा यह सनन्दन भगवान शिव का भभूत है- वैताल।"

"वैताल।" मातुल श्री ठठा कर हंस पड़े; बोले- "भगवान् शिव का यह गण सनन्दन? नहीं रे! यह तो मनसुखा है, मनसुखा।"

"तब तो गौरी के लिये यह उपयुक्त होगा।" वयस्क वृद्धा मामी श्री ने सहसा कहा- "अभी-अभी यह घर आया है; थोड़ा इसको सुस्ताने तो दो। घर आते ही सब के सब पीछे पड़ गये। अरे, तू सन्दु! इनकी एक मत सुनना। तेरा मन कहे, वह करना, भला।"

आचार्य पद्मपाद ने मामी को प्रणाम कर कहा- "तुम ही एक मेरी हितैषी प्रतीत होती हो, मामी। यह तिलू तो बस...."

"क्या बस?" तिलोत्तमा ने आर्द्र स्वर में पूछा।

"तू तो बस तू ही है, तिलोत्तमा!" पद्मपाद ने कहा- "अन्ततोगत्वा तू मुझे घर खींच लाई। तुंगभद्रा के किनारे उस मन्द चांदनी में तुझे देखा-जन्म-जन्म की स्मृतियां चित्त के घने अथाह गह्वर से उभर आई। फिर मामाजी के व्यग्र क्रुद्ध व्यंग और गुरुदेव की प्रसन्न मन से प्रदत्त आज्ञा-जैसे यह योग शेष था- यह संयोग काटना ही था। इसको कहते हैं, प्रारब्ध। अब पता चला, संसार के अज्ञात भय से ही मैं भागा था- माता-पिता नहीं रहे; परन्तु मामा, मामी-तुम सब तो थे। तुम सब मेरे भय को मिटा नहीं सके। आज मैं भय से नहीं, मोह से नहीं, मन शुद्ध-बुद्ध गति से प्रेरित आया हूं। इसलिये मुझे आप सब घर-संसार की सुनहरी-रूपहली बातों को सुना कर वृथा ही अपने चित्त को खेद मत देना। मैं तटस्थ जीवात्मा, जीवात्माओं के सानिध्य में आया हूं। गुरुदेव कहते हैं- सर्वम् खलु इदम् ब्रहम। हम सब ब्रहममय हैं; ब्रहम धारित तथा ब्रहम द्वारा ही भव-लीला में व्यस्त-त्रस्त हैं।"

विशाल चौपाल में एक-दूसरे से सट कर बैठे हुए पुरवासियों ने उदासीन आश्चर्यवत् सिर हिलाये। वयोवृद्ध शुक्रदेव वेदपाठी ने कहा- "यह कही एक। सभी ब्रहम हैं। जीओ, सन्दू!"

आनन्द गिरि ने सहसा कहा- "आचार्य पद्मपाद पुकारिये, श्रीमन्!"

मातुल श्री ने कहा- "आप श्री क्या सनन्दन के सचिव हैं? यह कपूत सारे गांव का वंश परम्परा से पूत है- रहेगा। ब्रह्मचारी बटुक का वेश धारण करने से क्या यह कुल का दीपक, वंश का उजागर तथा पुरवासियों का गर्व मिट जायगा? आचार्य पद्मपाद! केवल शंकराचार्य के कह देने मात्र से कोई भी आचार्य पद प्राप्त नहीं कर सकता। उसके लिये तत्वज्ञान की व्याख्या, समीक्षा शास्त्र विवेचन करना पड़ता है- इसके लिये सिद्ध गवेषणा करनी होती है।"

आनन्द गिरि ने शान्त स्वर में कहा- "आचार्य पद्मपाद श्री ने जगद्गुरु शंकराचार्य के विख्यात शारीरिक भाष्य पर टीका लिखी है। गुरुदेव ने स्वयं इनसे वह टीका आद्योपान्त सुनी है और आचार्य पदवी प्रदान की है।"

"अच्छा!" मातुल श्री ने आश्चर्यवशात् आघात खाते हुए कहा- "शारीरिक भाष्य शंकराचार्य जी का? वही तो नहीं जिसके लिये शंकराचार्य जी ने भट्टपाद से व्याख्या लिखने को निवेदन किया था..."

तिलोत्तमा ने बीच ही में कहा- "और जिसके लिये भट्टपाद ने सादर मना कर दिया था।"

आचार्य पद्मपाद ने कहा- "साथ लाया हूं आप श्री को बताने।"

"मुझे बताने?" मातुल श्री ने पूछा।

आचार्य पद्मपाद ने शान्त स्वर में कहा- "जगद्गुरु शंकर दिग्विजय के ज्ञान-वीर हैं। उनके अटल अचूक ग्रन्थ शारीरिक भाष्य की मेरी टीका देख लें।"

"क्यों?" मातुल श्री ने पूछा।

"इसलिये जब आपके आचार्य प्रवर श्री प्रभाकर मीमांसा तीर्थ जगद्गुरु को शास्त्रार्थ के लिये ललकारें तब आप उचित प्रतिज्ञा उनको सुझा सकें। श्री गुरु प्रभाकर स्वयं तो शास्त्रार्थ करेंगे नहीं। आपके श्री गुरो विवाद में नहीं पड़ते; शास्त्रार्थ में नहीं अड़ते। मौन अपना तत्व बोध लिखते रहते तथा आपके समान बटुकों को पढ़ाते रहते हैं।"

"सनन्दन!" मातुल श्री बमके- "श्री गुरो के प्रति व्यंग मत कर।"

आचार्य पद्मपाद ने कहा- "आप ही ने कहा था कि मेरे घर आने पर आप मुझे ब्रह्मज्ञान करा देंगे। तो कराइये।"

मातुल श्री ने भवें तरेरीं, कन्धे उझके; बोले- "अच्छा। हमें ही पाठ पढ़ा रहा है? अच्छा! हम अवश्य तुम्हारी वह टीका देखेंगे-वाह रे भट्टु! जगद्गुरु

श्रीमद् शंकराचार्य जी महाराज के जगद् विख्यात-शारीरिक भाष्य पर आप श्री ने व्याख्या प्रस्तुत की है। सौ शरद सौ वसन्त से भी अधिक जीओ, पूत मेरे। रही बात हमारे श्रद्धेय पूज्यपाद श्री गुरो की-प्रथमतः हम तो देख लें, इस जगदगुरु श्रीमद् के शारीरिक भाष्य तथा उसकी श्रीमान् की टीका को हम निपटा न सके, तो श्री गुरो और शंकराचार्य का शास्त्रार्थ होगा- हम प्रतिश्रुत होते है, सुना।"

आचार्य पद्मपाद ने सोत्साह कहा- "मैं आप श्री को ललकार नहीं रहा हूं। मैं तो आपको यह बताना चाहता हूं कि घर से भाग कर मैं कौतुकी हठयोगी नहीं बना। तीर्थ स्थानों में भिक्षाटन करने वाला साधु नहीं हुआ। मैंने श्मशान में शंकर की स्थापना कर अपनी उदरपूर्ति के लिये आडम्बर नहीं किया। मैंने सद्गुरुदेव शंकराचार्य के श्री चरणों की सेवा की। उनको देखा; जाना तथा उनके अगाध ज्ञानामृत की कुछ बूदें प्राप्त करने के लिये उनको प्रसन्न किया। शारीरिक भाष्य पर कई आचार्य, संन्यासी टीका लिखने के लिये जगद्गुरु से निवेदन कर चुके हैं। स्वयं भट्टपाद श्रीमद् कुमारिल्ल महोदय की भी यह अपूर्त इच्छा रही थी। स्वयं पूर्वाश्रम के मीमांसा-धुरन्धर मण्डन मिश्र, आज के संन्यासी सुरेश्वराचार्य महाभाग भी टीका लिखना चाहते हैं-चाहते थे। यह शारीरिक भाष्य वाङ्मय मूर्ति कृष्ण द्वैपायन वेद व्यास के ब्रह्म-सूत्र पर स्वयं भगवान् शंकर तथा श्री विद्या का कृपा-कटाक्ष है।"

मातुल श्री- "अच्छा!"

आनन्दगिरि ने अब कहा- "अवश्यमेव, महोदय! आचार्य पद्मपाद श्री ने जगद्गुरु का चरणामृत पान किया है। गुरुदेव के जीवन की रक्षा के लिये कन्दरा की अग्नि को बुझाया है; कापालिक क्रूर का वध किया है। भगवान् नृसिंह की शरणागति का यह हमारा वयस्क आचार्य पद्मपाद शारीरिक भाष्य का प्रथम व्याख्याता है।"

मातुल श्री ने सिर धुन-धुन कर कहा- "वाह! वाह! वाह रे भट्ट!"

आचार्य पद्मपाद ने विनीत स्वर में कहा- "कुछ दिवस यहाँ ठहर कर मैं सेतुबन्ध की तीर्थयात्रा करूंगा। इस बीच आप श्री यह टीका क्यों न देख लें?"

मामा श्री ने कहा- "कितने समय पश्चात् तू घर लौटा है, सनन्दन! विचार तो कर। मैं तुझे कुटुम्बियों से मिलाऊंगा; जाति-गंगा में तुझे अब

गाहूंगा। इष्टमित्रों के मध्य बिठाऊंगा। यज्ञ-याग, रामायण पाठ, व्याख्यान तथा शास्त्र वार्ताओं से तेरे कर्ण-कुहर भर दूंगा। अब तू ही बता, तेरी व्याख्या पढ़ने और उसका मनन करने के लिये मेरे पास समय ही कहाँ है?”

श्री शुकदेव वेदपाठी ने क्षीण किन्तु तीव्र स्वर में कहा- “हमने तो सुना है- आप काशी विद्याध्ययन के लिये गये थे। समावर्तन होते ही कहते हैं आपने संन्यास ले लिया। आज अपने कुटुम्बियों और पुरवासियों पर अनुग्रह कर श्रीमद् घर आये हैं। हम आपके बन्धु-बान्धव स्वजन हैं। हम आपका सानिध्य चाहते हैं। हम तो आपकी महिमा सुन-सुन कर गर्व से फूले नहीं समाते। आपके दर्शन कर हम भी कृतार्थ होना चाहते हैं।”

मातुल श्री बमके- “यह क्या कह रहे हैं, पूज्य? यह तो अपना मनस्वी पुत्र सनन्दन है। आचार्य पद्मपाद वह सारे भारतवर्ष के लिये होगा-मेरे लिये नहीं; आप सब के लिये नहीं।”

शुकदेव वेदपाठी चिहुंके- “संन्यासी! अब यह हमारा आपका पूत सनन्दन कहाँ रहे? संन्यासी होने पर मनुष्य कृतार्थ हो जाता है। इनके आज न कोई बन्धु-बान्धव है; मित्र है-पिता है, पुत्र है। राजा से इनको कोई कष्ट नहीं है। यह संन्यासी सभी क्लेशों के परे हैं।”

मातुल श्री हंसे; बोले- “तो वेदपाठी संन्यासी पद्मपाद के स्वागत में आप का ही स्वागत भाषण हो जाय। क्यों? मेरा यह प्रस्ताव समुदाय को स्वीकार है?”

विशाल चौपाल गूंजी-हमहमी- “अवश्यमेव, भवान्! संन्यासी का हम भव्य स्वागत करेंगे- क्यों न करें?”

तिलोत्तमा बोली- “क्यों नहीं, पुरवासियों का यह गर्व जो ठहरा। संन्यासी को देखकर कृतार्थ होने वाले गृहस्थों ने ही शास्त्र की नाव डुबो दी है; स्मृति को कावेरी में पधरा दिया है। इस पूत को गृहस्थाश्रम में प्रवेश करने के लिये जाति आज्ञा करे-अवश्य। क्यों नहीं?”

श्री शुकदेव वेदपाठी ने कहा- “संन्यासी को पुनः गृहस्थ बनाना- नहीं, श्रीमती! जाति-गंगा में इस घोर पाप का शव संतरित नहीं हो सकता। एक बार संन्यास, जन्म-जन्मान्तरण के लिये संन्यास। गृहस्थ? बेचारों पर कुटुम्ब का भरण-पोषण तथा रक्षण की चिन्ता लदी रहती है। इन्हें निद्रा सताती है; स्वप्न डराते हैं, चिन्ताग्नि जलाती रहती है। इनके भाग्य में तीर्थाटन कहाँ? देव पूजन भी प्रारब्ध में लिखा है तो होगा। पूज्य तथा श्रद्धेयों

का सत्कार तथा ऋषि, मुनि एवं संन्यासी का स्वागत करने का पुण्यश्लोक सौभाग्य गृहस्थों को क्या नित मिलता है- नहीं, पुत्री! नहीं। गृहस्थ का सद्भाग्य कब रहा- उनका तो सतत् दुर्भाग्य होता है”

पंडित कामता प्रसाद ने कहा- “गृहस्थ सतत् दुर्भाग्य तो कैसे कहा जा सकता है? गृहस्थाश्रम मनोरथों की प्राप्ति तथा अभीष्ट की सिद्धि का आश्रम है।"

तिलोत्तमा ने कहा- “गृहस्थाश्रम विद्याओं को सफल करने तथा अपने अभीष्ट की धर्म पूर्वक प्राप्ति का सतत् पुरुषार्थ है। यह जगत परमेश्वर का आवास और भव-संसार उसकी गृहस्थी है। प्रभु के गहन में जीवन की गहन कामना लहराती रहती है। गृहस्थ पृथिवी के प्राणियों की वंश-वृद्धि, सन्तोष तथा सुख अर्जित करने की कर्म-भूमि है।"

ममता नाथ ‘त्रिपुरारि’ ने कहा- “देवता। एक मनोरथ मिला नहीं कि दूसरा तैय्यार। तलैया में जैसे मेंढक उछला करते हैं, मनुष्य के मनोरथ भी उछल-कूद किया करते हैं। भार्या मिली कि पुत्र की कामना तत्पर किन्तु मानव के लिये अपनी सद्य कामनाओं की सम्यक् योग्य समीचीन पूर्ति के लिये और मार्ग ही क्या है?”

आचार्य पद्मपाद ने सस्मित कहा-“सभी गृहस्थ के द्वार पर सत्कार, सहयोग एवं अनिवार्य पूर्ति के लिये आते हैं। साधू, संन्यासी, ब्रह्मचारी, अतिथि अभ्यागत सभी। मैं भी तो आया हूं मातुल श्री के विख्यात सद्गृहस्थाश्रम के द्वार पर? गृहस्थाश्रम मानव के लिये जो जगत् में जन्म कर यथार्थ जीवन व्यवहार द्वारा अपने काम्य की सतत् पूर्ति करते रहना चाहता है- उसके लिये ब्रह्मचर्य तथा गृहस्थाश्रम अनिवार्य आचरण तथा आश्रय है।"

तिलोत्तमा ने सस्मित तनिक सजल नयनों से पद्मपाद को निहारा, बोली- “तू भी तो मानव ही जन्मा है। तू क्या देव है? दानव! तू मानव माता-पिता की श्लाघ्य सन्तान है। उनके कुल का तू दीपक है, सनन्दन।"

पद्मपाद ने पूर्वाश्रम की अपनी भगिनी को अपलक दृष्टि से देखते हुए कहा- “पृथिवी पर मैं एक मानव जन्मा हूं। अवश्य मानव हूं किन्तु वंश वृद्धि और काम्य पूर्ति के लिये गृहस्थ नहीं होना चाहता। मैं भव-संसार को प्रभु के भरोसे तर जाना चाहता हूं....”

तिलोत्तमा- “मर जाना चाहता है-प्रेत होना चाहता है?”

पद्मपाद सहज ही हंस उठे- "नहीं तो। मैं जीवित प्राणी हूं; मानव! जीवित महान् मनुष्य होना चाहता हूं-जो ईश्वर को देख सके। परमात्मा को प्राप्त कर सके। मरता वह है, जो अनात्मा है; अनृत है; मायावी है, जड़।"

मातुल श्री ने कहा- "मैं कहता हूं, यहाँ है, तब तक तू अपना यह काल्पनिक आचार्यत्व भूल जा। यहाँ तो पुनः सनन्दन हो जा। तेरी इच्छा हो उसको प्राप्त करना। इस जगत् में परमात्मा मरने के बाद भी मिलता है या नहीं, मैं नहीं कह सकता-अवश्य मृत्यु के बाद परम् सुख का धाम स्वर्ग पुण्य शेष तक मिलता है। तू परमात्मा चाहता है, तो मैं कहता हूं पूर्ण, सन्तुष्ट, स्वस्थय, सम शान्त और अभय, सिद्ध विद्याधर मानव होकर ही प्रभु की ओर-तेरे परमात्मा की ओर जा सकेगा। युवावस्था ब्रह्मचर्य की, वयस्कावस्था गृहस्थ की, प्रौढ़ावस्था वानप्रस्थ की और वृद्धावस्था संन्यासी की। तू तो अभी यौवन की वसन्त श्री से शोभायान हुआ है-इस पृथिवी के मानव-वंश की सतत् अविराम वृद्धि के दिव्य कार्य का अपना अनिवार्य मानव-धर्म निभा, समझा।"

पद्मपाद ने हंसते हुए कहा- "मैं तो यहाँ आपसे तत्व-ज्ञान पर गंभीर चर्चा करने आया हूं। गुरुदेव ने मेरी टीका सुन ली और मुझे आशीर्वाद दे दिया; परन्तु विशेष कुछ भी नहीं कहा। रहा, मानव-वंश वृद्धि का अनिवार्य धर्म-पालन! सो आप सब कोटि-कोटि सम्भ्रान्त, संस्कृत, सुष्ठ मानव पाल ही रहे हैं-एक मुझको बट्टे खाते लिख दें, तो कृपा मानूंगा।"

तिलोत्तमा पद्मपाद के सामने हो ली; बोली- "मूढ़ नर, तू नहीं, मैं जीवित नारी ही अन्त में जीतूंगी। तेरे गुरुदेव को उस मृत राजा के शरीर से निकल आने के लिये तू ने क्या कुछ नहीं किया? तेरा गुरु राजा के मृत शरीर में अपना ब्रह्म-ज्ञान भूल गया। यही इस पृथिवी पर शाश्वत जीवन का गहन दिव्य अकारण रहस्य है-तू समझता क्यों नहीं?"

पद्मपाद ने सहज तिलोत्तमा की ओर मुस्कराते हुए कहा- "मामा मुझे ब्रह्म समझा देंगे और तू मुझे यह जगत् भव-संसार समझा देगी। मैं तैयार हूं, जगत्, जीवन तथा ब्रह्म को समझने और जानने के लिये।"

तिलोत्तमा- "यह तेरा निश्चय है, प्रतिज्ञा अथवा मुझे ललकार है। तू कितना ही कह, संसार जानता है, तू ज्ञानी नहीं है; तू यती नहीं है, संन्यासी का वेश धारण किया हुआ एक साधु मात्र रह गया है। गृहस्थ बनकर प्राणी मात्र का हित चिन्तक, जीव मात्र का सेवक तथा पृथिवी माता का अमर

सरस्वती पुत्र बन- अवश्य, मैं तुझे ब्रह्म के शून्य से खींचकर जगत् के इस भरे पूरे लीलामय जीवन की ओर खींच लाऊंगी।"

पद्मपाद- "गुरुदेव मेरी रक्षा करेंगे, तिलोत्तमा!"

तिलोत्तमा ने तीव्र स्वर में कहा- "शिवा से शिव अपने को बचा न सके; तू है किस खेत की मूली?"

पद्मपाद ने सहसा सभी संकोच त्याग कर कहा- "इस पृथिवी पर कैलाश की शिव-शिवा गृहस्थी है-मैं उसी की एक सन्तान हूँ, मानव सन्तान! मैं किसी खेत की मूली क्यों होने लगा भला?"

मातुल श्री ने उपस्थित नागरिक-मण्डली को उदार भाव से देखते हुए कहा-"अच्छा तो पण्डित शुकदेव जी महाराज! इस आचार्य पद्मपाद को अपने पुर तथा जनपद में घुमाओ। सभी देव मन्दिरों में इसको देवताओं के समक्ष उपस्थित करो। इससे शास्त्रार्थ करो, विचार विमर्श करो। अपने अनुभवों की मार्मिक गाथायें भी इसको सुनाओ-और तू तिलोत्तमा! अब अपने भाई को संभाल। यह तेरी मामी मुझसे भी अधिक बधिर और वृद्ध होती जा रही है। फिर भी इस सनन्दन की गहरी निराशा को अपने वात्सल्य से दूर कर ही सकती है और तू पूत हमारे! घर में सनन्दन है; समाज में तू तेरे आचार्य बना फिरना। शारीरिक भाष्य-उसकी टीका, कहाँ है तेरी वह पोथी?"

आनन्द गिरि ने अपने झोले से ताड़पत्रों की मोटी सी गठड़ी को निकालते हुए कहा- "यह रही भवान्!"

"ला, मुझे दे, भिक्षुक!" मातुल श्री ने कहा-"शयन के पूर्व इसको देख लिया करूंगा। यह रही! है तो यह पोथी; क्या यह कोई रत्न जटित स्वर्ण मूर्ति है? भिक्षुक कहीं का! बौद्ध मुण्डकों और तुम मुण्डियों में अन्तर ही क्या रहा है? वाचालता का ही भेद रह गया है। बौद्ध भी वृथा और व्यर्थ शून्य की गप्पें हाँका करते हैं। सारे समाज को गृहस्थ विमुख कर इन लोगों के मानव जीवन के वर्णाश्रम धर्म की भारी हानि की है।"

तिलोत्तमा बोली- "अपने देश को मैं युद्ध भूमिका की जय-पराजय का विराट् सांस्कृतिक देश मानने लगी हूँ। हिमालय के उस पार से आक्रामक चढ़ आया करते हैं- सप्त सिन्धु को तैर कर आततायी आक्रामकों ने अपने राज्य भारत भूमि में स्थापित किये हैं-हम भारत के ब्राह्मण और क्षत्रिय उनको अपने रक्त में मिलाते तथा बुद्धि में पचाते जा रहे हैं। तभी तो शाक्य मुनि को हम ब्राह्मणों ने भगवान् का कलियुग के प्रारम्भ का अवतार माना है।

तब क्या यह मान लिया जाय, भगवान् बुद्ध वर्णाश्रम धर्म के विरुद्ध हैं तथा विपरीत संघ-उपक्रम को ही समष्टि का व्यष्टि आश्रय मान लिया जाय।"

मातुल श्री ने हंसकर कहा- तू तो मेरे कान भी काटने लगी रे। इसकी चिन्ता हम पर छोड़ दे। अपने सज्जन पति की परमेश्वर मान कर सेवा कर; अपने सन्तान का विकास कर। अपने गृहस्थ का धर्मपूर्वक संतरण कर। यह शास्त्र-चर्चा और स्मृति व्यवस्था समाज तथा राज-धर्म है। स्मृति अर्थात् वर्णाश्रम धर्म, राष्ट्र और राज्य अर्थात् राजधर्म। ब्राह्मणों का शास्त्र तथा क्षत्रियों का अस्त्र-शस्त्र-धर्म? चतुर्वर्णों का एक ही धर्म है-वर्णाश्रम धर्म। शूद्रों के लिये सेवा, वैश्यों के लिये समाज-कल्याण, क्षत्रियों के लिये राज्य-दण्ड और ब्राह्मणों के लिये शास्त्र, स्मृति, तत्वबोध और सृष्टि, स्थिति तथा लय के रहस्यमय सत्य की शोध-खोज। यावत् जीवन की साधना, सुना, तिलोत्तमा! भारत भूमि में श्री गुरो प्रभाकर ध्रुव तारे की भाँति उदित हैं..."

श्री विष्णु शर्मा- "शंकराचार्य तब सूर्य्य हैं न!"

मातुल श्री ने हुंकार की- "उड़गण, महाशय!"

पद्मपाद ने सहसा तीव्र स्वर में कहा- "मेरे गुरुदेव का अपमान।"

"चुप कर। तेरे गुरुदेव को हमने कभी वेदान्त केसरी जगद्गुरु नहीं कहा और न कभी कहेंगे।" मातुल श्री ने कहा- "माहिष्मती के उस रागी मण्डन मिश्र को हराया क्या, स्वयं ही जगद्गुरु बन बैठे तेरे गुरुदेव किन्तु हम श्री गुरोमत के अध्येता और अभ्यासी माहिष्मती के मण्डन मिश्र नहीं हैं, समझा! हम भारत वर्ष के शास्त्रवेत्ता ब्राह्मण हैं-ऋषियों की स्मृतियों के निदेशक-व्यवस्थापक। तू एक साधु शिष्य है, समाज का भिक्षुक! मैं तेरे गुरु का अपमान नहीं करूंगा किन्तु सम्मान भी नहीं करूंगा। ब्राह्मण बुद्धि-बल से जीता है; प्रतिभा से शास्त्र बनाता और तपस्या से स्मृति की स्थापना करता है, सुना! वाह रे भटु! तिलोत्तमा सनन्दन को उसका कक्ष बता।"

पद्मपाद हठात् अवाक् से मातुल श्री को देखते रहे। फिर उठकर सबको विनीत प्रणाम कर तिलोत्तमा के साथ चल दिये। उस विशाल श्री गुरोधाम में पद्मपाद तथा उसके संघ के ठहरने के लिये स्वायत्त खण्ड संभृत किया गया था। रमणीय उद्यान के सघन कोण भाग में खपरेलों का आश्रम ही था। कुछ ही दूर पुर का अभिसिंचन करती हुई सरिता बह रही थी-पद्मपाद ने निसास रखा; ऊर्ध्व श्वांस भरा और उस शान्त, स्वच्छ पवित्र धाम को देखा; कहा- "तेरा आभार, तिलोत्तमा!"

तिलोत्तमा के बड़रे नयन अश्रु से भर उठे; बोली- "हुं? तो? क्या मैं भूल सकती हूं तू घर से भाग कर साधु हो गया है?"

पद्मपाद ने अपने कक्ष में जाकर शान्ति पूर्वक अपना आसन देखा और उस पर शिथिल बैठते हुए कहा- "सनन्दन को भूल जा, तिलोत्तमा! वह केवल तेरी कातर स्मृति में है।"

"तू तो कहेगा, माँ को भूल जाऊं; पिता को भूल जाऊं-मामा-मामी सभी को भूल जाऊं। एक निर्मम जोगटा ही यह कह सकता है। सह्रदय संन्यासी यह कभी नहीं कहेगा। सच तो यह है तुझे गुरु प्रश्रय से मूढ़ निश्चिन्तता हो गई है-गुरु कृपा के मद से तू मदीला और एक अनुत्तरदायी चिन्तक होकर रह गया है। गृहस्थाश्रम का धर्म पालन करते हुए जो नर-नारी अपना कर्त्तव्य कर्म नहीं करना चाहते, नहीं कर सकते, जो भीरु-कातर और कापुरुष हैं, वही अन्त में समाज की दया पर जीते हैं-भिक्षान्न समष्टि की दया का दान है, आचार्य पद्मपाद! भिक्षान्न से क्या होता है रे!"

"साधुओं, संन्यासियों, यतियों और ब्रह्मचारियों का देह पलता है और वह अपने-अपने आश्रमों में धर्म पूर्वक अपना जीवन यापन कर सकते हैं। प्रश्न राज्यान्न का है; समष्टि के दान स्वरूप भिक्षान्न का नहीं। अन्न की बात है, तो भिक्षान्न श्रेष्ठतम अन्न है। समाज और राज्य में भोग, चोरी, चकारी और दस्युता तथा डकैती से ही होता है-अन्न? तब क्या मैं गृहस्थ की भिक्षा पर जीकर परम् तत्व की शोध में, साधना में, श्री गुरु-चरणों में जा बैठा हूं तो यह मेरा दस्युता का जीवन है? डकैती का? चोरी-चकारी का? गृहस्थ का अन्न पुरुषार्थ से गृहस्थ के अग्निहोत्र से भिक्षा बनता है। गृहस्थ चोरी कर, दस्युता और डकैती कर अन्न नहीं प्राप्त करता-पुरुषार्थ, अर्थ-धर्म-काम और मोक्ष के सतत् पुरुषार्थ द्वारा ही जीता है। गृहस्थ के आभूषण और अन्न, भोग्य तथा भैषज, यह सब शिव-शिवा की आराधना है-पूजा, तिलोत्तमा!"

तिलोत्तमा खाट पर धमकते हुए जा बैठी; बोली- "है तो। शिव-शिवा की गृहस्थी है तो किन्तु तुम जोगटों ने इसको विकृत कर रखा है। इस पृथिवी पर मानव गृहस्थ को जोगियों ने भ्रष्ट किया; संन्यासियों ने ठुकराया, अवश्य सन्तों और सतियों ने मानव गृहस्थ को उजागर किया है। तुम्हारा ब्रह्म जो लीला विलास किया करता है, वह भव-संसार की सन्तानोत्पत्ति तथा उनका लालन-पालन भरण-पोषण नहीं तो क्या? अच्छा, ब्रह्मावतार जी! आज से तुम्हारा नाम पद्म शिव-शंकर!"

पद्मपाद हँसे और आसन पर अर्ध लेटते हए बोले- “क्यों?”

“इसलिये कि पद्म शंकर की आवश्यकता पद्म गौरी को है।” तिलोत्तमा ने कहा- “तेरी बात मान ली, भैय्या। तू अपना शिव-शिवा का गृहस्थ सँजो, बस।”

पद्मपाद उठ बैठे; चिहुंके- “तिलोत्तमा!”

तिलोत्तमा ने अमर्ष पूर्वक मुहं बिचकाते हए कहा- “सन्त बन, पद्मपाद! जोगटा नहीं, यती नहीं- संन्यासी? कदापि नहीं।”

आचार्य पद्मपाद ने तिलोत्तमा की अथाह किन्तु उथली सी आलोकमय आँखों में देखा-सजल, तरल, मौन ज्योति मानो अनन्त शान्ति में तैर रही थी। मूक, मौन किन्तु अनादि रहस्यमय स्पष्ट और अचूक जाग्रति से वह भरी थी। पद्मपाद अवाक् से उन स्वयं लीढ़ नयनों में देखते अध-लेटे पड़े रहे। तिलोत्तमा उनको कोई अनादि जाना-माना पहिचाना व्यंग सुना गई थी। “सन्त बन, जोगी-जती नहीं। सन्त? गृहस्थ बनूं और भगवान् का भजन करुं -यही न? स्त्री से बंधु, ऋतु दान दूं- सन्तान उत्पन्न करूं; गृहस्थ ब्रह्मचर्य पालता हुआ यज्ञ-कर्म करता-करवाता रहूं। ब्राह्मण का गृहस्थ अन्ततोगत्वा क्या है? यह गृहस्थ तो पर्ण कुटिया तथा खपरेल का सात्विक गृहस्थ है। अग्निहोत्र और वंश वृद्धि के लिये, सन्तान प्राप्ति के लिये। पुत्र चाहिये, सद्गति के लिये; किन्तु क्या ब्राह्मण को पुत्र चाहिये? ब्राह्मण की सद्गति है क्या? नहीं-ब्राह्मण के लिये मुक्ति है; मोक्ष है। जीव की उत्तरायण-दक्षिणायन गतियाँ मानव ब्राह्मण में समाकर एक अन्तिम मोक्ष गति बन जाती है। ब्राह्मण सत्य की दृष्टि, सत्य की मति और सत्य-साधना की गति-विधि है। ब्राह्मण का वंश नहीं; गोत्र है। वंश तो क्षत्रियों का; वैश्यों का-शूद्रों का। ब्राह्मण का केवल एक अनादि चिरन्तन नित्य शाश्वत ज्योतिर्मय कुल है-ब्रह्म-कुल। ब्राह्मण का मनसा वाचा कर्मणा सम्बन्ध, सगाई, सम्पर्क सब सच्चिदानंद परम् ब्रह्म से ही है-भगवान् से ही है। ब्राह्मण शिव-शिवा का पूजक, किन्तु भगवान् का दृष्टा और व्याख्याता है। ब्राह्मण परमात्मा का ध्याता, ब्राह्मण प्रभु का गायक तथा प्रभु के षडैश्वर्यो का मंत्रवाहक है। ब्राह्मण स्त्री नहीं भोगता; जगत में डुलता नहीं-भोगों के रमणीय राग भरे कीचों में फंसता नहीं। जगत-सरोवर के जीवन-कीच का ब्राह्मण आत्म कमल है- सच्चिदानन्द हृदय अगाध का ज्योतिर्मय इन्दीवर है ब्राह्मण। ब्राह्मण परमात्मा का

मुख है और ब्रह्मा की चैतन्य शक्ति का-बुद्धि स्वरूपा सरस्वती का पुत्र है। अवश्य है, पद्मपाद।

पद्मपाद अपूर्व उत्साह से भर गये। पुरवासियों के स्वागत समारोहों में प्रसन्न चित्त से तत्पर होने लगे। उनको लगा, वह एक सावधान और संयमी, यम-नेमी ब्राह्मण हैं। ब्रह्म-ब्रह्मचर्या ही उनका अभीष्ट ध्येय था; है और रहेगा। एक अजय संकल्प उनमें जाग्रत होने लगा। क्या वह कुटुम्ब की ममताओं में पुनः डूबेंगे? क्या वह कुल के सम्बन्धों में स्वयं को पुनः बँधने देंगे? अपने निवास की शान्त चुपचापी में वह जैसे आत्म-निरीक्षण ही करने लगे। ध्यान, मनन, चिन्तन-यह एक जाग्रत क्रम बन गया, उनकी दिनचर्या का। ब्राह्म मुहूर्त में ही नित्य कर्म से निवृत्त हो वह स्नान-पूजन आदि कर ध्यानस्थ बैठ जाते। उस ध्यानस्थ स्थिति में पद्मपाद को लगता, जैसे उनके भूताकाश में जगत् अपने रंग-बिरंगे रूपों में एक चलचित्र की भाँति जाग उठता। जाग्रत और तटस्थ वह अनेक दृश्य देखते-तनिक स्तब्ध से वह देखते, वह प्रासादों और भुवनों में घूम रहे हैं। अनेक उद्यानों में भ्रमण कर वह जैसे कलरवों से भरे आकाश को पैर रहे हैं। वह जैसे नदियों के तटों पर सैर कर रहे हैं और कन्दराओं में झाँक रहे हैं। मूक किन्तु सजीव अनेक परिचित सी मानवाकृतियाँ उनको देख रही हैं; सुन रही हैं। सजीली, मर्मीली, उरझीली रमणियों के दीपक सजाये और सँजोये हुए झुण्ड गाते हुए उनको दिखते-लगते। हरी वृक्ष राजियों के घने घटाटोपों में वह जैसे निसास भरते हुए ठहरते और पुष्पों के बुल्ले उड़ाते। कभी-कभी उनको राज सभा दिखती। राजा की उस सभा में वह जैसे अपराधी की भाँति खड़े हैं; कभी उनको लगता, वह राजा की आज्ञा का वाचन कर रहे हैं। कभी पद्मपाद हाथी पर सवार जैसे शोभा-यात्रा में चल रहे हैं। कभी कोई वृद्धा उनको भोजन करवा रही है- तो कोई तन्वंगी अपने लौने कटाक्षों से उनको मोह रही है। पद्मपाद जैसे सृष्टि के अनादि अनवरत कल्पों के छविमान् वर्तुलों में लहराने लगते। मौन की मूक व्याप्ति में वह जैसे काल की दिशाहीन यात्रा ही करते। अवश्य, तटस्थ किन्तु सजीव पद्मपाद जैसे पृथिवी, अन्तरिक्ष तथा द्युलोक की सीमा तक लहरते-विहरते। तब यह ब्रह्म के शिव-संकल्प की छबिमय, मुह्यमान दिव्य सृष्टि है और वह एक कालजयी अनादि जीवात्मा की भांति अनादि से सृष्टि के अनन्त आकाशों में विहरते आ रहे हैं। पद्मपाद को लगता, उनकी ध्यानस्थ पलों में मन्वन्तर लुढ़क जाते हैं-कल्प उदित होकर

अन्तर्ध्यान होने लगते हैं। अन्धकार भरे घोर समुद्रों की नीरव तरंगों में कभी-कभी वह डूब जाते और पुनः उभर आते पद्मपाद को लगता, सृष्टि के इन अनन्त, प्रभातों, सन्ध्याओं और रात्रियों में वह किसी अमोघ करुणामय की याद करते रहते। पद्मपाद रूप-रूप जगत् के अविराम चल-चित्र में अगाध रूप सिन्धु को ही लहरते हुए पाते। नाम-नाम से ध्वनि-प्रतिध्वनित भव-सागर के कोलाहलों में, वाड्मय के अर्थों तथा अर्थों के बोधों में वह एक अतीन्द्रिय प्रज्ञा का अनुभव करते-कोई है जो चिर है; चिरन्तन, अनन्त और असीम है। कोई है जो गुणों में, गुणधर्मों में-तत्वों और तथ्यों में देश और काल में अपनी अद्वितीय सर्व शक्ति से चिन्मय है। तब प्रभु हैं- परमात्मा ही हैं। तब मैं जीवात्मा, आत्मा की स्वप्नशील स्वयं ही काम्य धारणा हूँ-मैं अपनी सनातन शाश्वती भवेच्छा का अक्षय, अजर, अहम् हूं-मैं हूँ और, और वह है-वह? कौन? ब्रह्म? ब्रह्म? मैं-नहीं, नहीं। मैं एक चिरन्तन अध्यास हूं; अज्ञान का पुतला; संभ्रमों का ज्ञाता-विषयानंद का भोक्ता। मैं तो जीव हूं; प्राणी-अल्पज्ञ, अनाथ, दीन, दुर्बल-रोग और शोक से भरा हुआ एक मानव जन्तु हूँ। मैं ब्रह्म तब क्या ब्रह्म और मैं ज्ञान और अज्ञान के दो अनादि अभिव्यक्तियाँ हैं? ब्रह्म और मैं अलग हूँ-अनादि। समान हैं- ब्रह्म तथा जीव? पद्मपाद!

पद्मपाद ध्यानस्थ हो लेट गये। उद्यान के सुदूर से किसी के संगीत की कोकिल ध्वनि उनके कानों को झुंझला गई। कोई गा रहा है; स्त्री कण्ठ है। स्त्री? पद्मपाद को लगा, गीत का वह मर्मीला कोकिल कण्ठ स्वयं ही आर्द्र है- आर्त है। जैसे पद्मपाद को याद आ गया, यह-यह तो परिचित स्वर है; अब मधुमय हो गया है। बालपन में वह कोमल-शीर्ण था; परन्तु अब तो यह श्रावण-भादों की रात का माझम मधुमय स्वर है; मधु से भरी स्वर लहरियों का यह तन्वंगी निनाद। प्रार्थना का स्वर ऐसा ही होना चाहिये। प्रार्थना करता हूँ; स्तवन करता हूँ-स्तोत्र पढ़ता हूं; परन्तु यह मधुमय वेदना नहीं आ पाती। जैसे मैं चित्त के शून्य में शुक रटन किया करता हूँ-ब्रह्म का ध्यान ही ध्यान है; प्रार्थना कहाँ है? प्रार्थना तो जगन्नाथ की है- भगवान की। तब पद्मपाद! ध्यानस्थ चित्त के आकाशों को देखता हुआ मैं जाग्रत निद्रा में विलीन हो जाता हूँ-अन्तर्ध्यान और एक स्मृति जल मुझे डुबो देता है। स्मृति-जगत् के रूपों की स्मृतियों और नामों के सम्बोधों के सांभ्रान्त सम्मोह से कौन सीदता रहता है? कौन स्वप्न देखता है? स्मृति में जलता

है, कौन कामनाओं के उद्वेगों से भरा जगत् के ज्ञान के लिये जीता है, मरता है? कौन, पद्मपाद?

"कोई नहीं" उच्छ्वास पूर्वक पद्मपाद स्वयं से ही बोले-"यह सब माया है; अज्ञान-अनित्य क्षण-भंगुर। हाँ, और क्या है यह जगत्, भव-संसार? परम् ब्रह्म की क्रीड़ा मात्र!" पद्मपाद जैसे रंगीन उभारों से उद्वेलित शून्य में देखते हुए पुनः बोले- "तिलोत्तमा; तू मुझे इस मोहान्ध तिमिर में ढकेलना चाहती है। वह गौरी? बालपन से जानता था-चंचल, रमणीय किन्तु त्रिताप से भरी, एक मोहमयी माया मूर्ति। कामिनी, रमणी और क्या?"

"हाँ, हाँ यही, सनन्दन!" गौरी ने द्वार पर चित्र लिखित सी होते हुए कहा- "मैं कामिनी, रमणी-माया मूर्ति! और तुम?"

पद्मपाद ने द्वार में स्थित, खची, भरी, उभरी सावन की घटा की जलद श्री की भाँति खड़ी गौरी को देखा; कहा- "तू तो श्याम है, गौरी! गौरी तू कब से हो गई?"

गौरी विकुची; मुंह बनाते हुए बोली- "बचपन में तनिक गौर थी; अतः गौरी नाम पड़ गया और अब श्यामल हूं-श्यामा।"

"श्यामा?" पद्मपाद सहज ही हंस उठे- "श्यामा? राधा क्या?"

"राधा तो सावन-भादों के घनश्याम मेघों की करोड़ों बिजलियों के सार के समान दीप्तिमय है, सनन्दन!" गौरी ने सस्मित कहा- "नाम रख लेने से कोई वैसा थोड़े ही हो जाता है?"

"क्यों? यथा नामा तथा गुणा। शास्त्र-वाक्य है।" आचार्य श्री पद्मपाद ने कहा- "अकेले ही आई हो?"

"ब्राह्म मुहूर्त होने में ही है; संजीवनी वायु बहने लगी है। कलियाँ विकचने लगी हैं।" गौरी ने हुलास भरे स्वर में कहा- "सोचा, तुमको जगा आऊँ।"

पद्मपाद ने अवाक् उसको देखते हुए कहा- "मुझे? जगाने?"

"हाँ, और क्या, सनन्दन!" गौरी ने सस्मित कहा- "काल रात्रि में मोह मदिरा पीकर सो जो रहे हैं।"

"गौरी!" पद्मपाद अनायास ही चिहुंके- "तिलोत्तमा ने पढ़ा कर भेजा है?"

"नहीं तो।" गौरी ने तनिक मृदु किन्तु तीव्र स्वर में कहा- "मैं स्वयं ही आई हूं। मुझको कोई क्यों तुम्हारे दर्शन के लिये भेजेगा भला; तुम ही हो, जिन्होंने मुझे यहाँ अपने दर्शन के लिये मौन आमंत्रण दिया है। नहीं?"

पद्मपाद ने आकाश की तनिक अरुणारी मुंह जोही में देखते हुए कहा- “वह पौगण्ड की समाप्ति और उद्भ्रान्त युवावस्था की शुभाशयी भ्रान्ति मात्र थी। हम बचपन के खेल-कूद के साथी गृहस्थ के जीवन साथी कैसे हो सकते थे? फिर माता-पिता के संसार से चले जाने के बाद यहाँ रह ही क्या गया था? विजन था-मूक उदासीनता थी- आततायी भय था, गौरी!”

“अच्छा, जी! तब क्या मैं न थी?” गौरी ने पूछा।

“तुम थीं, किन्तु भव-संसार की रमणीय कामिनी की भाँति थी।” आचार्य पद्मपाद ने कहा- “हाँ, तो तुम अवश्य थीं। किन्तु कामिनी....”

“कामिनी से डरते थे; काञ्चन की चोरी करना नहीं चाहते, यही न!” गौरी ने कहा- “तुम मुझसे डरते थे-यही, सनन्दन!”

पद्मपाद ने कहा- “श्री गुरु-चरणों में प्रणाम कर मैं अजातशत्रु सा हो गया हूं, गौरी! तुम से भला क्यों डरने लगा? मैं जन्मा तब से भव-संसार की त्रितापमयी ज्वालाओं से दूर भागना, भागते रहना चाहता था। केवल माँ को ही चाहता था-परन्तु माँ मुझे छोड़ कर चली गई। मैं जानना चाहता था, माँ गई कहाँ? सच, गौरी! माँ की मृत्यु ने मुझे इस कालरात्रि में जगा दिया है-माँ जिस अनन्त में अन्तर्ध्यान हुई है- उस गहन रहस्यमय अनन्त का सत्य मैं जानना चाहता था। आज भी जानना चाहता हूं।”

“और वह क्या है?” गौरी ने पूछा- “जगद्गुरु शंकराचार्य ने क्या कहा, सनन्दन?”

“सच्चिदानन्द ब्रहम। परम् तत्व-सत्यम् ज्ञानानन्तम् ब्रहम! “श्री आचार्य पद्मपाद ने कहा- “यह जगत् माया, भव-संसार अध्यास।”

गौरी ने बीच ही में कहा- “और मैं?”

“तुम?” पद्मपाद अवाक् से हो गये; बोले- “मैं नहीं जानता, जान नहीं पाया, तुम क्या हो?”

“निर्दय!” गौरी ने कहा और झपट कर लौट पड़ी।

अरुणारी मुंहजोही में तीव्र गति से अदृश्य होती हुई उस श्यामल ताम्र गौर सी मूर्ति को पद्मपाद ने मानो अवाक् आश्चर्यचकित होते हुए देखा। फिर वह स्वयं ही स्वयं से मुस्करा उठे। आसन से उठे और वस्त्र संभालते हुए जैसे धरती तथा आकाश से बोले- “शान्तम् पापम्। हे नृसिंह!” नृसिंह! पद्मपाद सहसा इस गहन झीमती हई अन्तर्ध्वनि से गूंज उठे। खड़े-खड़े ही वह जैसे सीदने-सिहरने लगे। ऊर्ध्व श्वांस ले लेकर निसास भरने लगे। नृसिंह! प्रभो!

अपने प्रह्लाद को उबार, प्रभो! यह भव-संसार का हिरण्यकश्यप मुझको-तेरे अनाथ बालक को त्रिताप से ताड़ने आ रहा है। यह रमणीय तृष्णातुर संसार अपने मोहक एन्द्रजाल में मुझको फंसाने लपक रहा है-यह तिलोत्तमा, गौरी भव-संसार की गूढ़ माया की ही मूर्तियाँ तो हैं। हाँ! नृसिंह! नृसिंह! नृसिंह!! पद्मपाद खड़े-खड़े ही नृसिंह की नाम-ध्वनि में लीन हो गये और रोम-रोम में झीमने तथा देह से झूमने लगे। 'नृसिंह!' की शब्द ध्वनि कण्ठ में ही विलीन होती गई और पश्यन्ती में समाकर रोम-रोम में शान्त हर्षोल्लास की भाँति छा गई-अभय, शान्त उपरत सम पद्मपाद के चित्त में छा गया। जाग्रति में सावधान और तटस्थ सुषुप्ति में द्रष्टा स्वरूप उपरत एवं अपने गहन कारण में स्वयं की ही मुग्धता-अहम् में लीढ़ पद्मपाद नृसिंह नाम रटण करते हुए मौन-मूक-अवाक से खड़े रहे। उनका देह काँपा; लड़खड़ाया और वह घरती पर ढल पड़े-

मातुल श्री दौड़े; झपट कर कक्ष में प्रवेश करते ही चिल्लाये- “क्या हुआ? यह क्या पद्मपाद!”

“पद्मपाद!” मामाजी के सम्बोधन ने विस्मृत से पद्मपाद में अभूतपूर्व अमोघ चेतना जाग्रत की-सहज उठ खड़े होते हुए, बोले- “लुढक गया था, भव-संसार के सूखे हुए समुद्र में, पूज्य!”

“गिर कैसे पड़ा तू, सनन्दन।” मामा श्री चिल्लाये- “क्या तुझे भी खड़े-खड़े चलते-फिरते समाधि लगती है? मैंने ऐसे कई तथाकथित भक्त देखे हैं जो झूम-झूम कर भगवान् का नाम-रटण करते हैं-हे कृष्ण! गोविन्द-गोविन्दा! राम रामा और यकायक तपाक से मूर्च्छित से हो जाते हैं-मानो समाधि लग गई हो। तू ने तब यह आडम्बर भी सीख लिया? ध्यान ध्यान की भाँति होता है, नहीं? वाह रे भट्टु! घर आये अभी दो दिन भी नहीं हुए और तू ने अपनी लीला आरम्भ कर दी?”

पद्मपाद ने कहा- “घर आना ही मेरी भूल थी। उस गौरी को यहाँ क्यों भेजा गया-वह आई थी, अभी।”

“तो क्या हुआ?” मातुल श्री ने कहा- “गौरी घर की पुत्री सी है। तू तो घर के साथ उसको भी भूल गया था; किन्तु वह तुझे भूली नहीं है।”

“क्यों नहीं भूली?” पद्मपाद ने तीव्र स्वर में पूछा- “मैं भूल गया उसे-वह मुझे क्यों नहीं भूली? मेरा ऐसा क्या था उससे? बचपन की एक निष्पाप स्नेह सगाई थी। हाँ, यही तो! आज तिलोत्तमा मुझे उसी निष्पाप स्नेह-

बन्धन से पुनः भव-संसार में धकेलना चाहती है। आप सब मेरे वैरी क्यों होते जा रहे हैं?"

तिलोत्तमा ने अन्दर आते हुए कहा- "हम तेरे वैरी? वैरी तो तू होता जा रहा है हमारा। वह गौरी फूट-फूट कर रो रही है। जा उसको समझा, समझा सके तो, भला।"

"मैं समझाऊं, उसे? क्यों?" पद्मपाद ने औचक ही पूछा।

"इसलिये कि वह बाल्यावस्था से ही तुझमें अनुरक्त है। उसका वह पुनीत स्नेह जीवन की पवित्र रति में उल्लसित हो गया है- वह श्रावण-भादों की उमड़ी हुई प्रीति-यमुना हो गई है-तेरे चरणों की ओर बहती रही है और आज आकर तेरे ही द्वारा तिरस्कृत वह रो रही है, इसलिये। मूढ़, बर्बर, असभ्य कहीं का।"

सहसा पद्मपाद ठठा कर हंस पड़े; बोले- "वाह रे, मेरे पूर्वाश्रम की सहोदरे; वाह तू मान क्यों नहीं लेती, मैं यह शरीरी सनन्दन, मेरे पूर्वाश्रम का तेरा सहोदर भाई नहीं रहा-मैं कुछ का कुछ हो गया। तू मान ले मेरी यह बात। मैं भव-संसार के तट पर खड़ा एक तटस्थ दृष्टा मानव मात्र हूं- अवश्य, तिलोत्तमा!"

तिलोत्तमा ने कहा- "तू पाषाण की प्रतिमा हो गया है, और क्या? तुझे पता भी है; गौरी आज दिवस तक अहर्निशि तुझे ही ध्याती रही है। अपने निविड़ एकान्त मन की यह बात वह मुझे बताती रही है। सनन्दन! स्त्री की हाय न ले। स्त्री प्रेम करती है तो तन-मन-प्राण और आत्मा से करती है, सुना!"

"प्रेम केवल प्रभु करता है-प्रीति? वह तो एक मात्र परमात्मा की-आत्मा की।" पद्मपाद ने कहा- "श्री गुरु के चरण कमलों में प्रणाम कर मैं यह जान गया हूं। संसार का तो संयोग-वियोग है। जहाँ रोग है, शोक है-जरा है, जहाँ मृत्यु ही मृत्यु है, वहाँ प्रेम कहाँ? नहीं, नहीं, तिलोत्तमा!"

मातुल श्री ने कहा- "अच्छा, भट्टु मेरे! जहाँ मृत्यु है, वहाँ प्रेम न कर। मेरी ओर से जन्म तक न ले। बड़ा वेदान्ती बन गया है। वेदान्त का वाणी-शूर। सच बताऊं? तेरे जैसा लण्ठ गौरी जैसी कन्या के लिये योग्य वर है ही नहीं।"

पद्मपाद ने सहज हंसते हुए कहा- "अब कही, सच बात पूज्य! मैं नारी के लिये पात्र, योग्य उपयुक्त नर हूं ही नहीं। नर वह जो सभ्य सुसंस्कृत

पुरुषार्थी तथा पौरुष पूर्ण हो-और मैं? मैं तो नृसिंह का एक आर्त भक्त मात्र हूं। रही वेदान्त के वाणी शूर की वार्ता। तो मैं वेदान्त के ज्ञान स्वरूप का अज्ञान रूप जीव भाव भर हूं, सुन ले, तिलोत्तमा! मामा जी ने क्या कहा? उस निष्पाप, पुनीत षोडशी स्वरूप कन्या पर स्नेह का दुराग्रह क्यों करना चाहिये। नर यदि नारी को स्वीकार न करे तो नारी की अन्तरात्मा का तप व्यर्थ ही होगा-मुझे स्त्री स्वीकार्य नहीं थी। नहीं है।"

तिलोत्तमा ने क्रुद्ध सर्पिणी की भाँति पद्मपाद को देखते हुए फुत्कार की- "तू समझता है, तेरे बिना गौरी कुंवारी रह जायगी? तू नारी को स्वीकार नहीं करेगा, तो नारी, जननी, तुझे स्वीकार करेगी? यह तेरे शून्य वेदान्ती प्रेम का प्रसंग नहीं है; यह भव-संसार के नर-नारी की प्रीति का प्रसंग है। गौरी? साक्षात् उमा है-चन्द्रघण्टा!"

पद्मपाद ने प्रणाम पूर्वक कहा- "स्कंदमाता!"

तिलोत्तमा ने झुंझलाते हुए कहा- "और कह, शैलपुत्री, ब्रहमचारिणी, कात्यायिनी....."

पद्मपाद ने नयन उन्मीलित करते हुए कहा- "प्रथमम् शैलपुत्री च, द्वितीयम् ब्रहमचारिणी!..."

मातुल श्री ने झेला- "तृतीयम् चन्द्रघण्टेति, कुष्माण्डेति चतुर्थकम। बोल, पञ्चमम्, स्कन्दमातेति, काव्यायिनी च..., षष्ठकम्...""

पद्मपाद ने हंसौहे स्वर में कहा- "सप्तमम् कालरात्रिश्च, महागौरीति अष्टमम्-"

तिलोत्तमा ने प्रसन्न अमर्ष पूर्वक कहा- "महागौरी! नाम लेना ही पड़ा, सनन्दन!"

पद्मपाद हठात् होते हुये बोले- "हां तो! यह तो वेदान्त लक्ष्मी परात्पर सच्चिदानन्द विग्रहा परमेश्वरी के नाम हैं, तिलोत्तमा!"

"मूर्ख! यह शाश्वत नारी के नाम हैं, नर महाशय!" तिलोत्तमा ने कहा और चल दी। मातुल श्री अपनी ओजस्विनी भानुजा को देखते खड़े रहे; तनिक दर्प भरे गर्व पूर्वक बोले- "तुझसे तो यह तिलोत्तमा ही स्तुत्य है। नारी है, जननी, गृहस्थ। भव-संसार के पीहर और सुसराल, जाति, वंश आदि में निमग्न, त्रस्त तथा व्यस्त यह नारी पाप-पुण्य, श्रेय तथा प्रेय का जो विवेक कर सकती है, कर्म, पुनर्जन्म एवं ईश्वर, जीव तथा प्रकृति को लेकर देख सकती है, वह हमारे तत्त्ववेत्ता कभी-कभी देख नहीं पाते। तू मूढ़ मूक

हठी यती और यह जाग्रत, सत्याग्रह सम्पन्न तेजस्वी शास्त्र मनीषा! वाह रे भट्ट! इलावती! वाह! तू ने अपने इस पुत्र-पुत्री को क्या ध्याया है किन्तु तुम्हारी जनेता तो जन्म देकर संसार से स्वर्ग की ओर चल दी। मुझे-हमें तुम्हें बड़ा करने का सौभाग्य प्राप्त हुआ। आज तेरी इस सधुक्कड़ी जोगीय हठ ने हमें असफल कर दिया। हमारा सनातन वैदिक वर्णाश्रम धर्म-यज्ञ है- गृहस्थ।"

"मैं समझ गया, आदरणीय!" पद्मपाद ने कहा- "घर के प्रति यह प्रत्यावर्तन मेरी भूल ही थी-शेष स्मृतियों का मोह मात्र। देख रहा हूं, यहां आकर इस शरीरी ने आप सब को कष्ट ही दिया है- मेरे संसर्ग से आप सब को दुःख ही हो रहा है- आप निराश, तिलोत्तमा क्रुद्ध तथा वह गौरी दुःखी। मैं सत्वर तीर्थाटन के लिये प्रस्थान करूंगा, पूज्य!"

मातुल श्री ने हतबुद्धि सा शान्त स्थिर और उदासीन पद्मपाद को सिर से पैर तक घूरा; कहा- "तो आया ही क्यों?"

"आप सब चाहते थे; पुरजन-परिजन चाहते थे।" पद्मपाद ने शान्त सम स्वर में कहा- "किन्तु मुझको अनुभव हो गया है, भव-संसार के फिसलाने वाले तट पर मैं अटल खड़ा नहीं रह सकता। नहीं; मुझको संसार से दूर सघन अरण्य में श्री गुरुचरणों का ध्यान करते हुए यह शेष भव बिताना ही होगा-"

"गौरी।" तिलोत्तमा ने सव्यंग विहंसते हुए कहा- "मामा, चलो। इस पूत को अपनी अन्तरात्मा का रुदन रोने दो। क्या मैं अपने सहोदर भाई को नहीं जानती? हम दोनों ने एक मां के वही स्तन पीये हैं। जीवन के विष जल सकते हैं; मां का दूध नहीं। गौरी इसे और कुछ नहीं तो संसार की सीमा में टुकुर-टुकुर देखता हुआ खड़ा रखेगी।"

"गौरी मेरी दृष्टि की सीमा में दिखी, तो मैं उसको कीलित कर दूंगा। जय नृसिंह! सुना, तिलोत्तमा" पद्मपाद ने तीव्र कठोर स्वर में कहा- "मैं शिव नहीं हूं; किन्तु शिव स्वरूप जगद्गुरु आचार्य शंकर का आर्त शिष्य हूं- मैं भव-संसार का रमता साधु हूं- संन्यासी!"

तिलोत्तमा ने तीव्र अमर्ष पूर्वक कहा- अपने गहन अन्तरात्मा में टटोल, तू क्या है? तू जीवन का शूरवीर नहीं, एक कायर नर है। तू गौरी को कीलित करेगा, तू? कर तो सही? मैं तुझे उसी समय स्तम्भित कर दूंगी, समझा! देख, मेरे सामने देख। बड़ा आया है कीलन करने वाला। तू कीलन

करेगा, मैं मोहन, उच्चाटन करूंगी। तू यती है तो तेरी भगिनी भैरवी नहीं है क्या?"

"तू भैरवी?" पद्मपाद ने औचक ही कहा- "गृहस्थ ब्रह्मचारिणी। गृहस्थ सिद्धिदात्री, भैरवी! क्यों? तू, तिलोत्तमा?"

'हां, यह सब मैं। तभी तो तुझ जैसे जड़मति लण्ठ को पुनः घर के उद्यान में खींच ला सकी हूं। तभी तू गौरी की छाया से कर्षित मूढ़ अमर्ष में पड़ गया है।" तिलोत्तमा ने कहा- "वही महामाया ज्ञानियों को चेताती है; भव-संसार में धकेलती है तथा जीवन के मोह में बलात् डालती है...."

"और वही भव-भव के भयों से परित्राण भी करती है।" पद्मपाद ने कहा- "भयेभयोस्त्राहि नो देवि! दुर्गा देवि, नमोस्तुते।"

मातुल श्री ने कहा- "ब्रह्म मुहूर्त कभी का बीत गया, सनन्दन! जा! नदी किनारे अपने नृसिंह का ध्यान कर और पुनः अपने धाम लौट आ। देखता हूं विजय किसकी होती है, गौरी की या तेरी?"

"स्वीकार है, पूज्य!" पद्मपाद ने प्रणाम पूर्वक कहा।

6

मातुल श्री ने ताड पत्रों की पोथी अपने घुटने पर सरकाते हुए स्वयं से ही कहा- "परत प्रमाण्य नहीं, स्वतः प्रमाण्य। वाह रे भट्ट! शारीरिक भाष्य के इतः स्ततः उद्धरणों को लेकर अब तू श्री गुरु का बौद्धिक क्षौर करने लगा है। भट्टपाद भले ही ज्ञातता-ज्ञातव्य से स्वतः प्रमाण सिद्ध करें, हम तो श्री गुरो प्रभाकर देव का स्वप्रकाशत्व ही मानते हैं- मानेंगे। भ्रान्ति और ज्ञान में तेरा गुरु हमें क्या समझायेगा? स्व प्रकाश होने से ज्ञान यथार्थ ज्ञान है- एक वस्तु को अन्यथा वस्तु स्वरूप जान लेना, भ्रान्ति और क्या? सहज तथ्य है किन्तु यथार्थ ज्ञान को नहीं मानने का निगड़ संकल्प कर चलने वाले यह मुण्डी संन्यासी स्मरणात्मक ज्ञान को यह ढीढ़ भ्रान्ति कहते हैं- उंह्।" मातुल श्री ने पोथी के पत्र अज्ञात ही एकत्र करने की स्वाभाविक चेष्टा करते हुए स्वयं से पुनः कहा- "स्मरणात्मक ज्ञान क्या प्रत्यक्ष है? अनुमान है? नहीं। ज्ञान? जैसा है वैसा ही है। क्या जगत् का सहज ज्ञान नहीं होता? मुझे अपना ज्ञान नहीं है क्या? इन्द्रियों से जो ज्ञान होता है, जो ज्ञेय प्रतीत होता है, जिसका इन्द्रिय सन्निकर्ष से प्रत्यक्ष होता है, वह अनित्य है-असद् है; भ्रम-भ्रान्ति। तुम्हारा सिर, वेदान्ती! मुण्डी कहीं के! शताब्दियों से माया को समझाने का प्रयास कर रहे हो किन्तु माया ने अपना घूंघट खोला तक नहीं। माया? स्वप्न है; भ्रान्ति है; क्षणिक संज्ञान है-विज्ञान है और जब कुछ नहीं चला तो कह दिया, हां जी। कह दिया अज्ञान है- तुम्हारा सिर, अज्ञान और सब कुछ अज्ञान है, माया ही है- मृणमय अनित्य है तो यही यथार्थ ज्ञान है; सत्य है यह क्षण-क्षण का चिर चिरन्तन ही अनन्त है- ब्रह्म है, ब्रह्म।"

सहसा मातुल श्री को लगा, दूर तारों की झिलमिल में झूमती हुई कोई उनको सुन रही है- देख रही है। 'कौन?' मातुल श्री ने अज्ञान ही स्वयं से प्रश्न किया- कोई तो नहीं है। आधी रात है; तारे हैं- झिलमिला रहे हैं। वायु शिथिल मानो सो रही है। निद्रा की गूढ़ व्याप्ति में अणु-अणु, परमाणु-परमाणु, त्रिस्रेणु दिव्याणु सब सो रहे हैं और तू! मूढ़ जीव! तू ही जाग रहा है।"

और मैं भी तो जाग रहा हूं।" सुदूर से किसी अन्तर्ध्वनि ने कहा- "भट्टपाद मुझे अन्यथा न कर सके; किन्तु यह शंकराचार्य? धुरन्धर मण्डन मिश्र और सरस्वती रूपा भारती की जहां एक न चली, मण्डन को मुण्डन कराना पड़ा तथा भारती देवी को जल मरना पड़ा- वह, वह यह शंकर है। तुम जागते तो हो; परन्तु सावधान नहीं हो। तुम्हारे वंश में श्री गुरोमत का वैरी उत्पन्न हुआ है- तत्वज्ञान का पवित्र पापी।" मातुल श्री उठ बैठे; पद्मपाद की पोथी के पत्र अवेरते हुए स्वयं से ही बोले- "कुल कपूत, अब तू मीमांसा-कुल का भी निंदक उत्पन्न हुआ है। उस संन्यासी यती के पीछे लग कर तू ब्राह्मण समुदाय को ही नष्ट करने पर तुल गया है। तेरा गुरु शंकराचार्य ब्राह्मण में नहीं संन्यासी योगी में मानता है। वह गौतम बुद्ध भिक्षुक साधु में मानता था; यह शंकराचार्य किसमें मानता है? जगत् में? नहीं। जीव में? नहीं- यह स्वयं में ही मानता है- अहम् ब्रह्मास्मि और क्या है?" मातुल श्री उठे; त्वरा से अपने कक्ष के द्वार पर आ खड़े हुए। आसन पर तनिक व्यस्त तथा इतः स्ततः अपने पोथियों के ढेर को देख कर उन्होंने निसास रखा। आकाश की आधी रात के तारों को मौन ही सम्बोधित करते हुए वह बोले- "तब क्या समस्त जीवन की यह तत्व चिन्ता व्यर्थ है? मैं ही नहीं, आर्यावृत्त का समस्त ब्राह्मण कुल 'अथातो धर्मजिज्ञासा' द्वारा ही परम् तत्व के लिये चिन्तन करता आ रहा है- ऋषियों ने ज्ञान का प्रत्यक्ष किया होगा; किन्तु जगत् तथा जीवन का यावत् यथार्थ ज्ञान तो तत्वज्ञों ने ही प्राप्त किया है। भट्टपाद, श्री गुरो-नीलकण्ठ, सब तब भ्रान्ति में हैं? अज्ञान के घोर तिमिर में डूबे हुए यह तेजस्वी किस सत्य को तब देख रहे हैं? किस परम् तत्व की खोज में इन महान मनीषियों ने अपने भव लगा दिये हैं? अन्त में भ्रान्ति को ही जानने के लिये? यह सब अज्ञान है, माया-अनित्य, मृणमय, यही अनुभव करने के लिये? तब मानव की बुद्धि परम् तत्व को जान नहीं सकती? मेधा झेल नहीं सकती? तब क्या सत्य ही सत्य को जान सकता है; झेल सकता है-प्रत्यक्ष कर सकता है?" नहीं यह सब तत्व हैं; तथ्य हैं-घटना है; देश और काल। यह माया ही सही, परन्तु वास्तविक है; यथार्थ है-अचूक है; सचोट है। यह नित्य-अनित्य, साकार- निराकार, सगुण-निर्गुण, यह सब बुद्धि की चरम् वाचालता मात्र है। मैं इस सनन्दन की इस टीका को कैसे स्वीकार कर सकता हूँ? प्रभाकर श्री गुरो ने इस क्षेत्र की दार्शनिक परम्परा की रक्षा का बिन कहे दायित्व

मुझे दिया है। हम सब तत्वज्ञ एकजुट होकर इस ऐन्द्रजालिक वेदान्ती यती से लड़ेंगे; जूझेंगे। हमारी सनातन दार्शनिक चिन्तना को दूषित करने वाला यह यती अन्त में है तो बुद्धिशाली मनुष्य ही तो-हम सब की भांति, जन्मा और मरणाधीन, अल्पज्ञ-अज्ञान में डूबा, भ्रान्तिमान उद्भ्रान्त एक मानव ही तो है।

"मानव ही तो।" मातुल श्री को लगा, जैसे झिलमिलाती हुई क्षितिज के पार से किसी ने पुकारा- "मानव ही परम् सत्य की खोज कर सकता है; शोध कर सकता है। मानव सत्य का कर्मवीर है, मानव स्नेह तथा श्रद्धा का पुतला है। मानव! मानव इस पृथिवी पर, प्रकाश का यात्रिक एवं अमृत का सनातन अभिलाषी, अजर-अमर, आत्म-चैतन्य की पूर्ण परिपूर्ण होती हुई व्यष्टि है- यावत् जीवन की समष्टि है। मानव संख्या नहीं है; जाति का बीज तथा क्षेत्र एवं आयु का नाप मात्र नहीं है। मानव तत्वों एवं भूतों का पंचीकरण और प्रपंच भर नहीं है-मानव आत्म चैतन्य है, सदैव परमात्मा की ओर खिंचा, चैतन्य है। प्रभु-मय संज्ञान है। प्रेममय भावुकता है; शक्तिशाली जीवन-विज्ञान है तथा आत्म विश्वास की प्रतिमूर्ति है।"

"मानव!" आचार्य पद्मपाद ने उपस्थित मण्डली को विहंसते हुए कहा- "श्रीमद् गुरुदेव कहते हैं, मानव और यह लोकालय परमात्मा की सृष्टि में केन्द्रस्थ, मध्यस्थ एवं पूर्ण महत्व की सृष्टि है। मानव ही चौरासी लक्ष्य भव-योनियों का जैसे पूर्ण सारतत्व एवं प्रेत, दानव एवं देव योनियों की पूर्णतम कल्पना है। मानव ही सृष्टि का कर्मवीर है; धर्म धीर है-मानव ही शूरवीर, सन्त, मनीषी तथा ऋषि है। मानव सृष्टि की भूति-विभूति का आकांक्षी, विद्याओं का महत्वाकांक्षी, सर्जक और उत्पादक यह मानव परमात्मा की एकोहम् बहुस्याम् जीजिविषा की बीजवत ज्योतिर्मयता है- मानव सृष्टि का बीज तथा जगत् का वह यात्रिक है, जो एक धन्य पल को परमात्मा के धाम को पहुंच कर रहेगा। इसीलिये मैं...."

"आप, अवश्य!" एक स्नेही ने कहा- "आप वैदिक वर्णाश्रम धर्म के पूर्ण शास्त्रोक्त धारण, पालन एवं भरण-पोषण किये बिना सन्यासी हो ही नहीं सकते। मानव सृष्टि के गृहस्थ के रूप में ही तब अवतरित हुआ है। आप श्री के कथन में तो यही निष्कर्ष निकलता है- मनुष्य ही सृष्टि का गृहस्थ, जगत का देव और चौदहों भुवनों का सनातन यात्रिक है। वह परमात्मा, जो भी है, मानव रूप ही अपने ऐश्वर्य के स्वयं भोग के लिये यह एक से

अनेक होता है- होता रहता है। यह चिद् विलास, ब्रह्म लीला, अन्ततोगत्वा है क्या? स्वयं की लीला द्वारा स्वयं का संभोग-हाँ जी!"

आचार्य पद्मपाद ने हंसते हुए कहा- "शरीरी ही संभोग करता है; भोगता है; करता है। अशरीरी परम् ब्रह्म तो स्वयं की प्रसन्न मगनता के लिये लीला ही करता है।"

मातुल श्री गुर्राये- "श्री गुरो प्रभाकर भ्रान्ति और ज्ञान को परस्पर विरोधी मानते हैं। सीपी, रजत-रज्जु। वाह रे भट्ट! हमें मूर्ख बनाना चाहता है? सीपी या रज्जु के साथ चक्षु का सन्निकर्ष नहीं होता-तभी तो ज्ञान होता है। रजत या सर्प, यह चक्षु-इन्द्रिय, ज्ञानेन्द्रिय के सन्निकर्ष से ही ज्ञान होता है। भ्रान्ति! भ्रान्ति इन्द्रिय दोष, मन्द प्रकाश आदि कारणों से ही होती है-यह भ्रान्त ज्ञान है, ज्ञान!"

आचार्य पद्मपाद ने कहा- "मैं आत्म ज्ञान की ओर संकेत कर रहा हूं।"

"तो क्या हुआ?" मातुल श्री बमके-"आत्मा? क्या है आत्मा?"

पद्मपाद ने सस्मित कहा- "आप श्री ही बतायें आत्मा क्या है? हम तो आत्मा को ही स्वीकारते हैं-आत्मा ही सत्य है; परमात्मा है-शेष सब अनात्मा जड़ अनृत माया-असद्!"

"आत्मा का प्रत्येक साँस में उद्घोष तो तू करता है-तो तू ही बता आत्मा क्या है? मैं क्यों बताऊंगा भला-मैं तो इस यथार्थ जगत, इस भव-संसार तथा उसके यथार्थ ज्ञान को ही जानता हूं-जान सकता हूं; मान सकता हूं-मुझे तुम वेदान्ती के सन्यासी आत्मा का पता नहीं। यह भव संसार ही आत्म प्रपंच है; यह जगत ही परमात्मा का जड़ चेतन चिद्विलास है, सनन्दन! निर्गुण निराकार निरुपम अनुपम आदि विशेषणों से इंगित, नेति-नेति से ख्यात वेदान्त का परमात्मा, आत्मा, एक काव्य मात्र है। यथार्थ, वास्तविक, प्रमाण्य तथा प्रमाणित से ही मानव-बुद्धि का सर्वथा सम्बन्ध है-बुद्धि जगतमयी है, विज्ञान घन चेतना है।"

"बुद्धि अज्ञान को ही जानती है-कहती है-इसकी व्याख्या तथा गवेषणा करती है।" पद्मपाद ने कहा- "बुद्धि आत्मा को देख नहीं सकती। बुद्धि जगत को ही देख सकती है। शास्त्र जगत को बताते हैं; चित्त भव-संसार को-कर्म काल को, पूज्य!"

"पद्मपाद! तुम भारतीय दार्शनिक चिन्तन के वैरी तथा भारतीय तत्व ज्ञान के मूढ़ शत्रु हो। तुम्हारा गुरु शास्त्र विरोधी एक शून्यासक्त कवि मात्र

है।" मातुल श्री ने क्रोध से कांपते हुए कहा-"तुम्हारी यह बहक, यह वेदान्त डिमडिम राष्ट्र को तिरोहित कर देगी; भव-संसार को अदृश्य कर देगी-तुम्हारा यह अहम् ब्रह्मास्मि नैतिक लोक जीवन का मूलोच्छेदन कर देगी। आश्चर्य है, तुम्हारा गुरु शंकराचार्य, जगद्गुरु, सर्वम् खलु इदम् ब्रह्म जब कहता है तब लोक लाज, समाज मर्यादा तथा राष्ट्र-चेतना को भी भूल जाता है। जब सभी कुछ ब्रह्म है, ब्रह्ममय है-ब्रह्म ही है, तब पाप-पुण्य का विवेक ही समाप्त हो जाता है। वर्णाश्रम धर्म भुस जाता है-रह जाता है, मर्यादा हीन, लोकलाज हीन, लोक व्यवहार के शील से रहित एक ध्यान। सच्चिदानन्द? क्या? यह भव चेतना भव योनियों की चेतनाओं से भरी है; यह रति-मति तथा मुह्यमान भव कामना है- यह सृष्टि है; स्थिति है-लय है-पुनः पुनः पूर्ण समूचे संसार की अभिव्यक्ति है-यही सत्य का चिदानन्द अभिव्यंजन है। सीमाओं का यह निचोड़ है-परम् सुख, अतः मुक्ति। व्यर्थ वार्ता कर हमें क्लेश देने आया है क्या तू?"

पद्मपाद ने उसांस भरते हुए कहा- "शान्तम् पापम्। मैं भला आप सबको क्लेश देने क्यों आने लगा? यहां मैं पूर्वाश्रम के संस्कार वशात् इच्छा से ही आप सबके दर्शन के लिये ही आया हूं- आप सब मुझे स्नेह और आदर पूर्वक यहां लाये हैं। मैं नहीं चाहता आपको कष्ट हो- क्लेश हो। तब शीघ्र ही अपनी स्थगित तीर्थ यात्रा के लिए प्रस्थान करूंगा। अवश्य! यद्यपि यह पूर्वाश्रम के घर आना भी तीर्थ यात्रा ही है- गृहस्थाश्रम भव-संसार की तीर्थ यात्रा मंगल, योग, क्षेम तथा धर्म धारण और पालन के तीर्थ की ही यात्रा है- इस पृथिवी पर मानव-जीवन प्रभु के धाम की ओर सतत् अविराम तीर्थ यात्रा ही है...."

"मैंने कब कहा, तू चला जा?" मातुल श्री ने पूछा।

उपस्थित मण्डली में स्वर उठे- "आप, आप ठहरें श्रीमन्! अवश्य।"

एक विद्वान साधु जन बोले- "आप हमें कष्ट देने नहीं, हमें कुछ ज्ञान देने संयोगात् आये हैं, आचार्य श्री! हम जगद्गुरु के वेदान्त-सन्देश को निस्संदेह सुनना चाहेंगे। मैं अनुभव करने लगा हूं, हमें वैदिक वर्णाश्रम धर्म की सम्पूर्ण सर्वांगों में शुद्धि करनी होगी- हम जड़, क्रूर तथा हिंसक होते गये हैं। यह किसी तत्व दर्शन का नहीं, यावत् जीवन, प्राणी मात्र के उद्धार एवं कल्याण का विषय है- आप हमें असद् से सद् की ओर जाने में हमारी सहायता करें, आचार्य!"

मातुल श्री पुनः गुर्राये- "आचार्य! असद् से सद् की ओर आप सब को यह सनन्दन ले जायगा? धिक् है। जिसका गुरु अपने वेदान्त और उसके केवल और एक मात्र ब्रह्म के सिवाय अन्य सबको, नाम और रूप को माया मानता है, जड़ जो ब्रह्मचर्याश्रम तथा सन्यासाश्रम को ही स्वीकार करता है, जो भव मात्र को अज्ञान का अध्यास कहता है, जो यथार्थ ज्ञान तथा शास्त्रोक्त प्रमाण को नहीं स्वीकार करता, उसका एक दयनीय सेवक आपको परम् सत्य के धाम की ओर ले जायेगा? वाह रे भट्टु!"

आचार्य पद्मपाद ने हंसते हुए कहा- "आप ठीक कहते हैं, मामाजी। सत्युत् कथन है आप श्री का। मैं एक अज्ञान मूढ़ मोहान्ध जीव हूं, एक अल्पज्ञ मानव। कालाधीन कर्म मुक्त मानव जीव जन्तो, मात्र हूं। यह तो श्री गुरु कृपा ने अन्धे को देखता कर दिया है।"

"अच्छा?" मातुल श्री ने बमकते हुए कहा- "तो श्रीमद् ने जगत देख लिया है? भव-संसार समझ लिया है? परम् सुख के लिये स्वर्ग भी व्यर्थ है, यह आप श्रीमद् जान चुके हैं? वाह रे भट्टु! तब तो आप श्री अनन्त के आत्म ज्ञानी यात्रिक हैं- ले जाओ, इन बुद्धि-कातर तथा कर्म-कातर मानवों को उनकी प्रकाश की यात्रा पर घसीट ले जाओ।"

"नहीं।" आचार्य पद्मपाद ने कहा- "इस प्रकार स्वागत-सम्मान पाकर मेरा ब्रह्म सूत्र का उपदेश करना मेरा अहंकार था; मेरे ज्ञान का यह विनय नहीं है। आप श्री ठीक ही कहते हैं, मैंने परमात्मा का दर्शन नहीं किया है और तब तक मैं आचार्यत्व के लिये अयोग्य हूं- अवश्य हूं; तब तक मैं निर्दय हूं; निर्मर्म-निष्ठुर हूं।"

सब अवाक् से शीघ्रता से उठते हुए पद्मपाद को देखने लगे। पद्मपाद आसन से उठ खड़े हुए और आकाश में दृष्टि द्वारा खो जाने की चेष्टा करते हुए स्वयं से ही बोले- "आकाश पृथिवी को बिसरा दे; इस स्मृति से मुक्ति दे, विभू!" मातुल श्री त्वरा पूर्वक पद्मपाद को नदी-किनार की ओर लपक कर जाते हुए देखते खड़े रहे। मण्डली हिली-डुली और बिखरी। प्रणाम कर एक-एक कर बिदा लेते हुए पण्डित मन्यों को मातुल श्री कहने लगे- "लण्ठ हो गया है; समझ जायेगा, समझा दिया जायेगा। यह श्री गुरो मत का वैरी है, यह विकृत वेदान्ती! वेदान्त? श्रुति-सम्मत, श्रुति जन्य ध्यानानुभूति का कथन है। इस यथार्थ सत्ता से ब्रह्म की प्रातिभासिक और पारमार्थिक सत्ता है, तो उसको इस जगत में सिद्ध करना होगा- भव-संसार में प्रमाणित करना

होगा। वह सत्य है क्या, जो प्रमाणित नहीं है; न किया जा सके। ब्रह्म ही प्रमाण्य है- होना चाहिये।"

"मैं एक अल्पज्ञ अनाथ दीन तृष्णातुर कर्म बंधा कालाधीन जीव ही तो हूं।" पद्मपाद के गहन में आर्त ध्वनि उठी- "मैं मरणाधीन मनुष्य ही तो हूं। मैं देव नहीं, सुर नहीं, किन्नर, गन्धर्व, राक्षस, सुर-असुर नहीं- मैं एक मानव ही तो हूं, आयु, जाति और भोग का एक भ्रान्त-उद्भ्रान्त प्रारब्ध ही तो हूं।" काल का एक रहस्यमय प्रारब्ध क्या एक अनिवार्य कर्म फल भोग, जन्म-मरण-क्या? पद्मपाद एक ही सांस में बल खाती इतराती हुई सरिता के तीर पर जा रुके; थमे। सरिता-तट किसी वन कन्या के कटि-तट सा फैला हुआ था। भेखड़ों के गदकारे संभारों के बीच त्रिवली सा यह तट स्वयं ही जैसे धरती की मरोड़ था- ऐंच था। पद्मपाद ने निकटस्थ एक ताड़-कुञ्ज को देखा, पद्मपाद को लगा ताड़ के वृक्षों का यह कुञ्ज आकाश के तारों को, सूर्य को-चन्द्रमा को छू-छू कर पुनः पुनः पृथिवी पर सिमट आकर खड़ा है- ध्यानस्थ मूढ़-मूक। नारियल के इतः स्ततः वृक्ष मानो का यह कुञ्ज ताड़ वृक्षों से होड़ कर थक गये थे और जैसे अपनी हार को प्रसन्नता पूर्वक सह रहे थे। पद्मपाद को लगा जैसे ताड़-कुञ्ज उनको देखकर सहसा हुमुस उठा है। स्वयं ही उस झुण्ड की ओर जाते हुए पद्मपाद ने स्वयं से कहा- "श्री गुरुकृपा और नृसिंह के आशीर्वाद का बल रखता हूं- मुझे कौन संसार-सागर में धकेल सकता है? कौन?" पद्मपाद स्वयं से ही हंसे-स्वयं से ही व्यंग कर ताड़ कुञ्ज में ठहरते हुए बोले- "माया, तिलोत्तमा! हारोगे तुम- मैं नहीं! जगद्गुरु शंकराचार्य का कृपापात्र शिष्य हूं- सेवक हूं- जगद्गुरु का आचार्य तथा शारीरिक भाष्य का प्रथम टीकाकार हूं- मैं पद्मपाद-सनन्दन नहीं। मुझे कौन संसार के भव चक्र में कर्षित कर सकता है बलात्। कौन?

एक कोकिल-कण्ठ बोला- "मैं, गौरी।"

पद्मपाद ने उस मधुर निनाद से प्रताड़ित होते हुए देखा, गौरी ताड़ कुञ्ज के एक ढूह पर लेटी हुई है। पद्मपाद भीत और त्रस्त भागने के लिए उद्यत हुए; बोले- "तुम, तू....।"

गौरी अस्त-व्यस्त वसन संभालते हुए उठ बैठी; बोली- "रुको, संन्यासी! शिव शिवा से क्या डरते हैं? भीत और त्रस्त होते हैं? तुम सच्चे संन्यासी हो गये हो तो रुको और मुझे देखो, सनन्दन!"

“मायाविनी तू मेरे पीछे क्यों पड़ गई है? रे!” पद्मपाद ने सिर धुनते हुए कहा- “मैं जाता हूं- अभी यह पुर त्याग कर तीर्थ यात्रा के लिये चल देता हूं।”

“तीर्थ-यात्रा।” गौरी खनखनाती हुई हंसी- “अरे वाह रे भटु मेरे! इस जगत् में त्यागने के लिये देह है; देखने के लिये अन्तरात्मा है। मामा श्री यही कहते हैं- तुम जिस ब्रह्म का दर्शन करना चाहते हो, वह निराकार है, निर्गुण-नहीं? मुझे देखो; सभी देवी-देवताओं के तेज से मैं नारी अवतरित हुई हूं- महिषासुर मर्दिनी की एक ज्योति हूं; साकार सगुण, सुन्दर सुधड़। संन्यासी हो तो मुझे देखो-भजो। समझे, प्रिय मेरे!”

“तू काल सर्पिणी है- तू।” पद्मपाद बोलते हुए सहसा रुक गये। गौरी जैसे उद्दाम किन्तु शान्त रुद्र ज्योति की तन्वंगी मूर्ति की भांति आकाश में खिंच गई- थम गई; जम गई। “मैं-मैं काल सर्पिणी-नारी? पृथिवी पुत्री मैं और तुम क्या हो सनन्दन-नर मेरे?”

“मैं-मैं क्या हूं?” पद्मपाद ने आकाश से पूछा- “मैं, मैं क्या हूं?”

गौरी लहरी; बोली- “एक निरा शून्य, तुम, सनन्दन!”

पद्मपाद ने बलात् पूछा- “और तुम?”

“मैं? मैं शून्य भर्ता शून्य साक्षिणी एक ज्वाला हूं।” गौरी बोली- “यही दीदी कहती हैं- नारी नर की शून्य भर्ता है- निराकार को आकार देने वाली प्रीति वह्नि है, नारी!”

पद्मपाद ने सहसा विहंसते हुए कहा- “तू तब सगुण ब्रह्म का स्वरूप है, यही न? श्री दुर्गा सप्तशती रट रखी है, यही न?”

“श्री दुर्गा।” गौरी बोली- “वह श्रीमहाकाली, श्री महालक्ष्मी और श्रीमहासरस्वती देवता की अधिष्ठात्री महामाया की ध्याता महायोग माया है- वही तो ब्रह्म स्वरूपिणी है- इसलिये नर? शून्य, मूढ़ मतिमन्द, कातर उद्भ्रान्त शून्य है- तुम क्या समझोगे मुझे? नारी तुम्हारे बस की बात नहीं है।”

पद्मपाद ने सहसा सहज होते हुए कहा- “ठीक कहा तू ने। नारी मेरे बस की नहीं- मैं शून्य मूढ़ नर ही भला।”

गौरी झनझना कर बोली- “किन्तु नारी के बिना नर को संन्यास नहीं मिलता- स्वप्न के बिना भी कहीं कभी स्मृति होती है श्रुति? नहीं। श्रुति क्या?”

पद्मपाद ने टलने की तैयारी करते हुए कहा- "स्वप्न के बिना स्मृति नहीं होती, गौरी! श्रुति स्वप्नहीन, स्मृतिहीन प्रभु का कथन है। ऋषियों के ध्यानस्थ उन्मीलित नयनों में स्वप्न कैसा, स्मृति कैसी?

"परन्तु तुम क्या ऋषि हो?" गौरी ने तमक कर पूछा।

"नहीं तो-मैं मानव हूं"- पद्मपाद ने हठात् कहा।

"तो भलेमानुष! अपनी प्रतीक्षाकुल नारी की प्रीति में खो जा।" गौरी सस्मित बोली।

"यह तू नहीं तिलोत्तमा ही बोल रही है।" पद्मपाद ने कहा और कुञ्ज के बाहर सरिता के दूरस्थ शून्य विजन तट की ओर लपके। स्वप्न, स्मृति श्रुति-क्या? जैसे आचार्य पद्मपाद चमकती हुई रेशमीन पोशाक उतार फेंक कर नंग-धड़ंग अपने ही चित्ताकाश में अवधूत से बौरा उठे। स्वप्न? तब क्या यह जगत् काल रात्रि का अहर्निशि स्वप्न-वाह! नहीं है? है-है, सनन्दन! तू घर से, परिजन और पुर से इसी गूढ़-मूढ़ घोर दिवा-स्वप्न से भयभीत तथा त्रस्त होकर भागा था- तिलोत्तमा, मामा-मामी, इष्ट-मित्र, जाति-बन्धु-पुरवासी सभी से भीत और भयार्त तू भाग खड़ा हुआ था- हां, तभी तो पद्मपाद विजन भेखड़ के एक ढूह का सहारा लेकर थमे- हां, तभी तो। अवश्य, तू भागा था, इस जगत् से प्रताड़ित होकर नहीं, नारी के उरझीले बन्धन से डर कर भागा था। गौरी! इस सुन्दर मायाविनी प्रीति से उभरती हुई राग-घुटी नारी से भाग खड़ा हुआ था। सनन्दन! तू क्या पद्मपाद है? श्री गुरु देव के चरण-कमलों के मकरन्द के मद में मूर्च्छित, तू समझ गया कि तू यती है; संन्यासी हो गया है- तू विरागी है, ज्ञानी है। श्री गुरुकृपा ने अवश्य ही तुझे एक सात्विक मद से भर दिया है; एक असत्य प्रतिष्ठा के अहम् की तुष्टि के लिये ही तू ने यह संन्यास संजोया है। गौरी ठीक ही तो कहती है- स्वप्न के बिना स्मृति नहीं होती और श्रुति? क्या वह ब्रह्म के स्वप्न की शून्य-स्मृति नहीं है? श्रुति, ऋषियों की ध्यानस्थ पश्यन्तिमय एक ध्वनि और प्रतिध्वनि ही तो। श्रुति! अनहदनाद की वाचा-ओमकार का मर्मस्पर्शी भाव लीन स्वयं के अनादि विराट् में, अनन्त में लीढ़ उद्गार मात्र और फिर श्रुतियों ने अन्न को ब्रह्म कहा है; प्राण को ब्रह्म माना है; श्रुतियों ने इस जगत् को ब्रह्म की दिव्यातिदिव्य, दिव्यतम कल्पना कहा है- भव-संसार को श्रुतियों ने उसी ब्रह्म का-आत्मा का अज्ञानाच्छादित अध्यास कहा है। माया? जगद्गुरु गुरुदेव तक माया

को अन्यथा मानते हैं; अनृत-असद् अथवा सद् नहीं कहते-माया? यह माया, पद्मपाद।"

पद्मपाद को सहसा अपने ही गहन के अतल से शान्त प्रसन्न अन्तर्ध्वनि सुन पड़ी- "निश्चिन्त होकर स्वयं को उसी श्री ब्रह्म के चरणों में अर्पित कर दो, तुम! शरणागति, पद्मपाद! श्री गुरु के चरणों की छाया श्री हरि के चरणारविन्दों की ही छाया है। उसी के सहारे प्रभु के पाद्-पद्मों में जा पड़ो- अपने कल्प, भव, इस काम्य-मन, वचन, कर्म-सभी कुछ परमेश्वरी को अर्पित-समर्पित कर दो। तुमने श्री गुरु की रक्षा और कृपा तो प्राप्त की है, अर्पित कर दो। परमेश्वर की करुणा तुम्हें चाहिये।" पद्मपाद ने सरिता की सोती हुई वीचियों को सहज ही देखा और स्वयं से हंसकर कहा- "प्रभु की करुणा? तब क्या वह गुरु-कृपा नहीं है-है, पद्मपाद! यह मन उद्भ्रान्त हो गया है; हां और क्या? इधर तिलोत्तमा, उधर माया और सामने गौरी-सारा जगत् और भव-संसार के राग उठ खड़े हुए हैं- मैं उनके आमने-सामने हूं- परन्तु जीत कर रहूंगा, तुझे गौरी!"

गौरी कुछ दूर पर खड़ी हुई बोली- "मैं तुमसे हारने के लिये तत्पर हूं; परन्तु...."

पद्मपाद ने देखा, गौरी सजीव सुन्दर चित्र-मूर्ति सी धरती पर खड़ी है- गगन में खुभी है। पद्मपाद को लगा, इन्हीं के अगाध चित्त से मानो कोई त्रिपुरसुन्दरी ही यों प्रगट होकर सामने खड़ी है; बोले- "मैं तुझे हराना नहीं चाहता।"

"तो मुझसे जीतना चाहते हो?" गौरी ने हंसौहे नयनों से कटाक्ष पात करते हुए कहा- "तुम कैसे पुरुष हो? प्रकृति को वश करना नहीं चाहते- जीतना नहीं चाहते और स्वयं हारना भी नहीं चाहते। तुम जगत् से, भव- संसार से क्या चाहते हो, अन्ततोगत्वा, महोदय?"

पद्मपाद गांव की ओर चल पड़े- "मुक्ति....।"

"किससे?" गौरी कुछ दूर पीछे-पीछे चली।

"तुझसे।" पद्मपाद ने ऊर्ध्व श्वांसे भर कर कहा।

"तिलोत्तमा से नहीं?" गौरी ने पीछे तनिक निकट धंस आते हुए पूछा।

"पूर्व संस्कार वश वह इस शरीरी की सहोदरा है- वह मेरा क्या बिगाड़ सकती है?" पद्मपाद ठहरे; पशुपतिनाथ के मन्दिर के पास के पीपल की छाया में होते हुए बोले।

“तो मैं ही तुम्हारा बिगाड़ सकती हूं- क्यों?” गौरी ने मन्दिर के पास चबूतरे पर उचक कर बैठते हुए पूछा।

“तू इन आंखों की मायाविनी रही है, तू इस चित्त की राग भरी वृत्ति की उत्तेजक मोहिनी सी रही है-तू...” पद्मपाद रुक गये।

गौरी ठहका मार कर हंसी, बोली- “इतना ही क्यों नहीं कह देते कि मैं तुम्हारी सखी रही हूं- प्रिया!”

पद्मपाद ने सहसा चिल्ला कर कहा- “क्यों दोष लगाती है, भली मानस?....”

गौरी उझककर धरती पर फुदकी; झन-झन-झन पायल बाजे- शिला से कटि-तट भरती हुई वह बोली- “दोष? क्या दोष? सनन्दन! जन्मे तब से तुम और मैं, साथ-साथ बड़े हुऐ; खेले-कूदे। तुम मेरे सखा, प्रिय और मैं तुम्हारी सखी-प्रिया हो गये? नहीं हुए क्या-नहीं थे क्या? बोलो?”

“थे।” पद्मपाद ने निसास रखते हुए कहां

“हैं। हैं कहो, सनन्दन! पद्मपाद के इस वेश के अन्तराल में तुम मेरे वही प्रिय सखा सनन्दन हो-सन्दू!” गौरी ने शान्त गंभीर किन्तु तीव्र स्वर में कहा- “छूट जाओ, मेरे स्नेह-बन्धन से, तब जानूं।”

पद्मपाद ने आर्त स्वर में कहा- “मैं तुम्हें कहां बांधे रख रहा हूं- तुम मुझे अपने बन्धन से मुक्त कर दो- हां, गौरी!”

गौरी ने तनिक निकट आकर कहा- “इसी मन्दिर में तुम शिव बने थे और मैं शैलपुत्री, भूल गये?”

“वह खेल था, गौरी!” पद्मपाद ने सिर धुना कर कहा- “मैंने तुम्हें तनिक भी छूआ था क्या? नहीं?”

गौरी हंसी- “मेरी छाया से तो अठखेलियां किया करते थे। कुमार थे- एक बाल-पौगण्ड तुम थे और मैं? मैं तो कन्या थी तब भी; आज भी-अष्टवर्षाद् भवेद् गौरी-मैं तो गौरी थी- और आज भी हूं। युवा तो तुम हुए; वयस्क तुम हुए-तुम भागे और साधु बन गये और अब एक महान् आचार्य का नाम धर कर देवताओं को अपने दर्शन देते फिर रहे हो....”

“तुम को नहीं?” पद्मपाद ने सहसा पूछ लिया।

गौरी ने कहा- “तुम क्या दर्शन दोगे मुझे? मैं दूंगी दर्शन तुमको।”

“कब? सहसा सहज प्रसन्न होते हुए पद्मपाद ने पूछ लिया।

“स्वप्न में, मेरे जोगी!” गौरी ने कहा- “मेरी मान ले, मत जा जोगी!” और गौरी आकाश के मेघ की भाँति डुलती हुई गाँव की ओर चल दी। पद्मपाद ने

ठठ, ठिठक कर उस मेघमयी मूर्ति को गाँव की सीमा में उभर कर लुढ़कते हुए देखा! रोम-रोम में सिंहर कर पद्मपाद पशुपतिनाथ के मन्दिर की ओर लपके- "पशुपति! मैं, मैं पशु हूं-पशु! उद्धार करो, महादेव, मेरा!"

पशुपति के पुराण मन्दिर के आलोकित अन्धेरे गर्भ में पद्मपाद ने देखा मृत्युञ्जय शिव श्वेत कमल पर विराजमान हैं। मृत्युञ्जय! शिव! पद्मपाद के हृदय-गहन में ध्वनि-प्रतिध्वनि स्वयं ही जाग-जाग उठी। महाकाल मृत्युञ्जय। मुझे उबार-बन्दा! यह माया मुझे निगले जा रही है-भव-संसार की राग भरी ज्वालामयी त्रिताप वन्हियाँ मुझे जला देंगी- मैं काल से टूटना नहीं चाहता- मैं, मैं भव-संसार में डूबकर उसके तम मूढ़ अतल में लीन नहीं होना चाहता। नहीं-न जाने कल्प-कल्पों से यह काल मुझे तोड़ता और पुनः जोड़ता आ रहा है। क्या मैं देह हूं, शरीरी हूं, क्या मैं इस अज्ञानाच्छादित माया का एक क्षणिक-क्षणों का उभार मात्र हूं? क्या मैं अन्ततोगत्वा मृणमय, क्षण-भंगुर और-और मृत्यु हूं? नहीं, महाकाल है! मृत्युञ्जय शिव! नहीं-तू ने महर्षि मार्कण्डेय को चिरन्तन जीवन दिया-काल को, मृत्यु को पराजित कर चिर जीवन की संजीवनी विद्या दी। मुझे भी दे, मृत्युञ्जय!"

पद्मपाद गर्भ-मन्दिर के सामने मृत्युञ्जय शिव के समक्ष पद्मासन पर बैठ गये। उनके रोम-रोम से मानो हर-हर शिव की मूक ध्वनि फूट-फूट पड़ने के लिये पौरों में मचल रही थी। वह काँप रहे थे-सिहर रहे थे। यह, यह कालसर्पिणी नारी, गौरी, क्या मुझे-निगल जायेगी? मुझे आचार्य पद्मपाद को? जगद्गुरु शंकराचार्य के कृपा-पात्र शिष्य को? नृसिंह के आर्त भक्त को क्या यह तिलोत्तमा, यह गौरी-यह सगे-सम्बन्धी, वंश, जाति, कुल-धर्म और यह चपल चंचल गौरी, यह-यह कन्या क्या मुझे....मुझे....? पद्मपाद चुप हो गये; मन ही मन अवाक् और स्तब्ध से वह मृत्युञ्जय शिव की मूर्ति को निर्निमेष देखने लगे। नृसिंह? जगन्नाथ? शिव-मृत्युञ्जय शिव। पद्मपाद हतबुद्धि से उस भव्य दिव्य अष्टमूर्ति शिव को श्वेत कमल दल के मध्य सुशोभित देखते रहे- यह त्रिपुरारि शिव ही मृत्युञ्जय हैं। घनश्याम दिव्य जटा में सहज ही उरझे हुए अर्ध-चन्द्र की दिव्यतम कान्ति अपूर्त-घट की धारा से भीगकर कामदुधा चन्द्रमा रूप चारों ओर, सभी भूमियों में, आकाशों में-तत्वों और भूतों में विकर्ण हो रही है। दिव्यातिदिव्य, अभय परात्पर सुन्दर माँगल्य-कल्याण, शिव ओजस् ही जैसे त्रिपुर में व्याप्त है; भरा है; भरपूर है! कल्याण-धाम, मंगल मूर्ति, देव-देव महादेव, महाकाल, स्वयं ही

मृत्यु को जीतने की आराधना कर रहे हैं- स्वयं के गहन में ध्यान लीढ़ महादेव, परम् शिव मृत्यु को जीतना चाहते हैं। अवश्य पद्मपाद! और पाश मुक्त जीव शिव-स्वरूप है। ओह! पद्मपाद को लगा, सभी उद्वेग मृत्युञ्जय शिव की कल्याण-शोभन कान्ति में लीन हो रहे हैं। भय, तिलोत्तमा का, माया का, गौरी तथा भव-संसार का जैसे उस अमृत घट की धारा की मन्द-मन्द फुहार में ही लुप्त हो जा रहा है। काल और उसकी अविराम रात्रियाँ अतीन्द्रिय ओजस् पूर्ण ब्राह्म-मुहूर्त में अदृश्य हो रही हैं।

"गुरुदेव! सद्गुरो!" पद्मपाद मन ही मन पुकार उठे। मृत्युञ्जय शिव की उन्मीलित ध्यान लीन आँखें जसे झपकीं। वह अगाध उनमुन मूंद से भरे सरोज-नयन स्वयं से ही जैसे अपनी दिव्य गहन समाधि में ही जागने लगे- अवश्य, उन उन्मीलित, मुंदे, लीन नयनों में जगत् समाया हुआ था; भव संसार तैर रहे थे-काल लुढ़क रहे थे। सृष्टि के त्रिकाल रुद्र उद्धवित होकर निरन्तर अन्तर्ध्यान हो रहे थे-कुछ अजन्मा, कालातीत, निर्गुण, निरुपम, अनुपम, अप्रमाण्य स्वयं-स्वयमेव सद् कोई निर्भय, निर्विघ्न, मंगलमय चैतन्य-एक केवल अन्धकार तथा प्रकाश से हीन, संकल्प-विकल्प रहित, स्वप्न तथा स्मृति उपरत शान्त अविचल अगाध ज्योति अपने परिपर्ण आलोक में स्वयं ही सीम और उसके अनन्त असीम में व्याप्त थी। पद्मपाद को लगा, यह महाकाल देवाधिदेव मृत्युञ्जय शिव के समाधिस्थ ध्यान-लीढ़ नयन थे, जो उनको और उनके जगत् को, भव-संसार को निहार रहे थे। 'पद्मपाद! सनन्दन!' सभी क्षितिजों के पार और परे से किसी ने पुकारा।

पद्मपाद चित्त के अगाध में चिहुँके। चौदहों भुवन को पार कर मानो आती हुई वह पुकार स्वयं ही अनहद ध्वनि होकर पद्मपाद के चित्ताकाश में लीन हो गई। शान्तिमय आलोक छा गया और पद्मपाद के हृदय में मानो काल स्वयं सिहर कर मृत्युञ्जय शिव के श्री चरणों में लेट गया-भय मात्र जैसे सदैव के लिये परास्त होकर अभय के निस्सीम सम में लीन हो गये। तब जगत् जीव के लिये भयावह नहीं है। जीवन के अथाह अभय से भरा एक स्वयं का स्वयं प्रकाशित अमोघ विश्वास है-सत्य। तब मैं अपना ही भय रहित शाश्वत अभय हूं; मंगल हूं- मंगलोन्मुख कल्याण उद्धव हूं। 'पद्मपाद! सनन्दन!' पुनः चिदाकाश को पैर कर मानो किसी ने पुकारा, गुरुदेव! हृदय कमल स्वर्णिम आलोक के आकाश में खिला था-कोटि सूर्यसमप्रभा छाई हुई थी और क्षीर सागर असीम सीमाओं को स्वयं के अगाध में लीन कर

ऊर्मिमय कल्लोलित था। शेष अपने सहस्र-शत-कोटि सहस्र फणों की मणिमय कान्ति से लीढ़ अनन्त को ही थामे हुए था और चतुर्भुज विष्णु की नाभि से लहरीला दिव्यतम सहस्त्र दल कमल सभी भुवनों के परे, निहारिकाओं के पार घुलोक के दिव्य अवकाश में उत्फुल्ल विहँस रहा था और गुरुदेव-चतुरानन के स्वरूप में उसमें विराजमान थे। गुरुदेव-शंकर, शंकराचार्य तब ब्रह्मा-स्वरूप मुझे दर्शन दे रहे हैं-जगन्नाथ चतुर्भुज विष्णु के साथ।

"गुरुगुदेव! सद्गुरो! ब्रह्मा, विष्णु महेश-महेश्वर! ब्रह्म स्वरूप सद्गुरो!" ध्यानस्थ पद्मपाद सभी देहों के परे, सभी आकाशों में उपरत गगन हीन व्योम रहित जीवन की शाश्वती समा भूमा की भाँति लहरे, विहरे- "गुरुदेव! रक्षा करो। त्राहिमाम् जगन्नाथ। हे हरि! श्री हरि!"

"शान्त, वत्स!" वाक् ने कहा- "शान्त।"

"श्रीहरि" पद्मपाद के कल्प के कल्प बोल उठे।

"गुरुकृपा से अभय मिलता है किन्तु मृत्यु के भय से तो मृत्युञ्जय महादेव ही उबारते हैं- त्रिताप मुक्त जीवन देवाधिदेव महादेव का ही वरदान है।" ब्रह्म स्वरूप गुरुदेव ने मौन ही कहा।

"प्रभो!" पद्मपाद ने आर्त स्वर में पुकारा।

"जगत् और भव के प्रति तुम्हारा राग शेष है, पद्मपाद!" आचार्य शंकर ने चित्ताकाश में प्रकट होते हुए कहा।

"गुरुदेव! आप? श्रीमद्!" पद्मपाद पुकार उठे।

"तीर्थों में केवल भगवान् को ही नहीं, उसके लीलामय जगत् तथा राग में वैराग्य के लिये द्वन्द्वशील भव-संसार को भी देखो। जगत् को प्रज्ञा में विलय कर दो; भव-संसार को भगवान् की भक्ति में डुबो दो, पद्मपाद!" आचार्य शंकर ने अभय वर मुद्रा में कहा- "शान्त हो जाओ, वत्स!"

"प्रभो! गुरुदेव! त्राहि माम्-पाहि माम्!" पद्मपाद ने प्रणाम किया कि आरती के नगाड़े बज उठे। पद्मपाद का मेघ-गंभीर कण्ठ मानो स्वतः ही बोल उठा- "हे कलामय देवाधिदेव! चूड़ा में अलंकृत शशिकला से विभूषित महादेव! भक्तों की तपस्या से रीझकर उचित फल देने वाले हे मृत्युञ्जय शिव! शिव मेरे सानुकूल होओ। संसार भ्रमण से परितप्त, मैं, तेरी आनन्द लहरी को गा रहा हूं-मेरे त्रिताप संताप तेरे शिवानन्द के प्रवाह में बह जायें। हे चिदानन्द! हे साम्ब शिव! मेरी मति विडम्बना पूर्ण हो गई है- मेरे निराश हृदय में प्रगट हो, महादेव! हे शिव!"

नगाड़ों की ध्वनि-प्रतिध्वनित निनादों में पद्मपाद का स्तुति स्तवन जल से भरे और बिजलियों से क्रान्त मेघ-गर्जन सा फूट कर गगन में छा गया था। गुरुदेव शंकर द्वारा रचित शिवानन्द लहरि के छन्द जैसे उनके वाक् में चिन्मय होकर जाग गये थे। "स्मृतौ शास्त्रे वैद्ये शुकन कविता गान फणितौ। पुराणे मन्त्री वा स्तुति-नटन हास्येष्वचतुरः। कथं राज्ञौ प्रीतिर्भवतिमयि कोहम् पशुपते! पशुं मां सर्वज्ञ प्रथति कृपया पालय विभो!" हे शिव! जन्म में, मृत्यु में, पुनर्भव में, कृपया मुझ जीव का पालन करो। मैं-मैं-हे शिव! जड़मति-गंभीर, विजनों में, घोर विपिनों में और विशाल शैलों में कुसुमार्थ भ्रमित हूं-किन्तु तुम मेरे चैतन्य के सरोवर के सरसिज हो। नरत्व, देवत्व, नगवन मृगत्व, पशुत्वम्-कीटत्वम् और विहंगत्वम् सतत् जनन से ही प्राप्त होते रहते हैं-मैं नाना रूपों और नामों में जन्मता रहता हूं-किन्तु तेरे पादाम्बुजों के स्मरण की आनन्द-लहरि में डूब मैं इस जनन-मरण के भीति-भृंश से छूट जाता हूं-मृत्यु के भय से मुक्त मैं शाश्वत जीवन-चैतन्य का मंगलमय अभय प्राप्त कर लेता हूं। भवों का यह विविध भार मेरे हृदय-कमल में स्थित हे शिव! तुझे भज कर ही हो सकता है। तेरा स्मरण ही मुझे गुहा में, वन में, शैल-शिखर पर, जल में और वह्नि ज्वालाओं में शान्ति दे सकता है- हाँ, शिव शम्भो!" आरती शान्त हो गई; नगाड़े बन्द हो गये-झालरें झूर कर मौन हो गईं; किन्तु पद्मपाद के ध्यानस्थ नयनों के आँसुओं में भींज कर शिवानन्द-लहरि के स्तोत्र-छन्द-स्वतः ही फूटते और अनन्त आकाश में गूंज कर विलीन होते रहे। पद्मपाद भूताकाश से चित्ताकाश में, चित्ताकाश से चिदाकाश में मानो शिव-शिवा के समक्ष उपस्थित कालातीत समाधि में लीन चिरन्तन अजर-अमर जीवात्मा की भाँति अपने सदा शिव के सानिध्य में स्वयं-विस्मृत-हो गये।

"सनन्दन!" मातुल श्री ने जाग्रत होते हुए पद्मपाद को कन्धे से झकझोर कर पुकारा- "दो प्रहर बीत गये-यों क्या बैठा रो रहा है? उठ, घर चल।"

पद्मपाद के सप्तताल से अमर्ष की लहर उठी- "हुँ? नहीं।"

"क्या नहीं?" मातुलश्री के कर्कश स्वर ने फटकारा- "हो चुकी प्रार्थना। घर पर सब प्रतीक्षा कर रहे हैं- उठ, चल।"

"घर?" पद्मपाद ने धरती से पूछा- "कौन घर? क्या?"

"तेरा घर, अपना निवास। क्यों? क्या सुरा पी ली है?" मातुलश्री ने बमक कर पूछा।

पद्मपाद ने पूर्ण जाग्रत होते हुए कहा- “हाँ।”

“सुरा पी है, तूने, कुल-कलंक?” मातुल श्री ने तीव्र रोष से तनिक कांपते हुए पूछा।

“जी हां।” पद्मपाद ने कहा- “पञ्चभूतों की मदिरा, तत्वों की सुरा और विद्या की माध्वी मैंने पी रखी है- अहम् की यह सुरा किसने नहीं पी रखी है? आप हैं कौन, जो मुझसे व्यंग कर रहे हैं? आपने विद्या के अहम् की मदिरा नहीं पी रखी क्या? उस तिलोत्तमा ने बुद्धिमत्ता की सुरा पी रखी है- और उस गौरी ने निष्पाप यौवनोल्लास की माध्वी पी रखी है- नहीं? हां-हां, मातुल श्री! भवदीय ने जीवात्म भाव के अज्ञान की मदिरा पी रखी है- गुरुदेव शंकर ने भी पी रखी है- अमृत-माध्वी-सोम, भूमा-शिवानन्द लहरी पी रखी है- उसी को तो मैं स्मृति-जिह्वा से पी रहा था। यह विचित्र वाक्-खेचरी है, मामा!”

“बौरा गया है तू, सनन्दन!” मामा जी ने घूरते हुए कहा।

“आचार्य पद्मपाद!” पद्मपाद ने मंद गंभीर स्वर में अमर्ष पूर्वक कहा- “मैं सनन्दन था; अब और आज सनन्दन नहीं रहा। मैं जगद्गुरु श्रीमद् आचार्य शंकर का अनुग्रहभूत शिष्य हूं- सेवक तथा शारीरिक भाष्य का प्रथम टीकाकार हूं- मुझको गुरुदेव ने आचार्य की पदवी प्रदान की है और मैं वेदान्त का विनीत चिन्तक हूं- मैं भगवान् का आर्त भक्त हूं, मामा जी!”

मामा जी ठहका मार कर हंसे; बोले- “तू तो विश्वामित्र है, बस!”

“नहीं।” पद्मपाद ने सिर धुनते हुए कहा- “मैं भारत-भूमि का एक साधक ब्राह्मण हूं- ब्रह्मचारी हूं। मैं जगत् से मुक्त तथा भव-संसार से सदैव के लिये छूटना चाहता हूं- मैं प्रभु को प्राप्त करना चाहता हूं। यह कल्प-कल्प के भव-भव बहुत हो चुके। मैं इस अविराम काल के रमणीय अनन्त से आकण्ठ आ गया हूं- मैं इस ऊर्जाओं से भरे देश के रहस्यमय असीम से घबरा गया हूं। मैं मृत्यु नहीं, अमृत चाहता हूं- सुन लीजिये आप, तिलोत्तमा, गौरी सभी। जाति सुन ले- व्यष्टि सुन ले, समष्टि सुन ले- कुल वंश गोत्र सुन ले- सारा अखिल जगत् सुन ले, मैं एक जीवात्मा अपने इस अज्ञान से ऊब चुका हूं- अध्यासों की मुह्यमान भ्रान्तियों से अघा गया हूं। मैं परमात्मा के सच्चिदानन्द-विग्रह का दर्शन करना चाहता हूं और कालातीत उसी परात्पर आनन्द धाम सद् चित् स्वरूप के सानिध्य में बना रहना चाहता हूं...”

"तब तू ज्ञानी-ध्यानी नहीं, भक्त होना चाहता है?" मामा जी ने मानो साहस कर पूछा।

"मैं भगवान् को अहर्निशि पुकारते रहने वाला आर्त भक्त होना चाहता हूं। सन्त, भक्त-क्या? मैं अनादि जीव हूं- जीवन के शाश्वत चैतन्य की अहर्निशि अभिव्यक्ति हूं। मैं संचित से प्रारब्ध और क्रियमाण से मुक्त होकर अदृष्ट के परे अपूर्व के पार होना चाहता हूं।"

मामाजी ने देखा, पद्मपाद के नयन स्वतः ही उन्मीलित होने लगे हैं और एक अजय ब्रह्म मुहूर्त का अरुणांगी प्रकाश उसके सौम्य शान्त दैदीप्य मुख-मण्डल पर छा गया है। पद्मपाद मानो पंचभूतों का सजीव साकार समष्टि-रूप हो, यों आकाश में ऊर्ध्व तथा धरती पर अडिग खड़े हुए हैं। स्तब्ध से हठात् वह बोले- "पद्मपाद!"

पद्मपाद ने तनिक जाग्रत होते हुए कहा- "मैं देवताओं के सुदर्शन के लिये प्रस्थान कर रहा हूं। इस पृथिवी पर भव-संसार नहीं, देवताओं के दर्शन दुर्लभ हैं; सन्तों और साधुओं का सत्संग ही एक मात्र पर्याप्त तथा केवल अभीष्ट है। ध्यानी परमात्मा को देखें; ज्ञानी परम् ब्रह्म में लीन हों; विज्ञानी जगत में विहरें और प्राणी भव-संसार में अपनी कामायिनी प्राप्त करने के लिये जन्म-मरण की तपस्या करें- मुझे क्या! हमें क्या? तो प्रभु का अविराम नित्य निरन्तर स्मरण करने रहना चाहता हूं- प्रभो! मैं जगत् नहीं, तुझे, मेरे जगन्नाथ! तुझे देखना चाहता हूं- तेरे पद्मपादों में भव-संसार को भूलकर सृष्टि को विसर कर मूर्च्छित पड़ा रहना चाहता हूं।"

मामा श्री सहज ही सहसा बोले- "तब हम विवश हैं?"

"नहीं तो।" पद्मपाद ने जाग्रत होते हुए कहा- "आप सदैव के लिये मुझसे मुक्त हैं और मैं आप लोगों से कूटस्थ हूं। यही, यही भव-संसार! यही! आप सबको मेरे साष्टांग प्रणाम-अब मैं चलूंगा। चरैवेति-चरैवेति-प्रभु के धाम की ओर प्रतिपल चल, प्रतिवर्ष, प्रतियुग, प्रतिमन्वन्तर, प्रति कल्प चल-चलता रह जीव।"

पद्मपाद सहसा समाधिस्थ से खड़े रह गये। मामाजी ने पद्मपाद को थाम कर निवास की ओर धकेला। तिलोत्तमा दौड़ी आई और अर्धवृद्धा मामी द्वार पर ठिठकी खड़ी देखने लगी; पुकार कर शीर्ण स्वर में बोली- "क्या हुआ?"

मातुल श्री ने सहज ही निश्चिन्त स्वर में कहा- "हो गया? अर्ध मूर्च्छित हो गया है- इसे कोई रोग लग गया है अथवा ढोंग कर रहा है।"

तिलोत्तमा ने आघात खाते हुए कहा- "मामा।"

मातुल श्री ने कहा- "वैद्यराज तारकेश्वर को बुलाओ- इसका निदान होगा। क्या यह समाधि है?"

पद्मपाद अपने सप्त पाताल से उबक आते हुए बोले- "मैं, मैं जाता हूं- हां, मैं चला।"

तिलोत्तमा ने निवास में पद्मपाद को आसन पर बिठाते हुए कहा- "यों क्या क्लान्त हो जाते हो? तनिक विश्राम कर लो।"

पद्मपाद ने नयन खोले; खोई विस्फारित दृष्टि से सबको अनदेखा देखा; बोले- "मुझको गुरुदेव के पास ले चलो। यहां मेरा तन तो ठीक है; परन्तु मन बहक रहा है; चित्त उद्विग्न, बुद्धि विकल और यह अहम् आकुल हो गया है। सुनते हैं आप लोग? नहीं तो! मैं जगत् में अन्धा तथा जगत् मेरे प्रति बहरा है- बधिर है। कौन? वह गौरी है क्या?"

तिलोत्तमा ने विजड़ित सी खड़ी हुई गौरी को निहारा; पुकारा- "गौरी?"

गौरी न हिली और न डुली; चिहुंकी- "हुं? ऐं?"

पद्मपाद ने रोम-रोम में जाग्रत होते हुए कहा- "ऐं ह्रीं श्रीं, क्रीं-क्लीं।"

मातुल श्री ने अब जैसे वाणी पाई- "यह क्या बोल रहा है- निरे बीज-मंत्र?"

पद्मपाद ने मामा श्री को घूरते हुए कहा- "यह वह गौरी है-ऐं ह्रीं श्रीं क्लीं कराहल ह्रीं; हसकहल ह्रीं। - सकल ह्रीं! क्यों?"

मातुल श्री ने तीव्र स्वर में कहा- "मूर्ख न बन; मूर्ख न बना। यह सब अनहद ओम के बीज हैं। इधर भक्त बनना चाहता है; उधर तांत्रिक-कौल? आश्चर्य है क्या तेरे जगद्गुरु ने यही सब सिखाया है?"

पद्मपाद सहसा जैसे यथा पूर्व स्वस्थ से होते हुए बोले- "मेरे जगद्गुरु ने मुझे भी नहीं सिखाया; अपनी अमोघ करुणा से ओतः प्रोत कर दिया है-अब मैं अनाथ दीन आर्त त्रस्त जीव नहीं हूं-मैं मनुष्य हूं; मानव-महर्षि मनु का मानव।"

मातुल श्री ठहका मार कर हंसे; बोले- "अच्छा भाई। तू जीता; हम सब हारे। जितने दिन यहाँ रहे, प्रेम से रह; प्रसन्न रह। हम तेरे जीवन-कल्याण के लिये ही तुझे भला-बुरा कहते रहे हैं। अपने सुख के लिये हम तुझसे कुछ भी नहीं चाहते। तू अपना प्रेय समझ; श्रेय जान। वैदिक वर्णाश्रम पूर्वक अपना मानव जन्म बिता और अन्त में वैदिक पुरुषार्थ करता हुआ स्वर्ग प्राप्त कर।"

“स्वर्ग?” पद्मपाद ने रमुज पूर्वक कहा- “वह क्या है, मामा?”

“स्वर्ग क्या है? तू नहीं जानता;” मामा जी ने आश्चर्यपूर्वक कहा- “स्वर्ग स्वर्ग है। वहाँ पुण्यों का सतत भोग है; वहाँ यह त्रिताप नहीं है। स्वर्ग जीवन के ऐश्वर्यों का निश्चिन्त- निर्विघ्न लोक है। चौदहों भुवनों में श्रेष्ठतम अभय तथा मंगल मय जीवन का शान्त परम् सुखमय लोक! मानव जीवन का यही अन्तिम लक्ष्य है-रहा है।”

“मुक्ति-मोक्ष, तब?” पद्मपाद ने पूछा।

“निराश, कापुरुष, असमर्थ, कातर मानवों की धारणा मात्र है। चाहे, व्यष्टि अपनी कल्पना की मुक्ति पाता रहे, अपनी दिव्य धारणा का मोक्ष टटोलता रहे, यह सृष्टि सनातन है; अनादि कर्म भूमि-धर्म भूमि है। यह भव-संसार नित्य-निरन्तर नवीन उद्भव और तिरोभव है। जीव को जगत् मिला हुआ है; भव-संसार जीव के लिये अनिवार्य है। जीव को जन्मना ही है- मरना ही है, सनन्दन!”

“सनन्दन।” पद्मपाद के कानों में यह शब्द-ध्वनि आकुल-व्याकुल घुसी और उनके त्रिपुर को भेद कर जैसे अनहद में समा गई। पद्मपाद स्वयं आश्चर्य चकित और अवाक् उसको अपने चित्ताकाश में झूमकर चिदाकाश में गिर पड़ते हुए सुनने लगे। एक अनूठी ध्वनि-तरंग उठी और उनके शरीर को, रोम-रोम को झकझोर गई। सनन्दन! यह भी रखा गया नाम है- कहा गया; अंकित नाम मात्र है। माँ ने, फुफी ने, मौसी ने-घर वालों ने उसको डौली में झुलाकर रखा-आश्चर्य, यह नाम अगाध चेतना से भरा-पूरा एक अब नवीन कर्षण हो गया है। गुरुदेव का रक्खा नाम जैसे सनन्दन ध्वनि सरोवर में स्वर्ण कमल की भाँति मूक तैर रहा है। चेतन, चिन्मय तो यह ‘सनन्दन’ नाम है, जो इस पिण्ड का हो गया है-स्वयं उसका गहन चेतन जैसे इस नाम से एकमेक हो गया है- फंद गया है? गुंथ गया है; लीढ़ और रीढ़ हो गया है। जन्मा तब अनाम जन्मा; इस मानव शरीर का कोई भी नाम नहीं था। तब जननी का नाम था; पिता का नाम था। सगे सम्बन्धियों के नाम थे; सजीव चलते अचूक नाम थे। परन्तु वह भी मातृ-पितृ परम्परा की वाणी के प्रेम से पाड़े हुए नाम थे। तब यह नाम करण यों शिशु-चेतना के गहन में स्वयं सर्वव्यापी चेतना होकर रम जाता है? तब क्या नव-जन्मा पिण्ड नामकरण के साथ ही अपने गूढ़ प्रारब्ध में सर्व-समर्थ कर्षण होकर जीवन चेतना का प्रतीक और वाहक हो जाता है-यह किसका नामकरण होता

है, पद्मपाद? किसका? पद्मपाद ने अवाक् से पूछा- 'सनन्दन? यह किसका नाम है, आदरणीय?"

तिलोत्तमा अब बोली-"तेरा, और किसका?"

"मैंने तो स्वयं को सनन्दन नहीं कहा था?" पद्मपाद ने कहा- "तुम सबने ही मुझे सनन्दन कहा था- "तुम्हीं लोगों ने सबको, मुझको, धरती और आकाश को कहा था कि इस नव-जात पिण्ड का नाम 'सनन्दन' है-नहीं?"

"अवश्य, अवश्यमेव कहा था।" मातुल श्री ने विहंसते हुए कहा- "तू तो जन्मा ही था; पूर्व मृत्यु की विस्मृति में था-तू कैसे अपना नाम रखता? नाम तो माता-पिता, कुटुम्बी ही रखते आये हैं-रखते रहेंगे। यही इस भव-संसार की प्राकृत मर्यादा है। पिण्ड के नाम माता, पिता तथा आचार्य ही रखते हैं-रखते आये हैं।"

पद्मपाद ने ऊर्ध्व श्वास भर कर शान्त हो जाते हुए कहा-"तभी। वेद द्वारा परमात्मा ने सृष्टि, स्थिति और लय के विविध नामकरण किये हैं। ब्रह्मा की चिन्मयी, मंत्र द्रष्टा वाणी द्वारा ही यह जगत् नाम धन्य हुआ है; यह भव-संसार सजीव-सक्रिय हुआ है। अवश्य! तब जड़ को चैतन्य गति-विधि देने वाले उस परम् ब्रह्म ही को मैं प्राप्त क्यों न करूं? नाम से तनिक चेतन होने वाले इस मूढ़ जड़ को पाकर अन्ततोगत्वा क्या करूंगा? नाम, नाम ही तब आत्म चैतन्य की वाचा है-वाणी, वाङ्मय है। यही, पूज्य!"

"पूज्य?" मातुल विभोर हो गये; बोले- "पद्मपाद! शान्त हो जाओ; तुम्हारे अन्तः चेतन के विपरीत, विरुद्ध हम कोई आग्रह नहीं करेंगे। तिलोत्तमा, सुना! गौरी, तुझमें शक्ति हो, तो इस भटके हुए अपने मानव को भव-संसार में घसीट ला और अपने साथ स्वर्ग ले जा, समझी!"

कुछ दूर खड़ी गौरी ने चुपचाप सिर हिलाकर स्वीकृति दी।

श्री विष्णु शर्मा आनन्द गिरि तथा अन्य द्वार के बाहर एकत्र हुए; प्रस्थानोद्यत। पद्मपाद ने गौरी के सघन कवरी भार के उभार के परे अपने जनों को खड़े देखा और जैसे एक विश्वास उनमें सिहर आया। बोले- "हम ब्राह्म मुहूर्त लगते ही चल देंगे, अवश्य। आप मामाजी! शारीरिक भाष्य की मेरी टीका पूरी पढ़ गये होंगे?"

मातुल श्री ने सहसा उस टीका को याद करते हुए कहा- "अरे हाँ! वाह रे भट्ट! अच्छा स्मरण कराया-टीका क्या है? विचित्र प्रबन्ध है। वेद व्यास अपने ब्रह्म सूत्रों की इस विलक्षण व्याख्या को पढ़ें तो निस्संदेह उनकी बुद्धि बौरा

जायगी। मस्तिष्क चकरा उठेगा किन्तु हम तो शास्त्र-समुद्र के मकर हैं-हम शनैः-शनैः तर्क के मत्स्यों को निगल जाते हैं और श्री गुरो मत के प्रकाश में ऐसे रमणीय अन्धेरे चीर दिया करते हैं।"

पद्मपाद ने पूछा- "पढ़ ली पूरी, मामा श्री?"

मातुल श्री ने सस्मित कहा- "ब्रह्म तो तुम कहते हो असीम है; अनन्त है। है तो। वाह रे भटु! यह क्यों नहीं सोचते कि तुम्हारी यह विलक्षण टीका भी धैर्य पूर्वक अध्ययन का विषय है। शास्त्र होता तो मै झपकियों में उसे पढ़ लेता किन्तु यह तो साम्भ्रान्त चित्त का अनन्त उद्भ्रान्त है। समय लगेगा, क्यों?"

"मैं कल सबेरे यहाँ से प्रस्थान करूंगा-अवश्य।" पद्मपाद ने उत्ताल स्वर में कहा- "क्या आज रात्रि को उसे पूरा देख पायेंगे, आप श्री!"

मातुल श्री ने कहा- "हम तो शीर्षक पढ़ते हैं और पुस्तक को समझ जाते हैं। वाह रे भटु! तुम्हारी विचक्षण टीका का एक-एक अक्षर मुझको जैसे कुरेदता है-खींचता है। समस्त पूर्व और उत्तर मीमांमा शास्त्र इस भाष्य में उल्टा-सीधा कर दिया गया है। यह उपनिषदों और उनके श्रुति मंत्रों पर खुल कर खेलना है-बुद्धि का मतिमंद विलास। महर्षि बादरायण ने अपने सूत्रों में ब्रह्म को इस प्रकार स्थापित किया है क्या? किया होगा-हम मीमांसक ब्रह्म सूत्र मृत्यु के समय केवल देख लेते हैं- हमारी तो अथातो धर्म-जिज्ञासा है। शास्त्र का परिहार्य कर्म में, अतः विद्या में होता है और दर्शन का अवसान धर्म-धारण तथा धर्म पालन में। तुम्हारी टीका एकाग्र होकर पढ़ना चाहता हूं। तुम हमारे श्री गुरोमत तथा अन्य तत्व बोधों को यों सहज ही कपूर की गन्ध की तरह उड़ा दोगे क्या? नहीं!"

पद्मपाद ने हंसते हुए कहा- "तो रखिये उसे अपने पास। तीर्थाटन का अन्त हम यहीं करेंगे। तीर्थों की गंगा यहीं मटकियों में भरेगी और गौरी गंगा मूर्ति सी गंगा-कलश की स्थापना और सभी देवताओं के हमारे समग्र पूजन के लिये श्रृंगेरी मठ की ज्योति लायेगी। क्यों गौरी?"

गौरी खिंची आई; मंद-मन्द स्वर में बोली-"अवश्य, जैसी आज्ञा!"

तिलोत्तमा ने सहसा पूछा- "गौरी? यह आज्ञा-क्या है?"

गौरी ने पद्मपाद को सिर से पैर तक निहारा; बोली- "मैं स्वर्ण-कमलों के मान-सरोवर में एक हंस को तैरता हुआ देख रही हूं-उस हंस की मुख-मुद्रा इनके जैसी ही है और हिमालय के ऊंचे शिखर के नीलाभ में गुरुदेव का

आलोकमय मुख-मण्डल देख रही हूं। यह, यह मानव-शरीर में कोई देव हैं, दीदी।"

और गौरी चुपचाप आकर पद्मपाद के चरणों में गिर पड़ी। पद्मपाद गज-गति में उठे और अभय वर मुद्रा में बोले- "उठो, सध्ये? उठो सावित्री! हमें यम से दूर गायत्री के साथ उस अनजान अनन्त में ले चलो, जो अमृतमय दिव्यातिदिव्य है। जगत् के इस अन्धेरे उद्वेलित लोक से हमें उस प्रकाश पूर्ण स्वतः ज्ञान स्वरूप आनन्दमय अमृत की ओर ले चलो। गौरी! तुम साक्षात गौरी हो- परात्पर कन्या। सन्ध्या, सावित्री, गायत्री और तुम तिलोत्तमा, तुम तो स्मृति हो-भव-संसार!"

7

गौरी पद्मपाद और उनकी तीर्थ-यात्रियों की मण्डली को ब्राहम मुहूर्त की मुहंजोही आभा में पुर की सीमा के परे जाते देखती खड़ी रही। मातुल, कुटुम्बी, परिजन-पुरजन-सभी आचार्य पद्मपाद को गाँव की सीमा तक बिदा देने के लिये भारी हृदय और पवित्र अमर्ष से उद्वेलित आये थे। पद्मपाद ने सर्व प्रथम मामाजी को प्रणाम कर कहा था; "शारीरिक भाष्य की मेरी टीका गुरुदेव ने सुनी है और सन्तुष्ट होकर मुझको प्रसन्नता पूर्वक आचार्य पदवी भी कृपया प्रदान की है। आप श्री उसको देखें तथा अपनी सम्मति दें। ब्रहमसूत्र की शास्त्रीय व्याख्या होनी ही चाहिये। होती आई है। शंकर भाष्य की भी व्याख्या-टीका, जो भी हो, होनी ही चाहिये। सत्य तर्क विरुद्ध तथा अन्ततोगत्वा प्रमाण-विपरीत नहीं है। सत्य सभी प्रमाणों के अनुकूल तथा अनुसार ही हो सकता है-है; चाहे फिर वह प्रमाण्य नहीं हो।" मातुल श्री ने आशीर्वाद देते हुए कहा था- "सत्युत्! ज्ञान को ज्ञाता नहीं, ज्ञेय द्वारा ही प्रमाणित होना होता है। शास्त्र पद्धति यही है, सनन्दन! ब्रहम सूत्र की सभी पूर्ववर्ती व्याख्यायें हमने देखी हैं; किन्तु ब्रहम की व्यावहारिक सत्ता के लिये मीमांसा दर्शन है; स्मृति समष्टि एवं व्यष्टि शास्त्र है। वह ज्ञान हमें समझ में ही नहीं आता, जो विज्ञान द्वारा व्यक्त न किया जा सके, बुद्धि के अकाट्य तर्क द्वारा जो समझाया न जा सके तथा जो जीवन-चेतना द्वारा प्रमाणित नहीं किया जा सके। हम तुम्हारी इस धारणाशील टीका का अध्ययन कर रहे हैं-करेंगे।" तिलोत्तमा ने पलकों में ही उबकते हुए आँसू रोकते हुए कहा था; "मैं हार गई, सनन्दन!" आचार्य पद्मपाद ने उस विषाद मूर्ति को अपनी अनन्य करुणा पूर्वक निहारा था और कहा थाः तुम स्मृति मति हो-वैदिक वर्णाश्रम धर्म की प्रबल चेतना हो; अस्मिता हो- तुम सृष्टि के जीवन यापन की लक्ष्यवती भर्ता हो। किन्तु मैं? एक विलमाया हुआ मानव जीव हूं- "मैं अनन्त के अनजान को जानना चाहता हूं- इस जगत के परे और पार मैं अभय चाहता हूं; शान्ति चाहता हूं-प्रकाश पूर्ण अमृत चाहता हूं। मैं यावत् जीवन का सरस कालातीत स्पर्श चाहता हूं-मैं जगत नहीं, भगवान को ही चाहता हूं। यही मेरी विधि है-यही मेरा यम-नियम है।" गौरी की ओर

आँख उठा कर भी नहीं देखते हुए आचार्य पद्मपाद ने अपने कमल-नयन धरती में गाड़ते हुए कहा थाः "काञ्चन और कामिनी को त्यागना नहीं है; जीतना है। काञ्चन त्यागने से त्रिताप से छुटकारा मिलता है- कामिनी से उपरत होने पर मुक्ति-ऐसा मुझको अब लगता है।"

गौरी अपलक ब्राह्म मुहूर्त की तनिक अरुणारी होती हुई क्षितिज को देखती रहीः शान्त, स्थिर, अवाच्य। पद्मपाद ने गौरी को प्रणाम कर जब प्रस्थान का प्रथम चरण लिया, तब उसने सस्मित उस प्रस्थान करती हुई दिव्य मानव मूर्ति को जैसे पलकों में भर लियाः मन ही मन जैसे वह मौन ही बोली थीः प्रकृति पुरुष के रिझिवार के लिये है। पुरुष को प्रसन्न करने तथा रखने के लिये है। मेरे आदि-अनादि पुरुष! मैं तुमको बाँधने और दुःखी करने के लिये प्रीति-मति नहीं हूं। मैं अपने पुरुष को उपरत मुक्त उन्मुक्त प्रीति करती हूं-यही, यही मेरी गुह्य शाश्वत आकांक्षा है-कामना। सृष्टि तो मेरी महत्वाकांक्षा भर है-अवश्य, सनन्दन! मैं तुम्हारे श्री चरणों में मौन विसर्जन ही चाहती रही हूं- मैंने तुम्हारा आहवाहन स्वयं को तुम्हारे चरणों में बैठकर, तुम्हीं को जगत से छुड़ाने तथा भव-संसार के आसन्न भय से मुक्त कराने के लिये ही किया है- किया-करूंगी। यही मुझे मेरी माँ ने सिखाया है; दीदी ने बताया है। यही मैं देख रही हूं-पुरुष बाँध कर भला दास बनाया जाता है क्या? नहीं, नहीं-शान्तम् पापम्। पुरुष की तो प्रकृति आराधना ही करती है। तुम्हारा मंगल हो-कल्याण हो। तुम जगत से प्रताड़ित मुझसे प्रसन्न हो सकते हो तो मुझे स्मरण करना-मैं तुम्हारे उदासीन चिदाकाश में इस मंगलमय, ब्राह्म मुहूर्त की भाँति सदैव छिपी हुई हूं-तुमने मुझे सन्ध्या कहा है, गायत्री माना है-तो मैं हे यती! तुम्हारी गायत्री हूं।"

लौटते हुए तिलोत्तमा ने देखा, गौरी शिव-मन्दिर की ओर लपकी जा रही है। गौरी साँस भर सीढ़ियां चढ़ गई और जैसे एक उत्तुंग तरंग की भाँति उभर-उमड़ कर गर्भ-मन्दिर में पहुंच गई। गौरी ने उस आलोक पूर्ण अन्धेरे एकान्त में देखा-शिव के पृष्ट में शिवा-गौरी-की मूर्ति विराजमान है-आलय में। गौरी ने टक उस प्राचीन किन्तु पिरोजी-श्वेत मूर्ति की ओर देखा तथा अपलक ही बोली- "तुम तो कहती थीं, शिव तुम्हारे वश में है, अम्बे?" एक मन्द मन्द प्रतिघोष उठा और मृत्युञ्जय शिव-मन्दिर के गुम्बद में प्रताड़ित सा खो गया। गौरी ने सिर धुनाया और पुनः कहा-"तब, जगदम्बे, शिवे! क्या? कुछ नहीं? मौन! हुं तुम हिमालय के मौन को जानती हो-शिव जब

तक समाधि में लीन, लीढ़ रहते हैं, तुम हिम शीत मौन में स्वयं मूक बनी रहती हो-यही न! यही-यही।" फिर स्वयं ही तनिक हँस कर वह स्वयं से ही बोली- "परन्तु यह मेरा शिव तो नील कण्ठ निकला। विष को पचा गया, परन्तु क्या वह मुझे अमृत दे गया? नहीं, माँ! नहीं।"

तिलोत्तमा गौरी के ठीक पीछे आकर खड़ी हो गई-गंभीर; स्थिर किन्तु स्वयं के आँसुओं को बुद्धि के बाँध से थामती हुई वह स्मृति- स्वरूपा चुपचाप आ खड़ी हुई। गौरी ने सस्मित कहा-मृत्युञ्जय शिव से कहा-"तुम, देवाधिदेव! नारी के अगाध हृदय के थाह को क्या जानोगे? तुम-तुम एक रुद्र हो; अपनी डमरू में अनहद के स्फोटों को डिमडिमाते हुए कालातीत बने रहते हो। तुम अपनी भूमा शिवा को भी क्या पूर्णतः जानते हो? नहीं, महादेव! तुम वैराग्य से परिपूर्ण ज्ञान मूर्ति हो; किन्तु यह अखिलेश्वरी अम्बा, शिवा, तो सत् चिदानंद स्वरूपा हैं- प्रेम, ज्ञान और आनन्द धाम सौन्दर्य-आद्या। तुम अवधूत औघड़ भूतनाथ से और कौन प्रीति कर सकता है? तुम आशुतोष औघड़ योग-योगेश्वर से कौन प्रीति की रीति निभा सकता है- शिवा ही तो। हाँ, महादेव! उनको आनन्द भैरव स्वरूप प्रदान करो-तो, तो मैं मूक मौन आनन्द भैरवी बन कर उनकी आकुल-व्याकुल अन्तःकरण में प्रेम का अभय, वैराग्य की उपरति और आनन्द का पवित्र सम्मोहन भर सकूं-मैं उनकी समाधि की आद्या एका-नेका बन सकूं-हाँ, शिव! ऐसा करो-"

"गौरी?" तिलोत्तमा ने ध्यान-लीढ़ उस ब्राह्मण-कन्या को मन्द किन्तु वेदना पूर्ण स्वर में पुकारा- "गौरी! सुनती हो?"

गौरी ने अपने गहन में किसी को पुकारते हुए सुना किन्तु वह पुकार चिदाकाश के एक बुल्ले की भाँति उठी और शम गई। गौरी ने ध्यानस्थ ही कहा- "कौन? कौन बुला रहा है मुझे? तुम-सनन्दन?"

तिलोत्तमा ने तीव्र प्लुत स्वर में मानो उत्तर दिया- "नहीं तो। यह तो मैं हूं।"

गौरी सहज ही घूमी; सहज शान्त स्वर में बोली-"ओह! तुम हो-दीदी!" और गौरी सहज ही लाज की सुन्दर छबिमयी झाँई से भर उठी।

तिलोत्तमा सहसा आर्द्र हृदय से उस सनातन कन्या सी गौरी के पास खिच आई; लाज भरे सौन्दर्य की मन्द आभा से भरा किन्तु अथाह हृदय के अतल की अगाध गहराई के उभार-भार से वह अवनत था-मानो विनीत प्रणाम में क्षितिज के पार किसी अज्ञात किन्तु चिर ज्ञाता किसी देवता को

ध्यान पूर्वक देख रहा था। मानो वह चिर कन्या का समूचा कौमार्य उन अपलक से इन्दीवरों में भर-उभर कर शरद् पूर्णिमा के रूप-सिन्धु में लीन हो गया था। वह श्यामल, वह अरुणांगी, वह श्वेत-रतनार-वह नील प्रभाओं के लास-वर्तुल में तैरता हुआ वह स्वतः ही मगन, क्लेश-हारी मुखड़ा तिलोत्तमा के पलक पाँवड़ों पर जैसे आकर थम गया।

तिलोत्तमा ने चूपचाप गौरी के कन्धे पर एक अपना पद्मपाणि रखा और दूसरे से उसकी चिबुक तनिक उठाते हुए बोली-"गौरी?"

गौरी ने उन आकाश से भरे इन्दीवर नयनों को सहज ही उठाया; तिलोत्तमा को देखा-निहारा और मुस्कुरा दी- "योगी किसका हुआ, दीदी!"

"सनन्दन, योगी।" तिलोत्तमा सहज ही सव्यंग हँसी- "पुरुषार्थ हीन एक भगौड़ा जोगटा है। गृहस्थाश्रम के उत्तरदायित्त्व जो लेना नहीं चाहता, जो गृहस्थाश्रम के धर्म-धारण तथा पालन के लिये अयोग्य है तथा स्त्री के लिये सर्वथा अपात्र है, नपुंसक, यह भी क्या कोई योगी हुआ? नहीं, वह क्षुद्र-क्षल्लुक मनुष्य भर है, दया का पात्र गौरी!"

गौरी मन ही मन सहमी; बोली- "प्रत्येक नारी का क्या एक पुरुष आदि इष्ट तथा अन्तिम आत्यंतिक अभीष्ट नहीं है?"

तिलोत्तमा ठिठकी; बोली- "है तो, क्यों रे।"

गौरी शान्त स्वर में बोली- "सनन्दन, तब वही हैं, दीदी।"

"अच्छा?" तिलोत्तमा स्वयं ही आश्चर्य चकित सी जैसे स्वयं से बोली- "वाह रे मेरे भटु!"

गौरी हंसी और बोली- "घर चलें, दीदी! भटु तो मैं हूं-तुमने ही तो मुझे गौरी बनाया है। तो मैं गौरी-महागौरी बन कर रहूंगी। यह जंभृण ऋषि कौन थे? उनकी कन्या ने देवी से साक्षात् किया था, हाँ, ऐसा मैंने पढ़ा है। पिताजी भी कहते थे यदि किसी ने देवी से साक्षात् कर तद् रूप प्राप्त किया है तो जम्भृणि ने।"

तिलोत्तमा ने कहा- "उसका तो देवी का वैदिक सूत्र है।"

"हाँ, वही, वही, दीदी।" गौरी मुक्त स्वाधीन लहर सी उछली; तिलोत्तमा के कन्धे से टल कर वह सामने आ गिरी; बोली- "उसने देवी से तद् रूप प्राप्त किया था- मैं तो महागौरी रूप ही होऊंगी। नहीं? यह पुरुष समझता क्या है? क्या प्रकृति पुरुष की दासी है? नहीं-प्रकृति पुरुष की माँ है अथवा स्वामिनी। मैं स्वामिनी बनूंगी और उस आत्मवञ्चक को अपना दासानुदास बना दूंगी।"

तिलोत्तमा ने गम्भीरता पूर्वक कहा- "नारी का प्रेम नर को दास नहीं स्वामी बनाता है- उसको नारी का समर्पण परमेश्वर बना देता है। पगली, तू कन्या है, शाश्वत जीवन-कन्या ही रह। नहीं? क्यों तू इस सनन्दन को भूल नहीं सकती? कितना समझाया; परन्तु तू समझती ही नहीं।"

"मूर्ख और मूढ़ हूं जो।" गौरी हंस कर बोली।

सहसा तिलोत्तमा का हृदय भर आया; साँस ढह सा भर गया। गौरी को पकड़ कर अपनी छाती से लगाते हुए तिलोत्तमा ने चीत्कार सी की- "गौरी!"

गौरी का पूर्णिमा के चन्द्र सा मुखड़ा तिलोत्तमा की छाती के अंचल में भर गया; दो मृग-नयन अपने अगाध शान्त उल्लास में उठे; सस्मित अधर बोले- "चुप, दीदी! धरती सो रही है- आकाश ध्यानस्थ है, चुप!"

तिलोत्तमा ने सजल नयनों से गौरी को श्याम मेघों में छिपते हुए चन्द्रमा सा वदन देखा-उदय होते हुए चन्द्रमा सा वह निष्कलंक पुनीत वदन था। तिलोत्तमा ने रोम-रोम में सिहरते हुए पूछा- "धरती सो रही है? क्या कहा? आकाश ध्यानस्थ है? हुं, गौरी! यों ही बौरा रही है क्या?"

गौरी ने दीदी के आँचल में अपना मुखड़ा भर लिया; बोली- "यह काल रात्रि है। क्या रात में सभी सोते नहीं? और वह, वह निद्रा रूपेण संस्थिता। नहीं? वह दुर्गा नवरूपमयी है- नव दुर्गा। सप्तम् काल रात्रि च महागौरीति अष्टमम्।"

तिलोत्तमा के आंसू आंचल से झरकर गौरी के मुखड़े पर पड़े। गौरी हिली; मेघाम्बर से वह विहँसता हुआ मुख-मण्डल झबका; "छिः दीदी! मानव के विश्वासघात को लेकर क्यों रोयें? मानव का तो श्रेय है, प्रेय है-विश्वास का, प्रभु का, दीदी।"

तिलोत्तमा ने ऊर्ध्व स्वाँस लेकर कहा- "उस निर्दयी का क्या कभी भला हो सकता है? नहीं, गौरी! तू उदारचेता करुणामयी नारी है- पुरुष को अपने बन्धन से मुक्त कर सकती है-भूल सकती है-क्षमा कर सकती है-मैं नहीं। मैं अपने पुरुष के प्रति तन मन प्राण चित्त अहम् का पूर्ण समर्पण करती तथा उसको अपनी आँखों में रखती हूं-मैं उसकी सन्तान की जननी माता हूं-मैं भरी पूरी सर्वांगीण गृहस्थ हूं और उसी में विश्वास करती हूं-"

गौरी ने लहरते हुए कहा- "मेरा पुरुष ही जोगी हो गया; तो अब गृहस्थिन बनूंगी कैसे? बलात् क्या पुरुष का प्रेम पाया जा सकता है? पाया जाय? मैं

पुरुष के बन्धन में बंध सकती हूं-उसको अपने बन्धन में बाँध कर, जकड़ कर क्यों रखूं?"

तिलोत्तमा ने मुंह बिचका कर कहा- "पुरुष मूलतः नारी का कभी हुआ ही नहीं। पुरुष की चेतना मुझे समझ में नहीं आती। वह नारी का सुन्दर सुघड़ यौवन चाहता है। नारी की दासता चाहता है-तन मन चित्त प्राण अहम् सबका मूक अप्रशन समर्पण चाहता है। तब क्या नारी का अपना कोई व्यक्तित्व नहीं है? है-अहम् है तो वह नारी का ही है, नर महाशय का नहीं।"

गौरी तनिक उछली- "नर-नारी ही एक गूढ़ रहस्यमय अहम् हैं-जीव तो नहीं दीदी। मामाजी से पूछूंगी।"

तिलोत्तमा ने सामने आते हुए मामाजी को देखा, बोली-"यह हमारे मामा श्रीमद् प्रभाकर श्री गुरो के निष्ठावान प्रचारक हैं। इनसे शास्त्र की सटीक व्याख्या कोई जाने। हमारे मामा चपल आग्रही विद्वान् हैं-"

मामा जी पास आकर ठहर गये; बोले- "सोचा, कहां रह गईं तुम दोनों? सोचा, पुनः देखता चलूं। वह लण्ठ भारती तब गया ही। अपनी टीका मुझे सौंप गया है। आश्चर्य है यह तनिक साक्षर शारीरिक भाष्य पर इतना सब कैसे लिख सका। वह श्रीमद् शंकराचार्य भट्टपाद कुमारिल्ल से अपने भाष्य पर व्याख्या लिखवाना चाहते थे-इस वेदान्ती शंकराचार्य का साहस तो देखो, कुमारिल्ल की अधजली देह को पुनः संजीवित करना चाहता था-वाह रे भट्टु मेरे।"

गौरी ने मुलकते हुए कहा- "योगी यह सब कर सकते हैं-जगद्गुरु शंकर तो जन्मजात योगी हैं-शिवस्वरूप। पिता जी तो यही कहते हैं।"

मातुल श्री बमके- "मातृ-विहीन पुत्री को पिता ने भटका रखा है और क्या तिलोत्तमा। तू गौरी पण्डितों की सी बातें करती रहती है।" गौरी हँसी; बोली- "जो देखती हूं, अनुभव करती हूं-सहती हूं, वही तो कहती हूं-न कहूं? तब कहूं क्या, मामा जी?"

मातुल अपने प्रभाकर श्री गुरोधाम के द्वार पर रुके ; बोले- "मनीषियों और पण्डितों को सुन-सुन कर तू बौरा गई है, गौरी! दर्शन बघारने की यह तेरी वय नहीं है-तू...."

गौरी भी रुकी; खनखना कर हँसते हुए बोली- "मैं? कौमारि शिखीवाहना? नहीं? यही, मामाजी!"

तिलोत्तमा गौरी को अपने पड़ोस के ही अपने घर की ओर उल्लास भरी गति में जाते हुए देखती खड़ी रही। मामा श्री ने मन्द हुंकार की और स्वयं

से ही बोले- "विचित्र है यह कन्या। और क्या? सनन्दन की टीका के समान ही यह धर्म प्रकाश चतुर्वेदी की कन्या विलक्षण है। बातें कैसी करती है, मानो कोई उपनिषद् कह रही हो-तब यह क्या चकित स्तम्भित बिब्बोंकित चित्त का उद्गार नहीं है? है- अपरिपक्व बुद्धि चित्त के गहन उद्वेग से मानो बह जाती है। सनन्दन की यह टीका पढ़ता हूं तो मैं जैसे एक शून्य उद्वेग से भर जाता हूँ, तिलोत्तमा! श्री गुरोमत का मेरा सिद्ध विश्वास जैसे उस उद्वेग में भटकने लगता है-मैं जगत् से आकुल तथा भव-संसार के प्रति व्याकुलता अनुभव करने लगता हूँ- यह वेदान्त क्या है, तिलोत्तमा!"

तिलोत्तमा ने कहा- "बुद्धि की वार्ता, मति की निष्क्रियता, चित्त की उद्भ्रान्ति, और क्या है वेदान्त! ब्रह्म है तो वह इस इदम् यथार्थ सत्ता के स्वरूप में ही है। वैश्वानर ही सगुण ब्रह्म है। निर्गुण ब्रह्म? ध्यानस्थ साधकों के उद्भ्रान्त चित्त की विकल कथनी मात्र है। निराकार निर्गुण क्या? यह आकार तथा सगुण की उद्भ्रान्त छाया मात्र है।"

मातुल श्री हुंकारे- "परन्तु क्या ऐसा परमात्मा, परम् तत्त्व है क्या? निर्गुण-सगुण चिन्तन मात्र है; तथ्य क्या है, यह तो मीमांसा, न्याय, वैशेषिक तथा तत्त्व वेत्ता ही बताते हैं। क्या यह जगत् क्षण-भंगुर है? प्रतिपल परिवर्तित होता हुआ यह जगत् काल और देश में यथार्थ रूप-विन्यास है- नहीं? है। हम तत्त्व को जानते हैं, पदार्थ और उसके द्रव्य-गुण-धर्म को ही जानते हैं। जीव-चैतन्य एक समग्र सम्पूर्ण समस्त चैतन्य है-वही ज्ञाता है; ज्ञेय है-ज्ञान है-।"

तिलोत्तमा ने हंसते हुए कहा- "यही तो शारीरिक भाष्य कहता है, यही शंकर वेदान्त का सार प्रतीत होता है।"

"तब फिर अन्तर कहाँ है?" मातुल गर्जे- "ज्ञाता ही ज्ञेय होता है और ज्ञाता ही अपने ज्ञेय को जानता-मानता-भोगता है। यही वेदान्त सार है तब। हम कहते हैं परम् तत्त्व इच्छा, ज्ञान और क्रिया की स्व चैतन्य चेतना है किन्तु यह सनन्दन टीका करता है, वेदान्त ज्ञान रूप परम् तत्त्व ब्रह्म को ही ज्ञान का स्व चैतन्य तथा स्वयं-स्वमेव प्रकाश्य सच्चिदानंद स्वरूप एक तथा केवल नेक बताता है-अज्ञान? उसका तिमिर तथा आच्छादन, विमर्श- यह सब वार्ता के कथन मात्र हैं। शंकराचार्य श्रुति-प्रमाण के आधार पर ब्रह्म को ही ज्ञान-चैतन्य, ब्रह्म चैतन्य स्वीकार करते हैं-शेष समस्त यह इदम् यह शरीर-शरीरी अज्ञान की भ्रान्ति मात्र हैं, अध्यास भर हैं-ब्रह्म संकल्प

तथा चिद् विलासी धारणा मात्र है-ब्रह्म ज्ञानी, ज्ञाता तथा ज्ञेय के रूप में परिणामी नहीं होता, यह कहता है यती शंकर।"

तिलोत्तमा ने निवास में प्रवेश करते हुए कहा- "कहने दो; आप क्यों चिन्तित उद्विग्न होते हो-"

मामा जी बमके- "हमारे श्री गुरो मत का क्या होगा; बड़ी आई है उपदेश देने वाली। मीमांसा दर्शन न पूर्व है और न उत्तर। मीमांसा दर्शन धर्मशास्त्र का तात्त्विक दर्शन है, समझी! उसको वेदान्त के इस श्रुति ब्रह्म से ओतः प्रोत करने से होगा क्या, यह भी तू ने सोचा है? यह वैदिक वर्णाश्रम धर्म, तथा समाज और राज्य-व्यवस्थायें अपनी नैतिक जड़ों से उच्छेदित हो जायेंगी। सब कुछ ब्रह्म है, तो सभी इच्छायें ब्रह्मेच्छायें हैं, सभी कर्म ब्रह्म के कर्म हैं, तब यह जीवात्मा इस जगत् में उद्भ्रान्त कवि की भाँति बौराया हुआ भटका करेगा। जगत् ध्रुवांक तत्व तथा तथ्य एवं यथार्थ की दिव्य अभिव्यक्ति है; भव-संसार अपूर्व अदृष्ट संचित और उसके विधि विहित यम-शासित प्रारब्धों की भव-योनियों का संसार है। इस भव-संसार में कर्म है; कर्म फल है-पाप पुण्य-श्रेय तथा प्रेय की आकांक्षाओं का द्वन्द्वात्मक अभिव्यंजन है-यह भव-संसार धर्म पूर्वक तथा धर्म पालन द्वारा ही जीया जाता है-जीया जा सकता है-नैतिक-अनैतिक रहित, पाप-पुण्य विहीन एवं स्वर्गिक परम् सुख के अन्तिम लक्ष्य वेध से हीन यह भव-संसार तथा मानव योनि किस काम की? व्यर्थ है व्यर्थ।"

तिलोत्तमा ने सस्मित कहा- "यह मामी क्या कहती हैं? मेरी मामी अब वृद्ध होने लगी हैं; कानों से सुनती कम हैं; आँखों से देखती भी न्यून हैं-रोग ग्रस्त रहती हैं-आप इधर ध्यान नहीं देते, वह कह रहे थे-"

मामा जी ने भवें उझका कर कहा- "वह, जामातृ महोदय यह कह रहे थे। तब मान गया, जामात दशमो ग्रह। तेरी मामी की ओर मैं ध्यान नहीं देता? तब इतने वर्षों से यह घर संसार चल रहा है। कैसे चलता? तेरी मामी वृद्ध होने लगी है तो क्या यह मेरे कारण हो रही है-आयु, जाति और भोग यह सब प्रारब्धानुसार है, श्रीमती पण्डिताजी!"

तिलोत्तमा ने हँस कर कहा- "मीमांसक आत्मा, परमात्मा-ईश्वर में नहीं मानते न। मामी आपके लिये एक विचित्र गूढ़ विलक्षण प्रारब्ध की अभिव्यक्ति भर है-कर्म और कर्म फल, विधि और यम-एक आयु, जाति तथा भोग का उद्भव तथा तिरोभव, यही न।"

मामा श्री ने आघात खाकर पूछा- "और जीवात्मा क्या है भला? वाह रे भट्ट! आज तू भी वेदान्त की ओर रुझी? क्यों?"

तिलोत्तमा मामी की ओर लपकी और उनकी गोद में ढल पड़ते हुए बोली- "सनन्दन चला गया, मामी माँ।"

मामी ने अपनी दुखती हुई आँखें खोलीं तथा टेंटिया तनिक दूर खिसकाते हुए कहा-"अपना भाग्य, बेटी। जन्मा तब से क्या यह सन्दू अपना था? अरे वह गौरी का न हो सका। जो पूत घर और समाज का नहीं हो सकता, वह पूत नहीं है- फिर यह सन्दू तो पूत भी नहीं, कपूत भी नहीं।"

तिलोत्तमा ने मामी की चिबुक उठाते हुए पूछा- "तब यह है क्या, मां-मामी?"

मामी जी ने तिलोत्तमा को छाती में भर लिया; बोली- "इनका गुरु।"

"मेरा गुरु?" मामा जी सहसा चमक कर बमके।

"और क्या?" मामी ने कहा- "बड़े ज्ञानी ध्यानी मानी बनते थे। सनन्दन की छाया से भागने लगे हैं, यह तेरे मामा, बेटी!"

मामा जी ने दाँत पीसते हुए कहा- "स्त्री! चुप कर! पति का यों पुत्री के सामने अपमान करते हुए तुझे लज्जा नहीं आती! यह जोगटा सनन्दन बुद्धि क्लीव तथा नपुंसक मेरा गुरु है-मैं उसकी छाया से कतराता हूं-कैसे? तिलू, यह तेरी मामी क्या पागल हो गई है?"

मामी हंसी। बोली- "नहीं तो; तुम सन्दू को बुद्धि से देखते हो; मैं उसको हृदय से-अन्तःकरण से जानती हूँ। सनन्दन पूर्व जन्म का डुला हुआ योगी लगता है-इस जन्म में जगद्गुरु के श्रीचरणों में प्रारब्ध-वशात् जा पहुंचा है। अन्ततोगत्वा सब छोड़ना ही पड़ता है। यह सम्पदा, श्री, ऐश्वर्य, देह क्या साथ आता है? केवल पाप-पुण्य साथ लेकर जीव भव योनियों में भटकता रहता है- तुम किनार बताते नहीं- सनन्दन तो मोक्ष बताता है।"

मामा जी बमके- "तो उसकी चेली क्यों न बन गई?"

मामी ने अपनी आँखें तनिक तरेरी; बोली- "मैं सन्दू की चेली बनूंगी? तुम्हारी मति मारी गई है-मैं तो उसकी मातुला हूं।"

"तू उसकी मातुला है, तो क्या मैं उसका मातुल नहीं हूं? माता हो, पिता हो, पुत्र-पुत्री हो-कोई भी हो, सत्य और उसके सिद्धान्त के लिए सभी का त्याग करना पड़ता है-विरोध करना पड़ता है। सिद्धान्त प्रतिपादन के लिये शास्त्र हैं; शास्त्र तत्व ज्ञान के प्रामाणीकरण के लिये हैं। शारीरिक

भाष्य-पद्मपाद टीका। क्या? श्रुतियों का प्रलाप; संन्यासी का विप्रलंभ-और क्या है? मैं इस टीका का अब अनुशीलन ही करूंगा- देखता हूं यह तथाकथित आचार्य पद्मपाद श्री गुरोमत को कैसे छूता है? श्री गुरो मत की स्वप्न में भी टीका करने अथवा उसके प्रति जल्प करने की इस तेरे सनन्दन ने प्रयास किया है, तो मुझसे बढ़ कर बुरा, वैरी उसका और कोई नहीं होगा।"

मामी जी- "करोगे क्या?"

मातुल- "इस घर में वह आया; ठहरा और अपनी टीका भी मुझे सौंप गया है-वेदान्त के मिस से सनातन मीमांसा दर्शन की धज्जियाँ वह उड़ाये-हम सह नहीं सकते। यह सपूत कुल, वंश तथा हमारे प्रतिष्ठित ब्राह्मण-कुटुम्ब की समूची प्रतिष्ठा ही धूल में मिलाने की चेष्टा करे, सह्य नहीं हो सकती-न थी और नहीं होगी, सुन लो, सब।"

मामीजी ने मुह बिचका कर कहा- "क्या कर लिया? क्या कर लोगे तुम सब! इस फूल सी कन्या गौरी में व्यर्थ ही एक मोह-संभ्रम आप सब ने जगाया। अब निपटो इस गौरी से। इस गौरी को मैं वह जन्मी तब से जानती हूं-मेरी चचेरी बड़ी बहिन की एकाकी कन्या है, क्यों न जानूंगी? सनन्दन के जाने की वेदना और अब इस गौरी का मूक विलाप-तिलू की उदासी-सब मुझको ही सहना रहा। तुम तो एक क्रुद्ध वृषभ की भाँति जब देखो तब सींग भड़भेड़ते रहते हो-तुमको किसकी पड़ी है? कभी श्रीमद् प्रभाकर जी से मिलूंगी तो कहूंगी।"

"अभी रथ तैय्यार करवा दूं-जा।" मातुल श्री बोले- "बौद्धों से भरे पड़े-थलथलाये हुए बिहार-प्रदेश में कहीं गुरुदेव हैं। श्री गुरो प्रभाकर अभी स्वयं को ब्रह्मचारी ही मानते हैं-भट्टपाद ने उनको दीक्षा कब दी? भट्टपाद इस मनस्वी मनीषी की सूक्ष्मातिसूक्ष्म क्रान्तिदर्शी प्रतिभा से मानो भयत्रस्त थे, समझी! संवित् ही अनुभूति है-यह सिद्ध कर दिया है, हमारे श्री गुरो ने। स्मृति को ही यह पूर्ववर्ती मीमांसा-विद्वान् अनुभूति मानते थे। श्री गुरो ने सिद्ध किया कि संस्कार मात्र से उत्पन्न ज्ञान स्मृति है; स्वप्न भी स्मृति ही है और यह संशय भी स्मृति की छाया है। इसलिये यथार्थ होने पर भी स्मृति प्रमाण नहीं हो सकती- यथार्थ मात्र ज्ञान है; कि उसकी अनुभूति-संवित् ही प्रमाण होती है- परन्तु तू क्या समझेगी इन सब तात्त्विक बातों को! तू तो मुझको कोसती बैठी रह और यह रेंटिया काँता कर।"

"प्रारब्ध तो तुमसे विवाह होने पर ही मैं मानने लगी थी।" मामी ने कहा- "और आज पूर्वजन्म में भी मानने लगी हूं।"

"श्रीमती का तात्पर्य?" मामा श्री ने बमकते हुए पूछा- "अर्थात् पूर्वजन्म के आसन्न प्रारब्धवशात् अपना इस भव में विवाह हुआ है। तुम्हारा यह कहना है कि अपना इस भव का यह गृहस्थाश्रम दुःखद है- पाप का प्रायश्चित है, हैं?"

मामी ने शान्त स्वर से कहा- "आप ही तो कहते हैं कि प्रारब्ध वशात् ही भव योनि मिलती है। आयु जाति भोग, माता-पिता, पति तथा सन्तान, सुख और दुःख, यह सब विधाता द्वारा प्रारब्ध में निश्चित होता है। पति पतिदेव हैं, तो पत्नी भी धर्मपत्नी है-एक रथ का अनिवार्य दूसरा चक्र। तुम सा पति पाकर कोई भी अकिञ्चन ब्राह्मणी गर्व करेगी; किन्तु पतिदेव को...."

"यों क्रोधित होते रहना चाहिये क्या? यही न?" मामा ने कहा- "ठीक तो कह रही हो। क्या करें? यह आतप भगवान परशुराम के गोत्रजों को जन्म से मिला है।" मामा जी ने शान्त होते हुए कहा।

मामी जी बोली, तनिक मुस्करा कर- "गीता में भगवान ने क्या कहा है? क्रोध की उत्पत्ति किससे होती है?"

"काम से, क्यों?" मामा जी ने घूरते हुए पूछा।

मामी ने मुस्कराते हुए कहा- "यह तिलू कहती है असफल बुद्धि कातर होकर कामुक हो जाती है।"

तिलोत्तमा ने अब कहा- "बुद्धि की अनन्य पारदर्शी विचार रमणीयता विफल होकर निरी पाशविक कामुकता में बदल जाती है। कई विद्वान् तथा पण्डितमन्य बड़े बौद्धिक हैं, प्रतिभाशाली-मेधावी, किन्तु साधना विहीन रहने से उनका अन्तरंग समन्वय उनको प्राप्त नही हुआ -पाशुपात मत का यह सारगर्भित आधार है- जीव पशु; पाशबद्ध तथा पाशमुक्त जीव शिव।"

मामी बोली- "अपने मामा से शिव बनने को क्यों नहीं आग्रह करती? सनन्दन को गृहस्थ बना, अवश्य। किन्तु अब अपने मामा को संन्यासी छोड़ वानप्रस्थी ही बना-यह आतप से भरी गृहस्थी बहुत हो चुकी।"

मामा ने तड़तड़ाते हुए कहा- "वानप्रस्थ? संन्यासी? नहीं; मैं तो गृहस्थ ही भला हूं-श्री गुरो मत का प्रसार करना ही मेरे इस भव का एकान्त गुह्य लक्ष्य है। सन्तान है ही नहीं तो अब इस आयु में मैं वानप्रस्थी ही तो हूं। संन्यास में मेरा विश्वास नहीं है। गृहस्थ वानप्रस्थी हो सकता है; भरा-पूरा

गृहस्थ अपने पुत्र पौत्रों को सौंप कर वह समाज कल्याण के लिये अरण्यवास कर सकता है; किन्तु मानव मरने पर सहज ही संन्यासी हो जाता है, समझी। आज क्या चूल्हा जला ही नहीं।"

तिलोत्तमा- "एकादशी जो है।"

मामा ने जैसे स्वयं से ही कहा- "अरे हां, आज एकादशी जो है। अग्निहोत्र शान्त रहेगा। तब...."

तिलोत्तमा- "फलाहार केवल, पूज्य।"

आधी रात तक मामा श्री पदमपाद की टीका के पन्ने उलटे-पलटते रहे; और ऊर्ध्व श्वांस भरते रहे। श्रुति, श्रुति, श्रुति केवल श्रुति! शास्त्र वाक्य, प्रमाणभूत कथन-नहीं, नहीं-नहीं-यह है इस दिव्य प्रलाप का। प्रलाप है; निस्संदेह यह श्रुतियों का विप्रलंभ मात्र है। अज्ञान? अज्ञान का आच्छादन, अध्यास का विमर्श-कुछ भी हो, तब यह अज्ञान ही यथार्थ ज्ञान है। श्री गुरोमत सत्य की यथार्थ सत्ता तथा उसके परिमार्जन, परिष्करण एवं स्वर्ग तथा अन्ततोगत्वा कर्म से मुक्ति प्राप्त करने का ही अचूक सिद्धांत है। शास्त्रोक्त-शास्त्र विहित; बुद्धिगम्य तथा प्रमाण-मन्य मत है। दार्शनिक शून्य ऊहापोह से क्या ऐसा ठोस तत्व-मत व्यर्थ किया जायगा? यह अवश्य है कि मानव जीव की गहन भावना में रहस्यमय शून्यावस्था की एक मौन चेतना बनी रहती है। बुद्धि तर्क करते हुए भी जैसे अपने विचार के प्रति शंकित बनी रहती है। शास्त्र विहित निर्णयों को लेकर भी परिमार्जन तथा परिष्करण, वीक्षण, अनुवीक्षण-अनुसंधान तथा गवेषणा की सतत् आवश्यकता बुद्धि में जगी रहती है-बुद्धि जैसे नाम रूप का प्रमाणीकरण कर सदैव के लिये विश्वश्त नहीं होती-यथार्थ ज्ञान प्राप्त कर भी ज्ञानेन्द्रियाँ जैसे पूर्ण, परिपूर्ण सन्तोष प्राप्त नहीं करती। सुख-अधिकाधिक सुख, प्राप्त कर भी कामना तृप्त नहीं होती। यह निरन्तर अतृप्ति और असन्तोष का-सुख दुःख का यह चिरन्तन द्वन्द्व चलता ही रहता है-किन्तु क्या यह द्वन्द्व निराकार, निरुपम शुद्ध-बुद्ध सच्चिदानंद धाम परम् तत्व की धारणा के लिये है? पद्मपाद! तुम वेदान्त की अनिर्वचनीय माया की सद्गति मुमुक्षता के लिये करते हो-तुम्हारा यह जगद्गुरु चैतन्य को ही सत्य, ज्ञान को ही ब्रहम तथा ज्ञेय एवं यथार्थ ज्ञान को जड़ क्षणिक तथा विज्ञान मानता है। ब्रहम सत्यम् जगन्मिथ्या। क्या? यथार्थ ज्ञान के परे यह आत्म ज्ञान है क्या? शरीरी के उपरान्त परे-यह आत्म तत्व है क्या? जीवात्मा की यथार्थ ज्ञान पर

आधारभूत अनुभूति ही तो है। मामा जी न जाने क्यों विकल हो उठे। उन्हें लगा, सुदूर गाँव के एक खपरेल में प्रभाकर ध्यानस्थ लिख रहे हैं- दीपक की मन्द किन्तु शीर्ण ज्योति के सुनहले प्रकाश में उनका मुख-मण्डल दीप्त है। एक शान्त आलोक जैसे छाया हुआ है-प्रमाण और अप्रमाण, मत और सम्मत के परे जैसे बुद्धि का शास्त्र घुटा अपराजित विश्वास इन अपलक से नयनों में भरा हुआ है। 'श्री गुरो!' मातुल श्री ने आधी रात के सतार आकाश को पुकार कर जैसे स्वयं से कहा "श्री गुरो! यह मेरा भानजा, यह सनन्दन, यह पद्मपाद आपके महान् मत का बंटाधार करने पर तुला हुआ है। नहीं; मैं ऐसा नहीं होने दूंगा। श्री गुरो मत के विरुद्ध इस प्रज्ञापराध के लिये-तुम्हारे इस आकर्षक अविवेक के लिये मैं प्रायश्चित करूंगा-अवश्य करूंगा, पद्मपाद!"

पद्मपाद को लगा, कोई उनको पुकार रहा है-सेतुबन्ध श्री रामेश्वर की ओर जाते हुए वह सहज रुके और दिशाओं को कान देकर सुनने लगे; बोले- "गिरि? टीका मैं मामा श्री को सौंप आया हूं-सेतुबन्ध और आस-पास की तीर्थयात्रा समाप्ति पर लौटने का मार्ग भी इस शरीरी के पूर्वाश्रम का श्रीगुरो धाम ही है।"

आनन्द गिरि ने पूछा- "तब हमें श्री गुरो धाम लौटना ही होगा। टीका आपने क्यों सौंपी उनको? आपके पूर्वाश्रम के मातुल मुझे तनिक भी नहीं भाये। मुझको तो भय ही लगता था उनके सानिध्य में।"

पद्मपाद ने सहज ही हंसते हुए कहा- "मातुल आतपी स्वभाव के हैं; हठी हैं- कभी-कभी दुराग्राही भी हो उठते हैं, परन्तु गिरि! वह एक निगड़ मीमांसा-पण्डित तथा स्मार्त ब्राह्मण भी हैं। उनकी चित्त वृत्ति वानप्रस्थ में आकर ही रमेगी। मैं अज्ञात ही चाहता था कि मातुल मेरी टीका पढ़ें। श्री गुरो भक्ति मानते हैं, किन्तु ब्रहम और ब्रहम चैतन्य को नहीं मानते। यह सब अनात्मवादी विज्ञानवादी तत्व-मनीषी हैं-हम संन्यासी ही जड़ चेतन के गहन सूक्ष्मातिसूक्ष्म परम् परिपूर्ण कालातीत और देश-स्वाधीन चैतन्य ब्रहम को ही मानते हैं; स्वीकार करते तथा उसके प्रत्यक्ष के लिये संन्यासाश्रम में यह नश्वर देह व्यतीत करते हैं।"

आनन्द गिरि- "श्री गुरोमत की हानि क्या यह मातुल सह सकेंगे? मुझे तो उनके विवेचन में हठाग्रह ही अधिक दिखा। गुरुदेव तो कहते हैं। तत्वज्ञान ही अनात्म-दर्शन है। वैराग्य, ज्ञान तथा भक्ति देने वाला तो वेदान्त-दर्शन ही है- साधना गम्य, सिद्ध एवं स्वयं परिपूर्ण ब्रहम प्रत्यक्ष कराने वाला पूर्ण

योगज अनुभव। गुरुदेव को सुन लेता हूं और जैसे सन्तुष्ट हो जाता हूं-स्वयं के भावि के लिये निश्चिन्त हो जाता हूं। मुझे जगत् तथा भव-संसार समझ में आता है-रुचता नहीं, भाता नहीं। मैं क्षणिक के पीछे क्यों पंडू? क्यों दुःख उठाऊं-क्यों खजूं? क्यों?”

श्री विष्णु शर्मा ने बीच में ही कहा- “साधना कीजिये, गिरि श्री! इन वार्तालापों से ब्रह्म नहीं मिलेगा और नहीं भव-संसार की भंगुर-कामना का क्षय ही होगा। साधना? मैं निश्चय ही शंकराचार्य जी से संन्यास लूंगा-लेकर रहूंगा। मित्र-मित्र को कब तक मना करता रहेगा?”

पद्मपाद ने सहसा चरण-गति तीव्र करते हुए जैसे स्वयं से ही कहा- “संन्यास! संन्यास इस शरीरी ने भी लिया है- मुझको तो आचार्यत्व के साथ संन्यास दीक्षा सर्वोपकारक जगद्गुरु ने दी है-श्री गुरुदेव प्रति काष्टा इस शरीरी पर अपनी दया वर्षाते रहते हैं; कृपा द्वारा सुरक्षा एवं करुणा द्वारा मंगल प्रदान करते ही रहते हैं किन्तु निराकार, निरुपम उस सत्यम् ज्ञान अनन्तम् ब्रह्म के ध्यान में यह मन भव-समुद्र में फिसल-फिसल जाता है- यह चित्ताकाश जगत की छबियों से भरा रहता है-रीतता ही नहीं और यह अहम् भव-योनियों को अवाक् जैसे तकता रहता-गुरु कृपा से टेरता नहीं। इस भव में श्री गुरु कृपा से कर्मेच्छा का विलय हो सकेगा-मुक्ति किन्तु जैसे मैं मुक्ति नहीं चाहता। नहीं। मैं केवल गुरु का प्रेम चाहता हूं-उनका अनुग्रह मेरे लिये परम् तत्व सच्चिदानन्द ब्रह्म ही गुरु हैं; जगन्नाथ हैं- जगदीश हैं-राम हैं; कृष्ण हैं। जगद्गुरु शंकर ही मेरे लिये वेद-वेदांग हैं; श्रुति हैं; स्मृति हैं- हाँ। मैं देह का संन्यासी मन से जगत् सहित प्रभु का साक्षात् चाहता हूं-मैं प्रभु का दर्शन चाहता हूं। तभी तो यह तीर्थों की आतुर-व्याकुल यात्रा कर रहा हूं। गिरि, वह गिरि कौन है? जिसको श्रीमद् गुरुदेव ने गृहण कर लिया है? क्या पूर्वाश्रम का आपका सम्बन्धी है?”

आनन्द गिरि ने हंसते हुए कहा- “वह गिरि-युवा? वह तो देह ही है; यंत्र। शरीरी तो देहवान्, मनवान्, चित्तवान्, प्राणवान् काम कीलित जीवन चेतना का धाम मूलतः आत्मतत्व है। किन्तु यह गिरि तो यंत्र पर आरूढ़ एक माया मनुष्य मात्र प्रतीत होता है। सम्बन्धी? हो सकता है; किन्तु मुझे पूर्वाश्रम के सम्बन्धों की स्मृति भी नहीं वाञ्छित। सच।”

पद्मपाद ने निसास रखते हुए आकाश के पार, क्षितिज के परे जैसे श्रीमद् शंकराचार्य से विनय की- “ठीक है, पूज्यपाद! आपको एक अहर्निशि सेवक की

आवश्यकता है-हम तो आप श्रीमद् के संन्यासी आचार्य हो गये हैं; उपदेशक शिष्य हो गये हैं। हम तो जैसे वेदान्त डिम् डिम् के उद्घोषक तथा उपनिषदों के उद्गाथा हो गये हैं। आप श्रीमद् के अत्यन्त व्यस्त समय में आप श्री के देह की संभाल निस्संदेह यह गिरि कर लेगा। मुझे आपके कैंकर्य्य के लिये बड़ी चिन्ता थी। आनन्दगिरि! हम सब तो श्री जगद्गुरु के वेदान्त-युद्ध के सैनिक हो गये हैं- परन्तु श्रीमद् गुरुदेव का तन-देह-तो प्रतिपल सेवा चाहता है। स्वयं नित्य कर्म के सिवाय अन्य कर्म आचार्य देव तटस्थ भाव से ही करते हैं। क्या नाम है उसका? तोटक! तोटक! भाग्यशाली है, जो जगद्गुरु की अहर्निशि सेवा करेगा। यह सौभाग्य साधक को, विद्याधर को, सुर, नर, नाग किसी को भी नहीं मिलता तो-ट-क। वाह! क्या नाम है? यह कहाँ का है तोटक, गिरिजी?"

आनन्द गिरि ने कहा- "लोग तो इस देही को ही तोटक मान बैठे थे किन्तु मैं तो साधना करना चाहता हूं। मैं गुरु से ज्ञान प्राप्त करने श्रीगुरुचरणों में आया हूं-प्रसंगोपात सेवा भी करता हूँ किन्तु स्वाध्याय, पूजन, निदिध्यासन तथा ध्यान, योग-साधना त्याग कर मैं निरा यंत्र नहीं हो जा सकता। निस्संदेह यह ख्यात गिरि सम्प्रदाय का कुल शील व्यक्ति है-इसने माता-पिता द्वारा रखे गये नाम से न स्वयं को कहा और नहीं अन्य को पुकारने दिया। माता-पिता द्वारा रखे गये नाम-सम्बोध का इसकी जड़मति पर जैसे प्रभाव ही नहीं हुआ-यह तोटक नाम तो किसी का भी रखा नहीं है। काव्य शास्त्र की छन्द प्रक्रिया में ऐसा कोई छन्द बने, तो बने।"

पद्मपाद- "यह गिरि स्वेच्छाचारी हैं; निज धर्मचारी हैं, भुजानुकम्पी, मूक शिष्य हैं-निरे सेवक नहीं। अद्भुत और शिव-स्वरूप आचार्य इस सेवक को क्या प्रदान नहीं कर सकते?"

आनन्द गिरि ने सस्मित कहा- "मूढ़ को मति नहीं चाहिये; जड़ को जीवन नहीं चाहिये-यंत्र को आत्मा नहीं चाहिये।"

श्री विष्णु शर्मा ने यों ही कहा-"बचपन में भी यह अपने शंकराचार्य विलक्षण थे। गुरुगृह में हम थे, तब भिक्षाटन करते थे-भिक्षा को भी यह शंकराचार्य दीन-हीनों को दे देते थे-निस्संदेह हम उस समय तो शंकर को नहीं समझ पाये। यह गिरि उनकी विलक्षण रुचि का एक और उदाहरण है।"

पद्मपाद ने चाल और तीव्र की; बोले- "अहर्निशि मूक और मूढ़ यह यंत्र-मानव गुरुदेव का कैंकर्य साधता रहता है। गुरुदेव के स्नान करने के पूर्व यह

गिरि स्वयं स्नान-ध्यान कर श्री गुरु कैंकर्य के लिये स्वयं को प्रस्तुत करता है। गुरुदेव के लिये कोमल, सम तथा उच्चासन जमाता है- सुखपूर्वक गुरुदेव प्रहरों आसन पर बैठे रहें किन्तु थके नहीं। गुरुदेव के नित्य नैमित्तिक कर्म के लिये आवश्यक और अनिवार्य सामग्री यथापूर्व यथास्थित कर देता है-श्री जगद्गुरु की चरण-सेवा में तो यह गिरि अत्यन्त पटु है।"

आनन्द गिरि ने परिहास भाव में हंसते हुए कहा- "गुरुदेव के पास यह गिरि जम्भाई तक नहीं लेता। न हीं श्री गुरुदेव के समक्ष पाँव फैलाकर बैठता है। श्री गुरुदेव की इच्छा को भांप कर कहने के पूर्व ही उसकी पूर्ति के कार्य में यह गिरि लग जाता है- गुरुदेव के श्रीमुख से निकले एक वचन को यह गिरि सर्वांग अर्थों में समझ कर चुपचाप काम में लग जाता है- यह है क्या? श्रीमद् गुरुचरणों की सेवा हम-आप भी करते हैं..."

श्री विष्णु शर्मा ने कहा- "यह श्री राम के जम्भाई लेने पर चुटकी बजाने जैसी बात है।"

आनन्द गिरि ने ठहका मार कर कहा- "किन्तु यह गिरि श्री हनुमान थोड़ा ही है? श्री हनुमान तो ज्ञानियों में अग्रगण्य, महाबली, अमित विक्रम आदित्य-ब्रह्मचारी थे। सभी शास्त्रों में निपुण, महामात्य शिरोमणि अद्वितीय पराक्रमांक श्री हनुमान श्री राम के सेवक भी थे किन्तु क्या वह यह गिरि जैसे थे?"

पद्मपाद ने गाँव की सीमा को अपने चरण की छाप से छापते हुए कहा- "यह गिरि श्री गुरु सेवा के लिये पंचभूतों तथा तत्वों का एक तत्वीकृत यंत्र है। यह मानव यंत्र है-गिरि को देख कर सोचता हूं क्या ऐसे मानव यंत्र उद्धव नहीं किये जा सकते? सुना है क्रचक्र वह महातांत्रिक तत्व व्यक्ति, मानव, मंत्र शक्ति से उद्धवित कर सकता है-"

श्री विष्णु शर्मा ने मन्दिर की चौड़ी द्वार-शाला में प्रवेश करते हुए कहा- "सिद्धियाँ यथार्थ कितनी हैं और केवल रहस्यमय तथा आकर्षक वार्ता मात्र कितनी है, यह तो नीर क्षीर विवेक पूर्वक देखना होगा।"

पद्मपाद ने द्वार की पटशाला के आसन पर बैठते हुए कहा- "यह जगत् तथा भव-संसार, यह सृष्टि, स्थिति, लय-यह आश्चर्य, यह अद्वितीय दिव्यतम आश्चर्य, क्या स्वयं में पूर्ण सिद्धियां नहीं हैं? हैं, तो। यह, यह जो भी है; जैसा भी है, परम् ब्रह्म का महायोग ही है- ऊर्ध्व और अधः यह सृष्टि ब्रह्म-चेतना का यथार्थ योग है- इसीलिए क्षणिक होते हुए भी यह

जगत् यह भव-संसार अनन्त अनादि तथा शाश्वत-सत्य प्रतीत होता है। अवश्य, अवश्य।"

साधु पुजारी अपनी कोटड़ी से धीरे-धीरे बाहर आये। अपनी अस्त-व्यस्त धूसरित जटा को संभालते हुए बोले- "कौन है? दोपहर में यों कौन घुस आया है मन्दिर में? यह मन्दिर है धर्मशाला नहीं है। कौन?"

"मैं-हम।" पद्मपाद ने उत्तर दिया।

साधु महाराज पास आये; अपनी आरक्त घूर्ण रात जगी हुई आंखों की निद्रा को पीते हुए बोले- "यह तो मैं भी देख रहा हूं; परन्तु कुल-शील?"

"मैं शरीरी हूं- मानव-संन्यासी।" पद्मपाद ने कहा- "और यह सब प्रभु के स्वरूप हैं।"

साधु महाराज ने गहरी निद्रा से यकायक पूर्णतः जाग जाते हुए कहा- "बड़ा ब्रह्मज्ञानी दिखता है। सभी प्रभु के स्वरूप हैं- तो क्या तेरे स्वरूप होंगे?"

पद्मपाद ने सस्मित कहा- "सभी सीता-राम के स्वरूप हैं।"

"तो तू राम-रूप है?" साधु महाराज ने तीव्र अमर्ष पूर्वक कहा- "यह श्रीमद् राघवेन्द्र श्रीराम का मन्दिर है। श्रीराम के सेतुबन्ध की स्थापना के पूर्व यह मन्दिर चतुर्भुज विष्णु का स्थान था; किन्तु शबरी ने भगवान् की जो प्रतीक्षा की थी और श्री प्रभु ने जो उसके झूठे बेर खाये थे- उसकी स्मृति पूजा स्वरूप् यह मन्दिर हमारे रामनामी श्रीगुरु ने स्थापित किया है- जीर्णोद्धार तथा श्रीराम नाम का मंत्राभिषेक दिव्योद्धार, समझा, संन्यासी!"

पद्मपाद ने विनय पूर्वक कहा- "संन्यासी क्या नाम-रूप में मानता है? श्री राम तो योगियों के चित्त में रमे रहने वाले सच्चिदानन्द धाम का एक नामकरण मात्र है-भक्तों द्वारा ही यह नामकरण किया है-"

"तो? तू श्री रामावतार में नहीं मानता?" साधु महाराज ने कठोर स्वर में पूछा- "नहीं मानता तो निकल यहाँ से।"

पद्मपाद ने आघात खाकर कहा- "श्री रामावतार में यह शरीरी नहीं मानता? नहीं तो-संन्यासी योगी सगुण और निर्गुण-ब्रह्म के इन दोनों व्यञ्जनों को स्वीकार करता है। जग, जीव तथा संसार के साथ, द्वारा और सहित श्री राम राघवेन्द्र पतित-पावन रघुवंश मणि भगवान राम थे; हैं और बने रहेंगे। मैं तो परम् तत्व-ब्रह्म के निर्विकल्प ध्यानानुभव की कह रहा था-"

साधु महाराज ने कहा- "हम राघवेन्द्र भगवान राम को ही मानते हैं। निर्गुण ब्रह्म है तो तुम जानो। हम तो दशरथ नन्दन राजा राम को ही जानते हैं, मानते हैं और मनवाते हैं। हम श्रीराम के साधु हैं। राजा राम, पतित पावन सीता राम में विश्वास नहीं है तो इस मन्दिर के सन्त निवास में आप लोग ठहर नहीं सकते-"

श्रीविष्णु शर्मा ने अपनी झुंझलाहट को शमाते हुए कहा- "हमने कब मना किया कि भगवान राम में हम नहीं मानते हैं? हम तो इस जड़ चेतन सृष्टि को श्री सीता-राम मय मानते हैं और सब को प्रणाम करते हैं- आप श्री को सीता-राम का स्वरूप मान कर मैं, हम सब की ओर से प्रणाम करता हूं।"

"सन्यासी!" साधु महाराज ने प्रसन्न होते हुए भी उच्छ्वसित साँस में कहा- "सन्यासी होने से ब्रह्म स्वरूपों को नहीं मानना, इस जगत में, जीव में, संसार में नहीं मानना है। मानव और प्राणी मात्र राजा राम के राज्य के धर्म धारक नागरिक हैं। अच्छा, तो ठहरो। अरे, रमैया! सन्त शाला की दो एक कोठड़ियाँ खोल दे।"

श्री विष्णु शर्मा- "हम विश्वस्त हुए, महाराज।"

साधु महाराज ने अपनी दाढ़ी पर हाथ फेरा और कहा- "हम तो प्राणी मात्र का कल्याण करने वाले भगवान राघवेन्द्र राजा राम के साधु प्रहरी हैं। धुणी पर बैठे रहते हैं और श्री राम, जय राम, जय जय राम महामंत्र का जाप करते रहते हैं।"

आनन्द गिरि ने अब पूछा- "श्री राम चरणों में सम्पूर्ण शरणागति तब ले ली है आप श्री ने?"

"वह तो विभीषण ने ली थी।" साधु महाराज ने वयस्का रमैया को सन्त शाला की कुञ्जियाँ देते हुए कहा- "ब्रह्म-सम्बन्ध सहज है; श्रीराम की शरणागति लेना अत्यंत दुरूह है। हम तो श्री राम और मैय्या जानकी के साधु हैं-बस, उनका नाम जपते तथा संसार में अपना भव काट रहे हैं। हम आप सब संन्यासी की भाँति योगी यती नहीं हैं। हम राम के दास वानर-मानव हैं।" और स्वतः ही ठठा कर हंसते हुए साधु महाराज ने पुनः कहा- "बालक लोगों! प्रसन्नता पूर्वक ठहरो। पूजा करना चाहो तो निश्चित दक्षिणा तथा दान देकर पूजा भी कर सकते हो।"

रमैय्या ने कुञ्जियां रणखणाते हुए कहा- "इधर।"

पद्मपाद शान्त भाव से उठे और रमैय्या के पीछे चले। रमैय्या मन्दिर के द्वार से निकल कर दक्षिण पार्श्व में स्थित कूप और कुछ कोटड़ियों की अस्त-व्यस्त पंक्ति की ओर बढ़ी; स्वयं ही जैसे बरबराने लगी- “यह मन्दिर, आश्रम सब गृहस्थी नहीं तो क्या है? वही झाड़ू, बुहारी-सफाई; चूल्हा-चक्की, गौ-दूहन, सेवा-अतिथि सत्कार वही। केवल मन्दिर की इस गृहस्थी में संसार की रीति नहीं पलती।”

श्रीविष्णु शर्मा ने हँसते हुए पूछा- “वह क्या है, मैय्या?”

“मैं किसी की मैय्या नहीं हूँ-मैं रमैय्या हूँ।” वह बोली- “इस जगत में सब को देखती और अपनी मौज में रमती रहती हूँ-यह साधु-वाधु सब मुस्टल वृषभ हैं-शिवजी के कैलाश के पशु।”

आनन्द गिरि ने प्रसन्नता पूर्वक पूछा- “और आप?”

“मैं तो शिव की भंग-विजया की तरंग सी हूं। मुझे न ऊधो चाहिये और नहीं माधो। मुझे तो अपना आत्मा राम चाहिये।”

श्री विष्णु शर्मा- “तब संन्यासिनी हो गई हो?”

“संन्यासिनी? मैं?” रमैया ने कहा- “मैंने तो विवाह ही नहीं किया, कौन उस पुरुष की दासी बने? कौन उसका गर्भ धारण करे? कौन संसार के सगे-सम्बन्धियों के प्रपंचों में पड़े। मैं अन्धी, बधिर, कातर और कामुक नारी नहीं हूँ- मैं सहज रमते राम की रमैय्या हूँ- रमैय्या।”

और उसने दो तीन कोटड़ियों के द्वार खोल कर कहा-“ठहरो! यह कूआ है न? पानी भर लेना और सफाई, झाड़ू प्रत्येक कोटड़ी में है, कर लेना। अण्टी में कुछ है या नहीं? यह राम द्वारा दान दक्षिणा तथा भेंट पूजा से चलता है। वह उधर गौशाला है- इधर वह श्री हनुमान मन्दिर है- उधर तारा-धाम है, सीता-राम के सभी ठाठ यहाँ हैं। प्रसाद तो आयेगा ही किन्तु दान, दक्षिणा बिन बोले मांगी जाती है- राम ने शबरी के बेर खाये थे; परन्तु हम महन्त साधु सन्त को तो मधुकरी चाहिये- यह मन्दिर संन्यासी की पर्ण कुटी नहीं है, श्री राम का धाम है।”

पद्मपाद उस वयस्का अर्धवृद्धा नारी को मचकते हुए जाते देखते रहे और स्वयं से ही हँस दिये। रमैया मन्दिर-द्वार पर खड़ी होकर पान्थ शाला की ओर घूमी; बोली-“सभी एक हो-वेश अलग-अलग हैं। रमैय्या सब जानती है। भगवान? राम? कृष्ण? किसको मिला? सीता को राम मिला क्या? राधा को कृष्ण मिला क्या? नहीं, नहीं, नहीं-न मैं इस साधु को मिली और न यह साधु मुझे मिला।”

साधू महाराज ने पीछे से पुकार कर कहा- "रमैय्या! लाज नहीं करती बकते हुए? श्री राम।"

रमैय्या ने साधु महाराज की ताड़ सुनी और मुंह बिचका कर अन्दर चल दी। साधु महाराज सस्मित मन्दिर-द्वार के बाहर आये और स्वयं से ही बोले- "इस रमैय्या का चित्त उद्भ्रान्त हो गया है। राघवेन्द्र! रक्षा करो-"

और साधु महाराज पान्थ शाला की ओर चल दिये। कुछ ही दूर गौ शाला थी- सहसा उस ओर मुड़ते हुए साधु महाराज ने कहा- "गोबर सुवर्ण से भी अधिक मूल्यवान है, षंढ कहीं का। क्यों बिगाड़ रहा है रे-"

गौ-सेवक ने छाणा थेपते हुए कहा- "छाणा बना रहा हूँ, जी!"

"छाणा बना रहा है। सुना?" साधु महाराज ने पास ही स्थित कुएँ पर स्नान करते हुए आनन्द गिरि को सुना कर कहा- "खाने को अन्न का एक कण भी नहीं था! भगवान राम की शरण में लाया, तो दो जून भर पेट प्रसाद पाता है और टांग फैला कर सोता रहता है। मन मार कर गोबर थेपता है जैसे मेरा भाग्य थेप रहा हो।"

साधु महाराज गो सेवक के पास जाकर खड़े हो गये; बोले-कितने थेपे?

गो सेवक ने गोबर मसल कर थप्पा बनाते हुए कहा-"गिन लो, जी! यह दस अंगुलियाँ हैं- उनको तोड़-तोड़ कर गिनता हूँ-1, 2, 3, 4, 5, 6, 7....."

साधु महाराज ने सहसा उसके एक गाल पर हल्की चपत जमाते हुए कहा- "8, 9, 10 और यह...."

गो सेवक-बिल बिला कर उठ खड़ा हुआ- "रमैय्या मौसी! यह मुझे मारता है- रमैय्या मौसी!"

साधु महाराज ने क्रोध से काँपते हुए कहा- "उस कलह प्रिया को बुला रहा है-वह हमारा क्या कर लेगी? तेरी भाँति ही उसको हमने भगवान की शरण दी है- जा, चला जा, काम नहीं होता हो तो। दिन भर के दस-बीस छाने थेपने का पुरस्कार छप्पन पक्वान का प्रसाद नहीं हो सकता। हम सब भगवान के श्रमिक हैं- सेवक! क्या हम बैठे रहते हैं? इतना बड़ा राम-धाम सौ भरी-पूरी गृहस्थियों से भी बड़ा धाम है।"

गो सेवक ने कहा- "हुँ।"

"हुँ।" साधु महाराज ने स्नान कर वस्त्र निचौते हुए आनन्द गिरि को सम्बोधते हुए कहा- "अभी तो कलि की तीस शताब्दियाँ ही बीती हैं-तब यह स्थिति है। न जाने भावी क्या है? यह कलिकाल।"

आनन्द गिरि ने वस्त्र को बंटते हुए कहा- "भविष्य पुराण में सब कुछ भगवान् वेद व्यास ने लिख दिया है। पढ़ लें।"

"वेद व्यास, भगवान?" साधु महाराज बमके- "भगवान् तो राम हैं; कृष्ण हैं और भगवान कल्की होंगे।"

"बुद्ध-तथागत?" आनन्द गिरि ने शान्ति पूर्वक कहा।

"वह शाक्य मुनि?" साधु महाराज ने भवें तरेरते हुए कहा- "वह भगवान! राघवेन्द्र पतित पावन रामचन्द्र दशरथ नन्दन जैसा भगवान! नहीं तो। हमारे गुरु महाराज ने हमें नहीं बताया कि राम कृष्ण के पश्चात और कोई भगवान का अवतार हुआ है।"

आनन्द गिरि ने गीले निचोये हुए वस्त्र कन्धे पर रखते हुए कहा-"यह मैं क्या बताऊं? हम तो जगद्गुरु आचार्य शंकर के विनीत सेवक हैं और उनके वह शिष्य आचार्य पद्मपाद श्री के तीर्थ यात्रा संघ में हैं...."

"जगद्गुरु शंकराचार्य?" साधु महाराज ने चकित होते हुए कहा- "तंत्राधिपति क्रचक्र को कीलित करने वाले, महाराज राजशेखर जिनके श्री चरण थाम कर धन्य होते हैं-महाराज राजेश्वर सुधन्वा जिनकी उत्तर में राज्य मण्डल सहित रक्षा करते हैं। जिस आदित्य ब्रह्मचारी शिव स्वरूप सन्यासी ने भगवान राम की स्तुति की है, श्री कृष्ण का भजन किया है। उसके वह पट्ट शिष्य पद्मपाद, यहाँ इस धाम में-"

आनन्द गिरि ने कोटड़ी की ओर इंगित करते हुए कहा- "उस कोटड़ी में साधु महाराज!"

साधु महाराज चकित तथा तनिक स्तम्भित से उस कोटड़ी की ओर देख कर बोले- "उस कापालिक उग्र भैरव की हत्या...."

आनन्द गिरि ने दृढ़ स्वर में कहा- "आचार्य पद्मपाद को नृसिंह मंत्र सिद्ध है। भगवान श्री हरि नृसिंह ने ही उस दुष्ट कापालिक का संहार किया था। पद्मपाद तो एक निमित्त मात्र थे। यह योगियों के रहस्यमय कर्म हैं, साधु महाराज। ब्राह्मण शाप से तथा योगी त्राटक से न जाने क्या-क्या कर सकता है।"

"नृसिंह मंत्र सिद्ध है पद्मपाद आचार्य को?" साधु महाराज स्वयं से ही चिल्लाये- "तब तो हुं हुं हुं हनुमान ने सुन ली; तब तो राजा राघवेन्द्र राम ने सुन ली। आज सभी रिद्धियाँ और सिद्धियाँ घर भेज दीं।"

पद्मपाद ने उस तनिक अन्धेरी, तनिक उजेरी कोटड़ी को देख भर लिया और पाट पर अपना आसन बिछाते हुए स्वयं से ही कहा- "यहाँ ठहरे ही क्यों? न जाने क्यों? प्राचीन राम धाम है, इसलिये क्या?"

एक संगी भक्त जन ने कहा- "इस धाम में भगवान राम का वनवास लीलाओं के उत्सव होते रहते हैं। 'जटायु बलिदान' का तो मेला लगता है।"

श्री विष्णु शर्मा ने कोटड़ी में प्रवेश करते हुए कहा- "मारीच स्थल। गौ-शाला के ठीक पास एक चबूतरा है-मुझको गो सेवक ने बताया, भगवान राम का बाण मारीच को यहाँ लगा था और मारीच ने भी यहीं 'हा राम' पुकारा था। मुझको तो कुछ समझ में नहीं आता। शबरी आश्रम भी यहाँ, मारीच-वध-स्थान भी यह-जटायु-रावण युद्ध स्मृति स्थल भी यहाँ।"

साधु महाराज ने अन्दर आते हुए कहा- "शंका क्यों करता है, सन्त! यह श्री राम-धाम है। जहाँ राम नाम है, वहाँ राम हैं और जहाँ राम है, वहाँ राम पंचायतन है और जहाँ राम पंचायतन है वहाँ सब कुछ है-श्री राम लीला।"

श्री विष्णु शर्मा ने देखा, साधु महाराज 'श्री राम जय राम!' पुकारते हुए आचार्य पद्मपाद को प्रणाम कर झुके; बोले- "आप ही तब वह देश-ख्यात पद्मपाद हैं, जिसने चण्ड उग्र भैरव को मारा और भगवान नृसिंह की जय जयकार की। आपकी जय हो-सदैव, सर्वत्र जय हो।"

पद्मपाद ने अपने चरण समेटते हुए संकोच व्यक्त किया- "नहीं, नहीं। यह, यह क्या कर रहे हैं, महाराज! आप श्री राम धाम के पुजारी हैं-हम तो, मैं तो एक कलंकित पापी जीव हूं जो श्री राम की शरणागति चाहता हूँ।"

साधु महाराज अब शान्त भाव से बैठे; बोले-"यह तो आप श्री की महानता है अन्यथा कलि काल में मंत्र वेत्ता मिलता कहाँ है? और फिर उसमें भी श्री नृसिंह मंत्र जिसे सिद्ध हो, वह महात्मा तो दर्शनों के लिए देवताओं को भी दुर्लभ है-अहो भाग्य हमारा। आज इस जीर्ण श्री राम धाम के दिन फिर गये, श्रीमद्!"

आनन्द गिरि ने पूछा- "कैसे?"

साधु महाराज ने सहर्ष कहा- "आज की आरती आचार्य श्री करेंगे और अन्त में श्री राम धाम के लिये श्री नृसिंह से प्रार्थना करेंगे। पदमपाद ने सहसा कहा- "नहीं, यह कैसे होगा, भवान्! हम भगवान के विभिन्न स्वरूपों तथा विग्रहों के दर्शन कर शरीर को पवित्र, मन को पुनीत तथा चित्त को निर्मल करने के लिये ही निकले हैं- हमारा यह लघु तीर्थ यात्रा संघ कोई

आर्त गृहस्थों का संघ नहीं है- हम भगवान से मांगते कुछ नहीं हैं, भगवान को सर्वस्व मनसा वाचा कर्मणा अर्पित करते हैं।”

साधु महाराज ने आघात सा खाते हुए कहा- “यह क्या कह रहे हैं श्रीमद् आप? श्री जगद्गुरु शंकराचार्य के सिद्ध शिष्य हैं; विद्याधर सेवक हैं-सिद्धियाँ आपको वर चुकी हैं। तो क्या आप मनुष्य एवं दिव्य घोषों का कल्याण नहीं करेंगे? यह श्री राम-धाम भी एक पुराण मानुष घोष है-इसका जीर्णोद्धार करना ही है-इसको दिव्य घोष में अभिनिविष्ट करना ही है-”

श्री विष्णु शर्मा-“यह आप करें। हम यह सौकार्य कर नहीं सकते। यह दिव्य घोष की अभिनिविष्ट-प्रतिष्ठा तो जगद्गुरु शंकराचार्य ही कर सकते हैं। हम उनके सेवक शिष्य नहीं।”

रमैय्या चुपचाप अन्दर सरक आई थी; बोली- “लो और करो आवभगत। अरे, यह जोगी-जती किसी के हुए हैं? किसी के भी यह काम आये हैं-नहीं।”

साधु महाराज बमके- “चुप कर, रमैय्या। मेरी विनती इनको माननी ही होगी। अभी कुछ दिन पूर्व ब्राह्म मुहूर्त में मुझे स्वप्न आया था-ठीक यही था। धुंधला होने से स्पष्ट भाँप नहीं सका, किन्तु रमैय्या, यह श्रीराम-धाम बाल सूर्य की निभा से भर गया था और, और जैसे-”

रमैय्या ने छणकते हुए कहा- “और श्री गणेश तुमको लड्डुओं की छाब दे रहे हैं। रिद्धियाँ तुम पर लुट रही हैं-सिद्धियाँ तुमको मुग्ध दृष्टि से देख रही हैं।”

“रमैय्या” साधु महाराज उठ खड़े हुए- “तुम्हारी धृष्टता अब बहुत हो चुकी। तुमने मुझे समझ क्या रखा है?”

रमैय्या सव्यंग हंसी; बोली- “एक गृहस्थी-और क्या? वेश बनाने से कोई साधु हो जाता है, भला? ना रे, बाबा। इस धाम में मैंने जीवन खपाया है-मैं सब जानती हूँ।”

साधु बाबा ने त्राटकते हुए पूछा- “कल मुंही कही की। सारा जीवन इस धाम के लिये तूने, रमैया दिया न होता, तो तुझे कभी की धाम के बाहर कर देता। आचार्य श्री, मेरे गुरुदेव के समय से यह अनाथ यहां आई-गुरुदेव ले आये। यह कलमुंही उनके गांव की एक बाल विधवा है। दिन रात धाम का काम करती है। किन्तु जिह्वा की सर्पिणी है।”

रमैया ने हंस देते हुए कहा- “मैं न होती, तो तुम सब गांजे की दम में ही घुट जाते। राम नाम जपते हो; और तुम लोग करते ही क्या हो? वही

स्वर्ण-रजत तुम्हें चाहिये; वह जमीन तथा सम्पत्ति के झगड़े। वहीं गुरु-पीठ पर बैठने का अधिकार। गृहस्थी, पंचायत और राज-सभा में घर, स्त्री, सन्तति के सत्व तथा अपने स्थान एवं प्रतिष्ठा के लिये जाना जाता है-तुम भगवान की मूर्ति सामने रख कर प्रभु के नाम से प्रभु की नहीं, अपनी महन्ताई की गद्दी चलाते हो। तुम गृहस्थी से भी गये बीते हो। अवश्य, राम का नाम लेते हो और दान-दक्षिणा पर जीते हो। परन्तु तुम्हारे आडम्बरों का कहीं अन्त भी है....”

साधु महाराज ने क्रोध से कांपते हुए होंठों से कहा- “तू हमारी दादी हो गई है- वृद्ध माता। इसलिये यह सब हम सुन लेते हैं। हम साधु हैं- हमारा वंश साधुओं का है, यह संसार जानता है।”

रमैय्या ठठा कर हंसी और जाते हुए द्वार पर खड़ी रह कर बोली- “और तुम्हारा अन्तरात्मा भी जानता है।”

साधु महाराज ने मन ही मन वंट खाकर कहा- “सठिया गई है; वाचाल है- धृष्ट है। आचार्य श्री! आप श्री के हस्तलाघवों से आज भगवान राम की आरती होगी। हम पापी ही हैं, तो आप श्री की आरती की लौ में हमारे पाप जल जायेंगे, शलभ की भांति। धाम तो धाम की भांति ही चलाना पड़ता है।”

आचार्य पद्मपाद ने शान्त स्वर में कहा- “प्रभु की आरती तो हम अवश्य करेंगे; किन्तु आरती के तुरन्त पश्चात् हम चल देंगे।”

साधु महाराज ने हाथ जोड़ते हुए कहा- “क्यों, महाराज?”

“हम मन्दिरों में यह सांसारिक क्लेश सह नहीं सकते। मैंने भरा-पूरा विस्तृत कुटुम्ब इन सांसारिक क्लेशों से कातर होकर ही त्यागा था और सद्गुरु की खोज में निकल पड़ा था। महानदी नर्मदा के तट पर एक गुहा में सिद्धेश्वर योगी जटानाथ मिले। उन्होंने कहा- तेरा गुरु अन्य है। परन्तु जा, प्रसन्नतापूर्वक नृसिंह मंत्र की सिद्धि देता हूं। अपने गुरु की जीवन रक्षा तथा उनकी सेवा के लिये ही इस अद्वितीय मंत्र का उपयोग करना। स्वयं अथवा अन्य के लिये इस मंत्र का प्रयोग कभी मत करना-अन्यथा पश्चाताप की अग्नि में दह मरेगा।”

साधु महाराज ने कुछ क्षणों बाद दीन स्वर में कहा- “इस धाम के उत्थान के लिये प्रभु से प्रार्थना तो कर दो।”

पद्मपाद ने सस्मित कहा- “स्वयं जगद्गुरु यह करेंगे, महाराज!”

शबरी के श्री राम की आरती उतारते हुए पद्मपाद जैसे रोम-रोम में विह्वल हो गये। श्री राम की- भगवान् की प्रतीक्षा में उस युग के मनीषी, योगी-यती, राजा-महाराजा-चक्रवर्ती सभी थे। ऋषियों और मुनियों ने महर्षि वशिष्ठ जैसे त्रिकालदर्शियों ने भांप लिया था, गौ स्वरूपिणी पृथिवी की पुकार पर सच्चिदानंद प्रभु-विभु-ईश्वर-अवश्य ही अवतार धारण करेंगे। लोकालय में पृथिवी का भार उतारने, सन्तों सज्जनों की रक्षा करने, प्राणीमात्र का कल्याण करने तथा दनुजों एवं दुष्टों का संहार करने के लिये पृथिवी की पुकार पर स्वयं प्रभु अवतरित होते हैं- होते आये हैं। प्रत्येक कल्प के प्रत्येक मन्वन्तर में किसी न किसी रूप में जगत् मंगल तथा प्राणी कल्याण के अमोघ सौकार्य के लिये सृजन-हार को आना ही होता है- इस सृष्टि का पवित्र आचरण, भव-संसार का पुनीत पुण्य यज्ञ तथा अनादि अविराम काल का श्री हरि को आदि से ही समर्पण कौन सफल धन्य कर सकता है? कौन? आरती की शिखाओं के मन्द क्रान्त प्रकाश वर्तुल में दमकते हुए घनश्याम राम का प्रसन्न मगन मुखड़ा देखते हुए पद्मपाद ने मन ही मन कहा- "सृष्टि-मंगल, जगत् कल्याण तथा जीव का श्रेय तुम, भगवन्! तुम्हीं साध सकते हो। हम नहीं- हम तो दीन, कातर, तृष्णातुर भयभीत जीव हैं- अल्पज्ञ, अल्प समर्थ, अहम्विद् भोक्ता मात्र हैं। हां, प्रभो! मेरे।"

पद्मपाद की दृष्टि भगवान् राम की बेर खाती हुई घनश्याम दमकती हुई सुघड़-सुन्दर मूर्ति की ओर जम गई; गड़ गई। विभोर और विह्वल अतिवृद्धा जीर्ण शीर्ण शबरी मानो जगत् तथा जीव के परे तथा पार के अनादि अमोघ आनन्द-लीन मोहनी हो गई थी। शरीर, जीर्ण-शीर्ण मरणोन्मुख देव-काल की दाढ़ों में फंसा देह-मानो मृत्यु के आघात सह कर अपूर्व संजीवनी-ज्योति में लीढ़ हो गया था। शबरी की चिर प्रतीक्षाकुल दृष्टि श्री राम की पूजा करने तथा उनको मातृवत् भोजन करा कर सदैव के लिये प्रभु के विरह में गल जाने की कामना-योगियों को भी दुर्लभ तथा अगम्य वह प्रभु की चिरन्तन अनन्त प्रतीक्षा, मानो शबरी की वह जीर्ण-शीर्ण मूर्ति थी। ब्रह्म और जीव जैसे अपने पूर्ण बोध में, सम्पूर्ण अर्थ में और शाश्वत भव-संसार के अन्तिम अमोघ लक्ष्य की दृष्टि से यों साकार हो गये थे। 'राम मेरे!' पद्मपाद के गहन से उच्छ्वसित पुकार निकली और आरती के घण्टारवों में कांप कर लीन हो गई।

8

मन्द सुनहली दीपशिखा के मन्द प्रकाश से मातुल का मुख मण्डल विवर्ण हो उठा। शारीरिक भाष्य की पद्मपाद-टीका के पन्ने एक-एक कर कई बार उन्होंने पढ़ डाले थे; उलट-पुलट कर लिये थे- चित्त को एकाग्र और मति को केन्द्रित कर उन्होंने अपने जीवन भर के स्वाध्याय की प्रतिभा लगाकर पद्मपाद की यह टीका पढ़ी थी। अपने एकाग्र तथा एकान्त अध्ययन की जाग्रत मति द्वारा उन्होंने सनन्दन इस पद्मपाद की यह विचक्षण टीका पढ़ने का एक विद्यार्थी की भांति प्रयास किया था। ज्यों-ज्यों मातुल टीका में गहरे उतरने लगे, त्यों-त्यों मौन किन्तु अमर्ष से पूर्ण झुंझलाहट से भरते चले गये। तब सब पूर्ववर्ती दर्शनों के आचार्य, मनीषी, तत्वचिन्तक सब झूठे? असत्य? भ्रान्ति पूर्ण-विषम-बुद्धि, विकृत- चिन्तक। तब स्वयं वेदान्त के सब पूर्ववर्ती आचार्य उद्भ्रान्त चित्त और यह तथाकथित जगद्गुरु शंकर- शंकराचार्य ही सत्य हैं? इस संन्यासी ने तो मानो वेदों तथा उपनिषदों के परम्परागत अर्थों और चिन्मय बोधों में ही परिवर्तन कर दिया है। वेदों के ज्ञान-काण्ड को ही यह जगद्गुरु एक मात्र अनिवार्य आधार मानता है, चिन्तन का। उपनिषदों को ही मनन तथा गीता को ही श्रवण का आधारभूत ज्ञान-बोध मानता है। इस संन्यासी युवा यती की धृष्टता तो देखो-सांख्य को जड़, माया-विज्ञान कहता है। महर्षि कपिल से भी यह यती स्वयं को पारदर्शी मानता है। सत्य को तो इसी ने देखा है जैसे; अन्यों ने रज्जु सर्पवत् सत्य की भ्रान्ति ही पाई है- इस विद्याहम् का भी कोई अन्त है- नहीं।"

मामी कुछ दूर चटाई पर तंद्रा-मग्न थी; चिहुंक कर बोली- "क्या नहीं?"

मातुल श्री ने निश्चिन्त तंद्रा में मगन अर्धजाग्रत पत्नी को घूरा और कहा- "यह टीका। नहीं- इस टीका का प्रकाश्य रोकना ही होगा। तेरा यह पूत संन्यासी होकर कुल, जाति, वंश और कुटुम्ब की हानि तो कर बैठा; किन्तु अब वह आचार्य पद्मपाद होकर भारत के षड्दर्शनों की भी अपार हानि करने पर तुला है- उत्तर मीमांसा का समस्त चिन्तन वह उस संन्यासी शंकर के शारीरिक भाष्य पर ही रोपना चाहता है- यह लण्ठ मीमांसा को वेदान्त की छाया-माया बनाना चाहता है- यह है, यह सपूत, तेरा।"

मामी ने तनिक जागृत होते हुए कहा- "क्यों छीजते हो? सो क्यों नहीं जाते?"

मामी ने सहसा टूटते हुए कहा- "मैं छीज नहीं रहा; जल रहा हूं- इस मन्द दीपक की भांति। देखती नहीं अन्धेरा छाया हुआ है-"

"प्रतिदिन रात आती ही है- रात में अन्धेरा ही होगा।" मामी श्री बोली- "तुम विद्वान् भी विचित्र हो, अन्धेरे में प्रकाश खोजते हो और प्रकाश में तुमको अन्धेरा दिखता है-"

"तम-जाड्यान्धकार।" मामा जी बमके- "तू क्या समझे तत्व की बात को?"

"तत्व?" मामी उठ बैठी; तीव्र प्रश्न स्वर में बोली- "क्या है यह तुम्हारा तत्व? तत्व? क्या है तत्व? वृद्ध होने चले परन्तु तत्व समझ में नहीं आया, तुम लोगों को? सहस्रों शास्त्रार्थ कर चुके, व्यवस्थायें दे चुके; अपने-अपने मत के केतु फहरा चुके; परन्तु तत्व तो जहां है, वहीं है- मूर्ख को सत्य कैसे दिखेगा भला!"

"मैं मूर्ख?" मामा चिल्लाये।

मामी ने हंसते हुए कहा- "जगत् को सत्य माने वह मूर्ख नहीं तो क्या है?"

मातुल श्री अधलेटे थे; उठ बैठे- "अच्छा! वाह रे भटु! तुम क्या तत्व-ज्ञानी हो-दर्शनिक? तब जगत् सत्य नहीं है?"

मामी ने जम्भाई लेते हुए कहा- "मिथ्या! सनन्दन ने मुझको बताया, यह जगत् मिथ्या है; केवल ब्रह्म ही सत्य है।"

"और तुम समझ गई?" मामा त्राटके- "स्त्री! तू समझ गई कि यह यथार्थ जगत् असत्य है....।"

मामी ने करवट ली; बीच ही में बोली- "असत्य नहीं, मिथ्या।"

मामा उठे और पत्नी के पार्श्व में जा धमके। झंझोड़ते हुए बोले- "अर्थात्?"

मामी ने अपनी पलकें तनिक खोलीं और अपने पतिदेव को घूरते हुए बोली- "जो न सत्य है और न असत्य। सनन्दन ने कहा था यह जगत् और यह भव-संसार है भी और नहीं भी।"

मामा श्री ने पत्नी का एक कन्धा थामते हुए कहा- "तो मैं हूं भी और नहीं भी- तुम हो भी। और नहीं भी, मिथ्या अर्थात् माया। यह पट्टी पढ़ा गया है, वह सनन्दन तुझे? स्त्री, वेद से दूर रह। दर्शन और वेद स्त्री के विषय

नहीं हैं- नहीं हो सकते। सनन्दन झूठा है; उद्भ्रान्त है। यह जगत् यथार्थ है- पदार्थों और उनके द्रव्य एवं गुण-धर्मों की दिव्य विज्ञान घन अभिव्यक्ति है। भव-संसार भी काल-कर्म का वास्तविक विपाक है; फल है-फल श्रुति है-स्मृति भी। तुम कब से तत्व-चिन्तन करने लगी? स्त्री का कार्य तो केवल गृहस्थी है; सन्तानोत्पत्ति तथा पति सेवा। वंश वृद्धि तथा कुल लज्जा का पालन-गृहस्थाश्रम का धर्म-पालन।"

मामी भी तनिक उठ बैठी; बोली- "शास्त्र तुम्हारे लिये होंगे; मेरे लिये तो यह भव-संसार है। अपने वेद तथा उसका ज्ञान तुम अपनी पोथियों में बन्द रखो। शास्त्रार्थ करते हुए नित जन्मते रहो। सनन्दन को देख कर मैं तो जैसे गहरी नींद से जग गई हूं..."

मामाजी ने तीव्र स्वर में कहा- "अच्छा, वाह रे भट्टु! अब यह तुम्हारा अन्तिम स्वांग है।"

"स्वांग?" मामी ने घूरते हुए कहा- "नहीं तो। तुम जब मुझको फलवती नहीं कर सके तो मैं भी साधुड़ी क्यों न बन जाऊं? सनन्दन से दीक्षा लूंगी- यह भव तो यों ही गया। तुम्हारी भगिनी की सन्तान को छाती से लगाये हुए जी रही हूं। वृद्ध हो गई; परन्तु तुम अन्धे तथा बहरे हो- शास्त्र चाटते रहते हो।"

मामा श्री आघात खाते हुए बोले- "सन्तान हमारे भाग्य में ही नहीं है, तब मैं क्या कर सकता हूं?"

"भाग्य?" मामी बोली- "नपुंसक ही भाग्य की दुहाई देता है।"

"मैं, मैं नपुंसक!" मामा क्रोध से कांपते हुए उठ खड़े हुए- "स्त्री! अपने पति की भर्त्सना करते हुए तुझको लज्जा नहीं आती?"

मामी भी बोली- "निर्लज्ज होती तो सन्तान प्राप्त कर लेती, समझे!"

"क्या करती?" मामा ने बमकते हुए पूछा।

"नियोग करती और क्या करती?" मामी ने सस्मित कहा।

मातुल श्री कक्ष के द्वार की ओर लपके; द्वार में तनिक ठहरते हुए बोले- "अच्छी बात है। तब मैं वानप्रस्थ ग्रहण करता हूं। तुझको और इस घर-गृहस्थी को यह त्यागा। यह अञ्जुलि रखता हूं- तुझे त्यागा, समझी!"

मामी ने पुनः लेटते हुए कहा- "त्याग चुके। दसों बार यह त्यागने की धमकी दे चुके हो। कामिनी और काञ्चन त्यागना हंसी-खेल नहीं है। वैराग्य और ब्रह्मचर्य चाहिये उसके लिये। तुम तो राग में रचे-पचे हो। अपनी

पण्डिताई को लेकर स्वयं को न जाने क्या मानते हो? भिक्षुक तथा साधु तुमको अकर्मण्य तथा समाज का भार लगते हैं- संन्यासियों और ऋषियों की अवज्ञा करना तथा अपना पाण्डित्य बघारना तुम्हारा स्वभाव हो गया है। तुम विद्वान् हो, ज्ञानी नहीं।"

मातुल सिर धुनाते हुए कक्ष से बाहर निकले। माझम रात निश्चिन्त स्वमगन तारों के आलोक में सोती हुई स्वप्न देख रही थी और वायु कलियों से चिरौरियां कर कुमुदिनियों की छेड़ करने के लिये मस्त बहा जा रहा था। श्री गुरो धाम धुंधली छायाओं के स्थिर चित्र सा धरती पर जमा आकाश में उड़ जाना चाहता था। "मैं, मैं ज्ञानी नहीं- मैं तब अज्ञानी?" मामा के गहन में मानो किसी महाप्रेत ने चीत्कार की- "तब मैं रागी? द्वेषी? कामी? मैं, मैं नपुंसक मामा के रोम-रोम में जैसे बिच्छुओं ने डंक मारे हों, यों जलते हुए वह पुर के बाहर अनजान ही चलने लगे। यह, यह मेरी स्त्री है? मामा ने मानो उदासीन स्वमग्न तारों से पूछा। यह, यह मेरी जीवन-संगिनी, अर्धांगिनी पत्नी है? मामा ने दिशाओं को पुकारते हुए पूछा। मानो किसी ने सात पाताल फोड़ कर कहा- "है तो।" मातुल श्री रुके और ऊर्ध्व स्वांस भरते हुए अपने चारों ओर देखने लगे। उनके चित्ताकाश में अब जैसे आँधी आ रही थी- मुझको यह स्त्री क्या समझती है? सन्तान नहीं होने का दोष मुझ पर? यह तो भाग्य की, कर्म-लेख की-विधाता की बात है। शास्त्र इसमें क्या करे? होंगे हमारे कर्म ऐसे, जो बाधक बने हैं, इस भव में। पुत्र चाहिये, पुत्री चाहिये-तो है न यह सनन्दन, यह तिलोत्तमा और वह गौरी-उसको भी तो तू अपनी पुत्री मानती है। मामा तारों को एक-एक कर देखने लगे। दिवस में नूपुरों की रुनझुनों से ध्वनित तथा चूड़ियों की खनकों से खन-खनाता हुआ पनघट और वापिका मानो धरती के उदर में पुनः प्रविष्ट हो जाना चाहते थे। आस-पास के ताड़ के वृक्षों पर यक्ष ध्यान मग्न से द्युलोक का आह्वान सा कर रहे थे और नारियल की छितरी पल्लविकाओं में यक्षणियाँ साधकों के मंत्र जाप द्वारा सिद्ध होने की प्रतीक्षा में अदृश्य-दृश्य सी थीं। मातुल श्री को अपनी चारों ओर एक आगम दुःख की आशंका हो उठी। यह भव पत्नी के द्वारा अपमानित होते रहने किन्तु विद्वानों द्वारा पूजित होते रहने के लिये ही मैंने धारण किया है-तू समझता क्या है सनन्दन! पद्मपाद-आचार्य पद्मपाद! तू मेरे श्री गुरो प्रभाकर मीमांसा केसरी से भी अधिक विद्वान् हो गया-तू? निरक्षर लण्ठ कहीं का। यह टीका तू ने लिखी है-तू ने? धातु

रूपावलि कण्ठस्थ जो नहीं कर सका, जो स्थिर चित्त से गायत्री का जाप नहीं कर सका, जो कर्मकाण्ड में शून्य है तथा जो शास्त्र का क, ख, ग, घ तक नहीं जानता, वह आचार्य पद्मपाद हो गया। यह विधि-विडम्बना नहीं तो क्या है, भट्टु मेरे! किन्तु मुझको तुम सब ने क्या समझा है? मैं शास्त्रज्ञ विद्वान ब्राह्मण हूँ-वैदिक वर्णाश्रम धर्म का धारक तथा गृहस्थों का मार्गदर्शक व्यवस्था दाता हूँ। मैं यज्ञपण्डित हूँ। मैं द्वारपण्डित हूं-मैंने शास्त्रों का अञ्जुलिवत् पान किया है। तू समझती क्या है? मेरी धर्म पत्नी हुई तो क्या मैं भूल गया हूँ, तू स्त्री है? स्त्री! माया, मोहिनी कामिनी-काञ्चन प्रिया, ऐश्वर्य की ललिता-स्त्री। तभी ऋषि-मुनियों ने स्त्री की छाया से भी दूर रहने को कहा है। ब्रह्मचारी को स्त्री की छाया से दूर, गृहस्थ को सावधान, वानप्रस्थ को तटस्थ तथा संन्यासी को स्त्री की धारणा मात्र से अलग रखा है। स्त्री, वृद्ध हो जाय, किन्तु श्रृंगार करेगी ही-आभूषणों से ठसेगी। स्त्री! उसकी चाल में ठसक, उसके हाव भाव अनुभाव सभी में कर्षण-राग का आकर्षण! स्त्री? नहीं देखकर भी देखती है; नहीं सुन कर भी सुनती है-मना करेगी हाँ के लिये। यह मायाविनी केवल लोकलाज से थमी रहती है अन्यथा स्त्री से बढ़ कर आत्मवञ्चक और निर्लज्ज और कौन है? मुझसे कह रही है कि मैं फलवती नहीं कर सका अर्थात् मैं निवीर्य हूं-यही न? सनन्दन के आने के बाद यह-यह मेरी धर्मपत्नी जैसे धर्मपत्नी के सत्व की बातें बघारने लगी है-इसको किसी भी प्रकार का संकोच नहीं रहा। मुंहफट्, ढीढ़ तथा बधिर होती जा रही है। निस्संदेह यह सह्य परिस्थिति नहीं है। मैं उसका पतिदेव हूं, यह वह भूल गई है-स्मरण कराना होगा, अवश्य।

धुंधले आलोक से एक नारी मूर्ति आविर्भूत हुई, तिलोत्तमा मामा के ठीक पास आकर वह थमी; बोली- "आपको यह व्यवहार क्या शोभनीय है? मामी से झगड़ते ही रहते हैं आप। उसने ऐसा क्या बिगाड़ा है आपका-क्या अपराध किया है?"

"मैंने ही बिगाड़ा है उसका-तुम सब का। बस।" मामा श्री बमके- "मैं हूँ एक सब का अपराधी। मैं हूँ एक दैत्य-दुष्ट।"

"कौन कहता है यह आपको?" तिलोत्तमा ने दृढ़ किन्तु तीव्र स्वर में कहा- "समस्त समाज, जाति, वंश तथा हम सब आपके आत्मीय-"

"मामा बीच ही में त्राटके- "आत्मीय? कौन किसका आत्मीय है, इस संसार में? क्यों बातें बनाती है-इस संसार में सभी स्वार्थी हैं- रोग मिटा कि वैद्य वैरी।"

"आप भी अपने वैरी हैं तब?" तिलोत्तमा ने शान्ति पूर्वक कहा- "आप हमारे बड़े तथा शीर्ष पिता स्वरूप हैं। हम सब आपकी उदार कृपा से जीवन के सुख-दुःख काटते हैं। आपका क्रोध हमें भयभीत कर देता है- आपका हठ हमें चूर्ण बना देता है। आप प्रसन्न रहें और हम पर कृपा करते रहें-यह हम चाहते हैं। हम आपकी सन्तति हैं, पूज्य!"

"सन्तति?" मामा जी गुर्राये- "है न वह सनन्दन सन्तति! धृष्ट अहमन्य यह पद्मपाद श्री गुरोमत को टूक-टूक करने पर तुला हुआ है। तू ने उसकी टीका पढ़ी है- देखी है? नहीं। क्यों देखोगी? तुमको तो मेरी कृपा चाहिये; उदारता चाहिये-क्षमा चाहिये और चाहिये मेरा रक्त।"

"मामा।" तिलोत्तमा ने प्लुत स्वर में पुकार कर कहा- "क्या हो जाता है आपको? कौन आपका रक्त चाहता है? मैं? वह-मेरा कुटुम्ब? कौन? मामी माँ आपका रक्त चाहती हैं- इतने बड़े मनीषी होकर भी क्रोध में अन्धे हो जाते हो? यह क्या आपको शोभनीय है?"

मामा झुंझला कर घर की ओर मुड़े- "हाँ, जा, मैं पिशाच हूँ। मनीषी-क्यों जले पर निमक छिड़कती है? वह तेरा भाई सनन्दन मेरा सर्वनाश करने पर तुला हुआ है-"

"परन्तु कैसे, मामा!" तिलोत्तमा साथ हो लेती हुई बोली- "श्री शंकर शारीरिक भाष्य पर टीका लिख देने से आपका, हम सब का सर्वनाश हो जायगा?"

"उस पूत ने न्याय-वैशेषिक, मीमांसा, सांख्य इन दर्शनों की धज्जियां उड़ाने का दुस्साहस तथा धृष्टता की है। वह शंकराचार्य स्वयं को 'शिवोहम्' कहता है-बड़ा जगद्गुरु बना हुआ है परन्तु कहें किसको? वह बड़े धुरन्धर मण्डन मिश्र इस यती के सामने घुटने टेककर बैठ गये-शास्त्र की अपराजित नौका को त्याग कर वेदान्त के कमल-पत्र पर जा बैठे, यह महाशय मण्डन मिश्र। श्री गुरो इस संन्यासी वेदान्ती से बात तक करना नहीं चाहते। हम तब क्या कर सकते हैं? मैं क्या करूं तब! अपने नाक के नीचे मीमांसा दर्शन को जल जाने दूं? यह मुझसे नहीं होगा, तिलोत्तमा।"

तिलोत्तमा ने शान्तिपूर्वक कहा- "सत्य क्या कभी जल जाता है? नष्ट होता है? सत्य क्या कभी मिट जाता है-नहीं हो जाता है? महर्षि कपिल तो कहते हैं- जो है वह नहीं-हो नहीं सकता तथा जो है-वह है ही है-नहीं हो सकता-"

मामा ने श्री गुरोधाम के वृक्षों को देखा; आह भरी और बीच ही में बोले-
"जानता हूँ। तू क्या मुझे महर्षि कपिल बनाने चली है, मुझसे सब जाना,
पढा और मुझी से म्याऊं-म्याऊं? नासतो विद्यतेऽभावो नाऽभावो विद्यते
सतः। क्या मैं नहीं जानता? घोट लिया है और अञ्जुलि कर पी गया हूँ
सांख्य को। सांख्य? लंगड़ा अन्धे के कन्धों पर चढ़ बैठा है और अन्धे को
मार्ग दिखा रहा है-दिशा बता रहा है। लंगड़ा पुरुष है और अन्धी प्रकृति। अरे
वाह रे मेरे भट्ट! क्या जोड़ी मिलाई है? कोई इस मुनिवर कपिल से पूछे- यह
लंगड़ा अन्धे पर चढ़ा कैसे? क्यों? अन्धे ने इस लंगड़े को अपने सिर पर
सवार होने क्यों दिया! पुरुष का प्रतिबिम्ब पड़ता है, प्रकृति में और प्रकृति
पुरुष को रिझाने नाचती है-यह है तेरे महर्षि कपिल का कथन। ज, अव्यक्त
तथा व्यक्त और यह पद्मपाद लिखता हैः जगद्गुरु शंकर के दृढ़ मत में
ज ही ब्रह्म चैतन्य है-यह अव्यक्त मूल प्रकृति जड़ है-माया, अनिर्वचनीय
माया। अतः यह मूल प्रकृति ब्रह्म की ही दिव्यतम कल्पना है-संकल्प। मूल
प्रकृति को यह जगद्गुरु जड़ कहता है-माया। सीमा आ चुकी है विचार की।
सुना! अहर्निश हम अनुभव करते हैं कि इच्छा, ज्ञान और क्रिया की मैं जीव
एक अनादि शाश्वत चेतना हूँ-जीव स्वरूप मैं ही चेतन हूँ तथा देह रूप जड़;
किन्तु शरीरीवत् मैं स्वयं अगाध परम् भृत् परम् पूर्ण सत्य स्वरूप अव्यक्त
हूं- मैं ही अपना ज्ञेय ज्ञाता तथा ज्ञान हूँ। मुझसे परे और कौन सा चैतन्य
है? इस जगत् के पार है क्या? तम, सघन तम।"

तिलोत्तमा ने स्वयं से ही कहा- "सघन तम छाया हुआ है-एक उज्ज्वल
तीर से नयन बेधो।"

मामा घर में घुसते हुए बोले- "बेध गया है तेरा भाई। नयन ही नहीं यह
सारा देह-हृदय सब कुछ बेध गया है। सेतुबन्ध श्रीमान देव-दर्शन के लिये
गये हैं-यहाँ घर-संसार में आग लगा कर यह मूढ़ आत्म वञ्चक देवताओं
को छलने गया है। सनन्दन! तू और तेरा गुरु श्री गुरोमत को यों लील नहीं
सकते। मैं जीवित हूं -मैं।"

"मैं। विश्रुत विख्यात मातुल श्री-चोल देश का शास्त्रज्ञ तथा मीमांसा
श्री गुरो मत का अनन्य उन्नायक-मैं विद्याधर मनीषी मैं, मैं-मैं।" मातुल
श्री गुरोधाम में घुस कर कन्दुक की भांति श्री गुरुपीठ पर रखी खड़ाऊं को
नमन करते हुए स्वयं से बोले- "गुरुजी! मैं हूँ शिव शंकर मीमांसा तीर्थ
मैं-मातूल श्री हूं। मेरे कुल का एक व्यक्ति आप श्री के ज्वलन्त अपरिहार्य

मत को खण्ड-खण्ड कर दे-टूक-टूक कर दे-अप्रमाणित, यह मैं सोच ही नहीं सकता, नहीं। क्या यह पद्मपाद अपने गुरु के वेदान्त मत के विरुद्ध, विपरीत समानान्तर एक शब्द भी सुन सकता है? सुने तो वह सच्चा शिष्य नहीं; अच्युत पण्डित तथा गवेषणामय मनीषी नहीं। श्रुति ऋषियों और मुनियों का ध्यान गम्य अनुभूति कथन क्या सांख्य के सृष्टि प्रपंच तथा मीमांसा के पदार्थ-विज्ञान को झुठला सकती है? श्री गुरो और भट्टपाद में पदार्थों की संख्या तथा उनके गुण-धर्मों के विषय में मतभेद-दृष्टिभेद हैं-हो सकते हैं किन्तु यथार्थ ज्ञान की इस व्यावहारिक काल सत्ता तथा कर्म की पुण्यकान्त स्वर्गीय गति-विधि के सिवाय, परे, पार-उपरान्त एवं उपरत आत्म तत्व, परम् तत्व-चैतन्य, ब्रह्म चैतन्य ही सत्य है, शेष सब समस्त क्षणिक है अतः भंगुर है, मिथ्या है-असद्। असत्य? सत्य जो है, जैसा है, वैसा ही सत्य है। यह जगत् सत्य है; भव-संसार सत्य है, यह काल का जन्म-मरण का चक्र सत्य है। सत्य वह जो अनुभूय हो-अनुभव गम्य हो। केवल ध्यानस्थ धारणा में जो शून्य उल्लास प्रतीत होता है-एक उड़ता हुआ, बिलमाता हुआ, अरूपत्व जो भासित होता है- रंगों के नवरंगी बादलों के मूक उदासीन उल्लसित उभार ही तो-इनसे सत्य की अन्तिम व्याख्या करना। आकार है, रूप है, नाम है- जैसा भी है, है। उसको स्वीकार नहीं कर ब्रह्म चैतन्य को अरूप अनाम अज आदि बता कर शास्त्रों को ठुकराना, स्मृतियों का घोर निरादर करना तथा मानव की नैतिक जड़ों का ही उच्छेद कर देना-क्या यही तेरी टीका है, सनन्दन? आत्मा-परमात्मा-सत्यम् ज्ञानानन्तम् ब्रह्म-ब्रह्म! ब्रह्म!! ब्रह्म!!! श्री गुरो क्या?"

गौरी ने द्वार पर खड़ी होकर कहा- "कुछ नहीं।"

मातुल श्री जगे; घूमे, बोले- "गौरी तू? बेटी! अभी कैसे आई?"

"मामी-मां रो जो रही थीं।" गौरी ने शान्त स्मितपूर्वक कहा- "मामी-माँ जब हंसती है तब भी आती हूं। रोती हैं तब भी आती हूं-अपने प्रिय पूज्यों के दुःख में दुःखी होने आती हूं। है न? आऊँ न, मामा?"

मातुल श्री ने उस अनन्य अनिंद्य निष्पाप मुख-मण्डल को देखा; आर्द्र स्वर से बोले- "अवश्य, अवश्य। वह सनन्दन-विश्वासघात कर गया न, बेटी?"

गौरी सहज ही लजाई, बोली- "वह? विश्वासघात? नहीं तो। विश्वास सदैव विश्वास ही है-अविश्वास हो ही नहीं सकता। वह विश्वास ही क्या जिसका घात हो सके?"

"अच्छा?" मातुल तनिक हठात् होते हुए बोले- "विश्वास-अविश्वास नहीं, घात नहीं?"

गौरी फुदकती हुई तनिक लहरती हुई अन्दर आई, मामा श्री के ठीक पास मुस्कुराती हुई खड़ी हो गई; बोली- "मामी मां पर बिगड़ते क्यों हो? क्रोध करना क्या एक समझदार विद्वान् के लिये उचित है? वह कहते थे ब्राह्मण के लिये क्रोध पिशाच है।"

मातुल श्री बमके- "तो वह मुझे पिशाच मानता था?"

"नहीं तो।" गौरी खनखना कर हंसी- "लो। वह आपको ऐसा क्यों कहने लगे? मैं काम, क्रोध, मद, मोह, लोभ-मात्सर्य की याद दिला रही हूँ-श्री कृष्ण ने गीता में जो कहा है, उसकी आपको याद दिलाने आई हूं। फिर अबला स्त्री पर क्रोध करना? छिः मामा।"

मातुल ने गौरी को नख से शिख तक घूरा और कहा- "श्री कृष्ण, गीता-षड़ विकार, जैसे मैं जानता ही नहीं। तू उस सनन्दन का दोष क्यों निकालेगी?"

गौरी ने मामा की प्रदक्षिणा सी की; बोली- "क्यों? दोष होगा तो देखूंगी, कहूँगी, और वरजूंगी।"

"तो?" मामा ने उस लहरती हुई गण-गौरी सी गौरी को तनिक आश्चर्य पूर्वक देखते हुए कहा-"तो तेरे उस सनन्दन में कोई दोष नहीं है? वाह रे भटु मेरी!"

गौरी सहसा सहमी सी खड़ी रह गई-"सनन्दन! मेरे?"

मामा त्राटके- "हां, तेरा वह सनन्दन। तू ने ही तो उसको वरने का संकल्प लिया था!"

गौरी शान्त गंभीर स्वर में बोली- "मैंने संकल्प किया था और वह संकल्प क्या मैंने तोड़ दिया है, पूज्य?"

मामा श्री न जाने क्यों सिहरे, बोले- "तू ने नहीं तोड़ा; किन्तु उस लण्ठ जोगटे ने तेरे संकल्प को नहीं माना-तुझे ठुकराया।"

गौरी ने अपने गहन आभा से भरी आँखों में मामा को भरते हुए कहा- "मैं स्वयं के लिये ही प्रेम करती हूं, उनके कारण नहीं।"

मामा ने कहा- "अच्छा? महर्षि याज्ञवल्क्य-उपनिषद भी यही दुहाई देते हैं-"

"मुझे नहीं ज्ञात, मामा जी।" गौरी ने कहा- "मैं श्रुति, स्मृति, उपनिषद्, वेद-कुछ भी तो नहीं जानती। मैं केवल उनको ही जानती हूँ- मानती हूँ।"

"सनन्दन को?" मामा ने पूछा।

"और किसको? परमात्मा को?" गौरी ने हँसते हुए पूछा-"मेरे लिये इस संसार में परमात्मा वही तो हैं-है न, मामा?"

"गौरी!" मामी ने पीछे से आकर गौरी को बाहुओं में भर लिया- "तू उसके पीछे भेख लेगी?"

गौरी ने मामी के वक्षस्थल से चिपकते हुए कहा- "ले लिया, माँ! मै हूँ ही कहाँ-वही तो हैं।"

मामी माँ ने अपने हठात् खड़े हुए पतिदेव को घूरा; बोली- "देखा मेरी इस बेटी को? तुम्हारे सब शास्त्र धूल चाटते हैं इसके सामने।"

"नहीं, मामी-माँ!" गौरी सहज शान्त स्वर में बोली- "शास्त्र तो जगत् को पार करने की नोकायें हैं-स्मृति भव-संसार के संतरण के लिये है। यही मुझे वह-वह जगद्गुरु स्वप्न में आकर बताते हैं।"

"जगद्गुरु? स्वप्न में आकर तुझे वेदान्त का उपदेश करता है?" मातुल श्री सहसा जागते हुए बोले- "स्वप्न में?"

गौरी ने प्रसन्नवदन से कहा- "उनकी छवि बदल जाती है और युवा कमनीय तेज पुञ्ज सन्यासी, शंकर, जगद्गुरु शंकराचार्य जैसे मुझे आशीर्वाद देकर कहते हैं: अभय लाभ कर, पुत्री। प्रेम मृत्यु के भय से उबार देता है- आनन्दमय अभय अनुभव करना, प्रिय से एक्य- अभेदत्व लाभ करना ही ज्ञान प्राप्त करना है- अतः मैंने अपने 'स्व' को मिटा दिया है- मैं हूँ ही नहीं-नहीं हूँ। नाम कुछ भी हो, वेश कैसा ही हो; किन्तु वही हैं। हम एक हैं; अभेद्य चिदानंदवत् हैं।"

और गौरी ने मामी-मां का प्रगाढ आलिंगन करते हुए चिहुंक की- "मामी माँ, वृद्ध माँता। जगदम्बे!"

मातुल ने अवाक्-हठात् सा होते हुए पुकार कर कहा- "गौरी! क्या तू-तू विक्षिप्त हो गई है? तू अपने चित्ताकाश में प्रथमतः सनन्दन की छबि देखती है और वह फिर बदल जाती है? उस आत्म वञ्चक गुरु की छवि में- शंकराचार्य प्रगट होते हैं तेरे चित्ताकाश में? क्यों री? किसको मूर्ख बनाती है? यहाँ तो भव के भव बीत गये-चित्ताकाश में भूत-प्रेत भी नहीं नाचते। चित्ताकाश! जगद्गुरु! अब बस कर गौरी। यह आत्म वंचना मुझ से सही नहीं जाती। तो तू श्री गुरो मत में नहीं मानती?"

मामी-मां ने कहा- "यह क्या तुम्हारी छात्रा है? शिष्या? जो यह पूछ रहे हो? श्री गुरो मत? सनन्दन कहता था, मुण्डे-मुण्डे मति भिन्न है- तलैया

में दादुरों की भाँति मतों की स्थिति है- यह तिलोत्तमा देखो तो अलग ही पण्डित बनी रहती है।"

"चुप रहो तुम, भट्टु मेरी।" मामा श्री क्रोध से काँपते हुए बोले- "इस धाम में श्री गुरो मत के विरोधी, विषमी, द्वेषी और वैरी के लिये स्थान नहीं है-जो भी उस जगद्गुरु शंकराचार्य का मनसा-वाचा-कर्मणा भी पक्ष लेगा, उसको यह श्री गुरो धाम अपना नहीं मानेगा-उसको इस धाम से बहिष्कृत होना ही होगा।"

तिलोत्तमा ने अब कहा- "यह क्या कह रहे हैं, पूज्य, आप?"

मामा श्री ने श्री गुरो व्यास पीठ की ओर चीन्हते हए कहा- "श्री प्रभाकर गुरो मत विजयते। भट्टपाद कुमारिल्ल भी चाहते थे, श्री गुरोमत अन्तध्र्यान हो जाय। महाशय मण्डन मिश्र भी यही देखते थे, श्री गुरोमत अपठनीय हो जाय। रहे क्या? चले क्या? क्या प्रतिष्ठित हो? अपना विचार, अपना दृष्टिकोण परन्तु अपना विचार हो तो चले न? मीमांसा यावत् भव-संसार की काल-चेतना है, समझी! शून्य वादियों विज्ञानवादियों और तत्व चर्चा करने वाले वाणी-शूरों को मीमांसा और सांख्य समझ में नहीं आते-श्री गुरोमत पूर्ण सर्वांगीण इस जगत को, लोकालय की धारणा है; चेतना जो सांख्य के परा चिन्तन का उद्भव करती है-मीमांसा इस पृथिवी पर धर्म देती है; धर्म-धारण तथा धर्म पालन सिखाती है-यज्ञ और पुण्य कर्म का शिक्षण देती है-मृत्यु लोक में व्यष्ठि तथा समष्टि के लिये मीमांसा श्री गुरो मत दर्शन है, तत्व बोध है, तथा जीव के लिये धर्म-पथ सम्बल है। उस मत का विरोध? खण्डन? नहीं सहा जायेगा-नहीं सहन किया जा सकता, समझी! जिसको इस घर में रहना है उसको श्री गुरो मत को मानना है, उसका अनुशीलन करना है तथा उसकी इन अनुदार स्वार्थी अहमन्य पण्डितों तथा उद्भ्रान्त चित्त सन्यासियों से रक्षा करना है- स्पष्ट हो गया?"

तिलोत्तमा ने शान्ति पूर्वक कहा-"जी, हो गया। तब मैं आज ही अपने घर श्रृंगेरी लौट जाऊंगी। मैं वेदान्त को समझ नहीं पाती; किन्तु किसी भी दर्शन अथवा तत्व बोध को अन्तिम मान्य मान कर परम् तत्व का चिन्तन भी नहीं कर सकती। निस्संदेह एक मत, एक दृष्टिकोण, एक विचार तथा एक धारणा तात्कालिक है, शाश्वत नहीं। शास्त्र हमें सत्य की व्यावहारिक सत्ता ही तो समझाते हैं, किन्तु दर्शन से मैं सत्य की पारमार्थिक सत्ता को ही जानना चाहती हूँ-मीमांसा दर्शन स्मृति दर्शन है, पूज्य। स्पष्ट है।"

"तेरा सिर स्पष्ट है, तिलोत्तमा। तू मुझको भी तेरा भाई वह सनन्दन, वह आत्म वञ्चक, लण्ठ उद्धान्त मूढ़ मति समझती है?" मामा श्री गर्जे- "तू है क्या, जो पण्डितों से वार्ता करती है? विद्वानों से भिड़ती है तथा मनीषियों से उलझती है? तू भी वैसी ही है, जैसा वह है।"

तिलोत्तमा ने शान्ति से गौरी का हाथ थाम कर कहा- "चल, गौरी! चलें! मैं अपने घर ही भली। पीहर मन का मनोरथ है; किन्तु सुसराल, अपना घर बाहर तो अपना गृहस्थाश्रम अपना भव-संसार है। वहीं यह अन्तिम सन्तान जन लूंगी। मामी-मां! तुम दुःखी न होना। सन्तान पीहर आकर जन्माना एक ऐसी प्रथा है, जिसका अन्त जननी के तिरस्कार में भी हो सकता है- हमारे पूज्य मामा श्री यही कर रहे हैं।"

मामा बमके- "मैंने कहा, तू चली जा?"

तिलोत्तमा ने अड़ते हुए कहा- "मैं श्री गुरो मत का आदर करती हूँ; किन्तु उसी को चिन्तन का अन्तिम सार-सत्य स्वीकार कर नहीं सकती। आपके लिये तो श्री गुरोमत के दास ही आपके प्रिय हैं- सर्वस्व।"

मातुल श्री ने पृथिवी पर पैर पटकते हुए कहा- "निस्संदेह। श्री गुरोमत का वैरी, वह, मेरा, वैरी, निस्संदेह।"

तिलोत्तमा ने मामा श्री को सिर से पैर तक निहारा; कहा- "और जो श्री गुरो मत का दास न हो, उसका आपके धाम में स्थान नहीं है, यही न?"

"यही।" मामा श्री त्राटके- "श्री गरोमत ही मेरा सर्वस्व है; मेरा जीवन सार है। मीमांसा का यह श्री गुरोमत-प्रभाकर-दर्शन ही मैं सच्चा यथातथ्य प्रामाणिक तत्त्व-बोध मानता आया हूँ और मानता रहूँगा। मैं ऐसे एक कोटि सनन्दनों का सामना करूँगा-ऐसे जगद्गुरुओं की पोल खोल कर रख दूंगा-तू मुझे समझती क्या है?"

"मामा!" तिलोत्तमा ने सस्मित सजल नयनों से देखते हुए कहा।

"यह सत्य और उसके सिद्धान्त का प्रश्न है। यह व्यावहारिक जीवन के सम्बन्धों का प्रश्न नहीं है। यह अन्तरात्मा के धर्म की प्रतिज्ञा है। उसकी रक्षा सर्वस्व की बलि देकर भी करनी है, तो करनी होगी। तू तब उस जगत मिथ्यावादी शंकराचार्य में मानती है?"

तिलोत्तमा ने ऊर्ध्व साँस भरते हुए कहा- "मैं अपनी बुद्धि में मानती हूँ-गुरुओं की आज्ञाओं तथा आचार्यों की प्रतिष्ठाओं को सुनती हूँ; जाँचती

हूँ-उन पर चिन्तन करती हूँ तथा जो बुद्धि में बैठता है, उसी को स्वीकार करती हूँ..."

"तू स्वयं को मैत्रेयी, गार्गी मानती है-यही, यही।" मामा श्री बमके- "तू क्यों नहीं समझती, तू एक स्त्री है, नारी। अशिक्षित तथा अदीक्षित् पत्नी है; माँ है-सम्बन्धी-संगी है। तू एक गृहस्थिन है-अपने को बड़ी जागरूक तत्त्व-चिन्तक जान कर तथा प्रत्येक तत्व-चर्चा की खिल्ली उड़ा कर तू स्त्री की आत्यंतिक मूर्खता को ही व्यक्त करती है- स्त्री बुद्धि शालिनी कब हुई, भट्टु मेरी?"

"तब स्त्री मानव नहीं है- पशु है, गाय? भैंस, बकरी?" तिलोत्तमा ने तीव्र स्वर में पूछा।

"स्त्री पति की दासी, सन्तान की मां तथा गृहस्थाश्रम की सेविका भर है- और क्या है स्त्री? स्त्री स्मृति स्वरूप है; शास्त्र स्वरूप नहीं। दर्शन से नारी का क्या वास्ता? नारी ही भव-बन्धन का गुह्य कारण है- नारी ही पुरुष को भव-संसार में बांध कर डुबाती है- नारी नर्क की खान है- शास्त्रों ने ठीक ही कहा है।" मामाजी ने क्रोध से कांपते हुए कहा- "इस घर में मेरी इच्छा, मेरी आज्ञा तथा मेरे विचार के वायु मण्डल में रहना होगा, समझी तू।"

"समझ गई, पूज्य।" तिलोत्तमा ने कहा और गौरी को घसीटती हुई कक्ष के बाहर ले गई। मामी-मां ने अब मौन भंग किया- "तुम विक्षिप्त हो गये हो क्या?"

"विक्षिप्त तेरा पिता, पितामह। चुप कर।" मामाश्री कांपते हुए बोले।

"अच्छा, बाबा। जैसे तुम्हारी इच्छा-आज्ञा।" मामी रोती हुई बोली- "क्यों अपनी सुखी गृहस्थी को व्यर्थ के कलह की आग में जलाने तुल गये हो? तुमको अपनी स्त्री, कुटुम्बी, सगे-सम्बन्धी-इन सबसे अधिक प्रिय अपना श्री गुरोमत है?"

"हां, अवश्य-निर्विवाद अवश्यम्भावि।" मामा क्रोध से कांपते हुए बमके- "इस घर का स्वामी मैं हूं- धाता-विधाता, पुरुष मैं हूं। तुम सबको मेरी इच्छानुसार, मेरी आज्ञापूर्वक, मेरे अनुशासन और आम्नाय में रहना होगा। कान खोल कर सुन लो।"

मामी-मां रुदन पूर्वक बोली- "नहीं तो क्या करोगे?"

"तुम सब को घर से बाहर निकल दूंगा।" मामा त्राटके।

मामी-मां ने चिल्ला कर कहा- "तुम्हारा ही घर है- हमारा नहीं है क्या? बड़े आये घर से निकालने वाले। तुम भी कान खोल कर सुन लो, यह घर मेरा है, मेरी गृहस्थी-मेरा कुटुम्ब है। घर से निकाल दूंगा-निकालो देखें?"

मामा जी ने पैर पटकते हुए कहा- "स्त्री, नहीं मानी तो इस घर में आग लगा दूंगा, समझी। उस सनन्दन से, इस तिलोत्तमा से और तुझसे अपमानित तथा लाञ्छित मैं अब जैसे जी नहीं सकता। तुम सब मेरे कब थे? अपने स्वार्थ के सगे तुम मुझको अपने स्नेह तथा सेवा का धोखा भर कर रहे हो। मैं सब समझता हूँ- इसीलिये इस संसार को ऋषि-मुनियों ने असार कहा है-दुःख का मूल कहा है और जीव ने हार कर इस भव-संसार से मुक्ति मांगी है-"

मामी-मां ने जाते हुए कहा- "निस्संदेह जगत् मिथ्या है। ठीक कहा है महात्माओं और मुनियों ने। हम स्त्रियों का प्राण लेकर भी तुम नर सन्तुष्ट नहीं होते। स्त्री, जननी, माँ माता में ही तुम कामुक और अहंकारी। नरों के लिये निरी भोग्या है-दासी, सेविका। सो मैंने तो तुम्हारी लातें खा कर भी अपना धर्म निभाया है, परन्तु तुम? सनन्दन, बेटा! आकर मुझे भी अपने संघ में ले जा।"

"साधु बनेगी? तू घर के बाहर टांग रखी है, तो टांग काट दूंगा, समझी।"

मामी मां खड़ी रह गई- "क्या कहा?"

"तू मेरी स्त्री है, शास्त्र विहित-विवाहित। मेरी इच्छा ही तेरी इच्छा है-मेरी आज्ञा ही तेरा कर्तव्य है-मेरी प्रसन्नता के लिये ही तुझे जीना है-जीना होगा।"

"मैंने कब मना किया है?" मामी माँ ने सुबकियां भरते हुए कहा- "विधाता ने तुम्हारे घर के खूंटे से हम गायों को बांध दिया है-जितना दूह सको-दूह लो। गाय कहाँ जा सकती है? उसे मारो-पीटो-ठुकराओ। गाय घर छोड़ कर कभी नहीं जाती है किन्तु यह भी सुन लो, अब तुम्हारा यह अत्याचार नहीं सह सकती। तिलोत्तमा ने मुझे बताया है, अत्याचार सहना अत्याचारी होना है।"

मामा लपके-उछले तथा एक थप्पड़ अपनी पत्नी को जड़ कर बोले- "तू-तू! अयोग्य, अपात्र, वन्ध्या कहीं की।"

"हैं।" मामी-मां अवाक् चकित स्तम्भित सी अपने क्रोध से कांपते हुए पति को देखती हुई विजड़ित सी खड़ी रह गई। कक्ष में मानो कोई प्रेत

अट्टहास्य करने लगा। मामा ने वेदान्त की पोथियों को धरती पर फेंकते हुए गर्जना की- "यह तेरे वेदान्त की पुस्तकें- धूल में मिला दी मैंने- देखा।"

मामी जगी; पुकार कर बोली- "सनन्दन, पद्मपाद!"

मामी-माँ की पुकार मातुल श्री को जैसे हहरा गई। वह कोध से कांपते हुए अपनी धर्मपत्नी को अटक-अटक कर धीरे-धीरे कक्ष से बाहर होते देखते खडे रहे। अह! मातुल श्री के गहन अंधेरे मानस में कोई चिर परिचित मूक ही चिल्ला उठा- "सनन्दन! पद्मपाद! संसार उस लण्ठ को पुकारे, मैं समझ सकता हूँ। इस जगत् में आडम्बर, औपचारिकता तथा ऐन्द्रजाल ही चला है-चलता आया है। गृहस्थाश्रम में भी रूप, यौवन, ऐश्वर्य, श्री, समृद्धि तथा शक्ति चाहिये-श्री और सुकृति, दोनों ही चाहिये, कुटुम्ब के भरण-पोषण तथा कल्याण के लिये तो क्या मैंने यह सब प्राप्त नहीं किया? अर्जित नहीं किया-इन लोगों को नहीं दिया? मैंने आज दिवस तक लंगौटी और उपवस्त्र पहिन कर इनके सुख के लिये साधना की है, तप किया है-पुरुषार्थ किया है। तब यह सब आज पद्मपाद के हो गये हैं। वह जोगटा लण्ठ इनको सुख देगा, अभय देगा-मुक्ति देगा और मैं इनको दुःख देता हूं; इनका अपमान करता हूँ। मैं इनका शासन करता हूँ अपने लिये। यह-यह मेरी धर्मपत्नी मुझे आततायी कहती है- मारा? नहीं मारता तो क्या करता? जब देखो तब सामने बोलना-उद्धत व्यवहार करना-मेरी इच्छा तथा वाञ्छा के विपरीत करना, बरतना इन स्वार्थियों का स्वभाव होता गया है। यह सनन्दन घर क्या लौटा, आया, मानो चारों दिशाओं में आँधी जगा गया है। पुर के पण्डित आचार्य पद्मपाद की वार्ता कहते हुए थकते नहीं; शास्त्रियों ने अपने परम्परागत शास्त्रों को घूर-घूर कर देखना तथा सूक्ष्म दृष्टि से पढ़ना आरम्भ कर दिया है-इस टीका का एक-एक वाक्य जैसे उनको रटा हुआ है। अब यह विद्वान-यह सरस्वती के शुक-पद्मपाद की चाल चलना चाहते हैं-आचार्य पद्मपाद की ढाल ढलना चाहते हैं। प्रभाकर, श्री गुरो, अब इनके लिये प्रश्न वाचक बनते जा रहे हैं। भट्टपाद कुमारिल्ल को जिसने निरुत्तर कर दिया, जिसने धुरन्धर मण्डन मिश्र को तटस्थ कर दिया, नीलकण्ठ को जिसने मना लिया, उस मीमांसा केशरी को वेदान्त के यह दादुर दुरदुराना चाहते हैं। ऐसा नहीं हो सकता है-मैं, मातुल, जब तक जीवित हूं-ऐसा नहीं होने दूंगा। कुछ भी हो, कुछ भी करना पड़े, मैं यह होने नहीं दूंगा। यह तिलोत्तमा स्वयं को न जाने क्या मानने लगी है? जब देखो, जहाँ देखो, वाद-विवाद के लिये उधार जाती

है-इसका पति निश्चय ही संस्कृति-रंक तथा भीरु पति है। स्त्री को इतनी स्वाधीनता दे दी है कि वह राज सभाओं, पण्डित-मण्डलियों, शास्त्रार्थों में जाती फिरे और भाग ले। यह सब भी उस शंकराचार्य ने ही किया है। मण्डन मिश्र की स्त्री को शास्त्रार्थ का अध्यक्ष स्वीकार कर इस लंगोटे ने स्त्री पुरुष की रीढ़ मर्यादा का निर्मम तथा निर्लज्ज भंग किया है। इस यती संन्यासी को स्त्री के चरण छूना शोभा देता है? इसने उभय भारती की स्तुति की है; इसने शवासीन हो कामिनियों को रिझाया है। शान्तम् पापम्। यह सब वेदान्त-सर्वम् खलु इदम् ब्रह्म के नाम में किया गया है। सभी कुछ ब्रह्म है, तो उचित भी ब्रह्म; अनुचित भी ब्रह्म। पाप भी ब्रह्म-पुण्य भी ब्रह्म। तब यह जगत् निर्जीव निर्दय यंत्र मात्र है? तब यह जीव प्रकृति की इच्छा याचना तथा निगड कामना पूर्ति का एक संज्ञान शील शरीर मात्र है-यही क्या आपका जड़ है, जड़त्व है, शंकराचार्य, जगद्गुरु?" मामा मन ही मन विचार भूकम्प से काँपते रहे और प्रभात उजागर होता गया। देर बाद मामा मूढ़ समाधि से जगे तथा दाँत पीस कर बोले- "पद्मपाद! तुम और तुम्हारी यह टीका-मैं देख लूंगा, भटु मेरे।"

सेतु बन्ध रामेश्वर के निकट पद्मपाद रमणीय सरोवर के तट पर बैठे ध्यानस्थ थे-उनके गहन चित्ताकाश में विद्युत् चमकी और किसी ने मानो पुकारा- "पद्मपाद! तुम और तुम्हारी यह टीका देख लूंगा।" पद्मपाद सहसा विकल-व्याकुल हो उठे। श्रेष्ठि लक्ष्मीलाल के संभृत भरे -पूरे प्रासाद के रमणीय सरोवर के तट पर बैठे-बैठे पद्मपाद को लगा-कोई अशुभ गगन में घहरेगा-कुछ अमंगल घटना घटने वाली है। जब से श्री गुरो धाम त्याग कर पद्मपाद ने सेतु बन्ध रामेश्वर का मार्ग लिया है, मन्दिरों, आश्रमों, भवनों और प्रासादों में उनका आतिथ्य हुआ है। वह जैसे द्वितीय शंकराचार्य की भांति इस प्रान्त में, प्रदेश में गाजबीज रहे हैं। सभी जैसे जगद्गुरु का ही स्वागत कर रहे हों, यों श्रद्धा पूर्वक आचार्य पद्मपाद को प्रणाम करने लगे हैं। प्रत्येक पुर में प्रवेश करने और विश्राम करने के लिये पुर वासियों की स्वागत-समितियाँ बनती गईं तथा तीर्थ संघ के आतिथ्य सत्कार के लिये पंचायतों और जनपद मण्डलों ने साधिकार समारोह योजित किये। नागरिक, विद्वान्, मनीषी, याज्ञिक-सभी जगद्गुरु शंकराचार्य की वेदान्त डिमडिम सुनना चाहते थे। सभी पंडित तथा मतवादी अपने मत की विजय तथा अन्य मत-मतान्तरों एवं सम्प्रदायों की पराजय चाहते थे-वैदिक वर्णाश्रम धर्म के आर्य-अनुयायी चाहते थे कि जगद्गुरु और आचार्य पद्मपाद जैसे कृतविद्य विद्याधर साधक शिष्य उनको चेतना तथा सुरक्षा प्रदान करें- करवायें, जिनियों और बौद्धों के अनवरत समर्थ आक्रमण से वैदिक वर्णाश्रम धर्मावलम्बी जैसे सहम गये थे; स्वयं में ही दुबके तथा सुबके-वह मन ही मन त्रस्त रहते। मण्डलेश्वर तथा नरेश बौद्ध प्रभाव में लुढ़कते चले गये थे और यज्ञों की हिंसा तथा आचार की विवेक-शून्य, व्यर्थ विषम तथा विपरीत रूढ़ियों, विजड़ित आम्नायों एवं जातिगत क्रूर अनुशासन द्वारा वैदिक वर्ण संतप्त हो उठे थे तथा आश्रम विकल रहने लगे थे। बौद्ध विहारों और विश्व विद्यापीठों एवं जनपद संघारामों द्वारा बौद्ध मनीषियों, विद्वानों, विज्ञान-वादियों तथा भिक्षु साधकों ने वैदिक वर्णाश्रम धर्म की संस्थानों, मठों, मन्दिरों, आश्रयों और आश्रमों पर सधे हुए सांस्कृतिक प्रहार किये थे और

वैदिक वर्णाश्रम धर्मावलम्बियों में स्वयं के प्रति विवश हीन भावना उत्पन्न होती गई थी। वर्णाश्रम जीवन यापन जातियों तथा उनके प्रभविष्णु कुलों एवं वंशों में केवल सुख सम्पदा के संग्रह तथा स्वर्ग के परम् सुख के लिये पुण्य कर्म करने के उद्देश्य से लक्ष्य बेधित होता चला गया था- वैदिक स्मृतियों की मुमुक्ष वृत्ति तथा जीवन के पुरुषार्थ की अनासक्त कर्म-योगिता का मानो सदन्तर विनाश हो चुका था-आर्य राज्य वैदिक वर्णाश्रम धर्म एवं क्षात्र राजधर्म के भरण-पोषण तथा उत्थान के लिये नहीं रह गया था-गणों ने अपनी सत्ता, विद्या, कुशलता तथा दाक्षिण्य द्वारा लोक को मीड़ और मरोड़ रखा था-प्रजा दिशाहीन अपने मनोरथों के निरीह स्वप्नों को देखने की दीन कामना में मूक-मूढ़ हो गई थी; तथा भारतीय लोक के गण-नेतृत्व अपनी जाति, वंश, कुल कुटुम्ब एवं राज्य तथा समाज के श्रेय तथा प्रेय के लिये ही जैसे एकत्र थे- संगठित थे। सम्प्रदायों के बीच राग-द्वेष तथा हिंसा का शास्त्रीय प्रसार था-शास्त्र प्रेम की पवित्रता और श्रेय की धार्मिकता सिद्ध करने के लिये विचक्षण प्रबन्ध होते गये और विज्ञान सत्ता, प्रतिष्ठा और कीर्ति कमाने के लिये साधन बनते चले गये। इस शून्य विजड़ता की व्याप्ति के आकुल-व्याकुल मौन आकाश में तब धर्म मेघ का उद्भव हुआ तथा तथागत बोधिस्तव ने मानवों को करुणा की अमोघ प्रेरणा प्रदान की। विज्ञान विहित पुरुषार्थ तथा पवित्र कर्म की शिक्षा दी और स्वकेन्द्रित तथा अनुशासित जीवन के स्थान में संघीय पुरुषार्थ तथा अनुशासन का मार्ग बताया। बुद्ध ने मुक्त, प्रसन्न, पवित्र, अभयपूर्ण सत्य-संध्य शान्त शाश्वत जीवन-निर्वाण का आलोकमय शून्य से परिपूर्ण उद्देश्य प्रदान किया तथा आश्रमों की भूतियों एवं वर्णों की विभूतियों का धर्ममेघ तथागत ने जीवन की दिव्य अनासक्त शान्ति के लिये विसर्जन सिखाया। लोक व्यवहार की विषमताओं, क्रूरताओं, असमानताओं तथा रागद्वेष की बद्धमूल घावों पर भगवान बुद्ध ने अपनी महान् तपस्या की, चेतना त्याग की, शक्ति तथा उदार चेतानाम वसुधैव कुटुम्बकम् वृत्ति ऐन्द्रजालिक प्रभाव किया-वैदिक वर्णाश्रम धर्म गृहस्थ लुप्त होने लगे और वर्ण धर्मा के पालन में भ्रान्ति-संशय उत्पन्न होने लगे-व्यक्ति तथा समाज का प्रत्येक प्रश्न सत्य तथा अहिंसा की कसौटी पर कसा जाने लगा तथा प्रबुद्ध गोत्रों के निगड़ उपाध्यायों से पूछा जाने लगा-हिंसा, क्रूरता, जड़ता तथा असमानता-द्वेष-राग, मात्सर्य, काम और क्रोध यही क्या मानव निवास एवं समाज का प्रचोदक आधार है;

क्या मनुष्य हिंसा से विद्या, शक्ति, सुरक्षा, संभृति, सन्तोष और अन्त में अभय, मंगल प्राप्त कर सकेगा? केवल स्मृति-प्रतिपादित और शास्त्र विहित होने से ही क्या भारतीय आर्य का कर्म समीचीन योग्य पात्र पवित्र एवं सार्थक रह गया है? आचार्य पद्मपाद को सुदूर आम्रकुञ्जों में बैठे शुकों के प्रश्नों के समान प्रश्नों को सुनना पड़ता तथा श्रीमद् जगद्गुरु शंकराचार्य के लिये समुचित उत्तर भी देना ही पड़ता- भारतीय प्रजा की त्रस्त व्याकुलता तथा लोक चरित्र की सांस्कृतिक अराजकता का समाधान आचार्य पद्मपाद को करना ही पड़ता- प्रतिदिन देव-दर्शन, प्रार्थना, ध्यान-धारण तथा प्रतिदिन विद्वानों की उझकी हुई भवों को देखना, सव्यंग तर्क का सामना करना तथा पटु वाक्य-बाणों से भिदना-आचार्य पद्मपाद की दिनचर्या हो गई थी। पद्मपाद को लगता जैसे वह स्वयं के घनीभूत तिमिर में ही बाल सूर्य की भांति ज्ञान के ब्रह्म-मुहूर्त और सत्य की मुंहजोही में जागने लगे हैं। केवल अपनी टीका की सुरक्षा की चिन्ता उनको स्वप्न में भी सताती रहती थी-मामा श्री हैं; टीका निस्संदेह उनके पास सुरक्षित है- रहेगी। मातुल में विश्वास होने पर भी न जाने क्यों पद्मपाद के गहन में टीका की पुस्तक की रक्षा तथा अभय के लिये आशंका रेंगती ही रहती थी-पद्मपाद शीघ्र वापस लौटे और अपने जन्म-जन्मान्तरों की अखण्ड और एकान्त तपस्या के वरदान स्वरूप अपनी टीका को अपने पास ले ले-अपने वक्षस्थल से सीदे, सनन्दन- 'पद्मपाद।' आज बड़े सवेरे के धुंधले आलोक में पद्मपाद ने अपने गहन में यह पुकार सुनी और अकुला कर जाग उठे- "आनन्द गिरि।"

आनन्द गिरि ने करवट लेते हुए हुंकारा- "हूँ।"

"क्या हुं?" उठ बैठते हुए पद्मपाद ने कहा- "भूल की, टीका मैंने मातुल श्री को सौंप कर।"

आनन्द गिरि ने जागते हुए कहा- "मुझसे तो मामाजी ही अधिक विश्वसनीय हैं-आपके पूर्वाश्रम के सम्बन्धी, सगे जो ठहरे। मैं तो श्री गुरुचरणों से बँधा एक सूत का धागा हूं। अच्छा ही किया, टीका मुझसे लेकर आपने अपने मामा श्री को सौंप दी-"

पद्मपाद ने सिर धुना कर कहा- "गिरि!"

आनन्द गिरि ने उठ बैठते हुए कहा- "यह सत्य है, श्रीमद्! क्या मैंने आपकी टीका अवेर नहीं रखी थी? मामाजी को सौंप कर सेतुबन्ध की यात्रा करना अनिवार्य लगा आपको-आपको भय था कि..."

“क्या?” पद्मपाद ने उठ खड़े होते हुए कहा- “गिरि, तुम....”

आनन्द गिरि ने हंस कर कहा- “कहीं मैं आपकी टीका का रहस्य श्रीमद् सुरेश्वराचार्य को बता देता- उनको देखने-पढ़ने के लिये दे देता।”

पद्मपाद ने विकलता पूर्वक प्लुत स्वर में कहा- “गिरि, क्या कह रहे हो? मैं-मैं ऐसा करूंगा?”

आनन्द गिरि ने अमर्षपूर्वक कहा-“सुरेश्वराचार्य क्या विद्वान् मनीषी वेद-वेदांग तथा शास्त्रों के निगड़ पण्डित नहीं हैं? हैं, तब गुरुदेव के भाष्य पर टीका लिखने के उनके प्रस्ताव का आपश्री ने विरोध जो किया था-गुरुदेव को धर्म-संकट में जो डाल दिया था-आपने? नहीं?” “मीमांसा-धुरन्धर वागीश शास्त्र निधि मण्डन मिश्र शास्त्रार्थ में हार कर संन्यासी बने हैं- उनको वैराग्य हुआ था क्या? गुरुदेव के शारीरिक भाष्य पर जिसको वैराग्य नहीं हुआ हो, वह टीका कैसे लिखेगा- ‘अथातो ब्रह्म जिज्ञासा’, वैराग्य के परम् सात्त्विक बोधपूर्वक ही लिखी जा सकती है। भट्टपाद ने क्यों टीका लिखने के गुरुदेव के प्रस्ताव को शिरोधार्य नहीं किया और मण्डन मिश्र को पत्नी सहित शास्त्रार्थ में पराजित करने के लिये आग्रह किया?”

आनन्द गिरि ने स्वस्थ होते हुए कहा- “भट्टपाद और गुरुदेव के मध्य टीका-लेखन का प्रस्ताव और भट्टपाद का निर्देश समझ में आता है-आप श्री का विरोध नहीं।”

“क्यों, भई?” पद्मपाद ने पराजित सा अनुभव करते हुए पूछा।

“यह आपकी असूया थी।” आनन्द गिरि ने शान्ति पूर्वक हँसते हुए कहा- “सुरेश्वराचार्य की गंभीर गहन सटीक टीका से गुरुदेव उन पर अधिकाधिक रीझ नहीं उठे और उनको ज्ञान प्रदान नहीं कर दें। गुरुदेव ने अपने लोगों को कृपा तथा अभय दिया है; परन्तु क्या ज्ञान-शलाका द्वारा अपने अज्ञान-तिमिर को दूर करने के लिये अपने नयन उन्मीलित किये हैं- आप श्री के तो कुछ किये हैं। परन्तु हमारी यह आँखें तो जगत् में फटी की फटी रह रही हैं-अपना-अपना भाग्य, श्रद्धेय।”

पद्मपाद के गहन में बिजलियाँ कौंध उठी, चीत्कार सी कर कह उठे “गिरि! यह तुम्हारी अभिनिश्चित धृष्टता मात्र है। मैं भला श्रीमान् सुरेश्वराचार्य के प्रति असूया क्यों पालूंगा? मैंने संन्यास धर्म के आधारभूत सत्य तथा वेदान्त के अनुशीलन के लिये अनिवार्य शान्त वैराग्य वृत्ति की आवश्यकता की ओर दृढ़ता पूर्वक संकेत किया था- सत्य कहना यदि विरोध है, तो वह है।”

आनन्द गिरि ने तनिक संकुचित होते हुए कहा- “किन्तु यह असूया अवगुण नहीं है, आदरणीय! याज्ञवल्क्य और गार्गी तथा विभिन्न तत्व ज्ञानों के शास्त्रार्थ, सत्य के प्रमाणीकरण के लिये बुद्धि के आग्रह और प्रतिभा के आयाम क्या द्विषपूर्ण हैं? नहीं-ऋतंभरा तक पहुंचते हुए बुद्धि असूया द्वारा ही सत्य शान्त होती है। संशय पूर्ण बुद्धि की विकलता को द्वेष नहीं कहा जा सकता।”

आचार्य पद्मपाद ने हठात् कहा- “मामा को टीका सौंप कर मैंने तुम्हारा अनादर तो नहीं किया? किया नहीं-नहीं और नहीं मैंने तुममें अविश्वास ही किया है। मामा टीका देखना-पढ़ना चाहते थे। नहीं? अवश्य, गिरि महोदय! अवश्य।”

आनन्द गिरि ने सहज हास्य हंसते हुए कहा- “मैंने तो आपकी धरोहर संभाल रखी थी। मामाजी आप श्री की टीका को आपकी धरोहर मानेंगे? मेरी धारणा में मामा आप श्री की टीका को देखना इसलिये चाहते हैं कि....”

“कि?” पद्मपाद ने आशंकित होते हुए कहा- “हाँ, क्यों..”

“इसलिये कि कहीं आपश्री ने उनके अच्युत श्री गुरोमत को तनिक भी च्युत तो नहीं किया है? शंकराचार्य का वेदान्त जड़मति शास्त्रों के लिये कृकल अग्नि के समान है, पूज्य!”

पद्मपाद ने कक्ष में चारों ओर देखा और ऊर्ध्व स्वांस भर कर बोले- “शंकराचार्य के शारीरिक भाष्य में निरूपित ब्रह्म-ज्ञान के श्रुति निर्देश ही अच्युत हैं-शास्त्र का प्रत्येक वाक्य च्युत-वाक्य है। शास्त्र का खण्डन- मण्डन होता आया है-शास्त्र देश-काल तथा स्मृति के व्यवहार की नैतिक उपयोगिताओं से संशोधित एवं विज्ञान के आगम से सदैव परिष्कृत होते आये हैं-बुद्धि चेतना आत्म ज्ञान है क्या? बुद्धि चिन्तन शरीर का बोधगम्य चिन्तन मात्र है; माया का प्रमाणीकरण तथा भवसंसार की धर्म जिज्ञासा भर है किन्तु वेदान्त? वेदान्त आत्मा-परमात्मा का-ब्रह्म चैतन्य का ध्यान है; निदिध्यासन है-गवेषणा है; वीक्षण-अनुवीक्षण है। यह परम् ब्रह्म का ऋत से पूर्ण स्वयं उद्बोधन है, गिरि मामा तब मेरी टीका की रक्षा करेंगे?”

आनन्द गिरि ने भी आशंकित होते हुए कहा- “मातुल श्री एक निगड़ विद्वान हैं और विद्वान अपने प्रिय मत में जगत और भव-संसार से भी अधिक आसक्त-रागमय हो जाता है। सौतिया-डाह तथा विद्वानों की गुह्य

जलन में भेद नहीं है? मुझे तो लगता है विद्वान अपने दृष्टिकोण का अन्धा होना सह नहीं सकता; अपने विचार की काट के घाव को भर नहीं सकता- विद्वान अपने मत की विफलता सोच भी नहीं सकता।"

"सत्य है।" पद्मपाद ने आह भर कर कहा- "जगत की माया के प्रति राग तो बुद्धि से ही चूता है और मोह चित्त से। राग का द्वेष है। मोह का शोक है, आनन्द गिरि!"

आनन्द गिरि ने कहा- "सभी विकार दाह ही उत्पन्न करते हैं। नहीं? मुझे इन दिनों ऐसा लग रहा है, जीव क्षण स्थायी को ही नित्य चाहता है, यही राग है तथा एक कामना को सदैव पूरा करते रहना चाहता है। भव-संसार को नित्य यौवन और अमोघ रूप द्वारा भोगते रहना चाहता है- और यही असत्य है; अज्ञान है; मिथ्या है-ब्रह्म नहीं है। मामा श्री शंकराचार्य के वेदान्त को कदापि सह नहीं सकते। प्रभाकर, श्री गुरो ही उनके लिये ब्रह्मा-विष्णु-महेश हैं। श्री गुरो ही उनके लिये परम् गुरु हैं और अन्य सब उनके विनीत चेले हैं।"

पद्मपाद ने स्वयं से ही कहा- "मामा विचित्र, अस्थिर, उत्तेजित घोर बुद्धिवाद का प्रतीक प्रतीत हुए। अन्य सभी मत-मतान्तर वह श्री गुरोमत को ही पूर्ण सत्य मान कर पढ़ते हैं; देखते हैं। अवश्य, मेरी टीका पढ़कर उनको आघात लगेगा। क्या करूं? मुझे चाहिये था, टीका पर जिज्ञासा पूर्ण वार्ता कर लेता-अनुशीलन के लिये सौंप नहीं आता।"

आनन्द गिरि ने हँस कर कहा- "अपना अनुभूत सिद्ध ज्ञान जताने की इच्छा किसको नहीं हुई है? स्वयं परमात्मा ने अपना वेद वांग्मय स्वरूप ब्रह्मा में व्यक्त किया, ऋषि-मुनियों के निर्मल चित्त में वह स्वयं के अमोघ स्वरूप में दिखा है। सभी ज्ञानियों ने अपने प्रिय पात्र शिष्यों को अपने आत्म साक्षात्कार का प्रथम और अन्तिम अनुभव सुनाया है- यही तो श्रुति है, श्रद्धेय!"

आचार्य पद्मपाद स्वयं से ही चिहुंके- "श्रुति! उपनिषद्, ऋषि-मुनियों के ब्रह्म-साक्षात्कार के आनन्दोल्लास से भरे कथन-परमात्मा का सत्य तथा ज्ञान से भरा कथन-आत्म-साक्षात्कार का काव्य! गिरि ध्यान धरता हूँ; सोचता हूं-विचारता हूँ, उपरत भी होता हूं-चित्त में जगत् से तटस्थ भी हो सकता हूं तथा भव-संसार से दूर भी स्थित हो जाता हूँ, किन्तु...."

आनन्द गिरि ने सहज ही कहा- "आनन्द का अनुभव नहीं होता।"

हाँ, बन्धु आनन्दगिरि! यही, जगत् से तटस्थ होकर मैं अभय का अनुभव करता हूँ; भव-संसार से दूर स्थिर होकर मैं शान्ति का अनुभव करता हूँ, किन्तु सुख की चाह से मुक्त नहीं होता; कर्मेच्छा साधनावत् ही सही, बनी ही रहती है और साथ में विचित्र विलक्षण व्याकुलता चित्त में भरी रहती है- मैं अपने चारों ओर की अस्थिरता में स्थिर होकर परम् सुख का अमोघ निर्भय निरीह अनुभव करना तथा करते रहना चाहता हूँ-क्या करूं? यह हृदय-ग्रन्थि भिदती ही नहीं, गिरि! यह, यह अज्ञानान्धकार पूर्णतः मिटता ही नहीं। क्या करूं?"

आनन्दगिरि- "गुरुदेव से निवेदन क्यों नहीं करते?"

"मैं जैसे आत्म निवेदन करते हुए संकोच खाता हूँ।" पद्मपाद ने कहा- "मन के बन्धनों तथा चित्त के व्यामोहों की गुरुदेव से क्या कहूं? लज्जा होती है। साधना की फिसलनों का कारण मेरी भव-संसार में बद्धमूल आसक्ति है-मोह है, राग है। मुझको जीवात्म-भाव का विसर्जन करना ही होगा, आनन्द गिरि!"

जीव। पद्मपाद जैसे अपने अतल तल में ही डूबने लगे। गुरुदेव अनुभूत उपदेश करते हैं कि ब्रह्म और जीव एक हैं, समुद्र और उसकी तरंग की भाँति एक-एकाकार एकमेक हैं। तब यह शरीरी-चेतना क्यों? सत्य तब असत्य में भासित क्यों होता है? ज्ञान अज्ञान से आच्छादित क्यों होता है? अमृत मृत्यु की क्षणों से विषम-विकृत क्यों होता है? यह क्षण का यथार्थ ज्ञान, यह पल-पल का सुख-सन्तोष-यह नाम और रूप का राग, मोह-यह अनिर्वचनीय इदम्-जगत्, भव-संसार, कल्प-कल्पों की यह मन्वतरीय सृष्टि, स्थिति और लय। यह अनादि अविराम आश्चर्य-आश्चर्य संभूत और संभव यह माया। पद्मपाद? आदि के अनादि में-तब तू जीव रूप निहित था। तू था; ब्रह्म की एक स्वमोहमयी स्वयं धारणा के स्वरूप में ही सही; परन्तु तू था-था। मैं? पद्मपाद अपने अथाह में ही जैसे थमें; मैं, तब हूँ-मैं? पास ही ध्यानस्थ होने की निगड़ चेष्टा में दत्त चित्त श्री विष्णु को निहार कर पद्मपाद ने स्वतः ही, सहज ही कहा- "यह "मैं" समझ में नहीं आता।" श्री विष्णु शर्मा ने मन को एकाग्र करने की चेष्टा त्यागते हुए कहा- "मैं" समझ में नहीं आता-तो समझने का आग्रह त्याग दो। जो समझ में न आये, उसका समझना है भी क्या? यह 'मैं' किसको समझ में आया है?"

"क्यों?" पद्मपाद ने आघात सा खाते हुए कहा- "ऋषि मुनियों को, योगियों को समझ में नहीं आया क्या? आया है, तभी तो वेदान्त-दर्शन का आविर्भाव हुआ है।"

"आविर्भाव! तिरोभाव! यही तो!" श्री विष्णु शर्मा ने कहा- "जो है, सो है- अल्पज्ञ जीव कर ही क्या सकता है? जीव! जन्मो, मरो-पुनः जन्मो।"

पद्मपाद- "यही तो मूलभूत समस्या है; यही जैसे सनातन प्रश्न है-यही जैसे सभी दर्शनों की दार्शनिक प्रतिज्ञा है-यह 'मैं'। संसार का भव-रोग इसी 'मैं' से ही उत्पन्न होता है। जीव! क्या?"

श्री विष्णु शर्मा ने हँसते हुए कहा-"श्री शंकराचार्य उवाचः ब्रह्म।"

पद्मपाद चलते हुए रुके- "ब्रह्म! हाँ, है तो किन्तु बुद्धि जीव को ही जैसे जानती है-जगत को ही मानती; ध्याती तथा मानती है। जगत्, जीव और....."

"ईश्वर!" श्री विष्णु शर्मा ने कहा- "आचार्य! शास्त्रों का अध्ययन-अध्यापन करो; कराओं। ब्राह्मण उपाध्याय और आचार्य ही जन्मा है-याज्ञिक! वेद-वेदांग, उपनिषद, पुराण, श्रुति स्मृति बुद्धि का वाङ्ग्मय-विलास है। जगद्गुरु तो कहते हैं, उपदेश देते हैं; परन्तु ब्रह्म ही अन्तिम आत्यंतिक सत्य है तो यह अनन्त कोटि जीव एक ही क्षण में मोक्ष क्यों नहीं प्राप्त करते? ध्यान करता हूं; परन्तु ध्यान की प्रत्येक काष्टा जैसे किसी अगाध रहस्यमय को ही व्यक्त करती है- 'मैं' -स्वयं जैसे लव व्यक्त होता है और मेरे साथ सहित यह अनादि भी जैसे अभिव्यक्त हो रहा है-यह गूढ़ अविराम है; अनन्त काल है-यह भ्रान्तिमान देश है और कुछ नहीं।"

पद्मपाद ने श्री विष्णु शर्मा को निहारा और कहा- "मैं निराश नहीं हूँ। ब्रह्म-ज्ञान के लिये मुझमें अगाध आशा ही आशा है। निराशा? जगत और भव-संसार के कारण है। मृत्यु ही निराशा जन्य है; आशा नहीं। अनन्त कोटि कल्पों को लुढ़कने दो; काल को अनादि अनन्त में बहता रहने दो- वह बहता ही रहेगा; किन्तु क्या आत्मा काल रात्रि में सदैव सोता ही रहेगा? नहीं शर्मा जी! वह जगेगा-आत्मा अपने परमात्मा में जागेगा ही और यही जीव की मोक्ष की अमोघ आशा है-हाँ।"

"तब दुःखी क्यों होते हो? सुख से अघाते क्यों नहीं?" श्री विष्णु शर्मा ने कन्धे से कन्धा मिलाते हुए पूछा- "मैं तो मृत्यु के भय से ही भरा हूँ; अभिभूत हूँ। अब तक जैसे मैं देह को अमर मान कर ही जीया हूँ। मैं अर्थात्

यह देह, जीवात्मा-शरीरी किन्तु अब ऐसा लग रहा है यह मैं- श्री विष्णु शर्मा तिरोहित होगा ही; यह देह भस्मीभूत होगा ही और तब? मैं अनजान अंधेरे बीहड़ में चला जाऊंगा जैसे।"

पद्मपाद रुके और ऊर्ध्व स्वाँस भर कर बोले- "नहीं। जीव घन तम में सो सकता है; डूब नहीं सकता। आत्मा जगत् की माया को चीर ही देगा, भव-संसार को तर कर रहेगा। मोक्ष आत्मा का स्वभाव है, शर्मा जी।"

"होगा।" श्री विष्णु शर्मा ने निसास रख कर कहा- "मुझे तो अब इतना ही ज्ञात है, एक दिन निश्चित पल पर मरूंगा। यह देह भस्मी भूत होगा। तर्पण तथा श्राद्ध होता रहेगा। परन्तु करेगा कौन? पुत्र जो नहीं है। पुत्रियाँ-पुत्र ही पुत्रियां, पुत्र कहाँ? आप श्री को ब्रह्म की पड़ी है। यहाँ तो सद्गति की चिन्ता खाये जा रही है।"

"सद्गति!" पद्मपाद पुनः रुके- "आत्मा की गति है क्या?"

श्री विष्णु शर्मा ने तनिक अमर्ष पूर्वक कहा- "आत्मा की, मैं नहीं जानता; किन्तु ऐसा लगता है जीव की गति है; विधि है; भोग है तथा फल है। क्या अच्छा-बुरा, उचित-अनुचित, न्याय-अन्याय, सुःख-दुख नहीं है? है-जीव का अर्थ और तात्पर्य यही है। जीव जगत् और भव-संसार का अनादि बद्ध मूल प्रारब्ध-परिणाम प्रतीत होता है-"

"अज्ञान से आच्छादित एक विमर्श, अध्यास-भ्रान्तिमान एक संज्ञान भर।" पद्मपाद ने तीव्र वेग से चलते हुए कहा- "गुरुदेव तो यही कहते हैं- मानते हैं।"

"आप श्री क्या कहते हैं? श्री विष्णु शर्मा ने पूछा।

"एक धन्य पल यह जीवात्मभाव का विलय होगा; आत्मा अपने सच्चिदानन्द परमात्मा में जाग जायगा-मोक्ष!" पद्मपाद ने अपूर्व उत्साह पूर्वक कहा- "यह जगत् सहज स्वाभाविक प्रतीत होता है; किन्तु यह बनावटी है; कृत। यह ज्ञानी का विज्ञानोत्कर्ष है; यह परम ब्रह्म का चिद्विलास है-संकल्प, धारणा। आत्मा एक दिवस की एक निश्चित पल को अपनी इस मोह-निद्रा से जागेगा, बन्धुवर्य! यह निराशा जगत् को नित्य के लिये सदैव प्राप्त नहीं कर सकने की विवशता के कारण है-किन्तु अमोघ आशा जो है; आशा परमात्मा को अवश्यम्भावि, अवश्यमेव प्राप्त करने के अच्युत विश्वास की ही चेतना है-यही जीवन की अहर्निशि संजीवनी है-यही जीव की अमृताभिलाषा है। अवश्य।"

श्री विष्णु शर्मा ने तीव्रगति से पगडण्डी पर चरण धरते हुए पद्मपाद को निहारा और एक विचित्र उमंग से भर उठ कर उन्होंने कहा- "वाह! जगद्गुरु का शिष्य हो तो ऐसा हो।"

आचार्य पद्मपाद ने वृक्ष-घटाओं से आँख-मिचौनी खेलती हुई क्षितिज को सहज ही देखा; कहा- "कर्म की गति-विधि से अवश्य मुक्ति प्राप्त करनी ही होगी-अवश्य।"

श्री विष्णु शर्मा ने और पास आते हुए कहा- "कब?"

"कब?" पद्मपाद ने सस्मित कहा-"जब गुरुदेव चाहेंगे तब।"

गुरुदेव चाहेंगे, तब यह हृदय-ग्रन्थि कटेगी। पद्मपाद का गहन मन पुकार-पुकार उठा। गुरु बिना ज्ञान कौन देगा-परम् ब्रह्म भी नहीं। सद्गुरु ही परम् ब्रह्म का साक्षात्कार करवाता है-वैराग्य गुरु अपनी ज्ञान प्रभा से उद्दीप्त करता है। अज्ञान-तिमिर के नाश के लिये वही परम् गुरु ही उन्मीलित नयनों में प्रकाश भरता है-माया को भेदना गुरु ही सिखाता है किन्तु जगत-संतरण? जगत् तो प्रभु की कृपा से ही तरा जाता है। तब भगवान् का सच्चा स्थायी पता गुरु के गहन संकेत से ही चलता है; तब सत्य का अच्युत मार्ग-दर्शन गुरु की गहन कालजयी दृष्टि से ही मिलता है- तब गुरु ही शिष्य की बुद्धि शुद्ध, मन बुद्ध तथा चित्त निर्मल करता है- गुरु ही शरीरी की निहित सुप्त योग शक्ति का जागरण करता है-करवाता है। तब जगद्गुरु शंकर ही काल की इस सनातन भवेच्छा के गूढ़ गुह्य सम्मोह के अतल से बाँह पकड़ कर आत्मालोक के तट पर लाता है। हाँ, पद्मपाद! यह संसार तब आत्मा के सच्चिदानन्द-बोध की ओर ले नहीं जाता-ले जा सकता नहीं। यह जगत् रूपों का अगाध सिन्धु है; यह भव-संसार अनन्त कोटि नामों का प्रिय-अप्रिय सम्बोध है; सम्बोधन तथा भव-चेतना का सम्प्रेषण है-तब जीव काल की भव-संज्ञा और देश की रागमयी, द्वेषमयी, कातर और भीति भरी अनुभूति है। हाँ, पद्मपाद! जगत्। विषयों का आनन्द अम्बुधि है; जगत का यह भव-संसार विषयानन्द के कालकूट का नशा है और यह भव इन्द्रिय-भोग का आत्म-विस्मृत उन्माद है। अवश्य, शर्मा जी! गुरु-कृपा के बिना अज्ञानान्धकार कटता नहीं; परमेश्वर की दया के बिना जगत तरा जा सकता नहीं। वही, वही परात्पर परमेश्वर ब्रह्म स्वयं जगत् की कालरात्रि का आविर्भाव कर भव-योनियों के अनंत स्वप्न देखता है तथा भव-भव की स्मृति में जलता हुआ अनादि अनन्त काल की रहस्यमय दिव्य विधि रचता

है-जीव! अपने स्वाभाविक परमात्मा से विषयानंद में मूढ़ होता हुआ विलग होता चलता है और जगत् की रमणीय माया के सम्मोह में लीढ़ स्वयं को अनेक जन्मों की प्रबल इच्छा के वश कर देता है-मृत्यु की वेदनामयी गहन विस्मृतियाँ पार करता हुआ यह जीव प्रभु से विलग, सम्भ्रान्त, सम्मोहित, कातर तथा भीत जगत् में सनाथ होना चाहता है; सुरक्षित तथा संकटों, विपदाओं और कष्टों से बचना चाहता है- वह निर्विघ्न सुख तथा अक्षय भोग चाहता है। वह शाश्वत सनातन भव चाहता है- पूर्ण और परम् सुख और अमोघ सन्तोष तथा निश्चिन्त रक्षा एवं नित्य नवीन कल्याण के लिये तरसता रहता है। निस्संदेह यही प्राणी-कल्याण और सृष्टि-मंगल का प्रभु का चिन्मय चिद्विलास है-लीला। इस गुह्य गूढ़ दिव्यतम लीला का रहस्य केवल सद्गुरु ही जानता है- माया की अञ्जुलि गुरु ही परमात्मा के श्री चरणों में अर्पित कर सकता है- करा सकता है।

श्रेष्ठि लक्ष्मीचन्द्र ने उखड़े हुए सांस को थाम कर पीछे से पुकारा- "आचार्य श्री!"

पद्मपाद और तीव्र गति से चलता हुआ संघ रुका-थमा

श्रेष्ठि पास आकर पद्मपाद के चरणों में लेट गया; कातर आर्त स्वर में बोला- "अपराध क्षमा हो, आचार्य श्री! यों यकायक प्रयाण क्यों? मेरे उद्यान में बिराज कर आप श्री ने मेरे कुल के कुल तार देने की दया दिखाई है। क्या हमसे कोई अविनय हुआ- अवज्ञा? क्या, श्रीमद्?"

पद्मपाद ने सस्मित कहा- "नहीं तो। अन्यमनस्कता में ही हम चल दिये हैं। हम देव-दर्शन के मन-मौजी यात्रिक हैं, लक्ष्मीवान!"

"किन्तु लोग क्या समझेंगे, आचार्य श्री!" श्री लक्ष्मीचन्द्र ने कहा- "श्रीमद् भागवत का पारायण तथा कथा के आप श्री व्यास प्रतिष्ठित हैं। अभी तो श्रीमद् भागवत का मंगलारंभ ही हुआ है। आप श्री के यों अनायास प्रस्थान से श्रीमद् भागवत का यज्ञ ही खण्डित हो गया- हां, श्रीमद्! न जाने अब क्या होगा? यह भगवान, भक्त तथा भागवत के प्रति...."

पद्मपाद ने बीच ही में कहा- "अपमानजनक व्यवहार है- यही न? अच्छा? हमें यह शास्त्रीय आम्नाय का पता नहीं था। तब मुझे भागवत का कथाकार बनना ही नहीं चाहिये था। शर्मा जी! आपने मुझे सावधान नहीं किया?"

श्री विष्णु शर्मा ने कहा- "आप श्रीमद् को टोके कौन? कहे कौन? नृसिंह मंत्रवेत्ता की अप्रसन्नता कैसे सही जायगी?"

पद्मपाद ने पूछा- "बन्धु आनन्द गिरि! क्या कहते हो?"

आनन्द गिरि ने कहा- "लोक-व्यवहार के लिये सन्यासी को शास्त्र-मर्यादा का पालन अनिवार्य है। जगद्गुरु को ही देख लें। श्रृंगेरी मठ के लिये आम्नायें स्थापित की हैं- शास्त्रार्थ की प्रत्येक मर्यादा को गुरुदेव पालते हैं- जगद्गुरु श्रीमद् शंकराचार्य स्मृति के सनातन संस्थापन में मान कर लोक-व्यवहार करते हैं-"

पद्मपाद ने सिर धुनकर कहा- "तब हमसे भूल हो गई परन्तु श्रेष्ठि लक्ष्मी चन्द्र हम क्या भागवत सुनाने के लिये पात्र व्यास हैं? हम महर्षि शुकदेव नहीं हैं- हम तो श्री गुरु के आर्त शिष्य, सेवक मात्र हैं। संसार से डरा, माया से चकित तथा कर्म बन्धन से स्तम्भित मैं एक जीव मात्र हूं-इस प्रज्ञापराध के लिये तुमसे क्षमा चाहता हूँ-"

"मुझसे?" श्रेष्ठि लक्ष्मीचन्द्र ने मानो थप्पड़ खाकर कहा-"मैं गृहस्थ हूँ- भक्त।"

पद्मपाद ने हँस कर कहा- "भगवान के प्रति अपराध की क्षमा तो भगवान के भक्त से ही याचनी चाहिये। भगवान नहीं, भक्त ही हम प्रज्ञापराधियों को क्षमा दे सकता है।"

"परन्तु पुरजन-परिजन इष्ट मित्रों को निमन्त्रण दिये जा चुके हैं" श्रेष्ठि लक्ष्मी चन्द्र ने दीन स्वर में कहा- "मैं तो सामान्य जन हूँ; गृहस्थ-राग-द्वेष, काम-क्रोध, मद-लोभ मात्सर्य से भरा हुआ मनुष्य हूँ- प्रभु की दया चाहता हूँ-कृपा।"

आचार्य पद्मपाद ने तनिक गंभीरता पूर्वक कहा- "श्रेष्ठि! भगवान से सब वरदान चाहते हैं-श्रीमद् भागवत से आप क्या वेद व्यास की भांति शान्ति चाहते हैं? उस गहन अकारण कारण व्याकुलता से मुक्त होना चाहते हैं अथवा भगवान को उनके गुण-गान से रिझा कर रिद्धि-सिद्धि ऐश्वर्य, सुख-समृद्धि चाहते हैं? हम मानव अन्ततोगत्वा परमात्मा से चाहते क्या हैं? जगत, भव-संसार और उसके अक्षय भोग-उत्तम भव-शान्त मरण-सद्गति। नहीं?"

श्रेष्ठि लक्ष्मीचन्द्र ने सिर झुका कर नमन पूर्वक कहा- "जी, यही! यही! मनुष्य भगवान से और क्या चाहेगा, श्रीमद्!"

आचार्य पद्मपाद ने शान्त गंभीर स्वर में कहा- "मुक्ति। भव-संसार के त्रिताप से मुक्ति-जगत् की मोहमयी माया से छुटकारा-देवता स्वर्ग चाहते हैं;

मानव तो मुक्ति ही चाहेगा।" और फिर हंसते हुए पुनः बोले- "शर्मा जी, आप मेरे स्थान पर श्रीमद् भागवत् के पारायण कर्त्ता कथाकार होंगे-हाँ; आप।"

"किन्तु लोग तो आप श्री के श्रीमुख से भागवत सुनना चाहते हैं..."

"क्यों?" पद्मपाद ने भवें उझकाते हुए पूछा।

"आपश्री जगद्गुरु शंकराचार्य के विश्रुत शिष्य हैं; आचार्य हैं-आपश्री ने ब्रह्मसूत्र के वेदान्त भाष्य पर टीका लिखी है। आप, आप भगवान नृसिंह के भक्त तथा नैष्ठिक ब्रह्मचारी हैं, संन्यासी!"

पद्मपाद ने रोम-रोम में कम्पायमान होते हुए कहा- "भले मानुष! यह शरीरी एक अनादि शाश्वत जीव है, जीव-प्राणी! नृसिंह की दया है; गुरुदेव की कृपा-परन्तु हम भागवत कैसे पढ़ेंगे? कैसे कहेंगे? यह हृदय पसीजा हुआ नहीं है। रहस्यमय निर्मम जाड्यान्धकार से भरे हुए अनन्त चिदाकाश में मैं एक विजन धारणा भर हूं-शून्य निरर्थक कल्पना-एक निरीह भव-चैतन्य, जो मृत्यु की पलों से बुझता ही रहता है-ना, श्री विष्णु शर्मा ही यह भगवद्-भजन करेंगे। वंशानुगति से यह ब्रह्म-कुल कथाकार रहा है- शर्मा जी का यही तो कार्य है-भगवान की कथा कहना; परमात्मा का गुणानुवाद करना। हम संन्यासी परमात्मा की स्तुति नहीं करते-स्तवन नहीं करते। ध्यानस्थ परम् ब्रह्म को देखने का एकाग्र प्रयास करते है-संन्यासी ब्रह्म-चैतन्य को मीड़ता है और भस्म हो जाता है-सुना!"

श्रेष्ठि लक्ष्मीचन्द्र ने अवाक् उस प्रदीप्त मुख-मण्डल को देखा और हठात् कहा "जी।"

आचार्य पद्मपाद ने कहा-"हम भी श्रीमद् भागवत सुनेंगे। अवश्य। यह विजन शून्य अब पैरा नहीं जाता; यह जाड्यान्धकार जलाया नहीं जा सकता। सगुण ब्रह्म देखा नहीं जा सकता; निर्गुण ब्रह्म का पार पाया नहीं जा सकता- यह ज्ञान की स्वयं व्यक्त वह्नि-ज्वाला है; अनादि जीव इस परात्पर अग्नि में जलता ही रहता है-कालाग्नि है यह।"

श्री विष्णु शर्मा ने सिहरते हुए कहा-"आचार्य!"

आचार्य पद्मपाद ने सिर धुनाया; कहा- "कौन आचार्य? क्या सुर परमात्मा का दिव्य स्तवनों द्वारा कथन कर सके हैं? त्रिकाल से देवता दिव्य स्तवनों द्वारा उसका स्तवन करते हैं- परन्तु उसकी एक झलक भी पूरी नहीं कर पाएं। यह अगाध वाड्मय-वेद-उपनिषद्, श्रुति-स्मृति, शास्त्र उसका अनहद्गान गाते ही रहते हैं किन्तु क्या वह जाना गया? नेति, नेति, नेति।

ऋषि-मुनि त्रिकाल से ध्यान धरते ही बैठे हैं- किन्तु क्या वह पूर्ण प्रकट हुआ?"

फिर असीम अथाह क्षितिज एवं उदासीन आस-पास को निहार कर आचार्य पद्मपाद ने संघ को सम्बोधित करते हुए कहा- "हम लौटेंगे और आवश्यकतानुसार श्रीमद् भागवत के पारायण में साक्षीवत् बैठेंगे। सेतु बन्ध रामेश्वर बाद में-यह अच्छा ही शकुन है। भगवान का भजन पहले; दर्शन बाद में। श्रेष्ठि! चलिये। आपने ठीक ही कहा ईश्वर से जीव रक्षा, अभय, कल्याण, सुख तथा वरदान ही चाहेगा। उसी ने तो अपनी यह अकारण लीला रचा रखी है। परम् ब्रह्म का यह चिद्-विलास आनन्दमय है, इस लीला का ऐश्वर्य वरदानपूर्ण है-इस महामाया का यह विविध भव-संसार मंगलमय है-मंगलोन्मुखी है। आचार्य सुरेश्वर श्री का यह कथन अब समझ में आता है-संन्यास संसार से भाग कर नहीं, संसार से उपरत होकर ही आता है- मैं प्रभु का स्तवन सुनूंगा; प्रभु का गान करूंगा।"

श्रेष्ठि लक्ष्मी चन्द्र ने पद्मपाद के चरणों में साष्टांग प्रणाम किया और उठ कर कहा- "प्रायः एक योजन मार्ग होगा-कष्ट तो होगा, श्रम, किन्तु श्रीमद् ने हमारी लाज रख ली है। हम भगवान श्रीकृष्ण, महर्षि वेद व्यास तथा भगवान् को क्या मुंह दिखाते-"

आनन्द गिरि ने पूछा- "भगवान और श्री कृष्ण विलग हैं?"

श्रेष्ठि लक्ष्मीचन्द्र ने हँसते हुए कहा- "श्री राम, श्रीकृष्ण भगवान् के अवतार हैं- श्री कृष्ण परमात्मा के सोलह कलाओं के सच्चिदानन्द घन अवतार कहे गये हैं...."

आचार्य पद्मपाद पुर की ओर मुड़ते हुए स्वतः ही बोले - "भगवान् श्री कृष्ण-नंद नंदन, जगन्नाथ, मुरलीधर।"

श्रेष्ठि लक्ष्मीचन्द्र ने सहसा किरताल निकाल कर खणकाये; फुदकते हुए कहा- "राधेश्याम! हरे कृष्ण, गोविन्द!!"

सहसा संघ ने झेला- "हरे राम, हरे राम, हरे कृष्ण, हरे-हरे!"

श्रेष्ठि लक्ष्मीचन्द्र ने भजन प्रारंभ किया। हरे राम, हरे राम, राम, राम हरे-हरे। संघ ने झेला-हरे कृष्ण, हरे कृष्ण, कृष्ण कृष्ण हरे हरे भजन की धुन जैसे दिशाओं के दिकों में सो रही थी; चमक कर जाग गई और बौराई हुई नाचने लग गई। आचार्य पद्मपाद अवाक् से नाचते हुए संघ के कण्ठों से निसृत यह भगवान के नाम की धुन सुनते हुए चलने लगे। राम, कृष्ण,

गोविन्द। राधेश्याम-सीताराम। हरे-हरे, श्री हरि-नारायण, वासुदेव। पद्मपाद को लगा, यह धुन जैसे आकाश की दिशाओं के मुखों से निकल रही हो तथा धरती के अणु-अणु को झेल रही हो। यह राम नाम, यह कृष्ण-नाम, भगवान का यह कातर संकीर्तन मानो पंच-भूतों के अगाध समुद्रों को जगा रहा हो-धरती और आकाश के क्षितिज को सहारा देकर यह प्रभु नाम की धुन, पद्मपाद को लगा, उनके कर्ण कुहरों द्वारा उनके समस्त और सभी आकाशों को पैर रही हो। मन ही मन स्तम्मित और चित्त में चकित पद्मपाद हरि-नाम संकीर्तन करते हुए अपने संघ को देखते रहे। श्रेष्ठि लक्ष्मीचन्द्र, प्लुत आर्द्रस्वर में हरि नाम का उच्चारण कर एक लहर में लहरते तथा अन्य यात्रिक घूमर में हरे राम, हरे कृष्ण पुकारते। श्री विष्णु शर्मा थोड़ी देर तक तो मन ही मन में हरे राम, हरे कृष्ण करते रहे और फिर स्वतः ही-अनायास ही संकीर्तन करने लगे। एक कम्पित पुकार श्रीकृष्ण नाम की उनके भर्राये हुए कण्ठ से फूटी और श्रेष्ठि लक्ष्मीचन्द्र के आर्द्र स्वर में जा टकरायी। "हे कृष्ण! गोविन्द! हे हरे मुरारे! हे नाथ, नारायण वासुदेव!" की ध्वनित-प्रतिध्वनित गूंज एक व्याप्त संगीत सा बन कर वायु मण्डल को गुम्फित करने लगी। श्री राम! हे राम! शब्द-ध्वनियां आर्तकण्ठों से निकल कर स्वतः ही गगन में काँपतीं, झनझना कर स्वयं ही सिमिटती तथा एकत्रित होकर 'राम' का भाव प्रवण बोध उद्भवित करतीं। कृष्ण! कृष्ण!! कृष्ण!!! कृष्ण-ध्वनि जैसे गगन की दिशाओं में व्याप्त होकर दिकों को पकड़ती तथा सृष्टि के सुप्त शून्य से, मूढ़ से, मन्द मन्द्र, उत्तेजित तथा उत्पीड़ित, कम्पित, अस्थिर, स्थिर से अणु-परमाणुओं को थपथपाती; गुदगुदाती और उनको अनन्त में ऊर्ध्व सा करती-एक हिल्लोल में हे कृष्ण ध्वनि स्वयं ही गहराती हुई उठती तथा किसी के परात्पर चरणारविन्दों से लिपट जाती। पद्मपाद हरि-नामों की इन निश्चिन्त उन्मद पुकारती हुई ध्वनियों को सुनते रहे। यह अतीन्द्रिय सी अन्तर्ध्वनियाँ अनायास ही उनके उदासीन शून्य से चित्ताकाश में नाद के मन्द वर्तुलों की वीचियों सी व्याप्त होने लगीं। पद्मपाद को लगा, प्रभु के यह नाम-हे राम, हे कृष्ण, हे हरि-श्री हरि-नारायण हरि, हे नाथ-वासुदेव-जगत् के अन्तराल में घुस कर घनीभूत तमतोम में गाढ़ निद्रा में सोये हुए किसी आत्म-विस्मृत को पुकार रही हो-हाँ, यह हरि नाम उनको पुकार रहे हैं-काल की घोर महारात्रि में सोये हुए बँधे हुए-दीन और आर्त आत्मा को ही स्वयं श्रीहरि जैसे पुकार रहे हैं-बुला

रहे हैं-जगा रहे हैं। पद्मपाद जैसे संकीर्तन की स्वर-लहरियों में फिरने लगे। हरि नाम के उन्मद निनाद में वह जैसे डूबने लगे। 'हे राम!' सहज ही आह भर कर पद्मपाद मन ही मन पुकार उठे- 'हे कृष्ण! गोविन्द!! जगन्नाथ श्री हरि!' पद्मपाद जैसे शून्य में लड़खड़ा कर थमे- "श्री हरि-नाम। सगुण ब्रह्म-मायापति ब्रह्म-शिव-शक्ति, सीता-राम राधेश्याम, गोविन्द! वासुदेव! श्री नारायण हरि!" पद्मपाद को लगा उनके चित्ताकाश के शून्य दिक्कों से विष्णु के विभु, सहस्त्रनाम स्वतः ही बोलने लगे और चिदाकाश के अनन्त क्षितिज पर जैसे लुढ़ने लगे हैं। शर शय्या पर कहे गये भीष्मपितामह के द्वारा यह श्री हरि, परम् ब्रह्म परमेश्वर के नाम। नन्द नन्दन श्री कृष्ण के सानिध्य में युधिष्ठर, धर्मराज को सुनाये गये यह नाम, भगवान के नाम। तब, पद्मपाद विसंवाद में जैसे डुलने लगे-अरूप का रूप? अनाथ का नाम-निगुण का गुण? निराकार का आकार, अनुपम का यह गूंजित-निनादित सौन्दर्य। यह षड् ऐश्वर्य से भरे, लदे यशस्वी परम पिता परमात्मा के नाम। पद्मपाद अपने असीम अथाह में रीझ-रीझ कर सो जाते हुए श्री हरि के नाम को अपने हृदय-दहर के कमल-दलों पर अंकित करने के लिये अपने ही असीम में उतरने लगे-इस रहस्यमय जाड्यान्धकार में परमेश्वर में परमेश्वर का प्रत्येक नाम जैसे स्वयं ही जाग्रत होकर छबिमान होता था और काल को व्यंग कर निश्चिन्त श्री हरि के चरणारविन्द के पराग को हुमसा जाता था। वासुदेव! श्री हरि! जगन्नाथ!! पद्मपाद जैसे अपने वैश्वानर की जाग्रति-चेतना में उन्मुक्त डूब कर तेजोमय चैतन्य में लहरने लगते। अखिल-निखिल सृष्टि जैसे किसी लुब्ध, उन्मद, स्वयं लीन इन्दीवर नयनों की गहन परात्पर स्वप्न-दृष्टि थी-मनोहर मुग्ध मति थी। अखिल जगत् जैसे विचित्र विचक्षण वाङ्मय का छबिमान निनाद-अनहद संगीत था; उसी परमेश्वर का भद्र वरदान। किसे? जीव को, पद्मपाद! यह जगत् जीवात्मा को भगवान् का वरदान है; उपहार है-पुरस्कार है। यह जगत जीव के लिये तप की, साधना की, पुण्य और श्रेयस्कर कर्म की काल-रंगभूमि है। प्रभु के अनासक्त, उपरत और अछूते चिद्विलास के लिये योग-माया की रति, धृति-कृति और सृष्टि है-यह, यह यावत् जीवन भवयोनियों की तृष्णातुर भोगयात्रा तब अन्तिम देव-दर्शन और तीर्थाटन के मंगल-समारोह से धन्य, कृत-कृत्य होती है? हाँ यही, पद्मपाद जगत् की माया को भोगते रहने से प्रभु के अनन्य वरदान का सुख मिलता है; महिम पुरस्कार का सन्तोष मिलता

है- सुकृत्य का यश, कीर्ति मिलती है। जन्मने और मर कर पुनर्जन्मने से जगत् और भव ही मिलता है; परन्तु क्या भगवान मिलता है?

श्रेष्ठि लक्ष्मीचन्द्र के भक्तिनिवास में श्रीमद् भागवत के मंगलारभ के शुभ मुहूर्त में पद्मपाद ने कथाकार श्री विष्णुशर्मा से अनायास ही कहा- "तब जगद् छोड़ने और भव-संसार से भाग कर ही भगवान् मिल सकता है? क्या जगत् और भव-संसार सहित परमात्मा प्राप्त नहीं हो सकता?"

श्रीविष्णु शर्मा ने उपस्थित विशिष्ट और शिष्ट समुदाय को सन्तोष पूर्वक देखते हुए कहा- "मैं क्या बताऊँ? यह तो भगवान् ही का रहस्य है। महर्षि वेद व्यास ने श्रीमद् भागवत शान्ति प्राप्त करने के लिये प्रणीत किया-ज्ञान, विज्ञान, सिद्धि-ऋद्धि, वेद और वाङ्मय के अगाध मन्थन, पारायण, अध्ययन एवं प्रणयन के पश्चात् भी महर्षि का ब्रह्म-युक्त परम् आत्मा विकल ही रहा-अशान्त बना रहा। पुत्र-प्राप्ति की ऐषणा से उदीप्त महर्षि बादरायण वेद व्यास अपने वैराग्य घन, ज्ञान-मूर्ति पुत्र शुकदेव श्री को राजा जनक-विदेह-राज-संन्यासी के पास भेजते हैं; किन्तु स्वयं श्री कृष्ण चन्द्र के चरणारविन्दों में गिर पड़ते हैं। ज्ञान ने तब महर्षि की भव-व्याकुलता दूर नहीं की-भक्ति ने ही की।"

आचार्य पद्मपाद ने शान्त स्वर में उपस्थित शिष्ट-विशिष्ट जन-महाजन श्रोताओं को निहारते हुए कहा- "श्रीमद् भागवत श्रवण करने का पात्र वही जीव है, मानव, जो मनसा, वाचा, कर्मणा, जाग्रति, स्वप्न और निद्रा में श्री हरि में अच्युत विश्वास करता है, सहज, असंदिग्ध-काम गन्धहीन विश्वास। जीव, जो स्वयं को नहीं केवल प्रभु को चाहता है, वही श्रीमद् भागवत का कथाकार तथा श्रोता हो सकता है-हम संन्यासी क्या प्रभु के कथाकार हो सकते हैं? श्रोता हो सकते हैं? भक्ति का अधिकारी कौन हो सकता है? भक्त कौन है? मैं नहीं-नहीं। मैं तो कालाधीन देश-भुक्त तथा कामना-कीलित बुद्धि युक्त जीव हूँ-मानव जीवात्मा। मैं डरता हूं- भयभीत हूं-मृत्यु से भयार्त हूँ तो जगत् से भाग खड़ा होता हूँ-भव-संसार की भव्य और दिव्य सृष्टि के मंगलमय पुरुषार्थ से कतरा कर अरण्य के विजन में छिप जाता हूँ-तब क्या जगत् से भय खा कर और भागकर परमात्मा को प्राप्त किया जा सकता है? श्रीमद् जगद्गुरु के श्री चरणारविन्दों की छाया में साष्टांग पड़ा हुआ मैं, एक जीव आज अन्तःकरण का मूढ़, बुद्धि का प्रलापी, कर्म का भीति और लाज से अनुशासित साधु-एक यती, जोगी सा आडम्बरी प्राणी हूँ-लोगों,

स्वयं को टटोलता हूँ, तो पाता हूँ मैं-मैं सतत् शाश्वत सुखमय, सुन्दर, तेजस्वी, माधुर्य-लावण्य चिर जीवन चाहता हूँ-मैं प्रभु से स्वयं के चिरन्तन को- परात्पर को चाहता हूँ। प्रभु से मैं मृत्यु तो नहीं चाहता, किन्तु भव्य, दिव्य और भरपूर भव तो चाहता हूँ-मैं मानव से देव और देव से देवता होना चाहता हूँ, मैं स्वर्ग को ही चाहता हूँ।"

"स्वर्ग!" एक विद्वान् वयोवृद्ध ने सिर हिला-हिला कर कहा- "तो क्या नर्क चाहेगा, मनुष्य? स्वर्ग ही चाहेगा, अवश्यमेव। परन्तु आचार्य श्री इस लोकालय में तो सुख क्षण के लिये ही मिलता है-भारी पुरुषार्थ करना होता है और फिर भी भाग्य साथ दे तो पुरुषार्थ का फल मिलता है अन्यथा विघ्न है, संकट है, आपदा है-विपद् है; अकाल मृत्य है। शाप के मृत्यु की अनिवार्य विपदा आई तब तो परीक्षित का मन श्रीमद् भागवत की ओर गया। चक्रवर्ती सम्राट का यह मानस है, तो हम गृहस्थ शिष्ट सामान्य जनों की तो पूछिये नहीं किन्तु, नहीं मामा से काणा मामा क्या बुरा है-भई, किसी भी भाँति सही, भगवान् का नाम ले मनुष्य, यही धर्म की अन्तिम आज्ञा है-स्वर्ग? भव-संसार में तो मिलता नहीं और मरने के बाद-भगवान् जाने।"

पद्मपाद ने हँस कर कहा- "सत्य कहा, श्रीमान्!"

"काहे के श्रीमान् हैं हम? हम तो याज्ञिक हैं, शिक्षक। शास्त्र स्मृति तथा वेद-वेदांग पढ़ाते हैं-रटाते हैं तथा भिक्षान्न खाकर घर संसार चलाते हैं। ब्राह्मणी श्रेष्ठिनियों को अपने विस्फारित निष्पाप नयनों से निरखती रहती हैं-यह श्रेष्ठि अपने परिजनों तथा सन्तान को सुवर्ण का हलुआ और रत्नों के पाक खिलाते हैं और मैं? पूछिये नहीं, स्वामी महाराज! धरती का अन्न खिलाता हूँ और गौ माता का दूध। यही मेरी संभृति है; गौ मेरी समृद्धि है; धर्म पत्नी मेरी श्री है तथा सन्तति मेरे पुण्यों का फल तथा पूर्वजों का आशीर्वाद है- तब क्या मैं महाभारत सुनूंगा? भागवत ही सुनूंगा, प्रिय जनों!"

उपस्थित मेदिनी में परिहास-हास्य उभरा, गहगहा और शान्त हो गया। श्रेष्ठि श्री लक्ष्मीचन्द्र ने कहा- "जगद्गुरु श्रीमद् शिवावतार भारत धर्म-सामाज्य-सम्राट् शंकराचार्य के शिष्य आचार्य श्री पद्मपाद महोदय के सानिध्य में जगद्गुरु के बाल-साथी और मित्र श्रीमद् भागवत की मंगल-कथा कहेंगे। यह हम सब का बड़ा सौभाग्य है। संत और सत्संग के करोड़ों जन्मों के पके पुण्यों का वरदान है-इस संसार में सभी वार्तायें सहज हैं-स्वाभाविक हो जाती

हैं-सुगम तथा सुलभ हैं; किन्तु प्रभु की वार्ता दुर्लभ है-अत्यन्त कठिन प्रतीत होती है मेरी तो यही प्रतीति है...”

आचार्य पद्मपाद ने प्रसन्न होते हुए कहा- “वाह! निष्पाप सत्य-कथन इसे कहते हैं। तब वर्ण से आप वैश्य हैं किन्तु वृत्ति से आप क्या हैं?”

“शूद्र।” श्रेष्ठि लक्ष्मीचन्द्र जी ने हंसते हुए कहा- “जो भव-संसार का भोग चाहता है, वही तो शूद्र है, वैश्य पुण्य श्लोक कीर्ति ही तो चाहता है और क्षत्रिय राज-दण्ड द्वारा न्याय का पोषण करता तथा समाज को धर्म- धारण करवाता हुआ यश चाहता है।”

श्री विष्णु शर्मा-“और ब्राह्मण?”

आचार्य पद्मपाद ने सहसा कहा- “ज्ञान, परमात्मा-ब्रह्म।”

वयोवृद्ध मनीषी ने सिर हिला-हिला कर कहा- “ब्राह्मण ब्रह्म चाहता है- सुनते आये हैं; लोग कहते आये हैं परन्तु ब्राह्मणों में मुझको तो चार वर्ण भी दृष्टिगोचर होते हैं, सत्य तो यह लगता है, प्रत्येक वर्ण में वर्णान्तर निहित है। ब्राह्मण-ब्राह्मण, ब्राह्मण-क्षत्रिय, ब्राह्मण-वैश्य तथा ब्राह्मण-शूद्र। यह सूक्ष्मातिसूक्ष्म आन्तरक्रम वर्ण और उसकी व्यष्टि में स्पष्ट दिखता है-देखने वाला चाहिये। केवल ब्राह्मण-ब्राह्मण ही ब्रह्म को चाहेगा।”

उपस्थित याज्ञिक कर्मकाण्डी ब्राह्मण-समुदाय में असन्तुष्ट और अप्रसन्न अस्फुट ध्वनि सी हुई। पण्डित वासुदेव शास्त्री ने पुकार कर कहा- “यह स्मृति और शास्त्र विहित सिद्ध व्याख्या नहीं है। जब प्रारब्ध से वर्ण प्राप्त होता है, तब आन्तर वर्णाभास के लिये भव-प्रक्रिया में स्थान कहाँ है? ब्राह्मण जन्मजात ब्राह्मण है; क्षत्रिय जन्मजात क्षत्रिय है; वैश्य जन्म से ही वैश्य है और शूद्र माता के गर्भ से ही शूद्र है।”

श्रेष्ठि लक्ष्मीचन्द्र ने श्री विष्णु शर्मा से निवेदन किया- “अब श्रीमद् भागवत पूजन तथा भगवान् का आह्वान पूजन आरंभ करें, पूज्य! अन्यथा शास्त्रार्थ छिड़ जायगा।”

श्री विष्णु शर्मा ने विहंसते हुए कहा- “शास्त्रार्थ क्या श्री हरि का पूजन नहीं है? श्रीमद् भागवत-पारायण का यह कौटुम्बिक समारोह बुद्धि-वैभव से भी समृद्ध हो तो क्या अनुचित है?”

श्रेष्ठि लक्ष्मीचन्द्र ने हाथ जोड़कर कहा-“मैं शास्त्र नहीं जानता; श्री और सुकृति को ही जानता हूँ। मुझको पुण्य चाहिये तथा कीर्ति चाहिये। मैं श्रेष्ठि हूँ, समाज की सिद्धियों का अर्जन कर्त्ता; उद्योगों का जनक तथा व्यवसायों

का पुरुषार्थी। मैं गृहस्थ हूँ-स्मृति-विहित वैदिक वर्णाश्रम धर्म पालन करते हुए पुण्य कमाना मैं अपना और अपने कुल-कुटुम्ब का भव-लक्ष्य मानता हूँ। मैं ज्ञानी नहीं, ध्यानी नहीं। मेरे पास क्रिया नहीं है; योग नहीं है-मेरे पास तो प्रभु के प्रति आर्त प्रार्थना भर है। श्रीमद् भागवत भगवान का वाङ्मय स्वरूप है तथा श्री हरि भक्त तथा भक्ति का एकाकार घटाटोप है-श्रीमद् भागवत निवास में हो तो स्वयं श्री भगवान ही उपस्थित हो जाते हैं। श्रीमद् भागवत का पारायण श्री हरि का गुणानुवाद है-भागवत् प्रभु का गुण ग्राम है, ऐसा सन्त महन्त, भक्त तथा प्रभु के मर्मज्ञ कहते हैं। यही सनातन वैदिक प्रतिष्ठा है? भागवत की। भागवत गृहस्थों के लिये प्रभु का पूजन, अर्चन, आराधन, प्रार्थना और जीव का आत्म निवेदन है....”

श्री विष्णु शर्मा ने प्रसन्न आश्चर्य पूर्वक कहा- “अरे वाह रे भट्ट! आप श्री तो वैश्य-ब्राह्मण हैं।”

“नहीं।” श्रेष्ठि लक्ष्मीचन्द्र ने पुकार कर कहा-“वैश्य उत्पादक है, अर्जक है, संग्रहकर्ता एवं विनिमयकार है। श्री रिद्धि तथा संभृति से ही उसका समस्त तथा सर्वांगीण वास्ता है। वैश्य वर्ण सृष्टि की उत्पादक चेतना है-सिद्धि क्षत्रियों की; रिद्धि वैश्यों की और ज्ञान-शास्त्र ब्राह्मणों का।”

श्री भवानीसिंह ने सहसा कहा-“शस्त्र तथा दण्ड क्षत्रियों का होता है, श्रेष्ठि जी! सिद्धि तो योगियों की ही होती है।”

श्री वासुदेव शास्त्री ने बीच ही में कहा- “सन्यासियों और योगियों का न कोई वर्ण रह जाता है और न ही वृत्ति। उनकी न रिद्धि है; श्री है; सुकृति है-केवल सिद्धि ही है। सिद्धि न हो तो योगी यती को कौन पूछेगा? स्वामीजी केवल भिक्षा मांगते फिरेंगे और पीपल के नीचे बैठकर उपदेश कहा करेंगे।”

पद्मपाद ने सहसा कहा- “यह वाणी-विलास अब बन्द हो। शास्त्र का अर्थ ही विचार है। तर्क है- बुद्धि का संगत व्यायाम ही तो शास्त्र है। जगत के लिये शास्त्र अनिवार्य है; भव-संसार के लिये स्मृति ही नौका है; किन्तु परमात्मा के लिये पूजन-आराधन, प्रार्थना और आत्म-निवेदन है। हम सब आज एकत्र लोग भगवान का गुण-ग्राम सुनने आये हैं-शास्त्र चर्चा के लिये नहीं। श्रेष्ठि लक्ष्मीचन्द्र जी अधीर हो रहे हैं तथा जैसे मुहूर्त टलने ही वाला है-”

श्रेष्ठि लक्ष्मीचन्द्र ने कहा- “आप की चरण रज से समय की पलें- सभी क्षण मंगलमय हो जाते हैं- आप श्री ही हमारा पुनीत अमोघ मुहूर्त हैं। श्रीमद्

भागवत के यथाविधि पारायण के मगलारंभ के लिये आज्ञा कीजिये, श्री मद्!
श्रद्धेय, पूज्य!!"

आचार्य पद्मपाद ने जैसे सहसा अपूर्व उत्साह पूर्वक कहा- "जगद्गुरु
शंकराचार्य के श्रीमद् चरणारविन्दों में मैं प्रणाम कर व्यास श्री विष्णु शर्मा
से निवेदन करता हूँ कि वह हम सब जीवों के उद्धार के लिये श्रीमद् भागवत
की कथा आरम्भ करेंगे। निस्संदेह हम सब भावुक श्रोता श्री हरि जगन्नाथ
के आर्त श्रद्धास्पद श्रोता हैं; हम भगवान के भयभीत भावुक श्रोतागण हैं-प्रभु
का गुण ग्राम हम हृदय में धारण करना चाहते हैं-जगत की महिम रमणीय
वार्ताओं को भुलाकर हम परमात्मा परम् ब्रहम की अपार लीला के ऐश्वर्यों को
सुनना चाहते हैं- भव-संसार के त्रितापों से त्रस्त तथा दग्ध हम मानव-जीव
प्रभु के श्री चरणों में शरणागति चाहते हैं- शास्त्र हम सुनते हैं, परन्तु प्रभु
नहीं। प्रभु की कृति यह मायावी जगत् ही अपने चमत्कारी दिव्य सौन्दर्य
द्वारा हमें व्यक्त होता है-स्मृति पूर्वक जीवन-यापन हम करते हैं-यज्ञ याग
करते हैं; करवाते हैं-पुण्य हम करते हैं और स्वर्ग की गुह्य कामना में इस
पृथिवी पर नित प्रभु के दर्शन की कामना करते रहते हैं-अवश्य, जो जगत्
को देखना और भव-भोग करता रहना चाहता है, वह प्रभु दर्शन के लिये
प्रेरित नहीं होता। प्रभु-दर्शन उसी जीव को होता है, जो जगत् से मुक्त होकर
भव-संसार को त्याग कर केवल प्रभु को ही देखना तथा प्रभु के सानिध्य में
मुक्त जीवन व्यतीत करना चाहता है और प्रभु-श्री हरि का नाम वही लेता
है, जो अनादि चिर चिरन्तन मुक्ति शान्त-मुक्त जीवन भी नहीं चाहता-जो
केवल प्रभु के परात्पर शान्ति दा श्री चरणों में सर्वस्व का अर्पण कर पड़ा
रहना चाहता है-यही भक्ति है; यही भक्त है और भक्त का भगवान निराकार
होते हुए भी साकार है; भक्त का भगवान निर्गुण होते हुए भी सगुण है-वह
अजन्मा है; किन्तु भक्त के लिये अवतरित होता है-मन में, बुद्धि में, चित्त
में और लोकालय में। प्रारब्ध भोगी जीवात्मा भक्ति नहीं, जन्म-मरण पूर्वक
लोकों के भव-जीवन ही जीते हैं। निश्चय कर लो-जगत और भव चाहते हो
अथवा प्रभु-परमात्मा, जगदीश्वर-जगन्नाथ।"

आनन्द गिरि ने पुकार की- "श्री हरि! नमो नारायणः हरिः! ओम नमो
भगवते वासुदेवाय नमः!"

श्री विष्णु सहस्र नाम का संगीतमय संकीर्तन आरंभ हुआ। भाव प्रण
तनिक चकित, तनिक स्तब्ध और तनिक-लुब्ध स्वरों में श्री हरि; परमेश्वर

जगदीश जगन्नाथ के नाम गगन में स्वर-तरंगों में उद्वेलित होते हुए गूंजने लगे-प्रति गूंज कर व्योम में, आकाश में, अनाहद में- अवकाश तथा काल के महाशून्यों में लीन होने लगे। आचार्य पद्मपाद पद्मासन स्थित उन्मीलित नयनों में मानो गुंजित प्रति गुंजित हरि नाम के पीछे, साथ-साथ सृष्टि के आकाशों में उभर-उभर कर उड़ने लगे-श्री हरि! एक मन्द-मन्द मुग्ध चीत्कार सा उनके गहन से निकल कर उनके हृदय दहर के हृदय-कमल को ही मानो कंपाने लगा। पद्मपाद प्रभु के ऐश्वर्य युक्त अभिमंत्रित प्रत्येक नाम के निनाद को मानो सांस-साँस में समाने लगे। गुंजित प्रति गुञ्जित हरि नाम भूताकाश से चित्ताकाश में लहर कर चिदाकाश में लीन होने लगे और पद्मपाद को लगा, उनका अथाह चिदाकाश प्रभु के नाम से अपने सभी तलों के समस्त अतल में गह गहने लगा है- श्री हरि! जगन्नाथ! अपने चिदाकाश के अनन्त क्षितिज के दिव्य आलोक को पैर कर पद्मपाद अपने हृदय कमल की ओर बहने लगे। त्रिपुर से बाहर लोकों से ऊपर तथा काल प्रवाह के एक शून्य दिक् में स्थित पद्मपाद परम् ब्रह्म को देखने के लिये लालायित हो उठे। सच्चिदानंद! चिदानंद! प्रगटो-दर्शन दो, नृसिंह! जगन्नाथ! श्री हरि-हरि! हरि! हरि ओम!"

10

आचार्य पद्मपाद श्रीमद् भागवत् एक ही पद्मासन पर स्थिर ध्यानस्थ से सुनते रहे और श्री विष्णु शर्मा जी प्रतिदिन नित्य नये रस से श्री हरि की यह गुण-ग्राम-कथा कहते रहे। श्रेष्ठि लक्ष्मीचन्द्र तथा पुर जन परिजन समूह मानो प्रति पल परस्पर मन से निकट आता रहा और जैसे सभी के साथ स्वयं के कुटुम्ब को, स्वयं को अपने आस-पास-रात और दिवस को सहज ही देखने लगा। श्रीमद् भागवत का प्रत्येक पावन और पुनीत करने वाला प्रसंग श्रोता को एक अलभ्य सी दुर्लभ प्राप्ति लगता तथा वह स्वयं अपने गहन में उसके लिये विवश और निराश सा लालायित हो उठता-श्री विष्णु शर्मा को हरि कथा कहते हुए ऐसा लगता, मानो वह मौन भयभीत भयार्त और अन्ततोगत्वा दीन तथा जगत में अनाथ अल्पज्ञ-अबोध जीव को थाम कर सत्य के लिये जगा रहे हैं- पुण्य श्लोक जीवन-यापन के लिये प्रेरित कर रहे हैं-तथा जगत की माया और भव-संसार के मोह सागर के पार सौन्दर्य, अमृत और आनन्द का नित्य मधुमय धाम इंगित कर रहे हैं-श्रीमद् भागवत की नौका में बिठाकर मोहान्ध, राग सने अभिलाषाओं से ऊर्ज, आकांक्षाओं से उद्वेलित, कामनाओं से कीलित तथा भ्रमों से भरे, निभ्रमों से डुले और स्वप्नों की यात्राओं में भान-भूले जीव को श्री हरि के चरणों की ओर बहा दे रहे हैं- "प्रभो! इनको-इन जीवों को अपने श्री चरणों में स्थान दो, भगवन्! हे कृष्ण! गोविन्द! इन अबूझ पापियों को उबारो-उद्धार करो, माया-मोह में डूबे अन्धे और बहरे विवेक हीन इन जीवों को अपना लो श्री हरि!" श्री विष्णु शर्मा के सधे हुए कण्ठ से शैली से पीड़ित स्वर निकलते; वाक्य अपने-अपने पूर्ण अर्थ-बोध सहित स्फुटित होते और प्रसंग-कथन में श्री विष्णु शर्मा स्वयं श्रीमद् कृष्ण द्वैपायन महर्षि व्यास सा अनुभव करते मानो वह स्वयं वेद-व्यास हैं और श्रीमद् भागवत् स्वयं ही सुन रहे हों। अवश्य, राजा भारत के चक्रवर्ती महाराज परीक्षित को कामगन्धहीन, अजात शत्रु, विवेक मूर्ति, ज्ञानी-ध्यानी, विज्ञान-जयी, केवल कैवल्य स्थित मुक्तात्मा श्री शुकदेव ने श्रीमद् भागवत सुनाया था; जिसको वह आजकल इनको सुना रहे हैं-श्री विष्णु शर्मा कथा कहते-कहते मानो

ठिठक सा जाते और तनिक स्वयं से लज्जित हो उठते-श्रीमद् भागवत का प्रणेता महर्षि स्वनाम धन्य वेद व्यास, त्रेता के ब्रह्मा तथा उनके आत्मज श्रीमद् शुकदेव मुनि, श्रीमद् भागवत् के गुरु तथा शिष्य-जगत के पिता-पुत्र, श्री प्रभु के ज्ञान एवं प्रीति के तप के गुरु तथा शिष्य-भगवान, भक्त और यह-यह श्रीमद् भागवत।

"सभी शास्त्रों का मन्थन कर महर्षि ने सारभूत तत्व देख लिया; पुराणों की रचना कर कलि युग के मानव के लिये काल के सदैव स्मृत, नित्य उदाहरण, साधना, तप, लोक-व्यवहार एवं धर्म धारण के चिरन्तन द्वन्द्व की घटनाओं के अजर-अमर इति वृत्त को महर्षि ने लिख लिया-यों पुराणों में जगत और भव-संसार की स्मृति-कथायें लिख डालीं, वेद व्यास ने। सृष्टि, स्थिति तथा लय एवं लोकालय के सूर्य तथा चन्द्र के वंशों की, भव चौरासी के आदिपुरुषों तथा वंश-वृक्षों की, भू, भुर्व, स्व, महः जप तप सत्य और सभी स्वर्गों, नर्को एवं पातालों की कल्पों और मन्वन्तरों की दिव्य भव्य असाधारण सदैव अजर तथा अमर जीवन कथाओं, वार्ताओं, आश्चर्य संभूत घटनाओं, विधि-विडम्बनाओं, इतिहास के मोड़ों एवं युग-युगान्तरों के उद्धवों को वेदव्यास ने पञ्चम वेद महाभारत में लिख लिया-महाभारत सृष्टि कथा है; सृष्टि ज्ञान-विज्ञान है; इतिहास है; राज है; समाज है-व्यष्टि समष्टि त्रिकाल और महाकाल के कालातीत-कालाधीन संकल्प की धारणाओं, ध्यानों, स्वप्नों और स्मृतियों का महाकाव्य है।" श्री विष्णु शर्मा ने मानो अन्तिम वाक्य कह दिया हो, यों श्रोताओं को देखा और आचार्य पद्मपाद की ओर तनिक दृष्टिपात करते हुए कहा- "शंका? जिज्ञासा? हमने प्रारम्भ में ही कर दिया है-स्पष्ट कह दिया है कि आप सब राजा महाराजा परीक्षित नहीं हैं। मैं शुकदेव मुनि नहीं हूँ और यह हमारे श्रीमद् पद्मपाद वेदव्यास नहीं हैं। अपन सब प्रभु के प्रति प्रेरित जीव हैं-कोई त्रस्त, भयभीत संकट का मारा, आपदाओं से ग्रसित कातर प्रभु की शरण में जाकर निश्चिन्त होना चाहता है। कोई क्या चाहता है, आप-हम मानव मनोरथ की यह गाथा जानते हैं किन्तु ध्यान देने की बात है, राजा परीक्षित श्रीमद्भागवत के श्रवण से अवश्यम्भावि मोक्ष चाहते थे-मृत्यु को पराजित कर वह काल के महासर्प-तक्षक का काटा चक्रवर्ती अपना अभय, अपना नित्य, अपना परमात्मा, अपना शाश्वत वेदान्त चाहते थे-वेदान्त-चैतन्य अर्थात् मोक्षानुभव की अमोघ अच्युत अनन्त गोविन्द-चेतना।"

आचार्य पद्मपाद ने सहसा पलक खोलते हुए कहा- "वाह! शर्मा जी! वाह! गुरुदेव का मित्र ऐसी ही ओजस्वी तेजोमयी श्री हरि कथा कहेगा।"

श्री विष्णु शर्मा ने विहँस कर कहा- "श्री हरि कथा कहना, पुराणों का पारायण करना तथा लोक का जीवन-शिक्षण करना ही तो मेरा जीवन रहा है-आचार्य शंकर, जगद्गुरु लोक कल्याण कर रहे हैं, मैं लोक शिक्षण का कार्य कर रहा हूं...."

"और मैं?" आचार्य पद्मपाद ने ठहका मार कर पूछा।

"आप?" श्री विष्णु शर्मा ने कहा- "अपनी अन्तरात्मा में देख रहे हैं, महोदय!"

"अवश्य, मैं अपनी अन्तरात्मा में ही देख रहा हूं-अवश्य।" पद्मपाद कथा सुनते रहते और जैसे अपने चिर परिचित किन्तु अनजान गहन में ही देखते रहते। "मैं जीव हूं- परन्तु क्या हूं; कैसा हूं- किस भांति और किस प्रकार हूँ? जगत में, 'मैं' शरीरी स्थित हूं-क्या यह अकस्मात् है? सकारण है? योग्य तथा उपयुक्त-पात्र स्थिति है इस पिण्ड की-इस शरीरी की-मेरी, सनन्दन की, पद्मपाद! पिण्ड, ब्रह्माण्डवत् यत् पिण्डे तद् ब्रह्माण्डे। पिण्ड-ब्रह्माण्डे, यह शब्द-ध्वनियाँ कथा सुनते हुए पद्मपाद के गहन में सहसा वर्तुलों में उभर उठती। मैं-पिण्ड, ब्रह्माण्ड-ईश्वर, विधि, यम, स्वर्ग-नर्क, पाताल-त्रिपुर, चौदह भुवन, यह जगत् का गौरव तथा यह मत्स्येन्द्रीय भव-संसार, लक्ष-लक्ष, कोटि-कोटि योनियां-यह विचित्र विलक्षण शरीर, पिण्डों की भव्य दिव्य आश्चर्य जन्य सप्राण प्रदर्शिनी। पद्मपाद भगवान्! यह अघटन घटना पटीयसी माया, यह प्रगाढ़ प्राञ्जल मोह-यह अथाह मोह, यह अटूट राग, यह विस्मृति से लीढ़ स्मृति और काल रात्रि के शयन का यह भव-भव स्वप्न-सम्मोहन। मेरे देव, देवाधिदेव, प्रभो!"

"प्रभो! हे ईश्वर, जगदीश-जगन्नाथ।" निरीह शब्द-ध्वनि पद्मपाद के गहन अतल चिदाकाश में स्वतः ही गूंजने लगी; मानो वह अनादि की घोर निद्रा से जग रहे हों और सभी स्वप्नों के शम जाने के बाद एक विजन में अपने आत्यंतिक अन्तिम प्रिय की प्रतीक्षा से अकुलाने लगे हों। जीव, मानव-जीव, अभय तो चाहता ही है; परन्तु उसके अनासक्त उपरत चित्त में जो एक गूढ़-गुह्य अशान्ति बनी ही रहती है-एक संक्रामक गंभीर भीति, एक विलक्षण आशंका बनी ही रहती है, उससे जगत् के रूप-सिन्धुओं में तैरता, डूबता और उबकता हुआ जीव छूटना चाहता है- भव-संसार के पाप और पुण्यों के फलों

को अनिवार्यतः भोगता हुआ जीव अन्ततोगत्वा इस मूढ़ गुह्य सीदती हुई आकुलता से मुक्ति चाहता है-शान्ति ही चाहता है- शान्ति। राजा परीक्षित तब क्या मृत्यु के भय से मुक्त होकर जीवन का घनघट्ट अभय ही चाहते थे-यही क्या मुक्ति है? आगन्तुक अवश्यंभावि मृत्यु के भय से मुक्त होकर राजा परिक्षित क्या चाहते थे-जीव मात्र जन्मता और मरता तथा पुनः पुनः जन्म धारण करता हुआ अन्ततोगत्वा चाहता क्या है? मुक्ति? जन्म-मरण के इस अनिवार्य से भव-संसार से मुक्त होकर जीव, मानव अपने गहनातिगहन में मृत्यु के अनिवार्य भय से मुक्ति तथा भव रोग से छूटकर शाश्वत जीवन चेतना का अभीमय स्वतः संजीवित आरोग्य-चिरन्तन आयु तथा निर्विघ्न भोग ही चाहता है। अवश्य, मानव-स्वर्ग चाहता है, जो इस मृत्यु लोक में सम्पूर्णतः मिलता ही नहीं-मिलेगा ही नहीं। इस भव-संसार में जीव भोगता कितना है? क्षल्लुक-क्षुद्र भोग है उसका। कर्म का बन्धन तो अनन्त काल का है; किन्तु इन्द्रियज सुख अथवा दुःख अत्यन्त क्षणिक है, पद्मपाद!"

कथाकार श्री विष्णु शर्मा ने शुष्ठ श्रोताओं की ओर देखा उनको तनिक घूरा-निहारा और कहा- "श्री भगवान कहते हैं, 'सृष्टि के पूर्व अनादि में 'मैं' ही था-केवल मैं ही था। इस जगत् के पूर्व भक्त मन रंजन भगवान ही थे। तब क्या सृष्टि-रचना होने के बाद श्री हरि नहीं रहे? यह शंका मूर्खों को ही हो सकती है-सृष्टि के पूर्व और पश्चात् श्री हरि ही हैं। यह सृष्टि प्रभु की लीलामयी सृष्टि है-सर्जन है। वही जड़-चेतन का अद्वितीय अनन्य सृजनहार है, भक्त जनों! यह विपुल श्री हरि-गायन, यह दिव्य शान्तिदा, मोक्षदा हरि गुण गान, श्रीमद् भागवत का सार कहता हूँ; मन लगा कर सुनो। चार श्लोकों में श्री कृष्ण द्वैपायन वेद-व्यास ने श्रीमद् भागवत के क्षीर सागर का मक्खन बिलोकर रख दिया है। श्री हरि के श्रीमुख से वेदव्यास ने यह अन्तिम सार कहलवाया है; सृष्टि के पूर्व केवल मैं ही था। मेरे सिवाय, मुझसे रहित, हीन और वञ्चित अतिरिक्त न स्थूल और नहीं सूक्ष्म और स्थूल तथा सूक्ष्म का कारण अज्ञान ही था। जहाँ सृष्टि नहीं थी, वहाँ मैं ही था-मैं ही हूँ। श्री भगवान उवाचः इस सृष्टि के रूप में जो कुछ दीख रहा है, प्रतीत हो रहा है; प्रतीतिजन्य अथवा मन्य है वह भी मैं ही हूँ-वही है वह, श्री हरि, परात्पर सच्चिदानंद घन श्री हरि किन्तु सृष्टि का आविर्भाव तथा तिरोभाव है-तो शेष? श्री भगवान् कहते हैं, जो कुछ शेष बच रहेगा, वह भी मैं ही हूँ-हूंगा।"

पद्मपाद के गहन में प्रतिध्वनि गूंजी- "श्री हरि ही हैं-वही हैं।"

श्रेष्ठि लक्ष्मीचन्द्र ने विभोर होते हुए पुकारा- "श्री हरि! हरि ओम तत् सत्!"

एक भावुक श्रोता ने गद्गद कण्ठ से कहा-"जीव! तू नहीं है- वही है-वही-परमात्मा!"

व्यास पीठासीन श्री विष्णु शर्मा ने स्वयं ही चमत्कृत-सा होते हुए कहा- "हाँ, वही परमात्मा, श्री हरि भगवान्। ध्यान देकर सुनो श्री भगवान् क्या कह रहे हैं; जो नहीं है, परन्तु है प्रतीत हो रही है और जो अनिर्वचनीय है वह वस्तु मुझे परमात्मा में ही दो की भांति भासित हो रही है-वही विद्या माया है और सघन तम की स्वरूपता में भासित हो रही है-मिथ्या! यह माया दो चन्द्रमाओं के दृष्टिपात की भांति है- आकाश-मण्डल में राहु की भाँति मेरी प्रतीति नहीं होती-यह माया, मिथ्या। जो नहीं है, वह है की भाँति प्रतीत हो यही श्री हरि की अनिर्वचनीय माया है-यह इन्द्रिय-सन्निकर्ष से उत्पन्न यथार्थ ज्ञान मिथ्या है-न वह सद् है और न असद्। समझो! इसलिये इस इदम् को अनिर्वचनीय आश्चर्य कहा है, श्री हरि ने यह कहा है- भगवान ने श्री कृष्ण ने। कारण रूप महापञ्चभूत शरीर में कार्य रूप प्रविष्ट हैं और कारण रूप अप्रविष्ट भी हैं- उसी भाँति वह परमात्मा आत्मा की भाँति देह में है और नहीं भी है। नेति, नेति, यह ब्रहम नहीं है, यह ब्रहम नहीं है तथा अन्वय की पद्धति से यह ब्रहम है, ब्रहम है द्वारा यही सिद्ध होता है कि वही सर्वातीत और सर्व स्वरूप भगवान, श्री हरि सर्वदा तथा सर्वत्र स्थित हैं। वही वास्तविक परम् तत्व है-जगत जानना, मानना तथा भोगना चाहते हो तो विद्यावान होना होगा और जो आत्मा अथवा परमात्मा को जानना और अनुभव करना चाहते हैं, उनको यह स्वीकार करना होगा तथा विश्वास करना होगा कि श्री हरि मायामय हैं; मायातीत हैं। वही है, नहीं स्थिति में भी वही हैं; स्थिति में भी वही हैं- आत्मजिज्ञासु को यही जान लेना यथेष्ट है कि ज्ञान ही है-अज्ञान श्री हरि की मौज है-रमुज है; संकल्प धारणा है, लीला। यही इस लोकविश्रुत श्रीमद्भागवत पुराण का सार है। नवनीत।"

"धन्य!" श्रेष्ठि लक्ष्मीचन्द्र ने कहा और आरती उतारने के लिये तत्पर हो सभी श्रोताओं को उठ खड़े होने के लिये इंगित किया। आरती के लसित प्रकाश-वर्तुल को निर्निमेष नयनों से पद्मपाद देखते खड़े रहे और श्रोतागण

ताली बजाते हुए झूमते हुए, आरती गाने लगे। श्री विष्णु शर्मा रसपूर्वक रसमयी कथा कहने के श्रम से स्वयं को सफल अनुभव करते हुए उच्च स्वर में आरती गाने लगे। श्रीमद् भागवत पुराण हिलती, ऊपर-नीचे तथा पार्श्व में वर्तुलाकार गृहण करती हुई आरती से झबकने लगा और श्री हरि का मनोरम विग्रह चमक-दमक करने लगा। अगर-धूम की शीर्ण धारायें ऊर्ध्व गगन में रिमझिमती हुई नाचने लगीं-आकाश के अनन्य मौन में लीन होने के लिये मानो स्वयं का विसर्जन करने लगीं। धण्टारवों से गगन थिरक उठा; गहगह उठा और भक्त जनों के व्याकुल चित्त में, मन में, प्राण में निश्चिन्त विश्वास जागने लगा-वह जैसे मिथ्या से विश्वस्त होने लगे, माया के कौतुक को मान गये और श्री भगवान के पास जा खड़े होने लगे। आरती शान्त हुई और प्रसाद बँटा। स्वयं ही निश्चिन्त तथा रीझे हए श्रोता श्रेष्ठि लक्ष्मीचन्द्र के प्रति कृतज्ञता व्यक्त कर बिखरने लगे और आचार्य पद्मपाद अपने रोम-रोम में सिहर उठे। वह जैसे सघन तम में स्पष्ट देखने लगे; चित्त के सम्भ्रान्त व्यामों से उपरत स्थित प्रांगण की व्याकुलता को थामने लगे। उनकी इन्द्रियाँ अपनी कील पर आ सटीं तथा जगत् के अपने क्षेत्र, परिमाण तथा प्रमाण में ही विरमने लगीं। पद्मपाद को लगने लगा, शरीरी वह है; किन्तु 'शरीरी' के स्वरूप में वह माया-मनुष्य हैं; मिथ्या विश्वासी हैं। तब क्या माया में सत्याधार माना जा सकता है-माया क्या शाश्वत सत्य का विश्वास उत्पन्न कर सकती है? मिथ्या से ज्ञान प्राप्त हो सकता है-नहीं; पद्मपाद यह ज्ञान होना वास्तव में अज्ञान को समझना है; जान लेना है! ब्रह्म को समझना क्या? जानना क्या? मानना तथा प्रमाणित करना क्या? श्री हरि, भगवान, ब्रह्म ही हैं, स्वयं प्रकाश्य हैं-वही हैं, हाँ, पद्मपाद!"

रात्रि की माझम पलों के मूक उदासीन प्रवाह से अलग होकर पद्मपाद शून्य के क्षितिज तट पर जैसे पद्मासनबद्ध बैठ गये। पद्मपाद! शरीरी! जीव-तू है ही नही; प्रभु ही हैं-ब्रह्म। एक आकुल चीत्कार सी उनके चिदाकाश में उठी। जैसे कोई चिर पुराण, कालवृद्ध, तटस्थ और उपरत स्वयं प्रकाशित, व्यक्त, कालातीत चैतन्य बोलने लगा। अनन्य दिव्य घन रस संगीत उनके गहन में स्वयं ही होने लगा- 'परमात्मा!' प्रभो! परम् ब्रह्म! ब्रह्म, ब्रह्म, परम् परात्पर ब्रह्म! तब स्वयं तुमसे ही यह जगत् आविर्भूत होता है-यह मायावी अत्यन्त सुन्दर सुघड़, अनन्य दिव्य और भव्य जगत अपनी सृष्टि, स्थिति तथा लय में तुम्हीं से है-तुम तब इस जगत् के मनीषी हो!

कवि हो- सर्वतंत्र स्वतंत्र सर्व शक्तिमान अधिष्ठाता और अधीक्षक हो! क्या तुम ही इस जगत् के स्वरूप में प्रगट होते हो? निस्संदेह यह जगत् तुम्हारी अमोघ परात्पर सुन्दर दृष्टि का मोहन स्वप्न विलास है-मायामय बिब्बोक है। यह भव-संसार तब तुम्हारा सतत् नाट्य है-अभिनय। अवश्य, तुम जड़ नहीं हो-चैतन्य हो, परतंत्र नहीं-स्वतंत्र और स्वयं प्रकाश्य हो-स्वयं प्रकाश हो। तुम ब्रह्मा नहीं हो; हिरण्यगर्भ भी नहीं हो-परन्तु तुम्हीं ने इनको अपने अमोघ गूढ़ गहन वेद ज्ञान द्वारा स्वयं को प्रदान किया है-तुम्हारा, तुम्हारा ही वेद-ज्ञान। दिव्यातिदिव्य आश्चर्य है; अवाक् वाचा है-अकथनीय वाणी है और सनातन काल-वाङ्मय है। यह ज्ञान जगत का, भव-संसार का ज्ञान तुम्हारे चिद् विलास का संज्ञान है; तुम्हारी अनन्त, अनुपम, अनन्य अमोघ लीला के आनंदोल्लास का उद्रेक है; स्पर्श है-प्रेषण है। हे सच्चिदानंद! मायामय हो; परन्तु माया-मुक्त तुम परम् रसिक हो। तुम अज्ञान से आच्छादित मन-मूर्ध, आत्म-विस्मृत से चिन्मय आनन्द भोगी विचित्र तथा विलक्षण अजर-अमर अजन्मे स्वयं विलासी हो। तुम सत्य हो; सत्येश्वर हो, सत्य के भास और आभास हो। तुम तुम हो, जगदीश, जगन्नाथ! पद्मपाद को लगा, जैसे कोई दिगम्बर श्याम-सुन्दर मुनि उनके चिदाकाश में मन्द मन्द्र प्रगट हो रहा है-कोई अवधूत, कोई शिव, शम्भू-यती, योगी कोई कालजयी अपराजित उदासीन उपरत शान्त एवं अभय की मूर्ति कोई उनके काल-नयनों के समक्ष आविर्भूत हो रहा है-कौन? पद्मपाद के सभी आकाश स्वयं अन्तर्ध्यान होकर चिदाकाश स्वरूप हो गये और आनन्द भरा ऋत से पूर्ण, सत् चित् चैतन्य अपनी पूर्ण परिपूर्ण शान्ति-व्याप्ति में असीम सीमा में प्रसर गया- 'गुरुदेव!' एक वाक्-प्रतिछन्द उठा। पद्मपाद अपने हृदयाकाश के चिन्मय आनन्दोल्लास में देखने लगे, डूबने लगे-उबकने तथा तैरने लगे। हृदय के सत् चित् आनन्द मकरन्द से भरे महापद्म की दिव्यतम ज्योति, नवरंगी, नारंगी, अरुणारी होते हुए भी घनीभूत घनश्याम दीप्ति से उल्लसित थी और एक चिर, अजर अमर मुनि, बाल-मुनि, मुस्करा रहे थे। 'प्रभो! भगवन्!' पद्मपाद अपने गहनातिगहन में मौन ही पुकार उठे। पश्यन्ती ने मानो कहा- "मैं ब्रह्म ज्योति हूं; ब्रह्म लीन शाश्वत जीवन चेतना हूँ; प्रभु की माया का दृष्टा, मुक्त शान्त अभय से पूर्ण एक्य हूं; चैतन्य का धनरस एकाकार हूं-सर्वम् खलु इदम् ब्रह्म का प्रतीक हूँ, रूप हूँ; बिम्ब और उसका प्रतिबिम्ब हूं। मैं शुकदेव रूप जन्मा

था और कल्प-कल्पों के लिये चिरञ्जीवी मुनि हो गया हूं।" मुनि शुकदेव? प्रसन्न मगन स्वलीन आश्चर्य की रिमझिम से पद्मपाद का अगाध शाश्वत हिल उठा- "देव!" एक छन्द-प्रतिछन्द-ध्वनि उठी। अनहद् स्वर में मानो मुनि शुकदेव ने मौन ही कहा- "सच्चिदानंद भगवान् श्री कृष्ण को नमस्कार करो-करते रहो। वही जगत् की उत्पत्ति, स्थिति और विनाश के हेतु हैं। आध्यात्मिक, आधिदैविक और आधिभौतिक त्रितापों का नाश करने वाले चिरन्तन शान्त घनश्याम परमात्मा हैं।"

पद्मपाद ने अवाक में ही मानो पूछा- "वही-वही परमात्मा?" "हाँ।" मानो मुनि शुकदेव ने कहा- महामुनि वेदव्यास ने श्रीमद्भागवत की रचना द्वारा फल की कामना से रहित निष्काम परम् जीवन-धर्म का निरूपण किया है- यह मैं जानता हूँ। शुद्ध अन्तःकरण वाले सत्पुरुष ही इस वास्तविक वस्तु परमात्मा को जान सकते हैं-उसी परमात्मा के गुणों का गायन महामुनि ने किया है। यह शान्तिदा, मुक्ति दाता जगत् तथा भव संसार का, जड़-चेतन के परमात्मा का भूमा भरा महाकाल है। श्रीमद् भागवत के गायन से भगवान् स्वयं ही भक्त बन जाता है और विशुद्ध आत्मा सत् पुरुषों के अन्तःकरण में बन्दी हो जाता है।"

पद्मपाद-"प्रभु बन्दी!" मुनि ने मानो कहा- "भक्त के अधीन भगवान् है; भक्त भगवान् के अधीन नहीं है- भक्त को ही भगवान् प्राप्त होते हैं।" पद्मपाद ने चकित् स्तम्भित सा पूछा- "तब योगी, ध्यानी, मानी को? गहनातिगहन अनहद वाक् प्रतिध्वनिवत् बोला- "वे परमात्मा को देखते हैं; किन्तु भक्त परमात्मा को पाते हैं, परमात्मा में रमते हैं-प्रभु-प्रेम का आनन्द पान करते हैं।" पद्मपाद अवाक् मूक, मौन, चकित, स्तम्भित से काल के प्रवाहवान शून्य में स्थित हो गये-शरीरी चेतना से उपरत, उदासीन, आकुल और व्याकुल वह जैसे एक परात्पर सिहर हो गये। किसी अमोघ अभय पूर्ण शान्त निर्मल कामगन्धहीन, बुद्धि-बोध और भाव-भंवर से रहित वह चिर-प्रतीक्षा की अनन्त व्याप्ति-असीम हो गये। "गुरुदेव!" एक अनहद पुकार उठी और वह उसी में डूब गये-लीन हो गये। गगन के गगन मण्डल हिले-उभरे-उमड़े; व्योम के व्योम कांपे; सिहरे-उर्वियों से वीचित हो गये-दिव्य शब्द तरंग "गुरुदेव!" स्वयं ही गगन के गगन, व्योम के व्योम मथ कर भूताकाश को पार करती हुई, चित्ताकाश को बिलोती हुई आचार्य शंकर के शान्त, ध्यानस्थ चिदाकाश में पुकार उठी-"गुरुदेव!"

आचार्य शंकर ने तुरन्त जाग्रत होते हुए हस्तामलक से कहा- "वह पद्मपाद, वत्स!"

हस्तामलक ने ध्यानस्थ ही कहा- "हुँ।"

"व्यथित है; उद्वेलित। संभ्रम में पड़ गया है।" आचार्य शंकर ने कहा।

हस्तामलक ने कहा- "कर्मेच्छा से मुक्त होना ही होगा-अभी इच्छा, कामना प्रबल है, श्रीमद्!"

"सनन्दन! पद्मपाद! आचार्य पद्मपाद!" शंकराचार्य स्वयं से ही कह उठे। पद्मपाद! पाप की वासना और पुण्य की कामना त्यागनी होगी। तुम ब्रह्मलीन होंगे क्या?"

"पद्मपाद शाश्वत अजर-अमर मुक्त जीवभाव है।" हस्तामलक ने जैसे आकाश को सम्बोधित करते हुए कहा- "ब्रह्म की जीवात्म कल्पना-धारणा। अज्ञान के आच्छादन में ज्ञान का उद्वेलित ज्ञान-माया से भीत और जगत् से कातर आत्मा प्रभु की शरण में ही जायगा, प्रभो!"

"यही तो।" आचार्य शंकर ने कहा और पुन, नयन उन्मीलित कर लिये। "पद्मपाद! शान्त!" शंकराचार्य स्वयं के गहन में ही जलद गंभीर स्वर में कह उठे- "शान्ति! शान्ति!! शान्ति!!!" आचार्य की यह पश्यन्ती, यह परा-यह वैखरी अनहद की अतल एक रस शान्ति व्याप्त करती हुई पद्मपाद के त्रिपुर में फैलने लगी। 'गुरुदेव! तब, तब मुझको ज्ञान नहीं मिलेगा?' पद्मपाद ने पुकार कर पुनः पुनः जैसे पूछा- "मुनि शुकदेव! कहाँ हो? मुझे भी भागवत सुनाओ। मुझे-मुझे एक अज्ञानाच्छादित, मोहान्ध राग सने, आर्त और दीन जीव को मृत्यु से बचाओ; उबारो। भगवान् का गुणानुवाद सुन-सुन कर मुझे रह-रह कर जगत से भय, भव से वीतराग तथा मूढ मूक मौन विकलता हो गई है- मैं आकुल, व्याकुल हूं- भीत, भयार्त! मुनि। मुझको मृत्यु से बचाओ। मैं, मैं मरना नहीं चाहता-नहीं, नहीं, नहीं!!! पद्मपाद को लगा, वह अपने भूताकाश में रूप-रूप के पीछे चल रहे हैं। भ्रान्त सम्बोधों को पकड़ने के लिये शून्य में हाथ हिला रहे हैं-उस तमिस्र अगाध रूपयसि अतल सी राशि में, सिन्धु में वह जैसे धुएं से लहरती और ज्वाला से सिहरती हुई ज्योति-आकृति है-जीव, जीवात्मा। तब पद्मपाद? आचार्य? मैं, सनन्दन? तब, तब मैं यह हूं एक मूक मूढ मौन सीदती सिहरती ज्योति हूँ; धुओं से भरभराई और स्फुलिंग-बिम्बों से भरी मैं एक वह्नि-ज्वाला हूँ किन्तु-किन्तु प्रत्येक धूम्र लट को मैं देख रहा

हूँ; अग्नि-स्फुंलिग को छू-छूकर छोड़ रहा हूँ-वह्नि की ज्वालाओं का स्पर्श कर मैं स्वयं दग्ध अनुभव करता हूँ-मैं, पद्मपाद तब क्या यह अग्नि हूँ? स्पर्श हूं-यह रस, रूप गन्ध-यह मैं हूँ?" पद्मपाद! क्यों बार-बार भूल जाता है कि तू सच्चिदानंद आत्मा है!" किसी ने शून्य क्षितिज के एकान्त मोड़ पर रोकते हुए पुकारा।

पद्मपाद चिदाकाश के अनन्त अथाह क्षितिज-मार्ग पर जैसे सहसा चौंक कर रुके- "गुरुदेव? आप? प्रणाम, प्रणिपात।"

तेजोमय दिव्यातिदिव्य अरुणांगी कोटि बालार्क के भास-स्वरूप उस सच्चिदानंद भूमा से घनीभूत आकृतिहीन, सीमारहित किन्तु स्वरूपवान शंकर विग्रह ने जैसे कहा- "हाँ, मैं।" "आप! आप? हाँ, आप श्री, श्रीमद्, करुणामय, दीन-बन्धु आप! आप, गुरुदेव, ब्रह्मा, विष्णु, महेश आप सद्गुरु, आप जगद्गुरु! किन्तु मैं? मैं तो एक अनाथ, दीन, तृष्णातुर भयार्त भीत जीव हूँ; अज्ञानान्धकार की एक मोह भरी तरंग-राग भरा उद्रेक। कातर स्वप्नों की उमड़ तथा निराश किन्तु आशा से सिहरती हुई स्मृतियों की उद्देश्यहीन दिशाहीन-दिक् रहित उभर हूँ- काल की एक वीचि, उर्मि, उल्लौल, हिल्लौल-तरंग। मैं-मैं रहस्यमय, विचित्र, विलक्षण काल-प्रवाह की क्षण-क्षण नियत एक ध्वनि, प्रतिध्वनि हूं। इस अगम शून्य की मैं भ्रान्ति ही तो- हूं एक बादल, एक मेघ। इस अनाहत की मैं एक विद्युत् ही तो हूं-मैं केवल जन्म हूँ; मृत्यु हूँ-पुनः पुनः जन्म-मरण ही तो हूँ।"

पद्मपाद अपने अथाह के अतल में ही लीन से हो गयेः काल के सभी कीच जैसे उन्होंने शून्य सिन्धु में उतार दिये-विसर्जित कर दिये। "गुरुदेव! मुझे-मुझे ज्ञान नहीं, प्रभु चाहिये। प्रभु भगवान, जगदीश-जगन्नाथ गुरुदेव!"

"मुक्ति? नहीं" जैसे आचार्य के ज्योतिर्मय विग्रह ने सस्मित पूछा- "मोक्ष!" "नहीं-नहीं, प्रभो!" उस सनातन तिमिराच्छन्न शून्य में पद्मपाद ने पुकार कर कहा- "मुझे भगवान् चाहिये, भक्ति, प्रभो!"

आनन्द गिरि ने चौंक कर जागते हुए कहा- "आचार्य श्री!"

पद्मपाद चमकते हुए जागे- "हुँ? ऐं? कौन?"

"क्यों? यह मैं गिरि।" आनन्द गिरि ने उठ बैठते हुए कहा- "आजकल रात्रि में आप उद्भ्रान्त से हो जाते हैं-सोते-सोते, कुछ न कुछ कहते ही रहते हैं; पुकारते रहते हैं।"

"अच्छा?" पद्मपाद भी उठ बैठे-"सोता-सोता बोलता हूँ-बड़बड़ाता हूं, मैं?"

"हाँ, श्रीमन्! श्रीमद्-आचार्य श्री पद्मपाद!" आनन्द गिरि ने विहंसते हुए कहा- "यही तो विचित्र विलक्षण स्थिति है मन की। यह मन किसके वश में हुआ है? यह ध्यान से थमता और ऐसा लगता है, सो जाता है तथा ध्यानी को सुषुप्त कर पुनः पुनः जाग उठता है। यह जीव की सतत् अविराम चिरन्तन भटक है-भ्रमण।"

"कहाँ?" पद्मपाद ने रात्रि के माझम अन्धकार में तारों के ज्योति-फूलों को तैरते हुए देखा और पूछा- "यह मन, मानस क्या मैं हूँ? कहाँ भ्रमता रहता है यह लालायित लालची लोभी यह मन मेरा?"

"आनन्द गिरि ने ऊर्ध्व स्वांस भरकर तनिक कुम्भक करने का प्रयास करते हुए कहा- "जगत् में भटकता रहता है और कहाँ भटकेगा यह मन, श्रीमद्!"

"ऐसा अब निश्चय हो गया, गिरि! मैं मन नहीं हूँ; बुद्धि भी नहीं हूँ; चित्त भी नहीं...." पद्मपाद ने ध्रुवतारे को खोजने का अनायास प्रयास पलकों द्वारा किया और सहज ही कहा- "मैं, केवल मैं हूँ-यह सनन्दन, पद्मपाद मैं हूं; मैं यह सनन्दन था; पद्मपाद हूँ; हाँ।"

"तब अब सदैव आचार्य श्री पद्मपाद ही बने रहोगे न, श्रीमन्!" आनन्द गिरि ने हंसते हुए पूछा- "यह वह सब स्थिति मात्र है, ऐसा श्रीमद् हस्तामलक कहते हैं।"

सहसा पद्मपाद ने पूछ लिया- "और आचार्य श्री सुरेश्वराचार्य क्या कहते हैं?"

"उन्हीं से पूछ लेना, बन्धुवर्य!" आनन्द गिरि ने तनिक ठहाका मारते हुए कहा- "वह स्वयं ही आ रहे हैं आपश्री के साथ सेतुबन्ध के तीर्थ के लिए। गुरुदेव ने स्वयं यह आदेश दिया है।"

"कौन सन्देश लाया है तब?" पद्मपाद ने पूछा- "मुझे अब तक पता क्यों नहीं चला!"

आनन्द गिरि ने कहा- "आपका चित्त ठिकाने लगे, तब तो कहा जाय। आज दिवसों से श्रीमद् खोये-खोये, मूक उन्मुक्त ही रहते हैं। आपको पता ही नहीं है जैसे आपश्री सेतुबन्ध रामेश्वरम् तीर्थ की ओर चल रहे हैं। एक यन्त्रवत् आपश्री हो गये हैं। शरीर जैसे स्वयं ही हिलता-डुलता चलता है। आप जैसे अपने अगाध नयनों में हैं ही नहीं।"

पद्मपाद ने हँसकर पूछा- "अच्छा! तब मैं कहाँ हूँ?"

“किसी के अथाह नयनों में।” आनन्द गिरि ने मुस्कराते हुए कहा।

पद्मपाद ने सस्मित कहा- “काल-नयनों में, बन्धु! तब गुरुदेव ने सुरेश्वराचार्य को भेजा ही। मुझ अकेले से तब गुरुदेव विश्वस्त नहीं हैं।”

“सद्गुरु सत् शिष्यों की चिन्ता करता ही है।” आनन्द गिरि ने कहा-“एक शिष्य के लिये इससे बढ़कर सौभाग्य है ही क्या? हो भी क्या सकता है? दुर्भाग्य तो हम सेवक शिष्यों का है.....”

पद्मपाद ने तनिक अमर्ष भरे स्वर में कहा- “तब क्या हम श्री गुरुदेव की सेवा नहीं करते? मुझे श्रीमद् गुरुदेव के शरीर ही नहीं, समस्त भव की चिन्ता रहती है- जगद्गुरु ने अवतार क्यों धारण किया है, जानते हो, गिरि? मैं भी नहीं जानता थाः किन्तु दो बार श्री हरि नृसिंह ने जाग्रत होकर मुझे बता दिया है- साक्षात् शिव! शिव ने ही कलिकाल में व्यास देव के ब्रह्म सूत्रों का उद्धार करने के लिए भव धारण किया है। देखते नहीं, ऐसा भव्य-दिव्य रम्य युवा संन्यासी इस पृथिवी पर अन्यत्र देखने को मिलेगा? नहीं। यह गगन मुनियों, यतियों तथा स्वामियों के शरीरों की आभाओं से बिम्बित है। भगवान के भव-शरीर भी अजर-अमर अक्षय स्वरूप इस सृष्टि के महतत्व के चैतन्य अवकाश में अपूर्ववत् हैं-हाँ हैं किन्तु हमारे जगद्गुरु शंकर जैसा कमनीय शान्त दिव्य विग्रह मिलेगा? जगद्गुरु शंकर ब्रह्मा-विष्णु-महेश की अधीश्वरी शिवा के प्राणवल्लभ शंकर के अंशावतार हैं, गिरि!”

आनन्द गिरि ने साथरी त्यागते हुए कहा- “जय जगद्गुरु की! किन्तु-”

तनिक आश्चर्यपूर्वक पद्मपाद ने पूछा- “किन्तु क्या?”

आनन्द गिरि ने साथरी समेटते हुए कहा- “गुरुदेव को मुक्ति की आवश्यकता नहीं, मोक्ष उनको नहीं चाहिये। वह सच्चिदानंद शिव-स्वरूप हैं किन्तु हम? उनके शिष्य, सेवक, छात्र, हम? हम संसार से कातर, मूढ़ और भयभीत मनुष्य हैं। हमें मुक्ति चाहिये; हमें मोक्ष चाहिये और यह न मिले तो अभय चाहिये। श्री गुरुदेव हम लोगों की ओर कभी-कभी निहार लेते हैं, बस।”

“और क्या करें गुरुदेव, सुनें तो?' पद्मपाद ने पूछा।

“हम गुरुदेव से ज्ञान नहीं चाहते; कृपा और दया भी नहीं चाहते।” आनन्द गिरि ने कहा- “हम गुरुदेव का वात्सल्य चाहते हैंः हम सद्गुरु की दृष्टि में तो हैं किन्तु हृदय में नहीं हैं। इस संसार में यदि कोई अनाथ और दीन है तो हम हैं-आप नहीं, सुरेश्वराचार्य जी हस्तामलकजी नहीं।”

“गिरि!” पद्मपाद उठे- “यह तुम कह क्या रहे हो? संन्यासी? भला प्रेम कर सकता है? वात्सल्य? संन्यासी के पास ज्ञान है; केवल कोरा ज्ञान है- उस महा अनन्य की भव्य-दिव्य वह्नि ज्वाला है, जो प्रतिपल अज्ञान को जलाती रहती है; भव-संसार की छबियों को दग्ध करती है तथा स्वप्नों एवं स्मृतियों के हव्य-कव्य अरोगती रहती है-संन्यासी शंकराचार्य जगद्गुरु हैं, जगत्पिता नहीं। आचार्य जगद्गुरु दया करने, कृपा करने, ममत्व-वात्सल्य का स्वाद करवाने आदि के लिये नहीं, मानवों को भव-संसार तरने की आत्म विद्या बताने और प्राणी मात्र के कल्याण एवं सृष्टि मंगल के ज्ञान-विज्ञान का प्रसार करने के लिये ही नील कण्ठ शिव ने इस कलिकाल में भव लिया है। गुरुदेव से क्यों आशा करते हो?”

“तब किससे करूं?” आनन्द गिरि ने पूछा।

पद्मपाद ने अवाक से आनन्द गिरि को देखा और जैसे स्वयं से ही कहा- “हाँ तो, तुम किससे कहो? अपने अन्तरात्मा से कहो, गिरि!”

“अन्तरात्मा!” आनन्द गिरि ने कहा- “कल्प-कल्पों से प्रत्येक भव में अन्तःकरण द्वारा स्वयं को कहता, सुनता आ रहा हूँ-जन्म में कहता हूँ-मृत्यु द्वारा अन्तरात्मा से मानो विनती करता रहता हूँ, परन्तु अन्तःकरण जगत के मोह और भव के राग से ओतः प्रोत है। और यह अन्तरात्मा, आत्मा, मैं जैसे चिर विस्मृति में सर्वदा के लिये सुप्त हूं-मैं जैसे अनन्त कोटि काल रात्रियों में सो कर, अविराम भव-भोगकर, अनवरत पाप-पुण्य का फल सह कर भी जैसे स्वयं के गहन तम तोम में सोया ही रहता है-यह अन्तरात्मा जागता ही नहीं, बन्धुवर्य!”

पद्मपाद ने अनायास ही स्वयं से पूछा- “तब क्या परमात्मा ही स्वयं अपनी जीवात्म धारणा में, अपनी ही इस चिद् विलासी लीला के अटूट बिब्बोक में चकित हो गया है? क्या परमात्मा, ब्रह्म, श्री हरि यों अनादि जीव बन कर अनन्त कोटि जन्म-मरण लेते हैं? क्या अखण्ड खण्डित होता है-क्या निराकार आकारों में सिमिटता है? अजन्मा, अनासक्त, अनुपम, अरूप, अव्यय यों जगत की माया में लिप्त होकर भव-संसारों का भोग और लोक-लोकान्तरों का अविराम यात्रिक हो सकता है?”

“नहीं!” आनन्द गिरि ने शान्त स्वर में कहा- “इस जगत् का आश्चर्य और भव-कामना का रहस्यमय व्यक्ति जीव है; ब्रह्म नहीं-इतना तो मुझे श्री गुरु चरणों की रज ललाट पर लगाते हुए दीख गया है-समझ में आ गया है।”

पद्मपाद ने आनन्द गिरि को अरण्य की एक गहरी भरी-भुरभुरी दिशा की ओर जाते देखा और स्वयं भी चुपचाप नदी-तट की ओर चल दिये। यह मेरी तब तीर्थ-यात्रा है क्या? नहीं तो। यह मेरी इस अन्तिम भव की अन्तरात्मा की यात्रा है-किस ओर पद्मपाद? बुद्धि के अपराजित निश्चय द्वारा तू जगत से विमुख तो हो गया है; त्रिताप की भीतियों से भयभीत, त्रस्त तू जीवन के अभय के लिये श्री गुरु चरणों में पड़ गया है; परन्तु क्या जगत् का मोह, जीवन का राग नष्ट हो गया? अन्तःकरण के शून्य क्षितिज पर क्यों कोई जैसे देखता है? क्यों यह गहन व्याकुलता मन में बनी रहती है-यह चित्त शान्त क्यों नहीं है? एक भीति निरन्तर अविराम बनी ही रहती है-प्रभो! जगन्नाथ, नृसिंह! तुम्हारा अमोघ अपराजित विश्वास कहाँ है? पद्मपाद-”

पद्मपाद रुके; थमे; मानो औचक से ही स्वयं के हृदय में डूब कर प्रभु के विश्वास के अमोघ अभय को पलकों से बटोरते तथा शेष की सहस्त्रों जिह्वाओं से पीने के लिये व्याकुल-आतुर हो उठे। परमात्मा है? प्रभु है? ब्रह्म ही है और यह जगत् मिथ्या है-मानते हो, पद्मपाद जानते भी होंगे किन्तु विश्वास नहीं है। जगत् की मिथ्या को समझ कर भी विश्वास तो जगत् का ही है; सुख सन्तोष भव-संसार का ही है तुम्हें-पद्मपाद! पद्मपाद जैसे अपने त्रिपुर को तटस्थ मन के चौराहे पर खड़े देखने लगे। बुद्धि के रमणीय, विद्युत के समान, बिम्बाकुल विचारों को जैसे अनन्त में संध्या के विलमाये लौटते हुए पक्षियों की भांति क्षितिजों के पार उड़ते देखने लगे। अन्तःकरण? मन, बुद्धि चित्त और यह अहम्-अन्तःकरण। चित्त? अहम् की लालसा, लालायितता, सम्मोहन-मोहमय रागवृत्ति, चित्त? अहम् का जगत् तथा भव-संसार का निहित संज्ञान। यह चित्त-जीव के त्रिकाल संज्ञान के संवेदनों से भरा है; स्वयं में ही लीन, लीढ़ यह चित्त अनादि से जगत् के भवों का अनुभव करने तथा पूर्णतः भोग करने के लिये जैसे जीवन की शाश्वत कामना की जिह्वा है। जगत् के बोध के रमणीय तथा भवों के कमनीय चैतन्य-संज्ञान को यह अहम् तब चित्त के द्वारा तथा सहित ही तो अनुभव करता तथा भोगता है। अहम् तब प्राण द्वारा जीता, मन द्वारा भ्रमण करता, बुद्धि द्वारा सोच विचार करता तथा चित्त द्वारा भोगता हुआ अनादि काल-प्रवाह के तट पर जैसे खड़ा है- अहम्? तब यह जीवात्मा अहम् ही है-है क्या? पद्मपाद स्नान कर ध्यान के लिये बैठ गये-वृक्ष के तले। प्रातःकाल का दिवाकर ताड़ो, नारिकेलों, पिप्पलों और अन्य वन-राजियों की

छायाओं का अञ्जन अपनी प्रति लव, प्रति काष्टा उत्फुल्ल होती हुई आँखों में आँजते हुए स्वयं मग्न क्षितिज के अनन्त अनजान तट पर स्वमौजी सनातन यात्रिक की भांति सदैव की भाँति चल रहा था। वही निश्चित सधी हुई अचूक तथा अच्युत गति थी-सूर्य की, परिचित, चिर-चिर परिचित जानी और मानी यह सूर्य गति-विधि। पद्मपाद मन के नयनों से अनन्त में सूर्य की इस अच्युत अनन्त तेजोमय गति को जैसे देखने लगे किन्तु सूर्य ध्यानस्थ पलकों के बिखरे झुरमुट में अस्त से हो गये-होने लगे।

"सूर्य तब खुली आँखों के ही अप्रतिम आश्चर्य हैं? बन्द नयनों से सूर्य-मण्डल दिखता नहीं-हल्के बादल से प्रतापी पराक्रमांक आदित्य ढक जाते हैं। ताड़पत्र उनकी प्रखर रश्मियों को ढंक देता है-रूप मात्र सूर्यदेव को ढंक सकता है; मन्द कर सकता है; छाया। इस प्रकाश के रहस्यमय पुञ्ज को छाया तब म्लान कर सकती है; ढंक सकती है-पद्मपाद! सृजनहार का यह क्या खेल है?" सौर-ब्रह्माण्ड को, भौतिक जगत् को व्यक्त, प्रकाशित, जीवित-संजीवित करने वाला यह आदित्य काल की छाया से ग्रसित है। अग्नि-गोभा यह सूर्य जिसको वेदों ने श्री सूर्य नारायण कहा है; शास्त्रों ने जगदीश्वर माना है और यावत् जीवन के उत्फुल्ल प्रसन्न स्वस्थ विकच तथा विकास के लिये जो अनिवार्य नारायण स्वरूप हैं-वह सूर्य एक हल्के मेघ से हतप्रभ हो जाता है। तब सूर्य अपनी अनन्य अद्वितीय अग्नि सहित जड़ है? ईश्वर की माया का एक अघटन घटना पर चमत्कार है-यह कल्प के नयनों का आश्चर्य सूर्य देव! प्रभाकर, दिवाकर, भास्कर, पृथिवी, अन्तरिक्ष और ब्रह्माण्डों के आलोक कर्ता मौन मूक पूर्णतः उदासीन उपरत सर्व मंगल कर्ता सहज संजीवनी दाता स्वयं ईश्वर है? इतना चण्ड-प्रचण्ड अग्निपुञ्ज और उसका अनन्त कोटि किरण-प्रसार। सूर्य; पद्मपाद को जैसे दिखा, तनिक अंधेरी किन्तु अरुणारी क्षितिज पर सूर्य का अरुण मुख अत्यंत रमणीय तथा अरुण-दीप्ति में कनोड़ा प्रगट हो रहा है। धरती और आकाश जैसे इस आलोकित होती हुई असीम अथाह क्षितिज में लीन हो गये हैं और वह जैसे सनातन काल-नयनों द्वारा आकाश के क्षितिजों के मौन दिव्य-भव्य यात्रिक के अरुण मुख-मण्डल को एकटक देख रहे हैं। सूर्य-सूर्य नारायण। गायत्री छन्द के गायक, गायत्री वेदत्रयी के उद्गाथा-ब्रह्म तेज के वाहक! सूर्यदेव? पद्मपाद जैसे सघन तम की विस्तृत चादर का एक कोना उठाकर क्षितिज पर लास नृत्य करते हुए पौगण्ड सूर्य को देखने लगे- जब सूर्य यह है, ऐसा? अनन्य? प्रकाशमान, प्रकाशवान-

अग्नि गोभा-अग्नि पुञ्ज तब प्रभु कैसा है? परमात्मा, तुम्हारी यह सूर्य्याग्नि क्या है? पद्मपाद की बुद्धि चकित सी स्तम्भित सी पुकार उठी। पद्मपाद को लगा सूर्य के पूर्व वह सूर्य से परिचित हैं-यह अग्नि गोभा, अग्नि-पुञ्ज और वह जैसे समकालीन हैं; इस लब्धप्रतिष्ठित सौर-ब्रह्माण्ड के यात्रिक है; एक मौन मूक अपराजित संकल्पी और प्रकाश का अमित पराक्रमी यात्रिक है, जो दिशाओं में दिकों को टटोलता हुआ स्वयं से भी अधिक अप्रतिहत प्रकाशवान स्वयं प्रकाशय को खोज रहा है और वह? वह भी यावत् जीवन के भव-संसारों के कांक्षी यात्रिक हैं- विचित्र और विलक्षण भव-योनियों में अनेक रूप-स्वरूप धरना चाहते हैं और अनेक महिमामय नामों से सम्बोधित होना चाहते हैं। काल को पलकों पर झेल कर अपनी कनौड़ी दृष्टि में समा लेना चाहते हैं और देश को हाथों में भर कर श्वाँसों में भर लेना चाहते हैं-वह होना, होते रहना, भोगना तथा भोगते रहना ही चाहते हैं। यही जीजिविषा का अभिताभ वह भी हैं-अनन्त स्वप्नों और उनके सम्भोगों के तृष्णातुर कामी- मनोरथों के रथों के सारथी तथा कभी-कभी कष्ट से त्रस्त, संकट और आपदा से घबरा कर प्रभु को पुकारने वाले 'हारे को हरिनाम' लोकोक्ति के प्रतीक मानव हैं-सूर्य्य आकाश के अग्निमय तेजस्वी यात्रिक हैं; और मैं इच्छा, संज्ञान तथा क्रिया का सक्षम समर्थ धनी प्राणी, जन्तु जीव, हाँ मानव हूँ। संसार ही चाहता हूँ; जगत् ही इच्छता हूँ-माया के इस सौन्दर्य से अपृहत चित्त में रस का लोभी जीवन-भ्रमर हूँ जो जगत् के रूप निधि वन में, उपवन में, उद्यान और अरण्य में घूमता ही रहता हूँ। जन्मता, मरता, पुनः पुनः जन्मता भ्रमण करता ही रहता हूँ-किन्तु सूर्य तो समझ में आता है; पूर्णतः जाना तथा जान लिया जा सकता है; सूर्य जाना जाता है; दिखता है; स्पर्श होता है। सूर्य परमेश्वर्य ईश्वर की अमोघ अनन्य अद्वितीय दिव्य कृति है; प्रकाश का तत्व-ज, यन्त्र और मन्त्र है-आदित्य! और मैं जीव? मानव जीव? शरीरी हूँ-और क्या हूँ? पद्मपाद, शरीरी हो तुम मान लो। ब्रह्म की बिछलती हुई शून्य सी निरीह सी कल्पना इस जगत् के यथार्थ ज्ञान से बिला जाती है-कट जाती है। ब्रह्म की धारणा इस जगत् में लुप्त हो जाती तथा सुर-सुन्दरियाँ अनेक रूपों में रुनझुनाने लगती हैं- ब्रह्म! हाँ, गुरुदेव! सत्यम् ज्ञानामृतम् ब्रह्म-मैं! पद्मपाद! यह मेरा विजड़ित मोह है; जो मैं जगत् को ही देखता हूँ; जगत् में जागता हूँ और सुषुप्ति में स्मृतियों के चित्र देखता रहता हूँ-मोह का यह सम्मोह भर है; राग। यह विषयों के लावण्य-विष का

क्षणिक उन्माद है; मद है यह अपने अहम् का, पद्मपाद! गुरुदेव ठीक ही कहते हैं-सूर्य है भी और नहीं भी; चन्द्र, तारे-पंचभूत तत्त्व यह सृष्टि है भी और नहीं भी-तू शरीरी है भी और नहीं भी; किन्तु आत्मन्! तू तो है; सदैव नित्य तू है- तू ही है; ज्ञानमय, अमृतमय आनन्दमय तू सच्चिदानंद आत्मन्! तू ही है सत्य, सद् तथा सद्य, आदि, अन्तहीन, अनादि तू ही है। तब मैं ब्रह्म हूँ-शिव हूँ? शिवोहम्!

"ब्रह्म, जीव, जगत्।" बिलमाये हुए एकाक्षरी छन्द की भाँति यह शब्द सोते, उठते, बैठते पद्मपाद के चित्ताकाश में गूंजते रहे-सोते और जागते रहे। सेतुबन्ध रामेश्वर का नीला आसमानी सागर नारिकेलों के वातायनों से दीखने लगा तथा कन्याकुमारी का वह भारत समुद्र तट अपनी मुह्यमान तंद्रिल परन्तु स्वयं चैतन्य ध्यान में लीढ़ तरंगों में सेतु-बन्ध रामेश्वर की मूक प्रार्थना करता हुआ प्रतीत होने लगा। पद्मपाद का यात्रिक-संघ अपूर्व उल्लास से भर उठा। थके पाँव अथक होकर रीझ उठे तथा शाश्वत भारत भूमि की चिर कन्यत्व से ओत-प्रोत अगाध कौमार्य्य के जलधि तट की ओर लपके। मुह्यमान स्वच्छ सुन्दर प्रभात के दिनकर कन्याकुमारी के समुद्र में प्रत्येक लहर के साथ निमग्न होकर नहा रहे थे- तैर रहे थे; जल विहार कर रहे थे और भारत के सदैव कुमार सागर-तट पर योगी की ध्यान-ज्योति की भाँति चमक-दमक लीन हो रहे थे। सूर्य का समस्त अग्नि-पुञ्ज भारत-समुद्र की ओजस् भरी, संकुलित होती, ऊर्ध्व, पार्श्व-लुण्ठी, इतस्ततः यत् उत् समस्त तथा समग्र तरंगों के रस का आत्म विस्मृत होकर पान कर रहा था- पृथिवी जैसे जलधि में तरंगवत् हो गई थी और जलधि को अग्नि गोभा सूर्य अञ्जलियों में पी रहा था-वायु असूया में देखता हुआ सा घूम रहा था-सूर्य की प्रत्येक किरण के चषक को अपने स्पर्श से अछूता कर देना चाहता था। शब्द के प्रतिघात से मानो किरणों के चषकों को तोड़ देना चाहता था। पद्मपाद को लगा, यह सागर तट समस्त भारतभूमि का अनजान किन्तु चिर-परिचित मानवता की धीमान् शीलवान ज्योति का समुद्र है। यह भारत-वर्ष की अन्तरात्मा का तपोनिधि है; यह परमात्मा के भारतीय अमोघ विश्वास का जलनिधि है। यह काल स्वरूप ईश्वर के दिव्य स्तवन का विराट् वाजिन्त्र है-वह कन्याकुमारी का समुद्र-तट, पद्मपाद!

पद्मपाद! जगद्गुरु के शिष्य, शारीरिक भाष्य के प्रथम टीकाकार, आचार्य पद्मपाद! हाँ, वही, जो पूर्वाश्रम के सनन्दन नामी हैं, वही, जो गुरुकृपा से सिद्ध

हो गये; जिनके चरणों को थामने के लिये जगद्गुरु ने हिमानी मन्दाकिनी में स्वर्ण कमलों का ऐन्द्रजालिक उद्भव किया था- जन्मजात योगयोगेश्वर, वागीश वेदान्त केसरी शिव स्वरूप शंकराचार्य के शिष्य पद्मपाद। जिन्होंने नृसिंह-अभिनिवेश में काँपते हुए उग्र भैरव को ठार किया था-उसी के परशु से उस कालभोज की छाती भेद दी थी; ग्रीवा धड़ से अलग कर दी थी। वही पद्मपाद, जिसको पाकर आचार्य शंकर स्वयं को तुष्ट, प्रसन्न और विश्वस्त पाते हैं। इस विलक्षण शिष्य ने दो-दो बार अपने सद्गुरु के शरीर की रक्षा की। राजा अमरुक के जनपद के उस सघन अरण्य में कामिनी राज़ी ने शंकर के समधिस्थ शरीर को जलाने का प्रयास किया था-राज्य की गुप्त तथा छद्म कुशलता द्वारा कामेश्वरी-यक्षिणी सी उस राज़ी ने जगद्गुरु को राजा के मृत शरीर में ही अभिमंत्रित सा कर लिया था। तब यही पद्मपाद थे, जिन्होंने भगवान् असुरारि नृसिंह का स्मरण किया था- कन्दरा उस सूक्ष्मातिसूक्ष्म दिव्य गूढ़ गहन आतप से भर उठी और शंकराचार्य के समाधिस्थ शरीर को लपेटने के लिये लपकती हुई अग्नि ज्वालायें स्वतः बुझ गईं- घनश्याम तमखुई धुम्मस उठा और उसी धुधुवाहट में आचार्य शंकर ने समाधि भंग की; जाग्रत हुए तथा आकाश मार्ग से माहिष्मती पहुंच गये-यह सब पद्मपाद की अनन्य सेवा से ही संभव हुआ। पद्मपाद जैसा शिष्य और जगद्गुरु शंकराचार्य्य जैसा गुरु। सेतुबन्ध रामेश्वर का समस्त जनपद मानो प्रशंसा की वार्ताओं से भर उठा। साधु, सन्त, ब्रह्मचारी, विद्वान, शास्त्री, याज्ञिक तथा सद्गृहस्थ आचार्य पद्मपाद के दर्शन के लिये आने लगे। समारोह स्वयं ही होने लगा। श्री विष्णु शर्मा ने सुदूर लहरीली क्षितिज के पार देखते हुए पद्मपाद से कहा- "आप श्री दक्षिण में गुरुदेव की भाँति ही प्रतिष्ठित हो रहे हैं। अपूर्व उत्साह है लोगों में।"

पद्मपाद ने समुद्र-लहरों को धरती और आकाश की सीमा में अन्तर्ध्यान सी होते हुए देखा; कहा- "लोग हैं, जिस पर रीझ पड़ें। गृहस्थों के लिये हम संन्यासी सदैव आकर्षण के केन्द्र रहे हैं। वानप्रस्थियों को लोग सादर भिक्षा देकर उनसे आशीर्वाद ही माँगते हैं-संन्यासियों से लोग ईश्वर का पता चाहते हैं। सत्य का सत्य जानना चाहते हैं। फिर इस शरीरी के साथ स्वर्ण-कमलों की कथा जुड़ी हुई है। वह उग्र भैरव का भयंकर काण्ड पद्मपाद-पुराण का भीषण काण्ड है।"

श्री विष्णु शर्मा ने कहा- "आप भी श्रीमान्! विचित्र हैं...."

“विशिष्ठ।” पद्मपाद ने सस्मित कहा।

श्री विष्णु शर्मा ने कहा- “अनूठे।”

पद्मपाद हँस उठे- “क्या कुछ महिलायें संघ में यात्रार्थ आना चाहती हैं?”

“चाहती नहीं, यात्रा के पथ के किनारे पर खड़ी प्रतीक्षा कर रही हैं।” श्री विष्णु शर्मा ने सस्मित कहा- “एक तो आपके पूर्वाश्रम की हम सब की परिचित ऊर्ध्वगति तथा आतप मति भगिनी महोदया हैं; तथा दूसरी कुमारी गौरी हैं; मातुला भी हैं....”

पद्मपाद ने झटकते हुए कहा- “सारा पूर्वाश्रम ही आ रुका है क्या? क्या हुआ? मुझको बताया क्यों नहीं, सूचित क्यों नहीं किया?”

“यह सब तो हम गृहस्थ-वानप्रस्थों का ही दायित्व हैः” श्री विष्णु शर्मा ने हँस कर कहा; “और वह आज ब्राह्म मुहूर्त में ही आकर उपस्थित हुई हैं। म्लान और विवर्ण वह आप श्रीमद् के दर्शन करना चाहती हैं। उपस्थित करूँ, श्रीमद्!”

पद्मपाद उठ खड़े हुए; पटल ठीक-ठाक करते हुए बोले- “मैंने संन्यास दीक्षा ली है; संन्यासी का वेश धारण किया है, संन्यास धर्म का प्राण पण से पालन करने का कठिन तप भी कर रहा हूं-किन्तु क्या मूलतः मैं मानव-जीव नहीं हूं? हूँ। पूर्वाश्रम के सम्बन्धों से मुक्त एवं सम्बन्धियों से अनासक्त रहना ही संसार में संन्यासी व्यवहार है-मामी आई हैं और आप मुझे अब सूचित कर रहे हैं? आपको पता है; मामी इस शरीरी की आध्यात्मिक माता है और मैं उनका संन्यासी बालक। जगद्गुरु शिवा, भवानी को अपनी जननी मानते हैं और भजते हैं नही?...

श्री विष्णु शर्मा ने लपक कर शिविर के बाहर जाते हुए पद्मपाद के पीछे होते हुए कहा- “समर्थ को दोष नहीं लगता, पुण्यात्मा को पाप नहीं सताता, योगी को कर्म नहीं बाँधता।”

“जानता हूं यह सब। किन्तु योग और ईश्वर क्या जीवन के स्वाभाविक धर्म के विपरीत हैं? विरुद्ध? नहीं; ईश्वर यह जगत् तथा यह जीव परस्पर अनुकूल हैं। प्रतिज्ञा केवल संसार में आसक्त नहीं होने की है। इस पृथिवी पर भव-योनियों का जीवन यापन कुल मिलाकर भव्य-दिव्य ईश्वरीय यात्रा नहीं है? है, श्रीमन्!”

मामी कुछ महिलाओं से घिरी ताड़ की छितरे लम्ब-गोल छाया में पसर कर बैठी हुई थी। तिलोत्तमा ताड़ को थाम कर कटि प्रदेश को बरजती हुई

शिविर की ओर तकती हुई खड़ी थी और गौरी समुद्र की लहरों में तैरती हुई निष्पाप दृष्टि से सेतुबन्ध रामेश्वर के भव्य मन्दिर-संकुल को चकित तथा प्रसन्न निहार रही थी। पद्मपाद अरभराये हुए लपकते हुए आये तथा मामी को साष्टांग प्रणिपात करते हुए चिल्लाये- "मामी माँ? तुम? क्या हुआ?"

मामी-मां ने अपने संन्यासी सपूत को थामते हुए छाती से चिपकाने की अधीर चेष्टा करते हुए कहा- "सनन्दन! वह पगला गये हैं। दिन-रात बड़बड़ाते रहते हैं; सबको काटने दौड़ते हैं। पण्डितों को फटकारते हैं; विद्वानों को अपशब्द तक कहते हैं। ऐसा तुमने क्या लिखा है, बेटा!"

तिलोत्तमा ने एक पाँव तनिक रिमझिमाते हुए कहा- "सठिया गये और क्या? मुझे घर से चले जाने को कहा- मामी मां पर तो जब देखो तब हाथ उठाते हैं-तुम्हारी टीका ने उनको बौखला दिया है, आचार्य श्री! घर छोड़कर, घर को तुमने उजाड़ा और शंकराचार्य के शारीरिक भाष्य की अपनी टीका द्वारा तुम क्या घर में आग लगाना चाहते हो? मामा तुम्हारी टीका पढ़ने के पश्चात् जैसे मानसिक संतुलन और विवेक भी खोते चले जा रहे हैं। हम सबको धक्के मार-मार कर तुम्हारे पास उन्होंने धकेला है- जाओ, तुम सब नास्तिकों, उस मूढ़मति के पास-श्री गुरोधाम में तुम्हारा स्थान नहीं है- नहीं था। यह है उनका व्यवहार आजकल, सनन्दन!"

पद्मपाद ने सहसा विवर्ण होते हुए कहा- "आश्चर्य और खेद है, तिलोत्तमा! मामा श्री ने ही टीका पढ़ने को चाही थी, तो मैंने श्री विष्णु बन्धु तथा बन्धु आनन्द गिरि को रुष्ट करके भी टीका उनको सौंपी। सोचा था, सेतुबन्ध की यात्रा से लौटता हुआ टीका वापस संभाल लूंगा।"

मामी माँ ने आर्द्र स्वर में कहा- "हमें अपने संघ में ले ले, सनन्दन! अब उस घर में हम एक प्रहर भी रह नहीं सकते। नहीं। मैं पत्नी हूँ, माँ हूँ किन्तु क्या मैं महिला नहीं हूँ-सद्गृहस्थिन नहीं हूँ? ऐसा क्रूर और हेय व्यवहार कब तक सहती रहूँ? फिर भी मैं घर नहीं छोड़ती। उनको इस प्रकार का दुष्ट व्यवहार का सत्व स्मृति ने दिया है- वह पति हैं; तो ईश्वर तथा यम भी हैं। मैं नहीं आती, पद्मपाद! किन्तु तिलू और गौरी ने विवश कर दिया। फिर...."

मामी-माँ ने अपने वृद्ध इन्दीवर-नयनों से बहते हुए आंसुओं के नन्हें प्रपातों को अपनी काँपती हुई हथलियों में भर लिया; बोली- "क्या करती, मन नहीं माना।"

पद्मपाद ने मामी-माँ को अपने आजानुबाहुओं में बाँधते हुए कहा- "माँ! जननी, माँ! शान्त यह मेरा भी अपराध है, मैं मामाजी को समझा ही नहीं। निगड़ विद्वानों के राग भी गहरे और द्वेष भी भीषण। जगद्गुरु की वेदान्त-डिमडिम से मामा चिढ़ गये हैं-चिढ़ गये दिखते हैं। क्यों मन नहीं माना, माँ?"

मामी माँ ने सहज ही निश्चिन्त प्रसन्नता पूर्वक कहा- "अपने संन्यासी पुत्र को एक बार जी भर कर देखना चाहती थी- हाँ, मेरे लाल!"

मामी-मां पद्मपाद को अपने वृद्ध वक्षस्थल पर दूध के सागरों भरे किन्तु अब सूखे भारी गद्कारे, भरे-पूरे स्तनों से भींसती हुई फफक-फफक कर रो उठीं। पद्मपाद ने कांप-काँप कर कहा; पुकारा- "माँ! मेरी माँ!"

उपस्थित समुदाय ने साश्चर्य चकित और स्तब्ध-सा यह पूर्ण पवित्र पुनीतकर माँ-बेटे का मिलन देखा तथा जैसे हठात् से रह गये।

गौरी कुछ दूर खड़ी थी; हरिणी के अपने शावक नयनों से यह छवि मुस्कराती हुई देखती रही। तिलोत्तमा ने गर्भ-इंगित किया। गौरी खिसकी; पास आई और बोली- "संन्यासी?"

पद्मपाद चमके; जागे और पूर्ण जाग्रत होते हुए बोले- "हाँ।"

मामी-माँ ने स्वस्थ होते हुए मानो पुकार कर कहा- "बेटा, घर चल। उनको समझा। हम घर वाले तो उनके वैरी हो गये हैं। उनको अपने श्री गुरो के मत की चिन्ता सता रही है। ऐसा तो तुमने क्या लिख दिया है कि वह गतागम भूल गये हैं-विवेक खो बैठे हैं।"

पद्मपाद ने निसास रखा; कहा- "टीका मामा श्री को देना मेरी भूल थी। हाँ, माँ!"

गौरी ने कहा- "घर से भागना और संसार से छिप जाना भी भूल थी न?"

पद्मपाद ने शान्त अविचल मगन मंगल की मूर्ति की भाँति गौरी को तनिक उदासीन दृष्टि से देखा; कहा- "यह जगत् माया है; यह जीवन बुद्धि की भ्रान्ति इच्छा का आक्रोश तथा कामना की मृग-तृष्णा है।"

गौरी ने सहज शान्त स्वर में मानो उत्तर दिया- "संन्यासी! यावत् जीवन का सप्राण शव।"

"श्रीमती!" आनन्दगिरि ने टोका- "आचार्य पद्मपाद प्रथम बार इस प्रकार विकल व्याकुल देखे गये हैं। संन्यासी क्या यों इस प्रकार पिघलता है?"

गौरी हँस दी, मुस्करा दी; बोली- “पाषाण कभी पिघला है? लोह कभी क्या टूटा है? नहीं तो महोदय! संन्यासी कभी यों नहीं पिघलता परन्तु आपश्री के यह आचार्य पद्मपाद क्या मन से संन्यासी हैं?”

“हो रहा हूं, श्रीमती!” पद्मपाद ने तुरंत बचाव किया- “मानता हूँ, संन्यास-दीक्षा लेना कठिन है किन्तु संन्यासी वृत्ति उत्पन्न होना अत्यन्त दुस्तर है किन्तु संन्यासी भी अन्ततोगत्वा मानव-जीव है। शरीरी मानव का धर्म शाश्वत है; गुण-दोष भी सनातन हैं। महर्षि कण्व पुत्री शकुन्तला को श्वसुर गृह विदा देते समय सरिता तट पर रोयें हैं- महर्षि वेदव्यास पुत्र-एषणा से कातर हुए हैं तथा महामुनि शुकदेव के संसार त्याग कर चल देने पर उनके पीछे दौड़े हैं। तो मैं महर्षि नहीं हूँ; वेद व्यास नहीं हूँ; मैं शुकदेव भी नहीं हूँ। मैं एक विरक्त सा स्वयं में ही खोया हुआ उदास मानव हूँ, श्रीमती!”

गौरी ने शान्त स्वर में मुंह बिचकाते हुए कहा- “धन्य हैं आप मानव!”

तिलोत्तमा ने तपाक से कहा- “गौरी! तुम, मैं, हम कोई भी इस निर्मम को घर वापस नहीं ले जा सकते। मामी-माँ ही ले जा सकती हैं।”

पद्मपाद सहसा ठहका मार कर हँसे, बोले- “माँ ही जन्म देती है; माँ ही घर संसार में रखती और माँ ही मोक्ष देती है, तिलोत्तमा! अवश्य सेतु-बन्ध रामेश्वर के मन भर दर्शन करूंगा और घर लौटूंगा। मातुल श्री से उनको जो सन्ताप हुआ है, मेरी टीका देखकर उसके लिये क्षमा-याचना करूंगा। श्री गुरोमत में उनका प्राण पण विश्वास है। वैसा विश्वास जैसा जीव को इस अस्थिर जगत् में है; क्षण भंगुर भव-संसार के भवों में है। जगद्गुरु शंकराचार्य्य, गुरुदेव ने शारीरिक भाष्य द्वारा ब्रहम को सत्य, जगत् को मिथ्या तथा भव-संसार को मोह-अज्ञान और अध्यास सिद्ध किया है। मीमांसा-महारथी प्रभाकर जगत्, जीव, यथार्थ ज्ञान-शरीर तथा शरीरी को ही स्वीकार करते हैं। वह जीव और उसके अविराम अनादि माया-प्रणीत जगत् को सत्य कहते हैं तथा बुद्धि द्वारा सिद्ध प्रमाणित करते हैं। मामाजी तो जैसे प्रभाकर का अन्तःकरण हों। श्री गुरोमत ही उनके लिये सत्य है; अन्तिम है-वही सत्य है।”

तिलोत्तमा ने कहा- “होगा। विद्वानों की परस्पर डाह सौतिया डाह से भी अधिक गहन और अटल है। मनीषियों के मतभेद पत्थर की पंक्तियाँ होते हैं-एक पाषाण-पंक्ति अन्य पाषाण पंक्ति को मिटा नहीं सकती। शास्त्र

के मतभेद मिटे नहीं हैं; हारे हैं, सनन्दन! तुम घर लौट कर मामाजी को समझाओ, बुझाओ, सान्त्वना दो, आचार्य श्री!"

पद्मपाद ने उत्साह पूर्वक कहा- "अवश्य ही। मैंने कब मामाजी को जीतना चाहा है; कब श्री गुरो को हराना चाहा है? मैंने तो विनय पूर्वक नम्रता के साथ जगद्गुरु शंकर के वेदान्त का उद्घाटन करने का वाचाल प्रयास किया है...."

"तभी यह सन्ताप आया है, पद्मपाद!" तिलोत्तमा ने कहा- "सिद्ध प्रयास करते तो कदाचित् मामा यों चित् भ्रमित नहीं होते। मामाजी को शास्त्रार्थ से क्रोध होता है; निरुत्तर होने पर उनको अमर्ष होता है तथा हार जाने पर वह अपने प्रतिपक्षी को वैरी मानते हैं। हमारे ख्यात और विश्रुत मातुल श्री मीमांसा के शूर सैनिक से हैं।"

मीमांसा के शूर सैनिक? पद्मपाद को अपने इस कथन पर स्वयं ही आश्चर्य सा हुआ। किञ्चित् हास्य पूर्वक उन्होंने कहा- "तिलोत्तमा! तुम मामा श्री को मेरी ओर से विनंती कर देना कि उनके गुरु श्रीमद् प्रभाकर मीमांसातीर्थ का मैं आदर करता हूँ। निस्संदेह श्री गुरो ने जगत्- अन्वीक्षण में अत्यंत सूक्ष्म दृष्टि तथा प्राज्ञ मति का परिचय दिया है। गुरुदेव आचार्य जगद्गुरु शंकराचार्य का स्पष्ट उपदेश है, जहाँ मीमांसा-चिन्तन विरमता है, वहाँ सांख्य के परा तथा परात्पर चिन्तन का उद्भव होता है और जहां सांख्य मौन हो जाता है, दृष्टि एवं मति रहित हो जाता है, वहाँ वेदान्त की सत्य चेतना और ऋतम्भरा-चिन्तन का आविर्भाव होता है। स्मृति तथा शास्त्र भव-संसार की स्मृति एवं शास्त्र हैं; श्रुति के पूर्व जगत्-माया का पारदर्शी सूक्ष्मातिसूक्ष्म दिव्य परात्पर विज्ञान है- सांख्य। किन्तु जहाँ शब्द का विलय होता है, अर्थ स्वयं मूढ़ हो जाता है, तथा बोध संभ्रम और संज्ञान स्मृति मात्र हो जाता है, वहां ब्रह्म-चैतन्य का भास आत्मा के ब्राह्म मुहूर्त सम उदित होता है- मामा और हम सब शरीर के क्षितिज पर आत्मा के अरुणोदय की प्रतीक्षा में हैं- हम कालरात्रि के अन्तिम प्रहर में स्वयं ही भीत, रुष्ट, चकित तथा उद्भ्रान्त हैं- मामा श्री क्या करें और मैं भी क्या करूं?"

मामी माँ ने कहा- "तुझे लेकर ही हम वापस लौटेंगे। वह इस समय एक क्रुद्ध ब्राह्मण हैं-दुर्वासा ही हों जैसे। हम तब तक तेरे संघ के साथ तीर्थ-यात्रा ही करेंगे। भगवान् सबका भला करें।"

पद्मपाद ने निरुत्तर सा होते हुए कहा- "किन्तु, मामी-माँ! मामा श्री अकेले हैं; चित्त की उद्भ्रान्तावस्था में कुछ का कुछ न कर बैठें। मैं सेतु-बन्ध की तीर्थ-यात्रा पूर्ण कर ही घर लौटकर मातुल श्री को विश्वस्त कर सकता हूँ। आपका उनके पास रहना आवश्यक है, मामी माँ!"

मामी माँ ने निसास रख कर कहा- "अपने बेटे के साथ तीर्थयात्रा करने का सौभाग्य मैं हाथ से जाने दूँगी क्या? उन्होंने हमें घर से-एक प्रकार से निष्कासित कर दिया है तो हम अपने संन्यासी-पुत्र के संघ में तीर्थाटन कर जीवन के शेष दिन-रात काट लेंगे। यह तिलू अपने घर जायेगी, जा रही थी; परन्तु मैंने ही आग्रह किया कि मेरे साथ तेरे पास चल और यह गौरी? साथ हो ली; मानी ही नहीं, कहने लगी, संन्यासी की छाया का दर्शन करती हुई तीर्थाटन करूंगी! विचित्र है- यह गौरी!"

पद्मपाद ने विहँसते हुए कहा - "बचपन से ही यह ऐसी ही विचित्र रही है; विलक्षण। किन्तु मामी-माँ, संन्यासी को स्त्री की छाया से भी दूर रहने की शास्त्र की आज्ञा है"

तिलोत्तमा ने सहसा दर्प पूर्वक कहा- "स्त्री से दूर तुम्हारा ब्रह्म भी रहा है क्या? संन्यासी स्त्री की छाया से भी दूर रहे अर्थात् जगत् में अन्धा होकर घूमे तथा भव-संसार में मूढ़ होकर बरते। जिसने काम को जीता है, वही सन्त है और जिसने अज्ञान से मुक्ति पाई है, वही संन्यासी है। तुम्हारे जगद्गुरु का उपदेश तो यही है। फिर तीर्थयात्री क्या केवल नर ही होगें-नारी नहीं?"

पद्मपाद ने मुस्कराते हुए कहा- "मैं संन्यासी की कह रहा हूँ।"

"संन्यासीः" तिलोत्तमा ने जैसे स्वयं से कहा- "मुझे यह जीवित शव समझ में नहीं आया और नहीं रुचता है, सनन्दन!"

11

मातुल श्री ने जैसे अन्तिम निसास भरा और स्वयं से ही कहा- "वाह रे भट्टु! तू और तेरा गुरु-जगद्गुरु।" और सहसा प्रचण्ड सा अट्टहास कर पुनः सिर धुनते हुए स्वयं से, आस-पास से सृष्टि तथा शून्य से बोले- "सुना! इस संन्यासी ने सनातन से चले आते, सिद्ध-प्रतिष्ठित मीमांसा दर्शन को आँगन लीपने का गोबर कह दिया है-इस जगद्गुरु के मत में जगत्, जीव, भव-संसार, ज्ञान तथा ज़ेय सभी जड़ हैं-केवल विज्ञान! ज्ञानी ही चैतन्य है; ब्रहम है-आत्मा है; परमात्मा! जीव? है ही नहीं। जगत्? माया, क्षणिक। भव? अध्यास, यथार्थ ज्ञान, भ्रान्ति! वाह रे भट्टु मेरे! संन्यासी ही शरीरी होते हुए भी ब्रहम चैतन्य को मीड़ सकता है-विद्वान् मनीषी, चिन्तक तथा कर्मान्त्री नहीं।"

मातुल श्री ने श्री गुरोधाम में एकत्र तथा करीने से सजी दर्शन शास्त्रों की पोथियों को आसन्न दृष्टि से देखा और ऊर्ध्व श्वाँस लेते हुए कहा- "गौतम? तुम उलूक! कणाद? तुम गिनती करने वाले मात्र और महर्षि कपिल, आप? ज, अव्यक्त व्यक्त जड़, जड़मति और भ्रान्त बुद्धि केवल। सुना, यह जगद्गुरु और उसका अहंमन्य चेला पद्मपाद कहता है, केवल ब्रहम ही चैतन्य है; ज्ञानी है-ब्रहम ही सत्य है; ज्ञान है; अमृत है-आनन्द और सब मिथ्या है; माया है; भ्रम, भ्रान्ति, अध्यास, अज्ञान। सुना? महर्षियों-मनीषियों-तत्ववेत्ताओं, दार्शनिकों! सुना? यह इदम्- उदम् सब अज्ञान की मिथ्या तथा भ्रान्ति है-सत्य नहीं है, सुना?"

कक्ष की उदासीन दिशाओं से मूढ़-सी प्रतिध्वनि उठी। मातुल श्री ने पद्मपाद की टीका की पोथी लपक कर उठाई-डाली; उठाई और क्रोध में दाँत पीसते हुए कहा- "कुल कलंक! धर्म द्रोही-लण्ठ! तू और तेरा गुरुदेव! मैं जब तक जीवित हूँ-जीत नहीं सकते। श्री गुरो तेरे जगद्गुरु की शास्त्रार्थ में धज्जियाँ उड़ा देंगे। वह मण्डन मिश्र नहीं हैं- मीमांसातीर्थ, दर्शनकेसरी, शास्त्र -धुरन्धर विद्या वागीश हैं। भट्टपाद तक को उनको मानना पड़ा था। यों कह दिया कुमारिल्ल भट्ट ने प्रभाकर को श्री गुरो?' यों ही कहा था क्या? तुझे तेरे गुरु ने आचार्य्य कहा तो क्या यों ही कह दिया?" मातुल श्री ने शून्य को

मानो ललकारते हुए स्वयं से ही पुकार की- "मेरा तू भानुजा और तू ही श्री गुरो मत को खण्ड-खण्ड करने का विलक्षण यह वितण्डा लिखे। शास्त्रियों, वागीशों और याज्ञिकों का यह विश्रुत वंश है-कुल, जिसमें तूने जन्म लिया है, सनन्दन! दक्षिणावृत्त में यह मीमांसा, न्याय-वैशेषिक का कुल माना जाता है-प्रभाकर श्री गुरो का मैं दक्षिणावृत्त का एक मात्र उत्तरदायी व्याख्याता प्राध्यापक, उपाध्याय, आचार्य, जो भी कहो-मैं हूँ। मैंने स्वाध्याय पूर्वक श्री गुरो मत की स्थापना दक्षिण में की है-यह श्री गुरो धाम इसीलिये है- "मातुल के क्षुब्ध चित्ताकाश में मानो बोलते हुए मेघ उठते रहे। विचारों की विद्युत जैसे दहाड़ती रहती। जिस मनीषी ने शवर को अन्यथा कर दिया, भट्टपाद के भाव और अभाव के आधार को ही आवश्यक बता धारणा में मौलिक मूलभूत संशोधन किया- उत्तम अचूक विवेक मन्य परिष्करण किया तथा 'प्रकरण पञ्चिका' द्वारा सूक्ष्मातिसूक्ष्म पदार्थ-निरूपण सम्पन्न किया-समूचे मीमांसा सूत्रों का रूप-रंग उजागर कर दिया, उस श्री प्रभाकर-मत को यह जगद्गुरु शंकराचार्य जड़ कहता है; निरा विज्ञान-कथन कहता है-सांख्य की सृष्टि प्रपंचिका स्वीकार कर यह शंकराचार्य जगत् को मिथ्या तथा जीव को मोह और संसार को क्षल्लुक इन्द्रिय ज्ञान संज्ञान कह देता है। यह भव-संसार जीव की रागमयी भ्रान्ति है; यह जगत् अनिर्वचनीय माया है-है भी; नहीं भी और अन्ततोगत्वा ब्रह्ममय आश्चर्य है; देश और काल के रूप में यह वेदान्त का ब्रह्म स्वयं ही चैतन्य है, ज्ञान है, ज्ञान-स्वरूप है और यह सृष्टि उसके लीला विलासी चित्त की मुग्ध मादक मुदमय मोहमयी धारणा है; यह जगत् उस सर्वतंत्र स्वतंत्र सर्व समर्थ ब्रह्म की अद्वितीय कल्पना का बहुविधि संकल्प है। यह जगत् ज्ञानी का ज्ञान है और ज्ञाता की ही अनुभूति है। यह सब है नहीं; ब्रह्म की क्षणिक किन्तु क्षण-स्थायी सृजन-सुन्दर कल्पना तथा कृति है-यह ब्रह्म का काल रात्रि के रंगमंच पर अपना बहुस्वरूप अभिनाट्य है-वाह रे मेरे भट्टु! शास्त्रों को तूने अभिनेता के थूंक में बहा दिया, वाह रे जगदगुरु वाह!"

"ब्रह्म, ब्रह्म, ब्रह्म! सर्वम् खलु इदम् ब्रह्म! ध्वनि, प्रतिध्वनि, घोष और प्रतिघोष और क्या?" मातुल श्री ने श्री गुरो धाम के जिज्ञासुओं को घूरते हुए कहा- "वेदान्त मत शास्त्र की पराजय ही है तब? मैं पूछता हूँ-नहीं-मैं कहता हूँ, नहीं, व्यवस्था देता हूं। यह वेदान्त डिम-डिम उद्भ्रान्त चित्त निराश तथा व्यर्थ बुद्धिमत्ता का अपलाप है; प्रलाप है- मूढमति का

विप्रलम्भ है। संन्यासी तो कहेगा ही कि यह जगत् माया है; मिथ्या है- उस भव-संसार मोह मात्सर्य है। यह यती को, जो जीवित ही स्वयं को शव मानकर चलता है, संन्यास-दीक्षा लेने के पूर्व जिसने अपना अग्नि-संस्कार स्वयं किया है और अपना पिण्ड रखा हो, श्राद्ध किया हो, वह शव स्वरूप शिव ज्ञाता की ठोसें अच्युत सत्यता यथार्थ ज्ञान की गूढ़तम स्थिति और ज्ञेय की सूक्ष्मातिसूक्ष्म अवस्था के विषय में क्या तो जान सकता है? मान सकता है? कह सकता है? यों तो यह वेदान्ती ज्ञाता भी ब्रह्म, ज्ञेय भी ब्रह्म तथा ज्ञान भी ब्रह्म कहते हैं; परन्तु इनका यह कूटस्थ ब्रह्म स्वयं ज्ञेय और ज्ञान नहीं बनता- वह विचित्र विलक्षण अनन्य अनुपम ब्रह्म जन्मता ही नहीं; मरता ही नहीं-जन्मते और मरते तो हम-आप हैं, सुना? जीव जन्मता है; जीव मरता है! ब्रह्मज्ञानी, जीव अज्ञानी; ब्रह्म सर्वज्ञ; जीव अल्पज्ञ! जीव अज्ञान का उद्रेक है; भ्रान्तियों का भण्डारा। जगत् है ही नहीं; जीव है ही नहीं, हुआ ही नहीं और यह भव-संसार व्यर्थ है-असार। श्रुतियों द्वारा जो सत्य की व्यावहारिक तथा सुषुप्तावस्थाओं को अयथार्थ कह कर समझते हैं कि उन्होंने सृष्टि के काल, स्थिति के देश और लय के शाश्वत चैतन्य को अप्रमाणित, असत्य आदि सिद्ध कर दिया है- यह ढोंग नहीं चलेगा। श्रुतियों के भंग-तरंग कथनों द्वारा शास्त्र के अमिट प्रमाणों को काल के गर्त में फेंका नहीं जा सकता। प्रमाण मानना होगा। शरीर और शरीरी ही यह इदम् और सर्वम् खलु इदम् है।"

उपाध्यायों के मस्तक हकार में हिले। पण्डित त्र्यम्बक शास्त्री ने कहा- "ब्रह्म, ईश्वर, है कहाँ? शवर ने वेद के रचयिता स्वरूप ज्ञान मूर्ति ईश्वर अर्थात् ब्रह्म को स्वीकार नहीं किया। मनीषी, भट्टपाद कुमारिल्ल सृष्टि प्रलय नहीं मानते- उन्होंने भी एक सर्वज्ञ केवल चैतन्य ईश्वर को नहीं माना। भट्टपाद के अनुसार हम भी यह मानते हैं, सर्वज्ञ कोई हो ही नहीं सकता।"

मीमांसा तीर्थ ने बमक कर कहा- "हमें ब्रह्म की आवश्यकता ही नहीं है, जी।"

मातुल श्री गर्जे- "श्री गुरो प्रभाकर भी इस ऐसे ब्रह्म को नहीं मानते। वस्तुतः मनुष्य की बुद्धि के लिये जगत्, जीव, भव, काल- कर्म ही यथेष्ट है। क्षणिक तथा अनन्त आदि धारणायें बुद्धि के प्रलाप हैं। मेरा मस्तक लज्जा से झुक जाता है। जब मैं सनन्दन को इस प्रकार का अपलाप करते

हुए सुनता हूँ तो-मीमांसा-कुल का भानुज इस प्रकार शून्यवादी प्रच्छन्न बौद्ध तथा परोक्ष शाक्त बनकर स्वयं को धोखा देता रहे- गौत्र को धोखा देता रहे- गौत्र को खण्डित कर समूचे ब्राह्मण कुल को कलंकित करे, यह क्या सह्य है? हो सकता है?"

त्र्यम्बक शास्त्री ने निसास भर कर कहा- "क्या किया जाय? श्री गुरो इस पद्मपाद को निरुत्तर क्यों नहीं कर देते?"

मातुल श्री ने तीव्र अमर्ष के साथ कहा- "वह तो केवल उस जगद्गुरु शंकराचार्य सहस श्रीमद् से ही शास्त्रार्थ करेंगे-और किसी से नहीं। वह श्री गुरो प्रभाकर मीमांसा-ऋषि हैं। शास्त्रों के अरण्यों के वन-केसरी। प्रतिभा पयोनिधि श्री गुरो प्रभाकर दर्शन के परा क्रमांक हैं; दिवाकर हैं- नाम से चन्द्रमा और ज्ञान से सूर्य। श्री गुरोमत ने कुमारिल्ल भट्ट के मत को निरस्त्र कर दिया है और मैं कहता हूं भविष्य के मत-मतान्तर श्री गुरो के मत के ज्ञान-सागर में स्वयं ही खप जायेंगे-"

मीमांसा तीर्थ ने कहा- "तो आप स्वयं आचार्य पद्मपाद को ललकारिये और क्या? हो जाय मामा-भानुजा में शास्त्रार्थ? संसार भी देखे; सुने।"

मातुल श्री ने बमकते हुए कहा- "हम-उस सनन्दन से समान स्तर पर होकर शास्त्रार्थ करें-हम? श्री गुरो प्रभाकर मीमांसा तीर्थ के दक्षिण प्रतिनिधि वागीश हैं- हम मीमांसा के नवबोध के व्याख्याता तथा दर्शन शास्त्र के उपाध्याय हैं। हम उस भिक्षान्न पर पलने वाले, शास्त्र-विमुख और मति-मूढ़ से शास्त्रार्थ करें-हम? आप लोगों ने हमें समझा क्या है? हमें आप लोगों से ऐसी प्रार्थना की अपेक्षा न थी। हम शास्त्र तथा दर्शन दोनों के पण्डित हैं- अध्यापक, उपाध्याय, चिन्तक! हम संन्यासियों के श्रुति वाक्यों को ऋषि-मुनियों के परस्पर भावुक तल्लीन कथन मात्र मानते हैं। श्रुति वाक्य हमारे लिये प्रमाण वाक्य नहीं था; न है तथा नहीं होगा। हम शास्त्र तथा शास्त्र में सनातन से मानने वाले वैदिक वर्णाश्रम धर्म के स्थापक और व्यवस्थापक ब्राह्मण-कुल-प्रचेता हैं, समझे?"

मीमांसा तीर्थ ने कहा- "तभी तो।"

"क्या तभी तो?" मामा गर्जे- "पण्डित जी! आप तो उस उभय भारती दिवंगत के शुक जैसे हैं-जो भी पढ़ा दिया जाये, आप क्यों नहीं करते शास्त्रार्थ उस आचार्य पद्मपाद से? तभी तो पहिले आप लोग भिड़िये उस वेदान्त भेड़िये से; बाद में, मैं अन्ततोगत्वा निर्णय तो श्री गुरो और शंकराचार्य्य की भिड़न्त

में ही होगा। यह जगद्गुरु श्री गुरो प्रभाकर मीमांसा-केसरी को त्रिकाल में परास्त नहीं कर सकता-”

तभी धूलि धूसरित एक पण्डित ने सभागार में त्वरा पूर्वक प्रवेश किया। मातुल श्री ने आतुरतापूर्वक कहा- “यह आ गये पार्वती नन्दन! क्या सन्देश है श्री गुरो का प्रियवर?”

पार्वती नंदन ने कहा-“प्रणाम, प्रणिपात। मातुल श्री, तनिक साँस तो ले लूँ- स्वस्थ हो जाऊँ, तब!”

मातुल गर्जे- “तब नहीं, अब अभी, वदतु भवान्! शीघ्र-त्वरित। शीघ्रातिशीघ्र। यह हमारी आज्ञा है- बोलो।”

पार्वती नंदन ने अपने गोल मटोल पेट को नचाया; किलकते हुए कहा- “श्री प्रभाकर महोदय ने कहलवाया है, समय आने पर वह शंकराचार्य की अपने ही धाम में प्रतीक्षा करेंगे। तब तक सभी शान्त रहें, सावधान रहें।”

“शान्त, सावधान!” मातुल ने स्वयं को ही जैसे लताड़ा- “भास्कराचार्य ने क्या कहा?”

पार्वती नन्दन ने भौंहें हँसोते हुए कहा- “मौनम् सम्मतिलक्षणम्।”

मातुल श्री ने क्रोध से काँपते हुए कहा- “क्या?”

पार्वती नंदन ने भयभीत होते हुए कहा- “कुछ नहीं, भास्कराचार्य ने कहा- “यह जगद्गुरु तो प्रच्छन्न बौद्ध हैं- उससे वैदिक ब्राह्मण क्या वार्ता करेगा?”

“प्रच्छन्न बौद्ध।” मातुल श्री ने अट्टहास्य करते हुए चारों दिशाओं को जैसे सुनाया- “सुन लिया? निपुण वेदान्त-वागीश भास्कर क्या कहते हैं? यह तथाकथित जगद्गुरु शंकराचार्य प्रच्छन्न बौद्ध हैं। वह शाक्य मुनि भी शून्य में ही तो मानता था। आत्मा-परमात्मा-ईश्वर, परमेश्वर के प्रश्नों का उत्तर देना तो तथागत बुद्ध ने सीखा ही नहीं था-वेदान्त की निस्सार चर्चा में यह तथागत बुद्ध पड़े ही नहीं। किसी अनादि अकाल अजन्मे वज्र के प्रति इंगित मात्र किया। बौद्ध वैज्ञानिकों ने! ‘सच्चिदानन्द ब्रहम’ वेदान्त के सिवाय और किस ऋषि ने, महर्षि ने, वागीश और मनीषी ने स्वीकार किया है? जो दर्शन बुद्धि-संगत नहीं है, तर्क-प्रणीत एवं तथ्य-प्रमाण्य नहीं है, वह न तो दर्शन ही है-नहीं शास्त्र। वह तो विधि-व्यवस्था भी नहीं हो सकता। वह तो शरीर-विस्मृत सांभ्रान्त उहापोह-चित्त के शून्याकाश में पर-कटे पंछी की भाँति उड़ान ही है। श्रुति? सोमरस अथवा विजया भवानी की तरंग में लहरते हुए अहम् की सम्मोहित कल्पनायें, आत्म विस्मृति के अस्पष्ट और रहस्यमय उद्गार मात्र हैं।”

पार्वती नन्दन ने सभी को प्रसन्न निहार कर कहा- "श्री गुरो! क्या कहना है, उस मनस्वी मनीषी का? कोई देखकर नहीं कह सकता कि यह व्यक्ति विख्यात गुरोमत के संस्थापक ऋषि हैं। सद् गृहस्थ और आचार्य ही प्रतीत होते हैं। घर ही उनकी पाठशाला, विद्यालय, गुरुकुल है-विद्या-शिक्षण तथा विद्या व्यसन का केन्द्र। वाह, मेरे नर-पुंगव! वाह! तभी तो मातुल श्री जैसे दिग्गज उनके सेवक, सन्देश वाहक, नियामक और प्रतिनिधि शिष्य हैं-"

किसी पण्डित ने पूछा- "और आप?"

पार्वती नन्दन ने हँसते हुए कहा- "हम तो भगवान् कार्तिकेय के वाहन श्वान हैं, जो धर्मराज युधिष्ठर के आगे-आगे स्वर्ग गया था-जी, मेरे! इस बार मानव योनि में ब्राह्मण कुल में जन्म लिया है, यह कहने के लिये कि स्वर्ग में भी देवता लोग पुण्यों की तस्करी किया करते हैं।"

मण्डली ठहाका मार कर हँस उठी। मातुल श्री ने गर्जना की- "पार्वती नन्दन! तुम्हारी यह ठिठोली करने की आदत रत्ती भर कम नहीं हुई? तुमको ज्ञात रहना चाहिये, तुम श्री गुरोधाम के हमारे मुख्य सेवक हो; हमारे सचिव हो। गंभीर। समझे?"

पार्वती नन्दन ने भवें उझकीं, कन्धे हचमचाये और अपने लम्बे कर्ण-पटल हिलाते हुए कहा- "गंभीर! अवश्य, स्वामिन्! अवश्य!! परन्तु क्या गाढ़ निद्रा के बिना गंभीरता हो सकती है? गंभीर कौन है इस जगत् में, श्रीमद्? शव गंभीर है; समाधिस्थ योगी गंभीर है; लाजवती वधूटी गंभीर है-मूक दिशायें गहर-गंभीर हैं और आप श्री जैसे प्रतिभा पयोनिधि विद्वान् मनीषी गंभीर हैं- हो सकते हैं। यहाँ मैं तो भव-संसार का मनसुखा हूँ-राज्य का शकुनि, सत्ता का दुर्योधन, न्याय का धृतराष्ट्र और कुलीनता का कर्ण हूँ मैं। हम तो कन्हैया के गोप हैं-नाम पार्वती नन्दन हुआ तो क्या हुआ? क्या हम कैलाश के वृषभराज नन्दी हो गये? और फिर श्रीमन् भव काटना ही है, जन्मना और मरना ही है, सुख-दुःख भोगना ही है, तो प्रसन्नतापूर्वक हँसते हुए क्यों न भोगें? हमारी मीमांसा निश्चिन्त तथा प्रसन्न रहो; स्वामी की आज्ञा मानो; जो आता है उसको आने दें। प्रेम से मिले सो पा लें- किसी को दुःख न दें और मौत आवे तो कह दें, वाह रे मित्र जू! इतनी देर कर दी आने में?"

मातुल श्री गर्जे- "चुप रहो, पार्वती!"

पार्वती नन्दन ने कहा- "जो आज्ञा, आचार्य प्रवर की।"

एक ठहाका गूंजा; मातुल श्री ने गर्ज कर कहा- "हम अनुसाशन तथा मर्यादा में मानते हैं-रहे हैं और अधीनस्थ ही सभी को हमारे अनुशासन में ही रहना होगा। यह पार्वती नन्दन स्वभाव का उच्छृंखल और क्षल्लुक निकल गया। अपना दर्शन बघारते हुए इस पवित्र पापी को लज्जा नहीं आई? हमारे सामने स्वयं को बड़ा दार्शनिक बताता है। मर्यादाहीन, तपस्याहीन तथा उत्तरदायित्व जीवन भी कोई दर्शन है? हो सकता है? यह मनसुखा यमराज की भी खिल्ली उड़ा सकता है। इसलिये तुम अब से श्री गुरो धाम में प्रवेश मत करना, समझे, मित्र जू!"

पार्वती नन्दन- "जी नहीं करूंगा।"

"धृष्ट कहीं के। क्या नहीं करूंगा?" मातुल श्री बिगड़े।

"प्रवेश।" पार्वती नन्दन ने मुँह लम्बा करते हुए कहा।

"हमारा परिहास? ठठौली, ढीढ़ कहीं के?" मातुल श्री ने क्रोध से काँपते हुए कहा- "ब्रह्म-भोजों की पत्तलें उठाते फिरते थे तुम सब। वह दिन भूल गये? हमने तुम जैसे अधम को उठाने का प्रयास किया। श्री गुरोधाम में रखा, अपना कर्मान्त्री नियुक्त किया तो तुम अब हमारा ही उपहास करने लगे, क्यों? वाह रे मेरे भट्टु!"

पार्वती नन्दन ने भौंचक्का रह जाते हुए दीन स्वर में कहा- "नहीं, नहीं, स्वामी! दास भला स्वामी का उपहास करेगा? कर सकेगा? और फिर हास्य है क्या? होठों का मुस्कराना-प्रसरना तथा दन्तों का दर्शन निश्चिन्त कण्ठ-ध्वनि का हो हो हु हु कर निर्संगित होना, फूट पड़ना। परिहास? हास का उपहास- व्यंग-हास; किन्तु व्यंग हास्य क्या? आपश्री ने आदेश दिया- श्री गुरोधाम में प्रवेश मत करो। मैंने उत्तर दिया- "जी नहीं करूंगा।" आपश्री ने सक्रोध पूछा, क्या नहीं करूंगा- मैंने उत्तर दिया प्रवेश। क्या यह स्वामी का दास द्वारा उपहास करना है? अथवा स्वामी की इच्छा का सम्मान कर इच्छानुसार उत्तर देकर स्वामी को शान्त और अनुकूल करने का दाक्षिण्य नहीं है? अब श्रीमान् ही कहें-वदें, यह ब्राह्मणों में शूद्र ब्राह्मण धृष्ट कैसे हुआ? सत्य है, प्रभो! आपश्री नहीं होते तो मेरे घर वाले ब्रह्म-भोजों की पत्तलें ही बिछाते रहते; परोसते रहते। परन्तु..."

"सामने जवाब? उत्तर का प्रत्युत्तर-प्रश्न का प्रतिप्रश्न।" मातुल गर्जे- "परन्तु क्या?"

पार्वती नन्दन ने प्रणाम पूर्वक कहा- "राजसूय यज्ञ में भगवान् नन्दनन्दन श्री कृष्णचन्द्र योगयोगेश्वर सौलह कलाओं के सच्चिदानंद राधेश्याम ने झूठी

पत्तलें उठाई थीं और राजा महाराजा श्रीमन्त श्रेष्ठि शिष्ट जन, ऋषि-महर्षि, अभ्यागत, साधु-यती, ब्रह्मचारी सब का छोटे-बड़े ब्राह्मण, क्षत्रिय, वैश्य, शूद्र सभी के पाँव पखारे थे।"

"तू कृष्ण नहीं है, धृष्ट कहीं के।" मातुल गर्जे- "तुम, सनन्दन और वह सब जो इस प्रकार गुरुजनों को मर्यादाहीन बातें सुनाते हो, तुम सब वैदिक वर्णाश्रम धर्म के शत्रु हो। सुना? ईश्वर से बढ़कर कहीं महत्वपूर्ण स्मृति है; शास्त्र है। शास्त्र से ही विद्यायें सधती हैं; सफल होती हैं-कृत-कृत्य होती हैं। शास्त्र तथा दण्ड से राष्ट्र का धारण होता है; समाज धर्म से भरा और पुष्ट किया जाता है-गली के बकवासियों से दर्शन नहीं बने। वार्तालापों से कहीं शास्त्र उद्धवित हुए हैं। मीमांसा तथा सांख्य के विरुद्ध कहने वाला मेरे मत से पशु है-पिशाच है; राक्षस-असुर।"

पार्वती नन्दन ने प्रणाम पूर्वक कहा- "जी! जान गया।"

"अच्छा, तब।" मातुल श्री ने कहा- "श्री गुरोधाम की अहर्निशि रक्षा करते रहो। सावधान और सन्नद्ध रहो। विद्वानों! हम उस सनन्दन से शास्त्रार्थ तो क्या, बात तक नहीं करेंगे। जो भी सनन्दन का पक्ष लेगा, उसको विद्वत्परिषद् से निकाल बाहर किया जायगा। उस शास्त्र-निषिद्ध यती सन्यासी शंकर का शारीरिक भाष्य हम अपदस्थ घोषित करते हैं- दक्षिण की आचार्य परम्परा शास्त्र तथा स्मृति की अटूट परम्परा है। इस सनातन दिव्य-चिन्तन को निष्कलंक ही रखा जायगा। यह ईश्वर की मान्यता की समस्या नहीं है; यह इस पृथिवी पर मानव जीवन के श्रेय तथा प्रेय की अनिवार्य समस्या है- यह समूचे अपूर्व अदृष्ट, कारण, क्रियमाण और संचित भव-संसार तथा जन्म-मरण और स्वर्ग की शाश्वत कामना के यज्ञ-कर्म की समस्या है। मीमांसाविद् स्वर्ग के परम् सुख के लक्ष्य को ही मानता आया है; मानता रहेगा-मुक्ति? है; किन्तु वह श्री गुरोमत के अनुसार ही विहित है; शास्त्रोक्त है तथा वास्तव में साधेय है! मोक्ष? अज्ञान, अध्यास, माया! इन साम्भ्रान्त शब्दों ने मनुष्य की बुद्धि को भव-संसार के अमोघ विश्वास से रिक्त कर दिया है; वर्णों के सम्यक् विकास को रोक दिया है तथा आश्रम सम्पत्ति हो गये हैं। इस धरती पर मनुष्य स्वर्ग का पुण्य श्लोक यात्रिक है, सुना! हम इस सनन्दन को देख लेंगे-उसकी टीका हमने उलट-पुलट कर देख ली है-प्रमाण का वितण्डा और चिन्तन का शून्य यह एक उद्भ्रान्त प्रलाप मात्र है। धर्म, वैदिक वर्णाश्रम धर्म धारण, पालन, पुण्य कर्म तथा श्रेयस्कर

जीवन ही इस लोकालय में मनुष्य जीवन का एक मात्र ध्येय है-ब्रह्म नहीं! मोक्ष नहीं! मुक्ति नपुंसक चाहते हैं और मोक्ष शव ही चाहता है-सावधान!”

“सावधान! अवश्य।” किसी ने पुकारा। मातुल रात्रि के द्वितीय प्रहर के आरम्भ में किसी की आहट सुनकर कक्ष के बाहर आ गये और तभी किसी छाया मूर्ति ने उनको धीरे से कहा- “सावधान!”

“कौन? मातुल ने भी प्रस्फुट धीमे स्वर में पूछा।

“और कौन, मैं क्रचक्र।” क्रचक्र ने तनिक प्लुत हास्य पूर्वक कहा- “यह जगद्गुरु शंकर वेदान्त का धर्म-साम्राज्य स्थापित कर रहा है। श्रृंगेरी में उसने अपने सामाज्य का पहला शिविर स्थापित कर दिया है। महाराजाओं और सम्राटों की भाँति मठ के आचार्य को सिंहासन, छत्र चम्मर दिये हैं, इस यती ने। वह हस्तामलक मानो दक्षिण का धर्म-सम्राट् हो। ब्राह्मणों, तुम्हारे हाथ से अब यज्ञ गये; कर्म काण्ड गया-पाठशालायें और गुरुकुल भी स्वाहा हो जायेंगे। तुम ब्राह्मण गृहस्थ और वानप्रस्थी केवल संन्यासियों के दास, आज्ञाकारी दास मात्र रह जाओगे। अपनी पोथियों को चाटते रहना, समझे!”

मातुल श्री आँगन में धंस आये- “तुम, कौल! तुम, मांस, मत्स्य, मदिरा, मैथुन-पंचमकारवादी, दानव!”

क्रचक्र हँसा; दाँत दिखाता हुआ बोला- “मैं जगत्, भव-संसार सिद्धि तथा ऋद्धि के सतत् भोग में मानता हूँ। मैं ब्रह्म को न तो जानता हूँ और नहीं जानना चाहता हूँ। ब्रह्म ही सत्य और यह जगत् मिथ्या होता तो यह जगत् उद्भवित होता ही नहीं; भव-संसार निस्सार तथा दुःखद होता तो प्राणियों का जन्म संभव होता ही नहीं-मीमांसक ब्राह्मण! तू मृत्यु के पश्चात् स्वर्ग प्राप्ति की बात करता है; हम तंत्र सम्राट् सिद्धियों द्वारा इस पृथिवी को ही स्वर्ग बनाना चाहते हैं। तू भव-संसार के त्रितापों से घबरा कर मुक्ति चाहता है; काल-बन्धन से घिस कर तू मोक्ष चाहता है। हम माया को वश में कर शाश्वत जीवन को ही सफल, धन्य करना चाहते हैं। हम मृत्यु को जीतना नहीं, मृत्यु को मेटना चाहते हैं-मानव जीये, जीता रहे। बार-बार मर कर नया देह धारण करने का कुष्माण्ड कष्ट न भोगे। एक बार मानव जन्म कर वह जगत् का ऐश्वर्य्य तन्त्र बल से प्राप्त करता रहे। मानव मृत्युञ्जय होकर इस सुखमय अवकाश में अपना लोक बनाता रहे। तू ब्राह्मण! अन्धा है-देखता नहीं, मानव को मृत्यु ने अल्प बना रखा है।”

मातुल का रोम-रोम इस घोर गंभीर ध्वनि से प्रताड़ित हो सिहर उठा- "चुप हो जाओ। जन्म और मृत्यु अनिवार्य है। हम पाप नहीं, पुण्य ही चाहते हैं- हम दुःख नहीं, निरन्तर अधिकाधिक सुख ही चाहते हैं। सुना! सनातन से प्राणी जन्मता मरता, पुनः पुनः जन्मता आ रहा है- अन्धा मैं नहीं हूँ- तुम हो। तुम्हारे पिता, पितामह तांत्रिक ने मृत्यु के एक क्षण को भी टाला है? जीता है- तुम्हारे गुरु मरे या नहीं?"

क्रचक्र अट्टहास्य पूर्वक बोला- "तपोबल से उन्होंने नया शरीर बनाया और पहिन लिया-किसी भी नारी के कुष्माण्ड भरे उदर में कलल में नहीं गये, अल्प नहीं हुए। सिद्धियों द्वारा वह एक ही भव अपने ही अमोघ चैतन्य में जीते रहे हैं। मूर्ख! यह जगत् क्या नष्ट होता है? मूढ़! क्या भव कभी समाप्त होता है? नहीं-"

मातुल श्री ने क्रचक्र पर सहसा झपटते हुए कहा- "पिशाच! तुझको किसने बुलाया है? किसने?"

क्रचक्र ने अंगुली-निर्देश किया- "वहीं, ब्राह्मण! भस्म कर दूंगा। तू तंत्र-सम्राट कौलाधिपति पंचभूत अधिष्ठाता क्रचक्र के समक्ष है। मैं तेरे पास इसलिये आया हूं कि यह जगद्गुरु शंकराचार्य और उसके शिष्य सर्वदा के लिये शास्त्रों का विनाश करने, दर्शनों को भ्रष्ट करने तथा जगद् एवं जीव के ऐश्वर्यशालीन, अविराम, शाश्वत जीवन चैतन्य का समूल उच्छेद करना चाहते हैं। वेद व्यास के ब्रह्मसूत्र का मनमाना अर्थ घटन कर केवल संन्यास की ही अन्ततोगत्वा प्रतिष्ठा करना चाहते हैं-यह वेदान्ती वयस्क यती शंकर वैदिक साधना और उपासना द्वारा निवृत्ति मार्ग का गृहस्थ, वानप्रस्थ चाहते हैं। यह शंकराचार्य माया को मानता भी है और नहीं भी मानता। यह आत्मा-परमात्मा के ब्रह्म-चैतन्य को ही सत्य कहता है- शेष सब क्षण भंगुर, मायामय मोहमय पाप है; वासना है- यह शंकर-वेदान्त जगत् तथा जीव की अमोघ आस्था और अस्ति के विपरीत, विरुद्ध, विषम एवं सृष्टि तथा भव-संसार के सतत् अनादि शाश्वत ज्ञान के विषय हैं- यह मृत्यु का वेदान्त है-मोक्ष? अर्थात् सर्व कालीन मृत्यु! नहीं!"

मातुल स्तम्भित से खड़े रहे; चिहुंके- "हुं? ऐं; हाँ, अवश्य।"

क्रचक्र ने सिर धुना कर दांत पीसते हुए कहा- "इस शंकराचार्य ने राज्यदण्ड द्वारा हम कौलों, कालभोजों, शाक्तों क्षप्पणकों-सभी तांत्रिकों को समाप्त करवाने का निगड़ अभियान चला रखा है। इस ऐन्द्रजालिक ने

उपासना की हमारी भीषण चिताओं को बुझवा दिया है। मुण्डमथनी शवासीना वाराही के शवों को साधकों से छिनवा दिया है। पंचमकार ही नहीं, तंत्र की सभी साधनायें शंकर-वेदान्त के श्रुतिवाक्य से अन्यथा व्यर्थ एवं अन्ततोगत्वा केवल जड़ विज्ञान ही सिद्ध कर दी जा रही है-हाँ। सुना, ब्राह्मण!"

मातुल श्री ने हिबता कर कहा- "सुना! सुन रहा हूं। क्या मैं नहीं जानता, यह यती शंकर न्याय-वैशेषिक, मीमांसा, सांख्य, पूर्वमीमांसा वेदान्त किसी को भी नहीं मानता। सनातन से मान्य, प्रतिष्ठित तथा विद्वद् समाज में रूढ़ दार्शनिक दृष्टियों को यह अन्धदृष्टि कहता है- यह शास्त्र को जगत् तक सीमित करता है; भव-संसार को जीव की मोहजन्य भ्रान्ति कहता है। यह शंकर व्यष्टि को शव, समाज को श्मशान तथा राष्ट्र को निष्क्रिय निर्वीर्य, अनैतिक अथवा मर्यादाहीन बनाना चाहता है, जानता हूँ। इसने मण्डन मिश्र को पराजित किया और अब श्री गुरो को नतमस्तक करवाना चाहता है-"

"यही, भटु मेरे!" क्रचक्र ने कहा- "हम समय की प्रतीक्षा कर रहे हैं। एक दिवस हम सम्पूर्ण तंत्र-बल से इस यती को जीवित ही भस्म कर देंगे। यह भारत! श्री चक्र का भारत राष्ट्र है। संन्यासियों का नहीं, समझा। तू, ब्राह्मण! उस कुमारिल्ल की भांति घुटने मत टेक-अपने ही हाथों से चिता जला कर भस्म मत हो जा-प्रतिकार कर! हम तांत्रिक तथा इतर धर्मावलम्बी तेरे साथ हैं। यह शंकर भारत में निवृत्ति मार्गी वैदिक वर्णाश्रम धर्म का साम्राज्य स्थापित कर सभी अन्य धर्मो को भारत वर्ष से बाहर समुद्र में धकेल देना चाहता है- इधर आ।"

मातुल श्री क्रचक्र के पास गये; क्रचक्र ने कहा- "बोल, क्रीं!" मातुल बोले- "क्रीं!"

क्रचक्र ने कहा- "अजपा जप क्रीं क्रीं हुं हुं हीं हीं! कालिका, समझा! तुझे साहस देगी; संकल्प देगी- इस टीका को जला दे। यह तेरा भानुजा तेरा ही नहीं, सभी ब्राह्मणों तथा तांत्रिकों का वैरी है- शत्रु-अरि! समझा!"

मातुल श्री ने औचक ही कहा- "समझ गया! हम यह नहीं होने देंगे। नहीं, कदापि नहीं। सनन्दन और उसकी टीका-हम देख लेंगे!"

क्रचक्र ने कहा- "मैं आधी रात को ब्राह्मण! तेरे पास इसलिये आया हूँ कि तेरे भानुज की इस टीका को नष्ट कर समूचे ब्राह्मण समाज, शास्त्र मण्डल और सनातन धर्म की लाज रख ले। हम भी गुप्त संगठित हो रहे हैं- हम जिनियों और बौद्ध-मुण्डकों को भी अपना सहयोगी बना रहे हैं।

स्थापित करने दे मठों को, यह जगद्गुरु अपना धर्म-साम्राज्य कभी सफल नहीं कर सकता। इसके मठों में रहस्यमयी आग लगेगी। वरुण- कोदण्ड के मेघ-बाणों से यह मठ कीच हो जायेंगे। इनके आचार्यों की आँखें बिजलियों की चौंधों से अन्धी कर दी जायेंगी। राज्यसत्ता-राज्यदण्ड! इन बौद्धों ने भी सत्ता का आश्रय लेकर हम तांत्रिकों को दबाया और अब यह यती शंकर-कालिके! हुं हुं क्रीं क्रीं।"

मातुल स्तम्भित से बोले- "टीका जला दूँ तब?"

"अवश्य, अवश्यमेव।" क्रचक्र ने कहा।

"श्री गुरो क्या कहेंगे?" मातुल बोले।

"उस तेरे सनन्दन ने अपने गुरु की रक्षार्थ उग्र भैरव का घात किया है- नहीं? तू, ब्राह्मण! भारत-राष्ट्र की सनातन दार्शनिक परम्परा तथा अपने मीमांसा दर्शन के परम् हित के लिये यह करेगा। मण्डन मिश्र की पराजय तुझे कुछ नहीं कहती? धुरन्धर मण्डन मिश्र शास्त्रार्थ में इस यती से हारा है; तो सोच तेरा श्री गुरो क्या होगा? यह शंकराचार्य्य वेदान्त का एन्द्रजालिक है, रहस्य।"

मातुल श्री ने क्रचक्र को प्रणाम कर कहा- "शक्ति चाहिये।"

"दी।" क्रचक्र ने कहा- "हम तुझे शक्ति देंगे। तथास्तु।"

मातुल श्री को लगा, एक आकृति हिली; डुली और आधीरात के सुनसान अँधेरे में अन्तध्यान हो गई। मातुल श्री ने पुकार कर क्रचक्र को रोकना चाहा; किन्तु पुकार कण्ठ में ही रुक गई; अवरुद्ध हो गई। मातुल श्री को लगा रक्त तमिस्र प्रज्वलित अदृश्य वह्नि उस अन्धकार के गगन को घहरती हुई उनकी ओर लपकी और उनके विस्फारित नयनों द्वारा कीकियों में घुसकर अणु-अणु में व्याप गई। मातुल को लगा किसी घोरा शक्ति ने उनके त्रिपुर में प्रवेश कर लिया हो, तब उस तांत्रिक ने तत्काल चमत्कार किया। शक्तिपात! मातुल श्री अपने सभी गगनों में घहर उठे और मन के व्योमों में प्रसर कर आकाशों में केन्द्रीभूत होने लगे। "निस्संदेह यह विधि-विडम्बना नहीं है; विधि-संकेत है। क्रीं! कालिके? है न? बता-सुना कालिके!" मातुल श्री अपने कक्ष में भान-भूले से लौटे। पत्नी की वर्षा से उसी स्थान पर बिछी हुई साथरी- चटाई को तनिक देखकर वह अपने पाट पर जा लेटे। स्त्री, पुत्र, कलत्र- घर-बाहर, यह जगत् सब तब इस अज्ञात घोर शक्ति की अमोघ इच्छा है। और मैं केवल उसका एक साधन हूँ; निमित्त; यन्त्र-

दास हूँ? नहीं? जीव- इस जगत् में किसी का भी दास नहीं है। अल्पज्ञ है; किन्तु त्रिकाल सृष्टि को जानने और भोगने की वज्र-क्षमता जीव में निहित है। घोर और अथाह विज्ञान-नारायण का मानव जीव अपनी विलक्षण बुद्धि द्वारा संग्रह करता है; संयोजन करता है- रचता है; सजाता है, सुन्दर करता है! मानव-बुद्धि सृजन, उत्पादन, संयोजन-नियोजन, कृति और मुक्ति की अमोघ चेतना है- तब वह दास कैसे? किसका दास? मानव, यदि ईश्वर है, आद्या शक्ति है- परमेश्वर है, तो जीव मात्र उसकी सन्तति है। उसी ने उत्पन्न किया है, प्राणी मात्र को। यह जड़ चेतन जगत् किसकी सृष्टि है? ईश्वर की-तब क्या ईश्वर है? है?" मातुल श्री हड़बड़ा कर उठ बैठे- "श्री गुरो! प्रभाकर देव!"

मातुल श्री को लगा, एक मूर्च्छना उनकी रग-रग में भरती जा रही है और वह बरबस ही पछाड़ सी खाकर लेट पड़े- "श्री गुरो! रक्षा करो! क्रचक्र! मातुल अपने भूताकाश में ही जैसे भाँवरियाँ भरने लगे। वह जैसे एक तिमिराच्छन्न प्रज्वलित वातचक्र हो। मातुल को लगा, यह दृश्य-अदृश्य सा भूताकाश प्रतिध्वनियों से भरा शून्य उभार सा है और वह पंचभूतों की पंचीकृत वह्नि है-अग्नि-लपट है, जो समूचे भूताकाश में लपलपा रही है- इस पंचभूत के आकाश में ही तो पंचभूत सिमटकर, एकत्र होकर, घनीभूत होकर बिम्ब-पदार्थ बनते हैं। अपने आप अणु-परमाणु अपने अन्तराल की रहस्यमय अग्नि से प्रचोदित होकर जैसे स्फोट-विस्फोटों के घात-प्रतिघातों में लहर उलल कर स्वयं ही रूप धारण करते हैं-किया करते हैं। शरीर धारण करना, भव लेना, जीव का अनादि सनातन स्वभाव है; प्रकृति है-सनन्दन! तू इन वेदान्तियों को नहीं जानता। वेदों को ज्ञान-कुण्ड में डुबो दिया, उपनिषदों को वृद्धजनों की उद्भ्रान्त वाणी में घोल दिया और समूचे कर्म-काण्ड को यतो भ्रष्ट-ततो भ्रष्ट कर दिया। जब सभी कुछ ब्रह्म है, तो सभी कुछ ब्रह्म ही करता है। फिर जीव की आवश्यकता कहां रह गई? ब्रह्म ही सभी में है, तब फिर प्राणियों के जन्म-मरण, मुक्ति-मोक्ष की यह विषाद उत्पन्न करने वाली समस्यायें क्यों हैं? उचित-अनुचित, विवेक-अविवेक, यह लोकाचार, लोक लाज, लोक-मर्यादा, समूचे शास्त्र, शस्त्र और स्मृति क्यों है? अवश्य मीमांसा तेरे ब्रह्म के प्रपंची ऊहापोह में नहीं पड़ती। महर्षि जैमिनी ने सृष्टि के सनातन धर्म की जिज्ञासा ही की है। जीव से अलग, पृथक आत्म-तत्व कल्पित करने की आवश्यकता ही कहाँ है-प्राणी है; जीव

है-मानव है और यह जगत् है, भव-संसार है। जीव को आत्मा नहीं, धर्म चाहिये- शाश्वत सनातन कर्मोदय पर आश्रित प्राणी मात्र का कल्याण-कामी तथा सृष्टि-यज्ञ द्वारा काल का मंगल बनाये रखने वाला धर्म ज्ञान चाहिये। इस सृष्टि में सभी कुछ लुप्त कर देने वाला ज्ञान नहीं, विज्ञान ही चाहिये। जीव को धर्म पूर्वक जीते हुए अधिकाधिक सुख प्राप्ति के लिये। काल को अज्ञान का उद्रेक तथा देश को अध्यास की भ्रान्ति बताकर कल्पों के नर-नारायण चैतन्य के परे और पार यती शंकर! तुम किस ब्रहम चैतन्य को बता रहे हो? हम केवल जीव-चैतन्य को ही पाते हैं और उसको ही मानते हैं-मैं, मैं हूँ, मैं ही हूँ इस जगत् में तथा काल के युग प्रवाहों में उद्भवित, अवतरित, प्रगट तथा अन्तर्ध्यान होता रहता हूँ। मैं, मैं, मैं, मैं- हम, मैं और तुम जगत्, जीव,- यह तीसरा ईश्वर ब्रहम कहां से आ टपका? जगत्-जीव भव-संसार यथार्थ ज्ञान से प्रत्यक्ष हैं और बुद्धि-वैभव से प्राप्त और कर्म गतिविधि से न्यसित हैं-सुख, निरन्तर, नित-नवीन सुख, यही जीवन चेतना की इच्छा है, इसी के लिये क्रिया है और यह यथार्थ ज्ञान सुख के सन्तोष की अनुभूति है। सुख-दुःख की अमोघ अनुभूति है-वह क्या मिटती है? नष्ट होती है? बुद्धि से क्या दुःख की अनुभूति दूर की जा सकती है? सुख की तन्मय तृप्ति से ऊपर उठा जा सकता है? शरीर के अतिरिक्त शरीरी है ही क्या? शारीरिक। भाष्य! शरीर तथा शरीरी का अवलोकन, अन्वेषण, गवेषण वर्णन, शरीर के ज्ञान का कथन, मीमांसा और सांख्य। आगे क्या? कुछ नहीं-बौद्धों का मौन; वैष्णवों का क्षीर-समुद्र-नारा। शैवों का कैलाश और शाक्तों का मणिद्वीप। मीमांसा-मनीषी त्रिकाल, त्रिभुवन, लोक-लोकान्तर, समूची सृष्टि को स्वीकार कर भव-संसार के पाप, पुण्य, श्रेय तथा मंगल कर्म की शास्त्रीय प्रतिष्ठा करता है तथा व्यष्टि एवं समष्टि के कर्म-यज्ञों का संयोजन-नियोजन करता कराता है-शास्त्र और स्मृति श्री गुरोमत पर ही सनातन धारण किये जा सकते हैं-इस सृष्टि की रचना सांख्य है तथा ज्ञानमीमांसा है। तुम, शंकराचार्य्य! ब्रहम सूत्रों का मन गढ़न्त अर्थ कर केवल ज्ञान पर ही शास्त्र तथा स्मृति को ठोक बिठाना चाहते हो। भेद, भीति, भ्रान्ति, मिथ्या आदि परम्परागत अर्थबोधों को जड़ बताकर केवल एक ब्रहम धारण को, शाश्वत 'नेति' को ही सत्य बता रहे हो। सोचा, जगत्, जीव तथा भव संसार धर्म ही तुम्हारे इस ब्रहम खड्ढ में गिर कर स्वयं ही अदृश्य हो जायगा। जीव, जीव, जीव-यह अनन्त कोटि प्राणी,

यह जीव-प्राणी, इन्हीं की अमोघ समष्टि इच्छा का स्वयं उद्भव यह जगत् क्यों नहीं माना जाय? माना जाय? अवश्य, अवश्यमेव!"

"क्रचक्र!" मातुल श्री ने सम्पूर्ण जाग्रत होते हुए स्वयं से ही कहा- "क्रीं जाप से क्या होगा? जाप? ब्राह्मणों के लिये गायत्री है, सुना! घोर कालिका का मंत्र श्मशान में शवासीन होकर जपा जाता है, अवश्य! वह मणिशंकर त्रिवेदी-गुप्त शाक्त है-घोर शाक्त! दिवस में वैष्णव बना फिरता हैं और रात्रि में, पंचमकारी शाक्त। अमावस्या की घोररात्रि में आप श्मशान-पूजा करेंगे-शव-साक्षी से जाप करेंगे।" मातुल श्री ने दूरारूढ़ कल्पना की। अँधेरे बीहड़ श्मशान में बुझती हुई चिता- अध जला शव! शिथिल, कृकल ज्वालायें; दुर्गन्ध सना धूम। विजन, स्तब्ध भयभरा बीहड़-श्मशान। मातुल श्री रोम-रोम में काँप उठे- "नहीं, श्री गुरो! नहीं, रक्षा करो, पशुपतिनाथ!"

मातुल की निद्रा खुली तो देखा पण्डित मणि शंकर द्वार के बाहर खड़े उनको पुकार रहे हैं- "अरे, हमारे भव्य-हव्य-कव्य कहाँ हैं? पार्वती नन्दन ने धोती निचौते हुए कहा- "समाधिस्थ हैं।"

मणि शंकर त्रिवेदी ने छूटते ही कहा- "समाधिस्थ, मातुल?"

पार्वती नन्दन ने धोती को कस कर बँटा; कहा- "निद्रा समाधि स्थिति।"

"अच्छा?" मणिशंकर त्रिवेदी ने द्वार की ओर जाते हुए कहा- "पण्डितजी तो जगे हुए हैं; मुझको विस्फारित नयनों से निहार रहे हैं। अरे, बटुक पार्वती, हमारे मातुल श्री पण्डित पण्डितमन्य ही हमारे एकमात्र आधार आश्रय रह गये हैं- अपने भानुज को भी तीन हाथ तटस्थ रखा। उसको आचार्य पद्मपाद स्वीकार ही नहीं किया-न रहे बाँस और न बजे बांसुरी। नहीं, वेदान्त? नहीं-ब्रह्म? नेति, नेति, नेति...."

मातुल द्वार पर आ गये; बोले- "क्या है मणिशंकरजी? इतने सबेरे क्यों कष्ट किया है?"

मणिशंकर त्रिवेदी ने सिर इधर-उधर घुमाया; चारों ओर टटोला और कहा- "उस पद्मपाद को प्रायश्चित्त करना होगा। उग्र भैरव की हत्या का घोर पाप जो लगा है। कर्म-कर्म है; शुद्ध-बुद्ध, अशुद्ध, अशुचि, उचित-अनुचित, कर्म-अकर्म। प्रत्येक पाप कर्म का प्रायश्चित् करना ही होगा। कर्म-भोग करने से कर्म कटता है; किन्तु प्रायश्चित्त नहीं होता। होता है क्या, हव्य-कव्य श्री?"

"मणि शंकर!" मातुल श्री गर्जे- "आप मुझे हव्य-कव्य क्यों कहते हैं, मेरा परिहास किया करते हैं।"

मणिशंकर त्रिवेदी हँसे, बोले- "श्रीमद्, प्रसीद! आपश्री ही तो हमें यज्ञ में प्रतिष्ठित करते हैं। यज्ञ के पुरोहित कार्य्य द्वारा हमारे अग्नि होत्रों को सतत् प्रज्वलित रखते हैं। आपश्री दक्षिण के यज्ञ-पुरोधा हैं; कर्मान्त्रियों के ब्रह्मा, विष्णु, महेश हैं। आप हमारे मूर्धन्य शिरोमणि ऋत्विक हैं-नहीं?"

मातुल श्री तनिक सहज होते हुए बोले- "तो क्या हुआ? क्या मैं यज्ञ की सामग्री हूं, हव्य कव्य?"

मणिशंकर त्रिवेदी ने टचकार करते हुए कहा- "शान्तम् पापम्। आप तो अभिधार्थ कर बैठते हैं-अर्थ के तीन भेद; अर्थात्रिभेदो! अभिधार्थ, लक्षणार्थ, व्यञ्जनार्थ! हव्य-कव्य का लक्षणार्थ यज्ञ और यज्ञ का व्यञ्जनार्थ यज्ञ का पुरोहित, पुरोधा यज्ञ ब्रह्मा आचार्य्य? नहीं? और यज्ञ का आचार्य अर्थात् हमारे वाह रे भटु मातुल श्री श्री गुरो आचार्य श्री!"

मातुल श्री ने सहज ही प्रसन्न होते हुए पूछा- "इस चाटुकारिता का व्यञ्जनार्थ क्या है?"

"यज्ञ, श्री विष्णु सहस्त्र यज्ञ-महायज्ञ।" मणिशंकर त्रिवेदी ने कहा- "अपने कुल में ब्रह्म-हत्या का पाप नित बना रहने दोंगे? सनन्दन आपका भानुज है; पुत्रवत् है। उग्र भैरव जैसे तापसी को ठार किया- तीन टूक कर दिया। शिव, शिव, यह घोरातिघोर पाप है, भवान्! गौ हत्या, ब्रह्म हत्या तथा तापसी हत्या-यही तो पापों के पाप हैं। सनन्दन को श्री विष्णु विष्णु जिष्णु महाविष्णु के यज्ञ द्वारा त्रिकाल प्रायश्चित्त करना ही होगा और यह आपश्री करवायेंगे। मैं समस्त ब्राह्मण समुदाय की ओर से, शास्त्र तथा ब्राह्मण के लिये यह निवेदन करने आया हूँ।"

मातुल श्री गर्जे- "सनन्दन हो तो, प्रायश्चित्त हो। वह तो संन्यास ले चुका है। उस जगद्गुरु ने उसको संन्यास में मूंड लिया है। यह घर बाहर तो उसका पूर्वाश्रम है-हम उसके कोई कुछ नहीं हैं। वह तो तन में बसा हुआ प्रेत है, और प्रेत का श्राद्ध होता है, प्रायश्चित्त नहीं, प्रायश्चित्त तो स्मार्त गृहस्थ का ही होता है-संन्यासी का नहीं।"

मणिशंकर त्रिवेदी ने सिर हिला-हिला कर कहा- "श्रीमान् भ्रम में हैं। आचार्य्य पद्मपाद की इच्छा अभी है! तीर्थाटन कर रहे हैं- संन्यासी को फिर तीर्थाटन की क्या आवश्यकता है? यह भ्रमण और जगत् को देखने, समझने और सुनने तथा लोक-लाज को रखते हुए तनिक छद्म स्वाद का अवसर प्राप्त करने की इच्छा है। यह निश्चिन्त भिक्षुक जीवन की

कामना है। यह वानप्रस्थी साधु, यती, जती, व्रती, तापसी आदि हैं क्या? परिव्राजक वानप्रस्थी-भिक्षाटन और तीर्थाटन कर जीते हैं। इन निष्क्रिय, पुरुषार्थ-रहित परिव्राजकों का भार हम जैसे गृहस्थों पर अथवा राज्य पर पड़ता है नहीं? आपका यह भानजा सनन्दन, गुरू-नाम्ना पद्मपाद भी ऐसा ही परिव्राजक है....”

“मणिशंकर!” मातुल ने घूरते हुए कहा- “अवश्य सनन्दन अर्थात् पद्मपाद में इच्छा शेष है-कामना भी है। क्या मैं अन्धा हूँ, अबूझ, जो कुछ भी जानता तथा देखता नहीं है? यह सनन्दन स्वयं नहीं जानता कि उसका गुरु जगद्गुरु एक प्रभविष्णु ऐन्द्रजालिक है। यह शंकराचार्य्य ज्ञानी, सिद्ध योगी; आचार्य, गुरु सभी कुछ स्वयं को कहता है- आकाश मार्ग से गमन, परकाया प्रवेश इस विचित्र संन्यासी के लिये बायें हाथ का खेल है। सनन्दन जैसे शिष्यों ने अपने ऐन्द्रजाल चक्रवर्ती गुरु की अनेक रहस्यमय किम्वदन्तियाँ फैला रखी हैं। सुना तुमने मणिशंकर! यह गुरु शंकर मृत को जीवित कर सकता है। यह पिघला हुआ लोह पी जाता है, सुना!”

मणिशंकर ने आँखें टिमकारते हुए कहा- “हम स्मार्त गृहस्थ और याज्ञिक ब्राह्मण इस जगद्गुरु को समझ ही नहीं सकते। हम तो आपकी प्रेरणा तथा प्रकाश में यज्ञ, यज्ञ-कर्म, कर्म-न्यास- विन्यास, विपाक तथा फल-स्वर्ग और नर्क, धर्माधर्म में ही समझते हैं। हम आप ब्राह्मणों का सम्बन्ध क्या शव से है? नहीं, प्राणी से है, जीव से और जगत् से है। हम तो ब्रह्म के बहु स्याम में...”

मातुल श्री ने हुंकार की- “हुँ, समझ गया। इस सनन्दन को ही धुरी पर बिठाना होगा। उसकी यह टीका ही व्यर्थ करनी होगी, अवश्य! ब्रह्म हत्यारा ब्रह्मविद् बन बैठा है।”

“हत्यारा कभी ब्राह्मण हो नहीं सकता, रह नहीं सकता।” मणि शंकर त्रिवेदी ने कहा- “हत्यारा सदैव चाण्डाल ही होता है- वह शूद्र भी नहीं होता। अधमाधम पतित पिशाच ही तो वह है। यह सनन्दन जब तक प्रायश्चित्त नहीं करता, तब तक वह ब्राह्मण नहीं, चाण्डाल ही माना जायेगा।”

“चाण्डाल!” मातुल श्री ने स्वयं से कहा- “सनन्दन ब्राह्मण-कुल में जन्मा है। वर्ण जन्म से होते हैं, कर्मान्त्री!”

मणिशंकर ने कहा- “कलियुग में वर्णसंकर ही होता है। आश्रम सम्पत्ति, सन्तति वंश का सत्वाधिकार। वैदिक वर्णाश्रम एक स्मृति-परम्परा मात्र

रह जाती है, श्री गुरो! हम जन्म से ब्राह्मण हैं; परन्तु कर्म से? तनिक अन्तरात्मा में देखें-क्या हैं? कामी, क्रोधी, लोभी, अहमन्य, द्वेषी और न जाने क्या-क्या हैं? अपना वर्ण-धर्म लोक लज्जा से थामे तथा राज्य दण्ड के भय से निभाये हुए हैं-इसलिये कर्म का प्रभाव कलिकाल में, वर्ण-प्रकृति पर कलियुग में पड़ता ही है-तभी तो कहा गया है, कलिकाल में धर्म एक पाँव से चलता है-नहीं!"

मातुल श्री ने गर्जना पूर्वक कहा- "धर्म सभी काल में अपने चारों पांवों से ही चलेगा। यह धर्म है, व्यष्टियों द्वारा संकल्पित समष्टि-व्यवस्था नहीं है। धर्म एक पांव से चलता है कलियुग में, यह तो कहने की बात है। क्या पदार्थ अपने द्रव्य और गुण धर्म को कभी कम करता है? अधिक करता है? यही तो श्री गुरो कहते हैं- धर्म! जगत् का धर्म, जीव का धर्म, भव-योनियों का वैदिक वर्णाश्रम धर्म! धर्म सदैव प्रकृति तथा जन्म से ही उद्भवित होता है- कर्म से तो धर्म पूर्वक फल-प्राप्ति होती है। अतः ब्राह्मण जन्म से, क्षत्रिय जन्म से, वैश्य तथा शूद्र जन्म से ही उद्भवित होते हैं-हैं। ब्राह्मण पतित होगा तब भी उसके शूद्रत्व में ब्रह्मत्व रहेगा ही। सनन्दन ने अवश्य हत्या की है; किन्तु वह ब्राह्मण-शूद्र हो सकता है- चाण्डाल नहीं। चाण्डाल, पिशाच, राक्षस इनका भी कभी वर्ण हुआ है? इनका भी कोई धर्म रहा है?"

मणि शंकर ने कहा- "सत्युत् भवान्! तब सनन्दन के प्रायश्चित की आज्ञा कीजिये; अन्यथा...."

"अन्यथा?" मातुल श्री ने पूछा- "क्या, पण्डित?"

"बहिष्कार और क्या?" मणिशंकर त्रिवेदी ने कहा- "आप तथा आपका ब्राह्मण-कुल हमारा शीर्ष कुल है। आप श्री गुरोमत के सन्देश वाहक हैं; उपाध्याय हैं- सब हैं; किन्तु आपके कुल के एक आत्मीय द्वारा ब्रह्म-हत्या हुई है। इस घोर पाप का प्रायश्चित करना ही होगा-"

मातुल ने मन्द गर्जन पूर्वक कहा- "बहिष्कार? धमकी? दक्षिण का श्री गुरो मत का अच्युत विद्याधर जाति की धमकी से डर जायगा? नहीं। भूल गया, ब्राह्मण! यज्ञ का सनातन ब्रह्मा मेरा कुल है; और स्मार्त कर्म का ऋत्विक भी मैं हूं- जाति मेरा बहिष्कार करेगी, क्यों? वाह रे भट्टु! मेरी ही बिल्ली और मुझी से म्याऊं-म्याऊं। हुं?"

मणिशंकर त्रिवेदी ने कहा- "सनन्दन आपका भानुजा है।"

"किन्तु वह तो कभी का गृहत्याग कर संन्यासी जो हो गया है।" मातुल गर्जे- "ब्राह्मण-जाति से ही नहीं, ब्राह्मण वर्ण से भी उसका अब क्या सम्बन्ध रहा? वह जोगटा है; गृहस्थ नहीं, मणिशंकर त्रिवेदी!"

मणिशंकर हंसा; बोला- "तब उस जोगटे को घर लौटाने क्यों गये थे? तिलोत्तमा देवी ने उस गौरी की ओर विवाह के लिये इंगित क्यों किया? ऐं? संन्यासी हो गया- जब प्रायश्चित्त का अवसर आया, तो सनन्दन संन्यासी अन्यथा सनन्दन कुल का पूत-सपूत..."

"कपूत।" मातुल श्री बमके।

मणिशंकर त्रिवेदी ने कहा- "जाति आपश्री को धमकी नहीं दे रही, प्रभो! आग्रहभूत निवेदन कर रही है। आप श्री ब्रह्मा, आचार्य, ऋत्विक् सभी कुछ हैं- आपको तो आगे आकर प्रायश्चित्त का विधान करना चाहिये, नहीं? आपश्री दक्षिण के देशिकोत्तम श्रीगुरो ही हैं, हम सब ब्राह्मणों के लिये, नहीं?"

रोम-रोम में सिहरते हुए मातुल श्री ने सिर हिला-हिला कर कहा- "अवश्य, हम दक्षिण भारत के श्री गुरो हैं- धर्म-व्यवस्थापक आचार्य तथा अधिकारी स्मार्त हैं। हम स्मृति के रक्षक तथा वर्णाश्रम धर्म की अविचल मर्यादा के नियामक हैं। सनन्दन को प्रायश्चित्त करना ही होगा- करना ही होगा। सुना! वाह रे भट्टु! यह तो मैं जैसे भूल ही गया था।"

"क्या, श्रीमद्!" पार्वती नन्दन ने पीछे से पूछा।

"प्रायश्चित।" मातुल श्री ने क्षितिज पर लूमती हुई ताड़ घटा को देखते हुए कहा- "सनन्दन ने ब्रह्मचर्य, गृहस्थ तथा वानप्रस्थ, इन आश्रमों का विधिवत् शास्त्रोक्त धर्म पाला ही नहीं- निभाया ही नहीं है। सनन्दन संन्यास आश्रम में यों कैसे लुक सकता है? इस कुपात्र ने समूचे ब्राह्मण-वर्ण पर कलंक लगा दिया है।"

मणिशंकर ने मन ही मन प्रसन्न होते हुए कहा- "तभी तो प्रायश्चित का निगड़ विधान शास्त्र ने प्रस्तुत किया है, श्रीमन्!"

"शास्त्र?" मातुल खीझ कर बोले- "यह जगद्गुरु शास्त्र-वाक्य को ब्रह्म के लिये प्रमाण-वाक्य स्वीकार नहीं करता। यह तो न शास्त्र को, नहीं शस्त्र को-केवल श्रुति को ही स्वीकार करता है। यह यतो भ्रष्ट ततो भ्रष्ट संन्यासी काल को नहीं, देश को नहीं- कर्म को नहीं, स्वर्ग-नर्क-किसी को स्वीकार नहीं करता। इस प्रच्छन्न बौद्ध के लिये केवल ब्रह्म ही सत्य है, शेष सब मिथ्या है। वाह रे भट्टु!"

मणिशंकर त्रिवेदी ने मगन किन्तु गंभीर स्वर में कहा- “समस्त तंत्र-मण्डल इस जगद्गुरु के विरुद्ध जाग गया है-एक हो गया है। बौद्ध, जिनि, शाक्त, क्षप्पणक, शैव आदि तथा सभी शास्त्रज्ञ भयभीत हो गये हैं और समुचित विरोध के लिये एक हो गये हैं-इस शंकराचार्य का ब्रह्म हृदय-कमल में रहता है-बुद्धि में नहीं और इसलिये विवेक एवं विज्ञान में नहीं- यह वयस्क संन्यासी विज्ञान को अज्ञान का बुद्ध उद्रेक-माया कहता है।”

मातुल गर्जे- “उसको कहने दो। शताब्दियों से इन मूढमति वेदान्तियों ने जगत् को माया, मिथ्या कहा है-जीव को मोहान्ध राग भर बताया है, किन्तु क्या जगत् मिट गया? जीव नष्ट हो गया? यथार्थ ज्ञान क्या लुप्त हो गया? धर्म की शाश्वत गतिविधि का सत्यानाश हो गया? स्वर्ग लुट गया? नर्क फैल गया? क्या सृष्टि उस शून्याधार ब्रह्म खण्ड में डूब गई? मैं पूछता हूँ क्या काल अन्तर्ध्यान हो गया? जो है सो है, रहेगा तथा वही सत्य है- मिथ्या तो ब्रह्म है, यह आत्मा! सनन्दन को प्रायश्चित करना ही होगा।”

“साधु।” मणिशंकर ने कहा- “तब मैं आपकी इस अचूक व्यवस्था की घोषणा कर देता हूँ।”

“नहीं।” मातुल बोले- “सनन्दन अपनी टीका वापस लेने के लिये आयगा, तब हम समस्त समाज के समक्ष उस कुल-कलंक को यह आदेश देंगे। देखता हूँ, उसका जगद्गुरु क्या करता है?”

पार्वती नन्दन ने पीछे से कहा- “जो श्री गुरो ने आपके साथ किया, वही उसका गुरु करेगा। गुरु सदैव गुड़ अरोगता है और शिष्य को ही गोबर खाना होता है-गोमूत्र पीकर प्रायश्चित करना होता है-मैं कर रहा हूं कि नहीं?”

मातुल श्री घूम कर गर्जे- “तू, प्रायश्चित? किसका?”

पार्वती नन्दन ने कहा- “श्री गुरोधाम का भृत्य होकर क्या मैं प्रायश्चित्त नहीं कर रहा? कर रहा हूँ, स्वामिन्! प्रायश्चित्त करना होगा सनन्दन को अवश्य; परन्तु भवान्! यह सनन्दन अब अभी आज सनन्दन हो तब तो प्रायश्चित्त करेगा?”

मणिशंकर त्रिवेदी ने लपकते हुए पूछा- “कैसे? क्या, पार्वती;”

पार्वती नन्दन पीछे से कुछ आगे आते हुए बोला- “मैं पार्वती नहीं- पार्वती- नन्दन हूँ; नाम्ना, भवान्! बाकी तो मुझको स्वयं ही ज्ञात नहीं कि मैं क्या हूँ! वाह रे भट्ट! स्वयं को तो जानता नहीं और चला हूँ दूसरों को

ज्ञान देने-विद्या देने; व्यवस्था तथा आदेश देने। अरे वाह रे पार्वती नन्दन! तेरा भी जवाब नहीं-तू निरुत्तर महाशय है।"

मातुल श्री लपके तथा पार्वती नन्दन को एक थप्पड़ जड़ते हुए बोले- "हमसे व्यंग कर रहा है, शूद्र कहीं के।"

पार्वती नन्दन ने गाल को सहलाते हुए कहा- "ब्राह्मण कहिये, प्रभो! ब्राह्मण अन्यथा शूद्र को स्पर्श कर लेने से आपश्री को प्रायश्चित्त करना पड़ेगा। प्रत्येक पाप का प्रायश्चित्त है; किन्तु शूद्र के स्पर्श के अमिट पाप का प्रायश्चित्त कहाँ है?"

मणिशंकर त्रिवेदी ने जाग्रत होते हुए कहा- "मातुल श्री! आप, आपने इस भोले ब्राह्मण को पीटा-क्यों?"

मातुल श्री ने प्रस्थान पूर्वक होते हुए कहा- "सेवक को स्वामी का सम्मान करना ही होगा। क्या ब्रह्म-कर्म के लिये मर्य्यादा नहीं होती? आम्नाय नहीं होती? इस हतबुद्धि को अपने पेट की भी चिन्ता नहीं है। वृद्ध-माँ है इसीलिये इस निखट्टू को हमने श्री गुरो धाम में सेवक की भाँति रख रखा है। यह घर के काम का नहीं, चौराहे के काम का नहीं-मन्दिर में यह भंग पीकर सोता रहता है। इस कामचोर आलसी को तो मिष्ठान्न चाहिये, समस्त जाति को, ब्राह्मण-समुदाय को नहीं, चतुर्वर्णों को एकत्र करो। हम सनन्दन के प्रायश्चित के लिये चारों वर्णों और आश्रमों को सम्बोधित करेंगे। धर्म-सभा का आयोजन कीजिये, मणिशंकरजी, समझे?"

"जी, मातुल श्री!" मणिशंकर त्रिवेदी ने सिर झुका कर कहा- "अभी लीजिये। जो भाता था, वही वैद्य ने बताया। धन्य हो मातुल श्री! शास्त्र-निष्ठा, आचार्य्य भक्ति तथा समाज के प्रति समर्पण कोई आपश्री से सीखे। अपने शास्त्र के लिये आपने सब कुछ जैसे त्याग दिया है। वाह रे भटु। वाह!"

मातुल श्री रुके; थमे, ऊर्ध्व श्वांस लेकर जैसे स्वयं से बोले- "शंकराचार्य की यह व्यर्थ वेदान्त डिमडिम हम शान्त कर देंगे। वेदान्त के केतुओं को हम फाड़ फेंक देंगे। यह जगत् विज्ञान घन है; यह भव-संसार शास्त्रविहित है। इस पृथिवी पर मानव ही नहीं, चौरासी लक्ष भव योनियाँ हैं। जड़ चेतन यह अखिल जगत् शास्त्र से धारित और विद्या से उद्धवित है तथा कान खोल सुन लो, मीमांसा धर्म से ही यह सृष्टि, स्थिति और लय है- सनातन, समझे! ब्राह्मण जगत् का द्रष्टा, भव-संसार का धर्म-संस्थापक और राज्य

का मार्ग-दर्शक है। ब्राह्मण श्रुति का उद्गार ही नहीं है; ब्राह्मण शास्त्र की मति, शस्त्र की गति तथा दण्ड की दृढ़ता है-परन्तु याज्ञिक! तुम इस रहस्य को नहीं समझोगे।"

मणिशंकर उत्ताल हास्य हँस कर बोला- "सत्य कथन, भवान्! हम तो कर्मान्त्री याज्ञिक पुरोहित हैं। आप श्री तो मीमांसा-मूर्ति तथा यज्ञ का स्वरूप हो। श्री गुरो की जय हो।"

12

मातुल श्री ने तिलोत्तमा से दर्पपूर्वक कहा- "सनन्दन को प्रायश्चित्त करना ही होगा-वह है, कहाँ?"

तिलोत्तमा ने कहा- "प्रायश्चित्त; क्यों? मामा, क्यों टंटा बढ़ाते हैं आप? वह अपना नहीं रहा; जाति का नहीं रहा। उसको धर्म से कोई लगाव नहीं है-उसने गौरी तक को त्याग दिया है। वह तो अब आचार्य पद्मपाद है, जगद्गुरु शंकराचार्य का प्रथम शिष्य, सेवक, जो भी कहिये। वह प्रायश्चित्त करेगा भी?"

"जाति की आज्ञा शिरोधार्य करनी ही होगी।" मातुल श्री गर्जे- "कोई भी धर्म के अनुशासन से मुक्त नहीं है- नहीं हो सकता। कोई भी जाति की आज्ञा की अवज्ञा नहीं कर सकता। शंकराचार्य ने भी उसको संन्यास की दीक्षा नहीं दी है- यह कुल-कलंक स्वयं ही अपने को संन्यासी मान बैठा है। सनन्दन शास्त्र की मति से केवल एक गृहस्थ भगौड़ा है। संस्कृति का लण्ठ और सभ्यता का उलूक। संन्यासी! संन्यासी उसका बाप भी हुआ क्या? बाप का बाप-पितामह, प्रपितामह कोई भी अपने इस सनातन कुल में संन्यासी हुआ क्या? इस महान् अभिजात ब्राह्मण कुल में सभी शास्त्रवेत्ता, याज्ञिक, कर्मान्त्री तथा निगड़ विद्वान् ही जन्मते आये हैं-तेरा पीहर और ससुराल शास्त्र और स्मृति का वाहक, धारक, पालक तथा मार्ग-दर्शक कुल है। दक्षिण भारत हमारे अनुशासन में प्रतिबद्ध है- हमारी आम्नाय से प्रचोदित यह श्री गुरो का गरिमामय गोत्र है, तिलोत्तमा!"

तिलोत्तमा ने निसास रखते हुए कहा- "है तो। किन्तु यह सनन्दन कन्याकुमारी के द्वीप की पहाड़ी पर अपने नयन उन्मीलित कर बैठ गया है। उसने भारतभूमि को छोड़ कर समुद्र के गहन जल में धरती का आश्रय लिया है। कहता है, भव-संसार से भागा; किन्तु अब सेतुबन्ध रामेश्वर के श्रीचरणों में सम्पूर्ण शरणागति लेकर वह भव-संसार को तर जाना चाहता है-हां, मामा!"

तिलोत्तमा के श्याम ताम्रवर्णी कमल नयनों में अन्तःकरण का गहन झलमला उठा। अवाक् से मामा श्री ने पूछा- "अच्छा? पवित्र पापी कहीं का!"

तिलोत्तमा ने आँखों के आंसू पूछते हुए कहा- "मैं तो अब अपने ससुराल, अपने घर जाती हूँ। आप जाने और सनन्दन। स्थिति मेरे बस की नहीं रही। मामी-माँ तक को वह अपनी ओर कर गया है। मामी-माँ ने भी उसको संन्यासी होने का आशीर्वाद दे दिया। गोरी टक देखती रही। मैं विजड़ित हताश हो गई। सनन्दन ईश्वर का प्रकाश चाहता है। कहता है, यह सृष्टि जिसके ज्ञान से प्रकाशित है, उस ज्ञान स्वरूप भगवान् को वह भजेगा। काल से मुक्त होकर रहेगा।"

"तब मेरा और मेरी बहिन का वंश निर्मूल हो जायेगा?" मामा श्री ने आघात खाते हुए कहा- "नहीं, सनन्दन! यह नहीं होगा। तू श्री गुरो-गोत्र के ब्राह्मण कुल को कलंकित कर जाय, यह हम नहीं होने देंगे। उसका बल तो उसकी टीका है न? वह मेरे पास है; मेरे वश में है, तिलोत्तमा! तू निश्चिन्त अपने घर जा।"

तिलोत्तमा ने आंसुओं का उभरता हुआ जलधि जैसे पलकों के सहारे पीते हुए कहा- "अच्छा, मामा! कल चली जाऊंगी। मेरी प्रार्थना है, मामी मां पर दया रखना, वह देवी है, कल्याणी।"

मातुल ठहका मारकर हँसे, बोले- "और मैं असुर हूँ क्या?"

"आप, आप शास्त्रज्ञ विद्वान् पुरुष हैं, कठोर, वज्र-हृदय हैं।" तिलोत्तमा ने कहा- "संन्यासी तो आपको होना चाहिये था, इस सनन्दन को नहीं।"

"तिलोत्तमा!" मामा गर्जे- "मैं संन्यासी। समाज का भिक्षुक? मुण्डी, मैं! तू अपनी मति में है?"

"स्वस्थ हूँ, मामा!" तिलोत्तमा ने आर्द्र स्वर में कहा- "सनन्दन दोनों कुलों का वंशधर था। है भी, यदि वह चाहे तो। गौरी के उदर से वह उत्तम और उदात्त ब्राह्मण-पुत्र-पुत्रियों को प्राप्त कर सकता था। आपके तथा मेरे पितृ-कुटुम्ब के प्राङ्गण में, सनन्दन की सन्तान विद्या मूर्तियों की भाँति घूमती और वेदों की शाखाओं की भाँति पल्लवित होती- यह अभिजात स्वनामधन्य ब्राह्मण कुल सनातन की भाँति वेद, उपनिषद, स्मृति और शास्त्र की वृहद् रमणीय तथा चमत्कृत वाटिका बना रहता। श्री गुरोधाम दक्षिण का ही नहीं समस्त आर्यावृत्त का षड् दर्शन तथा स्मृतियों की प्रमाणभूत वार्ताओं का केन्द्र होता। हाँ, मामा! भारत भूमि को ब्राह्मण, स्मृति तथा शास्त्र और शस्त्र की अनिवार्य आवश्यकता है। नहीं? है, मामा! शून्यवादियों तथा इन विज्ञानवादियों ने भारत भूमि को रमणीय चमकीले

अंधेरे से भर दिया है। भारत ही नहीं, मानव मात्र को प्रकाश की आवश्यकता है, मामा!"

"प्रकाश! श्री गुरो! प्रकाश!" मामा श्री स्वयं ही बड़बड़ाये; बर्राये।

"प्रकाश-ब्रह्म-चैतन्य? नहीं, नहीं-बुद्धि-वैभव, प्रतिभा-पान, प्रज्ञान घन, जीव-चैतन्य, यही इस सृष्टि का लक्ष्य है। भव-जीवन है-अधिकाधिक सृष्टि चैतन्य के अवगाहन के लिये। भव बन्धन कहाँ है? दिव्यातिदिव्य रूप इस सृष्टि का स्वरूप है, नानाभिराम, नयनाभिराम यह रूपयसि सृष्टि है-सुन्दरी, सुर-सुन्दरी, पीताम्बर पट्ट परिधाना कल मञ्जरी-रञ्जनी यह सृष्टि है; इसकी भव-योनियों में जन्मना और पुनःपुनः जन्मते रहना, पुरुषार्थों से कसीले और बुद्धि के धनी मंत्र लेना तथा कलाओं के धनुरञ्जनपूर्वक जगत् के पदार्थों का भोग करना, शरीर द्वारा विश्व में जीना, स्वप्न में सृष्टि का तेजस् यापन करना-स्वप्न, जीवन! और फिर सुषुप्ति के निश्चिन्त गहन में स्वयं की ही अथाह विस्मृति में लीन हो जाना- सुखपूर्वक स्वयं में ही सो जाना। यही तो जीव-चेतना है।" मातुल श्री श्री गुरोधाम में श्री गुरो की चरण पादुकाओं के समक्ष खड़े रहकर गर्जे- "जीव! अनादि, शाश्वत, चिरन्तन, अविराम! यह जीव-चेतन! ब्रह्म-चैतन्य! धिक् है, वह शून्य निरीह, अरूप, अकारण श्मशान के बीहड़ सा वह कोई चैतन्य? ब्रह्म-चैतन्य केवल निठल्ले मुनियों की मनमोजी वार्ता भर है। यह जगत अन्ध ऋषियों के उद्भ्रान्त कथन भर हैं-संसार से बधिर मूढ़ और मति-रुन्धों का प्रलाप मात्र है, यह ब्रह्म! ब्रह्म चैतन्य!"

नहीं। मातुल श्री नहीं, नहीं, नहीं की प्रतिध्वनियों से भर उठे, उभर उठे-उमड़ पड़े। नहीं की ध्वनि के घात-प्रतिघातों से, भ्रान्त-उद्भ्रान्त से वह चारों ओर विस्फारित नयनों से देखने लगे। भान-भूले क्रोध की लपकती-लपलपाती हुई मूर्ति से वह सनन्दन की टीका की पोथी पर झपटे- "शारीरिक भाष्य-टीका नहीं।" नहीं। जड़-सभी कुछ जड़; मोह जन्य! माया! उसको सत् और असत् कह नहीं सकते- नासदासीत्! अनिर्वचनीय! तब वही, यही, अनिर्वचनीय सत्य, वास्तविक यथार्थ है। जीव को श्रुति नहीं; स्मृति-धर्म चाहिये। चैतन्य? है न यह जीव जन्मता है; जीता है; कत्ता है-भोक्ता है; शरीरी त्रिकालवासी ब्रह्माण्डों का यात्रिक जीव पृथिवी का अतिथि और आकाश का देव है। तब तू सनन्दन! जगत् को माया-प्रणीत तथा भव-संसार को अध्यास बताकर अज्ञान, अज्ञान चिल्ला रहा है? अज्ञान की तुम्हारी

यह वेदान्त धारणा तुम्हारे ब्रह्म वाक्य से ही निर्मूल ठहरती है। ब्रह्म ने अनुभव किया वह एकाकी है और देखा शून्य निविड़ता है-ब्रह्म ने देखा और प्रजाओं को उत्पन्न किया; सृष्टि रची और उसमें प्रविष्ट होकर वही चल रहा है- चला रहा है; जी रहा है-जन्म ले रहा है और-पुनः जन्म धारण कर लोक लोकान्तरों का भ्रमण कर रहा है। क्या जीव को माता के उदर में कष्ट होता है? जीव माता के उदर में उसके कुष्माण्ड में पड़ा आर्त प्रार्थना करता है, भगवान् से-इस गर्भाशय के नर्क से छुटकारा दे-तुझे ही भजूंगा, जन्म लेकर। उंह्। यह जीव को भव-संसार से भयभीत करने तथा रखने का गूढ़ वाक्य भर है। जन्म? स्त्री-पुरुष आनन्द पूर्वक परस्पर राग घन होकर ही सन्तानोत्पति करते हैं। यह सारी भवयोनियाँ सतत अविराम सन्तानोत्पत्ति करती हैं-जैसे इस पृथिवी पर दो ही दिव्य कार्य्य हैं- जन्म लेना तथा जन्म देना तथा धर्म पूर्वक जगत् के वैभव को प्राप्त कर सुख के लिये भोगना-दुःख देकर भोग नहीं करना चाहिये, माना परन्तु यह स्वार्थ का विषय है; जीव के जन्म-मरण की अनिवार्य सत्यता से उसका क्या सम्बन्ध है, पद्मपाद! आनन्द-सम्मोहन से जन्म लेने तथा चौदहों भुवनों में भव धारण कर अविराम सुख-सन्तोष का सनातन कामी, कांक्षी जीव-प्राणी आत्मा नहीं, चैतन्य नहीं तो क्या है? वाह रे भटु मेरे-तू भी अपने इन्द्रजालवादी उद्भ्रान्त गुरु की भाँति तत्त्ववेत्ताओं, शास्त्रज्ञों तथा मनीषियों को मूर्ख बनाने लगा?" मामा श्री ने टीका की पोथी उठा कर दूर कोने में फैंकी- "यह जगत् माया है तो है; परन्तु वही वास्तविक सत्य है और जीव शरीरी चैतन्य है; आत्मा है, समझा! काल परमात्मा है; कर्म भव-संसार है; धर्म ही गति-विधि है तथा स्वर्ग ही मानव-जीवन का एक मात्र एकान्त लक्ष्य है। यही, यही- "निर्विवाद यही।" मामा श्री ने गहरा निसास रख कर पुकारा- "पार्वती जड़ मति कहीं का। पार्वती? पार्वती-नन्दन! अकुलीन कुलीन, जाग! सोने के लिये तू है क्या, श्री गुरो धाम में!"

"क्या है, क्यों चिल्ला रहे हो?" द्वार पर चित्रवत् खड़ी मामी माँ बोली- "लोग सोयेंगे नहीं क्या?"

"मैं सोता हूं क्या, वृद्ध!" मातुल श्री गर्जे-

"तुम तो निद्रा में भी जगते रहते हो; परन्तु सभी तुमसे निशाचर नहीं होते। प्राणी दिन में जगता है; रात्रि में सोता है।" मामी-मां ने कहा।

"मूर्ख, विलासी, मूढ़ है वह प्राणी।" मामा श्री गर्जे- "मनुष्य वह है, जो जागता रहता है तथा अहर्निशि शास्त्र चिन्तन कर धर्म ध्यान में लगा रहता

है। मनुष्य क्या पशु है? पक्षी? कीट, पतंग, उद्धिज? बड़ी आई है उपदेश करने वाली। स्त्री, अपनी मर्य्यादा में रह, समझी!"

"क्या है वह मर्यादा स्त्री के लिये?" मामी- माँ ने हंसते हुए पूछा।

"शास्त्र से दूर रह; शस्त्र से भागती रह तथा अपने पुरुष की सेवा कर, अपनी सन्तान प्राप्त करती रह और क्या मर्यादा स्त्री के लिये है? हो सकती है?" मातुल श्री ने क्रोध से काँपते हुए कहा- "आज मुँह दिखाया है? तीर्थाटन करने चली गई- हमसे आज्ञा नहीं ली? जो स्त्री पत्नी, पति के वर्चस्व के अधीन नहीं रहती तथा आज्ञांकित नहीं है, वह क्या है, जानती है, वृद्धे!"

"क्या होती है भला? वृहन्नला हो जाती है क्या?" मामी-माँ ने हंस कर कहा।

"उच्छृंखल, अकुलीन, अभद्र हो जाती है।" मामा श्री ने दाँत पीसते हुए कहा- "और अन्त में कुलटा हो जाती है; सुना!"

मामी-मां ने तीव्र भर्त्सना के स्वर में कहा- "मैं अपने पुत्र के यात्रिक संघ में गई थी, देव-दर्शन के लिये। तुम मुझे आज्ञा देते? नहीं। तुम तो पत्नी को घर की प्राचीरों में बन्द रख उसको सदैव ताड़ते रहते हो। तुम स्त्री को शूद्र ही मानते हो और स्वयं को महाराजा-राजेश्वर!"

"पति परमेश्वर है पत्नी के लिये, यह शास्त्र की आज्ञा है, मातुल श्री ने कहा- "पत्नी पति के धर्म-धारण के लिये संगिनी है; धर्म-पालन के लिये भार्या...."

"और सन्तान के लिये कान्ता है, कहो न।" मामी-माँ सव्यंग बोली।

"हुँ। तब मैं वृहन्नला हूँ-यही न, स्त्री।" मामा श्री गर्जे।

"नहीं तो।" मामी मां ने कहा- "आप मेरे पति हैं; परमेश्वर और मैं आपकी दासी, सेविका हूँ। आज्ञा कीजिये महाराज।"

मातुल श्री अवाक् से देखने लगे। उनको लगा, उनकी वयस्का पत्नी के मुख-मण्डल पर शान्त दीप्ति छाई हुई है। उन श्वेत घने जलदों की भाँति उभरे हुए बालों में मानो त्रयोदशी का चन्द्रमा ही मौन मुस्करा रहा हो। मामा श्री झपटे; पत्नी को कन्धों से झकझोरते हुए बोले-"उस नीच ने तुमको मुझसे विमुख कर भेजा है क्या?"

"सनन्दन नीच नहीं है, समझो! वह पवित्र आत्मा है; जन्म जात वैरागी है। वह मुझे आपसे विमुख करेगा? छिः! उसी ने हमें वापस घर भेजा है।

कहने लगा, मामा अकेले हैं। और उनको कष्ट होगा-और क्या पत्नी कभी भी पति से विमुख होगी? मैं हूँगी? तुम्हारा मस्तिष्क ही बिगड़ गया है-तुमको हो क्या गया है? सनन्दन की टीका ने जैसे तुम्हारी बुद्धि ही हर ली है-ऐसा क्या लिखा है उसमें?"

"तुम क्या समझोगी शास्त्र में?" मातुल ज्ञान-चर्चा वर्जित है। क्या लिखा है तुम्हारे उस टीका में, बताऊं? लिखा है, शास्त्र झूठे हैं; जगत मिथ्या है; भव-संसार असार है-आत्म ज्ञान प्राप्त कर मोक्ष लेना ही मानव का इस पृथिवी पर एक मात्र लक्ष्य है। स्वर्ग नहीं, मोक्ष का आत्मानंद। न जाने आत्मा का यह परमानंद क्या है? मोक्ष, मुक्ति! हम इस जगत में मानवों का स्वस्थ, पुरुषार्थी परम् सुख के लिये प्रेरित, विज्ञान घन धर्माचरण चाहते हैं। क्या मानव योनि का मोक्ष होगा-हो सकता है?"

मामी-माँ ने गंभीर स्वर में कहा- "मैं तो इस चाण्डाल क्रोध से आपकी मुक्ति चाहती हूँ। यही प्रार्थना सेतु बन्ध भगवान रामेश्वर से कर आई हूँ। ऐसा लगता है, दुष्ट ग्रहों ने आपके चित्त को क्रुद्ध तथा प्रज्ज्वलित कर दिया है। सनन्दन की एक टीका सनातन से सिद्ध मीमांसा दर्शन की क्या हानि कर लेगी? वेदान्तियों तथा मीमांसकों में कब मत-भेद नहीं रहा? धर्म-कर्म के विषय में वेदान्ती क्या आप सब शास्त्रज्ञों का विरोध करते हैं? नहीं। फिर आप इतने चिन्तित और क्लान्त क्यों हैं?"

"श्री गुरो को यह सनन्दन पराजित करना चाहता है।" मातुल श्री गर्जे- "मेरे गुरु को मेरा ही भानुज नीचा दिखाये, उनके प्रसिद्ध मत की धज्जियाँ उड़ाये-शास्त्रों की निन्दा करे और मीमांसा को जड़ अनात्मवादी चिन्तन बताये। तब हम आत्मा को नहीं मानते? हम चार्वाक हैं- लोकायती, जड़-विज्ञानवादी मूढ़ हैं और वही, वह तुम्हारा सनन्दन, आचार्य पद्मपाद्। वाह! और उसका ऐन्द्रजालिक गुरु शंकर ही आत्मवादी है? वही ब्रह्म को जानते हैं, वही-और अन्य तत्ववेत्ता नहीं जानते? ब्रह्म-सूत्र पर शंकराचार्य का यह शारीरिक भाष्य क्या है, जानती है?"

"क्या है? अपना विचार है; चिन्तन है।" मामी माँ ने कहा- "तुम सब पण्डितों में प्रतिभा हो, ज्ञान हो तो काट कर रख दो, इस भाष्य को? शास्त्र तो चिन्तन की सरिता है; बहती ही रहेगी।"

मातुल श्री- "तू नहीं समझती, यह शंकराचार्य्य प्रच्छन्न बौद्ध है। वेदान्त की परिभाषा में वह अनार्य दर्शन का ही प्रसार करना चाहता है- इस जगत्

जीव की शास्त्रीय विवेचना हो चुकी है। सांख्य ने सृष्टि-प्रपंच पर अन्तिम सिद्धि तथा सिद्धान्त प्राप्त कर लिया है और मीमांसा ने वर्णाश्रम धर्म स्वरूप कर्म-काण्ड को सिद्ध कर भारत के विशाल समाज में कभी से प्रतिष्ठित कर दिया है। मीमांसा न आत्मवादी है और नहीं अनात्मवादी। मीमांसा-श्री गुरो धर्माधर्म के निःशेष से ही जीव की भव-संसार से मुक्ति मानते हैं- जीव-चैतन्य अनादि तथा शाश्वत जीवन-चेतना है; प्रगट तथा अन्तध्र्यान होती रहती है-होती रहेगी। इस अविराम साहस, सौन्दर्य्य तथा सुख से पूर्ण जीवन-चैतन्य को यह वेदान्ती भ्रम कहता है-अध्यास भ्रान्ति। तू भ्रान्ति है क्या मेरे लिये? तब मैं तेरे लिये एक भ्रम हूँ क्या?"

मामी-माँ ने कहा-"शास्त्र तो सदैव चर्चा का विषय है- रहा है। मूल बात तो धर्म धारण और पालन की है। धर्म पालन करते रहो-वेदान्ती जीवन को भ्रम कहता है तो कहने दो-तुम्हारी क्या हानि होगी भला? व्यर्थ ही जी जलाते हो और हम सब को दुःख देते रहते हो।"

"मैं तुम सब को दुःख देता रहता हूं, मैं!" मातुल श्री बमके।

मामी माँ ने निसांस रखते हुए कहा- "दुःख ही नहीं, अत्याचार पर उतर आये हो। सनन्दन ने न जाने क्या लिख दिया, जो हम सब पर यों बरसा करते हो? अहर्निशी क्रोध की ज्वाला बने हुए हो। मैं तो थर-थर काँपती रहती हूँ। तुमको हो क्या गया है?"

"सनन्दन आचार्य, महर्षि पद्मपाद हो गया?" मातुल श्री बोले- "ढोंगी कहीं का! अध्ययनहीन, वेदहीन, शास्त्ररहित यह सनन्दन योगी हो गया- आचार्य हो गया और अब सभी महान् मनीषियों को मतिमूढ़ सिद्ध कर स्वयं को वेद व्यास बताना चाहता है। यह जगद्गुरु है क्या? जगत् तथा भव-संसार के अनुभव से हीन, बुद्धि से कोरा तथा लोकव्यवहार से विमुख एक जोगटा है, जोगटा। सुना!"

"होगा- तुमको-हमको क्या?" मामी मां ने कहा- "शान्ति पूर्वक श्री गुरो धाम चलाओ। पढ़ो- पढ़ाओ; वैदिक कर्म-काण्ड करो, करवाओ। अपना यह गृहस्थ चलाओ। पिशाच होकर नहीं, पण्डित होकर ही जीओ- तुमको विद्या का बड़ा अभिमान हो गया है, और क्या?"

मामा श्री पुनः लपके- "स्त्री! वाचाल कहीं की! चली जा, मैं तेरा मुंह देखना नहीं चाहता! जा! तू भी श्री गुरो मत को नहीं मानती और उस लण्ठ में विश्वास करने लगी है- तू मेरे काम की नहीं है, सुना!"

"सुन लिया।" मामी माँ ने कहा- "काम की हूँ या व्यर्थ हूं- जैसी हूं आपकी धर्मपत्नी हूं- निभाना तो होगा ही। कहाँ जाऊँ? आपके अतिरिक्त मेरी गति ही अब कहाँ है? न स्वर्ग में और नहीं नर्क में।"

"मेरी ओर से कहीं भी जा- इस ब्रह्माण्ड के चौदह भुवन हैं, कहीं भी जा।" मामा श्री सिर धुना कर बोले- "जाति, कुल, शास्त्र, दर्शन, कुटुम्ब सब, सब मेरे विरुद्ध हैं; विपरीत। तुम लोगों ने मुझे प्रज्ज्वलित चिता बना रखा है। जाओ, चले जाओ सब। मैं देख लूंगा सब को, एक-एक को।"

"क्या करोगे? अत्याचार ही करोगे न? तो हम चुपचाप सहन कर लेंगी- सहन करते ही तो आये हैं- और करेंगे।" मामी मां ने कहा- "सनन्दन अपनी टीका लेने पुर-सीमा पर ठहरेगा। टीका उसको लौटा कर तुम तीर्थाटन के लिये जाओ। मैं भी साथ चलूंगी। तुमको चित्त शुद्धि तथा मन शान्ति की आवश्यकता है।"

"अच्छा, जी! वाह रे भटु मेरी!" मामा श्री गर्जे- "मैं तीर्थों का चक्कर लगाता फिरूं- भिक्षा माँगता फिरूं और उन आडम्बरी पुजारियों को मस्तक नवांता रहूं- तुम क्यों न चाहोगी यह, देवी! किन्तु मैं कहीं नहीं जाऊंगा - श्री गुरो की विजय पताका इस धाम पर सदैव फहरेगी। टीका वापस करूं- अवश्य! अवश्य, देवी!"

मामी माँ ने सिर हिलाया; बोली- "जैसी आपकी इच्छा।" और चुपचाप चल दी। मातुल श्री ने मानो मेघ घटा में मन्द विद्युत्त को यों विलमाते हुए देखा और सिर धुना कर बोले- "सनन्दन! तुझे प्रायश्चित करना ही होगा, तभी टीका पुनः मिलेगी। पार्वती, मणिशंकर त्रिवेदी को बुला लाओ। अभी एक शिष्ट मण्डल जायेगा सेतुबन्ध रामेश्वर और उसको प्रायश्चित करने की आज्ञा सुनायेगा। अवश्य! अवश्यमेव!"

मणि शंकर त्रिवेदी ने सोत्साह कहा- "अवश्य, हम सेतुबन्ध रामेश्वरधाम अभी सत्वर प्रस्थान करेंगे और उस अशास्त्रीय संन्यासी को प्रायश्चित के लिये व्यवस्था देंगे। यह कुल, जाति, शास्त्र, सगाज एवं समूचे समाज की ओर से आज्ञा होगी। बहुत हो गया है; बहुत हो रहा है- शास्त्र विरुद्ध तथा वर्णाश्रम धर्म की सिद्ध मर्य्यादाओं के विपरीत संन्यास लेने की कुछ व्यक्तियों को आदत पड़ती जा रही है- सनन्दन अपवाद स्वरूप व्यक्तित्व नहीं है; उसका जगद्गुरु भले ही हो।"

"नहीं।" मातुल श्री ने विद्वत परिषद को गर्जना के साथ सम्बोधित किया- "स्वयं शंकराचार्य ने ब्रह्मचर्य्याश्रम में ही संन्यास लिया। माता को तांत्रिक ऐन्द्रजाल से छला। नदी में मकर ने पिण्डली पकड़ ली- ग्रस ली और माता ने संन्यास के लिये स्वीकृति दी तो मकर ने पिण्डली छोड़ दी। यह इन्द्रजाल नहीं है तो क्या है?"

किसी पण्डित ने यों ही कहा- "योग-शक्ति का चमत्कार।"

पण्डित जी! आप योग-शक्ति को क्या जानेंगे? वृकोदर हैं आप! शास्त्र को रट रखा है- शब्दार्थ, अन्वय और अर्थ कर जानते हैं- वह भी अभिधार्थ। यज्ञ में बैठते हैं, तो अवश्य शुद्ध उच्चारण के साथ जाप कर लेते हैं। योग-शक्ति? सात वर्ष का बालक योगी होगा- कहाँ से आई योगशक्ति उसमें?"

पण्डित जी ने अब भंग की तरंग से जाग्रत होते हुए कहा- "पूर्व जन्म के संस्कार वश। इस जगद्गुरु को सभी शिव का अवतार मानने लगे हैं- वह स्वयं भी कहते हैं; चिदानंदरूपम् शिवोहम्-शिवोहम् वृकोदर! आपकी जठराग्नि तीव्र नहीं है- मेरी है। आपकी बुद्धि तीव्र है किन्तु शास्त्रार्थों से पेट नहीं भरता; मन प्रसन्न और चित्त सन्तुष्ट नहीं होता, भवान्!"

मणि शंकर त्रिवेदी ने बीच ही में कहा- "आप भी पण्डित जी! व्यर्थ वार्तालाप क्यों कर रहे हैं?"

पण्डित जी ने अमर्ष पूर्वक कहा- "मैं तब वृकोदर हूं- पण्डित नहीं?"

मणि शंकर त्रिवेदी ने हँसते हुए कहा- "ब्राह्मण मात्र वृकोदर है; मिष्ठान्न प्रिय। यह मिष्ठान्नप्रियता एक दिन ब्राह्मणों का भारी पतन करेगी।"

"माधुर्य-मधुरता।" पण्डित जी ने कहा- "षट् रसों में मधुर रस और मधुरातिमधुर भक्ति रस! क्यों परम् माननीय मातुल श्री!"

मातुल श्री ने घूरते हुए कहा- "जी, परम् मधुर भक्तिरस। मणि शंकर जी! इन वृकोदर जी को भी साथ ले जाइये। कदाचित् इनकी तीव्र जठराग्नि को लख कर इस कुल-कलंक को प्रेरणा हो। उसकी भी जठराग्नि तीव्र हो। यह हो जाय तो फिर सब अग्नियाँ तीव्र हो जाती हैं"

पण्डित जी हँसते हुए बोले- "जठराग्नि, कामाग्नि, ज्ञानाग्नि। इस आपके भानुज को कौन सी अग्नि लगी है, जी?"

मातुल श्री ने झुंझला कर कहा- "यह उसी से पूछना।"

विद्वत् परिषद का श्री गुरो धाम-कक्ष हास्य से गूंज उठा। मातुल श्री ने सबको चुप हो जाने का आदेश सा देते हुए कहा- "उस कुल, जाति तथा

धर्म-द्रोही को पकड़ कर ले आओ। इस श्री गुरो धाम में उसको प्रायश्चित करना होगा- हेमाद्रि सहित पूर्ण प्रायश्चित करना होगा। उस नीच ने तांत्रिक उग्र भैरव की निर्मम हत्या की है- वेदान्ती बनता है। हत्यारे साधु होने लगे; शव संन्यासी होने लगे- गृहस्थ भिक्षुक होने लगे। हो क्या गया है भारत वासी को? जिनियों के साथ दिगम्बर घूमने लगा, हमारा सद्गृहस्थ और बौद्ध भिक्षुकों के साथ वह द्वार-द्वार का भिखारी हो गया- वैदिक वर्णाश्रम धर्म से विमुख, यह वेद- निन्दक राष्ट्र को यतो भ्रष्ट ततो भ्रष्ट कर देना चाहते हैं तथा आश्रमों को नष्ट कर वर्ण-संकरता ही मानव-जाति में उत्पन्न करना चाहते हैं। यह जगद्गुरु शंकराचार्य्य भी तो यही चाहता है। वैदिक वर्णाश्रम धर्म की यह बात तो करता है; किन्तु उसका ब्रह्म सर्वत्र है; सब में है- वही है। अतः व्यष्टि, समष्टि तथा समाज और राष्ट्र का धर्म सम्बन्ध तथा सम्पर्क केवल लौकिक है। मनुष्य जीव न पुण्य करता है; और नहीं पाप करता है। आचार धर्म को यह सन्यासी शंकर केवल योग-साधना के लिये, मोक्ष के लिये, चित्त शुद्धि के लिये ही मानता है- तब श्री गुरो वैदिक वर्णाश्रम धर्म को इस पृथिवी पर मानव मात्र के लिये अनिवार्य अपरिहार्य सृष्टि एवं उसकी स्थिति का- समूचे जीवन-यापन का धर्म मानते हैं। धर्म हम जीव की शान्ति, पवित्रता और अभय पूर्ण मंगल स्थिति के लिये अनिवार्य पाते हैं- जीव-चैतन्य ही तथा जगत को यह अपरिहार्य विलक्षण यथार्थ ज्ञान ही हम सत्य मानते हैं- वेदान्त की प्रमाण हीन अप्रमाण्य दृष्टि से हम जगत् में जी सकते हैं भला? नहीं।"

मणि शंकर त्रिवेदी ने उपसंहार किया- "और फिर मोक्ष ही जीव के लिये अन्तिम आत्यंतिक गन्तव्य है, तो वह क्या सभी जीवों के लिये है? एक और विभु ब्रह्म ही है, तथा जीव उसकी धारणायें हैं, कल्पित पात्र, तो सब की मुक्ति एक जीव की मुक्ति के साथ क्यों नहीं होती? जीव और ब्रह्म एक ही हैं, तो फिर प्रत्येक जीव विलक्षण, अनूठा, विचित्र, असंग-संग एवं व्यष्टि स्वरूप क्यों है? जीव को सुख-परम् सुख अभय पूर्ण मंगल चाहिये। जीव को स्वर्ग चाहिये।"

"वेदान्तियों ने मानव को जीवन से निराश किया है, पुरुषार्थ विहीन किया है।" मातुल श्री ने समाप्त किया- "वैदिक वर्णाश्रम धर्म का आधार मीमांसा ही है-काल, कर्म, पाप-पुण्य, उचित-अनुचित यम-नियम संयम- धर्म। जीव स्वयं स्वमेव सत्य है। चित्त है और सृष्टि में उद्भवित होकर अपना सुख

प्राप्त करता है- मीमांसा दर्शन मानव ही नहीं, प्रत्येक प्राणी के लिये जीवन-धर्म का दर्शन है और अनिवार्य है; अपरिहार्य है। वैदिक वर्णाश्रम धर्म मनुष्यों का शास्त्रीय संगठन नहीं है; सृष्टि-प्रपंच का तत्व-संघटन है; काल की गति और विधि है- यावत् जीवन की सनातन अभिव्यक्ति की अनादि शाश्वत प्रकृति है। जाति! वर्ण की देश कालानुसार एक उप व्यवस्था भर है। बौद्धों ने हिंसा के विरुद्ध संक्रान्ति कर जाति नहीं, समूचे तथा समस्त वैदिक वर्णाश्रम धर्म की ही हानि की है- समाज को विज्ञान वेत्ता नहीं; धर्म वेत्ता करना होगा- व्यष्टि धर्म पालन के लिये है, समष्टि धर्म-धारण के लिये। सनन्दन को कह देना, प्रायश्चित नहीं किया तो भारत के सनातन वर्ण-धर्म से बहिष्कृत एक मानव-वृषल का ही जीवन जीना होगा- उसका गुरु उसको अधर्म के पाप के घोर फल से उबार नहीं सकेगा। धर्म ही पुण्य है; अधर्म ही पाप है।"

श्री मणिशंकर त्रिवेदी के नेतृत्व में शिष्ट-मण्डल को श्री गुरो-रथ में बिठा कर, विधिवत् अभिषेक कर सेतुबन्ध रामेश्वर की यात्रा के लिए विदा दी गई। पुर की नदी की सीमा तक पुरजन, परिजन तथा शास्त्रज्ञों और कर्म-काण्डियों तथा धर्म-प्रेमियों ने शिष्ट-मण्डल की सफलता के लिए शुभ कामना की। मातुल श्री विजय-गर्व की घूर आतप दृष्टि से झूमते हुए श्री गुरो-रथ की धूल के तनिक बादलों में उभर-उभर कर दौड़ते हुए देखते रहे। श्रीगुरो-रथ दूर-दूर होती जाती क्षितिज की ओर बढ़ता चला गया और समस्त पुर का गगन स्वयं ही मौन धारण करता गया। मातुल श्री जैसे निश्चिन्त हो गयेः विश्वस्त हो गये। सनन्दन प्रायश्चित करता है तो विजय उनकी है; नहीं करता तब भी विजय उनकी ही होगी। आचार्य पद्मपाद की टीका को अशास्त्रीय, प्रमाणहीन, व्यर्थ तथा लोकविरुद्ध टीका सिद्ध करने का यही एक मात्र उपाय है। जो दर्शन लोकधर्म को स्वीकार नहीं करता तथा लोक शिक्षा के सनातन सिद्धान्तों से हीन है, उस दर्शन की व्यष्टि एवं समष्टि के लिए आवश्यकता ही क्या है? धर्म जीवन यापन के लिए है; त्रिताप से मुक्त होने और परम् सुखी होने के लिए है। जन्म धारण करने की विज्ञान घन कुशलता प्राप्त करने तथा मृत्यु के अनिवार्य परिवर्तन के गूढ़ अन्धकार को तर जाकर पुनः जीवन के प्रभात में जागने की विश्वस्त क्षमता प्राप्त करने के लिए है। जीव है, तो जगत् है- आत्मा है। परमात्मा का किसको ज्ञान हुआ है? ज्ञान ही परमात्मा, ब्रह्म है। तब यह जगत् का अज्ञान और

जीवन की भव-धारणाओं का राग भरा मोह-मुग्ध भान ही क्यों है? प्रकाश ही है, तो अन्धकार क्यों? यह अन्धेरा क्या? वेदान्त की मोक्षमयी ज्ञान-धारणा वस्तुतः जगत् और जीवन की सर्वान्त में सर्वनाश की ही कल्पना है। शून्य, भ्रम, अज्ञान-माया यह सब जीवन से भयभीत बुद्धि की ही विडम्बनायें हैं। सत्य ही है तो यह तथा कथित वेदान्ती असद् क्यों भास रहा है? क्यों अनुभूत है यह माया? क्यों? जगद्गुरु! उसका प्रमाणभूत उत्तरमीमांसा शास्त्र है- काल, कर्म, कर्म विपाक-धर्म है। जीवन ही इसका एक मात्र उत्तर है।

श्री गुरो-रथ के सज्ज वृषभ जैसे मार्ग को जानते थे। झूमते और डौलते हुए वह सरिता-तट की गडार पर सेतुबन्ध की ओर चले। रथ में सुशोभित प्रतिनिधि-मण्डल वेद-ध्वनि करता जा रहा था-मार्ग में पड़ते हुए पुरों और धामों में रुकता तथा आचार्य पद्मपाद के प्रायश्चित-विधान के समाचार सुनाता हुआ यह शिष्ट-मण्डल मानो वर्णाश्रम धर्म की विजय-पताका फहराता हुआ चला। मातुल श्री एक टक उड़ती तथा क्षीण होती हुई धूलि के मन्द उदासीन नर्तन को देखते रहे और अन्तिम बार जैसे स्वयं के अडिग "मैं" से बोले- "टीका वापस नहीं होगी, सनन्दन! प्रायश्चित के यज्ञ की वहिन-ज्वालाओं की भेंट होगी- यह टीका हव्य! जीवन के कर्म-काण्ड के यज्ञ का हव्य वेदान्त ही तो है। अवश्य है। संन्यास? क्या यह आश्रम समष्टि के लिये है? रहा है? रह सकता है? व्यष्टि के मंगलोत्थान के लिये ब्रह्मचर्य गृहस्थ- यह आश्रम हैं तथा समष्टि के प्रति सद्भाव के लिये वानप्रस्थ है। वानप्रस्थ देखा जाय तो परोक्षतः प्रायश्चित का ही आश्रम है। समष्टि की निस्वार्थ सेवा करो। अपने अनुभव समष्टि की पीढ़ियों के मार्ग दर्शन के लिये प्रदान करो। युवा-पीढ़ियों को धर्म धारण की क्षमता दो। तपस्या करो, स्वर्ग प्राप्ति के लिये, किन्तु यह वेदान्ती न स्वर्ग को मानते हैं और नहीं नर्क को। इन सांस्कृतिक निठ्ठलों को हमेशा के लिये बरजना ही होगा। आर्य-गृहस्थ के विरुद्ध यह खुला विद्रोह है- यह आराजकता समूचे समस्त मानव-जीवन के प्रति है। चाहे वह बौद्ध हो, जैन हो, कौल, शाक्त कोई भी हो। जो वैदिक वर्णाश्रम धर्म के विरुद्ध मुण्डियों तथा भिक्षुकों के जीवन-दर्शन का प्रसार करता हो, वह मानव जाति के सौख्य, कल्याण एवं मंगल के विरुद्ध एक अनार्य-प्रचार है। यही विधर्म है; यह एक प्रकार का सांस्कृतिक वाग्-विलास है। स्त्रैण विचारों का, बुद्धि का

व्यभिचार; उद्भ्रान्त प्रलाप और यह वेदान्त तो मति का विप्रलम्भ ही है। जो भवेच्छा को क्षणिक मानता है; जो सृष्टि को माया और भव-संसार को प्रगल्भ अध्यास, भ्रान्ति कहता है, वह भी क्या दर्शन है? दर्शन तो तत्व-चिन्तन है; बोध है। विद्याओं और कलाओं का अगाध मन्थन है। मानव को शास्त्र, शस्त्र तथा धर्म चाहिये, सनन्दन! तू समझता क्यों नहीं? कब समझेगा? नहीं समझेगा तो हम तुझे समझा देंगे- प्रयाश्चित करेगा तभी टीका वापस मिलेगी- अन्यथा.....”

“अन्यथा?” एक प्रतिध्वनि उठी- “अन्यथा? मातुल श्री स्वयं ही हंसे अन्यथा-दण्ड। शास्त्र से नहीं मानेगा तो शस्त्र और शस्त्र से भी नहीं बरजेगा तो अग्नि-स्वाहा, स्वधा। मातुल अट्टहास्य कर उठे- “हां; धर्म की रक्षार्थ बलि-बलिदान। सर्वस्व की बलि, समझा!”

आचार्य पद्मपाद जैसे स्वतः ही समझ गये। कन्या कुमारी के द्वीप की पहाड़ी की तनिक सपाट चट्टान पर बैठे हुए आचार्य पद्मपाद क्षितिज की गुदगुदाती हुई समुद्र की उल्लोलों को निहार रहे थे। पृथिवी की गन्धों से भरा, उभरा, लदा वायु धरती की वृक्ष घटाओं से झूम-झूम कर समुद्र की जाग्रत सी तरंगमालाओं से चिरौरी कर रहा था। अठखेली, तरंगों की उल्लोलों को गोद कर, गुदगुदा कर, छेड़ कर, तनिक भेद कर वायु मानो हु हु हो हो बोल रहा था; अठखेली कर रहा था। तब भारत का यह अगाध जलधि मानो भारत भूमि के सनातन चैतन्य को तरंगों की ललकों में भर कर अनन्त अनजान क्षितिज की ओर उन्मीलित हो रहा था। समस्त पृथिवी को, उसके गगन को अपने अन्तराल में रमा कर समुद्र आकाश के व्योमों में स्वयं ही अन्तर्ध्यान हो जाना चाहता था। वायु से हुमुसित और सूर्य की प्रतापी किरणों की ज्योतियों के बुल्लों से रूपवान् यह तरल तरंगित समुद्र पृथिवी नहीं; आकाश के अन्तिम छोर को जानना चाहता था- गन्ध से हमहमती हुई पृथिवी के रूप-संभार को अपने सरस अन्तराल में समा कर यह भारत-समुद्र आकाश के ज्योतिर्मय मधुमय शब्द में लीन हो जाना चाहता था-विराट् सा समुद्र एक अनहत् ध्वनि-प्रतिध्वनि होकर क्षितिज के पार अविराम काल के अथाह मौन में डूब कर मानो कुछ कहना चाहता था- जल का यह अतल सा उभार स्वयं ही कोई विराट् स्वरूप धारण कर मूर्तिमान होना चाहता था-पृथिवी को स्वयं में पुनः समा कर अग्निगोभा सूर्य के तपस्वी ताप में यह भारत-समुद्र अपना शीतल सरस अमृत रस ही भर देना चाहता था- यह विशालकाय

जलधि मुनि, बिना नयन ही अगाध अनन्त में देख रहा था; बिना वाचा ही अनहद नाद का मौन संगीत अपनी तरंगों, उल्लोलों, वीचियों और लहरीली लहरों द्वारा गा रहा था- भारत समुद्र जैसे स्तवन कर रहा था, भारत के अधिष्ठाता वेद-पुरुष का। पद्मपाद को लगा, यह जलधि भारत की धरती को पखार कर स्वयं को किसी दिव्य उन्मेष से भर रहा है- यह भारत जलधि जैसे पृथिवी, जल और अग्नि भूत को अपने अगाध अन्तराल में तेजस्वी स्पर्श बना कर आकाश के अनाहत् शब्द को नाम देने के लिये ध्यानस्थ है- वाचा प्रदान करने के लिये यह भारत समुद्र जैसे स्वर-व्यंजनों की आकृतियों को मात्रिका से सींच रहा तथा उसको पुनः वाणी की झंकृत गतियां देने के लिये अपना कण-कण अर्पित कर रहा है। पद्मपाद को लगा अनाहत अनन्त आकाश अपने अवकाश में रमती हुई सृष्टि के रूप, रस, गन्ध, स्पर्श और शब्द के सम्पूर्ण पूर्ण वैभव के उन्माद के अनुभव के लिये संक्रान्त समुद्र के इस विराट् विस्तार में जल का गहन तरंगित उभार है- उल्लसित, मूढ़, क्रुद्ध उभार है। यह-यह भारत के दिव्य तटों को छूकर स्वयं ही मगन होने वाले अनन्त की उमंग का रहस्यमय उभार है- हां! पद्मपाद स्तब्ध दिग्मूढ़ से भारत समुद्र की तरंगित गतियों को क्षितिज तक पहुंचते हुए स्वयं ही शमते देखते रहे-तरंगों के संकुल परस्पर लहर-विहर कर एक महाकाय तरंग बनने का सहज प्रयास कर रहे थे- पद्मपाद को लगा, विद्याधर भी ऐसे ही तरंग-संकुल हैं विचारों के! भारत दर्शन के सिद्ध, प्रसिद्ध और प्रतिष्ठित वाक्य पद्मपाद को भारत समुद्र की क्षितिज के त्रिकाल को समेटे हुए दिक् ही लगे। श्रुति? ऋषि-मुनियों के ध्यानस्थ मानस के भावलीन उद्गार-स्वयंलीन, स्वयं मूच्छिर्त, स्वयं विस्मृत, संज्ञानहीन किसी अथाह चैतन्य ब्रह्म-चैतन्य में रमे हुए शब्द ही तो। यह वाणी, वाचा-वाक् ही शास्त्र, स्मृति और अनन्त कोटि नामों का अनवरत गुञ्जन, प्रतिगुञ्जन, यह ध्वनियों के घोष, प्रतिघोष- यह सार्थक, निरर्थक शब्द निनाद, यह अनहद अनन्त ओमकार! ओमकार!! जैसे समुद्र की लहर-लहर अपनी विकम्पित शब्द ध्वनियों में ओमकार को ही मौन गा रही हैं- जलधि का वह आर्द्र कण-कण उत्क्रान्त ध्वनियों में उछलकर, हिल्लोलित होकर इसी निस्सीम मौन अनन्त में डूब जाता है- यह भारत-समुद्र, कन्या-कुमारी के तटों को प्रक्षालित करता हुआ जैसे भारत ही नहीं, प्राणी मात्र की आर्द्र प्रार्थना के नीरव निनाद का उत्तोलन है। इस समुद्र में जैसे सृष्टि तरल हो कर किसी अथाह करुणा से आर्द्र हो उठी है; जैसे

आकाश अपनी अमोघ कृपा की अविराम वर्षा द्वारा समुद्र के अथाह अगाध में सृष्टि के स्वप्नों के तरंगित होने तथा होते रहने के लिये उत्साह दे रहा हो- इस अनन्त के अपरम्पार को देखते हुए-अपलक, मुग्ध, स्तब्ध से देखते हुए पद्मपाद शरीर के भान में डूब कर चेतन के किसी अपार में उबक उठे-उभरने लगे। देह-भान का यह सघन घन संभार और स्वयं के अमोघ चैतन्य की यह निस्सीम अटूट गूढ़ गुह्य अभय अनुभूति-भीतियों की वीचियों से आक्रान्त यह स्वयं की अद्वितीय चेतना-यह मैं, पद्मपाद नामी यह मैं- क्या पृथिवी सा हूं मैं? आकाशवत्? देहवत्-शरीरी हूं मैं? नहीं रे, जीव! तू क्षण-क्षण का स्वरूप बिब्बोक है; रमणीय संज्ञान की तरंग-लहर है- तू भूतों तथा तत्वों के परे आर्द्र भयभीत असीम अनादि चैतन्य है; स्वयं का स्वयंमेव-समुद्र की लहरों द्वारा स्पर्शित मदमय एक अनन्त असीम क्षितिज-संज्ञान है, अणु तथा विराट् तू रूप किन्तु अरूप अपार अपरम्पार है, हां, तो जीव!

जीव! एक ध्वनि उठी और समुद्र की तरंगों को गुदगुदा कर गगन में घहर-व्योमों में विहर आकाश में लीन हो गई और पद्मपाद को लगा, तिमिराच्छन्न विशून्य में मन्द-मन्द विलक्षण आलोक का पारावार उभर-उभर रहा है- उस आलोकमय निस्सीम अनन्त में जैसे मूक मौन स्वयं विस्मृत वाक् जाग रहा था- देख रहा था; सुन रहा था; स्पर्श कर रहा था; रोमाञ्चित हो रहा था। कोई स्वयं स्फूर्त, स्वयं जाग्रत, स्वयं आविर्भूत, उस असीम अथाह आलोकमय में बोल उठने का प्रयास कर रहा था- पद्मपाद चैतन्य के उस अपार अपरम्पार जलधि के क्षितिजों के परे और पार जैसे पहुंच गये और उस सघन घन तिमिर को स्वयं में अन्तर्ध्यान कर आविर्भूत आलोक समुद्र को निर्निमेष देखने लगे- "गुरुदेव! यह-यह...." आलोकमय क्षितिजों के पार आकाश को मथ कर अन्तर्ध्वनि जगी- "हां, वत्स! यह-यह, प्रभु की गहन करुणा दृष्टि के आनंदाश्रुओं का स्वयं आविर्भूत जलधि है। संसार के भव-सागरों को तर कर सभी जीव प्रभु के श्री चरणों में शरणागति के लिये इसी करुणा सागर के तट पर आ खड़े होते हैं और श्री हरि की चिर प्रतीक्षा में हृदय दहर में मचलते रहते हैं। यह श्रीहरि के जीवों के प्रति सहज कारुण्य का आलोक विस्तार है- यह दीनबन्धु के सहज स्नेह का सागर है, वत्स!"

"गुरुदेव!" पद्मपाद ने अपनी अपलक पलकों से अनेक आलोकमय क्षितिज थामते हुए कहा- "श्रीहरि!"

"वत्स! कर्मेच्छा श्रीहरि की शरणागति से ही कटती है। कल्प-कल्पों से तू भगवान् के चरणारविन्दों में मगन पड़ा रहना चाहता है- तू, हां, पद्मपाद! ज्ञान नहीं, तुझे वैराग्य तथा भक्ति ही चाहिये.... तुझे ब्रह्म नहीं, श्रीहरि, जगन्नाथ, श्रीकृष्ण ही चाहिये।"

"ब्रह्म? नहीं? भगवान?" पद्मपाद रोम-रोम में सिहर कर जाग्रत हो उठे- "तब मुझको ब्रह्म-ज्ञान, नहीं?" ज्ञान पद्मपाद जैसे अपने आस-पास समस्त में जाग उठे "मुझे ज्ञान चाहिये-ज्ञान, वैराग्य, मोक्ष। मैं भव-संसार में भटकते रहना नहीं चाहता; मुझे मोक्ष चाहिये। भक्ति? क्या? प्रभु से प्रार्थना-आत्म-निवेदन, और क्या है भक्ति! किन्तु भक्ति से ब्रह्म-ज्ञान होता है क्या? जगन्नाथ! गुरुदेव, मुझे निर्गुण, निराकार, निरुपम, 'सत्यम् ज्ञान अनन्तम् ब्रह्म' का साक्षात्कार ही चाहिये। भक्त? नहीं, मैं ज्ञानी-ज्ञान। ज्ञान स्वरूप, मैं आत्मा-परमात्मा, ब्रह्म!" पद्मपाद को लगा, 'ब्रह्म' शब्द-ध्वनि तरंगों से टकरा कर हिली-डुली और समुद्र की लहरों में विहर कर अनन्त व्योमों की ओर गगन के गगन पैर कर उठी। एक जय-ध्वनि तट की ओर से आकर पद्मपाद के कर्ण-कुहरों से स्पर्श कर ब्रह्म-शब्द-प्रतिध्वनि में जा मिली- "आचार्य हस्तामलक की जय।"

हस्तामलक? पद्मपाद ने हठात् ही सोचा; स्वयं को उद्बोधित किया और उठे। तट की ओर डोंगी को त्वरापूर्वक ले जाने के लिये धीवर से बोले- "श्रृंगेरी मठ के आचार्य, शंकराचार्य श्री हस्तामलक। हमें शीघ्र ही तट पर उतार दें।"

धीवर सम्मान पूर्वक उठ खड़ा हुआ; बोला- "जो आज्ञा स्वामिन्! यह-यह हस्तामलक शंकराचार्य हैं?"

डोंगी की लहर से शरीरी को सटाते हुए पद्मपाद ने कहा- "श्रृंगेरी के वेदान्त-मूर्ति हस्तामलक। गुरुदेव शंकराचार्य जगद्गुरु के प्रथम सिद्ध आचार्य, अवश्य।"

"जय हो।" धीवर ने डांड़ हांकते हुए कहा- "यह जगद्गुरु श्री शंकराचार्य के पट्ट शिष्य हैं और आप श्री?"

"यह शरीरी जगद्गुरु का दास है; सेवक है।" पद्मपाद ने कहा- "आचार्य हस्तामलक जन्मजात वेदान्तमूर्ति हैं, समझा, धीवर! डोंगी अधिक तीव्र कर।"

"प्रातःकाल के समय यह समुद्र तरंगें अपने प्रसन्न सामर्थ्य से ही उल्लोलित होती हैं- डांड़ों को थपड़ाती हैं, श्रीमद्! धीवर के बाहु जैसे इन

तरंगों को मथते हुए डांड़ खेते हैं- संसार-सागर और इस समुद्र में अन्तर ही क्या है? कुछ नहीं।" पद्मपाद ने चमकते हुए कहा- संसार सागर से गुरुदेव ही पार उतारते हैं, धीवर!" "और हम धीवर इस जलधि समुद्र से।"

धीवर ने कहा- "बात तो जीव को पार उतारने की है। समुद्र का तट जाना माना है; समुद्र की प्रत्येक तरंग और उसकी लहर को धीवर की आँखें जानती हैं-हाँ। किन्तु संसार-सागर? कौन जानता है उसको, श्रीमद्! ईश्वर भले ही जानता हो-जीव क्या जाने संसार-सागर को? बेचारा जीव! देह में बँधा और काल का मारा, जीव! मैं, श्रीमद्!"

पद्मपाद ने हठात् पूछ लिया- "किस गुरु के शिष्य हो, धीवर?"

धीवर ने डोंगी को तट की ओर सावधानी पूर्वक खेते हुए कहा- "आत्मा राम का और किसका शिष्य बनूं? सभी में वह है--परमात्मा। सभी का आत्मा ही सभी प्राणियों का गुरु है-आप स्वामियों का गुरु ज्ञान देता है; हम जीवात्माओं का गुरु संसार में जिलाता है। इस मायावी जगत् में अब जीना क्या सहज है? बड़ा दुस्तर है यह संसार-सागर, विपद् सागर है, प्रभो!"

"विपद् सागर?" पद्मपाद चिहुंके।

धीवर ने डोंगी तट से लगा दी; बोला- "मरना जो है; जीना ही जीना होता तो यह भव-सागर नित्य होता। किन्तु विधाता ने मृत्यु रच कर बता दिया है कि यह जगत् माया है और भव-संसार मृत्यु है। तंग आ गया हूँ इस भव-सागर से, स्वामिन्!"

पद्मपाद तट पर खड़े हो गये- बोले- "क्यों?"

"क्यों?" धीवर ने कहा- "तीन-तीन विवाह किये; स्त्री के बिना भव- कटता है क्या? तीनों हो छोड़ कर चल दीं। प्रत्येक के पुत्र-पुत्री एक पाठशाला हो जाय, इतनी सन्तान पल्ले पड़ी। अब स्वामिन्! यह छोटी सी डोंगी है। रात-दिन खेता हूँ; परन्तु इन पुत्र-पुत्रियों का पेट भर नहीं पाता। सभी परिश्रम करते हैं. प्रभो! मेरा 5 वर्षों का पुत्र भी मछली पकड़ता है और बेचता है-हम परिश्रम न करें, तो अन्न वस्त्र ही प्राप्त न हो। हम तो शूद्र हैं- वैश्य नहीं, क्षत्रिय नहीं; ब्राह्मण नहीं। शूद्र; परिश्रम करो और प्रातः संध्या दाल-रोटी प्राप्त करो। हम कुटिया के वासी हैं, प्रभो! घर, निवास, प्रासाद और भुवन हम देखते हैं और रीझते रहते हैं।"

पद्मपाद ने हठात् कहा- "सन्तोष ही परम् सुख है, जीवन में, धीवर!"

धीवर ने हाथ जोड़ कर कहा- "तब फिर सभी शूद्र की भाँति क्यों नहीं जीते, भवान्?"

पद्मपाद ने तनिक कौतुकपूर्वक धीवर को देखा; कहा- "भोगियों को सन्तोष नहीं होता; त्यागी ही सन्तोष प्राप्त कर सकता है। जीवन यापन का प्रत्येक पुरुषार्थ सन्तोषमय होना चाहिये। तुममें सन्तोष आ जाय, तो उच्च वर्णों के प्रति तुम्हारा अमर्ष दूर हो जायगा।"

धीवर ने डोंगी से कुछ दूर खड़े होकर कहा- "शूद्रों को सन्तोष सिखा कर उच्च वर्णों ने उनको दबाये रखा है...."

पद्मपाद ने तनिक खीझ कर कहा- "यह बौद्धों का प्रलाप है। शूद्र भगवान् के श्री चरण हैं, समझा! वैश्य उदर, क्षत्रिय बाहु, ब्राह्मण मुख। मानव योनि ही भगवान् का भगवत् शरीर है, सुना!"

धीवर ने प्रस्थान करते हुए आचार्य्य पद्मपाद को कहा- "सुन लिया। यह उपदेश सुनते हुए शूद्रों को कई कल्प हो गये हैं, भवान्!"

पद्मपाद ने आश्चर्य्य युक्त धीवर को देखा; कहा- "पहुँचे हुए प्रतीत होते हो किन्तु स्मरण रहे; वैदिक वर्णाश्रम धर्म वर्णों की सहज संगति, समन्वय तथा कर्म परिष्करण की सृष्टि-प्रकृति है-जड़ और चेतन सभी, नाम और रूप की समस्त समूची गतिविधि, काल गति ही वैदिक वर्णाश्रम की गतिविधि है- मृत्युलोक में मानव का प्रशस्त जीवन मार्ग वैदिक वर्णाश्रम धर्म है, धीवर।"

धीवर ने प्रणाम पूर्वक कहा- "समझता हूँ; परन्तु रूढ़ि और स्वार्थ इस कालगंगा को दूषित कर रहे हैं; श्रीमद्!"

"काल-गंगा?" पद्मपाद ने जैसे स्वयं को सम्बोधित किया; बोले- "ठीक है; किन्तु शूद्र अन्य वर्णों के प्रति असन्तोष व्यक्त करें, यह अनुचित है। वर्णों और आश्रमों का विवेक ऋषि-मुनियों का देखा तथा आचार्यों का कहा हुआ है। चरण उदर से लड़ता नहीं, उदर हाथ से द्वन्द्व नहीं करता; हाथ मुख पर थप्पड़ नहीं मारता और मुख? मुख ही वाणी का अर्थात् ब्रह्म का स्थान है- संगति, समन्वय, शान्ति और परिणामतः सतत् कल्याण।"

धीवर ने विनम्र स्वर में कहा- "चरण देह को धारण किये हुए हैं; परन्तु उस चरण को श्रृंखलाओं से बाँधे रखना, उसको ठोकर मारते रहना क्या अन्य वर्णों का उचित कार्य्य है? नहीं, श्रीमद्!"

"जो वर्ण चरण का अपमान करते हैं, वह भ्रष्ट होकर वर्ण संकर हो जायेंगे। कलिकाल धीवर! कलियुग में ज्ञान लुप्त हो जाता है; विद्यायें मन्द

हो जाती हैं और धर्म लँगड़ा हो जाता है-एक चरण से चलता है। आज यही प्रत्यक्ष हो रहा है। तभी तो जगद्गुरु शंकराचार्य्य का अवतरण हुआ है। मानव का कर्म श्रेय भावी हो, मंगलजनक हो- कल्याणकामी हो और चारों वर्ण संगति में रहें, चलें और अन्ततोगत्वा जीवन साधना द्वारा चारों पदार्थ प्राप्त करते रहें। हमें तो जगद्गुरु श्री शंकराचार्य्य श्रीमद् ने यही कहा है"-

धीवर हँसकर बोला- "और सिखाया क्या है, श्रीमद्!"

"सिखाया क्या है?" पद्मपाद हठात् बोले- "ब्रह्म सत्यम् जगन्मिथ्या। यही सिखाया है, उस शिव स्वरूप गुरुदेव ने।"

"ब्राह्मण देवता! आप भाग्यशाली हैं।" धीवर ने कहा- "हम नहीं, हमें तो विधाता ने दुर्भाग्य ही दिया है जैसे। उच्च वर्णों को हमारी काया की छाया से भी पाप लगता है-नहीं? लगता है न?"

पद्मपाद- "यह ज्ञान- रूढ़ता से उत्पन्न मति-मूढ़ता है, धीवर! यह काल-दोष है; और क्या?"

"किन्तु मनु का मानव इस कालदोष को कब तक सहता रहेगा? एक दिवस विस्फोट होगा-विद्रोह। बौद्धों ने यह विद्रोह कभी का आरंभ किया है। जिनियों का उनको समर्थन प्राप्त है। कौलों, शाक्तों आदि ने वर्णाश्रम धर्म पर आक्रमण कर दिया है। रूढ़ी जमी हुई लकड़ी के समान है; कब तक टिकी रहेगी? चरण का विद्रोह मुख को भारी पड़ेगा, श्रीमद्।"

पद्मपाद ने स्तब्ध सा होते हुए कहा- "धीवर!"

"धृष्टता क्षमा करें, ब्राह्मण देव!" धीवर ने प्रणाम किया और अपनी डौंगी की ओर जाता हुआ बोला- "पार उतरने के लिये सभी को हमारे पास आना होगा। भू-सुरों को यह भूलना नहीं होगा, शूद्र के बाहु ही उनको गंगा पार उतारते हैं-यमुना के तट पर उतार देते हैं- और यह अथाह सागर भी शूद्रों के डांड़ों से ही पार उतरता है- बाहु और चरण, ब्राह्मण देवता! संसार में सच्चे सेवक हैं; सहायक हैं- साथी तथा मित्र हैं। नमस्ते, श्रीमद्!"

पद्मपाद ने देखा, धीवर अपनी डौंगी के पास जा खड़ा हुआ है और सागर की लहरों को चुपचाप देखने लगा है। धीवर की श्याम सचिक्कन काया को अनायास ही देखते हुए पद्मपाद ने अज्ञात ही कुछ सोचा और स्वयं से मन ही मन कहा- "पण्डितों की सी बात कर गया यह मछुआ-धीवर। आश्चर्य है। क्या आश्चर्य है इसमें? ब्रह्म सब प्राणियों के हृदय-दहर में है-है तो। वही ब्रह्म सोचता, विचारता अनुभव करता है-वही बोलता है; कहता है। यह

धीवर भी कह गया। गुरुदेव को भी तो चाण्डाल ने ही संसार का सम-मार्ग बताया था किन्तु वह शिव स्वयं थे और गुरुदेव की परीक्षा के लिये ही चाण्डाल स्वरूप धारण कर पगडण्डी अवरुद्ध कर खड़े हो गये थे, विश्वनाथ स्वयं। तब क्या यह धीवर...।" पद्मपाद आघात खाकर स्वयं में जाग्रत हो गये। शूद्र ब्राह्मण को उपदेश करें- यह कैसी बात है? ब्रह्म की व्यावहारिक सत्ता लोक-व्यवहार के लिये वैदिक वर्णाश्रम धर्म की गति-विधि तथा मर्यादा है। ब्राह्मण ही व्यष्टि और समष्टि का मार्ग-दर्शक, धर्म-व्यवस्थापक, नियामक है। श्रुति तथा स्मृति का मनीषी, साधक और अनुशासक ब्राह्मण है- ब्रह्मविद्! अवश्य ही इस धीवर ने धृष्टता की है- मुझको उपदेश कर गया, मुझे? पद्मपाद अमर्ष से भर गये; "शान्तम् पापम्। विचित्र घटना हुई यह! निस्संदेह! आचार्य हस्तामलक को क्या कहना है इसके लिये? क्या? ब्रह्मवेत्ता, ब्रह्म-विद् हस्तामलक क्या कहते हैं-सुनूंगा। गुरुदेव तो यह सुनकर मुस्करा देंगे। गुरुदेव मुस्कराते ही रहते हैं। उनको क्रोध नहीं होता; हर्ष-विषाद में नहीं डूबते। नित्य ही सम-शान्त, तटस्थ-कूटस्थ यह गुरुदेव हैं- आश्चर्य है, पद्मपाद!" पद्मपाद सहसा स्वयं ही रीझ उठे, "तभी तो शंकराचार्य्य जगद्गुरु हैं-जगत् कल्याण के लिये शिव स्वयं अवतरित हुए हैं-धन्य है तू ऐसे गुरु को पा कर; निश्चय ही तू धन्य है।" पद्मपाद का रोम-रोम उल्लास से थिरक उठा। "अवश्य, आज आचार्य हस्तामलक से कहूंगा, पूछूंगा यह जो नित ही एक शंका है, उसका शमन करूंगा। एक विकलता है; चिन्ता है-व्याकुलता है। जप, ध्यान, पूजाराधना किसी से भी तो यह व्याकुलता थमती नहीं। क्या यह हृदय की अथाह व्याकुलता काल-गति की ऊर्मि है? जब ब्रह्म हृदय में हैं, तब यह व्याकुलता क्यों? क्यों, पद्मपाद? गुरुदेव! अब तो यह अशान्ति हर लो-शान्ति दो, शान्ति, प्रभो!"

पद्मपाद तीव्र गति से सेतुबन्ध रामेश्वरम् की ओर चले। सागर तट पर वह पुराण भव्य मन्दिर कमल दल के उठाव सा स्थित था। मन्दिर के गगन में जैसे रघुपति राघव राम की छबि भगवान शिव की गहन उपासना में लीन भरी थी- तैर रही थी। पद्मपाद को लगा, श्रीराम के उन्मीलित बन्द नयनों से भूतों और तत्त्वों के अन्तराल का दिव्यतम तेज सृष्टि की काल गति की शिवाकृति में उद्भूत होकर मूर्तिमान हो रहा है। शिव- रामेश्वर-पूर्ण शिवत्व, राम, कृष्ण, सुर, देव चैतन्य के सभी अधिष्ठान परम् मंगल के औढर भाव में मूर्तिमान् होकर रामेश्वरम् दिव्य घोष के स्वरूप में भारत-

समुद्र से उभर कर, उमड़ कर पृथ्वीतट पर समाधिस्थ उपविष्ट हो गया है। उस मँझले किन्तु प्रसरे हुए मन्दिर की आकृतियों का कलात्मक पुञ्ज जैसे सागर में स्नान कर किसी अभिमंत्रण द्वारा मन्दिर के स्वरूप में स्थापित किया गया हो। पाषाण! स्पर्श में भार और दृष्टि में आकृति मात्र। पद्मपाद ने ऊर्ध्व श्वांस लिया; मन के गहन में बोल उठे- "परम् ब्रह्म! यह आकृति क्यों धारण कर रहे हो? यह रूप-रूप विन्यास क्यों है? यह नाम-नाम स्वयं उद्घोष क्यों, परमात्मन्! 'एक हूं-अनेक होऊँ, होता रहूं', यह गहनातिगहन अनादि अनन्त जीजिविषा-यह सत्य का बहु-विधि संकल्प, यह भव योनियों की अनूठी धारणायें-यह स्वप्न संभार, यह स्मृति-वियोग मेरे परम् ब्रह्म! क्यों?" पद्मपाद भान-भूले से मन्दिर में जा पहुंचे। गर्भ में खड़े होकर उन्होंने आचार्य हस्तामलक को मौन प्रार्थना में लीन देखा। हठात् पद्मपाद ने पूछा- "यह इदम् क्यों, आचार्य?"

हस्तामलक ने नयन खोल कर कहा- "इदम्? क्या? कहाँ?"

पद्मपाद हठात् चुप रह गये। आचार्य हस्तामलक ने शून्य गुह्य दृष्टि से मन्दिर के गुम्बद को देखा; भक्तजनों को निहारा तथा रामेश्वर मूर्ति को निर्निमेष नयनों से देखते रहे। पद्मपाद को लगा, जैसे सभी स्तवन, वाङ्मय, वाणी और पूजन व्यवहार आचार्य हस्तामलक की निर्निमेष शून्य प्रवाह दृष्टि में लीन हो रहे हैं और आचार्य का प्राण सोहम् का मौन निनाद कर रहा है- ओम् सोहम् की मूक किन्तु समस्त आकाश को मथकर अवकाश को हिलोरने वाली ध्वनि निःशब्द होकर भुवन-भुवन व्याप रही है- सोहम् शिवोहम्। उस निस्सीम और अनहद् ध्वनि में जैसे पद्मपाद स्वयं ही लीढ़ होते गये। उनको जैसे पता ही नहीं हुआ कि वह आचार्य हस्तामलक के साथ पान्थ शाला में पहुंच गये हैं और स्वयं आचार्य ने उनको अपने पास आसन पर बिठाया है। 'सोहम्-ओम्-शिवोहम्', 'ध्वनि-ध्वनि;', 'प्रतिध्वनि-प्रतिध्वनि', 'गूंज-प्रतिगूंज;' गुञ्जन अनन्त अथाह असीम। काल ही जैसे यह दिव्यतम स्तवन मूक मौन गा रहा हो- पद्मपाद ने स्तब्ध सी दृष्टि से श्यामल ताम्रवर्णी आचार्य हस्तामलक के शान्त प्रशान्त मुख मण्डल को मानो आकाश से पृथिवी पर उतर आते हुए देखा; उच्छ्वसित बोले- "ज्ञान?"

आचार्य हस्तामलक ने प्रसन्न शान्त स्वर में कहा- "ब्राह्मण के लिये ज्ञान वैराग्य हो जाता है-जगत्, जीव-देश और काल से ही नहीं, वाणी और वाङ्मय से, भोग मात्र से-भवेच्छा से पूर्ण वैराग्य ज्ञान का ही स्वरूप है।"

पद्मपाद रोम-रोम में जागे; चिहुंके- “यह रहस्य है तब ज्ञान का।”

आचार्य हस्तामलक ने प्रसन्न मुद्रा में विहँसते हुए कहा- “यही तो। ज्ञान ब्राह्मण के लिए वैराग्य है; क्षत्रिय के लिये ज्ञान दूध है; वैश्य के लिये मंगल और शूद्र के लिये सेवा ही ज्ञान है। वैदिक वर्णाश्रम धर्म व्यवस्था नहीं है; बुद्धि का विवेक भी नहीं है और नहीं मानव जाति के प्रबुद्धों का कृत निश्चय ही है। यह तो वेद का सृष्टि में व्यवहार है-ज्ञान स्वयं ही सृष्टि में भव-योनियों के संसर्ग तथा निसर्ग और मानव के आत्यंतिक मुमुक्ष वृत्ति के लिये इस सनातन लोक व्यवहार रूप उद्भवित हुआ है-होता रहता है।”

पद्मपाद- “तब यह स्मृतिगत व्यवस्था नहीं है क्या?”

आचार्य हस्तामलक ने कहा- “श्रुति ही सनातन वैदिक वर्णाश्रम धर्म के स्वरूप में साकार होती है और श्रुति ही अपनी इस स्मृति द्वारा भव-भव का परित्राण करती करवाती है। मानव के लिये श्रुति की कही हुई स्मृति है और यह मानव स्मृति प्राणी मात्र के मंगल साधन के लिये है-ज्ञान यावत् जीवन के उद्भव का ही स्रोत नहीं है, पूर्ण कल्याण का भी स्रोत है।”

पद्मपाद ने सिर धुना कर कहा- “तब गुरुदेव ज्ञान को ही बताते हैं; कहते हैं; उसी को परम् सत्य मानते हैं।

हस्तामलक ने मुस्कराते हुए कहा- “सत्युत है श्री गुरु कथन। किन्तु जीव को जीव मिट कर आत्मवत् होना ही है और आत्मा को परमात्मा में लीन-लीढ़ होना ही है-यही ब्रह्म-ज्ञान है, पद्मपाद! महोदय!”

“तब मुझको ज्ञान कब होगा? श्री गुरुचरणों में पड़ा हुआ हूं।” पद्मपाद अस्फुट स्वर में बोले- “जगत् से भयभीत मैं अपने प्राणों में व्याकुल हूँ। अपने मन में भ्रमित भटका हुआ, मैं दिशाहीन दिक् रहित बोहित की भाँति हूँ-चित्त के अथाह समुद्र में डूबता-उबकता-तैर रहा हूँ। मैं अपने चित्त में चकित हूं और अपनेपन में आहत हूँ-मैं हूं; किन्तु एक जन्म-मरण का अपराधी स्वयं को अनुभव करता हूं-मैं प्रभु को भूला हुआ एक कुटिल, कामी, क्रोधी जीव, मानव-जीव, ही तो हूं।”

हस्तामलक ने कहा- “प्रत्येक भव योनि ब्रह्म-योनि का उद्भव है, सम, समन्वित पूर्ण और सुखद है।”

पद्मपाद- “ब्रह्म योनि? भव योनि? यह रहस्यमय ऊहापोह? यह जगत्, भव संसार-यह मोह, सम्मोह, भ्रम, भ्रान्ति देव।”

आचार्य हस्तामलक ने कहा- "यह सब है; और यह सब नहीं भी है। पद्मपाद! श्री कृष्ण, जगन्नाथ के श्री चरणों में पूर्ण शरणागति प्राप्त करो। गीता, समझे।"

"गीता?" पद्मपाद चिहुंके- "गुरुदेव के मुखारविन्द से सुन चुका हूं। किन्तु देव! गीता का अमृत दुग्ध पीने के लिये अर्जुन स्वरूप जन्मना होगा- मैं अर्जुन नहीं हूं-नहीं।"

आचार्य हस्तामलक- "जीव मात्र अन्ततोगत्वा अर्जुन है; आत्मा अन्ततोगत्वा सच्चिदानंदघन श्रीकृष्ण है। जीवभाव त्याग दो, पद्मपाद!"

"कैसे त्यागूं प्रभो!" पद्मपाद ने आर्त स्वर में कहा- "फल की आसक्ति त्याग चुका हूं"

आचार्य हस्तामलक ने कहा- "सम्पूर्णतः नहीं त्यागी है। शारीरिक भाष्य पर टीका लिखने की इच्छापूर्ति फलासक्तिपूर्वक ही हुई है। अवश्य!"

पद्मपाद आघात खाकर बोले- "टीका? आसक्ति?"

"आचार्य पद्मपाद होने की।" आचार्य हस्तामलक ने कहा- "अहम् का अत्यंत सूक्ष्म सात्विक स्वरूप विद्याहम् है। अहम् को ब्रहम चैतन्य में लीन करना होगा, बन्धुवर्य! यह मैं हूं-भव है। किन्तु यह शाश्वत अहम् भाव- मैं यही तो जगत्; भव और जन्म-मरण का कारण है।" आचार्य श्री हस्तामलक ने कहा- "आत्मस्थ हो जाओ, प्रिय मेरे!"

"मैं? आपका प्रिय?" पद्मपाद बोले।

"आत्मा ही आत्मा का प्रिय है-देह नहीं।" हस्तामलक ने कहा।

पद्मपाद जैसे अपने गहन में हिले- "आत्मा ही आत्मा का प्रिय है- देह आत्मा को प्रिय नहीं है तब?"

हस्तामलक ने कहा- "आत्मा देही है; देही को देह उतना ही प्रिय है, जितना भव भोगने के लिये आवश्यक है। समस्त जगत् और उसकी भव-योनियाँ आत्मा, देही, क्षेत्रज्ञ के लिये साधन हैं। इसीलिये चैतन्य को चैतन्य ही प्रिय है-जड़ का संयोग-वियोग रागात्मक है; प्रीतिमय नहीं, पद्मपाद! देहाभिमान सर्वथा त्याग दो-भूतों और तत्त्वों से उपरत हो जाओ-स्वयं के सच्चिदानंद में प्रीतिमय हो जाओ। तुम में अभी भवेच्छा शेष है और कर्मेच्छा का पूर्णतः शमन नहीं हुआ है।"

"मुझे ज्ञान चाहिये...." पद्मपाद ने ऊर्ध्व श्वाँस भर कर कहा- "ज्ञान! मैं संकल्प-विकल्प मात्र त्याग कर निर्विकल्प निरीह चैतन्य में लीन हो जाना

चाहता हूं-जगत को भूल जाना चाहता हूं; भव-संसार से दूर मैं पूर्ण अभय में ही बस जाना चाहता हूं। अज्ञान का यह आच्छादन और यह राग भरा विमर्श-यह काल भयावह है; भयप्रद है-काल!- काल की विधि और उसके यम से मुक्त हो जाना चाहता हूं-शान्ति चाहता हूँ; अभय।"

आचार्य हस्तामलक- "गुरुकृपा से ज्ञान मिलता है; किन्तु भगवान के श्री चरणों में ही अभय है; शान्ति है, पद्मपाद!"

पद्मपाद अपलक आचार्य हस्तामलक के प्रशान्त प्रसन्न मुख मण्डल को देखते रहे। उनको लगा, जैसे वह भय से भरे घने तमार्णव में अतल से उबक आये हैं और सुदूर आलोकमय रमणीय तट की ओर बहे जा रहे हैं। विचारों की प्रज्ज्वलित आंधी थम गई है तथा धारणाओं के उमड़ते हुए मेघ स्वयं ही बिखर कर अरूप हो रहे हैं- उनको लगा, जगत पारदर्शी रहस्यपूर्ण एक स्तम्भिक करने वाला आश्चर्य है तथा वह जगत् के घनतम के परे और पार किसी के गान को सुनने लगे हैं- कोई गा रहा है, मधुरातिमधुर स्वर में कोई अपनी ही धुन में गा रहा है। उस स्वलीन संगीत के घनीभूत निनाद में नीहारिकायें डूब रही हैं- सूर्य के प्रखर प्रकाश से अमृत चू रहा है और पूर्णिमाओं की प्रसन्न-मगन कौमुदी छा रही है- ज्वालाओं में विलोड़ित भव-संसार जैसे दूर-सुदूर उफन रहा है तथा उस अनन्त मधुर संगीत की स्वर-लहरियों से भव-सागर के बड़वानल शान्त हो रहे हैं- प्राणियों की चीत्कारें थम गई हैं और सभी कोलाहल एक स्वयं मग्न कलरव में बदल रहे हैं- वसन्त की शरद पूर्णिमा के आलोकमय आकाश में कोटि वसन्त के पुष्प खिल आये हैं और पंचभूत अमृत की मन्द-मन्द वर्षा में नहा रहे हैं- तत्व किसी अकथनीय सौन्दर्य की घनश्याम आभा में लीन हो रहे हैं और वह स्वयं जगत, भव तथा समूची माया के निस्सीम तट पर खड़े हो किसी अमोघ के श्री चरणों की आहट सुन रहे हैं। पद्मपाद अपने ही गहनातिगहन हृदयाकाश में अपनी अन्तरात्मा का अनहद् आत्म गीत सुन रहे हों-यों वह जाग्रत किन्तु स्वयं विस्मृत आचार्य हस्तामलक को देखने लगे।

आचार्य हस्तामलक ने शान्त प्रशान्त स्वर में कहा- "ज्ञान भस्म करता है, पद्मपाद! कर्म काल प्रवाह में घिस कर शेष हो जाता है; किन्तु परमात्मा का प्रेम जगत, जीव तथा परमात्मा को एक अनुभव करवाता है- अपने प्रभु को प्रेम से प्राप्त करो, बन्धुवर्य! आपको भगवान चाहिये- मोक्ष नहीं।"

पद्मपाद जागे; चिहुंके- "हुं। यही, यही तो।"

कि श्रृंगेरी मठ के एक सेवक ने आकर प्रणाम पूर्वक कहा- "बाहर कुछ लोग आचार्य पद्मपाद से मिलना चाहते हैं।"

"मुझ से?" पद्मपाद ने पूछा- "हमसे कौन मिलना चाहता है? मैं जगत् से मिलना नहीं चाहता।"

"आप श्री के मातुल श्री ने कुछ लोगों को भेजा है।" सेवक ने कहा।

"मातुल श्री ने?" पद्मपाद ने कहा- "भेजा होगा।"

आचार्य हस्तामलक ने कहा- "जगत् से भागो मत, बन्धुवर्य! जगत् को देखो; भव को सुनो और प्रतिपल प्रभु के चरणारविन्द की ओर चलते रहो।"

"अच्छा, तब।" पद्मपाद ने कहा और उठ खड़े हुए।

पद्मपाद पान्थशाला के प्रकोष्ठ में आ खड़े हुए। आगन्तुकों की तनिक भीड़ खड़ी थी। गुरो मत का केतु लिये हुए दर्प के साथ पार्वती नन्दन शिष्ट मण्डल के आगे खड़ा था। पद्मपाद को देखते ही बोले- "लीजिये, पधार गये हैं, जगद्गुरु।"

मणिशंकर त्रिवेदी ने हुंकार करते हुए कहा- "जगद्गुरु! यह, सनन्दन! नहीं तो। यह तो अपने आदरणीय मातुल श्री का भानुज है। सनन्दन जो पुर के पौगण्डों के साथ रबड़ता रहता था- जो गौरी के साथ मन्दिरों में पूजा किया करता था। जो अन्धकार से डरता था। बिजली कड़की नहीं कि यह सनन्दन कांपने लगता था- भीरू, कातर, कायर कहीं का, यह था- सनन्दन। अब बड़ा आचार्य बन गया है। आचार्य पद्मपाद इससे पूछिये तो सही, यह किस शास्त्र का आचार्य है भला? आचार्य, किसका?"

शिष्ट मण्डल के एक सदस्य ने सिर हिलाया और पूछा- "हां, बताइये महोदय! आप किस शास्त्र के आचार्य हैं?"

पद्मपाद ने शान्त स्वर में कहा- "मुझको गुरुदेव शंकर ने आचार्य पदवी प्रदान की है- उनके शारीरिक भाष्य पर टीका लिखने पर यह सम्मान श्री गुरु ने प्रदान किया है- प्रसन्न होकर।"

पार्वतीनन्दन बमका- "श्री गुरो के सिवाय और कौन गुरु आविर्भूत हुआ है, सुनूं तो? यह शंकराचार्य गुरु है? किसने उनको गुरु-जगद्गुरु प्रतिष्ठित किया है? स्वयं ही गुरु-जगद्गुरु बन गये यह महाशय? ऐं?"

पद्मपाद ने अमर्ष पूर्वक कहा- "गुरुदेव का अपमान करने की आवश्यकता नहीं है, सावधान। जो कुछ कहना हो, मुझसे कहो; मेरे प्रति कहो। मैं सुनूंगा। किन्तु गुरुदेव की निन्दा सुनना मैं घोर पाप मानता हूं।"

मणिशंकर त्रिवेदी ने हठात् पद्मपाद की आसन्न अमर्ष पूर्ण मुद्रा देखी; हिंबता कर कहा- "हमें आपके गुरुदेव से तात्पर्य ही क्या है? हम आपके पुरजन, परिजन, कुटुम्ब जन-सभी गृहस्थ नागरिकों की ओर से आये हैं यह जताने कि आपको प्रायश्चित करना है।"

"प्रायश्चित्त? किसका?" पद्मपाद ने हठात् अवाक् सा होते हुए कहा- "उग्र भैरव को भगवान् नृसिंह ने ठार किया है- मैंने नहीं।"

पार्वतीनन्दन ने उत्ताल हास्य हंसते हुए कहा- "वाह रे मेरे भट्टु! क्या तीर पर तुक्का मारा है? उस प्रचण्ड तांत्रिक ब्राह्मण उग्र भैरव को श्रीमद् आचार्य पद्मपाद ने नहीं, भगवान् नृसिंह ने अवतरित होकर मारा है। तो प्रह्लाद कौन था? आपके श्री गुरुदेव थे क्या? सनन्दन! आत्मवञ्चना त्याग दो। तुम्हीं थे, जो उग्र भैरव की छाती पर चढ़े हुए परशु से प्रहार कर रहे थे- तुम हत्यारे हो उस तपस्वी प्रचण्ड ब्राह्मण के। फिर तुमने संन्यासी का भेष धारण कर रखा है; संन्यास दीक्षा तुम्हारी विधिवत नहीं हुई। तुमने गुरु-द्रोह और किया है। तुम्हारे मातुल श्री ही तुम्हारे पिता-माता आचार्य तथा गुरुवत् हैं-तुमने तनिक भी सही, किन्तु शास्त्र उनसे ही सुने हैं। घर से चोरी छिपे भाग कर तुमने सभी आश्रमों की अवज्ञा की है। वैदिक वर्णाश्रम धर्म की सिद्ध मर्यादाओं तथा तुम्हारे विश्रुत सिद्ध कुल की सनातन परम्पराओं को तुमने लांघा है- उनका पातकी उल्लंघन किया है। अतः जाति तथा समाज की आज्ञा है तुम प्रायश्चित्त करो और बाद में गृहस्थाश्रम में प्रवेश करो। उस गौरी के कुटुम्ब को वचन जो दे चुके हो।"

पद्मपाद ने ऊर्ध्व श्वांस भरा; कहा- "झूठ। मैंने किसी भी कन्या को विवाह का वचन स्वप्न में भी नहीं दिया है। मैंने मन वचन कर्म से कोई हत्या नहीं की है। मैं मन से संन्यासी हो चुका हूँ और गुरु कृपा ही ने मुझे दीक्षित भी किया है। कुल और वंश को मैं छोड़ चुका हूं; जाति त्याग चुका हूं और समाज से मैंने आदर सहित छुटकारा प्राप्त कर लिया है। अतः कुल, जाति तथा समाज को मुझे अनुशासित करने का कोई भी सत्व शेष नहीं है, मैं तो मातुल श्री की इच्छा कि मैं एक बार अपने पूर्वाश्रम में जाऊं और लोगों को वेदान्त वार्ता सुनाऊं-की पूर्ति के लिये आया था।"

मणि शंकर त्रिवेदी ने कहा- "जो कुछ भी आपको अपने पक्ष में कहना हो, वह जाति-गंगा के घाट पर समाज के न्यायाधिकरण की न्याय पञ्चायत में कहिये। आपको प्रायश्चित्त कर विवाह करना ही होगा-यही जाति तथा

समाज का निर्णय है, सनन्दन! जाति, समाज तुम्हारा कुल और समूचा दक्षिण मण्डल तुमको पथभ्रष्ट उद्दाम युवक मानता है, संन्यासी, यती, योगी नहीं।"

पद्मपाद ने तीव्र अमर्ष पूर्वक कहा- "मैं किसी का भी अपराधी नहीं हूं- मुझको अभियुक्त करने का किसी को भी कोई सत्व नहीं है। मैं श्री गुरुचरणों को ही जानता तथा मानता हूं।"

"श्री गुरुचरण!" शिष्ट-मण्डल के वयोवृद्ध कर्मान्त्री महोदय ने शीर्ण प्लुत स्वर में कहा- "कुल पितरों को ही जानता है; वंश पीढ़ियों को। शिष्य का गोत्र ही होता है-गुरु-चरण। जाति पंच परमेश्वर को ही जानती तथा मानती है। जाति श्री गुरु चरण को नहीं, राष्ट्र तथा राजा को जानती है, सनन्दन!"

"पद्मपाद कहिये, महाशय!" पद्मपाद ने अमर्ष में घुटते हुए कहा- "मैं जगद्गुरु शंकराचार्य महाराज का शिष्य हूं और उन्हीं के द्वारा सम्मानित वेदान्त का आचार्य हूं। मैंने वंश, कुल, जाति, समाज- राष्ट्र तथा राज्य त्याग दिया है। मैं मुक्त हूं-संन्यासी।"

"संन्यासी? तुम?" पार्वतीनन्दन ने पुकार कर कहा- "तुम संन्यासी कैसे हो? संन्यासी के कोई भी इच्छा शेष रहती है क्या? तुम्हें तो तीर्थ यात्रा की बलवती इच्छा हुई है। तुम पूर्वाश्रम के अपने घर लौटे। सगे-सम्बन्धियों से हिले-मिले। पुरजनों और परिजनों के साथ शास्त्र चर्चा की। तुमको वेदान्त का धुरन्धर ज्ञाता और विद्वान् कहलाने की तीव्र इच्छा है-तुम अपने मातुल के मत को काटना चाहते हो। तुम वेदान्त के मठाधीश होना चाहते हो। तुम स्वयं को मंत्रसिद्ध कहते हो। तुम पुण्य तो करते नहीं; पाप अवश्य करते हो।"

"मैं पाप करता हूं, मैं?" पद्मपाद ने क्रोध से कांप कर पूछा।

"जोगटा फिर कौनसा पुण्य करता है?" कर्मान्त्री वयोवृद्ध महोदय बोले- "भिक्षा मांगता है; चेले मूंडता है, तीर्थों में उदरपूर्ति करता हुआ घूमता रहता है। लोगों के दान पर जीवन पालता है। पुण्य तो समष्टि के मंगल के लिये यज्ञ करना है। अपने भव के समर्पण द्वारा दीन-दुःखियों के दुःख को हरकर कष्ट उठा कर ही उनको सुख देना है- कल्याण करना है। तुम इनमें से एक भी कर्म नहीं करते। करते हो? नहीं तुम भिक्षाटन करते हो और मठों तथा पान्थ शालाओं में पड़े रहते हो। तुम धरती पर भार रूप हो। जो ब्राह्मण विद्याध्ययन नहीं करता वह समाज पर भार तथा जो साधु तपस्या नहीं करता, वह भी समाज पर भारवत् है। तुमने भव-संसार का एक भी ऋण

नहीं उतारा-यही सबसे बड़ा पाप करना है। भव संसार के सभी ऋण चुका देने पर ही वानप्रस्थ हुआ जाता है- सृष्टि का भव ऋण चुकाने के पश्चात् ही संन्यासी हुआ जाता है-तुमने तो स्वयं पर वंश, कुल, जाति, समाज, राष्ट्र के पर्वताकार ऋण लाद रखे हैं, सनन्दन! तुम घर से और समाज से बच सकते हो-धर्म से नहीं।"

पद्मपाद ने ऊर्ध्व श्वाँस भर कहा- "क्या मानव घर, वंश, कुल, जाति, समाज तथा राज्य का दास है? नहीं; इस धरती पर मैं स्वाधीन उन्मुक्त मानव प्राणी हूं। न मेरा कोई ऋणी है और नहीं मैं किसी का ऋणी हूं। मैं केवल श्री गुरु चरणों का ऋणी हूं; सेवक हूं-दास हूं।"

पार्वती नन्दन बमका- "कुल-कलंक! पितृ ऋण तो सम्पूर्ण गृहस्थाश्रम भोग कर ही उतारा जा सकता हैं। वंश-वृद्धि, पितृ-सद्गति तथा कुल कीर्ति, यह है पितृ ऋण। उतारा है क्या आपने? माता-पिता ने जन्म दिया तो दिया, तुमको क्या लेना और देना है, नहीं?"

मणिशंकर त्रिवेदी ने कहा- "उत्तर दीजिये? मातृ-पितृ कुटुम्ब और कुल का ऋण उतारा है आपने? आपको क्या जन्म जात वैराग्य था? क्या आप ईश्वर-कोटि की अवतार धारण करने की परम्परा में जन्मे हैं? आपको स्मरण रहना चाहिये, आप मनीषी पण्डित ब्राह्मण परिवार में अपने प्रारब्ध को लेकर जन्मे हैं, उसी भाँति जैसे हम सब जन्मे हैं, आप विशिष्ठ नहीं हैं-विलक्षण भी नहीं हैं और नहीं अपवाद ही हैं- प्रायश्चित कर गृहस्थाश्रम में प्रविष्ठ होना ही है आपको। अन्यथा-"

पद्मपाद ने क्रोध से दाँत कचकचाते हुए पूछा- "अन्यथा क्या?"

मणिशंकर त्रिवेदी ने कहा- "जाति के पंच परमेश्वर के समक्ष अभियोग!"

"अभियोग?" पद्मपाद ने सिर धुनाते हुए पूछा- "क्या? कौन?"

पद्मपाद ने ऊर्ध्व श्वाँस भरा; पुनः सिर धुनाया, कहा- "कौन अभियोग लगा रहा है? मातुल श्री? तिलोत्तमा? मामी-माँ, कौन? अभियोग लगाने का प्राथमिक सत्व कुटुम्ब को है-पूछता हूं तब कौन क्या अभियोग लगा रहा है?"

पार्वती नंदन- "गौरी।"

"गौरी?" पद्मपाद ने साश्चर्य स्तब्ध होते हुए पूछा- "वह, वह गौरी। अच्छा।"

मणिशंकर त्रिवेदी ने गंभीर स्वर में कहा- "जाति तथा कुटुम्ब की ओर से आपको अवगत किया जाता है कि आप कुटुम्ब को व्यर्थ ही त्यागने तथा

वैदिक वर्णाश्रम धर्म की सभी मर्यादाओं के उल्लंघन के दोषी हैं एवं आपने एक भोली-भाली कन्या के साथ विश्वासघात किया है।"

"मैंने किसी भी प्राणी के साथ विश्वासघात नहीं किया है।" पद्मपाद ने शान्त स्वर में दृढ़तापूर्वक कहा- "गौरी मुझ पर अभियोग लगा रही है; तो लगाये। मैं उसके अभियोग को न सुनूंगा और नहीं स्वीकार करूंगा। मैं जाति पञ्च के समक्ष उपस्थित नहीं हूंगा। अपनी टीका लेने आऊंगा-किन्तु आप लोगों की इस दुरभिसन्धि को कदापि स्वीकार नहीं कर सकता। प्रायश्चित्त! प्रायश्चित का आदेश देने वाले आप सब हैं कौन? केवल ब्राह्मण वर्ण में जन्म लेने, शास्त्राध्ययन करने और यज्ञ-याग करवाने तथा पाठशालायें चलाने से, उदर पूर्ति के लिये योग्य तथा अच्छे समायोजन करते रहने से आप लोगों को यतियों से प्रायश्चित्त करवाने का सत्व कहाँ से प्राप्त हो गया? आपकी स्मार्त व्यवस्थायें गृहस्थों के लिये हैं, हो सकती हैं-हम धूर्जटियों के लिये नहीं।"

"सनन्दन!" मणिशंकर त्रिवेदी गर्जे- "हम तुम्हारा बहिष्कार कर देंगे- तीनों वर्ण तुम्हारी छाया भी नहीं छूयेंगे।"

पार्वती नन्दन- "दक्षिण तुमको और तुम्हारे गुरु को अपनी सीमा में घुसने नहीं देगा। श्री गुरो के आचार्य मातुल श्री के प्रभाव को तुम नहीं जानते। जाति का वश स्वीकार करो; धर्म का अनुशासन मान लो।"

पद्मपाद ने अपराजित स्वर में कहा- "मैं केवल जगद्गुरु शंकर की आत्मा में हूं; मैं वेदान्त की आम्नाय के अधीन हूं। मैं भव-संसार के तट पर खड़ा एक आर्त मानव हूं। मैं न पाप करता हूं और पुण्य भी नहीं करता। मैं जगत् को देखता तथा प्राणी मात्र के कल्याण के लिये प्रार्थना करता रहता हूं। देवताओं से मैं सृष्टि-मंगल इच्छता रहता हूं। मैं संसार में बँधने नहीं, मुक्त होने आया हूं। आप सब को प्रणाम पूर्वक निवेदन-आप सबका कल्याण चाहता हूं; किन्तु आप सब से और इस जगत से मेरा कोई वास्ता नहीं है-केवल साँस का सम्बन्ध है, मेरा पञ्चभूतों से; केवल मेरी अहम् चेतना का अनुराग है, तत्त्वों से। मैं एक जीवात्मा अपने त्रिपुर में अपने इस अन्तिम प्रारब्ध के वशीभूत हूं- मुझे राज्य नहीं चाहिये; भूति-विभूति वैभव नहीं चाहिये। मुझे कामिनी और काञ्चन नहीं, मुझे लोक-लोकान्तर, भव-भव के सुख-स्वर्ग का परम् सुख भी नहीं चाहिये, मुझे केवल सद्गुरु की कृपा चाहिये। जगद्गुरु शंकराचार्य की दया दृष्टि ही चाहिये। प्रणाम।"

पार्वतीनन्दन ने क्रोध से उझकते हुए कहा- "अधम! पामर नर! पतित जीव।"

मणिशंकर त्रिवेदी- "ब्रह्म हत्या का पाप तुमको कल्पान्त तक नर्कों में डाले रखेगा। हत्यारे की मुक्ति कभी सुनी है? गुरु कृपा चाहिये। तुम्हारा गुरु, जगद्गुरु भी तुमको एक कन्या के प्रति किये गये विश्वासघात तथा उग्र भैरव की घोर हत्या के महापाप से मुक्ति नहीं दे सकता।"

पद्मपाद ने दोनों हाथ जोड़ कर नमन करते हुए कहा- "मैंने सुना है भगवान राम पतितपावन् हैं। जगत् की साक्षी से मैं उन भव-पीड़ हरने वाले पतित पावन श्री राम की शरण में जाता हूं और आप सब के हृदयों में छिपे ब्रह्म को प्रणाम करता हूं।"

सहसा हस्तामलक द्वार पर आ खड़े हुए। शान्त, प्रशान्त, धीर और स्थिर उनकी ताम्रवर्णी पीताभ काया पृथिवी पर सनातन सम्पूर्ण मानव मूर्ति सी स्थित आकाश की दिशाओं में अपनी आभा से ही भर गई। श्यामल, ताम्र, पीत किन्तु घन-घनश्याम कान्ति दिशाओं के दिकों को अपने में डुबो कर आकाश के अवकाश में लीन होने लगी-मानो काया में स्थित, निवसित कोई ज्योतिर्मय अपने स्थूल स्वरूप को अतीन्द्रिय आभा में विकीर्ण कर रहा हो-अपनी चारों ओर के जड़ को मानो ताड़ित करते हुए आचार्य हस्तामलक ने चारों ओर देखा। जगत् था; पृथिवी थी और उस पर व्यक्ति थे- कुछ दृश्य और अनेक-अनेक अदृश्य। आकाश था और अनन्त कोटि तारे थे- नीहारिकाओं के ब्रह्माण्ड तैर रहे थे तथा वायु स्पर्श-बावरी होकर झूम-झीम रही थी- वायु स्पर्श द्वारा अपनी चारों ओर के रहस्यमय आश्चर्य्यवत् जड़ को छू रहा था; किन्तु क्या वायु स्पर्श द्वारा जान रहा था? ज्ञानेन्द्रियाँ-हाँ तो, हस्तामलक शान्त, तटस्थ, कूटस्थ से ज्ञानेन्द्रियों के घनीभूत सन्निकर्ष द्वारा अपने आस-पास के जगत् तथा उसके क्षल्लुक संसार को देख रहे थे। एक स्वयं लीढ़ मौन प्रसर गया; शान्ति! सभी उपस्थित अपने अगाध में उभरे; उमड़े, हिले-डुले-उछले तथा उझके; गिरे, पड़े, उठे। उत्कंठित, क्रुद्ध तथा ऊर्ध्व-अधो हुए। आचार्य हस्तामलक ने अपनी अपलक असीम अतल निराकार दृष्टि में सभी को भर लिया और अपनी पुतली में लीन करते हुए कहा- "टीका वापस करनी होगी। मैं स्वयं पद्मपाद को लेकर आ रहा हूं। शांत!"

मणिशंकर त्रिवेदी ने अस्फुट स्वर में कहा- "शान्त? ऐं, आचार्य!"

हस्तामलक ने मुस्कराते हुए कहा- "जाइये आप सब! हम आ रहे हैं! संन्यासी भव-संसार के पीछे दूर रह कर चलता है अथवा आगे-बहुत दूर आगे चलता है। आचार्य पद्मपाद प्रायश्चित्त क्यों करेंगे? पाप पद्मपाद को छूकर पवित्र हो जाता है।"

पार्वतीनन्दन ने हठात् कहा- "अच्छा! इस सनन्दन को छूकर पाप पवित्र हो जाते हैं, यह आप श्रीमद् श्रृंगेरी मठाधीश शंकराचार्य श्री वद रहे हैं?"

आचार्य हस्तामलक ने तनिक विहँसते हुए कहा- "आत्मा शुद्ध नहीं; अशुद्ध नहीं। शरीर स्वयं पवित्र और अपवित्र नहीं है। यह लोक व्यवहार तथा आरोग्य के लिये कर्म-विवेक है। चित्त वृत्तियों का भोग-लक्ष्य ही पाप अथवा पुण्यमय होता है; अतः सुखद एवं दुःखद लगता है। यह शरीरी सनन्दन नाम्ना अब नहीं रहे; यह शरीरी अब आचार्य पद्मपाद हैं-भव संसार के तट पर खड़ा यह जीवात्मा मुक्त होने के लिये मन ही मन घुट रहा है; छटपटा रहा है। अतः आप लोग अपने पुर लोट जाइये।"

मणिशंकर त्रिवेदी फुसफुसाये- "प्रायश्चित्त?"

हस्तामलक ने दृढ़ गंभीर स्वर में कहा- "आप लोग कीजिये। जिसने मन से संसार त्याग दिया है, वह प्रायश्चित्त किसका करेगा? संसार-त्यागी न पाप करता है; और नहीं पुण्य।"

कर्मान्त्री स्मृति-धुरन्धर याज्ञिक महाशय तनिक आगे धँस कर बोले- "तब आपका वेदान्त स्मृति-प्रणीत शास्त्र विहित लोकाचार को स्वीकार नहीं करता? कैसे करेगा, यह सर्वम् खलु इदम् ब्रह्म? जब सभी ब्रह्म है, सभी में ब्रह्म है-ब्रह्म ही है, तब आचार का प्रश्न ही कहाँ उठता है? ब्रह्म सत्यम् जगन्मिथ्या- तो जगत् के सभी व्यवहार मिथ्या हैं- असद् है ही नहीं; होते ही नहीं।"

आचार्य पद्मपाद ने हठात् कहा- "यह वितण्डा है, महाशय!"

"वितण्डा?" मणिशंकर त्रिवेदी गर्जे- "तो कहते क्यों नहीं, शास्त्र को शिरोधार्य करते हो; स्मृति को स्वीकारते हो? आप संन्यासियों के ब्रह्म सूत्र वेदान्त ने लोक-लज्जा से ही वैदिक वर्णाश्रम धर्म को मान रखा है- श्री गुरो प्रभाकर लोक-लज्जा से लोक व्यवहार को नहीं मानते। इस मृत्यु लोक में मानव-योनि कर्म-योनी है और कर्म के विवेक का आधार पाप तथा पुण्य का उचित तथा सार्थक सिद्धान्त है- अकाट्य एवं स्वयमेव प्रतिपादित और सिद्ध सिद्धान्त है। इसी को मीमांसा ने अपूर्व अदृष्ट, संचित, प्रारब्ध और क्रियमाण

कर्म का परा विज्ञान माना है। हमारी अथातो धर्म जिज्ञासा जगत् में जीव के जीवन यापन के धर्म की जिज्ञासा है-निरर्थक शून्य में ब्रह्म-ब्रह्म रटते रहने की कौतुकी जिज्ञासा नहीं है।"

आचार्य हस्तामलक हँसे; बोले- "आप मानव को जगत् अभीष्ट है, तो आपको जगत् तथा भव-संसार अनिवार्यतः मिला है; मिलता रहेगा। हम ब्रह्मवादी जगत् नहीं चाहते; भव-संसार तथा स्वर्ग का परम् सुख नहीं चाहते- हम सच्चिदानंद कंद ब्रह्म में लवलीन होना ही अपना अंतिम अभीष्ट मानते हैं-हम गृहस्थ का परमात्मा नहीं, संन्यासी का परम् ब्रह्म ही मानते हैं तथा चाहते हैं-इसीलिये मैं काल और देश के परे होकर मृत्यु मात्र को जीतकर कह सकता हूं; अहम् ब्रह्मास्मि! आप क्या कह सकते हैं, कहिये तो!"

मणिशंकर त्रिवेदी हठात् बोले- "मैं, मैं कह सकता हूं...."

"क्या?" पद्मपाद ने तीव्र किन्तु दृढ़ स्वर में पूछा।

"मैं-मैं....." मणिशंकर ने कहने का प्रयास किया किन्तु हठात् अवाक् स्तब्ध से हो गये। मणिशंकर त्रिवेदी को लगा, आचार्य श्री हस्तामलक की शून्य कूटस्थ अगाध अतल दृष्टि की परात्पर ज्योति की पारदर्शी आभा में वह घुलने लगा है-स्वयं के अहम् का भार स्वयं ही अरभराने लगा है और पूर्व संस्कारों की स्वयं-लीढ़ आकृतियाँ एक बिन्दु सी होकर अनन्त अवकाश में अन्तर्ध्यान होने लगी हैं- आचार्य पद्मपाद ने कहा- "कहिये, आप क्या हैं?"

आचार्य हस्तामलक ने विहँसते हुए कहा- "अज्ञान के आच्छादन में सुप्त स्वयं की भ्रान्ति में दत्तचित्त जन्म-मरण का अनवरत जीव मानव यात्री। चलिये, अब आप हमारे साथ हैं, पद्मपाद!"

पद्मपाद ने प्रणाम पूर्वक उपस्थित शिष्ट-मण्डल एवं तनिक से सम्प्रदाय को सम्बोधित किया- "मातुल श्री को शारीरिक भाष्य की मेरी टीका लौटानी ही होगी। टीका उन्हीं ने अवलोकनार्थ मुझ से माँगी थी और मैंने पूर्ण विश्वास के साथ टीका उनको सौंपी है। टीका की तनिक सी हानि मैं सहन नहीं कर सकूंगा"-

पार्वतीनन्दन ने मुँह बनाते हुए कहा- "हम आपकी टीका के विषय में कुछ भी नहीं जानते। आप और आपके मामाजी जाने। परन्तु आपके तो कोई सगे-सम्बन्धी रहे ही नहीं। मातुल श्री आपकी टीका को क्यों संभालेंगे भला? आप उनको अपना मानते ही नहीं-मातुल तो आपके विद्या वैरी हो

गये। जोगटे इतने निर्मम होते हैं, इसका अनुभव आज हो रहा है। सनन्दन, तुमको स्वर्ग तो क्या नर्क में भी स्थान नहीं मिलेगा।"

पद्मपाद सहसा उत्ताल हास्य हँस उठे- "इस शरीरी को कहीं भी कोई भी स्थान नहीं चाहिये। स्वर्ग? नर्क? चौदहों भुवन- त्रैलोक्य कहीं भी मैं होना, होते रहना नहीं चाहता। चारों ओर सभी स्थानों में क्या जीव चैन पाता है? पा सकता है? आधि, व्याधि और उपाधि से घिरा, ढँका तथा जकड़ा हुआ यह अज्ञानाच्छादित जीवात्मा कितना दीन और अनाथ है? मैं जगत् के विषयों के सुखों के पीछे भटकते हुए अब रीता हो गया हूँ; खज गया हूं इस अँधेरे विषभरे राग-कीच से निकल आना चाहता हूं। तभी घर से भाग कर मैं सद्गुरु की खोज में वन-वन, पर्वत-पर्वत, मारा-मारा फिरा हूं। अन्त में गंगा घाट पर सद्गुरु मिले-जन्म-जन्मों के जाने और कल्प-कल्पों के पहिचाने गुरुदेव मिले। अनादि के असंख्य कोटि आदियों और अन्तों के सभी पुण्य मैंने जगद्गुरु शंकर के श्रीमद् चरणों में चढ़ा दिये हैं, महोदयों! भगवान् नृसिंह की दया-दृष्टि तथा श्री गुरु कृपा से मैं विधि को विफल तथा यम को परास्त कर दूंगा। श्री गुरु चरणामृत का पान कर मैं काल की अञ्जलि श्री जगदीश्वर के चरणों में अर्पित कर रहा हूं-देहाभिमान अब मुझको अपना अभियुक्त बना कर रख नहीं सकता। अब मुझे समर्थ ब्रह्म-प्रतीक गुरु भाई का आश्रय भी मिल गया है-प्रणाम। आप अपने पुर वापस होइये-हम अपनी टीका पुनः प्राप्त करने के लिये कावेरी के तट पर मातुल श्री की प्रतीक्षा करेंगे। पुनः प्रणाम।"

मणिशंकर त्रिवेदी ने प्रस्थानोद्यत होते हुए कहा- "कावेरी के तट पर एक ब्राह्मण-कन्या तुमको ईश्वर के समक्ष अपने ही अन्तःकरण के न्यायालय में उपस्थित करेगी। जाति का आदेश मत मानो, सनन्दन! किन्तु गंगा के नीर की भाँति शुद्ध और यमुना जल सी पुनीत और कृष्णा तथा कावेरी के अगाध जलों की गहनाञ्जलि स्वरूप गौरी के अभियोग से तुम्हारा निस्तार नहीं होगा-गौरी का शाप तुमको कभी भी भगवान् के श्री चरणों की छाया में भी नहीं जाने देगा तुम आत्मवञ्चक, कातर, भीरु तथा क्लीव ब्राह्मण निकल आये। तुम संन्यासी नहीं हो तुम गृहस्थ तो हुए ही नहीं, किन्तु तुम ब्रह्मचारी भी नहीं हुए। तुम क्या हो, सोचा? तुम वानप्रस्थी नहीं; संन्यासी नहीं। तुम एक लण्ठ भारती हो। आडम्बरी! भीखमंगे! तुमसे तो यह बौद्ध अच्छे। यह जैनी तपस्वी अच्छे। हमारी मानो,

वैदिक संन्यासी का यह वेश मेला न करो वेद और विभु के लिये हमारा तुमसे निवेदन है।"

हस्तामलक सहसा चिहुंके- "वेद! यह सृष्टि, स्थिति और लय वेद की ही तो अभिव्यक्ति है। सृष्टि ही वेद है और अवेद भी यह जगत् है। ब्रहम ही है; सर्वतोभावेन ब्रहम ही है-और वह मैं हूं; तत् स्वरूप; मैं स्वरूप ब्रहम सच्चिदानंद मैं! किन्तु जगत् के संभ्रमों से भरी व्यवसायिक बुद्धि के पल्ले ब्रहम नहीं पड़ता। ब्रहम ज्ञान चाहते हैं आप सब ब्राह्मण देवता?"

पार्वतीनन्दन- "हम मुक्ति चाहते हैं और मुक्तावस्था या परम् सुख चाहते हैं, आचार्य श्री! भव-संसार के त्रितापों से छुटकारा हम भी चाहते हैं। कौन नहीं चाहता दुःख से छूटना भला?"

आचार्य हस्तामलक हंसे- "दुःख से छूट कर सुख ही तो चाहते हो?"

मणिशंकर त्रिवेदी बमके- "परम् सुख-स्वर्ग सुख। इसीलिये हम यज्ञ-कर्म को व्यष्टि का पुण्यकर्म तथा समष्टि का धर्म कार्य मानते हैं। वैदिक वर्णाश्रम धर्म व्यष्टि के पुण्य तथा समष्टि के धर्म की सनातन शाश्वत साधना है। हम ईश्वर की चिन्ता नहीं करते; किन्तु जीव की इस जगत् में अहर्निशि चिन्ता करते हैं। हमारी धर्म-जिज्ञासा जीव के मोक्ष के लिये नहीं है; मृत्यु के पश्चात् स्वर्ग सुख की अवश्यम्भावि प्राप्ति के लिये है।"

हस्तामलक ने पान्थशाला में जाते हुए कहा- "माया! माया मात्र! अच्छा, कल्याण हो!"

शिष्ट-मण्डल श्री गुरोरथ में झनझनाता हुआ लौटा। मातुल श्री ने दूर से उभरती हुई धूलि देखी और सहसा समझ गये कि शिष्ट-मण्डल विफल हो गया है। श्री गुरो धाम के पास आते ही पार्वतीनन्दन रथ से कूद कर आगे धंस आया; चीत्कार पूर्वक बोला- "नहीं माना।"

मातुल श्री आघात खाते हुए बोले-"हुं! मैं जानता था, वह लण्ठ कभी स्वीकार नहीं करेगा।"

मणिशंकर ने स्वस्थ होते हुए कहा- "आचार्य हस्तामलक और आ मिले। भूत और पीपल पर चढ़ गया। दोनों ही टीका के लिये कावेरी तट पर आपकी प्रतीक्षा करेंगे। मातुल श्री, आपश्री ने हमें विडम्बना में डाल दिया है। प्रथम बार जाति की आज्ञा का यह निर्मम उल्लंघन हुआ है। जाति आपश्री से पूछ सकती है।"

"हमसे?" मातुल श्री त्राटके- "हमसे पूछेगी जाति? मातुल श्री से?"

मणिशंकर त्रिवेदी ने आश्चर्य से भौंहें उझकी- "क्यों नहीं? जाति से कौन बड़ा है? आप जाति के जन्मजात सदस्य हैं और धर्म के अपवाद नहीं हैं, श्रीमन्! आपके भानुज ने जाति का तिरस्कार किया है; धर्म की हानि की है तथा आपश्री जाति की मर्यादा अक्षुण्ण रखने के अपने कर्त्तव्य में सफल नहीं हुए हैं। जाति अब आप तथा आपके कुल को सहन क्यों करें? कहिये-"

मातुल श्री गर्जे- "तुम हमसे उत्तर मांगने वाले हो कौन?"

मणिशंकर त्रिवेदी- "हम जाति के प्रतिनिधि हैं।"

मातुल बमके- "मैं जाति का प्रमुख हूं; कुल का प्रधान हूं। मैं शास्त्रवेत्ता ही नहीं, श्री गुरो का विहित शिष्य हूं; आचार्य हूं। मैं सनातन वैदिक वर्णाश्रम धर्म का परम्परागत उन्नायक तथा मार्गदर्शक व्यवस्थापक हूं-मैं, मातुल श्री, समझे?"

मणिशंकर त्रिवेदी ने दृढ़तापूर्वक निर्णय दिया- "जाति से बड़ा व्यक्ति नहीं और समष्टि से बड़ी जाति नहीं-धर्म से बड़ी कोई भी विद्या नहीं है। हम आपसे निवेदन करते हैं आप श्री स्वयं ही सोचें, क्या आप श्री गुरो मत के दक्षिणाम्नायक बने रह सकते हैं? जाति-पञ्च की अध्यक्षता कर सकते हैं? क्या आप समाज के मार्ग-दर्शक और स्मृति-व्यवस्थापक बने रह सकते हैं? आपके कुल में ब्रहम-हत्यारा, स्मृति-द्रोही तथा शास्त्रों का गला घोटने वाला उत्पन्न हुआ है-आप उसका अनुशासन नहीं कर सकते; उसको अविचल आम्नाय में स्थित नहीं कर सकते- आप कुल, जाति, समाज, राज तथा धर्म के लिये कुछ कर ही नहीं सकते, केवल गर्जन-तर्जन कर सकते हैं। हमारी माने तो अब आप स्वयं प्रायश्चित्त कीजिये।"

मातुल श्री ने क्रोध से काँपते हुए कहा- "सनन्दन मेरा पितृ-पक्षीय सजातीय नहीं है। वह मेरा भानुज है; पुत्र नहीं-पौत्र नहीं।"

मणिशंकर त्रिवेदी ने कहा- "यह कुटुम्ब-अनुशासन का तथ्य है। कुल मातृ-पितृ पक्षों का संकुल है, श्रीमन्! यह सब तो आप श्री की श्री गुरो मतानुसार प्रदत्त व्यवस्थायें हैं। क्या महर्षि कुमारिल्ल भट्ट ने प्रज्ञापराध को लेकर अग्नि स्नान नहीं किया? भगवान श्री राम ने श्रीमती सीता को सेना के समक्ष रथ से उतारा और अग्नि प्रवेश के लिये आज्ञा दी। धर्म की हानि के लिये अन्ततोगत्वा प्रायश्चित्त व्यवस्थापक को ही करना होगा। राजा क्या प्रजा-रक्षण के लिये रण भूमि में नहीं कटता? तो ब्राह्मण को भी

अपने कुटुम्ब, कुल, वंश, गोत्र आदि की हानि के लिये प्रायश्चित करना ही होगा-यही हमारा निर्णय है।"

"तुम्हारा निर्णय?" मातुल श्री गर्जे- "तुम कौन? मैं ब्राह्मण हूं; जाति का सदस्य, दास नहीं हूं, समझे, मणिशंकर जी!"

"और वह सनन्दन आपश्री का दास है?" मणिशंकर त्रिवेदी ने पूछा- "सनन्दन ने वर्षों पूर्व घर छोड़ा, जाति त्यागी; पुर त्यागा और गुरु की खोज में मारा-मारा फिरा। क्या उसने गौरी को वाग्दान दिया था? आप सब चाहते थे कि गौरी का विवाह सनन्दन के साथ हो, नहीं? अवश्य, अवश्य महोदय! यही। सत्य तो यही है। तब फिर यह प्रायश्चित का भीषण निर्णय क्यों किया आप तथा हमने? क्या उग्र भैरव का घात सनन्दन ने किया? स्वयं काल भोज तथा कोल कहते हैं, श्रीनृसिंह का अभिनिवेश हुआ था सनन्दन में। हम यह सत्य जानते हैं; फिर भी धर्म की मर्य्यादा अक्षुण्ण अटल रहती है। धर्म धारण अटल है; अविचल है। धर्म पालन सनातन एवं अक्षुण्ण है। सनन्दन को हम राजाज्ञा से ही जाति के पञ्च परमेश्वर के समक्ष उपस्थित कर सकते हैं-क्या राज आपकी सुनेगा मातुल श्री?

"हम राज का मार्ग-दर्शन करेंगे। हम, मातुल श्री।" मातुल ने सगर्व उपस्थित मेदिनी को कहा- "हम यदि स्मृति-व्यवस्थापक हैं, तो अपनी गरिमा भी जानते हैं। श्री गुरो ने वैदिक वर्णाश्रम धर्म के कर्म विवेक को सदैव के लिये शुद्ध-बुद्ध कर दिया है। जब तक गृहस्थ वानप्रस्थ न ले तथा जब तक वानप्रस्थी अनासक्त होकर जगत् से विरागी और भव-संसार से उपरत न हो जाय-देहाभिमान से शून्य नहीं हो जाये, तब तक वह सन्यास नहीं ले सकता। फिर चाहे गुरु कोई हो। यही श्री गुरु का अन्तिम विवेक है। धर्म और अधर्म की निःश्रेय शान्ति-जीव को धर्म तथा अधर्म की इच्छा मात्र शेष न रहे और सभी कर्मों का शमन हो जाय उसी को वैराग्य कहते हैं। किन्तु आप लोग क्या समझेंगे इस सूक्ष्म विषय को? वह धुरन्धर मन्डन मिश्र जिसको कल समझ नहीं सका, उसको आप सब 'स्वाहा' पुकारने वाले याज़िक क्या समझेंगे?"

मणिशंकर त्रिवेदी ने कहा- "आपको बड़ा माना है; अतः आप के यह शब्द हम सुन लेंगे। किन्तु अब आप श्री के द्वार पर हम उपस्थित नहीं होंगे। मातुल श्री, अभिमान उचित नहीं है"

मातुल श्री- "अभिमान? पता भी है, अभिमान क्या होता है? आप सब ब्राह्मण वर्ण में शूद्र हो। प्रत्येक वर्ण में चारों ही वर्णों की अन्तराय स्थितियाँ होती हैं- मैं ब्राह्मण में क्षत्रिय हूं; आप सब शूद्र हो। जाइये! हम ब्राह्मणों में ऋषि कोटि तक जायेंगे। हम भी कुमारिल्ल भट्ट हो सकते हैं, समझे!"

मणिशंकर त्रिवेदी ने अट्टहास्य हँसते हुए कहा- "मनीषी भट्टपाद मीमांसा दर्शन और सनातन वैदिक वर्णाश्रम धर्म के प्रति उनकी परम् सात्विक पारदर्शी बौद्धिक प्रामाणिकता मानव जाति के बुद्धिवादियों, विद्वानों तथा मनीषियों के लिये उदाहरण हो गई है। भट्टपाद बुद्धि की प्रामाणिकता का प्रकाट्य प्रतीक बन गये हैं। आप हम क्या खाकर भट्टपाद के चरणों की रज की भी समानता करेंगे? भट्टपाद ने ही सर्व प्रथम कहा है, हम मीमांसक, हम तत्त्वदर्शी ईश्वर का आभास पाकर भी ईश्वर को बुद्धि से स्वीकार नहीं करते। भट्टपाद ने ही हमें बताया है हम अस्थिर को स्थिर, अनित्य को नित्य, प्रतिभास को भास, अज्ञान को ज्ञान समझने के लिये यह अनन्त शास्त्र चर्चायें चलाते रहते हैं। श्री गुरु प्रभाकर भी तो यही कर रहे हैं। क्या श्री गुरु प्रभाकर ब्रह्म को स्वीकार करते हैं? नहीं करते-कहिये तो कि प्रभाकर श्री गुरु शंकराचार्य्य के वेदान्त को अपनी सिद्ध धर्म जिज्ञासा द्वारा जान गये हैं। वेदान्त को मैं भी नहीं मानता, स्वीकार करता; किन्तु मैं जानता ही नहीं, समझता ही नहीं कि ब्रह्म सत्य है और जगत् मिथ्या है। मैं तो जगत् को नित्य सनातन अविराम सत्य मानता हूं और यथार्थ ज्ञान द्वारा भव-संसार का अनुभव करता हूं-भोगता हूं-जन्मता और मरता हूं- पुनः पुनः नया शरीर धारण करता हूं।"

कन्धे उझका कर मणिशंकर त्रिवेदी अपने निवास की ओर चले। प्रस्थान करते हुए उन्होंने अपने साथियों को इंगित किया; चलो-चल दो! प्लुत स्वर में बोले- "अभियोग। कावेरी तट पर सुना?"

सहसा गौरी शून्य दिशा से प्रगट हुई और मणिशंकर का मार्ग अवरुद्ध कर खड़ी रह गई। "रुको!" मणिशंकर त्रिवेदी उस अस्त-व्यस्त किन्तु सुघड़ मानव-मूर्ति को यों मार्ग में रुकते हुए देख कर थम गये; बोले- "गौरी? क्यों? हाँ, तो अब तुम ही मातुल श्री, श्री गुरो धाम, पुर, पुरजन-परिजन तथा समस्त शास्त्रियों, याज्ञिकों, कर्मान्त्रियों, सबकी लाज बचा सकती हो।"

गौरी की अपलक अथाह आँखे जगीं; तनिक मुस्करा कर गौरी ने कहा- "मैं लाज बचा सकती हूं, आपकी, सबकी? कैसे?"

"क्यों?" पार्वतीनन्दन ने कहा- "सनन्दन पर जाति पञ्च के समक्ष आहूत कर, विश्वासघात का अभियोग लगा कर।"

"विश्वासघात?" गौरी ने पूछा।

मणिशंकर त्रिवेदी ने ऊर्ध्व श्वाँस भरते हुए कहा- "मातुल श्री, मामी माँ, तिलोत्तमा, समस्त कुटुम्ब ने क्या तुमको यह विश्वास नहीं दिलाया था तुम्हारे कुटुम्ब को एक प्रकार से यह नहीं इंगित किया था, कि तुम सनन्दन की वाग्दत्ता हो? दिलाया था सारा समाज तुम दोनों को भागी दम्पत्ति के स्वरूप में देखने लगा था। नहीं? अवश्य ही देखने लगा था"-

गौरी ने सहसा बीच ही में कहा- "हम दोनों में समाज जो देखने लगा था, वह समाज की दृष्टि थी, हमारी नहीं थी वह दृष्टि।"

"अच्छा? तो तुम्हारी दृष्टि क्या थी?" मणिशंकर ने पूछा।

"सनन्दन की मेरे प्रति क्या दृष्टि थी, मैं नहीं जानती।" गौरी ने कहा- "उनके प्रति मैं अपनी दृष्टि जानती हूं; अपनी मति जानती हूं।" मातुल श्री धँस आये- "क्या गौरी?"

गौरी ने सिर धुनाते हुए कहा- "सनन्दन अन्तर्ध्यान होते गये और नन्दनन्दन श्री कृष्ण प्रगट होते गये। श्री कृष्ण!"

मातुल ने अट्टहास्य हँसते हुए कहा- "और तू क्या होती गई?"

"राधा!" गौरी ने शान्त अविचल दृढ़ स्वर में कहा।

13

पार्वतीनन्दन स्तब्ध सा मातुल श्री को देखता रहता। सनन्दन ने जाति, कुल, वंश तथा श्री गुरु धाम की आज्ञा नहीं मानी। जाति का अनादर किया; कुल का अपमान किया। कलंक लगा दिया सदैव के लिये ब्राह्मण वर्ण पर। पितृ-स्वरूप मातुल की अवज्ञा, जाति का आम्नाय का निर्लज्ज उल्लंघन और सर्वोपरि समूचे सनातन वैदिक वर्णाश्रम धर्म को ठुकराना। असह्य। और फिर ऊपर से उस गौरी द्वारा समाज के चौराहे पर तिरस्कृत होना। यह गौरी जैसे वह गौरी ही नहीं रही- बदल गई। समस्त मण्डल, जनपद, जानता था, एक दिन सनन्दन और गौरी विवाह सूत्र में बंधेगे और तब मामी माँ की साध पूरी होगी-मैं श्री गुरोधाम का योग्य संचालन प्राप्त करूंगा। श्री गुरोधाम मीमांसा ही नहीं, दर्शनों के अविराम अहर्निशि परामर्श, वार्तालाप तथा शंका-समाधान एवं शास्त्रार्थ का समस्त दक्षिण में विश्रुत तीर्थ सा ही है। उसका यों, इस प्रकार अनादर। राधा बनी है यह गौरी और वह भ्रष्ट कुल-कलंक श्री कृष्ण! देव! यह कैसी विडम्बना है? पागल है यह गौरी, और क्या? एक उत्तरदायित्वहीन, शिक्षा-दीक्षा से हीन यह लण्ठ भारती, सनन्दन उसको श्री कृष्ण प्रतीत होता है। बड़ी प्रेम करने वाली जन्मी है यह छोकरी? कौन जानता था, एक निरीह सी, अनाथ सी ब्राह्मण कन्या, श्री गुरु धाम की कूज, इस भाँति निर्लज्ज निकल आयेगी। अभियोग लगाने के लिये तैयार नहीं होती। क्यों नहीं होती? सनन्दन का इसके प्रति अनुराग था, था और था। और क्या यह गौरी उस लण्ठ के पीछे पागल नहीं है? है; तब तो सनन्दन गया तब से वह उस दिशा में देखती रहती थी, जिस दिशा में यह घर छोड़कर भागा था। जैसे चिर-प्रतीक्षा कर रही हो यह गौरी सनन्दन की। और जब सारा पुर उस पूत का स्वागत करने सरिता-तट तक गया, यह गौरी वसन्त श्री के समान सज-धज कर लहरती हुई आई थी। जब तक सनन्दन यहाँ रहा, तब तक यह गौरी मानो कोयल हो गई थी। "इस कन्या को मैं कन्या, वन कन्या मानता था-आश्चर्य है।" मातुल मन ही मन बड़बड़ाये- "यह तो कुमारी निकल गई। साध्वी की भाँति बातें बघारती है। राधा कहती है स्वयं को और हम सब?" मातुल ने उर्ध्व

श्वांस भरा; निसास रखा और कहा- "पार्वती नन्दन! उस गौरी को मना; समझा! उसको अभियोग लगाना ही होगा। अन्यथा हमसे बुरा और कोई नहीं होगा। हम अनुशासन में मानते हैं। हम स्वयं उस लण्ठ को दण्डित करेंगे। उसका यह दुस्साहस कि हमारी जाति के पञ्च की आज्ञा शिरोधार्य न करे? क्या वह संन्यासिनी हो गई है? बोलता क्यों नहीं?"

पार्वतीनन्दन चिहुंका- "हुं, ऐं।"

"तेरा सिर, हुं-ऐं।" मातुल श्री बमके-"जा उस रण्डा को बुला ला! हम स्वयं अन्तिम बार उससे कहेंगे। समझा!"

पार्वतीनन्दन ने सिर हिला-हिला कर कहा- "रण्डा! अवश्य ही, स्वामिन् किन्तु वह अलोप हो गई है।"

"अलोप?" मातुल श्री ने साश्चर्य्य पूछा।

"अन्तर्ध्यान।" पार्वतीनन्दन ने स्वयं को ही गगन में देखने का प्रयास करते हुए कहा- "गृह त्याग, पुर त्याग- अदृश्य। अवश्य यह गौरी अदृश्योपस्थित है-है भी और नहीं भी तथा है भी। शंकर वेदान्त, भवान्!"

"शंकर वेदान्त! वेदान्त!" मातुल श्री घायल सिंह की भांति गुर्राये- "इस वेदान्त ने ही वैदिक वर्णाश्रम धर्म को जीर्ण किया है। शून्य चेतना उत्पन्न कर व्यष्टि की वृत्तियों को अनुशासन रहित किया है। वर्ण के लिये आश्रम का जीवनयापन अनिवार्य है। यह लोकालय क्या स्वर्ग है? नहीं यह कर्म लोक है। जन्म-मरण, अर्थात् अविराम अवि- श्रान्त कर्म, समझा, मूढ़ कहीं के, क्या समझा?"

पार्वतीनन्दन ने स्तब्ध सा देखते हुए कहा- "कर्म।"

"क्या कर्म?" मातुल श्री गर्जे- "हमारी हंसी करता है? परिहास! कर्म! अच्छा कर्म क्या है? किसको कहते हैं कर्म? बता-"

पार्वतीनन्दन ने मन ही मन भीत होते हुए कहा- "आप श्री जो कहते हैं, करते हैं, वही कर्म है। श्री गुरो उवाच! श्री गुरो मत में कर्म की जो व्याख्या की गई है, पदार्थ तथा उनके द्रव्य-गुण-धर्म के विषय में जो प्रतिष्ठा की गई है, वही सत्य है-वेदों का सार है, श्रीमद्!"

मातुल श्री सक्रोध बड़बड़ाये- "हूं। श्री गुरो का पदार्थ मोक्ष ही सत्य, वेद का सार है-यही वेदान्त है, समझा, वैशाखनन्दन! यह सनन्दन देश और काल को नहीं मानता, यह ढीढ कर्म, कर्म-फल तथा जन्म-मरण सबको, जगत्, जीव तथा स्वर्ग-नर्क आदि किसी को भी नहीं मानता- हम जगत्

जीव तथा काल को ही यथार्थ सत्य मानते हैं। हम सनातन वर्णाश्रम धर्म को ही व्यष्टि तथा समष्टि का यापन, काल-यापन मानते हैं-हम अविचारी, अनाचारी, कर्मरहित तथा फलहीन जीव-चेतना में नहीं मानते। यह सनन्दन जगत, जीव, लोक, भव तथा भव की सफलता, पाप और पुण्य, श्रेय तथा मंगल किसी में नहीं मानता। क्या करूँ? चाहता था, उसका अनुशासन कर उसको अप्रतिष्ठित कर दूँ, जिससे दक्षिण में उसके गुरु की एक नहीं चले। किन्तु......"

पार्वतीनन्दन ने भौंचक रहने का नाट्य करते हुए कहा- "यह हस्तामलक और आ गया है श्रृंगेरी में। पद्मपाद और हस्तामलक यह दोनों सनातन धर्म की जड़ें ही खोद देंगे। बौद्धों ने गृहस्थाश्रम को भ्रष्ट किया और यह वेदान्ती समूचे वैदिक वर्णाश्रम को हो भेंट देंगे।"

"तब करें क्या?" मातुल श्री बमके।

"आग लगा दीजिये, श्रीमद्!" पार्वतीनन्दन ने मुँह बनाते हुए कहा- "स्वाहा! टीका की आहुति दीजिये।"

"आहुति? आग?" मातुल मानो चौंक कर अपने गहन अतल से उमड़ आये- "अयोग्य, अपात्र, हेय कहीं का।"

पार्वतीनन्दन ने मानो थप्पड़ खाते हुए कहा- "ऐं? मैं अयोग्य? अपात्र? मैं कहिये-आज्ञा कीजिये तो मैं ही आग लगा दूं, इस सारे गुरो-धाम में। मैं अपात्र? स्वामी की आज्ञा शिरोधार्य है-मैं श्री गुरुधाम का पुरोहित हूं-हाँ।"

मातुल श्री ने स्तम्भित सा होकर पार्वतीनन्दन को घूरा। पार्वतीनन्दन मूढ़-मूर्ति सा उनको देख रहा था। तनिक सी दाढ़ी के खुरदुरे बाल मानो किसी विचित्र रोमाञ्च में खड़े हो गये थे और अज्ञात भय से उसका हृदय धड़क रहा था। मातुल श्री उचके, उझके, बमके- "तू आग लगायगा मेरे इस श्री गुरोधाम में? जीते जी तू मेरा अग्नि-दाह देगा, क्यों? नीच, शठ, नराधम।"

पार्वतीनन्दन ने पैशाचिक हँसी हँसते हुए कहा- "मैं चाण्डाल हूं; बस। किन्तु आप आचार्य हस्तामलक से दृष्टि नहीं मिला सकते। उस मूक, मौन, शान्त, धीर आचार्य का ताम्रवर्णी श्यामल देह ब्रह्मचर्य की दीप्ति से भरा हुआ है। मेधा से उनकी पलकें भारी और भवें जमी सी रहती हैं। वह अद्भुत आचार्य हस्तामलक, शंकर वेदान्त का जीवित ज्वलंत मूर्ति है- मूर्तिमान् वेदान्त और..."

मातुल श्री गुर्राये- "और सनन्दन?"

पार्वतीनन्दन ने मुंह बिचका कर कहा- "सहृदय सज्जन मानव है, जो भव-संसार की सारहीनता जान चुका है; जो सांख्य को सृष्टि में स्पर्श कर चुका है और जो कामिनी तथा काञ्चन से दूर भाग चुका है।"

"कामिनी से?" मातुल ने पूछा।

"परीक्षा कर लीजिये।" पार्वती नन्दन ने कहा- "गौरी है ही।"

"हुं।" मातुल स्वयं से ही बड़बड़ाये- "गौरी को बुला ला। प्रतिज्ञा पूर्वक कहता हूं इस सनन्दन को परास्त कर दे, पार्वती! तुझको मैं अपना उत्तराधिकारी मनोनीत कर दूंगा। सनन्दन को यह श्री गुरोधाम, यह सम्पत्ति तथा वंश परम्परा-सिद्ध यह सम्पदा प्रदान करना मैं चाहता था। मैं तो तुम्हारी इस रतौंधी मामी माँ से अनासक्त हो गया हूं-यह विद्ववत् समाज मुझको थकाने लगा है। शब्द, शब्द-वार्ता ही वार्ता-अविराम शास्त्रार्थ। परन्तु लहरों को गिनते रहो; संख्या समाप्त होती ही नहीं, गिनती पूरी होती ही नहीं। किसको चाहता था, सनन्दन इस धाम का प्रकाश दक्षिण में फैलाये रक्खे; उत्तर में श्री गुरो के लिये किरणों का रथ बन जाय यह श्री गुरोधाम। इस मण्डन मिश्र ने भट्टपाद को जीवित ही अग्नि स्नान करने के लिये विवश किया है। इस मण्डन मिश्र ने हार कर तथा शंकराचार्य से संन्यास दीक्षा लेकर आर्य्यावृत के समूचे तत्त्व-समाज, विद्वत् समाज और बुद्धिशाली मात्र को नतमस्तक कर दिया है। क्या यह सृष्टि-सिद्ध और भव-संसार बुद्ध मीमांसा शास्त्र वेदान्त के आचारहीन शून्य में सदैव के लिये डूब जायगा? नहीं।"

"अवश्य डूब जायगा।" एक कर्कश स्वर ने पार्श्व से पुकारा। क्रचक्र ने मानो प्रगट होते हुए कहा- "कायर कहीं के। रात्रि के अँधेरे में सिर पीटता रहता है।"

मातुल श्री तनिक आगे धँस आये- "आप, कौन? क्रचक्र देव क्या? पुनः आप?"

अपने साधु वेश को बताते हुए क्रचक्र ने विडम्बनापूर्ण हास्य हँसते हुए कहा- "चुप मैं एक साधु हूं, भिक्षुक। इस राजा राजशेखर और उस महाराजा उज्जयिनी ने हम कौलों को अवरुद्ध कर रखा है। कौलों को घेर लिया है। सुना? शाक्तों, कौलों और कालभोजों ने अटल निश्चय किया है, इस तथाकथित जगद्गुरु शंकराचार्य का पराभव कर दिया जाय। उसके शिष्यों को रोका जाय, लुञ्ज-पुञ्ज कर दिया जाय।"

"हुं।" मातुल श्री ने जैसे स्वयं से ही कहा- "तब आप यों यहाँ क्यों प्रगट हुए हैं? महाराज राजशेखर कवि तो हैं; किन्तु दुर्दान्त शासक भी हैं। वह इस महान् पुर को कभी क्षमा नहीं करेगा। मुझको तो वह हाथी के पाँव तले रौंदवा देगा-आप सिधार जाइये। सुना!"

"सुन लिया।" क्रचक्र ने हँसते हुए कहा- "यह दुर्दान्त राजशेखर अन्ततोगत्वा हाड़-माँस का पुतला है। यह जगद्गुरु भी है तो मानव योनि का जीव। तंत्राधिपति क्रचक्रदेव मारण, मोहन, वश्य, स्तम्भन और उच्चाटन विद्याओं का पारंगत है; सिद्धियों का स्वामी है। इस राजशेखर का हम कर्षण कर सकते हैं-किन्तु नहीं। हमारा इस रसिक स्वैर राजा से कोई द्विष नहीं है। हम शंकराचार्य के प्रतिबद्ध विरोधी हैं- वैरी हैं। वेदान्त-उत्तर मीमांसा-ब्रह्म सत्यं जगन्मिथ्या, इस दर्शन के हम कट्टर शत्रु हैं। मानवता और इस राष्ट्र के लिये यह शंकर वेदान्त बौद्धों का शून्य ब्रह्म-खड्ड है सुना।"

"हम भी यही कहते हैं-मानते हैं।" मातुलश्री बोले।

"तो इस पद्मपाद को विष दे दें।" क्रचक्र ने अट्टहास पूर्वक कहा- "टीका वापस करेगा, ब्राह्मण? जला दें। अन्यथा हम हैं- तुझे देख लेंगे, सुना!"

"क्या करेंगे आप?" मातुल ने भयभीत होते हुए पूछा।

"इस पुर को कृत्याओं से घेर लेंगे।" क्रचक्र ने कहा- "पद्मपाद को नष्ट होना ही है। शारीरिक भाष्य का प्रसार रोकना ही होगा। यह जगद्गुरु शास्त्रार्थ में अजेय है; विद्वता में अपराजेय है और योग बल में विश्वस्त है-इस सांस्कृतिक दस्यु मण्डली को मारण-मोहन स्तम्भन तथा वशीकरण से अस्त-व्यस्त करना होगा। तू टीका जला दे और इस पद्मपाद को ठण्डा कर दे। इस नीच ने हमारे उग्र भैरव को ठार किया है-मार डाला है; घात! हम इसका वैर वसूल कर के रहेंगे। तू कर यह हमारी सेवा। बदले में हम तेरे पुर और तेरे धाम की सदैव रक्षा करेंगे। समझा!"

"समझ गया, देव।" मातुल बोले।

"नर्मदा मैया की जय।" क्रचक्र ने कहा-और जैसे अन्तर्ध्यान हो गया। पार्वतीनन्दन सिर से पैर और पैर से सिर तक काँप उठा। मातुल भौंचक से खड़े क्रचक्र को बिलाते हुए देखते रहे; फिर चिहुंक कर चिल्लाये- "सुनना।"

क्रचक्र की स्वयं-लीढ़ आकृति थमी; घूमी; बोली- "क्या?"

मातुल श्री ने कहा- "सरस्वती को आग में मैं झौंकूगा? अपने ही भानुज को विष दूंगा? तांत्रिक, आपकी मति मारी गई है क्या?"

क्रचक्र, साधु वेशी स्वयं विश्वस्त मूर्ति हिली; बोली- "यह व्यष्टि का प्रश्न नहीं है; यह समष्टि के हित तथा जगत् के कल्याण का सवाल है, ब्राह्मण! यह संन्यासी वेदान्ती जगत् को ब्रह्म-खाड़ में डाल देंगे। कर्मठ मानव-जाति को पंगु, अकर्मण्य, कातर तथा भीरु बना देंगे। यह शंकराचार्य बात तो वैदिक वर्णाश्रम धर्म की करता है; किन्तु यह स्मृति तथा शास्त्र का निगड़ विरोधी है। यह जगद्गुरु योग-बल का ऐन्द्रजालिक तथा आर्यावृत के दार्शनिक चिन्तन का व्यर्थ अहंकार है। तुझे पता है, यह बौद्धों से मिला हुआ है, जिनियों से टल कर चलता है। यह मीमांसकों और शाक्तों, शैवों-हम सभी का वैरी है। यह शंकराचार्य सभ्यता का दस्यु है तथा लोक व्यवहार का शत्रु है। भानुज? कौन भानुज? जन्म-जन्मान्तरों के यह सम्बन्ध अन्ततोगत्वा मान्यता भर हैं, समझा!"

मातुल ने सहसा जागते हुए कहा- "क्रचक्र जी! आप क्या दानव हैं, राक्षस! पुस्तक को जला दूं; रक्त के सम्बन्धी को विष दे दूं-और यह सब आप तांत्रिकों के वैर-शोधन के लिये करूं? क्यों करूं? मैं तो अपने गुरुदेव प्रभाकर श्री गुरो के अकाट्य सिद्धान्त की रक्षा के लिये चिन्तित हूं; व्याकुल हूं। इन बौद्धों ने आर्य-गृहस्थ को भ्रष्ट किया; गृहस्थाश्रम को संघ बना दिया-मानव को भिक्षु बना दिया इस बौद्ध मार्ग ने। यह जिनि? देह की वासना के पाप का परिणाम मानते हैं-जिनियों के लिये पुद्गल तथा बौद्धों के लिये वज्र। इधर महावीर और उधर तथागत बुद्ध।"

क्रचक्र ने मातुल को पैर से सिर तक घूरते हुए कहा- "जिनि? दिगम्बर और अम्बर- श्वेताम्बर। नंग-धड़ंग रहो; उपवास करो; इन्द्रियों का पैशाचिक दमन करो, तपस्या! आद्या ने भव-योनियों के देह अतीन्द्रिय सुख के गहन सम्मोहन से ही उद्धवित किये हैं। क्या यह देह विष्ठा के ढेर का महाकीट है? बोल? ब्राह्मण, यह देह आद्या की गहनातिगहन रति का पूर्ण सम्पूर्ण स्वयंभृत सुख भोग की अमोघ इच्छा की चैतन्य अभिव्यक्ति है- यह मैं हूं; तू है, समझा ब्राह्मण! क्या समझा? भोग और मोक्ष। सिद्धियों के प्रताप से अहर्निशि परम् सुखमय भोग- समाधि में लीन रहो। योनि से सृष्टि-योनि और सृष्टि योनि में महाकाल का ज्योतिर्लिंग बनकर सदैव के लिये उपविष्ट हो जाओ-जीव जगत् और भव का अनादि शाश्वत कर्त्ता, धर्त्ता, भर्त्ता और भोक्ता है। वह त्रिपुर- सुन्दरी का प्राण वल्लभ है।"

मातुल बड़बड़ाये- "त्रिपुर-सुन्दरी का प्राण वल्लभ?"

"तेरी जननी का पति, वीर्य दाता; शुक्र संस्थापक।" क्रचक्र ने दाँत पीसते हुए कहा- "यह सृष्टि नर-नारी के अविराम नित्य नूतन भव्य-दिव्य मैथुन का ही परिणाम है। मैं-तू मैथुन का ही उद्भव हैं- बोल? नहीं हैं?"

"हैं।" मातुल ने स्तब्ध सा होते हुए कहा- "मैथुन!"

"और मांस!" क्रचक्र ने जाते हुए कहा- "मांस और मैथुन-यही, यही, ब्राह्मण देवता। स्वर्ग का परम् सुख परमपूर्ण निर्विघ्न मैथुन का ही उन्मेष है-स्वयं के सुखमय सम्मोहन की स्वलीन अनुभूति। जगत् का आहार-विहार मैं क्यों करता हूं? बता? मैं देही जीता ही क्यों हूं? भोगने के लिये, भला। यह जगत् जीव के नित्य नवीन अविराम अहर्निशि भोग के लिये है; भोग के लिये ही जन्म-मरण पुनर्जन्म है। सृष्टि भोग के लिये ही उत्पन्न होती है-स्वयं स्वयंमेव यह भोगेच्छा ही शाश्वत अनादि जीवनेच्छा है-जीवात्मा है। जीव के सिवाय और कौनसी आत्मा है? यथार्थ ज्ञान के सिवाय और कौन सा ज्ञान है? मैं ही आत्मा हूं-तू ही परमात्मा है। तू ब्राह्मण! हमारा यह सौकार्य्य कर। मैं स्वयं तुझे सिद्ध कर दूंगा।"

"सिद्ध?" मातुल श्री चिहुंके।

क्रचक्र ने कहा- "स्वर्ग की अप्सरियों को चिरकाल तक भोग सकने की क्षमता तुझमें जगा दूंगा। आयु की सीमा असीम कर दूंगा; अवस्था के क्षयों को मिटा दूंगा। यह पंचभूत मेरे वश में हैं। इस शंकराचार्य को उसके सभी शिष्यों सहित समाप्त करना ही होगा-यह देश, भारत, तान्त्रिकों का मातृभूमि है; स्वराज्य महाराज्य भूमि है। यह भारत संन्यासियों का देश नहीं है-है क्या? यह भारतवर्ष, यह पृथिवी अनित्य भोगियों की भूमि तथा ऐश्वर्य्यवान सम्राटों का देश है। यह राजराजेश्वरी महाकाली के विश्व सामाज्य की राजधानी का समर्थ, उन्मद, पीढ़ और लीढ़ देश है। यह संन्यासी शंकर भारतवर्ष को श्मशान समझता है। हम शाक्त इस देश के वैभवशाली गृहस्थ और समर्थ राज्य को कभी उजड़ने नहीं देंगे। मोक्ष हम नहीं जानते; हम मुक्ति मानते हैं और इसीलिये इस भव-संसार के त्रितापों पर वश चाहते हैं। हम मृत्यु को जीतना चाहते तथा शरीर की अजर-अमर नित्य संजीवनी ही चाहते हैं-रूप, यौवन, ऐश्वर्य्य तथा उसका भोग और मुक्ति।"

मातुल उस गूढ़ से साधु को धूल के हिलते-डुलते घटाटोप की भाँति दिशाओं में बिलाते हुए देखते खड़े रहे। पार्वतीनन्दन काँप कर जागा; बोला- "यह जीवित सदेह पिशाच तो नहीं था?"

मातुलश्री कण्ठ में ही गुर्राये- "कौलाधिपति महातान्त्रिक क्रचक्र देव हैं, यह। श्री शैल का भूताधिपति तांत्रिक महातांत्रिक। योग-शक्ति तन्त्र साधना द्वारा इस पृथिवी पर स्वर्ग स्थापित करना चाहता है-"

"ऐसा।" पार्वतीनन्दन ने कहा।

मातुल श्री चुपचाप श्री गुरुधाम मन्द गति से चलते हुए लौटे। उनके जलते हुए उनींदे नयनों में क्रचक्र का वह घूसर अग्नि भरा सा घटाटोप छाया हुआ था। तांत्रिक, घोर-अघोर, महातान्त्रिक- कौल-काल- भोज? शाक्त? शैव? महाश्मशान-कालिका मुण्डमालिके। अघोर कालिके! तब यह कापालिक, हाँ, कापालिक ही तो इस शंकराचार्य को समाप्त करेगा ही, अवश्य करेगा। अपने धाम पहुंच कर मातुल श्री जैसे आगम सन्तोष से भर उठे; "अब सब ठीक हो जायगा, पार्वतीनन्दन!" ऊर्ध्व श्वांस भर कर और फिर निसास रख कर मातुल श्री अपने आसन पर जा बैठे और गवाक्ष में रखी हुई सनन्दन, पद्मपाद-हाँ, पद्मपाद की टीका की उभड़ी हुई पोथी को घूर कर बोले- "वह रही टीका। ला तो!"

पार्वतीनन्दन यंत्रवत् गवाक्ष के पास गया और स्थिर खड़ा रह कर टक सा टीका की बंधी पोथी को स्तम्भित सा देखने लगा। "श्री हरि! हरि!" पार्वती मन ही मन बड़बड़ाने लगा। मातुल-सहसा बौखला कर झुंझला कर उठे और गवाक्ष की ओर लपकते हुए बोले- "क्या? खा जायगी तुझको यह टीका, पोथी?"

पार्वतीनन्दन ने यह सिर धुनाया; कहा- "पद्मपाद को, सनन्दन को श्री नृसिंह मंत्र सिद्ध है। नृसिंह!"

"तो?" मातुल गवाक्ष के पास झटका खाकर रुके- "तो?"

"कहीं नृसिंह मंत्र इस टीका की रक्षा नहीं कर रहा हो।" पार्वती- नन्दन बोला:- मंत्र के अधीन देवता होते हैं, नहीं?"

"मूर्ख, सब प्राणी कर्म के वश होते हैं और तत्त्व तथा भूत कालाधीन होते हैं-देवता? हाँ देवता; परन्तु क्या यह ढेरों देवता हैं? देवियाँ हैं? कालिका? है क्या? है तो प्रगट क्यों नहीं होती? ब्रह्मा, विष्णु, महेश हैं तो बता कहाँ हैं? स्वर्ग और नर्क है; पाप और पुण्य है; देश और काल है-जीव और जगत तथा श्री गुरो एवं उनका अकाट्य मीमांसा-दर्शन है। यह जगद्गुरु आत्मा ही मानता है; जगत् नहीं जीव नहीं- स्वर्ग और नर्क केवल स्थिति मात्र हैं। है नहीं कुछ, सुना! इस टीका में इसी को सनन्दन

ने विस्तार से कहा है; ब्रह्म सत्यम् जगन्मिथ्या-सर्वम् खलु इदम् ब्रह्म-अयात्मा ब्रह्म-प्रज्ञानम् ब्रह्म। और न जाने कैसे-कैसे सूत्र रचे हैं इस वितंडावादी ने। यह वेदान्त दर्शन जीव को अथाह ब्रह्म खाड़ में धकेल देता है, शून्य में भय से भंखाड़ में धकेलता है। मैं पूछता हूं तमलीढ़ इस अतल शून्य में वह ब्रह्म-ज्योति आई कहाँ से, प्रगटी कहाँ से? तम से प्रकाश हो सकता है? प्रकाश क्या तम हो सकता है? नहीं है, तो जगत् का प्रागट्य हुआ ही कैसे-क्यों होता है-होता रहता है? यह वेदान्त-मत बुद्धि के शव का कथन मात्र है। जो है, अनुभूत है-अनुभूयमान है, जो अनुभवजन्य और गम्य है, उसको नहीं है कह देना, भ्रम-भ्रान्ति बता देना, षंढ मूर्खों का ही वितण्डा हो सकता है- बुद्धिशाली क्या इस जगत् को मना कर सकता है? भव-संसार को असार कह सकता है? नहीं, कदापि नहीं। श्री गुरो जगत् को वास्तविक, भव-संसार को यथार्थ और जीवन को त्रिताप मुक्ति के लिये धर्म-कर्म की धारा मानते हैं। स्वर्ग का परम् सुख प्राप्त करना है मानव को देव बन कर, समझा? और देव तो तू मर कर ही बन सकता है-पृथिवी पर मानव योनि में देह धारण कर तू देव बनना चाहता है? ब्रह्म होना चाहता है, पाखण्डी कहीं के।"

पार्वतीनन्दन बचकर कक्ष के एक कौने में जा अटा, चिल्लाया- "मैं कहाँ देव बनना चाहता हूं? ब्रह्म? ब्रह्म को मैं नहीं जानता।"

"तो?" क्रोध से काँपते हुए मातुल ने दाँत पीसते हुए पूछा- "तो तू किसे जानता है? बोल?"

पार्वतीनन्दन ने भयभीत कांपते हुए कहा- "आपको! मातुल श्री को!"

मातुल श्री ने लपक कर पार्वतीनन्दन के दोनों कान पकड़ लिये; कण्ठ में गुर्राते हुए कहा- "हमको बना रहा है? तू मुझे ही जानता है? अपने माता, पिता, कुल, वंश, जाति और किसी को भी नहीं जानता? पापी कहीं के। तू मुझको ही जानता है? तो बता मैं क्या हूं-कह, बता?"

पार्वतीनन्दन ने कान छुड़ाने की चेष्टा करते हुए कहा- "आप ही तो सत्य हैं; ज्ञान हैं-आप हो तो आत्मा जीवात्मा हैं। आप ही यथार्थ हैं- माता-पिता, गुरु सब आप ही तो हैं, मातुल! महिमामय मातुल! श्री गुरो के दक्षिणावतार! जय श्री गुरो!"

मातुल श्री ने पार्वतीनन्दन के कान खींचते हुए कहा- "हम ही सत्य हैं, सब कुछ हैं, तब तू क्या है? तू क्या है? शठ कहीं का! बोल!"

"मैं?" पार्वतीनन्दन ने कान छुड़ाकर भागते हुए कहा- "मैं-मैं एक दीन दुर्बल ब्राह्मण हूं; श्री गुरोधाम का सेवक। अनाथ हूं-अनाथ ब्राह्मण।"

मातुल श्री गर्जे- "ब्राह्मण कभी अनाथ होता है? हुआ है? तू ब्रह्म-कुल का घटोत्कच है और क्या? इस पोथी को भस्मीभूत कर देगा? बोल?"

पार्वतीनन्दन द्वार पर जा अटा; हांफते हुए बोला- "आपकी जो आज्ञा होगी, जैसी होगी, वैसी ही पाली जायगी। पार्वतीनन्दन अनाथ ब्राह्मण है; श्री गुरोधाम, आप तथा पुर की दया पर जी रहा है। हमारे ऋत्विक् की जो आज्ञा होगी, हम सेवक पालेंगे।"

मातुल श्री ने पार्वती को द्वार में घूरा; विप्रलंभ सी हँसी हँसते हुए कहा- "इस टीका को छुआ भी है तू ने तो हाथ काट डालूंगा, सुना! यह सनन्दन की थाती है, समझा! मैं उसको उसकी यह प्राण प्रिय टीका वापस करूंगा। नदी तट पर आकर जब वह मुझे पुकारेगा, मैं जाऊंगा। पार्वती! मैं जाऊंगा-यह टीका लेकर जाऊंगा। यज्ञ होगा-"

पार्वतीनन्दन- "यज्ञ?"

"घोर, अघोर यज्ञ।" मातुल श्री स्वयं में ही स्तम्भित सा होते हुए स्वयं के भयभीत अथाह शून्य से बोले - "वह विश्व की कृकलाग्नि इस टीका को जलायगी-तू नहीं; मैं नहीं। श्री गुरो के प्रतापी चरणों की सौगन्ध जो जीते जी मैं इस आचार्य हस्तामलक को दक्षिण में श्रृंगेरी से उसका धर्म साम्राज्य चलाने दूं तो। यह जगद्गुरु भारत भूमि में अपना चक्रवर्ती धर्म साम्राज्य स्थापित कर रहा है। श्रृंगेरी मठ तो इसने स्थापित कर ही दिया है-श्रृंगेरी!"

मामी मां ने द्वार से अन्दर आते हुए कहा- "क्यों जी जलाते हो? रात-दिन यही जी जलापा है तुम्हारा। सभी को अपने मत-सम्मत के प्रसारने का सत्व है- तुम्हीं को ही अपने श्री गुरो मत का सत्वाधिकार प्राप्त है क्या? भारत भूमि में सभी अपनी कहते आये हैं- चार्वाक भी तो हैं। नहीं हैं? केवल देह में ही-एक देह ही में मानते हैं। तिलू बता रही थी, यह लोग मरने के बाद जीवन मानते ही नहीं। तुम्हारे इस भूत-तत्त्व, आत्मा-परमात्मा की पञ्चायत करते ही नहीं। देह है, भोगो। खाओ, पीओ मस्त रहो....."

पार्वतीनन्दन ने बीच में ही झेला- "और मौज करो। ऋणं कृत्वा घृतम् पिबेत्। इस देह के भस्म हो जाने पर रखा ही क्या है?"

मातुल घायल सिंह की भाँति गर्जे- "क्या रखा है, सुनू तो।"

पार्वतीनन्दन ने कहा- "आप ही बतायें, श्रीमद्! हम तो देही हैं; अपना देह भी नहीं जानते-मृत्यु के परे पार क्या है, यह तो आप तथा श्री गुरो ही जानते हैं।"

"ठीक तो है।" मामी माँ ने कहा- "यह लोकायत जो कहते हैं, ठीक है क्या? सत्य है?"

"लोकायत! चार्वाक!" मातुल गुर्राये- "पुनर्जन्म नहीं है तो यह कुल-कलंक सनन्दन मेरी भगिनी के उदर से उत्पन्न क्यों हुआ? तुम मेरी भव तारिणी धर्मपत्नी कैसे हुई? उदर के जन्म पूर्व जन्म के प्रमाण हैं-देह ही है; जीवात्मा नहीं है-तुम्हारा सिरा। यदि एक ही जन्म है और मृत्यु सदैव के लिये अन्त है, तो यह भव-योनियों का अहर्निशि जन्म-मरण कैसे है? जन्म का अर्थ ही पुनर्जन्म है। बड़ी पण्डिताई बघारने लगी है। तुम स्त्रियों को शास्त्र और दर्शन से क्या वास्ता है? लोकायत क्या कहते हैं, पूछती है और मैं क्या कहता हूं, सुनती भी नहीं, ऐं?"

मामी माँ ने कहा, शान्ति पूर्वक कहा- "तुमको सुनते-सुनते बहरी हो गई हूं। तुम्हारी ठोकरें खा-खा कर मैं लुढ़क कर श्मशान में जा पड़ी हूं। सनन्दन से तुमको वैर हो गया है।"

"वैर हो गया है मुझे?" मातुल बमके- "सनन्दन से? दक्षिण का विश्रुत पण्डित मातुल उस भगौड़े जोगटे से क्या वैर करेगा? वाह रे भट्ट! पति से भानजा अधिक प्रिय हो गया तुझे?"

मामी-माँ ने तीव्र धीर स्वर में कहा- "इन तांत्रिकों के चक्कर में मत पड़ो। तुम्हें हाथ जोड़ती हूं। सनन्दन को उसके मार्ग पर जाने दो। किस बात का प्रायश्चित्त करवाने जा रहे हो? उग्र भैरव को उसने नहीं, भगवान् नृसिंह ने मारा है; स्वयं जगद्गुरु ने स्तुति कर नृसिंह भगवान् का क्रोध शान्त किया है।"

"उस तुच्छ भगोड़े के शरीर में भगवान् नृसिंह प्रवेश करेंगे? और मैं जन्म-जन्मों से तत्त्व चिन्तन कर रहा हूं, यज्ञ-याग करवाता हूं। स्मृति और स्मार्त धर्म का निस्वार्थ प्रसार करता हूं तो मुझ में नृसिंह प्रवेश क्यों नहीं करते? उस सनन्दन में ऐसा क्या है?"

मामी मां ने कहा- "पूर्व जन्म का वह भ्रष्ट योगी है और क्या?"

"पूर्व जन्म का भ्रष्ट योगी, सनन्दन!" मातुल पुनः गर्जे- "वह और उसका गुरु जन्म-मरण को भ्रान्ति तथा भव-संसार को अध्यास कहता है- यह

जगत् माया है, मिथ्या इन जोगटों के लिये। जीव और ब्रहम एक हैं किन्तु अज्ञानाच्छादित हैं। विचित्र बुद्धि से अग्राह्य सिद्धान्त इनके हैं- तू क्या समझेगी इन गहन सूक्ष्म विलक्षणताओं को? सनन्दन स्वयं को वेदान्ती बताता है तो पुनर्जन्म.....”

सहसा उत्ताल किन्तु क्वणिम हास्य मातुल श्री के कर्ण-कुहरों में आ टकराया- “क्या तर्क है, मामा जी!”

गौरी भगवी साड़ी में लिपटी मन्द गति से अन्दर आई; बोली- “समुद्र की तरंगों की भाँति यह भव-संसार है। तरंगों का परस्पर लय होना और पुनः उद्धूत होना- यही जन्म-मरण पुनर्जन्म है, ऐसा वह कहते हैं...”

“अच्छा?” मातुल श्री भौंचक से भगवी साड़ी में लिपटी धूसरित किन्तु सोनजुही की कान्ति में उभरी गौरी को टक देख कर बोले- “वह कौन?”

“तत्।” गौरी की पलकें अपलक हुईं; भवें प्रलम्ब होकर सकुची और ललाट के सीमा किन्तु असीम में स्थिर हुई। गौरी ने मातुल श्री के और निकट आकर पूछा- “मुझे, इस शरीरी को स्मरण किया आपने? क्यों?”

मातुल श्री क्रोध से काँपे; किन्तु अपने आप में मण्डित होते हुए बोले- “यह तेरा सनन्दन प्रायश्चित्त करना नहीं चाहता। उग्र भैरव का हत्यारा कुल-कलंक यह सनन्दन कुल, वंश, जाति तथा समष्टि की आज्ञा शिरोधार्य करना नहीं चाहता। श्रृंगेरी मठ का रूढ़ आचार्य्य वेदान्ती मूढ़ वह हस्तामलक पृष्ठ बल दे रहा है इस पद्मपाद को। दोनों ही टीका वापस लेने के लिये कावेरी के तट पर आ रहे हैं, समझी! यह लबाड़ दोनों हमें पुकारने वाले कौन हैं, सुनूं तो। तुझे सनन्दन को अभियुक्त करना है, पुर के लिये जाति, वंश, धर्म तथा श्री गुरो मत की प्रतिष्ठा अक्षुण्ण रखने के लिये सनन्दन, पद्मपाद को गृहस्थी बनाना ही होगा। घर और समाज से भागे हुए उद्भ्रान्त जोगटे को प्रायश्चित्त करवा गृहस्थ बनाना होगा। यही वैदिक वर्णाश्रम धर्म की पुनः समूची प्रतिष्ठा होगी और शंकर-वेदान्त के विरुद्ध हमारी विजय होगी।”

गौरी ने अपनी अतल आँखों में क्षितिज का मन्द तल आविर्भूत करते हुए पूछा- “कौन? सनन्दन? कौन?”

मामा श्री मानो थप्पड़ खाकर पीछे हटे; गड़बड़ाये; चिहुंके- “क्या? सनन्दन कौन? तू नहीं जानती, छोकरी?”

गौरी ने वासन्ती ब्राहम मुहूर्त के नवरंगी मेघ की भाँति क्षितिज में समाते हुए, बिलाते हुए कहा- “देह का नाम सनन्दन! नहीं? नाम क्या?

देह क्या? सनन्दन नाम आप, हम सब का रखा हुआ नाम है- है? किन्तु यह नाम्नी देही है कौन, मामा जी? आप सत्य को जानते हैं, तभी तो मुझे आदेश दे रहे हैं कि मैं एक अज्ञात शरीरी पर अभियोग लगाऊँ- एक रक्खे हुए नाम को अभियुक्त करूं? सनन्दन है कौन? मैं नहीं जानती, परम् आदरणीय!"

"ऐ हैं।" मातुल श्री हड़बड़ाये- "विक्षिप्त हो गई है क्या तू?"

"विक्षिप्त? क्या? क्षिप्त क्या, विक्षिप्त क्या?" गौरी अचल भाव से बोली- "यह चल-अचल क्या? मैं नहीं जानती।"

"तू नहीं जानती, यह जगत् क्या है? भव-संसार क्या है? तू जन्मी है, जी रही है-हम हैं। यह सब है- तू नहीं जानती?" मामा श्री ने गर्ज कर पूछा।

"वह कहते हैं ब्रहम सत्यम्, जगन्मिथ्या।" गौरी ने उत्तर दिया।

"अर्थात्?" पार्वतीनन्दन पूछ बैठा।

"मिथ्या मैं नहीं जानती और ब्रहम को भी मैं नहीं जानती। मैं केवल यही सुनती हूं-तत्। वह, वह केवल वह।" गौरी ने कहा- "अभियोग किस पर लगाऊं- ब्रहम पर अथवा जगत् पर? सत्य अभियुक्त नहीं हो सकता और मिथ्या तो स्वयं ही अभियोग है, पूज्य!"

मामी माँ लपक आई; गौरी को बाथ में भरते हुए बोली- "पुत्री!"

गौरी ने अगाध नयनों से मामी मां को घूरा; बोली- "देह मात्र।"

मातुल श्री ने गौरी की प्रशान्त पिरोजी गुलाब सी मूर्ति को धरती पर उभर कर स्वयं ही स्तम्भित मुद्रा में देखा; घूरा और गर्ज कर बोले- "देह मात्र! हम सब देह भर हैं और तू?"

"मैं?" गौरी ने कक्ष की दीवारों के परे और पार देखते हुए कहा- "मैं भी स्वयं को देह ही मानती थी; शरीर ही समझती थी; किन्तु वह जैसे बता गये हैं, समझा गये हैं कि मैं देह ही नहीं हूं-मैं देह में हूं तथा देह नहीं हूं।"

"अच्छा, जी।" पार्वतीनन्दन बोला- "तब आप श्रीमती हैं क्या?"

गौरी सहसा विहंसी; बोली- "जो सब में है, घट-घट व्यापी है, वही मैं हूं। वह उसको आत्मा, परमात्मा कहते हैं। उसने कहा है, मैं आत्मा हूं-वह आत्मा है, चैतन्य! जड़ नहीं, भला।"

मामी-माँ साश्चर्य्य बोली- "गौरी! बेटी, तू-तू क्या हो गई है...."

गौरी ने गहन शान्त स्वर में कहा- "मैं देह से मर गई हूं; प्राण में डूब गई हूं; बुद्धि से बौरा गई हूं, मामी माँ! मैं अपने ही चित्त में खो गई हूं।

और मैं अपने आप में तनिक भी, रंच भी, राई-रत्ती भी नहीं रही। मैं तत् हूं-उसने कहा है तत् त्वमसि। यह तत् त्वमसि क्या है, मामा!"

मातुल श्री को लगा जैसे अगाध प्रगाढ़ ज्योति-किरण गौरी के अतल शून्य शान्त नयनों से निकली; कक्ष में और गगन में फैल कर उनके रोम-रोम को झुलसा गई; बोले- "पागल हो गई है, यह गौरी, विप्रलंभित और क्या? इस छोकरी का हृदय ही टूट गया है। उस सनन्दन ने इसकी आशा पर तुषारापात किया है। उस लण्ठ जोगटे ने इस कली को मसल दिया है। उस कुल कलंक ने इस कन्या के साथ विश्वासघात किया है, सुना, तू ने? तू क्यों सुनेगी, स्त्री?"

मामी माँ ने गौरी को हृदय से लगाते हुए कहा- "चुप भी रहो। गौरी! शान्त!"

गौरी मुस्कराई; सिर धुनती हुई बोली- "पृथिवी शान्त, जल शान्त, अग्नि शान्त हो। वायु शान्त हो- आकाश शान्त हो। उसने मुझे स्वप्न में आकर कहा है यह भूत मात्र अन्त में गहन शान्ति से भरे हुए हैं। शान्त! यह मैं अशान्त है; किन्तु वह तत् शान्त है, शान्त।" गौरी ने मामी मां के वक्षस्थल में अपना कमल-मुख छिपा लिया; सहसा रोती हुई बोली उस पर क्या अभियोग लगाऊं, माँ! तू ही कह?"

"नहीं, नहीं, पुत्री!" मामी माँ ने गौरी को अपने वृद्ध देह से मानो लिपटा लिया- "नहीं, नहीं।"

"क्या नहीं?" मातुल गर्जे।

"कुछ नहीं। मामी माँ ने कहा और गौरी को लेकर कक्ष के बाहर चल दी। मातुल श्री भौंचक्क से देखते खड़े रहे। फिर सहसा काँप कर बोले- "पार्वती!"

"जी।" पार्वतीनन्दन भी चमका; बोला।

यज्ञ! समझा! क्रचक्र देव को सन्देश दे आ। यज्ञ होगा। यज्ञ, जिसकी ज्वालायें सर्वत्र फैलेंगी, सुना! भट्टपाद अग्निस्नान कर सकते थे; तो क्या हम नहीं कर सकते? हमारे कुल ने, वंश ने, जाति और धर्म के प्रति प्रज्ञापराध किया है। वेदान्त मत हमारे वंश का सिद्धान्त नहीं है- शताब्दियों से हम मीमांसा के निगड़ बटुक तथा मीमांसाचार्यों के शिष्य तथा सनातन धर्म के नियामक रहे हैं। सनन्दन कुल को, वंश को-जाति को, सभी को ढूह बना रहा है- ढूह में अग्नि दाह करना ही होगा। अग्नि स्नान से ही वंश, कुल,

जाति, धर्म और समष्टि के प्रति किया गया प्रज्ञापराध भस्म होकर पवित्र होता है-अग्निमीले पुरोहितम्।"

पार्वतीनन्दन की हंसती आंखों में चमक कौंधी; चिहुंका- "अग्नि मीले पुरोहितम्! यज्ञ अग्नि। वाह रे भट्ट! क्या निष्कर्ष है। श्री गुरो की जय हो। मातुल श्री जय हो।"

"विजय-पराजय? नहीं, पराजय कदापि नहीं।" मातुल श्री स्वयं से ही गर्जे- "सिद्धान्त के लिये उपाधियाँ त्याज्य हैं; सत्य के लिये सर्वस्व भी नगण्य है। धर्म के लिये प्राण त्याज्य है, समझा! मूढमति कहीं का! अग्नि ही जीर्ण जगत् को स्वाहा कर पुनः नवीन बनने के लिये अणु-अणु को शुद्ध करती है। अग्नि ही जरा को भस्म कर उसकी विभूति से नवीन सृजन के अंकुर उत्पन्न करती है। अग्नि ही इस भौतिक जगत् की संचालिका है, समझा! अग्नि ही बुद्धि के रूप में जगत् को प्रकाशित करती है-अग्नि ही शरीर को प्रति निमिष उस सर्व व्यापक अग्नि में रमाये रखती है, जो इस सृष्टि की भुवनाग्नि है। अग्नि सृष्टि की पुरोहित है; बुद्धि ऋत्विक् है और यह जगत् यज्ञ है, समझा...."

"भव?" पार्वतीनन्दन ने पूछा।

"भव? हव्य कव्य!" मातुल श्री ने वर्तमान के परे गूढ़ भावि में दृष्टिपात सा करते हुए कहा- "भव! भव ही तो है; भव-संसार ही तो है। भव न हो, तो क्या यह जगत् होगा? यथार्थ ज्ञान और यह धर्म धाक् होगी? भव है तो जग है; जीवन है और धर्म है। सत्य धर्म द्वारा ही धारित, लालित तथा पालित है, सुना!"

"जी! मातुल श्री जी!" पार्वतीनन्दन ने प्रणाम पूर्वक कहा।

"जी। मातुल श्री, जी। चाटुकार कहीं के!" मातुल श्री ने स्वयं में खो जाते हुए कहा-"एक अनुशासनहीन, आम्नायरहित लण्ठ युवा ने मातुल श्री को सात पाताल में धकेल दिया है। तू ही बता, पार्वती! इस मिथ्या को सत्य कैसे सिद्ध करूं? गुरुजी शास्त्रार्थ के लिये दक्षिण पधारना नहीं चाहते। कहते हैं, देश और काल पर अध्ययन, ध्यान और निदिध्यासन की आवश्यकता है। जीवात्मा आत्मा है या द्रव्य? यह नित्य है या अनित्य? ईश्वर परमात्मा-प्रपञ्च-मुक्ति तथा मोक्ष-यह सनातन से चली आ रही चिन्ता आज भी उतनी ही गहन है, गूढ़ बनी हुई है। भट्टपाद एक बात कहते हैं; तो श्री गुरो उसी बात को अन्य भाँति कहते हैं। भट्टपाद शरीर, भोग साधन इन्द्रियों एवं

तन्मात्राओं, विषयों के विलय को मोक्ष मानते हैं-श्री गुरो देह के आत्यंतिक नाश को ही मुक्ति मानते हैं। धर्म और अधर्म का निःशेष नाश, समझा!"

"जी!" पार्वतीनन्दन ने उत्तर दिया।

"जी! क्या जी?" मातुल बड़बड़ाये- "जानता है तन्मात्रायें क्या हैं? ऐं? बता, यह रूप, रस, गन्ध, स्पर्श, शब्द क्या है? यह इन्द्रियां क्या हैं? हुं? यह भोग्य विषय क्या हैं? यह प्रपञ्च क्या है और उसका विलय कहाँ होता है?"

"आकाश में और कहाँ, पूज्य! अग्नि सभी कुछ को आकाश में मिला देती है।" पार्वतीनन्दन ने कहा- "भस्मीभूत कर देती है, जी।"

"मैं पूछता हूं, तन्मात्रायें क्या हैं? और तू आकाश की बात कह रहा है।" मातुल श्री ने दाँत पीसते हुए कहा- "यही शिक्षा मैंने तुझे दी है? इस गुरोधाम में बारह वर्ष अध्ययन कर तू ने यही उत्तर पाया है? बता, देह क्या है? बता!"

"देह?" पार्वती चिहुंका- "यह मैं देह, हाँ जी।"

मातुल श्री ने उझकते हुए कहा- "यह क्या मैं नहीं जानता? देह! अवश्य यह देह है; परन्तु क्या मैं देह मात्र हूं-देह ही हूं?"

"जीव और क्या होता है? स्वामिन्!" पार्वतीनन्दन ने निसांस रखते हुए कहा- "पृथिवी, जल, अग्नि, वायु, आकाश, प्राण-पाँच ज्ञानेन्द्रियाँ, पाँच कर्मेन्द्रियाँ, मन, बुद्धि, चित्त और अहम् हाँ, भूल गया-यह पाँच तन्मात्रायें भी यह सब मिल कर जो स्वरूप होता है, वही देह है..."

"और यह पिण्ड मैं हूं; क्यों?" मातुल श्री ने गर्जन पूर्वक पूछा।

"भूतमात्र पिण्ड है, ऐसा आपश्री ने, शास्त्रों ने कहा है।" पार्वती-नन्दन गंभीर होते हुए बोला- "जीव की तीन अवस्थायें जो कही गई हैं; जाग्रति, स्वप्न, सुषुप्ति। पिण्ड की ही तो यह अवस्थायें हैं।"

"जीवात्मा की, मूर्ख!" मातुल श्री बमके- "तेरा काम श्री गुरोधाम की व्यवस्था करना और हमारी आज्ञा शिरोधार्य करना है-पण्डिताई छांटना नहीं, समझा! यह गौरी क्या हो गई है? पागल हो गई है- बड़ी दार्शनिक हो गई है।"

पार्वतीनन्दन ने दृढ़ता पूर्वक किन्तु सहमते हुए कहा- "स्त्री कभी दार्शनिक नहीं हो सकती। स्त्री माया रूप है, माया। पुरुष ही चैतन्य है-ज़।"

"अब सांख्य बघारने लगा?" मातुल श्री गर्जे- "क्रचक्र देव से मिलकर यज्ञ की तैयारी कर। कावेरी तट पर उनके आने के पूर्व ही मैं अघोर कालिका

की क्रोधाग्नि की लपटों से उस क्षेत्र को ही भर देना चाहता हूं। टीका तभी मिलेगी, जब तू प्रायश्चित्त करेगा-गृहस्थी बनेगा। वह हस्तामलक, मूढ़, मतिमन्द कहीं का। पराजित होगा। श्री गुरो शंकराचार्य से भिड़े, मैं शंकराचार्य के इन शिष्यों से भिड़ूंगा। इनको उल्टा लटका दूंगा- इनकी बोलती बन्द कर दूंगा। दक्षिण सतत् तत्त्व चिन्तन का क्षेत्र है। भारत भूमि के तत्त्ववेत्ता दक्षिण में जन्मे हैं और उत्तराखण्ड पर छा गये हैं। क्या यह शंकर दक्षिण का नहीं है? है। सनन्दन भी दक्षिण का है। टीका नहीं मिलेगी, सनन्दन! तेरा अपराध अक्षम्य है। तू निगड़ पापी निकला।"

"पाप-पुण्य?" पार्वतीनन्दन ने स्वयं से ही कहा।

"शास्त्र जिसको पाप कहते हैं, वह पाप है और पुण्य कहते हैं, वह पुण्य है। पाप-पुण्य का विवेक शास्त्र-विवेक है। यह जगत् शास्त्र नियोजित है; यह भव-संसार स्मृति-विहित है। यह ब्रह्म-चिन्तन नहीं है, जिसको कहा करो; सुना करो। इस जगत् में जीव को जीना होता है; जीना पड़ता है। शास्त्र न हो तो एक पल भी जीव इस जगत् में स्थित नहीं रह सकता-स्मृति न हो तो अपना सनातन धर्म पाल नहीं सकता। शास्त्र, स्मृति, शस्त्र-यह है, व्यष्टि, समष्टि, समाज तथा राष्ट्र-राज्य।"

राज्य! मातुल श्री मन ही मन झटके खाते हुए सोचने लगे; राज्य! यह राजा है तो क्षत्रिय, किन्तु जैसे प्रजा का स्वामी हो गया है। राजा प्रजा का पिता है; परन्तु यह राजशेखर देव प्रजा के नियामक, स्वामी धणी-धोरी हो गये हैं। उस जगद्गुरु के पीछे लगे हैं यह सब। उत्तर का उज्ज्यनी नृपति सुधन्वा! बौद्ध हो रहा था, एक बौद्ध साध्वी के प्रेम में पड़कर यह महाराजा राजेश्वर सुधन्वा बुद्ध-मुण्डक होने जा रहा था- यह तो राज्ञी ने भट्टपाद को कहा और उस मतिमान मनस्वी मनीषी ने इस काममूढ़ को उबार लिया। उत्तर में सुधन्वा और दक्षिण में राजशेखर। आर्य-नृपतियों के साथ इस शंकराचार्य के साथ लगे हैं। कौलों, क्षप्पणकों, कालभोजों, शाक्तों तथा बौद्धों पर वाणी से शंकराचार्य ने प्रहार आरंभ किये हैं। शास्त्रार्थों के आक्रमणों द्वारा यह शंकराचार्य भारत वर्ष का धर्म-सम्राट् चक्रवर्ती होना चाहता है- श्री वल्ली के उस ब्राह्मण के मूढ़, मति मन्द, कायर तथा धृष्ट मूक पुत्र, पृथ्वीधर को पूर्व जन्म का योगी बता कर श्रृंगेरी मठ का आचार्य शंकराचार्य बना दिया। छत्र, चम्मर, सिंहासन, शिष्य-सेवक सभी प्राप्त करवाये। दक्षिण का धर्माधिपति गणेश बना दिया इस मतिमूढ़ को। चुप रहता है यह

हस्तामलक! बोलता ही नहीं; मूक रहता है। बोले तो इस अहमन्य संन्यासी का भेद खुल जाय। श्रुति को ही ब्रह्म प्रमाण मानने वाले यह जोगटे शास्त्र के तर्क के सम्मुख रह नहीं सकते-हो सकते नहीं। श्रुति! क्या श्रुति? मुनियों और ऋषियों के परस्पर कथन, उपनिषद्! उपनिषद् शास्त्र नहीं हैं; स्मृति नहीं है-शास्त्र नहीं है। केवल उद्भ्रान्त कथन हैं। मुनि! बुद्धिहीन मूढ़ ही मुनि हो सकता है। यह स्वर-व्यञ्जनों का अनादि सनातन कोलाहल क्या व्यर्थ है? निरर्थक है? प्रत्येक भव-योनि के अपना कण्ठ है, अपनी वाचा है, अनूठी, विलक्षण वाचा। केवल मनुष्य को वाणी है, वाङ्मय है-स्वर, व्यञ्जन, शब्द, अक्षर, वाक्य, प्रबन्ध, काव्य तथा नाटक है। मानव योनि कर्म योनि होने से सार्थक, सध्धर, सटीक पाप और पुण्य की जनक योनि है। मानव है क्या? पिण्ड भर है क्या? वासनायें ही हैं यह मानव क्या? केवल कामना और उसकी अन्ध पूर्ति का कोई यन्त्र है यह मानव क्या? नहीं। नहीं; मानव इस पृथिवी पर बुद्धि का धनी, चेतना का वल्लभ तथा बुद्धिशाली अद्वितीय विद्या-व्यसनी और अपराजेय पुरुषार्थी है। सभी विद्यायें मानव के लिये हैं; सभी शास्त्र मानव के लिए हैं। सभी शस्त्र इस धरती के राजा मानव के लिये हैं। गृहस्थ जीव ही इस भूमि का स्वामी और आकाश का देवता है, सनन्दन! तू मुझे क्या वेदान्त पढ़ायेगा? तू और तेरा गुरु-दोनों ही निरर्थक विजन के वासी हो, और क्या? संसार शून्य असार नहीं है, सार्थक भव-लोक है, समझा!"

समझा! मानो क्षितिज के पार से सनन्दन ने कहा- "समझ गया, तभी तो घर-बाहर त्याग कर सद्गुरु शंकर के श्री चरणों की शरण गया हूं।" मानो सनन्दन ने कहा और मातुलश्री ने अपने उफनते हुए गहन में सुना। मातुल हहरे। सनन्दन! मातुल ने सिर धुनाया; दाँत पीसे और मुट्ठी आकाश में तानते हुए बोले- "सनन्दन! पद्मपाद! तुझे समझ लूंगा। मैं तेरे गुरु से हार सकता हूं; तुझसे नहीं-नहीं। तुझसे नहीं सनन्दन! नहीं!" नहीं। मातुल ने सोये हुए भव-संसार से कहा; शान्त उदासीन आकाश से कहा। पास ही चटाई पर सोई हुई अपनी वयस्क वृद्धा धर्म-पत्नी को तनिक घूर कर मातुल श्री गर्जे- "सुनती है? कीचड़ में भैंस की भाँति सो रही है? सुनती नहीं?"

मामी माँ ने करवट बदलते हुए कहा- "सोने भी दोगे? दिन भर तुम्हारी गृहस्थी के काम-काज में दोनों पैरों पर रहती हूं। रात को भी मुझे चैन लेने नहीं देते। सुनती हो! क्या सुनूं?"

मातुलश्री- "तब मैं बकता रहता हूं, यही न?"

"मैंने नहीं कहा कि तुम बकते रहते हो।" मामी माँ ने उठ बैठते हुए कहा- "दिन रात क्रोध करते रहते हो। यह क्रोध तुमको शोभा नहीं देता। श्री गुरो को पता चलेगा कि उनका विख्यात शिष्य आचार्य क्रोधी है..."

मातुलश्री ने बीच में ही कहा- "और कामी है। तब?"

मामी माँ ने अचकचा कर कहा- "मैंने कब कहा तुम कामी हो?"

"कहने जा रही थी। स्त्री! तूने ही मुझे क्रोधी, कामी बना रखा है-" मातुल बमके- "मेरा प्रति पग विरोध। प्रत्येक वार्ता में शास्त्रार्थ। जब देखो तब उपदेश। तू गीता नहीं है, समझी! मेरी स्त्री है, धर्म-पत्नी। अपना धर्म निभा, सुना! उस तिलोत्तमा को सिर चढ़ाया; अब इस गौरी को छाती से दबा कर रहती है।"

मामी माँ ने तीव्र प्रतिकार के स्वर में कहा- "गौरी अनाथ है; उसकी वृद्धा माँ अन्धी है। वह हमारे आसरे पड़ी है। सनन्दन और गौरी में कोई अन्तर नहीं है। तुम्हारे कारण एक जोगी हो गया और यह दूसरी नदी में डूब मरेगी।"

मातुलश्री ने दाँत पीसे- "स्त्री! चुप रह!"

मामी माँ उठ खड़ी हुई; शान्त दृढ़ स्वर में बोली- "जीवन भर तक मैं तुम्हारे अत्याचार सहती आई हूं-तुम्हारी मूक दासी बनी रही हूं। किन्तु अब नहीं। सनन्दन को तुम हत्यारा प्रमाणित करना चाहते हो; गौरी को निर्लज्ज करना चाहते हो। अपने प्रतिशोध के लिये कुल, जाति तथा समस्त पुरजनों को उकसा कर उस बेचारे सनन्दन को बदनाम करना चाहते हो। चुप रहूं? कैसे चुप रहूं?"

"तो तू क्या करेगी?" मातुल श्री ने गर्ज कर पूछा।

"संन्यास ले लूंगी।" मामी माँ ने कहा- "किन्तु अब यह सरासर अत्याचार नहीं सहूंगी। सनन्दन के साथ तुम जो चाहो वह करो; किन्तु गौरी को छोड़ दो-उसका नाम भी न लो। वह गंगा और यमुना के जल सी पवित्र है। वह निरीह कन्या है, समझे! अच्छा तुम्हारा गुरोमत रहा। निर्बलों पर बलात् वश करना, दीन और दुखियों पर बरसना-धर्म और जाति के नाम पर प्रताड़ना करना। यही है क्या तुम्हारा गुरोमत?"

"मैं कहता हूं चुप कर। चुप।" मातुल ने क्रोध से कांपते हुए कहा- "संन्यासिनी हो जायगी? ऐं? मेरे जीते जी संन्यास लेगी? मैं इस घर को आग लगा दूंगा, सुना।"

मामी माँ ने द्वार की ओर जाते हुए कहा- "लगा दो, मेरी बला से। तुम और क्या करोगे? सनन्दन तुम्हारे वश में नहीं; आचार्य हस्तामलक तुम्हारे बूते की बात नहीं। तुम अहमन्य कर्मकाण्डी हो; याज्ञिक! श्री गुरोमत का झण्डा लेकर गर्जते तर्जते रहते हो। मैं चली...."

मातुल श्री द्वार की ओर धँसे- "कहाँ? कहाँ चली, स्त्री!"

"जहाँ भव-संसार की रात नहीं हो; दिवस नहीं हो। जहाँ न यह जन्म हो और न मरण हो।" मामी माँ ने कहा- "भव संसार में जल खूट गया है; किन्तु नदी में जल नहीं खूटा। पुर की नदी भरी है और मुझ जैसी दीन-हीन स्त्री को अपनी गोद में समाने के लिये सदैव ही तत्पर है। तुमने मुझको क्या शूद्र स्त्री समझा है? मैं ब्राह्मण नारी हूं; माँ हूं- नानी और दादी भी हूं। मैं कुल लक्ष्मी और कुल देवता भी हूं और तुम...?"

"मैं? हाँ मैं?" मातुल द्वार के पास मामी माँ के सम्मुख ठिठक कर खड़े रह गये- "हां, सुनूं तो मैं क्या हूं?"

"प्रभु जाने तुम क्या हो? स्त्री पुरुष को कब जान पाई है?" मामी मां ने कहा और कक्ष के बाहर निकल गई।

14

मातुल श्री ने पुर-सभा को तीव्र प्लुत स्वर में संबोधित करते हुए कहा- "हम विवश हैं; हमारा सिर लज्जा से अवनत है और मैं क्या स्पष्टीकरण दूं? यह सनन्दन, तथाकथित आचार्य पद्मपाद कुल-कलंक, जाति-शत्रु तथा धर्म द्रोही निकल गया। इन जोगियों का भी कोई धर्म होता है-इनका तो एक ही आचरण है, भीख मांगो और अहर्निश ब्रह्म, ब्रह्म करते रहो-करते रहो। शास्त्रोक्त सभी तथ्यों को व्यर्थ और प्रमाण वाक्य केवल श्रुति को मानो- श्रुति। शास्त्र नहीं; स्मृति नहीं। परम्परागत आगम-निगम को यह बुद्धि-मूढ़ मानते ही नहीं। बुद्धि-मूढ़, जड़, जगत्-विमुख, भव-द्रोही यह संन्यासी, यह भिक्षुक यह सब जो भिक्षाटन करते तथा जनपदों में घूम-घूम कर अपने मत-मतान्तरों का प्रचार किया करते हैं- वह सब भार रूप हैं इस पृथिवी पर। कर्म, केवल कर्म का ही रहस्य हमें मानव को बताना है; कर्म का मर्म ही मनुष्य को समझाना है तथा उसको कर्म के सद् तथा उत्तम मार्ग पर चलाना है। मानव का माता-पिता देव है; आचार्य देव है; अतिथि देव है। सनन्दन ने इन त्रिदेवों को ठुकराया है उनका घोर तिरस्कार किया है। उस लण्ठ भारती ने इस प्रसिद्ध पुर के महिम शिष्ट मण्डल का अपमान किया है। मेरा भानुज हुआ तो क्या हुआ? धर्म के पवित्र अकाट्य बन्धन से सभी बँधे हुए हैं- मनुष्य, किन्नर, गन्धर्व, देव सभी। अवश्य धर्म के लिपटे यह ब्रह्म राक्षस हैं; दानव हैं, असुर हैं। धर्म है क्या? क्या धर्म स्मृति में लिखे श्लोकों में ही व्यवृहत् है, धर्म का स्वरूप क्या धर्माचार्यों के उपदेशों में ही है? धर्म क्या शास्त्र के सिद्ध वाक्यों तक ही सीमित है। इस सृष्टि में दिव्य गहन प्रति दिव्य धर्मिता व्याप्त है-छाई हुई है। सृष्टि की यह त्रिकाल अभिव्यक्ति, भव-योनियों का यह सतत उद्भव और तिरोभाव, यह जन्म- मरण जीवन सभी एक गूढ़ दिव्य भव्य उत्तम एवं मंगलमय धर्म का ही प्रकाश है। धर्म से ही सृष्टि स्थित रह कर अविराम लय लेती है तथा पुनः आविर्भूत होती है भला। धर्म से ही जीव अपनी भव योनि में प्रारब्ध काटता रहता तथा संचित का संचय करता रहता है। अतः अथातो धर्म-जिज्ञासा। अथातो ब्रह्म जिज्ञासा नहीं, कदापि नहीं। हम समष्टि को लेकर ही चलते

हैं, अवश्य! व्यष्टि के लिये संन्यास हो सकता है; समष्टि के लिये तो धर्म है और बहुत हुआ तो वानप्रस्थ है-वानप्रस्थ के परे संन्यास से समाज का क्या लेना-देना है? मोक्ष है भी तो क्या समष्टि का मोक्ष होता है? हो सकता है? नहीं, अतः वेदान्त का यह कोलाहल उद्भ्रान्त चित्तों का विप्रलंभ मात्र है।"

"सत्युत्।" वयोवृद्ध कर्मान्त्री विजया की लहरीली तरंग में जागते हुए चिहुंके।

"क्या सत्युत्?" मातुल श्री ने गर्जना पूर्वक पूछा- "ऐसे रूढ़ और मूढ़ पण्डितों ने ही समूचे यज्ञ-याग तथा कर्म-काण्ड का सत्यानाश किया है- शास्त्रों का केवल अभिधार्थ जानने वाले यह पण्डित परम्परावादी रूढ़िग्रस्त, शंकाशील तथा बुद्धि-हत व्यष्टि रह गये हैं। यज्ञ-याग अब स्वर्ग-प्राप्ति के निमित्त अत्यंत पुनीत शास्त्रोक्त कर्म-काण्ड मिट कर केवल उपार्जन के लिये एक याज्ञिक कार्य्य मात्र रह गया है। यही कारण है, पूर्वमीमांसा की समग्र चेतना ही एक रूढ़-दृष्टि हो गई है-इसी से वर्ण वृत्ति बीज में सड़कर जाति हो गये। वर्णाश्रम धर्म के विशाल वट वृक्ष अपनी विपुल जटाओं के साथ तमिस्त्र पृथिवी में, बुद्धि के तमोगण में ही धँस गये-"

मणिशंकर त्रिवेदी ने स्वीकृति-सूचक सिर हिलाते हुए कहा- "अब वेद व्यास के ब्रह्म सूत्रों की व्याख्या पर, वेदान्त के ब्रह्म पर ही सारा यज्ञ-याग हो, यह उपक्रम है इन शंकराचार्यों का। इन्होंने भक्ति को गौण तथा कर्म के नैतिक सिद्धान्त को केवल लोकाचार के लिये ही चलाऊ रूप में स्वीकार किया है-यह वेदान्ती जीव की पाप और पुण्य वृत्ति, मति तथा धृति में आत्यंतिक मानते ही नहीं। यह शंकर वेदान्त सभी आश्रमों का विलय एक मात्र संन्यास में मानता है; तब श्री गुरो सभी आश्रमों को धर्म धारण की स्थितियाँ मानते हैं। वर्ण-वृत्ति ही कर्म-बन्धन का मूल है।"

"अवश्यमेव।" मातुल श्री ने आकाश के क्षितिज को भेदने के लिये अपनी तर्जनी ऊर्ध्व की- "मानव जीव मूलतः सेवक है जगत् में। फिर जगत् के ऐश्वर्य को अपने सुख के लिये वह एकत्र करना चाहता है। यह वैश्य वृत्ति लक्ष्मी प्राप्ति की बद्धमूल वृत्ति है। क्षत्रिय तो समाज, राष्ट्र तथा राज्य का दण्डधारी और न्याय प्रणेता है।"

किसी ने प्लुत स्वर में कहा- "और ब्राह्मण ब्रह्म है, भू-सुर।"

मातुलश्री ने मेदिनी के सिरों के ऊपर देखते हुए पूछा- "कौन? कौन बोला वह?"

शर्मणा ने सुदूर अपना हाथ उठाते हुए कहा- "जी, मैं, यह तुच्छ जीव।"

"आप?" मणिशंकर त्रिवेदी ने पूछा।

"शर्मणा नाम्नी एक शरीरी।" शर्मणा ने कहा।

वयोवृद्ध कर्मान्त्री अब जाग चुके थे- "शरीरी?"

"जी। शरीरी।" शर्मणा ने कहा- "त्रिपुरवासी, त्रिपुरवासी।"

मातुल श्री ने बमकते हुए पूछा- "श्री गुरो को जानते हो?"

शर्मणा ने उठते हुए कहा- "जी, अच्छी तरह से श्री गुरो प्रभाकर देव से परिचित हूं। भट्टपाद जब उनको बुलाते थे, तब वह मीमांसा कुञ्जर मदमाती चाल से चलकर उनके पास आता था। भट्टपाद को सुनते भर थे श्री गुरो प्रभाकर। उत्तर एक नहीं देते थे। गुरु अपने इस शिष्य को गुरु मानते थे और श्री शिष्य जी गुरु को शिष्य मानते थे-मन में। तभी तो श्री प्रभाकर जी किसी से शास्त्रार्थ नहीं करते और आज तो आप जैसे पीठमर्दों को सांसत में डाल दिया है-"

"पीठमर्द?" चीत्कार सी उठी। पार्वतीनन्दन बमका- "पीठमर्द, मैं?"

"हम सब इन राजाओं तथा धर्म-सम्राटों के, इन आचार्यों के पीठमर्द नहीं तो क्या हैं?" शर्मणा ने आगे आते हुए कहा- "मैं संगमाश्रम का शर्मणा हूं; भट्टपाद का धर्मपुत्र हूं और सभी इन मीमांसा तीर्थों को उनकी जाग्रति, स्वप्न तथा सुषुप्ति में जानता हूं।"

सभा में कई तीव्र क्रुद्ध स्वर उठे- "भट्टपाद के आप शिष्य हैं? कौन? आपका कुल-शील?"

शर्मणा ने कहा- "मैं दिवंगत मण्डन मिश्र का धर्मानुज हूं; महाराज राजेश्वर सुधन्वा का पीठमर्द तथा श्रीमान् कवि कुल चूड़ामणि राजशेखर का स्तुतिकर्ता हूं-पीठमर्द, भवान्! मेरा कुल शील? मेरा कुल यह धरती है, मेरा शील यह आकाश है।"

वयोवृद्ध कर्मान्त्री जी ने कहा- "इस सभा में आपको निमंत्रित किया गया था क्या? यदि किया गया था, तो किसने क्यों किया?"

शर्मणा ने ठहाका मारते हुए कहा- "ब्राह्मण को विद्वत्सभा के लिये निमन्त्रण की आवश्यकता होती है क्या? ब्राह्मण की सर्व दिशाओं में गति है-ब्राह्मण गति ही काल गति है। फिर मैं तो महाराज राजेश्वर राजशेखर का सन्देश लेकर आया हूं।"

मातुल श्री बड़बड़ाये- "महाराजाधिराज का सन्देश?"

“लिखित-चित्रित, भवान् मातुल श्री।” शर्मणा ने हँसते हुए कहा- “पूछिये मेरा कुल शील, पूछिये। गर्जिये-तर्जिये, हाँ किस बूते पर आचार्य पद्मपाद को प्रायश्चित्त करने के लिये आदेश दे रहे हैं आप सब? सदावृत्त पर जीने वाले याज़िक ब्राह्मणों! इतनी अहमन्यता कि यतियों से प्रायश्चित्त करवाने लगे? जगद्गुरु शंकराचार्य की खुली सार्वजनिक भर्त्सना करने लगे? यतियों और संन्यासियों से वही ब्राह्मण मुठभेड़ कर सकता है; आचार्यों से वही विद्वान् लोहा ले सकता है, जो स्वयं सिद्ध हो; बुद्ध हो-समाधिस्थ तथा सत्य का द्रष्टा हो। पोथी-पण्डितों को मनीषियों को, साष्टांग प्रणाम ही करना चाहिये-”

“तब हम पोथी- पण्डित हैं?” मणिशंकर त्रिवेदी ने पूछा।

“और क्या हैं आप, भवान्?” शर्मणा ने विहँसते हुए भवें ऊंचकाई और पूछा- “आचार्य पद्मपाद सिद्ध हैं-नृसिंह मंत्र सिद्ध आचार्य पद्मपाद् सद्गुरु की कृपा से ही भव-सागर तर गये हैं। गुरु-कृपा, समझे? शास्त्र कृपा नहीं करते, श्रीमद्!”

मणिशंकर त्रिवेदी ने गंभीरता पूर्वक पूछा- “क्या संदेश है त्रिवांकुर मण्डलाधिपति महाराज राजशेखर का? आज्ञा है अथवा संदेश?”

शर्मणा ने नवरंगी डंडियों में खुभे, जुड़े हुए चीनांकुश परचम को बगलबण्डी के सातवें पाताल से निकालते हुए कहा- “राजा का सन्देश आज्ञा ही होता है। राजा उपदेश कब देता है? राजा सीख कब देता है- राजा का प्रत्येक कथन उसकी अमिट आज्ञा ही होता है। यह क्यों विसर जाते हैं आप कि धर्म-जिज्ञासा से राज-जिज्ञासा अत्यंत समर्थ तथा प्रबल है। इस जगत् में पुण्य करने से सब मिलता है, केवल राम और राज नहीं मिलता। राम गुरु कृपा से मिलता है; राज कल्पों के पुण्य-बल से ही प्राप्त होता है।”

मातुलश्री ने झपट कर परचम ले लिया- “देखूं?”

शर्मणा ने मुस्कराते हुए कहा- “बन्द आँखों से पढ़ियेगा, प्रियवर मातुलश्री! यह श्री गुरोमत नहीं है, राजाज्ञा है। राज घोषणा, हाँ जी।”

मातुलश्री के कम्पित होठों से शब्द निकलने लगे- “दक्षिण के अनेक शास्त्रार्थों द्वारा तप्त एवं सिद्ध मनीषी-निर्णयानुसार हम महाराजाधिराज यह निश्चय कर आज्ञा देते हैं कि दक्षिण की धर्म-व्यवस्था श्रृंगेरी मठ के अन्तर्गत और अधीन स्थित है तथा होगी। वैदिक वर्णाश्रम धर्म का धारण, पालन, पोषण एवं समष्टि का लोक शिक्षण और जीवन यापन का समग्र मार्ग दर्शन श्रृंगेरी मठ के आदि आचार्य वेद-विभूति आचार्य श्री हस्तामलक

का होगा। जगद्गुरु शंकराचार्य द्वारा स्थापित आम्नायों के अधीन श्रृंगेरी मठ से ही सभी आश्रमों में स्थित सभी वर्णों के लिये व्यवस्थायें प्रसूत होंगी और श्रृंगेरी की धर्म सभा ही दक्षिण की सर्व समर्थ आमनाय होगी। दक्षिण में वैदिक सनातन धर्म की आज्ञा श्रृंगेरी मठ की होगी और राजाज्ञा केवल न्यायाधिकरण तक ही सीमित रहेगी। प्रजा की रक्षा, न्याय प्रतिपादन एवं अटल दण्डाधिकरण ही राज का काज होगा। अवश्य, राज्य श्रृंगेरी मठ की व्यवस्थाओं और निर्देशों का पालन करवायगा। श्रृंगेरी की आज्ञाओं की प्रतिष्ठा राजाज्ञाओं की भाँति तथा समान होगी।"

मणिशंकर त्रिवेदी स्तम्भित से चिहुंके- "शान्तम् पापम्।"

पार्वतीनन्दन चिल्लाया- "अर्थात्?"

शर्मणा ने कहा- "अर्थात् आचार्य पद्मपाद को प्रायश्चित्त करने के लिये आप लोग बाध्य नहीं कर सकेंगे। जाति का पंच इस घोषणा से तटस्थ कर दिया गया है। आचार्य पद्मपाद के लिये श्रृंगेरी की धर्म सभा ही योग्य पात्र निर्णय कर सकती है-मातुल श्री नहीं; श्री गुरोमत नहीं है। श्री प्रभाकर नहीं, आचार्य हस्तामलक।"

"नहीं।" मातुलश्री गर्जे- "राजाज्ञा द्वारा किसी भी मठाधीश को समूचे ब्राह्मण समाज पर लादा नहीं जायगा, महाशय शर्मणा! महाराज राजशेखर को यह कह दें-जता दें। दक्षिण का ब्राह्मण इतना हतप्रभ नहीं हुआ है कि उसको राजाज्ञा द्वारा प्रचोदित और अनुशासित होना पड़े। हम कौल नहीं हैं और नहीं पंचमकारवादी वाममार्गी भ्रष्ट साधक हैं-हम वैदिक वर्णाश्रम धर्म के स्कन्द स्वरूप मीमांसक हैं; नैयायिक हैं-हम वैशेषिक हैं। हम महर्षि कपिल के चक्षु स्वरूप याज्ञिक ब्राह्मण हैं, समझे!'

शर्मणा ने गंभीर स्वर में कहा- "मैं तो समझ गया; परन्तु राजा राजशेखर समझेंगे तब न? फिर आचार्य हस्तामलक ने यह कहलवाया है; आचार्य पद्मपाद की शारीरिक भाष्य्य टीका मुझे हस्तगत कीजिये-"

"आपको?" मातुल श्री बमके।

"और किसको?" शर्मणा ने कहा- "हम राजा राजशेखर के पीठ मर्द हैं तथा आचार्य हस्तामलक के अनुशासनकर्ता सेवक हैं। दक्षिण में आप सब मिल गये हैं-सभी, कौल, कालमुख, क्षपणक, शाक्त सभी अनात्मवादी और अनाचारी वाममार्गी एक होकर जगद्गुरु शंकराचार्य के वेदान्त-संदेश का विरोध कर रहे हैं। वैदिक वर्णाश्रम धर्म और मीमांसा की दुहाई तो आप सब

देते हैं; किन्तु आप सब शुद्ध ज्ञान मार्ग के विरोधी हैं; अनात्मवादी और विज्ञानवादी हैं। जो जगत्, भव, जन्म-मरण, यम तथा विधि-शास्त्र तथा स्मृति में मानता और जीवन यापन करता है। वह तम को, जड़ को ही मानता है, प्रकाश को नहीं, अन्धकार को ही मानता है।"

मातुल गर्जे- "हम यथार्थ ज्ञान को मानते हैं, महाशय!"

शर्मणा ने सिर हिला कर कहा- "इन्द्रियज ज्ञान को; आत्मज्ञान को नहीं।"

"आत्म-ज्ञान? क्या है वह?" मातुल ने पैर पटकते हुए कहा- "शून्य भान, जहाँ न रूप है; न रंग है; नहीं प्रकाश है और नहीं जहाँ अँधेरा है। स्पन्दन और स्फूर्ति हीन कोई अकल्पनीय विजन है-शून्य! उसका भान! आत्मा! आत्म ज्ञान!"

"सत् चित् आनन्द।" शर्मणा ने कहा- "टीका हमें लौटाइये, मातुल श्री!"

सभा के एक कोने से एक आँख ने इंगित किया; मातुल श्री ने देखा और बोले- समझा! "सनन्दन ने अपनी टीका हमें देखने के लिये दी है। हम उसको ही लौटायेंगे। जिसकी वस्तु है उसी को सुरक्षित उसकी वस्तु लौटाना ही धर्म है, महाशय!"

"सत्युत-शुभ!" शर्मणा ने पूछा- "किन्तु कब?"

"कावेरी तट पर जब आचार्य पद्मपाद आकर हमें पुकारेंगे, तब! श्रीमद् हस्तामलक जी भी साथ रहेंगे न?" मातुल श्री ने सस्मित कहा- "तब! और कब, भवान्!"

"आचार्य हस्तामलक पद्मपाद श्री के साथ अब नहीं आवेंगे।" शर्मणा ने कहा- "इसीलिये हमें अगवानी में उन्होंने भेजा है। हम कावेरी तट पर आचार्य पद्मपाद की प्रतीक्षा करेंगे। किन्तु समझ लें, टीका वापस करनी ही होगी, समझे!"

"अन्यथा?" मातुल श्री ने घूरते हुए पूछा।

"अन्यथा इति श्री।" शर्मणा ने कहा- "लंकाकाण्ड! महोदय!"

"लंकाकाण्ड!" मातुल श्री बोले और सहसा अट्टहास्य पूर्वक चिल्लाये- "तब क्या आप श्री धमकी दे रहे हैं-आग लगा देंगे क्या?"

शर्मणा ने प्रस्थान करते हुए कहा- "नृसिंह मंत्र, मातुल! पद्मपाद आचार्य श्री अब आपका भानुज सनन्दन नहीं है-सिद्ध आचार्य पद्मपाद श्री हैं- जगद्गुरु के आजानुबाहु।"

"पद्मपाद! जगद्गुरु शंकराचार्य का आजानुबाहु। मातुल के कर्ण-कुहर इस कुहराम से भर गये। सनन्दन! मेरी विधवा भगिनी का अनाथ पुत्र। सनन्दन! आज नृसिंह मंत्र सिद्ध आचार्य पद्मपाद हो गया है। और मैं? श्री गुरो-रथ का सारथी मात्र रह गया हूं। श्री गुरो! आपने मुझ पर कभी कृपा नहीं की? क्या मैं आचार्य पदवी के योग्य नहीं हुआ-नहीं हूं क्या? यह लण्ठ भारती सनातन धर्म का पथ भ्रष्ट, ब्राह्मण कर्म से हीन एक जोगटा-आचार्य पद्मपाद!"

"आचार्य पद्मपाद।" मूक किन्तु शक्तिशाली शब्द मातुल श्री के रोम-रोम को भेद कर निकला और सतार प्रकाश को कावेरी के शान्त जल में प्रतिबिम्बित होते हुए देखने में मग्न पद्मपाद के चित्त के शून्य से दिकों से जा टकराया- "आचार्य पद्मपाद!"

"हुं?" पद्मपाद जाग्रत हो गये-जगे और अनायास ही चारों ओर देखकर स्वयं से ही बोले- "हुं? ऐं?"

आनन्द गिरि ने कहा- "क्या, श्रीमद्?"

"कुछ नहीं।" पद्मपाद ने ऊर्ध्व श्वांस में समस्त आकाश के महाप्राण को भर लेने की चेष्टा करते हुए कहा- "यह आकाश, तारे, नीहारिकायें, कितना अनूठा विचित्र विलक्षण आश्चर्य है, आनन्दगिरि! चित्त स्तब्ध और बुद्धि स्तम्भित हो जाती है-आकाश।"

"शब्द! और क्या, भवान्।" आनन्द गिरि ने कहा- "शब्द, ध्वनि, ध्वनि-वाक्; वाक्- वाचा, वाचा-वाणी और वाणी-वाड्मय। यही-यही तो। अवश्य यह जगत् निराला है-अनूठा। जीव देखता रहे और क्या? मुझको तो यह जगत् विलक्षण अगाध अमिट रहस्य ही लगता है-इसके परे और पार है क्या?"

आचार्य पद्मपाद ने नीहारिकाओं की मन्द आभा को मानो अपने नयनों में भर लेने का प्रयास करते हुए कहा- "तत्त्ववेत्ता तो यही कहते हैं, यह सब ब्रह्म है- ब्रह्म ही उपादानवत् यह जगत् उत्पन्न करता तथा उसमें संकल्पवत् प्रवेश कर उसको चलाता रहता है-यही माया है तथा वही मायापति है। माया?"

"माया?" श्री विष्णु शर्मा ने पास आकर कहा- "डूबते जाओ स्वयं में माया ही माया मिलेगी, आचार्य श्री!"

आचार्य पद्मपाद ने सहसा निसास रखते हुए स्वयं से ही जैसे कहा- "पूर्व-संस्कार छूटते ही नहीं। अन्ततोगत्वा माया दिखाकर मातुल श्री के यहाँ जाने की इच्छा हुई, इच्छा। तब यह माया-मोह इच्छा की ही अभिव्यक्ति

है। अपने पूर्वाश्रम के श्रीपुर की वृक्ष-घटायें देखते ही मुझको माता-पिता, तिलोत्तमा, मामा और गौरी.. हाँ, सभी इष्ट-मित्र, पुरजन-परिजन स्मृतिगत हो गये। किस अथाह में यह स्मृतियाँ खोई हुई थीं, शर्मा जी? अनन्त, अथाह माया की रंगीन बिम्ब मण्डित यह लहरें यह नवरंगी आभामय स्वयं जाग्रत गुणों का अद्भुत नर्तन-माया। क्या है यह माया? ऐसा लगता है प्राणियों की आँखों में यह अनिर्वचनीय माया ही भरी है। सच कहता हूं उस गौरी के नयनों में मुझे कोई अचिन्त्य ही माया-मुग्ध ही छिपा दिखता है। सारा जगत् सजीव हो जाता है, स्मृतियों में और यह जीव स्वप्नों में सोता ही रहता है। यह कालरात्रि ही तब माया है।"

आनन्द गिरि ने कहा- "मौन हो जाओ; माया मूक हो जायगी।"

पद्मपाद ने चौंक कर पूछा- "वाह! क्या कहा है, गिरि! और तुम कहते हो, तुमको ज्ञान नहीं हुआ?"

आनन्द गिरि ने सिर धुनाया; कहा- "इस शरीर में जब तक बस रहा हूं, जब तक प्रारब्ध है और कल्प कल्पों का संचित उस अपूर्व अदृष्ट में अनन्त सा छाया हुआ है, तब तक ज्ञान कहाँ? विदेह नहीं, देह विहीन होने पर ही ज्ञान होता है, ऐसा सुरेश्वराचार्य का कथन है।"

"देह विहीन?" श्री विष्णु शर्मा ने पूछा।

"कर्महीन कर्मरहित-कालातीत, और क्या?" आनन्द गिरि ने कहा- "किन्तु यह सब बुद्धि का ऊहापोह मात्र है। योगी समाधिस्थ होकर ही ब्रह्म को देखता है। समाधि-योग, हठयोग-नहीं?"

आचार्य पद्मपाद ने सहसा उठते हुए कहा- "ज्योतिर्मय तारों के अतीन्द्रिय वैभव से भरे इस आकाश में शब्द लीन है; मौन छाया हुआ है और प्राणियों के हृदय धड़क रहे हैं। क्या यही मायामय जीवन है-भव- संसार? देह, शरीर? बुद्धि इस अगाध अपार रहस्य को जैसे समझ पाती है; किन्तु इसको ग्रहण नहीं कर पाती। यह जगत् बुद्धि में ठहरता ही नहीं। क्षणिक है और नहीं भी है-ऐसा यह जगत् और उसका यह त्रिताप से भरा भव-सागर, मेरे प्रभो! जीव, अल्पज्ञ तथा अशक्त, जन्म- मरण के फेरों में फंसा यह जीव कैसे तरे? तब क्या यह माया... कौन?"

आचार्य पद्मपाद ने स्तब्ध सा होते हुए चारों ओर देखा और पुनः स्वयं से बोले- "कोई नहीं; केवल हृदय-स्पन्दन सुनाई पड़ता है। इस देह के परे और पार जैसे कुछ सूझता ही नहीं। सभी कल्पनायें तब शरीर की हैं; सभी

धारणायें मन की हैं-मामा दिवाकर तब क्या सत्य कहते हैं कि जीवात्मा ही है; इन्द्रियज यथार्थ ज्ञान ही है। ब्रह्म सत्यम्-सत्य, सद्? गुरुदेव सच्चिदानंद ब्रह्म, परम् तत्त्व परम् सत्य और केवल सद् की जय कहते हैं, उनके कमल नयन अथाह हो जाते हैं-हाँ शर्मा जी! उनके सम्मोहन भरे कण्ठ में जैसे कोई निर्गुण निराकार इंगित मात्र करता है- तब यह अनन्त कोटि ब्रहमाण्डों का जगत् ब्रह्म का पता ही बताता है- ब्रह्म नहीं।"

श्री विष्णु शर्मा ने सहसा पूछा- "आप पहिले इतने क्षुब्ध कभी नहीं थे, पद्मपाद! क्यों? यह अशान्त व्याकुलता क्यों है?"

आचार्य पद्मपाद ने कहा- "यह शरीरी और है क्या? भेद और उसकी भीतियों का गहन दिव्य-भव्य व्यापार, यह अद्वितीय अनिर्वचनीय माया का आविर्भाव, उद्भव-उद्रेक, जो कुछ भी कहो। यह 'मैं'माया समुद्र में डूबा हुआ हूं- उभरना चाहता हूं; तैर कर तट पर पहुंचना चाहता हूं; किन्तु ज्ञान का बोहित चाहिये। अज्ञान की इस सघन घन तिमिर तरंगों से जूझ रहा हूं- यह अज्ञान तरा नहीं जाता; भेदा नहीं जाता- इसको तो ज्ञानाग्नि से जलाना ही होगा, शर्मा जी!"

आनन्द गिरि ने ऊर्ध्व श्वांस लिया; कहा- "मैं ज्ञानी अज्ञान में डूबा; तब अब ज्ञान कैसे हो? कौन प्रज्वलित करे? जीव? जीव अज्ञानी है; ज्ञानी हो नहीं सकता। कभी-कभी सोचता हूं- ब्रह्म यह होना, होते रहना ही है। सृष्टि, स्थिति और लय। मीमांसा इसी को सृष्टि का धर्म कहती है। धर्म धारण किये जाओ, धर्म पालन किये जाओ-पुण्य किये जाओ; श्रेय किये जाओ-दुःख और कामनाओं के ताप से मुक्ति मिलेगी किन्तु भव से मुक्ति है ही कहां? मोक्ष? गुरुदेव ही जानते हैं- हम आप नहीं।"

आचार्य पद्मपाद- "तब यह मुक्त होने की अपार वेदना क्यों है जीव के हृदय में? लाखों बार जगत् के स्वप्न देखने पर भी स्वप्न देखते रहने की यह उद्दाम लालसा क्यों है? कल्प के कल्प बीत गये और बीत रहे हैं- प्रलय ही होता है, मोक्ष क्यों नहीं?"

आनन्द गिरि- "आचार्य श्रीमद् हस्तामलक जी क्या कहते हैं तब?"

आचार्य पद्मपाद ने सतार आकाश में देखते हुए कहा- "हस्तामलक कहते हैं यह कल्प-कल्पों का जगत् यह जन्म-पुनर्जन्मों का भव-संसार चैतन्य आत्मा की एक पलक और उसका एक स्वप्न भी नहीं है। यह जगत् अज्ञान की भ्रान्ति है- यह स्मृति है, आनन्द गिरि! अपने गहन में

मैं जगत् की अटूट जड़ पाता हूं- यह मैं जगत् तथा भव की ही अमिट चेतना प्रतीत होती है। जन्म कर सुख चाहता हूं; मरना नहीं चाहता। क्षय होना नहीं चाहता-प्रतिपल विकसित होते रहना चाहता हूं; प्रफुल्लित और प्रसन्न बना रहना चाहता हूं और तभी यह संयोग का क्षणिक सुख विषाद से भर देता है....”

“किसको?” किसी ने गगन में आविर्भूत होते हुए पूछा।

“चित्त को, और किसको?” आचार्य पद्मपाद ने कहा- “मुझको नहीं, मेरे कातर चित्त को, अवश्य मैं यह समझ गया हूं, मैं यह शरीर नहीं हूं- मैं जड़ नहीं हूं- मैं आत्मा हूं, नित्य सच्चिदानंद चैतन्य हूं; किन्तु अनुभव नहीं कर पाता। मैं जैसे अपने ही विषाद में डूब कर तड़प् उठता हूं- यह भव-संसार तब किसी अचिन्त्य चिन्त्य का विरह ही है क्या?”

सहसा श्री विष्णु शर्मा ने पूछा- “यह गौरी....?”

आचार्य पद्मपाद ने शान्त अथाह दृष्टि से पुनः गगन के गगन देखें और क्षितिजों के परे झांकते हुए मानो बोले- “एक नाम।”

“केवल नाम मात्र?” श्री विष्णु शर्मा ने कहा- “पूर्वाश्रम का यह अनुराग रीत गया है क्या, आचार्य! पद्मपाद!”

आचार्य पद्मपाद अपने गहनातिगहन में डूबे; उबके-उभरे; बोले- “भव-धारणा-चित्त की मिथ्या तब तक बनी रहती है, जब तक चित्त अहम् में लीन न हो जाये। गौरी उस अहम् ‘मैं’ की अचिन्त्य चिन्त्या धारणा सी लगती है- आज? आज गौरी एक नाम है, जो सृष्टि के क्षितिजों के पार विलमा गया है-”

“सनन्दन अभी, तब शेष है, आचार्य! नहीं?” विष्णु शर्मा ने कहा- “यह भव कैसा चित्र-विचित्र रहस्य है? ऐसी जड़ है, जो उखड़ती ही नहीं।”

आचार्य पद्मपाद- “यह जीवन-रति ज्ञानाग्नि से ही भस्म होती है। तभी ब्रह्मचारियों और सन्यासियों, योगियों, यतियों तथा साधुओं के लिये स्त्री वर्जित है और जगत् त्याज्य है। सत्य है, मैंने भव के त्रितापों से डर कर ही जगत् में अरण्य की ओर पलायन किया है।”

आनन्द गिरि ने कहा- “प्रभु-नाम के पूर्व जीव, मानव-जीव, अपने अत्यन्त प्रिय के नाम पर ही टिका रहता है।”

पद्मपाद ने रोम-रोम में जागते हुए मानो कहा- “और उसी प्रिय नाम को प्रभु-नाम में लीन करना होता है क्या, गिरि?”

आनन्द गिरि ने निसास रखते हुए कहा- "गुरु-कृपा अथवा स्त्री की ठोकर ही अन्ततोगत्वा मन की आंखें खोलती हैं, आचार्य! स्त्री, कामिनी! यह सृष्टि मुझको तो किसी अनादि शाश्वत अचिन्त्य चिन्त्य शक्ति स्वरूपा ब्रह्माणी की ही धारणा प्रतीत होती है- स्त्री ही सृष्टि रचना करती है- ब्रह्म नहीं।"

"ब्रह्म तो "एकोहम् बहु स्याम।' संकल्प ही करता है तब?" श्री विष्णु शर्मा ने पूछा और कहा जैसे- "पद्मपाद! ब्राह्म-मुहूर्त होने में है। आभा भरा यह अन्धकार बिलाने लगा है। जगत् के सभी रूप यों ही बिला जाते हैं- सभी नाम अन्तर्ध्यान हो जाते हैं..."

"कहां?" आचार्य पद्मपाद ने सिर धुना कर पूछा।

"प्रभु के सहस्र नाम से।" किसी धुंधली आलोकमयी आकृति ने पास ही आविर्भूत होते हुए कहा।

"कौन?" पद्मपाद ने चौंकते हुए पूछा।

"एक नाम-ध्वनि। चित्त की धारणा।" आकृति बोली।

"गौरी! लौट जाओ- इस शरीरी के मार्ग के बीच क्यों आती रहती हो? संन्यासियों का मार्ग श्मशान का मार्ग है। मैं और कुछ भी नहीं हूं तो एक भिक्षुक साधु तो हूं ही।"

गौरी आकृति में घहरी-तनिक उद्भासित हुई; बोली- "श्री दिवाकर मातुल ने हम सब को घर के बाहर कर दिया है। कौलों और शाक्तों की सहायता से यज्ञ प्रज्वलित किया है। सारा पुर उस विकराल यज्ञ के धूम्र से भरता जा रहा है। मैं आपका मार्ग अवरुद्ध करने नहीं, उसके सभी शेष अवरोध मिटाने के लिये ही आई हूं- आचार्य पद्मपाद! आप धन्य हैं। योग माया के रचे स्वर्णकमलों पर चल कर आप श्री जगद्गुरु शंकराचार्य के समर्थ श्री चरणों में शरणागत हुए हैं- किन्तु मैं? मैं एक उदासीन उन्मन नाम ध्वनि मात्र हूं, जो काल की दिशाओं में भ्रम रही है- मैं एक आहत निराश अहम् हूं; एक ऐसी चेतना, जिसे जीव कहा जाता है, प्राणी!"

"प्राणी! जीव!" आनन्द गिरि ने तीव्र प्लुत स्वर में कहा- "इस जड़ विज्ञान घन जगत् में प्राणी ही तो चैतन्य का प्रतीक है।"

उस घनीभूत किन्तु मन्द तैरती सी आकृति ने कहा- "प्राणी चैतन्य का भ्रम है; नहीं? आचार्य पद्मपाद!"

पद्मपाद ने कहा- "मुझे कुछ भी पता नहीं। मुझे तो मैं स्वयं ही एक अनादि भ्रम प्रतीत हो रहा हूं- मैं क्षण की वास्तविकता हूं- अनन्त का अविराम यथार्थ हूं।"

"नहीं।" आकृति ने मानो क्षितिज पार से कहा- "जीव ब्रह्म का अंश है, यह आपश्री ने ही कहा था; नहीं?"

"मृत्यु की भीति से कांपता हुआ मानव-जीव यह ब्रह्म वार्ता किया ही करता है। समस्या विषयानंद को त्याग कर आत्मानंद प्राप्त करने की है- सुख? नहीं; आनन्द!"

"राधा कृष्ण!" आकृति ने उच्छवसित स्वर में कहा- "कृष्ण! राधा! किन्तु साधु महाराज। आप तो जगत् के श्मशान की चिता को ही जानते हैं। वृन्दावन और राधा-कृष्ण को नहीं।"

"गौरी!" पद्मपाद ने प्लुत स्वर में पुकारा।

"एक विलमाती हुई नाम ध्वनि।" आकृति ने कावेरी के तट के भी पार से मानो कहा- "सदैव के लिये विलमा रही हूं। आचार्य पद्मपाद! सच्चिदानंद आनन्द कन्द है- ज्वाला नहीं है। वह श्री राधा के श्री कृष्ण हैं। बिदा।"

आचार्य पद्मपाद को लगा, "बिदा।" शब्द-ध्वनि धरती के कण-कण को जगा और आकाश के दिकों को झकझोर कर क्षितिज पर झांकते हुए ब्राह्म-मुहूर्त के अथाह तंद्रिल में लीन हो रही है। तारों की जगमग ज्योतियों की भांवरियां लेता हुआ प्रभातों और मध्याह्नों एवं सन्ध्याओं को डुबो देने वाला उदासीन, निर्मम, भयभरा अन्धकार जैसे आकाश के अनन्त के अन्तिम छोर की ओर सिधारने लगा था। अन्धकार अपने ही घनीभूत सघन तम में सो जाने के लिये शिथिल और मन्द जा रहा था और तारों की उनींदी आंखों के स्वप्न चुरा कर ब्राह्म-मुहूर्त मन्द्र-मन्द्र मुस्कराता हुआ लहर-लहर कर उदित हो रहा था। पृथिवी को आच्छादित कर स्वयं ही घुटने वाला मूक और मूढ़ अन्धकार अरुणारी ज्योति-किरण से दुबक कर अब भाग रहा था- अनजान अनन्त के शून्य में लुढ़का जा रहा था। तारे द्युलोक की अमिट आभा में ही मगन अब ऊर्ध्व लोकों को देखने लगे थे तथा अन्तरिक्ष के देवता धरती के मन्दिरों के घण्टनाद से चौंक कर जागने लगे थे। आकाश अपने ही विषाद से उबर कर प्रकाश की अपूर्व विलक्षण तरंगों का जैसे पान करने लगा था और वायु चौदह भुवनों को छूकर स्वर्गीय पवित्रता को विकचते हुए फूलों से भर दे रहा था। कावेरी अपनी अनन्त कोटि ऊर्मियों में अलस-अलस कर जाग रही थी और अपनी प्रत्येक लहर को देख-देख कर जगाने के लिये वायु को प्रेरित कर रही थी। अग्नि अपने ही विराट् गहन से स्वयं ही प्रज्वलित होकर ब्राह्म-मुहूर्त की पुनीत वेला में सूर्य को, जगदीश्वर को प्रणाम करने

के लिये मानो आह्वाहनित कर रही थी। सृष्टि अपनी घोर काल रात्रि में जाग कर पुनः कल्प-कल्प के स्वप्निल प्रभातों का ध्यान करने लगी थी और सभी मूढ़ सी स्थितियां एक अविराम स्थिति के अनन्त क्षण में हिलने-डुलने लगी थी। किसी अद्वितीय प्रकाश का अदृश्य स्पर्श पाकर पंचभूत जाग उठ रहे थे और महतत्व अपनी समाधि भंग कर परमेश्वर को रिझाने के लिये अपने तत्वों की अनूठी क्रीड़ायें आरम्भ कर रहा था- दिव्य-भव्य ब्राह्म मुहूर्त उदित हो रहा था और ऋषि-मुनियों के उन्मीलित ध्यानस्थ नयन असीम अथाह हृदयाकाश में परम् तत्त्व को खोजने में एकाग्र हो रहे थे। तमचुरों की कुकड़ें-कू ध्वनियां क्षितिज के पार भान-भूली हुई किन्नरियों और गान्धर्वियों को पृथिवी लोक की ओर प्रेरित कर रही थीं। सृष्टि किसी की द्विव्य प्रेम-दृष्टि से सिहर-सिहर जाग रही थी। हां, पद्मपाद! वह तन्वंगी कावेरी अपने अथाह जल में हुमुसी, चकित और चमकी हुई समुद्र के ध्यान में लीढ़ जाग रही थी। पद्मपाद उठे और क्षितिज को प्रणाम कर बोले- "हरि ओम तत्सत्!"

"हरि ओम!" "हरि ओम!!" मन ही मन रटते हुए पण्डित दिवाकर-मातुल श्री-श्री गुरो धाम के प्रांगण में प्रज्वलित यज्ञ की धूम्रावेष्ठित अग्नि ज्वालाओं को देखते हुए बैठे थे। क्रचक्र ब्राह्मण वेश में यज्ञ-संचालन करता हुआ मन ही मन प्रसन्न हो रहा था- यह है दाक्षिण्य, चातुर्य। ब्राह्मण के हाथों ही ब्राह्मण का विनाश। कौल ब्राह्मण है क्या? नहीं; कौल सिद्धि मूर्ति है- शाक्त जाति और जीव भेद के संज्ञान से हीन काम-कला की तन्वंगी चेतना है- शक्ति है। मूलाधार में सुप्त, काल रात्रि में जगत् का स्वप्न देखने वाली तथा प्राणियों की चेतना द्वारा सुधा-सुरा-पीती रहने वाली उस कामेश्वरी की हृदय-ज्वाला शाक्त है-कौल है; कालमुख तथा यह सनातन वाममार्गी मानव-जीव है। मानव-जीव वामाचार से ही जगत् में चलता है तथा भव-संसार में इन्द्रियों की जीर्णता नष्ट करता हुआ सृष्टि के अगाध वैभवों को भोगता है- मानव-योनि सभी योनियों की सम्पूर्ण भोग-योनि है। प्रारब्ध द्वारा प्रदत्त शरीर को अक्षय, अक्षुण्ण करता हुआ कालिका का साधक मृत्यु को जीतकर चिरन्तन अनादि संजीवनी को, सुरा को प्राप्त करता है। सभी कर्म सृष्टि के अन्तराल में भरे सुरा-समुद्र की इच्छा-तरंगों से ही उद्द्वित होते हैं- पृथिवी का सम्राट यह राजा राजशेखर, वह राजेश्वर सुधन्वा नहीं, कौल है-शाक्त है- मैं, क्रचक्र हूं। श्री गुरोमत, मीमांसा-दर्शन? धर्म-जिज्ञासा? क्या? जीवन की शाश्वत कामायिनी से बढ़कर और कौन

इच्छा है? जीव-चेतना काम-चेतना है; जीव वृत्ति कामोपभोग की ऐश्वर्य शालिनी समग्र वृत्ति है। इसी वृत्ति की अहर्निशि ज्वालाओं को महाकाल की अग्नि में सिंचित करना होगा-मृत्यु इन्द्रियों की क्षणिक ज्वालाओं के बुझने का ही रहस्य है। मानव सर्वतंत्र स्वतंत्र, सर्व समर्थ अद्वितीय महाकाम-जीजिविषा है, ब्राह्मण! यज्ञाग्नि और कामाग्नि में अन्तर नहीं है, समझा!"

मातुल श्री ने स्तम्भित सा रहते हुए कहा- "हुं, समझा।"

क्रचक्र ने अपना सिर धुनाया और कहा- "ब्राह्मण वेश में हूं; अन्यथा तुझे और तेरे समाज को मारण, मोहन, वश्य, स्तम्भन और उच्चाटन से व्यथित कर देता। रज पी ब्राह्मण! साधकों के मेढ़ शक्ति की योनि में स्थित होकर अच्युत हो जाते हैं। उत्तम रज की मन्द-मन्द धारा में डूबा और अपने व्याकुल वीर्य को स्तम्भित करता हुआ साधक का लिंग शंकर बन जाता है, समझा! उस कामेश्वरी को जगदम्बा बनना चाहता है, तो ऊर्ध्व रेतन करना होगा-वज्रौलि से खेचरी मुद्रा, समझा! वीर्य को योनि में बहा देने वाला जीव ही चौरासी लक्ष्य योनियों में भ्रमण करता रहता है-षटचक्र को भेदना ही होगा-रज के उद्दाम समुद्र में प्रत्येक चक्र को गलाना होगा-आनन्द? इन्द्रिय-संयोग का अटूट अक्षय-स्तम्भन करने से ही रोम-रोम में आविर्भूत होता है-समझा! कामिनी में डूब जा; लीन होकर काल तथा कर्म के परे उपरत मृत्युञ्जयी सिद्ध हो जा-स्वर्ग ही नहीं, चौदह भुवन तेरी पलक के एक भ्रू भंग से खिंचे आयेंगे। उस टीका का अन्तिम हव्य होगा, समझा!"

"हैं? टीका का? अन्तिम हव्य?" मातुल चिहुंके।

"तो क्या तेरा सिर काट कर श्री फल बना लूं?" क्रचक्र बमका- "वेदान्त की शंकर-व्याख्या ही यज्ञाग्नि का अन्तिम लक्ष्य है, मूर्ख! समझता क्यों नहीं? मीमांसा दर्शन सृष्टि दर्शन है; भव-दर्शन है। धर्म व्यवस्था है और धर्म- क्या है? तेरा वैदिक वर्णाश्रम धर्म है क्या? जीवन का धर्म सृष्टि, स्थिति और लय का परम् सुखद व्यापार है- एक ही देह को चीरञ्जीव बना ले और अनन्त कोटि योनियों के घर्षण द्वारा रज की सुरा का पान किया कर, समझा?"

मातुल श्री रोम-रोम में सिहरे- "श्री गुरो!"

"वह प्रभाकर पण्डित।" क्रचक्र ने पैशाचिक हास्य हँसते हुए कहा- "निवीर्य्य, मेढ़ है। तभी वह पोथियों के पीछे पड़ा रहता है-उसको कामिनी नहीं दिखती। ब्रह्म को देखना चाहता है? ठेंगा! जगत् में तो कामिनी ही

दिखती है पुरुष को। तेरे सांख्य के पुरुष को प्रकृति दिखी कि नहीं? पुरुष सांख्य का नपुंसक निवीर्य्य इच्छुक मात्र। प्रकृति, मूल प्रकृति-महामाया, वही। प्रतिपल मृत्यु को परास्त कर अनादि से प्राणियों का आधान करती है-भव योनियों को धारण कर अनन्त कोटि जीवों को कह देती है और जिलाती है। शक्ति आद्या! घोरा कालिका! समझा! टीका ला-उठ!"

"टीका?" मातुल श्री सात पाताल फोड़ कर उठ खड़े हुए- "हुं? टीका? हव्य-अग्नि में टीका, हैं! हीं..."

क्रचक्र ने दाँत पीसते हुए कहा- "भट्टपाद ने अपना देह अग्नि के अर्पित कर दिया था-तेरे श्री गुरो के गुरु कुमारिल्ल भट्ट ने। शंकराचार्य्य के शारीरिक भाष्य ही नहीं उसके द्वारा प्रणीत प्रत्येक ग्रन्थ को घोर कालिका के आह्वान यज्ञों का हव्य करना ही होगा-यह जगद्गुरु शास्त्रार्थ से नहीं, सिद्धि और अन्ततोगत्वा शस्त्र से ही मानेगा। यह ऐन्द्रजालिक सिद्ध योगी शस्त्र से ही पराजित होगा। सारे भारत वर्ष में यह विचित्र संन्यासी वेदान्त का व्यर्थ सारहीन तत्त्व तथा तथ्यहीन सम्मोहन फैलाता जा रहा है। हम शास्त्र, स्मृति और भारतीय कौल मत एवं वाम मार्ग की रक्षा के लिये शंकराचार्य के वेदान्त की होली जलायेंगे, समझा!"

"नहीं।" मातुल श्री ने स्तम्भित हो जाते हुए कहा- "पुस्तक का अग्निदाह? नहीं, यह घोर पाप है; गौ हत्या से भी अधिक अमिट पाप होगा यह, तांत्रिक! नहीं।"

क्रचक्र ने चारों ओर देखा, यज्ञ मण्डप घोर विजन से भरा हुआ था; केवल यज्ञ की घोर ज्वालायें मन्द-मन्द जल रही थीं-हु हु हुमुस रही थीं। पूर्णाहूति की पूर्व सन्ध्या बीत चुकी थी और रात्रि बीतने में थी। यज्ञ की सनातन वैदिक विधि कर ली गई थी और अब पूर्णाहूति पंचमकार विधि से ही होगी। यह उपस्थित कौलों, कालमुखों, क्षप्पणकों तथा शाक्तों का गुह्य निर्णय था। मातुल श्री को लगा-यह निर्णय एक दैत्य-निर्णय था। पूर्व मीमांसा शास्त्र विहित यज्ञ भी अवान्तर में क्षीण होते हुए बलिवेदी बन गया था। बलि! रुधिर तथा मांस का गुह्य उपयोग हव्य-कव्य स्वरूप होने लगा था। तंत्र की वामांगिनी देवता-देवि-औढर शिव की वामांगिनी सिद्ध प्रसिद्ध हो गई थीं तथा तंत्र की यज्ञोपासना पंचमकार की अनिवार्य्य उपासना हो चुकी थी। दिवस में वैष्णव और रात्रि को कौल-शाक्त। दिवस में निवृत्ति मूलक साधु-उपासना तथा रात्रि के अंधेरे प्रथम प्रहर से प्रारंभ होने वाली पंचमकार विधि विहित

उपासना-शाक्त। भोग द्वारा मुक्ति। मातुल श्री ने निश्वास रखकर पुनः कहा- “मैं मानूं या नहीं मानूं-टीका में ज्ञान अज्ञान की चर्चा है, तांत्रिक!”

“और तेरे गुरो मत का शव उसमें सड़ रहा है।” क्रचक्र ने हुंकार करते हुए कहा- “यह जगद्गुरु शक्ति का ललित उपासक है। वाम मार्गी घोर उपासना का जन्मजात शत्रु, यह जगद्गुरु बौद्धों, जिनियों; कौलों, शाक्तों तथा तुम भिक्षान्न सेवी ब्राह्मणों के रुढ़ यज्ञ-कर्म का आक्रामक ऐन्द्रजालिक है। पूर्व के सभी वेदान्ती हमें समझ में आते हैं-वह कंकाल गोविन्द- पाद भी खोपड़ी के दाँतों की भाँति खुल गया था किन्तु यह वयस्क सन्यासी? उसकी कमनीय आँखों में गहन सम्मोहन भरा है; उसके कोकिल कण्ठ में अप्सरियों के नूपुरों की रुनझुन रमी हुई है- यह-यह जोगी साक्षात् कामदेव हो, ऐसा हमें लगता है। देखा नहीं, राजा अमरुक के शव में प्रविष्ट होते ही इसने उस राज्य में वसन्तश्री बगरा दी। राम-राज्य करने लगा था, यह महाकामी! यह तो तुम्हारा-यह सनन्दन था, यह आचार्य्य पद्मपाद, जिसने राजी कलावती को विफल कर दिया! हम तभी शंकर के सुन्दर सुघड़ कमनीय देह को जला कर भस्म करवा देते- नहीं कर सके। हम पुनः हारे-पराजित हुए, मातुल! किन्तु इस बार हम जीत कर रहेंगे। टीका मुझे सौंप! ब्राह्म मूहुर्त के साथ-साथ पूर्णाहूत होने वाले इस यज्ञ की बलि शंकराचार्य के शारीरिक भाष्य की पद्मपाद टीका होगी। स्वर्ण कमलों पर चल कर गुरुदेव के चरणों में प्रणाम करने वाला तेरा यह भानुज अपनी टीका स्वाहा करवा कर भारतवर्ष के कर्मान्त्री ब्राह्मणों का एक मात्र शेष प्रायश्चित करेगा।”

“हैं? यह, यह असंभव है।” मातुल श्री फुसफुसाये।

“असंभव को संभव करना ही तंत्र-साधना है, पण्डित दिवाकर!” क्रचक्र ने कहा- “टीका ला; अन्यथा तू, तेरा घर, तेरा यह श्री गुरो धाम सब स्वाहा! स्वाहा! समझा- मैं जाता हूँ पूर्णाहूति के समय मैं छद्म ब्राह्मण स्वरूप हो नहीं सकता। मैं अनादि शाश्वत तंत्र-मंत्र हूँ। भोग और भोग द्वारा मोक्ष है, तो मोक्ष। अन्यथा निश्चिन्त निर्भय अद्वितीय और एकान्त समूची सृष्टि के समस्त ऐश्वर्य का चिरन्तन भोग करने वाला मैं, कौलाधिपति, तंत्र सम्राट् क्रचक्र यज्ञ की इन विकराल ज्वालाओं के घहरते हुए धूम को कावेरी की एक उपत्का में छिप कर देखूंगा। माया भानुज की शास्त्र तथा शस्त्र, धर्म और कर्म की रक्षार्थ बलि दे। टीका का हव्य कर, कायर!”

"कायर!" क्रचक्र की वाणी ने मातुल श्री को कस कर जैसे थप्पड़ मारा हो। दिवाकर मातुल श्री रग-रग में ऐंठ गये। मन ही मन हुंकारते हुए मदमाती चाल से चल अदृश्य होते हुए ब्राह्मणवेशी क्रचक्र को अपलक देखते रहे और शेष रात्रि बीतती गईः ब्राह्म मुहूर्त का अरुणोदय होता गया। मातुल श्री को लगा, उनका देह प्रज्वलित अन्धेरे में डूब गया है। उनकी बुद्धि के सौलहों श्रृंगार को आग लग गई है। जैसे उनका कण्ठ ही मारा गया हो। हत् बुद्धि, निष्प्रभ, मूढ़, चकित और स्तम्भित मातुल दिवाकर क्रचक्र के ब्राह्मण वेश को ब्राह्म मुहूर्त के पूर्व की धुंधल में अन्तर्ध्यान होते हुए देखते खड़े रहे। टीका? सनन्दन? आचार्य पद्मपाद-स्वर्ण कमलों का पादप, सनन्दन, पद्मपाद और वह? पण्डित दिवाकर, मीमांसा के सनातन कर्म काण्ड का दक्षिणाम्नायक मातुल श्री! एक पुरोहित मात्र, एक प्रचारक, केवल प्रचारक। श्री गुरो। मैं आचार्य दिवाकर मीमांसा दिवाकर क्यों नहीं? आप तो अपने शान्तिपूर्ण निवास में अहर्निश अध्ययन और लेखन करते हुए स्थित हैं। आप श्री को भारत वर्ष में क्या हो रहा है, उसका भान ही जैसे नहीं है। मीमांसा के लिये ही नहीं, समस्त भारतीय शास्त्र-चिन्तन और उसके अमिट सामर्थ्य के लिये, समूची भारतीय आध्यात्म शक्ति के लिये, राष्ट्र की संजीवनी तथा समाज की श्री सुकृति के लिये आपके गुरुदेव श्री भट्टपाद ने अग्नि स्नान किया और अपनी देह की बलि दे दी किन्तु क्या आप सब पट्ट शिष्यों ने भट्टपाद के बलिदान की लाज भी रखी है? वह धुरन्धर मनीषी मण्डन मिश्र शास्त्रों को भारत-समुद्र में फैंक कर इस शंकराचार्य्य का संन्यासी-शिष्य बन गया। निस्संदेह धर्माधिपति आचार्य बनने के लिये ही इस रसिक नवल नागरिक गृहस्थ ब्राह्मण ने यह संन्यास-वेश धारण किया है। इतना बड़ा विशाल श्री-समृद्धि से पूर्ण गृहस्थ लुटा दिया और वेदान्त की डिमडिम के लिये संन्यासी बना हुं। यह आत्मवंचना की इति है। ब्रह्मचर्य्याश्रम में ही जो तन्वंगी के ध्यान में आत्म चिन्तन जाता रहा हो, जो दीक्षा ग्रहण करने, स्नातक स्नान कर लेने के पश्चात् भी निर्लज्जता पूर्वक अपनी प्रिया के ध्यान में रत रहा हो और जो राग भरे ऐश्वर्य्य शील गृहस्थ के रमणीय माधुर्य्य में लीन रहा हो, वह, वह मण्डन मिश्र, विरागी, संन्यासी? नहीं और यह सनन्दन? एक लण्ठ, एक कातर, कायर, कापुरुष, संन्यासी, जोगी-आचार्य! विधि-विडम्बना अवश्य। किन्तु-किन्तु श्री गुरो! मैं घुटने नहीं टेकूंगा-इस सनन्दन को नष्ट करूंगा। इस पापी ने मेरा घर, मेरा कुल, समूचे

ब्राह्मण-वंश को शास्त्र-मर्य्यादा भंग का कलंक लगाया। ब्रह्म हत्या कर इस अधम जोगटे ने श्री पुर के समूचे ब्राह्मण समुदाय की पीढ़ियाँ डुबो दीं और कुल उजाड़ दिये। सनन्दन! नीच, अधम- अधमाधम पातकी तू, देखता हूं, तू कैसे आचार्य बना रहता है। तेरी टीका मेरी वज्र मुट्ठी में है-अवश्य उसका हव्य करूंगा। क्रचक्र देव! तुमने ठीक ही कहा है। इस ब्रह्म हत्यारे वेदान्ती का अहम् चूर्ण करना ही होगा। इस ऐन्द्रजालिक वयस्क संन्यासी शंकराचार्य का जादू लीलना ही होगा-तू यह करेगा, मातुल श्री!"

मातुल श्री झपट कर लाल वस्त्र में बंधी टीका की वृहद् पोथी को हाथों में जकड़ लिया- "यह, यह है सनातन धर्म की कृत्या! टीका! सनन्दन! यह तेरी टीका अग्नि को भेंट होगी-पार्वती!"

पार्वती नन्दन भौंचक्का सा आया, बोला- "जी।"

"जी।" मातुल दिवाकर गर्जे- "सनन्दन के पिता माधव, मेरे सुहृदय प्रेत योनि में भटक रहे हैं। जानता है तू? प्रेत हो गया है माधव अपने पूत के पापों के कारण तू क्या जानेगा? मैं जानता हूं, मातुल, मैं जानता हूं। मैं चौदहों भुवन की वार्ता कह सकता हूं। जन्म जन्मान्तरण की गति-विधि टटोल सकता हूं। चौरासी लक्ष्य इन भव योनियों में जन्मते हुए प्राणियों के प्रारब्ध भाँप सकता हूं। आचार्य, यह पद्मपाद आचार्य है? अपरा विद्याओं से शून्य तथा परा विद्या से हीन यह सनन्दन एक जड़मति है। उसका पिता प्रेत योनि में भटक रहा है-उसकी माँ, मेरी भगिनी लक्ष्मी, वह देवता पिशाचिनी होकर इस गुरोधाम पर झूमती रहती है-सुन! इस टीका को तू आहुति के नारिकेल के साथ रखेगा, समझा! आहूति! भट्टपाद ने प्रज्ञापराध करने पर अपना तन अग्नि में आहूत कर दिया- मैं मातुल श्री सनन्दन के पापों का प्रायश्चित उसकी इस टीका की आहुति देकर करूंगा।"

पार्वतीनन्दन रोम-रोम में सिहरा, कांपते हुए बोला- "यह, यह मुझसे नहीं होगा। स्वामिन्! मैं ब्राह्मण हूं; पुस्तक मेरे लिये माता सरस्वती का हाथ है।"

"माता सरस्वती का हाथ है यह पोथी?" मातुल श्री ने दाँत पीसकर पूछा- "अच्छा। ढीढ़ा, अभक्त कहीं का। टीका अग्नि को स्वाहा कर, अन्यथा...."

"अन्यथा?" पार्वतीनन्दन की विस्फारित आँखों ने पूछा।

"आग लगा दूंगा इस श्री गुरोधाम में, समझा!" मातुल श्री ने सिर धुना कर कहा। पंचकेशी को खींचकर मुख से फुत्कारते हुए कहा- "तुम सब अभक्त हो; स्वार्थी हो। तुम सब उस पद्मपाद आचार्य के छद्म दास हो। तुम

सब यतो भ्रष्ट ततो भ्रष्ट ब्राह्मण हो। शास्त्र चर्चा और यज्ञ-याग से अपना पापी पेट भरते रहते हो। सती सीता को राजा रामचन्द्र ने अग्नि में होमा कि नहीं? अपने मत के अमोघ विश्वास के लिये, अपने सत्य के लिये भट्टपाद जीवित ही जल मरे। मैं श्री गुरोमत और मीमांसा के सनातन धर्म के लिये सर्वस्व की बलि चढ़ा दूंगा- अवश्य। महाकाली! मुझे साहस दे-अजय संकल्प दे। सनन्दन! मेरे जीते जी तू आचार्य पद्मपाद होकर प्रतिष्ठित होगा-नहीं। श्री गुरो! नहीं। यह मत होने दो। नहीं, नहीं, नहीं!"

मातुल दिवाकर सहसा स्तब्ध हो गये। उनकी आँखें मानो फट कर स्थिर हो गईं। हुंकार से भरा स्वाँस चलने लगा। मातुल श्री का देह काँपने लगा और टीका की पोथी दोनों हाथों से पकड़ कर वह यज्ञ मण्डप की ओर चले। "श्री गुरो! श्री गुरो!" एक ध्वनि उनके गहन से फूटी और श्री गुरोधाम को हचमचा गई। अभिमंत्रित और मूढ़ यंत्रवत् पण्डित दिवाकर यज्ञ मण्डप में वेदी के पास जा खड़े हुए और पार्वतीनन्दन को घूर कर बोले- "यह ले हव्य।" पार्वतीनन्दन ने टीका की पोथी का बस्ता लेने के लिये हाथ बढ़ाया और बोला- "नहीं।"

"नहीं।" मातुल श्री अपनी अन्तरात्मा के गहन में एक प्रेत की भाँति मूक ही चिल्लाये। नहीं, नहीं, नहीं की मूक मौन ध्वनि यज्ञ मण्डप के दिकों को झकझोर कर मातुल श्री के शून्य गहन में पछाड़ खाकर गिर पड़ी। सनन्दन! तू आचार्य-पद्मपाद-आचार्य पद्मपाद!!! यज्ञ की सुप्त ज्वालायें मंत्र बल से प्रदीप्त होकर जागने लगीं- भलभलाने लगी और ब्राह्म मुहूर्त का ज्योति स्नात अरुण मानो मण्डप में झाँकने लगा। घोर स्तब्ध शून्य वातावरण अघोर मंत्रों से गाज गूंज उठा। मातुल श्री जैसे देह के बाहर अपना शव देखते हुए से खड़े रहे। आहूति की विधियाँ घायल पंछियों की भाँति फड़फड़ा कर वेदी में गिरती चली गईं और याज्ञिकों के मुख यंत्रवत् मंत्रोच्चार करते रहे। हाथ रहस्यमय गूढ़ संकेतों की गतियों में हिलते रहे। सहसा यज्ञ-ज्वालायें ईंधन पाकर लपकने लगीं-धूंआँ बादलों में उठ कर मण्डप में घहर गया और ज्वालाओं को झपट कर मानो सारे श्री गुरो धाम में फैलने लगा। एक कोलाहल उठा। घोरा कालिका का आह्वान झीमते झूमते हुए मंत्रों द्वारा होने लगा- द्युलोक मानो अपनी ज्योतियों को घन तिमिर में बदल कर अन्तरिक्ष में आल्लोड़ित होने लगा और भारी विषाद से भरा तमिस्र अन्तरिक्ष अपने सूर्यों तथा चन्द्रमाओं को बुझा कर एक विकराल अग्नि पुञ्ज होकर वेदी

में प्रज्वलित-ज्वलित हो उठा। पृथिवी की भू-गर्भ अग्नि मानो सात-पाताल फोड़कर भभक उठी। आहूति का नारिकेल हाथ में लिये मातुल श्री ने मंत्रों के कोलाहल में मानो अपने ही तमान्ध चित्त को देखा-एक महाकाय दृश्य किन्तु अदृश्य सा प्रेत खड़ा था- "सनन्दन! आचार्य पद्मपाद! नहीं, नहीं, नहीं!"

तभी शत-शत कण्ठों से ध्वनि उठी- "स्वाहा।"

मातुल श्री चिल्लाये- "स्वाहा, पार्वतीनन्दन! स्वाहा!!"

"नहीं।" पार्वतीनन्दन ने टीका की पोथी छाती से चिपकाते हुए कहा- "नहीं।"

"नहीं।" मातुल गर्जे- "अधम! मेरे यज्ञ को विफल करना चाहता है। तू- अयोग्य, अपात्र।" मातुल श्री ने पार्वतीनन्दन की छाती से चिपकी टीका की पोथी को झपटा; किन्तु पार्वतीनन्दन झुका; मुड़ा; टेढ़ा हुआ- इकहरा-दुहरा होकर मानो पोथी पर लेट गया। मातुल श्री सिर धुनाते और घायल सिंह की भाँति गर्जना करते हुए पार्वतीनन्दन पर टूट पड़े। पोथी छीन और लातों से बात करते हुए बोले- "तेरे बाप की पोथी है? तेरा यह दुस्साहस! निकल जा श्री गुरुधाम से ब्राह्मण-द्रोही अधम! तू!"

मातुल श्री ने अट्टहास्य किया और पोथी अग्नि कुण्ड में फेंकते हुए गर्जे-तर्जे- "भारत के पितरों! तुम साक्षी रहना। सनन्दन! तुझे यही दण्ड मिलना था- यही तेरा प्रायश्चित है। यही यही।" मातुल श्री ने यज्ञ-कुण्ड का प्रज्वलित प्रलम्ब काठ उठाया और उसको गगन में घुमाते हुए बोले- "भट्टपाद! तुमने प्रज्ञापराध के लिये अपना देह दिया अग्नि को। मैं सनन्दन के पाप के लिये अपना यह धाम ही स्वाहा करता हूं- स्वाहा!" मातुल प्रज्वलित लक्कड़ घुमाते हुए यज्ञ मण्डप के बाहर लपके और श्री गुरोधाम की ओर झपटे। सब चकित, स्तम्भित काठ मारे से, मातुल श्री को दहाड़ते हुए अपने घर के प्रवेश द्वार में धँसते हुए देखने लगे। मातुल ने जलता हुआ लक्कड़ घुमाया और श्री गुरोधाम में फेंकते हुए उछले- "स्वाहा! स्वाहा!! स्वाहा!!!" जलता और धूँधवाता हुआ लक्कड़ श्री गुरोधाम की पीठिका पर जा पड़ा और एक क्षण में पोथियों को ज्वाला ने मानो पकड़ लिया। चटाइयाँ, पाट और वस्त्रादिक लपटों से भरे धूम से भर गये, आग! पण्डित दिवाकर घर के द्वार पर आ खड़े हुए और चीत्कार पूर्वक बोले- "स्वाहा! सर्वस्व का स्वाहा!! श्री गुरो! अब प्रसन्न होओ, सन्तुष्ट! आचार्य पद्मपाद! तेरा कुल, मेरा वंश, तेरा और मेरा सर्वस्व आज स्वाहा!!" मातुल एक पिशाच की भाँति अट्टहास्य करते और

अपलक भागती हुई मेदिनी को देखने लगे। भगोड़े-कायर! भाग रहे हैं। केवल मैं, मातुल खड़ा हूं, अपने ही घर में आग लगा कर अपनी ही चिता को देख रहा हूं। ब्राह्मण को हराना क्या इतना सहज है? दक्षिण के मीमांसा-सेवक श्री गुरो के व्यवस्थापक मातुल श्री को हराना? असंभव! अ-संभव!!”

मातुल श्री ने अग्नि-लपटों को श्री गुरोधाम के खपरेल बींध कर गगन में लपलपाते हुए देखा और हुंकार करते हुए नाच उठे- “जगद्गुरु! शंकर!! जोगटे! ले, तेरा शारीरिक भाष्य और उसकी घोर टीका। स्वाहा! स्वाहा!! स्वाहा!!!”

मातुल रग-रग में ऐंठे; रोम-रोम में सिहरे- ऐंचे-ऐंठे। स्वाहा! स्वाहा!! स्वाहा!!! चिल्लाते हुए वह सहसा कावेरी तट की ओर दौड़े- “आचार्य पद्मपाद! ले, वापस ले तेरी टीका, हत्यारे! कुल-कंलक! मीमांसा-द्रोही, लण्ठ!!!”

15

आचार्य पद्मपाद अपने परिव्राजक संघ के साथ कावेरी के भुरभुरे सपाट तट पर पहुंच कर हठात् रुके और चारों ओर देखा। उनको लगा ताड़ और नारिकेल के इतः स्ततः वृक्ष अकस्मात् बिजली गिरने से झुलस गये थे। कावेरी के तट मानो हल्के भूकम्प से हिल गये थे और वायु मण्डल में कोई चीत्कार भरी थी। मानो उल्कापात ही हुआ था। पद्मपाद ने हृदय थामते हुए कहा- "आनन्द गिरि! यह धुम्मस कैसा? चारों दिशाएं जैसे किसी ने विषाक्त धूएं से भर दी है। गगन के गगन घुट गये हैं आकाश में, गिरि!"

आनन्द गिरि ने कुछ दूर-सुदूर श्रीपुर की ओर देखते हुए कहा- "आकाश तो मेघहीन है, कावेरी सदैव की भाँति बह रही है। यह वृक्ष ज्यों के त्यों खड़े हैं, श्रीमद् यह जड़ भूताकाश है..."

"किन्तु यह जड़ परम् चैतन्य की संकल्पित कृति है और वही सच्चिदानंद उसे संजो रहा है, चला रहा है-निभा रहा है; कृत कृत्य कर रहा है-सफल तथा धन्य कर रहा है।" आचार्य पद्मपाद ने कहा- "गुरुदेव माया को भ्रम, भ्रान्ति, स्वप्न, स्मृति आदि कुछ भी नहीं मानते- यह अनिर्वचनीय माया है और नहीं भी है, मिथ्या! अस्तु! शर्मणा नहीं पहुंचे? मातुल श्री? टीका-टीका, आनन्द गिरि! एक अज्ञात भय से मेरा चित्त भर गया है-घुट कर मूढ़ हो गया है। क्या कुछ अमंगल होने जा रहा है? आज दिवसों से अज्ञात भय से मेरा चित्त मौन ही कांपता रहा है-मन श्री गुरु चरणों में चाहते हुए भी प्रयास करने पर भी एकाग्र होता नहीं। एक विकल रुदन जैसे रग-रग में भर गया हो-मेरा रोम-रोम जैसे फट कर फूट जाना चाहता हो। टीका मातुल श्री को देकर मैंने भूल ही की थी।"

"नहीं तो।" विष्णु शर्मा ने कहा- "जिज्ञासु को ज्ञान देना ही चाहिये। मातुल श्री निस्संदेह पण्डित प्रवर हैं, पण्डितमन्य हैं और आपके मातृ-पितृ तथा आचार्य देव भी रहे हैं-अपनी साधना, अपनी प्रतिभा, पीढ़ ज्ञान वार्ता मातुल श्री के अवलोकन के लिये प्रस्तुत करना एक सिद्ध आचार्य का कर्त्तव्य है, श्रीमद्!"

पद्मपाद ने म्लान हँसी हँसते हुए कहा- "शर्मा जी! आप श्री गुरुदेव के योग्य पात्र मित्र हो। टीका मेरा सर्वस्व है; प्राण है। इस भव के शेष व्यापार की चेतना है। यह मेरी गुरु-दक्षिणा है। जगद्गुरु शंकराचार्य के गुह्य, कठिन किन्तु सत्य-सन्नद्ध शारीरिक भाष्य पर टीका लिखना समूची सरस्वती की आराधना करना है। यह आत्म-चिन्तन की तेजस्विता ही है- जगद्गुरु शंकर ने वेदान्त को नई दिशा ही नहीं, नया चैतन्य भी दिया है। यह जगत् दिव्यातिदिव्य विज्ञान है; जड़ होते हुए भी यह चेतनामय प्रतीत होता है। यह भव-संसार आत्मा के अज्ञान-शयन का स्वप्न है-अध्यास; किन्तु यह भव और उसका संसार अजर-अमर एक सुखाभिलाषा है। हाँ, यह जन्म, पुनर्जन्म प्राणियों की अनन्त जीवनाभिलाषा है-सुख की अनादि कामना ही यों व्यक्त हो रही है। फिर भी यह इदम् एक क्षण की वास्तविकता है; स्वप्न में असीम तथा स्मृति में अनादि।"

"कवि हो गये हो क्या?" श्री विष्णु शर्मा ने पूछा।

"कवि? मैं? नहीं तो।" आचार्य्य पद्मपाद ने कहा- "मैं तो अज्ञान ओढ़ कर रात्रि में सोया हुआ, एक चैतन्य हूं। स्मृतियों के बन्धन से बँधा और स्वप्नों के पीछे भागते रहने वाला एक आत्म-वञ्चक हूं। मैं कवि? नहीं तो, कवि जगद्गुरु हैं-परम् ब्रह्म का अनन्त श्री-सौन्दर्य देखते रहते हैं और जगन्नाथ के श्री चरणों का दिव्यामृत पान करते रहते हैं- मैं कवि नहीं; साधु नहीं-सन्त नहीं; ज्ञानी नहीं। मैं एक जीव मात्र हूं।"

"यह सब कौन अनुभव कर रहा है, आचार्य्य?" आनन्द गिरि ने जैसे हठात् कहा- "यह जगत् माया है; यह भव-संसार अज्ञान जनित अध्यास है, यह सद् है भी और नहीं भी, यह भूतानुभव, यह तत्त्व- बोध, यह प्रत्यक्ष किससे होता है? ऐसा लगता है, ज्ञानी अज्ञान को जान सकता है; अज्ञानी को ज्ञान कैसे होगा? जड़-चैतन्य कैसे है? होगा? गुरुदेव आचार्य शंकर चैतन्य को ही सत्य, ज्ञान और अमृत कहते हैं-यह चेतना अज्ञान जनित चेतना जीवात्म भाव का संज्ञान भर प्रतीत होता है-तब ज्ञान की प्रातिभासिक और व्यावहारिक सत्ता अज्ञान की संज्ञान, चेतना भर है, आत्म-ज्ञान नहीं?"

आचार्य पद्मपाद- "जिसे बुद्धि सोच सके, जान सके, कह सके और जिसकी कृति हो सके, जो भोग्य है तथा हो सके, वह सब अज्ञान जनित है-या तो वह ब्रह्म का सर्व शक्तिमान् अद्भुत और आश्चर्यवत् संकल्प है;

अथवा स्वयं को अनेक अनुभव करने की कृतविद्य अभिनाट्य धारणा है-
ब्रह्म! ब्रह्म जैसे नहीं है-नहीं है और है।"

श्री विष्णु शर्मा- "आप और हमारे हाँ कहने से ब्रह्म होगा नहीं और ना
कहने से मिट जायगा नहीं। ब्रह्म का सत्य परम् ब्रह्म को ही ज्ञात है। तब
क्या श्री पुर चलें-पास ही तो है।"

आचार्य पद्मपाद ने श्रीपुर की सुदूर सी वृक्ष-राजि को निहारते हुए कहा-
"हम यहीं नदी के तट पर खड़े टीका की प्रतीक्षा करेंगे। हमने सभी सीमायें
लांघ ली हैं; सभी संकोच त्याग दिये हैं-घेरे तोड़ दिये हैं। मैं जगत्, भव
संसार-यह वह जो कुछ था, है और होगा, मन से त्याग चुका हूँ-मैं केवल
जगद्गुरु शंकर के श्री चरणारविंद ही जानता हूं-वही दिव्य शान्तिदा, अभयदा
श्री चरण मुझे जगत् से पार करवा रहे हैं- करवायेंगे। श्री नृसिंह मेरी टीका
की रक्षा करेंगे-अवश्य करेंगे! मामा जी!"

श्री विष्णु शर्मा ने हठात् कहा- "टीका नहीं मिली, अथवा नष्ट कर दी
गई तो-"

"तो?" सहसा आचार्य पद्मपाद चिहुंक कर जैसे तीव्र प्लुत स्वर में बोले-
"तो सरस्वती की सहस्रशीर्षा आरती बुझ जायगी-इस शरीरी का प्राणान्त हो
जायगा। नहीं! श्री नृसिंह टीका की रक्षा करेंगे।"

आनन्द गिरि ने यों ही कहा- "टीका अन्ततोगत्वा एक पुस्तक ही तो है।
उसके अक्षर जड़; वाक्य जड़; अर्थ अन्ततोगत्वा अज्ञान की व्याख्या मात्र।
न मिले तो चैतन्य पद्मपाद की क्या हानि होगी? नष्ट हो भी जाय, तो क्या
टीका में प्रतिपादित ज्ञान मिट जायगा?"

"आनन्द गिरि! चुप रहो।" आचार्य पद्मपाद ने सिर धुना कर कहा- "टीका
नष्ट हो जाने पर मैं जीवित नहीं रह सकता- कैसे रहूंगा? यह टीका मेरे
जन्म-जन्मान्तरों के कल्प-कल्पों की ज्ञान-साधना है। यह जगद्गुरु की
वाङ्मय-वन्दना है। यह मेरा आत्म निवेदन है, समझे!"

आनन्द गिरि- "यह क्या आसक्ति नहीं है?"

"आसक्ति?" पद्मपाद ने ऊर्ध्व श्वाँस लेते हुए कहा- "है, तो है। इसीलिये
तो कहता हूं मैं सन्त नहीं हूं; मैं योगी-संन्यासी नहीं हूं-एक जाग्रत जीव हूं;
आनन्द गिरि! चुप हो जाओ-मैं सहन नहीं कर सकता।"

आनन्द गिरि ने कहा ही- "यह विधाता और उसके द्वारा उद्भवित
प्रारब्ध, यह भव-संसार एक अविराम सहन नहीं तो क्या है? गुरुदेव कहते हैं,

यह जगत् और भव संसार अन्त में शब्द में लीन होकर वाणी तथा वाङ्मय स्वरूप हो जाता है-है। इसी की आसक्ति त्यागने पर अहम् का वास्तविक स्वरूप, विद्याअहम् नष्ट होता है-"

"अहम् कब नष्ट होता है?" पद्मपाद ने तीव्रता पूर्वक कहा- "ज्ञान और अज्ञान शाश्वत है; अनादि है-है; नष्ट होते ही नहीं और यह अहम् ही जीव है; जगत् है-ब्रह्म है, आनन्दगिरि! चुप रहो।"

"अहम्।" आनन्द गिरि फुसफुसाया।

"और क्या है?" आचार्य पद्मपाद ने निसास रखा- "उजेला होता ही नहीं हृदयाकाश में, गिरि! वह गिरि अच्छा, जो गुरुदेव की मूक सेवा करता रहता है-उसको न ज्ञान की लगी है और अज्ञान की पड़ी है। वह गुरुदेव का कैंकर्य भर जानता है। मौन, यंत्रवत् यह गिरि एक विलक्षण मानव-जीवात्मा है, अहम्! यह अहम् जैसे अहम् की अस्मिता से रहित एक शून्य मौन है, जिसमें जगद्गुरु शंकराचार्य के देह की छबि ही जुड़ी हुई है। तुम यह नहीं कर सकते थे; मैं नहीं-यह शर्मा जी नहीं। हमारा अहम् जाग्रत है; क्षुब्ध और स्वयं से ही असन्तुष्ट है। हम स्वयं को, जगत् को, भव-संसार को स्वयं ब्रह्म-परम् ब्रह्म को जानना चाहते हैं। भवों में बंध कर भवों से मुक्त होना चाहते हैं-हम भोग और मोक्ष चाहते हैं। हम जीवन, सतत् यावत् जीवन चाहते हैं-मृत्यु नहीं। परम् तत्त्व को भूल कर हम मिथ्या में आसक्त अपने ही स्वप्नों के भव जीना चाहते हैं-हम अजर-अमर अक्षय जीवन चाहते हैं, गिरि!"

श्री विष्णु शर्मा ने हँस कर कहा- "यह गिरि गुरुदेव के वस्त्र धोकर, यज्ञ के लिये समिधा बटोर कर, आचार्य शंकर की साथरी संवार कर, उनके चरण दबा कर, उनको काया का संभाव्य सुख पहुंचा कर परम् सन्तुष्ट रहता है। उसके मन में कोई भटकाव नहीं है; बुद्धि में भ्रम- विभ्रम नहीं है-चित्त में कोई क्षुब्धता नहीं है-क्या यह गिरि मूढ़ है? मूर्ख है- अपदार्थ है? कभी-कभी सोचता हूं यह गिरि वह चैतन्य है, जो यंत्रवत उद्धवित हुआ है। मानव यंत्र! मानव देह से बढ़कर और कौन यंत्र है- शरीरी तो दिखता नहीं; पकड़ में आता नहीं; किन्तु यह शरीरी! विधाता ने मानव-देह बना कर अपने हाथ धो लिये हैं।"

"प्रत्येक भव योनि का शरीर दिव्य-भव्य और पूर्ण प्रतीत होता है, शर्मा जी!" आचार्य पद्मपाद ने कहा- "तुलना तो मानव की चपल और अहमन्य

बुद्धि करती है। जितनी इन्द्रियाँ, उतना ही स्फुटित अहम् की अस्मिता। शरीरों की विचित्र और विलक्षण भव्य-दिव्यता होते हुए भी वह कितने क्षण स्थायी है? नितान्त क्षणभंगुर। साँसों पर टिके यह भव-योनि के चित्र-विचित्र देह। मैं तो कभी-कभी उनको देखकर दिग् मूढ़-मूक हो जाता हूं। कौन आ रहा है, भला?"

आगे-आगे अश्वारोहियों का एक गुल्म तथा पीछे-पीछे रथों और शकटों तथा बैलगाड़ियों का हचमचता, हड़बड़ता और धड़धड़ता हुआ, इतः स्ततः समुदाय! पदाभ्याम् लोगों के डोलते और तनिक दौड़ते हुए से झुण्ड। धूल के हल्के-पुल्के बादल धरती से मरोड़ खाकर उठते और अश्वों शकटों के पहियों तथा पदातियों के उठते और गिरते हुए पैरों में मानो लिपट जाते थे। जैसे सारा श्री पुर उभरा-उमड़ा आ रहा था। शीर्ष में श्याम ताम्रवर्णी अश्व पर दण्डनायक स्वरूप शर्मणा उदक-उचक बैठा हुआ कावेरी तट को क्रुद्ध किन्तु मूढ़ दृष्टि से देखता आ रहा था। इस परिव्राजक समुदाय के मध्य में श्री गुरो रथ मन्द गति से हांका जा रहा था और मामी-मां तथा तिलोत्तमा एवं गौरी मातुल श्री को थामे बैठे हुये थे- हचके खा रहे थे। पड़ौस की वृद्धा और वयस्कायें भी रथ के आजू-बाजू मानो ढाढ़स बंधाती जा रही थीं। सारा हिलता-डुलता तथा दौलता हुआ समुदाय अदृश्य घोर धुएं से आवृत एक सजीव दुर्भाग्य सा कावेरी-तट की ओर चला आ रहा था। अज्ञात किन्तु ज्ञात से, भय से, अरभराते हुए पद्मपाद चिहुंके- "मामा! मामी मां!"

श्री विष्णु शर्मा ने कहा- "हां तो!" और वह तीव्र गति से समुदाय की ओर लपके। तभी अश्वारोही दण्डनायक स्वरूप शर्मणा ने हाथ से प्रलम्ब इंगित करते हुए कड़क कर कहा- "रुको जी! हम आ जो रहे हैं। शर्मा जी, देखते नहीं मैं सारा पुर ही पकड़ कर आ रहा हूं।"

श्री विष्णु शर्मा वहीं थिज गये- "हां, तो-तभी तो!"

"हां, तो तभी तो!" अश्व से झटक कर उतरते हुए शर्मणा ने कहा- "सभी कुमारिल्ल भट्ट बनना चाहते हैं। देह-दाह तो होता नहीं, पुस्तक जलाते हैं- अपने ही घर में आग लगाते हैं। शर्मा जी, आचार्य श्री पद्मपाद को सूचित कीजिये- उनकी टीका अघोर कालिका के यज्ञ में स्वाहा कर दी गई है। साथ ही इस दैत्य से मातुल ने श्री गुरो धाम में आग लगा दी है- श्री गुरोधाम भी टीका के साथ जल गया है- भस्म हो गया है।"

श्री विष्णु शर्मा चिल्लाये- "क्या कहते हो, शर्मणा! शान्तम् पापम्!"

शर्मणा ने हुंकार करते हुए कहा- "इस देश के भाग्य न जाने कब से फूट गये हैं। यज्ञ की हिंस रूढ़ियों तथा स्वर्ग की कामुक चाह ने चारों ओर विलक्षण लोकायतवाद ही फैला दिया है। यह विज्ञान ही मुझे मनुष्य को यतो भ्रष्ट करता हुआ दिखाई देता है। बुद्ध ने संघ बनाये; जिनियों ने उपासरे निर्मित किये। कौलों और शाक्तों ने व्यभिचार के लिये गुह्य मठ और स्थल आविष्कृत किये। हमारे एकान्त स्थान द्रोहियों, पापियों, आततातियों तथा व्यभिचारियों की रंग-रेलियों के गुप्त अड्डे बन गये। कोई भी नहीं बचा, इस इन्द्रिय-भोग की तीव्र तथा लपलपाती हुई वासना से। कामेश्वर-कामेश्वरी हमारी आराध्या बना दी गई। यह देश योनि-लिंग का गुप्त घर्षण बन गया।"

श्री विष्णु शर्मा चिल्लाये- "चुप करो, शर्मणा!"

"आप चुप रहें, श्रीमद्!" शर्मणा ने ठक् ठिठके हुए पद्मपाद के ठीक पास समक्ष में रुकते हुए कहा- "मैं भट्टपाद कुमारिल्ल का धर्मपुत्र तथा महाराज राजशेखर का प्रवर दण्डाधिपति हूं। मेरी पत्नी, धर्मपत्नी, राज़ी की सखी और महाराज की एक मात्र प्रियंवदा है, सुना!"

"हूं।" श्री विष्णु शर्मा ने कहा; रुके और आचार्य पद्मपाद को ताका।

शर्मणा ने प्रणाम करते हुए कहा- "मैं पूर्वाश्रम के मण्डन मिश्र का धर्मानुज, महाराज राजेश्वर का प्रवर दण्डाधिपति-शर्मणा आपश्री को सूचित करता हूं कि आपश्री के पूर्वाश्रम के मातुल ने आपकी टीका जला कर अपना धाम भी भस्म कर दिया है। मातुल अब राज्य के घेरे में बन्दी हैं।"

सहसा आचार्य पद्मपाद हिले; जागे-चिहुंके-"छोड़ दो-छोड़ दो मातुल को। मैं, मैं कहता हूं आचार्य पद्मपाद! छोड़ दो!"

"छोड़ दो।" दण्डाधिपति शर्मणा ने आक्रोश पूर्वक कहा- "आपश्री कहते हैं और यह आपका पूर्वाश्रम का मातुल है- इसलिये राज्य छोड़ दे। क्यों छोड़ दे आचार्य एक ऐसे व्यक्ति को जिसने ज्ञान की होली की है, जिसमें सरस्वती के धाम में आग लगाई है- जिसने स्वयं ही अपने प्रति, अपने कुल तथा अपने वेद और शास्त्र के प्रति घोर अपराध किया है-"

पद्मपाद ने स्तब्ध, स्तम्भित स्वर में कहा- "गुरुदेव! प्रभो!"

शर्मणा ने श्री गुरो रथ में क्षत-विक्षत श्री मातुल को चिन्हते हुए कहा- "वह रहा आपका पूर्वाश्रम का मातुल, पण्डित दिवाकर। बड़ा विद्वान् मनीषी और धर्म-व्यवस्थापक बना फिरता था। पापी इन नास्तिकों से मिल गया

और आपकी टीका तथा अपने गुरु प्रभाकर का धाम-घर-जला दिया। पिशाच है और क्या?"

पद्मपाद ने जैसे स्तब्धता भंग करते हुए कहा- "टीका-टीका जल गई? मातुल का घर भी जल गया। हा! देव! अब, अब क्या होगा, शर्मा जी? क्या होगा- मैं गुरुदेव को मुंह क्या बताऊंगा-अब कैसे जीऊंगा, गिरि?"

आनन्द गिरि ने शान्त अविचल स्वर में कहा- "धैर्य, आचार्य! यह विधि-विडम्बना है- कर्मों का फल!"

"मेरा प्रकाश ही बुझ गया है, आनन्द गिरि!" आचार्य पद्मपाद ने सिर धुनते हुए कहा- "मेरा देह जीवित है; किन्तु मन, प्राण, चित्त, बुद्धि, अहम्- मैं जैसे मर गया-नष्ट हो गया। यह वज्रपात है। टीका मैंने अपने प्राणों की मसि और चित्त के एकाग्र वाङ्मय पूर्वक लिखी थी- मैंने श्री गुरुदेव का वाङ्मय स्वरूप ही टीका में उद्घाटित किया था। उत्तर मीमांसा की वह आधारशिला सी थी। जो कार्य कुमारिल्ल भट्ट को करना था, वह मैंने किया-गुरु कृपा से 'मैंने' सम्पादित किया था। यह टीका मेरे यावत् भवों का साररूप ज्ञान-बोध थी- हां; अवश्य थी, गिरि।"

आनन्द गिरि ने निःसास रखते हुए कहा- "गीता कहती है, संन्यासी सुख-दुःख, मान-अपमान, हर्ष और शोक सभी स्थितियों में स्थित प्रज्ञ और सम रहता है- वही ज्ञानी है। ज्ञानी अनासक्त कर्म ही करता है, आचार्य!"

पद्मपाद ने क्षुब्ध आक्रोश पूर्वक कहा- "यह उपदेश है, आनन्द-गिरि! जिस पर बीतती है, वह जानता है। तुम क्या जानो, टीका के नाश की गहन अटल वेदना?"

आनन्द गिरि ने अमर्ष पूर्ण वेदना से तनिक कांपते हुए श्यामल ताम्रवर्णी आचार्य की सुघड़ काया को अनायास ही देखा और कहा- "जड़ के संयोग का सुख क्या चैतन्य को होता है? जड़ के वियोग का दुःख भी चैतन्य ब्रह्म को नहीं होता। टीका की पोथी नष्ट हुई है; परन्तु क्या उसके वाक्यों में आलेखित ज्ञान-विमर्श भी नष्ट हो गया है? नहीं तो।"

आचार्य पद्मपाद ने ऊर्ध्व स्वांस लिया और तनिक विस्फारित से नयनों से दण्डनायक शर्मणा को घूर कर कहा- "आज जैसे सभी द्वन्द्व समाप्त हो गये हैं। तर्क चल रहा है और घटता गया है- घाव भर रहा है तथा रक्त बह रहा है। मातुल श्री को छोड़ दीजिये-इन्होंने हानि तो मेरी और अपनी ही

की है। राज्य की कोई हानि नहीं की। मुझे ज्ञात है, मातुल श्री शेष जीवन में स्वयं को क्षमा नहीं कर पायेंगे; किन्तु मैं उनको क्षमा करता हूं...."

"तू-तू-मुझे क्षमा दान दे रहा है!" घायल जटायु की भांति मातुल गुर्राये- "धिक्कार है मुझे जो मैं तेरी क्षमा झेलूं। तेरी टीका देव ने जलाई है- विधाता ने मेरा घर भी तो जला दिया है। अब घर के प्राणियों को लेकर कावेरी के तट पर पर्ण कुटिया बना कर जीता रहूंगा। आचार्य पद्मपाद! राज सत्ता से हम निरीह ब्राह्मणों का दमन करवाते हुए तुमको लाज नहीं आती! शर्मणा! तू भी तो ब्राह्मण है। राजा का लट्टू बना हुआ है। तू तो नहीं, तेरी ब्राह्मणी मां की कोख लाजेगी।"

शर्मणा ने तनिक अट्टहास्य पूर्वक कहा- "उपदेश देने में आपश्री बड़े कुशल प्रतीत होते हैं। अपने अन्तरात्मा से पूछिये क्या आप ब्राह्मण भू-सुर हैं? आप ब्राह्मण जन्म से हैं किन्तु अवान्तर में आप शूद्र-स्तर के ब्राह्मण हैं। उस श्री गुरो के सेवक, भृत्य मात्र! मेरी जननी की कोख क्यों लाजेगी? मैं ब्राह्मण जन्मा और अब उत्तर तथा दक्षिण के आर्य नरेशों का सेवक हो गया हूं। महाराज राजशेखर ने मुझे अपने राज्य का दण्डाधिपति नियुक्त किया है- तो वह क्या यों ही? मैं ब्राह्मण हूं- जन्मा हूं; किन्तु अवान्तर में क्षत्रिय स्तर का ब्राह्मण हूं। ब्राह्मण क्या प्राणायाम कर केवल गायत्री-मंत्र ही रटता रहता है? नहीं, वह राज करता है; सेना का संयोजन और संचालन भी करता है। वह न्याय-प्रदाता भी है। ब्राह्मण समाज का मार्ग-दर्शक तथा राज का नेतृत्व है। हम राज कर्त्ता ब्राह्मण हैं- भट्टपाद! ज्ञान योगी, कर्मयोगी ब्राह्मण थे...."

"और यह सुरेश्वराचार्य?" आनन्द गिरि ने सहसा पूछा- "पूज्य मण्डन मिश्र महोदय क्या हैं?"

शर्मणा ने श्री गुरो रथ के पास जाकर मातुल श्री को डण्डे से टटोलते हुए कहा- "श्री मण्डन मिश्र जब तक गृहस्थ थे तब तक ब्राह्मण वैश्य थे और ब्राह्मण-ब्राह्मण भी थे। सन्यास ग्रहण करने के पश्चात वह ब्राह्मण- ब्राह्मण हो गये हैं...."

सहसा पद्मपाद ने कहा- "श्रीमद् सुरेश्वराचार्य को वैराग्य हो गया है क्या? सन्यास को वैराग्य से ही जाना जा सकता है। सुरेश्वर गुरुदेव के प्रथम पट्ट शिष्य केवल शास्त्रार्थ में हार कर तथा प्रतिज्ञानुसार सन्यास लेने पर ही मनोनीत हुए हैं....."

शर्मणा ने मातुल श्री के पार्श्व से एक थैली झटकते हुए कहा- "आचार्य पद्मपाद! अभी असूया नहीं गई? ज्यों की त्यों है-है न? तो यह लीजिये उस गुह्य असूया का वरदान। आपकी टीका की पोथी की भस्म।"

मामा श्री गुरो रथ में बैठ गये; चिल्लाये- "आडम्बरी। जलती हुई अंगुलियों से मैंने तेरी टीका की पुस्तक की भस्म अवेरी है। अपने सर्वस्व को स्वाह कर तुझे, कुल-कलंक! यह भस्म भेंट करने आया हूं। राजा क्या मुझे बन्दी बनायगा? क्या दण्ड देगा? मुझे अपना घर- अपना तन सभी कुछ नष्ट करने का सत्व प्राप्त है। मैं चाहूं तो काशी के मणिकर्णिका घाट पर करवत लेकर अपनी यह देह चिरवा लूं। काशी करवत लेना क्या अपराध है? सनन्दन! अपनी टीका की पोथी की भस्म लपेट कर जा! अपने गुरुदेव के पास जा। उत्तर मीमांसा-वेदान्त के ज्ञान का स्वयं को अवतार समझने वाले तेरे अहमन्य जगद्गुरु को पता चल जायगा, उसका शारीरिक भाष्य यज्ञ के हव्य-कण्य की ठण्डी होती हुई भस्म है- भस्म, राख।"

पद्मपाद ने चारों ओर शून्य दृष्टि से देखा-चिहुंके- "भस्म-राख! मेरी टीका! क्या यह सच है? हे प्रभो! गुरुदेव!!"

मातुल श्री ने रथ में ही बैठे-बैठे अट्टहास्य किया- "गुरुदेव! पोथी की भस्म को पुनः पुस्तक बना दे तो मान लूंगा तेरा शंकराचार्य वास्तव में जगद्गुरु है, सुना!"

पद्मपाद ने कातर किन्तु विवर्ण मातुल को देखा और कहा- "आप दया के पात्र हैं, पण्डित दिवाकर! महाराज राजशेखर के दण्डनायक श्री! मैं आपश्री से प्रार्थना करता हूं पण्डित दिवाकर को हमने क्षमा कर दिया है, अतः राज्य भी इस दयनीय उद्भ्रान्त तथा क्रुद्ध ब्राह्मण को छोड़ दे। पण्डित दिवाकर के घर के साथ मेरी टीका ही नहीं जली है, पूर्व मीमांसा का रूढ़ हिंस्र तथा उदर पूर्ति का साधन बना हुआ समूचा कर्म-काण्ड ही भस्मीभूत हो गया है। यज्ञ-कर्म केवल स्वर्ग-प्राप्ति, अतः पुण्य करने का विधान ही नहीं है, यह जड़ में चैतन्य को आहूत करता है। चैतन्य आत्मा ही अपने शरीर का यज्ञ कर्त्ता है। अपने इस शरीरी यज्ञ से शरीरी आत्मा समस्त सृष्टि के संजीवन, मंगल तथा आरोग्य के लिये श्रद्धा पूर्वक विधान किया करता है- और परम् ब्रह्म परमात्मा प्राणियों के कल्याण, मंगल, सुख तथा आरोग्य एवं दीर्घ, पूर्ण जीवन यापन के लिये त्रिकाल का यह

यज्ञ करता रहता है- आत्मा परमात्मा के दर्शन के लिये ही भव यज्ञ करता है, शर्मणा! पण्डित दिवाकर, मैं आपको दयनीय मान कर क्षमा करता हूं।"

मातुल रथ में ही हिचकियां भर गर्जते हुए बोले- "तू मुझे क्षमा करेगा? तू? तू है क्या? शारीरिक भाष्य पर टीका लिख कर स्वयं को विद्वत-धुरन्धर मान बैठा है। तू अब अपने बड़ों, आप्तजनों और गुरुजनों को क्षमा करने का दम्भ भी करने लगा, ऐं? शंकराचार्य के ज्ञान का झूठन खाने वाला तू मेरी दृष्टि में हेय है- हत्यारा है। अब क्या करेगा, मुझको क्षमा करने के पश्चात्? तू अब भारतवर्ष के शीर्ष विद्वानों में कैसे बैठेगा? अब तेरी आचार्य पदवी क्या होगी?"

पद्मपाद ने शान्त किन्तु ऊर्जस्वित स्वर में कहा- "इस भस्म से पुनः टीका प्रज्वलित होगी, मातुल श्री! पण्डित दिवाकर, ज्ञान स्वप्रकाश्य है; वह स्वयं ही प्रत्यक्ष होता है। बुद्धि चेतना में अर्थ स्वरूप ज्वलित होकर जीव को जगत् का ज्ञान तथा इन्द्रियज सुख का अनुभव करवाने वाला वही परम् चैतन्य ब्रह्म है। ब्रह्म-चैतन्य मीड़े!"

अट्टहास्य की हिचकियों में मातुल धूजले लगे- "सनन्दन! तेरा दीपक बुझ गया है- तेरा अभिमान राख हो गया है। हत्यारे, तेरा इससे बड़ा और प्रायश्चित्त क्या होगा? यदि तू सिद्ध है, बुद्ध है, यती और योगी है तो टीका को अनहद से पुनः सींच कर मुझे बता। अपने गुरु की इतः स्ततः वार्तायें सुन कर एक प्रबन्ध लिख डालना टीका लिखना नहीं है। व्यासदेव के ब्रह्मसूत्र ज्ञान, कर्म तथा भक्ति-इन तीनों योगों के सार भूत वेदान्त सूत्र हैं- उनका अर्थ ही क्या? ब्रह्म सूत्रों का प्रतिपादन शास्त्र रहित तर्क हीन व्यक्ति ही किया करते हैं, सुना! बुद्धिमान् जगत् के शास्त्र उद्धवित करता है-भव-संसार की स्मृतियाँ लिखता है। वाल्मीकि ने रामायण लिखी; वेद व्यास ने पुराण महाभारत लिखा- क्यों? जगत्, जीव, भव-संसार, धर्म-अधर्म इसीलिये। तेरे गुरुदेव के शारीरिक भाष्य के लिये ही क्या सनातन से यह वाङ्मय कहा और लिखा जा रहा है?"

"नहीं, पण्डित दिवाकर!" पद्मपाद ने शान्ति पूर्वक कहा- "सत्य की शोध और परमात्मा का पता पाने के लिये ही वेद हैं; उपनिषद् हैं; श्रुति-स्मृति और पुराण हैं। टीका पुनर्भवित होगी- मैं पुनः आऊंगा और यहीं कावेरी तट पर खड़ा होकर आपको पुकारूंगा, देखिये, यह रही मेरी टीका। गुरुकृपा द्वारा आलेखित टीका क्या भस्म हो सकती है-नहीं, नहीं, मातुल श्री! अच्छा, तो हम चले।"

शर्मणा ने तपाक से कहा- "महाराज राजशेखर को जगद्गुरु का आदेश, मेरा तात्पर्य मन्तव्य से है, मिलना ही होगा। तभी यह पण्डित दिवाकर और उसके हेय सहकारी मुक्त होंगे। मेरा गुल्म अहर्निशि इनकी चौकसी तब तक करता रहेगा। सुरेश्वराचार्य को कहना, हम शीघ्र ही उनके दर्शन करेंगे-"

वायु वेग से एक गुल्म-सैनिक अश्व पर झपटा, आया; कूदा और प्राञ्जलि पूर्वक बोला- "कोल बिखर गये, शाक्त अरण्य में मानो अदृश्य हो गये।"

"क्रचक्र?" शर्मणा ने कड़क कर पूछा।

"पकड़ लिया गया था; किन्तु...." गुल्मक ने कहा।

"किन्तु क्या?" शर्मणा बमका।

"क्रचक्र ने हुंकार की; गगन में हाथ घुमाया और हम जैसे स्थित, स्थिर हो गये। अभिकीलित हो गये और वह पलक में ही अन्तर्ध्यान हो गया।" गुल्मक ने कहा।

"अच्छा?" शर्मणा ने कहा- "हम स्वयं उस महातांत्रिक को देखेंगे। अभिमंत्रित कीलित। प्रमाद मात्र है। तुम सब भयभीत हो गये थे क्या?"

गुल्मक ने कहा- "उसकी पिंग आँखों से जैसे ज्वाला निकल रही थी।" मातुल श्री ने उचक-उचक कर कहा- "वाह रे मेरे भट्टु! वाह!!"

"चुप रह, पवित्र पापी!" शर्मणा ने भाला उठाया और आकाश में फेरा।

"थमो, शर्मणा! शान्त!" आचार्य पद्मपाद ने कहा- "मातुल श्री के एक रोम को भी हानि नहीं होनी चाहिये। टीका नष्ट होने से हम यों ही क्षुब्ध हैं- मातुल श्री का अपमान अथवा उनकी हानि हम सहन नहीं कर सकेंगे। मातुल श्री को हम जगद्गुरु शंकराचार्य की ओर से अभय प्रदान करते हैं।"

मातुल बमके-टूटे-बमके- "तू मुझे अभय देने वाला कौन? कौन है तू एक जोगटा, भिक्षुक-कुल-कलंक!"

आचार्य पद्मपाद ने ऊर्ध्व श्वाँस भरते हुए कहा- "आप कुछ भी कहें, मैं एक आर्त प्राणी हूं-मानव-जीव। मनुष्य के नाते उदारता मेरा स्वभाव है; क्षमा मेरी शक्ति है और अभय मेरा धर्म है। मानव-योनि सत्य, प्रेम, अहिंसा और दिव्य जीवन की कर्म-योनि है। गुरु कृपा अमोघ है, पण्डित दिवाकर! ऐसी शत-शत टीकायें जगद्गुरु की गहन ज्ञान दृष्टि में निहित हैं, अच्छा! भूल-चूक के लिये क्षमा करें, मातुल श्री! आप मेरे पूर्वाश्रम के पिता हैं; अध्यापक हैं; मेरे रक्षक और त्राता हैं। मैं आपके क्रोध को सहूंगा; आपके द्विष के विष को पी लूंगा और सदैव आपको प्रणिपात करता रहूंगा-"

शर्मणा ने पुकारा- "गुल्म नायक! अभियुक्तों को अपने संरक्षण में लो। हम महाराज राजशेखर की सेवा में उपस्थित होंगे-हम उन श्री मानेश्वर महाराज को उदारचेता आचार्य पद्मपाद के द्वारा इस पवित्र पापी को दिया गया अभय-दान निवेदित करेंगे। संन्यासी आचार्य का निर्णय राजा को स्वीकार करना ही है। राजा की आज्ञा से बड़ी आचार्य की आज्ञा और आचार्य की आज्ञा से बड़ी माता-पिता की आज्ञा-"

आनन्द गिरि ने सहसा कहा- "सबसे बड़ी अन्तरात्मा की आज्ञा, दण्डाधिपति!"

"अन्तरात्मा?" शर्मणा ने विहँसते हुए कहा- "अपनी मनस्वी धर्मपत्नी कालिन्दी देवी से पूछूंगा-यह अन्तरात्मा क्या है? ब्रह्मचारी! अभी तुमने गुरुदेव के खड़ाऊँ देखे हैं-संसार नहीं, भव संसार नहीं।"

आनन्द गिरि ने मुस्कराते हुए पूछा- "वह क्या है, सुनूं तो।"

शर्मणा ने आनन्द गिरि को घूरते हुए कहा- "पुरुष के लिये संसार स्त्री है- मनोरमा पत्नी अथवा प्रिया और स्त्री के लिये भव संसार सन्तति है, महोदय! लौटो!"

श्री गुरो रथ के साथ श्रीपुर का समुदाय बिलमाये हुए बादलों सा फिरा। मातुल श्री ने सिर के बाल नोंचते हुए कहा- "इससे तो मृत्यु दे, विधाता!"

शर्मणा ने प्लुत स्वर में अमर्ष पूर्वक कहा- "मृत्यु मांगने से नहीं मिलता। कर्मफल, पण्डित दिवाकर! रक्त का सम्बन्ध है- अटल अटूट सम्बन्ध है। तभी तो आचार्य पद्मपाद ने क्षमा किया-अभय दिया। वास्तव में तुम मृत्यु के भी पात्र नहीं हो। कीट-पतंग भी मरते हैं-सभी प्राणी देह धारी मरते हैं किन्तु मरना तो मनुष्य का।"

मातुल श्री ने रथ की हड़बड़ से हड़बड़ाते हुए कहा- "दण्ड नायक! अपना कार्य करो-मुझे अपने भाग्य पर छोड़ दो। मैं राजा राजशेखर के सम्मुख नहीं जाऊंगा, सुना! हम ब्राह्मण हैं; समाज-व्यवस्थापक! समष्टि के जीवन के नियामक! पापी पेट पालने वाले भिक्षुक ब्राह्मण नहीं- मैं....."

"तुम तो ईश्वर हो, बस!" मामी माँ ने कहा- "चुपचाप लेट क्यों नहीं जाते?"

"क्यों लेटूं? बैठे-बैठे ही मरूंगा, समझी! "मातुल गर्जे।

"तो मरो; मैं अपना मंगलसूत्र तोड़ कर कावेरी में फेंक दूंगी।" मामी माँ ने कहा- "अब भाग्य में शेष क्या रह गया है? सनन्दन, मेरे पूत! जुग-जुग जीओ..."

गौरी ने कहा- "कौन जन्मता है, कौन मरता है? वही कहते हैं, यह सब ब्रह्ममय है- कोई मरता नहीं; मारता नहीं; यह सब जीव की भीति मात्र है। मामी माँ, मुझे कुछ भी समझ में नहीं आता। गई थी; कावेरी में डूब मरने के लिए; किन्तु जैसे किसी ने थाम लिया मुझे। हाँ, किसी अदृश्य हाथों ने मुझे थाम लिया-"

तिलोत्तमा ने साश्चर्य कहा- "अब तू भी गौरी?"

"एक नाम-ध्वनी प्रतिध्वनी, दी, दी!" गौरी ने कहा- "वसन्त के मेघ को विलमाते हुए तुमने देखा है? मैंने देखा है? मैं कोकिल के कण्ठ को जानती हूं। मलयानिल के स्पर्श में मुझे कल्प और पारिजात के पुष्पों का घ्राण भरा लगता है-तुम पूर्णिमा की शान्त, मौन तन्द्रिल स्वप्निल आभा में खो गई हो क्या? नहीं तो तुम जानती हो- गृहस्थिन और मैं पूर्णिमा की मूक विजनता हूं-मैं श्रावण-भादों के मेघों का उभार हूं- उदासीन उमड़ हूं। हाँ, मैं व्यर्थ हूं- व्यर्थ हूं। तभी तो मैं त्यागी गई। अन्यथा पुरुष क्या अपनी स्त्री को त्याग सकता है? नहीं।"

"परमात्मा के लिये पुरुष सब कुछ त्याग सकता है, त्यागता आया है।" तिलोत्तमा ने कहा- "यह सनन्दन आत्मा की शोध का मूढ़ यात्रिक है, गौरी!"

"निर्दय! संन्यासी के मेधा होती है; हृदय नहीं।" गौरी ने कहा- "ब्रह्म मुहूर्त के स्वप्न में मुझे, एक तेजस्वी यती दिखे, दीदी!"

"चुप कर, वाचाल!" मामा गुर्राये- "शान्ति से मुझे मरने भी दे। तुझे सब कुछ दिखता है स्वप्न में यती दिखा? कौन, सनन्दन?"

गौरी ने सहज ही कहा- "नहीं तो, जगद्गुरु शंकर दिखे, मामा जी!

जगद्गुरु शंकर दिखे? मातुल ने सिर धुनाया; दाँत पीसे और निसास रखे। शंकराचार्य-तुम और तुम्हारे शिष्य आचार्य पद्मपाद को सदैव के लिये समझना होगा। क्रचक्र! कहाँ हो? बदला अवश्य, बदला! प्रतिशोध! प्रतिशोध! शब्द-ध्वनी मातुल के चित्ताकाश से ऐंठ-ऐंठ कर फूटी और गगन के गगन चीरती हुई महाराज राजशेखर के कानों में जा टकराई। राजशेखर ने आरती शान्त करते हुए पूछा "कौन है? क्रचक्र, आचार्य देव शंकर से तुम्हारा वैर है। तुम न जाने किसका प्रतिशोध लेना चाहते हो? यह सहन नहीं करूंगा, दुर्ग!" महाराज राजशेखर ने अष्टभुजा दुर्गा की सिंहवाहिनी स्वर्ण प्रतिमा को देखा और जैसे अनायास ही निहारने लगे। उनके बोल की ध्वनी प्रतिध्वनी होकर उन्ही के कर-कुहरों में पुनः समा गई। राजशेखर निर्निमेष नयनों से मानो

श्री दुर्गा के मन ही मन दर्शन करने लगे। राज राजराजेश्वरी! इस क्रचक्र को बोध दे, पापध्नी! इन कौलों, शाक्तों आदि को हो क्या गया है? इस निरीह जगद्गुरु के विरुद्ध सतत् अविराम प्रतारणा। जगद्गुरु शंकराचार्य क्या वाम मार्ग, पंच मकार आदि उपासनाओं का प्रचार कर रहे हैं? नहीं। जगद्गुरु प्राणी मात्र के मोक्ष का मार्ग बता रहे हैं। जगत मंगल, प्राणी कल्याण तथा मानव-मुक्ति। यह है इस महान गुरु का जीवन-सन्देश। साक्षात् ज्ञान- मूर्ति हैं गुरुदेव! जन्मा तब से वैरागी और जीवन के प्रति चरण का ज्ञान क्रान्त मनीषी दृष्टा। शंकराचार्य का यह उदय ज्ञान-सूर्य का ही उदय है- अस्त हो गये, होते जायेंगे, मत मतान्तरों के यह चमकीले अंधेरे। बहुत हो गया- गंगा जल दूषित करने का यह सूक्ष्म प्रयास बहुत हो गया। आर्य जीवन तो आत्मा का प्रतिनिमिष गहन होता हुआ परमात्मा-चैतन्य है। गुरुदेव शंकर ऊर्ध्व स्वाँस लेकर जब पुकारते हैंः ब्रह्मचैतन्य मीड़े तब भगवती दुर्गे! मेरा रोम-रोम सिहर उठता है। मेरे कान बधिर से हो जाते हैं-मैं, मैं जैसे अपना ही कौतुक हो उठता हूं। आर्ये! अब तो रहस्य का उद्घाटन कर, जगन्मोहिनी! न जाने कितने जन्म मैंने लिये हैं; कितनी मृत्यु मैंने सही हैं। विधाता और यम अब तो पति परिचित लगते हैं। सब जैसे जान गया हूं-आचार्य शंकर ने एक ही अमोघ दृष्टि से मन के अंधेरे जैसे मेट दिये हैं; किन्तु चक्रेश्वरी! कामिनी के नयनों के अगाध से उबर नहीं पाया-सौन्दर्य के अपार रस-समुद्र के तट पर पहुंच नहीं पाया। भव-संसार तो कामिनी के रूप का समुद्र है-तुम! आद्ये! सौन्दर्य का सार हो। करुणा की सरिता तथा आनन्द की मन्दाकिनी हो, तुम जगत, जीव- इस मायामय इदम् की गहनातिगहन कामना हो। तुम काम कालिन्दी हो, जगदीश्वरी! हो- नहीं? तुम मन्दाकिनी, कालिन्दी।.....”

"जी।" कोकिल-कण्ठ पार्श्व पृष्ठ में कुका।

"कालिन्दी? तुम? क्यों?” महाराज राजशेखर ने विहँसते हुए पूछा।

"राज्ञी ने पुछवाया है, क्या श्रीमन् अभी श्रृंगेरी प्रस्थान करेंगे?” कालिन्दी ने अपने इन्दीवर नयन झुकाये; पलकें सम्पुटित की; अधर कँपा कर बन्द किये; तनिक खोले और भौंहें नचा कर प्रतिमा की भाँति नृत्य की स्थिर मुद्रा में हो गई।

महाराज राजशेखर उल्लसित स्वर में बोले- "हम अभी प्रस्थान करेंगे। क्यों महादेवी भी आना चाहती हैं? हमारे साथ पधारना चाहती हैं! उचित ही

तो है, राम सीता के बिना नहीं जीये; कृष्ण राधा को अहर्निशि अपनी पलकों में उलझाये रहे। शिव तो शिवा के बिना जैसे प्राणायाम कर सकते नहीं।"

"जी।" कालिन्दी ने मौन निस्वास रखते हुए कहा।

राजशेखर जैसे लहरे; मुक्त हास्य हँसते हुए बोले- "राशि में ही उत्तर जानती हो। तुम अक्षर जानती हो; वाक्य नहीं?"

कालिन्दी ने पलकें तनिक खोलीं और रसिक शिरोमणि राजा की प्रसन्न मगन छवि मानो गगन से छीन ली; बोली- "हूं!"

"हूं हीं हीं!" राजशेखर विहँसे-हँसे- "हमने अनेक श्रेष्ठ नर्तकियाँ देखी हैं; उनके चपल चरणों के रत्न जटित नूपुरों की शत-कोटि रुनझुनें सुनी हैं। हमने सुन्दरियाँ, श्रेष्ठ, उत्तम, उदात्त सुन्दरियाँ पेखी हैं; किन्तु तुम? विचित्र हो; विलक्षण अनूठी हो।"

"बौराये बगरे हुए वसन्त की एक मूक कोयल हूं, राज राजेश्वर!" सहसा कालिन्दी ने फुसफुसाते हुए कहा और भागी। झणझण झणण नूपुर खनके और पिरोजी पहुंचियों की गहरी लाल चूड़ियाँ किणमाई। कटि मेखला स्वयं ही जैसे कटि की इतराती हुई ऐंचों में उलझ गई। राजशेखर चकित से रूप की इस अनन्य वसन्त श्री को कक्ष में कौंध कर पुनः अन्तर्ध्यान होते हुए देखते रहे; मन ही मन बोले-"राज़ी! एक तो तुम हो और एक यह है। स्त्री तुम दोनों हो; किन्तु फिर भी कुछ भेद है- अन्तर है; रहस्यमय अन्तराल है। तुम स्त्री, पत्नी, जननी हो और यह विशुद्ध कामिनी है, कामिनी!"

"जी!" नूपुर जैसे बरबस लौंटे, खनक कर द्वार में ही विजड़ित हो गये। कालिन्दी तनिक सा घूंघट ललाट की बिंदिया में चिपकाते हुए बोली- "जी!"

महाराज राजशेखर खिलखिला कर हँस उठे; बोले- "तब तुम कामिनी की प्रतिमूर्ति हो। उस कामिनी की मूर्ति नहीं; जिससे साधु सन्त डरते हैं; योगी जिसकी छाया से भी कतराते हैं-नहीं? वही हो तुम कामिनी?"

कालिन्दी ने अपनी नीलम-भवों के कोदण्ड तनिक ताने और गहन दृष्टि के दो एक तीर तानते हुए राजशेखर को देखा; निहारा-निहोरा। राजशेखर मानो ब्राह्म मुहूर्त के अरुणोदय की मलयानिल की हल्की-फुल्की आँधी से हिले-काँपे-सिहरे। राजशेखर ने देखा वसन्त श्री से बगरे सघन किन्तु तनिक इतः सततः आम्र कुञ्ज में शरद की पूर्णिमा मूर्तिमान झाँक रही थी। शिथिल किन्तु कर्षित सपाट किन्तु सुलझे हुए घनश्याम अलक पाटों के तटों से छू-छू कर वह मोहिनी आभा, कालिन्दी की गौर-गुलाबी अरुणारी मुखारविन्द

आभा मानो लहरा रही थी। उन अणियारे नयनों में मद स्वयं मूर्च्छित सा पड़ा था। भ्रवों के बीच की द्विदल पर बिंदिया त्रिभुवन का कीलन करती हुई पिरोजी गुलाबी ललाट पटल पर निश्चिन्त और निर्भय जगत मोहन के अपने अमोघ विश्वास की माणिक्य ऊर्मि सी उभरकर स्वयं ही कीलित हो गई थी। "जगन्मोहिनी।" राजा राजशेखर ने उन्मन ही जैसे मन के एकान्त में स्वयं से पूछा- "मधु कैटभ को मोहकर विष्णु को सामर्थ्य प्रदान करने वाली, ब्रह्मा की प्राणदाता, देवताओं की माता, स्कंद माता तब ऐसी ही जगन्मोहिनी है? हाँ; तभी तो गुरुदेव ने सौन्दर्य लहरी कही है।" एक सिहरती हुई विकलता स्वयं ही जैसे राजशेखर की धबकती हुई रगों में शमी। राजशेखर ने नख से शिखि तक राज मन्दिर की इस नायिका को देखा; घूरा और बोले "राज़ी से कहना गुरुदेव की सौन्दर्य्य लहरी मैं सुनाऊंगा। उनको! तूने सुनी है यह भुवनेश्वरी के अंग प्रत्यंगों के भुवन मोही सौन्दर्य की कविता को?"

कालिन्दी अपने रूप का सागर पलकों द्वारा सींचती हुई बोली- "जी नहीं।"

"तब तू महा शिवरात्रि को ओढर महाकाल के समक्ष नाचती कैसे है, री?" महाराज राज- शेखर ने हौली-हौली, चिन्ता पूर्वक कहा- "गुरुदेव की सौन्दर्य-लहरि का एक-एक श्लोक जगदम्बा भुवनेश्वरी के काम गन्धहीन काम दुधा अंग-प्रत्यंग के परात्पर सौन्दर्य्य का चित्रण है। जानती है! वह आद्या कामेश्वरी स्वरूप मूलाधार में निश्चिन्त निर्भय अपने प्राण वल्लभ, प्रियतम अपने वल्लभ को विसर कर सो रही है और काल की इस महा शिवरात्रि में जीवों के स्वप्न देख रही है- जीवों के संयोग-वियोग, उनकी प्रीति-विरह। यह भव-भव की मधुमय पीड़ा उस कामेश्वरी, भुवन मोहिनी, भुवनाम्बा की प्रसव पीड़ा है। यह मानव भव कामिनी विलास है; रति, स्वप्न-दर्शन-सृजन! अवश्य!!"

"जी।" कालिन्दी बोली और तीर से सहसा बिंधी हुई हिरणी की भाँति भाग चली। राजशेखर सहसा कटि से ऐंच-ऐंच कर हंसने लगे। आह्वान घण्ट बजाते हुए बोले- "उस शर्मणा को हमारे समक्ष उपस्थित होने को कहो।"

आह्वान-घण्ट का झन्नाता तन्नाता हुआ रव राज-मन्दिर के शिखरों से जा टकराया। शर्मणा स्वयं से ही जैसे जान गया था, महाराज उसको बुला रहे हैं-उसको पुकार रहे हैं। महाराज राजशेखर के अन्तरंग दर्शन कक्ष की ओर वह त्वरा से चला। तभी महाराज के पीठ मर्द सदासुखी वेद-तीर्थ ने लपक

आते हुए कहा- "दण्डाधिपति! महाराज! महाराज समक्ष चाहते हैं।" शर्मणा ने अपनी भरी सी भवें उझकीं-और पूछा- "कुशल तो है?" सदासुखी वेदतीर्थ ने तनिक कटि हिलाई; नितम्ब ठमके और स्त्री-हास्य हँसते हुए कहा- "आपश्री के लिये इस राज-मन्दिर में कुशल ही कुशल है। महाराज और राज़ी आप उभय-दम्पती को देखे बिना जैसे माध्वी का एक चषक भी पी नहीं सकते। श्रीमती सुमुखी कालिन्दी देवी ने तो राजमन्दिर के प्रत्येक गुम्बद में चन्द्रमा जड़ दिया है। चन्द्र और चन्द्रिका आप उभय दम्पति यही तो हैं-भ्रमर और पुहुप-चन्द्र और चन्द्रिका।"

शर्मणा हंसा और अधिक तीव्र वेग से महाराज के अन्तरंग कक्ष की चित्रसारी के मोड़ पर ठिठका-राज़ी और कालिन्दी!

राज़ी ने अनायास शर्मणा को देखते ही कहा- "शर्मणा! यह मेरी सखी कालिन्दी उदास क्यों रहती है?" और राज़ी स्वयं ही विहँसी।

शर्मणा ने वन्दन करते हुए कहा- "श्रीमती! धर्मपत्नी उदास कब होती है और उदासीन बन जाती है, यह पतिदेव क्या जाने? मैं तो महाराज का प्रवर दण्डाधिपति हूं। मेरा कर्त्तव्य क्या पत्नी को रिझाये रखना ही है? नहीं श्रीमती! आज्ञा! श्रीमानेश्वर इस सेवक की प्रतीक्षा कर रहे हैं।"

सदासुखी वेदतीर्थ ने कहा- "प्रतीक्षा तो प्रिय अपने प्रिय की करता है। राजा सेवक की टोह करता है-टोह! प्रतीक्षा तो प्रिय की; स्मरण प्रभु का; टोह सेवक की; दर्शन देवता का।"

सहसा राजशेखर ने प्रगट से होते हुए कहा- "सांनिध्य देव का ; दर्शन देवियों का। राज़ी! अपना दर्शन हमें दो"

राज़ी ने प्रसन्न वदन से कहा- "मैं तो राजेश्वर के श्री चरणों की कणिका हूं। मैं दर्शन क्या दूंगी? पति क्या कभी पत्नी का दर्शन करेगा- नहीं, महाराज! दर्शन तो अनिंद्य मूर्ति का।"

"अनिंद्य मूर्ति!" महाराज चिहुंके- "वह तुम्हीं हो, राज़ी!"

पीठ मर्द सदासुखी ने खंखार कर कहा- "पूर्णिमा कल है, महाराज! और कहते हैं कल ही तथागत बुद्धदेव का आविर्भाव हुआ था। आविर्भाव के चन्द्रोदय की शीतल आभा में सभी देव-मूर्तियाँ डूब गईं। मन्दिर, मठ, घर सब अदृश्य हो गये-केवल विहार ही बने रहे।"

"वाह! क्या काकु कहा है, सदासुखी!" महाराज ने कहा और शर्मणा से- जैसे कुछ याद आया हो, यों सावधान तथा जाग्रत होते हुए पूछा- "क्रचक्र?"

शर्मणा ने शान्त स्वर में कहा- "लोह-श्रृंखलाओं में जकड़ लिया गया है। राज मन्दिर के भू-गर्भ में बन्द पड़ा है, महाराज!"

महाराज राजशेखर ने प्रसन्न होते हुए कहा- "अच्छा! तथास्तु और वह मातुल? मातुल श्री! पण्डित दिवाकर?"

शर्मणा ने अविचल धीर गंभीर स्वर में कहा- "आचार्य पद्मपाद श्री ने उस पवित्र पापी को क्षमा-दान देकर अभय मण्डित कर दिया है, स्वामिन्!"

"अच्छा?" महाराज राजशेखर ने कहा- "आचार्य पद्मपाद क्षमा कर सकते हैं; किन्तु दण्ड से अभय वह दे नहीं सकते। यह राजा का आत्यंतिक सत्व है। पाप की क्षमा जाति-समाज दे सकता है; किन्तु अन्याय की क्षमा कोई भी नहीं कर सकता। राजा, हम महाराज चाहें तभी दण्ड से अभय दे सकते हैं।"

"जैसी महाराज की इच्छा; किन्तु जगद्गुरु....।" शर्मणा बीच में ही रुका-शर्मणा ने देखा राजशेखर राज़ी के पार्श्व में दुबकी कालिन्दी की ओर अनायास ही देखने लगे हैं। तभी पीठ मर्द ने कहा- "दिनमान दिशा से नहीं, पञ्चांग में ही अंकित करते हैं ज्योतिषी, भवान्!"

राजशेखर चमके-चिहुंके- "दिशायें शून्य ही होती हैं। उनमें अंक नहीं; अंकन नहीं। दिशा शून्य क्षितिज है किन्तु महकती हुई वसन्त की मधुमय रात्रि के प्रथम प्रहर के प्रारंभ में जब चन्द्रोदय होने लगता है, शून्य दिशायें चन्द्रिका से भर जाती हैं और चन्द्रमा स्वयं ही चन्द्रमुख होकर उनमें प्रतिबिम्बित होने लगता है।"

राज़ी ने विभोर होते हुए कहा- "निछावर जाऊं महाराज! ऐसी उक्ति-उपमा तो आदिकवि वाल्मीकि भी नहीं दे पाये।"

महाराज राजशेखर ने सन्तुष्ट मगनता पूर्वक कहा- "तुम हो मेरे काव्य की मन्दाकिनी- कादम्बिनी-कालिन्दी! महादेवी! तुम मेरे इस सूने उदासीन चित्ताकाश की नित्य अविराम पूर्णिमा हो। मैं तो काव्य का आतुर व्याकुल भृंग हूं। वसन्त की पुष्पराजियों में उन्मन भ्रमता रहता हूं- सत्य यह है राज़ी! मुझको राज सिंहासन त्याग देना चाहिये परन्तु क्या करूं जगद्गुरु के राष्ट्र-व्यापी सन्देश के प्रसार तथा स्वयं गुरुदेव तथा उनके धीमान् शिष्यों, सेवकों की रक्षा की समस्या है। यह कोल और कालमुख उपदेश से नहीं मानेंगे, शर्मणा! क्रचक्र से हम स्वयं मिलेंगे- हमें भूगर्भ का मार्ग दिखा दौवारिक!"

"जी, जो आज्ञा।" दौवारिक मुख्य ने नमन पूर्वक उत्तर दिया।

महाराज राजशेखर भू-गर्भ की ओर चले, मानो कमल वन में घूम-घूम कर तनिक थका, श्लथ कुञ्जर चल रहा हो। शर्मणा पार्श्व में किन्तु तनिक आगे तथा आस-पास शस्त्रधारी अंगरक्षकों का अनुशासित घेराव राजमन्दिर के विस्तृत प्रांगण में उपवनों के झुण्ड तथा वृक्ष-राजियों के शोभास्पद झुरमुट बिखरे-छितरे खड़े थे और उनकी घटाओं में विशाल मन्दिर का घुम्मट आकाश को भेदता हुआ गगन-मण्डल को भेद रहा था। स्वर्ण कलश के पास लहराने वाली-फहराने वाली विशाल ध्वजा शिथिल सी, सो रही थी। शर्मणा आगे-आगे मन्दिर गर्भ के पीछे और शस्त्रधारी प्रहरी, साथ-साथ महाराज राजशेखर को ले चले। शस्त्रधारी सैनिकों ने गर्भ-मन्दिर का कौना-कौना पकड़ लिया और महाराज राजशेखर शर्मणा के पीछे गो-मुख कुण्ड के पास पहुंचे। गो-मुख कुण्ड की गुप्त्य सी सीढ़ियों के एक त्रिकोण में शस्त्रधारी क्रूरों के घेरे में एक भीमकाय आकृति स्थिर खड़ी थी। राजशेखर कुण्ड की पाल पर टिके खड़े रहे। शर्मणा ने इंगित किया और वह पृथु आकृति मानो हिली, उठी, उभरी और कुण्ड के बाहर महाराज के समक्ष मानो उद्भूत हुई। महाराज राजशेखर ने अपना परशु निकाल कर तनिक ताना और कहा- "क्रचक्र!"

क्रचक्र ने तनिक हँस कर कहा- "हाँ मैं। राजा, तुझसे मैं मिलना ही चाहता था किन्तु तेरा यह नादान ढीढ़ दण्ड-नायक समझता है, मैंने उसके सामने स्वयं को समर्पित कर दिया है। नहीं-हम तो स्वेच्छा से ही तेरी इन जीर्ण श्रृंखलाओं में बंधे हैं-तुझसे मिलना था, भला।"

महाराज राजशेखर ने साश्चर्य्य पूछा- "हमसे मिलना था आपको? हम कौलों, कालमुखों और वाममार्गी शाक्तों से नहीं मिलते। हम उन पर शासन करते हैं। श्रृंगेरी मठ के धर्म-व्यवस्थापक आचार्य हस्तामलक देव के मार्ग-दर्शन में हम वैदिक वर्णाश्रम धर्म की रक्षा में सन्नद्ध हैं, तांत्रिक!"

"स्तुत्य है, राजन्!" क्रचक्र ने कहा- "किन्तु तेरा यह शासन व्यर्थ ही रहेगा। कंकाल गोविन्दपाद का शिष्य संन्यासी-वह वयस्क शंकराचार्य एक दिवस देह त्याग देगा- अवश्यम्भावि मृत्यु उसके देह की भस्म बना देगी। भस्मीभूतस्य देहस्य, राजा! तू भी मरेगा-अवश्य!"

महाराज राजशेखर ने भन्ना कर कहा- "और तुम क्रचक्र?"

"हम कौल अजर हैं-अमर!" क्रचक्र ने कहा।

"अच्छा? कैसे, सुनूं तो।" महाराज राजशेखर ने पूछा- "जगद्गुरु श्री शंकराचार्य ने भी यह नहीं कहा कभी कि जीवों का देह अजर-अमर है-उन श्रीमद् ने यही कहा है-सच्चिदानंद आत्मा अजर-अमर है।"

"आत्मा? कहाँ है?" क्रचक्र ने कहा- "यह जीव है, शरीरी-सर्व शक्ति सम्पन्न क्षमतावान् जीवात्मा ही है, राजा। हम कौल जानते हैं कि आद्या घोरा ने अपनी अमोघ कुक्षि से स्वयं शिव को जन्म दिया है-वह शववत् शिव आद्या कालिका की घनश्याम योनि से बूंद-बूंद टपकते हुए रज को अपने अधरों पर झेल कर जाग्रत तथा जीवित हुआ है। राज-शेखर! तू आद्या द्वारा उद्ध्वित मानवी-योनि में आधानित हुआ; पका और जन्मा है और दिन-रात तू करता क्या है? मांस ही तो खाता है; चबाता है-चूसता है? नहीं तेरी महादेवी, तेरी सहेलियाँ, तेरी गुप्त प्रियायें! क्या सब ब्रह्म-ज्योतियाँ हैं? योनि आद्या घोरा की इच्छामयी कल्पना है-वह ललजिव्हा शक्ति घननील श्यामशक्ति ही लिंग और योनि की कमनीय कल्पना करती है-और यही भव-योनि है। तेरे उस मूढ़ क्लीव शंकराचार्य का अनजान, अगम निराकार निरुपम ब्रह्म नहीं है। है क्या? बता?"

महाराज राजशेखर ने कहा- "अज्ञान, क्रचक्र!"

"यदि जगत् अज्ञान है, जीव भ्रम है-सुख भ्रान्ति है तो फिर यह सब ही सत्य है; ज्ञान है भला!" क्रचक्र ने कहा- "हमारा घेरा उठा ले, राजन्!"

"नहीं।" महाराज राजशेखर ने कहा- "तुम गुरुदेव शंकराचार्य के शत्रु हो-वैरी-विरोधी! तुम मूलतः अनार्य हो-असुर! मैं क्षत्रिय नरेश तुम अवैदिकों का शासन करूंगा। तुमने गुरुदेव का प्राण हरने की प्रतारणा की है। तुम शास्त्र से नहीं, शस्त्र-अस्त्र से जगद्गुरु का पीछा कर रहे हो। तुम जगद्गुरु शंकराचार्य तथा उनके महिम शिष्यों को ठार करना चाहते हो-"

क्रचक्र ने बीच ही में कहा- "क्षत्रिय क्या झूठ बोलता है? न्याय नहीं करता- न्याय नहीं करेगा, राजा! उग्र भैरव की हत्या क्या हमने की? चण्ड भैरव को आज कौन घेर रहा है? मुझे श्री शैल से निष्कासित किसने कराया है? आज मैं सघन अरण्य की नदियों की भेखड़ों की गुहाओं में छिपता फिरता हूं-"

"तुम्हारा तंत्र बल क्या हुआ, क्रचक्र!" महाराज राजशेखर ने विजयगर्व पूर्वक पूछा।

क्रचक्र ने हँसते हुए कहा- "कामिनी की अगाध योनि में बह गया- तू यही सुनना चाहता है न? तो सुन ले। शाक्त शक्ति के संभोग द्वारा ही

परा चेतनाओं को वशीभूत करता तथा तंत्र बल प्राप्त करता है। तू तो कामिनी की योनि में डूब कर गल जायगा और हम? हमारा व्यावक्षमी मेढू कामिनी की योनि का अजस्र रज सींच कर मुझे शिव को मेरी शाश्वत अनादि प्रियतमा शिवा आद्या से मिला देगा। शक्ति! शक्ति नर-नारी रूप व्यक्त होकर अधोमुख संभोग द्वारा भव-योनियों के जीवों को जन्म देती है तथा वही ऊर्ध्व रेतन संभोग द्वारा शिव- सायुज्य प्राप्त करती है- शिव, शिवा-शिव, शक्ति, यही सार सत्य है। यही जगत् है; जीव है; भव-संसार के लोक हैं और इन्हीं का नित्य संभोग सुख है; अविराम परम् सुख है। ज्ञान नहीं, काम राजन्!"

महाराज राजशेखर ने कहा- "गुरुदेव आचार्य श्रेष्ठ शंकर का पीछा छोड़ दे तांत्रिक!"

"एक दिवस मैं उसको तत्व-पुरुष के हाथ से मारूंगा, राजा!" क्रचक्र ने कहा- "तू सृष्टि के सहज वाम मार्ग को ही मिटा देना चाहता है? तेरा गुरु, यह शंकर वेदान्त की विचित्र वार्ता द्वारा उद्भ्रान्तों को वशीभूत कर लेता है। वेदान्त का शून्य ब्रह्म! क्या करेगा जीव उसको पाकर? कामेश्वर जीव क्या कामेश्वरी के बिना एक निमिष के लिये भी जी सकता है। इस निरीह-निर्विकल्प ब्रह्म-खाड़ में जगत् के उलूक और भव- संसार के नपुंसक ही जी सकते हैं। इस पृथिवी पर मानव को शक्ति, सौन्दर्य तथा यौवन का सरस भोग ही चाहिये- इसको ही स्वर्ग का परम् सुख कहा गया है। कुशल और चतुर ब्राह्मणों ने इसको ही मुक्ति कहा है- इसी को आत्मानंद कहा है। आत्मानन्द ही सत्य होता तो इस असत्य विषयानन्द का सम्भ्रम जीव को होता ही क्यों?"

"तुम अनार्य हो; राक्षश-असुर।" राजशेखर ने ऊर्ध्व श्वाँस लेकर कहा।

क्रचक्र अट्टहास्य पूर्वक हँसा- "यह पृथिवी, जल, अग्नि, वायु और आकाश, न आर्य है और नहीं अनार्य। सृष्टि के तत्व क्या दानव-मानव हैं? सुर-असुर हैं? नहीं। तू सनातन वेदान्ती मूर्ख है, राजा! तभी तुझको ब्राह्मणों ने क्षत्रिय कहा है।"

"क्या कहा?" राजशेखर तनिक चिल्लाये।

"यह वर्ण क्या है? ब्राह्मणों की मनुष्य को मूर्ख बनाये रखने की विलक्षण धारणा है। ब्राह्मण मुख है और तू क्षत्रिय हाथ है। तू बुद्धिमान हुआ क्या? बुद्धि का एकाधिकार इस शास्त्रीय ब्राह्मण ने ही ले लिया है और तुम क्षत्रियों ने महीपति बने रहने के लिये इन मधु-रस लोभियों को

आचार्य, ऋषि-मुनि मान कर समाज के सिर पर उठा रखा है। तुम क्षत्रिय चतुर हो अवश्य। इन वैश्यों को तो सुवर्ण और रत्नाभरण चाहिये। यह वैश्य षढ मूर्ख हैं तथा यह शूद्र, वह तुम वर्णों का चरणावरण हैं- अंत्यज, नहीं? राजा, केवल शाक्त-कौल ही मानव मात्र को एक मानकर चलता है। केवल माँ का सम्बन्ध पाता है और सब सम्बन्ध ब्राह्मण स्मृतिकारों के थोपे हुए हैं। मूर्ख, सन्तानोत्पत्ति; सृष्टि के लिये शास्त्र विहित विवाह की क्या आवश्यकता है? नहीं है; किन्तु तुम्हारा स्वस्ति वाचन का उदर भरने वाले ब्राह्मण ने विवाह संस्कार अनिवार्य किया है। नहीं राजशेखर!"

"वेद-निन्दक!" राजशेखर ने क्रोधपूर्वक कहा- "जगद्गुरु का पीछा छोड़ दे, क्रचक्र! वचन दे।"

"तो?" क्रचक्र ने पूछा।

"तुझे मुक्ति और तेरे श्रीशैल को अभय।" राजशेखर ने कहा।

"अच्छा?" क्रचक्र ने पूछा- "यह हृदय परिवर्तन कैसे, राजा!"

"हम स्वयं शाक्त साधना कर सत्य को जानना चाहते हैं-" महाराज राजशेखर ने सहसा कहा- "हमने गुरुदेव से सलाह करने का निश्चय किया है।"

"सतुत्य, राजन्!" क्रचक्र ने कहा- "अब तुझे ब्रह्म अवश्य ही मिल जायगा।"

राजशेखर कुछ धँसे- "धृष्ट, तांत्रिक!"

क्रचक्र ने ठहाका मार कर कहा- "तू शाक्त होगा? वीर, कौल-तू भवधूत होगा, तू? स्वैर रसिक। तू प्रतापी सच्चा क्षत्रिय नरेश भी नहीं है-वह उज्जयिनी का सुधन्वा। तू त्रिकाल में शाक्त वीर नहीं हो सकता। तू तो शंकराचार्य का सेनाधिपति बना रह, सुना?"

महाराज राजशेखर जैसे सुन्न हो गये; स्वयं से ही चिहुंके- "क्या कहा, तांत्रिक!"

क्रचक्र ने पैशाचिक हँसी हँसते हुए कहा- "श्रीराम, श्रीकृष्ण, विष्णु, महाविष्णु, जिष्णु का दिन-रात कैंकर्य कर वैभव भोगने वाले तो आर्य, सुर-देवता हैं और हम श्मशान जगाने वाले को पीनधारी अनार्य, असुर राक्षस हो गये, क्यों? राजा, न्याय क्यों नहीं करता? हम मद्य पीते हैं, तू नहीं पीता? हम माँस खाते और रुधिर पीते हैं-तो क्या तुम रमणियों का मांस नहीं चूसते? मल-मूत्र से तुम सुष्ठ जनों को सांस्कारिक घृणा है

तो है-हमने कब कहा यह घिन त्याग दो। हम कौलों तथा शाक्तों ने कभी गृहस्थ को आरी नहीं किया-विवश किया क्या? तू स्वयं शाक्तोपासना के प्रति आकृष्ट हो रहा है-मैंने किया? क्रचक्र ने? नहीं। तू जीव ही स्वयं इधर खिंच रहा है। भव-योनियों का बीज रज वीर्य है-शुक्र, समझा। जिसे तू चेतन कहता है, वह देह मांस, रुधिर, मज्जा, पीयूष नहीं है तो क्या? यह तो मैं शाश्वत जीव हूं-स्वयं की अनादि जीवन-चेतना, जो हाड़-मांस के बने देह को विचित्र सौन्दर्य देता हूं; विलक्षण मोह प्रदान करता हूं-मैं ही देह सहित और देह द्वारा इस रहस्यमयी घोर-अघोर सृष्टि को भोगता हूं-भोगता रहूंगा। तेरा राज, हमें कब तक-कहाँ तक रोकेगा? सभी बलों का महाबल हमारे पास है, सिद्धि! राज बल शस्त्र बल पर टिका है किन्तु जीवात्मा का वैराग्य, यह विराट् अनन्त सृष्टि साम्राज्य सिद्धियों का ऐन्द्रजाल है, राजशेखर!"

महाराज राजशेखर ने क्रचक्र को घूरा; कहा- "जगद्गुरु की ओर आँख उठाकर देखा भी है, तो तुम्हारी आँखे नहीं रहेंगी, समझा, तांत्रिक!"

क्रचक्र हँसा; बोला- "समझा-समझता हूं। हम तेरे जगद्गुरु की ओर क्यों देखेंगे, भला? देखने के लिये वह आद्या अघोरा है-कालिका! हम उस चक्रेश्वरी सृष्टि सम्राज्ञी के नील घन चरणों को ही देखना चाहते हैं। रमणी के चरण चूम कर देख-यह राज तुझे सड़ा लगेगा। तब हम रमणी के चरणों को देख कर उस नीलाम्बरी दिगम्बरा के चरणों का ध्यान करते हैं।"

महाराज राजशेखर सिहरे; बोले- "जगदम्बा को वल्लभा मानता है, घोर पापी है वह। इस सृष्टि की आदि जननी, पूर्ण वत्सला माँ है, क्रचक्र! पत्नी नहीं, प्रिया नहीं! रमणी! हूं?"

"माँ।" क्रचक्र ने कहा- "देह स्त्री-पुरुष के रहस्यमय रमण का परिणाम है-तू राजा है न इसलिये माता-पिता मानता है। हम अघोरी हैं। देह के यह सामाजिक सम्बन्ध हम कहते भर हैं-सुनते भर हैं। हम केवल नर और नारी का रजवीर्य्य का सम्बन्ध ही मानते हैं। तंत्र-मंत्र को ही स्वीकार करता है, राजा! और इस सृष्टि का स्वरूप तंत्र है, चेतना मंत्र है, राजशेखर! जा अपने जगद्गुरु की सेवकाई करता रह-हमें अपने श्री शैल दे दे! हम श्री शैल की विजन कन्दराओं में पंचभूत को वशीभूत करेंगे-तत्वों को हस्तामलक बना देंगे। तू श्रृंगेरी मठ के उस नपुंसक निवीर्य हस्तामलक की आज्ञा मानता रह-इच्छा-पूर्ति किया कर। इस जगत् को योगी साधता है, वियोगी भोगता

है। राजा तो राज करता हुआ खज जाता है-धूल में गड़ जाता है-भस्म-भस्म हो जाता है।"

राजशेखर ने क्रोध से दाँत पीसे; कहा- "छोड़ दो इस अघोरी को! श्रीशैल के बाहर पाँव दिया है तो हमारा परशु उसको काट देगा, तांत्रिक!"

क्रचक्र हँसा; विहँसा; तनिक अट्टहास्य पूर्वक ठहका- "राजा है न! राज मद यह बोल रहा है-मनुष्य नहीं।"

महाराज राजशेखर ने प्रस्थानोद्यत होते हुए आज्ञा की- "दण्डाधिपति शर्मणा! भट्टारक सेनापति को हमारी आज्ञा पहुंचा दी जाय, इन तांत्रिकों पर सतत् सावधान दृष्टिपात किया जाय। श्रीशैल को पाँच योजन की व्याप्ति में घेर रखा जाय। यह क्रचक्र श्रीशैल की कन्दराओं तथा पाँच योजनान्तर्गत उपत्यकाओं में मुक्त घूम सकेगा। श्रीशैल पर सिवाय क्रचक्र और उसकी भैरवियों के और एक भी तांत्रिक नहीं जायगा- श्रीशैल पर्वत-प्रवेश सभी सामाजिकों के लिये निषिद्ध किया जाता है।" फिर क्रचक्र को घूर कर महाराज राजशेखर ने क्रुद्ध स्वर में कहा- "दक्षिणावर्त में हमने यज्ञ बलि निषिद्ध कर दी है-बलि कर्म पाप ही नहीं राज द्वारा दण्डनीय अपराध इंगित किया गया है और शूद्रों पर किये जाते सामाजिक और जातीय अन्याय तथा उनका शोषण, हाँ! हमारे निष्पक्ष तथा तटस्थ ध्यान में है। जगद्गुरु आचार्य श्री शंकर ने व्यवस्था दी है कि वर्ण-वृत्तियाँ जन्म जात विभिन्न होते हुए भी मानव अपनी योनि में सम है- समान है। प्रत्येक वर्ण को अपनी जन्मजात वृति के अनुसार तथा अनुरूप ही उत्थान और उत्कर्ष के लिये अपने वैदिक वर्णाश्रम धर्म का धारण-भरण तथा पालन करना है, करना ही होगा-यही श्रृंगेरी मठ की आम्नाय तथा राज की अविचल आज्ञा है।"

क्रचक्र ने हुंकार भरी; कहा- "तू राजा मुझे पार्थिव देह के बाहर अपने अनादि सूक्ष्म में विचरने से भी रोक सकेगा क्या?"

महाराज राजशेखर ने तन्नाते हुए कहा- "व्यभिचारी योगी नहीं होते-नहीं हो सकते।"

क्रचक्र ने चिल्लाते हुए कहा- "स्वैर रसिक राजा भी नहीं होता- नहीं हो सकता।"

"शर्मणा!" महाराज राजशेखर बमके और घायल कुञ्जर की भाँति राजमन्दिर की ओर चल दिये।

शर्मणा क्रचक्र की ओर धँसा। क्रचक्र ने उत्ताल अट्टहास्य द्वारा हाथ में लिपटी-बंधी श्रृंखलाओं को झटका दिया और हाथ झटक-झटक कर चीखा- "वहीं खड़ा रह, भंगेड़ी। वहीं जला कर भस्म कर दूंगा। तू निवीर्य्य, नपुंसक-पत्नी का दास-राजा का भृत्य, पीठ मर्द कहीं का।"

शर्मणा धँसा और धंसा; किन्तु बिजलियों की कौंधों के समान श्रृंखलाओं के टुकड़े धरती पर झनझना कर गिरे और क्रचक्र वायु वेग से श्रीशैल की दिशा की ओर लपका। "कालिके! घोरे!! कालिका-ललजिव्हे!" क्रचक्र की चीत्कार गगन मण्डल को प्रताड़ित करती हुई दिशाओं को हहरा गई। शर्मणा स्तम्भित; गुल्म चकित् अवाक्। क्रचक्र जैसे सनसनाती हुई विद्युत-मेखला सा, एक धूमकेतु के आक्रोश भरे तेज सा श्रीशैल की ओर उड़ा जा रहा था। धरती से उठा हुआ तथा आकाश में आंधी के विशाल मेघ सा उमड़-उमड़ कर बहा जा रहा था। शर्मणा ने देखा, क्रचक्र जैसे दृश्य था, अदृश्य था। कभी वह अपनी पंचभौतिक देह की दृढ़ और पुष्ट आकृति द्वारा समस्त गगन मण्डल में खुभ कर व्योम में विलीन सा हो जाता था। शर्मणा धरती पर पड़ी टूक-टूक लोह श्रृंखलाओं की ओर देखता और कभी अन्तध्र्यान से होते हुए क्रचक्र को श्रीशैल की दिशा में अदृश्य सा होते हुए देखता खड़ा रहा। एक झटके-झटकों में-लोह श्रृंखलायें टूक-टूक, टुकड़ा-टुकड़ा कर दी इस तांत्रिक ने। तब यह दिखता ही निर्बल है। अन्यथा यह महाप्रेत क्या नहीं कर सकता? लोह-श्रृंखलाओं को जो टूक-टूक कर सकता है, वह क्या नहीं कर सकता? ऐसे मानव पिशाच को वशीभूत करना ही होगा- अनुशासित अवश्य; किन्तु कैसे? कैसे? शर्मणा के मन ने तनिक भयभीत होते हुए पुकारा। शर्मणा ने सिर धुनाया; ऊर्ध्व श्वाँस लिया और स्वयं से ही बोला- "सहस्त्रबाहु! अवश्य वही इस महाप्रेत को वशीभूत करेगा। महाराज से कहूंगा-भूला-निवेदन करूंगा कि क्रचक्र-काण्ड सहस्त्रबाहु को सौंप दें। मैं, मैं कीलित होकर सघन अरण्य में पाषाण-प्रतिभा होना नहीं चाहता। यह महातांत्रिक क्या नहीं करते? क्या नहीं कर सकते?" मन ही मन भय से थर्राता सा शर्मणा राजमन्दिर की ओर चला; बोला- "सहस्त्रबाहु को हमारी आज्ञा सुनाओ क्रचक्र को सदैव आंखों में रखे।"

"जी।" गुल्म-नायक ने अभिवादन पूर्वक कहा।

"जी।" शर्मणा स्वयं ही गाजा- "जी! यह सैनिक यंत्रवत् हैं- हो जाते हैं। देही मिट कर देह मात्र रह जाते हैं। इनको आज्ञा से अर्थ है- वास्ता है। यह

आज्ञाधीन अनुशासित मानव-यंत्र हैं। इस सुन्दर सुघड़ पृथिवी को तब राजा, सेनापति, सैनिक-अस्त्र और शस्त्र की सदैव अनिवार्य सी आवश्यकता रही है। धरती के टुकड़ों के लिये, सम्पत्ति के लिये तथा स्त्री के लिये मनुष्य लड़ता ही रहा है-लड़ता आ रहा है। न्याय-अन्याय, उचित-अनुचित, पाप-पुण्य, धर्म-अधर्म सब सम्पत्ति, धरती और कामिनी को वशीभूत करने, प्राप्त करने तथा उनकी चिरकाल तक रक्षा करने का यह कार्य न्याय का स्रोत हो गया है किन्तु न्याय क्या यही है? यहीं तक है? मनुष्य मुक्त उन्मुक्त जी सके, धरती का ऐश्वर्य भोग सके- प्रसन्न तथा मगन रह सके- अपनी कामिनी तथा काम्य को निर्बाध प्राप्त करता रहे, कर सके, यही न्याय है- यही।"

शर्मणा राजमन्दिर में महाराज के प्रकोष्ठ की ओर मुड़ा। झनझनाती, रण-झणाती हुई कालिन्दी सामने प्रकट हुई। उस आलोकित अन्धेरे में कालिन्दी नील-गौर घटा सी उमड़ी हुई सामने आ विरमी-"सुना तुमने?" कालिन्दी बोली।

"क्या?" शर्मणा हठात् खड़ा रह गया।

"शक्ति!" कालिन्दी ने साँस थामते हुए कहा- "शक्ति! महाराज मुझे शक्ति स्वरूप देखना चाहते हैं। शक्ति!!"

शर्मणा ने अवाक् कालिन्दी के दमकते-चमकते प्रफुल्लित वदन की ओर देखा; घूरा-बोला-"अच्छा।"

"महाराज ने राज़ी की साक्षी में यह कहा है।" कालिन्दी बोली- "तुम क्या कहते हो, जी?"

"मैं क्या कहूं?" - शर्मणा ने कहा- "मैं तुम्हारा विवाहित पति मात्र हूं। तुम विवाहित पत्नी मात्र। हमारा बन्धन गृहस्थ का जीर्ण होता हुआ बन्धन है। विवाह बन्धन। वानप्रस्थ तक उपयोगी और संन्यास में व्यर्थ। कालिन्दी, मैंने तुमको सदैव अपनी प्रिया, सखी ही माना है- लिया है। तुम पत्नी हो भी? हो सकती भी हो? राजाओं के अन्तःपुरों में विहार करने की इच्छुक, वैभव की सम्मोहित और सौन्दर्यों की छबियों में चकित तुम शुद्ध-बुद्ध नारी हो। मैं तो तुम्हारे घूंघट की सीवन भर हूं-मैं तुम्हारे लिये क्या हूं?"

कालिन्दी ने विवर्ण शर्मणा को पैर से सिर तक निहारा; बोली- "स्त्री कभी पुरुष से कहती है कि वह क्या है? क्या हो सकती है? नहीं तो। मैंने तुमको मन से अंगीकार किया है।"

"तब मन से अंगीकार किया है-प्रेम नहीं किया तुमने।" शर्मणा ने शान्त किन्तु अमर्ष पूर्वक कहा-"मैंने तो तुमसे प्रेम किया है-करता हूं। और तभी तुम्हारी उच्छृंखलतायें सह लेता हूं। तुमको रोकता नहीं, बरजता नहीं। कालिन्दी! मैं तुमसे प्यार करता हूं- तुम करो अथवा न करो-इसकी चिन्ता मैं अब नहीं करता।"

कालिन्दी- "महाराज सुन्धवा का अन्तःपुर त्याग कर राजा राजशेखर के प्रसन्न मगन अन्तःपुर के लिये क्या मैंने आग्रह किया था?"

शर्मणा- "महाराज राजशेखर को मेरी सेवायें चाहिये थीं। राज्य के दुष्टों, दुर्जनों, दुस्साहसियों, व्यभिचारियों तथा वैरियों का अनुशासन अनिवार्य है। इस मतिमान् महाराज ने मुझे राजेश्वर सुधन्वा से मांग लिया था! कैसे करता?"

"और राज़ी ने मुझे भी अपनी सखी की भांति स्वामिनी सुधन्वा से मांगा था- मैं अपनी इच्छा से यहाँ अपने नूपुर खनकाने नहीं आई। मैं राज़ी की प्रसन्नता के लिये ही यहाँ हूं, समझे! राज़ी! वह मानवी है, देवी है, सुरांगना है- गन्धर्वी, किन्नरी- वह वनकन्या तथा देवकन्या है। निष्पाप, प्रसन्न, मगन तथा सन्तुष्ट राज़ी धरती का धैर्य और आकाश का उल्लास है। वह वसन्त श्री है।"

"तथास्तु।" शर्मणा ने कहा- "मैं अपने आवास में जाकर अब सोऊंगा। तुम क्या करोगी?"

"मैं?" कालिन्दी ने कहा- "आकाश के तारे गिनूंगी। और क्या करूं? मद की बुभुक्षित हथेली के आतुर स्पर्श मुझे दग्ध करते हैं, शर्मणा तुम सदैव असन्तुष्ट कातर एक नर हो।"

"मैं श्वान हूं, यही न?" शर्मणा ने कहा।

"मैंने कब कहा?" कालिन्दी बोली- "क्या मैं पशु और मानव का भेद नहीं जानती? अन्धी हूं-मूर्खा हूं? तुम नारी सौन्दर्य से चकित, आत्मा के रसोन्मेष से हीन एक मांसल मानव-नर हो। कदाचित् इसीलिये मैं तुमसे आकृष्ट हुई थी। तनिक पशुत्व मुझमें शेष रह गया था- मैं देवता की नर्तकी थी और आज मैं धरती की कन्या तथा आकाश की पुत्री हूं-"

शर्मणा- "तुम शीतल और क्रूर नारी हो, कालिन्दी!"

कालिन्दी हँसी; विहँसी- "विश्ववाड्मय क्या कहता है नारी के लिये, सुना है? जाना है? तुम शास्त्र श्रुत तो हो, किन्तु अक्षरों तथा उनके अर्थ-गमित

वाक्यों से भी परिचित हो क्या? तुम्हारे धर्म पितृ भट्टपाद ने तुमको विद्वान बनाने का प्रयत्न किया; किन्तु तुम विजिया भवानी की तरंगों में डुब कर चौराहों के ज्ञानी बन गये। नहीं?"

"कालिन्दी।" शर्मणा ने कहा- "रूप और यौवन के मद से तुम मदीली, अब विद्याभिमान से भी पीड़ित हो, यह मैंने आज जाना।"

कालिन्दी ठहकी- "नहीं मेरे शूरवीर पतिदेव! मैं तो भव-रोग से पीड़ित हूं- चाहती हूं जगद्गुरु शंकर की शरण में चली जाऊ- संन्यासिनी!"

शर्मणा हँसा, चषक-चषक कर बोला- "अवश्य, संन्यासिनी। रूपगर्विता यौवनोन्मादिनी, चपल चञ्चल, उन्मुक्त रमणी-सन्यासिनी।"

कालिन्दी चमकी; चौंकी; हठात् बोली- "तो तुम मुझको...."

शर्मणा ने नाक से तर्जनी अड़ाते हुए कहा- "चुप, महाराज!"

महाराज राजशेखर मानो कोण की मुड़ी हुई दिशा से प्रगट होते हुए बोले- "शर्मणा! हम तुम्हारी प्रतिक्षा कर रहे हैं। वह मातुल श्री का क्या हुआ?"

शर्मणा ने अभिवादन करते हुए कहा- "उस पवित्र पापी को उसी के जले हुए धाम में बन्दी बना कर रखा गया है। श्रीजी के समक्ष कब उपस्थित करूं? आदेश की प्रतीक्षा है, महाराज!"

महाराज राजशेखर हँसे; बोले- "तुमको अपना कत्तर्व्य ज्ञात नहीं है क्या?"

"है महाराज!" शर्मणा ने कहा- "किन्तु आचार्य्य पद्मपाद ने उस मातुल को अभय प्रदान किया है।"

"अच्छा?" महाराज ने मूर्तिवत् खड़ी हुई कालिन्दी को निहारा; बोले- "तुम क्या कहती हो, कालिन्दी, देवी!"

कालिन्दी लहरों को छितर कर निकल आई हो, यों बोली- "मैं? मैं राजकाज में क्या जानूं-क्या समझूं, महाराज।"

"फिर भी हम तुम्हारी मति, सम्मति चाहते हैं। गुरुदेव ने तो उभय भारती को शास्त्रार्थ का द्रष्टा स्वीकार किया था। तब हम चलते हुए राजकाज में तुम सी सुष्ठ नारी की सम्मति चाहें तो क्यों न प्राप्त करें?"

कालिन्दी ने हठात् कहा- "क्षमा कर दीजिये।"

महाराज राजशेखर ठहा कर हँस उठे; बोले- "कर दिया।"

"महाराज!" प्रधानामात्य ने अँधेरे से उजेले में व्यक्त होते हुए कहा- "न्याय निष्पक्ष तथा दण्ड दृढ़ अविचल अटल होता है।"

हम जानते हैं, करुणानिधि! आमात्य श्रेष्ठ! हम यह जानते हैं।" राजशेखर ने कहा- "हम कवि हैं, नाटककार हैं-हम राज और राजदण्ड को मानव-स्पर्श से ही स्पर्श करते हैं। मानव-धर्म, महर्षि मनु ने क्या यह ध्रुव मार्ग दर्शन भारतीय नरेशों को नहीं दिया है? दिया है- महर्षि मनु ने राजा और प्रजा, व्यष्टि तथा समष्टि सभी का अचूक मार्ग-दर्शन किया है। महर्षि मनु! उस अपराजेय शान्त गंभीर महर्षि को उन्मीलित नयनों से देखो, करुणानिधि! प्रलय के क्रुद्ध जलों का जिसने सामना किया, सृष्टि बीज को बचा कर नये समाज तथा राज का जिसने उद्भव किया, शिक्षण किया-स्मृति विहित भारत की जिसने दीक्षा दी- वह महर्षि मनु! हमारा वही आदर्श है- महाराज राज राजेश्वर मर्य्यादा पुरुषोत्तम रामचन्द्र हमारे पूज्य हैं। आदर्श? आदर्श तो वैवस्तव मनु हैं।"

आमात्य प्रवर ने विनय पूर्वक कहा- "आर्य राज्य की मर्यादा पुरुषोत्तम राम हैं; आर्य नृपतियों और नरेशों के आदर्श श्री राम जय राम हैं, श्रीमन्! पृथिवी का साम्राज्य प्रभु अवतार धारण कर स्वयं चलाकर बताता है। श्री राम के पद चिन्हों पर ही वैदिक वर्णाश्रम धर्म के धारक तथा पालक नृपति चले हैं-वेवस्तव मनु महर्षि हैं; स्मृतिकार हैं, ऋषि हैं, श्रीमन्!"

"ऋषि? ऋषि राजा नहीं होता?" राजशेखर ने अंधेरे मोड़ के अंधेरे कोने में अदृश्य होती हुई कालिन्दी की ओर देखते हुए पूछा।

अमात्य प्रवर ने सस्मित कहा- "ऋषि सत्य-द्रष्टा है; न्याय कर्ता नहीं। राजा न्याय करता है; प्रजा को धर्मस्थ रखता है तथा अन्तरंग एवं बाह्य शत्रुओं से रक्षा करता है। राजा का धर्म क्षात्र धर्म है; विवेक न्याय है तथा प्रवृति अचूक दण्ड देना है, महाराज!"

"किन्तु आचार्य पद्मपाद ने उसको, उस पण्डित दिवाकर को अभय जो दे दिया है। यह यतियों-योगियों का विषय हो गया है, आमात्य श्रेष्ठ हम श्रृंगेरी जा रहे हैं, गुरुदेव के दर्शनों के लिये, वहीं उस पण्डित को भी उपस्थित करो।"

आमात्य प्रवर ने शान्त अविचल स्वर में कहा- "पण्डित दिवाकर ने अपना घर जलाया है- अथवा उसका अपना घर जल गया है, प्रभो! रही आचार्य पद्मपाद की टीका की पुस्तक, तो वह भी जल गई-जला दी गई। अपनी टीका के लिये जब आचार्य्य ने क्षमा दान दे दिया तो अपराध कहाँ रहा, राजन्?"

महाराज राजशेखर ने शून्य अंधेरी दिशा में ताकते हुए कहा- "हाँ, अपराध तो शेष नहीं रहा किन्तु ज्ञान की पुस्तक का जलाना अथवा उसको जलने देना-आग लगाना स्वयंमेव अपराध है।"

आमात्य प्रवर ने कहा- "यह मीमांसकों और सन्यासियों का संघर्ष है प्रभो! राज्य को तटस्थ रहना चाहिये। राजा के लिये सभी सम्प्रदाय एक समान हैं। राज्य को यही देखना है कोई बलात् धर्म परिवर्तन न करे, प्रलोभन देकर अपने सम्प्रदाय में न मूँड़ सके अन्यथा प्रभु का मार्ग अपने अन्तरात्मा का ही मार्ग है, राजन्!"

महाराज राजशेखर ने आमात्य प्रवर को घूरा, बोले- "हम महाराज राजशेखर प्रतिज्ञा पूर्वक वैदिक वर्णाश्रम धर्म के रक्षक हैं, आमात्य प्रवर! हम प्राण देकर भी अपने महान् राष्ट्र के महान धर्म की रक्षा करेंगे। संस्कृति के दस्यु तथा सभ्यता के असुर हमारे जनपदीय महाराज्य में नहीं रह सकेंगे- साँस तक नहीं ले सकेंगे। हम देख रहे हैं, नागाधिराज हिमालय के उस पार से समुद्र को चीर कर कई भारत-भूमि में आ रहे हैं-कई प्रभु के सन्देश वाहक! नहीं? आ रहे हैं- तो उनका स्वागत है; किन्तु वह कोई वैदिक वर्णाश्रम धर्म की तनिक भी हानि नहीं कर पायगा। हम धर्म की हानि कदापि नहीं होने देंगे, आमात्य श्रेष्ठ!"

"जैसी धर्म-धीर की इच्छा।" आमात्य ने कहा- "किन्तु निवेदन है पण्डित दिवाकर को उनके धाम में ही रखा जाय। सुना है उनका मानसिक सन्तुलन अस्थिर हो गया है...."

"विक्षिप्त?" महाराज राजशेखर ने पूछा।

"कुछ ऐसा ही।" आमात्य प्रवर ने कहा।

"चिकित्सा का प्रबन्ध करो, शर्मणा। तुम स्वयं राज वैद्य को लेकर श्री पुर जाओगे- अभी।"

"जी महाराज।" शर्मणा ने अभिवादन पूर्वक कहा।

महाराज राजशेखर ने आमात्य प्रवर को सम्बोधित किया- "हम श्रृंगेरी जा रहे हैं। पण्डित दिवाकर को उसके धाम में ही सुरक्षित रखा जाय। एक पण्डित को हम पागल देख नहीं सकते- विद्वान को मूर्ख हम पा नहीं सकते। शर्मणा, तुम हमारे अत्यन्त समीप हो; हमारे निज जन भी हो इसीलिये हमने तुमको वैद्य के साथ जाने को कहा है। राजा की आज्ञा विवेक पूर्वक माननी होगी। अच्छा, तो हम चल दिये- शर्मणा, क्या मानते हो, कभी-कभी स्वर्ग से अप्सरियां पृथिवी पर उतर आती हैं-मानते हो?"

शर्मणा ने कहा- “स्वर्ग, अप्सरायें, पृथिवी का राज्य-यह सब तो महाराज राजेश्वर की धारणायें हैं- हम सामान्य मानव जीवों की नहीं मैंने अप्सरी को कभी स्वप्न में भी नहीं देखा; अतः क्या कह सकता हूं। अप्सरियां राजेश्वरों के हृदय-मन्दिर में रहती हैं....”

महाराज राजशेखर ने बीच में ही पूछा- “और सामान्य मानव की हृदय-कुटियों में कौन रहता है, हम सुनें तो।”

“जी, महाराज!” शर्मणा ने प्रस्थानोद्यत अभिवादन करते हुए कहा- “धर्मपत्नी, स्वामिन्।”

महाराज राजशेखर ने प्रसन्न अट्टहास्य हँसते हुए कहा- “तुम आमात्य होने के पात्र हो, शर्मणा।”

शर्मणा तनिक रुका- “महाराज! मैं तो आपका पीठमर्द ही भला; सेवक ही भला। आमात्य? मैं? मैं तो एक भृत्य हूं। महाराज सुधन्वा और राजेश्वर राजशेखर सदैव तपते रहें-मैं एक ऐसी सरिता हूं, महाराज! जिसमें स्वर्ग और नर्क सभी बह जाते हैं-मैं एक मनुष्य हूं; निराशा ही जैसे मेरा स्वभाव है। योगी परमेश्वरी चाहता है-राजा अप्सरा-किन्तु मनुष्य को तो शीलवान धर्मपत्नी भी नहीं मिलती-स्त्री मिलती है, महाराज!”

“स्त्री?” महाराज भी जाते जाते रुके-“तो?”

शर्मणा ने कहा- “स्त्री कभी पुरुष की नहीं हुई; न होगी। बिजली कभी मेघ की हुई है, महाराज?”

“हूं!” राजशेखर जैसे घाव खाकर अपने कक्ष की ओर द्रुतगति से चले। यह ब्राह्मण, यह भंगेड़ी, यह भट्टपाद का तथाकथित धर्मपुत्र घाघ है, और क्या? स्त्री का जैसे इसको त्रिकाल का अनुभव है। स्वयं को बड़ा बुद्धिमान, विद्वान, मनीषी मानता है। विधि विडम्बना, और क्या? इस ब्राह्मण को कालिन्दी जैसी अप्सरी मिली। यह शर्मणा देह की सुघड़ किन्तु शिथिल मूर्ति है; बुद्धि का स्थिर तथा मन का अस्थिर यह शर्मणा स्वयं को राजाओं का गुरु मानता है क्या? हमें चराने चला है? राजशेखर को संसार का अनुभव बताने चला है। स्त्री को तू क्या जाने शर्मणा? स्त्री को राजा अथवा सन्यासी ही जान सकता है। गृहस्थ स्त्री को नहीं, पत्नी को, माँ को, दादी-नानी आदि को जानता है किन्तु अप्सरि रमणी, साक्षात् कामिनी को तो राजा ही जान सकता है- राजा कामिनी का प्रियतम होकर रमणी को जानता है और सन्यासी? कामिनी को मन-वचन-कर्म से त्याग कर जान जाता है। रमणी,

कामिनी, प्रिया राजराजेश्वरों के लिये है-गृहस्थियों के लिये-गृहस्थाश्रम के धर्म-पालन के लिये स्त्री अनिवार्य है और वह पुरुष की अर्धांगिनी स्वरूप है। अर्धांगिनी! महाराज राजशेखर अपने शयन कक्ष के द्वार पर तनिक खड़े रह कर बोले-"राज़ी तुम हमारी अर्धांगिनी हो-नहीं?"

राज़ी श्रृंगार वैभव में मणि की भांति जगमगा रही थी; वेपथु से ही बोली- "आज बड़ी प्रतीक्षा करवाई, आपने?"

राजशेखर ने अपनी विवाहिता रूप-मणि को निहारा; बोले-"राजा के भी गृहस्थाश्रम होता है। सच तो यह है क्षत्रिय के चारों आश्रम होते हैं-ब्राहमण पण्डित बन सकता है; मनीषी किन्तु क्या वह सन्यासी भी हो सकता है? राज़ी, पत्नी और प्रियतमा में अन्तर है क्या?"

राज़ी उठ बैठी; चूड़ियाँ खनकीं-नूपुर तनिक रणझणें; बोली-"आज यह प्रश्न क्यों, स्वामिन्!"

"स्वामिन्!" राजशेखर झुंझलाये- "प्रिय नहीं; प्रियतम नहीं; क्यों मैं तुम्हारा नाथ हूं; स्वामी हूं; पति हूं....?"

"और परमेश्वर भी!" राज़ी विहँस कर बोली।

"परमेश्वर!" राजा राजशेखर ठक् से खड़े रह गये-हाँ, तो-परमेश्वर! गुरुदेव ने कहा है, सच्चा रसिक प्रभु है-ईश है; सच्चा रस आत्मानंद है- देह-सुख नहीं। बुद्धि की यह रमणीय समझ, यह प्रतिरूप निश्चय, यह अर्थ-बोध-सभी कुछ, समूचा यह इन्द्रिय ज्ञान-यथार्थ था नहीं; है नहीं-केवल भासित है। तुम एक प्रतिभास हो, मैं भास मात्र हूं-यह सब जाग्रति के भ्रम हैं; स्वप्न की माया है। सुषुप्ति में यह रमणीय कमनीय इदम् जैसे बिला जाता है-गाढ़ निद्रा, राज़ी! निद्रा! निद्रा की गाढ़ विस्मृति में मैं-तुम कहाँ होते हैं-होते भी हैं क्या?"

राज़ी वाजिन्त्र की ध्वनि की भाँति बही आई और राजशेखर के चौड़े स्कन्ध पर अपना पद्मपाणि रखते हुए बोली- "फिर वही उहापोह।"

राजशेखर ने दीनता पूर्वक राज़ी को देखा; बोले- "अज्ञान मिटता नहीं; अध्यास टूटता नहीं- माया तरी जाती नहीं, राज़ी! यह मन तो भ्रमर की भाँति रूप-रूप के विचित्र सुन्दर सुमन पर मंडराता है। यह रस लोभी भँवरा सृष्टि के सौन्दर्य्य वनों में भटकता ही रहता है।"

राज़ी मुस्कराई; बोली- "सज्जनों को भी व्यथित करने वाले वह कौन बड़रे नयन हैं, प्रिय मेरे!"

“राज़ी!” राजा राजशेखर ने घूम कर राज़ी को बाहुओं में भर लिया- “मुझे जगत् के रूपनिधि में डूबने से बचा ले।”

राज़ी ने राजा को आलिंगन में बाँधते हुए कहा- “स्वामिन्! मैं तो, मैं तो आप की प्रसन्नता ही चाहती हूं-किस अप्सरी ने मोह लिया है मेरे राजा को?”

“अप्सरी?” राजशेखर विश्राम-पीठिका में जा सरके और राज़ी को कटि-तट से थामते हुए बोले- “अप्सरी! तुम क्यों?”

राज़ी कटि से खिंची राजशेखर के पार्श्व में उभर भर गई; बोली- मैं तो आपकी अर्धांगिनी हूंः दासी- नहीं?”

महाराज राजशेखर ने राज़ी की शिथिल कवरी को अँगुलियों में उरझाते हुए कहा-“तुम, पट्टमहिषी महादेवी!"

“श्री कृष्ण-द्वारिकाधीश की पट्टमहिषी की भाँति, है न?” राज़ी ने सस्मित कहा- “तब तुम्हारी गुह्य प्रिया कौन है?”

राजशेखर सहसा हँस उठे- “गुह्य प्रिया? यह भला क्या है?”

“क्यों? इतना भी नहीं जानते? प्रिया! प्रिय तो गुह्य ही होता है। प्रिय के लिये विवाह सामाजिक स्थिति है; किन्तु अन्तःकरण की नहीं। राधा, राधे, कृष्ण-राधे गोविन्द!”

महाराज राजशेखर ने निसास रखते हुए कहा- “तुम ही वह गुह्य प्रिया भी हो, तुम अर्धांगिनी, जीवन-संगिनी, राज़ी-पट्ट महिषी सभी कुछ हो-तुम-तुम हो, राज़ी!”

राज़ी ने राजशेखर के शान्त किन्तु विकल मुख-मण्डल को देखा और अपनी दीप-शिखा सी तर्जनी से राजा के विशाल नयनों की पलकों को छूते हुए कहा- “कौन खुभ गया है इनमें, स्वामिन्!”

“राज़ी!” महाराज राजशेखर झुंझला कर उठ खड़े हुए- “राजा के नयनों के समक्ष सुन्दरियाँ नाचती ही रहती हैं; रमणियां उझकती ही रहती हैं; किन्तु इसका तात्पर्य यह हुआ क्या कि राजा की पलकों में वह खुभ जाती हैं-रूपवान ही पलकों में खुभता है, राज़ी! प्रिय तो हृदय के अगाध मौन में मूक डूबा रहता है।”

राज़ी भी उठ बैठी; दोनों प्रलम्ब मृणाल बाहुओं को टिका कर स्कन्ध पर अपनी सुघड़ लावण्यमयी देह का भार तोलते हुए तथा अपने पृथु नितम्बों पर अपनी कदली-जंघायें सम-शील करते हुए कहा- “राजा अपनी रानी से कब तक छिपता रहेगा? स्त्री की आंखें अपने पति के अन्तरात्मा को देख

लेती हैं-नारी ही पुरुष को देखती है- नर अपनी नारी को देखता नहीं। वह तो अन्धे कामदेव के समान होता है। नहीं?"

"राज़ी!" राजा राजशेखर ने कहा- दिवस भर राज-काज की उलझने काटता रहा हूं; समस्याओं से जूझता रहा हूं- प्रजा के कल्याण के लिये स्वस्थ और सृजनात्मक प्रतिज्ञायें स्थापित कर व्यवस्थायें देता रहा हूं। ऊपर से श्रीपुर का विक्षिप्त अहंमन्य पण्डित दिवाकर और यह आचार्य पद्मपाद! उस पण्डित ने अपने धाम के साथ गुरुदेव के शारीरिक भाष्य पर लिखित आचार्य पद्मपाद की प्रथम टीका भी स्वाहा कर दी। यह पण्डित दिवाकर कट्टर मीमांसा शास्त्री है, श्री गुरो प्रभाकर का दक्षिण का धर्मपाल सा है-हम तो उनकी सुरक्षा तथा प्रसन्नता के लिये हैं। हम राजा क्या हुए, इन धामाधीशों, मठाधीशों, सम्प्रदाय के तांत्रिकों और आचार्यों के सेवक ही रह गये राजा धर्म-धारक, रक्षक तथा प्रतिपालक हैं। अवश्य अपने-अपने मन्दिरों में अपने-अपने सम्प्रदाय के देव की पूजा करो। अपनी जाति द्वारा कुल मर्यादाओं का पालन-पोषण करो; किन्तु वैदिक वर्णाश्रम धर्म का समस्त उत्तरदायित्व आर्य क्षत्रिय नरेश का दायित्व है। हम वाममार्गियों और परस्पर द्वेषी सम्प्रदाय-वादियों को उपयुक्त दण्ड से हाँकते रहेंगे। हमें जगद्गुरु शंकराचार्य की यही आज्ञा है-मैं राम तो नहीं किन्तु आदर्श वैदिक क्षत्रिय नरेश होने की दृढ़ता तथा विनय पूर्वक साधना कर रहा हूं-मैंने श्रीमद् शंकराचार्य्य को ही अपने राज तथा समाज का मार्गदर्शक गुरु मन से स्वीकार कर लिया है।"

राज़ी हँसी; मुस्कराई- "तब यह निसास क्यों? मेरी कवरी की परीक्षा सी क्यों? मेरे इन आतुर-व्याकुल नयनों में किस छवि को खोजा करते हैं आप, राजन्?"

"सुर-सुन्दरी की छबि और किसकी।" राजशेखर ने ठहाका मार कर कहा-"जानता हूं, प्रियतमे! रूप की अग्नि बुझती नहीं; यौवन की प्यास तृप्त होती नहीं-कामिनी के भोग की यह व्याकुल मूक ऐषणा थमती तो है-शमती नहीं।"

राज़ी ने हठात् कहा- "मेरे पिता महाराज कोई गुह्य उपासना करते थे। पिता महाराज तो यह समझते थे कि उनकी यह उपासना गुप्त है; किन्तु उनकी यह विलक्षण प्रवृत्ति का मेरी माता श्री और अन्य माताओं को जैसे पता था। आप भी क्या श्वसुर के पद चिह्नों पर पधारना चाहते हैं?"

महाराज राजशेखर ने मन से शिथिल पड़ते हुए कहा- "कभी-कभी मन करता है वीर बन कर शक्ति के सांनिध्य में उस कामेश्वरी, जगदम्बा सच्चिदानंद विग्रहा का स्मरण करूं। सुर-सुन्दरी साधकों द्वारा दिया गया नाम है श्री दुर्गा को अवश्य।"

राज़ी मुलकी- "तो मैं हूं; अन्य हैं-शुभारंभ कीजिये महाराज!"

"इसके लिये समर्थ कौल गुरु चाहिये, राज़ी!" महाराज राजशेखर ने राज़ी को जैसे दृष्टि के डोरे बांधकर खींचा।

"वह भयंकर तांत्रिक क्रचक्र है न?" राज़ी फूलों की डलिया सी राजशेखर पर मानो बिखरते हुए बोली- "शुभस्य शीघ्रम्, भवान्।"

"परन्तु शक्ति?" महाराज ने कहा- "आमात्य श्रेष्ठ से हमने पूछा था। उन्होंने विश्वस्त जानकारी प्राप्त कर हमें सूचित किया कि इस वाम-मार्गी वीरोपासना में परकीया ही शक्ति श्रेष्ठ है-स्वकीया नहीं। परकीया, गणिका.... हाँ, ऐसा तंत्र में सप्रमाण लिखा है। हमने कौल-सम्प्रदाय के आधारभूत ग्रन्थों का सार समझा है, राज़ी!"

"तो यह है रहस्य इस काम कला-साधना का।" राज़ी बोली- "स्वकीया शक्ति नहीं हो सकती, क्यों? क्या स्वकीया स्त्री नहीं है? क्या वह कामेश्वरी नहीं है? पुरुष ने अपनी स्वैर-वृत्ति की तुष्टि के लिये ही यह कौल-तंत्र आविष्कृत किया है। यह शक्ति-पूजन और आराधन- "शिव-शक्ति।"

महाराज राजशेखर- "हमने श्रीमान् अभिनव गुप्त को सन्देश दिया है। गुरुदेव की वेदान्त डिमडिम काश्मीरवासी महान् शाक्त अभिनव गुप्त को भी चौंका गई है। जगद्गुरु शंकर का मत यह सब साधक, योगी, यती और मनीषी विद्वान् सब चकित से स्तम्भित से सुनते हैं। जैसे यह सब गुरुदेव को बुद्धि से समझ पाते नहीं। यह वैदिक ईश्वर, जीव तथा प्रकृति-जगत् को अनादि पदार्थ मानते हैं; तब श्रीमद् शंकराचार्य ब्रह्म और जीव को एक अभिन्न स्वीकार करते हैं- शंकर उस परम् महान् अद्वितीय विभु ईश रसेश्वर परमेश्वर को ही जीव रूप मात्र कहते हैं। प्रिये! अनादि जीव के नाते मैं कैसे जन्म लूं-जीऊं?"

राज़ी ने राजशेखर की गोद में भर जाते हुए कहा- "क्यों?"

"जीव अल्पज्ञ है; अज्ञानी है; असमर्थ है। जीवात्मा अनादि नित्य चेतन सत्ता तो है; परन्तु परमेश्वर से एक और अभिन्न नहीं है और नहीं हो सकता। जीवात्मा तब द्रव्य है, क्रियावान... गुणवान द्रव्य मात्र? वह सदैव

जन्मता, मरता- पुनः पुनः जन्मता ही रहेगा? अवश्य, कभी-कभी परमेश्वर की दया हुई तो वह उसकी अनिर्वचनीय माया के परे और पार उस सर्वेश्वर प्रभु के दर्शन कर सकेगा-क्या यही मुक्ति है, मोक्ष?"

राजा राजशेखर ने अपनी गोद में सिमटी किन्तु शिथिल सी उस लावण्य मूर्ति को देखा और पुनः कहा- "तुम और मैं जन्मते ही रहेंगे; मरते ही रहेंगे- तब तुम्हारा और मेरा सम्बन्ध केवल इस भव का ही है? क्या मैं अनादि से तुम्हारी प्रीति की कांक्षा के लिये नहीं उद्धवित हुआ हूं? तुम क्या अनादि से मुझे नहीं चाहती? अनादि अमर एक लघु जीवन चेतना है-चैतन्य है। तब वह पूर्ण परिपूर्ण कैसे होगा? यह अणु विराट् होगा भी क्या? क्या यह जन्म-मरण मिटेगा भी? नहीं ऐसा ही मुझे लगता है-गुरुदेव से पूछूंगा-यह गुह्य आशंका अब मिटनी ही चाहिये। मैं आत्मा हूं- चैतन्य, इस विषय में मैं अचूक स्पष्ट निर्भ्रान्त तथा असंदिग्ध विश्वास चाहता हूं-यह कातर कम्पित जिज्ञासा मुझको विषाद में डुबो देती है और तब-" राजशेखर चुप हो गये।

राज़ी उमड़ी; राजा के वक्षस्थल से लसती हुई फुसफुसाई- और तब?"

राजशेखर सहसा खिलखिला कर हँस उठे। राज़ी को आलिंगन के प्रगाढ़ बन्ध में बाँधते हुए बोले- "और तब शत-शत पूर्णिमाओं की आभा से लीढ़ यह चन्द्रानन याद आता है। प्रिये मेरी! इस समय तो तुम्ही सत्य हो; तुम्हीं जगत् हो-भव हो, मेरा ज्ञान तथा विज्ञान हो। यह तत्व चिन्तन भी एक व्यसन है-"

राज़ी ने अपना चन्द्रानन राजशेखर के चौड़े ललाट पर टिका दिया "व्यसन तो मैं स्त्री, कामिनी हूं, प्राण! अपने प्राण तुम्हारे श्वांसों में भर कर तुम्हारी व्याकुलता मैं बटोर लूं। प्रिया शान्ति देती है; सन्तोष देती है; निश्चिन्त प्रसन्नता देती है-नहीं? मैं ऐसी हूं या नहीं।"

राजशेखर ने अस्फुट स्वर में कहा- "तुम, कामिनी! माया हो; मोह हो, जीव का अहम् हो।"

16

गुरुदेव आचार्य शंकर ने शिथिल तंद्रिल उन्मन पद्मपाद को सुनमुन आते हुए देखा और हठात् आचार्य हस्तामलक को कहा- "पद्मपाद ही है। क्या हुआ?" हस्तामलक ने आनन्द गिरि तथा श्री विष्णु शर्मा द्वारा एक प्रकार से थामे हुए मन्द गति से आते हुए पद्मपाद को तटस्थ दृष्टि से निहारा और कहा- "हाँ, वही हैं।"

आचार्य शंकर पद्मपाद की विवर्ण मूर्ति को अपनी ओर आते हुए अपलक देखते रहे। पद्मपाद का देह जैसे चल रहा हो। तीर्थ यात्रा के लिये जाते समय पद्मपाद का दैदीप्यमान मुख-मण्डल जैसे आचार्य शंकर के अगाध नयनों के सामने नाच उठा। पद्मपाद? क्या हुआ? "हुं।" गुरुदेव शंकर ने ध्यानस्थ गगन मण्डल में पेखा और स्वतः ही बोले- "अच्छा, तो यह हुआ। हस्तामलक! पद्मपाद को आघात लगा है। हाँ; किन्तु अन्तिम आघात लगना बाकी है। पद्मपाद के इस अन्तिम भव का संचित रीतने में ही है। क्रियमाण के सुष्ट मोह में तनिक उलझा हुआ वत्स पद्मपाद विधाता का शिक्षण प्राप्त कर रहा है-गुरु ज्ञान दे सकता है; विधि को तो विधाता ही भुगवाती है-परम् ब्रह्म का यह पात्र अब प्रभु की शरणागति प्राप्त करेगा ही।"

हस्तामलक ने सहज ही कहा- "पद्मपाद को ज्ञान चाहिये।"

"ज्ञान स्वरूप तो वह है ही।" आचार्य शंकर बोले- "पद्मपाद शुद्ध-बुद्ध ब्रह्म-ज्ञान में भस्म हो जायगा। मुझे ज्ञात है इसको मुक्ति चाहिये। इस उन्मन आत्मा को प्रभु का प्रेम चाहिये।"

"प्रभु का प्रेम?" हस्तामलक चिहुंके।

"ब्रह्म और जीव एक हैं; अभिन्न ब्रह्म ही जीव स्वरूप धारण करता है-भव-संसार के अभिनाट्य के लिये। तुम जानते हो, ब्रह्म और जीव एक होते हुए भी परम् ब्रह्म का प्रेम जीव चाहता है। सभी भव-मुक्त परमात्मा का प्रेम चाहते हैं। जीव को क्या ज्ञान चाहिये भी? जो भवेच्छा से मोक्ष चाहते हैं, वह परम् ब्रह्म के सच्चिदानंद स्वप्रकाश में लीन हो जाते हैं। तुम मुक्त हो गये हो और मोक्ष की एकान्त कामना में हो- नहीं?"

"मैं-यह शरीरी कुछ भी नहीं चाहता।" हस्तामलक ने कहा- "अनन्त कोटि भवों की सभी स्मृतियाँ लुप्त हो गई हैं और स्वप्न मात्र बिला गया है। मैं ब्रहम-प्रकाश में स्व की स्वाहा ही चाहता हूं एक अटूट अगाध ऐषणा शेष है-मोक्ष!"

आचार्य शंकर ने सस्मित कहा-"मोक्ष? मोक्ष ही है। अज्ञान है ही नहीं; ज्ञान ही है। भ्रान्ति कहाँ है? स्मृति है ही नहीं और स्वप्न? यह इदम् स्वप्न ही तो है-माया-मोह। आत्मा के लिये परमात्मा ही है- जीव के लिये ब्रहम ही है-मोक्ष ही है-यह बन्धन? कल्पना है; धारणा-माया का मोह मात्र।"

"अवश्यमेव! पूज्यपाद!" हस्तामलक ने कहा- "श्री रामेश्वरम् में पद्मपाद को इस शरीरी ने सूचित कर दिया था। पूर्वाश्रम की गूढ़ गुह्य आसक्ति से पद्मपाद ने सर्वथा मुक्ति पाई नहीं है। अभी विद्या व्यसन शेष है, प्रभो!"

तोटक अन्दर सरक आया; इंगित से बोला- "पद्मपाद, स्वामिन्!"

"हाँ तो।" आचार्य शंकर द्वार की ओर लपके और चरणों में गिर पड़ते हुए पद्मपाद को अपने आजानुबाहुओं में थामते हुए बोले- "धैर्य्य, वत्स! शान्त हो जाओ-शान्त।"

पद्मपाद ने आचार्य के वक्षस्थल में मुंह छिपा लिया- "गुरुदेव! टीका जल गई-सर्वनाश हो गया, प्रभो! क्या करूं? अब क्या होगा गुरुदेव?"

आचार्य शंकर ने पद्मपाद का मस्तक सूंघते हुए कहा- "नाश है ही नहीं; होता ही नहीं-सत्य है-परम् सत्य का ही यह प्रकाश है-हो रहा है, वत्स! शान्ति।"

पद्मपाद ने आंसुओं से भरा अपना विवर्ण मुखमण्डल उठाया और एकम् के चन्द्रमा की भाँति भासित होते हुए कहा- "सत्य? कहाँ, प्रभो! भव ही भव है-कर्म, काल! मातुल ने मेरी टीका जला दी। पश्चाताप से भर गया हूं, पूज्य! एकाग्र चित्त होकर आपके श्री चरणों का ध्यान कर मैंने शारीरिक भाष्य पर अचूक टीका लिखी थी। मैंने भट्टपाद का कार्य्य आपके लिये किया था-नष्ट हो गया, गुरुदेव! पञ्चपादिका। हाँ!" पद्मपाद ने ऊर्ध्व श्वांस लिया और पुनः कातर स्वर में बोले- "पण्डित दिवाकर- पूर्वाश्रम के मातुल भेदवादी मीमांसक हैं-श्री गुरो प्रभाकर शास्त्री के शिष्य हैं। उनका मदजन्य भेदगम्य मत सूखे पादप की भाँति था- उड़ गया; चूर्ण हो गया। ईश्वर, जीव और प्रकृति अनादि हैं; मोक्ष नहीं है। स्वर्ग है; बहुत हुआ तो जीवन-मुक्ति है-यह है मातुल का प्रलाप। वेदान्त सूर्य्य की प्रथम किरण में ही वह मूक

होकर उलूक हो गया- हाँ, प्रभो! आपके वचन रूपी ज्ञान प्रकाश में तर्क के रंगीन अँधेरे जल जाते हैं। आपके वचन अकाट्य हैं-अमोघ हैं। गौतम के तर्क, कणाद की उक्तियाँ आपकी वेदान्त-डिमडम में डूब जाती हैं, यह उलूक वेदान्त के आदित्य के अगाध तेज में देखना चाहते हैं-धिक् हैं, प्रभो!"

"कातर क्यों होते हो, वत्स!" आचार्य्य शंकर ने सस्मित कहा- "वेदान्त के लिये आग्रह अथवा दुराग्रह की आवश्यकता ही नहीं है। सत्य सहज है; स्वाभाविक है-प्रकृति है। असत्य के लिये तर्क, प्रमाण और आग्रह की आवश्यकता होती है। अज्ञान और अध्यास के लिये अपरा विद्यायें हैं; शास्त्र तथा स्मृति है-परा, आत्मविद्या के लिये केवल ऋषि मुनियों एवं योगियों के उपनिषद् हैं-श्रुति।"

पद्मपाद ने सिर धुनाया; सिसकते हुए कहा-"पञ्चपादिका, गुरुदेव!"

आचार्य शंकर ने विहँसते हुए कहा- "पत्र जले हैं; किन्तु क्या तेरा ज्ञान भी जल गया है? नहीं पद्मपाद! ज्ञान स्मृतिगत होकर मानव की बद्धमूल चेतना हो जाता है। पञ्चपादिका के अक्षर और उसके वाक्य अदृश्य हो गये हैं। विज्ञान तो विस्मृत हो जाता है; स्मृति जीर्ण हो जाती है किन्तु ज्ञान शाश्वत स्वयं प्रकाश्य है, वत्स!"

पद्मपाद ने तनिक शान्त होते हुए कहा- "अवश्य पूज्यपाद! किन्तु ....."

"तुम्हारी रचना नष्ट हो गई, यही न?" आचार्य शंकर हँसे; बोले- "तो हो गई। उसको पुनः लिख डालो, समझे!"

"पुनः लिख लूं- पञ्चपादिका को, पुनः?" पद्मपाद ने सिहरते हुए कहा- "किन्तु कैसे? मैं जैसे पुनः विचार सकता ही नहीं। जैसे वह मेधा ही चली गई है- हाँ, पूज्यपाद!"

हस्तामलक ने शान्त स्वर में कहा-"अहम् की असूया द्वारा उद्भुत बौद्धिक प्रबन्ध स्मृतिगत होगा; किन्तु गुरु द्वारा प्रेरित और प्रचोदित ज्ञान? पुनः बुद्धि के स्मृति-उन्मेष में नहीं आता। वह तो गुरु-कृपा द्वारा ही होगा। इस शरीरी का भव संज्ञान तथा आत्मा का ज्ञान गुरुदेव की कृपा से ही हुआ है अन्यथा मैं तो मूढ़ था; मूक-उद्भ्रान्त, चकित-जड़मति था, किन्तु गुरुदेव की दृष्टि पड़ते ही इस शरीर में मैं सच्चिदानंद ब्रह्म जैसे स्वयं ही प्रकाशित हो उठा-परम् तत्व का अरुणोदय हुआ।"

आचार्य शंकर ने मुस्कराते हुए कहा- "हस्तामलक! तुम तो सिद्ध यति, निर्विकल्प योगी और तटस्थ शरीरी हो। तुम अपने अहम् में कूटस्थ भी

हो, तुम ब्रह्म तथा जीव के अभिन्न, अविच्छिन्न, अनिवार्य और अपरिहार्य एक्य की अभय मूर्ति हो। तुम स्वयं ज्ञान-मूर्ति हो, आचार्य!"

हस्तामलक ने सहसा जगद्गुरु शंकराचार्य के श्री चरणों में झुकते हुए पुकार की- "त्राहि माम्! शरणागति, श्री गुरुदेव!"

आचार्य शंकर ने हस्तामलक को सस्नेह-सादर बाहुबद्ध करते हुए कहा- "यही, यही तो। अहम् ब्रह्मास्मि। यह वैदिक मनीषी भी ब्रह्म और जीव को अभिन्न एक स्वरूप स्वीकार नहीं करते। ईश्वर, जीव और जगत् इनकी दृष्टि में अनादि हैं। जीव द्रव्य हैं इनकी उन्मीलित- दृष्टि में।"

हस्तामलक- "जिनकी हृदय-ग्रन्थि नहीं कटी, उनको कभी-कभी जीवात्मा अनादि नित्य चेतन सत्ता लगता है।"

आचार्य शंकर- "आत्म प्रत्यक्ष से ही आत्मा, जीव और जगत् का सत्य हृदयंगम होता है। आत्म-ज्ञान का उदय नहीं होने तक बुद्धि की सात्विक ही सही शंका बनी ही रहती है। जो भेद सोचे, विचारे, बताये वह अज्ञान की ही व्याख्या है-विश्लेषण है। जो अभेद तथा अभय सोचे, बताये तथा जताये, वह ज्ञान का उदय है।"

हस्तामलक-"ब्रह्म-चैतन्य! वही, वही, सद्गुरो!"

आचार्य शंकर ने कहा- "पद्मपाद! जीव चेतन है- ब्रह्म मी चैतन्य है किन्तु अज्ञानाच्छादित ब्रह्म-भास, जीव में इच्छा, अभिलाषा, द्वेष, दुःख, राग आदि वृत्तियाँ उत्पन हो जाती हैं। तुम अभी शरीर में ही सो रहे हो, पद्मपाद! अपने अनादि गहन गूढ़ गुह्य कारण में गाढ़ निद्रा में स्थित हो। जाग्रति में तुम ऊपर उठे हुए हो; स्वप्न में उपरत हो किन्तु सुषुप्ति में तुम अपने अनादि जीव-भाव में ही डूबे हुए हो-अपने सच्चिदानंद में जागो; पद्मपाद!"

पद्मपाद ने विकर्ण दीन स्वर में कहा- "जी, गुरुदेव! पञ्चपदी आप श्री के श्री चरणों में मेरा मन, बुद्धि, चित्त और अहम् का सम्पूर्ण समर्पण थी। वह नहीं, पूज्य! जैसे यह शरीरी ही जल गया है, प्रभो!"

आचार्य शंकर हँसे; बोले-"तुम्हारी पञ्चपदी तुमने इस शरीरी को सुनाई थी। एकाग्र चित्त से मैंने उसको सुना था। कितना चाहता था, शारीरिक भाष्य पर महामना कुमारिल्ल भट्ट महान भट्टपाद-टीका लिखते; किन्तु विधि को यह स्वीकार नहीं था। तुमने लिखी और हमें लगा, भाष्य को तुमने समझा है। तुमने ठीक-ठीक लिखा था, वत्स! हम प्रसन्न हुए थे- हम आज

भी प्रसन्न हैं-अक्षर अक्षर हैं। यह शब्द ब्रहम अविनाशी है, पद्मपाद! क्लेश त्याग दो-अपने अनादि अगाध सच्चिदानंद में डूबो-पञ्चपदी पुनः प्रकाशित होगी। अपने परम् तत्व का एकाग्रचित्त से स्मरण करो, वत्स।"

पद्मपाद को लगा आचार्य की करुणा निधान दृष्टि उनके रोम-रोम को मानो शीतल कर रही है। एक सूक्ष्म चाह जो उनकी रग-रग में व्याप्त हो रही थी- ब्राहम मुहूर्त के अँधेरे की भांति दूर होता जा रहा है- आभामय शान्त अथाह कुमुदिनी उनके चित्ताकाश में छाने लगी और वह जैसे त्रिताप के प्रज्वलित वर्तुलों के बाहर अनन्त की एक अच्युति पर आ खड़े रहे। स्वस्थ होते हुए पद्मपाद ने कहा- "मेरे गुरुदेव! मेरे प्रभो! मेरे सर्वस्व!"

तभी मठ के शिष्य-सेवक ने आकर कहा- "महाराज राजशेखर श्रीमद् गुरुदेव!"

आचार्य शंकर ने सस्मित कहा- "महाराज का प्रवेश अबाधित है, वत्स!"

"अवश्य ही, श्री गुरुदेव! जगद्गुरु की जय हो।" महाराज राजशेखर ने कक्ष में घुस आते हुए कहा- "किन्तु राजा को आश्रमों और मठों की मर्यादा पालती रही।"

हस्तामलक ने शंकराचार्य के श्री चरणों में साष्टांग प्रणाम करते हुए राजशेखर को सस्मित देखा और कहा- "जगद्गुरु शंकराचार्य सम्राट् हैं क्या? यहाँ गुप्त मंत्रणाओं तथा गुह्य वार्ताओं के लिये स्थान नहीं है, राजन्! यहाँ सत्य की समीक्षा और उपनिषद् की चर्चा ही होती है। सरस्वती के करों में वीणा रहती है-तलवार नहीं।"

महाराज राजशेखर ने शंकराचार्य के चरण पकड़ते हुए कहा- "जगद्गुरु के श्री चरण सम्राटों के सम्राट के श्री चरणारविन्द हैं।" महाराज राजशेखर ने कहा- "इन चरणों की धूलि लेकर पृथिवी पवित्र और आकाश पुनीत होता है।"

आचार्य शंकर ने अभय वर उठाते हुए कहा- "कल्याण हो, राजन्। आज दिवसों में दिखे। भारतीय नरेशों और नृपतियों में मुझे आप तथा राजेश्वर सुधन्वा कभी भूलते ही नहीं। आप दोनों वैदिक वर्णाश्रम धर्म के भारतीय सुष्ठ साम्राज्य के दो आजानुबाहु हैं- राष्ट्र-भुज!"

महाराज राजशेखर ने आचार्य को पुनः पुनः वन्दन किया और कहा- "यह तो हम क्षत्रियों को प्रोत्साहित करना है- क्षात्र धर्म के धारण, भरण तथा पोषण एवं वैदिक वर्णाश्रम धर्म की रक्षार्थ हमें आशीर्वाद है।"

आचार्य शंकर ने सहसा कुछ आगम विचारते हुए कहा- "यह आर्यावृत, विशेषकर यह भारत वर्ष एक विचित्र अन्धकार से ग्रसित हो गया है। हम जड़वादी तथा विजड़ित मति के राष्ट्र हो गये हैं। सनातन अपौरुषेय वेद-ज्ञान को विषम तथा विकृत करने के सूक्ष्म बौद्धिक प्रयास हमारे विद्वानों और मनीषियों ने किये हैं। इनसे मत-मतान्तर वर्षा ऋतु के दादुरों की भाँति उद्भवित हो गये हैं। मैं सभी मतों का आदर तो करता हूं; किन्तु परीक्षण भी करना पड़ता है। भारतीय मानव निरा वैज्ञानिक ही हो जाय, वह अपना अन्तःकरण भूल जाय और अन्तरात्मा खो बैठे, यह मैं सहन नहीं कर सकता, राजन्! बुद्धि बल द्वारा ही नहीं, आत्म शक्ति के द्वारा और सहित हमें आर्यावृत का उत्कर्ष करना ही होगा। क्या ऋषि, मुनि, सिद्ध तथा साधकों का यह सनातन ज्योतिर्मय भारत क्षल्लुक वैभवों का कामुक राष्ट्र होकर रह जायगा? मनुष्य को आत्मा की ओर मोड़ना ही होगा, राजशेखर!"

"जी, गुरुदेव!" महाराज राजशेखर ने आचार्य शंकर के शान्त प्रशान्त किन्तु तेजस्वी मुख-मण्डल का दर्शन करते हुए कहा- "आप श्री के सृष्टि मंगल और जगत् कल्याण के इस महान आदर्श के लिये हम आर्य क्षत्रिय अपना सर्वस्व अर्पित कर देंगे- निस्संदेह करेंगे।"

आचार्य शंकर ने विहँसते हुए कहा- "सर्वस्व नहीं, आत्म-समर्पण चाहिये, इस देश को। अँधेरा है; प्रकाश चाहिये; भारत वर्ष को मृत्यु है; संजीवनी चाहिये। हम क्या कर सकते हैं? हमारे मुख ब्राह्मण हैं; बाहु आप, क्षत्रिय हैं- उदर वैश्य हैं तथा हमारे चरण शूद्र हैं। आश्रम हमारे विश्राम गृह हैं- हमारी अन्तरात्मा की प्रभु के धाम की ओर यह तीर्थ यात्रा है। सभी प्रकाश बुझ जाते हैं; केवल आत्मा का प्रकाश नहीं बुझता- वह अपार है; अनन्त है-ज्ञानमय तथा अमृतमय है। मनुष्य के अन्तःकरण को ज्ञान और अमृत से सींचना ही होगा, राजन्! पद्मपाद! शान्त हो जाओ और अपने नयन उन्मीलित कर लो। पञ्चपदी पुनः जाग्रत होगी- तुम लिखने लगो, समझे! कातरता त्याग दो-क्लेश छोड़ दो! राग और द्वेष से परे अपने हृदयाकाश में उस सत्य, ज्ञान और अनन्त अमृतमय ब्रह्म का ध्यान करो!"

पद्मपाद ने शंकराचार्य के चरणों में साष्टांग प्रणाम करते हुए कहा- "पञ्चपदी! पुनः अवतरित होगी।"

आचार्य शंकर हँसे; बोले- "तुमने हमें सुनाई थी- वह हमे याद है। तुम्हारे अन्तःकरण की निर्मल वेदना की सिहर से स्वर और व्यञ्जन काँपेंगे; उतेजित होंगे- जागेंगे, वत्स! सत्य का ज्ञान चिरञ्जीवी है।"

"ज्ञान!" पद्मपाद फुसफुसाये।

"पद्मपाद!" आचार्य शंकर ने कहा- "कल्प-कल्पों के लिये तुम्हारा नित्य मुक्त जीवनानंद के लिये भव है- इस भव का तुम्हारा शरीर दिव्य चिर प्रसन्न परम सन्तुष्ट एवं शान्त भगवद् चरणों में ही अर्पित होगा। ज्ञान? हस्तामलक कल्प के आदि के योगी के लिये है। शिव को भी श्री राम की भक्ति करनी ही होती है। जीवनमुक्त त्रिताप से दूर कालातीत जीवात्मा-आत्मा के लिये श्री हरि के श्री चरणारविन्द हैं। जाओ! पञ्चपदी का आह्वाहन करो।"

पद्मपाद ने नमन पूर्वक प्रणाम किया और अतिथि गृह की ओर चल दिया। पद्मपाद को लगा द्वितीय अतीन्द्रिय तेज उनके चिदाकाश में व्याप्त हो रहा है और चित्त के सभी क्षितिज ओमकार के अनहद से भर रहे हैं। अपने आस-पास के अन्दर किन्तु आकाश में तटस्थ पद्मपाद को दिखा-मन के गहन में गुरुदेव जैसे हृदय-कमल पर आ विराजे हैं। पद्मपाद सहसा लौटे; आचार्य शंकर को नमन कर बोले- "मातुल क्षम्य है, प्रभो!"

महाराज राजशेखर ने अब कहा- "नहीं, आचार्य पद्मपाद! उस नीच ब्राह्मण ने पुस्तक जलाई है; घर जलाया है। वह राज्य दण्ड का पात्र है। आप अभय दे सकते हैं; दण्ड से क्षमा नहीं। दुष्टों और आततायियों को, शोषकों और हत्यारों को राज्य कभी क्षमा नहीं करेगा- ईश्वर भी कर्मफल से क्षमा नहीं कर सकता।"

आचार्य पद्मपाद ने जाग्रत होते हुए कहा- "वह अभय अभय है क्या जिसमें क्षमा नहीं हो? टीका मेरी थी; घर मातुल का स्वयं का था। तब महर्षि कुमारिल्ल भट्ट को अपना अग्निदाह करने के लिए राज्यदण्ड क्यों नहीं दिया गया? काशी में करवत लेकर भव के मुमुक्ष-तितिक्ष देह त्यागते हैं, उनको राज्यदण्ड क्यों नहीं देता? राज्यदण्ड न्याय का दण्ड है, ईश्वरीय कर्म फल नहीं। राजा ईश्वर का अंश हो सकता है, ईश्वर का अवतार नहीं हो सकता, राजन्!"

"आचार्य और ऋषि-मुनि अभय ही देते हैं। अवश्य शापोद्धार के लिये क्षमा दान भी दिया है।" महाराज राजशेखर ने कहा- "किन्तु शापोद्धार का

क्षमादान एक अत्यन्त पवित्र सात्विक प्रायश्चित है। हमारी दृष्टि में-ऋषि को भी भव-यातना देने का सत्व है क्या? तपबल कल्याण करता है; राज्यबल न्याय करता है। नहीं श्री गुरुदेव?"

आचार्य श्रीमद् शंकराचार्य विहँसते हुए बोले- "इस सृष्टि का ईश्वर ही दण्ड नायक है। मनुष्यों के द्वारा धारित न्याय का परिहार्य क्षमा में ही होता है। जो राजा क्षमा नहीं कर सकता, वह मृत्यु-दण्ड भी दे नहीं सकता। समाज और राज के अपराधों के दण्ड राजा के विवेक के अधीन एवं अन्तर्गत हैं; किन्तु भव के प्रज्ञापराध का दण्ड प्रभु ही देता है- दे सकता है। पण्डित श्री दिवाकर ने प्रज्ञापराध किया है। पद्मपाद ने उनको अभय देकर उचित ही किया है, राजन्!"

राजा राजशेखर ने सहसा साहस पूर्वक कहा- "यह सब संस्कृति के दस्यु हैं; जीवन के दानव हैं-असुर; अनार्य्य हैं। दर्शन के मुखौटे पहिन कर तथा शास्त्रों की दुहाई देने वाले यह विधर्मी निस्संदेह दण्डनीय हैं। यह पण्डित प्रभाकर क्या आर्य ब्राह्मण सिद्ध हुआ है? नहीं श्रीमद्! मैं गौ हत्या, ब्रहम हत्या, शिशु हत्या तथा पुस्तक की हत्या के अपराधों को आत्यंतिक अपराध मानता हूं। शीलभंग और बलात्कार जिस प्रकार अक्षम्य हैं, उसी प्रकार यह हत्यायें भी अक्षम्य हैं।"

आचार्य शंकर हँसे; सस्मित बोले- "अपने मत में पण्डित दिवाकर का अच्युत विश्वास आपको नहीं दिखा, राजन्! अपने श्री गुरों के मत की रक्षार्थ इस पण्डित ने अपना धाम जला-दिया-अपने पुत्र से भी अधिक सम्बन्धी की पुस्तक जला दी-यह सब उसने श्री गुरोमत की रक्षार्थ ही किया है। अवश्य पण्डित दिवाकर कातर हैं, सत्य की किरण वह देख नहीं सकता; किन्तु वह ब्राह्मण है, राजन्! ब्राह्मण सदैव क्षम्य है- दण्डनीय नहीं।"

"ब्राह्मण सामाजिक प्राणी भी तो है।" राजा राजशेखर ने कहा- "गुरुदेव! ब्राह्मण बलि करे, हत्या करे, समाज में अशान्ति फैलाये, मर्यादा तथा आम्नाय का निर्मम भंग करे, तो राजा क्या उसे दण्डित नहीं करेगा- जो राजा न्याय नहीं कर सकता, नहीं करता, वह राजा है क्या?"

"न्याय ईश्वर ही करता है, राजशेखर!" आचार्य शंकर ने कहा- "वैदिक वर्णाश्रम धर्म की मर्यादा का धारण, पालन और पोषण करवाना आत्मदान, आप्त अनुशासन भर है। स्मृति विहित व्यवहार के लिये जो मर्यादायें हैं, उनका परिहार प्रायश्चित में होता है। राजा अनुशासन करता है; शत्रुओं से

प्रजा की रक्षा करता है। समाज की संभृति के लिये राज्य का संयोजन तथा संचालन करता है। प्रजा की प्रसन्नता, योग-क्षेम तथा परिपालन के लिये धर्म दण्ड देता है, किन्तु भव-योनियों के कर्म-फल का नियामक मानव-राजा कैसे होगा? पूर्ण ज्ञान से ही सम्पूर्ण निष्पक्ष तथा अनासक्त न्याय-बुद्धि का उद्रेक होता है। स्मृतिगत न्याय तो मर्यादा के लिये अनुशासन करना है। व्यष्टि समष्टि के प्रति जो अपराध करता है, यह नैतिक व्यवहार का भंग है और उसके लिये राजा विधि-विधान कर सकता है। प्रत्येक प्रजापराध का दण्ड प्रायश्चित है, राजन्!"

तभी शर्मणा ने पण्डित दिवाकर को कक्ष में धकेलते हुए पुकारा- "महाराज! आज्ञानुसार पण्डित दिवाकर उपस्थित हैं।"

मातुल श्री ने सकपकाते हुए चारों ओर देखा और आचार्य शंकर को घूर कर कहा- "ऐन्द्रजालिक! श्री गुरो प्रभाकर की जय!"

"मर्यादा में रह, ब्राह्मण!" महाराज राजशेखर ने कठोर स्वर में कहा- "तुम राजा और आचार्य के समक्ष हो।"

पण्डित दिवाकर मातुल श्री ने अट्टहास्य कर कहा- "राजा वैश्यों और शूद्रों पर, क्षत्रियों पर राज करता है-ब्राह्मण पर नहीं और आचार्य? यह आचार्य शंकर ही हैं जिसने एक भोले भाले नवयुवक को संन्यासी मूंड लिया। यदि यह सच्चे वैदिक धर्म के आचार्य हैं, तो उन्होंने इस सनन्दन को समझाकर पुनः घर को क्यों नहीं भेज दिया? क्या आचार्य यह नहीं जान गये थे कि यह सनन्दन मातृ और पितृ-कुल का एक मात्र नौनिहाल है, पुत्र है-वंश धारक और पितरों का श्राद्ध करने वाला, पिण्डदान का एक मात्र अधिकारी है? मेरे पुत्र नहीं; मेरी भगिनी का यह इकलौता सुवन-यह सनन्दन। छीन लिया इस जगद्गुरु ने, आचार्य शंकर ने, राजा! तेरी जो इच्छा हो, वह दण्ड दे-मैं सह लूंगा; किन्तु आचार्य शंकर को मैं क्षमा नहीं कर सकता। नहीं।"

पद्मपाद ने झल्लाते हुए कहा- "मामा! गुरुदेव का अपमान मत कीजिये। मैंने स्वेच्छा से ही घर त्यागा है; समाज त्यागा है। गुरुदेव ने तो अपने उदार श्री चरणों में मुझे लेकर अकथ उपकार किया है।"

मातुल गर्जे- "दो घर तोड़ दिये; दो कुल उजाड़ दिये-वंश नष्ट कर दिया तेरे इस आचार्य ने, सनन्दन! मूढमति, कुल-कलंक! तू कब समझेगा? वाह रे भट्टा! चोर कोटपाल को दण्डे? ऐं?"

सहसा आचार्य श्री शंकर ने कहा-"भय त्याग दे, ब्राह्मण! वेदान्त से यह भयंकर भय क्यों खा रहे हो, पण्डित दिवाकर! सत्य अभय देता है, भय नहीं। श्री गुरोमत में आस्था रखो, किन्तु और मतों से भय मत करो। ब्राह्मण जीवन के अभय में ही जगत् के भयों को देखता है; भव-मोह में ही वह अनासक्त सत्य को पेख पाता है। निर्मल चित से ही प्रभु के दर्शन होते हैं, पण्डित दिवाकर! शान्त हो जाओ!"

"मैं मृत्यु से नहीं डरता, आचार्य शंकर।" मातुल गर्जे- "धर्म के लिये मैं सर्वस्व की बलि चढ़ाना अपना परम् कर्तव्य समझता हूं। आपका यह वेदान्त- यह आपका शारीरिक भाष्य-मत जाति, वंश, समाज तथा मानव मात्र के लिये अनाचार की सदाचार वार्ता भर है। जीव और ब्रह्म एक हैं? एक सर्वज्ञ दूसरा अल्पज्ञ। एक सर्व शक्तिमान तथा दूसरा निर्बल-स्वाँस के डोरे से बँधा, मोहान्ध-कामान्ध जीव। आप आचार्य उसको ब्रह्म स्वरुप बता कर समष्ठि और व्यष्ठि के नैतिक जीवन की जड़ें ही उखाड़ रहे हैं-मानव का अन्तिम उद्देश्य मोक्ष नहीं है, जगदगुरु! स्वर्ग का परम् सुख है-मुक्त, त्रिताप मुक्त जीवन है। यह जीव और जगत् क्या अनादि नहीं हैं? हैं-तब जगत् का प्रलय कैसा? जीव का मोक्ष कैसा? बहुत हो चुका, यह ब्रह्म-सत्यम्, जगन्मिथ्या। श्री प्रभाकर श्री गुरो से शास्त्रार्थ क्यों नहीं करते? श्री गुरो प्रभाकर मण्डन मिश्र नहीं हैं-भट्टपाद कुमारिल्ल की बोलती प्रभाकर श्री गुरु ने ही बन्द की थी। तभी भट्टपाद ने अपने शिष्य प्रभाकर को "श्रीगुरो" कहा था और आपने क्या किया है?"

आचार्य शंकर मुस्करा कर बोले- "हमने सनन्दन को आचार्य पद्मपाद कहा है।"

"एक मूढ़ मति को?" मातुल बमके।

आचार्य शंकर ने जलद गंभीर स्वर में कहा- "यह जगत् और भव-संसार ज्ञान के आलोक में अदृश्य, अन्तर्ध्यान हो जाता है। ज्ञान में यह जगत् जल जाता है; कर्म से कट जाता है और भक्ति में डूब जाता है, पण्डित श्री दिवाकर! ब्रह्म ज्ञान है; अमृत है-आनन्द है। भय की भीति तथा रूप का गर्व और नाम का मोह नहीं है। शान्त हो जाओ। राजशेखर इनको मुक्त कर दो मेरी यह आपसे प्रार्थना है। क्षुब्ध, क्रुद्ध तथा भयभीत ब्राह्मण को शान्त हो जाने दो-मैं स्वयं इनको समझाऊंगा।"

मातुल श्री ने अट्टहास्य किया- "श्री गुरो से शास्त्रार्थ करने के पश्चात् ही मुझे समझाना, शंकराचार्य! मैं स्त्री में आसक्त रसिक मीमांसक ब्राह्मण

नहीं हूं- मैं समाज-व्यवस्थापक ब्राह्मण हूं। मुझको मेरा अन्तःकरण ही समझायगा- आप नहीं, आचार्य!"

आचार्य शंकर ने सस्मित कहा- "जैसी आपकी इच्छा, ब्रह्मदेव! राजन्! पण्डित दिवाकर को पद्मपाद ने अभय दिया है। हम उसको स्वीकार कर आपसे अनुरोध करते हैं कि इनको क्षमा कर दें। कातर, क्रुद्ध, भयभीत ब्राह्मण राजा की क्षमा तथा आचार्य की दया का पात्र है। पञ्चपदी का नव-अवतरण होगा।"

पद्मपाद ने सहसा कहा- "और मैं उसको आपको पुनः बताऊंगा मातुल श्री! ज्ञान जलता नहीं; आत्मा मरती नहीं; परमात्मा नष्ट होता नहीं। सत्यमेव जयते, मामा जी!"

मातुल श्री ने क्रोध से कांपते हुए पैशाचिक स्वर में कहा- "ऐन्द्रजालिक! तुमको क्रचक्र, महातांत्रिक निपटेगा। अवश्य निपटेगा। पञ्चपदी तू पुनः मुझे दिखायेगा? दिखाना और पुत्र मेरे, मैं उसको अवश्य ही पुनः पुनः देखूंगा। स्मरण रखना श्री गुरोमत ही वैदिक वर्णाश्रम धर्म का स्कन्द है- इस जगद्गुरु शंकराचार्य का वेदान्त नहीं- ईश्वर। सोचता रह! हमें तो जगत् और जीव की पड़ी है- हम उसके मंगल तथा सुख के लिये ही तत्त्व चिन्तन करेंगे? शास्त्रज्ञ का कर्त्तव्य मंगल का उद्भव करना तथा सुख के लिये व्यवस्था करना है- मोक्ष? यह तेरे गुरुदेव का कार्य होगा- हमारा नहीं। इस पृथिवी पर ब्राह्मण मानव के सुख-सन्तोष का मार्ग ही बताता है। संन्यासी न समाज को और नहीं राज को- वह प्राणी मात्र को क्या मार्ग बतायगा? सदेह ही जो स्वयं को शव मान बैठता है, वह सृष्टिमंगल, प्राणीसुख तथा मानव-कल्याण के लिये क्या कर सकता है? यह तेरा जगद्गुरु आत्म वञ्चना को ही वेदान्त बताता है- शास्त्र और शस्त्र इसके पल्ले पड़ते ही नहीं- पड़ सकते ही नहीं।"

राजशेखर चिल्लाये- "इस ब्राह्मण को श्रृंगेरी की सीमा के पार मुक्त कर दो।"

शर्मणा ने नमन पूर्वक कहा- "जो आज्ञा, महाराज!"

महाराज राजशेखर ने पैशाचिक हंसी हंसते हुए मातुल श्री को घूरा और कहा- "क्रचक्र की भांति इस दुष्ट ब्राह्मण पर भी दृष्टिपात किये रहो। हमें यह ब्राह्मण विक्षिप्त लगता है...."

"विक्षिप्त!" मातुल गर्जा- "मैं, पण्डित दिवाकर विक्षिप्त! वाह रे! मेरे भट्ट!"

महाराज राजशेखर ने तीव्र प्लुत स्वर में आदेश दिया- "ले जाओ इसे, इस विक्षिप्त को- हमारी आंखों से ओझल करो, शर्मणा!"

शर्मणा ने मातुल को पकड़ते हुए कहा- "सुना? क्रचक्र! बुला रहा है आपको, सुना।"

"क्रचक्र? मुझको बुला रहा है- महातांत्रिक क्रचक्र!" मातुल संज्ञान में आते हुए से बोले- "दक्षिणावृत्त में हम आपकी वेदान्त-डिमडिम् बन्द कर देंगे- आचार्य शंकर! सनन्दन को शिष्य मूंडने का जो अवैदिक शास्त्र-विरूद्ध कार्य आपने किया है- एक हत्यारे को आचार्य पदवी दी है, उसका प्रतिफल यही है। दक्षिण एक स्वर से आपका विरोध करेगा। क्रचक्र आपका पीछा नहीं छोड़ेगा। नीलकण्ठ, प्रभाकर और अभिनव गुप्त, दसों-पचासों शास्त्रियों, मनीषियों से आप पग-पग पर निरुत्तर किये जाओगे- आपके ग्रन्थ वाल्मीकी खायेंगी। समझे आप श्री! मैं विक्षिप्त और यह लण्ठ सनन्दन सिद्ध, संन्यासी, योगी-आचार्य।"

"जाओ, ब्राह्मण!" राजशेखर चिल्लाये- "अन्यथा...."

मातुल श्री ने भवें सिकोड़ीं और नयन नचाते हुए कहा- "अन्यथा? भूगर्भ में डाल देगा, यही न राजा! तो डाल दे भूगर्भ में, सुना! तेरे अंधेरे भूगर्भ महातांत्रिक के त्राटक से छिन्न हो जायेंगे। इस अवैदिक न्याय, वैशेषिक-मीमांसा, सांख्य-दर्शन मात्र के विपरीत यह शंकर वेदान्त बुद्धि की मृगमरीचिका हैं राजा! तुझे अपनी महिमा चाहिये। हम ब्राह्मणों को यथार्थ ज्ञान चाहिये- वास्तविक सत्य चाहिये। मिथ्या! जगत मिथ्या! और ब्रह्म सत्य-वाह रे भट्टु! अनादि को असद् बताने वाला तू बड़ा निराला तत्व ज्ञानी निकला। देह नहीं होता तो आप दिखते क्या आचार्य? आप श्री की दुखियारी माता मरीं, तो क्या मिथ्या थीं? और आज तो आप श्री सत्य हैं और जब मरेंगे, तब क्या असत्य हो जायेंगे? आचार्य, सामान्य कोमल मति मानवों के लिये आकाश कुसुम न सजाइये, भवान्! मनुष्य को यथार्थ ज्ञान, लौकिक सद् व्यवहार, धर्म तथा श्री सुकृति-समृद्धि चाहिये- मोक्ष है तो मिलेगा ही; किन्तु जगत् तो कर्मों से कमाना पड़ता है, आचार्य शंकर! अब भी कहता हूं सनन्दन को मुक्त कर दीजिये- इसकी मामी मां, भगिनी-इसकी वचनबद्ध सखी- हम सब घायल हैं- हमारा तो कुलनाश, वंशनाश ही हो जायगा, आचार्य, सुना!"

आचार्य शंकर ने सस्मित शान्त स्वर में कहा- "सुना। आपका कल्याण हो! ब्राह्मण! आपकी बुद्धि ऋत से भर जाय; आपका चित्त भ्रान्तियों से

विहीन हो जाय- आपकी प्रतिभा शास्त्र देखे और आपकी ऋतंभरा परम् ब्रहम को जान जाय।"

"मुझे आशीर्वाद मत दीजिये, आचार्य!" मातुल ने आर्त स्वर से कहा- "मुझे मेरा पुत्र वापस कर दीजिये, जगद्गुरु! आपका कल्याण ही होगा और हमारे पितरों का उद्धार हो जायगा- कुल तर जायेंगे।"

पद्मपाद ने सहसा दृढ़ उर्ध्व स्वर में कहा- "गुरुदेव शिव स्वरूप हैं, चिदानंद रूपम्! वह किसी का वंशोद्धार नहीं करते-कुल नहीं तारते। यह मोक्ष मार्ग बताते हैं, समझे!"

"समझ गया, पूता।" मातुल गर्जे- "तुझे मैं प्रलय में भी समझ लूंगा। मोक्ष मार्ग बताता है यह जगद्गुरु? तो बताये-मुझे मोक्ष नहीं चाहिये, सुना? मुझे पुण्य चाहिये-स्वर्ग-धर्म और धरा चाहिये, सनन्दन! जा, तुझे और अधिक क्या कहूं? तेरी टीका जली; मेरा घर जला; परन्तु तू मूढ़ ही रहा-जा, इन यतियों की कोपीने धोता रह और अपना अमूल्य मानव-जन्म धूल में मिला दे-तेरे कर्म, तेरी विधि। हम रो चुके- रो लेंगे, सुना?"

पद्मपाद ने शान्ति पूर्वक कहा- "इस हृदय में श्री गुरु के चरणारविन्द खुभ गये हैं, मातुल श्री! अब वहाँ जगत् खिंच नहीं सकता। इस चित्त में श्री गुरुदेव का प्रसन्न सौम्य शान्तिदायक क्लेशहारी मुख-मण्डल भर गया है- भव वहाँ भर नहीं सकता। आप सिधारिये और अपना भव-ताप भोगिये। मति मूढ़ कौन है, यह विधाता जानती है.....।"

"और तुझे यम जानता है।" मामा बोले और घूम कर द्वार के बाहर भागे।

महाराज राजशेखर ने ऊर्ध्व श्वाँस लिया; कहा- "दुष्ट कहीं का।"

"यह राग द्वेष है, राजन्!" आचार्य शंकर ने कहा- "दुष्टता नहीं। यह पण्डित शास्त्री है; विद्वान् भी हो सकता है; किन्तु मुमुक्ष नहीं। यह जीव अभी अनेक कल्पों तक भव-संसार में भटकेगा।"

पद्मपाद ने सहसा पूछा- "किन योनियों में भटकेंगे, मातुल? पूज्यपाद!"

शंकराचार्य ने पद्मपाद को निहारा; सहसा बिहँसते हुए बोले- "यह तो प्रत्येक जीव का ईश्वर ही जानता है। विधि! प्रत्येक जीव का अनादि सनातन काल, आयु और भोग उसके अपूर्व अदृष्ट से उद्भवित होते ही रहते हैं- यह शरीर काल है; देश है; आयु और भोग-जन्म और मृत्यु-पुनर्जन्म। यह ब्राह्मण चाहता तो त्रिताप मुक्त हो सकता था। अज्ञान का तिमिर दूर कर

मोक्ष प्राप्त कर सकता था- यह जीव आत्मा के सच्चिदानंद में लीन हो सकता था- किन्तु यह सब भाग्य की क्रीड़ा है।"

"क्रीड़ा?" हस्तामलक बोले।

"लीला!" आचार्य शंकर ने कहा- "समाधि! मैं समाधिस्थ हूंगा। उत्तर मध्य पूर्व भारत जाना है। श्रृंगेरी में इस यात्रा के पूर्व आपके दर्शनार्थ आया हूं, हस्तामलक! किन्तु पद्मपाद की यह विपदा आ गई। हे शिव-शम्भो! पद्मपाद का परित्राण करो। अपने भक्त को अभय दो; शान्ति और अपने श्री चरणों में शरणागति दो। पद्मपाद! धीर हो जाओ; गंभीर हो जाओ। तटस्थ और उन्मुक्त हो जाओ। तुमको परमात्मा का दर्शन नहीं; प्रभु का प्रेम-स्पर्श ही चाहिये। जाओ, पञ्चपदी हमें याद है-उसको ध्यानस्थ तथा एकाग्र होकर पुनः अक्षरगत करो; वाक्यों में बांध दो। तुम्हारा कल्याण हो, वत्स! पृथिवी पर अज्ञान का गाढ़ अन्धकार छाया है; अन्तरिक्ष में देव मूक हैं; द्यु-लोक में ज्योति की त्रिपथ गामिनी गंगा उदासीन है; उन्मन है। श्री हरि के चरण घायल हो गये हैं- यह मनुष्य अपने हृदय-कमल में प्रभु के घायल चरणों को भूलकर भव-संसार में भटक ही रहा है-हस्तामलक! क्या योगी, सन्यासी उस अद्भुत सर्व शक्तिवान विचित्र और विलक्षण जगत् का कल्याण कर भी सकता है? जगत् का कल्याण श्री हरि ही करते हैं- करेंगे। प्राणियों का परित्राण तो वह सच्चिदानंद स्वरूपा शिवा ही करती हैं; हां।"

आचार्य शंकर अपने आसन पर पद्मासन-बद्ध हुए और देखते-देखते उनके सरोज नयन बन्द हो गये, उन्मीलित। एक अमोघ शान्ति दिग्-दिशाओं से उभरी, उमड़ी और निर्विघ्न छाने लगी। हस्तामलक ने समाधिस्थ शंकर को वन्दन किया; बोले- "श्री गुरो! जय हो। जगत्? जीव? यह इदम्-स्वप्न-स्मृति-यह प्रगाढ़ निद्रा! हे आत्मन! चैतना ब्रह्म-ब्रह्म! ब्रह्म चैतन्य मीड़े।" पद्मपाद ने उच्छ्वसित स्वर में कहा- "ब्रह्म! ब्रह्म सत्यम्-"

हस्तामलक बोले- "जगन्मिथ्या, बन्धु!"

मिथ्या-जगत्मिथ्या। पद्मपाद अपने कक्ष में पहुंच कर खड़े रह गये। तब यह पञ्चपदी, यह मातुल, मैं-मामी माँ, सब मिथ्या। यह देह, देहाभिमान मिथ्या। यह अद्भुत आश्चर्य, यह दिव्य दिव्यातिदिव्य जगत् श्री हरि की माया मात्र। श्री हरि! पद्मपाद निसास भरते हुए अपनी पीठिका पर जा बैठे; शिथिल, उन्मन, तंद्रिल से आचार्य पद्मपाद जैसे स्वयं के विजन में डुलते गये। तब यह रूप-रूप क्षण का है! यह नाम-नाम का सम्बोधन, यह बोध

भी क्षणिक है। है, है तो; किन्तु फिर भी यह किन्तु-परन्तु बना ही रहता है। यह अज्ञान, तब? क्यों, कहाँ से? क्या ज्ञानी अज्ञानी हो जाता है? सत्य असत्यवत् व्यक्त होता है? क्या इस अनादि जगत् का तदनन्तर सर्वथा नाश होता ही है? प्रलय? तब क्या प्रलयावस्था में जगत् और जीव नष्ट हो जाते हैं-नहीं, तो क्या यह अनादि अविराम जगत् सौद्देश्य, सार्थक नहीं है? भव-संसार की इन जीवन-यात्राओं का लक्ष्य केवल प्रारब्ध भोगना मात्र है? पद्मपाद!"

पद्मपाद के चित्ताकाश की शून्य दिशायें सिहरती हुई ध्वनि-प्रति-ध्वनियों से भरने लगीं। मैं हूं-मैं तो हूं। जगत् हो या न हो; भव हो या न हो-मैं तो हूं-मैं; अनादि शाश्वत अविराम मैं हूं। मैं जाग्रति में सदेह हूं; स्वप्न में स्मृतिगत हूं; सुषुप्ति में, प्रगाढ़ विस्मृति में भी मैं एक चैतन्य तो हूं ही; बना रहता हूं-अटल हूं; अच्युत हूं-अचूक मैं, चैतन्य तो हूं ही। तब क्या मैं ही हूं-अन्य प्राणी नहीं हैं? तब क्या मैं केवल एक अभेद्य ब्रह्म-स्फुलिंग जीव एक मात्र हूं, मैं ही हूं और क्या मेरा प्रभु ही है? गुरुदेव! ऐसा लगता है, अनन्त कोटि जन्मों को झेलकर मैं थक गया हूं; मृत्यु की विस्मृतियाँ भोग कर मेरी जीवन-चेतना शिथिला गई है। मैं निस्पंद, निष्प्राण, मूढ़-जड़ होता गया हूं। यह मेरी अनादि जीवन-चेतना, यह जीजिविषा, यह भवेच्छा का अनन्त, असीम-अगाध, पद्मपाद! नहीं-कुछ नहीं। मैं हूं और मेरा भगवान है। भगवान? भगवन्-जगन्नाथ, जगदीश्वर, वह सच्चिदानंद-विग्रह रूप प्रभु! पद्मपाद के नयन बन्द हो गये-एक शून्यमयी शान्ति उनकी रग-रग में भर गई। शान्ति! शान्ति!! मामी मां? गौरी? मातुल, मामा? शून्य प्रतिध्वनियाँ उठीं और चित्त के अतल में समा गईं। पद्मपाद को लगा विचार मात्र चित्त के दिक्कों में डुल गये हैं। भावों की तरंगें चित्त के शून्य सम में विलीन हो गई हैं-निःशब्द वह जैसे अनाहत का भास हो गये हों- जैसे किसी अगाध गूढ़ गुह्य सूक्ष्मातिसूक्ष्म चैतन्य की भूमा में वह डूब रहे हों-पद्मपाद! गुरुदेव!!

आचार्य शंकर चिदाकाश में मुस्कराये; उनके वाक् ने मानो कहा-"अनहद को सुनो, वत्स! ओम् बोलो; राम रटो, पद्मपाद!"

श्री राम! पद्मपाद के त्रिपुर में अनहद ध्वनि उठी-राम श्री राम! राम राम राम-सीताराम। हे कृष्ण, गोविन्द! कृष्ण-गोविन्द! प्रभु नाम की यह मन्द्र शीर्ण तन्मय ध्वनि मानो अणु-परमाणुओं की घंटिकाओं को समेट कर स्वयं एक संगीत हो गई। इस मौन शून्य अनाहत अवकाश में आकाश अपने

व्योमों में हिलोर उठा; व्योम गगन मण्डलों में तरंगित हो उठे और अनन्त कोटि ब्रह्माण्डों के रूप-निधि एक ज्योति-बूंद होकर पद्मपाद के हृदय-कमल में लीन हो गये। त्रिताप की मोह भरी ज्वालायें प्रभु नाम की ध्वनी का स्पर्श पाकर जैसे स्वयं ही शीतल होने लगीं- श्री राम! हे कृष्ण गोविन्द! विचारों के विद्युत भरे मेघ उमड़-घुमड़ कर स्वयं ही रीत गये और भावों की सरितायें शून्य के अनाहत में विरम् गईं। शान्ति! प्रभो! प्रभु मेरे-गुरुदेव, शंकर-गुरूदेव, जगन्नाथ, जगदीश! हे परमेश्वर!! पद्मपाद सिहर उठे-सिहरने लगे; उनका रोम-रोम रोमाञ्चित हो उठा। उनकी रग-रग अगाध आर्द्र कारुण्य से भर उठी। तभी जैसे हृदय के गहन से चिद्घन अचिन्त्य बोला- "अथा तो ब्रहम जिज्ञासा! ब्रहम जिज्ञासा? नहीं; पद्मपाद! प्रभु के चरणार्विन्द। श्री हरि!"

प्रभु-श्री हरि! पद्मपाद सुषुप्ति के प्रगाढ़ गाढ़ में लीन एक शून्य विजन चैतन्य बिन्दु होकर काल के असीम अविराम में खो गये। पद्मपाद देह में किन्तु देह के बाहर त्रिपुर के आकाशों के स्वयं ध्यान अन्तध्र्यान अवकाश में अनिर्वचनीय ज्योति से लहर उठे, विहर उठे और तभी एक वाक्-स्फुरणा मचली-पश्यन्ती परा में लीन होकर वैखरी में लास करने लगी- अ! स्वर का स्वयं ही चिद् के इंगित में पूर्ण बोध का उदय होने लगा। दूर, सुदूर, कल्प-कल्पों के क्षितिजों के परे और पार से ज्ञान की किरण उद्भूत हुई। पद्मपाद समाधिस्थ हो उठे; खोजा, टटोला और ताड़ पत्रों को बन्द उन्मीलित नयनों के सामने रख कर लिखने लगे। स्वर व्यञ्जनमय अक्षर बनने लगे और अन्तरिक्ष में ज्योति के अक्षरों के वाक्य प्रगट हुए, होने लगे। अथातो ब्रहम जिज्ञासा साकार होने लगी-पञ्चपदी का अवतरण आरंभ हुआ।

पद्मपाद अपने कक्ष में बन्द देह-भान भूले तन्मय और उन्मीलित ताड़पत्र पर लिखते रहते। उनका मन घनीभूत होकर चिति के क्षितिज में डूब गया; उनकी बुद्धि मेधा की घननील ज्योति बन कर चिदाकाश में पश्यन्ती का आह्वाहन करने लगी और उनकी परा चेतना के सभी आकाशों में ध्यानस्थ समूचे परा वाक् को, वाक् बीज को ही सींचने लगी। स्वर-व्यञ्जनों के अनन्त असंख्य अर्थ-बोधों से पूर्ण वैखरी अक्षरों की आकृतियों में प्रस्फुटित होने लगी और व्यंजनों को साकार करने लगी- वाक्य के वाक्य द्यु-लिपि में पद्मपाद के मानस पटल पर स्वयं ही चिन्त्य होने के लिये प्रगट होने लगे। पद्मपाद को लगता, वह जैसे लेखिनीवत् हो गये हैं; बुद्धि की मूक किन्तु आग्रही अशान्तियाँ निश्चय की स्पष्टता के अतल में डूब गई हैं। जगत् का रूप-

रूप अपने अनन्त कालक्रम और क्रम की निहित अविराम गति-विधि सहित अज्ञान का भास मात्र होकर ब्रह्म सत्य के निराकार-निर्विकार तथा अनादि निरुपम में सदैव के लिये अन्तर्ध्यान होने लगा-जगत् का रूप-सिन्धु ज्ञान के आदित्य ने सोख लिया। स्वयं स्वयमेव स्वतः परा प्रकाश पद्मपाद के दिव्य चक्षु में जगमगाने लगा और देह की पांचों ज्ञानेन्द्रियाँ अपनी तन्मात्राओं के साथ जीव के शाश्वत अहम् के शालीन विनय में लीन हो गईं। जगत की मिथ्या की मोहमयी भ्रान्तियाँ सत्य के आग्रह की वह्निज्वाला में बदल गई और मानस की महा सरस्वती की अदृश्य वीणा के अपूर्व तार शारीरिक भाष्य की टीका के समस्त स्वर-व्यञ्जनों के महागान में स्वयं ही बज उठे। ज्ञान की अमृत-मयी आलोक राशि से ही वाङ्मय का हिल्लोलित-तरंगित नाद-समुद्र आविर्भूत हुआ और पद्मपाद के मन-नयनों में लहरने लगा। पद्मपाद का मूर्धन्य सहस्त्र दल कमल विकचित हुआ; खुला; प्रस्फुटित हुआ-प्रसन्न इन्दीवर-अरविन्द रूप चिदाकाश में उदित हो गया।

पद्मपाद लिखते जाते और कभी-कभी एक गहन आह भरते- "गुरु-देव! मेरे कृपासिन्धो! दीनबन्धो! मेरे ब्रह्मा, मेरे विष्णु मेरे महेश!" पद्मपाद जैसे देह से बाहर अपनी देह को अवतरण के यंत्र की भाँति पूर्ण कुशलता पूर्वक उपयोग में लेने लगे। वह स्वयं यंत्र की अँगुलियाँ बनते गये। उनकी लेखिनी हाथ का निमित्त हाथ बुद्धि की लेखिनी तथा समूची बुद्धि चित्त के वैराग्य का कीच बन गई जिससे महासरस्वती का दिव्यतम प्रागट्य हुआ हो। अपने चिदाकाश के अन्तिम छोर पर स्थित होकर पद्मपाद सत्य का स्वरूप देखने लगे; सत्य के स्वभाव को समझने लगे और सत्य की प्रकृति को जानने लगे-जगत्? काल की गति-विधि? भव-सत्य का स्वप्न-दर्शन, क्षणिक किन्तु अनिर्वचनीय। पद्मपाद को लगा, सत्य ही काल रात्रि में शयन कर रहा है-ब्रह्म की यह परा परात्पर शक्ति, मति, चिति ही सृष्टि के मूलाधार में काल रात्रियों में जीवन की प्रगाढ़ निद्रा में लीढ़ सो रही हैं और उसके उन्मीलित नयनों से प्रलय का अगाध तमार्णव उद्भूत हो रहा है। ब्रह्म की रात्रि का अकथनीय और अनिर्वचनीय यह अनन्त अगाध है-तम है-अज्ञान तथा उसी में सहस्र दल, ज्योति ज्योति-ज्योतिर्मय कमल पर विराजमान सरस्वती-स्वरूपा सच्चिदानंद अभिराम ज्ञान की देवता सृष्टि, स्थिति, प्रलय तथा ब्रह्म के दिवस तथा रात का लीढ़ शुद्ध-बुद्ध संगीत गा रही है- वीणा-झंकार द्वारा तम के उस अपूर्व-पूर्व अदृष्ट-दृष्ट महा अर्णव के अनादि असीम में

एक सद्-सत्य का भास कोटि सूर्यों के प्रकाश से भी प्रकाशवान भास स्वयं ही आविर्भूत होकर भरता जा रहा है। पद्मपाद को लगा, स्वर-व्यञ्जन के सम्पूर्ण सार्थक बोधमय वाङ्मय में ही सृष्टि समाई हुई है; स्थिति बस रही है और प्रलयों का महाप्रलय लीन है, स्वयं मूर्च्छित। पद्मपाद पश्यन्ती से परा और परा से वैखरीवत् होकर अपने ही चिदाकाश से पञ्चपदी के अन्तर्ध्यान वाक्यों का आह्वाहन करने लगे और अपने अहम् द्वारा उनको चित्त में भावित कर बुद्धि की आकृति में सरका कर अँगुलियों द्वारा ताड़पत्रों पर लिखने लगे। पद्मपाद जैसे स्वयं वाङ्मय के स्वयं प्रेरित, स्वयं प्रचोदित, स्वयं जाग्रत्-व्यक्त-प्रगट अक्षर हो गये।

तभी आचार्य शंकर ने कक्ष के द्वार पर आकर समाधिस्थ किन्तु जाग्रत ताड़पत्रों पर अविराम लिखते हुए पद्मपाद को जी भर कर देखा-निहारा और मन ही मन कहा- "आर्त आत्मन्! सभी आर्तियाँ दूर हों-यह शेष भव-रोग मिट जाय। पद्मपाद! तुझे प्रभु दर्शन दें- अवश्य ही। यही तो।"

17

पद्मपाद पञ्चपदी ध्यानस्थ एकाग्रचित्त होकर लिखते और आचार्य शंकर अपने उन्मीलित अगाध नयनों में डूब कर पद्मपाद के चिद्घन को उद्रेकित करते। गुरु उन्मीलित नयन और शिष्य ध्यानस्थ समाधिस्थ सा। पञ्चपदी का यह आश्चर्यजनक अवतरण हो रहा है। यह समाचार गगन के गगन पार कर तथा व्योम-व्योम भेदकर समस्त दक्षिणावृत में फैल गया। पञ्चपदी, उसकी स्वाहा-मातुल श्री के धाम का जलना - एक वार्ता हो गये, विलक्षण वार्ता जो ग्राम्य-ग्राम्य वनकन्या सी घूमने लगी। कुमारिल्ल भट्ट का पर्वतारोहण, अग्निदाह, मंडन मिश्र का शास्त्रार्थ, राजा अमरुक के शव में आचार्य शंकर का प्रवेश, उभय भारती का देह त्याग तथा स्वयं आचार्य शंकर की स्वनाम धन्य मातु श्री का मरण-महोत्सव कन्या कुमारी से हिमालय तक, समुद्र के सभी ओर-छोर को छूकर परिव्राजक कहानियाँ हो गईं। पञ्चपदी का यों आश्चर्य प्रणीत अवतरण हो रहा है, सुन कर श्री शैल पर्वत पर क्रचक्र दांत पीसने लगा; चण्ड भैवर चुप रह गये और काल भैरव ने अट्टहास्य हँसना आरंभ किया। बौद्ध कुलपति आचार्य तथा स्थविर इसको एक गढ़ी हुई रहस्यात्मक गाथा ही मानने लगे और जिनि इसको स्वीकार करने को तैयार नहीं हुए। पण्डित प्रभाकर श्री गुरो ने अपने आश्रम अपने धाम में मौन ही साध लिया तथा नीलकण्ठ ने व्यर्थ ही स्वयं से हुंकार कर सन्तोष मना लिया। मातुल श्री-पण्डित दिवाकर-स्तब्ध रह गये। पार्वती नन्दन को द्रुतगामी रथ में प्रभाकर-आश्रम की ओर दौड़ाया- "जा, पार्वती गुरुजी से कह अब क्या किया जाय? यह सनन्दन, यह आचार्य पद्मपाद! क्या करूं इसका मैं? जा! श्री गुरो को जैसे किसी की भी नहीं पड़ी। हम सिकें; संघर्ष करें- हम मरें। श्री गुरो को अविलम्ब इस जगद्गुरु को शास्त्रार्थ के लिये ललकारना चाहिये। जी, मेरा निवेदन श्री गुरो समक्ष प्रस्तुत कर! सुनता नहीं! वाह रे भट्ट! आँखें फाड़-फाड़ कर क्या देख रहा है?"

"आप श्री को!" पार्वती नन्दन ने अवाक् सा कहा।

"मुझे? क्या मैं श्वान हूं, जो भौंकता रहता हूं?" मातुल गर्जे- "क्या मैं हाथी हूं, चिंघाड़ता रहता हूं-उल्लू हूं? एं?"

पार्वतीनन्दन ने शान्त स्वर में कहा- "आप आप हैं, मातुलश्री।"

"तात्पर्य्य?" मातुल श्री ने पार्वतीनन्दन की बाँह पकड़कर उसको श्री गुरो रथ की ओर धकेलते हुए पूछा।

"श्री गुरो का शिष्य हो तो आप सा हो। सेवक हो तो आप सा हो। प्रतिनिधि प्रस्तोता हो तो आप सा हो। कुमारिल्ल भट्ट के सभी शिष्यों को आपने हरा दिया है अपनी श्री गुरु निष्ठा में।"

मातुल श्री प्रसन्न होते हुए बोले- "सच? किन्तु मैं जानता हूं तुम मोदकप्रिय चाटुकार हो।"

"नहीं तो।" पार्वतीनन्दन ने कहा- "मैं तो श्रीमान् के श्री चरण की रज हूं।"

"नहीं।" मातुल गर्जे- "तू हमारा श्री गुरो धाम का उत्तराधिकारी है। तू ने मेरा साथ दिया है। सनन्दन? गया तो गया-तू ही है अब उसकी जगह। तू ही दक्षिण के श्री गुरोमत का होने वाला हमारा आचार्य।"

पार्वतीनन्दन ने रथ पर बैठते हुए कहा- "आप ही हमारे वन्दनीय आचार्य हैं।"

मातुल श्री हंसे; बोले "अपन सब तो शिष्य हैं; आचार्य तो वह ढीढ़ सनन्दन ही है। आचार्य पद्मपाद! तू जा; श्री गुरो का मौन तोड़ आ-खींच ला श्री गुरो को मीमांसा के इस युद्ध में। यह तो धर्म, जाति, कुल, वंश सब की रक्षार्थ युद्ध है, पार्वती! यह जगद्गुरू आचार शास्त्र को अन्ततोगत्वा नहीं मानता-सब कुछ ब्रह्म जो ठहरा। जीव को ब्रह्म का भास-मात्र मानता है। जीव न आदि है और नहीं अनादि। अज्ञान से आच्छादित ब्रह्म का एक अभिनाट्य है यह जीव। तू-मैं ब्रह्म के अनादि नाटक के पात्र हैं और यह जगत्, ब्रह्म का मायावी रंगमंच। यह जगत रंगभूमि तथा कर्मशील भव संसार एक अभिनाट्य मात्र है। सुना? तब श्री गुरो जीव को शाश्वत अनादि तथा जगत् को यथार्थ मानते हैं। सभी मीमांसकों ने यही देखा है-कहा है। तब यह सनन्दन ब्रह्म सत्यम् जगन्मिथ्या सिद्ध करने चला है- यह सनन्दन विचारों का मूर्ख तथा संस्कृति का मूढ़ है, सुना!"

"जी-जी।" पार्वतीनन्दन ने रथ को हांकते हुए कहा। मातुल थोड़ी देर तक रथ को जाते हुए देखते रहे और स्वयं से ही बोले- "सनन्दन! तू मेरा वैरी है-वैरी!"

श्री गुरो रथ पर शिथिल बैठा हुआ पार्वतीनन्दन स्वयं ही हँसा और वृषभों के नथुनें खींचता हुआ स्वयं से ही बोला- "आश्चर्य है। और क्या?

यह जगत् और उसके जीव आश्चर्य नहीं तो क्या हैं, पार्वती?" झण-झण-झण-झण-झणण रथ के पहियों ने मानो उत्तर दिया- "हाँ, हाँ, आश्चर्य!" पार्वतीनन्दन सोच विचार में पड़ गया, "यह रथ, यह बैल-यह वृक्ष-यह मैं, मेरा देह-आश्चर्य! तब मैं अनादि हूं- नित्य जीव हूं। तब ब्रह्म गौण-चिन्तनीय और जीव, जगत् प्रमुख चिन्तनीय? यही न? आत्मा? सब शास्त्र पढ़े; उपनिषद् भी सुने- आत्मा, परमात्मा, यह ब्रह्म पल्ले नहीं पड़ा- नहीं पड़ता। ज्ञानेन्द्रियों द्वारा तो झट पता लग जाता है, यह काष्ट है; लौह है; सुवर्ण है; रत्न-राशि!" रत्न? पार्वतीनन्दन स्वयं में ही डूबने लगा- हीरे, माणिक्य, नीलम, मोती-पुखराज! वाह! क्या कहने? महाराज राजशेखर की कोमल-कठोर अँगुलियों में जगमगाते हुए हीरों की मुद्रिकायें। वाह! क्या कहने? कण्ठ में नीलम और मोतियों के हार? वाह रे भटु! वक्षस्थल कोटि मुद्राओं का मूल्यवान! एक भी हीरा, एक भी माणिक्य, नीलम, मोती मिल जाय, तो यह संक्रामक दारिद्रय नष्ट हो जाय- दारिद्रय दुःख भयहारिणी क्या तदन्वा? शक्ति? कहाँ है शक्ति-दिखती नहीं। दिखती तो रमणीय कामिनी है। कामिनी! वह गौरी? उस लण्ठ भारती के वियोग में पतली होती जा रही है। पार्वती, तेरी ओर देखती मिल जाती तो गृहस्थी की रोगिणी थी- पिता पार्वतीनन्दन? गौरी मिल जाती तो पुनः गृहस्थी बसा लेता-वह तो मर गई। राजयक्ष्मा की रोगिणी थी-पिता ने थमा दी। क्या करता? तुम क्या करते? पार्वतीनन्दन? मैं क्या ऐसा ही गया- बीता हूं जो सम्पन्न कुलीन, ब्राह्मण परिवार की सुशील, सुन्दर उद्यमी, मनोरमा कन्या मुझे दी ही न जाय कन्या-दान में? वैश्यों की भांति अब ब्राह्मण भी कन्या के रूप-योवन के साथ-साथ धन को पेखने लगे हैं। तो अर्थ न हो, तो ब्राह्मण कुमार ही रहे? सच्चा धन तो पुस्तकें हैं। पिताजी गवाक्ष के गवाक्ष भरकर पोथी-पत्रे छोड़ गये हैं, ऋण और ऊपर से! तब विवाह करना ही पड़ा-भाग्य, पार्वती! प्रारब्ध! आयु, स्त्री, माता-पिता, सन्तान, बन्धु-बान्धव सब प्रारब्धानुसार ही जीव को प्राप्त होते हैं; विधाता!" पार्वतीनन्दन मानो स्तब्ध सा विचार करने लगा-विधाता! क्या, पार्वतीनन्दन? यह विधाता, यह प्रारब्ध, यह संचित कर्म क्या? क्रियमाण तो स्पष्ट समझ में आता है। इच्छा करता हूं-कामना उद्धवित होती है और कर्म में प्रवृत्त होता हूं- मैं क्या, यह इन्द्रियाँ स्वतः ही जैसे प्रवृत्त होने लगती हैं। सांख्य ठीक ही कहता है-मूल प्रवृत्ति इच्छामयी, ज्ञानमयी क्रियाशील है- स्वतः चेतना सम्पन्न, स्वतः स्फूर्त। तब

यह जगद्गुरु कहता है, सब अज्ञान है; माया मिथ्या। मैं मिथ्या हूं-यही न पार्वतीनन्दन! तू मिथ्या!"

प्रत्येक पड़ाव पर पार्वतीनन्दन जैसे आघात खाता रहा। यह जगत् मिथ्या, मैं भास मात्र, भ्रान्ति मात्र। यह भव-संसार एक सम्भ्रम मात्र। वाह! क्या कहा है, जो समझ में नहीं आवे, वह सत्य और जो समझ में आवे, वह मिथ्या। वेदान्तियों! मूर्ख बना रखा है सब को। तब यह तत्व-ज्ञान मिथ्या है? यह यथार्थ ज्ञान मिथ्या है। "मिथ्या!" पार्वती नन्दन स्वतः ही पनघट के पास खड़ा रह कर चिल्लाया- "पनिहारियों, तुम यह पनघट सब मिथ्या हो! हो ही नहीं।"

एक षोडशी ने भवें नचा कर कहा- "कौन कहता है?"

"मैं कहता हूं, मीमांसा-तीर्थ पार्वतीनन्दन, श्रीपुर का पण्डित; पण्डितमन्य।" पार्वती नन्दन ने सहज होते हुए कहा- "ब्रह्म सत्यम् जगन्मिथ्या। वह तुम्हारा श्वसुर जगद्गुरु शंकराचार्य कहता है।"

वयस्का ने घड़ा मांजते हुए कहा- "अपना मार्ग पकड़ो, समझे!"

पार्वतीनन्दन ने हंसते हुए कहा- "मार्ग पर ही तो हूं। श्री गुरो प्रभाकर के धाम जा रहा हूं- वह मतिमान् शंकराचार्य को ललकारेंगे।"

षोडशी ने मुस्कराते हुए कहा- "उभय भारती के आचार्य गुरु? वह युवा संन्यासी? उग्र भैरव जिनको मारना चाहता था और उस पद्मपाद ने वैसा नहीं होने दिया। पिताजी ने मुझे सब बता रखा है।"

पार्वतीनन्दन- "हां! वही, शंकर-शंकराचार्य। भद्रे! वह बड़ा ही ऐन्द्रजालिक है- सिद्ध है, योगी। श्रीशैल का क्रचक्र जगद्गुरु शंकराचार्य नाम सुनते ही थर्रा उठता है। आकाश मार्ग से गमन कर सकता है यह शंकराचार्य-अष्ट सिद्धियां उसकी चेरी हैं।"

वयस्का ने सस्मित पूछा- "और नवनिधि?"

पार्वतीनन्दन ने सिर धुनाया; कहा- "वह तो राज राजेश्वरों की वामांगिनी है।"

वयस्का ने घड़ा भरते हुए कहा- "यह पुर शाक्तों का पुर है। हम सब भद्रकाली की उपासक हैं, समझे पथिक! चलते बनो।"

"अन्यथा?" पार्वतीनन्दन ने पूछा।

"अन्यथा कर्णपिशाचिनी।" वयस्का ने कहा- "तुम कोई छैले प्रतीत होते हो। जाओ, अन्यथा पुरुषों को पुकारती हूं।"

“नहीं, नहीं माते!” पार्वती नन्दन ने नमन करते हुए कहा- “यह चला। शक्ति स्वरूपा माते! आपके दर्शन हो गये- किन्तु क्या यह जगत, जीव सब मिथ्या है? सपना है?”

षोडशी ने कहा- “ब्राह्मण! इन सन्यासी योगियों की बातों में मत जाओ, पाठशाला चलाओ, यज्ञ-याग करवाओ; शास्त्र पढ़ो-शास्त्रार्थ करो और सनातन धर्म को पालो।”

“सनातन धर्म! श्री गुरो! जय हो!” पार्वतीनन्दन ने कहा और कुछ दूर खड़े रथ की ओर त्वरा से चला। शान्तम् पापम्-क्या विडम्बना है? षोडशियों तथा वयस्काओं से ताड़ित होना पड़ा है। तेरा ब्रह्म तेज क्या हुआ? क्या मैं वैदिक सनातन धर्मी ब्राह्मण नहीं हूं- भू-सुर नहीं हूं तो क्या हुआ- ब्राह्मण, पण्डित तो हूं। दक्षिण के गुरोधाम का सेवक धुरन्धर मातुल श्री का शिष्य सेवक। पार्वतीनन्दन रथ हांकते हुए अनायास ही अपना स्व चिन्तन करने लगा। रथ के पहियों की रण-झण झणण उसके कानों में रणझण कर उसमें एक लहर सी उत्पन्न करती और वह अपने मूलाधार में तनिक उभर स्वाधिष्ठान में कुनमुना उठता। वह जैसे मूलाधार से रस्सी तुड़ाकर स्वाधिष्ठान की आर्द्र प्रियता में डूबना चाहता था। स्त्री-स्त्री उसको कर्षित करती और नहीं भी करती। उसको रूप जैसे लुभाता और नहीं भी लुभाता। वह तो यही चाहता था- श्री गुरो धाम उसका हो जाय। यह मातुल निस्संतान ही एक दिवस इस संसार से अदृश्य हो जायगा। क्या व्यक्ति है यह मातुल भी? कभी पण्डित, कभी धर्म-नियामक, कभी क्रुद्ध मति, कभी आचार्य, कभी शिष्य और कभी आततायी। अवश्य यह मातुल दुर्वासा की पंक्ति में हैं। मातुल श्री का गोत्र निस्संदेह दुर्वासा ऋषि का ही गोत्र है- होना चाहिये; हां होना ही चाहिये। कितना क्रोध है इस मातुल में? बुद्धि का ब्राह्मण और चित्त का चाण्डाल यह भू-सुर है, और क्या? झण-झण-झण-झणण-रणण-चल मेरे भटु! वह रहा महामहिम प्रभाकर मुनिवर का धाम, वह आम्रकुञ्जों के परे- वह रहा। दौड़ों, मुझ शिव के नन्दियों! दौड़ो अवश्य, मैं तुम वृषभों के लिये शिव रूप हूं। मैं तुम्हारा शंकर तुम मेरे नन्दी। श्री गुरो धाम कैलाश-अपना कैलाश। किन्तु पार्वती? पार्वती-सती चली गई है, नन्दियों। श्वसुर का दक्ष यज्ञ भंग कर चली गई। अर्थात् देह त्याग दिया और मैं विधुर, बम्ब भोले।

बम्ब भोले! हर हर शम्भो! जय शंकर! पार्वती-नन्दन के मन में एक धुन जमने लगी। शाक्त! कौल-अघोरी! चण्ड भैरव, काल भैरव! श्मशान!

चिता-शव? शिव शम्भो! उद्धार कर, बचा, भोला नाथ! वह श्री शैल का जीवन्त महाप्रेत सा क्रचक्र! शान्तम् पापम्! इन लोगों को भय नहीं लगता। अर्ध-दग्ध चिता के पास सद्य-दग्ध शव की छाती पर बैठ कर क्रीं-हूं-क्रीं, हीं, हीं जाप करना। मद्य? हां, मद्य-यह तो राजा-महाराजा, क्षत्रिय मात्र पीता है। माध्वी कादम्ब सुरा। वाह रे भट्ट! भगवान धनवन्तरि ने तो संजीवनी-सुरा निकाली है। यह देवताओं का अमृत है क्या? दिव्य सुरा है पार्वती? परन्तु यह रक्त, मांस, मज्जा-मल-मूत्र शिव-शिव। निश्चय ही गये जन्मों में कुछ पुण्य कर्म किये हैं, तभी तो ब्राह्मण कुल में जन्मा हूं। शास्त्र स्पष्ट ही कहते हैं; मानव योनि में जन्म करोड़ों जन्मों के पुण्य-बल से मिलता है और उसमें भी ब्राह्मण भव पाना! क्या कहने हैं, जीव तेरे? कल्प कल्पों के सुकर्म पुण्य तथा श्रेय-यह भगवान् का आशीर्वाद ही मानव-योनि में ब्राह्मण भव मिलना। देखा नहीं, पार्वती? क्रुद्ध आततायी, द्वेषी और हेय मनस्वी इस ब्राह्मण को महाराज ने क्षमा कर दिया; यती ने अभय दिया-योगी ने मौन मुसकरा दिया। ब्राह्मण भव जीना सभी वर्णों और आश्रमों का तप है। यह ब्राह्मण क्या यों ही भू-सुर, देवता कहा जाता है। ब्राह्मण को शाश्वत उद्भव करने होते हैं; शास्त्र पढ़ने-पढ़ाने पड़ते हैं। तपस्वी जीवन जीते हुए विद्यादान करना होता है-वेद वेदांग, उपनिषद् सब याद रखने पड़ते हैं। यज्ञ-याग की सूक्ष्मातिसूक्ष्म विधि जाननी और करनी पड़ती है। इन विधियों में उत्तर-क्रिया तथा पिण्ड दान की विधि? अत्यंत दुरूह परा तथा सूक्ष्म है। देह त्याग के बाद संभ्रमित जीव का मोह भंग करना तथा उसको प्रेतावस्था से मुक्त कर अपने दिव्य मार्ग पर धकेलना-वाह रे भट्ट! निस्संदेह यह ब्राह्मण का अद्वितीय परा पुरुषार्थ है। मृत्यु? शव? जीव? गति? तब मुझको भी देह त्यागना ही होगा- यह देह शव हो जायगा एक दिवस? और तब मेरे लिये भी उत्तर क्रिया होगी, पिण्ड दान होगा? किन्तु कौन करेगा? निःसंतान हूं- निपूत हूं। पत्नी हो तो सन्तान उत्पन्न हो। नपुंसक थोड़ा ही हूं- पुंसक हूं मैं पार्वतीनन्दन! तब गति का क्या होगा? पार्वती! मरने के बाद तेरी गति का क्या होगा? क्यों पुण्य कर्म, सात्विक कर्म हैं जो! पूत न सही; पिण्डदान न सही- मेरे तपस्वी कर्म ही मेरी गति का विधान कर देंगे- अवश्य। सांख्यों की मूल प्रकृति स्वयं ही जगत् तथा जीव का सृजन विधान-अभिव्यक्ति नहीं करती क्या? सांख्य जगद्गुरु का ब्रह्म

नहीं मानते। चैतन्य आत्मा सच्चिदानंद की इनको गतागम तक नहीं है। आत्मा, चैतन्य आत्मा! पार्वती, तू देह ही है क्या? देही, शरीरी-क्षेत्रज्ञ? इन शब्दों का अर्थ तो समझ में आ जाता है- अनुभव नहीं होता। ध्यान में बैठता हूं तो रंगों के बादल ही बादल उठते रहते हैं। नयनों को रूप ही रूप दिखते हैं; षट्रस चाहिये जिव्हा को; सुगन्ध चाहिये नासिका को और संगीत-नूपुर की रुनझुन चाहिये कानों को। पार्वतीनन्दन, यह ज्ञान नहीं है तो क्या है? यह आत्मा नहीं तो क्या है? मैं हूं- यही तो आत्मा है। परमात्मा? होगा-परमात्मा की यह जगत जाने और जीव जाने जगत की। हां; परमात्मा किसे चाहिये? योगियों को, भक्तों को। जीव को तो जगत चाहिये; सुख-अधिक सुख-परम् सुख चाहिये-स्वर्ग!

स्वर्ग? द्रुत गति से चलते हुए, प्रायः दौड़ते हुए रथ में पार्वतीनन्दन मन ही मन हुमुस उठा- स्वर्ग? अप्सरियां? देवता-इन्द्र? इन्द्रासन, उच्चेश्रवा, ऐरावत! आह! क्या सुख होगा स्वर्ग का? वाह रे भटु देवता! स्वर्ग का सुख भोग रहे हो? और यहां मृत्यु लोक में आधि, व्याधि, उपाधि, जन्म-मरण। सुख? जीव के लिये भ्रम ही तो है। दुःख ही दुःख है रे पार्वती। इस जगत में सुख है कहां? सुख वह जो कभी घटे नहीं-बढ़े ही बढ़े। परन्तु यह सुख तो घट ही जाता है। गौरी को देखने का सुख और अब उसके ठुकराने का दुःख तथा उसकी याद की यह यातना। पार्वतीनन्दन! तू दुर्भागी है-दरिद्री है, और क्या? हां, तू जन्म का दुर्भागी है; दुःखी है, दरिद्र है और क्या? ब्राह्मण है तो स्वयं को भू-सुर कह ले। भूमि का सुख तो यह राजा राजशेखर उठाता है। इस पृथिवी का वह पति है- पति ही तो पत्नी का सुख भोगता है। गृहस्थ तो जीवन की आधि, व्याधि तथा उपाधि में ही विधाता द्वारा प्रदत्त स्वांस भरता रहता है- प्रारब्ध का अभियुक्त है, जीव, इस लोकालय में। इस मृत्युलोक में आदर्श के लिये तपते रहो; सिद्धान्त के लिये बुद्धि के पहलवान बनो; सम्पत्ति के लिये न्यायाधिकरण के द्वार पर खड़े रहो। सत्व के लिये संघर्ष करो और अपने कुटुम्ब के भरण-पोषण तथा धारण के लिये प्रथम अश्व, द्वितीय वृषभ, तृतीय उष्ट्र, चतुर्थ हस्ती और पञ्चम गर्दभ बनते जाओ। गर्दभ? यह क्यों वृद्ध आप्त पुरुष-अनुभवी ब्रह्मा का गर्दभ ही तो है, गृहस्थी का वृषभ, समष्टि का हाथी, शास्त्रार्थी का ऊंट तथा संस्कृति का अश्व ही तो है। वाह रे मेरे भटु! क्या कहा है- यह है पार्वतीनन्दन तेरी पञ्चपदी। क्या उत्तर है इन पञ्च पशुपादों का? कोई उत्तर नहीं-नहीं।

उत्तर है तो वह मैं हूं। वाह! क्या दर्शन उद्भूत हुआ है तेरी बुद्धि से? और यह मातुल श्री मुझे ब्राह्मणों में शूद्र मानते हैं। उंह्। मैं शूद्र तो तुम क्या हो, मातुल, ब्राह्मणों में? चाण्डाल।

'चाण्डाल।' पार्वती चपका गया; हठात् भीत सा वह स्तब्ध सा होकर मूक हो गया। उसको लगा, गगन मण्डल में मुग्दल हुए मातुल घुमाते मातुल सूक्ष्म शरीर में चल रहे हैं। ऐं? हैं? मातुल? नहीं नहीं यह-यह तो क्रचक्र है-क्रचक्र। किन्तु क्रचक्र तो श्री शैल की उपत्यका में बन्दी है। बन्दी? क्रचक्र। उसका पार्थिव देह बन्दी है- सूक्ष्म नहीं। तब पार्थिव, सूक्ष्म और कारण शरीर हैं-हैं; अवश्य हैं? अन्यथा?, अन्यथा? धररर् धररर् रणण झणण रथ दौड़ता हुआ बढ़ा और प्रभाकर के आश्रम के प्रवेश द्वार पर धक्का खाकर रुक गया। झण झण! ध्वनि हुई और पार्वतीनन्दन जाग्रत हुआ- "ऐं? आश्रम आ गया। धन्य हो मेरे नन्दियों। द्रुत गति से, वायु वेग से मुझको यहां ला पहुंचाया-सात दिन का समय दिया है, उस चाण्डाल ने-चुप! उस मनीषी मातुल ने आने-जाने के लिये तथा प्रभाकर देव से वार्ता करने के लिये सात दिवस और छः रात्रियां प्रदान की हैं। ब्राह्मण-दूत को यों समय से जकड़ना? ब्राह्मणत्व के प्रति अपराध है। ब्राह्मण सोच में, विचार में, शास्त्रार्थ तथा वार्ता में उन्मुक्त है; अबाधित है- स्वाधीन है, स्वतंत्र। रथ से कूदकर नीचे उतर पड़ते हुए पार्वतीनन्दन ने एक आगन्तुक ब्रह्मचारी से पूछा- "श्री गुरो हैं?"

ब्रह्मचारी ने दाढ़ी के खौंटे स्पर्श करते हुए कहा- "श्री गुरो?"

"प्रभाकर मीमांसा तीर्थ।" पार्वतीनन्दन ने कहा- "श्री गुरो? जैसे श्री गुरो को तुम जानते ही नहीं। सारा भारत वर्ष प्रभाकर मीमांसा तीर्थ को श्री गुरो कहता है, सुना!"'

ब्रह्मचारी ने सस्मित कहा- "हम तो गुरुजी प्रभाकरजी को ही जानते हैं। वह तो नित्य ही अपने धाम में हैं। वह तो पढ़ते हैं; पढ़ाते हैं; चिन्तन और मनन में मगन रहते हैं। अन्य मीमांसक मनीषियों की भाँति गुरुजी वाचाल नहीं हैं-मूक उपासक हैं सरस्वती के।"

पार्वतीनन्दन- "यह हमें ज्ञात है, ब्रह्मचारी। गुरुजी से कहो, दक्षिण के उनके पट्टशिष्य पण्डित दिवाकर मातुल श्री का सेवक पार्वतीनन्दन अत्यावश्यक वार्ता के लिये उपस्थित हुआ है। तत्काल सानिध्य चाहता है।"

ब्रह्मचारी ने हँसते हुए कहा- "यह पण्डित मनीषी प्रभाकर मीमांसा तीर्थ का धाम है, आश्रम। कोई राज भवन नहीं है-चले जाओ। यहाँ स्नेह से आओ;

निःशंक होकर जाओ, श्रद्धा से आओ; निष्ठा पूर्वक बैठो और निःशंक होकर जाओ।"

"वाह रे भटु!" पार्वती नन्दन ने कहा- "क्या कहा है! गृहस्थाश्रम में तुमको मनोरमा पत्नी मिले!"

ब्रह्मचारी थमा; हँसते हुए बोला- "मनोरमा पत्नी? मुझे मिले? किन्तु यहाँ विवाह करना ही किसे है?"

"क्यों?" ब्रह्मचारी के साथ हो लेते हुए पार्वतीनन्दन ने पूछा- "विवाह नहीं करोगे? गृहस्थ-धर्म का धारण-पालन नहीं करोगे? तो वानप्रस्थ कैसे होओगे?"

ब्रह्मचारी ने कहा-"आश्रमों के यह ठहराव व्यर्थ हैं। वर्ण? हैं तो किन्तु मैं तो परिव्राजक भिक्षुक होना चाहता हूं! गृहस्थाश्रम के दायित्व कौन उठाये? विवाह करो; सन्तानोत्पत्ति करो; जाति तथा समाज के प्रति कर्त्तव्य करो! सभी ऋण उतारो और अन्त में जाकर वानप्रस्थी साधु बन जाओ; इससे तो अच्छा यही है कि परिव्राजक लोक शिक्षक बन जाओ!"

"सनातन वैदिक वर्णाश्रम धर्म में तुम्हारी श्रद्धा तब नहीं है?" पार्वतीनन्दन ने पूछा!

ब्रह्मचारी हँसा; बोला- "सभी वर्ण एक साथ जीये जायें; सभी आश्रम एक साथ चरें जायें- यह है मेरा नव्य वेदान्त, नव्य मीमांसा! मैं मानवों की समता में मानता हूं- यह वर्ण भेद अन्ततोगत्वा है क्या? अन्त में तो मैं हूं-अहम् ब्रह्मास्मि!"

"प्रभाकर देव क्या कहते हैं?" पार्वती ने सहमते हुए पूछा।

"जीव और जगत्, शास्त्र तथा स्मृति-धर्म-अधर्म। और क्या कहते हैं गुरुजी? गुरुजी से पूछा ब्रह्म है? तो मौन पा लेंगे। गुरुजी से पूछा ईश्वर है? तो मूक हो जायेंगे किन्तु गुरुजी से पूछो पदार्थ क्या है, कितने हैं तो अनवरत व्याख्यान आरंभ कर देंगे। गुरुजी के लिये जीव कहाँ है? जगत् कहाँ है? गुरुजी के लिये तो तत्त्व हैं; पदार्थ हैं- पदार्थ के गुण धर्म हैं। यह गुरु बुद्धि का प्रखर प्रतिभा का पूर्णेन्दु तथा जीवन का मौन उपासक है। हम दस बार पूछते हैं, तो ग्यारहवीं बार बताते हैं!"

"धन्य हो तुम और तुम्हारे गुरुजी।" पार्वती बोला- "मेरे आचार्य तो स्वप्न में भी शास्त्रार्थ करते रहते हैं, प्रचण्ड क्रोधी और शिष्य तथा सेवक के कन्धों पर अहर्निशि चढ़े रहते हैं-इच्छा पूर्ति करो; आज्ञा मानो- सेवकाई करो। मातुल श्री हमें भृत्य मानते हैं।"

"भृत्य" ब्रह्मचारी ने कहा- "आचार्य के भृत्य होता है क्या?"

"नहीं होता; किन्तु पण्डित दिवाकर मातुल श्री तीन लोक से मथुरा न्यारी है- वह स्वयं को स्वामी तथा शिष्य को सेवक मानते हैं-अरे अपनी धर्मपत्नी को दासी मानते हैं। कुटुम्बियों को कनिष्ठ बन्धु मानते हैं। सभी पण्डित दिवाकर मातुल श्री के लिये दास हैं; सेवक-भृत्य हैं!"

ब्रह्मचारी ने ऊर्ध्व श्वास लेकर कहा- "हमारे ये गुरु तो हमें स्वाधीन चेता अस्मितावान् ब्रह्मचारी ही मान कर चलते हैं। प्रभाकर तीर्थ के सानिध्य में हम निर्भय तथा निःशंक बने रहते हैं। यह आश्रम स्वावलम्बी तथा संयत संभृत है। यहाँ केवल विद्या का सम्बन्ध, शास्त्र का भोजन और स्मृतियों का ही व्यसन है।"

"स्मृतियों का व्यसन?" पार्वती नन्दन ने भवें उझकाते हुए पूछा

ब्रह्मचारी ने प्रभाकर तीर्थ के धाम की ओर मुड़ते हुए कहा- "शास्त्रों को बुद्धि को आरोग्य प्रदान करने वाला भोजन तथा स्मृतियों का नित्य परायण, महान स्कन्द स्वरूप मीमांसा-महर्षियों की कृतियों का अध्ययन- अध्यापन यह सूर्योदय से सन्ध्या काल तक एक नित्य नियमित अविच्छिन्न कर्म है यहाँ! क्या यह विद्या-व्यसन नहीं है? गुरुजी कहते हैं, सोचो-विचारो, चिन्तन करो, श्रवण करो और मनन करो। तत्व ही यथार्थ सत्य है; स्वयं दिखेगा!"

धाम के द्वार पर पहुंच कर ब्रह्मचारी ने कहा- "कोई दर्शनार्थ आया है... गुरुजी!" अपने आसन पर अचल से बैठी हुई एक प्रौढ़ ताम्रवर्णी मूर्ति ने सुन लिया; न वह हिली-डुली और नहीं उसकी एक पलक भी अपलक हुई। ब्रह्मचारी ने इंगित किया- "अन्दर जाकर चुपचाप बैठ जाओ।"

"मैं पूर्व में भी आया था तब गुरुजी उद्यान में घूम रहे थे।" पार्वती फुसफुसाया!

"पर आज तो ध्यानस्थ हैं- मनन-मूढ हैं, गुरुजी!" ब्रह्मचारी ने कहा- "अध्ययन मनन में डूब कर गुरुजी मूर्ति ही हो जाते हैं! ढोल बजाओ तब भी नहीं सुनेंगे। अच्छा, हम चल दिये। कूप से जल खींचेंगे और नहायेंगे-ब्रह्म मुहूर्त में नहाना तपस्या है; किन्तु मध्याह्न का यह स्नान देह के लिये आल्हाद है। आप श्री अन्दर-"

पार्वतीनन्दन दबे पाँव अन्दर हुआ; खड़ा रहा। विस्फारित नयनों से देखता हुआ वह ऊर्ध्व श्वास भरकर बोला- "प्रणाम, श्रीमन्।"

अध्ययन-रत प्रभाकर तीर्थ ने तनिक सिर हिलाया!

पार्वतीनन्दन ने देखा गुरुजी प्रभाकर सदैव की भाँति उन्मुक्त स्वलीन और अध्ययन-लीढ़ बैठे हुये हैं- जैसे वह यों इस प्रकार सदैव बैठे ही रहते हैं। प्रभाकर जैसे हिलते नहीं; डुलते नहीं-चलते नहीं। वह जैसे अचल आसन हैं- व्यासपीठ हैं। वही शस्य-श्यामल पञ्चकेशी, वही भुरभुरी भरी-भारी सी शिखा और वही लीसी-लहोटा दाढ़ी। प्रभाकर जैसे शरीर में जाग्रत ध्यानस्थ तथा लव-लीन थे। धाम एक निश्चय की वृत्ति की ऊहापोह से भरा था। पार्वती-नन्दन को लगा, यहाँ सभी प्रश्न जैसे स्वयं उत्तर देते हैं, समस्यायें निर्वस्त्र होती हैं और रहस्यों का स्वयं ही घट स्फोट होता है। इस मौन, उन्मुक्त शान्त प्रशान्त मगन धाम में सभी जैसे बुद्धि के दीपक हों; जुगनु हों- जगमगाते हुए पोत हों। पार्वतीनन्दन को लगा, प्रभाकर स्वयं ही शास्त्र हैं; शास्त्रार्थ तथा वाङ्मय का वहिन प्रज्वलित यज्ञ हैं-प्रभाकर! श्री गुरो! वह मन ही मन पुनः प्रणाम कर बोला- "श्री गुरो, श्रीमद्!"

प्रभाकर तीर्थ सहसा जागे; चमके, चिहुंके- "कहो, क्या प्रतिज्ञा है, पार्वतीनन्दन जी?"

"प्रतिज्ञा?" पार्वतीनन्दन ने प्रणाम पूर्वक कहा- "नहीं, स्वामिन्! इस सेवक को मातुल श्री ने भेजा है..."

"सन्देश लेकर आये हो?" प्रभाकर ने पूछा- "पण्डित दिवाकर से कह दो- हम शास्त्रार्थ नहीं करते।"

"जगद्गुरु से शास्त्रार्थ।" पार्वतीनन्दन बोला- "आवश्यक है- अनिवार्य"

"क्यों? इस जगत् में सभी कुछ आवश्यक है; अनिवार्य है; किन्तु अपरिहार्य कुछ भी नहीं है।" प्रभाकर तीर्थ की शान्त मगन आँखों ने जैसे कहा- "शास्त्रार्थ और वह भी उस युवा-संन्यासी शंकर से? उसको अपनी वेदान्त डिमडिम बजाने दो। वेदान्त मुनियों और ऋषियों के उद्गारों के मेघों से भरा आकाश है और मीमांसा? पृथिवी-धरती।"

"किन्तु स्वामिन्! नीलकण्ठ श्री भास्कराचार्य, अभिनव गुप्त, जैनाचार्य, सुरि तथा बौद्ध कुलपतिगण सभी चाहते हैं कि आपश्री शंकराचार्य को ललकारें।" पार्वतीनन्दन ने कहा।

"ललकारुं? मैं? किसे?" प्रभाकर तीर्थ ने कहा- "मण्डन मिश्रजी ने क्या कम ललकारा है इस अद्भूत युवा-संन्यासी को? श्री शैल का महातांत्रिक क्रचक्र तो हाथ धोकर पीछे पड़ा है। कौन बचा है, जो शंकराचार्य को वेद और वाणी से पराजित करना नहीं चाहता? किन्तु मेरा प्रश्न है क्या शंकराचार्य को

हराना अनिवार्य है? तत्त्वदर्शी न हारता है और नहीं जीतता है-वह तो देखता है, तत्वं पश्यन्ति, भवान्!"

"तत्वं पश्यन्ति?" पार्वतीनन्दन चिहुंका।

"हाँ, तत्वं पश्यन्ति।" प्रभाकर तीर्थ ने मुलुकते हुए कहा- "बुद्धि से पदार्थ तौलते हुए अब जैसे ऊब गया हूं; विचार से प्रमाणित करते हुए थक गया हूं। इस जगत् को लेकर मैं जैसे सोचना नहीं चाहता, विचारना नहीं चाहता। मैं अन्तःकरण की आँखों से जगत् को देखना चाहता हूं किन्तु आपको पता है? सत्य को धीर ही देख सकते हैं- पश्यन्ति धीराः।"

"किन्तु स्वामिन्!" पार्वती फुसफुसाया।

"किन्तु परन्तु कुछ नहीं। निश्चित, अभिनिश्चित।" प्रभाकर देव ने कहा।

"उस आचार्य पद्मपाद ने पञ्चपदी का पुनः आलेखन करना आरंभ किया है। मातुल ने तो उसको यज्ञ का हव्य बना कर स्वाहा कर दिया था-" पार्वतीनन्दन ने कहा।

"क्या?" प्रभाकर तीर्थ उठ खड़े हुए- "दिवाकर ने पुस्तक यज्ञ में आहूत कर दी थी? पुस्तक अग्नि ज्वालाओं को? नहीं, हमें यह कार्य स्वीकार्य नहीं है। जाओ दिवाकर को कह देना, उसके धाम से इस आश्रम का अब कोई लगाव नहीं रहेगा। हम विचार-स्वातन्त्र्य को मानते हैं; हम स्वाधीन चेता अस्मिता का मूल्य समझते हैं। यह शाश्वत अनादि जीव बर्बर नहीं है; क्रूर नहीं है- संकीर्ण अनुदार तथा असभ्य एवं असंस्कृत नहीं है। जीव सद्गुणों का मूल है; सद्भावनाओं का अगाध स्रोत है-इस पृथिवी को मानव, मानव से सुर और सुर से महामानव ही चाहिये। मण्डन मिश्र जगत् का अन्तिम इष्ट देवता सुर मानते थे। मैं इस जगत् का अन्तिम इष्ट महा-मानव मानता हूं- मंगल मूर्ति कल्याणकामी तथा शान्ति और अभय की खानि मानव, जो देवता होगा; सुर होगा- जो ब्रह्मा, विष्णु तथा महेश भी होगा। वह जगत् का अभियुक्त तथा भोक्ता नहीं होगा-दिव्य-भव्य मानव होगा-महिमामय, महिम मानव।"

"किन्तु स्वामिन्!"

प्रभाकर तीर्थ ने शान्त अगाध दृष्टि में चिन्तित तथा हठात् से पार्वतीनन्दन को भरा और कहा- "शंकराचार्य एक महामानव हैं, हमारे लिये यही यथेष्ट है। मैं शंकराचार्य की वेदान्त-डिमडिम से चिन्तित नहीं हूं- मुझे इस सृष्टि की सहज स्वाभाविक धार्मिकता का जैसे प्रत्यक्ष होने लगा है- मैं

जगत् को उसके गहन दिव्य भव्य अन्तराल सहित देखना चाहता हूं- पदार्थ का अन्तरंग अवाक कर देता है; किन्तु अन्तराल मौन कर देता है-महर्षि कपिल ने जगत् मूल प्रकृति के अन्तराल को देख लिया था; अवश्य जान लिया था। मैं पदार्थ को जानता हूं किन्तु उसके अधिष्ठान को नहीं। मैं जगत् के मूल कारण को देखूंगा-देख रहा हूं।"

"किन्तु मातुल श्री विक्षिप्त से हो गये हैं।" पार्वतीनन्दन ने कहा।

"यह पण्डित दिवाकर का स्वयं का प्रारब्ध है-उनको भोगना ही है।" प्रभाकर ने कहा- "हम बर्बरों को शिष्य स्वीकार नहीं करते। टीका को जला कर दिवाकर ने स्वयं को बर्बर ही प्रमाणित किया है। दैत्य, दानव, असुर जगत् के स्वामी हो सकते हैं, जगत् के शिष्य तथा सेवक नहीं हो सकते। सत्य सुर देखता है; तत्त्व ऋषि देखता है। परम् तत्व की शोध से इस अविराम यात्रा में हमारा तो अभी प्रथमाश्रम भी बीता नहीं है। हम जगत् के ब्रह्मचारी हैं।"

"जगत् के ब्रह्मचारी! सत्युत् श्रीमद्!" पार्वतीनन्दन ने अन्तिम बार कहा- "मातुल श्री स्वयं को पराजित, व्यर्थ, श्रीहीन मानने लगे हैं। वह पद्मपाद से शास्त्रार्थ करना नहीं चाहते।"

"तो शंकराचार्य को ललकारें।" प्रभाकर तीर्थ ने कहा।

"जगद्गुरु का वह मुख तक देखना नहीं चाहते।" पार्वती ने कहा।

"तो दिवाकर निःसंदेह विक्षिप्त हैं। हम चलकर शंकराचार्य के पास शास्त्रार्थ के लिये जा नहीं सकते। हमें सत्य की शोध के लिये किसी के भी सहारे की आवश्यकता नहीं है। मेरे तत्त्व-चिन्तन को किसी से भी भय नहीं है-हो भी नहीं सकता।" प्रभाकर ने हँसते हुए कहा- "हम अभय से भरे मौन तत्त्वदर्शक हैं, पार्वतीनन्दन! जाओ हमें सांख्यों का पुरुष पुकार रहा है।"

ब्रह्मचारी ने कक्ष में आते हुए कहा- "चलिये; गुरुजी ने कह दिया है। गुरुजी को जब सांख्य का पुरुष पुकारता है, तब वह दिवसों तक मौन सोचते रहते हैं।"

प्रभाकर तीर्थ ने विहंसोही दृष्टि से ब्रह्मचारी और पार्वतीनन्दन को देखा- निहारा, सस्मित बोले- "व्यर्थ वार्ता सार्थक विचार-विनिमय नहीं हो सकता। शास्त्रार्थ वह पण्डित करते हैं, जो विद्या बल द्वारा परस्पर हार जीत चाहते हैं। परिणाम? मण्डन मिश्र का जो हाल हुआ-योगियों से संघर्ष नहीं तथा संन्यासियों से शास्त्रार्थ नहीं; शंकराचार्य का वेदान्त-निरूपण आकाश का

निरूपण है। धरती! यह पृथिवी और उसके जीव-यह भव-संसार क्या कम प्रतिज्ञायें हैं? अनन्त विपुल असंख्य इस जगत् के प्रत्येक पदार्थ की समस्या है। भव-संसार की आंधियाँ, व्याधियाँ उपाधियाँ। क्या एक-दो ही हैं? यह जगत् निरन्तर बुद्धि के लिये समस्या है; उलझन है-प्रश्न है और मनुष्य को इसका उत्तर देना ही होता है। मानव ही जैसे जगत् के यथार्थ ज्ञान तथा भव-संसार के धर्म के लिये सोचने, विचारने तथा मनन करने और निश्चय करने के लिये उत्तरदायी है.....''

''किसके प्रति, श्रीमन्?'' ब्रह्मचारी ने पूछा।

''अपनी अन्तरात्मा के प्रति।'' प्रभाकर तीर्थ ने कहा- ''दिवाकर को कहो, शान्त हो जाय और चुप हो जाय। शास्त्रार्थ बक-झक नहीं है, क्रुद्ध घात-प्रतिघात, विचार-विनिमय नहीं है। जगत् का विचार विज्ञान तथा तत्त्व विचार तत्त्व दर्शन।''

''ईश्वर?'' ब्रह्मचारी ने भवों से ही पूछा।

''ईश्वर? नहीं, धर्म-अधर्म, प्रिय!'' प्रभाकर तीर्थ ने कहा- ''इस पृथिवी पर मानव को धर्म ही अभीष्ट है। जीव धर्माधर्म विवेक से ही विभिन्न योनियों में जाता है-भ्रमण करता है। धर्म से देह उत्पन्न होता है; अधर्म से उसका नाश होता है; किन्तु सृष्टि की स्वाभाविक धर्म शक्ति पुनः प्रारब्धानुसार देह-बीज बनाती है। जीव-चेतना देह-जीजिविषा को आयु, जाति तथा भोग भी काल क्रम में विभाजित करती है।''

''मोक्ष? मुक्ति?'' पार्वती ने पूछा।

''वेदान्त की अत्यंत आकर्षक, रहस्य प्रणीत, सार्थक और शून्य यदि कोई वार्ता है तो वह मोक्ष की बात है। क्या यह अविराम अनन्त सृष्टि एक काष्टा के लिये भी मोक्ष चाहती है? सूर्य क्या बुझ जाना चाहता है? चन्द्रमा अदृश्य होना चाहता है; क्या? कौन मोक्ष चाहता है, जीवों में? उद्भिज, कीट, पतंग, पक्षी, पशु-कौन मोक्ष चाहता है? कोई नहीं।'' प्रभाकर सोत्साह बोले- ''केवल मनुष्य मोक्ष की बात करता है, क्या वह इस शक्तिशाली शीलवान् सुन्दर जीवन से मोक्ष चाहता है? तुम पार्वतीनन्दन, मोक्ष चाहते हो क्या?''

''मरना? नहीं तो।'' पार्वती चिहुंका।

ब्रह्मचारी ने तपाक से कहा- ''मरना मोक्ष है क्या? देह जन्मता है, देह मरता है-जीव तो अजर है; अमर है; नित्य चेतनाशील है, ज्ञानमय क्रियामय इच्छित तथा ईप्सित शाश्वत चेतना ही जीव है; है न गुरुजी?''

प्रभाकर तीर्थ ने कहा- "धर्माधर्म का आत्यंतिक नाश हो जाने पर जो शेष निःशेष रूप से रहता है, वह जीव है-जीवात्मा कह लो। जीव की मुक्ति भव-संसार से मुक्ति हो सकती है; किन्तु जगत् से नहीं। इस जगत् की चैतन्य विभूति जीव है। दिवाकर से कहना, हम से मिल ले। शंकराचार्य तो बीस-बाइस वर्ष के वयस्क हैं और मैं तो अब अधेड़ हो चला। मैं जगत् तथा जीव पर सतत् चिन्तन, मनन और श्रवण का तत्व बोध चाहता हूं- यह जगत् अनिश्चित-निश्चित क्षणिक और क्षणातीत अनन्त है। इसके पदार्थों की संख्या का अनुमान किया जा सकता है। इसके गुण-धर्मों का व्याख्यान हो सकता है; किन्तु क्या जगत् के ज्ञान तथा जीवन की विद्याओं का अन्त है? कभी आया है? ऐसा लगता है, प्रत्येक विचार संस्कार धारण करता है और पुनः असंस्कृत होता जाता है-संस्कृत संस्कृति-स्मृति है; यही तो धर्म है। जाओ, निश्चिन्त हो जाओ, बटुकों! यह जगत् अजर है- अमर है, जगत् के हम जीव अजर हैं-अमर हैं। सभी कुछ अनादि है; अथाह है-अनन्त है। सभी कुछ गोविन्दाय नमो नमः है।"

"गोविन्द?" ब्रह्मचारी ने पूछा।

"कर्ता, धाता, भोक्ता जीव-चैतन्य।" प्रभाकर ने मुस्कराते हुए कहा- "यह गोविन्द ही तो जानता है; सोचता-विचारता है-करता है; भोगता है; दिवाकर शास्त्री से कहना हमसे मिलने आवे तो शंकराचार्य के दर्शन करता आवे। टीका जलाने के दोष के लिये आचार्य शंकर से क्षमा-याचना करे। जाओ, यह हमारी इच्छा है, कहना उनसे।"

"जी, श्रीमद्!" पार्वतीनन्दन ने कहा।

प्रभाकर ने पार्वतीनन्दन के विवर्ण मुख को देखा और जैसे कुछ स्मरण हो आया हो, यों कहा- "प्रियंवद, इनको अतिथि शाला में आज ठहरा दो। थके हैं यात्रा श्रम से। सरस्वती पूजन है न? कब?"

"कल, ब्राह्म मुहूर्त से, जब बसन्त की मलयानिल बह उठेगी।" प्रियंवद ने कहा- "यह सरसता चैतन्य है अथवा पदार्थ का गुण-धर्म।"

"जीव को समझो।" प्रभाकर ने कहा- "जीव स्वयं ही जीवन की सरस सुगन्धित सुघड़ मूर्ति है। उसका अन्तःकरण समस्त सृष्टि का अन्तःकरण है। उसकी यह इन्द्रियाँ प्राण, पञ्च भूत-उसका देह धर्म-अधर्म की सृष्टिगत कालगति से उत्पन्न होता रहता है-जन्म-मरण पदार्थ की काल-गति है। अच्छा, तो कल सरस्वती पूजन है। आदित्य देव की छबि सजाना मत

भूलना, शंकर-आदित्य देव। मीमांसा सूत्र का भाष्य स्थापक त्रिकालदर्शी। इन जिनियों ने उस महर्षि को भी नहीं छोड़ा-सताया, प्रियंवद। शबर बन गये सघन अरण्य में गुह्य शरण लिया महर्षि आदित्य ने। शबर-भाष्य! अगाध है, प्रियंवद! मण्डन मिश्र ने मीमांसानुक्रमणी लिखी, विधि विवेक प्रणीत किया- मैंने तो बृहत्त्रयी और लब्धी, यह दो टीकायें ही पूर्ण की हैं; किन्तु शबर भाष्य सदैव के लिये उद्घाटित कर दिया है। पुद्गल! पदार्थ, द्रव्य-गुण-धर्म? इन सब का समाहार सृष्टि की धर्मिता में हो जाता है। यह सृष्टि एक दिव्य धर्म से ही धारित है; लालित-पालित, पुष्ट पोषित है, प्रियंवद! तुम समझो इसे यह रहस्य नहीं है; तथ्य है-तत्व गत तथ्य।”

प्रभाकर सहसा चुप हो गये। उन्होंने धाम की खिड़की से देखा-आश्रम की गायों का ताम्रशील झुण्ड घण्टियों के निनाद में झूलता-झूमता चला आ रहा है। सहसा प्रभाकर बोले- “श्यामा! उसका देह कैसा है? रूग्ण थी न वह गौ? मैं तो विसर गया। पार्वतीनन्दन चलो, तुमको श्यामा तथा लक्ष्मी से मिला लाऊं। गौ हैं; तो क्या हुआ, जीव है यह भी, समझ लो।”

आचार्य प्रभाकर गो धन की ओर जैसे लपके। दिवस हो गये, प्रियंवद! मैं गायों से मिला ही नहीं। सांख्य के चक्कर में पड़ा रहा। महर्षि जैमिनी की द्वादस लक्षणाणी ही मीमांसा-शास्त्र का अविचल आधार है- शंकराचार्य उपनिषदों को आदि शाश्वत ज्ञान-स्रोत मानते हैं न। श्रुति को वेदान्ती अपना आत्यंतिक प्रमाण- आश्रय-मानते आये हैं-तब हम मीमांसक जैमिनी को क्यों न अपने मनस्वी चिन्तन का सम्पूर्ण अवलम्ब स्वीकार करें? स्वयं महर्षि जैमिनी ने अपने पूर्ववर्ती आचार्यों को अपने अध्ययन-निदिध्यासन का अवलम्ब स्वीकार किया है।”

प्रियंवद ने उच्चारण किया- “बादरायण, बदरी, ऐतिशायन, काष्र्णा-जिनि, कांवुकायन, कामुकायन, आत्रेय, आलेखन, आपशील, उपवर्धन, बोधायन तथा भवदास।”

आचार्य प्रभाकर प्रसन्न किलके- “सत्युत्, प्रियंवद। मीमांसा के महान आचार्यों का स्मरण किया करो। आचार्यों को अध्ययन आरंभ करने के पूर्व श्रद्धा सहित स्मरण करो। आचार्य की पुस्तक तो महत्वपूर्ण है ही; किन्तु उनका नाम पुस्तक से भी अधिक महत्वपूर्ण आधारभूत होता है। आचार्य चिरञ्जीवी हैं, ऋषि शाश्वत हैं; मुनि सनातन हैं।”

गोधन विस्तृत उपवन में चरने लगा था। इतः स्ततः प्रत्येक गौ घास के उभारों में अपने नथुने डाल-डाल कर चरने लगीं थीं। कभी-कभी घण्टियाँ

उमंग भरी बज उठती थीं। श्यामा ने जुगाली के लिये सिर उठाया; नथुने गगन में खोले और मन्द हुरहुर के साथ उसने आचार्य प्रभाकर को देखा। मन्द-मन्द सरक आई और आचार्य के पार्श्व में मुँह अड़ा कर खड़ी हो गई। आचार्य प्रभाकर ने श्यामा के सिर पर हाथ फेरा; गल-कम्बल थपथपाते हुए कहा- "कैसी हो, श्यामा?" श्यामा ने अपनी बड़ी-बड़ी शान्त निष्पाप पवित्र आँखे चौड़ी कीं और अर्धोन्मीलित करते हुए रांभी। आचार्य प्रभाकर ने प्रसन्न होते हुए कहा- "प्रियंवद! श्यामा ठीक है-स्वस्थ है।" फिर आचार्य ने सुदूर सी चरती हुई लक्ष्मी की ओर देखा; पुकारा- "लक्ष्मी!" लक्ष्मी नेपूंछ हिलाई; तनिक सिर हिलाया और चरने में मग्न हो गई।

"देखा!" आचार्य प्रभाकर ने लक्ष्मी की ओर जाते हुए कहा- "हमसे रुष्ट है पार्वतीनन्दन, यह लक्ष्मी। लक्ष्मी नाम्ना है न? जीव में यथा नामा तथा गुणा चैतन्य चलता है। श्यामा प्रेम का दूध देती है; लक्ष्मी पृथिवी के ऐश्वर्य का दूध पिलाती है-दोनों दुग्ध अमृत हैं। मानव-जीव के लिये गौ-दुग्ध अमृत है; संजीवनी-समझ लो।" आचार्य प्रभाकर ने लक्ष्मी के पुढ़े सुल्हाते हुए कहा- "क्यों री! हमसे क्या अपराध हुआ है, जो यों रुष्ट हो गई हो। मैं मानव-जीव हूं-ब्राह्मण। तुमको तो दूध देने का अपना धर्म निभाना है; और मुझको? मुझे जगत् तथा जीव के सत्य की शोध करना है। ब्राह्मण का बोझ विद्या है; ब्राह्मण का दायित्व शास्त्र हैं और जीवन की तपस्या, धर्म, सत्य की अनवरत अविराम शोध है। सत्य, पार्वतीनन्दन! बुद्धिगत, बुद्धिजन्य, तर्क प्रणीत तथा तर्क-सम्मत सत्य की विवेक पूर्ण शोध। असतोमा सद्गमय।"

लक्ष्मी सहसा घूमी और आचार्य के सामने सिर झुका कर खड़ी हो गई- आचार्य प्रभाकर हंसे; बोले- "इस भव में अपनी गौ-पशु योनि का धर्म निभा ले, लक्ष्मी! तेरा अगला भव मानुष योनि में होगा। प्रियंवद! उद्भिज, कीट, पतंग पक्षी और पशु-सुर-असुर-देव-दानव सभी को सत्य की शोध के लिये मानव-जन्म धारण करना ही पड़ता है। इस दिव्य भव्य सर्व गर्भा प्रकृति ने मानव को ही सम्पूर्ण-पूर्ण कल्प और प्रलय को जान जाने, समझ लेने वाली बुद्धि, मेधा प्रतिभा प्रदान की है। सत्य जो भी है, जैसा भी है-उसका उद्घाटन मानव बुद्धि द्वारा ही होता है। शास्त्रों का उद्भव किसने किया है? मानव ने। विद्याओं का यह सूक्ष्मातिसूक्ष्म आविर्भाव, यह तंत्र, मंत्र, भैषज तथा अन्न-इनका रहस्य मानव ने ही जाना है, बुद्धि द्वारा समझ लो।"

प्रियंवद को आचार्य के स्वभाव का रहस्य जैसे ज्ञात था; बोला- "वेदान्ती शास्त्र, स्मृति-तर्क किसी को भी सत्य के लिये प्रमाण नहीं मानते।"

“हमें ज्ञात है, वह श्रुति को-ऋषि-कथन को ही परम तत्व के लिये अपौरुषेय प्रमाण मानते हैं तो माना करें। हमारा श्रुति से विरोध नहीं है; मत-सम्मत है। हम श्रुति को उतना ही मानेंगे, जो जगत् तथा जीव के सत्य से संगत हो। इस विज्ञान घन जगत् को मिथ्या कह कर उड़ाया नहीं जा सकता, प्रियंवद! यह भव-संसार भ्रम-अध्यास और यह सृष्टि अज्ञान का विभ्रम कहकर अन्यथा नहीं की जा सकती। क्षणिक, अविराम, सनातन ही सही-अनादि ही सही, काल बाधित यम और विधाता द्वारा संचालित तथा संयोजित ही सही-माया ही कह दीजिये। जो कुछ भी कहो और मानो यह इदम् यथार्थ ज्ञान है; जो सृष्टि स्थिति और लय के शाश्वत धर्म से पूर्ण परिपूर्ण है। न्यैयायिक ने सृष्टि के काल के न्याय को भाँपा है; हम मीमांसकों ने सृष्टि की विधि के धर्म को जान लिया है-भव, भव-धर्म, परम् सुख और स्वर्ग- कल्प-प्रलय और पुनः पुनः सृष्टि का उद्भव, जीव का पुनः पुनः अवतरण, पार्वतीनन्दन! पण्डित दिवाकर को कह देना सत्य के लिये विशेष नहीं है; सिद्धान्त के लिये दुराग्रह नहीं है उदारचेतानाम् वसुधैव कुटुम्बकम्- विद्या व्यसन मन का, चित्त का, अहम् का, वसुधैव कुटुम्बकर है। विद्या द्वारा ही इस पृथिवी पर प्राणियों का सौहार्द्र उद्भवित होता है और मानवों का दिव्य शान्त अभय पूर्ण बन्धुत्व। प्राणी-जीव-अन्ततोगत्वा रहस्यमयी उमंग भरी उत्साह प्रकम्पित जीवन-चेतना की मुह्यमान अभिव्यक्ति है- जीव से ही यह जगत् सार्थक है; सफल है; धन्य है।”

प्रियंवद ने बीच में ही कहा- “विफल, सफल तथा विवर्ण भी है।”

“प्रारब्ध, प्रियंवद!” आचार्य प्रभाकर ने कहा- “जीवों का अपूर्व, अदृष्ट, अगाध संचित धर्म की गरिमा से परिपूर्ण है। प्रारब्ध तो संचित की महिमा है और यह क्रियमाण? पुरुषार्थ-धर्म-पालन मात्र है।”

“धर्म!” पार्वतीनन्दन व्यर्थ ही जैसे बोला।

“यह भव सृष्टि में प्राणियों की जीवन चेतना है- शाश्वत, अनादि सनातन जीव सृष्टि की चैतन्य- शक्ति का स्वयं उद्भव है, प्रिय मेरे!” आचार्य प्रभाकर ने कहा- “यह वृक्ष है- उद्भिज? जीव-चेतना है। यह कीट, चल रहा है न, देखो, वह रहा कीट उस फूल पर तितली को निहारो। कीट पतंग सब रहस्यमय जीव-चेतना हैं। उस सरोवर में बतख देखे-सारस देखे? जीव-स्वयं जीवन-चेतना है। यह पशु विशेषण योनि सापेक्षक तथा समकक्ष है। अन्यथा जीव मात्र में वही अगाध जीव-चेतना है।”

प्रियंवद- "इसी को शंकराचार्य तथा अन्य वेदान्ती आत्मा कहते हैं। तब क्या ब्रह्मचैतन्य और जीव चेतना विलग है?"

आचार्य प्रभाकर घूमे और अनन्त में देखते हुए बोले- "शंकराचार्य परम्परागत वेदान्ती हैं। वेदान्त का सनातन श्रुति प्रणीत मत है। शंकर जीव, जगत्-अनुभव मात्र, यथार्थ ज्ञान और ज्ञेय सबको अज्ञानजनित मिथ्या माया-मोह मानते हैं। मानें तो मुझे कोई आपत्ति नहीं है। मैं जान गया हूं, सत्य शाश्वत यथार्थ है; सनातन सत्ता है। यह खपरैल देखते हो, सदन! शंकराचार्य इसको ब्रह्म की माया का उपादान-जड़ मानते हैं। शंकराचार्य के लिये सांख्य की मूल प्रवृति-प्रधान जड़ है। शंकर के लिये जगत् माया है; जीव मिथ्या है; ज्ञान अज्ञान है। सभी अज्ञान है; तो अज्ञान ही ज्ञान है- अज्ञान के तिमिर से विहीन आत्मा के अमृत और आनन्द से पूर्ण सत्य के प्रकाश को इस जगत् में, जीव में होना चाहिये। होना ही चाहिये किन्तु शंकर कहते हैं- ब्रह्म जन्मता नहीं, खण्ड-खण्ड होता नहीं; वह भेदी होता नहीं ब्रह्म कल्पना करता है; धारणा करता है; रचना करता है। मुझे तो विधि स्वयं स्वायत्त दिखती है। यह सृष्टि जीवन के शाश्वत धर्म का सनातन धारण, भरण तथा पालन-पोषण है। भव ही जीव का लक्ष्य है-दिव्यातिदिव्य, भव्यातिभव्य भव तथा निर्विघ्न लोक। स्वर्ग, समझ लो।"

प्रियंवद ने हँसते हुए कहा- "मीमांसकों और वेदान्तियों का यह विग्रह भी सनातन है।"

"है तो।" आचार्य प्रभाकर ने कहा- "सत्य को प्रमाणित करना होता है; भव को सिद्ध करना होता है, समझ लो!"

प्रियंवद ने पूछा- "कल का सरस्वती व्याख्यान क्या होगा, गुरुजी?"

आचार्य प्रभाकर ने कहा- "इस बार शालिक व्याख्यान करेगा। हम उद्बोधन भर करेंगे। प्रियंवद, यह शालिक बृहतो और लब्धि का अध्ययन पूर्ण कर चुका है। रात-दिवस तक करता रहता है-बुद्धि की कसौटी पर कस कर ही किसी तथ्य को ग्रहण करता है। तत्व? अब वह समझने लगा है तत्त्व को अर्थात् पदार्थ को। पदार्थ का जैसे बुद्धि को भान होता है-पदार्थ के गुण-धर्म तर्क अन्य तर्क जन्य प्रणीत हैं किन्तु यह पदार्थ? भट्टपाद को भाव और अभाव रूप पदार्थ लगा और मैं? मैं जगत की सत्ता को ही अनुभव करता हूँ-महर्षि गौतम ने भी यही अनुभव किया था- सत्ता, प्रियंवद। शालिक ने महोरात्रि शास्त्रार्थ करते हुए भी हमारे ग्रन्थों का अनुशीलन कर लिया

है- यह शालिक थकता ही नहीं। विचारों के वर्तुल उठते ही रहते हैं-राजस प्रतिभा है।"

पार्वतीनन्दन ने कहा- "मातुल श्री की तब क्या तमोगुणी प्रतिभा है?"

"दिवाकर प्रतिभा का धनी कहाँ है?" आचार्य प्रभाकर ने कहा- "वह मीमांसा शास्त्र का स्मृति व्यवस्थापक है। पण्डित दिवाकर ने दक्षिण को वाममार्गियों से बचा रखा है; जिनियों तथा बौद्धों के प्रभाव को थाम रखा है।"

"किन्तु पण्डित दिवाकर वेदान्त का क्यों विरोध करते हैं, गुरुजी?"

"इसलिये कि वेदान्त ब्रह्म-सम्बन्धी ऋषि-मुनियों के उपनिषदों के कथन मात्र हैं-वेदान्त दर्शन शास्त्र है क्या? श्रुति समाधि भाषा के उद्गार हैं तब शास्त्र तो सृष्टि- प्रपञ्च के अनादि सनातन अचल अच्युत विज्ञान का प्रामाणिक तथ्य पूर्ण तत्व-विवेचन है। विज्ञान द्वारा सत्य स्थापित और प्रमाणित करना होता है-यही शास्त्र है; शास्त्र की विहति है-विधि है- न्याय किन्तु श्रुति? विज्ञानघन तथ्य अथवा तथ्य निरूपण नहीं है- ऋषियों ने समाधि में ब्रह्म को देखा। हमें तो आज दिन तक समाधि नहीं लगी और हमने उस तथाकथित निराकार ब्रह्म को इस घड़ी तक नहीं देखा है-ब्रह्म है; ब्रह्म ही है तब फिर वह दिखता क्यों नहीं? जो है वह न दिखे और जो नहीं है वह सत्य भासित हो? तब क्या ज्ञान का स्वभाव अज्ञान लीढ़ होना है और भ्रमों के स्वप्न देखते रहना है। सृजन स्वप्न दर्शन नहीं है यह हम कल कहेंगे। शालिक नाथ मिश्र दीपशिखा के विषय में प्रस्तावना कहेगा। प्रश्नों का उत्तर हम भले ही दे देंगे।"

प्रभाकर मिश्र जैसे गौओं में खो गये। पार्वतीनन्दन और प्रियंवद दोनों ही देखते खड़े रहे। प्रभाकर ने प्रत्येक गौ और बछड़े-बछड़ी को पुकारा; थपथपाया-कुछ कहा और कुछ सुना जैसे। प्रसन्न तथा निश्चिन्त उन्होंने टक देखते खड़े हुए दोनों से कहा- "सब का योग-क्षेम सधा हुआ है। मानव को छोड़ कर प्रकृति की प्रक्रिया में-प्रपंच में सभी प्राणियों का योग-क्षेम साधने की स्वयं जाग्रत शक्ति निहित है। केवल मनुष्य में वह महायोगिनी बुद्धिरूपेण स्थित हो गई है। केवल मनुष्य ही इच्छानुसार कर्म कर सकता है; कामनानुसार कर्म फल भोगता है। अपूर्व-अदृष्ट काल में मानव-जीव ही कर्म-बीज रोपित करता रहता है। यह भव-संसार जीव को क्या दण्ड स्वरूप मिला है? नहीं तो। यह हमारा विश्लेषण है। अन्यथा सभी योनियों के जीव

स्वयं तुष्ट सन्तुष्ट हैं। प्रियंवद, लक्ष्मी से प्रस्ताव करो कि वह अपना देह तुम्हारे शरीर के एवज बदल ले-नहीं बदलेगी। यह देह ही नहीं है, उस योनि में जीव का स्वरूप है। कर्मानुसार देह मिलती है; किन्तु कर्म तो अपनी स्वाधीन स्वतंत्र इच्छानुसार मानव-जीव ही करता है। इस ब्रह्माण्ड में मानव ही कर्ता, धर्ता तथा भोक्ता है-अन्य जीव किसी भी स्तर पर, किसी भी लोक में केवल भोक्ता हैं।"

प्रियंवद- "तब यह त्रिपुर तथा चौदह भुवन हैं न, गुरुजी?"

"ऐसा लगता है।" प्रभाकर मिश्र ने स्वयं में डूबते हुए कहा- "यह पदार्थ, उसके द्रव्य तथा द्रव्यों के गुण-धर्म जहाँ अगाध है, वहाँ वह सृजन की शक्य संभावना से पूर्ण हैं। यह अणु-परमाणु समस्त सृष्टि की स्फूर्ति से लसित है-यह त्रिस्त्ररेणु-ज्योतिर्रेणु कल्पों के स्वप्न संभार से भरे-पूरे हैं। ऐसा लगता है किसी के दिव्यातिदिव्य नयनों की दृष्टि के यह स्फुलिंग हैं- ज्योति पुञ्ज की किरणों के कण-परमाणु।"

प्रियंवद ने कहा- "लो, वह शालिकनाथ आ ही गये।"

शालिकनाथ ने आकर प्रभाकर मिश्र के चरण छुए; कहा-"दो एक दिवस अधिक लग गये। क्षमा चाहता हूं।"

प्रभाकर मिश्र परम् प्रसन्न होकर बोले- "प्रारब्ध के लव, काष्टा, पल, क्षण, दिवस तथा रात्रि आदि होते हैं-जीव के लिये केवल काल है और देश है-दिशायें हैं; दिक् हैं। दीपशिखा! क्या नाम रखा है तुमने मेरे ग्रन्थों की इस टीका का। दीपशिखा!"

शालिक नाथ ने हँसते हुए कहा- "सभी कुछ दीपशिखा की भाँति है-ऐसा मुझको लगता है। यह धरती मानो आकाश की दीपशिखा है; तारे आकाश के दीपक हैं-यह फूल धरती के सुगन्धित दीप हैं। यह वायु अदृश्य ज्योति का परिव्राजक प्रवाह है-नहीं, श्री गुरो?"

"यह काव्य है-तत्त्व चिन्तन नहीं।" श्रीमद् प्रभाकर मिश्र ने कहा- "सत्य को भावना से नहीं, बुद्धि से ग्रहण करो; प्रतिभा से पेखो और मेधा से परिपक्व करो। कोमल मतियों को ही काव्य चाहिये। तत्त्व-मति कठोर मति है। इन्द्रियों के गूढ़ गुह्य अटल धर्म की वन्हियों में तप कर जब मानव-जीव की बुद्धि पारदर्शी हो जाती है, तब तत्त्वबोध होता है, शालिक! कल का सरस्वती-व्याख्यान तुम करोगे।"

"मैं?" शालिक चिहुंके।

"हाँ, हमने निश्चय किया है प्रति संवत्सर सरस्वती-व्याख्यान प्रवर शिष्य ही देगा। आचार्य उद्बोधन करे, भाषण गृहस्थ करता है; सम्भाषण वानप्रस्थी; प्रवचन परिव्राजक यती करता है और आचार्य शिष्यों की प्रतिभा को उत्तेजित तथा मेधा को उद्बोधित करता है।"

"और गुरु?" पार्वतीनन्दन ने सहज ही पूछा- "श्री गुरुदेव?"

प्रभाकर मिश्र मुलुके; बोले- "हम आचार्य हैं; किसी के भी गुरु नहीं हैं, हमें विद्याओं के व्यसन चाहिये; शास्त्रों के चषक चाहिये। हमें बुद्धि का वैभव, मेधा की गरिमा तथा प्रतिभा का पय चाहिये। गुरु? गुरु तो भट्टपाद थे; हम नहीं और अब तो केवल एक ही गुरु शेष रह गया है- जगद्गुरु शंकराचार्य! आश्चर्य है, सन्यासी स्वयं को जगत् का गुरु प्रसिद्ध कर देता है-होने देता है। इस जगत् का गुरु है भी? विद्वान है, मनीषी-आचार्य; राजा है इस जगत् का। जीव का गुरु मानव जीव कैसे होगा? मानव का मानव शिक्षक, उपाध्याय, आचार्य तो हो सकता है किन्तु असद् से सद् की ओर ले जाने वाला गुरु कैसे होगा?"

"तब?" शालिक नाथ ने पूछा।

"यह जगत् ही अपना गुरु है-यह जीव ही अपना मनीषी है, वत्स!" प्रभाकर मिश्र बोले और स्वयं ही कुछ गुनगुनाते हुए अपने धाम की ओर चल दिये। सत्य, केवल सत्य। प्रभाकर स्वयं से ही मन ही मन बोले; "केवल सत्य! जो बुद्धि से समझ में नहीं आवे, प्रतिभा से जो देखा न जा सके और मेधा से जो ग्रहण नहीं किया जा सके- वह सत्य है ही नहीं प्रभाकर!"

'बुद्धि?' प्रभाकर पुनः आसन पर बैठते हुए बोले- "बुद्धि? अन्तःकरण के मौन में यह स्वयं-प्रश्न एक प्रकम्पित प्रतिज्ञा सा उठा और प्रभाकर के मानस पटल पर स्वयं ही लिखित हो गया; 'बुद्धि?' प्रभाकर एक क्षण जैसे डिगे; किन्तु दूसरे ही क्षण स्थिर होते हुए स्वयं से ही बोले- बुद्धि जीव की शक्तिमती चेतना है। प्रतिभा बुद्धि की पारदर्शी विभा है-मेधा? बुद्धि द्वारा जीव की गृहण क्षमता है। जीव की बुद्धि है-हाँ तो? जीव का ही अहम् है; चित्त है; बुद्धि है; मन है; इन्द्रियाँ हैं; प्राण है-पंच- भौतिक देह है। है तो। कौन मना करता है इस तथ्य से? कौन? सभी तत्त्वदर्शी सांख्य के सृष्टि-प्रपञ्च को नत मस्तक स्वीकार करते हैं-अरे, यह शून्य भ्रमित वेदान्ती भी इस सृष्टि की मूल प्रकृति को मानते हैं। यह जगत् सांख्य है; वेदान्त नहीं, जगद्गुरु शंकराचार्य!"

प्रभाकर मिश्र शून्य से किन्तु पूर्ण से स्वयं शान्त चिन्तन-लीन बैठे रहे। कक्ष की प्राचीरें जैसे हैं भी; नहीं भी। उनके पार, गगन मण्डल के परे, व्योम में, आकाश में-अनाहत् अवकाश में वह जैसे डूब-डूब कर देखने लगे। नयन शान्त उन्मीलन में स्वतः ही बन्द हो गये और जैसे मन बुद्धि के नेत्रों से देखने लगा-देखने ही लगा। देह तथा देह के आस-पास के जगत् तथा भव-संसार की स्मृतियाँ मन जैसे मन ही में शमा कर दीपशिखा की शान्त ज्योति-लौं द्वारा अपने ही अगाध में देख रहा था। "तब यह क्या मैं स्वयं ही अपने अतल में, अनन्त में, अनादि में देख रहा हूं?" एक ओचक ध्वनि विलमाई सी उठी। "प्रभाकर।" प्रभाकर मिश्र ने चित्त के शून्य विजन को पुकारा- "मिश्र प्रभाकर!" नाम ध्वनि जैसे मूक ही मूक मौन-मूढ़ सी उठी और बुद्धि की दीपशिखा के सामने लहर उठी। यही-यही पदार्थ! पदार्थ परमाणु-अणु-त्रिस्त्रेणु और ज्योतिर्णु-अणुओं का द्रव्यीभूत होना? अणु के द्रव्यीकरण का मूलाधार तब पदार्थ कहा जायगा? पदार्थ स्वयं में है अथवा बुद्धि की एक प्रमाणित धारणा मात्र है। आकृति दिखती है-अणु नहीं और यह परमाणु-शेष शेष शेष परमाणु केवल लगता है। तब पंच-भूत दिखते हैं; स्पर्शगत अनुभूत हैं-इन्द्रिय द्वारा जाने-माने चिर परिचित हैं और यह तत्व, पदार्थ? बुद्धि की अभिनिश्चित धारणा भर है मिश्र प्रभाकर! और यह यथार्थ ज्ञान जीव को, मुझको ही तो होता है; हो सकता है। यह हेतु-उद्भूत स्वयं ज्ञान है- मैं ज्ञाता, जीव को ही तो पहिले नयनों और शेष इन्द्रियों द्वारा जानता हूं और विचारों द्वारा जानता हूँ। बुद्धि जगत् और भव को देखती है; जानती है; समझती तथा समझाती है और इन्द्रियज यथार्थ ज्ञान ही पदार्थ ज्ञान है। ज्ञान है; किन्तु ज्ञान सद् है; सार्थक है; सापेक्ष है; इन्द्रिय सन्निकर्ष से उद्भूत ज्ञान, जो शास्त्रों में ढलता है- विद्याओं में विकसित होता तथा कलामों द्वारा बगरता है, अवश्य यही ज्ञान-चेतना है।

प्रभाकर अवाक् से मानो शून्य को तकते रहे। तब जीव की यह ज्ञान चेतना है, जीव की। जीव इस चेतना द्वारा जानता है; अनुभव करता है- मानता है और स्वीकार, गृहण करता है। तब जीव चेतना इन्द्रियज चेतना नहीं है? तन्मात्रा तथा उनका सहज ज्ञान, यही क्या इन्द्रिय सन्निकर्ष की चेतनता है? और यह जीव चेतना? जिजीविषा है- इच्छा, ज्ञान, क्रिया यह सब पदार्थ की आकृति, अर्थ, गति और विधि देने की क्षमता-प्रतिभा चैतन्य।"

"चैतन्य? ब्रह्म चैतन्य?" प्रभाकर मिश्र जाग उठे- "तब जीव चेतना से हहर, उपरत असम्पृक्त संकल्प-विकल्प से परे भी चैतन्य है? सांख्य का ज्ञ-पुरुष! पुरुष? मैं? मैं क्या?" प्रभाकर मिश्र उठ खड़े हुए और मन ही मन पुकार उठे- "इस शाश्वत प्रश्न का एक अन्तिम आत्यंतिक उत्तर क्या है? इस त्रिकाल समस्या का निराकरण क्या है? क्या यह जगत् "मैं" का उत्तर है? भव-संसार? शास्त्र, विद्या-क्या इस 'मैं' को बता सकता है? कौन? वह कौन है, क्या है जो अनुभव करता है- मैं हूं- प्रभाकर मिश्र। मैं मूल प्रकृति, देह-शरीर भव-शास्त्र, शस्त्र-विद्या सभी कुछ समझता हूँ-जान जाता हूं; स्पर्श कर लेता हूं-भोग भी लेता हूं; परन्तु जैसे पूर्ण सदैव के लिये कुछ भी जान नहीं पाया; कुछ भी भोग नहीं पाया-काल की एक क्षण से मैं अविराम काल का अनुभव क्यों करना चाहता हूं-रूप-रूप-रूप के सप्तसिन्धु पी जाने के बाद भी मेरी रूप की तृषा बुझती नहीं-मैं अजर चाहता हूं; अमर चाहता हूं। द्वन्द्वहीन, सार्थक भयभीत रहित मैं जीवन का अभय चाहता हूं-मैं त्रिकाल शान्ति में जीना, जीते रहना ही चाहता हूँ-सुख, अधिक सुख परम सुख ही चाहता हूं-मेरी क्रिया सुख के लिये ही है। यही, प्रभाकर मिश्र! यही! प्रभाकर जैसे स्वयं ही निश्चिन्त होकर मौन हो गये। जीव अविनाशी अजर-अमर चेतना है; प्रारब्धानुसार जन्म-मरण सुख-अधिकाधिक सुख प्राप्ति के लिये लेता है- विधि द्वारा-यम द्वारा। तब ईश्वर? ईश्वर हो अथवा नहीं हो, जीव की इस अनादि अविनाशी जीवनेच्छा में कोई अन्तर नहीं होता। जीव स्वयं जीवन की अमोघ अनन्त इच्छा है; भव उसकी विचित्र तथा विलक्षण अभिलाषा है-यह जगत् जीव का सर्वतोमुखी काम्य है। इस काम्य को शान्ति, अभय, प्रसन्नता और निर्विध्न निरोग भोगने के लिये ही यह भव-संसार है- यही प्रभाकर मिश्र! तभी महर्षि जैमिनी स्वर्ग सुख के लिये धर्म-पालन सूचित कर गये हैं। जीवन धर्म तब निर्भय, निश्चिन्त, निरोग, निर्विघ्न तथा अकाल मृत्यु आदि को टालने, उनसे बचने अथवा उनको निरस्त्र करने के लिये सृष्टि की अनादि काल गतिविधि है।"

"शंकराचार्य।" प्रभाकर मिश्र उच्छवसित हो उठे- "अवश्य मैं त्रिताप और मृत्यु से मुक्ति तो चाहता हूं, भव-संसार के योन-योनि के फेरे मुझको संताप देते हैं, मैं मूठ मूक विवश तथा पराजित रहता हुआ भव नहीं जीना चाहता। इन विचित्र आश्चर्य संभूत योनियों के शरीर धारण करता रहूं-करता आ रहा हूं और मेरा इस काल-गति पर कोई वश मुझे प्रतीत नहीं होता। तब मैं

एक विवश प्रारब्ध की श्रृंखलाओं में बंधा क्षणिक कामना की चेतना भर हूं। इन्द्रियों के परे मेरी क्षमता नहीं है। तब! बुद्धि के पार मेरी प्रतिभा नहीं है। यही में अल्पज्ञ, न्यून शक्ति, असमर्थ, दीन, अनाथ, दास, जीव-जन्तु हूं। यही क्या प्रभाकर मिश्र? नहीं-कदापि नहीं। तब?"

"भोजन?" एक शान्त उपरत स्वर ने पुकारा।

प्रभाकर मिश्र चित्ताकाश की दिशाओं में "तब" शब्द ध्वनि की प्रति ध्वनियां सी सुनने लगे, तब पुनः उसी मंद शान्त अमोघ स्वर ने कहा- "भोजन?"

"हूं;" प्रभाकर जगे, इन्द्रियों में उतर आये, बोले- "तुम? कब आई पितृ गृह से?"

"क्यों?" पण्डिताइन मदालसा सी गृहणी ने कहा- "दिवस हो गये। भोजन-प्रसंग पर ही तो मुझे आपको पुकारना होता है और तो आप मन से मूक, चित्त से उदासीन तथा प्राणों से सम शान्त ही बने रहते हो। आज मेरे "भोजन?" पुकारने पर आपने अपना सिर हिलाकर "हां" नहीं जताई-बस।"

प्रभाकर मिश्र धर्मपत्नी के पास तक सरक आये- "क्या तुम शरीर का तनिक भी प्रभाव अनुभव करती हो? मैं तो तुमको गुरुदेव भट्टपाद का भाव ही मानता हूं-तुम मेरे लिये भाव हो।"

"और मेरे लिये आप अभाव हैं, यही न?" श्रीमती प्रभाकर मिश्र ने कहा- "भाव अभाव, पदार्थ? मैं क्या जानूं? मैं तो अपने ब्राह्मण मीमांसा आचार्य पति को ही जानती हूं-सप्तपदी स्नात हूं न मैं।"

प्रभाकर मिश्र हँसे, बोले- "तब मैं तुम्हारे लिये अभाव हूं; यही न?"

"आप ही तो कहते हैं, मैं आपका भाव और आप मेरा अभाव।" पण्डिताइन ने सस्मित कहा- "चलो छोड़ो भी यह वेदान्त वार्ता। भोजन?"

प्रभाकर मिश्र ने ठहाका मार कर सिर हिलाया; "हां, अवश्य।"

पण्डिताईन चुपचाप आगे हो ली। प्रभाकर मिश्र पीछे-पीछे भोजन शाला की ओर चले। उनको लगा, घर सूना नहीं है-भरा-पूरा है और यह स्त्री-मूर्ति, धर्मपत्नि, मानो घर की छाया-मूर्ति है। सभी ओर वह है; खड़ी, देखती, बैठती-उठती। प्रत्येक वस्तु पर उसका स्पर्श है-छाप। प्रभाकर को सहसा अपनी माता स्मरण हो उठीं। माँ के स्वर्गवास तक प्रभाकर अपने अध्ययन में ही व्यस्त रहे। भट्टपाद से दीक्षा ग्रहण कर घर लौटने पर प्रभाकर मिश्र पुस्तकों में व्यस्त हो गये। शास्त्र! मीमांसा दर्शन के पूर्व तथा समकालिक आचार्यों

को जैसे उन्होंने देखा; टटोला, उनकी आधारभूत कृतियों का अनुशीलन किया और शबर-भाष्य पर जम कर आरुढ़ हो गये। मीमांसा शास्त्र के उत्थान का एक प्रोत्साहक इतिवृत्त प्रभाकर को ज्ञात था ही; किन्तु न्याय शास्त्र से मीमांसा तक बुद्धि की यह तीर्थ यात्रा महर्षि जैमिनी ने ही संभव की थी। मिथिला मीमांसा की जन्म भूमि तपोभूमि थी और प्रत्येक मीमांसक के लिये मानस तीर्थ थी। न्याय की सर्वव्यापी धारणा में कर्म की गति-विधि का प्रत्यक्ष महर्षि जैमिनी ने ही किया था और सृष्टि की कालगति-विधि धर्म की ही सृजनमयी चैतन्यमयी सुखदायक मंगलमयी गतिविधि होकर बुद्धिमानों के नयनों में सृष्टि की शक्ति, विश्व प्राणियों के शील और अनन्त कोटि ब्रह्माण्डों के सौन्दर्य की ज्योति बनकर बस गई थी। पंचभूत तथा तत्वों के इस रहस्यमय सृष्टि-प्रपत्र में काल की न्याय-पुरस्सर गति तो स्पष्ट थी। अणु-परमाणुओं का गूढ़ गुह्य प्रतिभा पूर्ण बिम्ब-प्रतिबिम्ब संयोग-वियोग भी पदार्थ के प्रत्यक्ष के साथ स्पष्ट होता गया था। न्याय मति ही मानो सृष्टि के व्यक्ति की अन्तरंग चेतना थी; किन्तु प्राणियों के जन्म-मरण के सुख-दुःख के साथ उसका एकीकृत समन्वित सम्बन्ध तथा अद्वितीय अचूक सम्प्रेषण मानो ज्ञात नहीं होता था। काल था; किन्तु काल की यावत् जीवन-दृष्टि का अन्ध मनीषियों के चित्त में छाया हुआ था। यह सृष्टि और उसके सभी भव-योनियों के नर-नारी क्या काल के साथ आहार, निन्द्रा, भय तथा मैथुन की स्वाभाविक क्रियाओं से ही संलग्न हैं अथवा इस विज्ञान घन जगत में जीव परस्पर जीवन के मंगलोत्थान के धर्म द्वारा है; धर्म सहित है। सुख क्या आहार, निन्द्रा, भय और मैथुन की क्रियाओं में ही सन्निहित है अथवा सुख इन दैहिक क्रियाओं के अभिजात सन्तोष के परे और पार भी प्रेरणा तथा प्रकाश के बुद्धिशाली कर्मों के पुरुषार्थ में भी है? व्यष्टि क्या भव जीवन में अपनी समष्ठि गति केवल इन्द्रियों के विषय भोग द्वारा ही प्राप्त करता है अथवा इन्द्रियज सुखों की उद्दीप्त तुष्टि की क्षल्लुकता के परे भी दिव्य तृप्ति करने वाले कर्म-मण्डल भी हैं? क्या यह सृष्टि केवल भौतिक प्रपंच के अन्ध जड़मतिहीन स्वप्न तथा स्मृतिहीन संघातों का तरंगित व्यामोह मात्र है? अथवा इस सृष्टि का यावत् जीवन का एक विराट् अन्तिम लक्ष्य है? क्या प्रत्येक भव-योनि की नर और नारी केवल देह-सुख के लिये ही जन्मते हैं? और यह सन्तान उत्पन्न हो ही जाती है? क्या मानव सन्तान भी अण्डज, स्वेदज, उद्भिज की भाँति और प्रकार

की उत्पत्ति है? प्रभाकर मिश्र को दिखा-वह स्वयं और उनकी इस भव की नारी धर्मपत्नी-केवल पिण्डों के सहज आकर्षणों का संकोच-विकोच ही नहीं है, अणु-परमाणुओं की न्याय-गति-विधि ही नहीं है-कुछ विशेष हैं, निराले हैं वह दोनों। यह मानव-नर और यह मानव-नारी सृष्टि की भव-योनियों के नर-नारियों में विशिष्ट हैं-विलक्षण हैं- अपूर्व अनादि जीवन-कामना तथा चिर-मुखर सुख की अभिलाषा के शक्तिशाली अभिव्यंजन हैं। वह स्वयं और उनकी यह पण्डिताइन धर्मपत्नी जीवन धर्म के नर-नारी हैं। धर्म, अवश्य, धर्म-यह नारी गृहस्थ के आश्रम धर्म के धारण, भरण, पोषण तथा लालन के लिये धर्म की चेतना है और यह चेतना पण्डिताइन के मौन अन्तःकरण में उनके सौभाग्य की कामना होकर बस गई है।

"तो तुम वेदान्त को भोजन कहती हो?" प्रभाकर ने भोजनार्थ आसन पर बैठते हुए कहा- "अवश्य, वेदान्ती एक श्रुति को बताते हैं, अन्नम् ब्रह्म!" फिर ठहाका मारकर वह बोले-"किन्तु श्रुतियाँ तो अन्न, प्राण, मन, इन्द्रिय, बुद्धि, चित्त, अहम् सभी को ब्रह्म कहती हैं।"

पण्डिताइन भोजन की थाल लाई; रखते हुए बोली- "इस समय तो अन्न ही ब्रह्म है, भगवन्।"

"सत्य अविचल है; अच्युत है-च्युत, विचल, विचलित सत्य कैसे होगा?" प्रभाकर मिश्र ने भोजन के व्यंजनों को इंगित करते हुए कहा- "अन्न, प्राण; मन, बुद्धि, चित्त, अहम् इन्द्रियों तथा यह पंचभूत सत्य की यथार्थ व्यक्ति है; किन्तु पदार्थ ही इनका निःशेष आधार है। पदार्थ, सन्तोषी?"

पण्डिताइन हंसी- "मैं सन्तोषी?"

"अवश्य, पत्नीदेवी अवश्य।" प्रभाकर मिश्र बोले- "तुम गृहस्थ धर्म की दीपशिखा हो। तुम्हारी कोई माँग नहीं; तुम्हारा कोई आग्रह नहीं। तुम्हारा कोई हठ नहीं है। विवाह से प्राप्त सभी सत्व तुमने जैसे त्याग दिये हैं। तुम निर्विकार एक समर्पित गतिविधि हो। तुम्हें देख कर मैं कभी-कभी ठक् हो जाता हूँ, सोचता हूं क्या धर्म की गतिविधि का तुम सजीव तंत्र हो-मंत्र?"

पण्डिताइन ने कहा- "मैं तो यही जानती हूं कि मैं विवाहिता अपने ब्राह्मण पति की धर्म पत्नी हूं। ब्राह्मण-गृहस्थ वैश्य-गृहस्थ नहीं हो सकता, जो संभृति को ही भरता चले और कीर्ति के लिये पुण्यों का अर्जन करे और नहीं हमारा गृहस्थ क्षत्रिय का राजस ऐश्वर्ययुक्त रमणीय गृहस्थ हो सकता है। राजा पतिदेव कब हो सकता है? राजा राजा ही रहेगा-रानी रानी ही रहेगी।

ब्राह्मण का गृहस्थ सरल, सादगी, सौजन्य तथा संयम की साधना का शान्त आश्रम ही होगा, जैसा तुम्हारा है।"

"गृहस्थ स्त्री का ही होता है-पत्नी, माँ, दादी, नानी सब स्त्री ही तो होती हैं। माँ ही गृहस्थ की आराध्य देवता है।" प्रभाकर मिश्र ने कहा- "पुरुष? वह तो रसिक वाचाल शूर होता है।"

फिर स्वयं ही उत्ताल हास्य पूर्वक वह बोले- "जैसे हम।"

"तुम?" पण्डिताइन मुस्कुरा कर बोली- "एक संशोधन कर लो। तुम अरसिक मौन विद्या व्यसनी पुरुष हो। तुमको स्त्री चाहिये, सेवा के लिये। अन्यथा स्त्री-पुरुष परस्पर भोग के लिये ही गृहस्थी बनते हैं। किन्तु तुम्हें ऐषणा मात्र नहीं है। स्त्री-ऐषणा ही सन्तान ऐषणा है। किन्तु तुम सरस्वती के अनन्य ब्रह्मचारी हो। मैं तुम्हारी सेविका धर्म पत्नी हूं तुम्हारे इस आश्रम की व्यवस्थापिका मात्र।"

प्रभाकर मिश्र ने भोजन के बाद सन्तोष का डकार भरते हुए कहा- "देह-सुख? सन्तान? क्यों? हम किसी जीव को प्रारब्ध में बाँधे? क्यों, श्रीमती? जन्म-जन्मों के यह प्रारब्ध बन्धन भव ऋण को उतारने के लिये हैं। हम तुम और मैं, मानव-नर तथा मानव-नारी विद्या की ज्योति में जल जायें-क्यों बांधे अनजान जीव को शरीर में? सन्तान उत्पन्न करना नये देह तथा प्रारब्ध को जन्म देना है और भव-बन्धन के वर्तुलों को मण्डलों को बढ़ाना ही है?"

पंडिताइन ने लजाते हुए पूछा- "तुम हो क्या? देह से तो नर हो; किन्तु तुम जैसे नहीं नर हो; नहीं नारी।"

"नपुंसक, अलिंगी मैं नर-देह हूं?" प्रभाकर अट्टहास्य पूर्वक मगन होकर बोले- "ब्राह्मणी! तुम विचक्षण हो। क्या प्रतिज्ञा सामने धरी है? सन्तानेषणा विहीन नर अलिंगी है, यही न? तो क्या नर-नारी के परे और पार भी कोई भव-चैतन्य है? कोई पदार्थ, जिससे ऐषणाओं से भरे कातर कामुक किन्तु संस्कृत नर-नारी उद्धवित होते हों? यही देवी! यहाँ धर्म है। धर्म वह जो बन्धनों में बांध कर भी बन्धनों से मुक्त होने की क्षमता प्रदान करे। मीमांसा, देवी वेदान्त? नहीं, नहीं, नहीं। जैमिनी, तुम्हारी जय हो।"

प्रभाकर उठ खड़े हुए बोले- "प्रियंवद से कह दो देवी हम जगद्गुरु शंकराचार्य को ललकारेंगे। अवश्य।"

18

आचार्य शंकर ने पद्मपाद को उठा लिया; सिर सूंघ कर कहा- "अब तुम पूर्ण दीक्षित हो गये, वत्स! यह पञ्चपदी अब एक तपस्या हो गई है तुम्हारे लिये।"

सुरेश्वराचार्य ने सहज ही पूछ लिया- "तपस्या? किसलिये? प्रभो!" आचार्य शंकर ने शान्त स्वर में कहा- "पद्मपाद इस पञ्चपदी से ही जैसे अपना यह भव सुधार रहा है। यों तो पद्मपाद उबर गया है; किन्तु अभी भव-शेष है-है।"

पद्मपाद ने पुनः गुरुदेव के चरण पकड़ लिये और कहा- "तब? अब क्या होगा, प्रभो! पञ्चपदी जैसे अन्तःकरण के गहन में भरी थी। लहर आई। आप श्री जैसे मेरे चित्ताकाश में उसका वाक्य-वाक्य लिख देते थे, मैं तो उनको अक्षरों में उतारता भर था। गहन शून्य से जैसे स्वर व्यञ्जन मौन ही जाग्रत होकर वाक्यों में साकार हो जाते थे, प्रभो!"

आचार्य शंकर- "यह समाधि-आलेखन है। जीव और ब्रह्म में जब ऋत-संबंध हो जाता है- ब्रह्म ज्योति में जब भव-संसार के सभी रूप और नाम तथा जगत् की शक्तिशाली चेतनायें लीन हो जाती हैं, तब परमात्मा स्वयं बोलता है-लिखता है, लिखवाता है। ज्ञान की स्फुरणा वही है-सभी प्रत्यक्ष वही है- सभी अर्थों में चिन्मय वही है-वही है, ब्रह्म!"

हस्तामलक ने कहा- "तभी आर्य ऋषि वेद को ब्रह्म द्वारा प्रणीत ज्ञान कहता है- अपौरुषेय! ज्ञान अपौरुषेय है; ब्रह्म ही तो। ब्रह्म सत्य, ज्ञान, अमृत!"

आचार्य शंकर- "आनन्द!"

पद्मपाद ने सहसा उत्साह पूर्वक कहा- "मैं इस आनन्दमय ब्रह्म का साक्षात् करूंगा, प्रभो! मुझ पर कृपा कीजिये, मैं जल जाना नहीं चाहता; कट जाना नहीं चाहता- मैं नष्ट होना भी नहीं चाहता- मैं परमात्मा के समक्ष नित्य ही बना रहना चाहता हूं।"

सुरेश्वराचार्य ने सहज ही पूछा- क्यों आचार्य?"

"क्यों?" आचार्य पद्मपाद ने सिर धुनाकर कहा- "नृसिंह मंत्र की सिद्धि ने मुझको एक अपराजेय शक्ति दी है और मैं उस शक्ति को लेकर स्वयं को

अपराजेय सिद्ध मानता हूँ। गुरुदेव के शरीर की रक्षा करने की क्षमता का अहम् मैं हो गया हूँ। तब यह सिद्धि प्रभु के इंगित पर निर्भर है। पञ्चपदी काण्ड और उसके दिव्य पूर्णावतरण को लेकर मैं जैसे सदैव के लिये वाणी का पति वाङ्मय देवता स्वयं को अनुभव करता हूं किन्तु यह सब श्री गुरुदेव की औढर कृपा ही है। मातुल को मैं सदैव के लिये जता देना चाहता हूं- वह मेरा शरीर ले सकते हैं- उनके वंश के रजवीर्य से यह शरीर बना है तो ले लें; किन्तु जगद्गुरु शंकराचार्य की अमोघ कृपा से प्राप्त ज्ञान वह छीन नहीं सकते; जला नहीं सकते। पण्डित दिवाकर आर्य का अपमान नहीं कर सकते।"

हस्तामलक ने तनिक आश्चर्य पूर्वक कहा- "पञ्चपदी आपको पुनः प्राप्त हो गई, अब उसे लेकर जगत में ढींढोरा क्या पीटना है? ज्ञानी मुनि होता है- असद् बोलता है; कहता है- सुनता-सुनाता है-शास्त्रार्थ करता है; किन्तु ज्ञान स्वयं ही अपना यावत् विश्वास है- ज्ञान तर्क और तर्क जन्य प्रमाण नहीं है, प्रियवर! ज्ञान साक्षात् ब्रह्म स्वरूप है। मौन हो जाओ, तटस्थ हो जाओ-कूटस्थ हो जाओ।"

आचार्य पद्मपाद ने ऊर्ध्व श्वांस लेकर कहा- "मैं जगत् के भव ताप मूक सह सकता हूँ; मैं जगत् की इस अविराम क्षण-भंगुरता को भी आत्मसात् कर सकता हूँ- मैं जगत त्याग सकता हूँ; भव संसार छोड़ सकता हूं-किन्तु गुरु कृपा का अपमान सह नहीं सकता। अविनय क्षमा हो, जगद्गुरु! किन्तु पण्डित दिवाकर को अपनी दग्ध आंखों से पुनः पञ्चपदी की इस अक्षय पुस्तक को देखना ही होगा।"

तभी सेवक ने आकर कहा- "प्रभाकर मिश्र का सन्देश लेकर उनका ब्रह्मचारी प्रियंवद आया है- गुरुदेव के दर्शन चाहता है।"

"ब्रह्मचारी!" आचार्य शंकर ने कहा- "चलो हम ही उसको लिवा लाते हैं। इस जगत् में ब्रह्म ब्रह्मचारी के रूप में ही हमें सर्वप्रथम मिलता है। यह वर्ण ब्रह्म के शाश्वत जीवन-नाट्य की पात्रता की सृष्टि चेतनायें हैं- यह आश्रम ब्रह्म की यावत् जीवन-लीला के रंगमंच हैं-ब्रह्मचारी।"

आचार्य शंकर द्वार की ओर तनिक हुए ही थे कि प्रियंवद पार्वतीनन्दन के साथ अन्दर चला आया। प्रियंवद ने दूर से आचार्य शंकर को प्रणाम करते हुए कहा- "पूज्यपाद! हमें श्री गुरो प्रभाकर मिश्र ने सन्देश लेकर भेजा है।"

“तथास्तु!” आचार्य शंकर ने कहा- “कहो, मीमांसा तीर्थ श्री गुरो क्या चाहते हैं। अवश्य, उनके पण्डित दिवाकर जी ने पद्मपाद के साथ न्याय नहीं किया है। पञ्चपदी जला दी यह घोर कर्म है, ब्रह्मचारी!”

प्रियंवद ने नमन पूर्वक कहा- “अवश्य है-निस्संदेह मातुल श्री दिवाकर ने श्री गुरो की यह घोर कर्म कर अवगणना की है। प्रभाकर मिश्र, गुरुजी को इसका खेद है और उनकी और मातुल पण्डित दिवाकर की ओर से स्वयं क्षमा याचना करते हैं। हम श्री गुरो प्रभाकर मिश्र की ओर से आप श्री से क्षमा याचना करते हैं और आचार्य पद्मपाद से निवेदन करते हैं कि वह इस घोर कृत्य को भूल जायें।”

सुरेश्वराचार्य ने प्रसन्न उत्साह पूर्वक कहा- “धन्य श्री गुरो! प्रभाकर! धन्य! मैं जानता था, तुम प्रभाकर ही नहीं, सुधाकर भी हो।”

आचार्य शंकर ने सस्मित कहा- “रागद्वेषहीन तटस्थ तत्वदर्शी का यही विनय है-हो सकता है। ब्रह्मचारी! हमें प्रभाकर मिश्र की क्षमा-याचना की आवश्यकता नहीं है और नहीं हम पण्डितों को क्षमा किया करते हैं- पण्डित मनीषी तत्त्वदर्शी क्या कोई अपराध करता है? नहीं, यही तो। तत्त्वदर्शी तत्त्व को देखता है और तत्त्व के अदृश्य अपार सौन्दर्य में स्तब्ध रहता है-सत्य को जानने तथा देखने का तपस्वी क्रान्तिदर्शी है, अपराधी नहीं। मैं प्रभाकर मिश्र, श्री गुरो का दीर्घ जीवन और निर्विघ्न कल्याण ही चाहता हूं। मैं चाहता हूं उनको अपने सच्चिदानंद आत्म स्वरूप का बोध हो।”

प्रियंवद ने कहा- “उस मतिमान् मनस्वी तत्व के त्रिकाल चिन्तक प्रभाकर मिश्र ने शास्त्रार्थ के लिये श्रीमद् को निमन्त्रण दिया है।”

आचार्य शंकर ने विहँसते हुए कहा- “अच्छा, शास्त्रार्थ के लिये मुझे ललकारा है, यही न? यही तो।”

पार्वतीनन्दन ने हुंकार सी की- “अवश्यमेव। आपका वेदान्त इस पृथिवी से धर्म-जिज्ञासा को ही मिटा देगा।”

“अच्छा?” सुरेश्वराचार्य ने कहा।

पार्वतीनन्दन ने दुस्साहस किया- “ब्रह्म ही सब कुछ है; उपादान ब्रह्म; निमित्त ब्रह्म-कर्त्ता ब्रह्म-भोक्ता ब्रह्म। सर्वम् खलु इदम् ब्रह्म-तब फिर पृथिवी पर धर्म-अधर्म का विवेक रहा ही कहां-कैसे रहेगा, मिश्र जी मण्डन देव!”

"मण्डन देव। मिश्र जी?" सुरेश्वराचार्य आघात खाकर बोले- "हम अब संन्यासी हैं।"

पार्वतीनन्दन हँसा; बोला- "संन्यासी? आपश्री? शास्त्रार्थ के पराजित बलात् संन्यासी हैं अवश्य; किन्तु अपने गहन अन्तरात्मा में आप आज भी क्या हैं, देखा? नहीं-जगद्गुरु के शब्दों में स्वयं को संन्यासी मानना आपकी भ्रान्ति मात्र है, अध्यास, नहीं, श्रीमद् जगद्गुरो?"

आचार्य शंकर ने शान्त जलद गम्भीर स्वर में कहा- "हम विनय पूर्वक आचार्य श्री गुरो प्रभाकर मिश्र का शास्त्रार्थ निमन्त्रण स्वीकार करते हैं। सुरेश्वर का संन्यास भ्रान्ति है अथवा नहीं, यह हमें ज्ञात है। सुरेश्वर का शाश्वत सत्य आपको अथवा आपके श्री गुरो को ज्ञात नहीं है- हो नहीं सकता। सच्चा संन्यासी विद्याहम् से रहित तथा कर्मेच्छा से हीन एक तटस्थ अनादि जीवात्मा है, जो ब्रह्म को ही चरता रहता है। वह ब्रह्म में जागता है, ब्रह्म में सोता है; ब्रह्म ही विचारता तथा ब्रह्म ही को कहता है- वह ब्रह्ममय ही जीता है। बुद्धि के पहलवान दीन तथा विनयपूर्ण संन्यासी को देख ही नहीं सकते।"

सुरेश्वराचार्य ने शंकर के श्री चरण थाम लिये- "गुरुदेव! यह क्या?"

आचार्य शंकर ने कहा- "कोई भी सद्गुरु अपने कृतविद्य शिष्य का अपमान नहीं होने देगा, वत्स! शान्त हो जाओ- तुमको संन्यास मैंने दिया है, उभय भारती वह सरस्वती की ब्रह्म विचारसार शुक्ल ज्योति मेरे चिदाकाश में स्थित है। तुम ही मुझे वैसे संन्यासी प्रतीत होते हो, जो जगत् के मोह को तर कर; जीवन के राग-द्वेष से उपरत होकर ब्रह्म-चिन्तन के कूटस्थ लोक में प्रवेश कर सकते हैं। तुम, सुरेश्वर! तुम वह जीवात्मा हो, जिसने अनन्त कोटि कल्प काटे हैं, अनन्त कोटि प्रलयों में तुमने अपने ब्रह्म स्वरूप की प्रतीक्षा की है- तुमने ही कांचन ठुकराया है और कामिनी को त्याग रहे हो- तुम संन्यासी नहीं तो और कौन संन्यासी है-होगा?"

"प्रभो!" आचार्य पद्मपाद चिहुंके।

"हाँ, पद्मपाद! तुमने भी यह आपत्ति की है-शारीरिक भाष्य पर सुरेश्वर टीका प्रणीत नहीं कर सकते; क्योंकि वह जन्मजात स्वाभाविक संन्यासी नहीं है- मेरी भाँति। परन्तु क्या मैं जीव हूं; सांसारिक हूं? क्या मैं प्रारब्ध वशात् जन्मा हूं? मैं, मैं एक ज्योति से भरा विराट् हूं-चिदानन्द रूपम् शिवोहम् शिवोहम्- मैं शिव हूं और इसलिये मैं सभी कुछ हूं-मैं यह विविध

चेतनायें भी हूं, मैं जड़ रूप भी हूं-मैं-मैं चिन्त्य और अचिन्त्य चिन्मय भी हूं। मैं ब्रह्मचारी ब्रह्म स्वरूप हूं। सुरेश्वर, तुम, तोटक सभी अपूर्व अदृष्ट से उद्भूत, संचित से भरे और प्रारब्धों में व्यक्त शाश्वत जीवात्म भाव हो। अज्ञान की कालरात्रि में सोये हुए हो। हम तुम्हारे नयन उन्मीलित करेंगे और तुमको ब्रह्म चैतन्य के ब्राह्म मुहूर्त में जगायेंगे। मैं तुम सब को, जीव मात्र को-प्राणी मात्र को, जड़ को, चेतन को ब्रह्म ज्योति के दर्शनों के लिये पुकारता हूं। ब्रह्म सत्यम्-जगन्मिथ्या, ब्रह्मचारी! अपने गुरु जी से कह देना।"

पार्वतीनन्दन ने हठात् प्रणाम कर कहा- "जी, जी, अवश्य!"

प्रियंवद ने भी प्रणाम पूर्वक कहा- "श्री गुरु जी कहते हैं- आप श्री महा मानव हैं। श्री गुरो आपके वेदान्तमत को स्वीकार नहीं करते, किन्तु आप की वन्दना करते हैं।"

आचार्य शंकर ने सस्मित कहा- "तुम्हारे गुरु हमारे स्मरणीय भट्टपाद के शिष्य-प्रवर हैं। मनीषी और तत्त्व-चिन्तक हैं। हम उनका आदर ही करते हैं-शास्त्रार्थ वह चाहते हैं, इसलिये हम सम्मानपूर्वक उनसे परम् तत्त्व की चर्चा करेंगे। शबर भाष्य के टीकाकार तथा पदार्थों का सूक्ष्मातिसूक्ष्म विवेचन करने वाले पण्डित प्रभाकर मिश्र निस्संदेह देश के महिमामय सरस्वती पुत्र हैं।"

प्रियंवद ने हठात् होते हुए कहा- "आप श्री के मत के विरोधी हमारे श्री गुरो हैं; फिर भी आपश्री उनका इतना आदर करते हैं, आश्चर्य है। मैंने तो पण्डितों को परस्पर एक-दूसरे के मत को काटने में ही संलग्न पाया है। अवश्य, श्री गुरो न्यूनतम शास्त्रार्थ करते हैं।"

आचार्य शंकर ने हँसते हुए कहा- "जो शास्त्रार्थ कर निर्णय न कर सके, वह पण्डित नहीं है। पण्डित का तर्क सामर्थ्य है; विद्वान् की चिन्तन क्षमता है तथा मनीषी का तत्त्व बोध उसकी प्रतिभा है। मैं तुम्हारे गुरुजी को जैसे जानता हूं-भट्टपाद कुमारिल्ल काल की अविराम गति-विधि की भाँति मेरे नयनों में नित्य ही तैरते रहते हैं! हम योगियों के साथ श्वाँस लेते हैं; यतियों के साथ विचरते हैं और ऋषियों के समक्ष मौन होकर अपने चिदाकाश में उस सच्चिदानन्द ब्रह्म को देखते हैं। हम मुक्त-उन्मुक्त तत्त्व दृष्टा तथा ब्रह्म के आदित्य ब्रह्मचारी हैं- अपने श्री गुरो को हमारे अभिवादन कहना और यह भी कहना-पृथिवी पर मानव जाति को उसके आत्म- चैतन्य की

ओर ही चलते रहना है। मनुष्य को यह अनुभव करना है कि वह चैतन्य है- सच्चिदानन्द स्वरूप है।"

प्रियंवद ने प्रणाम किया- "आत्मा? तब पदार्थ नहीं?"

"केवल सच्चिदानन्द आत्मा, वत्स!" आचार्य्य शंकर ने कहा- "विश्राम करो; फलाहार प्राप्त करो। ब्रह्म मुहूर्त में कल आश्रम लौट जाना। पद्मपाद इनको अतिथि गृह ले जाओ।"

पद्मपाद जैसे जगे हों, बोले- "मैं करूंगा शास्त्रार्थ, गुरुदेव! श्री गुरो पहिले मुझे तो हरा दें।"

प्रियंवद ने अस्मिता पूर्वक कहा- "श्री गुरो शिष्यों से शास्त्रार्थ नहीं करते; सिद्धों से नहीं अड़ते। प्रभाकर मिश्र जगद्गुरु स्वयं को कहलाने वाले सिद्ध सन्यासियों से भी शास्त्रार्थ नहीं करते; किन्तु-"

सुरेश्वर- "किन्तु क्या, ब्रह्मचारी।"

"यह धर्म-जिज्ञासा तथा धर्म-संस्थापना का प्रसंग है।" प्रियंवद ने कहा- "जगद्गुरु शंकर जगत्, जीव तथा शरीर के त्रिपुर को जड़ मानते हैं-चैतन्य? ज्ञान, क्रिया और इच्छा की चेतनाओं को भी आपके श्रीमद् गुरुदेव जड़-माया-विज्ञान कहते हैं। यह अज्ञान का तिमिराच्छन्न आवरण क्या है? यह जीवात्म भाव ब्रह्म की क्षणिक धारणा मात्र है क्या? श्री गुरो को जगत् अनादि जीव, अनादि तथा कर्मशालिनी मूल प्रकृति अनादि ही लगती है। इसलिये मीमांसा की शताब्दियों को साधना की रक्षार्थ ही श्री गुरो आचार्य शंकर से शास्त्रार्थ करेंगे। जगत् को नकारा नहीं जा सकता; जीव को भ्रान्ति मात्र कहा नहीं जा सकता- यह सब जड़ भी है; चेतन भी है-जड़ चेतन यह संसार है। सृष्टि है।"

सुरेश्वराचार्य- "है तो।"

"आचार्य शंकर तो कहते हैं ब्रह्म सत्यं जगन्मिथ्या।" प्रियंवद ने कहा- "तब हमारे श्री गुरो कहते हैं, जगत्सत्यम्, ब्रह्म न जानामि।"

आचार्य शंकर प्रसन्नतापूर्वक हँस उठे- "बड़े प्रगल्भ हो, ब्रह्मचारी! श्री गुरो के शिष्य निस्संदेह उन्मुक्त-मुक्त विचारवेत्ता प्रतीत होते हैं किन्तु ब्रह्म-ज्ञान जीवात्मा की अनादि शाश्वत इच्छा है। जीवात्म भाव ही ब्रह्म-प्रत्यक्ष के लिये उद्भूत हुआ है- क्या तुम यह समझ सकते हो?"

प्रियंवद ने कहा- "मैं हूं यह मैं नित्य अनुभव करता हूं; परन्तु क्या हूं, कैसे हूं नहीं जानता। श्री गुरो जो उपदेश करते हैं, उस पर मैं मनन चिन्तन

करता रहता हूं और निश्चिन्त आश्रम के गोधन की सेवा करता हूं। जन्मा तब से अनाथ सा हूं- किन्तु प्रभाकर मिश्र के आश्रम में मैं निर्भय हूं-मुक्त मन से जगत्, जीव तथा भव-संसार पर सोचता रहता हूं-यही, जगद्गुरो! मेरा एकान्त भव लक्ष्य है- सतत् मनन करते रहो-अचिन्त्य पर चिन्तन करते रहो। अचिन्त्य को चिन्त्य बनाते रहो। मैं समस्त जगत् की विद्यायें प्राप्त करना चाहता हूं- शिखि-आसना सरस्वती मेरी आराध्या हैं।"

आचार्य शंकर हंसे; बोले- "एवमस्तु! तुम्हारा यह भव अगाध चिन्तन का ही भव है।"

"अच्छा?" प्रियंवद ने पूछा- "आप मेरे भव जानते हैं?"

आचार्य शंकर- "जान गया हूं। अभी तुमको काल की अग्नि में तपना शेष है।"

"कालाग्नि?" प्रियंवद ने पूछा।

"अज्ञान, तिमिराच्छन्न अज्ञान! स्वप्न का अध्यास तथा स्मृति की भ्रांति-यही काल की आग्नेय गति-विधि है- ब्रह्मचारी।"

प्रियंवद ने सिर हिला-हिला कर कहा- "समझा, काल-गति, कर्म-गति, यही न, श्रीमद् जगद्गुरु किन्तु श्री गुरो धर्म-अधर्म की गूढ़ उदात्त गति को ही स्वीकार करते हैं। यह काल आयु है, मेरी अकिंचन बुद्धि में। आपके यह पद्मपाद क्या विशिष्ट जीवात्मा हैं जो यथार्थ के परे भी सत्य का साक्षात् कर सकते हैं? ब्रह्म! समझ में आता ही नहीं; किन्तु जगत् स्पष्ट है; अचूक है; बुद्धि ग्राह्य तथा कर्म-परक एवं पूर्वक है। भव योनियों का जीवन शरीर द्वारा जगत् के विषयों का ही तो भोग है-ऐसा लगता है, इन्द्रियाँ स्वयं को ही भोगती हैं...."

आचार्य शंकर जैसे अधिक जगे; सस्मित बोले- "तुम्हारा शुभ नाम क्या है, ब्रह्मचारी!"

"प्रियंवद। श्री गुरो ने रखा है।" प्रियंवद ने कहा- "सत्य भाषण के लिये भी श्री गुरो शान्त गम्भीर गिरा को ही महत्व देते हैं। सत्य कथन के लिये शिष्ट मिठास गुरुजी अनिवार्य मानते हैं-उत्तेजित बोल से सत्य का असत्य भी पल्ले नहीं पड़ता- केवल क्रोध का प्रतिघात ही होता है। फिर धर्म-चर्चा तो शील वाक्य के बिना हो ही नहीं सकती। शील, शक्ति, सौन्दर्य यह है श्री गुरो प्रभाकर देव की तत्त्व दृष्टि की दिशायें-यही हैं उनके चिन्तन के अथाह दिक् जगद्गुरु।"

आचार्य शंकर ने सस्मित कहा- "प्रियंवद! हम तुम्हारे श्री गुरो से मिल कर प्रसन्न होंगे और उनसे तत्व चर्चा करना हम अपने लिये एक विशिष्ट अवसर ही मानेंगे। भारत वर्ष के महिम मनीषियों को अब इस माया के सम्मोह से उपरत होकर ही सत्य की शोध करनी होगी। सत्य की वार्ता बुद्धि का विलास अथवा शास्त्र का प्रमाणीकरण नहीं है- सत्य की वार्ता शाश्वत की वार्ता है; अनादि अनंत, अच्युत् ज्ञान, अमृत और आनन्द का अनुभूत कथन है। यह एक आत्मा की अन्य आत्मा के प्रतिश्रुति है- श्रुति। ब्रह्मचारी प्रियंवद। श्रुति परम् तत्त्व की गहन गुह्य अनुभूति का सहज पुनीत दिव्य उद्गार है। सत्य कहा नहीं जाता, इंगितों में जनाया जाता है। सत्य की स्तुति है, गायन है- प्रार्थना और मौन आराधन है।"

प्रियंवद ने प्रणाम करते हुए कहा- "हम आपका यह सन्देश श्री गुरो को पहुंचायेंगे और यह भी कहेंगे....."

पद्मपाद चिहुंके- "क्या कहोगे तुम?"

"यही आचार्य शंकर गिरा के नयन हैं और वाणी के महामहोपाध्याय हैं।"

आचार्य शंकर उत्ताल हँस उठे- "तुमने, प्रियंवद! मुझे किसी बौद्ध विद्यापीठ का कुलपति ही मान लिया है-यही तो।"

पद्मपाद ने कहा- "जगद्गुरु शंकर आचार्यों के प्रवर आचार्य तथा कुलपतियों के अधिष्ठाता कुलपाल हैं। आचार्य शंकर के साथ तुम तो कथोपकथन करने लगे।"

प्रियंवद- "श्री गुरो ने हमें सिखाया है कि समझे बिना किसी अर्थ को सही मत मानो; निश्चय किये बिना कोई भी आयोजन मत करो। संकल्प के बिना साधना आरम्भ मत करो। तर्क और प्रमाण पूर्वक ही आचार्यों के उपदेश हम श्री गुरो-ब्रह्मचारी सुनते हैं। हमारा बस चले तो हम महर्षि जैमिनी से वाद-विवाद करें। शास्त्र हम बुद्धि द्वारा और धर्म हम हृदय-अन्तःकरण द्वारा गृहण करते हैं।"

पद्मपाद ने कहा- "तुम अविनयी ढीढ़ शिष्य प्रतीत होते हो।"

प्रियंवद हँसा, बोले- "हम गुरु के सेवक नहीं हैं; भृत्य भी नहीं हैं। हम गुरु कृपा पर जीवित शिष्य भी नहीं हैं। श्री गुरो से हमारा सम्बन्ध विद्या-व्यसन और ज्ञान-पिपासा का है। हम भावुक हैं किन्तु हम समझदार भावुक हैं- अपने श्री गुरो के प्रति। प्रभाकर मिश्र श्री गुरो मीमांसा-सरोवर के इन्दीवर हैं, जी।"

पार्वतीनन्दन ने पद्मपाद को घूर कर कहा- “अब साहस हो तो आचार्य श्री पद्मपाद! अपने मातुल श्री को पञ्चपदी पुनः दिखाओ। हम तो जानते थे- यह सब इन जगद्गुरु का ऐन्द्रजालिक लेखन है।”

आचार्य पद्मपाद- “पार्वतीनन्दन! यह जगद्गुरु शंकराचार्य का मठ है; मर्यादा में रहो-आम्नाय पूर्वक बोलो, समझे!”

पार्वतीनन्दन ने ढ़ीढ़ स्वर में कहा- “पञ्चपदी क्या आपने लिखी है? जो लिखी थी, वह तो भस्म हो गई-भस्म। अब यह जगद्गुरु ने ही पुनः लिखवा दी है। मातुल श्री को आपकी टीका अक्षरशः स्मृतिगत है। उनको पुनः दिखाओ और वह कह दें कि यह टीका वही है, तो हम मान लेंगे। लोक व्यवहार में गुरु के झूठन को प्रसाद ही कहते हैं। मैं तो मर्यादा में ही हूं- आपके गुरुदेव मेरे क्या लगते हैं? एक युवा सन्यासी की भांति मैं उनको नमन करता हूं-यह हुई आपकी आम्नाय। शास्त्र-वेत्ता धीमान् ब्राह्मणों को जीतना हँसी-खेल नहीं है, समझे।”

पद्मपाद ने सिर धुनाया; कहा- “अवश्य पण्डित दिवाकर को यह पञ्चपदी सुनाऊंगा। देखता हूं वह क्या कहते हैं-क्या कहते हैं? यह कान खोल कर सुन लें वैदिक वर्णाश्रम धर्म की वेदान्त चिन्तना के विरोधियों का समय समाप्त होने में है।”

पार्वतीनन्दन ने प्रस्थानोद्यत होते हुए कहा- “न्याय वैशेषिक सांख्य और मीमांसा पूर्णतः वैदिक दर्शन हैं और अनादि हैं; चिरन्तन! प्रत्येक युग में इन दर्शनों की ज्योतियाँ बुझ कर भी पुनः प्रज्वलित होती आई हैं- यह तो इन महाशय मण्डन मिश्र का क्रिया कर्म है। मण्डन मिश्र ने ही मीमांसा के आचार्यों, शिष्यों तथा धर्म-व्यवस्थापकों को नीचा दिखाया है। श्री गुरो अवश्य ही जगद्गुरु को निरुत्तर कर देंगे- देखना, आप।”

आचार्य शंकर सहसा हँसे; बोले- “हम तो निरुत्तर ही हैं, बटुक! प्रश्नोत्तर जगत् के लिये है; धर्म भव-संसार के लिये है-ब्रह्म चिन्तन के लिये केवल श्रद्धा विनीत जिज्ञासा है। श्री गुरो को मेरा नमस्कार कर कहना उनसे शास्त्रार्थ कर हमें सुख होगा।”

पार्वती जाते-जाते रुका- “भट्टपाद कुमारिल्ल जिसका लोहा मानते थे, उस मीमांसा-मनीषी को आप हरा देंगे? नहीं, जगद्गुरु!”

आचार्य शंकर ने सस्मित कहा- “श्री गुरो प्रभाकर शास्त्र के ध्येता तथा विजेता दोनों हैं। मैं उनको शास्त्र चर्चा में क्या हराऊंगा? शास्त्र की दृष्टि से

वेदान्ती हारता नहीं, मौन हो जाता है। प्रभाकर मिश्र भारतवर्ष की विभूति हैं; माना किन्तु वह ब्रह्म-विद् नहीं हैं। उनसे कहना हमारी चर्चा ब्रह्म की ही होगी। हम जड़ को लेकर, माया को लेकर, क्षण भंगुर भव-संसार को लेकर शास्त्रार्थ नहीं करते। यह जगत् काल का कलेवा है; यह भव-संसार मृत्यु का भोजन है, वत्स!"

पार्वतीनन्दन को लगा, आचार्य शंकर की अथाह प्रशान्त आंखों से शान्त ज्योति आविर्भूत हुई और उनके विकल अंधेरे चित्त में झबक उठी; वह चिहुंका- "आत्मा?"

हस्तामलक ने कहा- "हाँ, आत्मा-परमात्मा, चैतन्य ब्रह्म! अब जाइये श्रीमान्!"

पार्वतीनन्दन ने औचक ही कहा- "जाता हूं- मुझ पर सम्मोहन क्यों कर रहे हैं, जगद्गुरु! मैं जैसे अपने आपे में नहीं हूं-स्वयं को भूल रहा हूं। यह, यह वशीकरण है-हां, एं!"

आचार्य शंकर ने कहा- "यह तुम्हारी भ्रान्ति मात्र है। अपने आपको भूल रहे हो? तुम शरीरी हो सत्य हो तो यह विस्मृति क्यों, कैसी? जाओ, हम श्री गुरो की प्रतीक्षा करेंगे।"

प्रियंवद- "श्री गुरो ने आपको आश्रम में ही आमन्त्रित किया है, जगद्गुरो।"

आचार्य शंकर- "अच्छा? तब हम उस शान्त प्रसन्न कर रमणीय आश्रम के अतिथि अवश्य होंगे।"

पार्वतीनन्दन मठ के बाहर आया; उसको लगा श्रृंगेरी मठ का समस्त कान्तार किसी आभा से भरपूर हो। मध्याह्न होने आया था; किन्तु सूर्य का प्रखर ताप मन्द हो; शिथिल हो और वायु मण्डल में जैसे कोई वितान तन रहा हो। पार्वतीनन्दन की भवें स्वेद बूंदों से भर गईं- भींज गईं। अज्ञात भय उसके रोम-रोम में छा गया। जगद्गुरु! यह-यह शंकराचार्य! अद्भुत है और क्या? यह संन्यासी तो जैसे मौन शान्तिदा सम्मोहन में सुला देता है। उसकी दृष्टि का तल जैसे है ही नहीं। सूर्य की सभी किरणें एक होकर इस संन्यासी की आँखों में घुट गई हों। मैंने, मैंने इस गूढ़ संन्यासी की अवज्ञा ही की है-तभी तो यह धुंधल है; यह आगम भय है-यह कम्प है मेरे रोम-रोम में। "अब क्या होगा? प्रियंवद जी?" पार्वतीनन्दन ने सहसा पूछा।

प्रियंवद ने कहा- "क्या होगा? जो भवितव्य है वही होगा। जीव का प्रारब्ध है तो जगत् का भी प्रारब्ध है-वह अथाह संचित है। जगत् स्वयं ही

प्रतिपल व्यक्त होता रहता है-प्रतिपल उद्भवित और तिरोहित होता है। अतः प्राणियों की भाँति आयु, जाति और भोग का प्रारब्ध तो नहीं होता जगत् का, किन्तु जगत् के कल्प, मन्वन्तर, युग होते हैं। होगा क्या? गुरु जी जगद्गुरु से शास्त्रार्थ करेंगे और क्या होगा?"

पार्वतीनन्दन खड़ा रह गया; बोला- "मुझे भय लग रहा है।"

प्रियंवद ने हँस कर कहा- "तो योगियों से भिड़ क्यों गये? मैं जिज्ञासु ब्रह्मचारी हूं- उन्मुक्त स्वाधीन चिन्तक हूं और आप? एक सेवक हैं; पण्डित हैं। पण्डितों को संन्यासी आचार्यों के समक्ष विनय-विनीत होना चाहिये। योगी दया करता है; क्षमा नहीं करता। ब्राह्मण सन्तुष्ट तथा प्रसन्न होकर शाप का शमन कर देता है किन्तु अपमानित योगी? पिशाचिनियों को पीछे कर देता है।"

पार्वतीनन्दन ने निसास रखा; कहा- "जगद्गुरु ऐसे हठयोगी तांत्रिक नहीं हैं-नहीं हैं। पिशाचिनियाँ? शिव-शिव! अब मैं करूँ क्या? इस मातुल श्री के पीछे लग कर मैं नष्ट प्रायः हो गया हूं। सिद्धि एक नहीं मिली; मंत्र चैतन्य नहीं हुआ और एक भीति से मैं भर जाता हूं। विडम्बना है उस सनन्दन को श्री नृसिंह मंत्र सिद्ध हो गया और यहाँ गायत्री जपता हूं तो ब्रह्म रंध्र में ऐंठ हो जाती है-"

"ब्रह्मरंध्र?" प्रियंवद ने कहा- "पता भी है आपको कहाँ है? मुझे तो पता नहीं चला। गुरु जी ने स्पष्ट कह दिया है, हठ योग के चक्कर में मत पड़ो।"

"तो यह जगद्गुरु हठयोगी नहीं हैं?" पार्वतीनन्दन ने पूछा ही।

"यह जगद्गुरु संन्यासी शंकराचार्य युवा, वयस्क संन्यासी हैं। उनको वैराग्य हो गया दिखता है। ब्रह्म सत्यम् जगन्मिथ्या वाक्य में उनका अटूट निःशंक विश्वास प्रतीत होता है। सुना है इनके गुरु भगवत् गोविन्दपाद ने उनको नर्मदा का एक अन्जुलि जल पिला कर सिद्ध कर दिया है। सभी सिद्धियाँ इनको सौंप दी हैं। यह आचार्य शंकर अभ्यास कृत योगी नहीं है- जन्मजात सिद्ध ज्ञात होते हैं।"

"और अपने गुरुजी?" पार्वतीनन्दन ने पुनः पूछा।

"दर्शन शास्त्र का सागर हैं-विद्वान् मनीषी हैं।" प्रियंवद ने कहा- "श्रीमान मण्डन मिश्र दिवंगत मीमांसा-धुरन्धर के समकक्ष तथा कुछ ऊपर यदि कोई मीमांसा तथा धर्म शास्त्र का घुरन्धर है, तो अपने श्री गुरो हैं-योगी? नहीं तो, मीमांसा दिवाकर पण्डित प्रभाकर मिश्र योगी नहीं हैं, उदार चरित्र गृहस्थ

आचार्य हैं। अच्छा तो हम चल दिये-इस जगद्गुरु को मैं जैसे आकाश में उड़ते हुए देखना चाहता हूं-देख रहा हूं, मित्र। यह आचार्य शंकर सिद्ध स्वामी आकाश में आगे-आगे और मैं पीछे-पीछे। श्री गुरो भी जैसे धरती से उमड़ कर आकाश की ओर उड़ रहे हों। पुनः एक बार दो विद्याधरों का शास्त्रार्थ होगा; बड़ा ही आनन्द रहेगा, बन्धु।"

पार्वतीनन्दन- "मैं चाहता हूं यह जगद्गुरु श्री गुरो से हार जायें। इनका सिद्धि मद चूर-चूर हो जाय। जगद्गुरु को देखते ही मेरा तो काठ मार जाता है।"

प्रियंवद ने प्रस्थान कर नमस्कार करते हुए कहा- "क्रचक्र!"

क्रचक्र! प्रियंवद का यह शान्त हल्का-फुल्का स्वर जैसे एक घनीभूत शब्द तरंग होकर गगन और व्योमों को पार कर श्री शैल की उपत्यका में शिथिल बैठे हुए- क्रचक्र के कानों में घुस गई; बोला- "कौन बुला रहा है हमें? कौन?"

पट्ट भैरवी ने कन्दरा के द्वार से कहा- "मैं और कौन, स्वामिन्!"

"तू? अब तेरी समाधि टूटी है- नहीं!" क्रचक्र ने हंसते हुए कहा- "तेरी समाधि लगती है अथवा अपने योनि-मण्डल को सिकोड़ कर उसको प्राणायाम द्वारा संकोच कर तू ध्यान रूप हो जाती है? अपनी देह के रूप-यौवन के मद को तू विसर सकती है क्या? वह शंकराचार्य कहता है-भूल सकती है किन्तु हम यह नहीं मानने-योनि अथाह है; वह ध्यान में लीढ़ नहीं हो सकती। स्त्री की योनि में ब्रह्माण्डों के जन्म कुनमुनाया करते हैं, बावरी! योग केवल शंकर ही साध सकते हैं-तू स्त्री नहीं।"

"वाह्! क्यों नहीं-योगिनी होकर रहूंगी।" पट्ट भैरवी ने मुलकते हुए कहा- "आप ही तो कहते हैं, शक्ति सृष्टि की योनि है और वह घोरा कालिका योग माया है- जीव की आदि प्रिया, वल्लभा।"

"है तो।" क्रचक्र उठा और भैरवी की ओर जाते हुए बोला- "तू स्त्री न जाने क्या है? तू जीव के मन की अनबुझी कभी नहीं बुझने वाली काम-पिपासा है और क्या? भव-संसार में धकेलने वाली वीर्य-प्रिया तू स्त्री है रे!"

भैरवी- पुनः हँसी बोली- "पुनः वही राग? किन्तु मैं तुमको भ्रष्ट नहीं होने दूंगी। तुमको उस सिद्ध जगद्गुरु से लोहा लेना है।"

क्रचक्र ने भैरवी के समक्ष गढ़ जाते हुए कहा- "लोहा ही नहीं उसको नष्ट कर देना है, प्रिये! तुम नहीं जानती, यह शंकराचार्य दृष्टिपात मात्र से ही सिद्धि को मानो गला देता है। सृष्टि-तंत्र पर क्या मेरा सत्व नहीं है? है;

किन्तु यह शंकराचार्य मेरे उस अधिकार को निरस्त कर देता है यह आकाश मार्ग से जा सकता है; अन्तरिक्ष में अन्तर्ध्यान हो सकता है; यह परकाया प्रवेश कर सकता है? यह क्या नहीं कर सकता? परन्तु हम भी कम नहीं हैं, हम शंकराचार्य के वध लिये तत्व पुरुष ही का उद्भव करेंगे।"

"काल पुरुष? जो रामचन्द्र के समक्ष गया था? वही न?" भैरवी ने पूछा- "कैसे? काल-पुरुष कोई जीव तो होगा नहीं कि वह रज-वीर्य के सम्भोग से उत्पन्न हो जाये, जिसका आधान मैथुन से किया जा सके।"

क्रचक्र हँसा- "यह कात्यायनी योग विद्या से संभव है। हमने पंचभूतों को एक दूसरे में लीन कर सभी तन्मात्राओं को शब्द भेधी बनाने का अभ्यास प्रायः कर लिया है। शब्द पर पूर्ण वश प्राप्त किया नहीं कि हम तत्वों पर अधिकार प्राप्त कर लेंगे। तत्व? माया के अद्वितीय यौगिक संकल्प से ही मानो आविर्भूत होता है। तन्त्र-मन्त्र के परे मातृका चेतना ही नहीं, शून्य यक्षिणी शक्ति भी देती है-इस शून्य-यक्षिणी को हम आदेश देंगे- तत्व पुरुष को जन्म दे! काल पुरुष? ना रे, तत्व-पुरुष! चाक्षुष मन्वन्तर के अन्त समय में उस ब्राह्मण मनु ने अपने तपोबल से एक तत्व वृषभ ही बना रखा था। उससे वह तथाकथित धर्म का प्रचार करता था।"

"आप धर्म में मानते हैं?" भैरवी ने कहा।

"हम सिद्धि द्वारा जगत् के ऐश्वर्य के निर्विघ्न चिरन्तन भोग में मानते हैं-मंत्र शक्ति से हम सृष्टि के भुवन-बीज को ही हस्तगत कर लेते हैं।" क्रचक्र ने भैरवी को कटि से थामते हुए कहा।

भैरवी ने क्रचक्र की पकड़ से बिछलते हुए कहा- "यह स्त्रैण कामुकता है, छिः! न जाने कितनी तन्वगियों को आपने श्री शैल की गुफाओं में उद्घाटित किया है परन्तु फिर भी।"

क्रचक्र ने उत्ताल हास्य पूर्वक कहा- "वाह! पद्मावती, वाह! व्रजायिनी है तू? तू है क्या? शाकिनी, डाकिनी...."

"डाकिनी।" भैरवी ने कहा- "तनिक पूछ ही लूं- उस युवक संन्यासी शंकर ने आप सब तांत्रिकों का क्या बिगाड़ा है जो उसके समूल नाश के लिये यों कटिबद्ध हो गये हो? शास्त्रार्थ तक तो मैं समझ सकती हूं- किन्तु यह तो वैर है, जो आप शाक्त, कौल, कालमुख-सभी जैसे उस आदित्य ब्रह्मचारी शंकराचार्य से वसूल करना चाहते हैं-यह जन्म जन्मान्तरों का द्विष है, है न मेरे चूड़ामणि।"

क्रचक्र ने सहसा गम्भीर होते हुए कहा- "दो समर्थ एक साथ एक ही पुर में बस नहीं सकते। दो प्रतिद्वन्द्वी एक रमणी को अपना बना नहीं सकते-शक्ति की उपासना के निर्द्वन्द मार्ग में एक अनवरत विघ्न है यह शंकराचार्य। संस्कृति की परम्परा गत धारणाओं को यह मिटा देना चाहता है। ज्ञान का समूचा आधार ही यह उलट देना चाहता है- हम कहते हैं सीधी खुली आंखों से जगत् को, जीव को देखो; किन्तु यह जगत्-विधुर शंकराचार्य कहता है उल्टी आँखों से देखो। शरीर द्वारा भव के लिये जीओ मत-भव-बन्धन से मुक्त होने के लिये जीओ। भैरवी, क्या यह भव बन्धन है? सिद्धियां हों तो यह विचित्र बहु विधि विलक्षण भव-योनियों का स्वप्न-संसार कितना आकर्षक है- भैरवी। प्रारब्ध से यह इन्द्रियाँ घड़ी गई हैं-योग से, शाक्त साधना से इन्हीं इन्द्रियों को परम् बिन्दु तक क्यों न विकसित किया जाय-व्यवाय क्षमी मेढ़ से विश्व- सुन्दरी, सुर-सुन्दरी को चिरकाल तक क्यों न भोगा जाय? वह जगद्गुरु बड़ा चतुर है रे! कहता है यह जगत् तथा भव संसार उस निराकार, निरुपम, अज और अव्यय, कूटस्थ ब्रह्म की एकोहम् बहु स्याम् लीला है तो यह ब्रह्म स्वयं ही स्वैर हुआ या नहीं-स्वयं अपनी सामर्थ्य से माया और अपनी आकांक्षा से भव-पात्र उद्भवित करता है- स्वयं स्वयमेव यह स्वयं का महाकामी स्वैर है, शंकराचार्य का ब्रह्म है न!"

"मुझे ज्ञात नहीं; मैं शंकराचार्य्य से मिली नहीं हूं और नहीं मैंने उनको देखा है।" भैरवी ने कहा- "मैं नहीं चाहती कि शाक्तों, कोलों कालमुखों का यह संघर्ष अब एक दिवस चले। सभी सम्प्रदाय अपने-अपने घेरे में रहें, अपनी मर्यादा पालें-करें अपनी साधना। शंकराचार्य कहाँ आड़े आते हैं, सुनूं तो?"

"यह हमें जड़वादी, अज्ञान-मूढ़, मतिमन्द तथा व्यर्थ कहता है।" क्रचक्र ने दाँत पीसते हुए कहा- "यह शंकराचार्य मानव सभ्यता का वैरी तथा पृथिवी की संस्कृतियों का शत्रु है। इसके लिये शास्त्र प्रामाणिक एवं प्रमाण्य नहीं है-श्रुति! मूढ़ मूक मुनियों की बहके उसको प्रमाण दिखती हैं- यह विज्ञान प्रमाण नहीं है, निश्चिन्त शिथिल कहा सुनी ही इस विलक्षण यती के लिए प्रमाण है। भैरवी, यह जगद्गुरु! उंह जगद्गुरु? एक विचित्र जन्तो है-जीव?"

"आप भी तो विचित्र हैं, संसार रीति के विमुख-विपरीत।" भैरवी ने कहा- "योगी जगत् के विपरीत नहीं होते; भव-संसार के विरुद्ध भी क्या यह होंगे? योगी का जन्म भी तो भव-संसार में ही होता है-भगवान स्वयं क्या सभी

योनियों में नहीं जन्मे? जन्मे। तो आचार्य शंकर भी जन्मे हैं। हमारी यह कौल, कापालिक साधना सत्य है, तो वह युवा यती क्या कर लेगा? आप और शंकराचार्य में विरोध है कहाँ, सुनु तो।"

क्रचक्र ने भैरवी को घूरा-निहारा- "बौद्ध-विहार से क्या इसलिये भागी थी? हम जगत् तथा जीवन में ही मानते हैं और यह शंकराचार्य केवल मोक्ष में ही मानता है-यह जगत् उसके लिये मिथ्या हो सकता है; किन्तु सिद्धि-स्वामियों के लिये नहीं। जीव अपने तन्त्र बल से इस जगत् को स्वयं के लिये सिद्ध करता है, यही जीवन-मार्ग है, कौल मार्ग। इसको यह वेदान्ती लोकायतवाद कहता है किन्तु चार्वाक जन्म जन्मान्तर में नहीं मानते थे-हम मानते हैं; क्योंकि सिद्धियाँ एक जन्म में प्राप्त नहीं होतीं। उसके लिये कल्प के कल्प भव चाहिये। भैरवी, अल्पज्ञ अल्प समर्थ जीव को सर्व समर्थ तथा सर्वज्ञ होना ही होगा और यही कौल-संदेश है। यही वास्तविक उच्चतम संमृद्ध तथा संभृत एवं विश्वस्त जीवन है-जन्मे जाओ, सिद्धि प्राप्त किये जाओ और.....।"

"नारी को भोगते रहो।" भैरवी ने सस्मित कहा- "किन्तु क्या यह सब शरीर सुख प्राप्त करने के लिये साधना नहीं है? कभी-कभी सोचती हूं यह देह इतना अल्प, सीमित समर्थ क्यों है? क्यों नहीं मैं अपनी आयु बढ़ा सकती? जाति मनचाही नहीं ले सकती, क्यों? मैं एक ही देह में अजर-अमर क्यों नहीं हूं-देह, मेरे भैरव! काल-कालिका-अवश्य। किन्तु कौल कालातीत होने के लिये ही साधना करता है। नहीं?"

"कौल मृत्युञ्जय होना चाहता है; सिद्धियों का वल्लभ वह योगियों का सम्राट होना चाहता है।" क्रचक्र ने कहा- "उस निराकार निरुपम अव्यय, अज, ब्रह्म में रक्खा ही क्या है?"

"कहते हैं-वही सत्य है।" भैरवी ने निसास रखते हुए कहा- "आप साधक निश्चयपूर्वक सत्य किसे-क्या-किसे मानते हैं? सत्य को लेकर क्या किसी ने भी एक भी निश्चयात्मक वाक्य कहा है? तक्षशिला में अपने सभी आचार्यों से पूछा करती थी- एक वाक्य में सत्य क्या है बताओ।"

क्रचक्र ने मुग्ध दृष्टि से भैरवी को देखते हुए कहा- "त्रिपिटिका! सच, तुम्हारा उपयुक्त नाम रखा गया है। एक वाक्य में तुम सत्य समझना चाहती हो? तो वह एक वाक्य उस ऐन्द्रजालिक युवा यती के पास है; ब्रह्म सत्यम्; जगन्मिथ्या। भैरवी, वह अपने वेदान्त के चार पाँच महावाक्य कहता है-तुम फिर मेरी भैरवी क्यों बनी?"

त्रिपिटिका ने गंभीर शीर्ष स्वर में कहा- "मैं सत्य जानना चाहती हूं परन्तु क्या सत्य पाना भी चाहती हूं। मेरे भैरव, मेरी चिन्ता अणु मिट कर विराट होने की है-सीमा लांघ कर मैं असीम हो जाना चाहती हूं- तुम घोरा की कृपा चाहते हो; मैं स्वयं घोरा स्वरूप हो जाना चाहती हूं।"

क्रचक्र ने साश्चर्य्य कहा- "तुम घोर कालिका स्वरूप चाहती हो? शक्तिवत् तुम्हारे पूजन के समय तुमने मुझे अभय दिया था। तुमने मुझको अपने वल्लभ की भाँति स्वीकार किया था-"

"और आपने मुझे शक्ति, भैरवी रूप क्यों स्वीकार किया था?" त्रिपिटिका ने पूछा और स्वयं ही उत्तर दिया- "तुम महाकाल सा बन कर देश और काल पर अपना वश चाहते हो। किन्तु मैं? मैं शाश्वत अनादि नारी-शक्ति-शव रूप इस महाश्मशान में योग योगेश्वर महाकाल को अपना दासानुदास चाहती हूं। मैं नर के वक्षस्थल से लगना नहीं चाहती-चिपकना नहीं चाहती। मैं पुरुष के आलिंगन में बन्धना नहीं चाहती। मैं पुरुष का भक्षण करना चाहती हूं-पुरुष? शक्ति के रहते यह पुरुष है क्या? पुरुष मेढ़ और क्या?"

"गणिका रही न तुम?" क्रचक्र ने कहा।

"मैं वंश-परम्परा से गणिका थी" भैरवी ने हँसते हुए कहा- "और आज शक्ति रूपा होकर महातांत्रिक क्रचक्र की मांसल जंघा पर बैठती हूं। इसलिये तांत्रिक महाशय! व्यंग मत करो। यह सृष्टि ब्रह्म की गणिका नहीं है? भगवान् की माया? क्या? गणिका और क्या?"

क्रचक्र उत्ताल अट्टहास्य हंसा; भैरवी को खींच कर अपने विशाल वक्षस्थल में भरते हुए बोला- "नारी मूलतः गणिका ही है, रे।"

त्रिपिटिका ने सहसा स्वयं को वक्षस्थल से छुड़ाने की चेष्टा करते हुए कहा- "यही भेद है एक तांत्रिक तथा वेदान्ती में, संन्यासी में। जिस शंकराचार्य का आप सब महारथी विरोध कर रहे हैं, वह नारी को गणिका नहीं मानता-वह नारी को जगदम्बा, शिवा, महेशानी मानता है। उस उभय भारती को उस विलक्षण यती ने ब्रह्मा की प्रिय भार्या चिन्मयी अष्ट मूर्ति शंकर की भगिनी, वाणी की आद्या, देवता, लक्ष्मी, उमा, सरस्वती क्या क्या नहीं कहा है। तुम तांत्रिक परम् शिव को कामेश्वर तथा महाकाल और उसकी परात्पर शक्ति को घोर कालिका ही मानते हो। तुम तमोगुण के उपासक हो- शंकराचार्य शुद्ध सतोगुण के ही उपासक प्रतीत होते हैं-"

क्रचक्र ने सिर धुनाया; कहा- “वह यती युवा है; नैष्ठिक ब्रह्मचारी है-तभी यह प्रशंसा है। नारी को जितना तांत्रिक जानता है उतना वह संसार-विमुख संन्यासी क्या जानेगा? वह मूढ़ तो।”

भैरवी कड़की- “शंकराचार्य के प्रति अपशब्द क्यों कहते हो? यदि एक तांत्रिक पूज्य है, तो एक वेदान्ती क्या पूज्य नहीं है?”

“नहीं है।” क्रचक्र गर्जा- “शाक्त, कौल के सिवाय सभी साधक मूढ़ हैं, मूर्ख हैं; अपूज्य हैं और, और अन्ततोगत्वा वध्य हैं।”

“वध्य?” भैरवी ठिठक गई; अवाक् सी बोली- “शंकराचार्य्य का वध करोगे?”

क्रचक्र रह-रह कर अट्टहास्य कर बोला- “जो हठ योगी सिद्धियों से वश नहीं किया जा सके, शास्त्रार्थ में जीता न जा सके, उसका वध ही किया जा सकता है। इस जगत् में अन्तिम न्याय वध करना है, सुना! बौद्ध विद्यापीठ में तनिक शास्त्र पढ़ लिये और जिनियों तथा बौद्धों की गुह्य उपासना का यत्किञ्चित् अनुभव प्राप्त किया, उसी से क्या तू जगत्-स्वामिनी हो गई? कामेश्वरी, जगदम्बा और न जाने क्या-क्या हो गई? नारी, तू भैरवी थी, भैरवी है और भैरवी ही रहेगी। शिव महाकाल हैं- कालभैरव हैं और काल भैरवी उसके निर्विघ्न अविराम, निश्चित प्रगाढ़ आलिंगन की चिरन्तन नारी मूर्ति है। मैं नर जगत् सहित, जगत् के द्वारा केवल जगत् कामायनी के लिये ही सृष्टि सम्राट् की भाँति उद्ववित होता हूं-होता रहूंगा, सुन लिया।”

भैरवी थर-थर काँपती हुई फुसफुसाई- “लम्पट।”

“लम्पट?” क्रचक्र पैशाचिक हँसी हँसते हुए बोला- “तो फिर महाकाल सृष्टि का लम्पट ही है, भव-संसार का लण्ठ है। चल, गुफा में चल।”

“नहीं।” भैरवी ने विस्फारित नयनों से क्रचक्र को देखा; बोली- “सतत अविराम मैथुन से मैं क्लान्त हो गई हूं।”

क्रचक्र पुनः पुनः उत्ताल हास्य हँसता रहा; बोला- “तू कोमलांगिनी वामांगिनी है। अनादि से योनि मेढ़ को सतत धारण करती आई है; आधान का यह अविराम चिरन्तन क्रम है-मैथुन से क्लान्त हो गई हो। अर्थात् वृद्धा हो गई हो। और क्या?”

भैरवी छूट कर दूर जा खड़ी हुई; तीव्र स्वर में बोली- “दूर रहो, भैरव! मैं अघा गई हूं-तुष्ट हो-होकर जैसे जीर्ण हो रही हूं-यह देह मुझको एक

शिथिल बोझ प्रतीत हो रहा है-पंचभूतों का यह प्रपंच अन्ततोगत्वा गन्ध, रस, रूप, स्पर्श और शब्द ही तो है। उनका संयोग संघात और क्या? पञ्चम क्रिया द्वारा पुरुष उपरत होता है, ऊर्ध्व रेतन साधता है- यह सब सिद्ध लम्पटता की वार्ता मात्र है। इन्द्रियों का अविराम भोग अन्त में जीर्ण ही करता है- भोग और मोक्ष की यह केवल रंगीन वार्ता भर है-मैथुन से मोक्ष होता है क्या? हुआ है? मैथुन से तो सृष्टि होती है-तुम कौलों ने व्यभिचार को ही आध्यात्म ढंग से साध रखा है-मैं पूछती हूं-देहत्तर कौन सी आनन्द-भावना है?"

क्रचक्र ने घूरते हुए कहा- "तू तब स्वैरिणी है न! कुण्डलिनी योग को तू सिद्ध व्यभिचार कहती है? तेरा बौद्ध पिता क्या कहता है? क्या प्रत्येक बौद्ध सुरि व्रजायिनी की वाम-साधना नहीं करता? दिगम्बर जिनि क्या करता है? यह सब योगी अरण्यवास क्यों करते हैं री? यह सभी कुण्डलिनी जाग्रत करना चाहते हैं-वही महादेवी शक्तिमती, चैतन्यवती आनन्द-कंद अगाधा है- यह मूर्च्छनामय विस्मृत सी आनन्द लहर ही समाधि का लीढ़ ध्यान है-वह कामेश्वरी, शाश्वत शक्तिशाली कुण्डलिनी, शिवानी, अपने महामेढ़ शिव, काल भैरव-नहीं आनन्द भैरव से मिलती है-उस शव रूप चेतना को चिन्मय सुखमय संतोष पूर्ण कर देती है-यह सृष्टि और सृष्टि का भव संसार है- कौल मोक्ष नहीं बताता, कौल चिर-यौवन, अपार रूप तथा अगाध रस ही बताता है-कुण्डलिनी। समझी!"

त्रिपिटिका ने कहा- "विपरीत रति, और क्या?"

क्रचक्र ने सहसा झुंझला कर कहा- "नारी, सीधी-चल।"

त्रिपिटिका ने घूरते हुए कहा- "ऊर्ध्व रेतन? पञ्चम से सिद्ध होता है, मैं मान नहीं सकती। तुम्हारी दीक्षा लेकर तो मैं फँस गई हूं- मैं भोग के परे होना चाहती हूं।"

"अच्छा। तो तू संन्यासिनी होना चाहती है, भैरवी नहीं?" क्रचक्र ने क्रोध पूर्वक दांत पीस कर कहा- "तो जा हो जा संन्यासिनी! जा उस यती शंकर के पास किन्तु तेरे प्रसाधन में मेरा यथेष्ट सुवर्ण व्यय हुआ है-कौन लोटायगा उसको?"

भैरवी ने फुत्कारते हुए कहा- "तब मैं तुम्हारी क्रीतदासी हूं? तब तुमने मेरे रूपवान् युवा देह को धन द्वारा प्राप्त किया है अतः मैं तुम्हारी भैरवी कैसे हूं?"

क्रचक्र ने कहा- “शक्ति पुण्य बल से प्राप्त होती है; भैरवी तो साम, दाम, भेद से प्राप्त करनी होती है। यह वाम मार्ग है घोर अतिशय घोर। यह महाश्मशान का वास है। जीवन के इस मूक मूढ़ भयावह श्मशान में केवल कामेश्वर तथा कामेश्वरी ही बसते हैं- महाकाल-महा भैरव तथा महाकालिका एवं महाभैरवी। मैं तुझे महा भैरवी बनाना चाहता हूं-नारियों के अनेकों देह मैंने छुए हैं, बिंधे हैं, भेदे हैं, तथा उनका उत्तेजक स्वाद लिया है; किन्तु तू-तू तो तू है- तू रूप, यौवन श्रृंगार तथा रति दाक्षिण्य की प्रतिमूर्ति है। तू शुद्ध-बुद्ध नारी है, अपनी रग-रग में उभरी हुई, उमड़ी, अपने राम-रोम में जागृत किन्तु लीढ़! तू यौवन के रस की खानि है, सौन्दर्य की आभा है तू, जीवात्मा की शाश्वत अभिराम है-सुना! मैं तेरा स्वामी नहीं हूं-दासानुदास हूं-तू मेरे लिये सुर-सुन्दरी है, यक्षिणी है!”

“नहीं।” त्रिपिटिका ने सिर धुनाते हुए कहा- “मैं मानव-नारी हूं। मुझको सिद्धि नहीं, नवनिधि नहीं मुझे अपना नर अपनी सन्तति चाहिये।”

क्रचक्र अवाक त्रिपिटिका को देखता खड़ा रहा। तभी जैसे गगन-मण्डल में किसी का हास्य सुनाई दियाः “देख लिया? यह जीवात्म भाव है, अहम्! देख ले, क्रचक्र! यही मिथ्या है, अज्ञान भ्रान्ति है….” क्रचक्र हहर कर स्वयं से ही पुकार उठा- “ऐन्द्रजालिक शंकराचार्य! तू मेरी भैरवी को उच्चाटित कर रहा है- तू मेरी भैरवी को मुझसे छीन रहा है क्या? शंकराचार्य, तुम राजा अमरुक के शव में घुसकर काम को भोग चुके हो-तुम हठ योगी स्वैर हो। अवश्य, यह तुम्हारी ही माया है….”

“चुप रहो, क्रचक्र।” भैरवी ने कहा- “मैंने शंकराचार्य को स्वप्न में भी नहीं देखा है।”

“प्रयास किया था न?” क्रचक्र ने पूछा।

किया था। क्यों न करूं? किन्तु यती शंकर नारी के ध्यान में आविर्भूत जैसे होते ही नहीं।” भैरवी त्रिपिटिका ने कहा।

क्रचक्र व्यंग पूर्वक अट्टहास्य हंसा; बोला- “यती शंकर नारी के ध्यान में आविर्भूत होता ही नहीं? तब वह योगी किस भांति है? हम तांत्रिक तो ध्यानस्थ होकर परात्परा अभिरामा सुर-सुन्दरी की ही प्रतीक्षा करते हैं। जगत् का यह भव-संसार काम-साधना तथा कामोपभोग ही है-यही कामेश्वर-कामेश्वरी का महाकाय योग हो जाता है। मानव-मैथुन से सन्तति प्राप्त होती है; किन्तु कुण्डलिनी महायोग से मन्त्र चिन्मय चैतन्य होते हैं;

सिद्धियाँ दासी बन जाती हैं; यक्षिणियाँ सेवा में अहर्निशि उपस्थित रहती हैं-तांत्रिक साधक की कोई इच्छा अपूर्त नहीं रहती; उसके सभी अभीष्ट पूर्ण होते हैं-मानव-नारी की योनि देवता की ब्रह्म योनि में विकच उठती है और मानव-नर लिंग? महाकाल का आग्नेय शिवलिंग बन जाता है- ज्योतिर्लिंग।"

"ज्योतिर्लिंग?" त्रिपिटिका ने उच्छ्वसित कहा।

"ज्योति।" क्रचक्र स्वयं से ही बोला- "अजर रूप की, अपार सौन्दर्य की, अगाध यौवन के मर्म-मूढ़ रस की दिव्य ज्योति!"

त्रिपिटिका ने कहा- "ज्योति तो केवल आत्मा की ही होती है।"

"कौन कहता है?" क्रचक्र चिल्लाया- "आत्मा ज्योति होता, परम् ब्रह्म सच्चिदानन्द ज्योति होता तो फिर यह अज्ञान का अंधेरा क्यों? कहाँ से? घन तम है- तमार्णव-जाड्यान्धकार, भैरवी! इसी गहन गूढ़ रहस्यमय तम में अनादि चेतनाशील जीव को प्रलयों की रात सोना होता है और कल्पों के दिवसों में जीना होता है। जन्म, साधना, सिद्धि और भोग, यही कापालिकों, कोलों और कालमुखों का सिद्ध वामपन्थ है। इस पन्थ पर आक उगाना यह यती शंकर चाहता है- वेदान्त प्रवृत्ति और निवृत्ति के परे और पार निष्क्रिय नपुंसक मूढ़ों का शून्य पथ है। कोई भी प्राणी इस जगत् में उस पर क्षण भर के लिये भी चल नहीं सकता।"

"शून्य पथ? गगन के परे, आकाश के पार शून्य?" त्रिपिटिका स्वयं से ही बोली- "इस शून्य में तुम्हारे महाकाल का लिंग अनादि अगाध कामाग्नि से जलता रहता है और सृष्टि योनि को बलात् आधानित करता रहता है। यह शिव तुम्हारा मुझे समझ में नहीं आया।"

"तू तो दर्पण में अपना रूप देखा कर और मुस्कराती रह।" क्रचक्र ने कहा- "तू एक निरर्थक नारी निकल गई। जा, चली जा, यदि तू महातांत्रिक कोलाधिपति की पट्ट भैरवी बनी रहना नहीं चाहती-तू मैथुन से थकी, चित्त से नीरस, काम और कामना हीन एक उदासीन नारी मात्र रह गई है।"

त्रिपिटिका ने सहसा कहा- "मैं नारी ही नहीं हूं; मैं नर भी हूं। मुझे ऐसा लगता है मैं जड़ भी हूं- चैतन्य भी हूं। मैं, मैं न जाने क्या हूं? शून्य की एक हूं और एक का अनेक हूं, मैं योनि हूँ; मेढ़ हूं; मैं कार्य हूं- कारण भी हूं। सुना, मैं द्रष्टा- जीजिविषा हूं- देखती रहना चाहती हूं। करना नहीं चाहती, भोगना नहीं चाहती, केवल होना-होती रहना चाहती हूं। तुम्हारा मेढ़ मुझे सृष्टि से भर देता है। नहीं; अब नहीं अनादि से यो ही कल्पों के आधान

लिये तथा अनन्त कोटि गर्भाधानों का कातर बोझ उठा कर मैं आज दिन तक व्यक्त होती आई हूं- मैंने किया क्या है? पकड़ा है; जकड़ा है; थामा है, चिपकाया है; मोड़ा है, तोड़ा है-भेदा है; बींधा है और भक्ष्य किया है। मैं, मैं स्वयं कालिका हूं- किन्तु घोरा नहीं, भद्रा हूं- भद्र कालिका!'

क्रचक्र ने घूर कर कहा- "यह सब तू ने नहीं, मैंने-नर ने किया है। भद्र कालिका? तू? भद्रे! वाह! तू एक शक्ति, नारी मिली है जो सृजनहीन कामिनी होना चाहती है - वन्ध्या। सृष्टि-चेतना क्या वंध्या है। नहीं, सृष्टि स्वयं विश्व-सुन्दरी है- योनि ब्रह्माण्डों की, संसारों की प्रसविका अगाध योनि है। नारी रज है; रजस्वला और प्राणेश्वरी वल्लभा है।"

त्रिपटिका सहसा हँस दी; बोली- "जो कहो; जो समझो किन्तु अब मैं तुम पर आरूढ़ नहीं होऊंगी। मुझको भैरवी आनन्द भैरवी नहीं होना।"

"क्यों?" क्रचक्र ने त्रिपटिका को पुनः पकड़ते हुए कहा।

"इसलिये कि मैं तुमको आत्मसात् नहीं कर सकती; तुम्हारी मुक्ति साध नहीं सकती। मैं तो दैहिक नारी चेतना हूं-नर के मेढ़ में खुभी और उसी के द्वारा भेदित एक शून्य हूं- फिर तुम मुझे पी जाते हो; मुझे तुम भर नहीं सकते। क्या एक जीव का भी तुम मुझमें आधान कर सकते हो?"

"मैं कोल हूं गणिके!" क्रचक्र ने कहा- "मैं इस माया का स्वामी हूं- कौलाधिपति हूं। संसार को शून्य में डूब जाने तथा प्रलयों में लीन होने से उबारना चाहता हूं। ब्रह्मा का दिवस, ब्रह्मा की रात्रि। कल्प प्रलय-यह सब शून्य धारणायें हैं। कल्प ही है, भैरवी! प्रतिलव-प्रतिकाष्टा सम्पूर्ण कल्प ही है-होता ही रहता है। क्या यह परमाणु अल्प ही है? सीमित है? नहीं, यह परमाणु अनन्त है; अगाध है; अविनाशी तथा अनादि है और वह मैं हूं-तू है। प्रत्येक योनि सृष्टि योनि है और प्रत्येक मेढ्र भुवन बीज का स्थापक महत्त्व है-अहम्। वह जगद्गुरु स्वयं को अहम् ब्रह्मास्मि कहता है या नहीं?"

त्रिपटिका के मृणाल बाहुओं ने क्रचक्र की कटि बाँध ली; एक मन्द मुद मुग्ध्य स्वर बोली- "तू ऐसा अनादि नर, मैं ऐसी अगाध चिरन्तन नारी। तब पूछती हूं मृत्यु है?"

क्रचक्र ने त्रिपटिका को अपने आजानु बाहुओं में भरते हुए कहा- "नहीं; मृत्यु नहीं है- जन्म ही जन्म है और सिद्ध मुक्त निश्चिन्त मगन जीवन है। अनादि जीव का शक्ति सिद्ध स्वयं अपार चैतन्य।"

"ब्रह्म?" त्रिपटिका ने क्रचक्र की ग्रीवा में दांत गड़ाते हुए पूछा।

"मैं, मैं-तू-तू।" क्रचक्र ने त्रिपटिका के कंधे को अपनी ड्योढी से भींसते हुए कहा- "उस शंकराचार्य को मोक्ष चाहिये, तो वह ले-हमें तो तेरा, सृष्टि सुन्दरी-तेरा अविराम भोग ही चाहिये। निश्चिन्त निर्भय मृत्युहीन, नाश रहित, क्षय रहित जो सुख है वही भोग है-देह का; सृष्टि का, मेरी अनादि वल्लभे।"

सहसा तनिक दूर से कोई हँसा- "कौलाधिपति!"

क्रचक्र ने त्रिपटिका को मुक्त करते हुए पूछा- "कौन?"

"चण्ड" गम्भीर तीव्र स्वर ने कहा।

"चण्ड-मुण्ड!" क्रचक्र ने कहा और घूम कर पूछा- "क्या है? इस समय अप्रत्याशित!"

चण्ड भैरव ने स्पष्ट होते हुए कहा- "शंकराचार्य उस ब्राह्मण प्रभाकर मिश्र से शास्त्रार्थ कर रहा है-वह प्रभाकर मिश्र केवल पदार्थ जानता है; उसकी वह व्याख्या मात्र कर सकता है। किन्तु वह सिद्ध नहीं है- परास्त हो जायेगा। तब फिर एक बार और शंकराचार्य की दुन्दुभि बज उठेगी। पूछने आया हूं-आक्रमण कब होगा?"

"जब हम तत्वों पर वश प्राप्त कर लेंगे, तब।" क्रचक्र ने कहा।

"परन्तु कब?" चण्ड भैरव ने पूछा।

"क्या कह सकता हूं?" क्रचक्र ने कहा- "यह पंचभूत केवल क्षणों के लिये वशवर्ती होते हैं और परस्पर लीन होते हुए कहीं किसी महा अथाह में अन्तर्ध्यान हो जाते हैं-तत्व? हैं तो। किन्तु तत्व प्राणों के वश में नहीं हैं; और नहीं मन उनको घेर सकता है। चित्त बुद्धि के स्वैर भ्रमों में डूबा रहता है।"

चण्ड भैरव ने सव्यंग कहा- "क्रचक्र महाशय! योनि आपकी अमिट लालसा हो गई है। आप तत्व कब वश कर सकते हैं। सभी भूत, सभी तत्व योनि के अपार रज में गल जाते हैं- पुरुष का चैतन्य, समस्त ओजस् भी उसी योनि में भर शून्य में बह जाता है- अवश्य कुछ अल्प भोगी तथा अल्प जीवी देह तो उत्पन्न हो जाते हैं।"

क्रचक्र ने चण्ड भैरव को घूरते हुए कहा- "चण्ड भैरव! तुम कौलाधिपति के समक्ष हो हमारी अमिट लालसा क्या है, यह हमें ज्ञात है। योनि! तो तुम योनि द्वारा जन्मे नहीं हो- यही न? उद्धिज, स्वेदज और जरायुज-यह एक

ही दृश्य-अदृश्य योनि की उत्पत्ति हैं। यह सृष्टि महत्तत्व की योनि है। इसी योनि से तत्वों का जन्म होता है, समझा?"

चण्ड भैरव ने सिर हिला-हिला कर कहा- "समझा। किन्तु...."

"किन्तु क्या?" क्रचक्र ने कहा- "सिद्धि को मैं पकड़ लेता हूं; किन्तु उस पर मेरा वश टिकता नहीं। पंचभूत मेरी मुट्ठी में बन्द हैं; किन्तु जैसे बिछल जाते हैं- सृष्टि का यह घोर गूढ़ विज्ञान है-माया! वह शंकराचार्य इसको जड़ तम कहता है और यहीं मैं हठात् हो जाता हूं। तब क्या यह सृष्टि, स्थिति, प्रलय-सब, यह काल और उसकी गतिविधि एक विलक्षण जड़ता है? इस जगत के आदि का पता नहीं चलता; इसके अन्त को जाना नहीं जा सकता- तब इसके छलनामय मध्य को क्या किया जाय? इस माया की प्रत्येक गतिविधि क्षण की छलना है क्या? ब्रह्म? इस जगत् के अणु-परमाणु में अद्वितीय शक्ति-चेतना तो है; किन्तु अच्युत परम् तत्व है ही नहीं जैसे। शून्य!"

"सिद्धियों का गर्भाशय!" चण्ड भैरव ने कहा- "जगत् माया? तो माया ही परम् तत्व है। कुछ भी हो, इस शंकर की समाप्ति अनिवार्य हो गई है। इसके शान्त प्रचार से जन-समुदाय जैसे घोर तन्द्रा से जाग रहे हैं। बौद्धों का अटल सा वश टलने लगा है। जिनियों की कठोर तपस्या लोगों को व्यर्थ प्रतीत होने लगी है- अपनी यह ललित तथा घोर शाक्त-साधना सज्जनों को पाप लगने लगी है- नैतिकता! हम जीवन की प्रकृति के चरम् उत्कर्ष में ही मानते हैं और यह जगद्गुरु यावत् जीवन का समर्पण चाहता है? शक्ति-शक्ति रहित होती चले-अहम् निर्वीर्य तथा निर्बीज होता चले, यह चाहता है यह युवा संन्यासी। कल्पना और सभी धारणाओं के परे और पार यह शंकराचार्य अरूप निराकार निर्गुण किसी सच्चिदानंद को ही परम् तत्व कहता है। तब हम शक्ति को ही परम् परात्पर तत्व मानते हैं-"

"हम जगत् का प्रलय मान सकते हैं; मोक्ष नहीं।" क्रचक्र ने कहा- "शंकराचार्य ब्रह्म चैतन्य को ही सत्य, ज्ञान और अमृत कहता है। हम शाक्त जगत्, जीव तथा उसके साधेय वैभव तथा ऐश्वर्य को शाश्वत मानते हैं- हम माया को, जड़ तथा चेतन को यथार्थ मानते हैं। हमारा सत्य जगत् है; जगत् में है। हमारा जीव इच्छा, ज्ञान और क्रिया की सत्य-प्रणीत व्यष्टि है, चण्ड भैरव!"

चण्ड भैरव- "इस तात्विक वार्ता से क्या हम विश्व के शाक्त जगत् को सर्वनाश के भय से मुक्त कर सकेंगे? नहीं। हमें वेदान्त के प्रत्येक विचार

का उन्मूलन करना ही होगा। अभिनव गुप्त को भी यही प्रतीत होने लगा है। शिवा-कालिका-दुर्गा, चण्डी, चामुण्डा! शंकराचार्य को प्रभाकर से शास्त्रार्थ करने से रोकना ही होगा। प्रभाकर हार गया, तो समझ लो हम सब हार गये हैं।"

"शाक्त अपराजित है।" क्रचक्र ने कहा- "शताब्दियों से वेदान्त की यह व्यर्थ शून्य विचारधारा चली आ रही है। जीजिविषा के विरुद्ध, विपरीत, विमुख यह विचार है। मृत्यु भय से भीत जीव को इस निरर्थक रहस्यात्मक धारणा ने जैसे ग्रस रखा है। हमारा संघर्ष बुद्धि की स्वाधीनता और यथार्थ ज्ञान तथा इन्द्रिय भोग की पुण्यशील पवित्रता के लिये है। धैर्य रखो, चण्ड! हम शंकराचार्य पर समय आते ही आक्रमण करेंगे। प्रभाकर हार जायगा? तो उसको हारने दो। इन शास्त्र वेत्ता ब्राह्मणों का पराजय ही अन्त है। विजय केवल सिद्धि की होती है- सब को हमारा सन्देश दे दोः हम शंकराचार्य को शस्त्र से, अस्त्र से, अभिचार और अभिमंत्रण से घेर लेंगे। मारण, मोहन, वशीकरण, स्तम्भन, उच्चाटन सभी से हम इस ब्रह्मचारी को माया में मिला देंगे।"

"निस्संदेह।" पार्वतीनन्दन ने झाड़ियों के धुन्ध से स्पष्ट होते हुए कहा- "जय हो, विजय हो, महातांत्रिक क्रचक्र देव की विजय हो।"

"हम देव नहीं हैं, वयस्क।" क्रचक्र ने गुर्राते हुए कहा- "हम सिद्ध हैं- सिद्धियों के स्वामी, विभूतियों के वल्लभ तथा भूतियों के पति हैं। तेरा आचार्य दिवाकर अब क्या चाहता है? चण्ड! देख लिया, ऐसे शत-शत सहस्त्र निवीर्यों से हमारा पाला पड़ा है। यह पण्डित दिवाकर यों तो ब्राह्मण देह धारी है, किन्तु है यह क्रोधी पण्डित-एक ब्रह्म-राक्षस है। ब्रह्म! पुनः पुनः ब्रह्म सर्वत्र आ ही जाता है। यह वेदान्ती कितने चतुर और कुशल हैं। ब्रह्म योनि, ब्रह्म खानि, ब्रह्म-साक्षात् प्रत्येक स्वप्न में ब्रह्म और प्रत्येक स्मृति में भी ब्रह्म।"

पार्वतीनन्दन ने नमस्कार पूर्वक कहा- "शास्त्रार्थ! श्री गुरो प्रभाकर तीर्थ उस ऐन्द्रजालिक युवा संन्यासी से शास्त्रार्थ करेंगे। वार्ता देश भर में स्वतः ही वायु-वर्तुल की भांति उड़-उड़ कर चक्कर काट गई है। आचार्यवर्य दिवाकर श्री चाहते हैं, आप श्री शंकर को अवाक् कर दें। मूक-उसकी जिव्हा लील लें- उसकी वाणी स्तम्भित कर दें- उसे औचक कर दें।"

"हुं।" क्रचक्र ने कहा- "तथास्तु! हम यह करेंगे, अवश्य करेंगे। यह चण्ड भैरव हमें कामी-कातर तथा काम-मोहित एक नाटकीय योगी मानता है- हम

सब को बता देंगे कि शंकर बोलना चाहते हुए भी बोल नहीं पायेगा। हम वायु मण्डल को शब्द-तरंग से रहित कर गगन में बने रहेंगे। हम गगन-मण्डल को बिन्दुवत् कर उसको अपनी आज्ञा के अधीन कर देंगे।"

पार्वती-नन्दन ने झोले में हाथ डालते हुए कहा- "अवश्यमेव, भवान्।"

क्रचक्र ने तपाक से झपट कर थैली ले ली; सिर हिला-हिला कर कहा- "इस राजशेखर ने हमारा मद रोक रखा है। हम भी जब तक तत्वों पर वश प्राप्त नहीं करते तब तक इसकी घेरे-बन्दी में बने हुए हैं, चण्ड! इस राजशेखर का मस्तक हम तप्त त्रिशूल से भेदेंगे-अवश्यमेव भेदेंगे। उत्तर, मध्य, पूर्व और दक्षिण के वर्णाश्रमी क्षत्रियों को यह राजा हम सब के विरुद्ध संगठित कर रहे हैं- सत्ता ने शस्त्र बल से हमें नष्ट करने का निर्णय कर लिया है। महाकाल! यह कैसी विडम्बना है। यह सब उस वयस्क शंकर के गूढ़ इंगित से ही हो रहा है"

चण्ड भैरव- "बौद्धों ने अपने मत के प्रचार के लिये राजाओं को बौद्ध-दीक्षा देना जिस दिन आरम्भ किया, उस दिन यह सत्ता सम्प्रदायों को परस्पर लड़ा कर नष्ट करने की क्षमता पा गई। देव! सभी सम्प्रदाय के आप्त पुरुषों ने यही किया है- यही करेंगे, किन्तु इसकी अटूट हानि हम भोग रहे हैं। उत्तर-मध्य भारतवर्ष में उज्जयिनी का महाराज सुधन्वा शंकराचार्य का अनुगामी हो गया है। दक्षिण में यह स्त्रैण राजशेखर है- बौद्ध राजा तो जैसे व्रजायिनियों के आलिंगन में बन्ध कर बौद्ध विहारों में विषयों का अबाध भोग करते रहते हैं- बौद्धों के शून्य में जैसे योनि लिंगवत् शक्ति का चमत्कार ही हो रहा है- तब।"

पार्वतीनन्दन ने कहा- "तब क्या भवान्? हम शास्त्रवेत्ता तपस्वी ब्राह्मण हैं- मर नहीं गये हैं। ब्राह्मण कुल का क्या बीज नष्ट हो गया है- नहीं जी। मीमांसा के यज्ञों की वह्नि-ज्वालाओं में यह विलासी सुरी भस्म हो जायेंगे। भोग और मोक्ष! अपूर्व संदर्भ रहित कथन है। इसीलिये तन्त्र ही हमारा एक मात्र उपाय हो गया है।"

चण्ड भैरव- "तन्त्र-मन्त्र सब कामज्वाला में भस्म हो जाते हैं। हम कौलों को महाकाल का तीसरा नेत्र चाहिये। जो कौल काम को भस्म कर सकेगा वही जगत् को जीत सकेगा। क्रचक्र देव! इस यती शंकर ने भुजंग भवानी का अविराम श्रृंगार में आह्वाहन किया है- विपरीत रति रूप शिव का ध्यान किया है किन्तु फिर भी वह जगत् को मिथ्या मानता है; भव-संसार को

मोह और जीव को ब्रह्म की धारणा मात्र कहता है- क्या है यह उसका सच्चिदानन्द? आनन्द? अवश्य। मुक्ति? अवश्य किन्तु वह मेढ़ से मोक्ष तथा योनि से मुक्ति है। भैरवी अपने इस महातांत्रिक भैरव को मुक्त कर दे!"

त्रिपिटिका ने मुलकते हुए कहा- "नारी कभी कामगन्धहीन हो सकती है? नारी को सगुण ब्रह्म पुरुष ही चाहिये। नारी मेदिनी की प्रतीक है, नर गगन का! रज और वीर्य-शुक्र, इस दृष्टि से यह शाक्त साधना ही मुझे उचित प्रतीत होती है। शंकराचार्य और क्रचक्र देव में मतभेद कहां है, श्री चण्ड?"

चण्ड भैरव ने अपनी विशाल दाढ़ी रिमझिमाई; कहा- "यह तो दोनों ही जानते हैं।"

क्रचक्र ने सहसा कहा- "यह यती शंकर सिद्धियों का पुत्र मानता है स्वयं को! हम स्वयं को सिद्धि वल्लभ मानते हैं। हम ब्रह्मानन्द को विषयानन्द का चरम उत्कर्ष मानते हैं। तन्त्र का प्रत्येक मन्त्र सिद्धि द्वारा अक्षय सुख और अमोघ सन्तोष ही देता है। तब यह यती सृष्टि का स्त्रोत ही सुखा देना चाहता है। आश्चर्य तो यह है, यह शंकराचार्य शास्त्र स्वीकार करता है; वर्णाश्रम धर्म मानता है- यज्ञ याग को शिरोधार्य करता है। प्रत्येक देवता और देवी का यह पुजारी बना हुआ है। जगत् की देवों द्वारा यह सन्यासी आराधना करता है तथा वैराग्य द्वारा भव-संसार का तर्पण करता है।"

चण्ड भैरव- "यह विलक्षण वेदान्ती है। शिवा को साधकों की दृष्टि कहता है; दुर्गा सृष्टि की चक्रेश्वरी सम्राज्ञी है उसके मत में। ललिता को गृहस्थाश्रम का देवता कहता है तथा मीनाक्षी? मीनाक्षी कलाकारों की आराध्या है, इस यती की दृष्टि में। इस शंकर ने वर्णाश्रम धर्म का पाप-पुण्य का आधार ही जैसे बदल दिया है-शाश्वत जीव के लिये मुक्ति है वर्णाश्रम धर्म के धारण और पालन के द्वारा तथा संन्यास के द्वारा अमोघ वैराग्य तथा मोक्ष।"

"मोक्ष?" क्रचक्र ने हुंकार की।

"कर्म और भव का पूर्ण-परिपूर्ण शमन।" चण्ड भैरव ने कहा- कर्मेच्छा नष्ट कर दो-मुक्त हो जाओ त्रिताप से और यह होना-होते रहना समाप्त कर दो-मोक्ष प्राप्त कर लो। यह शंकर तो आत्मा की ज्ञानावस्था को मोक्षावस्था ही कहता है।"

क्रचक्र- "सभी वेदान्ती यही बकते आ रहे हैं। हम पूछते हैं समष्टि मोक्ष क्यों नहीं होता? व्यष्ठि के लिये ही तब मुक्ति है- मोक्ष है। असंख्य कोटि प्राणी तब अज्ञान में डूबे रहने के लिये ही हैं-जगत् के सरस भ्रमों को भोगते

रहने के लिये हैं? हम कौल की अवधूत-मुक्ति में मानते हैं भला। हम जीव को सतत् जन्मी नहीं, शाश्वत जन्मी करना चाहते हैं। आद्या कालिका मृत्युञ्जयी परात्पर चेतना है। वह जगत की काल-जीर्णता को अपना एक मुण्ड फूंक कर नष्ट कर देती है। मुण्ड मालिनी है वह-मुण्ड? खोपड़ी नहीं-मुण्ड! चण्ड-मुण्ड! चण्ड यह राग भरा जगत-विजेता-मुण्ड भूत तथा तत्व की सार-चेतना का पुञ्ज। हम यती शंकर को अवश्य ही भस्मीभूत कर देंगे।"

पार्वतीनन्दन ने कहा- "पण्डित जी को क्या कहूं?"

"कहना, हम शंकर को प्रभाकर तक पहुँचने ही नहीं देंगे।" क्रचक्र ने कहा- "दिवाकर को कहना अन्ततोगत्वा उस पद्मपाद को नष्ट करना होगा-यह यती शंकर तत्व-पुरुष से ही नष्ट होगा- अरे वह राघव राम काल पुरुष द्वारा ही तो सरयू की जल समाधि में डुबो दिया गया था। तत्व पुरुष अर्थात् तंत्र-मंत्र की सिद्ध कृति। हम देखते हैं-तत्व-पुरुष की पिंगाक्षों के सामने इस यती की ब्रहम चिति कब तक ठहरती है। हम पञ्चभूतों को वशवर्ती कर महतत्त्व को ही सींच लेंगे। चण्ड भैरव! शास्त्रार्थ हुआ तो हम शंकर पर आक्रमण कर देंगे। तुम पण्डित दिवाकर से कहो, प्रभाकर को शास्त्रार्थ से रोके, अन्यथा?"

"अन्यथा, नाथ?" पार्वतीनन्दन ने भयभीत होते हुए पूछा।

"अन्यथा? संहार और क्या?" क्रचक्र ने कहा- "यह कौल और वेदान्ती का सनातन संघर्ष है, बटुक।"

पार्वतीनन्दन ने उचक-उझक कर कहा- "अवश्य है, महिमन्!"

क्रचक्र ने अन्तिम बार मानो कहा- "हम शंकराचार्य को जीतना नहीं चाहते; हराना नहीं चाहते। हम इस ऐन्द्रजालिक विचित्र यती को समाप्त ही करना चाहते हैं। पण्डित दिवाकर को कहना-शंकर को मैं संभाल लूंगा-वह पद्मपाद को दुरस्त कर दे।"

"दुरस्त?" पार्वतीनन्दन ने पूछा।

क्रचक्र- "जड़ मूल से समाप्त! नष्ट! कह तो दिया! पद्मपाद की पञ्चपदी तो एक मिस है। रोग की जड़ शंकर है, रोग यह पद्मपाद है।"

"रोग यह पद्मपाद?" क्रचक्र का यह कथन पार्वतीनन्दन के चित्त में जैसे चुभ गया। अवश्य इसी ने मातुल श्री को यों क्लान्त कर रखा है। यह कुल कलंक भ्रष्ट यती पण्डित दिवाकर ही नहीं, सभी की एक ज्वलन्त आशा था। समस्त पुर के सभी पण्डितों के शिरोरुह मातुल श्री का यही तो वारिस था-अच्छा हुआ, यह सनन्दन जोगी हो गया। वह न होता जोगी और न

यह घाघ मातुल मुझे अपना सत्वाधिकारी मनोनीत करता। पार्वतीनन्दन एक धार चलता रहा। मामा-भानुज को यों परस्पर लड़ने देना चाहिये; तभी मेरा कल्याण है। यह राजनीति है, पार्वतीनन्दन! सूक्ष्म, सूक्ष्मतर-सूक्ष्मतम चाल है-दाक्षिण्य। मातुल में कहीं कमजोरी न आ जाय- अन्ततोगत्वा यह रक्त का विषय है। रक्त-सभी चेतनायें जैसे रक्त रूप हैं- बहती रहती हैं। नन्दन पार्वती पद्मपाद का अन्त शीघ्र हो, ऐसा ही गूढ़ उपक्रम करना चाहिये तुझे। मूर्खानन्द! जीवन में यह अब अन्तिम अवसर है! देखा? कैसा उद्दीप्त किया उसको? पञ्चपदी को दिखाने और यों अपना वर्चस्व सदैव के लिये स्थापित करने के लिये यह वैशाख नन्दन मातुल श्री के पास जायगा। कब जायगा? तभी जायेगा जब शंकराचार्य इंगित करेंगे किन्तु कहीं वह रहस्यमय आचार्य मना कर दें तो? मना? कैसे करेंगे? एक ही व्यंग में सीधे आ गये, जगद्गुरु! हम पण्डित प्रभाकर मिश्र से शास्त्रार्थ करेंगे। वाह! कहाँ तो ब्रहम-स्वरूप होकर शास्त्रार्थ की आवश्यकता ही नहीं मानते थे। निरंकार हैं; क्यों कहेंगे? क्यों बोलेंगे? क्या फिर शास्त्रों से मस्तक फोड़ेंगे? यह वेदान्त विचार तो आकाश की भांति है-धरती के मार्ग की भांति नहीं। उड़ते चले जाओ आकाश में पार्वतीनन्दन! आकाश में उड़ना? वाह् इन पक्षियों को आकाश गमन में कैसा अभूतपूर्व सुख मिलता होगा? यह पक्षी-योनि भी बड़ी विचित्र, पार्वतीनन्दन! उड़-उड़ कर गगन की सैर करो; वृक्ष घटाओं में रहो-पक्के फल खाओ और चहचहाओ-पक्षी। रंग-बिरंगे पंख; रत्नों जैसी चमकीली निष्पाप अँखियाँ और ठुमुकते हुए पैर! कम्बु-कण्ठ! स्वरों की बोलियाँ-ध्वनि-प्रतिध्वनियाँ यह मानव-योनि तो आधि-व्याधि-उपाधि का भण्डार है-खानि है। आधि से लदे जाओ; व्याधि से सिके जाओ-उपाधि से फूले और फैलते जाओ-परिणाम? रोग, शोक, यातना। पार्वती, तू पक्षी होता तो निश्चिंत तो रहता? आम्रकुञ्ज की एक घनी घटा में सुख की नींद सो सकता था; भूख लगने पर परिपक्व मधुर फल खा सकता था और भय लगने पर सुदूर-दूर उड़ जा कर छिप सकता था और मादा की चाह लगने पर बिना विवाह आदि के संभोग कर सकता था। तब पक्षी का भव निस्संदेह मानव-भव से अधिक सुखकर है? नहीं? किन्तु बाज पक्षी जगत् में है; तीव्र आग्नेय दृष्टि से देखने वाले विकराल पक्षी भी हैं-चील। वह घिनौना काक कौव्वा। यह कौव्वा कैसा विलक्षण है? श्याम रंग की सभी छाइयों से बना सुघड़ उसका तन है-उसकी चंचुका क्या कहना? शमील चमकती हुई ग्रीवा-उभरे मढ़े पंख

और नखराले पाँव। गहरी तमखारी, मटमैली, पीली-सुवर्ण के धुरों की बनी आँखें। वाह! काक! निस्संदेह तू कौवों में राजकुमार है- हंस मध्ये बको यथा। बक! तब कौआ नहीं? बक तो पक्षियों का ढोंगी यती है- जगद्गुरु है और क्या पार्वतीनन्दन!

"तेरा सिर।" मातुल श्री गर्जे।

"जी! मेरा सिर आपके चरणों में!" पार्वतीनन्दन ने कहा और प्रणाम पूर्वक कहा- "जी!"

"क्या कहा क्रचक्र ने?" मातुल श्री ने पूछा।

"जगद्गुरु शंकराचार्य्य प्रभाकर मिश्र के नन्दनवन जैसे आश्रम तक पहुँच ही नहीं पायेंगे।" पार्वतीनन्दन ने कहा- "इस बार क्रचक्र महातांत्रिक एक तत्व पुरुष का प्रयोग करेंगे।"

"तत्वपुरुष?" मातुल श्री ने भवें उझक कर पूछा।

"छत्तीस तत्त्वों का आग्नेय पुरुष।" पार्वतीनन्दन ने कहा।

"क्या है वह? तुझे बताया क्या?" मातुल श्री ने आतुरता पूर्वक पूछा।

"अवश्यमेव, स्वामिन्। मैंने महातांत्रिक से दीक्षा लेने की सोची है। आपश्री तो मुझे चाहते नहीं। गुरुधाम में आग लगा दी-अब मेरे लिए यहाँ शेष ही क्या है?" पार्वतीनन्दन ने कहा- "क्रचक्रदेव का शिष्य बन कर पंचभूतों पर वश तथा तत्वों पर सत्वाधिकार प्राप्त करूंगा। फिर पलक में रत्नों से जटित स्वर्ण के बने अनेक गुरोधाम निर्मित करूंगा। अवश्य करूंगा। एक दृष्टि से इन वेदान्तियों को जला कर भस्म करूंगा-हाँ स्वामिन्! अपना यह गुरुधाम अपने पास रखो। जिस दिन मैं नहीं हूँगा, उस दिन पद्मपाद के चरण पकड़ने पड़ेंगे आपको-वह आ रहा है न पञ्चपदी लेकर! अब?"

"इसीलिये तो तुमको क्रचक्र के पास भेजा था।" मातुल बोले।

पार्वतीनन्दन ने सस्मित कहा- "क्रचक्र महा-महातांत्रिक है-उसको अहर्निशि, मद चाहिये। तांत्रिक को वारुणी और वामा चाहिये, श्रीमन्! दीजिये और लीजिये।"

"दीजिये और लीजिये।" पार्वतीनन्दन ने पैशाचिक हास्य हँसते हुए कहा- "मद तो ले लिया किन्तु उसे वामाङ्गिनी चाहिये-"

"स्त्री?" मातुल श्री ने पूछा।

"अवश्यमेव स्त्री, स्वामिन्!" पार्वतीनंदन साँस थामते हुए बोला- "सहस्र दल हाथी पर; सहस्र भैरवियाँ; सहस्र बलि। सहस्र मरण मांस, रुधिर,

मज्जा और सहस्र हड्ड-दण्ड और खोपड़ियां। सहस्र करवाल-परशु- शतघ्नी-बाण। पद्मपाद को समाप्त करना और शंकराचार्य को रोकना कितना कठिन दुस्साध्य कार्य है?"

मातुल श्री ने भवें तरेर कर एक की; कन्धे उझके; पैर पटके; बोले- "यह सब उस तांत्रिक को भेंट करूं तब श्री गुरो जीतें; शंकर हारे और यह सनन्दन समाप्त हो-यही क्या?"

पार्वतीनन्दन ने मुंह बिचका कर कहा- "मैं तो यही समझा हूं-"

मातुल श्री ने सहसा गर्जना पूर्वक कहा- "हम स्वयं ही इस विषम परिस्थिति को सँभालेंगे। श्री गुरो अवश्य ही जीतेंगे; यह सनन्दन पञ्चपदी लेकर हमें दिखाने नहीं आ पायेगा और आयेगा तो हम इस अपमान का वैर लेकर रहेंगे। हम भी मंत्र जानते हैं- साधना जानते हैं। मैं क्या कोरा पोथी- पण्डित रहा हूं?"

पार्वतीनन्दन ने सहसा पूछा- "आप श्री पूर्वजन्म में क्या थे; अवश्य गरुड़ थे अथवा जटायु? मैं तो पूर्वजन्म में ब्रह्मा का हंस था; फिर शिव का नन्दी हुआ और इस भव में आपश्री का भृत्य हुआ हूं।"

"सत्वाधिकारी है तू पार्वती!" मातुल ने सिर धुन कर कहा- "इस संसार में तेरे सिवाय अब मेरा कौन है? मेरा वंश न सही, मेरा गौत्र तो चलना ही चाहिये और यह तू चलायगा।"

"गोत्र तो ऋषि का होता है।" पार्वतीनन्दन ने कहा।

"ऋषि का मण्डल होता है और आचार्य का कुल गोत्र होता है।" मातुल ने सहसा जैसे कुछ निश्चित करते हुए कहा- "हम तुझे श्री गुरोधाम के पण्डित दिवाकर आचार्य के कुल का सत्वाधिकारी शिष्य नियुक्त करेंगे- अवश्य, यह हमारा वचन है तुझे पार्वती! बस, ऐसा करो कि शंकर कावेरी तट से आगे जा ही न सकें और सनन्दन पुर सीमा में पैर रखते ही भस्म हो जायें- समाप्त।"

"अवश्यमेव।" पार्वतीनन्दन ने हुंकार भरते हुए कहा- "पञ्चपदी आपश्री को दिखाने के लिये मैंने ही उस जोगटे को व्यंग किया था।"

"यह मेरा अपमान है।" मातुल श्री ऊर्ध्व स्वाँस लेते हुए बोले- "इसका तात्पर्य यह हुआ कि वह मुझसे ज्ञान और विज्ञान में बड़ा है। उसका गुरु सर्वसमर्थ है-वह भस्मीभूत पुस्तक को पुनः सजीव साक्षर कर सकता है और यह सनन्दन श्री गुरो, श्री गुरोधाम सभी कुछ को झुठला सकता है। तब वह सिद्ध है, बुद्ध है और मैं? एक अनाथ, पददलित, अपमानित ब्राह्मण हूँ

जो शास्त्रार्थ करता तथा कराता रहता है- जो यज्ञों के हव्यकव्य पर जीवित है-जो एक पुराणों का कथाकार भर है तथा स्मृतियों का अनुवादक भर है। क्यों? यही न?"

"यही-यही तो!" पार्वतीनन्दन हुमुसा।

"तब मैं प्रतिज्ञा पूर्वक कहता हूं मेरा अपमान कर यह सनन्दन क्या जीवित अपने गुरु के पास जायगा? नहीं। चल, तेरा श्री गुरोधाम के सत्वाधिकार की भाँति तिलक कर देता हूं- तू मेरी शेष सम्पत्ति तथा सम्पदा का उत्तराधिकारी भी होगा, समझा, तू, पार्वती! इस सनन्दन को मैं समझ लूंगा- अवश्यमेव समझ लूंगा! या तो सनन्दन ही जीवित रहेगा; अथवा मैं ही। हम दोनों एक साथ इस पृथिवी पर जीवित बने नहीं रह सकते। यह मेरा ही नहीं, समस्त मीमांसा शास्त्र तथा उसके सिद्ध प्रतिष्ठित आचार्यों का अपमान है। यह समूचे वैशेषिक, न्याय, सांख्य, मीमांसा सभी दर्शनों की पराजय है- आर्यों की वैदिक सभ्यता तथा अनादि संस्कृति पर कुठाराघात है। ब्रह्म! सब ब्रह्म है। सिर तुम्हारा। मैं कहता हूं जीव और प्रकृति अनादि है। ईश्वर? होगा। और यदि ईश्वर है तो वह भी अनादि है। मैं कहता हूं जीव का मोक्ष नहीं होता, प्रकृति का सदैव के लिये लय नहीं होता और देवत्व तथा स्वर्ग शाश्वत है- परम् लक्ष्य तथा परम् धाम हैं। चल!"

मातुल श्री ने भयभीत से पार्वतीनंदन का हाथ पकड़ा और श्री गुरोधाम की ओर लपके। आसन पर पार्वतीनन्दन को बिठाते हुए बोले- "बैठ! तू आज और अभी से मेरा सत्वाधिकारी, मेरा उत्तराधिकारी है-जा!"

और मातुल श्री ने पार्वतीनन्दन के ललाट पर तिलक कर दिया- "अब मैं निश्चिन्त ही प्रभाकर मिश्र श्री गुरो के चरणों में जा रहा हूं। मैं उस सनन्दन की छाया को भी देखना नहीं चाहता।"

पार्वतीनन्दन ने पण्डित दिवाकर को साष्टांग प्रणाम करते हुए कहा- "मेरे पिता, मेरे गुरु! मेरे आचार्य! आपकी जय हो! इस दक्षिणायन से मैं इन वेदान्ती साधुओं, यतियों और संन्यासियों का मूलोच्छेद कर दूंगा- आपका वरद् हस्त बना रहना चाहिये।"

पण्डित दिवाकर मातुल श्री ने अपना वरद् हस्त पार्वतीनन्दन के सिर पर रखा और कहा- "श्री गुरो तुम्हारा कल्याण करें। अब हम चलते हैं। क्रचक्र, उस महातांत्रिक से कह देना, हम स्वयं ही जगद्गुरु को रोक देंगे। श्री गुरो कभी भी स्वप्न में भी हार नहीं सकते। श्री गुरो सद्गृहस्थ ब्रह्मचारी हैं; मूक

साधक हैं; मनीषी और शास्त्र की धुरी हैं। मण्डन मिश्र हार गया तो क्या हुआ? वह तो माना हुआ विद्याहंकारी था; रसिक था; षंढ गृहस्थ था। यह मण्डन मिश्र एक वैभवशाली वर्चस्ववादी व्यक्ति था। तो वह हार गया-नाक कटवा कर संन्यास लेना पड़ा। श्री गुरो प्रभाकर मिश्र तो दर्शन के ध्रुवतारा हैं- समझा?"

"अवश्यमेव ध्रुवतारा हैं।" पार्वतीनन्दन ने कहा- "श्री गुरो ही जगद्गुरु हैं-हम उनको जगद्गुरु प्रतिष्ठित कर रहेंगे, पिता!"

"पिता!" मातुल श्री रग-रग में उमड़े; रोम-रोम में सिहरे और पार्वतीनन्दन को आलिंगन बद्ध कर, सिर सूंघ कर बोले- "मेरे वत्स! मेरे पुत्र! मेरी विद्या और विद्वत्ता के गोत्रधर, मेरे कुल दीपक।"

पार्वतीनन्दन विभोर होकर बोला- "आज जीवन सफल हो गया। अब तो आशीर्वाद दीजिये, पिता श्री! विवाह हो जाये।"

"विवाह?" मातुल श्री बमके- "गृहस्थ की यह श्रृंखलायें रजत और सुवर्ण की बनी होती हैं- यही भव-बन्धन हैं। क्या करेगा? ब्रह्मचर्य का एकनिष्ठ पालन कर, पार्वती! और अमोघ मेधा उत्पन्न कर! सारी सृष्टि का ज्ञान तुझमें उद्भवित हो जायगा। समझा, जो भूल हमने की, वह तू क्यों करेगा, वत्स! विवाह और गृहस्थी का परिणाम देख लिया? तेरी मामी मां छोड़ गई; सगे सम्बन्धी दूर हट गये और मैं एकाकी, त्यक्त तथा बहिष्कृत सा प्रेत हो गया हूं- तो हूं प्रेत। इन एक-एक को दिवस तारे दिखा दूँगा। तुझे श्री गुरो का तपस्वी शिष्य तथा ज्वलन्त आचार्य बनना है-ऋषि!"

"ऋषि!" पार्वतीनन्दन स्वमगन होकर चिहुंका- "महर्षि।"

"मीमांसा को ऋषि चाहिये ऋषि।" मातुल श्री ने मानो धरती और आकाश को कहा- "गौतम, कपिल, कणाद जैसा ऋषि। मीमांसा को वेद व्यास जैसा धीमान् मनीषी काल-द्रष्टा चाहिये। अवश्य चाहिये और वह तुझको होना है, समझा! कितना चाहता था, सनन्दन ऐसा ही तपोधनी ऋषि बने; किन्तु उस कृतघ्न लण्ठ ने तो सबको डुबो दिया। इस श्री पुर की सनातन मीमांसा परम्परा को बट्टा लगा दिया-कलंक।"

"सनन्दन का यह घोर पाप है, पिता श्री! गौ हत्या, ब्राह्मण हत्या और सभी ऐसे घोर महापातकों से भी महापातक इस आपके भानुज ने किया है।"

"वह मेरा भानुज था, पुत्र से भी बढ़कर था, अब नहीं।" मातुल श्री गर्जे- "अब वह एक कुल- कलंक घातकी हत्यारा है। उग्र भैरव की हत्या अमिट है।"

"हाँ, विसर ही गया था।" पार्वतीनन्दन ने कहा- "महातंत्राधिराज क्रचक्र देव चाहते हैं, उग्र भैरव की निर्मम हत्या का बदला आप श्री लें।"

"मैं लूं, किससे?" मातुल श्री जैसे समझते हुए बोले।

"सनन्दन से?" पार्वतीनन्दन ने अपने भविष्य की अज्ञात चिन्ता से प्रेरित होकर कहा।

"हुं।" मातुल श्री ने हुंकार की- "सनन्दन से।" फिर उत्ताल पैशाचिक हास्य हँसते हुए वह पुनः बोले- "उस लण्ठ कुल कलंक से एक नहीं, कई हत्याओं का वैर वसूल करना है। उसने जीवित ही तिलोत्तमा को मृतवत् कर दिया है। गौरी को प्रेत बना दिया है और मेरे सारे कुल को निर्जीव सा कर दिया है। इस कपूत व्यर्थ अपदार्थ ने हमारी आशा-लौ को ही बुझा दिया है। वह सन्यासी नहीं हुआ है-उसने हमें संन्यास दे दिया है। श्री गुरोधाम को श्मशान बना दिया हैं-सनन्दन से वैर वसूल? ऐं? किया जायगा-तुझे भी करना है; मुझे भी।"

सनन्दन! वैर! प्रतिहिंसा? यह शब्द मातुल श्री के चित्ताकाश में प्रेत ध्वनियों की भांति गूंजते थे। प्रभाकर मिश्र के मनोरम्य आश्रम को पण्डितों का समूचा संघ लेकर मातुल श्री चल पड़े थे। मार्ग में पण्डितों ने अन्य सहयोगी पण्डितों का संघ में स्वागत किया। परस्पर विश्वास बाँधते और बँधाता हुआ यह श्री पुर का श्री गुरो-संघ चल पड़ा था। लहरीले कुण्डलाकार महासर्प की भाँति कलरवों और उद्घोषों से मन्थर यह संघ पुरों और नगरों के लिये एक कुतूहल ही हो गया। कावेरी के तट पर जगद्गुरु शंकराचार्य को पकड़ लो-थाम लो। इधर से श्री गुरोसंघ, उधर से क्रचक्र का वेश बदला हुआ याज्ञिकों का दल-घेर लो इस वयस्क यती को। देखें, क्या करता है यह जगद्गुरु? जगद्गुरु? स्वयं ही जगत् का गुरु बन गया। उसके शिष्य, सेवक, पथानुगामी सभी इसको जगद्गुरु उद्घोषित करते फिरते हैं-माहिष्मती के मण्डन मिश्र को क्या हराया, यह जगद्गुरु जगद्गुरु हो गया? इस जगद्गुरो को उसके पट्ट शिष्यों सहित पुनः हिमालय की कन्दराओं में नहीं धकेल दिया तो कहना। श्री गुरो की गुह्य दृष्टि से यह यती मण्डली ठक् हो जायगी- श्री गुरो के मंत्र-मुग्ध स्वर से ही यह यती सम्मोहित हो उठेगा। अवश्य शंकराचार्य? परास्ताचार्य-प्रति हिंसा उग्र भैरव की हत्या का प्रतिशोध। अवश्य-अवश्यमेव।

19

जगद्गुरु शंकराचार्य और मीमांसा चक्रवर्ती पण्डितमन्य महामहोपाध्याय प्रभाकर मिश्र का शास्त्रार्थ हो रहा है। यह समाचार दक्षिण और उत्तर के पण्डितों तथा विद्वानों, मनीषियों, यतियों तथा संन्यासियों में वायु वेग से फैल गया। शंकराचार्य, जगद्गुरु के संघ में मण्डन मिश्र हां, हाँ, पूर्वाश्रम के विधा वारिधि मण्डन मिश्र भी हैं। उत्तर और दक्षिण में मिश्र शास्त्रार्थ की चर्चा मन्दिरों में चौराहों और मण्डलों में होने लगी। पनघट पर साक्षर महिलाओं में मुँह बिचका कर वार्ता होने लगी- मण्डन मिश्र के तो भारती थी। इस प्रभाकर मिश्र के तो वीणा भी नहीं है। भारती ने जगद्गुरु को एक बार तो निरुत्तर कर ही दिया था। एक ओर एक महिला थी; दूसरी ओर आकाश मार्ग से आवागमन करने वाले शिव स्वरूप योगीराज-शंकराचार्य। परन्तु देश की महिलाओं की लाज रख ली, उभय भारती ने। एक युवती ने गागर उठाते हुए कहा था- "कुछ भी हो, यह हमारे पण्डित बाप-दादे हमें वेद देखने तक नहीं देते। पढ़ने की तो बात ही दूर रही। स्त्री का जन्म ही ऐसा है। स्त्री घर की लक्ष्मी है- उसको इन देवताओं की बातों से तात्पर्य?" कुछ अधेड़ महिलाओं का मत हुआ, यह सब पुरुषों की ही बातें हैं। शास्त्र और शास्त्र पुरुषों के ही विषय रहे हैं। अवश्य, क्षत्राणियां शस्त्र-अस्त्र जानती थीं और कभी-कभी लड़ती भी थीं-युद्ध की तैयारियों में सहायता करती थीं; किसी कुशाग्र बुद्धि महिला ने व्यंग भी किया था-पुरुष युद्ध तो स्त्री अथवा भूमि के लिये ही करते आ रहे हैं। महाभारत का युद्ध यों तो सूचीभेद्य भूमि के लिये हुआ; किन्तु राज महिषी द्रोपदी ही इस युद्ध का मध्यस्थ कारण थीं। इस संसार में राज, स्त्री, सम्पदा तथा वैभव के लिये पुरुष लड़ते ही आये हैं-तभी तो उनको ज्ञान-विज्ञान की आवश्यकता होती है। स्त्री? स्त्री तो कान्ता है; प्रिया है; जननी है-मां है। स्त्री ही वसुन्धरा की श्री और सुकृति है। उसको वेद मंत्रों के उच्चारण से तात्पर्य ही क्या? स्त्री को उसके पति और सन्तान से ही वास्ता है-नाता है। स्त्री ही भव-संसार है। उभय भारती ने अपने भव-संसार की रक्षा के लिये ही तो जगद्गुरु को हथिया लिया था- काम कला पर प्रश्न किया। वाह रे! क्या प्रश्न किया है

आदित्य ब्रह्मचारी से? किन्तु जगद्गुरु ने भी अघटन घटना ही कर दी। राजा के शव में प्रविष्ट होकर काम शास्त्र का ज्ञान सजीव किया। आश्चर्य है! तब यह पण्डित प्रभाकर मिश्र क्या जीतेंगे? जिस सन्यासी आदित्य अखण्ड ब्रह्मचारी को उभय भारती जीत नहीं सकीं, वह इस शास्त्रवेत्ता चिन्तक किन्तु गृहस्थ पण्डित मन्य से क्या हारेगा? ब्राह्मणों में आतुर कोलाहल मच गया। अब यह जगद्गुरु फंसे हैं। विपक्ष में माहिष्मती का रसिक शिरोमणि वंश परम्परा का सम्भृत और सम्पन्न गृहस्थ नहीं है- समक्ष तपस्वी, मौन शास्त्र अध्येता तथा पदार्थों का दिग्विजयी द्रष्टा है- महामहोपाध्याय तर्क-चूड़ामणि, शास्त्र दिवाकर पण्डित प्रभाकर मिश्र हैं। क्षत्रियों में उत्सुकता बढ़ चली-एक बार और एक महान शास्त्रार्थ! धन्य भारत-वसुन्धरा। तू सनातन से अस्त्र-शस्त्र और शास्त्रों का संघर्ष संजोती ही आई है। भारत- भूमि! तू अस्त्रों का मंत्र बल, शस्त्रों की धार तथा शास्त्रों का विजयी वाङ्मय है। तू ऋषि-मुनियों का एकान्त ध्यान है, तू जगत् की सार्थक रमणीय दृष्टि है। तू काल की द्रष्टा मायाविनी राज राजेश्वरी है। अवश्य, ब्राह्मणों के लिये तू वेदमूर्ति ज्ञान-गंगा है। क्षत्रियों के लिये धर्मक्षेत्र का कुरुक्षेत्र है; वैश्यों के लिये तू रत्नाकर की भव्य तट-वर्तिनी धरित्री है और शूद्रों के लिये तू सन्तोष की गति विधि की प्रार्थना है। भारत भूमि! तू दिव्य है; भव्य है- तू जगदम्बा है।"

"जगदम्बा!" महाराज राजशेखर ने आचार्य शंकर से सहज ही पूछा- "गुरुदेव! जगदम्बा?"

आचार्य शंकर ने सस्मित कहा- "स्थूलवत् पृथिवी ही जगदम्बा है, राजशेखर! सूक्ष्मतः वह परा-अपरा चेतना है और पारमार्थिक रूप में वह ब्रह्म स्वरूपिणी है- महामाया, योगमाया!"

राजशेखर ने ऊर्ध्व श्वांस लेते हुए कहा- "अवश्यमेव, प्रभो! किन्तु लोगों ने इस पृथिवी को सता रखा है, तपा रखा है- पीड़ित कर रखा है। निरन्तर युद्धों से यह धरती क्षत-विक्षत हो गई है और मनुष्य दीन तथा पराधीन होता चला गया है। शास्त्रार्थों से इस पृथिवी पर बुद्धि के भ्रम जाल ही बढ़े हैं-"

"यही तो।" आचार्य शंकर ने कहा- "कहते जाओ, जगत् की वार्ता समाप्त नहीं होती; विचारते रहो; किन्तु विचारों का अन्त होता नहीं- भोगते जाओ; जगत् के भोग की इति श्री होती नहीं। जन्मते जाओ, मरते जाओ-मोक्ष मिलता नहीं, तब तक जब तक जीव भव की अंधेरी रात के अन्त में अपने

ही आत्मालोक में जाग जाता नहीं। जीव का अर्थ ही जगत् है; भव संसार है- वह मिथ्या है, जो है भी नहीं भी।"

"अज्ञान!" आचार्य पद्मपाद ने कहा- "इस बार पञ्चपदी के आलेखन से जैसे सभी संशय कट गये हैं। ज्ञान-अज्ञान जैसे समझने की वस्तु है ही नहीं, अनुभव करने का विषय है। प्रत्यक्ष है, ज्ञान और अज्ञान भी जैसे प्रत्यक्ष ही है। जी, गुरुदेव!"

राजेश्वर ने कहा- "जगद्गुरु के साथ प्रत्येक क्षण ज्ञान लाभ का क्षण है- प्रत्येक प्रहर संसार को भूलने का प्रहर है। इन कौलों, कालभोजों को अब निपटना होगा, प्रभो!"

आचार्य शंकर ने सस्मित किन्तु आश्चर्य सहित पूछा- "क्यों, राजन्!"

राजशेखर ने विहंसते हुए कहा- "इस संघ को घेर कर सशस्त्र कौल चल रहे हैं। प्रभाकर मिश्र के आश्रम तक पहुंचने के पूर्व ही कोई काण्ड न हो जाय। हमारे दुर्मुखों ने बताया है कि संघ पर आक्रमण होगा-"

आचार्य शंकर ने कहा- "हम क्या सशस्त्र प्रतिकार करेंगे? नहीं तो। हम संन्यासी युद्ध नहीं करते, राजन्!"

महाराज राजशेखर ने प्रणाम पूर्वक कहा- "सत्युत् है, प्रभो! किन्तु ऐसा लगता है यह देश जगद्गुरु के अरियों से भर गया है और अब यह उफन रहा है। बौद्ध और जिनि पृष्ठगत हो गये हैं- आगे कर दिया है इन वाममार्गियों को। राजा कब तक हाथ पर हाथ धरे बैठा रहेगा? देखता रहेगा? दुष्टों और आतताइयों का दमन करना राजा का कर्त्तव्य है- राज अर्थात् राज दण्ड, स्वामिन्!"

"क्रचक्र इतना प्रबल हो गया है क्या?" आचार्य शंकर ने हंसते हुए कहा- "इस शरीर के जन्म के प्रथम दिवस से ही यह तांत्रिक विरोध करता आ रहा है- हमें नष्ट करने का उसने जैसे व्रत ले रखा है। उग्र भैरव के पीछे भी यह क्रचक्र देव थे किन्तु क्या मैंने किसी भी सम्प्रदाय का अहित किया है? मैं खण्डन-मण्डन नहीं करता; मैं तो परम् तत्व की ज्ञानज्योति ही प्रज्जवलित करता हूं। विषय साधना वाममार्ग तथा हठी शास्त्रार्थ सत्य से कोसों दूर रहते हैं। हम इन प्रभाकर मिश्र जी से शास्त्रार्थ न करते, यदि उनके प्रतिनिधि ने पद्मपाद की टीका जलाई नहीं होती। यह आचार्य का कर्त्तव्य है कि शिष्य अथवा दूत को संयम और शान्ति में बनाये रखे। प्रभाकर मिश्र मीमांसा दर्शन और अपने श्री गुरु मत को अन्तिम सत्य मान बैठे हैं- तभी तो वह

इतने निश्चिन्त मगन तथा उदासीन हैं। मण्डन मिश्र तो शास्त्र की विधि तथा दर्शन की मति ही थे- विद्या का अमोघ अहम् थे। उभय भारती के सरस सौन्दर्य में आत्म-विस्मृत, संन्यासियों से चिढ़े और अन्य दार्शनिकों से ऊबे हुए विद्या वारिधि थे- तब यह प्रभाकर मिश्र विद्वत्ता का हिम शिखर हैं- इनको वेदान्त के सूर्य के प्रखर ताप से पिघलना ही होगा। मानव इच्छा स्वयं ज्ञान गंगा है; मानव कर्म स्वयं ही गीता है, राजन्!"

"किन्तु प्रभो! कौल आक्रमण करेंगे। शस्त्रधारी शस्त्र से ही रोका जा सकता है।" राजशेखर ने कहा।"

"चिन्ता मत करो, राजन्!" आचार्य शंकर ने सस्मित कहा "यह सृष्टि ब्रहम का दिव्य भव्य शुभ संकल्प है; यह भव संसार ब्रहम की मुह्य, मुग्ध मगन आनन्दायी लीला है! शास्त्र ब्रहम का ही स्वर-व्यंजन विलास है। हम सदाशिव की इच्छा से ही इस शरीर रूप में आये हैं- हमारा योगक्षेम उसी के हाथ है। संन्यासी मुमुक्ष के लिये शरीर में बसे रहना ही पाप है, राजन्! इस एकाकी भव में अवतरित होने का पाप मैं जगत कल्याण द्वारा धो देना ही चाहता हूं। सृष्टि के प्राणियों का कल्याण साधना तथा जीव को ज्ञान देना ही संन्यासी का भव-प्रायश्चित है, राजशेखर!"

राजशेखर रोम-रोम में सिहर उठे। संन्यासी के लिये भव ही प्रायश्चित्त है- अमोघ भव-मुक्ति का व्रत है; तप है- योग है। आचार्य शंकर ने राजशेखर के शान्त गंभीर उदासीन मुख मण्डल को देखा और कहा- "हिंसा से सत्य कभी नहीं मिलता, हिंसा से जीवन का सुख कभी नहीं सधता। यह सृष्टि प्रभु की दिव्य-भव्य अद्वितीय अहिंसा की यही छाया-माया है। प्राणियों के भव प्रभु के विरह के जन्म-मरण हैं। कौन एक लव के लिये भी प्रभु के अपार अथाह प्रेम-समृद्ध के बाहर हैं? जगत के तट हैं; भव-सागर के किनारे हैं किन्तु प्रभु के प्रेम के कोई तट नहीं है- संन्यासी हिंसा से तब समाज का सुधार, प्रतिकार से परिष्कार तथा प्रतिशोध से कल्याण कैसे कर सकता है? संन्यासी सत्य, अमृत तथा ज्ञान की अनुभूति द्वारा ही मानव हृदय में प्रेम की अगाध ऊर्मियाँ जाग्रत करेगा- ज्ञान के प्रकाश द्वारा ही पृथिवी पर छाया अन्धकार दूर कर सकेगा। यह जगत् अज्ञान का विज्ञान है; यह जीव का संसार ज्ञान स्वरूप प्रेम का ही व्यवहार है- ज्ञान का स्पर्श प्रेम है; ज्ञान का स्वभाव अमृतमय है; ज्ञान का दर्शन स्वयं ज्ञान है- हम ज्ञान के प्रकाश को लेकर ही चल रहे हैं; चलेंगे। हम प्रेम के आजानुभुजों में जगत् और जीव को

बाँध कर चलेंगे। हम सत्ता अथवा शस्त्र से नहीं तपोबल से ही पुनः वैदिक वर्णाश्रम का भव्य भारतीय समाज का उद्भव करेंगे।"

राजशेखर ने जैसे सहसा कहा- "शताब्दियों से, गुरुदेव! संगठित हिंसा सहित और हिंसा द्वारा ही राज संयोजित किया गया है; राजदण्ड का अर्थ ही हिंसा है। अहिंसा से जीवन के व्यवहार तो निभाये जा सकते हैं किन्तु दुष्टों तथा दस्युओं से भरे समाज का व्यवहार तो राजदण्ड से ही चला है- चलता है। इस पृथिवी पर धर्म-युद्धों ने ही अधिकार उत्पन्न किये हैं तथा सत्वों की स्थापना की है।"

आचार्य शंकर ने हँसते हुए कहा- "यह शास्त्र, स्मृति और शस्त्र की विवशकर वार्ता है। किन्तु यह सृष्टि मंगलमयी है, मंगलजन्य तथा सर्वव्यापी कल्याण के लिये ही व्यक्त हो रही है। इस जगत् का प्रत्येक संयोग सुखकर है! वियोग दुःखकर है किन्तु यावज्जीवन सुख, मंगल तथा कल्याण का ही वर्णाश्रम पुरुषार्थ है-तप है; साधना है; आराधना, राजशेखर! हम सशस्त्र कौलों का सामना मुस्कारा कर ही करेंगे। हम सच्चिदानंद शिव-स्वरूप हैं-हमें पंचभूत रोक नहीं सकते; तत्त्व हमें गाड़ नहीं सकते। काल हमें बाँध नहीं सकता, राजन्!"

राजशेखर ने हठात् देखा; आचार्य शंकर का मुख-मण्डल जैसे दमक उठा। तनिक उन्मीलित नयनों से आचार्य ने क्षितिज की ओर देखा और पल भर के लिये नयन बन्द किये; बोले-"मार्ग अबाधित करो, देवाधिदेव! राजशेखर! संघ यहाँ से अब स्वयमेव यात्रा करेगा। आप अपनी सेना के साथ हमारे साथ नहीं रहेंगे। संघ के मार्ग से दूर रहेंगे, आप सब! हम प्रभु की प्रार्थना सुनना चाहते हैं। मन्दिरों के घण्टा रवों से यह कान भरे रहें, हम यह चाहते हैं। हम प्राणी मात्र को अभय देना और सिखाना चाहते हैं। कौल मत को हम परिष्कृत करेंगे। घोर श्मशान-उपासना नहीं, शक्ति की उपासना ललित होगी, महात्रिपुर सुन्दरी की वह उपासना होगी। हम स्वयं क्रचक्र से कहेंगे। चिन्ता त्यागिये राजन्! आप स्वयं शाक्तोपासना क्या करना चाहेंगे?"

"हम?" राजशेखर ने साश्चर्य पूछा- "मैं?"

"हाँ, तुम राजशेखर!" आचार्य श्री ने कहा- "तुम्हारे मुख मण्डल के आसपास की सूक्ष्म आभा नवरंगी हो गई है। पूर्व में तुम्हारी ज्योति श्वेत और घनश्याम थी। यह नवरंगी अरुणारी आभा महात्रिपुरसुन्दरी की ज्योति है-ललिता की रमणीय अभिराम ज्योति! यह परात्पर परमेश्वरी शिवा का

लावण्यमय श्रृंगार-स्वरूप है- यह रस भारती का राज राजेश्वर सच्चिदानंद विग्रह है।"

राजशेखर ने आचार्य-चरण पकड़ लिये; दीन आर्त स्वर में बोले- "गुरुदेव! क्षम्यताम् प्रभो!"

आचार्य शंकर हँसे; बोले- "शक्ति जीव की वत्सला है; कान्ता नहीं है। कामेश्वरी की भाँति वह शाश्वत जननी सृष्टि स्वरूपिणी परात्पर ब्रह्म चिति है। जगदम्बा स्वरूप वह माता है, प्रतिपालिका है। और शिव-वल्लभा की भांति वह सच्चिदानंद महात्रिपुर सुन्दरी है ललिता मीनाक्षी!"

हस्तामलक ने कहा- "यह साधक का अपने विराट् का स्वयं दर्शन है, पूज्यपाद! साधक साकार सगुण है; उसके हृदय कमल में आसीन ब्रह्म भी सगुण-साकार ही होगा। जीव प्रभु के दर्शन करता है-भगवान् भक्त के वश में हो जाते हैं- यह सब सगुण ब्रह्म की ही वार्ता है।"

आचार्य पद्मपाद- "तब निर्गुण ब्रह्म की उपासना?"

आचार्य शंकर ने हँसते हुए कहा- "उपासना जीव करता है; आत्मा नहीं। लहर समुद्र की क्या उपासना करेगी? वह तो एक है; एकमेक है। निर्गुण-सगुण ब्रह्म की वार्ता ब्रह्मा की अन्तिम वार्ता है। देवताओं का अन्तिम स्तवन है। ब्रह्म और जीव का समरसीभूत ऐक्य न सगुण है और नहीं निर्गुण-वह अमृतमय, ज्ञानमय आनन्दानुभव है, ब्रह्म-प्रत्यक्ष!"

तभी कई गुल्माध्यक्षों ने प्राङ्गण से ही पुकार की- "महाराज राजन्! कौलों के सशस्त्र झुण्ड शिविर के निकट आ रहे हैं।"

राजशेखर शिविर के बाहर धँस आये- "क्या? क्या कहा?"

गुल्माधिपति श्री भट्टनायक शर्मणा ने कहा- "कौल और काल भोज निकटस्थ हैं; राजन्! आज्ञा।"

राजशेखर ने दांत पीसते हुआ कहा- "निकटस्थ हैं? कैसे हुआ यह संभव, शर्मणा? हमारे गुल्म क्या कर रहे थे?"

शर्मणा ने विनीत स्वर में कहा- "श्री शैल के सभी घेरे तोड़ कर कौलों के झुण्ड कंदराओं से निकल भागे और इधर लपके आये हैं। भट्टपति कौलों की गुप्त तैयारी भांप नहीं सके, महाराज! हमारे गुल्मों ने प्रति चरण अवरोध कर शिविर पर इस समय तक आक्रमण नहीं होने दिया है, स्वामिन्!"

"यह मदिरा-मांस के भक्षक अघोरी जगद्गुरु के शिविर पर आक्रमण करेंगे?" राजशेखर गर्जे- "प्रति चरण अवरोध किया। वाह क्या कहने, शर्मणा!

किन्तु जगद्गुरु के संघ को अन्त में तुम लोगों की असावधानी से यों घिरना पड़ा है। हे चन्द्रमौलि! धूर्जटे!"

आचार्य शंकर प्राङ्गण में आकर खड़े हो गये; बोले- "उनको आने दो। सभी शस्त्र धारी पीछे अलग हट जायें। कौलों और काल भोजों का मार्ग अबाधित हो, हम उनके दर्शन करेंगे।"

"गुरुदेव!" राजशेखर ने पुकार की।

आचार्य शंकर ने जलद् गंभीर स्वर में कहा- "शान्त राजन् शान्त! जो शस्त्र से आक्रमण करता है, वह सिद्ध नहीं और जो सिद्ध है, वह शस्त्र से आक्रमण नहीं करता। हमें इन वाम मार्गियों से न कोई भय है और नहीं कोई विग्रह है- ज्ञानवारिधि में इन तमिस्त्र नदियों को मिलने दो, राजन्! जगत् हारता है! विद्या असफल हो सकती है! शक्ति क्षीण हो जाती है- जीव जन्मता-मरता है, आत्मा नहीं। जो आत्मा परम् ब्रहम में जाग जाता है, उसे मृत्यु का भय होता नहीं; संसार की भीतियाँ होती नहीं। हम शस्त्र तथा शास्त्र से नहीं, आत्म बल से ही समूचे भारत को ज्ञान के ब्राहममुहूर्त में जगायेंगे। अँधेरा प्रकाश का क्या सामना करेगा? अपने अभय सच्चिदानंद में स्थित हो जाओ, राजशेखर! कौल? कहाँ हैं? वह मनुष्य हैं, राजन्!

तभी सुदूर किलकारियाँ और हुंकारें सुनाई दीं।

आचार्य शंकर ने हुंकारती हुई दिशाओं की ओर देखा और उन्मीलित नयन पूर्वक विहँसे। वर्तुलाकार धँसते हुए कौलों के उन्मादित झुण्ड मानो धरती के विस्फोट ही थे। क्रचक्र भारी भरकम लोह-दण्ड से जड़ी हुई गदा अपने विशाल कन्धों पर उठाये द्रुत वेग से दौड़ा आ रहा था। कौल-प्रवर परशु, करवाल और भाले उँचाते और नचाते हुए, लहरते हुए आ रहे थे। मानो पर्वतों के मानवाकृति टुकड़े, स्तम्भ यों सजीव होकर शिविर को चारों ओर से घेर कर लपके, लुढ़के, उद्बुदाते और उमड़ते हुए भी रहे थे। आचार्य शंकर की ओर अपनी भरी भारी गदा उठाते हुए क्रचक्र चिल्लाया- "जगद्गुरु! अरे श्री शंकराचार्य! शक्ति हो, तो रक्षा कर, अपनी अपने इस भीखमंगे संघ की! सुना!"

आचार्य शंकर स्थिर वैश्वानर की भांति धरती पर आकाश में खुभ गये, खिंच गये- जड़ गये।

क्रचक्र धँसा और आचार्य श्री से कुछ ही दूर सहसा स्तम्भित सा खड़ा रह गया, पुनः चिल्लाया- "संन्यासी का भेष लिये घूमता है, यती बना फिरता

है, तो अवसर दे रहा हूं-तू सिद्ध है? तो चला तेरी सिद्धि? नहीं? तो हमारे यह शस्त्र तुझे और तेरे संघ को धराशायी कर देंगे। राजशेखर के गुल्म भाग कर यहाँ तुझे प्रणाम कर रहे हैं- यही न?”

राजशेखर ने ऊर्ध्व स्वांस लेकर कहा- “आचार्य श्री ने प्रत्याक्रमण रोक दिया है। तांत्रिक! हमारे गुल्म फिर भी सन्नद्व हैं। तुम दुष्टों को चारों दिशाओं से ताकती हुई हमारी हस्त-शतध्निियाँ नही दिखतीं, न दिखेंगी। सहस्रों सैनिकों के पलक में सनसनाते हुए तीरों से तुम्हारी एक-एक की पीठ और पार्श्व भिद जायेंगे। दूर ही सही, हमारी सशस्त्र अनुशासित अनुभवी सेना तुमको घेर कर खड़ी है। एक भी हाथ उठा तो...”

“तो? तो?” क्रचक्र उछला- “तब? तो ऐं ब्राह्मण के छोकरे शर्मणा? तू ने तो कहा था गुल्म भाग गये -हमारी किलकारियों और हुंकारों से राजा के भट्ट, भट्टपति गुल्म नायक सब भयभीत होकर भाग गये-तब यह, छलना, क्यों?”

शर्मणा ने कहा- “बहु संख्यक शस्त्रधारी उत्तेजित शत्रु को सम्मुख लाना ही होता है। यह धर्म-संघर्ष है, तांत्रिक! तुम को जो कुछ कहना हो, हमारे स्वामिन् राजाधिराज महोदय राजशेखर देव से कहो। सावधान!”

चरणों की हलचल हुई; सैकड़ों धनुष तने और बाण बँध गये।

क्रचक्र चिल्लाया- “क्यों, जगद्गुरु! यह धोखा.....”

आचार्च शंकर ने चारों ओर देखा; कहा- “आक्रमक मिट कर शास्त्रार्थ करने वाले एक महाजिज्ञासु हो जाओ, तांत्रिक। तुम घोर ही सही किन्तु आद्या के साधक हो। परात्पर परमेश्वरी का प्रत्येक साधक और उपासक हमारे लिये प्रणम्य है। प्रत्येक शक्ति स्वरूपा भैरवी हमारे लिये जगदम्बा है-मां!”

सहसा अमितोजा पर उछलती हुई त्रिपटिका आ धँसी; थनगनी, थलथला कर रुकी; कूदी-दौड़ी। एक शीर्ण स्वर ने पुकारा- “शंकराचार्य!”

आचार्य शंकर ने श्यामल ताम्रवर्णी और गौर आभा की बनी स्त्री-मूर्ति को खुले बाल हिंकार करते हुए-लपक आते हुए देखा और अभय वर मुद्रा में हस्त लाघव उठाते हुए कहा- “हाँ, कल्याणी! यह शरीरी, शंकर-शंकराचार्य! पधारो, श्रीमती!”

त्रिपटिका अस्त-व्यस्त-त्रस्त चन्द्र गागर से ड्रली यमुना की धारा सी उभरी-उछली-रुकी-स्तम्भित खड़ी हो गई।

क्रचक्र चिल्लाया- “भैरवी!”

त्रिपटिका ने बंकट भवों को सिकोड़ा; कहा- "नारी! सुना नहीं-शंकराचार्य ने क्या कहा- कल्याणी- जगदम्बा।"

क्रचक्र ने दाँत पीसते हुए कहा- "अच्छा, तब हम इस ऐन्द्रजालिक को अपनी वार्ता से-हम इस यती की पराजय और हमारी जय मान लेंगे।"

त्रिपटिका सहसा उत्ताल हास्य हँसते हुए बोली- "मैं तो इस अद्भुत यती को निहारने आई हूं-तुम सब वाम पन्थियों की कलाइयों की शक्ति देखने आई थी। मेरे वल्लभ भैरव! अपने माँस से सने हाथों को दूर उठाये रहो। हम शंकराचार्य्य से वार्ता करेंगी। उभय भारती से आचार्य शंकर ने शास्त्रार्थ किया है-क्या हमसे यह मतिमान संन्यासी वार्ता तक नहीं करेंगे? क्यों, आचार्य श्री?"

आचार्य श्री शंकर ने सस्मित कहा- "अवश्यमेव, त्रिपुरे! अवश्य!!"

"त्रिपुरे! क्या? आचार्य श्री क्या?" त्रिपटिका ने अपने नथुने तनिक फुलाते हुए पूछा- "आकृति! मनगढ़ी आकृति, आचार्य श्री! यह रूपात्मक जगत क्या रंग-बिरंगी आकृतियों का अपार नहीं है? है- यह प्रत्येक आकृति-आ-कृति- कहाँ से? निराकृति से, अनाकृति से? अथवा शून्य से? शून्य, शंकराचार्य! शून्य आपका ब्रहम अन्ततोगत्वा निराकार रिक्त शून्य है- रिक्तता है और नहीं के परे काल का स्वयं आडम्बर मात्र है, नहीं?"

आचार्य शंकर ने सस्मित कहा- "शुभे! हम व्यर्थ वार्ता नहीं करते। ब्रहम पाना चाहती हो? तो कहो। यह माया न शून्य है और नहीं अशून्य है। शून्य-अशून्य माया के परे और पार वह है, तत्।"

त्रिपटिका जैसे खिंची- "आचार्य श्री! दार्शनिक चिन्तन की यह स्वयं वञ्चना कब मिटेगी? बुद्धि जगत को जानती है, आत्मा को-ब्रहम को नहीं। यही तो आपकी वार्ता की व्यर्थता है, श्रीमद्।"

पद्मपाद ने बीच में ही जैसे कहा- "आचार्य श्री स्त्रियों से शास्त्रार्थ नहीं करते; फिर आप तो भैरवी हैं, श्मशान वासिनी, शवासिनी।"

त्रिपटिका ने मुंह बिचकाते हुए कहा- "हम कहती हैं तुमको अब कभी स्त्री जन्म नहीं मिलेगा; न तुम नर देह ही प्राप्त करोगे। तुम सनन्दन जी! आचार्य शंकर नहीं हो। तुम आचार्य शंकर को क्या जानोगे? मैं जानती हूँ। यह आकाश जब चिता की कृकल अग्नि से भभकने लगता है और शव का अणु-अणु, रोम-रोम, रग-रग, हाड़-हाड़ जब गलने लगता है पञ्चभूतों का वह सूक्ष्म बद्ध मूल पञ्चीकरण छूटने लगता है। कभी प्रज्वलित चिता

देखी है? नहीं देखी; केवल श्री गुरु के चरण देखे हैं; ताड़-पोथी देखी है और नदी किनारे झाड़ियों के अँधेरे झुरमुटों में अपनी गुह्य कामना की धारणा मात्र की है। क्या स्त्री सत्य नहीं है? पुरुष ही सत्य है? यह सभी कुछ जो अनुभव गम्य और अनुभव जन्य है, सत्य....”

पद्मपाद- “ब्रह्म सत्य नहीं; इन्द्रिय यथार्थ!”

त्रिपटिका हँसी; बोली- “तनिक पूछ लूं, आपश्री देह के परे और पार क्या हैं? यह ब्रह्म-वार्ता क्या बुद्धि के दिवालियों का सम्मोहित प्रलाप नहीं है- विप्रलम्भ?”

पद्मपाद ने सहज अमर्ष पूर्वक कहा- “शाब्दिक विप्रलम्भ की मूर्ति सी आप दिखती हैं....”

त्रिपटिका ने कहा- “मैं जो कुछ हूं वह शून्य है, जो काल से भरा है; जो जन्मों के स्वरूपों से लहरा रहा है; जो मरणों के व्योमों से उभर रहा है। तुम, सनन्दन! कौलों, दार्शनिकों तथा अन्य सम्प्रदायों के संघर्ष की जड़ हो। तुम अन्तरात्मा की क्षुब्ध अशान्ति हो, तुम! वह क्रचक्र महाशय, मेरा वरेण्य तांत्रिक भैरव, मेरा पुरुष! जानते हो, पद्मपाद! अन्त में क्या निकला? एक लिंग मात्र।”

सुरेश्वराचार्य कुछ कहने ही वाले थे कि क्रचक्र ने दूर से पुकारा- “भैरवी! दूर हट जा, हट जा! इस संघ को मैं त्राटकों से अस्त-व्यस्त कर दूंगा। इस यती को मैं अभी स्तम्भित जम्भित कर दूंगा। राजा की सैन्य, देख, ठिठकी खड़ी है, यह है मेरा तंत्र-बल, देखा?”

त्रिपटिका ने आचार्य शंकर से कहा- “आचार्य, चलिये मैं आपके आगे- आगे चलती हूं-देखती हूं इसके त्राटक, अभिमंत्रण होते क्या हैं? आचार्य, आप क्या हैं?”

“परम् तत्व, आत्मा परम् शिव!” शंकराचार्य ने कहा और चारों ओर देखा। सुदूर-कुछ दूर एक भीड़ एक झुण्ड खड़ा था और पास ही कुछ दूर शस्त्रधारी सैनिक वर्तुलाकार खड़े थे। महाराज राजशेखर आचार्य से कुछ दूर पार्श्व में गिद्ध दृष्टि से ताकते हुए खड़े थे और शर्मणा शंख की ओर मुंह किये टटार खड़ा था। दिशायें स्तम्भित थीं मानो-वायु मण्डल में जम्भन भरा था। मानो गति मात्र रुक रही थी। क्रचक्र तने तीर को लेकर झपटा; किन्तु उसका हाथ जैसे कन्धे में ही जकड़ गया था -भैरवी त्रिपटिका नयन मूंद एक ध्यान मंत्र जाप कर रही थी। क्रचक्र कुछ दूर धक्का खाकर ठहरा; चिल्लाया- “भैरवी! तू हमारा आक्रमण विफल कर रही है, तू?”

भैरवी त्रिपटिका ने बन्द नयनों से ही उत्तर दिया- "अभिचार, अभिमंत्रण, मारण, मोहन तब क्या साधुओं, सज्जनों और यतियों को समाप्त करने के लिये है? यह सब विश्व विमोहिनी की तेजस्वितायें हैं- आचार्य शंकर से अपना वैर त्याग दो!"

"नहीं, भैरवी!" क्रचक्र सिर धुना कर बोला- "यह यती कौलों का शत्रु है। कालभोजों का अरि है; बौद्धों और जिनियों का विरोधी तथा सभी मतों को नहीं मानने वाला एक सिद्ध हठी है। इसने राजाओं को हम सब के विरुद्ध कर दिया। बलि इसने रुकवा दी और हमें पर्वतों की शून्य कन्दराओं में धकेल दिया। यह शंकराचार्य किसी भी दर्शन को स्वीकार नहीं करता। न्याय-वैशेषिक, मीमांसा, सांख्य सभी इसके लिये जड़-दर्शन हैं। यह जीव के अनादित्य को नहीं मानता। न जाने किस ब्रह्म में यह मानता है। सुना, यह न आस्तिक है और नहीं नास्तिक। यह शंकराचार्य्य एक भयावह रहस्य है, भैरवी!"

त्रिपटिका ने आँखें खोलते हुए कहा- "शंकर से वैर त्याग दो, भैरव मेरे! मैं स्वयं इस आचार्य के वेदान्त को नहीं समझती; किन्तु नहीं समझते हुए भी शंकराचार्य ने मुझे जैसे गहन अंधेरे में जगाया है- एक उदासीन दृष्टि से ही तो इस कमनीय यती ने हमें देखा है। उस एक उदासीन निर्विकार अनन्त दृष्टि में मुझे जैसे शून्यातिशून्य दिखा, जिसमें कल्प के कल्प भरे हुए थे। उस महाशून्य में मुझे भुवन बीज अनादि ज्योतिर्लिंग से पड़ते दिखा। मैंने उस अगाध दृष्टि में शून्य को साक्षात् देखा, हाँ, भैरव, वल्लभ मेरे!"

क्रचक्र- "त्रिपटिका! भान मत भूल, भैरवी!"

त्रिपटिका ने कहा- "भान? किसका? इस देह का? अपने विकल और आतुर अहम् का? सिद्धियों सहित जगत् विलास की कामनाओं का? जन्म का, मरण का, पुनः पुनः जन्मने का भान? किसका भान? मैं तो शून्य शून्यातिशून्य को ही देख रही हूं- तू तांत्रिक! इस शून्य में अदृश्य हो जायगा, अवश्य हो जायगा।"

"और यह शंकर?" क्रचक्र ने पुकार कर पूछा।

"वेदान्त की डिमडिम बन काल की दिशाओं में गूंजता रहेगा।" त्रिपटिका ने कहा- "यह यती काल का द्रष्टा है-जगत् का नहीं; भव संसार का नहीं। इसकी दृष्टि अनन्त है; इसकी मति अथाह है- यह स्वयं अभय पूर्ण, भीति रहित, शान्त, अपार-अपरम्पार चैतन्य है। तब तुम? श्मशान में जलती हुई

चिता के बुझते हुए अंगारों को तापते हुए प्रेत हो- समर्थ शक्तिशाली प्रेत! तुम देव नहीं हो, भैरव! चलो! शंकराचार्य को अपने मार्ग पर जाने दो।"

"नहीं।" क्रचक्र ने कहा।

"इस घरती पर तुम्हारा एक ही मार्ग है- सभी मार्ग क्या तुम्हारे हैं, स्वामिन्?" त्रिपटिका ने तीव्र स्वर में कहा- "हम सत्यान्वेषी हैं; मत के दुराग्रही नहीं। मैंने बौद्धों, जिनियों तथा तत्वदर्शियों से यही सीखा है, चिन्तन के सभी मत, मतान्तर श्रव्य हैं-सुनो, गुनो, मनन करो और फिर ध्यानस्थ हो जाओ। तुम चलो, आज मैं तुमको लोक लोकान्तरों का भ्रमण कराऊंगी। अवश्य! घोर-अघोर गुरुदेव!"

"अघोर गुरुदेव? काल भैरव!" क्रचक्र हुमुसा।

"उनका इंगित है, इस यती को जाने दो।" त्रिपटिका ने कहा- "तभी तो अमितोजा पर लपकी आई हूं। महाराज राजशेखर! अपने सैनिकों को क्यों कष्ट देते हो? हम लड़ेंगे तो अभिमंत्रण से मारण और मोहन से लड़ेंगे। राजा! क्यों स्वयं को धोखा दे रहा है? मैं तेरा रहस्य व्योम में पढ़ गई हूं-तू और वेदान्त? नहीं रे, राजशेखर। अभी तो तू ने अपनी प्रिय महादेवी के चरण मात्र देखे हैं। आचार्य श्री! प्रणाम! एक दिन मिलूंगी।"

आचार्य शंकर ने शान्ति पूर्वक कहा- "मैं सब में हूं, सब मुझे में हैं, देवी!"

त्रिपटिका आचार्य शंकर को शिविर की ओर जाते हुए देखती खड़ी रही। सहसा पुकार उठी- "आचार्य? आप सब में, सब आप में?"

शंकराचार्य शिविर के द्वार पर तनिक थमे; सस्मित बोले- "यही तो। इस सृष्टि और सृष्टि के परे और पार शून्य नहीं है, भगवती! सत्य है - केवल सत्य। सत्य न भरा है; न रिक्त है-न शून्य और अशून्य- वह है। ब्रह्म! राजन्! हम ब्राह्म मुहूत होते ही प्रभाकर मिश्र के बसन्त आश्रम की ओर चल देंगे। हम जनपदों में नहीं ठहरेंगे। हम मौन प्रभाकर मिश्र के आश्रम को जायेंगे।"

त्रिपटिका चिल्लाई- "यह कौल आपको बाणों से बींध देंगे।"

आचार्य शंकर ने अभय वरद् हस्त उठाया; मुस्कराये-बोले- "तुम जो हो, भगवती! सर्व मंगलमयी तुम हो, दुर्गा की एक आकुल-व्याकुल मूर्ति हो। तुम कौमारी स्वरूपा हो, शिखिवाहना! क्रचक्र को कहो, वह कामगन्धहीन महाकाम महाकाल को पुकारे। यह जगत् श्मशान दिखता है-शव जब तक चिता पर जलता है तब तक; अन्यथा ब्रह्म की यह माया सृजन विलासिनी

है और सृजन, अविराम अमोघ सृजन ही भव-चैतन्य तथा जगत् की दिव्य पूर्ण अभिव्यक्ति है- ब्रह्म भूत ब्रह्ममय।"

राजशेखर ने गंभीर प्लुत स्वर में कहा- "भट्टारक! आचार्य देव का मार्ग अबाधित हो- निर्विघ्न करो। हम आगे जाते हैं। पण्डित प्रभाकर मिश्र को स्वयं आना चाहिये आचार्य श्री के पास।"

आचार्य शंकर पुनः रुके; बोले- "नहीं, राजशेखर! हमीं उन मतिमान् मनीषी के पास जा रहें हैं-उसके दर्शन के लिये। जिस पारदर्शी ने भट्टपाद को निरुत्तर किया और मण्डन मिश्र को आश्चर्यचकित कर दिया, जिस मीमांसातीर्थ के निष्पाप चरणों में उत्तर और दक्षिण के धुरन्धर विद्वान् झुकते हैं-उन पण्डितमन्य विद्वान शिरोमणि विद्यावारिधि के हम दर्शन करना चाहेंगे। प्रभाकर मिश्र पदार्थ से तादात्म्य कर स्वयं महतत्व-चेतना में डूब गये हैं-हम उनकी अपलक आँखों को निहारेंगे-जाड्यान्धकार की घन तमिस्त्र प्रकाश राशि से भरे उन अथाह नयनों में हम ब्रह्म की ज्योति जगायेंगे-अवश्य, राजशेखर! प्रभाकर मिश्र से हमारा आशीर्वाद कह कर कहना- हम उनसे मिलने ही आ रहे हैं। हम उनसे जगत, जीव-माया-ईश्वर आदि पर प्रसन्न मगन वार्ता ही करेंगे। क्योंकि प्रभाकर मिश्र जानते हैं। हम कुछ भी नहीं जानते। हम जगत् को नहीं जानते; माया को नहीं पहचानते हैं- जानते नहीं और जीव? वह है क्या? लहर है क्या? राजशेखर! लहर को हम नहीं जानते-हम अपार जलधि को ही जानते हैं। क्रचक्र को सुरक्षित श्रीशैल पहुंचा दो। हम इस तांत्रिक का कल्याण ही चाहते हैं- समय आ रहा है, जब क्रचक्रदेव जाड्यान्धकार के ऊहापोह में जागेगा। कौलों और कालभोजों आदि की यह घोर उपासना बहुत हो चुकी है, राजशेखर! इस उपासना ने सभी को देहस्थ कायस्थ कर दिया है। तथास्तु!"

तथास्तु! प्रभाकर मिश्र को लगा, आश्रम के वायुमण्डल में विलक्षण आतुरता भरी हुई है और गगन के व्योम से उभर कर आते हुए बादलों की आकृतियाँ स्वयं ही तथास्तु की अक्षराकृतियों में आल्होड़ित हो रही हैं। 'तथास्तु!' कौन तथास्तु कह रहा है, यह सिद्ध स्वीकारोक्ति कौन दे रहा है? प्रभाकर मिश्र ने जैसे सुना, शान्त मगन दिशाओं के दिकों से 'तथास्तु!' की वाक् ध्वनि उठ कर उनके गहन चित्ताकाश में उबक उठती है। वही जैसे अनायास 'तथास्तु' कह रहे हों। अपनी व्यास पीठ पर बैठे हुए उन्होंने आये हुए विद्वानों और मनीषियों को आश्रम के कुञ्ज निकुञ्जों में घूमते और

वार्तालाप करते हुए देखा तथा अपने समक्ष सिर झुका कर बैठे हुए मातुल पण्डित दिवाकर को कहा- "इनकी आदत पड़ गई है अविराम वार्तालाप करना। हम पण्डित वाणी शूर होते जा रहे हैं।"

पण्डित दिवाकर ने हँसते हुए कहा- "न बोलें तो क्या मूक पशु बने रहें? आचार्य देव! मानव तो कहेगा, बोलेगा। शास्त्र की रक्षा और विकास, सतत अध्ययन, शास्त्रार्थ तथा निदिध्यासन से ही तो होती है। यही आपका उपदेश रहा है-कथन?"

प्रभाकर मिश्र ने गंभीर होते हुए कहा- "शास्त्रार्थ हम अपने सिद्धान्त के राग में तथा प्रतिपक्षी के मत के द्वेष में ही करने लगे हैं। शास्त्रार्थ सत्य के विभिन्न दृष्टिकोणों और मतों के अन्तर्निहित समन्वय के लिये ही होता है। मत वैभिन्य अथवा मत-वैषम्य दोनों ही सत्य का बोध नहीं करा सकते। शास्त्र द्वारा हमें प्रमाण का ज्ञान होता है और प्रमाण द्वारा हमें सत्य की निष्ठा-श्रद्धा ही प्राप्त होती है। प्रमाण की अकाट्य सत्ता देख कर भी ऐसा लगता है, मुझको कभी-कभी कि तर्क सिद्ध प्रमाण केवल आकाश में छापी गई मुद्रा है। छाप, मात्र।"

मातुल श्री हो होकर हँस उठे- "इस तथाकथित जगद्गुरु के आगमन से आप स्वयं क्या आशंकित हो उठे हैं?"

"नहीं-नहीं, ऐसा नहीं है।"प्रभाकर मिश्र ने कहा- "वेदान्तियों को मैं मौन करना जानता हूँ। प्रमाण को अप्रमाण करने का तर्क उद्भव हुआ ही नहीं है और नहीं होगा।"

मातुल श्री- "आपकी अद्वितीय प्रतिभा और तर्क क्षमता पर ही न केवल मीमांसा किन्तु समस्त आर्य धर्म शास्त्र का व्यावहारिक भाग्य निर्भर है। यह शंकराचार्य न नैतिक है और नहीं अनैतिक-यह एक अनैतिक आत्मवञ्चना है, पूज्य! फिर सन्यासी को धर्म साम्राज्य स्थापित क्यों करना चाहिये? यह श्रृंगेरी मठ इस शंकराचार्य का धर्म साम्राज्य का मठ है। दक्षिण में-मैं इस उद्दण्डता को सह नहीं सकता। वह पद्मपाद आपश्री से भी बड़ा आचार्य बनना चाहता है- पञ्चपदी में उसने मीमांसा, सांख्य आदि को अनर्गल होकर काटा है। अपने गुरु की भाँति उपनिषद् को आधार मानकर उस सनन्दन ने दक्षिण के यज्ञ कर्म पर भारी आघात किया है- यह वेदान्त न स्वर्ग में मानता है और नहीं नर्क में। यह यती शंकर न जाने किस-कैसे ब्रह्म में मानता है? 'ब्रह्म!' शब्द सुनता हूं तो मुझे आग लग जाती है, श्रीमद्!"

प्रभाकर मिश्र ने सिर धुनाया, कहा- "नहीं, नहीं, ऐसा नहीं। उदार बनो दिवाकर! मत भले ही कट जाय; मत का विश्वास अक्षुण्ण रहना चाहिये।"

"यह कैसे हो सकता है?" पण्डित दिवाकर शास्त्री बोले- "शास्त्रार्थ में प्रतिपक्षी चल सकता है, किन्तु जहाँ मत-पन्थ है, सम्प्रदाय है, स्थल है-मठ, वहाँ तो मत की आम्नाय का मन-वचन-कर्म से पालन अनिवार्य है। यह वेदान्त मनुष्य की धर्म जिज्ञासा के परे का एक व्यवहार की नैतिकता से हीन अभिप्राय मात्र है। आम्नाय ब्रह्मचर्य्याश्रम की और पन्थ गृहस्थाश्रम का। वर्णाश्रम धर्म पृथिवी पर मानव के जीवन यापन का धर्म पथ है-तब यह ब्रह्म चैतन्य मीड़े।"

प्रभाकर मिश्र सहसा उठे; बोले- "वेदान्त सन्यासियों के लिये हो सकता है। आचार्य शंकर से हमारा विरोध धर्म को लेकर ही हो सकता है। हम जगत में जीव के जीवन की सफलता, धन्य उऋणता को लेकर ही सृष्टि-तत्व पर विचार करते आये हैं। वेदान्त समष्ठि का मोक्ष मानता ही नहीं, हम समष्ठि के कल्याण तथा व्यष्ठि की त्रिताप से, जन्म-मरण के चक्र से निःशेष मुक्ति चाहते हैं। अच्छा; हम तनिक उद्यान में घूमेंगे। न जाने कब मनस्वी शंकराचार्य का आगमन हो। हम आश्रम के प्रवेश द्वार से निकट ही बने रहेंगे। आचार्य शंकर का प्रणाम पूर्वक स्वागत होगा, दिवाकर!"

पण्डित दिवाकर भी उठे; हिले-हड़बड़ाये; बोले- "शास्त्रार्थ के लिये यती स्वयं आपके समक्ष उपस्थित हो रहा है-आपश्री प्रवेश द्वार पर तब उसका स्वागत क्यों करेंगे?"

प्रभाकर मिश्र ने जैसे प्रथम बार दिवाकर को घूरा; बोले- "आचार्य शंकर एक विभूति हैं। हम शंकर-वेदान्त को स्वीकार नहीं करते; किन्तु क्या वह प्रणाम के योग्य महान व्यक्ति नहीं है? आचार्य शंकर योगी हैं, सिद्ध हैं और लोक के संन्यासी नेतृत्व हैं। वेद और स्मृति के इस अहमन्य तथा अन्धे विरोधियों में खलबली मच गई है- एक नई चेतना भारत वर्ष में व्याप्त होने लगी है। देश के कोटि-कोटि जनपदीय शंकराचार्य को सुनने लगे हैं।"

"किन्तु..." मातुल श्री ने कहा ही।

"किन्तु परन्तु कुछ नहीं, दिवाकर! विद्या ददाति विनयम्।" पण्डितमन्य प्रभाकर मिश्र ने कहा- "हमने पूज्य भट्टपाद से कभी विवाद नहीं किया। मनीषी मण्डन को हम मन ही मन विनयपूर्वक ही लेते रहे। मैं चिन्तन और मनन में ही विश्वास करता हूं किन्तु इस विलक्षण संन्यासी ने हमें जैसे

विवश कर दिया है। आचार्य शंकर मीमांसा का समूचा आधार ही बदलना चाहते हैं। इस पृथिवी पर अनादि जीव के एकान्त और अन्तिम लक्ष्य को ही वह अन्यथा कर देना चाहते हैं। तब मैं कब तक मौन रहूंगा, भला? इस लोकालय में मरणाधीन मनुष्य को धर्म ही चाहिये-कर्म। मनुष्य जीवन का दर्शन कर्म है, दिवाकर! हमारी धर्म जिज्ञासा त्रिताप से छूटने के लिये है- जीवन मरण के प्राकृत चक्र से मुक्त हो शून्य में विलय होने के लिये नहीं है। पदार्थ और जीव, यही, यही, यही। आचार्य शंकर जगत् को जड़ तथा जीव को एक विभ्रम मानते हैं। उनका ब्रह्म मनुष्य के जीवन-क्रम तथा कर्म के लिये व्यर्थ है। इसलिये हम आचार्य से शास्त्रार्थ करना चाहते हैं- इस सृष्टि में सभी भाँति की योनियाँ उद्धवित होती हैं; किन्तु मानव-योनि ही हमारे सभी दर्शनों का अनिवार्य आधार है। सभी तत्व ज्ञान जीव के परम् कल्याण के लिये हैं- ब्रह्म, जीव, मोक्ष? होगा; किन्तु मानव को इससे क्या वास्ता है? मानव सुख ही चाहता है, दुःख नहीं, वह आरोग्य ही चाहता है; रोग नहीं यही हमारा आधार है चिन्तन का। यही हमारी धर्म-जिज्ञासा हैं- चलो जी।"

दिवाकर मन मार कर प्रभाकर मिश्र के साथ हो लिया। प्रभाकर मिश्र नित्य की भाँति प्रसन्न मगन और स्वयं में उपरत से विशाल उद्यान में विचरने लगे। आगन्तुक अतिथि, श्रोता और समीक्षक पण्डितों और विद्वानों के इतः स्ततः झुण्ड मानो खिंचे। प्रत्येक दल के प्रवर ने स्वयं ही पास आये हुए मिश्र जी को प्रणाम किया। पण्डित प्रभाकर मिश्र ने सहज ही पूछा- "कहाँ से आकर आश्रम को पावन किया है- क्या माहिष्मती से?"

पण्डित- प्रवर ने कहा- "यही समझ लें, माहिष्मती से ही हम आये हैं। हम पावन कर रहे हैं आश्रम को आकर? यह तो श्रीमद् की उदार आशयता है। आप ही अब एक मात्र रह गये हैं, जो मीमांसा के प्रत्येक विद्वान को पुनीत कर रहे।"

प्रभाकर मिश्र ने कहा- "आप धन्य हैं जो इतने गुणज्ञ हैं। हम तो भट्टपाद के एकलव्य जैसे शिष्य रहे हैं। महान कुमारिल्ल भट्ट की प्रखर प्रतिभा से हम पक्व तो हुए किन्तु हमें उनकी करुणा प्राप्त नहीं हो सकती। महाशय मण्डन मिश्र बड़े भाग्यशाली थे, जो भट्टपाद के प्रेम में ही पले और जिनको भट्टपाद की अन्तर्दृष्टि जैसे मिल गई थी। माहिष्मती ने धर्म शास्त्र को नया दिशा बोध देना चाहा था किन्तु देव दुर्विपाक ही कहिये- शंकराचार्य ने मण्डन मिश्र को सपत्नीक ही हरा दिया। आज हमारे धुरंन्घर मण्डन मिश्र जैसे रहे

ही नहीं-वह सुरेश्वराचार्य हो गये, सन्यासी! हम चाहे, तब भी सन्यास ले नहीं सकते। हम गृहस्थ ब्राह्मण ही अच्छे।"

पण्डित-प्रवर ने कहा- "सत्युत् है, भवान्।"

"वर्णाश्रम धर्म का हार्द्र गृहस्थाश्रम ही है।" प्रभाकर मिश्र ने कहा- "मीमांसा इसी आश्रम के धर्म की अनिवार्य जिज्ञासा है। पदार्थों का यह जगत धर्ममय है; धर्मपरक और धर्मपूर्वक है, भला! क्या हम नहीं जानते मिटता कुछ भी नहीं; रीतता तथा खजता कुछ भी नहीं- किन्तु फिर भी जीव सुख के लिये, जगत को प्राप्त करने के लिये चेष्टा किया ही करता है। यह सुख सृष्टि में निहित धर्म के पालन से ही प्राप्त हो सकता है।"

पण्डित प्रवर ने कहा- "विहार, मिथिला तो यह स्पष्टतः नहीं कहती।"

"मिथिला?" प्रभाकर मिश्र बोले- "मीमांसा की जननी! जनकपुरी वेदान्त की; मिथिला मीमांसा की माहिष्मती? शास्त्रार्थ की!"

कुछ पण्डित मुख्य आ गये। एक ने कहा- "कल यहां जनकपुरी, मिथिला, माहिष्मती, वाराणसी सभी धाम आ बिराजेंगे। आपका शंकराचार्य से शास्त्रार्थ..."

प्रभाकर मिश्र ने बीच में ही कहा- "वार्तालाप, वार्ता, महाशय!"

वार्ता, वार्तालाप। तब शास्त्रार्थ नहीं? यह क्या कौतुक है जी? यह क्या स्थिति है? पण्डितों में आश्चर्य युक्त मौन छा गया। उमंग से उद्रेकित बातचीतों की गमकें यकायक शान्त हो गईं; प्रमाणों की मीड़ें मुकुर कर रह गईं। बुद्धिमत्ता की सावधान और जाग्रत कुशलता मानो स्वयं ही कुण्ठित हो गई। तब प्रभाकर मिश्र शंकराचार्य से भिड़ेंगे नहीं-वार्ता करेंगे। कुल-शील और संन्यासी के प्रति सभी मर्यादायें निभाते हुए यह हमारे स्तम्भ प्रभाकर, श्री गुरो तब मन ही मन जगद्गुरु के प्रताप से ही स्तब्ध से होते जा रहे हैं।" सच तो यह है, बान्धवों! वाराणसी-मण्डल के प्रवर ने कहा- "मण्डन मिश्र, उभय भारती और शंकर का शास्त्रार्थ था ही नहीं! वह वार्ता ही थी, सिद्ध हुई। प्रमाण लीजिये- शंकराचार्य और मण्डन मिश्र दोनों को मण्डन मिश्र की विदुषी पत्नी पुष्प मालायें पहिनाती हैं। क्या शास्त्रार्थ में पक्षी-प्रतिपक्षी को मालायें पहिनाई जाती हैं? उनकी आरती उतारी जाती है? उनको सस्नेह भोजन का निमन्त्रण दिया जाता है क्या? नहीं। शास्त्रार्थ तो युद्ध के शिविर से भी अधिक एक दूसरे के विरुद्ध मोर्चा है। युद्ध की हरावलें थनगनाती हुई आमने-सामने शस्त्र सन्नद्ध खड़ी रहती हैं। शंखों की गुंजों

से परस्पर ललकारें गूंजती हैं-शस्त्र चलते हैं और तन पर घाव लगते हैं। कट गये, बिंध गये छुट्टी हुई। वीर को स्वर्ग मिल गया। किन्तु शास्त्रार्थ? शास्त्रार्थ शास्त्र का विग्रह है; प्रमाणों का विद्रोह है तथा विचारों का विप्लव है। शास्त्र में अहंकार छिल जाता है, प्रतिभा को यक्ष्मा हो जाता है और विद्वान अन्ततोगत्वा मूर्ख तथा दृष्टि षंढ ही सिद्ध होता है-"

"वाह रे भट्टु!" पण्डित दिवाकर ने कहा- "क्या वर्णन किया है? शास्त्रार्थ में जन्म हारा जाता है; भव जीता जाता है, तब! हुं! सनन्दन। मैं अब समझ गया हूं! युद्ध में परस्पर मौत बांटी जाती है; शास्त्रार्थ में मृत्यु दिया जाता है। शास्त्रार्थ की हार मौत से भी बुरी हार है, नहीं?"

वाराणसी प्रवर ने कहा- "यह प्रतिभा पयोनिधियों का तरंग वैभव है। वाणी का विलास तथा जीव के ज्ञान को अकाट्य तथा अक्षुण्ण रखने का एक चिन्तन न्याय है। जो जाति शास्त्रार्थ नहीं करती, वह शस्त्र और राज्य भी नहीं चला सकती। ब्राह्मण की जिजीविषा चिन्तन का यह संक्रामक विचार विमर्श है; तर्कों का अनवरत संघर्ष है। शास्त्र की जीत से ही समाज की मर्यादा उद्द्वित होकर निर्विघ्न स्थापित होती है। राज्य तथा समष्ठि एवं व्यष्टि के व्यवहार शास्त्र की कसौटी पर खरे उतरने ही चाहिये।"

"लोक मर्यादा की स्थापना के लिये शास्त्रार्थ ही एकमात्र साधन है; रहा है और रहेगा।" पण्डित दिवाकर ने कहा- "पण्डितों की क्या कभी वार्तायें रही हैं? क्षत्रियों के शस्त्र, पण्डितों के शास्त्र। शस्त्र हीन राष्ट्र अन्त में पराधीन हो जाता है; तथा शास्त्रहीन समष्ठि पथ भ्रष्ट और चार्वाक् हो जाती है। मैं इस सनन्दन और उसके तथाकथित जगद्गुरु के समक्ष कभी नहीं झुकूंगा। श्री गुरो समर्थ हैं; चाहें जो करें। हम गृहस्थ तो लोक व्यवहार के हामी तथा मर्य्यादा की प्राणपण से रक्षा करने वाले जीव हैं। इस जगद्गुरु को हराना ही होगा।"

कई पण्डित एक साथ बोले- "अवश्य! अवश्यमेव! परन्तु यह तो मिश्र जी ही कर सकते हैं।"

कोई बोला- "सावधान पण्डितों! मण्डन मिश्र और उभय भारती को जो अस्तित्वहीन कर सकता है, वह सज्जन-शिरोमणि-शिष्ट पण्डित प्रभाकर मिश्र को अपनी एक ही स्मित में मूक कर देगा। देख लेना।"

पंडित दिवाकर- "आप कौन?"

वह कोई बोला- “हम-हम हैं; शंकराचार्य को प्रभाकर मिश्र हरा दें, हम भी यही चाहते हैं।”

अवश्य, शंकराचार्य को हारना ही चाहिये- उनको हराना ही होगा। सारे शिविर में यह भावना तरंग संकुलों में व्याप्त हो गई। पण्डित दिवाकर ने जैसे आन्दोलन ही छेड़ दिया था। उत्तर-दक्षिण के सभी आये हुए अतिथि पण्डितों से एक वातचक्र की भांति मिल कर मातुल श्री ने उनमें यह आग्रह उत्पन्न करने की चेष्टा की कि किसी भी भांति शंकराचार्य को हराया ही जाय। आगन्तुक विद्वानों में एक आगम भय ही जैसे व्याप्त हो गया। दिग्विजय? किस पर यह दिग्विजय है? बौद्धों और जिनियों पर विजय? बौद्ध इस शंकराचार्य की एक बात भी व्यवहार में स्वीकार नहीं करते। अवश्य, शंकराचार्य के भारत भ्रमण से अब यह बौद्ध खुला प्रचार करने से सहम गये हैं किन्तु वैदिक वर्णाश्रम धर्म, विशेष कर आर्य ग्रहस्थाश्रम पर इनके प्रतारणापूर्ण आक्रमण होते ही रहते हैं। अब यह बौद्ध सत्ता की अपनी प्रभुविष्णुता से जनपदीय परिवर्तन नहीं कर पाते। किन्तु “संघम् शरणम् गच्छामि।” पुकार थमी नहीं है और यह जिनि? आपस में अम्बर वस्त्र पहनने को लेकर लड़ते हुए भी अपनी तपस्याओं को अधिक सघन बना रहें हैं। जिनि अपना एक लोक धर्म ही परोक्षतः प्रसूत कर रहें हैं- मूलतः स्वयं को हिन्दू-आर्य जाति का अभिन्न रक्त-ओजस मान कर यह जिनि गृहस्थाश्रम के सम्पूर्ण आश्रम पर ही अपनी कठोर तपस्या करने लगे हैं। इन्होंने परोक्षतः गृहस्थाश्रम का महत्व मान लिया; किन्तु अपना सम्प्रदाय विलक्षण तपस्या का जीवन-शिविर ही बना दिया। इसीलिये जिनि अपने उपासरों में मौन बैठे हुए इस यती शंकर के दिग्विजय के उद्घोषों को जैसे सुनते ही नहीं हों। तब यह वयस्क संन्यासी विजय किसकी करना चाहते हैं। “आप हमारी!” पण्डित दिवाकर ने दांत पीसते हुए अन्त में कहा- “यह संन्यासी ब्राह्मण मात्र को परास्त करना चाहता है। ब्राह्मण की शास्त्र लक्षणा का यह यती शत्रु है। ब्राह्मण की शास्त्र प्रतिभा को यह युवक संन्यासी सहन नहीं कर सकता। यदि यह सत्य नहीं है तो वह ब्रह्म-जिज्ञासा के लिये शास्त्रीय प्रमाण क्यों नहीं मानता? शास्त्र नहीं; श्रुति! ऋषि-मुनियों के अनुभूत उद्गारों में ही ब्रह्म का प्रमाण निहित है। अरे वाह रे भट्ट! संसार के शताब्दियों के विचार के विपरीत यह यती सत्य की स्थापना करने चला है। शताब्दियों से मानव ने जगत् के अविराम अनुभवों के संघर्ष में जीकर

तथा भव संसार के दुःखों को सहन कर अपनी बुद्धि का पारदर्शी विकास किया है-शास्त्रों का क्या यों ही उद्भव होता है? नहीं। शास्त्र मानव जीवन के यथार्थ का प्रमाण बद्ध प्रमाणिक विवेचन है; विश्लेषण है तथा व्यवहार के लिये प्रणालिका है। यह जगत् प्रसार ही होता तो वेद के आविर्भाव की आवश्यकता ही क्या थी? क्यों शास्त्र विद्वानों को प्राप्त होते? एक के बाद एक यों तेजस्वी आचार्यों का जन्म ही क्यों होता? भारत की धर्म जिज्ञासा क्या केवल वार्ता के लिये ही है? वार्ता तो निवृत लोग ही किया करते हैं; किन्तु यावत् जीवन की प्रवृत्तियों की स्थापना नियमन तथा व्यवहार की पुनीत उपयोगिता के लिये शास्त्र ही चाहिये और जो ब्रह्म शास्त्रपूर्वक तथा शास्त्रसिद्ध नहीं है, नहीं हो सकता वह परम सत्य होगा; किन्तु पृथिवी पर प्राणियों के लिये वह अहितकर है-अनैतिक है। मानव बुद्धि सर्वम् खलु इदम् ब्रह्म मान कर क्या शान्तिपूर्वक जी सकता है? अपने आश्रमों का एक व्यहार भी कर सकता है? इसलिये यह यती शंकराचार्य ब्रह्म की दुहाई देकर वैदिक वर्णाश्रम धर्म की व्यावहारिक मर्यादाओं के मूल ही काट रहा है। विद्या विनय देती है; किन्तु जगत् का अमोघ विश्वास भी उत्पन्न करती है। यह जगत् विद्या द्वारा जाना और प्राप्त किया जाता है; अतः शास्त्र ही हमें सत्य की ओर ले जायगा श्रुति नहीं, शास्त्र।

शास्त्र, अवश्य, शास्त्र! जीव के लिये जगत् ही साध्य है; भव संसार ही काम्य है। मोक्ष? जीव नहीं जानता यह मोक्ष! सृष्टि, स्थिति, लय-पुनः सृष्टि। आगत विद्वानों में जैसे यह विचार कुण्डलाकार होकर व्याप गया। हराइये, मिश्र जी! इस यती शंकर को परास्त कीजिये। पराभूत, अभिभूत कीजिये और अक्षय पुण्य प्रताप प्राप्त कीजिये। अवश्य, अवश्य यही है-यही! प्रभाकर मिश्र कहते और मुस्करा कर आगे बढ़ जाते। प्रभाकर मिश्र को लगा, आश्रम का वायु मण्डल ऊहापोह से भर गया है; क्षुब्ध हो उठा है। उन्होंने एक निकुञ्ज के पास खड़े होकर चारों ओर देखा। जैसे स्वयं से ही कह उठे- 'सत्य की जिज्ञासा क्या इतनी विकल है? क्या चिन्तन इतना भीति कारक है? यह सम्प्रदाय का आग्रह? क्या यह सत्य का आग्रह है, अथवा अपने मत की रक्षा का दुराग्रह? यह कोलाहल क्या है?' प्रभाकर मिश्र ने सहसा चारों ओर देखा और स्वयं के प्रशान्त गहन में जैसे डूब गये। यह रमणीय शान्त, मगन और प्रसन्न उद्यान मानो विचारों के कम्पनों से आहत हो गया है। यह झूमती हुई लतायें मानो शंकित हो उठी हैं और खिले हुए फूल

चमक उठे हैं। तब शास्त्रार्थ घात है, प्रतिघात है- शब्दों की तरोड़-मरोड़ है। तब यह मतों का संघर्ष है? किन्तु सत्य क्या अर्थ द्वन्द्व में ही है? सत्य क्या मतों की टक्करों की टूट से ही निकलता है? प्रभाकर मिश्र स्वयं ही चुप हो उठे-मौन! बोले- "प्रियंवद नीलकण्ठ नहीं आये?" प्रियंवद पास सरक आया; बोला- "आने में ही हैं, गुरुजी। मुझको तो पता था-"

प्रभाकर मिश्र चमके; बोले- "क्या रे?"

प्रियंवद ने सस्मित कहा- "यही कि शास्त्रार्थ आपश्री के बस की बात नहीं है?"

"मैं शास्त्र का वार्ताकार नहीं हूं, प्रियंवद।" प्रभाकर मिश्र ने कहा- "मुझे तो जगत् का अणु-अणु भांपने में गहरी रुचि है। मैं जगत् का परमाणु-परमाणु देखना चाहता हूं-समझना चाहता हूं। जगत और जीव के अतिरिक्त अन्यथा और क्या सत्य है, वत्स? किन्तु यह जगत ऐसा यथार्थ है, जिसका प्रत्येक परमाणु अगाध है-अनन्त है- जैसे अगम्य है, प्रियंवद! तुमने सच कहा- शास्त्रार्थ मेरे बस का नहीं। हम यती शंकराचार्य को प्रणाम कर उनका दर्शन करेंगे-शास्त्रार्थ? नीलकण्ठ करेंगे।"

प्रियंवद ने कहा- "परन्तु आचार्य शंकर तो शास्त्रार्थ के लिये ही आ रहे हैं, गुरुजी।"

प्रभाकर मिश्र ने सहसा सोत्साह कहा- "आचार्य शंकर हमें देखने, पेखने ही आ रहे हैं। आचार्य शंकर के आगमन का विचार हमें प्रसन्नता से भर देता है। हमारा चित्त जैसे हुलस उठता है- हमें आचार्य का यह सन्देश पद्मपाद महोदय द्वारा मिल चुका है कि आचार्य हमसे वार्ता मात्र करेंगे।"

प्रियंवद ने कहा- "सारा देश तो शास्त्रार्थ के लिये आ जुटा है, गुरु जी!"

प्रभाकर मिश्र- "नीलकण्ठ निश्चिन्त रह, प्रियंवद!"

प्रियंवद ने कहा- "जी गुरुजी! किन्तु नीलकण्ठ जी पहुंचे ही नहीं हैं और मान लीजिये, आपकी बात उनको स्वीकार्य न हुई तो?"

"तो क्या?" प्रभाकर मिश्र ने हंसते हुए कहा- "हम जगद्गुरु शंकर के दर्शन कर तथा वार्तालाप कर सन्तुष्ट हो जायेंगे। नीलकण्ठ शास्त्र के वीरवर हैं; हम तो शास्त्र देवता के पुजारी भर हैं। शास्त्रार्थ करना नीलकण्ठ के तेजस्वी स्वभाव में है और वह बड़े ही पटु कुशाग्र बुद्धि मेरे सहपाठी तथा सहयोगी हैं। वह कौन त्वरा से चरण धरता आ रहा है? नीलकण्ठ ही तो-अपने शिष्यों सहित हमें देखते हुए, वह तत्व केसरी नीलकण्ठ ही हैं, अवश्य हैं।"

नीलकण्ठ उत्तुंग लहर की भांति मानो धंस आये। प्रभाकर मिश्र को प्रणाम करते हुए बोले- "वह यती आने में ही है; मार्ग में ही भेंट हो गई। इस पद्मपाद को पञ्चपदी का बड़ा अभिमान है? मैं उसके इस अभिमान को चूर्ण बना दूंगा। मिश्र जी, आप नहीं, हम यती और उसके अभिमानी शिष्य को शास्त्रार्थ में झपट लेंगे; डपट देंगे। देश भी जान जायगा, अभी संन्यासियों को निरुत्तर करने वाले ब्राह्मण जीवित हैं- भट्टपाद के शिष्य अभी मरे नहीं हैं, जीवित हैं। मण्डन मिश्र हार गये तो क्या हुआ? हम हैं- भट्टपाद के श्री चरणों में बैठ कर हमने ब्रह्मचर्य व्रत रखा है; शास्त्रों का अध्ययन किया है; चिन्तन, निदिध्यासन भी किया है तथा शास्त्र का अचूक सप्रमाण निवेदन भी किया है। यह वेदान्त वैदिक मत नहीं है- यह वेद विपरीत मत है। वह भास्कराचार्य उचित ही कहते हैं; यह शंकराचार्य प्रच्छन्न बौद्ध हैं।"

प्रभाकर मिश्र ने नीलकण्ठ को बाहुओं में भर लिया; बोले वीरवर मेरे! अब हम निश्चिन्त हुए। आजकल हम दीपशिखा का निदिध्यासन करते हैं। यह दीप, उसकी प्रज्वलित शिखा, तीनों गुणों और सभी तत्वों आदि का एक रहस्यमय प्रोज्वलन है। सूर्य का प्रखर ताप-चन्द्रमा की कौमुदी-ग्रह नक्षत्र की ज्योति सभी एकाकार होकर जैसे एक अन्यतम ज्योति का दीप हो जाती हैं- दीपक, नीलकण्ठ!"

नीलकण्ठ उत्ताल हास्य हंस उठे; बोले- "उस दीपक में हमारी भाभी श्री का मुखारविन्द क्यों नहीं देखते, भाई श्री? दीपक से देवता अथवा अपनी कान्ता का मुख ही देखा जाना चाहिये।"

"नीलकण्ठ! तुम वैसे ही सांस्कृतिक हो, नागरिक! "प्रभाकर मिश्र ने कहा- "तुम्हारी भाभी तो मेरे आश्रम के अग्निहोत्र की-अग्नि ज्वालाओं की गृह्य शान्त स्व मगन-वह्नि है।"

नीलकण्ठ ने पुनः उत्ताल हास्य पूर्वक कहा- "हम शास्त्रवेत्ता याज्ञिक ब्राह्मणों के लिये धर्मपत्नियां निस्संदेह अग्निहोत्र की वह्नि ही हैं। ब्राह्मण का गृहस्थ ही अग्निहोत्र है, श्रीमन्!"

प्रभाकर मिश्र ने ऊर्ध्व श्वांस लेते हुए कहा- "यह जगत रहस्यमय वह्नि का काल-अग्नि होत्र ही प्रतीत होता है। देखता हूं नीलकण्ठ! मैं अहर्निशि प्रति लव, काष्ठा, पल, क्षण, प्रहर देखता ही रहता हूं। यह नयन जैसे बन्द हो जाते हैं- अन्दर भ्रू मध्य में जैसे कोई दिव्य चक्षु है- उससे मैं देखता हूं-शरीर के त्रिपुर को देखता रहता हूं। एक अवाक् कर देने वाला

दिव्यतम रूपों का लसित वाह है, प्रवाह है- पदार्थ है क्या? पदार्थ ही तो। उस रहस्यमय स्पन्दित दिव्योत्तम से ही जैसे यह रूप-रूप उद्रेकित होता है। रूप स्वरूप धारण करता है- स्वरूप अर्थमय हो जाता है और एक सुखकर सुखार्थ गति-विधि होती ही रहती है। मैं जैसे तटस्थ देखता रहता हूं- समझता हूं; स्वयं ही मुझे जैसे पदार्थ और उसके द्रव्य गुण तथा धर्म का दर्शन हो उठता है- मैं जगत् का दर्शन करता हूं; स्पर्श करता हूं- जगत् को कहता-सुनता हूं..."

"और भोगता हूं।" नीलकण्ठ ने दीर्घ प्लुत स्वर में कहा- "यही तो अनादि शाश्वत जीवात्मा है, ज्ञानमय, इच्छामय, क्रियामय। यही जीव, मैं, जन्मता है, देह त्यागता है, पुनः पुनः देह धारण करता है। भव भोगता है अर्थात् जगत् में निरन्तर इन्द्रियज सुख भोगता है- जीव जगत के जीवन का आनन्द ही चाहता है। यह भव विषयानन्द के लिये ही है- अवश्य धर्म पूर्वक जीवन यापन कर जगत् को भोगना ही है। मैंने सृष्टि नहीं रची; सृष्टि में मैं जन्मता हूं; इच्छा करता हूं और ज्ञान पूर्वक कर्म करता हूं- मैं काल हूं; कर्म मेरा स्वभाव है। आप देखिये तो- हम इस अनोखे वेदान्ती जगद्गुरु को हरा कर रहेंगे।"

"धन्य! धन्य!" उपस्थित विद्वानों ने जय ध्वनि की।

नीलकण्ठ ने सभी विद्वानों को प्रणाम करते हुए कहा- "हमें आशीर्वाद दीजिये, जिससे हम शास्त्र की रक्षार्थ स्वयं को अमोघ कर सकें। कौन मोक्ष चाहता है? सभी प्राणी सतत् अनन्त असीम जीवन जीना ही चाहते हैं- कोई मरना नहीं चाहता। मृत्यु को जीतकर भी मैं जीवित रहना चाहता हूं। आत्मा? परमात्मा? यदि है तो मुझ में है- मैं हूं वह। मैं ही जगत् हूं; भव हूं; भव प्रतीति तथा विद्याओं का व्यसनी कर्म स्वभावी जीवन का अनन्त अविराम दिव्य यात्रिक हूं, शंकराचार्य? सुनते हैं? सुन लें- मार्ग में जहां भी हो।"

20

आचार्य श्री शंकर ने सस्मित उपस्थित विद्वत-समुदाय को निहारा और जलद-गंभीर किन्तु मधुर स्वर में कहा- "यह शरीरी मीमांसा के श्री गुरो मत के प्रतिष्ठापक पण्डितमन्य प्रभाकर जी मिश्र के दर्शनार्थ ही आया है। श्रीमद् कुमारिल्ल भट्ट भट्टपाद का ज्वलंत अग्नि-स्नान यह शरीरी-मैं भूल नहीं पाता। भट्टपाद निस्संदेह महान और महिम ब्राह्मण थे; भू-सुर थे और उनके शुद्ध-बुद्ध ब्राह्मणत्व के प्रखर प्रताप से आज यह भारत भूमि ज्वाजल्यमान हो रही है और चिरकाल तक होती रहेगी। श्री प्रभाकर मिश्र उस महान हुतात्मा ब्राह्मण के प्रवर शिष्य हैं; अतः भारतवर्ष के आदरणीय दर्शनीय पण्डितराज हैं। श्री गुरो मत से मैं वेदान्त का उपासक संन्यासी स्पष्ट ही सहमत नहीं हूं- नहीं हो सकता; किन्तु ज्ञान-चर्चा स्वयं में ही धीमती वार्ता है और किसी न किसी अंश में जीवात्म भाव के बद्ध अज्ञानाच्छादन पर प्रहार करती ही है। मीमांसा-दर्शन की धर्म-जिज्ञासा सनातन और वैदिक जिज्ञासा है और जहां तक इस लोकालय में भव-संसार का सम्बन्ध है, हम पृथिवी के शुभैषी ब्राह्मण उसको मानव व्यवहार के लिये स्वीकार करते आये हैं किन्तु हमारी यह निर्विवाद स्वीकृति देश कालानुसार अवलोकनीय है; आलोचनीय है; संशुद्धि तथा परिष्करण की पात्र है। मानव व्यवहार अर्थात् वैदिक वर्णाश्रम धर्म मनीषियों, विद्वानों तथा शास्त्रज्ञों के लिये अविचल दर्शन नहीं है; वह सच्चिदानंद ब्रह्म की व्यावहारिक सत्ता के लिये अनिवार्य जीवन यापन का धर्म शास्त्र है। शास्त्र जहाँ विराम करता है, आत्मा के दर्शन की जिज्ञासा का अभूतपूर्व उदय होता है। यही तो इस पृथिवी पर हमें मानव को मुक्ति और मोक्ष का पथ बताना है; सिखाना है मानव को ज्ञानाधारित, ज्ञानमूलक तथा अज्ञान का तमिस्त्र आच्छादन हटा सकने वाला आध्यात्मिक मार्ग प्राप्त करवाना ही होगा। तनिक सोचिये, मनुष्य को जगत् के साथ-साथ हमें उसका प्रभु भी उसको प्राप्त करवाना होगा। मानव को देह तथा भव प्रारब्धानुसार ही मिलता है, मिलता रहेगा; किन्तु सृष्टि की इस पूर्ण मानव योनि का आत्यंतिक लक्ष्य आत्मा, परमात्मा ही प्राप्त करना है। यह मानव-व्यष्टि के मोक्ष अथवा मुक्ति का

आत्यंतिक लक्ष्य शास्त्र-लक्षित अथवा शास्त्र प्रदत्त लक्ष्य नहीं है। यह सृष्टि की भव योनियों की असंख्य कल्प-कल्पों की भव-यात्राओं के पश्चात् स्वयं ही मानव-अन्तःकरण में आविर्भूत होने वाला स्वयं चरितार्थ लक्ष्य है। यह सृष्टि इसी परम् लक्ष्य की अनवरत अविराम अनन्त अभिव्यक्ति है- प्राणी भवयोनि में भवयोनि से मुक्त होने के लिये ही आता है। अन्ततः कोटि ब्रह्माण्ड दिव्य विज्ञान के अन्तर्भूत वैराग्य से पूर्ण है। यह माया उसी परम् ब्रह्म के स्वाभाविक वैराग्य का रमणीय रागमय दिव्य रहस्य है। जगत् इस अनिर्वचनीय माया का क्षण स्थायी किन्तु अविराम अनन्त प्रवाह है तथा उसकी भव योनियाँ, संसार चक्र, अज्ञानाच्छादित अध्यास मुक्त प्राणी के लिये अन्ततोगत्वा मुक्ति का पथ है; मोक्ष का सनातन शाश्वत मार्ग है- काल का उद्देश्य ही यह है।"

वायु मण्डल स्तब्ध किन्तु स्वलीन होता गया। श्री शंकराचार्य ने अत्यन्त शान्त मधुमय स्वर में जैसे पुनः कहा- "परम ब्रह्म की यह अनिर्वचनीय माया-यह जगत्, यह भव संसार, यह जीवात्म भाव है और नहीं भी है। यह सब उस जगदीश्वर की अमोघ अनन्त लीला है; चिद्विलास है। यह उस परमेश्वर के सर्व शक्तिमान सामर्थ्य की अनादि अविराम शाश्वत अभिव्यक्ति है। जो भी है; वह है और नहीं भी है। यह सब एक क्षण का अविराम यथार्थ है। यह शरीर और शरीरी, मैं शंकर, स्वयं मोहित, स्वयं कल्पित जीव-धारणा भर हूं। हूं और नहीं हूंगा-जीवों में एक स्मृति कदाचित् बनी रहेगी, परन्तु यह स्मृति एक स्वासक्त भ्रान्ति भर है। मैं प्रतिज्ञा पूर्वक कहता हूं तत्त्वमसि, सर्वम् खलु इदम् ब्रह्म- ब्रह्म सत्यं जगन्मिथ्या।"

"आचार्य शंकर!" नीलकण्ठ भरभरा कर उठा- "आपत्ति।"

आचार्य शंकर ने नीलकण्ठ को सहज ही देखा; कहा-"मैं अपनी बात कहता हूं-प्रश्नोत्तर में नहीं पड़ता।"

"क्यों, यतीवर्य! क्यों?" नीलकण्ठ ने पूछा।

"इसलिये कि जगत् कहा जा सकता है; सत्य नहीं। माया का व्याख्यान हो सकता है; जीव का गुणानुवाद किया जा सकता है, आत्मा का नहीं।" शंकराचार्य ने शान्ति पूर्वक कहा।

नीलकण्ठ ने ओजस्वी स्वर में कहा- "वेदान्त की यह वार्ता हमने और सभी ने शताब्दियों से सुनी है; सुनते आ रहे हैं, हम सब इस आकाश कुसुमवत् सिद्धान्त को! किन्तु मानव-जाति के बुद्धिमानों ने इसको सुना तो

है; उस पर आज की भांति चर्चा भी की है; किन्तु उसको स्वीकार कभी नहीं किया। यह वेदान्त मत बुद्धि कभी स्वीकार नहीं कर सकती; शास्त्र इस रहस्यमय काल्पनिक ब्रहम तत्व को अधिकृत नहीं कर सकता।"

आचार्य शंकर ने कहा- "सत्य है; सत्युत है, परम् तत्त्व ब्रहम बुद्धि से जाना नहीं जा सकता; शास्त्र से प्रमाणित नहीं किया जा सकता। वेदान्त के आचार्यो ने इसीलिये श्रुति को ही ब्रहम वार्ता का एक मात्र आधार माना है, प्रियवर!"

"आचार्य!" नीलकण्ठ ने तीव्र प्लुत स्वर में कहा- "प्रिय वाक्य से असत्य को मृदु नहीं किया जा सकता। भट्टपाद का शिष्य-मीमांसा-शास्त्रज्ञ किन्तु शैव नीलकण्ठ आपको शास्त्रार्थ के लिये ललकारता हूं। अद्वैत? द्वैत ही है, यतीवर्य!"

आचार्य शंकर ने प्रभाकर मिश्र की ओर देखा; बोले- "मिश्र जी, कुछ कहिये तो। मैं तो आप से मिलने ही आया हूं।"

प्रभाकर मिश्र जैसे जागे; उठे; बोले- "आचार्य शंकर! मैंने जी भर कर आपके दर्शन कर लिये हैं। मैं भी आपसे मिलना ही चाहता था। पण्डित दिवाकर के आग्रह वश ही मैंने शास्त्र चर्चा का सन्देश भिजवाया था किन्तु इस जगत् में पदार्थ और जीव का कर्म ही मुख्य हैं; अन्तिम है; आत्यंतिक है और यह काल क्रम में निहित है। अतः शास्त्रार्थ की मैं आवश्यकता ही नहीं समझता। तत्व दर्शन कर मैं अब मूक हो गया हूं-मौन।"

नीलकण्ठ ने कम्पित किन्तु दृढ़ता पूर्वक कहा- "यह सौजन्य मात्र है आपका, मिश्र जी! शस्त्र के संघर्ष के पश्चात् शास्त्र का ही संघर्ष है, जो जगत, जीव, भव-संसार, आदि इस इदम् का निश्चय करता है, करवाता है। मैं समस्त विद्वद् मण्डल की साक्षी से आचार्य शंकर के अद्वैत मत को ललकारता हूं और कहता हूं यह अद्वैत सिद्धान्त सत्य सिद्धान्त है ही नहीं। स्वीकार है, यतीवर्य शंकर?"

आचार्य शंकर ने विहँसते हुए कहा- "स्वीकार है; किन्तु महोदय आपसे शास्त्रार्थ शिव मन्दिर के मण्डप में ही हो सकता है। मीमांसा के उद्धट विद्वान् होकर भी आपश्री शैव होते गये।"

नीलकण्ठ ने कहा- "शिव! क्या आप परम् शिव को नहीं मानते?"

आचार्य शंकर ने सस्मित कहा- "परम् शिव को मैं जानता हूँ।"

नीलकण्ठ ने अवाक् सा होते हुए पूछा- "शिव को आप जानते हैं?"

“क्यों नहीं?” “शंकराचार्य ने कहा- “सभी रूप, सभी मूर्तियाँ, सभी स्वरूप अन्ततोगत्वा ब्रह्म साक्षात्कार के साधन हैं। इस माया प्रणीत जगत् को देखने से ही अज्ञान का नाश होने लगता है; यह अनिर्वचनीय द्वैत शमने लगता है और आत्मा देहाभिमान त्यागने लगता है। यह शरीरी आपसे शास्त्रार्थ करेगा! नीलकण्ठ महोदय! वेदान्त मत ही शाश्वत है; सनातन है; सहज है तथा बुद्धि की पराजय से तटस्थ आत्म दर्शन का साधेय मत है द्वैत! द्वैत की इसी धारणा ने जीव के लिये कर्म-बन्धन उत्पन्न किया है; काल के इस व्यर्थ अविराम भ्रमण का अविर्भाव किया है। अज्ञान से ही यह भेद, भीति, द्वैत-अतः द्विष उत्पन्न होता है। ज्ञान का अर्थ ही अद्वैत है, महोदय!”

“स्वीकार नहीं है, यतीवर्य!” नीलकण्ठ ने कहा- “आप समुद्र सुखा सकते हैं; सूर्य को आकाश से गिरा सकते हैं- आकाश को वस्त्र से ढँक सकते हैं; किन्तु शैव नीलकण्ठ को जीत नहीं सकते।”

पद्मपाद ने सहसा कहा- “यह विद्या का मद है, श्रीमन्!”

नीलकण्ठ ने पद्मपाद को घूरा; कहा- “चुप रह, वाचाल! सूर्य के प्रखर ताप के समान अपने तर्कों से मैं यती शंकर के पक्ष को अन्धकार के भेदन की भाँति छिन्न-भिन्न कर दूंगा। तब यतीवर्य महाकाल के घण्टनाद के साथ अपना शास्त्रार्थ होगा। समझे? मिश्र जी! आप वास्तव में कोमल मति सज्जन हैं; प्रखर शास्त्री नहीं। ब्राह्मण शास्त्र का प्रखर ताप है। मैं चलता हूं और महाकाल के मन्दिर में आपकी ऊर्ध्व प्रतीक्षा करूंगा।”

“तथास्तु।” आचार्य शंकर ने अभय वर उठाते हुए कहा।

नीलकण्ठ रुका; थमा और बोला- “महाकाल के मन्दिर में आपकी प्रतीक्षा करूंगा। मैं मण्डन मिश्र नहीं हूं, यतीवर्य! और नहीं मैं सज्जन शिरोमणि प्रभाकर मिश्र ही हूं। मैं नीलकण्ठ हूं-शैव नीलकण्ठ भट्टपाद कुमारिल्ल का शिष्य हूं। भट्टपाद के अनेक शिष्यों में से मैं एक था- कभी-कभी भट्टपाद मुझे सुनते थे और पढ़ाते भी थे किन्तु वह महान् ब्राह्मण मेरे अन्तःकरण में बैठा हुआ है- मैं नहीं, वह हरायगा आपको, शंकराचार्य, जगद्गुरुदेव!”

और प्रभाकर मिश्र की ओर घूर कर नीलकण्ठ अपने शिष्यों सहित चल दिये। उपस्थित समुदाय थोड़ी देर स्तब्ध किन्तु शान्त बैठा रहा। प्रभाकर मिश्र ने उठकर सब को प्रणाम करते हुए कहा- “इस आतप पूर्ण घटना के लिये मैं ही दोषी हूं। मेरे अनन्य साथी तथा शिष्य पण्डित दिवाकर की

जी-जलन मैं सह नहीं सका। आचार्य पद्मपाद के सात्विक ही सही अहम् ने मुझे हठात् कर दिया। पञ्चपदी को अग्नि के भेंट करना भी मुझे बहुत ही हेय लगा। पण्डित दिवाकर को मैं इसके लिये क्षमा ही कर सकता हूं किन्तु मैं क्षमादान देने का पात्र नहीं हूं। पण्डित दिवाकर मातुल श्री को आचार्य यती श्रेष्ठ शंकराचार्य से क्षमा प्रार्थना करना होगा- आचार्य पद्मपाद बीच में आते ही नहीं हैं। कुछ भी हो। आचार्य श्रीमद् शंकर का दर्शन कर, मैं जैसे पवित्र हो गया हूं। मैं नित्य पदार्थ को ही स्वीकार करता हूँ; क्योंकि मुझे सूक्ष्मातिसूक्ष्म अणु-परमाणु त्रिस्रेणु जीवाणु ही दिखता है। मुझे द्रव्य और गुण धर्मशील पदार्थ ही दिखता है। मेरे लिये यही परम् तत्व है। अनन्त कोटि ब्रह्माण्डों के जगत् के परे और पार क्या है, मैं नहीं जानता-न जानना ही चाहता हूँ। जीव मैं हूं, नित्य शुद्ध-बुद्ध जीवात्मा मैं हूँ, अनादि हूं, अविराम किन्तु नित्य हूँ। मैं धर्माधर्म शेष हो सकता हूं किन्तु प्रलय भी मेरे अस्तित्व को क्या मिटा सकते हैं? मिटता कुछ भी नहीं है; घटता कुछ भी नहीं है; बढ़ता कुछ भी नहीं है। काल ही सनातन शाश्वत भाव है, सत्य! अतः वेदान्त की यह दार्शनिक शून्य दृष्टि सत्य के अमोघ अच्युत विश्वास के विपरीत हो जाती है। जगत् और जीव नित्य हैं; अनादि हैं। जीवन मुक्ति तो है; किन्तु मोक्ष कहां है? मैं निराकार-साकार निर्गुण-सगुण के ऊहापोह को व्यर्थ तथा सारहीन समझता हूँ-मैं हूँ और यह जगत् है, आचार्य प्रवर! आपको मेरे शत-शत प्रणाम, किन्तु मानव को इस मृत्यु लोक में ब्रह्म नहीं धर्म ही चाहिये। मानव ही नहीं जीव मात्र का एकान्त गुह्यातिगुह्य लक्ष्य परम् सुख स्वर्ग प्राप्त करना है- फिर चाहे वह सद्कर्मों से इस लोकालय में ही स्वर्ग सुख भोगे। यती श्रेष्ठ! जगत् कल्याण के लिये जीव को अमोघ जीवन विश्वास, जो मृत्यु को जीत सके, अनिवार्य है। यह जीव का, मेरा अविचल विश्वास है कि मैं हूँ। विश्वास, जगत् का-जीव का, श्रीमद्!"

आचार्य पद्मपाद ने उठ कर कहा- "अवश्य ही मुझे गुरु-कृपा का अभिमान था-था! अन्यथा मातुल श्री पञ्चपदी के साथ यह हेय बर्ताव नहीं करते।"

पण्डित दिवाकर मातुल श्री उठ खड़े हुए- "सनन्दन! पञ्चपदी को अग्नि ज्वालाओं को भेंट कर मैंने श्री गुरो मत की रक्षा ही की है-और करूंगा! करता रहूंगा। तुमने हमारे साथ क्या नहीं किया? घर-बाहर, वंश, कुल तथा धर्म को तिलाञ्जलि देकर तुमने हमें कहीं का नहीं रखा है- तुम मेरे लिये त्याज्य ही नहीं, एक अमिट कलंकवत् हो।"

आचार्य पद्मपाद ने कहा- "क्षमा, आदरणीय! यह शरीरी जगत् को नहीं चाहता! मैं भव-संसार के त्रिताप में भस्म हो जाना नहीं चाहता। मैं जीव शन्ति चाहता हूँ, अभय चाहता हूँ! इस देह का ऋण उतारने के लिये जगद्गुरु की शरण गया हूं। यह पञ्चपदी गुरुकृपा से ही पुनः आलेखित हुई है। आपको ही यह समर्पित क्यों न करूं? ज्ञान जल सकता नहीं, जलता तो ताड़ पत्र है-भोज पत्र है। श्री गुरोमत ज्ञान से रीढ़ होकर ही जीवित रहेगा अन्यथा वह स्वयं नष्ट हो जायेगा। सभी विचार उदित होते तथा सत्य के अवकाश में अदृश्य हो जाते हैं। यह भव, आत्मा द्वारा अध्यास जगत की माया उद्भूत होकर पुनः उसी शान्त अभयपूर्ण वैराग्य घन मौन में विला जाते हैं। आचार्य चरणों की शपथ, यह पञ्चपदी आप...."

मातुल श्री सहसा गर्जे- "हम देखेंगे कि क्या यह पोथी वही है, जिसको अग्निदेव ने स्वाहा कर लिया है।"

पद्मपाद ने शान्त शंकराचार्य की ओर देखा।

आचार्य शंकर ने कहा- "अवश्य दिखाओ, वत्स! और इस भव का शेष कर्म भोग लो। यही तुम्हारी विधि है। पूर्वाश्रम के राग-द्वेष के वर्तुलों में तुम बहुत ही घूमे हो-अब एक अन्तिम आघात सह कर निकल आओ। भव तट पर निकल आओ, पद्मपाद, वत्स!"

प्रभाकर मिश्र ने तीव्र किन्तु शान्त स्वर में कहा- "पण्डित दिवाकर!"

पण्डित दिवाकर ने कहा- "आप निश्चिन्त रहें, श्री गुरो! भव-बन्धन काटना मैं जानता हूं। यह जगद्गुरु शिष्य से बरत रहे हैं; मैं अपने वंश से, कुल से बरत रहा हूं। सनन्दन! पञ्चपदी लेकर अपने घर आओ और अपनी मामी-माँ को प्रणाम करो, बोलो, तत्पर हो?"

आचार्य पद्मपाद ने कहा- "अवश्य! तथास्तु!"

"तथास्तु!" पण्डित दिवाकर गर्जे- "अच्छा? अब तो तू सनन्दन! तू हमें आशीर्वाद देने लगा? कान खोलकर सुन ले, तेरा यह जगद्गुरु तुझे हिमालय के श्रृंग पर बिठा कर जगत् से कह दे कि तू शिव है-मैं नहीं मानने का, हम कदापि नहीं मानेंगे कि तू संन्यासी है; यती है; आचार्य है। पञ्चपदी मैंने देखी है-यह सब तेरे गुरु की लिखी है, तू तेरी मां के गर्भ में था, तब से हम जानते हैं, तू एक मति मूढ़ जीव है-"

आचार्य पद्मपाद ने हँस कर कहा- "सच कहा, मैं मति मूढ़ जीव ही तो हूँ। श्री गुरु चरण के नखों से एक अनिर्वचनीय ज्योति निकल कर मेरी

अज्ञान तिमिर से अन्धी आंखों में व्याप्त हो जाती है, एक प्रकाश सा होने लगता है। अवश्य!”

पार्वतीनन्दन ने सहसा कहा- “आडम्बरी कहीं का। इसको आत्म ज्योति दिखती है? यहां यज्ञ-याग करते हुए जन्म बीत गया; किन्तु एक जुगनू तक नहीं दिखा।”

मातुल श्री ने पार्वतीनन्दन को घूरा; कहा- “चुप रह ढीढ़! अधिक बोला तो हम सनन्दन को श्री गुरोधाम का अपना उत्तराधिकारी घोषित कर देंगे- हम सनन्दन को जगद्गुरु से मांग लेंगे। सनन्दन का अपमान करने का अधिकार तुझे कहाँ से मिला, ऐं!”

पार्वतीनन्दन सहसा उछला- “मातुल श्री! आपने मुझे अपना उत्तराधिकारी प्रतिष्ठित कर दिया है- भूलते क्यों हैं? मैं हूं आपका उत्तराधिकारी! देखता हूं यह सनन्दन प्रेत की भांति श्री गुरोधाम में कैसे घुसता है?”

“अच्छा!” मातुल श्री ने चिल्ला कर कहा- “जगद्गुरु! इस सनन्दन को मैं श्री गुरोधाम का उत्तराधिकारी-सत्वाधिकारी इस अविनयी ढीढ़ पार्वतीनन्दन को निरस्त कर घोषित करता हूँ। अब तुझे क्या कहना है, अपात्र व्यर्थ कहीं के! मेरे लिये यह सनन्दन है किन्तु तेरे लिये यह आचार्य पद्मपाद है-सुन लेना!”

पार्वतीनन्दन ने हुँकार पूर्वक कहा- “सुन लिया! उत्तराधिकारी मैं हूं-मैं हूं-रहूंगा।”

आचार्य पद्मपाद ने हँसते हुए कहा- “शान्त! यह शरीरी मातुल श्री के पश्चात्ताप के शमन के लिये ही जायगा। पञ्चपदी निस्संदेह गुरु कृपा की ही देन है। गुरुदेव! आज्ञा दीजिये, मैं पण्डित दिवाकर का द्विष शान्त कर सकूं।”

प्रभाकर मिश्र ने उत्साह पूर्वक कहा- “धन्य, आचार्य पद्मपाद! यही संन्यासियों का गृहस्थों के प्रति उदार व्यवहार है। पञ्चपदी को मैं स्वयं देखूंगा। वेदान्त की परम्परागत व्याख्यायें मैं जानता हूं-किन्तु शारीरिक भाष्य पर एक शिष्य की यह टीका द्रष्टव्य है। पण्डित दिवाकर, टीका पढ़ कर निर्णय मैं दूंगा।”

आचार्य शंकर ने कहा- “तथास्तु, प्रभाकर जी! हमने अब आपश्री के दर्शन कर लिये-अब हम चलेंगे। हमें जैसे उत्तर की दिशाओं से कोई अज, निरुपम, निराकार, निर्गुण, देव बुला रहा है। पद्मपाद की तीर्थयात्रा की समाप्ति का

उत्सव हम पुरी में मनायेंगे। मार्ग में हम ब्राह्मणों को जगायेंगे। कर्म भोग की स्मृति से गाढ़ होता है; भोग कर्म को कर्म से बाँधता है। कर्म को ज्ञान परक होना ही होगा-मनुष्य का ध्येय मोक्ष है, पण्डित प्रवर! स्वर्ग नहीं! स्वर्ग? लोक-लोकान्तर का भव्य-दिव्य भव? क्या है? जन्म और मृत्यु। देह मरता है; देह जन्मता है- आत्मा नहीं, सच्चिदानंद।"

"सच्चिदानंद!" प्रभाकर मिश्र जैसे स्वयं से ही बोले- "यतीवर्य! जगत् बोध और देह-भान के परे और पार कौन सा चैतन्य है? भूत तथा तत्व के परे भी क्या कोई सत् है? सत् मात्र विचारगत है; यह जगत् और भव अनुभव ही तो हैं। गुरुदेव भट्टपाद अभाव भाव को पदार्थ का आधार कहते थे-पदार्थ? भट्टपाद की दृष्टि में भाव और अभाव इस प्रकार दो प्रकार का पदार्थ है। परन्तु भाव क्या? अभाव क्या? फिर यह पदार्थ भाव अभाव मूलतः अभाव- किन्तु भाव ही तो। जगत् के पदार्थ की अविराम गतिविधि में भाव ही भाव है-अभाव क्षण है, शून्य स्थिति भट्टपाद ने जगत् को पदार्थ की भाव तथा अभाव की स्थितिवत् ही देखा; किन्तु मुझको इन्द्रियज यथार्थ ज्ञान से ही जगत् की सत्ता प्रतीत होती है। पदार्थ बोधात्मक गुणन है-मूल्यांकन और द्रव्य भूतात्मक-काल, आत्मा मनस दिक् यही, आचार्य शंकर! मेरे मानस पटल पर ऐसा ही रहस्यमय भव्य-दिव्य जगत, तैरता रहता है।"

आचार्य शंकर ने विहंसते हुए कहा- "आत्मा जगत् और भव का द्रष्टा ही तो है। भोक्ता तो आत्मा की अज्ञानाच्छादित अध्यासित जीव भावना ही है। शरीर भोक्ता है। आत्मा नित्य शुद्ध-बुद्ध कूटस्थ चैतन्य है- इन्द्रियज यथार्थ ज्ञान होता है; है नहीं-मिश्र जी! पदार्थ को देखने, जानने तथा भाँपने वाला कौन है? आप क्या हैं, पण्डित मन्य? क्या यह मरणाधीन तन हैं? द्रव्य-गुण का पदार्थ पुञ्ज हैं? क्या आप अनुभव करने वाला अच्युत और अगाध कोई परात्पर दिव्य चैतन्य नहीं हैं? क्या हैं आप? जगत को देखने-पेखने वाले को स्वयं को भी तो जानना चाहिये? नहीं? यही तो-"

प्रभाकर मिश्र ने आचार्य शंकर के प्रशान्त पूर्णिमा के चन्द्र सा मुख-मण्डल देखा-देखने लगे। देह ही तो-पदार्थ; किन्तु, किन्तु यह अनिर्वचनीय कान्ति, दिव्य सी आभा? यह परम् शान्ति! यह-यह अभयपूर्ण चित्त-स्थिति! यह बुद्धि की गोद में बैठे हुए मन की सम धीर गंभीर चेष्टा! प्रभाकर मिश्र को लगा पदार्थ के इस सूक्ष्मातिसूक्ष्म संघटन के पार और आरपार कोई अकथनीय केवल अनुभूयमान आभा है, ज्योति!

आचार्य श्री शंकर ने कहा- "आत्मज्योति-ज्ञान, सत्य।"

प्रभाकर मिश्र ने उस प्रशान्त मुख-मुद्रा को पुनः निहारा और कहा- "मुझे दिख सकती है?"

"क्यों नहीं?" आचार्य शंकर ने कहा- "ज्ञान ही ज्ञाता है, ज्ञेय है, यथार्थ ज्ञान है। पदार्थ ब्रह्म के संकल्प की दिव्यता न होता और आप स्वयं ब्रह्म से एक नहीं होते तो क्या जगत् को देख सकते थे, जान सकते थे। बुद्धि का अन्तिम संशय जगत् सत्य है और ब्रह्म मिथ्या है- यह बोध है। अज्ञान, महाशय।"

"ज्ञान, तब?" प्रभाकर मिश्र ने पूछा ही।

"अज्ञान को जानना ज्ञान बोध है!" आचार्य शंकर ने हँसते हुए कहा- "भव-संसार जीव की धारणा मात्र है, यह समझ लेना आत्म प्रत्यक्ष का मंगलारंभ है। ब्रह्म ही है-सत्य, परम् सत्य! पद्मपाद! हम पुरी की ओर चलते हैं। पण्डित दिवाकर को सन्तुष्ट कर तुम हमें उज्जयिनि आ मिलो। हम महाकाल का पूजन करेंगे और जनपदों में वेदान्त-सन्देश देते हुए पुरी जायेंगे। यह जगत् ब्रह्म-माया है और ब्रह्म भगवान् के स्वरूप में भी प्रतीत होता है-मिश्र जी! हमें अपना रमणीय आश्रम दिखाओ! हम आपके आश्रम के फूलों को देखना चाहते हैं-आश्रम के पक्षियों के दर्शन करना चाहते हैं। वह प्रभु सभी प्राणियों में है-सारा जगत् उसी परम् तत्व ब्रह्म से उद्भवित होता है और उसी में तिरोहित होता है।"

आचार्य शंकर सहसा लता-मण्डपों की ओर लपके। उद्यान के लता-कुञ्जों के पास तनिक रुक कर आचार्य ने उन्मीलित नयनों से अपने ही चिदाकाश में देखा। प्रभाकर आचार्य को स्वलीन, उन्मीलित, मगन तथा स्वयं लीढ़ देखते रहे। शंकराचार्य जैसे लता, वृक्ष, पल्लव, पुष्प तथा समस्त उद्भिज को ही अपने चिदाकाश में खोजने लगे। प्रभाकर मिश्र को लगा, आचार्य समाधिस्थ से हैं और किसी संकल्प बल से ही शरीर हिल-डुल रहा है। कुछ विद्वान् तथा मनीषी साथ हो गये थे। उनको लगा, यतीवर्य शंकर अवाक् हो गये हैं। दिग्मूढ़ से हो गये-स्तब्ध हो गये। शंकराचार्य ने लता कुञ्ज के पास ही के तड़ाग के रमणीय घाट पर बैठते हुए कहा- "पदार्थ को मैंने भी देखा है। मैंने काल को जैसे जान लिया है; देश को भाप लिया है। मैं त्रिकाल सृष्टि, स्थिति तथा प्रलय को जानता हूं- सदैव से जानता हूं। यथार्थ ज्ञान जीव का स्वभाव है; सृष्टि जीव की

प्रकृति है- जीव ही भूत, तत्व और सृष्टि के परे की चेतना जानता है। जीव और जगत्-यही तो ब्रह्म की दिव्य गूढ़ रहस्यमय लीला है। पदार्थ है क्या, मिश्र जी?”

“पदार्थ क्या हैं? क्यों?” प्रभाकर मिश्र चिहुंके- “पदार्थ पदार्थ हैं-क्यों?”

आचार्य शंकर विहंसे- “पदार्थ है भी? माया? है क्या? है भी; नहीं भी। जो प्रतिभास है, वह हो सकता है; किन्तु सत् वह है नहीं। अस्तु! बुद्धि से यह माया देखते ही जाओ; देखते ही रहो। इस माया की अनेक मान्यतायें हैं- हो सकती हैं। मूल तो परम् सत्य है-ब्रह्म की पारमार्थिक सत्ता।”

“आर्य शंकराचार्य!” प्रभाकर मिश्र बोल उठे।

“आर्य अमृत पुत्र है; आर्य अमृताभिलाषी मानव है। मिश्र जी! अनार्य जगत् और भव-संसार को ही जीवन का ध्येय मान कर जीता है- आर्य शरीर के परे परात्पर आत्मा के लिये ही जीता है। आर्य सत्य के प्रति प्रतिनिमिष खिंचता है-ज्ञान के लिये साधना करता है। वैदिक वर्णाश्रम धर्म आर्य मार्ग है। यह संयम, साधना, उदारता तथा सहिष्णुता का मार्ग है। देखा? यह आपका उद्यान जगत् का ही उद्यान है। ऐसा रमणीय दिव्य शान्त उद्यान, जहां नाना जीव कल्लोल करते हों, जहां जड़-चेतन अतीन्द्रिय ज्योति की झबक से भरे हों, वहीं तो परम् सत्य प्रतीत होता है।”

“यतीवर्य!” प्रभाकर बोले।

“ज्ञान! चैतन्य! प्रभाकर मिश्र। जो अनुभव गम्य तथा अनुभव जन्य है, वह जड़ है- माया। चैतन्य केवल आप हो, आत्मा, जीव नहीं।” आचार्य शंकर ने जाग्रत होते हुए कहा- “ज्ञान ही चैतन्य है, ब्रह्म चैतन्य! और ज्ञान ही सत् है; चित्त है- आनन्द है, ब्रह्म!” प्रसन्न बाल सुलभ चापल्य पूर्वक आचार्य शंकर उठे और वृक्ष घटाओं में छिपे बैठे पक्षियों को लक्ष्य कर बोले- “शरीर भिन्न-भिन्न हैं, किन्तु वह ब्रह्म आत्म-चैतन्यवत् सभी में है। हृदयाकाश में, मिश्र महोदय। उद्भिज से लगाकर कीट, पतंग, पक्षी, पशु, मानव, किन्नर, गन्धर्व, सुर-असुर सभी के शरीर तथा भव भेद विभिन्न हैं किन्तु पूर्ण-परिपूर्ण स्वरूप वह सभी प्राणियों में रम रहा है, ज्ञान चैतन्य स्वरूप वह ब्रह्म! बुद्धि जगत्, भव तथा भवभेदों को ही जानती है-बुद्धि भूताकाश, चित्ताकाश तथा चिदाकाशों में भ्रमण करती रहती है-जाड्यान्धकार में उसी ब्रह्म को खोजती रहती है, भला! किन्तु ब्रह्म तो हृदयाकाश में भरा-पूरा है- रमा हुआ है। उस हृदयाकाश, हृदय-दहर में

आपका जगत् नहीं है, भव-संसार नहीं है; प्राणी भृत भी नहीं है, कुछ भी नहीं है और सभी कुछ है जो नित्य है; अज है; शुद्ध-बुद्ध तथा शाश्वत एवं कालातीत है, ब्रहम। भला!"

प्रभाकर मिश्र ने कहा- "मुझे मिल सकता है, आपका यह ब्रहम?"

आचार्य शंकर नयनों के अथाह में मानो प्रज्वलित हो उठे- "तो क्या मैं व्यर्थ ही यह सब आपसे कह रहा हूँ? ब्रहम पाना चाहते भी हो, प्रभाकर? अनादि से जीव ने जगत् का ही विश्वास किया है; जीव जगत् में जगत् के विश्वास तथा अविद्या की भ्रान्तिपूर्ण सामर्थ्य से जीता है-यही विज्ञानवाद है, जिसकी धार्मिक निष्पत्ति धर्म मार्ग में होती है। कर्म का जहां अन्त होता है, भवेच्छा जब स्वयं ही कातर तथा विव्हल हो उठती तथा क्षणों के इस उद्भव के अविराम चक्र से त्रसित हो जाती है, तब आत्मा अपने ही चैतन्य में जागने लगता है और जगत का यह स्वप्न भव-संसार की स्मृति- यह अन्धकार यह अज्ञानाच्छादित तमान्ध नष्ट होने लगता है तथा तब प्रभाकर मिश्र कहने लगते हैं-चिदानन्द रूपम् शिवोहम् शिवोहम्।"

प्रभाकर मिश्र सहसा हँस दिये- "आत्मा?"

आचार्य शंकर- "तत्वमसि!"

"तत्? त्वमसि!" प्रभाकर मिश्र ने स्वयं से नयनों की वाणी मैं जैसे कहा और शंकराचार्य के कुछ पीछे आश्रम के अतिथि निवास की ओर हो लिये। चारों ओर रूप-रूप उद्भवित था; है-होगा। चारों ओर पदार्थ अपने द्रव्यों एवं उनके सिद्ध अटल दिव्य गुण-धर्मा में आविर्भूत हैं; व्याप्त हैं। वह अणु प्रतिनिमिष विराट्-विराटातिविराट प्रतिभासित हो रहा है-प्रतीत हो रहा है; दीख रहा है; अनुभूयमान है। तब पदार्थ ही यह ब्रहम है- अवश्य! जो पदार्थ केवल बुद्धि का अचूक विश्वास है-भाव क्या? जो त्रिस्रेणु, परमाणु और अणु का रहस्यमय उद्भव स्रोत है और जो स्वयं जैसे बिम्बाकृत होता है-वह द्रव्य, गुण, कर्म, सामान्य समवाय, सख्या, शक्ति तथा सादृश्यवत् पदार्थ ही तो है। और पदार्थ क्या है? क्या हो सकता है? यथार्थ ज्ञान से जिस सत्ता का भास होता है, वही पदार्थ है। अतिथि-निवास के द्वार पर शंकराचार्य से विदा के प्रणाम करते हुए प्रभाकर मिश्र ने कहा- "मैं देह त्याग के पश्चात् स्वर्ग नहीं चाहता। मैं देहधारी था; हूं-सदैव जन्म-मरण द्वारा देहधारी ही रहूंगा। अतः ब्रहम मेरे लिये अपना ही साक्षात्कार होगा। मैं जो हूं;- जैसा हूं, वह तथा वैसा...."

आचार्य शंकर ने शान्त स्वर में कहा- "देह जड़ है; मैं हूं- यह अहम् भाव, जीव भाव भी जड़ है और जो जड़ है, जाना तथा माना जा सकता है, वह सब जड़, अन्धतम है। जाड्यान्धकार के यह सब स्वप्न हैं; स्मृतियाँ हैं-काल-रात्रि से जाग जाओ, आत्मन्! तुम देह नहीं हो; तुम अहम् नहीं हो; तुम विचार तथा भाव नहीं हो-न तुम रूप हो; रस हो, गन्ध हो। तुम देहधारी हो; किन्तु देह नहीं हो। तुम आत्मा हो; परमात्मा हो-तुम ही यह सब हो। ज्ञाता, ज्ञान तथा ज्ञेय हो। तुम माया नहीं हो; मायामय जीव हो किन्तु चाहो तो माया को चीर कर फैंक सकते हो। प्रभाकर मिश्र! इस इदम् की माया से माया भी समझ में नहीं आती तो ब्रह्म कैसे आयगा? ब्रह्म को समझो मत; जानो!"

प्रभाकर मिश्र ने आचार्य को अन्दर एक सघन-घनीभूत किन्तु शान्त-दिव्य आभाकृति की भाँति प्रवेश करते हुए देखा-और देखते खड़े रहे। मिश्र जी को लगा आचार्य की देहाकृति एक आभा की भाँति झिलमिलाती रही। उनको लगा मानो सारी सृष्टि एक आभामय झिलमिल है-बिम्बात्मक इंगितों की आंख मिचौनी है-पदार्थ यहाँ आभा है, जो दिखती भी है और नहीं भी दिखती। निस्संदेह पदार्थ मेरी धारणा है-मेरी बुद्धिगत अनुभूति एक अकथनीय ग्राह्य, अतः मान्य विचार मात्र है। त्रिसेणु इसी आभा में लीन होते और पुनः इसी अनाहत आभामयता से उद्भवित होते हैं-आभा के इस ज्योतिर्मय ऊहापोह में प्रभाकर मिश्र को दो अथाह अगाध नयन जैसे देखते हुए दिखे। कौन देख रहा है-जगत् की सृष्टि, स्थिति और प्रलय को? मैं मेरी बुद्धि; मेरा चित्त-मैं, अहम् मैं। मैं ही तो जानता हूं- यह भूत हैं, पञ्चभूत; यह तत्व-पदार्थ हैं। यह द्रव्य-यह गुण और यह धर्म है। मैं अनादि शाश्वत जीवात्मा, मैं! मैं ही जगत को जानता हूँ; जान सकता हूं-मेरी बुद्धि में जगत् भरा है; मेरी प्रतिभा में त्रिकाल सृजन और रचना समाई हुई है। मेरी मेधा में सत्य सारभूत होकर स्थित है। मैं और मेरा अनुभूत जगत् और यह मेरे प्रारब्ध-भव यही सत्य है, यथार्थ है- यही, यही तो।"

प्रभाकर मिश्र सुध-बुध हीन से अपने आवास में पहुंचे। अपने कक्ष में पहुंचते ही वह चुपचाप अपने आसन पर जा बैठे। तभी उनको लगा, कुछ छू रहा है, अज्ञात ही बोले-"कौन?"

"पदार्थ।" श्रीमती प्रभाकर मिश्र ने मन्द हास्य पूर्वक कहा।

प्रभाकर मिश्र सहसा स्वयं में ही जागे; चिहुंके- "पदार्थ? तुम?"

“और क्या?” श्रीमती प्रभाकर बोली- “पदार्थ ही तो। जब यह सारा जगत पदार्थ है, तब मैं भी पदार्थ क्यों नहीं?”

प्रभाकर मिश्र ने अज्ञात ही आघात सह कर कहा- “यह यतीवर्य शंकराचार्य आत्मा-ब्रह्म को ही मानते हैं। पदार्थ की सत्ता उनके मत में मायावी है-”

“छुटकारा हुआ तब। मैं मायावी सही।” श्रीमती प्रभाकर ने कहा- “अतिथियों ने भोजन पा लिया है; अब श्रीमान का क्या विचार है? कुछ समय तो इस मीमांसा जगत में कोई शान्त कौना खोजिये, पण्डित जी!”

प्रभाकर मिश्र सहसा हँस उठे- “जगत का कौना? अरे! जगत् तो कोण ही कोण दिखता है- त्रिकोण! कोलाहल? क्यों न होता? आचार्य शंकर आये हैं- देश के कौने-कौने से मनीषी तथा विद्वान आये हैं- यह श्री गुरोधाम पवित्र हो गया, श्रीमती!”

श्रीमती प्रभाकर मिश्र सहज ही बोलीं- “लोग कह रहे हैं, शास्त्रार्थ का आपका साहस ही नहीं हुआ।”

प्रभाकर मिश्र ने कुण्ठित होते हुए कहा- “साहस? शास्त्रार्थ का? हमारा नियम है हम स्त्रियों, तर्क शास्त्रियों, स्मृतिकारों तथा प्रजा से केवल वार्ता करते हैं- वाद-विवाद नहीं; अतः शास्त्रार्थ भी नहीं, फिर हमें शंका नहीं है।”

“अज्ञान तो है।” श्रीमती प्रभाकर बोलीं।

“अज्ञान! प्रभाकर मिश्र सहसा अन्धकार के घने तीव्र वर्तुल में आ गये, अपनी ही आंखों में जैसे झबक कर लुप्त से हो गये; बोले- “अज्ञान? कहाँ है? सर्वत्र यथार्थ ज्ञान ही ज्ञान है- मैं हूं; जगत् है- तुम हो।”

पण्डित दिवाकर ने बाहर से ही पुकारा- “सनन्दन आया है; गुरु जी!”

आचार्य पद्मपाद? प्रभाकर मिश्र बाहर धंस आये। शान्त स्थिर पद्मपाद को देखते ही बोले- “आइये, आइये, आचार्य!”

पद्मपाद ने प्रणाम करते हुए कहा- “यह पञ्चपदी! पूर्वाश्रम के यह मेरे मातुल न जाने क्यों पञ्चपदी से इतने रुष्ट हो गये। भस्मीभूत पञ्चपदी से यह अवतरण अनन्य तथा पूर्णतर है। जगद्गुरु ने ही इसे आलेखित करवाया है। मैं कह सकता हूं- अब ज्ञान है- ज्ञान ही है और वह स्वयं ही विचार में, भाव में, वाणी में, कर्म में, जगत में सर्वत्र सभी काल स्वयं ही प्रकाशित होता है-हो रहा है। यही आत्मा है- मैं ब्रह्म-चैतन्य।”

चुपचाप प्रभाकर मिश्र ने पञ्चपदी की पोथी ली और अपने कक्ष में अपने आसन पर जा बैठे। बोले- “पद्मपाद! आचार्य! आप चाहें तो यहां बैठ

सकते हैं- मैं इस प्रबन्ध को देखूंगा। ज्ञान-अज्ञान। विलक्षण ऊहापोह है। देखूं, जगद्गुरु क्या कहते हैं? वेदान्त? मैं जैसे जानता हूं; किन्तु मानता नहीं- मान सकता नहीं। दिवाकर, आप जाइये- पञ्चपदी आप जला सकते हैं; समझ नहीं सकते।"

"हुं?" पण्डित दिवाकर, आघात सहते हुए बोले- "क्या मैं-मैं इस पञ्चपदी को समझ नहीं सकता? मैं?"

प्रभाकर मिश्र ने विहंसते हुए कहा- "एक सीमा के पश्चात् प्रत्येक आग्रह दुराग्रह हो जाता है। समझ सके होते आप तो इस पोथी को जला नहीं देते। आचार्य पद्मपाद! आप विश्वस्त रहें, हम आपकी इस कृति को नहीं स्वीकारते हुए भी शिरोधार्य करते हैं। सच तो यह है, वेदान्त मेरे बस की प्रतिज्ञा नहीं है। मैं तो मानव हूं; स्वर्ग चाहता हूं- अथा तो धर्म जिज्ञासा मेरे मानव जीवन का ध्येय-वाक्य है। जब जगत् है, जीव है- भव-संसार है तथा उसका अचूक अभिनिश्चित ज्ञान और संज्ञान है तब मैं त्रिताप से मुक्ति तो चाह सकता हूं- मोक्ष-केवल विनाश नहीं चाह सकता। विनाश! मैं सृष्टि की अविराम चिरन्तनता और स्थिति के रहस्यमय किन्तु न्यायिक परिवर्तन में मानता हूं, क्योंकि प्रतिनिमिष सृष्टि आविर्भूत होती है; प्रतिक्षण ठहरती है और पुनः बिला जाती है- तो यह यथार्थ ही है, यथार्थ।"

"यथार्थ क्षणिक है; स्मृतिगत प्रतिभास मात्र है, आचार्य!" पद्मपाद ने कहा- "एक धन्य पल आप वेदान्त के ब्रह्म-चैतन्य का अवश्य ही साक्षात्कार करेंगे।"

"मैं सत्य का साक्षात् करना चाहता हूं।" प्रभाकर मिश्र बोले- "जिस अथाह से अणु-अणु उद्भवित होता है, उस महतत्व को जानना और उसका साक्षात् करना चाहता हूं- ब्रह्म मान भी लूं, तब भी क्या सृष्टि-प्रपंच को समझे बिना यह ब्रह्म-माया जानी जा सकती है? नहीं-भाव अथवा अभाव-धर्म या अधर्म, शेष तथा निःशेष-जानना तो सत्य को ही होगा। सत्य आपका शून्य अभाव है क्या? नहीं। दिवाकर, आचार्य पद्मपाद को भोजन कराओ- यह युवा यती अब आपका भानुज नहीं है; शंकराचार्य का प्रतिभा पयोनिधि मेधावी कृतविद्य शिष्य है- वेदान्त के आचार्य हैं। जो भस्म से पुनः अक्षर को जाग्रत कर सकता है, वही तो मनीषी है; धन्य पण्डित है। काश, आप सा मेरे भी शिष्य होता- पद्मपाद आचार्य!"

पद्मपाद ने प्रभाकर मिश्र को प्रणाम करते हुए कहा- "धन्य हुआ, आचार्य-प्रवर! शास्त्र का अर्थ ही मतभेद है; किन्तु यह अज्ञान की ऊहापोह मात्र है। ज्ञान में भेद नहीं है; भीति नहीं है-देश और काल नहीं है।"

प्रभाकर हंसे- "तब न जाने वह कैसा ज्ञान है? पद्मपाद! मैं इस भव में अब अनिश्चय की आशंका में बस नहीं सकता। मुझे पदार्थ-दर्शन ने सृष्टि का उन्मुक्त धर्म-मार्ग बता दिया है। मैं मोक्ष की सोच तक नहीं सकता। मुझे प्राणी मात्र के परम् सुख की पड़ी है- मुझे जैसे ज्ञात हो गया है, सृष्टि का विराम तो है; परन्तु मोक्ष नहीं है- जगत है; रहेगा-जीव है; रहेगा और जीव को जगत में जीने के लिए धर्म चाहिये-ब्रह्म नहीं।"

"किन्तु क्या ब्रह्म से हीन, रहित कोई धर्म हो भी सकता है?" आचार्य पद्मपाद ने स्वयं से पूछा।

"सत्य! सृष्टि-प्रपंच का यथार्थ ज्ञान और उसके व्यवहार का शास्त्र-धर्म। यही तो। यही, पद्मपाद।" प्रभाकर ने कहा।

21

पार्वतीनन्दन आधी रात के मांझम अँधेरे में स्वयं ही पैशाचिक हँसी हँसता पड़ा रहा। भयभीत सन्तोष उसके रोम-रोम में सिहरता रहा- अब? अब क्या? मातुलश्री ने विश्वासघात ही किया था; उस सनन्दन को श्री गुरोधाम ही दे देना चाहते थे; इसलिये कि लोग उनको पद्मपाद का गुरु कहें-मानें? श्री गुरोधाम का उत्तराधिकारी तो मैं हूं- लिखत-पढ़त हो चुकी; जाति और गोत्र ने अनुमति दे दी। तब? तब यह मातुल, यह पण्डित दिवाकर मुझे पुनः अपमानित करना चाहता है? देखा नहीं, किस प्रकार हँस-हँस कर अपने भानजे से बातें करता था। पण्डित प्रभाकर मिश्र का रोष कितनी कुशलता पूर्वक ठण्डा कर दिया। पञ्चपदी को सिर पर रखकर यह मातुल पद्मपाद को प्रणाम करने लगा। उस यति शंकर की जय कह उठा। यह तो नर तो नारी से भी कहीं अधिक रहस्य प्रतीत-सिद्ध हुआ-तब। यह मातुल स्वयं एक रहस्य है, एक आत्मवञ्चना और क्या? "तुम कुछ भी क्यों न हो, सनन्दन को श्री गुरोधाम में घुसने नहीं दूंगा। अब मैं जम गया हूं। अहर्निशि यहीं, यहीं डटा रहूंगा-देखता हूं, तुम क्या करते हो, पण्डित दिवाकर? मातुल-मा-तु-ल-श्री!" क्या करेगा यह मातुल? भीरु, नपुंसक, कातर, द्वेषी, क्रोधी, पण्डित-क्या कर लेगा? उसकी सगी पत्नी इसे छोड़कर चल दी- चल ही तो दी। रात रहती नहीं; दिवस में आती है-रोटी-पानी कर जाती है। नहीं, जी। भाभी-माँ ऐसी नहीं हैं। परन्तु वह गौरी! ओह् राम मेरे! यह गौरी? पार्वतीनन्दन सिहर उठा। उसका रोम-रोम अज्ञात शीतल वह्नि से भर उठा। "गौरी! प्राण!" वह मन ही मन पुकार उठा- "तू उस सनन्दन के पीछे अपनी कञ्चन काया मिट्टी का ढेर कर रही है। अपने पवित्र यौवन को व्यर्थ कर रही है- तेरी कुक्षी से मैं, मैं वेदव्यास सा सिद्ध बुद्ध पुत्र उत्पन्न करता। हाँ, अवश्य करता।" पार्वतीनन्दन सहसा चिल्लाया- "अवश्य करता।" मातुल श्री द्वार पर खड़े थे; बोले-"तब किया नहीं?"

"क्यों? किया-किसने कहा, नहीं किया?" पार्वतीनन्दन उठ बैठते हुए बोला- "मैं, मैं आपका उत्तराधिकारी जो हूं। पुत्र क्या पिता की इच्छा की पूर्ति नहीं करेगा? करेगा।"

"की क्या?" मातुल श्री ने घूरते हुए पूछा।

"जी, की क्यों नहीं?" पार्वतीनन्दन जाग्रत होते हुए बोला- "किन्तु हत्या नहीं की। नहीं-यह मैं नहीं कर सकता था। नहीं।"

"मैं और तुम क्या नहीं कर सकते?" मातुल श्री बोले- "यह पण्डित प्रभाकर मिश्र मिट्टी का महादेव निकल गया। वह शिष्य दुर्भागी है, जिसका शिष्यत्व एक साहसहीन जीवटहीन व्यक्ति का कथन मात्र हो। पद्मपाद की प्रखर बुद्धि को मन्द मन्दातिमन्द करना ही था। क्यों ठीक है न?"

"जी।" पार्वतीनन्दन बोला- "बुद्धि मन्द करनी ही थी, जी!"

"क्या जी?" मातुल श्री गर्जे- "अब यह सनन्दन पञ्चपदी को फटी आँखों से देखता हुआ बैठा रहेगा। पढ़ेगा किन्तु अक्षरों की ध्वनि अर्थहीन ही उसके सूने कर्ण-कुहरों में गूंजती रहेगी। वह अपने गुरु को प्रणाम करेगा; किन्तु गुरु उसको एक जीवित शव की भांति दिखेगा। श्री शैल का यह चमत्कार है-होगा। शेष भव के लिए यह आचार्य पद्मपाद निवीर्य, निस्तेज बना रहेगा। अपना पाण्डित्य दिखाने आया था। हमें-मुझे? दक्षिण के धर्म-धुरीण पण्डित दिवाकर को कुल, वंश, जाति, धर्म, समाज सभी के समक्ष नीचा दिखाने ही तू आया था। तूने मेरे घर में अशांति रोप दी; आग लगा दी तूने, सनन्दन।"

पार्वतीनन्दन हुंकारते हुए बोला- "ऐसा कलंक किसी भी ब्राह्मण वंश को नहीं लगा, पूज्य! हमारे विश्रुत ब्राह्मण वंश की सनातन प्रतिष्ठा कर्मकाण्ड तथा मन वचन कर्म से वर्णाश्रम धर्म की व्यवस्था एवं शास्त्र विहित यज्ञ-याग रहा है। पण्डित दिवाकर का तात्पर्य ही श्री गुरोमत हो गया है-तब इस-"

पण्डित दिवाकर तीव्र स्वर में बोले- "चुप रह, शठ! सनन्दन कैसा भी है, कौसूंगा तो मैं तू नहीं, पार्वती!"

पार्वतीनन्दन ने सहसा तन कर पूछा- "क्यों, पूज्य?"

"इसलिये कि तू औरस पुत्र नहीं है- दत्तक है।" मातुल श्री बोले- "फिर तू ने पञ्चपदी छोड़ कर क्या धातु रूपावलि भी प्रणीत की है? तू स्मृतियों का एक व्याख्याकार रहा है और श्रीगुरो मत के व्यवहार के लिये तत्व ज्ञानी नहीं, एक स्मृतिवेत्ता की मुझे आवश्यकता थी, समझा!"

पार्वतीनन्दन ने हुंकारा- "तो मैं सनन्दन से गया बीता हूं-"

"नहीं।" मातुल बोले- "किन्तु तू सनन्दन के पाँव की धूलि के समान भी नहीं हो सकता। सद्गुरु की खोज के लिये घर, बाहर, प्रिय, इष्ट सभी का त्याग कर चले जाना क्या कम बात है? तू तो व्यक्त भंग भी नहीं

त्याग सकता। त्याग सकता है? नहीं। तू ब्राह्मणों में शूद्र है और सनन्दन? ब्राह्मणों में ब्राह्मण है।"

"पूज्य!" पार्वतीनन्दन उठ खड़ा हुआ, चिल्लाया- "यह, यह मेरा घोर तिरस्कार है।"

"है तो क्या कर लेगा, शठ?" मातुल श्री बोले।

पार्वतीनन्दन पाषाण की भांति अचल हो गया; बोला- "कुछ नहीं।"

मातुल श्री सहसा गर्जे- "नपुंसकों को शीघ्र ही आघात लगता है। सनन्दन को शास्त्रार्थ के लिए ललकारता क्यों नहीं, शठ!"

पार्वतीनन्दन चुप; अविचल मातुल को घूरता रहा।

मातुल श्री पैशाचिक हास्य हँसते हुए बोले- "निर्विघ्न निःसंशय निश्चिन्त हो जा, पूत मेरे! यह सनन्दन जीयेगा, तब तक हमें गर्व से सिर उठाकर चलने नहीं देगा। पुरजन, परिजन, जाति, धर्म सभी मौन ही सही-एक हेय दृष्टि से हमें देखते रहेंगे-नहीं?"

"अवश्य, अवश्य, पूज्य!" पार्वतीनन्दन बोला- "मैं समझ गया; पूज्य मेरे!"

प्रभाकर मिश्र ने दूसरे दिन पण्डित दिवाकर को बुलाकर आज्ञा दी- "आचार्य पद्मपाद को आप तथा पार्वतीनन्दन तथा आपके श्री गुरोधाम के लोग उज्जयिनी की सीमा की ओर प्रस्थान करायेंगे। मैं स्वयं चलता; किन्तु लोक-मर्यादा की दृष्टि से यह अनुचित होगा। पञ्चपदी! आचार्य शंकर के शारीरिक भाष्य पर यह एक सर्वश्रेष्ठ टीकाओं में से एक सिद्ध होगी। तर्क शैली सौजन्य से पूर्ण तथा अपने अमोघ विश्वास से पूर्ण है। जैसे प्रत्येक वाक्य अनुभूत हो। यह टीका एक तर्कवागीश की कृति नहीं है, मातुल श्री! यह कृति एक शान्त किन्तु ज्वलंत प्रतिभा का उद्घाटन है। पञ्चपदी की पुस्तक हम स्वयं पद्मपाद महोदय को सौंपेंगे और यों उनके विशाल स्कन्धों को थपथपा कर हम उनको विदा देंगे- क्यों?"

मातुल श्री मन ही मन कट कर बोले- "जी।"

"क्यों? क्या हमारा व्यवहार आपको उचित नहीं लगा?" मिश्र प्रभाकर देव ने हँसकर पूछा- "वह विद्वान् ही क्या-जो अपने विमत के विद्वान की प्रतिभा से प्रसन्न न हो। वह तथाकथित विद्वान् मेरे मत से मूर्ख से भी गया बीता है, जो अपने विमुख विद्वान् से द्वेष करता है तथा अपने विशिष्ठ श्रेष्ठ सहयोगी को सहन नहीं कर पाता। विद्या क्षमा दे या न दे, विद्या विनय तो देती ही है।"

"जी, जी।" दिवाकर ने कहा- "ठीक ही तो है। हम तो आपके शिष्य हैं-अनुचर हैं। हम किसी भी जगद्गुरु को तथा उसके आचार्य शिष्य को नहीं जानते और नहीं मानते हैं-नहीं मानेंगे, गुरु जी!"

"उदारचेतानाम् वसुधैव कुटुम्बकम्।" प्रभाकर मिश्र ने कहा- "विनीत विद्या से ही मनुष्यों की कातर अहम् रीढ़ बुद्धि में शान्त सौजन्य का आविर्भाव होता है। वसुधा का कुटुम्व निस्संदेह विद्याओं के उदार व्यसनियों का ही कुल है। पृथिवी पर शान्ति राज्य से नहीं, विद्या से ही होती है। शक्ति और उसके प्रचण्ड ऐश्वर्य तो अन्त में विनाश ही करते हैं। किन्तु शील से भरी विनीत विद्या मानव-जाति में स्नेह तथा सहिष्णु उदारता को जन्म देती है-मनुष्य विद्या विनय से ही विशाल, विराट्, असीम तथा अनन्त प्रतिभावान होता है। यह जगत् विद्या द्वारा ही प्राप्त है; कला द्वारा भुक्त है किन्तु विद्या की विनय द्वारा यह समस्त सृष्टि ही जैसे अपनी हो जाती है, भला!"

पण्डित दिवाकर ने मिश्र जी को मन ही मन कोसा; किन्तु कहा था- "जी!" मातुल श्री को लगा, जैसे अतीत सारहीन, वर्तमान व्यर्थ और भावि-अन्धकार पूर्ण! यह है मेरा, मातुल, तेरा यह है आचार्य! एक तो यह यती शंकर है, जिसने भ्रम ही सही, यह आत्म विश्वास इस मूढ़ अधम सनन्दन में उत्पन्न किया कि भस्मीभूत पञ्चपदी पुनः वह अवतरित कर रहा है और एक यह है विद्याघर महोदय मिश्रजी! केवल चिन्तन-मनन ही करना जानते हैं-शिष्यों तथा छात्रों को तर्क के सिंहों के मध्य छोड़ देते हैं। स्वयं? स्वयं अपनी पीठ पर विराजे रहते तथा स्वयं से ही वार्ता किया करते हैं। इनको अपना भी भान नहीं रहता। पत्नी कहेगी- स्नान ध्यान का समय हो रहा है। तब यह श्रीमान स्नान-ध्यान करेंगे। भोजन का समय हो गया-भोजन पाइये, श्रीमन्! तब श्रीमन् पति-परमेश्वर जी भोजन पायेंगे। अहर्निशि यह श्री गुरो जैसे अपने तन में, मन में, प्राण में बसते ही नहीं। यह प्रभाकर मिश्र मीमांसा के सिद्धान्तों का मन्दिर बना कर उसी में बसते हैं-शरीर द्वारा जगत् का इन्द्रियों की आवश्यकतानुसार अनुभव कर लेते हैं। शेष? वही सत्य-सत्य! विलक्षण विडम्बना है यह सत्य। सत्य को लेकर देखा नहीं यह सनन्दन आचार्य पद्मपाद बन कर पूजा पाने लग गया। वेदान्त की व्यर्थ वार्ता कह-कह कर यह यती जगद्गुरु बन गया किन्तु यह मिश्र जी क्या बने? धुरन्धर विद्वान् मनीषी अपने ही गुरूकुल के प्रधानाचार्य। पण्डित

दिवाकर मन ही मन घुटते रहे और जैसे जगत् को उपालम्भ देते रहे। रात भर जागते तथा करवट पलटते रहे- "सारे दक्षिण को वेदान्तियों के आक्रमण से बचाये रखने का दायित्व मुझ पर और मेरी अस्मिता की रक्षा के लिए यह प्रभाकर मिश्र कुछ भी नहीं करना चाहते। निश्चय ही यह जगद्गुरु सनन्दन को नीलकण्ठ से भिड़ा देगा और यह सनन्दन नीलकण्ठ को परास्त कर देगा। अवश्यमेव करेगा। पञ्चपदी का अवतरण! हुआ तो सनन्दन के चित्त में ही पुनः स्फूर्ति हुई उसकी। यह आश्चर्यजनक ज्योति विद्या की परम् ज्योति ही है- तब यह सनन्दन प्रतिभा पयोनिधि मनीषी तथा द्रष्टा है? हो गया है?" पण्डित दिवाकर की रग-रग खौल उठी; उठ बैठे और पास ही में तनिक खर्राटा भरते हुए पार्वतीनन्दन को जगाकर बोले-"सुनता है?"

पार्वतीनन्दन हड़बड़ा कर उठा- "पद्मपाद? कौन? क्यों?"

मातुल श्री दांत पीसकर बोले- "मैं हूं और कौन है यहाँ? वह गुरु तो पुस्तकों पर सिर रखकर सो रहा होगा। सुना! यह सनन्दन, पद्मपाद! बड़ा प्रतिभाशाली है-नहीं?"

पार्वतीनन्दन जाग्रत होते हुए बोला- "है तो! बिना अध्ययन अनुशीलन केवल गुरु कृपा से ही वेदान्त का गूढ़ रहस्य यह समझ गया- पञ्चपदी! श्री गुरु की शवर भाष्य की दोनों ही टीकायें बृहती और लब्धी इस पञ्चपदी की तर्क शैली के समक्ष निरुत्तर हैं। शास्त्र को लेकर चलने वाले हम वेदान्त के रहस्यमय शून्य में तर्क से ही धकेल दिये जाते हैं- यह सनन्दन की प्रतिभा सच तो यह है, आप हम से अधिक प्रतीत होती है-"

"व्यर्थ कहीं के।" मातुल गर्जे- "तब फिर तुम हम शेष जीवन भारत वर्ष के तत्व ज्ञानियों, मनीषियों, विद्वानों को अपना मुँह क्या दिखायेंगे? जा, उसका शिष्य हो जा- समझा।"

पार्वतीनन्दन सहसा पैशाचिक हँसी हँसा; बोला- "प्रतिभा मन्द की जा सकती है।"

मातुल श्री जैसे रोम-रोम में जगे- "कैसे?"

"क्रचक्र देव की जड़ी-बूटी से।" पार्वतीनन्दन बोला- "मेरे पास है। आपश्री की केवल आज्ञा चाहिये।"

"पार्वती! मेरे वत्स! मातुल श्री उठ खड़े हुये,- "तू ने यह कहा क्यों नहीं? पुस्तक जलाई; तो इसने पुनः लिख ली किन्तु बुद्धि ही मन्द हो जाने पर क्या लिखेगा? ठीक है, पार्वती! क्रचक्र की जय हो।"

“मैं साथ जा रहा हूं।” पार्वतीनन्दन बोला- “यह जड़ी-बूटी ऐसा विष है, जो बुद्धि को मन्द तथा चेतना को स्मृति-शून्य कर देता है-मन्द विष है।”

“हुं।” मातुल श्री स्वयं से ही गर्जे- “तू ही मेरा सच्चा पुत्र, उत्तराधिकारी, त्राता और प्रतिपालक निकला। जा, कालिका तेरा प्रयत्न सफल करे। मूढ़ मन्द बुद्धि यह सनन्दन स्वयं उसके गुरुदेव की आँखों में गिर जायगा-अवश्य! अवश्य, पार्वती।”

पार्वतीनन्दन स्वयं से ही बोला- “तब मन्द बुद्धि, जीर्ण ज्वर से ग्रसित हत्प्रभ यह सनन्दन, आचार्य पद्मपाद!”

पार्वतीनन्दन की यह चीत्कार जैसे उसके चित्ताकाश में गूंज कर अन्तरिक्ष में बिला गई। श्री विष्णु शर्मा ने चलते हुए पार्वतीनन्दन से कहा- “रात्रि विश्राम? संघ अब उज्जयिनी से कुछ ही योजन दूर है।”

पार्वतीनन्दन ने कहा- “नर्मदा का तट आरम्भ हो गया है। आचार्य प्रभाकर मिश्र का गुरुकुल कुछ दूर पीछे छूट गया है; परन्तु बहुत दूर नहीं। वाह रे आचार्य प्रभाकर देव-मीमांसा तीर्थ! महात्मा पद्मपाद को कैसी बिदा दी है? मानो महर्षि कण्व शकुन्तला को बिदा दे रहे हैं। आश्रम द्वार से चल कर यह महापण्डित नदी तट तक आये और आशीर्वाद के साथ पोथी दी। कहना होगा, सनन्दन भी शीलवान यती हैं- प्रभाकर मिश्र को प्रणाम किया और चरण वन्दन तक के लिये झुका यह सनन्दन।”

आनन्द गिरी ने कठोर स्वर में कहा- “आचार्य पद्मपाद! सुना, बटुक! अब आचार्य पद्मपाद उज्जयिनी के पथ पर हैं, पूर्वाश्रम की पगडन्डी पर नहीं।”

पार्वतीनन्दन ने घूरते हुए कहा- “जी! आचार्य पद्मपाद! आचार्य!”

“क्यों?” श्री आनन्द गिरि ने रुकते हुए कहा- “आचार्य पद्मपाद कहते हुए क्या जिव्हा ऐंठ जाती है आपकी?”

“जी नहीं।” पार्वतीनन्दन बोला- “द्वि जिव्हा हो जाती है।”

आनन्द गिरि ने हठात् कहा- “सर्प हो जाते हो?

पार्वतीनन्दन ने कहा- “काल-सर्प!”

आनन्द गिरि ने पार्वतीनन्दन को सिर से पांव तक देखा। श्री विष्णु शर्मा से कहा- “आचार्य पद्मपाद से यह बटुक अप्रसन्न प्रतीत होता है क्या?”

पार्वतीनन्दन ने कहा- “जी नहीं। मैं तो उज्जयिनी तक आचार्य श्री परम हंस पद्मपाद महोदय की कैंकर्य-सेवार्थ प्रेषित हूं।

हां जी! आचार्य पद्मपाद ने अब कहा- “आपका आभारी हूं!”

किन्तु इस रात्रि विश्राम के पश्चात् आप वापस हो जायें। मुझे अब किसी भी कैंकर्य की आवश्यकता नहीं है। आपको मैं साथ आने का कष्ट ही नहीं होने देता; किन्तु मातुल और मिश्र जी का आग्रह टाल नहीं सका।"

पार्वतीनन्दन ने सघन बरगद की घटा के छिन्न से दिखते हुए मन्दिर के शिखर को देखा- "आप ही एक मात्र गुण-ग्राहक जैसे शेष रह गये हैं।"

आचार्य पद्मपाद ने कहा- "गुण-ग्राहक तो परमात्मा है। पृथिवी माता है; आकाश पिता; गुरु प्रभु है तथा संगी साथी जगत तथा भव-संसार हैं। आप प्रातःकाल ही वापस श्री गुरो धाम सिधार जायें!"

पद्मपाद मातुल के प्रति एक विलक्षण कृतज्ञता की भावना से भर उठे। मन्दिर के अतिथि-निवास में सहज होते हुए वह सोचने लगे- घर और बाहर जब तक भव है, शरीर है तब तक क्या अत्यन्ततः छोड़ा जा सकता है? यह भव-बन्धन स्वयं में काल का अपराजेय रहस्य है, यह भव का बन्धन है जो मरणों के झटके खाकर भी ज्यों का त्यों रहता है। यह जीर्ण भले ही हो जाय; परन्तु कटता नहीं और कटता भी है तो जैसे काठ के रेशे-रेशे से पुनः उद्भवित हो जाता है। यह मातुल-यह पूर्वाश्रम और यह मैं यती वेशधारी एक त्यागी, संन्यासी? संन्यासी? क्या मैं सचमुच सन्यासी हूं? हो सका हूं? संन्यासी तो गुरुदेव शंकर हैं, उनको कुछ छूता ही नहीं। एक भी सघनतम से भरा भाव उनके निरंकार चित्त को स्पर्श करता ही नहीं और करता भी है, तो उस चैतन्य के चिति-अगाध में यह तम का राग भरा नद कहीं विलुप्त हो जाता है। कोई उजियारा विचार गुरुदेव को बांधता नहीं। उस उपरत अनासक्त प्रतिभा की दीप्तिमान स्व-प्रकाशित अग्नि में वह स्वाहा हो जाता है। संसार के सभी रूपों से घिरे रह कर भी गुरुदेव जैसे उनसे ऊपर हैं-दूर हैं-शंकर जैसे काल की प्रत्येक अविराम लहर को देखते हैं और स्वयं तटस्थ हैं। गुरुदेव शरीर के त्रिलोक तथा सृष्टि के सप्त लोक में हैं- उनका शुद्ध-बुद्ध उदार चैतन्य त्रिकाल सृष्टि के मंगल-विधान के स्वप्नों से भरा है। जगत-कल्याण के लिये यह महात्मा गुरुदेव अनेक भव-बन्धन कल्पित करता है; उनको बाँधता है तथा पुनः खोल देता है। धन्य है गुरुदेव और अपार अद्वितीय उनकी कृपा है- अमोघ उनका अनुग्रह है। तब मैं? मंत्रहीन, क्रियाहीन भक्तिहीन एक काल का क्षल्लुक उद्रेक हूं। मैं? क्या हूं? न जाने क्या हूं? मैं अनादि से हूं-हूं क्या? हूं तो क्या-क्या हुआ हूँ? क्या, कैसा? पद्मपाद! तू एक अल्पज्ञ असमर्थ दीन तृष्णातुर बंधा जीव ही तो है-गुरुदेव!

रक्षा करो-रक्षा करो गुरुदेव! पद्मपाद का रोम-रोम चित्त के अगाध समुद्र में डूब गया। जैसे उनके सभी भव उस मौन आशा हीन चेतना के जलधि में लीन होने लगे। भोजन? अल्पाहार? अवश्य इस तन को आहार चाहिये।

मन्दिर के पुजारी जी ने संघ के स्वागत में षट् रस पूर्ण व्यञ्जन बनवाये थे और पार्वती नन्दन सभी को आग्रह कर जिमा रहा था। स्वयं पुरोहित पुजारी जी परोस रहे थे किन्तु पद्मपाद शरीर से विलग उज्जयिनी के महाकाल के मन्दिर में ध्यानस्थ गुरुदेव शंकर के समीप खड़े थे। अल्पाहार मुख ले रहा था-शरीर भोजन पा रहा था किन्तु पद्मपाद भू, भुव स्वः से उपरत तप लोक को पैरते हुए शंकराचार्य के पास पहुँचे हुए थे। मन की आंखों से उनको महाकाल का श्रृंगार-विभूषित ज्योतिर्लिंग दीख रहा था। नगाड़े बज रहे थे और भक्तों की हलचल भरी भीड़ प्रार्थना के स्वरों में डूबी हुई थी। आचार्य शंकर ध्यानस्थ गर्भ-मन्दिर में स्थित थे और सुरेश्वराचार्य सहित सभी शिष्य-सेवक तन्मय प्रार्थनारत थे। पद्मपाद को दिखा महाकाल का ऊर्ध्व सा पृथु ज्योतिर्लिंग मानो समूची पृथिवी की कुक्षी में गड़ा, आकाश में अद्वितीय ज्योति का घट पुञ्ज था जो ज्वलित प्रज्वलित भुवन-बीजों से भरा थरथरित एवं सिहरित था। पद्मपाद जैसे उसी ज्योतिर्लिंग को देखते हुए अन्तरिक्ष से द्युलोक की ओर चले। वह जैसे स्वयं के देह को भी देख रहे थे, देह द्वारा उन्हीं की एक रगमगी धूमिल सी छायाकृति भोजन कर रही थी- कर चुकी थी और वह स्वयं शरीर की एक विशाल डाल पर स्थित देह के बाहर समस्त आकाश में महाकाल के साथ-साथ परम् शिव के धाम की ओर जाने के लिये उद्यत थे। पद्मपाद को लगा, कुछ उनके देह में प्रविष्ठ हो रहा है; निसृत हो रहा है और सारा शरीर अनन्त प्राण के सहारे अपने अनन्त कोटि दिव्याणुओं के तरंगित समुद्र हो, यों आधारहीन अपार में तैर रहा है। देह। तब यह देह है-भार, भार; दबाव-दबाव; गति-गति, वर्तुल-वर्तुल- देह तन, देह-शरीर, शरीरी- मैं, पद्मपाद।

पद्मपाद जैसे अपनी देह में गड़े थे; किन्तु उखड़े हुए भी थे-यों लथपथ उज्जयिनी की सीमा में आते हुए पद्मपाद को लगा, देह का अणु-अणु मन्द अग्नि से तन्ना-तन्ना कर तनिक ही सही जलने लगा है- अनन्त से गिर पड़ते हुए मानो वह देह की डाल पर फड़फड़ा उठे। "बन्धु! मुझे मेरे, मेरे शरीर को क्या कुछ हो रहा है।" पद्मपाद ने दौलते हुए कहा- "मैं जैसे घुट रहा हूँ-जलने लगा हूं- सूखने लगा हूं। मैं- "महाकाल के मन्दिर के अतिथि

गृह के आंगन में आचार्य पद्मपाद चक्कर खा कर गिर पड़े। श्री विष्णु शर्मा ने हड़बड़ा कर पद्मपाद को थामा- आनन्द गिरि और अन्य दौड़ कर आये। पद्मपाद को उठा लिया। अन्दर!

अन्दर पद्मपाद बेसुध से पड़ गये। सिहरती हुई मन्द-मन्द वन्हि जैसे शरीर के रोम-रोम को जलाने लगी। "आह! गुरुदेव! मुझे-मुझे क्या? गुरुदेव!" पद्मपाद जैसे शरीर में ही क्रमशः डूबने और उबकने लगे। अपनी देह में बद्ध मूल चेतना की जड़ें जैसे वह स्वयं ही खोदने लगे। वह जैसे अणु-अणु को थाम कर रखने लगे और त्रस्त साँसों को सहज करने के लिये सहसा प्रभु का स्मरण ही करने लगे-शिव! हे शिवे! प्रभो! गुरुदेव मैं, मैं? मैं जैसे खोलते हुए जलधि में धकेला जा रहा हूं- इस मेरी देह का रक्त प्रवाह अशान्त हो गया है; रक्त के जीवाणु मन्द अग्नि से भरे हुए तमिस्त्र अणुओं से लीले जा रहे हैं। यह क्या, क्या-हो गया है मेरी देह को? ज्वर है, नहीं, नहीं; शीतल अग्नि है; रक्त में घुस गई है। मैं जल रहा हूं; मन्द-मन्द विषाग्नि से जल रहा हूं। विष? विष? ऐं विष? पद्मपाद जैसे अपनी बद्धमूल चेतना में हिल गये। देह के अणु-घुटे तथा साँसों से थमे वृक्ष पर वह एक टहनी पर जा बैठे। उनको लगा, उनके ज्योतिर्मय स्व से एक घायल तड़फता हुआ पंछी सीदते हुए अणुओं के अँधेरे समुद्र में जा गिरा। पद्मपाद अवाक् स्तब्ध-मूक और क्रमशः एक उनमुने तमान्ध में डूबने लगे- "गुरुदेव!"

आचार्य शंकर ने त्राटक सिद्ध दृष्टि से पद्मपाद को देखा और शान्त गंभीर स्वर में पुकारा- "वत्स! पद्मपाद! शान्त!"

शान्त! पद्मपाद को लगा गहन मूक अन्धकार में ज्योति से भरा स्वर लहर उठाः शान्त पद्मपाद! शान्त, शान्त-शान्त!!! पद्मपाद के रोम-रोम में सिहरता हुआ मन्द आग्नेय वाह जैसे किसी अद्वितीय ज्योतिर्मय शक्ति से प्रताड़ित होने लगा। शान्त जलद गंभीर स्वर जैसे पद्मपाद के त्रिपुर-सुन्दर को ही मथने लगा। ओम अच्युताय नमः! आचार्य शंकर ने अपनी समस्त चेतना को एकाग्र कर मन ही मन देवताओं के वैद्य अश्वनी कुमार का मंत्रोच्चार आरंभ किया ओम अच्युताय नमः! ओम अनन्ताय नमः! ओम गोविन्दाय नमः!! अच्युत अनन्त गोविन्द! पद्मपाद के शरीरी पञ्चभूत मानो भभक कर शान्त होने लगे और तत्वों का सहज स्वाभाविक संजीवन मानो जाग्रत होने लगा। शंकराचार्य ने जैसे एकाग्र अखण्ड अपलक दृष्टि से पुनः पुनः कहा- गाया-स्तवन किया-ओम अच्युताय नमः! ओम

अनन्ताय नमः! ओम गोविन्दाय नमः!! अच्युत! पद्मपाद के रोम-रोम में, अणु-अणु में, सभी संवेदनों और संज्ञानों में मानो परम् शिवत्व अमृत की बूंद-बूंद धारा की भांति गिर कर व्यापने लगा। पृथिवी-गंध अच्युत के दिव्य अटूट अगाध-अमोघ सत से भरने लगी; जल अनन्त के अथाह रस-संजीवन में डूब गया। अग्नि-रूप मानो दिव्य तेजस्विता पूर्वक पद्मपाद के शरीर के विषाक्त तमस् में घुस कर फैल गई और उनचास वायु महाप्राण की ऊर्जा लेकर पञ्चप्राणों में लीन होने लगा। शब्द संजीवनी के अमृत को लिये समस्त जड़-चेतन चिति, चिद्घन 'ओम अच्युताय नमः' मंत्रोच्चार में परिपूर्ण होकर पद्मपाद के ब्रह्म रन्ध्र में जग कर शरीर की रग-रग में व्यापने लगा। पंचभूतों के अणु-अणुओं में निहित धूमिल शक्ति जैसे शुद्ध संवेदन होकर तत्वों के पदार्थों में व्याप मृत्यु मूर्च्छना को हटाने लगी और पद्मपाद के अगाध संचित में संजीवनी की अमृत चेतना जाग्रत होने लगी। पद्मपाद जाग्रति में मूर्च्छित, स्वप्न में अर्ध जाग्रत तथा गहन निद्रा की मूढ़ विस्मृति में आनन्दमयी ज्योतिर्मयता से भरने लगे। उनका अनादि अन्तःकरण स्वयं ही आल्होड़ित होकर अपने तीव्र और तमिस्र अन्धकार को त्याग कर अकथनीय आनन्दमयता से भरने लगा- देह के परे तथा काल से उपरत होकर पद्मपाद अमृत की अमोघ वर्षा में नहाने लगे। उनके रोम-रोम को कोई चैतन्य स्पर्श सहलाने लगा। उनकी ज्ञानेन्द्रियों को चैतन्य कर उनकी कर्मेन्द्रियों की मूर्च्छा को कोई स्थिर अमोघ दृष्टि दूर करने लगी तथा उनके प्राणों में संजीवनी की गहन धारा बहने लगी। आचार्य शंकर ने महाकाल मृत्युञ्जय शिव को पुकारा-ओम अच्युताय नमः, ओम अनन्ताय नमः, ओम गोविन्दाय नमः, ओम हौं जूं सः ओम भूर्भुवः स्वः, ओम त्र्यम्बकम् यजामहे सुगन्धिम् पुष्टि वर्धनम्! उर्वारुकमिव बन्धनान् मृत्योर्मुक्षीय मामृतात्। ओम स्मः भूर्व भूः ओम सः जूं हौं ओम! ओम! हरि ओम तत्सत्! ओम हौं जूं सः! ओमकार का सघन घन घन निनाद वायुमण्डल में भर उठा। पद्मपाद जैसे उस अनहद्नाद से दृश्य द्रवित अमृत के जलधि में डूब कर त्रिकाल में जाग उठे- "गुरुदेव!"

आचार्य शंकर ने सस्मित पुकारा- "पद्मपाद! वत्स! आयुष्मान् भव! कल्याण हो! प्रभु को पुकारो, पद्मपाद!"

पद्मपाद उठ बैठे; खड़े हो गये तथा श्री गुरुदेव के चरणों में गिर पड़े। आर्त स्वर में बोले- "भव-संसार से मुक्ति दो, प्रभो!"

आचार्य शंकर ध्यानस्थ से बोले- "भजो, पद्मपाद! प्रभु की शरण लो-शरणागति; गुरु की अब नहीं; प्रभु-महाकाल ही जगन्नाथ हैं, वत्स! कल्याण हो! भव के भव कट गये, पद्मपाद मृत्युञ्जय शिव ने और दिव्य अश्विनी कुमारों ने मेरी सुनी। इस शरीरी की लाज रख ली, वत्स! उठो और प्रभु को प्राप्त करो!"

"प्रभु?" पद्मपाद- शान्त, गंभीर, स्थिर अपलक से।

"परमात्मा, जगन्नाथ!" आचार्य श्री शंकर ने कहा- "यह महाकाल ही प्रभु है- सभी देव उसी प्रभु की सर्व शक्तिमान दिव्यता की व्यक्तियां हैं। उसी से यह सब कुछ है; होता है और होता हुआ अन्तध्र्यान होता रहता है-उसी जगन्नाथ ने भव-संसार और उसके बन्धन रचे हैं। उस लीलामय का क्या कहना, वत्स! यह अद्वितीय जगत् उसी की कल्पना है; यह विचित्र विलक्षण संसार उसी की धारणा है।"

पद्मपाद ने सोये-सोये कहा- "प्रभु! जगन्नाथ! शिव, परम् शिव!"

आचार्य शंकर बोले- "कर्म क्षय कर भव संसार के त्रितापों तथा धर्म-अधर्म प्रणीत सभी कर्मों से निःशेष मुक्ति जगन्नाथ श्री हरि ही देते हैं-शिव तो भव से मुक्ति और अज्ञान से छुटकारा देते हैं। पद्मपाद, तुम कर्म से मुक्ति के पात्र हो। अभी तुम्हारी ऐषणा शेष है।"

पद्मपाद ने अपने सरोज नयन डबडबाते हुए जैसे पूछा- "वह क्या?"

आचार्य शंकर ने पद्मपाद को अनन्त करुणामयी दृष्टि से निहारते हुए कहा- "जन्म जन्मान्तरों का ऋण तुम्हारे इस भव में चुक गया है, भव-संसार के सम्बन्ध कर्म से ही उत्पन्न होते हैं; कर्म से ही धारित तथा कर्म से ही प्रतिफलित होते हैं-तुम ज्ञान की परात्पर अग्नि में जल कर भी भवेच्छा के निःशेष शेष से भरे हुए हो। तुम भव-भीत हो। भव-संसार में जीते हुए तुम जगत को, भव को तथा अनन्त जीवन को चाहते हो। तुम ज्ञानी नहीं, भक्त हो, पद्मपाद!"

"भक्त? मैं?" पद्मपाद ने कहा- "मैं, मैं!"

"अब प्रभु के प्रिय हो गये हो।" आचार्य श्री शंकर ने कहा- "उज्जयिनी में हमारा यज्ञ पूर्ण हो चुका, सुरेश्वर! हम पद्मपाद के समस्त संचित को महाकाल के चरणों में रीता होते देख चुके। पद्मपाद की एक और अनादि इच्छा शेष है। वह गुरु को समर्पित है; महाकाल के समक्ष स्तब्ध है-किन्तु श्री हरि के चरणारविन्दों का यह पद्मपाद दास है। विष इसने इतना पीया है-

जगत के सभी विष इसने जन्म जन्मों से पीये हैं, बून्द-बून्द पीये हैं; वत्स! और आज यह जीवन की अन्तिम विष बून्द भी पी चुका है। भव-मोह तो विष ही पिलाता है। पुरी की ओर चलो-हम इस भीत त्रस्त जीवात्मा को श्री हरि के चरणारविन्दों में भेंट करेंगे। पद्मपाद! विश्राम करो-ब्राह्म मुहूर्त ही में हम महाकाल की आज्ञा लेकर पुरी की ओर चलेंगे। अपने संघ के साथ तुम भी।"

"मेरा संघ?" पद्मपाद ने पूछा।

"तुम, आनन्दगिरि, विष्णु शर्मा-और भी, जो पुरी तीर्थ आकर श्री हरि की शरणागति चाहते हों।" आचार्य श्री शंकर ने कहा- "परम् शिव को प्राप्त करने के लिए हिमालय में गल जाना होता है, वत्स!"

पद्मपाद हठात् से बोले- "हिमालय में गलना होता है।"

आचार्य शंकर ने शान्त स्वर में कहा- "परम शिव ज्ञान हैं- ज्ञान रूप हैं-सच्चिदानन्द विग्रहा शिवा हैं। ज्ञान अज्ञान को जला देता है; भवेच्छा ज्ञानाग्नि से भस्म करनी होगी- किन्तु त्रिताप से मुक्ति चाहने वाले जीव को गलना होगा-कर्म को प्रभु के श्री चरणों में धर दो, वत्स! मेरे पास आने पर और निरन्तर साथ रहने पर भी पूर्वाश्रम की तुम्हारी कुछ एषणायें शेष थीं-उसका फल तुमको भोगना पड़ा है- यह संसार राग और द्वेष है, वत्स!"

पद्मपाद ने सजल नयनों से गुरूदेव के कान्तिवान मुखमण्डल को निहारा-फुसफुसाएं- "अभी भी शेष है तब यह भवेषणा? प्रभो!"

आचार्य शंकर ने सस्मित कहा- "तुम मोक्ष नहीं, मुक्ति चाहते हो। भव-मुक्ति! पद्मपाद, भव-मुक्ति भगवान ही देता है-जगन्नाथ!"

"जगन्नाथ!" पद्मपाद ने स्वयं में खो जाते हुए कहा- पूछा- "भगवान? मुझे-मुझे मिलेंगे, प्रभो? मैं-मैं तो कातर, दीन, अनाथ, तृष्णातुर जीव जो हूं।"

आचार्य शंकर हँसे; बोले- "जीव को भगवान अवश्य ही मिलते हैं- राम! हनुमान, समझे? अनादि जीव ही भगवान का अनादि भक्त है। यह भव संसार प्रभु की अविराम भक्ति है, पद्मपाद शान्त हो जाओ और मूक बन जाओ। यह जगत प्रभु का वरदान है; यह भव-संसार भी प्रभु का अनुग्रह है। भजो, वत्स!"

पद्मपाद ने आचार्य-चरण में साष्टांग प्रणिपात करते हुए कहा- "मुझे मुक्ति दो, गुरुदेव!"

"तथास्तु!" आचार्य शंकर ने आशीर्वाद दिया। पद्मपाद शाष्टांग प्रणाम से उठे; तो ऐसा लगा, शान्त आलोक उनकी रग-रग में व्याप गया है। स्मृति-दग्ध उनका चित्त घनघोर वर्षा के पश्चात् स्वच्छ निर्मल आकाश की भाँति अनन्त मौन से भर गया है। बुद्धि जैसे श्रृंगार तज कर राग तथा द्वेषहीन एक सिहरती हुई ज्योति हो गई है। पद्मपाद को लगा, देह के सभी बन्धन शिथिल हो गये हैं। ज्ञात-अज्ञात स्मृतियों के मेघ उमड़-घुमड़ कर बिला गये हैं और वह आप्त काम एक चैतन्य-लहर होकर प्रभु के पद्मपादों की ओर बहने लगे हैं। शीतल हिमालय सा उभार चित्त के अपरम्पार में उभर कर स्वतः ही गलने लगा है और अमृतभरी चन्द्रिका उनके दिव्य चक्षुओं में आविर्भूत होने लगी है। वह-वह जैसे पूर्णेन्दु होते जा रहे हैं। इस भरे-पूरे शून्याधार के अनन्त में सुहावनी सृष्टि अपने भव संसार के बिम्बीय वर्तुलों के साथ प्रभु के समक्ष नृत्य कर रही है-काल ताली बजा रहा है और रूप-रूप से भरे दिव्य सिन्धु आविर्भूत होकर श्री हरि के नयनों में समा रहे हैं। मुग्ध मूक मौन वह जैसे त्रिकाल को प्रभु के श्री चरणों में बैठकर देख रहे हैं।

पद्मपाद ठिठक गये; अचल, अविचल, स्थिर, अपलक वह अपने चैतन्य के आकाश में प्रभु के चन्द्रमा की भांति उदित होने लगे।

22

शंकराचार्य्य उज्जयिनी से चले, तो लोगों में एक हलचल मच गई। शिष्य पद्मपाद को विष दिया गया- आचार्य श्री ने योग बल से विष का शमन कर पद्मपाद के शरीर को संजीवित कर दिया। पद्मपाद की टीका जला दी गई; आचार्य श्री ने उसका अवतरण कर दिया। यही नहीं, आचार्य जगद्गुरु श्री शंकराचार्य्य ने अपने कृपा पात्र महाराज राजशेखर के नाटक खो जाने पर ज्यों के त्यों अपनी अमोघ स्मृति से पुनः लिखवा दिये। आचार्य, जगद्गुरु अमोघ हैं; प्रत्युत्पन्न प्रतिभा पयोनिधि, योगेश्वर तथा आदित्य सन्यासी हैं। आचार्य शंकर रुढ तथा जीर्ण-शीर्ण पूर्व मीमांसा को शुद्ध कर, परिष्कृत कर वेदान्त पर आधारित उत्तर-मीमांसा की अटल संस्थापना कर रहे हैं-मण्डन मिश्र हारे-सन्यासी सुरेश्वराचार्य हो गये। प्रभाकर मिश्र ने सह्रदय वन्दना कर जगद्गुरु को प्रणाम कर लिया- अब नीलकण्ठ ने हुंकार की है। आचार्य शंकर सारे भारतवर्ष में दिग्विजय का डंका बजा रहे हैं। बौद्ध मौन होकर अपने संधारामों में चुपचाप यह धर्म-युद्ध देख रहे हैं। जिनि अपने उपासरों के अन्धकार में अपनी साधना में मूक हो गये हैं। यह क्षप्पणक, यह शाक्त, यह कौल? कौल जगद्गुरु से दूर-दूर पर उनके धर्म संघ को घेर कर चल रहे हैं और रण-कंकण बजा रहे हैं। पद-पद पर विरोध, अवरोध, संघर्ष, विपदा और संकट झेलते हुए जगद्गुरु युवा संन्यासी भारत वर्ष के अँधेरे क्षितिजों में आत्म चैतन्य का प्रकाश प्रज्वलित करते हुए चल रहे हैं। दिग्विजय! वैदिक वर्णाश्रम धर्म के मूढ़ विरोधियों, सनातन भारतीय सभ्यता की ज्ञानोज्वलित अमृत संस्कृति के अरियों-राक्षशीय संस्कृति विज्ञानवादियों की तार्किक हठधर्मी के हामियों को जगद्गुरु वेदान्त- केसरी की भाँति दहाड़ कर ललकार रहे हैं। यह श्मशान जगाने वाले घोर अघोरी! यह वाममार्गी व्यभिचारी- शिव-शिवा के नाम पर देह-सुख के कामान्ध योगी। यह मूढ़ यज्ञ-कर्म करवाने वाले उदार पोषक-यह कर्म और प्रारब्ध, पुनर्जन्म तथा भव-संसार की दुहाई देने वाले म्लेच्छ कर्मी भेदवादी द्वैतवादी तार्किक तथा कथित विद्वान्! वर्णों को जातियों के परस्पर टकराते रहने वाले घेरों में जकड़ने वाले स्मार्त!

भारतीय सभ्यता के अपार अगाध चैतन्य उदधि की लहरों को सम्प्रदायों के घटों में भरने वाले कूप-मण्डूक! यह राम के विरोधी और रावण के भक्त! आत्मा? नहीं है-जड़ ही है; तथाकथित अहम् का संज्ञान संवेदन। ईश्वर? परमात्मा? ब्रह्म? शिव? ब्रह्मा, विष्णु, महेश, दुर्गा, जगदम्बा? ब्राह्मणों का शब्द जाल मात्र है। यह वेद? अरण्यवासी पौरवात्य संस्कृति से हीन जटाधारियों के उद्गार मात्र हैं। बौद्धों ने झेलना आरंभ किया, यह शंकराचार्य तथागत भगवान बुद्ध की ही बात करता है- शून्यवादी है, प्रच्छन्न बौद्ध है, यह कालटीवासी ब्राह्मण वयस्क! अरे यह शंकराचार्य अपने ही पूर्ववर्ती वेदान्त आचार्यों को स्वीकार नहीं करता। सभी पूर्ववर्ती वेदान्त-मनीषियों ने 'है नहीं' माना है और यह विलक्षण संन्यासी माया को है भी और नहीं भी कहता है-अनिर्वचनीय! जिसको यह शंकराचार्य तक से सिद्ध नहीं कर सकता, प्रमाण से प्रमाणित नहीं कर सकता, उसको यह संन्यासी यती अनिर्वचनीय कह कर विचार मात्र को स्थगित, कुण्ठित कर देता है। ब्रह्म ही चैतन्य है, तो यथार्थ ज्ञान द्वारा क्यों नहीं प्रतीत होता? ब्रह्म ही सत्य है तो यथार्थ के सिद्ध प्रमाण द्वारा ख्यात क्यों नहीं किया जा सकता? सत्य को सिद्ध, प्रमाणित करना होगा। जिनियों ने चर्चा चला दीः देह अर्थात् वासना का पुंज। इसे पवित्र करना होगा; इन्द्रियों की वासनाओं को जीतना होगा। यह चित्त कलिमल से भरा अहम् का संज्ञान है- यह मैं, जीव, इन्द्रिय-भोग का आर्त वितृष्ण व्यक्ति नहीं तो क्या है? यह जीव ही तथाकथित आत्मा है- पुद्गल का रहस्यमय स्वरूप है, जी! चेतन? है तो, यह देह का जीव ही चेतन है। जड़? अणु? अणु ही सृष्टि का मूल बीज है- ज्ञान, इच्छा तथा क्रिया की यह अविराम अभिव्यक्ति जीव का सतत् बन्धन, मोह-आसक्तियों का घर, यह देहधारी जीव! इसको तपस्या करनी ही होगी। देह की वासनाओं से मुक्त होना ही होगा। पुनीत शान्त आप्त काम अगाध चेतन जीव ही तो है-पुद्गल से छूटा तथा काल-धर्म से मुक्त स्वयं का शाश्वत अनादि तीर्थंकर।

सघन वट-वृक्ष के विस्तृत साये में, झूमती हुई जटाओं के मौन उभारों में आचार्य शंकर का जलद गंभीर स्वर गूंज उठा- "नश्वर देह और इन्द्रियों के सुखों को ही यदि हम मानव-जीवन का लक्ष्य मान लेंगे, तो परोक्षतः हम मृत्यु को ही स्वीकार करेंगे। जीव अपनी ही शाश्वत चेतना है, जो मृत्यु को तरती हुई भव-भवों में भ्रमण करती रहती है। यह रहस्यमय

अगाध अपार आत्म चैतन्य स्वयं द्वारा कल्पित काल-रात्रियों में स्वप्न के समुद्र में तैरता रहता है और स्वयं को जन्म की सृष्टि और मरण की पराजित निराशा मान कर पुनः पुनः भव धारण करता रहता है। नन्द नंदन सच्चिदानंद कन्द श्री कृष्ण ने कहा है-यह जन्म मरण है भी और नहीं भी। जन्म होता ही नहीं; मृत्यु होती ही नहीं-आत्मा जन्मता नहीं है। तब कौन जन्मता है? कौन मरता है? अज्ञानाच्छादित काल के विमर्श में फँसा, यह मैं-अहम्-जन्मता है; अहम् मरता है। लोगों! जन्मते रहना, मरते रहना-मानव-जीवन का व्यावहारिक धर्म है; पारमार्थिक लक्ष्य नहीं है। इस सृष्टि में जीव का उद्भव आत्मा की शोध-खोज के लिये ही हुआ और मानव परमात्मा की प्राप्ति के लिये उद्भवित हुआ है। यह विचित्र विलक्षण जगत क्या मरणाधीन अल्पज्ञ भयभीत तथा त्रस्त जीव के अटल सम्मोह के लिये ही आविर्भूत हुआ है? सृष्टि का यह नित्य नवीन मंगल-समारोह क्या जीव की ध्रुव मृत्यु के लिये ही है?"

मेदिनी में चुपचापी छा गई थी। लोगों को लगा, हृदय की धड़कनें धड़क कर किसी शान्त संगीत में स्पन्दित होने लगी थीं। श्रोता मुग्ध से दैदीप्यमान सौम्य कान्तिवान यती शंकर का प्रशान्त मुख मण्डल देख रहे थे और सुन रहे थे। शंकराचार्य की शान्त, मुखर-मधुरवाणी अमृत से भरी ध्वनि होकर जैसे उनके रोम-रोम में सन कर हृदय के गहन में उतरती जाती थी-शंकर कह रहे थे, "यज्ञ कोई एक रूढ़ी ही नहीं है-सद्कर्म का मन्त्र-सिद्ध कर्म-काण्ड है किन्तु उसको जीविकोपार्जन का एक दुरूह साधन बना दिया गया है। यह सृष्टि प्रपंच स्वयं में यज्ञ है-विशाल, विराट सृजन और उत्पादन तथा चिन्तन का यज्ञ है-यज्ञ का समष्ठित तात्पर्य राज ही होता है- राज, राष्ट्र-समष्ठि, व्यष्ठि! लोगों, व्यष्ठि को योग्य, पात्र, विज्ञान विज्ञ, सद् तथा पुनीत कर्म सिखा दो। व्यष्ठि स्वयं वैदिक वर्णाश्रम धर्म पालन का सतत् क्रम, पद्धति, चरित्र बनता चला जायेगा। जो कहते हैं, वर्ण ब्राह्मणों की स्वार्थी धारणा है-एक घेरा है, जाल है, उन मतिमानों से हमारा विनम्र कथन है-यह समस्त संवित सृष्टि काल का सतत् वर्णाश्रम धर्म-धारण, पोषण और पालन है। देश और काल, जगत और भव-संसार अर्थात् वैदिक वर्णाश्रम धर्म-धारण, पालन-पोषण।"

एक जिनि श्रावक ने हठात् पुकारा- "यतीवर्य पुद्गल! यह जगत और भव-योनि..."

आचार्य शंकर ने विहँसते हुए पुनः कहा- "वर्णाश्रम, महोदय! सृष्टि-प्रपंच स्वयं ही वर्ण और आश्रम का वैदिक क्रम है; पद्धति है- चरित्र है। सांख्य के अव्यक्त का व्यक्त, पुनः सतत् व्यक्त का अव्यक्त तथा अव्यक्त का पुनः सतत् व्यक्त होना, होते रहना वर्णाश्रम विमर्श है। वर्ण जीव की वृत्ति प्रकृति है और आश्रम देह की आयु की अनिवार्य स्थिति की स्वयं परिवर्तित अवस्थितियाँ हैं। जन्मोगे तो बढ़ोगे; बढ़ोगे तो स्थित होंगे और स्थित होकर भोगोगे ही-तथा जब भोगोगे, कर्म करोगे ही तब वृद्ध होंगे; जीर्ण होंगे ही, मृत्यु को प्राप्त करोगे ही। जीवात्मा अपनी देह धारणाओं में आसक्त तथा रूढ़ रहता हुआ अनन्त कोटि प्रारब्ध काटता ही है-मोक्ष ऐच्छिक है; वैकल्पिक है किन्तु जगत में भव-संसार मोक्ष होने तक अनिवार्य है। इस मायावी जगत् में जीव भव-संसार वैदिक वर्णाश्रम धर्म धारणा कर ही काट सकता है-भोग सकता है। जड़ विज्ञानवादी जीवन-क्रम एक प्रकार है; पद्धति है- स्वाभाविक सृष्टि-प्रपंचगत कालयापन का धर्म नहीं है। धर्म केवल कर्म श्रृंखला का निभार नहीं है-धर्म सृष्टि में जीव का पूर्ण किन्तु मोक्ष अथवा मुक्ति के लिये परिपूर्ण चैतन्य अवगाहन, पोषण तथा आत्मसात्कारी समग्र चैतन्य है-धर्म ही जीव की बद्ध मूल चेतना है; चैतन्य आत्मा परमात्मा के प्रत्यक्ष के लिये अपना स्वाभाविक परात्पर चैतन्य धर्म बुद्धि द्वारा ही जगत् में जीयेगा। जिस जीव को मुक्ति अथवा मोक्ष नहीं चाहिये-उसे जगत् चाहिये; ऐश्वर्य चाहिये; सत्ता चाहिये, अतः विज्ञान और उसका अवश्यंभावि मृत्यु-विष, विषयानंद चाहिये।"

आचार्य श्री ने विशाल मेदिनी को जैसे निहारा और पुनः कहा- "इस जगत् का धर्म है; यह माया धर्म हीन नहीं है। यह सारी सृष्टि उस परात्पर परमेश्वरी की मंगल धारणा है। इस सृष्टि की सतत् लीला का सूत्रधार ब्रह्म है; मायामय जगत् नहीं। अणु? है तो; किन्तु अणु शेष जिस स्थिति में है वह स्थिति काल-दृष्टि की स्थिति है। काल जब देखने लगता है तब जगत् की माया का जैसे आविर्भाव होता है-काल स्वयं माया होकर उद्भवित और तिरोहित होता रहता है। भव भीत, त्रस्त और आसन्न गजेन्द्र ने अपनी मूक स्तुति में यही तो कहा है। अतः इस जगत् में जन्मने और जीने के लिये जीव को जगत चाहिये; देह चाहिये; बुद्धि चाहिये, सतत् संस्कार तथा अनुभूति चाहिये। ब्रह्म की यह मायाविनी मोहमयी लीला क्या सार्थक है? निरर्थक है? यह न सार्थक है और नहीं निरर्थक। यह लीला स्वयं के परिपूर्ण

और समग्र उद्देश्य से प्रेरित है। अपनी ही लीला के सम्मोह से, छूटना-प्रसन्न, मगन, तटस्थ और अनासक्त होते हुए मुक्ति प्राप्त करना जीवात्म भाव ब्रह्म का-एक अभिनेता का भाव है। वही भव-योनियों के नाना पात्रों में स्वयं को देखता है। इस अनन्य अद्भुत विचित्र तथा विलक्षण सनातन अनादि लीला का ज्ञाता वही है; ज्ञान भी वही है तथा ज्ञेय भी वही है। वही! सत्य स्वरूप वही ब्रह्म जगत् का सूत्रधार और जीवों का भी सूत्रधार है।"

"अभिनय? नाट्य?" किसी ने पुकारा- "हमें तो कहा गया है कि जीव तपस्या करके शुद्ध-बुद्ध होने के लिए ही भव-संसार में आता है। यह आवागमन तब क्या नाटक ही है, यतीश्वर?"

सुरेश्वराचार्य ने पूछा- "जीव का जन्म तब अशुद्ध तथा पाप पूर्ण है? सोचिये? जीव की इच्छा न शुद्ध है और न अशुद्ध। वह तो इच्छा मूर्ति है, जीव, महोदय! जीव की इच्छा स्वयं ही लीलामयी है-क्रीड़ा है।

तब इस जगत और भव-संसार का व्यवहार ब्रह्म की क्रीड़ा मात्र है, यही न? तब जीव और भव-बन्धन का अटल महत्व ही क्या रहा? क्रीड़ा है तो यह सब पाप-पुण्य, उचित-अनुचित, शुद्ध-अशुद्ध, वास्तविक-अवास्तविक-सब समस्त कर्म और उसका पाक-विपाक सब ब्रह्म की ही सर्व तन्त्र स्वच्छन्द इच्छा है। तब जीव को इन विचित्र विलक्षण भव-योनियों में फँसा कर यह ब्रह्म अपना कूटस्थ खेल खेला ही करता है। ज्ञान मूर्ति है ब्रह्म; फिर भी अज्ञान से आच्छादित हो जाता है और यह अज्ञान है क्या? क्या यह ज्ञान नहीं है? इन्द्रियज ज्ञान ही ज्ञान है; उसको अज्ञान कह देने से होता क्या है? यतिवर्य! तब जीव भव बन्धन में क्यों बँधता है? जब ब्रह्म ही है, सब कुछ तब ब्रह्म ही बंधता है- यह जीव तब रहा ही क्या श्रीमद्!"

आचार्य शंकर ने नर्मदा तट पर अपने परिचित मार्ग को तनिक देखा; कहा- "कुछ नहीं।" आचार्य श्री ने उत्तर दिया- "हम जो नहीं हैं, उसी को तो समझना चाहते हैं। जीव ब्रह्म के अज्ञानाच्छादन की गहन विस्मृति का एक स्वप्निल भाव है- अपने सम्पूर्ण ज्ञान की अनुभूति- यह रहस्य है; अनिर्वचनीय अकथनीय रहस्य है। यह ब्रह्म का कल्पित, धारित तथा क्रीड़ित आश्चर्य है।"

"तब यह अनन्त आश्चर्य है।" कोई बोला।

"क्षणिक!" आचार्य श्री शंकर ने कहा- "जगत् अविराम है; किन्तु जगत् की यह अविराम काल गति क्षणिक है। वह सृष्टि न आदि है; न अन्त

है- सान्त अथवा अनन्त है। यह प्रभु की माया है; प्रभु के जीवात्म भाव का मोह है-सम्मोह। यह जीव आकाश की घन-घटा की भान्ति है, लोगों!”

“किन्तु जब ब्रह्म ही है यह, तब ब्रह्म ही सत्य है, तब यह मिथ्या जगत् और मरणाधीन औचक जीवात्म भाव सत्य से, ज्ञान से उद्भवित होता ही क्यों है?” किसी ख्यात तत्ववेत्ता ने पूछा।

आचार्य श्री शंकर ने सस्मित कहा- “इसका उत्तर जीव नहीं दे सकता- ब्रह्म ही ब्रह्म को जानता है; समझता है-समझाता है। आप किसी योग्य गुरु से दीक्षा लें-साधना करें! मैं हाथ उठा कर यही कह सकता हूँ- आपको उत्तर प्राप्त होगा।”

आचार्य शंकर ने पण्डितों से कहा- “पण्डिताई सिद्ध करने से क्या होगा? विद्वत्ता स्वयं के लिये साध्य नहीं है, विद्या जीव की अभिरुचि नहीं है। विद्या जीव की आंख है; इन्द्रियों द्वारा जगत् को प्राप्त करने और प्रारब्ध का भोग करने के लिये विद्या शक्ति है-यह जगत अज्ञान की प्रतिभासित और व्यावहारिक सत्ता है; किन्तु परम् अर्थ की समझ में यह जगत तथा यह भव संसार-सृष्टि ब्रह्ममय है; ब्रह्मभूत तथा ब्रह्मलीन अनिर्वचनीय व्यापार है; प्रपंच है। जीव को जगत का यथार्थ ज्ञान केवल भव-योनि का प्रारब्ध भव काटने के लिये ही चाहिये और यह यथार्थ ज्ञान का परिपूर्ण तंत्र और मंत्र शरीर है। जीव शरीरी है, शरीरवत् है किन्तु जीव आत्मवत् शरीर नहीं है; शरीर का यथार्थ ज्ञान भी नहीं है- जीव आत्मवत केवल सच्चिदानन्द घन परम् तत्व वत् है- “सच्चिदानन्द!” आचार्य शंकर ने वाराणसी के सुशोभित विद्वानों, मनीषियों तथा तत्व दशियों को सम्बोधित किया- “इस पृथिवी पर मानव सभ्यता आर्यों की अमृताकांक्षी सभ्यता है; यही सृष्टि, स्थिति और लय की गूढ़ विचित्र विलक्षण कालगति का परम् सौष्ठव है। भवों के अनिवार्य अभिनिश्चित मृत्यु में जो गाड़ दे, जो जगत में आसक्त कर माया के मोह में डुबो दे- वह मानव सभ्यता नहीं है। वह या तो राक्षशीय वृत्ति है अथवा पशु वृत्ति है। मनुष्य निरन्तर देवत्व की ओर मौन ही जा रहा है। मनुष्य और सभी भव योनियों के विलक्षण जीव ब्रह्म की अद्वितीय धारणा है और वह स्वयं मुक्त है; शुद्ध-बुद्ध है-निरञ्जन निराकार है। वह काल नहीं है; काल उसकी दृष्टि है; देश उसकी इच्छा है।”

“चुप करो, यती!” क्रचक्र ने उठ खड़े होते हुए कहा- “कन्याकुमारी से हिमालय तक हम यह वेदान्ती किम्वदन्ती सुनते आ रहे हैं। तुम जिस

चैतन्य ब्रह्म की कहते हो, वही एकमात्र सत्य है, तब फिर यह ईश्वर, जीव और प्रकृति-अनादि है, यह त्रयी, है न? क्यों है?"

आचार्य श्री शंकर ने कहा- "क्रचक्र जी! मैं आपसे शास्त्रार्थ करने आया था, आपके निमंत्रण पर। तब आपने शास्त्र से ही निर्णय करने के लिये कहा था। सच तो यह है आप कौल सिद्धियों के स्वामी हैं- जगत् के भोगी। आप लोगों को अबाधित ऐश्वर्य चाहिये-मोक्ष नहीं! मोक्ष चाहिये क्या?"

"मृत्यु?" क्रचक्र ने उत्ताल स्वर में कहा- "हम कौल शाश्वत जीवन और उसके विषयों का परम् सुख ही चाहते हैं। हम भी योग द्वारा जगत सिद्ध करते हैं, यती! शास्त्र द्वारा पण्डित जगत् को जानता है- हम सिद्धियों के अबाधित सौन्दर्य द्वारा जगत् को जानते हैं। हम जगत् की श्री के कान्त हैं, ब्रह्मचारी!"

आचार्य शंकर ने कहा- "महाप्रलय के जाड्यान्धकार में एक पल सोओगे; क्रचक्र! फिर जागोगे और पुनः पुनः जन्मोगे तथा मृत्यु को प्राप्त होते रहोगे।"

"शाप देता है यती!" क्रचक्र ने उत्ताल स्वर में कहा।

"नहीं।" आचार्य शंकर ने जलद-गंभीर स्वर में कहा- "माया के घोर विज्ञान के सम्मोह में ऐ जीव! तू डूबा न रहे, पुनः पुनः मृत्यु की घोर विस्मृति में डुल कर भव योनि का दारुण दुःख सहा न करे, इसके लिये मैं तुझे इंगित मात्र कर रहा हूं। सिद्धि भोग्या नहीं है; वह प्रभु की शक्ति मति श्री है। सिद्धि अम्बा है; जगदम्बा है; शिवा है। केवल शिव ही सिद्धि के स्वामी हैं। मनुष्य सिद्धि का पुजारी तो है किन्तु स्वामी नहीं है। मनुष्य योनि प्रभु भजन के लिये ही है-मनुष्य जगत् का भोगी तो है किन्तु त्यागी भी है, जीव को अन्ततोगत्वा वैराग्य ही होगा। यह राग तो क्षण का है; यह मोह तो पलों का है। जब तक देह है, तभी तक इन्द्रिय सुख की बलवती कामना है-जीवन की ऐषणायें हैं किन्तु जीवन अनिवार्य होते हुए भी अन्ततोगत्वा वैराग्य प्राप्त करने के लिये ही है।"

"वैराग्य?" किसी के स्वर का प्रतिच्छन्द उठा।

"सभी योनियाँ, मानव योनि छोड़ कर सभी भव, सभी लोकों की भव यात्रायें केवल मन को रिझाने के लिये-सुख के लिये हैं; किन्तु सभी सुख क्षल्लुक सन्तोष प्रदान कर मूक विषाद में ही लीन होते हैं- कालगति वस्तुतः मृत्यु की अनिवार्य प्रक्रिया है; जीवन की चेतना, संज्ञान तो कर्मानुसार इच्छा

पूर्ति की अमोघ चेष्टा है। अतः देह-सुख मानव जीवन का आत्यंतिक लक्ष्य नहीं है-नहीं हो सकता। आत्मज्ञान प्राप्त करना ही मानव का अन्तिम और आत्यंतिक लक्ष्य है- यही मोक्ष है। देवता ऐश्वर्य चाहता है; दिव्यतम जीवन चाहता है किन्तु मनुष्य सुख को चख कर जगत् को त्यागता चलता है। मनुष्य के जन्मजात वर्ण की मूल चेतना यही त्याग वृत्ति है-तितिक्षा! अतः वैदिक वर्णाश्रम जीवन पद्धति को कर्म मार्ग कहा है-धर्म पालन से ही मुमुक्ष वृत्ति, अतः वैराग्य प्राप्त होता है। अतः बौद्धों का संघीय मार्ग, जिनियों की तपस्या, वाममार्गियों की तंत्र साधना मनुष्य व्यावहारिक सत्ता के मूलों से उच्छेदित कर उसको अन्ततोगत्वा स्वयं से द्वेष करवाती है- आत्म चैतन्य के विकास से हीन दमन स्वयं के प्रति द्वेष है-सृष्टि से कट कर जीवन वृत्तियों को व्यर्थ ही दबा कर स्वयं के देह का शोषण कर मानव जीव सुख तो क्या एक क्षण का भी सन्तोष प्राप्त नहीं कर सकता। मनुष्य को सृष्टि के निहित स्वभाव के अन्तर्गत तथा अनुरूप ही अपना प्रारब्ध भोगते हुए अपना परम् लक्ष्य प्राप्त करना है-प्राप्त करना होगा। वह चैतन्य से होगा, जड़ से नहीं।"

"चैतन्य?" क्रचक्र उत्ताल अट्टहास्य हँसा- "मैं ही हूं वह चैतन्य। जड़? तो वह भी मैं हूं यती! तुम जिस ब्रह्म-चैतन्य के गीत गा रहे हो, यती! वह तुम्हारी शून्य निरर्थक कल्पना मात्र है-मतिभ्रम।"

आचार्य पद्मपाद सहसा बोल उठे- "मतिभ्रम आप लोगों का है।"

"हमारा?" एक प्रतिघोष उठा; क्रचक्र का उत्ताल स्वर उठा- "चुप रहो, महाशय पद्मपाद! तुम? तुम एक भ्रष्ट नागरिक हो। चुप करो!"

पद्मपाद ने गर्जन पूर्वक कहा- "मैं? मैं भ्रष्ट नागरिक? और तुम वाममार्गी व्यभिचारी....."

क्रचक्र ने हुंकार कर कहा- "गाली देता है, पामर। ठहर..."

मेदिनी में लुके सशस्त्र कौल उठ खड़े हुए। क्रचक्र ने कहा- "अब तुम्हारे दिन भर गये हैं। आज हम कौल तुम यतियों को टूक-टूक कर देंगे।"

आचार्य शंकर ने तनिक तीव्र किन्तु सम-स्वर में कहा- "आप तो इस शरीरी के जन्म जात वैरी प्रतीत होते हैं। आज दिवस तक आप ने अपने मंत्र-बल से इस शरीरी की हानि करने की चेष्टाएं की हैं; किन्तु भुजंग भवानी ने इस शरीरी की रक्षा की है- योग क्षेम किया हैं और भविष्य में भी करेगी। आप लोगों के सशस्त्र घेरे से मैं भीत नहीं हूं- मैं सच्चिदानंद शिव

स्वरूप हूं। इस देह को तो मैं कभी का आप सब भ्रमित विरोधियों के तोषार्थ प्रस्तुत कर चूका हूं। क्रचक्र महोदय! क्या मकर इस देह को चीर सका? क्या महानदी नर्मदा की उत्तुंग तरंगें इस देही के देह को डुबो सकीं? आप ने मुझे अन्तरिक्ष में घेरा है; पृथिवी मण्डल में आपने मुझे अभिमंत्रणों द्वारा मूढ़ करने का प्रयास किया है। आप मुझसे कहीं नहीं टकराये? पृथिवी मण्डल में आपने भूतों की सिद्धियों से मेरा मार्ग अवरूद्ध करने का चण्ड प्रयास किया; किन्तु क्या जगदम्बा ने हमारी आर्ति नहीं हरी? आप अन्तरिक्ष में मुझे घेर कर छिन्न करने के लिये अपना मंत्र बल लगा चुके, नहीं? किन्तु हुआ क्या? मैं देही हूं; देह नहीं हूं- मैं शंकराचार्य नाम्नी हूं; किन्तु नाममात्र नहीं हूं। मैं आत्मा का सच्चिदानंद चिर चैतन्य हूं और चैतन्य ही अधीश्वर है; अधिष्ठाता है- नियामक, त्राता तथा विधाता है, कोलाधिपति! वेदान्त की शरण में आओ, कौलों! सिद्धियों को जगदम्बा मान कर परम् शिव का सच्चिदानंद साक्षात्कार करो, सुना!"

"सुन लिया, यती शंकर!" क्रचक्र ने कहा- "वाराणसी में गंगा की धारा की साक्षी से मैं तुमको युद्ध के लिये ललकारता हूं- शास्त्र की बातें मत बघारो। सिद्धि अथवा शस्त्र से युद्ध कर, आचार्य शंकर! हम कौल तो मंत्रपति हैं- मंत्र पुत्र नहीं, समझा!"

"युद्ध क्षत्रिय का पुरुषार्थ है; ब्राह्मण का नहीं।" आचार्य शंकर ने कहा- "फिर मैं तो निरीह सन्यासी हूं। युद्ध से उसका वास्ता हो सकता है, जो जगत चाहता है।"

क्रचक्र उत्ताल हँसी हँसते हुए बोला- "मान गया, यती! बहुत ही कुशल हो। अच्छा तो तेरे क्षत्रिय शिष्य सुधन्वा को ललकारता हूं- उस स्त्रैण रसिक महाराज राजशेखर को रण भूमि में पुकारता हूं। उन सभी क्षत्रियों को मेरा रण निमंत्रण है, जो तेरे पीछे लग कर हम सब का सर्वनाश करना चाहते हैं। मैं तुम सन्यासी से युद्ध चाहता हूं-तू अपने क्षत्रियों को आज्ञा कर कि वह मेरी यह युद्ध-कामना पूरी करें।"

"महाराज सुधन्वा, राजशेखर और आर्य नरेशों!" आचार्य शंकर ने जलद गंभीर गगन भेदी स्वर में पुकारा- "सनातन वैदिक वर्णाश्रम धर्म की रक्षार्थ उठो, एक हो जाओ! भारतवर्ष का प्रत्येक सन्यासी आपके पीछे स्थित होगा। हम सन्यासी परम शिव से प्रार्थना करेंगे कि आर्य सभ्यता के उत्कर्ष तथा उसकी वैदिक वर्णाश्रम धर्म की दिव्य पुनीत सनातन संस्कृति के मंगलोद्भव

और रक्षार्थ वह आप क्षत्रियों को तेज दे; बल दे-बुद्धि दे! उठो और अपना अभीष्ट प्राप्त करो।"

"जगद्गुरु आचार्य शंकर की जय!"तुमुल जयघोष उठा।

महाराज राजेश्वर सुधन्वा ने मेदिनी को पुकारा "जगद्गुरु स्वामी शंकराचार्य्य की जय! आचार्य श्री शंकर की यह दिग्विजय यात्रा भारत निवासियों की तीर्थ यात्रा है। जड़ विज्ञान वादी करणी ने वैदिक वर्णाश्रम धर्म की संयम, त्याग तथा सतत् आत्मोत्थान की सनातन संस्कृति को विकृत कर दिया है। ऐसा लगता है सभी को वैदिक वर्णाश्रम धर्म और वेद से बद्ध मूल शत्रुता हो गई है। वेद और वैदिक धर्म का जो विरोध करते हैं, वह मानव जाति के शत्रु तो हैं ही; किन्तु अपने भी हितैषी नहीं हैं। इस पृथिवी पर वेद मानव को प्रभु का उपदेश करते हैं। वैदिक वर्णाश्रम धर्म जगत्-पुरुषार्थ का अमोघ पथ ही नहीं है, भव-योनियों के त्रिताप से मुक्त होने की अखण्ड अनवरत तपस्या का मार्ग भी है। यह मार्ग जड़त्व के दृष्टिकोण तथा विज्ञानपरक कामुक वृत्ति से भ्रष्ट होता गया है। हम स्वयं निर्माण के पथ की ओर देखने लगे थे- किन्तु महात्मा कुमारिल्ल भट्ट ने हमें बचा लिया। अवश्य हमें वैदिक वर्णाश्रम धर्म मार्ग पर आत्म चैतन्य का प्रकाश करना होगा- हम, मानव, आत्म लाभ के लिये ही जन्मे हैं; जन्मते हैं और मोक्ष प्राप्ति तक पशु से मनुष्य तथा मनुष्य से देव बनने की जीवन-साधना करते रहेंगे। मानव के सम्पूर्ण और समग्र तेजस्वी उत्थान का मार्ग निस्संदेह वैदिक वर्णाश्रम धर्म है, जो संयम, सम, तितिक्षा और मुमुक्षत्व का अनन्त सृष्टिगत मार्ग है- यह मानव जाति का अनादि शाश्वत पन्थ है।"

"जय!" पुनः तुमुल उद्घोष उठा और आचार्य शंकर ने पुकारा- "वत्स पद्मपाद! संघ को पुरी का मार्ग बताओ!"

पद्मपाद ने वेदान्त-डिमडिम का केतु उठाया और समुद्र की शान्त अगाध तरंगों के समान उल्लोलित संघ के आगे-आगे चले। संघ के शत-शत सदस्यों को कुछ दूरी पर घेर कर उज्जयिनी की सशस्त्र सेना चलने लगी और महाराज राजेश्वर सुधन्वा पैदल ही आचार्य शंकर के साथ हो लिये। आचार्य अपना दण्ड स्थिर अचल उठाये हुए जैसे सृष्टि को देखते हुए चल रहे थे। सुरेश्वराचार्य्य पृथिवी के कण-कण को निहारते हुए आचार्य गुरुदेव के ठीक पीछे चल रहे थे। सभी शिष्य और सेवक शान्त और निश्चिन्त जगद्गुरु के आस-पास अपनी सधी हुई गति में चल रहे थे। मानो वृक्ष चल

रहे हों। मेघों के समूह दृश्यगत आकृतियाँ होकर पृथिवी पर लहर रहे हों। संघ के मानव धरती और गगन के मध्य काल की चेतना के स्वरूप हों-यों बह रहे थे। आचार्य शंकर के अथाह कमल लोचनों में त्रिकाल की विद्युत् समाई हुई थी और समस्त भारत भूमि गहन अन्धकार का श्यामल धुम्मस होकर उनकी अपलक पलकों पर उमड़ रही थी। पिछली व्यतीत शताब्दियों के सांभ्रान्त भ्रम आचार्य शंकर के नीरव चित्ताकाश में रंगीन विहंगों की भाँति उड़े जा रहे थे। पृथिवी पर मानव संस्कृति तथा समूचे प्राणी मात्र की धीमान कृतविद्य अमृत तथा प्रकाश से परिपूर्ण सभ्यता का प्रश्न उठ खड़ा हुआ था। वेद व्यास के पश्चात् क्रमशः भारतीय चिन्तन संक्रामक ऊहापोह में डूबता चला गया था। भगवान श्री कृष्ण के गीता-सन्देश के पश्चात् भारत-भूमि नहीं चाहते हुए भी अन्धकारों से भरती चली गई थी। वैदिक दर्शनों के चिन्मय बोध मन्द तथा धूएं से भरते चले गये थे; और सतत् बाह्य आक्रमणों से उत्पन्न संस्कृतियों के अनिवार्य संघर्ष ने भारतीय चैतन्य को भ्रामरी चेतनाओं से भर दिया था। सिद्ध यथा स्वयं प्रमाणित दर्शन के अचल अटल दिव्याचार भौतिक एवं दैविक संज्ञानों से चित्र-विचित्र कर दिये गये थे। अमृत-अभिलाषा मन्द होकर न्यून शेष रह गई थी और समाज के लक्ष्य राज्य और राज्य के ऐश्वर्य बनते गये थे। वेदों और उसके शाश्वत से उपनिषदों का विरोध ज्ञान की दिव्य अमृतमयी चेतना से नहीं, ऐश्वर्य्याभिलाषी विज्ञान के मद से मदोन्मत्त होकर ही किया जा रहा था। एक जड़ और जाड्य विषमता भारतवासियों के चिन्तन में भरने लगी थी तथा भूमि, सम्पत्ति और गृहस्थी के द्वन्द्व बढ़ते जा रहे थे। भारतीय जाति क्रमशः विज्ञानवादी जड़, भौतिक बनती जा रही थी। आत्मा की अनादि चैतन्य प्रतिष्ठा बुद्धि-बल से खण्डित की जा रही थी और भोगों की अभिलाषा से भारतवासियों के चित्त क्षुब्ध होते जा रहे थे। भारतीय वैदिक वर्णाश्रम धर्म मार्ग पर कुण्ठाओं तथा परम्पराओं के कीच फैल गये थे और शंका-अशंकाओं के शून्य गह्वरों से भारतीय ही नहीं, मानव जाति के मोक्षाभिलाषी जीवन-यापन का धर्म-मार्ग ऊबड़-खाबड़ हो गया था। अचल आत्मविश्वास से दूर होते हुए भारतीय जन देहवादी होता हुआ स्वयं शंकित होता गया था। परिणामतः गहन निराशा ही भारतीय जाति के चित्त में व्यापने लगी थी। भय छाता गया था और सत्ता का संरक्षण अपेक्षित होता गया था। आचार्य शंकर ने निःसास रख कर धूमिल क्षितिज को देखा और

सहसा कहा- "सुधन्वा! राजेश्वर! ब्राह्ममुहूर्त होने में ही है- आत्मचैतन्य का ब्राह्ममुहूर्त! आश्चर्य है, मृण्मय में आसक्त आत्म स्वरूप जीव कब तक बना रहेगा?"

महाराज सुधन्वा मानो स्वयं में ही जगे- "जी, गुरुदेव!"

"सिद्धि भोग्या नहीं है, सिद्धियों से सृष्टि तर कर परमात्मा के धाम की ओर गतिमान होने की जीव को क्षमता प्राप्त होती है। जगद्गुरु बोले- "भगवत गोविन्दपाद श्रीमद् से जगत् कल्याण के लिये ही इस शरीरी ने सिद्धियाँ ग्रहण की हैं।"

महाराज सुधन्वा जैसे स्वप्न में सुन रहे हों, यों हुंकारे- "जी, जी!"

आचार्य शंकर ने महाराज सुधन्वा की ओर निहारा; बोले- "आर्यों की यह पृथिवी प्रदक्षिणा अनन्त है; अविराम है। परमात्मा ने आर्य मानव को पृथिवी, अन्तरिक्ष, द्यौ के मंगल समारोह के लिये उद्धवित किया है- आर्य जगद् के विषों को पचा कर आत्मा के अगाध अमृत को अपनी शान्त, संयत एवं ऊर्ध्व रत इन्द्रियों द्वारा सींचता तथा प्राणी मात्र को मानव सभ्यता के प्रकाश द्वारा प्रस्तुत करता है-जीवन का यह अमृत वैदिक वर्णाश्रम धर्म धारण, पालन, पोषण द्वारा ही प्राप्त होता है। वैदिक सत्य, ज्ञान और अमृत की शाश्वत सनातन संस्कृति द्वारा ही मानव भव-बन्धन से मुक्त हो सकता तथा अन्ततोगत्वा मोक्ष प्राप्त कर सकता है-"

"यह ज्ञान........." महाराज सुधन्वा चिहुंके।

"सृष्टि के आदि में परमात्मा ने वेद का प्रकाश किया- अग्नि, वायु, आदित्य और अंगिरस सृष्टि के ब्राह्म मुहूर्त में सम्पूर्ण पूर्ण परिपूर्ण मानव रूप उद्धवित हुए- वह परमात्मा के शिष्य थे, सेवक थे- बटुक थे। वह सृष्टि के ऋषिवर्य थे। प्रभु ने वेद-ज्ञान उन्हीं को प्रदान किया। हां, पूर्ण आप्तकाम, मुक्त मानव को ही ईश्वर का निरन्तर सानिध्य रहता है-प्रभु ही मानव का गुरु है; आचार्य है- राजा भी वही है, राजेश्वर!"

"ब्रह्मा?" राजशेखर ने सहज ही पूछा।

"ब्रह्मा ने इन महामहिम ऋषियों को वेद का ज्ञान पढ़ाया।" आचार्य श्री शंकर बोले- "वैदिक ज्ञान परमात्मा ज्ञान है। ब्रह्म-परम् ब्रह्म-ज्ञानी है और उसका निहित ज्ञान है। यह विचित्र विलक्षण ज्ञेय वह अपने सर्व शक्तिमान् ज्ञान से ही उद्धवित करता है। ब्रह्मा तो सृष्टि की रचना करने वाले प्रज्ञा-चक्षु परात्पर चेतना की चतुर्मुख मूर्ति हैं। ब्रह्मा प्रभु की प्रेरणा तथा

वेद-ज्ञान द्वारा सृष्टि की रचना करते हैं- विष्णु पालन और महेश संहार अर्थात् रूप-स्वरूप परिवर्तन-काल-दृष्टि ब्रह्मा कह लो; काल स्थिति विष्णु कह लो; काल लय महेश कह लो। काल! परम् ब्रह्म की स्वयं की ज्ञान चेतना। नहीं, राजेश्वर!"

राजेश्वर सुधन्वा ने कहा- "मैं तो शस्त्र और शास्त्र धारण ही जानता हूं। अभी तो प्रजा का पूर्ण धारण, पालन और पोषण कार्य भी सांगोपांग नहीं कर पाता। प्रजा सन्तुष्ट भले ही दिखे; परन्तु वह प्रसन्न नहीं प्रतीत होती, गुरुदेव!"

"वाल्मीकि रामायण का परायण किया करो, राजेश्वर!" आचार्य श्री शंकर ने मुस्कराते हुए कहा- "राघव राम सृष्टि के चक्रवर्ती महामहिम राज्य की मर्यादा की साक्षात् मूर्ति थे। वह हरि, पुरुषोत्तम महापुरुष राज तथा प्रजा की प्रसन्नता तथा धर्म धारण के गुरुतर सत्कार्य के लिये ही मानव योनि में आविर्भूत हुए थे- यह शरीरी रामचन्द्र को अनादि काल से जानता है; श्री कृष्णचन्द्र को भी मैं जानता हूं। हां, राम-कृष्ण गोविन्द!"

"राम कृष्ण गोविन्द!" की गहगहाती हुई ध्वनि उठी। आचार्य शंकर के गहन गम्भीर, मधुर एवं शान्त स्वर को पद्मपाद ने झेल लिया और सारा संघ "राम कृष्ण गोविन्द!" की धुन से झनझना उठा-गूंज उठा- गाजने लगा। पद्मपाद को लगा, देह के सभी दण्ड वह भुगत चुके हैं तथा सभी कर्म उनके चित्त से फूट कर बाहर अनन्त आकाश में विलमाये हुए पक्षियों की भांति उड़े जा रहे हैं- पद्मपाद के सरोज श्यामल नयन स्वयं ही बन्द हो गये और रोम-रोम उत्फुल्लित हो उठा। रग-रग में प्रवाहित रक्त मानो राम कृष्ण गोविन्द के नाम प्रतिच्छन्दों से प्रताड़ित होकर स्वयं ही अगाध होने लगा। मातुल पंचपदी, विष, त्रिताप मात्र पद्मपाद विसर गये। सभी कातर, क्षुब्ध, भीत और सहमी हुई स्मृतियां अपने विस्मृति के अगाध सहित श्री राम! श्री कृष्ण! श्रीगोविन्द! के अनन्त से नामों में लीन होने लगीं। कल्प-कल्पों के जन्म-जन्मान्तरों के स्वप्न मानो अनन्त कोटि मेघों की भांति पद्मपाद के चिदाकाश में उठे; घहरे और स्वयं ही हृदय के दहराकाश में विला गये। काल अपने अनन्त कोटि कल्पों और प्रलयों सहित स्वयं ही निश्चिन्त होकर झूमने लगा तथा जगत् अपने रूप सिन्धुओं सहित भगवान के अपार सौन्दर्य-निधि में डूबने लगा। जगत्? है? वह जीव? है तो; किन्तु सभी भगवान् हैं-भगवान् में हैं-प्रभु के लिए हैं।

श्री राम के प्राचीन प्रसिद्ध मन्दिर के सभा मण्डप में विराजमान आचार्य शंकर ने कहा- "जीव जगत् और भव-संसार को जब जान लेता है, तब अज्ञान का स्वतः ही नाश होने और वैराग्य का उदय होने लगता है। ज्ञान तो परम ब्रह्म का प्रत्यक्ष है; किन्तु परम् ब्रह्म के सत्य को देख लेना ही अलम् नहीं है- परम् ब्रह्म को स्पर्श करना होगा। उसका चित्त में अनुभव करना ही होगा। इसीलिये परमात्मा का स्वरूप सत्य चित्त आनन्दवत् है।"

"सच्चिदानंद!" सुरेश्वराचार्य चिहुंके।

"आनन्द!" पद्मपाद ने मानो आकाश से कहा।

"जीव के लिये ज्ञान लाभ करना अनिवार्य है। अज्ञान को जान लेना ज्ञान प्राप्त करना ही है। जिस यथार्थ ज्ञान की तत्वान्वेषक चर्चा करते हैं, वस्तुतः यथार्थ ज्ञान की अविराम क्षणिक किन्तु अतृप्त अनन्त अनुभूति परम् सुख की परिपूर्ण अनुभूति के लिये ही है। क्षण-क्षण अपूर्ण-पूर्ण इन्द्रिय सुखों की अनुभूतियाँ चलायमान अनुभूतियाँ हैं- वह संयोगों की स्मृतियों तथा वियोगों के विषाद जीव को देती चलती है। इन स्मृतियों के ताप से भरे जीवन-विषाद के अतल में वैराग्य ही है-यह माया, और उसके जगत् विज्ञान घन प्रभु की संकल्पबद्ध कृतियाँ हैं किन्तु चैतन्यहीन एक विलक्षण जड़त्व से भरी हुई हैं। यह जगत् चिरकाल के लिये जीव को तृप्त नहीं करता-न कर ही सकता है। अनन्त कोटि भवों के अनन्त कोटि सुख परम् सुख का अनुभव नहीं करवाते; करवा नहीं सकते। जो नाशवान हैं, मृणमय हैं, वह मृत्युगत हैं। जीव की जीवन-चेतना तो अमृत गामी चेतना है- जीव अमृत की गहन अगाध अमोघ अभिलाषा का अपरम्पार चैतन्य है। आत्म स्वरूप परमात्मा, परम् ब्रह्म क्षण के विषाद तथा रूप के विलय और नाम की स्मृति के निस्सार के अनुभव के लिये ही लीला विनोद किया करता है। आत्मा अजन्मा और अविनाशी ब्रह्म चिति है। भव-बंधनों में बंध कर भी आत्मा बंधता नहीं; अतः जन्मता नहीं; मरता नहीं। काल आत्मा को सदैव के लिये जीव बनाकर रख नहीं सकता। परम् ब्रह्म बहुस्याम की जीजिविषा की लीलामयी, मायामयी अध्यासों से भरी अज्ञानाच्छादित काल दिवस तथा काल रात्रि ही है। यह ब्रह्मा परमात्मा के दिवस तथा रात्रि काल चैतन्य की चिन्मयी अभिव्यक्ति है जो सभी बुद्धियों की उद्रेक, समस्त प्रज्ञा की जनक ऋतंभरामयी ब्रह्म संकल्प की दिव्य ज्योतिर्मयता है। ब्रह्मा ब्रह्म के प्रजापति सृष्टि रचयिता महामनीषी और महामहर्षि हैं। विष्णु सृष्टि के

परिपालक प्रभु हैं और महेश? शिव शम्भो! जगत् का कालकूट पीकर भी जीवों का मुक्ति और मोक्ष के लिये परित्राण करने वाले देवाधिदेव हैं। त्रयंबक महाकाल पिता शिव-वल्लभ धूर्जटी औढरदानी शिव ही शिवा हैं; सदाशिव हैं और परम् शिव परम् ब्रहम के तंत्र तथा मंत्र के ध्याता, विधाता तथा भव संसार के त्राता हैं-हाँ, पद्मपाद!"

पद्मपाद चिहुंके- "जी, गुरुदेव! परम् शिव! त्रयंबक! महाकाल, जगन्नाथ, प्रभो!"

आचार्य शंकर ने उपस्थित मेदिनी से कहा- "भारत वर्ष ज्ञान का आकाश, कर्म की भूमि और भक्ति का सिन्धु है। भारत का योगी ध्यानावस्थित होकर सदैव परमात्मा को देखता आ रहा है; भारत के महर्षि सत्य नारायण को अपनी प्रज्ञा से पेखते आये हैं- भारत के मनीषियों ने तत्वों का अवगाहन कर निरन्तर इस माया का ज्ञान किया है तथा शास्त्र वेत्ताओं ने जगत् के काल-धर्म का पता लगा कर जीव के शाश्वत धर्मपंथ का आविष्कार किया है। जीव के शाश्वत नित्य सनातन दो जीवन मार्ग हैं, श्रुति और स्मृति। जीव श्रुति के द्वारा परम् तत्व को सुनता है; जीव स्मृति के द्वारा जगत में धार्मिक जीवन जी कर परमात्मा का अखण्ड स्मरण करता है- परम् ब्रहम इस मायामय जगत् में विलक्षण वार्ता है- अन्तरात्मा का दिव्य शान्त अमोघ उपनिषद् है। स्मृति जीव के लिये जगत् की विस्मृति तथा भव-संसार से मुक्ति प्राप्त करने के लिये भगवान की स्मृति है। हम जगत् में स्वयं को नहीं, भगवान को भूले हुए हैं-प्रतिनिमिष हम जगत् के रूप-रूप को याद करते हैं; नाम-नाम के सम्मोह में चकित् से जाड्यान्धकार में लीन स्वप्न मार्गों पर चलते रहते हैं आत्मा का अन्ततोगत्वा एक ही चिर स्वप्न है; परमात्मा और एक ही विस्मरण है, जगत्। जीव की मुक्ति भव संसार से ही है; निस्संदेह निर्विवाद है तथा आत्मा का जीव भाव से परमात्मा के सच्चिदानंद चैतन्य में ही मोक्ष है। मानव जीव का अन्तिम अनिवार्य लक्ष्य मोक्ष है। परम् ब्रहम मोक्ष से तथा भगवान मुक्ति से ही प्राप्त होता है। कर्म मुक्ति से भगवान के प्रति अनन्य प्रीति ही उद्भवित होती है-जगत् के रागों से, भव-संसार के क्षणिक सुखों से जीव को जब परम् सन्तोष नहीं मिलता सान्त्वना प्राप्त नहीं होती और जगत् के विषयों के विष जब भव-चेतना को दग्ध करने लगते हैं तब जीव भगवान के अपार सौन्दर्य को देखने के लिये ललक उठता है। प्रभु के शान्त ज्ञानालोक में विहर कर वह कातर, भवभीत

जीव प्रभु के चरणारविन्दों में जा पड़ता है। जीवन का अमोघ अमृत प्रभु के श्री चरणारविन्दों के मकररन्द में है। रस रूप ईश विभु वह कवि परमेश्वर भगवान होकर ही जीव को दर्शन देता है। जीव विषयानंद की तृष्णा से जन्मता है; मरता है; जन्मता है किन्तु सच्चिदानंद प्रभु की प्रीति की ललक द्वारा वह सृष्टि के सौन्दर्य सिन्धुओं को तर कर प्रभु के चरणारविन्दों में शाष्टांग प्रणाम करता है-श्री हरि!"

"श्री हरि! भगवान! जगन्नाथ, अन्तर्यामी जगदीश!" पद्मपाद खुले आकाश के नीचे तारों के झिलमिल प्रकाश में खोये अपने ही चिदाकाश में प्रभु को मानो खोजने लगे। जाग्रति से विस्मृत होते हुए पद्मपाद प्रभु के स्वप्न के लिये कातर अपने भूताकाश को पैर कर चित्ताकाश को तरते हुए चिदाकाश की ओर खोये-खोये से जाने लगे। चित्ताकाश के अन्तिम से छोर पर उनको चिर-विस्मृत किन्तु सजीव सा गीत सुनाई देने लगा। जैसे माँ गा रही हो; लौरी गा रही हो-वही नंद नन्दन श्री कृष्ण चन्द्र के प्रति निवेदन। प्रार्थना का यह गीत पद्मपाद को सुनाई देने लगा। वह जैसे पृथिवी के पालने में लेटे हुए हैं और स्वयं जगदम्बा उनको लौरी सुना रही है; ऐ जीव! हे वत्स! जन्म और मृत्यु के इन अनवरत फेरों में पड़ा तू स्वयं को और अपने प्रभु को कब तक भूला रहेगा? जाग जा, पुत्र मेरे हरि दर्शन का यह आलस्य है आत्म स्वरूप। तुझे शोभा नहीं देता। प्रभु को भज-जगत् तो तुझे खिलौने की भाँति मिला रहेगा। भव-संसार तुझे प्रभु की कृपा के समान प्राप्त होता ही रहेगा। भगवान की शरण में जा, पूत मेरे! तुझे काल के दंश नहीं लगेंगे; मृत्यु तुझे मुझा नहीं सकेंगी- जन्म तुझे डुबो नहीं सकेंगे। हे सच्चिदानंद रूप आत्मन्! जीव की दृष्टि त्याग दे; आत्मा की उन्मीलित दृष्टि प्राप्त कर!"

पद्मपाद ने देखा, श्रीमद् गुरुदेव उनकी ओर जब भी देखते हैं, अनन्त करुणामयी दृष्टि से देखते हैं। गुरुदेव की उस गहन शान्त दृष्टि में ज्ञान की ज्वाला जैसे नहीं है-कोटि-कोटि पूर्णेन्दुओं की उत्फुल्ल पूर्ण-परिपूर्ण ज्योत्स्ना ही भरी हुई है। पद्मपाद को लगता, भव भवों के झुलसे हुए रोम जैसे उस शान्त माधुर्य में डूब कर अकथनीय शीतलता प्राप्त करते उनकी कर्म-दाह से जली कटी रगें जैसे संजीवनी से भरपूर हो उठतीं। पद्मपाद जैसे प्रति चरण एक भव चलते। वाराणसी की सभाओं में श्री गुरुदेव ने घोषणा कर दी थी, वैदिक वर्णाश्रम धर्म की पुनस्थापना का अटल अनिवार्य कार्य प्रत्येक आर्य नागरिक को करना ही है। विज्ञानवादी जड़ तथा जाड्य जीवन-कृति को

त्यागना ही होगा। तपस्या तपस्या के लिये नहीं है; विज्ञान विद्वत्ता के लिये ही नहीं है। तत्त्वचिन्तन तत्त्वबोध भर के लिये नहीं है। इस जगत् में प्राणी केवल क्षणिक और क्षल्लुक इन्द्रिय भोग के लिये ही नहीं जन्मता। मानव-जन्म लोकायत होकर भस्मीभूत होने के लिये है क्या? जब तक जीव आत्मलाभ नहीं करता यह जगत् और उसका भव-संसार अटल है; अनिवार्य है। जीव है, तो जगत् है; जगत् है तो माया है-मोह है-कर्म बन्धन है।

"क्या सर्वदा के लिये बँधता है? कौन सदैव के लिये छूटता है?" आचार्य शंकर ने वाराणसी की सीमा से कुछ दूर एक सभा में कहा- "कहा जाता है, जगत् की माया सम्मोहित करती है। करती तो है; परन्तु कौन सम्मोहित होता है? सच्चिदानन्द आत्मा? क्या वह परम् तत्व परम् ब्रह्म सम्मोहित होकर जगत् में जन्म लेता है? आत्म ज्योति तो जगत् की माया को जला देती है। आत्मा का स्वतः स्वयं स्वयमेव ज्ञान प्रकाश में समूचा काल अपने जगतों तथा भव-संसारों सहित दग्ध हो जाता है। कर्म की यम-ग्रन्थि केवल आत्मज्ञान से ही खुलती है। प्रभु को पुकारो, लोगों!" आचार्य श्री शंकर ने अत्यन्त आर्त स्वर में पुकार कर कहा- "परम ब्रह्म की यह अनादि अविराम चिरन्तन बहुस्याम लीला अत्यन्त सुन्दर है; सुखमय है- अनन्य और अमोघ है। तभी तो ज्ञानी अज्ञान का चेता होकर जीवात्म भाव ग्रहण करने लगता है- अज्ञान के विराट् जगत् दर्पण में आत्मा का जीवगत प्रतिबिम्ब उभर उठा करता है-उस निराकार निरुपम अनन्य और केवल एक-एकाकी ब्रह्म चैतन्य में स्वयं ही व्याकुल ऊर्मियाँ उठती हैं- ब्रह्मा की रात्रि का अन्त होकर सृष्टि के जागने का ब्राह्म मुहूर्त प्रारंभ होता है और परमात्मा प्रभु का वेश धारण करते हैं। प्रभु अपनी लीला के लिये जागता है; सगुणत्व धारण करता है-शिव शक्ति स्वरूप हो जाते हैं और उस जगन्मोहिनी की राग भरी चपल आँखों से अनन्त सृष्टियों के दिव्य स्वप्न उभर-उभर कर स्वयं छा जाते हैं।"

पद्मपाद रोम-रोम में एकाग्र हो गये। जगद्गुरु का संघ पुरी की ओर गंगा के प्रवाह सा बहता जा रहा था और पद्मपाद प्रति रात्रि स्वयं में डूब कर अपने चिदाकाश में खो जाते थे।" तब अपूर्व को भगवान के चरणों में अर्पित करना ही होगा-यह अदृष्ट प्रभु की दया से ही विगलित होगा और यह कल्प-कल्पों का, भव-भवों का संचित? मेरा संचित? अवश्य। तब मैं सृष्टि के आदि में जीव भाव में क्यों जगा? क्यों? पद्मपाद रग-रग में खौल

उठे- मैं जीव? अनादि जीव मैं?" घोष-प्रतिघोषों से पद्मपाद का चित्ताकाश हम-हम उठता।" सभी संचित रीता करूंगा, अवश्य, गुरुदेव!"

पद्मपाद उठ बैठे। कर्म? तब मैं कर्म की गहन गति-विधि तथा भोग और भव के काल-बन्धन का क्रीत दास हूं-मैं? आत्मा, सच्चिदानंद!

"सच्चिदानंद!" ध्वनिहीन निःशब्द निस्सीम गहगह उठी और पद्मपाद जड़ित चित्र लिखित से रात्रि के माझम अन्धकार में आकाश के तारे देखते हुए बैठे रहे। अन्धकार के समुद्र जैसे उनके चित्ताकाश में बह रहे थे और वह जैसे किसी नौका में बैठे अनन्त में अनन्त की ओर बहे जा रहे थे। यह घन सघन अपार अन्धकार। जल जाये, प्रभो। ज्ञान की अग्नि से यह जगत् जला दो! यह भव संसार भस्म कर दो-कर्म मात्र को समाप्त कर दो! पद्मपाद मन ही मन चिल्ला उठे, मैं जगत् नहीं, भव नहीं, मैं- मैं परमात्मन्! तुममें-तुम्हारे अपार अपरम्पार ज्योतिर्मय अवकाश में ज्ञान की वहिन होकर तैरता रहना चाहता हूं। त्रिताप रहित मैं अनादि जीवन चैतन्य होना चाहता हूं।"

23

पद्मपाद संघ के आगे-आगे पुरी की ओर चलते रहे ओर आचार्य जगद्गुरु को सुनते रहे। शंकराचार्य जनपदों की सीमा में रुकते; मन्दिरों और अन्य क्षेत्रों में रुकते। शिष्यों-सेवकों के साथ भिक्षाटन करते हुए सभी से वार्ता करते। जिनियों से वह आदर सहित मिलते और बात करते। बौद्धों से विहँस कर वार्तालाप करते- कुमारिल्ल भट्ट का अग्नि-स्नान जैसे बौद्धों और आचार्य के बीच दिव्य स्मृति सरिता के समान बह रहा था। शाक्तों के मध्य बैठ कर शंकर पूजा भी कर लेते; किन्तु पंचमकार के स्थान में ललितोपासना की विधि बताते। शंकर शाक्तों से कहते-शक्ति राजराजेश्वरी भवानी है, अथवा माँ है, जगदम्बा है! शक्ति जीव की स्वामिनी और परम् शिव की परा-प्रेयसी चिति है। शक्ति जीव, पाशबद्ध जीवात्मा के लिये मुक्तिदायिनी त्राता है तथा अखिलेश्वरी परात्परी है। जीव शक्ति का भोक्ता नहीं है; शक्ति की गहन चेतनायें जीव को भव-संसार के मूढ़ मोहमय राग भरे आसक्त बन्धनों को शिथिल कर परम् शिव की ओर प्रत्येक भव में ले जाती है। वही शिव से आधान ग्रहण कर इस जड़-चेतन जगत की रचियता, कामिनी, कामायिनी, कामेश्वरी, जगदम्बा, सच्चिदानन्द, विग्रहा, ज्ञानियों को भी चेताकर जगत् में धकेलने वाली और अन्ततोगत्वा परित्राण करने वाली महादेवी भगवती है। शाक्त मन ही मन सहम जाते; किन्तु अज्ञात भय से भी भर जाते। तब क्या शंकर ठीक कह रहें हैं? शक्ति का भोग करने वाला जीव है ही क्या? जीव तो शक्ति का एक चैतन्य है। शक्ति ही जगत् की रचना कर जीवात्म भाव को जन्म देती है- भव संसार भुगतवाती है- परित्राण करती है और वही मोक्ष भी देती है-मोक्ष? शाक्तों ने कहा- आचार्य हम तो मणिद्वीप के आकांक्षी हैं। हमें विष्णु लोक से क्या तात्पर्य? हम गोलोक के भी हामी नहीं हैं। हम सर्वलोक ही चाहते हैं-आपका परम् ब्रह्म क्या हमें भगवती का मणिद्वीप दे सकता है? आचार्य हँस कर कहते ब्रह्म ज्ञान तो जगत् की माया को मिटा देता है; भव-संसार के मोह तथा समूचे जीवात्म भाव को ही काट देता है। वेदान्त ही नयनों को उन्मीलित कर सकता है; अज्ञान के तिमिरान्ध से मुक्ति दिलवाता है-काल पाश से

मुक्त कर सत्यम् ज्ञान अनन्तम् ब्रह्म ही आत्मा को परमात्मा में लीन कर सकता है।"

जिनियों को आचार्य शंकर ने कहा- "अवश्य, आप लोग चारवाक की भान्ति आत्मा का अस्तित्व नहीं स्वीकार करते हैं। आत्मा को आप मध्यम परिणामी अर्थात् यह अणु और महत् के मध्य स्थिति की कोई आश्चर्य संभूत उद्भूति आप कहते हैं किन्तु जो परिणामी तत्व है, वह अविनाशी नहीं है, भवान्! और जो अविनाशी नहीं है, वह आत्मा हो ही नहीं सकती। आत्मा तो सच्चिदानंद चैतन्य है; भवों की दिव्य गुण-निधि नहीं है।"

"अस्ति काय, आचार्य!" एक जैन सूरी ने हठात् कहा।

"अर्थात् जीव, आत्मा नहीं।" आचार्य गर्जे- "आप देहधारी जीव की सत्ता ही मानते हैं। आत्मा तो आप लोगों की मनोरञ्जनकारी कल्पना मात्र है। आत्मा को आपकी सूझ-बूझ में छोटा-बड़ा किया जा सकता है; काटा जा सकता है-भेदा तथा जलाया और शोषा जा सकता है, नहीं?"

"अवश्य, यतीवर्य!" किसी ने कहा- "त्रिरत्न, साधु!'

आचार्य ने विहँसते हुए कहा- "सम्यक् दर्शन, सम्यक् ज्ञान, सम्यक् चरित्र। ठीक ही तो है। जीव को जीवन यापन के लिये तथा परम् सुख और दुःखों की आत्यंतिक निवृत्ति के लिये तपस्या चाहिये, साधना चाहिए और अन्तःकरण की शुद्धि भी चाहिये किन्तु अन्तःकरण जब शुद्ध हो जाता है, तब क्या होता है, भला?"

एक जैन विचारक बोल उठे- "परमात्मा का साक्षात्कार होता है! और क्या होगा?"

"परमात्मा तब क्या?" सुरेश्वराचार्य बोल उठे- "जो विनाशी है, परिणामी है, उस तत्व को परमात्मा का साक्षात् कैसे होगा? फिर क्या विनाशी है? परिणामी का नित्य है? नहीं तो!"

एक कोलाहल पूर्ण ठहका उठा। आचार्य शंकर ने अभय हस्तलाघव करते हुए कहा शान्त, स्थिर! ध्यानस्थ! आत्मा के लिये आग्रह नहीं है; दुराग्रह भी नहीं; पूर्वाग्रह भी नहीं है। आत्मा को ध्याओ; विचारो मत। स्वयं को परिणामी जीव मानते रहोंगे, तो कभी मुक्ति नहीं मिलेगी।"

"क्यों नहीं, यती! तपस्या कर शुद्ध-बुद्ध तीर्थंकर जो होंगे।" किसी ने पुकार कर कहा।

"तीर्थंकर भव-मुक्त पुरुष हैं।" आचार्य बोले- "तीर्थंकर स्वयं को परम् मुक्त, प्रसन्न और शान्त अनुभव करता है। यह काल उसके श्री चरण छूकर बहता रहता है परन्तु मोक्ष नहीं मिलता उस महापुरुष को। मुक्ति ही चाहते हो, तो तपस्या करो; साधना करो-व्रत पालो; किन्तु मोक्ष चाहते हो, तो स्वयं का अज्ञान मिटाओ; हृदय-ग्रन्थि भेदो। जीव है ही नहीं; ब्रहम है ब्रहम ही केवल सत्य है, परम् तत्व है। इस मिथ्या के मोह को त्यागो-भ्रमों को भांज दो। तुम स्वयं आत्मा हो- ब्रहम चैतन्य हो अपना सच्चिदानन्द अगाध अमृत और अपार आनन्द लाभ करो। जड़ को छोड़ो, चैतन्य को वरो-"

चैतन्य वरो! आचार्य शंकर की शान्त, सम जलद गम्भीरवाणी दिग् दिशाओं में गूंज कर पद्मपाद के गहन आकाश में गाजती रही। पद्मपाद हठात् अवाक् स्तब्ध से होते गये। जड़ त्यागो, चैतन्य का ध्यान करो- अनुभव करो। तुम देह नहीं हो, जड़-प्रक्रिया नहीं हो, तुम प्रकृति नहीं हो, पुरुष भी नहीं हो, तुम चैतन्य हो; ब्रहम चैतन्य! तुम्हारे अनादि अहम् का उद्रेक इसी महतत्वस्वरूप चेतना से ही हुआ है। अहम् भाव में ही तुम अनादि शाश्वत जीवात्मा हो। तुम उस चैतन्य के अपार की लहर हो। पद्मपाद को लगता उनके त्रिपुर के चौदहों भुवनों में एक दिव्य आंधी आने लगी हैं-ज्ञानेन्द्रियाँ स्वयं ही चकित होकर जैसे अज्ञात हो रही हैं और यह कर्मेन्द्रियाँ? थक गई हैं-एक ऐसी जीर्णता पद्मपाद को अनुभव होने लगी जो उनके अणु-अणु को टूक-टूक कर किसी अगाध अभेद में लीन कर रही थी। वह जैसे एक सिहरता हुआ संज्ञान हो गये थे-जगत वह पकड़े और थामे हुए तो थे; किन्तु जगत मन के दिव्य चक्षुओं से जैसे कम से कम दीखने लगा था और यह भयभीत करने तथा भीत रखने वाला भवसंसार जैसे काल के ब्रहम खड्ड में एक प्रतिघोष मात्र होने लगा था।

तब क्या उनकी समूची जीवन-दृष्टि जगत के सभी आग्रह त्याग कर भव-संसार के राग भरे कीच को देखने लगी थी? हाँ, पद्मपाद! यह राग और द्वेष का जीवन पन्थ अंधेरों से घटाघोप है; विषयों के खड्डों से ऊबड़-खाबड़ है। यह शरीर या जीवन मार्ग एक रमणीय तमिस्त्र लुभावना और सुहावना मार्ग है-काल का पन्थ, जिसका न कोई आदि है और न कोई अन्त ही है। पद्मपाद! क्या तेरा आदि है? अन्त है? आदि है तो उस आदि का भी कोई आदि है? आदि का अनादि और क्या? अनादि-आदि, जन्म-मृत्यु, राग-वैराग्य सिहरती हुई इन शब्द ध्वनियों से पद्मपाद कांपते रहे और चलते रहे।

तब क्या इस भव पन्थ का अन्त नहीं है? है-है पद्मपाद! उनकी व्याकुल मति जैसे चीत्कार कर उठती। जगत का रूप-रूप सान्त है-देख नहीं रहा? पद्मपाद पुरी के पास के एक विश्राम में आधी रात को उठ बैठे; स्वयं ही पुकार उठे- "क्या करूं?"

श्री विष्णु शर्मा ने करवट ली और बोले- "सो जाओ, पद्मपाद! और क्या करो?"

"सो जाऊँ?" पद्मपाद चिहुंके, सोया नहीं जाता, हां! निद्रा जैसे चली जा रही है, अणु-अणु में, रग-रग में, भूत तथा तत्व में मैं जाग गया हूं। सुना?"

आनन्द गिरि ने उठ बैठते हुए कहा- "तब फिर समस्या क्या है? बन्धुवर्य! आप श्री तो जाग उठे; परन्तु हमें तो सोने दो!"

"सोओ- मैं कहां मना करता हूं। पद्मपाद ने खिसिया हुए कहा- "सभी कालरात्रि में सोये हुए हैं।"

श्री विष्णु शर्मा भी उठ बैठे; बोले- "केवल श्रीमद् ही काल रात्रि में जगे हुए हैं, क्यों, घर से आप भागे और श्री गुरु शरण में तो पहुंचे; किन्तु शरणागति नहीं ले सके इस घड़ी तक।"

"शरणागति?" पद्मपाद पुनः चिहुंके- "श्री गुरु के चरण थामे हुए जो हूं। श्री गुरु चरणों में पड़ा हुआ मैं क्या राज मांग रहा हूं? ऐश्वर्य अक्षय यौवन तथा अपार रूप मांग रहा हूं क्या? नहीं शरणागति यह नहीं है तो फिर शरणागति क्या है?"

"शरणागति तन-मन-धन, जगत भव सभी का प्रभु चरणों में पूर्ण समर्पण है।" श्री विष्णु शर्मा ने कहा- "मुझसे तो शरणागति होती नहीं। मैं तो सृष्टि की जाल से छूटकर सृष्टि के उद्भव और तिरोभव को देखते रहना चाहता हूं- काल को मुस्करा कर नमस्ते कहना चाहता हूं। मैं हूं; रहूंगा। गुरुदेव का मोक्ष तो गुरुदेव को ही प्राप्त हो सकता है। मैं त्रिताप से संतप्त हूं और इसीलिये भवभीत तथा त्रस्त एवं दीन हूं। मैं श्री नाथ ही चाहता हूं- प्रभु, भगवान।"

पद्मपाद ने कहा- "भगवान?"

"अनन्त सुन्दर, अक्षय वैभवशाली, ऐश्वर्य के विग्रह आनन्द धाम, भगवान्! श्री कृष्ण चन्द्र, नन्द नन्दन, जगन्नाथ! ज्ञान? निराकार निरूपम मैं देख सकता हूं; किन्तु क्या उसका स्पर्श कर सकता हूं- मैं दुःख नहीं; सुख चाहता हूं। सुख नित्य नहीं प्रतीत होता तो मैं परम् सुख चाहता हूं।

स्वर्ग का परम् सुख भी एक पल तिरोहित होगा; सो मैं आनन्द चाहता हूं। मैं ज्ञान के स्वयं प्रकाश में सदैव के लिये लीन होना नहीं चाहता। मुझे भगवान् नहीं होना; मुझे तो जगत्-जीव तथा ईश्वर प्रभु का ही दास होना है; क्या करूं? जगत् के काल तट पर बैठा हुआ मैं भव-संसार में पैर डुबोये हुए हूं, नाम आनन्द गिरि किन्तु गुण? अनादि जीव के! उस दिन वह वैदिक कह रहा था, ईश्वर, जीव तथा प्रकृति अनादि हैं। जीव अमिट है; भगवान का साक्षात्कार कर सकता है- किन्तु मोक्ष नहीं।"

"मोक्ष नहीं?" पद्मपाद सिहरे-कांपे; चीत्कार कर उठे- "आनन्द गिरि तुम शठ हो, और क्या?"

"शठ?" आनन्द गिरि हंसा; बोला- "तब वेद भी शठ ज्ञान से भरे हुए हैं। ईश्वर ने सृष्टि के आदि में प्राणियों को विशेष कर मनुष्यों को जो ज्ञान दिया, वेद प्रदान किये, क्या वह जगत में सुख पूर्ण जीने के लिये नहीं है? अग्नि, आदित्य, वायु और अंगिरस शुद्ध-बुद्ध अन्तरात्मा थे- ईश्वर ने उनके चिदाकाश में अवतरित होकर निश्चय ही वेद मन्त्र प्रत्यक्ष किये। ब्रह्मा तो इन चार महामहिम महर्षियों के शिष्य हैं; विष्णु राजा तथा शिव? जगत? श्मशान के जीव त्राता अधिष्ठाता हैं।"

पद्मपाद ने अमर्ष पूर्वक पूछा- "यह सब किसने बताया, तुमको, आनन्द गिरि?"

"बुद्धि ने, और किसने?" आनन्द गिरि बोला।

तभी आचार्य शंकर अँधेरे से बाहर मानो प्रगट हुए; बोले- "शान्त हो जाओ। बुद्धि जगत् को ही बताती है; जीव को ही समझाती है और ईश्वर को प्रमाणित करने की व्यर्थ चेष्टा करती है-बुद्धि माया की दृष्टि है, वत्स!"

पद्मपाद औचक उठे और औचक ही श्री गुरु के चरणों में साष्टांग प्रणिपात कर उठे। दिशायें उन्मन, मौन थीं-दिक् स्तब्ध ही मानो देख रहे थे और आकाश के तारे हठात् गुरु शिष्य को ताक रहे थे। आचार्य शंकर ने पद्मपाद को उठाया; उनका सिर सूंघा और कहा- "परमात्मा को देखना चाहते हो अथवा पाना चाहते हो? त्रिताप से संतप्त जीव परम् ब्रहम में लीन होना चाहेगा। सच्चिदानंद आत्मा के लिये यह जीव भाव सहज भावना नहीं है-आत्मा के लिये यह विज्ञान घन जगत् एक साधन मात्र है, स्वयं के सच्चिदानंद की ओर देखने का साधन, वत्स! परम् ब्रहम का साक्षात् करना चाहते हो, तो करो। मैं तुमको ईश्वर के दर्शन करा सकता

हूं; किन्तु प्रभु का प्रेम तो तुम ही प्राप्त कर सकते हो। गुरु ज्ञान दे सकता है; भक्ति नहीं।"

"तब प्रभो!" पद्मपाद ने माथा श्री चरणों पर रगड़ा- "तब गुरुदेव!"

आचार्य शंकर ने शान्त स्वर में कहा- "ध्यान से ज्ञान प्राप्त होगा- आत्म ज्योति के दर्शन होंगे; किन्तु प्रेम से ही प्रभु की भक्ति मिलेगी। हम संन्यासी ब्रह्म ज्ञान ही चाहते आये हैं-हम ज्ञान-ज्योति में पतंग की भाँति स्वाह हो जाना चाहते हैं और प्रभु की लीला में संन्यासी का रस नहीं रहता। किन्तु जो आत्मा प्रभु की लीला प्रभु सानिध्य में बना रह कर देखते रहना चाहता है, वह भक्ति करे भगवान की। तुम, पद्मपाद! परमात्मा की लीला का विलास चाहते हो क्या?"

"मैं-मैं भगवान के श्रीचरण चाहता हूं।" पद्मपाद ने हठात् उठते हुए कहा- "मैं संन्यासी नहीं हूं; एक त्रस्त संतप्त जीव हूं; प्रभु का अनुग्रह चाहता हूं श्रीमद्!"

आचार्य श्री शंकर ने तारों से जगमग आकाश में निहारते हुए कहा- "तथास्तु! मैं भी यही चाहता हूं तुमको तुम्हारा भगवान मिले।"

"मेरा भगवान?" पद्मपाद ने आर्त गद्गद कण्ठ से कहा- "गुरुदेव!"

आचार्य श्री शंकर ने अभय वर मानो देते हुए कहा- "अज्ञान सुप्त आत्मा, जीवात्मा उसका जगत नहीं है, भव संसार भी नहीं है- केवल जगन्नाथ है, भगवान! परम् ब्रह्म की, यह भव संसार की भोग क्रीड़ा भी उसकी अनादि इच्छा है, वत्स! वह स्वयं जैसे सभी कर्म संचयों और समुच्चयों से तटस्थ होकर भगवान स्वरूप होता तथा अपनी अनादि जीवात्म-धारणा को अपने अगाध प्रेम से पुष्ट करता रहता है-वह केवल एक और एक अपना प्रतिबिम्ब हो जाता है। यही भक्त, भागवत् तथा भगवान है। श्रीमद् भगवद् गीता का यही रहस्य है।"

"किन्तु, प्रभो?" पद्मपाद ने अश्रुपूर्ण नयनों से ताकते हुए कहा- पूछा- निवेदन सा किया।

"किन्तु, परन्तु है ही कहाँ? यह तुम्हारी विधि है; विधाता ने भव शेष होने पर तुम्हारे ललाट में ज्ञान नहीं, भक्ति ही लिखी है- परम् ब्रह्म का साक्षात् ज्ञानाग्नि में जलकर भी होता है; किन्तु वह अनन्त अविराम काल का कूटस्थ अनुभव है; प्रत्यक्ष है। जिस ब्रह्म चैतन्य से सूर्य, चन्द्र, नक्षत्र, अग्नि तथा समस्त ज्वालायें, वह्निनयां तथा ज्योतिर्मय आलोक आविर्भूत

होते हैं, वह सब का स्वयं प्रकाश है, किन्तु कूटस्थ तटस्थ काल की कर्म गति और विधि का दृष्टा स्वरूप होकर आत्मा प्रभु का अच्युत प्रत्यक्ष करता तथा चित् स्वरूप हो जाता है, भगवान के चित्त में स्थित हो जाता है, अर्जुन की भांति, वत्स! किन्तु आनन्दमय आनन्द घन परम् ब्रह्म का स्पर्श आनन्द से ही हो सकता है- आनन्द! भव-भव द्वारा अविराम भक्ति करने से ही आनन्द घन भगवान का स्पर्श सम्भव होता है, राधा को हुआ, वैसे।"

पद्मपाद ने कहा- "तब मोक्ष.........."

आचार्य श्री शंकर- "श्री हनुमान ने क्या मांगा, वत्स? श्री राम ने प्रजा तथा प्रजापतियों को स्वधाम प्रदान किया, स्वर्ग दिया- क्या नहीं दिया श्रीराम ने अपने वानरों को? अपनी अनन्त कोटि अरण्य तथा पर्वत सेनाओं को सभी कुछ तो दिया श्री राम ने? हनुमान को श्री राम शाश्वत सायुज्य देना चाहते थे; किन्तु श्री हनुमान ने राम-नाम की ध्वनि-प्रतिध्वनि ही मांगी।"

"राम-नाम की ध्वनि-प्रतिध्वनि?" आनन्द गिरि चिहुँका।

"परम् ब्रह्म के सगुण विग्रह का नाम अनहद की ध्वनि और प्रतिध्वनि ही तो है। जो संसार से भीत होकर भागते हैं, जो प्रायश्चित की अग्नि में दग्ध होकर परमात्मा को पुकारते हैं, जो कर्म पाश से छूट कर काल स्वरूप सत्येश्वर का दर्शन और स्पर्श करना चाहते हैं, जो नित्य शुद्ध-बुद्ध-प्रसन्न आनन्दमय पुनीत भव-बन्धन हीन जीवन जीना चाहते हैं, वह सब प्राणी परमात्मा का नाम ही लेते हैं और यह प्रभु नाम काल की शाश्वत ध्वनि और प्रतिध्वनि है, प्रभु नाम में ओंकार गूंजता है, अनहद आल्होडित-विलोड़ित होता है। कल्प-कल्प गाजते रहते हैं, हरिनाम में। जगन्ननाथ!"

जनपदों में लहर व्याप्त हो गई। जिनि, बौद्ध, शाक्त, शैव, कौल, क्षपणक सभी सम्प्रदाय के आचार्य, विद्वान तथा धुरन्धर पद-पद पर श्री शंकर से जम कर प्रश्न करने लगे। यह जगत क्या जीवात्मा के मोक्ष के लिये नहीं बनाया गया परमात्मा द्वारा? अवश्य, बनाया गया। जीव को कर्म-फल भोगते हुए अपनी मुक्ति प्राप्त करनी है- मोक्ष पाना है। तब क्या मुक्ति के पश्चात् जीव की पुनरावृत्ति होती है? आचार्य श्री शंकर कहते- "होती है क्या? आचार्य श्री शंकर का यह सस्मित प्रश्न क्षण भर के लिये प्रश्नकर्ता को अचकचा देता और वह हठात् कहता- ऋग्वेद कहता है, आता है। वेद कहता है, किस देव का पवित्र नाम हम जान लें? कौन देव नाश रहित है

और स्वयं प्रकाशमान है-ज्योति स्वरूप है? हमको मुक्ति का सुख भुगवाकर पुनः इस जगत में कौन देव माता-पिता का दर्शन कराता है? वही प्रकाश स्वरूप परमात्मा और कौन?" आचार्य श्री शंकर विहँस कर कहते- "परमात्मा की लीला का द्रष्टा और तटस्थ रहकर जीवात्मा परमात्मा के सानिध्य में बना रहता है; किन्तु यह भवेच्छा का नितान्त शमन है क्या? नहीं तो! परम् ब्रहम की एक से अनेक होते रहने की इच्छा में ही मोक्ष निहित है। जीवात्म-भाव परमात्मा का अभिनय पूर्ण अध्यास है-धारणा, धारणा!" शैवों ने एक सभा में उद्घोष सा किया- "जीव मूलतः शिव स्वरूप है-पाश मुक्त।" बौद्धों ने आग्रह किया- "निर्वाणम् शान्तम्।"

पुरी के कुछ ही दूर बौद्धों ने आचार्य श्री शंकर को घेर सा लिया। बौद्ध-मनीषियों ने प्रश्नों की बौछार ही करना आरंभ किया। यह लोक सत्य है-संवृति सत्य। इस भव-संसार में लोक को सत्य मान कर ही व्यवहार किया जा सकता है। तब यह जगत् मिथ्या कैसे है? यह जगत् तथा भव-संसार दोनों ही शून्य सी सत्ता से क्या आविर्भूत नहीं होते? अवश्यमेव, यती श्री शंकर! ब्रहम? नहीं, परमार्थ-सत्य निर्वाण-निःस्वभाव, धर्म रहित यह तथ्यता है; भूत कोटि-धर्म-धातु। निःस्वभावता ही वस्तुतः परमार्थ सत्ता है-शून्य।"

शून्य! आचार्य पद्मपाद स्वतः ही मन ही मन हँस देते। विचित्र पारिभाषिकों के द्वारा यह बौद्ध परम् सत्य का बुद्धि द्वारा ही निश्चय करना चाहते हैं। यह शास्त्रज्ञ तब यही तो कर रहे हैं। परम् सत्य को जो प्रमाणित करना चाहते हैं, सत्य को जो प्रमेय मान कर सोचते हैं, जिनके चिन्तन का सारा आधार ही इन्द्रियज यथार्थ ज्ञान है, वह गुरुदेव के सूक्ष्माधार निरीह निर्विशेष ब्रहम चैतन्य तक बुद्धि से जा ही कैसे सकते हैं? परम् सत्य है; परम् ब्रहम ही है- यही आत्मा की शोध-खोज का आत्यंतिक अन्तिम एक मात्र तथा केवल विश्वास है। यह विश्वास ही तो सत्य है। इस अमोघ नित्य शाश्वत शुद्ध-बुद्ध विश्वास के सिवाय और क्या सत्य है? सद् है? नित्य एवं अविनाशी है। यदि यह इन्द्रियज यथार्थ ज्ञान ही नित्य है, अटल अविचल अच्युत है-सदैव सत्य है तो इन्द्रियज ज्ञान द्वारा पूर्ण ज्ञान हो गया है, ऐसा परिपूर्ण अनुभव क्यों नहीं होता? इस जगत् के प्रति एक न एक शंका बनी रहती है, इस भव-संसार को लेकर एक-न-एक भ्रम, विभ्रम आशंका बनी ही रहती है। जगत् के रूप-सिन्धु को कल्प-कल्पों पर्यन्त पीकर भी जीव को तृप्ति होती ही नहीं। सृष्टि के ऐश्वर्या को प्राप्त कर अनन्त ऐश्वर्य्य प्राप्त करने

की गूढ़ातिगूढ़ कामना बनी ही रहती है। इस जगत् में जीव आरक्षित तथा विपदाओं के सन्मुख से पड़ गया है। जीव के अन्तःकरण में मृत्यु की भीति छाई रहती है। जीव तन, मन, धन कुछ भी तो छोड़ना नहीं चाहता; जब सब अनिवार्य्यतः छूट ही जाता हैं, धन, रूप, यौवन, तन, मन, प्राण, देह, भूति-विभूति सब जैसे स्वयं ही छूट जाते हैं। कोई प्राणी मरना नहीं चाहता; किन्तु मरना ही पड़ता है- पद्मपाद! तू तब मृत्यु नहीं चाहता; किन्तु सदैव जीवित रहता चाहता है। तू तब निस्संदेह चिदानन्द घन आत्म तत्व है, निश्चय ही। गुरुदेव राजा अमरुक के शव में प्रविष्ट हुए थे तो वह राजा अमरुक था क्या? देह था? नहीं। प्रारब्ध का रीता हुआ समुच्चय था? नहीं। तब क्या वह सूक्ष्म शरीरी था? तो शरीर तो खजते हैं। नष्ट होते हैं। प्राणियों को जगत् में भव-संसार भोगने तथा काटने के लिये शरीरी होना ही पड़ता है। महाकाल परम् ब्रह्म की यह भव क्रीड़ा शरीर प्रदान कर किया करता है परन्तु भौतिक पार्थिव देह की भांति ही चाहे प्रलय की पल तक सही, सूक्ष्म शरीर की अवधि है। देह की आयु है और इस सृष्टि का काल है, पद्मपाद! तब यह सब भूत, वर्तमान, भविष्य किसी रूपवान की छाया है? किसी रसनिधि सुख की लहर है? किसी मनस्वी सर्व तन्त्र स्वतन्त्र, सर्व समर्थ, सर्वज्ञ किसी परम् सुन्दर का बिब्बोक है? अवश्यमेव, यह जगत परम सत्य नहीं है। यह भव-संसार नित्य नहीं है। किसी अनोखे ने अपनी ही मगनता के लिये, प्रसन्ता के लिये, अपने ही विलास के लिये, अपने ही महतत्व की पूर्ति के लिये, अपने अनादि अमोघ सर्वसमर्थ स्वरूप की अनुभूतियों के लिये यह सृष्टि रची है? कर्म की रंगभूमि पर भव-संसार का यह नाट्य रचा है। गुरुदेव!" पद्मपाद सिर धुन कर खड़े हो गये; बोले-"मुझे इस जगत के सृजनहार को देखना ही है, आन्नदगिरि!"

आनन्दगिरि ने सुदूर पुरी के वृक्षों की घटाटोप को देखते हुए कहा- "तो, जाओ, देखो, भई। यहाँ तो यह क्षितिज भी पूरा नहीं दीख पाता।"

पद्मपाद ने झुंझलाते हुए कहा- "यह जगत् निस्सार है; अवश्य। गुरुदेव ठीक ही कहते हैं-अनित्य, नाशवान।"

आनन्द गिरि ने सहज ही पूछा- "गुरुदेव तो कहते ही हैं; किन्तु आप क्या कहते हैं?"

"दुःखद है; दुःख का मूल है।" पद्मपाद ने हठात् कहा।

आनन्द गिरि ने हँसते हुए कहा- "बौद्ध भी यही कहते हैं।"

"ठीक ही तो कहते है।" पद्मपाद ने निसास रखते हुए कहा- "अवश्य सुख की कामना से ही जीव जगत में कर्म करता है; परन्तु कर्म का फल सुख ही नहीं होता-दुख भी होता है।"

आनन्द गिरि- "जीव का प्रारब्ध।"

"प्रारब्ध?" पद्मपाद ने कहा और चुप हो गये; बोले- "यह कर्म समझ में नहीं आता। अपूर्व से अदृष्ट, अदृष्ट से संचित और संचित से प्रारब्ध प्रत्येक जीव का, प्रत्येक प्रारब्ध-तब प्रत्येक प्रारब्ध का प्रत्येक संचित है क्या? फिर अनन्त कोटि कर्म, उनके समुच्चय, उनके बन्धन! कर्म फल का निश्चय कैसे होता है? प्रारब्ध कैसे आविर्भूत होता है? यह विधाता है क्या? काल की चिन्त्य शक्ति है क्या? गुरुदेव इनका उत्तर देते ही नहीं-तब यह सब माया है क्या?"

"क्या पता?" आनन्द गिरि ने कहा- "गुरुदेव केवल परम् ब्रह्म को ही परमार्थ और परम् सत्य मानते हैं शेष सब मिथ्या है; माया है; नाश्वान् है, अनित्य है; असार तथा व्यर्थ है। परन्तु मैं अल्पज्ञ, असमर्थ, अहंकारपूर्ण तथा तृष्णातुर जीव, इस सर्व शक्तिमान सर्वज्ञ सर्वतन्त्र स्वतन्त्र ब्रह्म को कैसे पाऊँ? गुरुदेव के श्री चरणों में आया था- शान्ति पाने किन्तु एक असह्य मौन विकलता ही मिली है। मैं जैसे जीना भी चाहता हूं; नहीं भी चाहता। मैं गर्भ वास का दुःख झेलना भी नहीं चाहता। यह शिशु बाल पौगण्ड, युवा आदि अवस्थाओं को पाना नहीं चाहता। मैं नित्य युवा बना रहना चाहता हूं- निश्चिन्त, निर्भय, पूर्ण और शान्त बना रहना चाहता हूं- हां, बन्धु!"

शान्त? पद्मपाद ने सुदूर पुरी की सघन वृक्षराजि को निहारा और जैसे उन हरी-भूरी, भरी-भरभरी घटाओं में दृष्टि से उलझ से गये। वह पूरी की वृक्ष घटाओं को देख कर किसी अतीत स्मृति में खो गये-ऐसी ही सघन हरी घटायें थीं- करील के कुञ्ज थे; कदम्ब के वृक्ष थे, हरी-हरी घटायें और उनके आकाश में विहरते हुए घटाटोप। उन घटाटोपों से खेलने के लिये उछलती हुई यमुना की वीचियां और उल्लोलें। पद्मपाद जैसे मन के पञ्छी की भांति उड़े, चित्त के आकाश में विहरे और वृन्दावन के विपिन में जा पहुंचे। पद्मपाद को लगा, सब शान्त हैं; मौन किन्तु प्रसन्न करील के कुञ्ज थे; मगन हर्षित कदम्ब के वृक्ष थे और यमुना तट मानो धूसरित कालिया सर्प सा स्वयं ही अनन्त में रेंग रहा था। इस गहन शान्ति में

सौन्दर्य की विलक्षण आभा तैर रही थी-मुरली का सुदूर किन्तु अत्यंत निकट सा निनाद दिशाओं में भर तथा दिग्गों से प्रताड़ित हो गूँज रहा था- अनन्त! अनन्त मधुर मुखर वेणु-नाद था। पद्मपाद को लगा उनके त्रिपुर के आकाश महाकाश होकर काल को समेट कर हृदय के चिदाकाश में बदल गये हैं। काल की गुण लहरियां इस चिदाकाश में लीन होकर अनन्त मधुर निनाद हो गई हैं-एक निस्सीम गूंज, जिसमें न ध्वनि है और न प्रतिध्वनि। यह निस्सीम संगीतमय अनन्त! पद्मपाद मानो थिज गये; स्मृतियों से विस्मृत वह जैसे उस वेणु-नाद में ही लहरते चले गये- "शान्ति; गुरुदेव!"

आचार्य श्री शंकर ने कहा- "उठो, वत्स! पुरी अब सन्निकट है। मैं इस धाम का पुनरुद्धार करूंगा। श्रृंगेरी ज्ञान, पुरी भक्ति! हां, पद्मपाद! सत्य, ज्ञान और अमृतमय ब्रह्म, ज्ञान है; भक्ति है; वैराग्य तथा योग है। यही महाकाल परम् शिव के स्वरूप में अन्तरतम है। परम् ब्रह्म का सच्चिदानंद विग्रह ज्ञानमय है; वैराग्य घन है; तथा महायोग गम्य एवं अन्ततोगत्वा जीव के लिये भक्ति-जन्य है। ब्रह्म को योगी देखता है; भक्त ब्रह्म को पा लेता है-तब जीव भव-संसार द्वारा ही परम् धाम की ओर जाता है, जन्म-मृत्यु के परे, काल के पार, पद्मपाद।"

जन्म-मृत्यु के परे, काल के पार! पद्मपाद जैसे सहसा किसी अगम अपार के प्रति सजग होते गये। गुरुदेव श्री शंकर पुरी पहुंचते हुए अपना वेदान्त सन्देश स्पष्ट शब्दों में देने लगे- "भारत वासियों! सब कुछ भूल जाओ; भूलोगे-भूलना होगा। यह सृष्टि स्वयं ही अतीत स्मृति बनती रहती है। जीव जगत् की माया के स्वप्न देखता है; किन्तु क्या स्वप्न भी कभी पूर्ण रूपेण भोगा गया है? स्वप्न तो देखने की वस्तु है और जीव का यही जगत्-स्वप्न काल में विलुण्ठित होता हुआ एक धन्य पल परमात्मा का ज्योतिर्मय स्वप्न हो जाता है। जीव तो परमात्मा के स्वप्न का सजीव प्रतिबिम्ब भर है- है तो वहीं। चैतन्य, सत्य स्वरूप ज्ञानमय अमृतमय अनन्त! देह को क्यों मानते हैं कि आप हैं? रूप का मोह ही जगत् की आसक्ति है। और यह तो कल्प-कल्पों के प्रभु के स्वप्न, जो जीव के नयनों में उद्धासित होते रहते हैं- उनकी स्मृति मात्र है। स्वप्न देखो; जगत् के द्वारा परमात्मा की स्मृति प्राप्त करो। यह मायामय जगत् परम् ब्रह्म का विचित्र, विलक्षण, विविध, अनवरत स्वप्न हैं; अवश्य हैं-वह स्वयं जीव भाव

धारण कर इस स्वप्न को स्पर्श करता है तथा यह मिथ्या वास्तविक सी हो जाती है। वही परमात्मा एक और अनन्य प्रभु अपनी धारणा के ऐश्वर्य में जैसे आत्म विस्मृत सा हो जाता है-वह एक अनेक की भाँति नाट्य करने लगता है। कौन कहता है सच्चिदानंद चैतन्य जन्मता है? जन्म सकता है? कौन कहता है आत्मा नाशवान है? कौन कहता है? सच तो यह है, सत्य सदैव अजर है; अमर है, अविनाशी तथा स्वयं प्रकाश्य है। सत्य सत्य है। सत्य से इधर-उधर, ऊपर-नीचे यथा तथा अन्यथा लव में, निमिष में पल तथा प्रहर में सत्येतर कुछ है ही नहीं। यह भेद का संज्ञान, यह नाना का इन्द्रियज ज्ञान, यह वास्तविकता का भान, यह मैं हूं- का अनुभव-सब अवश्य ही अज्ञान है और इसी अज्ञान को ज्ञान द्वारा असिद्ध करना ही वेदान्त दर्शन है। हम वेद द्वारा ईश्वर की वाणी सुनते हैं- ईश्वर, ब्रह्म, प्राणियों को जगत् में जीने के लिये जगत् तथा भव-संसार का आधारभूत ज्ञान अपनी सहज करुणा के उद्रेक से देता है; किन्तु अज्ञान को समझ कर मोक्ष के लिये जीवन जीने की विद्या तो मनुष्य स्वयं साधना, अध्ययन, अध्यवसाय तथा तप द्वारा ही प्राप्त करता है। भव धारण का पन्थ प्रभु का दिया है, किन्तु जीवन-यापन की विद्या मनुष्य को स्वयं प्राप्त करनी है। मनुष्य विद्या द्वारा जगत् प्राप्त करता तथा कला द्वारा जगत् का भोग करता है किन्तु वैदिक वर्णाश्रम धर्म-ज्ञान इस सतत् भाग कर्म को संयत, शुद्ध तथा बुद्ध कर मनुष्य को मुक्ति अथवा मोक्ष के लिये ज्ञान देता है- शिवत्व प्रदान करता है।"

जगन्नाथ पुरी में तो बौद्ध आचार्यों का एक वृहद् शिष्ट मण्डल आचार्य श्री शंकर से मिला। कहा- "वैदिक वर्णाश्रम धर्म तो स्वयं छिन्न हो गया है-टूट रहा है; केवल जड़ रूढ़ियाँ मात्र रह गई हैं।" बौद्ध शिष्ट-मण्डल ने निवेदन किया- "वैदिक वर्णाश्रम धर्म का कर्म काण्ड केवल अर्थकर एक परम्परा मात्र रह गया है और वर्ण शंकरता वर्णों के परस्पर टकराव तथा मूढ़ पद्धतिबद्धता के कारण आरंभ हुई है। यज्ञ-कर्म आज न स्वर्ग के लिये है और नहीं मुक्ति के लिये। वह केवल उदर पोषण तथा अपने मत-मतान्तरों के विचित्र पोषण के लिये हैं। यज्ञ आज लोक-परिपाटी हो गया है।"

श्री शंकराचार्य ने कहा- "काल क्रम में सभी शास्त्र मन्द हो जाते हैं; निर्बल तथा स्वयं ही जीर्ण हो जाते हैं। इसी प्रकार सभी यज्ञ भी रूढ़ि

रह जाते हैं। इसीलिये एक शून्य-अभाव उत्पन्न हो जाता है और विभिन्न मतों तथा सम्प्रदायों का उद्भव होता है। वर्णों की आज की चिन्तनीय स्थिति वेद के निगड़ विरोध का परिणाम है। सच तो यह लगता है, वेदान्त के सिवाय सभी तत्व बोध, सभी दर्शन जैसे वैदिक वर्णाश्रम धर्म का येन-केन-प्रकारेण उच्छेद ही करना चाहते हैं। वेदान्त ही इस पृथिवी पर ब्रह्म चैतन्य की प्राप्ति अतः मोक्ष ही मानव कुल का अनिवार्य अन्तिम ध्येय मानता है। इस अन्तिम मानव लक्ष्य को कौन चाहता है भला? यह रमणीय रूप सिन्धु जगत, क्षण का ही सही किन्तु उन्मद इन्द्रिय भोग, यह राग, यह स्वयं को विस्मृत कर स्वप्न देखने तथा स्मृतियों में प्रज्जवलित काल चेतना-यह जीवात्म भाव, यह जीव! अत्यन्त मुह्यमान हैं, मैं मानता हूं।"

"तब फिर?"

"तब फिर?" आचार्य श्री शंकर ने विहँसते हुए पूछा- "समाधि द्वारा पारमार्थिक सत्य का ज्ञान लाभ करो। मैं हाथ उठाकर कहता हूँ- ब्रह्म शून्यावस्था नहीं है; परम् मोक्षावस्था है-सत् चित् आनन्द।" बौद्ध आचार्य की भवें उझकीं; तब शून्य बीहड़ 'न' नहीं है? तब वह दुःख जन्य दुःखद जगत् एवं असार भव संसार का अतल अभाव नहीं है? तब समाहित् चित्त से जिस प्रज्ञा का उदय होता है-उदय होता है इसीलिये कि प्रज्ञा का ज्ञानालोक है, तभी तो!- तब उस प्रज्ञा से जिस परम् तत्व की अनुभूति होती है, वह वया 'शून्य' नितान्त अभाव ही है? निस्संदेह यह अलक्षण स्थिति है। बौद्धाचार्य ने अपने डुलते हुए आत्म विश्वास को थामते हुए मानो कहा- "आचार्य श्री शंकर! हमारा "माध्यमिक मत" ही मानवों के लिये इस लोकालय में वास्तविक पन्थ है। अन्त में यह जगत्, यह भव-संसार, यह जीव-सभी कुछ तो शून्य में विलीन होता जाता है। दुःख की आत्यंतिक निवृत्ति और परम् शान्ति निर्वाण से ही मिलती है- इस वैदिक वर्णाश्रम धर्म पालन से स्वर्ग मिलता होगा, निर्वाण नहीं।"

आचार्य श्री शंकर हँसे; बोले- "कौन है वह जिसको निर्वाण की अनुभूति होती है, महाशय!"

बौद्धाचार्य हठात् कह उठे- "जीव, आलय विज्ञान उदित, प्रणीत-चित्त-जन्य, आचार्य!"

"विज्ञान!" सुरेश्वराचार्य्य सहसा चिहुंके।

“और नहीं तो क्या, शिष्य-प्रवर?” बौद्धाचार्य ने सव्यंग जैसे कहा- “वेदान्त में विज्ञान है क्या? सभी विज्ञानों का आविर्भाव चित्त से ही होता है-चित्त के परे और पार और कौन परम् तत्व है? आकार तथा अनुभूति यही रहस्य है- परम् तत्व के साक्षात्कार का।”

सुरेश्वराचार्य्य ने बौद्धाचार्य को घूरते हुए कहा- “यह इदम् है या नहीं, इसका प्रमाण आपके विज्ञानवाद में ‘ज्ञान’ ही है-तब प्रतिज्ञा तो यही है, ज्ञान क्या है? क्या है ज्ञान, बौद्ध प्रवर?”

“ज्ञान?” बौद्धाचार्य श्री बोले- स्वयं से मानो बोले- “ज्ञान चित्त ही तो! यह इदम् जगत्, जीव भव-संसार सभी चित्त के धर्म हैं, शिष्य-प्रवर! यह अनन्त हैं और क्षणिक होते हुए भी चित्त का प्रत्येक धर्म अपनी स्वतंत्र सत्ता रखता है। चित्त के यह विभिन्न विलक्षण धर्म अविद्या के कारण भिन्न-भिन्न रूप धारण करते प्रतीत होते हैं; किन्तु यह सब स्व प्रकाश हैं निरवयव हैं। सभी पदार्थ उसी अक्षण अनिर्वचनीय निःस्वभाव, शून्य में विलीन होते हैं और उसी शून्य से आविर्भूत होते हैं-”

आचार्य श्री शंकर ने कहा- “चित्त सन्तति अथवा यह विज्ञान वाद क्या एक है? अभेद है-भीति शून्य है? नहीं तो। यह आपके कथनानुसार अनन्त है, क्षणिक ही सही किन्तु अनन्त कोटि रूपवान यह आपका विज्ञान घन ‘चित्त’ है, वेदान्त इस चित्त को अहम् का चित्त मानता है; ब्रहम नहीं। रूप-रूप भेद है; आकार-आकार भीति है-भेद है। अभेद! अभेद के अभय अनुभव के बिना क्या आत्मा के लिये सिहरती हुई जिज्ञासा शान्त हो सकती है? क्या जीव को भेद, भय तथा अविद्या से कभी शान्ति मिल सकती है? मैं भ्रमित आशंकित आत्मा पुनः अपना सच्चिदानंदत्व अनुभव करना चाहता हूं- यह आनन्दमय अभयपूर्ण परम् सत् पूर्ण प्रत्यक्ष निस्संदेह सत्-परम् ब्रहम का ही अनुभव है। इस भेद तथा भीति से उत्पन्न राग द्वेषमय जगत् में जीव भटक सकता है; किन्तु मोक्ष पा नहीं सकता।”

“शून्य!” बौद्धों ने हुंकार की।

“शून्य!” आचार्य श्री शंकर ने भी हुंकार की- “दुःख के अनुभव से ही परम् तत्त्व की खोज के लिये जिज्ञासा उत्पन्न होती है और दुःख की आत्यंतिक निवृत्ति की अनुभूति से उस विकल जिज्ञासा की भी निवृत्ति हो जाती है। किन्तु यह निवृत्ति शून्य में, शून्यवत् नहीं होती। यह निवृत्ति परम् ब्रहम के सच्चिदानंद प्रत्यक्ष से ही होती है-इसी को वेदान्त अज्ञान का

उच्छेद कहता है-यही अध्यास का शमन है। यही जगत् स्वरूप अनिर्वचनीय मायाचित्त से मुक्ति है। परम ब्रह्म अभावमय शून्य नहीं है-वह अतल अगाध शाश्वत तथा सनातन सत् है; वही अभयपूर्ण चिद् है, वही निर्विकार आनन्दघन मोक्षमयी शाश्वती सभा है, भूमा!"

"भूमा!" बौद्धाचार्य चिहुंके- "पुनः वही रहस्य। वही उपनिषद का कथन। वही श्रुति, आचार्य! श्रुतियों ने क्या विज्ञानहीन, विज्ञान रहित शून्य को नहीं कहा है? यह ब्रह्म शून्य नहीं तो क्या है? आकृति के मूल में 'मन निराकार नहीं है? अनुभूति के अन्तराल में अनुभूति नहीं है! चित्त का वह निविड़ शून्य ही परम् तत्व की धारणा हो सकता है। यह विज्ञानघन, विज्ञान जन्य और विज्ञान प्रणीत जगत् क्षणिक व्यक्त होकर भी सनातन है, शाश्वत है-अविराम और अनन्त है क्या यह सतत् सत्य नहीं है? इस सतत् सत्य के मूल में ही शून्यानुभूति है- निर्वाण है, मुक्ति-जगत् से, भव से-नितान्त समस्त और सदैव के सनातन दुःख से। संसार तुच्छ है, अविद्या का यह व्यामोह ही अन्ततोगत्वा जीव को परम् तत्व की ओर धकेलता है। यह अवांगमनस गोचर परम् तत्त्व किससे भरा है? क्या यह कल्प कल्पों की सन्निधि है? क्या यह आकारों का आकार और अनुभूतियों का प्रवाह अथाह है? परम् ब्रह्म सद् है, चिद् है-आनन्द है, यह हम सुनते आये हैं। तब यह अज्ञान का आच्छादन, यह भेद, भय, भीति-यह समूचा द्वैत क्यों, कहाँ से? हम जगत के विज्ञान द्वारा परम् तत्व की धारणा करते हैं तथा सम, शान्ति और उपरति द्वारा उसका अनुभव करने के लिये बुद्ध की शरण लेते हैं-"

आचार्य पद्मपाद ने हठात् कहा- "यह तथागत मत एक सम्प्रदाय मात्र है-धर्म नहीं। अवश्य, बुद्ध-पन्थ तपस्या तथा पारदर्शी तर्क-वितर्क का विज्ञानवादी मत है। दुःख से आत्यंतिक निवृत्ति चाहने और बताने वाला यह 'मत' जीव को दुःख से कदाचित मुक्ति दिलवा दे; किन्तु भगवान प्राप्त नहीं करवा सकता। सुना? जीव ज्ञान और विज्ञान सुनता है, विज्ञान द्वारा जगत का प्रत्यक्ष करता है। जैसा भी यह जगत् है विज्ञान द्वारा ही समझा जा सकता है, अवश्य! किन्तु दुःख से आत्यंतिक निवृत्ति भगवान् की प्राप्ति है क्या? आकार से मुक्त हो जाओ; अनुभूति से उपरत हो जाओ- तो? तब? मैं पूछता हूं, भगवान कहां है बुद्ध के निर्वाण में? वह शान्ति क्या है, जिसमें भगवद् तत्व का अनुभव नहीं होता? बुद्ध अवाक मुनि है; भक्त हैं क्या?"

"बुद्धि मुनि?" आचार्य श्री शंकर ने हठात् कहा- "वत्स! तथागत गौतम बुद्ध ऋषि थे, महर्षि! उन्होंने निराकार का प्रत्यक्ष किया, निराकार का ही तो। सत्य को महर्षि अपने दिव्य चक्षु से देखता हैं और यह दिव्य चक्षु काल के अतल सनातन कालातीत चक्षु हैं। तथागत! हम आपको प्रणाम करते हैं किन्तु आत्मा को शून्य के तट पर जगत् के महाप्रेत की भांति खड़ा हम वेदान्ती देख नहीं सकते, नहीं!"

24

“सिद्ध शिला, आचार्य शंकर!” जैनाचार्य श्री ने कहा- “मुक्त जीव अनन्त काल तक सिद्धशिला में वास करता है-” आचार्य श्री शंकर ने सस्मित पूछा- “जीव क्या है, श्रीमद्? वेदान्त जीव के अस्तित्व को व्यावहारिक स्थिति में स्वीकार भर करता है; किन्तु जीव आत्यंतिक सत्य नहीं है। जीव ब्रह्म चैतन्य का रहस्यमय आश्चर्य संभूत स्फुलिंग है! उस सच्चिदानन्द अपरम्पार की एक शाश्वत लहर!”

जैनाचार्य श्री ने कहा- “जीव को हम चेतन मानते हैं। जीव में प्राण हैं, कायिक, मानसिक, इन्द्रियज शक्ति है-जीव में ज्ञान है; दर्शन है। निर्विकल्प सविकल्प ज्ञानवान जीव है। जीव भाव प्राणों से युक्त स्वयं चैतन्य है, जी, हां।”

आचार्य श्री शंकर बोले-“भाव प्राणों में जीव छिप जाता है न? इसीलिये जीव भावापन्न प्राण स्थिति वश द्रव्य रूप होता है और पुद्गल हो जाता है। यह सब समझने तथा समझाने की वार्ता है, महोदय! जगत् है ही नहीं। जीवात्म भाव अज्ञान वश एक संस्कार मात्र है। ब्रह्म-चैतन्य, समझे। वही ब्रह्म जीव स्वरूप स्वयं को कल्पित धारित करता है-जीव नित्य अनादि चैतन्य नहीं है-ब्रह्म चेतना तो है।”

जैनाचार्य ने साश्चर्य पूछा- “तब जीव द्रव्य नहीं है? क्या कह रहे हैं, यती शंकर? अव्यक्त दशा में जीव भाव है और व्यक्तावस्था द्रव्य है, नहीं?”

“नहीं।” आचार्य श्री पद्मपाद ने कहा- “ब्रह्म, जगन्नाथ, जगत् पिता, जगन्नियन्ता, प्रभु विभु भगवान्! जो गुणमय है, गुणाश्रित है, वह भी कभी आत्मा है? हो सकता है? सच्चिदानंद भगवान की चैतन्य धारणा, कल्पना मात्र जीव है। मैं जीव हूं, मेरा यह शरीर और इन्द्रियज अनुभूत यह जगत् माया है-मिथ्या, महाशय!”

“मिथ्या!” जैनाचार्य ने अमर्ष पूर्वक कहा- “यह जगत् सार्थक तथा निरन्तर परिणामी है-संकोच और विकास के परस्पर विरुद्ध धर्मों से पूर्ण इस जगत् को मिथ्या कैसे कहा जा सकता है? यह जगत् सत् है- द्रव्य और द्रव्य एक धर्म को त्याग कर दूसरा धर्म अंगीकार कर लेता है-सहज ही। इसीलिये

हम जगत् में उत्पाद तथा व्यय प्रतिलव पाते हैं। नहीं? अवश्य पाते है भवान् किन्तु उत्पाद तथा व्यय में वह सत् सदैव सनातन रूप से वर्तमान रहता है-सत् की यह निरन्तर सनातन अनादि शाश्वत स्थिति ही इस जगत् को मिथ्या नहीं स्वीकार करती। सत द्रव्य है तथा अव्यय तथा नाश दोनों ही अवस्थाओं में यह तद्भाव रूप सत् द्रव्य बना रहता है। केवल सत् के स्वरूप में परिवर्तन होता रहता है। तब सत् मिथ्या कैसे है?"

आचार्य श्री शंकर मुलके; बोले- "तब यह द्रव्य नित्य है न? आपका साग्रह तपस्या- दर्शन द्रव्य तो स्वीकार करता है; परन्तु उसको नित्य नहीं मानता। हम ब्रहम परम् तत्व को अनादि, अज, अपरिणामी तथा नित्य मानते हैं। अवश्य, बौद्धों की भाँति आप लोग सत् को प्रतिक्षण नाशवान् नहीं मानते-सत् के स्वरूपों में एक नित्यता की धारणा आप लोग अवश्य करते हैं।"

जैनाचार्य जी ने हमुसते हुए कहा- "और हम सांख्य वालों की भाँति चेतन आत्मा, पुरुष को कूटस्थ और अचेतन प्रकृति को परिणामी भी नहीं मानते। न्याय-वैशेषिक के मत में अवश्य परमाणु नित्य है और उनका कार्य अनित्य है। हम सत् को अविराम परिणामी तथा नित्य मानते हैं, अवश्य, आचार्य।"

सुरेश्वराचार्य्य ने शान्त स्वर में कहा- "जो अनादि तथा नित्य शुद्ध-बुद्ध है, वह परिणामी हो नहीं सकता, बुद्धिमान!"

जैनाचार्य ने तीव्र स्वर में कहा- "शिष्य-प्रवर! सत् न केवल कूटस्थ तथा क्षणिक ही है अथवा वह केवल नित्य तथा अनित्य ही है- न वह चेतन या अचेतन है-सत् सभी है। कूटस्थ, नित्य-अनित्य, परिणामी, चेतन-अचेतन सभी है। सत् में शाश्वत एवं अनादि उत्पाद है, अविराम नाश है तथा शाश्वत द्रव्य है। सत् इन तीनों धर्मों से परिपूर्ण है। एक वस्तु एक ही क्षण में है भी, नहीं भी किन्तु दोनों ही अवस्थाओं में उसका अस्तित्व क्या नहीं है? है। हम अनेकान्त सद् में मानते हैं। यह जगत् परिणामी किन्तु नित्य है, श्रीमन्! यह जगत् स्वयं एक सत् है-चेतन तथा अचेतन सभी द्रव्यों में है और अनन्त है। आत्मा सत् भी है; असत् भी है, महाशय!"

आचार्य पद्मपाद ने कुण्ठापूर्ण स्वर में कहा- "यह विचारधारा वस्तु की संभावनाओं की विचारधारा है-आत्मा की नहीं। आत्मा तो चैतन्य ही है, सद्, नित्य, शुद्ध-बुद्ध और अमूर्त।"

जैनाचार्य बमके- "सत् स्यात् है। एक दृष्टि से वस्तु की सत्ता है; अन्य दृष्टि से उसकी सत्ता नहीं भी है। वस्तु की सत्ता हो भी सकती है; नहीं भी हो सकती-ऐसी रहस्यमय वस्तु अव्यक्त भी है तथा उसका नित्य अस्तित्व भी बना रह सकता है। फिर भी अव्यक्त वस्तु होते हुए भी नहीं भी हो सकती है। सत् हो भी सकता है; नहीं भी। व्यक्त अव्यक्त किसी भी अवस्था में सत् है भी और नहीं भी।"

आचार्य श्री शंकर हुमुसे- "माया, अनिवर्चनीय!"

माया- अनिवर्चनीय। पद्मपाद सोचते रहते। आचार्य श्री गुरुदेव के दर्शन के लिये मानव मेदिनी उमड़ने लगी। पूर्व-मध्य-उत्तर भारत से विद्वान और मनीषी, मठाधीश तथा मत प्रवर्तक एवं सम्प्रदाय अधीश अपने प्रखर शिष्यों एव समर्थकों के साथ पुरी-धाम पहुंचने लगे और आचार्य श्री शंकराचार्य से जिज्ञासा में, प्रतिवाद में एवं अभषपूर्व प्रतिक्रिया में वार्ता करने लगे। आचार्य श्री शंकर जैसे अहर्निशि-जागरुक हो गये। एक शान्त धीमान चैतन्य की घनीभूत दीप्ति से आचार्य श्री शंकर के कमल नयन भरे रहते। शंकर जगत के त्रिकाल को देखते हुए भी जैसे नहीं देखते थे। जगत के आकृतियों से भरे आकाश को देखते हुए भी आचार्य श्री शंकर निराकार निस्सीम के चिदघन चिन्मय चैतन्य में ही लीन बने रहते। उनकी कोमल किन्तु कमनीय सधी तथा सिद्ध काया अकथनीय आभा से पूर्ण सम शान्त दमकती रहती। शंकराचार्य के सानिध्य में मानो निगड़ सम्प्रदायवादी अपना रूढ़ सांस्कृतिक आपा ही खो बैठते। अचकचा जाते हठी हठ योगी तथा अध्ययन-अध्यापन एवं पूजा पाठ से संस्कृत शास्त्री! आचार्य श्री शंकर मुस्करा कर कहते- "वह तत्व-ज्ञान अज्ञान की गवेषणा करता है, वस्तुतः आत्म-ज्ञान नहीं कहा जा सकता। जगत में, जगत के द्वारा-माया को देख कर क्या हम आत्मा को, सद् चिदानंद चिर अजर अमर चैतन्य को भाँप भी सकते हैं। चैतन्य, ब्रह्म-चैतन्य आपका मत ब्रह्म को ही सत्य स्वीकार नहीं करता तो वह मेरे तथा मानव जाति के काम का मत कैसे हो सकता है? बौद्धों के विज्ञानवाद ने एक प्रकार की जड़ीभूत समता तो उत्पन्न की है; किन्तु क्या मनुष्य को वैराग्य दिया है? मृत्यु को तर सकने वाली आत्म-ज्योति क्या दी है? मनुष्य देह ही नहीं है-शरीरी क्या केवल शरीर है? यह तनिक और क्षणिक व्यक्त एवं निरन्तर अविराम व्यक्त होता हुआ अगाध अव्यक्त क्या सत्य चैतन्य है? यह अनन्त अतल परमाणु किस मतिमान

मुह्यमान के चैतन्य संकल्प से क्षणों का संयोग तथा वियोग साधते हैं? क्या जड़ स्वयं ही इच्छा कर सकता है? क्रिया कर सकता है? नहीं। माया के रमणीय मोहजन्य रागमय सौन्दर्य में डूब कर आत्म-दृष्टि से अन्धे क्यों हो जाते हो? हमें, मनुष्य को, जगत को देखना नहीं है; जगत् तो हमें प्रारब्ध ने दिया है-भोगने को-हमें अपना परमात्मा, परम् सत्य-परम् ब्रहम ही देखना है-शरीरी मरेगा; आत्मा नहीं। अन्धेरा दूर होगा, जाडयान्धकार मिटेगा, तिमिर दूर होगा; किन्तु स्व प्रकाश्य प्रकाशवान आत्मा जगत् की माया मिटते ही सच्चिदानंद प्रभु के अपने ही निस्सीम के आनन्दमय में लीन हो जायेगा। इस अल्पज्ञ, राग-द्वेष से भरे, मृणमय जीव-भाव को, स्मृतियों के रुढ़ संस्कार को अनादि, शाश्वत आत्मा, ज्ञानवान चैतन्य मानना स्वयं जीव को सदैव के लिये निराश करना है। जीव की अनन्त गुह्य आशा परमात्मा के दर्शन करना है। जीव जगत् को भोगते हुए भी परमात्मा की ओर ही मन ही मन भटकता रहता है-मानव जीवन परम् सत्य को देखने तथा जानने और प्रभु को, जगन्नाथ को पाने के लिये ही है। कौन कहता है जीव पल-पल के संयोग-वियोग को सहने के लिये ही उद्धवित होता है? क्या यह जगत् जीव को भी सदैव के लिये तृप्त कर सकता है? इस मुह्यमान माया के सौन्दर्य अपार में प्रति निमिष देखता हुआ जीव मुग्ध तो हो जाता है, किन्तु क्या जीव सन्तुष्ट भी हो जाता है? प्रत्येक भोग के पश्चात हम एक विजड़ित विषाद से क्यों भर जाते हैं? क्यों हम भवारण्य में भीत बने रहते हैं-हम मृत्यु को क्यों नहीं चाहते? हम जरा भी नहीं चाहते, क्यों? क्योंकि जीव वस्तुतः आत्मा है, अजर-अमर, अनादि, शाश्वत निर्गुण-निराकार ब्रहमचैतन्य है- ब्रहम है।"

"तब? मैं क्या करूं?" पद्मपाद ने आचार्य श्री शंकर से पूछा- "निराकार ब्रहम में मैं जैसे लीन होना नहीं चाहता; किन्तु ब्रहम को जानना चाहता हूं, प्रभो!"

"यही जीव का बीज है।" आचार्य श्री शंकर ने सस्मित कहा- "जीव जगत् में बने रहना तथा होते रहना चाहता है; किन्तु जगत् से भीत वह सत्य को जानना भी चाहता है परन्तु कब, वत्स?"

"कब?" पद्मपाद ने जैसे स्वयं से पूछा- "कब?"

"अपने गहन के दहर में देखो, वत्स।" आचार्य श्री शंकर ने जैसे आज्ञा की।

तभी तोटक ने प्रणाम कर इंगित किया। आचार्य श्री शंकर ने कहा- "यह तोटक इस शरीरी को जगता रहने नहीं देगा, कहता है- सोने का समय हो गया है। सो जाओ-कैसे सोऊं, तोटक?"

तोटक ने अभिनय करते हुए बताया-यों-ऐसे।

पद्मपाद ने विहंसते हुए कहा- "विचित्र है यह तोटक, पूज्य!"

आचार्य श्री शंकर ने तोटक को अत्यंत करुणापूर्वक निहारा, कहा- "तोटक? विचित्र! अच्छा।"

पद्मपाद ने सोत्साह कहा- "यह भी प्रारब्ध है, गुरुदेव! इस भव में यह तोटक शिव-स्वरूप आप श्रीमद् के कैंकर्य में है किन्तु जैसे मूढ़ है-अतिमूढ़। यह जैसे शरीर ही हो। कभी-कभी हम सोचते हैं, यह सुनता भी है या नहीं अथवा केवल देखता ही है- यह हम सब को देखता तक नहीं-"

आचार्य श्री शंकर हंसे; बोले- "यह तो अहर्निशि मुझे-इस शरीरी को ही देखता है। क्यों, तोटक?"

तोटक ने श्री शंकराचार्य के चरण पकड़े और मूक ही सिर रगड़ने लगा।

"कल्याण हो, वत्स!" आचार्य श्री शंकर ने आशीर्वाद दिया।

"कल्याण हो!" पद्मपाद ने सुना और आशीर्वाद की यह शब्द ध्वनि पद्मपाद के भूताकाश को हहरा गई; चित्ताकाश को पैर गई-चिदाकाश में घहर कर डूब गई। कल्याण! तब मेरा कल्याण कब होगा-गुरुदेव! आप श्री ने इस मूढ़-मतिमन्द को सहज ही आशीर्वाद प्रदान किया और मुझको नहीं। मैं ज्ञान चाहता हूं- परम् ब्रहम का प्रत्यक्ष चाहता हूं किन्तु आप मेरी आर्त प्रार्थना सुनकर मुस्करा देते हैं। आप मुझे घूरते रहते हैं-आर्द्र चित्त से निहारते रहते हैं। तब मैं, आपका प्रथम शिष्य, इस मूढ़ मति-मन्द से भी क्या गया बीता हूं? मेरा प्रारब्ध ही तब क्या ऐसा है, जो मुझको काल के इस घोर बन्धन से छूटने नहीं देगा? यदि ऐसा ही मेरा प्रारब्ध है तो आपश्री के अमोघ पूज्य दिव्य चरणों का आश्रय मुझको कैसे मिला? कैसे? पद्मपाद ने अपने कक्ष की खिड़की से कुछ दूर पुरी धाम के मन्दिर-समूह को तनिक देखाः जगन्नाथ! तब क्या गुरुदेव ने मुझको आचार्य पदवी दी, मेरी टीका का उद्धार किया- इस देह को विष के प्रभाव से बचाया, मुझे नव जीवन प्रदान किया, यह सब कृपा तब एक भृत्य सेवक के लिये भी नहीं थी? तब क्या मैं गुरुदेव का वह शिष्य नहीं हूं, जिसके लिये स्वर्ण कमलों का उन्होंने योग-बल से उद्भव किया था? गुरुदेव ने मुझ जैसे पापी

के परित्राण के लिये क्या नहीं किया? मेरी शेष इच्छाओं की पूर्ति की। मेरे निवेदन को श्री गुरुदेव ने कभी नहीं टाला-शारीरिक भाष्य की टीका यह श्रीमान् सुरेश्वराचार्य कैसे कर सकते थे? वह सहज विरागी थे क्या? शास्त्रार्थ में हार कर प्रतिज्ञानुसार संन्यास ग्रहण किया था मण्डन मिश्र जी ने? यही श्री गुरुदेव के ब्रह्म सूत्रों के भाष्य पर शास्त्रार्थ में पराजित रसिक शिरोमणि गृहस्थ कैसे टीका लिख सकता था? नहीं। अथातो ब्रह्म-जिज्ञासा, अथातो धर्मजिज्ञासा की परिपूर्ण पूर्ति तथा वैराग्य के पूर्णोदय से ही आरंभ होगी। ब्रह्म को जानना ही संन्यास व्रत लेना है। ब्रह्म-ज्ञान की मुमुक्ष पिपासा क्या शास्त्रार्थ में हार जाने से उद्भूत होगी? नहीं-नहीं। मैंने टीका लिखी; अवश्य लिखी; किन्तु मैं गृहस्थाश्रम के माया-जाल से दूर-सुदूर रहा। श्री गुरु की खोज में मैंने घर-बाहर, जाति-धर्म कुल-वंश सभी कुछ त्याग दिया-सर्वस्व का त्याग किया मैंने-मामा, मामी, भगिनी-गौरी! हां, तो मैंने गौरी की आसक्ति भी त्याग दी। उपरत तथा संसार से ऊबा हुआ मैं शिव-स्वरूप सद्गुरुदेव की शरण में आया और पड़ा हूं किन्तु श्री गुरु-चरणों की नख ज्योति से भी तब यह जाड्यान्धकार दूर नहीं हो पाया। यह भव-ग्रन्थि ज्यों की त्यों है- "यह माया दूर नहीं हुई; यह मिथ्या नष्ट नहीं हुआ, सद्गुरो!" पद्मपाद ने सिर धुनाते हुए आचार्य श्री शंकर के चरण पकड़ लिये।

शंकराचार्य ने शान्त स्वर में कहा- "ब्रह्म सापेक्ष माया नहीं है; जीव सापेक्ष मिथ्या है। सत्य पद्मपाद! सत्य ही है, सत्यवत् सत्यमय सत्य सम्भृत यह सब हैं और मुमुक्ष जीव के चिद्धन में यह जगत् है भी तथा नहीं भी।"

पद्मपाद ने विवर्ण मुख से कहा- "रहस्य! गुरुदेव! तब यह जीव क्या करे? जब जीव काल को तर नहीं सकता, कर्म से अनिवार्यतः बंधता ही है, जब वह ज्ञान प्राप्त नहीं कर सकता..."

"किसने कहा यह कि जीव ज्ञान-लाभ नहीं कर सकता?" आचार्य श्री शंकर ने सस्मित पूछा- "मैंने तो यह कहा है कि तुम भवेच्छा के दिव्यतम यात्रिक हो। तुम जगत् के अगाध रूप-सिन्धु में तैरते रहना चाहते हो। तुम भव योनियों की सघन तन्मय विस्मृति में लीन अनादि शाश्वत जीव-चेतना से पूर्ण बने रहना चाहते हो। तुम काल के असीम तट पर खड़े रह कर अपने ही निस्सीम सत् चित् आनन्द प्रभु के स्मरण में लीढ़ रहना चाहते हो। तुम भक्त हो; ज्ञानी नहीं- योगी, यती नहीं और संन्यासी भी नहीं।"

"मैं, मैं भक्त?" पद्मपाद ने आर्त स्वर में कहा- "यह जगत् ही प्रतिपल चेतना में स्वप्न अथवा स्मृति की भांति उद्धासित और तिरोहित होता रहता है, गुरुदेव!"

"यही माया-मोह है, अज्ञान है- जीव है, ब्रह्म नहीं!"आचार्य श्री शंकर ने कहा- "हम पुरी धाम में हैं-जगन्नाथ! जगन्नाथ के अत्यन्त सुन्दर मुखार्विन्द के निर्निमेष नयनों से दर्शन करो-दर्शन करते रहो। सगुण परमात्मा का अनुपम सौन्दर्य जगत् की इन क्षणिक रूप-ज्वालाओं को शान्त कर देगा- इन्द्रियों के विषयों में जगन्नाथ के अजर यौवन को सींच दो। अपने रस लोभी चित्त में उस प्रभु की अमर, सदैव प्रफुल्लित प्रसन्नता को भरो-अपने काल बाधित इस जीव-भाव को स्वयं के इस भ्रान्त, लीढ़ और लुण्ठित स्वरूप को भगवान के सम्मुख कर दो-ब्रह्म निर्गुण भी है; सगुण भी है- वह है भी, नहीं भी। वह सत् है- यह अनन्त कोटि कल्प उसी जगन्नाथ के अमोघ शिव-संकल्प के अविराम परिणाम हैं। यह विचित्र विलक्षण भव- योनियां उसी प्रभु की दिव्यतम लीला के अन्यतम विलास हैं- यह त्रिपुर-यह चौदह भुवन-यह काल, कर्म-यह जो था, है तथा होगा और होता रहेगा- सब जगदीश्वर जगन्नाथ की मुस्कराहट है वत्स! चलो-"

पद्मपाद मंत्र-मुग्ध की भांति आचार्य श्री शंकर के पीछे हो लिये। जगन्नाथ के विशाल मन्दिर और उसके बहुधा शिखरों को आचार्य श्री शंकर ने निहारा तथा ऊर्ध्व श्वांस लेकर जैसे स्वतः ही बोले- "जगन्नाथ! समझे?"

"जी! हां!" पद्मपाद आचार्य श्री शंकर के तनिक चौड़े और सुघड़ कंधे के पास होते हुए बोले- "जगन्नाथ!"

पुजारियों, भक्तों तथा दर्शनार्थियों की भीड़ लहरों के संकुलों की भांति उभर-उमड़ रही थी। उस कमनीय कुन्दन वर्णीय किन्तु तनिक ताम्र-आभा से अनोखी तप्त स्वर्ण-कान्ति से मण्डित उस शक्तियों की जाग्रत, संजीवनी से भरपूर, आचार्य के शरीर को देख कर नयनों में झुण्ड के झुण्ड जैसे स्तब्ध हो जाते। आचार्य श्री शंकर की उस शान्त प्रभाशील कान्तिवान मूर्ति से जैसे धरती चिपक-चिपक जाती थी- आकाश अपनी दिशाओं द्वारा आचार्य की दीप्तिमती आकृति में मानो सभी तत्त्वों का प्रकाश भर देना चाहता था। आचार्य श्री का देह अपने त्रिपुरों-पूर्वक मानो जगत् का पूर्ण सर्वांगीण स्वरूप होकर जगन्नाथ-धाम की ओर काल की एक उत्तुंग उल्लोल की भांति बह रहा था।

"आचार्य जगद्गुरु शंकर।" दर्शनार्थी की भीड़ अस्त-व्यस्त होकर मार्ग पर ही थिज जाती। शंकराचार्य के श्री चरणों का स्पर्श करने के लिये दसों, बीसों-पचासों हस्त तनते; खिंचते, हिलते-हिल्लौल उठते। प्रणामों पर आश्रित श्रद्धा विनीत दर्शनार्थी आचार्य से कुछ दूर, मानो किसी अदृश्य वह्नि ज्वाला से बचे रहने के लिये चलने लगे हैं। पुजारियों के त्वरित चरण अनायास स्तम्भित हो जाते। पूजा के चित्र-विचित्र उपकरण हिल-डोल कर मानो आकाश में स्थिर हो जाते। "यह-यह आचार्य श्री है- शंकर!" पुजारियों की मंत्र-मुग्ध दृष्टियां मानो पुकार उठतीं।" धर्म की जय हो।" उद्घोष उठा।

आचार्य श्री खड़े हो गये- "वैदिक वर्णाश्रम धर्म की जय कहो, लोगों। यह पृथिवी परम् ब्रह्म के शिव संकल्प की रंगभूमि है- कर्म क्षेत्र है। इस अद्वितीय कर्म-क्षेत्र को धर्म-क्षेत्र बनाने के लिये ही भारतीय जन का उद्भव हुआ है। हम भारतवासी सृष्टि के काल-कर्म का धर्म पूर्वक धारण करने तथा अपने मानव-भव में उसके पालन करने एवं जगत् की माया को तरने के लिये ज्ञान की शाश्वत ज्योति देखने के लिये ही अवतरित हुए हैं। भारत भगवान् की राज भूमि है; कर्म-भूमि है- धर्म-भूमि है। भारत परमात्मा की ज्योति की भूति-विभूति है, भगवान् के ऐश्वर्य की यह लक्ष्मी देवी का चतुर्दिक मन्दिर है, महाकाल का महाश्मशान भी भारतवर्ष है। यही, यही भारतवासियों की यह दिव्य पुनीत मातृभूमि हमारा नन्दन-विपिन है; स्वर्ग की अभिलाषा के परम् स्वप्न का यह वासन्ती उन्माद है, भारत भूमि और उसका यह जगन्नाथ!"

"जगन्नाथ!" श्रोताओं के गहन में प्रतिध्वनि उठी। आचार्य श्री शंकर ने कहा- "इस लोकालय में मानव-योनि आध्यात्म साधना की कर्म-संभूत योनि है। यह नितान्त भोग योनि ही नहीं है। यह सृजन तथा उत्पादन की बुद्धिशाली भव योनि है तथा जगत् और जीवन की संभावनाओं की दृष्टि से पूर्ण योनि है। यह जीव के अन्धकार तथा प्रकाश की द्वन्द्व योनि है-जीव! हां, जीव ही इस माया का आश्चर्य है; यह जीव ही सृष्टि का अन्यतम रहस्य है; माया का सप्राण कौतुक है; जीव ही भव योनियों की भव-भव यात्रा में परम् ब्रह्म की चैतन्य लीला के अनन्य-अन्य-अन्न स्वरूप हैं। जीव-संसार से मुक्ति की ओर मोक्ष के लिये गमन का अपराजित यात्रिक है तथा उसका ध्रुव सनातन मार्ग वैदिक वर्णाश्रम धर्म है-जीव को जगत्-बोध वेद से होता है; शास्त्र से जीव सामर्थ्य प्राप्त करता है- जीवन दर्शन से देखता है तथा

शरीर से करता है, भोगता है-जीता है किन्तु यह विविध-विचित्र भव-संसार किसलिये है, लोगों! सोचो तो!"

"किसलिये? इसलिये कि भव है; जगत् है जीना है, इसलिये।" मेदिनी से एक गृहस्थ की पुकार आई- "मनुष्य को निर्द्वन्द्व जीने दीजिये, कृपया! यहां तो भव का प्रति प्रहर यातनाओं से भरा है। रोग है, शोक है, जीवन-यापन का संघर्ष है- दुःख है। तब आप सब योगी, यती, संन्यासी-साधु परम् सत्य, ब्रहम की चर्चा कर निस्संदेह क्या आत्म-वञ्चना में नहीं रत रहते? हमें समाज के उत्कर्ष द्वारा अपना स्वराज्य चलाना है जिससे हम सम्यक् अर्थ, सम्यक् काम की प्राप्ति कर सकें- यह धर्म है क्या? प्रत्येक युग में धर्म की वार्ता रोचक तथा आकर्षक तो रही है; परन्तु स्मृतियां बदली हैं, नहीं?"

"नहीं!" सुरेश्वराचार्य ने सहसा कहा- "जगत् था, वैसा ही है; भव-योनियां थीं, वैसी ही हैं- रहेंगी। काल की यह गति-विधि परिवर्तनशील प्रतीत होती है, किन्तु काल का स्वभाव नहीं। धर्म सृष्टि की प्रकृति की गतिविधि का अनादि पन्थ है। मनुष्य धर्म धारण, पालन तथा पोषण द्वारा ही अपना चरम आध्यात्मिक विकास कर सकता है- अन्यथा नहीं।"

एक अट्टहास्य पूर्ण ध्वनि आई- "विज्ञान, महाशय! यह जगत् माया होगा; किन्तु जीवन की प्रगति, उत्कर्ष तथा विकास विज्ञान के अनन्य सामर्थ्य से ही होता है- नहीं?"

"नहीं तो।" आचार्य श्री शंकर ने कहा- "वेदान्त का सम्बोधन जीव है- जीव की सत्ता क्षणिक लगती है; मायामय है- मोहमय प्रतीत होती है किन्तु सत्ता सत्य की अखण्ड चेतना का सार है और इस अद्वितीय अनन्य एकाकी और बहुविधि चैतन्य की अजर-अमर आधारभूत निरीह चिद्घनता जीव के अगाध अन्तराल में अनादि शाश्वत जीवात्म-भावना है। जीव को ब्रहम होना ही होगा- "अहम् ब्रहमास्मि!" कल्प-कल्पों के आवागमन में एक शाश्वत पल आती है, जब जीव अनुभव करने लगता है- अहम् ब्रहमास्मि! जीव जगत् में जीता हुआ अन्ततोगत्वा अपने ब्रहम-स्वरूप का-चिदानंद घन रूप का प्रत्यक्ष कर सके, इसी के लिये एक मात्र वैदिक वर्णाश्रम धर्म-पंथ है। विज्ञान? विज्ञान शून्य की बीहड़ता में एक घोर उन्मुक्त विस्मृति ही देगा- तथागत का निर्वाण भी जगत् के विज्ञान से नहीं मिलेगा। विज्ञान से जगत् का ज्ञान, भव-संसार की शक्ति तथा जीवन के उल्लास का विश्वास तो मिलेगा- मोक्ष नहीं, मुक्ति नहीं।"

मुक्ति? मोक्ष? पद्मपाद सुनते रहते। आचार्य श्री को विविध सम्प्रदाय के विद्वज्जन घेरने लगे-जगद्गुरु का पुरी धाम निवास, अंग, बंग, कलिंग, मगध, उत्कल और बर्बर प्रदेशों में नित्य प्रति की चर्चा होता चला गया। आचार्य श्री प्रति प्रातः और सायंकाल आतुर और निष्ठ मानव-मेदिनी को कहते- 'धर्म-परिवर्तन?' क्या है यह? अपने सम्प्रदाय के मत में आग्रह अथवा दुराग्रह पूर्वक, छल अथवा बल से किसी नादान घोर अनुभवहीन मानव को घसीटना क्या धर्मावलम्बन है? नहीं। धर्म सत्य मार्ग का दिव्यतम सन्देश है- यह समग्र तथा समूचे जीवन-यापन का मुक्ति-मार्ग है-मोक्ष-पन्थ है।"

किसी ने पूछा- "तब राजाओं की सशस्त्र सेनायें आपको घेर कर क्यों चलती हैं, जगद्गुरु?"

आचार्य श्री शंकर ने गम्भीर किन्तु शान्त गर्जन पूर्ण स्वर में कहा- "भारत के आर्य नृपतियों का मैंने आह्वाहन किया है कि वह वैदिक वर्णाश्रम धर्म पर जो व्यर्थ तथा हेय आघात किये जा रहे हैं, उनसे भोले-भाले निष्पाप जनपदीय नागरिकों की रक्षा करें। अपने धर्म का हमें प्रचार करना है; बलात् प्रसार नहीं। सत्य कभी भी बलपूर्वक स्थापित नहीं किया जा सकता। सत्य का अनुशीलन हमें ज्ञान पूर्वक ही करना होगा- ज्ञान की स्वतः सहज अभिव्यक्ति ही सत्य है। यदि मेरे मत का आधार ज्ञान है-सत्य, तब मुझे बल पूर्वक बलात् उसके प्रसार करने का हठ क्यों होना चाहिये? क्या मानव के अंधेरे अन्तःकरण में उजेला असिधारा से टपकते रक्त को जला कर किया जा सकता है? क्या भयभीत कर मानव हृदय में आनन्द के लिये सिहरती हुई अभिलाषा जगाई जा सकती है? नहीं लोगों! प्रेम से ही परमात्मा प्राप्त होता है; शुद्ध-बुद्ध शान्त चित्त से ही ज्ञान का आभास होता है। शान्ति और अभ्युदय के लिये समष्ठि है- राज्य है; किन्तु धर्म तो सत्य तथा अहिंसा का मन-वचन-कर्म की तपस्या का सम्बल है, मानव पाथेय का, हम मानवीय भावना और उदात्त साधनों द्वारा ही सत्य का प्रसार कर सकते हैं-हम सत्य चाहते हैं, शांति की मंगलमयी कामना करते हैं। हम श्रेय के लिये समाज और राज्य चाहते हैं- मैं तो सत्य का प्रहार कर मानव को अन्तःकरण में विक्षत भी करना नहीं चाहता। सत्य के निदर्शन द्वारा मैं मानव में बल और प्रकाश का उद्भव करना चाहता हूं-हम भय पूर्वक अपने धर्म का धारण नहीं करेंगे- निर्भय, अभय होकर शान्त, दृढ़ एवं गंभीर रह कर हम इस पृथिवी के ज्ञान पिपासु, मुक्ति कामी, दिव्य

मानव, यात्रिक अनन्त काल की यह अविराम यात्रा कर रहे हैं-धर्म पूर्वक तथा धर्म सहित करते रहेंगे।"

"सत्य का प्रहार?" आनन्द गिरि ने पूछा।

आचार्य श्री हँसे; बोले- "सत्य का प्रकाश। ज्योति मात्र क्या अन्धकार पर प्रहार नहीं है? सत्य माया पर प्रहार है; सत्य मिथ्या पर प्रहार है-मानव को सत्य का पालन करना ही है- करना होगा। धर्म सत्य का धारण, भरण तथा पोषण है। वेदान्त सत्य के सन्मार्ग का प्रचारक बोध है, गिरि!"

"जी, गुरुदेव!" आनन्द गिरि ने कहा- "जी!"

आचार्य श्री शंकर ने शान्त स्मिति पूर्वक कहा-यह शरीरी विश्व को विस्मित कर अन्धा करने के लिये नहीं अवतरित हुआ है। मानव के अन्तरात्मा में सत्य का उजेला हो, यह मैं चाहता हूं। जगत् सत्य प्रिय हो, शान्ति परक् तथा शांतिपूर्वक हो-प्राणी मात्र को चिरन्तन श्रेय का आश्वासन हो। अपनी कातर कामनाओं से क्षुब्ध तथा व्यथित मानव कितना भीत है- दयनीय है? मैं यह चाहता हूं मानव सत्य के बल से बलवान तथा सच्चिदानंद आत्म-भावना से तेजस्वी बने। इस जगत् को मनुष्य के आत्म शौर्य की आवश्यकता है- अज्ञान के नाश के लिये, चित्त का द्वन्द्व मिथ्या को मेटने के लिये, ज्ञान के प्रकाश की पिपासा तथा मृत्यु को तर कर मृत्युञ्जय जीवन का अभय पूर्ण अनुभव-यही इस पृथिवी पर मानव जाति का व्यावहारिक वेदान्त है। कौन कहता है यह जगत् मिथ्या है, असत्य है तथा सत्य नहीं है? कौन कहता है, यह भव-संसार व्यर्थ और असार है?"

आनन्द गिरि ने अचकचा कर कहा- "सभी वेदान्त वागीश तो यही कहते हैं-"

"यह शरीरी नहीं-यह शंकराचार्य नहीं।" आचार्य श्री शंकर ने शान्त गर्जना सी की- "यह जगत् है, नित्य नहीं सनातन है। यह भव-संसार, कर्म-बन्धन-प्रारब्ध, जन्म-मरण, पुनर्जन्म है; किन्तु अन्ततोगत्वा भव-संसार के क्षणिक विषय-सुख व्यर्थ हैं। विषयानंद इन्द्रियों का रज्जन मात्र है; आत्मा का गहन अमोघ रसास्वादन नहीं-आनन्द गिरि! आनन्दम् ब्रहम!"

"आनन्दम् ब्रहम!" पद्मपाद स्वतः ही जैसे सोच में पड़ गये- "तब सुख, परम् सुख-स्वर्ग का सुख, दिव्य-योनियों का निश्चिन्त भोग सुख। इस सब सुखानुभव के परे और पार आनन्द की अनुभूति? क्या? यह बौद्ध कहते हैं- दुःखजन्य तथा दुःख मूल-दुःख परक् और दुख पूर्वक यह भव-संसार

है-जगत् असार है इत्यादि, किन्तु प्राणी मरता और जन्मता ही रहता है। जब जीव-ब्रह्म का आत्यंतिक एक्य है, मोक्ष है, तब यह अनादि भव क्यों? अपूर्व, अदृष्ट, संचित-प्रारब्ध कर्मबन्धन तथा कर्म-फल क्यों? क्यों? मोक्ष ही है, तो क्या जीव मात्र अनिवार्यतः मोक्ष प्राप्त करता ही है? करेगा ही? यदि ब्रह्म ही है. मोक्ष ही है तो यह सब एक भ्रान्ति मात्र है। पद्मपाद! कुछ समझ में नहीं आता, यह अज्ञान का आच्छादन ब्रह्म का सहज कालरात्रि में शयन है-हाँ है तो। यही एकमात्र विवेक है; यही एकमात्र समाधान है। तब ब्रह्म सत् है, चित्त है, किन्तु आनन्दवत् वह स्वयं लीन स्वयं लीढ़ अनादि अनुपम निर्गुण-निराकार वह, वह ब्रह्म।" पद्मपाद मन ही मन थिज जाते; अवाक् हो जाते। आनन्द गिरि से कहते- "गुरुदेव से वार्ता कर अब पूर्ववत सन्तोष नहीं होता।" पूछते-"तुमको होता है क्या?"

आनन्दगिरि कहता- "गुरुदेव से वार्ता करना ही स्वयं एक सौभाग्य है, बन्धुवर्य!"

पद्मपाद ने ब्राह्म मुहूर्त के पूर्व उठ बैठ कर पास ही अब अर्ध जाग्रत आनन्दगिरि से पूछा- "गुरुदेव से वार्ता का यह सौभाग्य क्या है, जानूं तो सही। यहाँ मैं तो श्री गुरुदेव के चरण थाम कर पूछता ही रहता हूं- गुरुदेव हँस कर उत्तर देते ही रहते हैं-वही एक उत्तर है, सच्चिदानंद ब्रह्म! और आज कल मुझे जगन्नाथ जगदीश्वर, सगुण साकार ब्रह्म इंगित करते हैं।"

"और वह पूज्यपाद गुरुदेव आपको जगन्नाथ से प्रार्थना करने को भी उत्साहित करते हैं, नहीं?" आनन्दगिरि ने उठ बैठते हुए कहा- "जगद्गुरु भक्त हो रहे हैं-"

"क्यों?" पद्मपाद ने पूछा।

"आपको लेकर, और क्या?" आनन्दगिरि ने कहा- "जगद्गुरु का प्रत्येक पट्ट शिष्य एक समस्या है; प्रश्न है। इस भव संसार की ऐसी प्रतिज्ञा है, जिसको लेकर अनन्त काल तक वार्ता, शास्त्रार्थ आदि हो सकते हैं। ब्रह्म तथा जीव के तथाकथित एक्य के मुखौटे हैं, आप सब, हस्तामलक, पद्मपाद, सुरेश्वराचार्य...."

पद्मपाद रीझा कर बोले- "और वह तोटक?"

आनन्द गिरि सोत्साह उछल कर बोला- "अरे, यह तोटक? टोटत तो तोटक ही है।"

"मूढ़, मतिमन्द, मूर्ख!" पद्मपाद ने कहा।

आनन्द गिरि ने मन्द किन्तु सजीव स्वर में कहा- "गुरुदेव की लीला ही अनोखी है। सुरेश्वराचार्य से यों मिलते ही नहीं- निवेदन पर मिलेंगे; बुलायेंगे और बात करेंगे। श्री हस्तामलक स्वतः ही चले आयेंगे गुरुजी के पास-चाहे फिर तोटक इंगितों से कहा करे गुरुजी व्यस्त हैं। श्रीमद् हस्तामलक जी भी तो तोटक के समान ही थे, भला! नहीं? थे। मैंने वह अघटन घटना पेखी है। किसी समय किसी से कुछ नहीं कहते थे, यह पृथ्वीधर महाशय- पोगण्ड पार कर युवावस्था में प्रवेश करने तक मूक, मानो बधिर रहे किन्तु गुरुजी के आह्वाहन पर बोले-बोल उठे। क्या? "अहम् ब्रह्मास्मि!" गुरुदेव जैसे स्तब्ध, अवाक्! उन हस्तामलक जी को यह तोटक रोकेगा? बरजेगा? सम्राटों और राजा-महाराजाओं की भी बोलती बन्द हो जाती है, हस्तामलक जी के सामने। नहीं?"

"दक्षिण के आर्य नरेश हस्तामलक जी की अनुज्ञा में है जैसे।" पद्मपाद ने कहा- "आन्ध्र, द्रविड़, कर्नाटक, केरल यह समस्त प्रदेश समूचा दक्षिणायन आचार्य हस्तामलक की कूटस्थ दृष्टि में जैसे लीन हो गया है। आश्चर्य है मौन बने रह कर यह विलक्षण आचार्य हस्तामलक वेदान्त विरोधियों को चुप कर देते हैं, आश्चर्य।"

आनन्द गिरि ने आहभर कर कहा- "इसको गुरु कृपा कहते हैं भाई श्री! देखा नहीं, तोटक ने जैसे गुरुदेव को हाथ की रस्सी से बांध रखा है। उठने का समय हो गया, उठिये; बैठने का समय हुआ है।- बैठिये!"

"यह तोटक घटिका यंत्र हो गया है, गुरुदेव के लिये और यह हमारे करुणानिधान गुरु जी? उसके मूक इंगित पर एक जड़ मूर्ति की भाँति व्यवहार करते हैं-"

पद्मपाद ने सहज ही कहा- "गुरुदेव के हम भी तो हैं; परन्तु यह तोटक जैसे अपना अस्तित्व तक नहीं मानता। बस, प्रातः काल चुपचाप नमस्कार तो कर लेता है। अपन कुछ कहेंगे भी तो यह तोटक सुना-अनसुना कर देता है।"

आनन्दगिरि-"उसके तो श्री गुरुदेव हैं, यह तोटक गुरुदेव का भृत्य थोड़े ही है? पुजारी है।"

"पुजारी गुरुदेव का, वह तोटक? नहीं-पुजारी तो हम हैं।" पद्मपाद ने तीव्र स्वर में कहा- "वह तोटक मूढ़ मतिमन्द तथा अपदार्थ भृत्य- शूद्र-मात्र है।"

तभी तोटक गुरुदेव की कुटिया से बाहर निकला; आनन्द गिरि ने पुकारा- "तोटक! अरे ऐ तोटक!"

तोटक ने सिर नंवा कर प्रणाम किया तथा अपने काम से चल दिया-
आनन्द गिरि ने झपते हुए कहा- "अब कल के लिये समिधा आदि बटोरने
आप श्री सिधार रहे हैं। यह तोटक विचित्र है-कल के लिये आज सभी प्रबन्ध
करेगा।"

पद्मपाद ने उठते हुए कहा- "उसको आज और कल का भेद ज्ञात ही नहीं
है, जैसे।"

"अभेद है, तब!" आनन्दगिरि ने व्यंग किया और उठ खड़ा हुआ- "अपना
अपना भाग्य, बन्धुवर्य। आप- हम जन्म-जन्मान्तरों से सद्गुरु की खोज
में जीये और मरे हैं तथा पुनः पुनः भव-बन्धन में बंधे हैं, तब इस भव में
सद्गुरु के श्री चरणों के दर्शन मात्र हुए हैं और यह तोटक? क्या पिछले
जन्मों का कोई जड़ भरत है? क्या पता? गुरुदेव ने समझा दिया, ब्रह्म
सत्यम्- जगन्मिथ्या किन्तु यह मिथ्या जगत् समझ में आकर भी रती भर
समझ में नहीं आया और ब्रह्म? ब्रह्म को समझना है ही नहीं, पाना है?
कौन पाये? साधारण जीव का बस नहीं है, ब्रह्म! जीव काल और कर्म का
दास है, मित्र! बन्धुवर्य! यह काल, उसकी कर्मगति कदाचित् ब्रह्म ही जानता
है। चलें, ब्राह्म मुहूर्त होने लगा है-अभी पुरी धाम के मन्दिर घण्टारवों से
गूंजने लगेंगे। इस भगवान को भी जड़ मूर्ति होकर भक्तों के हृदय में प्रवेश
पाना होता है, नहीं?"

पद्मपाद ने हठात् रूकते हुए कहा- "जड़मूर्ति? भगवान?"

"पाषाण या काष्ठ की जड़मूर्ति, अवश्य!" आनन्द गिरि ने कहा- "सभी
देवालयों में काष्ठ या पाषाण की-अधिकांश पाषाण की मूर्तियाँ ही हैं- काष्ठ
की तो यह जगन्नाथ-मूर्ति है, वह भी जीर्ण हो गई है। मनुष्य ने पाषाण को
घड़ कर भगवान के स्वरूप की आकृति दी और यह स्वरूप भी मानव भक्तों
का घ्याया हुआ है, नहीं? तब वह निराकार निर्गुण ब्रह्म जड़ नहीं सही,
वह चेतन भी नहीं है-जड़-चेतन इस जगत् से परे वह क्या है? सच्चिदानंद!
क्या, बन्धुवर्य!"

"मेरा सिर।" पद्मपाद ने कहा।

"नहीं।" पार्श्व से आचार्य श्री शंकर ने कहा- "तेरा हृदय, वत्स पद्मपाद।"

25

तोटक ब्रह्म मुहूर्त के जागने के पूर्व सहज ही उठ बैठता। मन ही मन श्रीमद् शंकराचार्य को प्रणाम कर वह श्रीमद् शंकराचार्य के कैंकर्य में लग जाता। तोटक को सर्वत्र श्री शंकराचार्य ही दीखते। शंकर के जागने के पूर्व जागना तथा सोने के बाद कुटिया या स्थान के द्वार पर ही लेट जाना तोटक का अकाट्य अनिवार्य क्रम था। तोटक श्रीमद् शंकराचार्य की जागने से सोने तक की उनकी व्यक्तिगत आवश्यकताओं की यन्त्रवत पूर्ति करता। वस्त्र धोना, समिधा लाना, भिक्षान्न को परोसना, पूजा सामग्री का संयोजन करना तथा देह-विश्राम के लिये सेवा करना- कैंकर्य-तोटक चुपचाप किया करता। तोटक के लिये केवल श्री शंकराचार्य थे; उनका शरीर था- शरीर की छाया थी। संघ में तोटक जल का कमण्डल लेकर आचार्य श्री के ठीक पीछे चलता। सभी शिष्यों के पूर्व वह शंकराचार्य की मार्ग की अकस्मात् आवश्यकताओं की पूर्ति के लिये सहज सन्नद्ध-सावधान तोटक एक अनन्य दीनता वश चला करता। तोटक की यह दीनता उसकी मानो निश्चिन्त अप्रश्न निरीह 'स्वयंता' थी।

शंकर चलते-चलते भी हाथ लम्बाते; तोटक नया हाथ वस्त्र देता तथा पसीने से तनिक गीले तथा मुड़े हुए हस्त वस्त्र को समेट कर झोले में डाल देता। आचार्य कभी-कभी त्रिसन्ध्या करते तो त्रिसंध्यानों की पूजाओं का यन्त्रवत् सावधान संयोजन तोटक करता। आचार्य भिक्षाटन करने जाते- तोटक साथ-साथ। अहर्निशि तोटक गुरुदेव की छाया के आस-पास, पीछे तथा कभी-कभी आगे बना ही रहता। आचार्य श्री शंकर घड़ी पल जैसे सहज ही जान जाते थे। उनको शान्त उपरत निद्रा में ही दीख जाता था कि दिशाओं के दिक्कों को पुकार कर जगाता हुआ ब्रह्म मुहूर्त उदीयमान हो रहा है। उनका देह ही जैसे दैहिक क्रियायें करता, नित्य क्रियायें और नैमित्तिक कर्म कार्य मात्र जैसे शंकर के शरीर से स्वतः ही उद्भवित होते और तोटक उनको सधे हुए हाथों से झेलता-झेलता रहता। तोटक के श्यामल बोहित में विराज कर जगद्गुरु जैसे अपना दिवस बिताते, रात निकालते। तोटक पलों से, क्षणों से आचार्य श्री को निहारता रहता और शंकराचार्य

तोटक को देखते ही नहीं जैसे! तोटक था; तोटक है-तोटक होगा-तोटक? है; है; है-घटिका यंत्र की भांति, खड़ाऊं की भांति, अपने दण्ड-कमण्ड की भांति, तोटक के अस्तित्व में आचार्य श्री शंकर मानते। भिक्षाटन में प्राप्त किया तोटक सम्भालता और तब शंकर तोटक को देखते; सस्मित कहते- "भिक्षान्न देहि।" तोटक जैसे गड़ जाता, कहना चाहता; यह क्या? भिक्षान्न तो यह नागरिक, यह गृहस्थ देते हैं। मुझे कह रहे हैं क्या? शंकर जैसे तोटक की यह हतप्रभता समझ जाते; कहते- "जो भिक्षान्न खाता है-पाता है, वह अन्त में ज्ञानी हो जाता है। स्वपाकी सन्यासी तनिक प्रतीक्षा करता है तोटक!" तोटक मूक ही यह सुनता और मौन प्रणाम पूर्वक उसको स्वीकार करता। पुरी धाम में आचार्य श्री शंकर का भिक्षाटन स्वयं ही अपूर्व घटना क्रम होने लगा। आचार्य पद्मपाद तथा सुरेश्वराचार्य तथा अन्य शिष्य-सेवकों को साथ लेकर भिक्षाटन के लिये निकलते। गृहस्थों तथा मन्दिरों के अन्न क्षेत्रों का अटल करते तथा भिक्षा में जो भी अन्न प्राप्त होता, तोटक द्वारा सबको बंटवा देते। भिक्षाटन का यह क्रम आचार्य श्री ने उज्जयिनी की यात्रा के बाद आरम्भ किया था। तोटक! अब अन्न विश्राम स्थल में पकाया नहीं जायेगा! गृहस्थों तथा मन्दिरों के अन्न क्षेत्रों से भवति भिक्षान्न देहि पुकार कर भोजन को एकत्र किया जायगा। जगद् कल्याण के लिये जीने वाले संन्यासी तथा उसके निष्ठ शिष्य सेवकों को भिक्षान्न पर ही जीना चाहिये। नहीं- यही तो।

तोटक इंगित द्वारा स्वीकार करता- "यही। यही।"

आचार्य श्री शंकर कभी-कभी अन्न के बजाय अन्य पदार्थों का भी अटन करते। कहते-"तोटक! सभी में ब्रह्म है। सर्वम् खलु इदम् ब्रह्म है। कहना-पुकारना सहज हो जाता है, साधक के लिये किन्तु वास्तव में ब्रह्म का जड़ चेतन में अनुभव अत्यन्त ही दुरुह साधना है। शक्तियों का धारण, भरण तथा पोषण योगी कर सकता है किन्तु सर्व खलु इदं ब्रह्म का जड़ चेतन में अनुभव योगी भी कर नहीं पाता। यह उबलता हुआ लोह-यह दूध, यह मदिरा, यह सुवर्ण, यह मिट्टी भूत मात्र, तत्व मात्र यह दिव्य आश्चर्यवत् जगत् सभी कुछ ब्रह्म से भरपूर है। ब्रह्म! योगी के लिये सृष्टियों से झबकता हुआ वह अनादि स्वयं प्रकाशित दिव्य तेजस्विता का अपार है। भक्त के लिये वह सच्चिदानंद आनन्दकन्द भगवान है- भागवत! अवश्य, जो योग साध नहीं सकता, उसके लिये यह जगत तथा भव-संसार भागवत है।"

तोटक ने श्री गुरु के चरण थामे और जताया- "भागवत मैं नहीं जानता भगवान मैं नहीं जानता।"

आचार्य श्री शंकर हँसे- "तब तू किसे जानता है रे?"

तोटक ने श्री चरणों को कसकर थामा; मूक ही कहा- "इनको।"

यह दृश्य देख कर श्री विष्णु शर्मा ने कहा- "आचार्य श्री। यह आपका भृत्य आपके चरणों को ही तब जानता है।"

आचार्य श्री शंकर ने सस्मित कहा- "जानता तो है न! लोग कहते हैं, हम प्रभु के श्री चरणारविन्दों को जानते हैं; किन्तु अटल विश्वास तथा अमोघ शरणागति पूर्वक कितने श्री हरि के चरण पकड़ पाते हैं- कितने?"

पद्मपाद ने कहा- "सत्युत श्री गुरुदेव! यह तोटक केवल देह के पांव को ही जानता है, श्री हरि के चरणारविन्द क्या योगी भी जान पाते हैं?"

आचार्य श्री शंकर ने पद्मपाद को घूर कर निहारा बोले- "तुम जान गये हो श्री हरि के चरणार्विन्दों को?"

"मैं?" पद्मपाद ने आघात खाते हुए कहा- "मैं, मैं तो आपश्री के चरणारविन्दों को थामे हुए हूं। श्री हरि? उनके श्री चरण इस माया में डूबे हैं- भव-योनियों की यात्रा में सद्भाग्य हो तो श्री गुरु के चरण ही दिखते हैं- वह भी सद्भाग्य हो तो।"

सुरेश्वराचार्य ने कहा- "ईश्वर, परमात्मा का मुखार्विन्द योगी देखते हैं; भक्त तो प्रभु के चरणारविन्द ही देखते हैं। संसारी माता-पिता के चरण देखते हैं; इष्ट मित्रों का कन्धा थामते हैं- सहारा लेते हैं परस्पर; किन्तु योगी संसार तर कर ही प्रभु के श्री चरण-धाम तक पहुंचते हैं- योगी?"

आचार्य श्री शंकर- "योगी, यती जब तक भवेच्छाधीन रहते हैं तब तक उनको भक्ति का अवलम्ब लेना ही होता है। भक्त ईश्वर कोटि का अनादि चिरन्तन प्रसन्न अभयपूर्ण शान्त तथा पुनीत दिव्यतम जीवात्मा है- भक्त भागवत तथा भगवान्-मिलकर, गूढ़ गहन सच्चिदानंद परिपूर्ण दिव्यातिदिव्य इदम् प्रतीत होता है- ब्रह्म!"

तोटक ने सिर हिला-हिला कर कहा-मूक ही कहाः "अवश्य, ब्रह्म।"

सुरेश्वराचार्य ने तोटक को सिर से पांव और पांव से सिर तक देखा; कहा- "तोटक ने स्वीकार कर लिया, ब्रह्म को, श्री गुरुदेव!"

आचार्य श्री शंकर हंस दिये; पूछा- "क्यों रे तोटक? ब्रह्म है?"

तोटक ने प्रणाम पूर्वक चुपचाप जताया; सिर हिला कर कि आप कहते हैं कि ब्रह्म है, तो ब्रह्म है। आचार्य श्री शंकर ने विहंसी हंसी हंसते हुए कहा- "तू भी अनहोना जीवात्मा है रे! इतने बड़े मनीषी, विद्वान, साधक और यती तथा आचार्यों को ब्रह्म को लेकर ज्ञात-अज्ञात शंका बनी रहती है। चार्वाक से लगा कर मीमांसा और सांख्य तक परम् तत्व को लेकर तर्क किया करते हैं। वेदान्त के सिवाय ब्रह्म सत्यम् जगन्मिथ्या किसने स्वीकार किया है? सभी कुल मिलाकर जगत्, जीव और ईश्वर को अनादि तथा यथार्थ सत्य मानते हैं- कुछ तत्त्वज्ञानी तत्त्व को ही स्वयं भू परम् सत्य मानते हैं; चैतन्य एक और केवल वही एक ब्रह्म- द्वितीय नहीं, किस आचार्य ने स्वीकार किया है? तर्क से समर्थ और प्रमाण से सिद्ध तत्व को ही सब स्वीकार करते हैं। यह यथार्थ जगत तथा भव-संसार में लिप्त जीव ही अपने अनुभव जन्य ज्ञान के द्वारा जीता है- जीवात्मा को जगत् का भव-संसार और त्रिकाल सृष्टि का सहज ज्ञान है; ब्रह्म का नहीं।"

तोटक ने जताया, मौन ही-नहीं, आप कहते हैं तो ब्रह्म ही है।

पद्मपाद ने सहसा ठठार करते हुए कहा- "अच्छा, तो हम भी मान लेते हैं, ब्रह्म सत्यम् जगन्मिथ्या! गुरुदेव! यह तोटक तो गुरुओं का भी गुरु बनता है। यह आप श्री को चुपचाप उत्तर देता है- हमें सुनता भी जैसे नहीं।"

"क्यों, तोटक?" आचार्य शंकर ने रमुज में पूछा- "सुनता नहीं?"

तोटक ने सब को मूक प्रणाम किया और गुरुदेव को मौन ही उत्तर दिया- "आपको देखता हूं; आपको जानता हूं; आपको ही सुनता हूं- आपको ही मानता हूं- जड़मति हूं न, इसलिये।"

आचार्य श्री शंकर ने सस्मित कहा- "नहीं रे तोटक! इन सब को सुना कर; जगत् को देखा कर-भव-संसार को पेखा कर। तेरी अटूट अहर्निशि सेवा से हम तो सन्तुष्ट हैं; किन्तु हमारे इन प्रिय शिष्यों को भी प्रसन्नता होनी चाहिये।"

आचार्य श्री सुरेश्वर ने सहज ही विनीत स्वर में पूछा- "यह तोटक अहर्निशि मौन पालता है; इंगित की भाषा करता है। यह सुनता है; स्वीकार करता ही नहीं जैसे। तो क्या यह जड़ भरत नहीं है? जगद्गुरु के शिष्य में ज्ञानोर्जस्विता होनी चाहिये। हम आपके यती, संन्यासी, शिष्य आपके वेदान्त-ज्ञान को जगत् कल्याण के लिये, प्रसारित करने के लिये उत्तरदायी हैं। जगद्गुरु के प्रत्येक सेवक को लोक-शिक्षक होना होगा- तब यह तोटक?"

तोटक ने मौन ही कहा- गुरुदेव के चरण थामे चिर निद्रा में सो जाऊंगा, और क्या? जीव हूं; कर्म से बंधा; पापी; भव-संसार में लिप्त जीव हूं मैं- और कुछ नहीं हूं।

पद्मपाद ने कहा- "बोलता क्यों नहीं, तोटक।"

तोटक ने जताया- "मौन! जीव मूक ही होता है।"

"जीव मूक होता है? विवश, दीन, अनाथ, अल्प समर्थ और अल्पज्ञ जीव, मूक तथा जड़मति ही होता है- अच्छा? तोटक! तू बड़े ज्ञानी की भांति हमें बता रहा है- तू मतिमन्द! तभी मुनि की भांति बरत रहा है। निस्संदेह यह वर्तन अन्ततोगत्वा न तो शिष्ट बरताव है और नहीं जगद्गुरु के भृत्य के लिये शोभनीय ही कहा जा सकता है।" श्री विष्णु शर्मा ने कहा- "तोटक श्री गुरुदेव की अपार कृपा से ही यों बरत रहा है। यह मतिमन्द मान-सम्मान आदि को क्या जाने? श्री गुरु के शिष्यों के प्रति आम्नाय पूर्वक बरताव करना तो हम जैसे शिष्यों का ही शिष्टाचार है- हो सकता है।"

पद्मपाद ने अमर्ष पूर्ण स्वर से कहा- "यह क्या शिष्टाचरण का ही दोष है? नहीं! हम आप श्रीमद् शंकराचार्य के साधक, सिद्ध शिष्य हैं। हम लोगों में श्रीमद् हस्तामलक हैं, श्रीमद् सुरेश्वर हैं...."

"और आप श्री हैं...." चित्सुख ने सस्मित कहा- "तोटक तो जैसे आकाश में उड़ा रहता है; धरती पर पांव रखता ही नहीं। हम तो उसको बतलाते ही नहीं। वह जाने और श्री गुरुदेव जाने। फिर हम भी तो तोटक ही हैं- सेवक! हमारा कर्तव्य कैंकर्य नहीं होकर श्रीमद् शंकराचार्य की वेदान्त-डिमडिम बजाना है- हम शंकराचार्य के प्रचारक हैं... शिष्य? वह तो आप हैं- आप!"

पद्मपाद ने कहा- "तोटक के सन्मुख तो ऐसा नहीं लगता परन्तु तोटक भले ही मुनि बना रहे। चाहे अमृत वर्षा हो, बेंत फूलता फलता नहीं- विधाता द्वारा प्रदत्त मन्दमति वेद नारायण के प्रगट होकर दर्शन देने पर भी महा मेधा होती नहीं। यह प्रारब्ध बदला नहीं जा सकता। तोटक के करोड़ों पूर्व जन्मों के पुण्यों का यह फल है कि जगद्गुरु शंकराचार्य श्रीमद् के कैंकर्य का यह अवसर उसको इस भव में मिला है। उसको विनीत रहना चाहिये-"

आनन्द गिरि ने समाप्त किया- "तोटक अपने भाग्य से जी रहा है। उसके भाग्य में यह वस्त्र धोना, समिधा एकत्र करना, पूजा सामग्री जुटाना, भिक्षान्न का संग्रह करना तथा श्री गुरु की आज्ञानुसार वितरित करना-यही

सब तो करना लिखा है। निस्संदेह यह तोटक ब्राह्मण-वर्ण में शूद्र है। मेरी दृष्टि से प्रत्येक वर्ण में चारों वर्णों की वृत्तियां आविर्भूत होती हैं- अवश्य!"

"अच्छा?" पद्मपाद ने पूछा- "तब मैं क्या हूं ब्राह्मण वर्ण में, भला?"

"आप श्री?" आनन्द गिरि मुलका- "आप श्री ब्राह्मण वर्ण में क्षत्रिय हैं। आप संघ का नेतृत्व करते हैं; श्री गुरुदेव की रक्षा के लिये अहर्निशि सन्नद्व रहते हैं। नृसिंह-मंत्र-सिद्ध आप तेजस्वी ब्राह्मण व्यष्टि हैं। निस्संदेह आप ब्राह्मण-क्षत्रिय हैं।"

सुरेश्वराचार्य ने हंसते हुए पूछा- "हम क्या हैं तब?"

"वैश्य-ब्राह्मण, भला-ब्राह्मणों में वैश्य।" आनन्द गिरि ने ठहाका मारते हुए कहा- "माहिष्मती का आपका वैभव क्या निरीह वेदान्ती ब्राह्मण का वैभव था? आप वैभवशाली, कर्म-निष्ठ समाज-संयोजक प्रभु विष्णु मीमांसक थे-सद् गृहस्थ थे- कलाविद्, शास्त्रज्ञ तथा स्मृतिकार थे- यह सब वैश्यत्व है- ब्राह्मण में।"

सुरेश्वराचार्य उत्तर सुन कर चुपचाप हो गये। उनके गहन में उद्विग्न पुकार उठी- "तब मैं संन्यासी नहीं हूं, यही न?" सहसा सुरेश्वराचार्य ने आनन्द गिरि को मानो झिड़क कर कहा- "वर्ण सृष्टिगत प्राणी, जीव मात्र की आधारभूत वृत्ति ही है- ब्राह्मण-ब्राह्मण ही रहेगा वृत्ति से। यह वैश्य, क्षत्रिय, शूद्र वृत्ति कैसे पाल सकता है? मैं जन्म जात ब्राह्मण हूं- ज्ञान, विद्या, विज्ञान अध्ययन-अध्यापन मेरी ब्राह्मणी वृत्ति की अभिव्यंजनायें ही हैं। ब्राह्मण धर्म-व्यवस्थापक है; रणभूमियों का आक्रामक संयोजक नहीं; लाभांश प्राप्त कर सन्तुष्ट एवं तृप्त सा होने वाला व्यक्ति नहीं। स्वामी के वरदान से प्रसन्न होने वाला शूद्र क्या ब्राह्मण की शान्त, शम, वीतराग तितिक्षा में झलक भी सकता है? नहीं?"

आनन्दगिरि ने प्रणाम पूर्वक कहा- "धृष्टता के लिये क्षमा प्रार्थी हूं, श्रीमद्! किन्तु मानव योनि के अहम् की यह आधारभूत वृत्तियां-शूद्र, वैश्य, क्षत्रिय, ब्राह्मण-मानव के अटल जन्मजात संज्ञान हैं। ब्राह्मण भिक्षा मांगेगा ही तथा अन्ततोगत्वा ज्ञान-प्राप्ति के लिये घर-बाहर आदि एक क्षण में त्याग देगा। क्षत्रिय यश चाहेगा ही और यश के लिये रण-भूमि में कट मरेगा-दुष्टों और आततातियों का विनाश करने का जुझारु प्रयास करेगा ही और अन्त में तपस्या कर अटूट सिद्धि भी प्राप्त करेगा। भागीरथी गंगा भागीरथ का अक्षय यक्ष है- नहीं? है, जी वैश्य पुण्य कर कीर्ति कमायेगा ही तथा एक टका ही

सही, संग्रह करेगा ही। अर्थ के द्वारा ही वह दान करेगा, पुण्य करेगा तथा कीर्ति कमा कर स्वयं को धन्य समझेगा।"

सहसा आचार्य श्री शंकर जैसे प्रगट हुए; बोले- "और शूद्र?"

आनन्द गिरि हतप्रभ होते हुए बोला- "क्षमा, सद्गुरो! मुझ वाचाल बुद्धि के कौतुकी को क्षमा, प्रभो!"

आचार्य श्री शंकर ने हंसते हुए कहा- "गिरि, तुम प्रत्युत्पन्न मति तो लगते हो-शूद्र तब वरदान प्राप्त करके ही सन्तुष्ट होता है। स्वामी के व्यक्त वस्त्र, भोजन से तनिक उपहार, आभूषण यान आदि शूद्रत्व को प्रसन्न तुष्ट-सन्तुष्ट रखते हैं- यह सब न मिले तो आसमुद्रात् पृथिवी भी शूद्र को सन्तुष्ट और प्रसन्न नहीं कर सकती। यही न? किन्तु मानव की यह जन्म जात वृत्तियां ब्रह्म चैतन्य से भरी हैं- पूर्ण हैं। यह वर्ण विवेक मानव के पूर्ण परिपूर्ण मानवत्व का अभय पूर्ण अभेद है-"

आचार्य पद्मपाद- "तब ब्राह्मण सर्वोपरि और शूद्र हेय, नीच निनिन्द्र, यह मर्यादा क्यों है?"

आचार्य श्री शंकर ने कहा- "राज तथा समाज के बद्धमूल स्वार्थ भाव ने ही सींच कर यह मर्यादा बाँध रखी है। यह वर्ण तो शरीर स्वरूप है- यह वर्णाश्रम शारीरिक जीवन-धर्म है- मानव जीवात्मा का परिपूर्ण गतिविधि पूर्ण स्वरूप है। क्या चरण सिर से हेय है? कर्मेन्द्रियों का भी उतना ही महत्व है जितना ज्ञानेन्द्रियों का। एक समग्र पूर्ण ब्रह्म चैतन्य से उद्ववित यह मानव है, उसका हर अंग पुनीत है; शुद्ध है, बुद्ध है। यह नीच-ऊंच, यह भेद-भाव मानापमान? रूढ़ जड़ परिपाटी मात्र है-मुझको स्वयं भगवान शिव ने चाण्डाल स्वरूप धारण कर वर्ण के वेदान्त का पाठ पढ़ाया है-"

श्री विष्णु शर्मा चिहुंके- "सनातन से सिद्ध और प्रचलित यह वर्ण भेद है। इसको कुछ भी कहा जाय वर्ण-विवेक कह लें, किन्तु यह प्रसिद्ध सत्य कि ब्राह्मण सर्वोपरि तथा शूद्र-चाण्डाल-निम्नतम वर्ण हैं। गुरुदेव! स्मृति प्रणीत यह स्मार्त धर्म वेदान्त के अनन्त असीम, अभेद तथा अभय चेतना से क्या मिटाया जा सकता है? ज्ञान-बल, बाहु-बल, अर्थ-बल तथा सेवा-बल यही तो यह वर्ण हैं-आचार्यों का रचित यह विधान क्या ईश्वर कृत है?"

आचार्य श्री शंकर-वैदिक वर्णाश्रम धर्म ब्रह्म चैतन्य का मानव योनि में सहज उद्ववित विवेक तथा परिपाक है। यह मनुष्यकृत सामाजिक धर्म-विनिमय नहीं है; यह भव-संसार का मानव-धर्म है, शर्मा!"

"जी!" श्री विष्णु शर्मा ने कहा- "तव यह परस्पर वर्ण-विग्रह पूज्यपाद?"

"कर्म-काण्डियों का व्यावहारिक देश कालानुसार प्रपंच मात्र कहा जाना चाहिये। सभी वर्णों में अन्तर्निहित मानव स्नेहशीलता तथा समानता आधारभूत है, शर्मा! वेदान्त तो प्राणी मात्र की निरीह एकता में मानता है-जड़-चेतन सृष्टि के अन्तराल में सत्य, ज्ञान और अमृत के स्वयं प्रकाशय-स्वयं प्रकाशित परम् ब्रह्म को मानता है-तब जीवन यापन के धर्म निष्ठ व्यवहार में, यह भेद वेदान्त कैसे स्वीकार कर सकता है? शूद्र अस्पृश्य है, अन्त्यज है नीच तथा हेय है और क्षत्रिय, वैश्य तथा ब्राह्मण चाण्डाल की छाया को भी छू न ले तथा उसके लिये निगड़ परम्परागत दण्ड विधान आदि मानव चित्त की अपार उदारता के विपरीत है-अनादि जीवात्मा का महतत्व-प्रणीत अहम् करुणा का धाम है, समझे? पुरी जीवन के अथाह स्त्रोत में करुणा है- तथागत बुद्ध ने उसका अनुभव किया था।"

"करुणा!" सुरेश्वराचार्य चिहुंके- "करुणा ही तो! परम् ब्रह्म की इस लीला के मूल में उस सच्चिदानंद-धाम की करुणा ही तो है।"

जगद्गुरु ने प्रसन्न होते हुए कहा- "अब तुमको समझ में आने लगा है, अब परम् ब्रह्म के परम् तत्व की ओर तुम्हारा चित्त चलने लगा है। सुरेश्वर! परम् तत्व परमात्मा का अमोघ अगाध अनादि निरीह विश्वास है-सत्य इसी परम् विश्वास का अटल अनुभव है। प्राणी जगत् के विज्ञान द्वारा बाद में किन्तु प्रभु के विश्वास द्वारा ही जीता है। यह सृष्टि उसकी अद्भुत माया है; यह जगत् उस दिव्यतम माया का उद्रेक है- अविराम! जगत का यह पूर्ण परिपूर्ण सत्य भृत अव्यक्त उसकी परम् शान्त करुणा द्वारा ही व्यक्त होने लगता तथा उसके अनुग्रह से यह जड़ चेतन जगत् तथा उसके बहुविधि चित्र-विचित्र विलक्षण प्राणी भव-संसार की अपनी सुख-दुःखमयी जीवन-यात्रायें किया करते हैं। यह अविराम जीवन-चेतना का रमणीय रागात्मक, सुन्दर और सुघड़ आविर्भाव और तिरोभाव ही उसकी करुणा-निधान लीला का स्वरूप है-काल तो उस लीला की गति है-विधि है। हां, यही तो! महाकाल शिव स्वरूप वह परम् ब्रह्म यह लीला किया ही करता है, करता ही रहेगा। यही सच्चिदानंद घन का स्वभाव है, वत्स!"

आचार्य पद्मपाद ने पूछा- "तब मैं, जीव, बंधता ही क्यों है, पूज्यपाद!"

"क्योंकि वह बंधना चाहता है।" आचार्य श्री शंकर ने कहा- "पद्मपाद! परमात्मा से विलग होना ही भव-बन्धन में बंधना है। जगत् की उसकी

यह माया इतनी लुभाविनी है, मुह्यमान तथा आकर्षक है कि जाग्रत आत्मवेत्ताओं को भी कर्षित करती है-हाँ, यही तो! किन्तु यह ब्रहम-लीला, यह उसका विलक्षण विचित्र चिद्विलास वैराग्य से भरपूर है- जिस प्रकार समुद्र में सेवार आती रहती है, जगत् की माया और भव-संसार की इन्द्रिय कामनायें हिल्लोलित होती रहती हैं- यह जगत् सच्चिदानंद अगाध अपार की उर्मियां हैं-वीचि, उल्लोल-हिल्लोल और यह गहन अज्ञान उसी ज्ञान घन की स्वप्न शील, स्मृति दग्ध चिति है- जीव है कहाँ? क्षण में उद्भवित यह जीव और पल का व्यक्त यह जगत् प्रभु के चरणारविन्दों की नख-ज्योति है।"

"तभी वह जगदीश्वर कहलाता है।" श्री विष्णु शर्मा ने कहा।

"अन्धकार तथा प्रकाश, तम और ज्योति के द्वन्द्व दुःखद नहीं हैं।" जैसे श्री शंकराचार्य ने स्वयं में लीन होते हुए कहा- "अज्ञान के इस गुह्य गूढ़ातिगूढ़ अज्ञान को चीरने के लिये ज्ञानार्थ द्वन्द्व करना जीव का परम् धर्म है - जीव मृत्यु से अमृत, तम से प्रकाश तथा असत् से सत् की ओर ही प्रतिलव, प्रतिकाष्टा जाता है- जीव अमृतमगामी जीवन यात्रिक है। अतः उसको प्रभु चाहिये-परमात्मा, जगदीश्वर, जगन्नाथ चाहिये। पद्मपाद, जगन्नाथ को भजो। इस अनाहत् ज्ञान ज्योति में मुझको ही विलीन होने दो। मैं? मैं परम् शिव का, इस भव का संकल्प भर हूं- कितने कल्प बीते मुझे ज्ञान नहीं? प्राणियों के कितने जन्म हुये, कितने मरण, मुझे क्या पता? मुझको तो यही प्रतीत होता है- एक अजर-अमर क्षण है, एक पूर्ण धन्य भव है, ज्ञान के अप्रतिम आग्रह से भरपूर तथा मोक्ष की अमृतमयी आकांक्षा से पूर्ण यह मेरा भव है। अज्ञान के इस तिमिराच्छन्न में मैं चकित भर हूँ- सोया हुआ नहीं हूं, जाग्रत हूं- सदैव प्रति पल जाग्रत, अपने शरीर में जाग्रत तथा अपने कारण में कालातीत मैं सच्चिदानंद स्वरूप हूं-हूँ तो।"

आचार्य श्री शंकर सहज ही समाधिस्थ हो गये। तोटक ने लपक कर आचार्य श्री को बाहु में भर लिया और सब को प्रणाम सा कर श्री शंकराचार्य के कक्ष की ओर उचक उठा। सहज ही उसने गुरुदेव को उनके सिद्ध आसन पर बिठा दिया- मानो मूर्ति की प्रतिष्ठा की हो कुटिया का द्वार बन्द करते हुए हाथ जोड़ कर सब को चुप बने रहने के लिये प्रार्थना कर वह द्वार पर खड़ा हो गया।

पद्मपाद ने झुंझला कर स्वयं से ही कहा- "तोटक!"

सुरेश्वराचार्य ने कहा- "समाचार मिले हैं, मगध, उत्कल तथा बंग प्रदेशों के विद्यापीठों के शीर्ष स्नातक आचार्य श्री के दर्शन के लिये आ रहे हैं परन्तु आचार्य श्री तो समाधिस्थ हो गये हैं। अब?"

पद्मपाद ने कहा- "आप श्री जो हैं, वार्ता कर ही सकते हैं।"

"किन्तु मैं ब्रह्म-वेत्ता हो सकता हूं; ब्रह्म ज्ञानी कहां हूं?" सुरेश्वराचार्य ने निसास रखते हुए कहा- "मुझको लगता तो है जब आप सब बन्धुवर्य मुझको आज भी रागांकित विधुर गृहस्थ ही कहते हो। मैं स्वयं को देखता रहता हूं- स्वयं के गहन को जैसे इन्द्रियों से अवगाहित करता रहता हूं- मैं जीवन के महाकाम से छूटा नहीं हूं- बुद्धि की असमर्थता का अन्तिम आघात खाकर मैं अवाक् तथा चकित हो गया हूं-निस्संदेह यह वैराग्य नहीं है।"

पद्मपाद ने सहसा सुरेश्वराचार्य के चरणों में झुकते हुए कहा- "धन्य! यही, यही तो!"

तोटक ने पुनः पुनः प्रणाम करते हुए सब को विसर्जित होने के लिए मूक प्रार्थना की।

"चलो, भई! यह तोटकाचार्य यहाँ एक पल भी रहने नहीं देंगे।" पद्मपाद ने हँसते हुए कहा- "जगन्नाथ! जगदीश्वर!!"

पुरी धाम के विशाल जगन्नाथ मन्दिर के गर्भ में पुरोहित श्रीमद् पुजारी जी के गौर-सुगन्धित चन्दन- चर्चित हाथ में जगदीश्वर की आरती मानो काँपी। आरती की लास्य करती हुई दीपशिखायें मानो द्रवित होकर तनिक जम्भित सी हो गईं कॉप कर, सिहर कर वह मानो जगन्नाथ के वपु की कान्ति में जड़ीभूत हो गई। पुरोहित पुजारी जी के नयन बन्द हो गये और जगन्नाथ का विग्रह सजीव सा होकर उनके चिदाकाश में प्रदीप्त हो उठा। पुरोहित-पुजारी श्री को लगा, उस अनाहत अनन्त चिदाकाश में कोई मधुरातिमधुर कोकिल-कण्ठ गा रहा है- "कदाचित्कालिन्दीतटविपिनसंगीत कवरी! मुद्रा गोपी नारी वदन-कमला स्वाद मधुप! रमा शंभु ब्रह्मामरपति गणेशार्चित पदो-जगन्नाथः स्वामी नयनपथगामी भवतुमे!" भक्त जनों के आकुल किन्तु शान्त चित्त उदधि से घोष उठने लगा। एक उद्घोषमयी ध्वनि उठी और गर्भ-मन्दिर में पद्मपाद के कण्ठ से स्वतः ही जगन्नाथ की स्तुति निसृत होने लगी- "भुजे सेव्ये वेणु शिरसि शिखि पिञ्छम् कीट

तटे-हकूलम् नेत्रान्ते सहचर-कदाक्षम् च विद्धत्। सदा श्रीमद् वृन्दावन वसति लीला-परिचयो। जगन्नाथः स्वामी नयन पथ गामी भवतुमे।"

पद्मपाद को लगा, स्वयं श्री गुरुदेव आचार्य शंकर उनके कण्ठ से यह स्तुति कर रहे हैं-समाधिस्थ शंकर जैसे पद्मपाद के चिदाकाश में अदृश्य ही गा रहे हैं: महाम्मोधे तीरे कनक रुचिने नील शिखरे, वसन्त्रासादान्तः सहज बलभद्रेण बलिना सुभद्रामध्यस्थः सकल सुरसेवावसर दो, जगन्नाथः स्वामी नयन पथगामी भवतुमे।" नयन पथ गामी-जगन्नाथ। पद्मपाद सहसा काँप उठे- "यह काल, कर्म-बन्धन! यह राग, यह द्वेष-मोह-माया, जगन्नाथ! इस आर्त पुकार को लुण्ठित करता हुआ आचार्य श्री शंकर का कोकिल-कण्ठ सुदूर क्षितिज को पैर कर पद्मपाद के गहन की व्याकुल दिशाओं में गूंजने लगा: कृपा पारावारः सजल जलद श्रेणि रुचिरे! रमा वाणी सोम स्फुरदमल पद्मोद्भव मुखै। सुरेन्द्राराध्यः श्रुतिगण शिखागीत चरितो। जगन्नाथः स्वामी नयन पथगामी भवतुमे। रथारूढ़ो गच्छन्पथि मिलित भूदेव पटलैः स्तुति प्रादुभावम् प्रतिपद मुदाकर्ण्य सदयः। दया सिन्धुर्बन्धुः सकलजगतां सिन्धुतनया जगन्नाथः स्वामी नयनपथगामी भवतुमे। जगन्नाथ ध्वनि-प्रतिध्वनि, गहन शब्द ध्वनि-ब्रह्म, शब्द-ब्रह्म-जगन्नाथ! जगदीश्वर! जगन्नाथः स्वामी नयन पथ गामी भवतुमे!"

"जगन्नाथः स्वामी नयन पथ गामी भवतुमे।" आचार्य पद्मपाद ने अपने तीनों पुरों में जाग्रत, चेतित होकर गाया- "परब्रह्मामामीड़ कुवलयदलोत्पन्ननयनों, निवासी नीलाद्रौ निहित चरणोनन्त शिरसि! रसानन्दो राधा सरसव पुरालिंगन सुखो, जगन्नाथस्वामी नयनपथगामी भवतुमे!"

सहसा उन्मीलित अर्ध खुले नयनों से केवल जगन्नाथ को टेरते हुए आचार्य चले आये-सुरेश्वर तथा आनन्द गिरि और श्री विष्णु शर्मा एवं तोटक द्वारा थामे हुए आचार्य शंकर मानो मन्दिर में धँस आये। उनका गगन-गंभीर स्वर गूंजा- "न वै प्रार्थ्य राज्यम् न च कनकता भोगविभवे। न याचेहम् रम्यां निखिलजनकाम्यां वरवधूम्! सदा काले काले प्रमथपतिना गीत चरितो, जगन्नाथः स्वामी नयनपथगामी भवतुमे!"

गर्भ मन्दिर में जा पहुंच आचार्य श्री शंकर ने जगन्नाथ के चरण पकड़ लिये-कातर आर्द्र कण्ठ से आचार्य ने पुकार की- "हरत्वम् संसारम् द्रूततरम्सारम् सुरपते! हरत्वम् पापानौ विततिमपरां यादवपते! अहो दीनानानाथम् निहित तमचलम्-पातुमनिशम्! जगन्नाथः स्वामी नयन पथगामी भवतुमे!" सारा

मन्दिर, दिग्-दिशायें मानो कह उठीं- "जगन्नाथः स्वामी नयनपथगामी भवतुमे।"

आचार्य श्री ने सिर धुनाया; पुकारा- "पद्मपाद!"

मंत्र-मुग्ध से पद्मपाद आचार्य की ओर खिंचे। आचार्य श्री शंकर ने गद्गद् आर्त कण्ठ से कहा- "प्रार्थना करो, प्रभु जगन्नाथ से कि वह तुम्हें शान्ति दे-अमृत दे, ज्ञान चाहते हो तो ज्ञान दे। जो चाहते हो, मांग लो पद्मपाद!"

पद्मपाद श्री गुरु के चरणों में झुके; बोले- "मुझे मुक्ति भी नहीं चाहिये, ज्ञान नहीं, मुझे तो इन चरणों की रज चाहिये।"

आचार्य श्री शंकर ने पद्मपाद को उठाते हुए कहा- "प्रभु के चरणारविन्दों की श्री हरि के जगद वंद्य चरणारविन्दों की रज माँगो। जीवों के आर्त दुख से श्री हरि सूख कर काठ हो गया है, यह जगन्नाथ प्रभु! पद्मपाद! प्राणियों के दुःख का तीर इस प्रभु के श्री चरणों में लगा है। तुम देखते नहीं, प्रभु घायल है-पद्मपाद! भगवान के रक्त रंजित घायल चरणारविन्द को अपने हृदय में सजाओ। नयनों के पथ से जगन्नाथ को अपने कालातीत हृदय-दहर में पुकारो- अपने घायल श्री चरणों से ठुमुकता हुआ वह जगन्नाथ तुम्हारे हृदय सिंहासन पर बैठ जायगा। ज्ञान! हाँ तो किन्तु भगवान के प्रेम का रस ही ज्ञान का अगाध अनुभव है- वह ईश है; विभु है, कवि है, जगन्नाथ ही शिव है; विष्णु है; राम है- कृष्ण! कृष्ण, पद्मपाद!"

आचार्य सहसा चुप हो गये; पद्मपाद ने पुकारा- "हे कृष्ण! गोविन्द! हरे मुरारे! हे नाथ नारायण! वासुदेव!"

प्रभु नाम संकीर्तन की ध्वनि से तनिक प्रताड़ित प्रभु जगन्नाथ की आरती पुजारी जी- पुरोहित जी ने शान्त की।

प्रसन्न, मगन आचार्य श्री शंकर ने पद्मपाद का बाहु थामते हुए कहा- "निर्गुण, वही सगुण-सगुण वही निर्गुण- यह साकार सगुण जगत् क्या ब्रहम से विलग है-रिक्त अथवा अतिरिक्त है? नहीं तो। यही, यही अनुभव करना है- यह सब ब्रहममय है- ब्रहम भूत ब्रहम द्वारा ही सम्भव और असम्भव है। सत्य से हीन, रहित, रिक्त, क्या कुछ भी संभव है? हो सकता है? सत्य को जानना नहीं है; सत्य को पाना है-सत्य का दर्शन करना है; परमात्मा का प्रत्यक्ष करना है-आत्मा को परमात्मा की अनुभूति करना है-साकार सगुण जगत् को ब्रहम स्वरूप जानो और मानो वत्स!"

"पद्मपाद के चित्ताकाश में प्रतिध्वनि गूंजती रही।" जगन्नाथः स्वामी नयनपथगामी भवतुमे!" यही पुकार पद्मपाद के रोम-रोम को ध्वनित करती रही। जैसे हिमालयों का भार अब उनके वक्षस्थल के ऊपर घटाटोप घनीभूत मेघ-उभार सा बहने लगा था और वह रग-रग में शिथिल होते जा रहे थे। एक निश्चिन्त निर्विवाद मौन उनके त्रिपुर में व्याप्त होने लगा था और वह स्वयं ही भार हीन उमड़ होकर अपने ही चिदाकाश में तैरने लगे थे-जगत था; अवश्य था-किन्तु जगत् अब प्रश्न नहीं होकर एक दृश्यभूत विश्वास था- यह? यह तो जगत है, जिसमें मैं जी रहा हूं; साँसों के सहारे जी रहा हूं; सोया हुआ हूँ; किन्तु जाग रहा हूं। अपनी कोटड़ी में अपने ही आसन पर पद्मपाद चुपचाप मूक बैठे रहते। आचार्य श्री शंकर का पुरी धाम निवास सतत हलचल का जैसे निवास हो गया था। नीलकण्ठ ने पुनः आकर आचार्य श्री को शास्त्रार्थ के लिए ललकारा था और आचार्य श्री ने हँस कर था, "हम द्वारिका की ओर जाते समय आपके गुरुकुल में ठहरेंगे; तब नीलकण्ठ महोदय! तब!" "अच्छा तब सही।" नीलकण्ठ ने शीर्ष अमर्षपूर्ण स्वर में कहा था- "यह संसार निपूता नहीं हो गया है- शास्त्रों के अमोघ साधक समाप्त नहीं हो गये हैं। विद्या की सरस्वती अदृश्य होकर भी सूख नहीं गई है- मानव की बुद्धि सदैव के लिए पराजित नहीं हो गई है- जब तक मनुष्य है, उसकी बुद्धि है, जो प्रज्ञावान तथा मेधावती होकर सत्य को पकड़ ला सकती है। बुद्धि द्वारा परम् ब्रहम जाना नहीं जा सकता, तो यह बुद्धि द्वारा जाना, माना, परखा तथा निचोड़ा जाने वाला जगत् ही सत्य है, यतीवर्य! मण्डन मिश्र को हरा कर यह नहीं समझ लें कि भारत भूमि साधक निगड़ विद्वानों से हीन हो गई।" आचार्य श्री शंकर ने तब हँसते हुए कहा था- "नहीं तो! आप जो हैं।" "अवश्य हम हैं-नीलकण्ठ! भास्कर, अभिनव गुप्त- हम सब हैं। दिग् विजय? क्या, यतीवर्य?"

आचार्य श्री शंकर ने तोटक की ओर देखा और अंगुली से चिन्हते हुए कहा- "यह, मानव।" नीलकण्ठ हत्प्रभ से होकर तोटक को देखने लगे थे; तभी तोटक ने इंगित किया था; गुरुदेव के मौन का समय हो रहा है। विदा ग्रहण करें! नीलकण्ठ त्वरा पूर्वक उठ खड़े हुए थे; अच्छा? मौन? और हँस कर बोले थे-"हम आप श्रीमद् को सदैव के लिये मौन-निरूत्तर कर देंगे, जगद्गुरु!" तोटक ने प्रणाम पूर्वक इंगित किया; कर देना; किन्तु अभी तो विदा लीजिये, महाशय! तोटक की सजीव सवाक् इंगित भाषा को समझ कर

आचार्य श्री शंकर सहसा खिलखिला कर हंसे थे "तोटक! वत्स! हमारे!" तोटक ने उग्र नीलकण्ठ को घूरा और सिर धुना कर जताया; हार-जीत सब विधि के हाथ में है। जगद्गुरु तो जगद्गुरु हैं- यही हैं।"

"हुं।" नीलकण्ठ हुंकार के साथ विदा हो गये थे। आचार्य श्री शंकर ने स्तब्ध से अपने शिष्यों-सेवकों को विहंसते हुए कहा था- "विद्वता ही हारती जीतती है। ज्ञान नहीं। विद्या तो बुद्धि की खेती है; विचारों का प्रबन्ध है। विद्वान् की यह बुद्धि, उसकी प्रज्ञा मेधा सच्चिदानंद के जीवात्म भाव का संज्ञान भर है- जड़ है और विज्ञान-घन है। कितना चाहता हूं विद्वता का यह भार अहम् को पिघाल दे। यह बुद्धि अहम् की चेतना ही तो है। यह जगत्, भव-संसार-काल और कर्म को जानती है; आत्मा को नहीं, अवश्य।"

श्री शंकराचार्य अपनी कुटिया में अपने ही आसन पर विराज मान नीलकण्ठ को ही सोचते रहे- मण्डन मिश्र! नीलकण्ठ! भास्कर! अभिनव गुप्त-क्रचक्र! यह तंत्र-मंत्र और विद्या-बुद्धि के धनी-यह मनीषी किसे देखते हैं? परम् शिव को? परम् ब्रहम को? नहीं, शंकर! यह सब स्वयं के गहन को नहीं देखते; स्वयं के हृदय को स्पर्श नहीं करते। बुद्धि की रस्सी पकड़ कर यह आकाश को मापना चाहते हैं; समुद्रों को लांघना चाहते हैं- यह काल को वांग्मय में भर लेना चाहते हैं- शास्त्रों से जगत को बांध लेना चाहते हैं- स्मृतियों से यह चक्षु-घनी भव संसार को फांदकर चलना चाहते हैं- सच्चिदानंद अगाध-अपरम्पार को क्या मानवी बुद्धि मथित कर सकती है? क्या मैं परमात्मा की एक झलक को भी नयनों में समा सकता हूं? भव के यह नयन परमात्मा की झलक पाते ही सदैव के लिये बुझ जाते हैं, पद्मपाद! और-और आत्मा के दिव्य चक्षु खुल जाते हैं।"

दिव्य चक्षु? पद्मपाद ने मौन ही जैसे पूछा।

आचार्य श्री शंकर सहसा भार हीन, सहज होते हुए बोले- "यह चक्षु जो केवल परमात्मा को ही देखते हैं, पद्मपाद!"

पद्मपाद ने सिर हिला कर जताया- "जी!"

तभी श्री विष्णु शर्मा ने चिद्विलास के साथ आकर कहा- "विचित्र वेशधारी पचासों स्नातक आने लगे हैं- अंग और बंग के स्नातक शिष्य आ चुके हैं- उत्कल के आ रहे हैं।"

पद्मपाद ने पूछा- "यह सब क्या चाहते हैं?"

आचार्य श्री शंकर ने हंसते हुए कहा- "दिव्य चक्षु! और क्या चाहता है मानव-प्राणी? जगत् को देख-देख कर जीव अन्धा और भव संसार को सुन-सुन कर वह बहरा हो जाता है। अनन्त काल तक जगत् के रूप-सिन्धु को देखते रहो-देखते रहो। एक विराट् असीम स्वरूप की गुह्य शाश्वती इच्छा जीव में जागती रहती है। अज्ञान के गहन आच्छादन में सोया हुआ वह देव स्वयं के अनन्त ज्ञानमय आत्म बोध में जागता ही रहता है। इन शिष्यों-स्नातकों को हम ज्ञान-गंगा में डुबकी लगाना बतायेंगे।"

चिद्विलास ने कहा- "यह तो आपसे प्रश्न करने आ रहे हैं, पूज्य!"

"विद्वान शास्त्रार्थ करता है; विद्यार्थी प्रश्न पूछता है।" आचार्य श्री शंकर ने हंसते हुए कहा- "किन्तु निर्णय कौन करता है? उत्तर कौन देता है? मैंने जगत् को लेकर स्वयं से ही प्रश्न पूछा है- भव-संसार को लेकर मैंने स्वयं से ही शास्त्रार्थ किया है। निर्णय? शून्य। कुछ नहीं-यह सब कुछ नहीं। विद्याओं का सार शून्य है; शास्त्रार्थों का निष्कर्ष व्यर्थता है; प्रश्नों का उत्तर असार है। परम् ब्रह्म की यह मुह्यमान मतिवान कल्पना, परम् सत्य का यह अद्भुत विलक्षण किन्तु सत्य-सम्भृत चिद्विलास। निस्संदेह वह ज्ञान और अज्ञान है; शास्त्र में है और शास्त्र में नहीं है- वह जगत में, जगत् के पार तथा परे, भव में और भव-सिन्धु के तट पर खड़ा काल की दिव्यतम दृष्टि है। वह ब्रह्म सब कुछ है; सब कुछ नहीं है- वह यह नहीं, यह नहीं है- वह है, मैं इतना ही जानता हूं।"

श्री विष्णु शर्मा ने कहा- "महाराज सुधन्वा पहुंचने में ही हैं; महादेवी साथ हैं। इन स्नातकों के आवास आदि का प्रबन्ध वही करवा रहे हैं।"

आचार्य श्री शंकर ने सस्मित कहा- "सुधन्वा! राजेश्वर सुधन्वा को हमारी बड़ी चिन्ता बनी रहती है।"

"भट्टपाद ने इनको बौद्ध होने से बचा लिया।" श्री विष्णु शर्मा ने कहा- "यह जिनि और बौद्ध सभी राजाओं को वश में करते हैं और यह अपने सम्प्रदाय का साधिकार प्रसार करते हैं। तब हमारे विद्वान, आचार्य, योगी-यती ऐसा नहीं करते।"

आचार्य खिलखिला कर हंस उठे; बोले- "क्यों? हम जो हैं; राजशेखर और सुधन्वा को अपने वश में क्या नहीं किये हुए हैं?"

पद्मपाद ने कहा- "नहीं। पूज्यपाद, आप तो आप श्री हैं। यह आर्य नरेश उत्तर-मीमांसा के वेदान्त से आकर्षित हुए हैं। वैदिक वर्णाश्रम धर्म-हमारे

तत्व-बोध सब ज्ञान की व्यावहारिक व्याख्या है। आप मानवों का अज्ञान मिटा कर जगद् कल्याण कर रहे हैं- गुरुदेव तो वेदान्त का सन्देश दे रहे हैं- तब?"

"तब क्या?" आचार्य श्री शंकर ने कहा- "हम भारत वर्ष की चारों दिशाओं में वेदान्त-मठ स्थापित करने जा रहे हैं। हम क्यों राजाओं को वशीभूत करेंगे? नहीं। वेदान्त तो प्राणियों का जगत् में कल्याण और कालातीत मुक्ति तथा मोक्ष चाहता है। अतः हमें सम्प्रदाय पन्थ अथवा मार्ग की स्थापना एवं मत-मतान्तर स्वीकार ही नहीं।

हम केवल अद्वैत को ही मानते हैं- अद्वैत ही वेदान्त-दर्शन है। अद्वैत! क्या यह भेद का ज्ञान लेना है? अथवा भेद-संज्ञा को मिटा देना है? नहीं, वत्स! अविद्या मन का सिद्धान्त है, यह जो कहते हैं, वह भूलते हैं- अविद्या तत्वगत सिद्धान्त है- अज्ञान बाह्म जगत् की सत्ता का सिद्धान्त है- हमारा 'नाना' का विश्वास भर नहीं। भारत की प्रतिभा ही वेदान्त है। इस सनातन प्रतिभा की प्रथम प्रतिष्ठा श्रृंगेरी में हो चुकी है और अब पुरी धाम में दूसरा मठ स्थापित होगा। हां, पद्मपाद वेदान्त अखण्ड और जीवन्त सत्य के शुद्ध सहज तथा सरल स्वरूप में निष्ठा है- विश्वास है; तत्व बोध है। हस्तामलक 'अहम् ब्रह्मास्मि' और तुम वत्स 'प्रज्ञानम् ब्रह्म' का उद्घोष करो-"

"मैं? क्षुद्र जीव, प्रभो!" पद्मपाद चिल्ला उठे।

"तुम क्षुद्र क्षल्लुक रिक्त, असमर्थ और अल्पज्ञ जीव हो ही नहीं- कालरात्रि में मोहात् बलात् सोये हुए आत्मन् हो, सच्चिदानंद स्वरूप हो। अपने प्रभु जगन्नाथ की शरणागति द्वारा इस इदम् को प्रज्ञान पूर्वक देखो, पेखो-यह ब्रह्म का ज्ञान जगत् में प्रज्ञान ब्रह्म है। जगत् के द्वारा हम निराकार-साकार ब्रह्म का बोध प्राप्त करें और मुक्त हो जायें- हां, यही तो। गोवर्धन मठ!"

गोवर्धन मठ-पुरी धाम आचार्य श्री शंकर की यह घोषणा वायुवेग से फैल गई। पुरीधाम के नागरिकों, यात्रियों तथा सभी मण्डलों, संघों तथा संस्थाओं में प्रतिघोष उठा-जगद्गुरु शंकराचार्य मठ स्थापित करने जा रहे हैं। आचार्य श्री के वस्त्र धोते समय नदी किनारे वह लोगों की चर्चायें सुनता। समिधा लेने जाते समय मार्ग में गोवर्धन-मठ, प्रज्ञानम् ब्रह्म की दन्त किटकिट भी वह सुनता। जगन्नाथ-धाम में वेदान्त का मठ? आश्चर्य है। निस्संदेह आचार्य यतीवर्य श्री शंकर भक्ति का महत्व गौण करना चाहते हैं। पण्डितों

ने कहा- "वेदान्त का मठ स्थापित होने से क्या जगन्नाथ की भक्ति में कमी आयेगी?"पुजारियों ने निसास रख कर परस्पर कहा- "ज्ञान? वही तो महाप्रभु के विग्रह में उद्धासित हुआ है। भक्त भागवत, भगवान! स्वयं आचार्य श्री शंकर जीव के लिये भक्ति का साधन स्वीकार करते हैं।" ज्ञान ज्ञान है; भक्ति भक्ति है। निश्चय ही जगद्गुरु भारतवर्ष की चारों दिशाओं में वेदान्त के सनातन महावाक्यों को चिन्मय कर स्थापित करना चाहते हैं। आचार्य श्री शंकर क्या ज्ञान योग, कर्म योग, भक्ति योग गीता! गीता को साकार-सजीव करना चाहते हैं। सुना है, गोवर्धन मठ के प्रथम शंकराचार्य पद्मपाद होंगे- होने जा रहे हैं। जगद्गुरु ने आचार्य पद्मपाद को स्पष्ट बता दिया है कि सगुण-ब्रह्म का अनुभव और सगुणोपासना द्वारा लोक में ज्ञान का प्रसार करो-चैतन्य! यह जड़ विज्ञानवाद-यह रमणीय मोहक ऐश्वर्य भोग का जीवन-यह तांत्रिक सिद्धियों का मद-यह मूढ़ मूक तम तोम चैतन्य की ज्योतिशिखाओं से ही दूर होगा। मनुष्य सत्ता, धन तथा जड़वादी तत्व-बोधों से स्वयं देहस्थ, जड़ीभूत हो गया है- ज्ञान में स्वयं प्रकाश, कर्म में आत्म चैतन्य तथा परम् सत्य-परम् तत्व के प्रति श्रद्धा तथा निष्ठा नहीं होगी, मानव में, तो यह पंचभूत, यही प्राण, यही ज्ञानेन्द्रियों कर्मेन्द्रियों- यह मन, बुद्धि, चित्त एवं अहम् मानव को अपनी उद्दाम ज्वालाओं में भस्मी भूत कर देंगे- चैतन्य के गहन-गहनातिगहन स्पर्श के बिना मनुष्य पशु होता चला जायगा। यह जड़ अज्ञान घन और अध्यास का संयोग-वियोग भर है। यह माया-प्रणीत जगत् जड़ है- जड़ाति जड़ तथा जाड्य है। यह सृष्टि चैतन्य ब्रह्म का संकल्प, उसकी मति, दृष्टि, रीति तथा नीति है- हाँ, पद्मपाद! तोटक कहाँ है? चिद्विलास ने कहा- "वस्त्र धोने नदी किनारे गया है।"

"अच्छा! सभी शिष्य एकत्र हो गये हैं क्या? "आचार्य श्री शंकर ने पूछा- "पद्मपाद! महाराज सुधन्वा को मैंने गोवर्धन मठ के निर्माण के लिये निवेदन किया है- तुम इस कार्य को देखते रहो। तुम को ही इस मठ का आदि आचार्य, शंकराचार्य होना है। सभी की साक्षी से मैं तुमको गोवर्धन मठ का आदि आचार्य मनोनीत करता हूं- अंग, बंग, कलिंग, मगध, उत्कल और बर्बर- समूचे पूर्वांचल में ज्ञान-प्रज्ञान द्वारा सगुण ब्रह्म की भक्ति फैलाओ। अन्त में तुमको निराकार ब्रह्म का साक्षात् ज्ञान का बोध होगा। भव-संसार के प्रति तुम्हारे जन्म-जन्मान्तरों के भय को भक्ति ही दूर कर सकती है। अवश्य ज्ञान से भेद तथा भीति जल जाते हैं; किन्तु मिटते नहीं। भक्ति की

यमुना द्वारा ही संसार का राग-द्वेष अनासक्ति के खारे समुद्र में बहा दिया जाता है- गंगा कर्मवीरों के लिये, नर्मदा योगियों के लिये और यमुना भक्तों के लिये पृथिवी पर काल के अन्तराल में प्रवाहित चैतन्य की महा सरितायें हैं। ब्रह्म को भजो और-और जानो, पाओ।"

सभी उपस्थितों ने पद्मपाद को बधाई देते हुए श्रीमद् शंकाराचार्य्य के शान्त प्रसन्न-मगन मुख मण्डल को देखा। शान्त दिव्य प्रभा से आचार्य का सौम्य मुख-मण्डल पूर्णेन्दु की भाँति चमक रहा था। वह सभी को देखते हुए भी जैसे नहीं देख रहे थे। उनके कमल नयनों में आकाश के समान निरंकार दृष्टि व्याप्त थी। एक-एक कर सेवक तथा शिष्य विदा लेने लगे। श्री विष्णु शर्मा ने कहा- "हम मण्डप में जा रहे हैं; आप श्री स्नातकों को दर्शन देने शीघ्र ही आयें। तब तक हम आपके सेवक, शिष्य तथा संघ के सदस्य इन स्नातक शिष्यों को वेदान्त की डिमडम सुनायेंगे।"

आचार्य श्री शंकर ने कहा- "तोटक!"

चित्सुख ने कहा- "नदी तट पर है; आपश्री के वस्त्र धो रहा है। आने में ही होगा।"

आचार्य श्री शंकर ने सहज ही कहा- "तोटक न हो तो मैं अपनी दिनचर्या ही जैसे विसर जाऊंगा। अपना नित्य-नैमित्यिक कर्म करुंगा तो सही, किन्तु "योगः कर्मसु कौशलम्" का कदाचित पालन नहीं हो सके। कर्म यह काल की गतिविधि देह तक है, मन तक है, चित्त का आग्रह और क्या? हमारा कैंकर्य करते हुए तोटक थकता ही नहीं, यही तो।"

पद्मपाद ने कहा- "यह वृत्ति भी तब गुरु कृपा से ही मिलती है। सिद्धियां जिसकी अहर्निशि सेवा के लिये सन्नद्ध रहती हों, उन गुरुओं के श्रीमद् गुरुदेव के लिये अपना नित्य नैमित्तिक कैंकर्य क्या कठिन है?"

सुरेश्वराचार्य ने कहा- "यह तोटक का विलक्षण प्रारब्ध है- वह जैसे श्रीमद् गुरुदेव की सेवकाई के लिये ही विधाता द्वारा अवतरित किया गया है- अवश्य।"

यह सुन कर आचार्य श्री शंकर ठठा कर हँस उठे- "यही, यही तो। तुम सब भूतों में जाग्रत तथा तत्वों के चिन्तक हो और यह तोटक न जाग्रति में है; न स्वप्न में है- एक विचित्र सुषुप्ति में ही बसा रहता है-"

पद्मपाद ने हँसते हुए कहा- "अविनय क्षमा हो; किन्तु यह तोटक आप श्रीमन् को लेकर ही जाग्रत है अन्यथा यह जैसे घोर निद्रा की घनीभूत आकृति है...."

शंकराचार्य ने पद्मपाद को घूरा; बोले- "तोटक तुम नहीं हो वत्स! प्रत्येक जीव स्वयं और स्वयमेव है- अनूठा है; विशिष्ट है। अपने कारण के घोर अगाध की यह अनादि अज्ञान की धारणा से भरी उल्लोल है- जीवन की कामनामयी हिल्लोल। जीव जगत में अपने प्रारब्ध में ही जाग्रत है; जीव स्वप्न में अपने संचित में ही सोता है तथा अपने अपूर्व अदृष्ट कारण में निद्राधीन रहता है। अज्ञान-समाधि है। यह जीव की, ब्रह्म के साथ एकमेक तथा लवलीन। ब्रह्म का प्रत्यक्ष देह द्वारा और सहित जीव निद्रा द्वारा ही करता रहता तथा सत्य के अमोद्य विश्वास द्वारा सुषुप्ति, स्वप्न तथा जाग्रति में जीता रहता है-मरता रहता तथा पुनः पुनः जन्मता रहता है...."

तभी महाराज सुधन्वा के आमात्य प्रवर ने प्रवेश कर प्रणाम के साथ कहा- "मठ की भूमि पर मठ का आकार निरूपित कर दिया गया है, श्रीमद्।"

"शुभ! तथास्तु!" शंकराचार्य बोले- "पद्मपाद! इस मठ के आदि शंकराचार्य तुम होंगे-हो, समझे! मठ के निर्माण का शास्त्रविधि से काम सम्पन्न कराओ-हम तुम्हारी आचार्य प्रतिष्ठा स्नातकों से वार्ता करने के तुरन्त बाद करेंगे। काल के समक्ष प्रभु के सानिध्य में बने रह कर प्रज्ञान का तुमको साक्षात् करना है- 'प्रज्ञानम् ब्रह्म!' इस महावाक्य का अनुशीलन निदिध्यासन करते रहो।"

पद्मपाद ने श्री गुरु चरण पकड़ते हुए कहा- "दीनानाथ!"

"दीनानाथ तो प्रभु हैं, वत्स!" शंकराचार्य बोले- "गुरु तो मन की आँखें खोलता है-शिष्य का वह राजा नहीं है; वह तो शिष्य का पिता, माता तथा आचार्य है।"

तभी श्री विष्णु शर्मा त्वरा पूर्वक आये; बोले- "गुरुदेव। आपकी प्रतीक्षा हो रही है, आचार्य श्री! बर्बर प्रदेश के स्नातक भी आये हैं- उनके निगड़ आचार्य भी उनके साथ है!"

आचार्य श्री शंकर ने कहा- "चलते हैं, तोटक आ जाय।"

सुरेश्वराचार्य ने चिहुंक कर कहा- "तोटक?"

"हां, तो तोटक!" शंकराचार्य श्री बोले- "तोटक आने में ही है, वह आ जाय, तब चलें-"

पद्मपाद ने सहज भाव से कहा- "किन्तु प्रभो! शताधिक स्नातक प्रतीक्षा जो कर रहे हैं। अंग, बंग, कलिंग, मगध, उत्कल, बर्बर, भारतवर्ष के

पूर्वाञ्चल के मतिमान स्नातक राह देख रहे हैं। आप सदैव समय पर ही जिज्ञासुओं को दर्शन देते हैं।"

शंकराचार्य श्री बोले- "यथार्थ है, वत्स! तोटक आता ही होगा।"

सुरेश्वराचार्य ने सहसा कहा- "तोटक? आ जायगा, बाद में श्रीमद्!"

आचार्य शंकर ने चौंक कर सुरेश्वराचार्य को घूरा और मुस्करा दिये। विहंसित स्मितपूर्वक उन्होंने अपने सरोज नयन तनिक उन्मीलित किये। एक उल्लासमय आनन्दमयी ज्योति ही बड़रे नयनों के अगाध गहन में प्रज्वलित हो उठी। समस्त आकाश को भेद कर वह अनिर्वचनीय ज्योति ज्ञान की ज्योतिर्मय शलाका जैसे समूचे काल को भेदकर नदी किनारे वस्त्र धोते हुए तोटक के ब्रह्म-रंध्र में घुस गई। तोटक जैसे सहसा अचेत हो गया उसके रोम-रोम में कल्प के कल्प कांप कर अकथनीय आलोक में बदल गये। तोटक अपनी सनातन जीव जाग्रति भूल गया; अनंत कोटि कल्पों के स्वप्न मन्वन्तर विसर गया और काल की घनीभूत अनादि सुषुप्ति जैसे भभक उठी। स्वयं विस्मृत और अत्यन्त दीन किन्तु आत्म गौरव से प्रदीप्त तोटक चिल्लाया- "गुरुदेव!"

गुरुदेव! प्रतिध्वनि कुटिया की मूक दिशाओं में आ टकराई। भीगे गीले वस्त्र को हाथ पर थामे आत्म विस्मृत तोटक शारीरिक भाष्य पर व्याख्या के छन्दों का गान करता हुआ कुटिया में शान्त समगति से हिल्लोलित तरंग की भांति आ भरा। सभी अवाक् स्तब्ध और तोटक ने श्री गुरु के चरण थाम लिये। उसके मुख से शारीरिक भाष्य टीकात्मक और छन्दोबद्ध प्रस्फुटित हो रहा था।

आचार्य श्री शंकर ने कहा- "सुरेश्वर, पद्मपाद! इसको लिख लो- शारीरिक भाष्य पर यह प्रथम टीका होगी। लिखो शिष्यों!" ताड़पत्र उड़ आये और लेखिनियां मौन ही चलने लगीं। तोटक साष्टांग प्रणाम में लेटा हुआ आत्म विस्मृत मानो वाँड्मय की वीणा झंकार हो गया था। आचार्य श्री शंकर ने जलद गम्भीर स्वर में कहा- "चार सगण का यह ललित छन्द तोटक छन्द कहा जायगा। उठो, वत्स तोटक! कौन कहता है- तुम जड़ हो, मूढ़ हो-पाषाणवत् हो, तुम ब्रह्मभूत हो; ब्रह्ममय हो- सच्चिदानंद चैतन्य विद्यानिधि हो, सरस्वती पुत्र तथा हमारे शिष्य हो।"

एक गहन किन्तु शान्त मौन छा गया। उपस्थितों के श्वासों का प्रवाह चलता रहा-एक सजीव संगीत सा होने लगा। तोटक शारीरिक भाष्य के

महत्वपूर्ण अंशों पर छन्द कहता हुआ श्रीमद् समाधिस्थ से सस्मित बैठे रहे। सहसा तोटक चुप हो गया और कुटिया में जैसे दिशायें जाग्रत हो उठीं। सुरेश्वराचार्य ने साष्टांग प्रणाम करते हुए कहा- "क्षमा! सद्गुरो! क्षमा!"

आचार्य श्री शंकर ने अभय वरद् हस्त उठाते हुए कहा- "तथास्तु!"

पद्मपाद जैसे ऐन्द्रजाल को तोड़ कर उठे और शंकराचार्य्य के श्री चरणों में तोटक के पास जा पड़े- "दया! दीन बन्धो! करुणा निधान गुरुदेव! दया करो! मुझ पर दीन दुःखी, कातर, तृष्णातुर, भटके और भ्रमित मुझ जीव पर दया!"

"पद्मपाद!" आचार्य श्री शंकर ने गंभीर शान्त स्वर में कहा- "चलो, भारतीय पूर्वांचल के स्नातकों की साक्षी से तुम्हारा गोवर्धन मठ के आदि आचार्य की भाँति अभिषेक भी कर दूं। कौन जड़ है, वत्स! सर्वम् खलु इदम् ब्रह्म। तोटक! उठो, वत्स! मैं तुममें हूं; तुम मुझमें हो-जाओ, सरस्वती तुम्हारी जिह्वा के अग्र भाग में सदैव विराजमान रहेगी।"

पद्मपाद ने विह्वल स्वर में कहा- "मैं, मैं अहं विद हूं-अहंकारी! इंगित से ही सही मैंने श्री तोटक को जड़ बताकर उनका अपमान किया है, नहीं, सद्गुरो नहीं। श्री तोटक को आपश्री की अमोघ कृपा ने तोटकाचार्य बना दिया है- इन्हीं को, प्रभो! इन्हीं को!"

श्री तोटक ने प्रथम बार कहा- "क्षमा प्रार्थी तो मैं हूं, आप सब के प्रति मूक बना रहा। निस्संदेह मैं जड़ ही था; किन्तु आज गुरुदेव ने मुझे सृष्टि को देखने वाला चिर जाग्रत जीव बना दिया है। गुरुदेव के श्री चरणों की साक्षी से मैं आप सब से क्षमा चाहता हूं-"

पद्मपाद ने ललक कर श्री तोटक को अपने बाहुओं में भर लिया और उमंग पूर्वक कहा- "श्री तोटक, तोटकाचार्य! हम-मैं आपको प्रणाम करता हूं। क्षमा तो आपकी हमें चाहिये। समझ में आ गया, शास्त्र का विद्याहम् नागाधिराज हिमालय से भी बड़ा भीषण है-जलधियों की अगाध अतलता जीवात्मा के अहम् की तुलना में बिन्दु भर है।"

आचार्य श्री शंकर सहसा उठे; बोले- "जीव का अहम् ही जगत् को खाता रहता और वाणी द्वारा उसको उगलता रहता है। अहम् को या तो ज्ञानाग्नि में जला दो; अथवा अहम् को अनासक्त कर्म के आरे से काट दो-कर्म-बन्धन की रस्सी को घिस दो-अन्यथा श्री हरि के चरणों में उसे ज्यों का त्यों धर दो।"

स्नातकों के समुदाय विचित्र वेशभूषा में छाये हुए थे। मानो चित्र-विचित्र मेघ पृथिवी पर उतर आये हों। आचार्य श्री शंकर महाराज राजेश्वर सुधन्वा के साथ मंच पर उदित हुए। शरद का पूर्णेन्दु मेघों को चीर कर खिल आया हो। शताधिक स्नातकों ने खड़े होकर शंकराचार्य को प्रणाम किया- "आचार्य शंकर!" की गहगहती हुई प्रतिध्वनियाँ उठीं।

आचार्य श्री शंकर ने शान्त गंभीर स्वर में कहा- "चैतन्य! शिष्यों! आप लोग, शास्त्रों के विद्यार्थी हो; किन्तु भव-संसार के शिष्य हो; यह जगत् अनिर्वचनीय माया है-क्षणिक परिवर्तनशील यथार्थ है- यह है भी और नहीं भी। सत्य यही है-सत्य है और अपनी व्यावहारिक सत्ता में है भी तथा नहीं भी; किन्तु जीव तो है; - क्योंकि ब्रह्म है- परम् तत्व है। अतः शिष्य को श्री गुरु चरणों द्वारा परमात्मा की ओर जाना ही है। शास्त्र के वाद-विवाद जगत् के पथों पर जीवन-यात्रा करने के लिये हैं। यह माया का जगत्-दर्पण खण्ड-खण्ड है और ब्रह्म की धारणाओं के प्रतिबिम्बों से भरा है- बिम्ब एक है, अखण्ड है- अभय है। एक और अनेक की भीति के परे अपार शान्त अनन्य ज्योतिर्मय आनन्द धाम अभय है- परम् ब्रह्म।"

"चैतन्य!" आचार्य श्री की वाणी का प्रतिच्छंद मानो स्नातकों की आंखों से जा टकराया- अकस्मात् कानों में घुस गया। स्नातकों के साथ उपविष्ट आचार्यों ने मन ही मन मना करते हुए स्वयं से ही कहा- "चैतन्य? नहीं; जड़-चेतन!" आचार्य श्री ने अपना प्रवचन समाप्त करते हुए कहा- "विश्वास सत्य का ही है- सत्य का ही विश्वास होता है। असत् असार के प्रति तो प्रश्न है तथा उत्तर है। शास्त्रार्थ के द्वारा हम असद् के लिये प्रमाण खोजते हैं- सत्य तो है; उसको सिद्ध करने की आवश्यकता ही नहीं है- स्नातकों! जड़वादों के अँधेरों से निकल आओ- यह विज्ञान यह जड़ विचार देह की छाया तथा जगत् की माया है। सोचो और समझो, मैं क्या हूं- हाथ उठाकर मैं कहता हूं- माया के यह रंगीन आवरण स्वयं ही नष्ट हो जायेंगे- अध्यासों की मनोहर संभ्रान्तियाँ अदृश्य हो जायेंगी। मानव बुद्धि जगत् को सिद्ध करने तथा भव-संसार भोगने की कला प्राप्त करने के लिये है-बुद्धि भव-संसार की शक्ति और जगत के लिये दीपक है; किन्तु शास्त्र के मार्ग सत्य के अनन्य रहस्य में लीन हो जाते हैं- सत्य स्वयं ही मिलता है किन्तु तब जब शास्त्र द्वारा असत्य का प्रमाण और सत्य की धारणा मिल जाये शास्त्र आत्मा का विचार प्रदान करता है, वेदान्त आत्मत्व का

प्रत्यक्ष करवाता है-अतः चैतन्य के लिये विद्या प्राप्त करो; आत्मा के लिये जिओ तथा व्यष्टि तथा समष्टि के कल्याण के लिये समाज और राष्ट्र को प्राप्त करो।"

एक तुमुल हर्ष-ध्वनि उठी और पुरीधाम के शिखरों को जगा गई। आचार्य श्री शंकर ने कहा- "गृहस्थों के लिये अनासक्त कर्म तथा जगन्नाथ के श्री चरणों में शरणागति ही चाहिये। गृहस्थ को संघ और संघाराम नहीं, घर तथा कुटुम्ब चाहिये। मानव को शरणागति चाहिये। केवल मनीषी को सत्य का रहस्य समझना है; किन्तु गृहस्थ-भव-संसार का पथिक जगन्नाथ जगदीश्वर की भक्ति कर इस अविराम अविश्रान्त काल को तर जायगा। सर्वत्र सभी में ब्रह्म है, यह प्रज्ञान है, स्नातकों! इस अज्ञान के उदय होते ही जगन्नाथ के चरणारविन्द दिखने लगते हैं। क्यों, वत्स, पद्मपाद!"

पद्मपाद उठे और तनिक आगे आकर आचार्य श्री के समक्ष झुके- "जी, सद्गुरो!"

आचार्य श्री शंकर ने कहा- "स्नातकों! आप तथा आपके स्वनामधन्य आचार्यों, उपाध्यायों तथा शिक्षकों की साक्षी में मैं पद्मपाद को आचार्य पद्मपाद पुकारता हूं तथा उनको पुरीधाम के स्थापित वेदान्त मठ के शंकराचार्य नियुक्त करता हूं। यह मठ अपनी विभिन्न विद्यापीठों द्वारा अंग, बंग, कलिंग, मगध, उत्कल और बर्बर प्रदेशों में लोगों के आत्म कल्याण के लिये भक्ति का अथाह क्रम होगा। परम् ब्रह्म ज्ञान है, सत्य है, अतः अमृत है और अमृत के स्वाद स्वरूप वह भगवान है। अनादि जीव है तो; किन्तु जीवात्म भाव अनादि है; जीव नहीं। जीव और ब्रह्म तो एक हैं- आत्मा सो परमात्मा! एक अनन्य और अद्वितीय अभिन्नत्व है- जीव तथा ब्रह्म में। अतः जीवात्म भाव अनादि अविराम होते हुए भी अनेकत्व की भवेच्छा का शमन है, अवश्य है। विश्वास करो, स्नातकों! सभी शास्त्र जगत् को क्षणिक और व्यर्थ सिद्ध करते हैं; सभी विद्यायें भव संसार को राग द्वेष एवं मोह मिश्रित दुःख ही बताते हैं। अतः जीव को यह बताना अनिवार्य है कि तू शरीर और उसकी छाया ही नहीं है-तू केवल नाम रूप ही नहीं है- तू साकार ही नहीं; सगुण ही नहीं है-तू निराकार रूप अजन्मा शाश्वत कवि, विभु, ईश तथा अनन्त अच्युत सत्य है; तू अनन्त अथाह और अमोघ ज्ञान है-तू क्षणों की मृत्यु नहीं है; तू असीम अमृत है, यह अमृत भक्ति द्वारा ही मिलेगा। अतः आप सब की साक्षी से मैं आचार्य पद्मपाद

का पुरीधाम के वेदान्त भक्ति मठ का प्रथम शंकराचार्य की भांति अभिषेक करता हूं। राजेश्वर सुधन्वा!"

महाराज राजेश्वर सुधन्वा, राज्ञी अर्पणा देवी के साथ आगे आये। महादेवी अर्पणा के पद्मपाणि में सोने का थाल था; रजत कलश पर स्वर्णखचित नारिकेल था; कुंकुम पात्र था, फूल थे, फल थे और स्वर्ण-मुद्राओं के भार से वह थाल भारी भरकम था। आचार्य श्री ने तोटक की ओर देखा। श्री तोटक मूक ही उठे और पद्मपाद का बाहु थाम कर बोले- "आदि जगद्गुरु श्री शंकराचार्य श्रीमद्! आप श्री के आह्वाहन पर मैं आपका सेवक स्वर्ण कमलों पर चलकर आपकी श्री शरण में आये हुए सिद्ध तथा श्री गुरु के अनन्य भक्त, जगत् का विष पान कर दग्ध एवं अनासक्त होकर पुनीत हुए आचार्य पद्मपाद को उपस्थित करता हूं।"

आचार्य पद्मपाद ने प्रणाम पूर्वक कहा- "उपस्थित हूं, गुरुदेव!"

आचार्य श्री शंकर ने पद्मपाद के भव्य ललाट पर कुंकुम का तिलक किया और कहा- "महादेवी! अर्पणा, शंकराचार्य पद्मपाद के सौम्य तथा शान्त मुख मण्डल को देखो और हमें दिखाओ।"

13/09/1981